여러분의 합격을 응원하는
해커스공무원의 특별 혜택

JN391194

FREE 공무원 행정학 특강

해커스공무원(gosi.Hackers.com) 접속 후 로그인 ▶ 상단의 [무료강좌] 클릭하여 이용

해커스공무원 온라인 단과강의 20% 할인쿠폰

28CDB628D697DBD6

해커스공무원(gosi.Hackers.com) 접속 후 로그인 ▶ 상단의 [나의 강의실] 클릭 ▶
좌측의 [쿠폰등록] 클릭 ▶ 위 쿠폰번호 입력 후 이용

* 등록 후 7일간 사용 가능(ID당 1회에 한해 등록 가능)

합격예측 온라인 모의고사 응시권 + 해설강의 수강권

9CFFCEB82E5FF9X9

해커스공무원(gosi.Hackers.com) 접속 후 로그인 ▶ 상단의 [나의 강의실] 클릭 ▶
좌측의 [쿠폰등록] 클릭 ▶ 위 쿠폰번호 입력 후 이용

* ID당 1회에 한해 등록 가능

쿠폰 이용 관련 문의 **1588-4055**

단기 합격을 위한 해커스공무원 커리큘럼

입문
탄탄한 기본기와 핵심 개념 완성!
누구나 이해하기 쉬운 개념 설명과 풍부한 예시로 부담없이 쌩기초 다지기
TIP 베이스가 있다면 **기본 단계**부터!

기본+심화
필수 개념 학습으로 이론 완성!
반드시 알아야 할 기본 개념과 문제풀이 전략을 학습하고
심화 개념 학습으로 고득점을 위한 응용력 다지기

기출+예상 문제풀이
문제풀이로 집중 학습하고 실력 업그레이드!
기출문제의 유형과 출제 의도를 이해하고 최신 출제 경향을 반영한
예상문제를 풀어보며 본인의 취약영역을 파악 및 보완하기

동형모의고사
동형모의고사로 실전력 강화!
실제 시험과 같은 형태의 실전모의고사를 풀어보며 실전감각 극대화

마무리
시험 직전 실전 시뮬레이션!
각 과목별 시험에 출제되는 내용들을 최종 점검하며 실전 완성

PASS

* 커리큘럼 및 세부 일정은 상이할 수 있으며, 자세한 사항은 해커스공무원 사이트에서 확인하세요.

단계별 교재 확인 및 **수강신청은 여기서!**
gosi.Hackers.com

해커스공무원 마니행정학

핵심테마 SWOT 119

서문

해커스공무원 마니행정학 핵심테마 SWOT 119

- 제대로 된 행정학 심화 총정리 -

공무원 수험은 이제 전공 필수 시대로 전환되었습니다. 그러므로 합격을 위한 수험 행정학은 체계적 이해를 기본으로 심화적 내용까지 학습해두어야 합니다. 제대로 된 전공 수준에서 고득점 접근을 해야 하며, 단순히 기출 문제 반복과 무의미한 단순 두문자 암기로는 합격을 이루어 낼 수 없습니다. 전공 행정학에 대한 심화학습이 진행되어야 하며, 수험적 총정리 과정이 필수입니다. <해커스공무원 마니행정학 핵심테마 SWOT 119>는 이를 위한 심화 총정리 교재입니다.

행정학 전 범위를 119개 테마로 체계화하여, 핵심내용 총정리와 실전 적용을 목표로 하였습니다. 합격생들이 극찬한 압도적 구성과 적중도 높은 좋은 문제를 통해 유기적 체계가 이루어진 전략적 행정학 학습서입니다. '핵심테마 SWOT 119'는 단순 문제집이 아닙니다. 전공 과목에 맞는 강의를 바탕으로 종횡무진 행정학의 핵심 총정리를 이룰 수 있는 교재입니다. 독보적 구성의 SWOT 119는 유일한 '행정학의 총정리 멀티북'입니다.

Summary : 중요 핵심 내용의 압축적 정리
With : 체계적인 정리와 함께
Ox : 필수 기출 지문의 스피드 OX 확인
Test : 심화 기출 문제와 적중 예상 문제의 결합

1단계 : 총 119개 테마를 통한 핵심내용의 체계적 총정리

심화 수험 행정학에서 꼭 준비해야 할 내용을 출제위원의 시각으로 핵심 포인트에 최적화된 119개의 테마로 집중 정리하도록 하였습니다. 심화 수험 행정학 학습의 체계를 확립하고 내용 이론의 총정리가 이루어질 수 있도록 하였습니다.

2단계 : 핵심테마 관련 엄선된 최신 기출 지문의 OX 체크

테마에 관련된 중요한 최신 기출 지문을 스피디하게 확인 체크 학습할 수 있게 선정하였고, 각 지문에 대한 정확한 해설로 내용복습의 시너지 효과를 결합하였습니다.

3단계 : 테마에 관련된 중요 기출 문제와 정밀 해설

기출 문제는 Big Data 분석을 하여 보다 타당도 높고, 최신의 필수적이며 고득점을 위한 중요 수험사항을 반영하도록 엄선하였습니다. 중요도가 높고 난이도 중급 이상의 문제와 관련 테마 단위에서 학습하여야 할 필수 문제를 선정하여 마니행정학의 독보적인 '**좌문우해**' 구조로 편성하고 정밀한 지문 해설을 하였습니다.

4단계 : 테마 예상 문제를 통한 약점 보완

테마 모의고사를 통해 실전 시험에 적합한 예상 문제를 직접 형성하고, 기존 기출 문제에서 약한 부분과 새로 반영될 행정학 흐름을 고려한 적중 예상 문제로 보완하여 각 테마 단위를 촘촘하고 엄밀히 구성하였습니다. 그 효과는 이미 수많은 합격생이 입증하고 있습니다.

수험의 이 과정은 결국 지나갑니다. 현실의 이런저런 상황에 굴하지 않고 자신의 '열공'을 하루하루 쌓아가는 자가 합격한다는 것은 우리 모두가 알고 있는 진리입니다. 지치고 힘든 일상의 수험생 여러분의 마음을 알기에 더 나은 교재와 강의로 항상 응원합니다.

'**열공 + 열강 = 합격**' 바로 마니행정학의 합격 공식입니다.

<해커스공무원 마니행정학 핵심테마 SWOT 119>의 출간을 위해 노력해주신 여러 관계자분들에게 감사의 마음을 전하며, 최고의 행정학 강의와 교재로 마니행정학 때문에 합격하기 바랍니다.

마음속 항상 빛나는 별 하나, 둘, 셋을 향해······

김만희

차례

PART 01 총론

THEME 001	행정의 개념과 특징	10
THEME 002	정치와 행정과 경영	16
THEME 003	국가역할과 정부관	22
THEME 004	현대행정의 특징	28
THEME 005	시장실패와 해결방안	32
THEME 006	정부규제	38
THEME 007	정부실패와 해결방안	44
THEME 008	신자유주의, 감축관리	50
THEME 009	제3섹터, NGO	54
THEME 010	민영화	60
THEME 011	행정이념1(본질적 가치)	66
THEME 012	행정이념2(수단적 가치)	72
THEME 013	사회적 자본, 이념 종합	78
THEME 014	행정학 접근법과 행정문화	84
THEME 015	과학적 관리론과 인간관계론	90
THEME 016	행태론	96
THEME 017	생태론, 체제론	102
THEME 018	비교행정론, 발전행정론	108
THEME 019	신행정론, 현상학	114
THEME 020	포스트모더니즘 변화 등(비판이론, 담론행정)	120
THEME 021	공공선택론	126
THEME 022	신제도주의	132
THEME 023	신공공관리론(NPM)	138
THEME 024	뉴거버넌스	144
THEME 025	NPS 및 기타 이론	150
THEME 026	행정이론 종합	156

PART 02 정책론

THEME 027	정책의 특징	164
THEME 028	정책유형 및 정책과정 참여자	168
THEME 029	정책의제 설정	174
THEME 030	다원주의, 엘리트론	180
THEME 031	무의사결정론(신엘리트주의)	186
THEME 032	국가주의, 조합주의 및 기타모형	190
THEME 033	정책네트워크, 이슈네트워크	194
THEME 034	정책대안 탐색, 문제 구조화	200
THEME 035	불확실성과 미래예측기법1(객관적·양적)	206
THEME 036	불확실성과 미래예측기법2(주관적·질적)	212
THEME 037	비용편익·비용효과 분석	218
THEME 038	정책결정모형1(개인·산출지향)	224
THEME 039	정책결정모형2(집단·과정지향)	230
THEME 040	정책집행론	236
THEME 041	정책목표	242
THEME 042	정책평가	246
THEME 043	정책평가 실험	252
THEME 044	정부업무평가	258
THEME 045	기획론	262

PART 03 조직론

THEME 046	조직의 의의 및 조직분류	268
THEME 047	동기부여1(내용이론)	274
THEME 048	동기부여2(과정이론)	282
THEME 049	조직의 원리	288
THEME 050	조직구조 변수	294
THEME 051	공식·비공식 조직, 계선·참모기관, 위원회	300
THEME 052	관료제	306
THEME 053	탈관료제	312
THEME 054	책임운영기관	318
THEME 055	공기업	322
THEME 056	리더십	328
THEME 057	조직관리-의사전달, 갈등, 권위	334
THEME 058	행정정보공개, PR, 행정참여	340
THEME 059	조직과 환경	344
THEME 060	조직문화	350
THEME 061	조직발전(OD), 조직동태화 모형	354
THEME 062	조직 동태화(네트워크 조직, 학습조직 등)	360

| THEME 063 | MBO와 TQM | 366 |
| THEME 064 | 최신 조직혁신론 | 372 |

PART 04 인사행정론

THEME 065	인사행정의 발달	380
THEME 066	실적주의(Merit system)	386
THEME 067	직업공무원제	392
THEME 068	적극적 인사행정	396
THEME 069	대표관료제	402
THEME 070	고위공무원단	406
THEME 071	중앙인사기관의 유형	412
THEME 072	공직분류, 충원방식	416
THEME 073	계급제	420
THEME 074	직위분류제	424
THEME 075	공무원 임용, 시험	430
THEME 076	근무성적평정, 다면평가	436
THEME 077	교육훈련, 승진, 배치전환	444
THEME 078	보수, 연금	448
THEME 079	징계, 신분보장	454
THEME 080	공무원단체, 정치적 중립	460
THEME 081	공직윤리	466
THEME 082	공직부패, 내부고발자보호제도 등	472

PART 05 재무행정론

THEME 083	재무행정 일반	478
THEME 084	예산 관련 법률, 조직	484
THEME 085	예산의 원칙과 예외	488
THEME 086	일반회계, 특별회계, 기금	494
THEME 087	예산 분류	500
THEME 088	예산결정이론	506
THEME 089	예산이론 발달과 품목별 예산제도(LIBS)	512
THEME 090	성과주의 예산(PBS)	516
THEME 091	계획예산제도(PPBS)	520
THEME 092	영기준예산(ZBB)	524
THEME 093	신성과주의 예산개혁	528
THEME 094	예산편성, 심의	534
THEME 095	예산집행	540
THEME 096	결산 및 회계검사	546
THEME 097	재정민주주의, 계획과 예산	552
THEME 098	정부회계 제도	556
THEME 099	한국 예산제도, 조달행정	562

PART 06 행정통제·행정개혁론

THEME 100	행정책임	570
THEME 101	행정통제	574
THEME 102	행정개혁, 선진국 행정개혁	580
THEME 103	한국의 행정개혁	586
THEME 104	행정정보체계	590
THEME 105	전자정부	594

PART 07 지방행정론

THEME 106	지방행정의 의의	602
THEME 107	자치권	606
THEME 108	지방자치단체의 계층과 구역	612
THEME 109	자치단체 사무	618
THEME 110	지방자치단체의 기관구성 형태	624
THEME 111	지방의회	628
THEME 112	집행기관: 자치단체장과 기타 조직	634
THEME 113	지방재정1(지방세)	640
THEME 114	지방재정2(세외수입, 조정제도 등)	646
THEME 115	주민참여제도	652
THEME 116	정부 간 관계, 특별지방행정기관	658
THEME 117	광역행정	662
THEME 118	정부 간 분쟁조정, 중앙통제	668
THEME 119	도시행정	674

이 책의 구성

01 만점 달성을 위한 이론 요약(Summary)

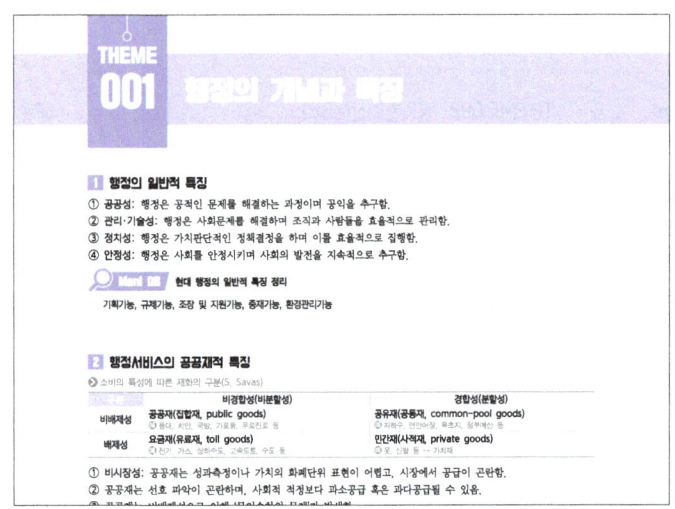

이론 요약(Summary)
시험에 자주 출제되거나 출제 가능성이 높은 이론을 선별하여 기본서의 주요 내용을 일목요연하게 요약·정리하였습니다. 행정학 이론 학습이 어느 정도 마무리된 수험생들이 요약서로도 활용할 수 있도록 도표를 많이 활용하였고, 핵심정리가 수월하도록 간결한 문장으로 서술하였습니다.

02 실전 감각을 극대화하는 핵심 기출 지문 OX

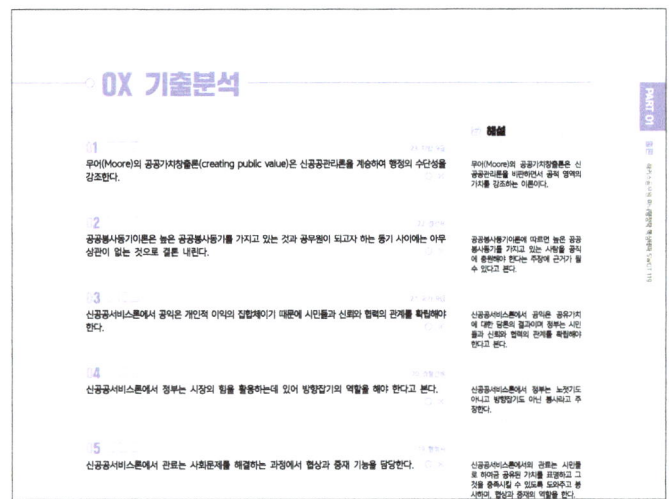

핵심 기출 지문 OX
학습한 내용을 확인·점검할 수 있도록 중요 기출 지문을 OX문제로 재구성하였습니다. 이는 이론 학습 시 어느 부분이 출제되는지, 어떻게 변형되어 객관식 지문으로 만들어지는지, 어느 부분에 함정을 파서 수험생을 헷갈리게 만드는지를 파악하고 이에 대처하는 데 유용하게 활용될 것입니다.

해커스공무원 마니행정학 핵심테마 SWOT 119

03 한 문제를 풀어도 진짜 실력이 되는 재출제 가능성이 높은 핵심 기출 문제

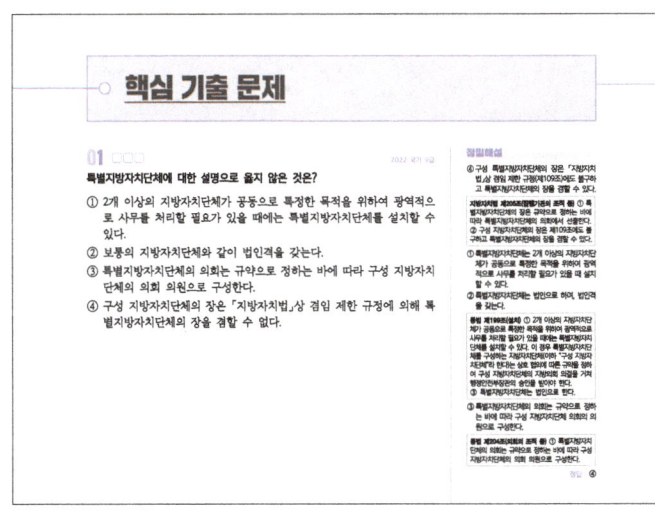

재출제 가능성이 높은 핵심 기출 문제

각 테마별 기출 문제 중에서 재출제 가능성이 높은 중요 기출 문제들을 엄선하여 수록하였습니다. 기출 문제는 학습 방향을 제시해 주고 해마다 반복해서 출제되는 만큼 시험에서 매우 중요한 학습입니다. 두꺼운 기출 문제집을 다시 보기에 많은 시간이 소요된다면, 이 책에 수록된 기출 문제만으로도 불안함이 없도록 꼭 다시 체크해야 할 기출 문제만을 선별하였습니다.

04 시험 직전! 막판 점검할 수 있는 적중도 높은 확장 예상 문제

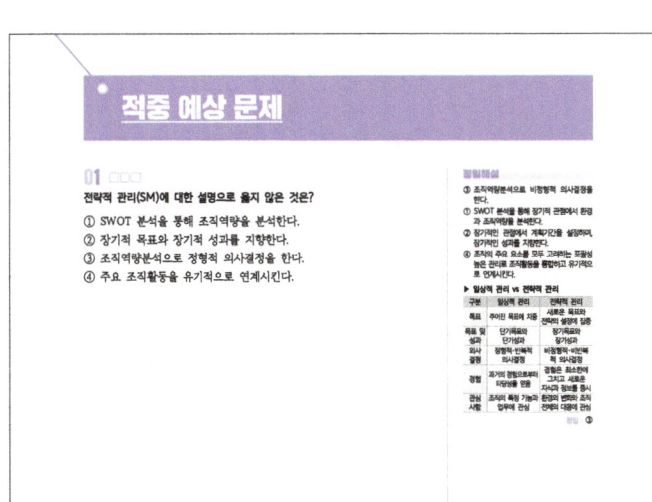

적중도 높은 확장 예상 문제

기출 문제가 재출제되더라도 동일하게 나오는 경우보다는 같은 내용을 묻더라도 변형하여 출제되는 경우가 많습니다. 그래서 응용력을 높이고, 신유형 객관식 문제풀이 연습이 가능하도록 적중도 높은 문제를 수록하였습니다. 예상 문제를 통해 수준별 학습이 이루어질 수 있도록 하였습니다.

이 책의 구성 **7**

해커스공무원 마니행정학 핵심테마 SWOT 119

PART 01
총론

해커스공무원 학원·인강 gosi.Hackers.com

단원별 핵심 MAP

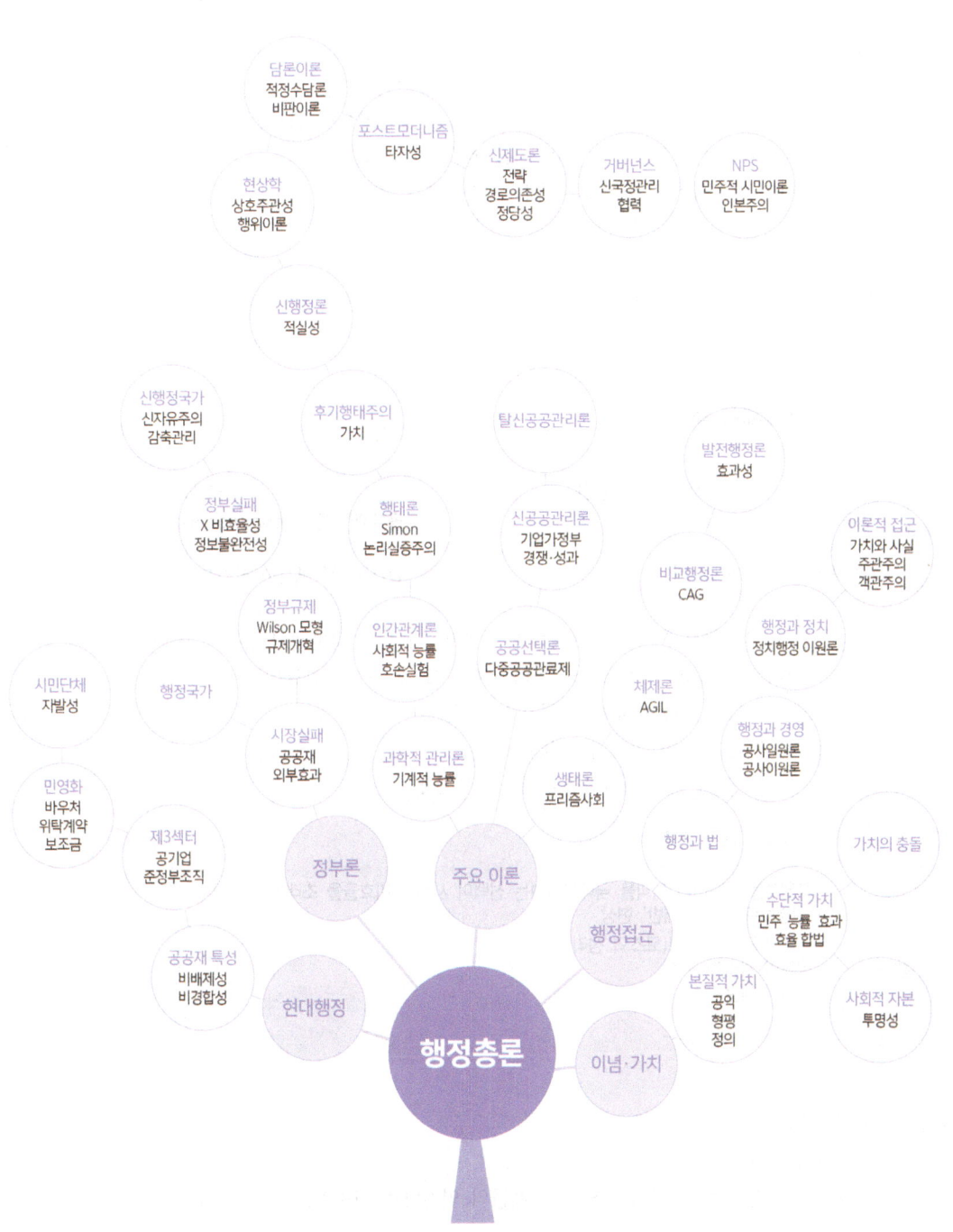

THEME 001 행정의 개념과 특징

1 행정의 일반적 특징

① 공공성: 행정은 공적인 문제를 해결하는 과정이며 공익을 추구함.
② 관리·기술성: 행정은 사회문제를 해결하며 조직과 사람들을 효율적으로 관리함.
③ 정치성: 행정은 가치판단적인 정책결정을 하며 이를 효율적으로 집행함.
④ 안정성: 행정은 사회를 안정시키며 사회의 발전을 지속적으로 추구함.

 **현대 행정의 일반적 특징 정리**

기획기능, 규제기능, 조장 및 지원기능, 중재기능, 환경관리기능

2 행정서비스의 공공재적 특징

▶ 소비의 특성에 따른 재화의 구분(S. Savas)

구분	비경합성(비분할성)	경합성(분할성)
비배제성	**공공재(집합재, public goods)** 예) 등대, 치안, 국방, 가로등, 무료진료 등	**공유재(공동재, common-pool goods)** 예) 지하수, 연안어장, 목초지, 정부예산 등
배제성	**요금재(유료재, toll goods)** 예) 전기, 가스, 상하수도, 고속도로, 수도 등	**민간재(사적재, private goods)** 예) 옷, 신발 등 → 가치재

① 비시장성: 공공재는 성과측정이나 가치의 화폐단위 표현이 어렵고, 시장에서 공급이 곤란함.
② 공공재는 선호 파악이 곤란하며, 사회적 적정보다 과소공급 혹은 과다공급될 수 있음.
③ 공공재는 비배제성으로 인해 '무임승차의 문제'가 발생함.
④ 공유재는 과다소비로 인한 황폐화 현상이 발생함.
⑤ 요금재는 민간도 생산에 참여 가능함(자연독점 될 수 있음).

 **'공유지의 비극' 현상**

내용	• 행위자들이 자신의 이익을 극대화하려는 선택이 사회적 비효율을 초래하는 현상 • '구명보트의 윤리 배반' 현상
해결방안	• 소유권 명확히 규정(코즈의 정리) • 정부의 개입과 규제 • 자율적 해결

3 최근 행정의 개념

① '거버넌스'로서의 행정개념이 전환됨.
② 공공문제의 해결과 이를 위해 정부와 다양한 주체들의 연결망을 강조함.

OX 기출분석

01 　　　　　　　　　　　　　　　　　　　　　　　　　21 경정승진
인터넷 서비스, 상하수도는 요금재(Toll Goods)에, 등대, 목초지는 공유재(Common Goods)에 해당한다. ○ ×

해설
인터넷 서비스, 상하수도는 요금재, 목초지는 공유재, 등대는 공공재에 해당한다.

02 　　　　　　　　　　　　　　　　　　　　　　　　　20 경찰간부
요금재는 기본적인 수요조차 충족하기 어려운 저소득층이나 사회적 약자를 위해 부분적인 정부개입이 필요하다. ○ ×

기본적인 수요조차 충족하기 어려운 저소득층이나 사회적 약자를 위해 부분적인 정부개입이 필요한 것은 사적재이다.

03 　　　　　　　　　　　　　　　　　　　　　　　　　20 행정사
행정의 영역과 범위는 명확하게 설정되고 있지 않으며 그 한계도 분명하지 않아서 고도로 체계화된 개념화는 어렵다. ○ ×

정부의 역할은 시대와 환경에 따라 달라지므로 행정의 영역과 범위는 명확하게 설정되지 않았으며 그 한계도 분명하지 않아서 고도로 체계화된 개념화가 어렵다.

04 　　　　　　　　　　　　　　　　　　　　　　　　　18 해경간부
공유지의 비극은 한 사람의 선택 행위가 다른 사람에게 긍정적인 외부효과를 초래한다. ○ ×

한 사람의 선택 행위가 다른 사람에게 부정적인 외부효과를 초래하는 것을 공유지 비극이라고 한다.

05 　　　　　　　　　　　　　　　　　　　　　　　　　17 서울 7급(추)
행정은 최협의적으로는 행정부의 조직과 공무원의 활동에 관한 것이다. ○ ×

좁은 의미의 행정은 행정부의 구조와 공무원을 포함한 정부관료제를 중심으로 이루어지는 활동을 의미한다.

06 　　　　　　　　　　　　　　　　　　　　　　　　　16 교행 9급
사적재는 시장에 맡겨 두고 정부가 간섭하지 않아야 한다. ○ ×

사적재는 원칙적으로 시장에 생산과 공급을 맡겨두는 것이 가장 바람직하나 교육, 의료 등 가치재의 경우 정부가 개입할 수 있다.

07 　　　　　　　　　　　　　　　　　　　　　　　　　15 지방 9급
공유지의 비극 문제를 해결하기 위한 방법의 하나는 재화의 재산권을 명확히 하는 것이다. ○ ×

공유지의 비극을 해결하기 위한 방법에는 사유재산권의 명확화, 정부개입 등이 있다.

08 　　　　　　　　　　　　　　　　　　　　　　　　　14 국가 7급
무임승차의 문제가 발생하는 근본적인 원인으로는 비경합성을 들 수 있다. ○ ×

무임승차의 문제는 소비의 비배제성 때문에 일어난다.

정답 01 X 02 X 03 O 04 X 05 O 06 X 07 O 08 X

핵심 기출 문제

01 ◻◻◻ 2020 행정사

행정개념에 관한 설명으로 옳지 않은 것은?

① 행정의 실체와 역할은 정부를 둘러싼 정치적·사회적·문화적 환경 등의 다양한 환경 속에서 규정된다.
② 행정의 영역과 범위는 명확하게 설정되고 있지 않으며 그 한계도 분명하지 않아서 고도로 체계화된 개념화는 어렵다.
③ 행정에 대한 연구대상의 선택이나 연구방법의 변화에 따라 다르게 이해되어 왔다.
④ 행정개념이 기능개념이기 때문에 기능 변화와 다양화에 따라 여러 시각으로 설명될 수는 없다.
⑤ 오늘날에는 행정에 대한 개념 해석이 계속 확대되고 있다.

정밀해설

④ 행정은 시대에 따라 달라질 수 있으며, 행정의 개념을 기능개념으로 접근할 경우 기능의 변화와 더불어 다양한 관점에서 정의할 수 있다.
① 행정의 실체와 역할은 정부를 둘러싼 정치적·사회적·문화적 환경 등의 다양한 환경 속에서 규정되기도 한다.
② 정부의 역할은 시대와 환경에 따라 달라지므로 행정의 영역과 범위는 명확하게 설정되지 않으며 그 한계도 분명하지 않아서 고도로 체계화된 개념화가 어렵다.
③ 행정에 대한 접근방법이 변화하는지에 따라 다르게 이해될 수 있다.
⑤ 행정부의 역할은 가변적일 수 있으므로 오늘날에는 행정에 대한 개념 해석이 계속해서 확대되고 있다.

정답 : ④

02 ◻◻◻ 2020 경찰간부

공공서비스를 소비의 배제성과 경합성을 기준으로 구분하면 다음 표와 같이 4가지 유형으로 구분할 수 있다. 각 영역에 해당하는 공공서비스의 유형에 대한 설명으로 가장 옳지 않은 것은?

특성		경합성 여부	
		비경합성	경합성
배제성 여부	비배제성	가	나
	배제성	다	라

① 가 – 시장에서 공급할 경우 무임승차 문제나 과다공급 또는 과소공급에 의한 시장실패가 발생한다.
② 나 – '공유재의 비극'을 초래하는 서비스로서 공급비용 부담규칙과 무분별한 사용에 대한 규제 장치가 요구된다.
③ 다 – 기본적인 수요조차 충족하기 어려운 저소득층이나 사회적 약자를 위해 부분적인 정부개입이 필요하다.
④ 라 – 일반적으로 시장에 의한 서비스 공급이 활성화 될 수 있어 공공부문의 개입이 최소화되는 영역이다.

정밀해설

③ 기본적인 수요조차 충족하기 어려운 저소득층이나 사회적 약자를 위해 부분적인 정부개입이 필요한 것은 시장재(라)에 대한 설명이다.
① 공공재(가)를 시장에서 공급할 경우 무임승차의 문제가 발생할 수 있으며 과다공급 또는 과소공급의 문제가 하므로 원칙적으로 정부에서 공급해야 한다.
② 공유재(나)는 부정적 외부효과에 의한 공유재의 비극을 초래할 수 있으므로 공급비용 부담규칙과 무분별한 사용에 대한 정부의 적절한 규제 등이 필요하다.
④ 시장재(라)는 일반적으로 시장에 의한 서비스 공급이 활성화되므로 공공부문의 영역이 최소화되어야 한다.

▶ **공공재의 유형(E.Savas)**

특성		경합성 여부	
		비경합성	경합성
배제성 여부	비배제성	가-공공재	나-공유재
	배제성	다-요금재	라-시장재

정답 : ③

03

2017 경찰간부

공공서비스에 관한 설명으로 옳지 않은 것은?

① 집합재는 비경합성과 비배제성의 특징 때문에 과소공급과 과다공급의 쟁점을 야기시키므로 원칙적으로 공공부문에서 공급해야 한다.
② 공유재는 정당한 대가를 지불하지 않는 사람들의 이용을 배제하기 어렵다는 문제가 있다.
③ 국방의 경우는 경합성은 있지만 배제가 불가능한 서비스로서 대표적인 공유재에 해당한다.
④ 의료, 교육 등의 가치재는 경합적이므로 시장을 통한 배급도 가능하지만 정부가 개입할 수도 있다.

정밀해설

③ 국방의 경우는 경합성이 없고 배제가 불가능한 서비스로서 대표적인 공공재에 해당한다.
① 집합재는 공공재로서 비경합성과 비배제성의 특징 때문에 과소공급과 과다공급의 문제를 야기시키는 만큼 원칙적으로 공공부문(정부)이 공급해야 할 서비스이다.
② 공유재는 비배제성으로 인하여 비극이 발생한다.
④ 가치재는 기본적으로 사적재이지만 일정 수준 소비하는 것이 바람직하기 때문에 정부가 직접 공급하는 경우도 있다.

▶ 재화의 유형

구분	비경합성	경합성
비배제성	공공재(집합재)	공유재(공동재)
배제성	요금재(유료재)	민간재(사적재)

정답 : ③

04

2014 국회 8급

다음 중 공공서비스에 대한 설명으로 옳지 않은 것은?

① 의료, 교육과 같은 가치재(worthy goods)는 경합적이므로 시장을 통한 배급도 가능하지만 정부가 개입할 수도 있다.
② 공유재(common goods)는 정당한 대가를 지불하지 않는 사람들을 이용에서 배제하기 어렵다는 문제가 있다.
③ 노벨상을 수상한 오스트롬(E.Ostrom)은 정부의 규제에 의해 공유 자원의 고갈을 방지할 수 있다는 보편적 이론을 제시하였다.
④ 공공재(public goods) 성격을 가진 재화와 서비스는 시장에 맡겼을 때 바람직한 수준 이하로 공급될 가능성이 높다.
⑤ 어획자 수나 어획량에 대해서 아무런 제한이 없는 개방어장의 경우 공유의 딜레마 또는 공유의 비극이라는 문제가 발생한다.

정밀해설

③ 오스트롬은 공유자원에 대하여 정부의 규제보다는 시장에 맡기거나 구성원들이 자발적으로 합의하고 해결하는 것이 바람직하다고 주장하였다.
① 의료, 교육과 같은 가치재의 경우 경합적이므로 시장을 통한 배급이 가능하지만, 기본적인 수요조차 충족하기 어려운 저소득층이나 영세민 배려 등을 위해 부분적으로 정부가 개입할 수 있다.
② 공유재는 정당한 대가를 지불하지 않아도 배제할 수 없는 비배제성의 특징을 지니므로 비용회피와 과잉소비 등의 문제가 발생할 수 있다.
④ 공공재는 비경합성과 비배제성의 특징을 지니므로 비용부담에 따른 서비스의 차별화나 서비스 혜택으로부터의 배제가 불가능하고 과소공급 또는 과잉공급의 문제가 발생하며, 공공재를 정부가 아닌 시장에 맡겼을 경우 바람직한 수준 이하로 공급될 가능성이 높다.
⑤ 경합성은 있지만 배제가 불가능한 특징을 지니는 개방어장의 경우 자신의 이익을 극대화함으로써 자원이 고갈되는 공유지 비극이나 공유의 딜레마 현상이 발생한다.

정답 : ③

적중 예상 문제

01

다양한 재화적 관점에서 바라본 행정의 특성으로 옳지 않은 것은?

① 공공재로서의 행정은 화폐단위로의 표현은 용이하나 성과측정이 명확하게 되지 않는다.
② 개인의 사용량 증가는 사회전체의 고갈 현상을 초래할 수 있다.
③ 요금재의 성격이 있는 재화는 수익자부담주의를 적용할 수 있다.
④ 가치재는 원칙적으로 민간재의 속성을 갖는다.

정밀해설

① 공공재로서의 행정은 화폐단위로의 표현이 곤란하며 성과측정 또한 명확하게 되지 않는다.
② 공유재는 개인의 사용량이 증가함에 따라 사회 전체적으로는 고갈되는 공유재의 비극을 초래하는 재화이다.
③ 요금재는 수익자부담주의를 적용할 수 있다.
④ 의료, 교육 등은 가치재에 해당한다.

정답 : ①

02

다음 중 공유지의 비극에 대한 설명으로 가장 옳지 않은 것은?

① 소유권이 불분명하여 자원이 낭비되는 현상이다.
② 개인적 합리성이 사회전체적 합리성과 일치하지 않는 것으로 정부실패의 원인이 된다.
③ Hardin은 해결책으로 정부의 적절한 개입 등을 제시한다.
④ '구명보트의 윤리'와 관련된다.

정밀해설

② 개인적 합리성이 사회전체적 합리성과 일치하지 않는 것으로 시장실패의 원인이 된다.

▶ **Hardin이 제시한 해결책**

1. 공유의 상태를 근본적으로 제거하기 위해 소유권을 명확화(사유화): 코즈의 정리
2. 정부가 적절히 개입하여 규제하는 방안
3. 각자 스스로의 양심으로 공유지를 최적으로 운영하게 하는 방안 등
 → Hardin은 세 번째 방법은 회의적으로 보고 먼저 소유권을 명확히 하여 공유상태를 해소하는 것이 가장 이상적이고, 그게 안 되면 정부가 개입하여 규제할 것을 주장함.

정답 : ②

03

다음 중 행정의 특징과 거리가 먼 것은?

① 행정은 민주주의의 원리에 의해 국회의 견제를 받는다.
② 행정은 사회를 안정화하면서 지속적인 발전을 추구한다.
③ 현대사회에서는 환경의 관리와 갈등해결의 역할에도 주목한다.
④ 현대행정은 효율적인 관리보다 사회문제 해결의 기술성을 더욱 강조한다.

정밀해설

④ 현대행정은 효율적 관리와 사회문제 해결의 기술성 모두를 강조하는 양면적 성격을 지닌다.

▶ **현대행정의 기능**

Dimock의 시대별 분류	보호기능, 규제기능, 원호기능, 직접봉사기능, 지원(보조금), 판매(공기업), 규제 등
소극적 기능과 적극적 기능	• 소극적(전통적) 기능: 사회안정화 기능 • 적극적(현대적) 기능: 사회변동 관리 기능
G.caiden의 국가발전단계의 기준	전통적 기능, 국민형성기능, 경제관리적 기능, 사회복지기능, 환경통제기능

정답: ④

04

다음 중 공공서비스 공급에 대한 설명으로 옳은 것은?

① 공유재의 비극을 해결하기 위해 공유재 모형이 제시한 대안들은 공유재산을 사유화하는 방식이었다.
② 요금재는 독점이익의 왜곡을 방지하기 위해 주로 일반행정이나 책임경영방식이 활용되어 왔고 민간기업의 참여가 활성화되어 있지 않다.
③ 무임승차문제는 비경합성 때문에 발생한다.
④ 집합재는 원칙적으로 민간위탁방식으로 공급해야 할 서비스이다.

정밀해설

① 공유재의 비극을 해결하기 위해 하딘(Hardin)은 소유권의 명확화 및 사유화를 방안으로 제시하였다.
② 요금재는 자연독점에 의한 독점이익의 왜곡을 방지하기 위해 주로 정부나 공기업이 공급을 하였으나 최근에는 민간의 참여가 활성화되고 있다.
③ 무임승차문제는 비배제성 때문에 발생한다.
④ 집합재는 원칙적으로 정부가 공급해야 할 서비스이다.

정답: ①

THEME 002 정치와 행정과 경영

1 행정과 경영의 유사점(공·사행정일원론)
① 목표 달성을 위한 수단성, 관리 기술성
② 관료제적 성격: 계층제, 전문화, 분업화 등
③ 대안 중에서 합리적 의사결정과 선택
④ 봉사성: 국민과 소비자라는 각각의 고객에게 봉사함.

2 행정과 경영의 차이점(공·사행정이원론)
① 근본적 차이점: 공익 vs 사익
② 행정(공행정)과 경영(사행정)의 상대적 차이점

구분	행정	경영
법적 규제	강함	약함
정치적 통제	강함	약함
활동의 범위와 영향력	광범위/강제성	좁음/쌍방성
능률의 기준	사회적 능률	기계적 능률
공개성의 정도	높음	낮음
신분보장	강함	미흡

Mani DB 공·사행정 관점
(1) 공·사일원론적 관점: 행정관리론(Wilson, Gulick), 행태론(Simon)
(2) 공·사이원론적 관점: 통치기능설(Dimock, Appleby), 발전행정론, 신행정론

③ 최근 신자유주의하에서 공행정과 사행정의 접근 경향이 강화되고 있음.
⇨ 기업의 사회적 책임, 제3섹터, 공동생산 등

3 행정과 정치
① 정치·행정이원론: 미국에서는 1880년대 공무원제도 개혁의 중심으로 작용하였음. 행정과 경영의 유사성을 강조하며, 행정을 기술적 과정으로 인식함.
② 정치·행정일원론: 행정은 정치와 단절되어 있는 것이 아니라 정책결정 등 가치판단 기능을 적극 수행하고 정치적 통제의 대상이 된다고 봄.

Mani DB 행정과 경영, 정치의 흐름

행정과 경영	정치와 행정	해당 이론
공·사행정일원론	정치·행정이원론	기술적 행정학(행정관리설)
공·사행정이원론	정치·행정일원론	기능적 행정학(통치기능설)
공·사행정새일원론	정치·행정새이원론	행정행태설(공행정과 사행정의 상대적 차이 강조)
공·사행정새이원론	정치·행정새일원론	발전기능설, 신행정론, 정책과학
공·사행정새일원론	탈정치화	신공공관리론(행정의 경영화 강조)
공·사행정새이원론	재정치화	뉴거버넌스(정치적 참여 강조)

OX 기출분석

해설

01 ☐☐☐ 22 국가 7급
정치행정이원론 입장에서 윌슨(Wilson)은 행정을 전문적·기술적 영역으로 규정하고, 정부는 효율성과 전문성을 갖추어야 한다고 주장하였다. ○ ✕

윌슨은 정치행정이원론자이다.

02 ☐☐☐ 21 군무원 9급
행정과 경영은 비슷한 수준의 법적 규제를 받는다. ○ ✕

행정이 경영보다 법적 규제를 더 많이 받는다.

03 ☐☐☐ 21 지방(서울) 9급
정치·행정 일원론은 행정국가의 등장과 연관성이 깊다. ○ ✕

정치·행정 일원론은 1930년대 경제대공황 등을 배경으로 행정국가가 등장하면서 주장되었다.

04 ☐☐☐ 20 국가 9급
과학적 관리론과 행정개혁운동은 정치·행정이원론의 한계를 지적하였다. ○ ✕

과학적 관리론과 행정개혁운동은 정치·행정일원론의 한계를 지적하면서 대두하게 되었다.

05 ☐☐☐ 19 서울 9급
정치·행정일원론에서는 공공조직의 관리자들이 수집, 분석, 제시하는 정보가 가치판단적인 요소를 내포한다. ○ ✕

정치·행정일원론은 가치판단적인 요소를 내포하고 있다.

06 ☐☐☐ 19 행정사
상대적으로 행정은 관리적 측면이 강하게 나타나고 경영은 권력적 측면이 강하게 나타난다. ○ ✕

상대적으로 행정은 권력적 측면이 강하게 나타나고 경영은 관리적 측면이 강하게 나타난다.

07 ☐☐☐ 19 경찰간부
경영과 비교할 때 행정은 본질적으로 정치적 공권력을 배경으로 수행된다. ○ ✕

행정은 정책결정 과정에 있어 정치적 성격을 강하게 내포하므로 정치적 공권력을 바탕으로 수행된다.

08 ☐☐☐ 18 서울 7급(추)
오늘날 행정의 활동은 정치권력을 배경으로 공공서비스의 생산 및 공급을 정부가 독점한다. ○ ✕

오늘날 행정의 활동은 정치권력을 배경으로 공공서비스의 생산 및 공급을 준정부기관이나 민간부문과 협력한다.

정답 01 ○ 02 ✕ 03 ○ 04 ✕ 05 ○ 06 ✕ 07 ○ 08 ✕

THEME 002 정치와 행정과 경영

핵심 기출 문제

01
2020 소방간부

행정과 경영은 속성상 유사하다고 주장하는 관점이 미친 영향으로 옳지 않은 것은?

① 미국 역사에서 엽관주의의 폐단을 극복하는 데 기여하였다.
② 행정관리론과 신공공관리론을 통하여 행정에 사기업관리방식을 도입하였다.
③ 행정학을 정치학으로부터 분리하여 독자적인 학문분야로 정착시켰다.
④ 과학적 관리(Scientific management)와 정부재창조(Reinventing government)에 공통된 전제를 제공하였다.
⑤ 직업공무원제를 옹호하는 행정재정립운동(Refounding movement)을 촉발하였다.

정밀해설

⑤ 1990년대 행정재정립운동(Refounding Movement)는 행정의 정당성 및 규범성, 전문직업주의를 강조한 운동으로, 행정은 경영이나 정치와 다르다고 보았다.
① 행정과 경영의 유사성을 주장하는 것은 공·사행정일원론으로 이는 엽관주의의 폐단을 극복하고자 하였다.
② 행정관리론과 신공공관리론은 공·사행정일원론으로 민간의 관리기법을 행정에 도입해야 한다고 본다.
③ 공사행정일원론은 행정을 정치로부터 분리하여 독자적인 학문을 갖추는데 기여하였다.
④ 1990년대 Osborne& Gabler의 「정부재창조(reinventing Government)」는 신공공관리론과 관련되며 신공공관리론의 이론적 배경인 신관리주의는 과학적 관리와 연관된다.

정답 : ⑤

02
2015 행정사

정치행정일원론에 관한 설명으로 옳지 않은 것은?

① 경제대공황(Great Depression), 뉴딜정책 이후 정부의 적극적 역할이 강조된 시기에 발달되었다.
② 행정에 있어서 정책수립이라는 정치적·가치배분적 기능이 중요시된다.
③ 정치와 행정은 불가분의 관계에 있으므로 둘은 상호배타적이라기보다 서로 협조적 관계에 있다.
④ 디목(M. E Dimock), 애플비(P. H. Appleby) 등에 의해 주장되었다.
⑤ 행정에 있어서 절약과 능률을 최고 가치로 추구한다.

정밀해설

⑤ 행정에 있어서 절약과 능률을 최고 가치로 추구하는 것은 정치행정이원론과 관련된다.
① 정치행정일원론은 세계대공황 등을 겪으며 정부의 적극적 역할이 강조된 시기인 1930~1940년대에 발달된 이론이다.
② 행정을 사회문제를 적극 처방하기 위한 가치판단기능으로 보고 정책의 단순한 집행뿐만 아니라, 정책결정기능까지 포함한다고 본다.
③ 정치와 행정을 연속적인 관계로 보고 사회문제를 적극적으로 해결하려는 처방성, 기술성을 갖는다.
④ 디목과 애플비 등은 정치행정일원론을 주장한 대표학자들이다.

정답 : ⑤

03

2014 경찰간부

행정과 경영의 공통점 및 차이에 대한 설명 중 가장 잘못된 것은?

① 행정은 정치적 성격을 갖는 반면, 경영은 정치로부터 분리되어 있어 정치적인 성격을 갖지 않는 것이 일반적이다.
② 경영은 시장실패 가능성 등의 이유로 엄격한 법적 규제를 받는 반면, 공익을 추구하는 행정은 법적 규제로부터 자유롭다.
③ 행정과 경영은 모두 관료제적 성격을 갖는 대규모 조직이라는 점에서 유사성을 갖는다.
④ 경영은 자유로운 시장진입 가능성으로 경쟁에 노출되는 반면, 행정은 공공서비스를 제공하는 과정에서 경쟁자가 존재하지 않는 것이 일반적이다.

정밀해설

② 행정은 공공성으로 인하여 엄격한 법적 규제를 받는 반면, 경영은 좀 더 자유롭다.
① 행정은 정치적 성격을 갖는 반면, 경영은 상대적으로 정치적 성격이 약한 편이다.
③ 대규모 조직의 관리활동이라는 점에서 행정과 경영은 유사하다. 다만 추구하는 가치 또는 목표에서 차이가 발생한다.
④ 행정의 독점성은 경영과의 차이점에 해당한다.

정답 : ②

04

2010 국회 8급

<보기> 중 Barry Bozeman의 '공공성(publicness)' 개념에 대한 설명으로 옳은 것을 모두 고르면?

―< 보기 >―

가. 사회적 가치는 공(公)과 사(私) 모두에 본질적인 것이다.
나. 사조직도 흔히 정부규제와 정치적 압력 하에 있게 된다.
다. 모든 조직은 어느 정도 공공성을 띠고 있다.
라. 공(公)과 사(私)는 분명히 구별된다.
마. 사회적 가치는 행정의 본질적 특징이다.

① 가, 나
② 나, 다
③ 가, 다, 라
④ 나, 다, 마
⑤ 다, 라, 마

정밀해설

④ 나, 다, 마는 옳고 가, 라는 틀리다.
나. [○] Bozeman은 모든 조직은 정도의 차이가 있을 뿐 정치적 규제와 영향을 받고 있다고 본다.
다. [○] Bozeman의 차원적 접근에 따르면 모든 조직은 공공성을 띠고 있다고 본다.
마. [○] 사회적 가치는 공행정의 본질적 특징이다.
가. [×] 행정은 사회적 가치(권력, 재화, 기회, 의무, 부담 등)를 권위적으로 배분하는 과정이므로 사회적 가치의 배분과 연관된 공공성, 권력성, 정치성, 체제성 등은 공행정에 있어서는 본질적 특성이지만 공(公)과 사(私) 모두에 본질적인 것은 아니다.
라. [×] 공(公)과 사(私)는 분명히 구별되는 것이 아니라 상대적인 것이다.

▶ **행정 vs 경영**

구분	행정	경영
목적	공익추구	이윤(사익) 극대화(추구)
법적 규제	강함(엄격한 법적 규제)	약함
정치적 통제	강함	약함
능률의 척도	사회적 능률	기계적 능률
공개성	강함	약함
신분보장	강함	약함
권력성	강제적 권력	공리적 권력
평등성	모든 국민이 대상(넓게 적용)	고객 범위 내에 한정(좁게 적용)

정답 : ④

적중 예상 문제

01 ☐☐☐

다음 중 행정과 정치에 대한 설명으로 옳지 않은 것은?

① 행정은 민주주의 국가의 정치적 한계 내에서 작동해야 한다.
② 정치행정일원론은 엽관주의 폐단의 극복과 실적주의 확립을 배경으로 등장하였다.
③ 정치행정이원론은 행정의 과학화를 추구한다.
④ 정치행정일원론에서 행정은 정책형성과 가치 배분적 기능을 수행한다.

정밀해설

② 정치행정이원론은 엽관주의 폐단을 극복하고 실적주의를 확립하기 위해 등장하였다.
① 행정은 민주주의 국가에서 행정부가 담당하는 사실관계적인 집행활동으로 정치적 한계 내에서 작동해야 한다.
③ 정치행정이원론은 행정과 경영의 유사성을 강조하며 행정의 과학화를 추구한다.
④ 정치행정일원론에서 행정은 정책형성을 통해 정치적 기능과 가치 배분적 기능을 수행한다.

정답 : ②

02 ☐☐☐

행정과 경영에 대한 공사이원론의 서술로 옳지 않은 것은?

① 행정과 경영의 상대적 차이를 강조한다.
② 공익을 추구하는 행정의 특수성을 주장한다.
③ Appleby, Dimock 등은 통치기능설과 관련된다.
④ 행정행태설과 신공공관리론 모두 공사이원론 계열이다.

정밀해설

④ 행정행태설과 신공공관리론 모두 공사일원론 계열이다.

▶ 행정과 경영에 대한 흐름

행정과 경영	정치와 행정	해당 이론
공·사행정 일원론	정치·행정 이원론	기술적 행정학 (행정관리설)
공·사행정 이원론	정치·행정 일원론	기능적 행정학 (통치기능설)
공·사행정 새일원론	정치·행정 새이원론	행정행태설 (공행정과 사행정의 상대적 차이 강조)
공·사행정 새이원론	정치·행정 새일원론	발전기능설, 신행정론, 정책과학
공·사행정 새일원론	탈정치화	신공공관리론 (행정의 경영화 강조)
공·사행정 새이원론	재정치화	거버넌스

정답 : ④

03 ☐☐☐

다음 중 행정과 경영의 상대화를 중시하는 관점의 내용이 아닌 것은?

① Bozeman은 공공성을 상대적 개념으로 보는 차원적 접근법을 제시하였다.
② 기업의 장기목표를 위하여 사회적 책임과 윤리성이 강조됨에 따라 기업은 공익을 위한 것으로 본질적 변화를 추구하고 있다.
③ 신자유주의의 등장에 따라 노동시장의 유연화, 행정기능의 감축, 복지축소 등이 나타났다.
④ 영미계 OECD 국가들을 중심으로 기업가적 정부모형을 제시하며 행정개혁을 추진하였다.

정밀해설

② 기업의 거대화 및 사회적 책임성이 강조됨에 따라 기업의 공공성이 강조되고 있는 추세이지만, 기업은 본질적으로 사익을 추구하므로 공익을 위한 본질적 변화를 추구하는 것은 아니다.
① Bozeman은 모든 조직은 정도의 차이만 있을 뿐 모두 공공성을 띠고 있으며 정치적 권위에 의한 규제와 영향을 받고 있으므로 공·사조직을 이분법적으로 보아서는 안 된다는 차원적 접근법을 제시하였다.
③ 신자유주의를 기반으로 하는 신공공관리론이 등장함에 따라 노동시장의 유연화, 시장기능의 활성화, 감축관리 및 민영화를 강조하게 되었다.
④ OECD 국가들을 중심으로 신공공관리론적 행정개혁을 추진하였다.

정답 : ②

04 ☐☐☐

정치행정이원론에 관한 설명으로 옳은 것은?

① 미국은 실적주의가 적극적 인사행정으로 전환되는 시기에 정치행정이원론이 대두하였다.
② Wilson은 당시 미국의 진보주의와 유럽식 중앙집권국가의 관리이론에 영향을 받았다.
③ 행정은 원리에 충실하면서 국가의사를 과학적 원칙에 따라서 결정하여야 한다.
④ 중앙집권적이고 관료통치가 강한 나라에서는 행정과 정치가 분화되어 행정이 정치적 기능을 수행하지 못한다.

정밀해설

① 미국은 엽관주의가 실적주의로 전환되는 시기에 정치행정이원론이 대두하였다.
③ 정치행정이원론에서 행정은 집행에 충실하여야 한다고 본다. 정치는 정책결정의 역할을 하고, 행정은 결정된 부분에 대해 충실한 기계적 집행을 하는 것이 최선이라고 보았다.
④ 중앙집권적이고 관료통치가 강한 나라에서는 행정이 정치적 기능을 수행하였다.

정답 : ②

THEME 003 국가역할과 정부관

1 정부관 변화

① 변천 과정

근대 행정(19C)		현대 행정(1930년대 이후)	최근 행정
㉠ 행정기능의 소극성 ㉡ 재정규모의 빈약 ㉢ 행정기능의 단순화 ㉣ 집행, 관리작용의 중시 ㉤ 공식조직의 강조	양적 측면	㉠ 행정기능의 확대 ㉡ 행정기구의 팽창 ㉢ 공무원 수의 증가 ㉣ 재정규모의 팽창 ㉤ Parkinson 법칙	㉠ 작은 정부 ㉡ 규제 완화 ㉢ 감축 관리 ㉣ 민영화 ㉤ 정보화
	질적 측면	㉠ 행정기능의 전문·복잡화 ㉡ 정책결정 및 기획 중시 ㉢ 광역행정의 대두와 신중앙집권화 경향 ㉣ 행정책임, 통제, 평가, 환류 중시	

② 최근 정부관
㉠ 최근에는 민주성, 형평성, 대응성 등의 이념을 강조함.
㉡ 행정조직의 동태화, 행정평가 제도 확립
㉢ 자원의 최적배분과 사업계획의 효율성을 높이기 위한 제도 마련
㉣ 신지방분권화 현상, 광역 행정화, 행정책임 강화, 국민의 참여증대 등

Mani DB Parkinson 법칙

(1) 내용
· 부하배증의 법칙: 동일 직급수준의 동료보다도 부하를 배증하고자 하는 심리
· 업무배증의 법칙: 본질적 업무 증가 없이 업무량이 늘어남.
(2) 한계
비상시(불경기나 전시상황 등)나 후진국의 업무량 증가에 의한 공무원 수의 증가를 고려하지 않음.

2 근대 입법국가와 현대 행정국가

구분	근대 입법국가(19C)	현대 행정국가(20C)
배경 사건	시민혁명(1789)	경제대공황(1929)
정부관	최소의 정부가 최선의 정부	최대의 봉사가 최선의 정부
기초이론	A. Smith 예정조화설(자유방임주의)	Keynes 유효수요이론(수정자본주의)
국가와 사회	이원적(국가는 필요악)	일원적(국가는 사회문제 해결자)
정부 기능	소극적 기능(최소국가)	적극적 기능(양적·질적 확대 지향)
지방자치	지방분권 중시	광역행정, 신중앙집권화 ⇨ 지방자치 위기
사회문제 계기	1930년대 경제대공황 ⇨ 시장실패	1970년대 1·2차 오일쇼크 ⇨ 정부실패
대안	행정국가	신행정국가

OX 기출분석

01 □□□ 22 국가 9급
대공황 이후 케인스주의, 루스벨트 대통령의 뉴딜정책은 큰 정부관을 강조하였다. ○ ×

해설: 행정국가의 큰정부 시기의 국가관이다.

02 □□□ 19 지방 7급
파킨슨의 법칙(Parkinson's Law)에 따르면 관료는 본질적인 업무가 증가하지 않으면 파생적인 업무도 줄이려는 무사안일의 경향을 가진다. ○ ×

해설: 관료는 본질적인 업무의 증가 없이도, 파생적인 업무량이 증가하는 업무 배증의 경향을 가진다.

03 □□□ 17 교행 9급
1930년대 대공황을 겪으면서 최소의 정부가 최선의 정부라는 신념이 중요시되었다. ○ ×

해설: 1930년대 대공황을 겪으면서 최대의 봉사가 최선의 정부라는 신념이 중요시되었다

04 □□□ 14 국회 9급
행정국가화 현상은 행정기능이 단순해지고 축소되므로 작은정부 실현에 도움이 된다. ○ ×

해설: 행정국가는 행정기능이 양적으로 팽창하고 질적으로 전문화되어 행정의 기능이 전반적으로 확대된 것으로, 정부는 적극적 기능을 담당하게 된다.

05 □□□ 13 국가 9급
신자유주의 정부는 민간부문에 대한 간섭과 규제가 최소화 또는 합리적으로 축소·조정되어야 한다는 입장에서 규제 완화, 민영화 등을 강조한다. ○ ×

06 □□□ 12 지방 9급
현대 민주주의 국가에서는 시민사회에서 발생하는 이해관계자 간의 다양한 갈등을 해결하기 위하여 심판자로서의 정부역할이 강화되고 있다. ○ ×

해설: 현대 민주주의 국가에서는 시민사회에서 발생하는 이해관계자 간의 다양한 갈등을 해결하기 위하여 수평적이고 협력적인 정부역할이 강화되고 있다.

07 □□□ 10 지방 9급
파킨슨의 법칙은 조직의 구조적 특징이 조직의 규모를 결정한다고 본다. ○ ×

해설: 파킨슨의 법칙은 공무원의 수가 업무량에 관계없이 증가한다는 법칙으로 구조적 특징이 조직의 규모를 결정한다는 내용과는 관련이 없다.

08 □□□ 09 서울 9급
다양한 위기상황은 행정국가에서 최소국가로의 발전을 자극하였다. ○ ×

해설: 앞뒤가 바뀌었다. 시장실패 및 미국사회의 다양한 위기상황들은 최소국가에서 행정국가로의 변화를 꾀하였다.

정답 01 **O** 02 **X** 03 **X** 04 **X** 05 **O** 06 **X** 07 **X** 08 **X**

THEME 003 국가역할과 정부관

핵심 기출 문제

01 □□□ 2020 지방, 서울 9급

작은정부를 적극적으로 옹호하는 것은?

① 행정권 우월화를 인정하는 정치·행정 일원론
② 경제공황 극복을 위한 뉴딜정책
③ 사회복지 프로그램의 확대
④ 신공공관리론

정밀해설

④ 작은정부는 신행정국가를 의미하는 것으로 신공공관리론을 이론적 근거로 보았다.
① 큰 정부는 상대적으로 행정국가를 의미하는 것으로, 행정 문제가 고도의 전문화, 기술화, 복잡화되어 행정기능이 팽창됨으로써 행정의 우월화를 인정하는 정치·행정 일원론의 성격을 띠게 되었다.
② 행정국가는 1930년대 경제대공황을 치유하기 위한 뉴딜정책으로부터 본격화되기 시작하였다.
③ 1960년대 말 미국사회 격동기의 문제를 해결하고 자본주의의 발달로 나타난 사회문제를 치료하기 위해 사회복지 프로그램이 확대하게 되었다.

정답 : ④

02 □□□ 2017 서울 9급

복지국가의 공공서비스 공급 접근방식에 대한 설명으로 가장 옳은 것은?

① 민간부문을 조정·관리·통제하는 공공서비스 기능이 강조된다.
② 서비스의 배분 준거는 재정효율화이다.
③ 공공서비스의 형태는 선호에 따라 차별적으로 상품화된 서비스이다.
④ 성과관리는 수요자 중심의 맞춤형 관점에서 이루어진다.

정밀해설

① 여기서의 복지국가란 현대행정국가를 의미하는 것으로 정부가 민간부문을 직접 조정·관리·규제하는 공공서비스 기능이 강조된다. 나머지 지문은 신공공관리주의에서의 공공서비스 공급에 대한 접근방식이다.
② 복지국가의 공공서비스 배분 준거는 형평적 배분이다.
③ 복지국가의 공공서비스는 국가최저수준의 보편화되고 표준화된 서비스이다.
④ 복지국가의 성과관리는 수요자 중심이 아닌 시설 및 기관 중심의 공급자 관점에서 이루어진다.

정답 : ①

03

2014 지방 9급

큰 정부론과 작은 정부론의 논쟁에 대한 설명으로 옳지 않은 것은?

① 작은 정부론은 민영화의 확대를 주장하지만, 또 다른 시장실패를 유발할 수 있다는 점에서 네트워크 거버넌스의 필요성이 제기되기도 한다.
② 공공재는 시장에서 적절하게 제공되지 못하므로 정부가 제공해야 한다는 주장은 시장에 대한 정부의 개입을 강조한다.
③ 작은 정부론은 정부의 개입이 초래하는 대표적 정부실패의 사례로 독점으로 인해 발생하는 X-비효율성을 제시한다.
④ 큰 정부론자는 "비용과 편익이 괴리되어 시장실패가 발생하는 경우, 정부가 시장에 개입해야 한다."라고 주장한다.

정밀해설

④ 비용과 편익의 괴리는 정부실패의 요인이다. 이를 해결하기 위해서 작은 정부론에서는 정부가 시장에 개입하지 않아야 한다고 주장한다.
① 최근 행정의 개념에는 공공문제의 해결을 위해 정부 외의 공·사조직들 간의 연결 네트워크, 즉 거버넌스(governance)를 강조하는 경향이 있다.
② 공공재는 가격을 지불하지 않아도 배제되지 않기 때문에 수익자 부담주의가 적용되지 않는다. 따라서 '무임승차의 문제'가 발생하기 때문에 정부가 공급해야 한다는 주장이 제기된다.
③ 'X-비효율성'의 발생원인은 독점성으로 인한 방만한 경영이다.

정답 : ④

04

2012 국회 8급

정부와 시장의 관계에 관한 시장주의자의 설명으로 옳은 것은?

① 시장주의자는 경제활동의 당사자가 정부보다 정보의 획득면에서 유리하다고 보고, 정부가 경제활동에 개입하는 것을 반대한다.
② 대표적인 시장주의자는 스미스(A.Smith)와 왈도(D.Waldo)이다.
③ 시장주의자는 정책관여자가 시장참여자와는 다른 욕구를 가진다는 점을 강조한다.
④ 시장주의자는 시장이 정부보다 외부경제와 외부비경제의 문제에 더 잘 대처할 수 있다고 주장한다.
⑤ 시장주의자는 시장경제에 의한 분배가 기여에 따른 보상을 강조하므로, 소득의 공정한 분배를 촉진한다고 본다.

정밀해설

① 시장주의는 국가의 개입을 줄이고 시장의 힘으로 모든 문제를 해결할 수 있다고 보는 보수주의자들이나 최근의 신자유주의자들의 입장으로, 시장주의자는 경제활동의 당사자가 정부보다 정보의 획득면에서 유리하다고 보고, 정부가 경제활동에 개입하는 것을 반대한다. 한편 진보주의자들은 시장의 한계를 인식하고 정부가 시장에 적극 개입하여 시장의 실패를 치유해야 된다고 본다.
② 전통적인 시장주의자는 시장의 보이지 않는 손을 강조한 아담 스미스(A.Smith)이며, 왈도(D.Waldo)는 1970년대 신행정론자로서 시장의 문제에 정부가 적극 개입하여 해결에 나서야 한다는 진보주의자이다.
③ 정책관여자가 시장참여자와는 다른 욕구를 가진다는 점을 강조하는 입장은 진보주의자들이다.
④ 진보주의자들은 시장주의자들이 시장의 실패나 한계를 인식하지 못한다고 비판하고 정부가 시장보다 외부경제와 외부비경제의 문제에 더 잘 대처할 수 있다고 주장한다.
⑤ 진보주의자들은 시장경제에 의한 분배는 능력과 기여도에 따른 보상만을 강조하므로, 패자나 약자에 대한 배려가 없어 소득의 공정한 분배를 보장해줄 수 없다고 주장한다.

정답 : ①

적중 예상 문제

01

최근 국가 현상에 대한 설명으로 옳지 않은 것은?

① 분화정체의 형성으로 공공서비스의 공급체계가 정책 연결망 및 정부 간 관계로 전환된다.
② 국가의 정책형성을 담당하는 핵심행정부가 강조되어 신지방분권화 현상이 발생한다.
③ 계약국가로 전환되어 국가의 규모가 축소되나 권위는 지속된다.
④ 신행정국가의 현상에서는 거버넌스가 실효성이 약화되고 있다.

정밀해설

④ 신행정국가 현상에서는 공동화 국가의 현상이 야기됨에 따라 거버넌스적 국정운영이 중시된다.
① 분화정체를 통해 정책 거버넌스가 형성된다.

정답 : ④

02

다음 중 신행정국가의 내용이 아닌 것은?

① Keynes적 복지국가가 규제국가로 전환된다.
② 1980년대 정부실패 이후 신자유주의를 배경으로 한다.
③ 핵심행정부가 나타나며, 공동화 국가 현상이 해결되었다.
④ 정부 간 관계와 정책네트워크가 증가하였다.

정밀해설

③ 핵심행정부는 정부 내 정책들을 통합하고 정부기구 간 갈등을 해결하는 행정부 내 최종조정자로서 행동하는 모든 조직과 구조들을 의미하는 것으로, 신행정국가에서는 핵심행정부가 나타나며, 공동화 국가 현상이 발생하였다.
① 신행정국가의 경우 케인즈적인 복지국가에서 규제국가로 전환되었다.
② 신행정국가는 1980년대 정부실패 해결과 신자유주의의 등장을 배경으로 한다.
④ 신행정국가에서는 다양한 정책네트워크가 증가되었고 정부 간 관계가 형성되었다.

정답 : ③

03 □□□

다음 현대국가이론 중 신행정국가의 주장에 대한 설명으로 가장 옳은 것은?

① 시장의 한계를 치유하기 위한 큰 정부를 지향한다.
② 시민참여를 중시하는 뉴거버넌스의 관점을 수용한다.
③ 인력에 관한 Parkinson 법칙을 중시한다.
④ 제도적 복지를 위한 정부역할의 확대를 강조한다.

정밀해설

② 신행정국가는 공공부문의 시장화와 행정의 탈정치화를 강조하는 신공공관리보다는 네트워크와 시민참여를 중시한다는 점에서 뉴거버넌스와 가까운 개념이라 할 수 있다.
①, ③, ④ 행정국가의 특징이다.

정답 : ②

04 □□□

파킨슨의 법칙에 대한 설명으로 옳지 않은 것은?

① 공무원 수의 증가는 본질적 업무의 증가와 밀접하게 관련된다.
② 관료제국주의, 상승하는 피라미드의 법칙(the law of rising pyra-mid)이라고도 불린다.
③ 위기 시 증가 현상을 설명하지 못하는 한계가 있다.
④ 부하배증의 법칙과 업무배증의 법칙을 핵심내용으로 한다.

정밀해설

① 파킨슨의 법칙은 공무원 수가 본질적 업무에 관계없이 증가한다는 법칙이다.
② 파킨슨의 법칙에 해당되는 말이다.
③ 위기 시 팽창 현상을 설명하지 못한다.
④ 상관이나 동료보다는 부하의 배증과 이로 인한 업무의 배증을 핵심으로 한다.

정답 : ①

THEME 004 현대행정의 특징

1 국가 기능의 흐름

근대 입법국가(19C)		행정국가(1900~1970년대)		신행정국가(1980년대~)
작은 정부(자유주의)	시장실패	정부개입	정부실패	작은 정부(신자유주의)
• 완전경쟁시장 • A. Smith	• 불완전경쟁 • 규모의 경제 • 자연독점 • 외부효과 • 공공재의 과소 공급 • 정보 비대칭성 • 경기의 불안정 • 소득분배의 불평등	• 독과점 규제 • 공기업 설립 • 유인(보조금) • 제재(부담금) • 직접 공급 • 재분배정책, 복지정책	• 비용과 편익 분리 • 내부성 • 규제실패 • X-비효율성 • 파생적 외부효과 • 권력 편재 • 정보 비대칭성	• 방향잡기 • 경쟁체제 도입 • 감축관리 • 복지 축소(생산적 복지) • 민영화 • 성과 중시 • 권한 이양

Mani DB 복지 비교

구분	잔여적 복지	제도적 복지
기본관점	시장주의, 개인주의, 보충성원리	평등주의, 집단주의
복지필요성	개인의 문제 해결	사회의 구조적 문제 해결
정부역할	최소화	최대화
정책방향	경제성장	소득분배

2 행정국가와 신행정국가

구분	행정국가(1900~1970)	신행정국가(1980~)
대두배경	1930년대 경제대공황	1970년대 정부실패
이론적 근거	케인즈의 유효수요이론	신자유주의, 공급중시경제학, 공공선택이론
정부역할	• 전술적 집행: 노젓기(rowing) • 복지혜택 제공자로서의 역할	• 전략적 목표설정: 방향잡기(steering) • 시장형성자로서의 역할
주요정책	규제증가, 복지정책 확대 등	규제완화, 민영화, 감축관리, 복지정책 축소 등 ⇨ 레이거노믹스, 대처리즘
행정이념	형평성	생산성(효율성)
정치, 경영	정치행정일원론(공사행정이원론)	정치행정이원론(공사행정일원론)
복지정책	소비적 복지 ⇨ 복지지출 확대, 재정 파탄	생산적 복지 ⇨ 복지지출 축소, 재정부담 완화
통치구조	수직적 계층제	협력적·수평적 네트워크 ⇨ 거버넌스(Governance)

Mani DB 정부역할에 대한 이념

진보주의	보수주의
• 자유·평등을 위한 정부의 개입 • 시장실패는 정부에 의해 수정 가능 • 복지정책, 소득재분배 등	• 정부로부터의 자유 • 자유시장주의 • 경제적 규제 완화, 조세 감면 등

OX 기출분석

01 ☐☐☐ 20 서/지 9급

행정권 우월화를 인정하는 정치·행정일원론, 경제공황 극복을 위한 뉴딜정책, 신공공관리론은 작은정부를 적극적으로 옹호하는 요인이다. ○ ✕

해설

행정권 우월화를 인정하는 정치·행정일원론, 경제공황 극복을 위한 뉴딜정책은 모두 큰 정부와 관련된다.

02 ☐☐☐ 20 군무원 9급

진보주의 정부에서는 조세감면 확대, 정부규제 강화, 소득재분배 강조 등의 정책을 선호한다. ○ ✕

진보주의 정부에서는 조세의 감면이 아니라 더 많은 조세를 거두고 이를 바탕으로 정부활동의 증대를 할 수 있다고 본다.

03 ☐☐☐ 19 서울 7급(2월)

경제대공황 극복을 위하여 등장한 뉴딜정책과 함께 2차 세계대전 등 전쟁은 큰 정부가 탄생하는 데 결정적인 영향을 주었다. ○ ✕

경제대공황이나 2차 세계대전 등으로 인해 정부는 규제를 증가하거나 복지정책 및 지출을 확대하는 큰 정부로서의 역할을 하였다.

04 ☐☐☐ 17 서울 9급

복지국가의 공공서비스는 민간부문을 조정·관리·통제하는 공공서비스 기능이 강조되며 성과관리는 수요자 중심의 맞춤형 관점에서 이루어진다. ○ ✕

여기서 말하는 복지국가는 현대행정국가를 의미하는 것으로 공공서비스는 민간부문을 조정·관리·통제하는 공공서비스 기능이 강조되며 성과관리는 공급자 중심에서 이루어진다.

05 ☐☐☐ 17 교행 9급

진보주의자는 조세제도를 통한 정부의 소득재분배 정책을 선호한다. ○ ✕

06 ☐☐☐ 12 국회 8급

시장주의자는 정책관여자가 시장참여자와는 다른 욕구를 가진다는 점을 강조한다. ○ ✕

진보주의자는 정책관여자가 시장참여자와는 다른 욕구를 가진다는 점을 강조한다.

07 ☐☐☐ 11 서울 9급

보수주의 정부는 소극적 자유를 선호하며, 소외집단을 위한 정부 정책을 선호한다. ○ ✕

보수주의 정부는 소극적 자유를 선호하나, 소외집단을 위한 정부 정책을 선호하지는 않는다.

08 ☐☐☐ 10 지방 9급

현대사회에서 행정기관과 관료의 역할이 확장되는 이유는 사회가 발전함에 따라 입법활동의 기술적 복잡성이 증대되기 때문이다. ○ ✕

현대행정국가에서 정부의 역할이 확대되고 강화된 배경이다.

정답 01 ✕ 02 ✕ 03 ○ 04 ✕ 05 ○ 06 ✕ 07 ✕ 08 ○

핵심 기출 문제

01 □□□ 2017 교행 9급

정부관에 대한 일반적인 설명으로 옳은 것은?

① 보수주의자는 기본적으로 자유시장을 불신하지만 정부를 신뢰한다.
② 진보주의자는 조세제도를 통한 정부의 소득재분배 정책을 선호한다.
③ 신자유주의가 등장하면서 작은 정부에서 큰 정부로의 전환이 이루어졌다.
④ 1930년대 대공황을 겪으면서 최소의 정부가 최선의 정부라는 신념이 중요시되었다.

정밀해설

② 진보주의자는 결과적 평등을 증진시키고 사회적 약자들의 보호를 위한 정부의 실질적인 정부의 개입을 인정하므로 누진세 등 조세제도를 통한 정부의 소득재분배 정책을 선호한다.
① 보수주의자는 기본적으로 자유시장을 신뢰하지만 정부를 불신한다.
③ 정부실패 이후의 신자유주의가 등장하면서 큰 정부에서 작은 정부로의 전환이 이루어졌다.
④ 1930년대 대공황을 겪으면서 최대의 정부가 최선의 정부라는 신념이 중요시되었고 이로 인해 행정국가가 등장하게 되었다.

▶ 진보주의 정부관 vs 보수주의 정부관

구분	진보주의	보수주의
인간관	· 오류가능성의 여지가 있는 인간관 · 경제적 인간관의 부정	· 합리적이고 이기적 경제인
가치판단	· 결과의 평등 · 배분적 정의를 중시 · 자유·평등 증진을 위한 실질적 정부 개입 허용	· 정부로부터의 자유 · 교환적 정의를 중시 · 기회평등과 경제적 자유를 강조
시장과 정부 관점	· 효율과 공정, 번영과 진보에 대한 자유시장의 잠재력 인정 · 시장의 결함과 윤리적 결여 인지 · 시장실패는 정부에 의해 수정 가능	· 자유시장에 대한 신념 · 정부불신 · 정부는 개인의 자유를 위협하고, 경제조건을 악화시키는 전제적 횡포의 가능성을 가진 주체

정답 : ②

02 □□□ 2013 국가 9급

신자유주의 정부이념 및 관리수단과 연관성이 적은 것은?

① 시장실패의 해결사 역할을 해오던 정부가 오히려 문제의 유발자가 되었다는 인식을 바탕으로 다시 시장을 통한 문제해결을 강조하며 '작은 정부'(small government)를 추구한다.
② 민간기업의 성공적 경영기법을 행정에 접목시켜 효율적인 행정관리를 추구할 뿐 아니라 개방형 임용, 성과급 등을 통하여 행정에 경쟁 원리 도입을 추진한다.
③ 케인즈(Keynes) 경제학에 기반을 둔 수요중시 거시 경제 정책을 강조하므로 공급측면의 경제정책에 대하여는 반대 입장을 견지한다.
④ 정부의 민간부문에 대한 간섭과 규제는 최소화 또는 합리적으로 축소·조정되어야 한다는 입장에서 규제 완화, 민영화 등을 강조한다.

정밀해설

③ 케인지안 경제학은 시장실패를 치유하기 위하여 유효수요를 창출하는 정부의 적극적 개입을 중시하는 행정국가 내지는 큰 정부를 뒷받침하는 이론이다. 정부개입을 줄이고 시장기능을 활성화하려는 레이거노믹스 등 공급측면의 경제학이 신자유주의 토대이다.
① 정부실패를 극복하고자 감축관리 등 작은 정부를 주장한다.
② 신관리주의를 통해 성과중심의 행정을 구현하고자 하였다.
④ 정책기능과 집행기능을 분리하여 집행기능의 민영화나 민간위탁을 통한 정부역할의 축소를 추구하였다.

정답 : ③

적중 예상 문제

01 ☐☐☐

다음 중 신행정국가의 내용이 아닌 것은?

① 정부실패를 대응하기 위해 신자유주의를 배경으로 작고 효율적이며 축소지향적인 행정이 등장하게 되었다.
② 케인즈(Keynes)적 복지국가에서 규제국가로 전환된다.
③ 정부 간 관계와 정책네트워크가 증가하였다.
④ 신행정국가에서 공동국가화 현상은 감소되고, 핵심행정부의 특징으로 나타났다.

정밀해설

④ 핵심행정부는 전략적 방향잡기의 기능을 수행하는 역할을 담당하는 형태이고, 공동화국가는 국가기능이 책임운영기관이나 지방정부 등 다양하게 분산되어 있는 네트워크형 국가를 의미하는 것으로, 핵심행정부와 공동화국가 모두 신행정국가의 특징이다.
① 1980년대 정부실패를 대응하기 위해 신자유주의를 배경으로 작고 효율적이며 축소지향적 행정이 등장하게 되었다.
② 케인즈적 복지국가는 정부의 적극적 개입을 중시하는 행정국가의 형태이며, 신행정국가에서는 감축관리 등 작은 정부를 지향하는 규제국가가 등장하게 되었다.
③ 정책네트워크에 의해 정책결정이나 집행 기능이 수행되었고 상호의존적 특성을 지닌 조직 간의 연계망을 중시하였다.

정답 : ④

02 ☐☐☐

다음 중 현대국가의 복지 관점과 다른 것은?

① 복지는 사회구조적 문제의 해결이라고 본다.
② 시장주의와 개인주의에 근거한 복지관점이다.
③ 정부 정책은 소득분배와 조정에 중점을 둔다.
④ 공공부조 방식보다 국민연금 등의 사회보험 방식을 추진한다.

정밀해설

② 현대국가의 복지 관점 중 시장주의와 개인주의에 근거한 복지관점은 잔여적 복지에 해당한다.
① 현대국가에서 복지는 사회구조적 문제의 해결이라고 본다.
③ 현대국가의 복지 관점은 제도적 복지로, 정부의 정책은 소득분배와 조정에 중점을 둔다.
④ 제도적 복지는 공공부조 방식보다 국민연금, 국민건강보험 등의 사회보험 방식을 추진한다.

▶ **잔여적 복지 vs 제도적 복지**

구분	잔여적 복지	제도적 복지
기본관점	시장주의, 개인주의, 보충성원리	평등주의, 집단주의
복지필요성	개인의 문제 해결	사회의 구조적 문제 해결
정부역할	최소화	최대화
정책방향	경제성장	소득분배
사례	노숙자 보호, 무료급식 등의 공공부조	국민연금, 국민건강보험 등의 사회보험

정답 : ②

THEME 005 시장실패와 해결방안

1 시장실패의 원인

불완전경쟁	독점, 과점, 독점적 경쟁으로 파레토 비효율
외부효과	• 외부경제 ⇨ 과소생산 ⇨ 보조금 지원 • 외부불경제 ⇨ 과다생산 ⇨ 정부규제
공공재의 존재	비배제성과 비경합성을 지닌 재화 ⇨ 무임승차 현상 발생
정보비대칭성	주인-대리인 관계에서 역선택, 도덕적 해이 발생
규모의 경제	자연스럽게 독점체제가 구축됨.
개인효용과 사회적 효용의 부조화	공유지의 비극, 죄수의 딜레마, 치킨게임 등
소득분배의 불공정	공평한 소득분배가 보장 안 됨.
경기 불안정성	인플레이션, 디플레이션 등

2 시장실패의 원인별 해결 방법

구분	공적 공급(조직)	공적 유도(보조금)	정부 규제(법적 권위)
공공재의 존재	O		
외부효과의 발생		O	O
자연독점	O		O
불완전경쟁			O
정보의 비대칭성		O	O

① 외부효과의 발생에 대해서는 보조금 혹은 정부 규제로 대응할 수 있음.
② 공공재의 존재에 의해서 발생하는 경우 공적 공급의 방식으로 해결하는 것이 적합함.
③ 정보의 비대칭성에 대해서는 보조금으로 대응할 수 있음.
④ 자연독점에 대해서는 공적 공급 혹은 정부 규제로 대응할 수 있음.

 코즈의 정리(Coase's theorem)

(1) 민간 자율 해결
(2) 정부는 권리 설정의 역할 담당 ⇨ 소유권 설정

OX 기출분석

01 □□□ 22 경간부
코오즈(R. Coase) 정리에서는 부정적 외부효과의 해결을 위해 정부의 규제정책을 강조한다.
○ ×

해설
코오즈 정리에서는 부정적 외부효과의 해결을 위해 개인 소유권(사유재산)을 명확하게 해야 한다고 강조한다.

02 □□□ 21 국가9급
시장의 독점 상태, X-비효율성의 발생은 시장실패의 원인으로 정부개입의 근거가 된다.
○ ×

X-비효율성은 정부실패의 원인에 해당한다.

03 □□□ 19 행정사
공공재, 외부효과, 파생적 외부성, 정보의 비대칭성, 불완전한 경쟁은 모두 시장실패의 원인이다.
○ ×

공공재의 존재, 외부효과, 정보의 비대칭성, 불완전경쟁은 시장실패의 원인에, 파생적 외부성은 정부실패의 원인에 해당한다.

04 □□□ 19 경찰간부
자연적 독점은 공적유도와 공적규제의 방식으로 해결할 수 있다.
○ ×

자연적 독점으로 인한 시장실패에는 공적공급과 정부규제의 방식을 활용하여 대응해야 한다.

05 □□□ 19 서울 7급(2월)
시장실패에 대한 대응으로 나타난 큰 정부는 규제를 완화하고 사회보장, 의료보험 등 사회정책을 펼침으로써 정부의 적극적 역할을 강조하였으며 이러한 이유로 정부의 크기가 커졌다.
○ ×

시장실패에 대한 대응으로 나타난 큰 정부는 규제를 강화하고 사회보장, 의료보험 등 사회정책을 펼침으로써 정부의 적극적 역할을 강조하였다.

06 □□□ 17 국회 9급
시장실패는 수혜자와 비용부담자의 분리로 인하여 자원이 효율적으로 활용되지 못할 때 발생한다.
○ ×

수혜자와 비용부담자의 분리로 인하여 자원이 효율적으로 활용되지 못하는 것은 비용과 편익의 절연에 대한 설명으로, 이는 정부실패의 요인에 해당한다.

07 □□□ 16 지방 9급
비배제성과 비경합성을 가진 공공재의 존재는 시장실패의 주요 원인 중 하나이다.
○ ×

08 □□□ 15 국가 9급
긍정적 외부효과를 유발하는 기업에게는 보조금을 지급하여 사회적으로 최적의 생산량을 생산하도록 유도한다.
○ ×

긍정적 외부효과를 가져오는 기업에게는 보조금 등을 지급하여 최적의 생산량을 유도한다.

정답 01 X 02 X 03 X 04 X 05 X 06 X 07 O 08 O

THEME 005 시장실패와 해결방안

핵심 기출 문제

01 ☐☐☐
2020 지방 7급

다음 상황을 설명하는 데 가장 적합한 용어는?

> 정부는 특정 지역의 주택가격이 과도하게 상승하자 이를 해결하기 위해 투기과열지구로 지정하였다. 그러나 투기과열지구로 지정된 이후 주택가격은 오히려 급등하였다. 이는 주택 수요자들이 정부의 의도와 달리 투기과열지구의 지정으로 인해 그 지역의 주택가격이 더 오를 것이라고 예상하였기 때문이다.

① X-비효율성
② 공공조직의 내부성
③ 비경합성
④ 파생적 외부효과

정밀해설

④ 제시문은 파생적 외부효과에 대한 내용이다. 파생적 외부효과는 시장실패를 바로잡기 위한 정부개입의 결과로 나타나는 잠재적·비의도적 확산효과나 부작용을 의미하는 것으로, 경기불안정을 치유하기 위한 정부개입이 오히려 경기변동을 증폭시킬 우려가 있다.
① X-비효율성은 조직의 내부요인에 기인하는 관리상·경영상의 비효율을 의미한다.
② 공공조직의 내부성은 정부 내부에서 공적목표보다 개인과 사적 이익이 더 우선시 되는 현상을 의미한다.
③ 비경합성은 공공재의 특성으로 특정인의 소비가 타인의 소비를 방해하지 않는 현상을 의미한다.

정답 : ④

02 ☐☐☐
2019 경정승진

시장실패(market failure)에 대한 설명으로 가장 적절하지 않은 것은?

① 외부경제의 경우 정부의 개입 없이 과소 공급되므로 정부는 부담금을 부과해 비용부담자가 비용을 스스로 부담하도록 한다.
② 규모의 경제가 적용되는 산업에서 자연적인 독점현상이 발생하는 경우 정부는 직접 경영하거나 가격규제를 통해 개입한다.
③ 완전경쟁시장이 독과점 체제로 변모할 경우 정부는 시장의 교란 활동에 대해 정부규제를 통해 개입한다.
④ 시장실패는 시장기구를 통해 자원 배분의 효율성을 달성할 수 없는 경우를 의미한다.

정밀해설

① 외부불경제의 경우 정부의 개입 없이 과다 공급되므로 정부는 부담금을 부과해 비용부담자가 비용을 스스로 부담하도록 한다. 한편 외부경제의 경우 정부의 개입 없이 과소 공급되므로 정부는 보조금을 지급하여 최적의 생산량을 장려한다.
② 규모의 경제는 생산요소의 증가율보다 산출량이 더 큰 비율로 증가함으로써 자연독점이 발생하므로 이러한 산업은 정부가 직접 경영하거나 가격규제를 하여야 한다.
③ 완전경쟁시장이 소수의 경쟁체제에 의해 독과점 체제로 변화될 경우 정부는 독과점 금지정책 등과 같은 규제를 통해 개입하여야 한다.
④ 시장실패는 파레토 비효율의 상태로 시장기구를 통해 자원배분의 효율성을 달성할 수 없는 상황을 의미한다.

▶ **시장실패의 원인별 해결방법**

구분	공적 공급	공적 유도	정부 규제
공공재의 존재	O		
외부효과 발생		O	O
자연독점	O		O
불완전경쟁			O
정보비대칭성		O	O

정답 : ①

03

2017 국회 8급

다음 중 시장실패 또는 정부실패를 야기하는 원인과 그에 대한 정부의 대응으로 옳은 것은?

① 공공재-정부보조 삭감
② 정보의 비대칭성-정부규제
③ 자연독점-규제완화
④ 관료의 사적 목표의 설정-공적유도
⑤ 정부개입에 의한 파생적 외부효과-공적공급

정밀해설

② 정보의 비대칭성은 일차적으로 시장실패의 원인에 해당하며 이를 해결하기 위해서는 정보공개를 유도하기 위해 인센티브를 사용(공적유도)하거나 정보공개를 강제(정부규제)하는 방식으로 대응한다.
① 공공재는 시장실패의 원인으로 공적공급을 통해 해결할 수 있다.
③ 자연독점은 시장실패의 원인으로 공적공급이나 정부규제를 통해 해결할 수 있다.
④ 관료의 사적 목표의 설정은 정부실패의 원인으로 민영화를 통해 해결할 수 있다.
⑤ 정부개입에 의한 파생적 외부효과는 정부보조를 삭감하거나 규제를 완화하는 방식으로 해결할 수 있다.

▶ **시장실패의 원인별 치유방법**

구분	공적 공급	공적 유도	정부규제
공공재의 존재	O		
외부효과의 발생		O	O
자연독점	O		O
불완전경쟁			O
정보의 비대칭성		O	O

정답 : ②

04

2015 국가 9급

외부효과를 교정하기 위한 방법에 대한 설명으로 옳지 않은 것은?

① 교정적 조세(피구세:Pigouvian tax)는 사회 전체적인 최적의 생산수준에서 발생하는 외부효과의 양에 해당하는 만큼의 조세를 모든 생산물에 대해 부과하는 방법이다.
② 외부효과를 유발하는 기업에게 보조금을 지급하여 사회적으로 최적의 생산량을 생산하도록 유도한다.
③ 코우즈(R.Coase)는 소유권을 명확하게 확립하는 것이 부정적 외부효과를 줄이는 방법이라고 주장했다.
④ 직접적 규제의 활용사례로는 일정한 양의 오염허가서(pollution permits) 혹은 배출권을 보유하고 있는 경제주체만 오염물질을 배출할 수 있게 허용하는 방식이 있다.

정밀해설

④ 오염허가서 혹은 배출권제도는 오염물질을 배출할 수 있는 일정 권리를 시장에서 매매할 수 있도록 하는 공해배출권 거래제도로, 간접적 규제의 활용사례이다.
① 교정적 조세(피구세)는 오염물질의 배출에 대해 그 오염물질로 인해 발생하는 외부효과만큼 배출세를 내도록 하는 제도이다.
② 긍정적인 외부효과를 유발하는 기업에게 세제혜택이나 보조금 등을 지원하여 최적의 생산량을 생산하도록 유도한다.
③ 코즈의 정리는 외부효과를 발생시키는 당사자들 사이에 소유권을 명확하게 하면 당사자 간 협상에 의해 외부효과의 문제가 해결될 수 있다고 보는 이론이다.

정답 : ④

적중 예상 문제

01 ☐☐☐

시장실패에 관한 설명으로 옳지 않은 것은?

① 시장실패로 인한 정부의 시장개입은 또 다른 비효율을 초래할 수 있기 때문에 신중해야 한다.
② 시장실패로 인한 정부의 대응에는 규제완화가 있다.
③ 과도한 규모의 경제로 시장실패가 발생한다.
④ 공공재를 정부가 공급하는 이유는 시장기구를 통해서는 효율적인 수준이 보장되지 않기 때문이다.

정밀해설

② 규제완화는 정부실패에 대한 대응이다.
① X-비효율이나 파생적 외부효과로 인한 정부실패가 발생한다.
③ 규모의 경제가 과도하게 나타나는 대규모 산업의 경우 결국 경쟁력 없는 소규모 회사는 도산을 하게 되고 자연독점 현상이 발생하게 된다.
④ 시장에서 공급되기 어려운 관계로 정부가 강제적으로 직접 공급하게 된다.

정답 ②

02 ☐☐☐

다음 중 시장실패의 해결 방법으로 가장 적절한 것은?

① 공공재의 존재로 인한 경우는 정부규제로 해결한다.
② 정보 비대칭성의 문제는 보조금 방식으로 해결할 수 있다.
③ 자연독점은 공적유도로 해결한다.
④ 외부효과는 보조금 등으로 해결할 수 있지만, 정부규제로는 부적합하다.

정밀해설

② 정보 비대칭성에 대해서는 보조금이나 규제의 방식으로 해결할 수 있다.
① 공공재의 존재로 인한 경우는 공적공급으로 해결한다.
③ 자연독점은 공적공급이나 정부규제로 해결한다.
④ 외부효과는 보조금이나 정부규제로 해결할 수 있다.

정답 ②

03

다음 중 시장실패의 원인인 외부효과에 대한 설명으로 옳은 것은?

① 외부경제의 경우 과다공급되므로 보조금을 지급해야 한다.
② 코즈의 정리(Coase theorem)를 통해 민간에서 자율적으로 해결할 수 있다.
③ 정부의 직접적 개입에 의해 외부불경제를 해결할 수 있는데, 피구세(Pigouvian tax)가 대표적이다.
④ 외부불경제의 경우 사적비용이 사회적 비용보다 크다.

정밀해설

① 외부경제의 경우 시장기능에만 맡길 경우 과소공급된다.
③ 피구세(Pigouvian tax)는 간접적 개입이다.
④ 외부불경제는 사적비용보다 사회적 비용이 더 크다.

정답 : ②

04

다음 중 시장실패와 이를 해결하기 위한 정부의 역할로 가장 옳은 것은?

① 외부불경제의 경우 시장기능에 맡긴다면 과소 공급되어 사적비용보다 사회적 비용이 더 크게 된다.
② 공공재는 비배제성으로 인해 무임승차 현상, 집단행동의 딜레마 현상이 발생한다.
③ 정보비대칭성(정보격차)에 의해 도덕적 해이가 나타나는데, 정부는 신호발송이나 직접 공급으로 해결할 수 있다.
④ 공유지의 비극, 죄수의 딜레마 등은 개인 활동의 자유를 최대한 보장함으로써 해결될 수 있다.

정밀해설

② 시장실패는 공공재의 비배제성으로 인해 발생하며, 이로 인해 무임승차 현상이나 집단행동의 딜레마 현상 등이 발생한다.
① 외부불경제의 경우 시장에 맡기게 되면 과다 공급이 발생하여 사적 비용보다 사회적 비용이 더 크게 된다.
③ 도덕적 해이에 대해서는 인센티브나 성과급 지급 등의 금전적 수단을 통하여 유인구조를 통해 해결할 수 있다.
④ 공유지의 비극 등은 개인효용과 사회적 효용의 부조화로서 자유를 보장하면 오히려 더 심해진다.

정답 : ②

THEME 006 정부규제

1 규제 유형

구분		목적		내용	특징
영역	경제적 규제 (오랜 역사)	경쟁과 관련	경쟁 제한	진입, 퇴출 규제, 가격, 생산량 규제 등	경쟁제한 규제의 경우 개별산업 집중 ⇨ 지대추구, 포획 ○(규제실패)
			경쟁 촉진	독과점, 기업 간 불공정 행위 규제	
	사회적 규제 (짧은 역사)	사회적 약자 보호, 삶의 질 향상		환경 규제, 소비자보호 규제, 차별 규제, 안전 규제 등	전체산업 확산 ⇨ 지대추구, 포획 × 집단행동 딜레마 해결
수단	직접 규제	이행을 강제		법령 등에 기준을 설정하고 강제력 행사	민간판단 원천 봉쇄
	간접 규제	유인구조 영향		의무부과하되, 이행시 혜택, 미이행 시 불이익	민간판단
	민간자율 규제	시장 존중, 규제 완화		정부개입 ×(거래비용 감소)	민간해결, 코즈의 정리(재산권 명확화)
목적	경쟁적 규제	과다경쟁 방지 (산업구조 합리화)		• 독점적 권리＋규제 • 진입 규제, 독점 영역 발생	지대추구, 포획현상
	보호적 규제	대중이익 보호		대중이익 보호 위해 사적 활동을 제한	공익 및 약자 보호

Mani DB 명령지시적 규제와 시장유인적 규제

구분	명령지시적 규제	시장유인적 규제
의의	위반시 강제력을 동원해 처벌	경제적 판단에 따라 선택
사례	환경기준 설정	공해권 거래제도(탄소배출권)

2 Wilson 규제정치모형

구분		규제 편익	
		집중	분산
규제 비용	집중	이익집단정치 예 의약분업규제	기업가적 정치(운동가의 정치) 예 환경오염규제
	분산	고객의 정치 예 수입규제	다수의 정치 예 음란물규제

3 규제개혁 방향

① 규제개혁의 목표 명확화
② 사회적 규제 강화(경제적 규제 완화)
③ 네거티브(negative) 시스템으로 전환
④ 직접 규제 ⇨ 간접 규제, 사전 규제 ⇨ 사후 규제로 전환

4 「행정규제기본법」 주요 내용

규제법정주의	규제는 법률에 근거하여야 함. 법률에 근거하지 아니한 규제로 국민의 권리를 제한하거나 의무 부과 ×
규제의 등록과 공표제	중앙행정기관의 장이 규제개혁위원회에 등록
규제영향분석과 자체심사	중앙행정기관의 장이 실시
규제일몰제	규제 존속기한: 5년 초과 ×
심사	45일 이내 완료(1차에 한하여 15일 이내 연장 가능)
규제개혁위원회	위원장 2명(국무총리＋민간인), 위원장 포함 20인 이상 25인 이내

OX 기출분석

01 □□□   22 경간부
스티글러(G. Stigler)의 정부규제이론에 따르면 관료는 공익을 대변하는 대다수 국민을 위해 필요한 규제를 실시한다.
○ ×

해설
피규제자는 자신의 이익을 위해 규제기관에 로비 등을 하게 되고, 관료는 피규제자에게 포획됨으로써 피규제기관의 입장을 위해 규제를 실시하기도 한다.

02 □□□   21 국회 8급
네거티브 규제 방식에서는 명시적으로 금지하는 것 이외의 모든 것을 자유로이 할 수 있다.
○ ×

네거티브 규제는 원칙 허용, 예외 금지를 의미하는 것으로 명시적으로 금지한 것 이외의 모든 것을 자유롭게 할 수 있다.

03 □□□   20 경찰간부
이익집단정치에 해당하는 사례로는 수입규제, 농산물 최저가격 규제가 해당된다.
○ ×

수입규제, 농산물 최저가격 규제는 고객정치의 사례이다.

04 □□□   19 국가 9급
포지티브(positive) 규제가 네거티브(negative) 규제보다 자율성을 더 보장해준다.
○ ×

네거티브 규제가 포지티브 규제보다 자율성을 더 보장해준다.

05 □□□   19 국가 9급
환경규제와 산업재해규제는 사회규제의 성격이 강하다.
○ ×

환경규제와 산업재해규제는 사회적 규제의 대표적 사례로 사회적 형평성 확보 등을 목표로 한다.

06 □□□   18 지방 9급
신문·방송·출판물의 윤리규제, 낙태에 대한 규제는 윌슨의 규제정치 중 대중정치의 예시이다.
○ ×

07 □□□   17 지방 9급(추)
규제영향분석은 규제의 경제·사회적 영향을 과학적으로 분석해 타당성을 평가한다.
○ ×

08 □□□   16 지방 7급
정부의 규제정책을 심의·조정하고 규제의 심사·정비 등에 관한 사항을 종합적으로 추진하기 위하여 국무총리 소속으로 규제개혁위원회를 두고 있다.
○ ×

정부의 규제정책을 심의·조정하고 규제의 심사·정비 등에 관한 사항을 종합적으로 추진하기 위하여 대통령 소속으로 규제개혁위원회를 두고 있다.

정답 01 X   02 O   03 X   04 X   05 O   06 O   07 O   08 X

핵심 기출 문제

01 □□□   2021 국외 8급

정부 규제의 유형에 대한 설명으로 옳지 않은 것은?

① 관리규제에서는 정부가 제시한 성과 기준만 충족하면 되기 때문에 이를 달성하는 수단과 방법의 선택은 피규제자가 자유롭게 선택할 수 있으며, 수단규제에 비해 피규제자가 많은 자율성을 갖는다.
② 수단규제는 정부의 목표를 달성하기 위해 필요한 기술이나 행위에 대해 사전적으로 규제하는 것으로 투입규제라고도 한다.
③ 공동규제는 정부로부터 위임을 받은 민간집단에 의해 이뤄지는 규제로 자율규제와 직접규제의 중간 성격을 띤다.
④ 자율규제는 개인과 기업 등 피규제자가 스스로 합의된 규범을 만들고 이를 구성원들에게 적용하는 형태의 규제이다.
⑤ 네거티브 규제 방식에서는 명시적으로 금지하는 것 이외의 모든 것을 자유로이 할 수 있다.

정밀해설

① 관리규제가 아니라 성과규제에 대한 설명이다.
② 수단규제에 대한 옳은 설명이다.
③ 공동규제에 대한 옳은 설명이다.
④ 자율규제에 대한 옳은 설명이다.
⑤ 네거티브규제는 원칙 허용, 예외 금지이고, 포지티브규제는 원칙 금지, 예외 허용이다.

▶ 규제대상에 따른 분류

수단규제	정부의 목표를 달성하기 위해 필요한 절차나 기술 및 행위 등을 사전에 규제하는 것
관리규제	규제의 목적을 달성하기 위해 규제 과정(절차)을 규제하는 것으로 성과 규제를 적용하기 어려울 때 적합함.
성과규제	정부가 특정한 사회문제 해결에 대한 목표달성의 수준을 정하고 피규제자에게 이를 달성할 것을 요구하는 것

정답: ①

---

02 □□□   2020 경찰간부

윌슨(Wilson)은 규제정치를 아래 표와 같이 4가지 유형으로 구분했다. (ㄱ)~(ㄹ)에 들어갈 유형에 대한 설명으로 옳은 것은 모두 몇 개인가?

구분		규제의 편익	
		집중	분산
규제비용	집중	(ㄱ)	(ㄴ)
	분산	(ㄷ)	(ㄹ)

가. (ㄱ)은 쌍방이 막강한 정치조직적 힘을 바탕으로 첨예하게 대립되는 경우로서 규제기관이 어느 한쪽에 장악될 가능성이 약하다.
나. (ㄱ)에 해당하는 사례로는 수입규제, 농산물 최저가격 규제가 해당된다.
다. (ㄴ)은 의제채택이 가장 어려우며 극적인 사건이나 재난, 위기 발생이나 운동가의 활동에 의하여 규제가 채택된다.
라. (ㄴ)에 해당하는 사례로는 음란물규제, 낙태규제, 차별규제가 해당된다.
마. (ㄷ)은 조직화된 소수가 포획 등 강력한 로비활동으로 다수를 압도·이용하는 미시적 절연이 발생한다.
바. (ㄹ)의 상황에서는 쌍방 모두 집단행동의 딜레마에 빠지게 되어 규제의 필요성이 공익단체에 의해 먼저 제기된다.

① 1개   ② 2개
③ 3개   ④ 4개

정밀해설

④ 가, 다, 마, 바가 옳은 내용이다.
나. [×] 수입규제, 농산물 최저가격 규제는 고객정치(ㄷ)의 사례에 해당한다.
라. [×] 음란물규제, 낙태규제, 차별규제는 대중정치(ㄹ)의 사례에 해당한다.

▶ 윌슨의 규제정치

구분		규제의 편익	
		집중	분산
규제비용	집중	이익집단정치	기업가정치
	분산	고객정치	대중정치

정답: ④

03

2016 지방 7급

정부규제에 대한 설명으로 옳지 않은 것은?

① 「행정규제기본법」은 규제 법정주의를 규정하고 있다.
② 규제개혁위원회는 위원장 2명을 포함한 20명 이상 25명 이하의 위원으로 구성한다.
③ 규제영향분석이 필요한 이유 중 하나는 관료에게 규제비용에 대한 관심과 책임성을 갖도록 유도한다는 점이다.
④ 정부의 규제정책을 심의·조정하고 규제의 심사·정비 등에 관한 사항을 종합적으로 추진하기 위하여 국무총리 소속으로 규제개혁위원회를 두고 있다.

정밀해설

④ 정부의 규제정책을 심의·조정하고 규제의 심사·정비 등에 관한 사항을 종합적으로 추진하기 위하여 대통령 소속으로 규제개혁위원회를 두고 있다.
① 규제 법정주의는 규제는 법률에 근거하여야 한다는 것으로 관련 법 제4조에 명시되어 있다.

행정규제기본법 제4조(규제 법정주의) ① 규제는 법률에 근거하여야 하며, 그 내용은 알기 쉬운 용어로 구체적이고 명확하게 규정되어야 한다.
③ 행정기관은 법률에 근거하지 아니한 규제로 국민의 권리를 제한하거나 의무를 부과할 수 없다.

② 행정규제기본법 제25조의 내용으로 규제개혁위원회는 위원장 2명을 포함한 20명 이상 25명 이하의 위원으로 구성한다.
③ 규제영향분석은 새롭게 만들어지거나 현존하는 규제의 사회적 편익과 비용을 점검하고 측정하는 체계적인 의사결정도구로, 관료들에게 규제비용에 대한 관심과 책임성을 갖도록 유도하고 정부가 합리적인 의사결정을 할 수 있도록 정보를 제공해 주는 등의 기능을 한다.

정답 : ④

04

2015 서울 7급

다음 중 정부규제와 관련된 설명으로 가장 옳은 것은?

① 정부규제를 수단규제와 성과규제로 구분할 경우, 수단규제는 성과규제에 비해 규제대상기관의 자율성이 크다.
② 정부규제를 수행주체에 따라 구분할 경우, 공동규제는 정부로부터 위임을 받은 민간집단에 의해 이루어지는 규제로 자율규제와 직접규제의 중간 성격을 띤다.
③ 정부규제를 포지티브(positive) 규제와 네거티브(negative)규제로 구분할 경우, 포지티브(positive) 규제는 네거티브(negative) 규제에 비해 규제대상기관의 자율성이 크다.
④ 규제개혁은 규제관리 → 규제품질관리 → 규제완화 등의 단계로 진행되는 것이 일반적이다.

정밀해설

② 정부규제를 수단별로 구분할 경우 직접규제와 자율규제로 나뉠 수 있으며, 공동규제는 직접규제와 자율규제의 중간 성격을 띤다.
① 수단규제가 성과규제에 비해 규제대상기관의 자율성이 낮다.
③ 포지티브(positive) 규제는 허용사항을 명시하고 나머지는 모두 규제하는 방식으로 네거티브 규제(금지사항을 명시하고 나머지는 모두 허용)보다 규제대상기관의 자율성이 낮다.
④ 규제개혁은 일반적으로 규제완화 → 규제품질관리 → 규제관리 등의 단계로 진행된다.

정답 : ②

적중 예상 문제

01

Wilson의 규제정책에 관한 내용으로 옳지 않은 것은?

① 윌슨은 규제로 인한 비용과 편익의 분포가 어떤가에 따라 네 가지 정치상황으로 구분하였다.
② 고객정치는 비용은 다수인에 부담되나 편익은 동질적인 소수에게 귀속된다.
③ 독과점규제, 차별규제, 신문이나 방송에 대한 규제 등은 이익집단 정치이다.
④ 기업가적 정치에서는 의제 채택이 어려우며, 주로 환경오염 규제에 나타난다.

정밀해설

③ 대중정치의 예이다. 쌍방 모두 집단행동의 딜레마에 빠져 규제의 필요성이 공익단체에 의해 먼저 제기된다.
① 윌슨은 규제의 비용과 편익을 기준으로 분류하였다.
② 고객정치의 예는 수입규제, 택시사업인가 등 경제규제가 많다. 이 경우 조직화된 소수가 다수를 이용하는 미시적 절연이 발생한다.
④ 소수의 비용부담자 집단이 강력하게 반발하기 때문이다.

▶ **윌슨의 규제정치**

구분		규제의 편익	
		집중	분산
규제 비용	집중	이익집단정치	기업가정치
	분산	고객정치	대중정치

정답 : ③

02

다음 중 규제개혁의 방향에 대한 설명으로 옳은 것은?

① 규제수단은 직접규제에서 간접규제로, 사후규제보다는 사전규제로 전환한다.
② 규제위반에 대한 입증책임을 규제자가 지도록 한다.
③ 규제에 대해 positive 시스템으로 전환한다.
④ 규제는 정부중심으로 이루어지고, 노조, 기업, 시민단체 등 다양한 주체의 참여는 바람직하지 않다.

정밀해설

② 입증책임의 전환이다.
① 사전규제에서 사후규제로 전환한다.
③ 규제는 Negative 시스템으로 전환되어야 한다.
④ 규제는 시민단체, 기업, 노조 등이 협력하는 규제다원주의가 타당하다.

정답 : ②

03

규제에 관련된 설명으로 옳지 않은 것은?

① 목표달성에 필요한 행위나 수단 등을 사전에 규제하는 것은 수단규제이다.
② 특정 목표수준을 정하고, 피규제자에게 이것의 달성을 요구하는 것은 관리규제이다.
③ 정부의 규제가 의도하지 않은 다른 효과를 발생시키는 것을 규제의 역설이라고 한다.
④ 규제의 조임쇠, McKie의 끈끈이 인형 효과 등은 규제의 악순환을 설명한다.

정밀해설

② 특정 목표수준을 정하고, 피규제자에게 이것의 달성을 요구하는 것은 성과규제이다.
① 수단규제는 규제목적 달성을 위해 필수적이거나 용도에 적합한 것을 구체적으로 지정하여 그 기준을 따르도록 하는 것이다.
③ 규제의 역설은 정부에 의해 만들어진 규제가 실제로 집행되는 과정에서 의도와는 달리 반대의 효과가 발생하는 현상을 의미한다.
④ 규제의 조임쇠나 끈끈이 인형 효과 등은 규제의 악순환을 설명하는 현상이다.

정답 : ②

04

「행정규제기본법」에서 규정하고 있는 내용으로 가장 적절하지 않은 것은?

① 중앙행정기관의 장은 규제를 완화하려면 규제영향분석을 하고 규제영향분석서를 작성하여야 한다.
② 정부규제는 반드시 법률에 근거하여야 한다.
③ 대통령 소속으로 규제개혁위원회를 설치하고 정부의 규제정책을 심의·조정 및 규제의 심사·정비 등에 관한 사항을 종합적으로 추진한다.
④ 규제 일몰법의 기간은 5년이다.

정밀해설

① 규제영향분석은 규제를 강화하거나 신설하고자 할 때 사용하는 체계적인 의사결정도구로, 규제를 완화하는 경우는 적용하지 않는다.
② 규제법정주의 원칙에 따라 규제는 반드시 법률에 근거해야 한다.
③ 정부의 규제정책을 심의·조정하고 규제의 심사·정비 등에 관한 사항을 종합적으로 추진하기 위해 대통령 소속으로 규제개혁위원회를 둔다.

정답 : ①

THEME 007 정부실패와 해결방안

1 시장실패와 정부실패의 비교

구분	시장실패	정부실패(비시장실패)
원인	① 불완전경쟁 ② 외부효과 ③ 개인효용과 사회효용의 부조화 ④ 공공재의 존재: 무임승차 ⑤ 경기의 불안정성 ⑥ 정보의 비대칭성: 대리손실 ⑦ 소득분배의 불공정: 사회적 시장실패	① 수요 측면 　• 정치인의 높은 시간할인율과 log-rolling 　• 이익집단의 압력과 영향력 증대 ② 공급 측면 　• 독점성, 무형적 산출물 　• 생산기술의 불명확성, 종결 메커니즘의 결여 ③ 비용과 편익 절연 ⇨ 비용구조에 둔감 ④ 내부성: 관료적 제국주의, 최신기술 집착 등 ⑤ 규제실패: 지대추구와 포획현상 ⑥ X-비효율성: 방만한 경영, 최신기술 미사용 등 ⑦ 파생적 외부효과 ⑧ 과도한 복지정책: 복지국가의 문제점 ⑨ 정보의 비대칭성 ⑩ 권력과 특혜에 의한 불공정 ⑪ 정부관료제의 병리현상
대책	정부 개입	작고 효율적인 정부

2 정부실패의 원인별 해결 방법

구분	민영화	보조 삭감	규제 완화
사적 목표 설정	○		
X-비효율, 비용체증	○	○	○
파생적 외부효과		○	○
권력의 편재, 지대 추구	○		○

OX 기출분석

01 ☐☐☐   22 국가 7급

'내부성(internalities)'은 공공조직이 공익적 목표보다는 관료 개인이나 소속기관의 이익을 우선적으로 고려하는 것이다.   ○ ×

해설

내부성은 정부실패 원인이 된다.

02 ☐☐☐   20 국회 8급

정부실패의 요인 중, 관료들이 자기 부서의 이익 혹은 자신의 사적 이익에 집착함으로써 공익을 훼손하게 되는 경우를 분배적 불공평이라고 한다.   ○ ×

정부실패의 요인 중, 관료들이 자기 부서의 이익 혹은 자신의 사적 이익에 집착함으로써 공익을 훼손하게 되는 경우를 내부성이라고 한다.

03 ☐☐☐   18 교행 9급

파생적 외부효과는 정부의 재화나 서비스 제공 자체가 독점적인 특성이 있어서 경쟁체제로 형성된 가격까지 낮추려는 압박을 받지 않기 때문에 나타난다.   ○ ×

X-비효율성은 정부의 재화나 서비스 제공 자체가 독점적인 특성이 있어서 경쟁체제로 형성된 가격까지 낮추려는 압박을 받지 않기 때문에 나타난다.

04 ☐☐☐   18 경찰간부

권력의 편재에 대한 방안으로 정부 보조 삭감, 규제 완화 등이 있다.   ○ ×

권력의 편재에 대한 방안으로 민영화, 규제 완화 등이 있다.

05 ☐☐☐   17 국가 9급

정부실패의 요인 중의 하나인 X-비효율성은 과열된 경쟁에서 나타나는 정부의 과다한 비용발생을 의미한다.   ○ ×

X-비효율성은 정부업무가 경쟁상태에 노출되지 않은 상태에서 나타나는 정부의 과다한 비용발생 및 비효율을 의미한다.

06 ☐☐☐   17 지방 7급

공공서비스에서의 비용과 편익의 분리, 비공식적 목표가 공식적 조직목표를 대체하는 현상, 의도하지 않은 파생적 외부효과는 정부실패의 요인에 해당한다.   ○ ×

07 ☐☐☐   16 국가 9급

정부실패는 관료나 정치인들의 개인적 요인 때문에 발생하며, 정부라는 공공조직에 내재하는 구조적 요인 때문에 발생하는 것은 아니다.   ○ ×

정부실패는 관료나 정치인들의 개인적 요인 때문에 발생하기도 하지만, 정부 부문의 비시장성이나 정부산출물의 비계량화 등 공공부문에 내재하는 구조적 요인 때문에 발생하는 경우도 있다.

08 ☐☐☐   16 지방 9급

X-비효율성으로 인해 시장실패가 야기되어 정부의 시장개입 정당성이 약화된다.   ○ ×

X-비효율성은 정부실패의 원인이다.

정답 01 O   02 X   03 X   04 X   05 X   06 O   07 X   08 X

핵심 기출 문제

01
2020 해경승진

다음 중 정부실패의 일반적 원인인 것은 모두 몇 개인가?

㉠ 공공재의 존재	㉡ 자연독점
㉢ 비용과 수익의 절연	㉣ 파생적 외부효과
㉤ 불완전경쟁	㉥ 정보의 비대칭성
㉦ 권력의 편재	㉧ X-비효율

① 2개 ② 3개
③ 4개 ④ 5개

정밀해설

④ 정부실패의 일반적 원인은 ㉢, ㉣, ㉦, ㉧이다.
㉠, ㉡, ㉤ 시장실패 원인이다.
㉥ 정보의 비대칭성은 시장실패와 정부실패 모두의 원인에 해당한다.
따라서 출제의 오류로 보인다(단, 복수정답 처리 안함).

정답 : ④

02
2020 소방간부

시장실패와 정부실패에 대한 설명으로 옳지 않은 것은?

① 정부정책에 있어서 비용의 투입과 편익이 서로 분리되어 있기 때문에 정부실패가 일어난다.
② 정치인들의 제한된 임기로 인해 시간할인율(time discount rate)이 높기 때문에 시장실패가 일어난다.
③ 사회기반시설에 대한 대기업의 자연독점으로 인한 시장실패를 방지하기 위하여 공적 공급이 필요하다.
④ 재화의 공급자와 수요자 외에 제3자가 환경오염의 피해를 겪게 되는 경우 시장실패가 일어난다.
⑤ 예산극대화 가설에 따르면 관료들이 예산을 필요 이상으로 확보하려고 하기 때문에 정부실패가 일어난다.

정밀해설

② 정치인들의 제한된 임기로 인해 시간할인율(time discount rate)이 높기 때문에 정부실패가 일어난다.
① 정부정책으로 인하여 편익을 누리는 집단과 비용을 부담하는 집단이 서로 다른 것을 편익과 비용 간의 절연이라고 하며 그 결과로서 정부개입에 대한 초과수요가 나타나 정부실패가 초래된다.
③ 규모의 경제에 따른 자연독점은 시장실패 원인이며 이에 대한 대응 방안으로 공적 공급이나 정부규제가 필요하다.
④ 재화의 공급자와 수요자 외에 제3자가 환경오염의 피해를 겪게 되는 경우를 외부불경제라고 하며, 이는 시장실패 원인이다.
⑤ 니스카넨의 관료이익(예산)극대화 가설에 따르면 관료들의 예산극대화 노력이 불필요한 조직이나 정책 등의 유지나 확대를 가져오므로 행정의 비효율이 초래되고 이로 인해 정부실패가 발생한다.

정답 : ②

03

2018 경찰간부

정부실패에 관한 다음 설명 중 가장 옳은 것은?

① 권력의 편재에 대한 방안으로 정부 보조 삭감, 규제 완화 등이 있다.
② 정부실패는 관료나 정치인들의 개인적 요인 때문에 발생하며, 정부라는 공공조직에 내재하는 구조적 요인 때문에 발생하는 것은 아니다.
③ 정부실패가 발생할 경우 이를 교정하기 위한 정부의 대응방식은 공적 공급, 보조금 등 금전적 수단을 통해 유인구조를 바꾸는 공적 유도 그리고 법적 권위에 기초한 정부규제 등이 있다.
④ X-비효율에 대한 방안에는 민영화, 정부 보조 삭감, 규제 완화 등이 있다.

정밀해설

④ X-비효율에 대한 방안에는 민영화, 정부 보조 삭감, 규제 완화 등이 있다.
① 권력의 편재에 대한 방안으로 민영화, 규제 완화가 있다.
② 정부실패는 관료나 정치인들의 잘못된 사고방식 및 행태 등 개인적 요인 때문에 발생하기도 하고, 정부부문의 비시장성이나 정부 산출물의 비계량화 등 공공부문에 내재하는 구조적 요인 때문에 발생하기도 한다.
③ 정부실패가 발생할 경우 이를 교정하기 위한 정부의 대응방식은 민영화, 정부 보조 삭감, 규제완화 등이 있다. 한편 공적 공급, 보조금 등 금전적 수단을 통해 유인구조를 바꾸는 공적유도, 법적 권위에 기초한 정부규제 등은 시장실패에 대한 정부의 대응방식이다.

정답 : ④

04

2017 국가 9급

정부의 규모와 역할에 대한 행정이론의 설명으로 옳지 않은 것은?

① X-비효율성은 과열된 경쟁에서 나타나는 정부의 과다한 비용발생을 의미한다.
② 지대추구이론은 규제나 개발계획과 같은 정부의 시장개입이 클수록 지대추구행태가 증가하고 그에 따른 사회적 손실도 증가한다고 주장한다.
③ 거래비용이론에서는 당사자 간의 협상 및 커뮤니케이션 비용과 계약의 준수를 감시하는 비용도 거래비용으로 포함한다.
④ 대리인이론은 주인-대리인 사이에 정보비대칭성이 있고 대리인이 기회주의적으로 행동하는 경우 역선택(adverse selection) 문제가 발생할 수 있다고 주장한다.

정밀해설

① X-비효율성은 방만하게 운영될 때 발생하는 관리상의 비효율성을 의미하는 것으로, 정부의 독점적 지위로 인해 경쟁에 노출되지 않아 발생하는 것이다.
② Tullock의 지대추구이론은 규제 등으로 발생하는 독점적 이익을 지대로 규정하고 기업들이 이 지대를 놓치지 않으려고 정부에 로비활동을 전개하는 것을 의미하는 것으로, 정부의 시장개입이 클수록 로비와 같은 지대추구 행위가 증가하고 사회적 손실도 증가한다고 본다.
③ 거래비용에는 당사자 간의 협상 및 커뮤니케이션 비용, 거래조건 합의사항 작성비용 등 사전비용과 계약의 준수를 감시하는 비용, 분쟁조정비용 등 사후비용이 포함된다.
④ 대리인이론은 주인-대리인 사이에서 불완전한 정보, 비대칭적 정보의 상황이 존재하며 대리인의 기회주의적 행태로 인해 역선택과 도덕적 해이가 발생한다.

정답 : ①

적중 예상 문제

01 ☐☐☐

다음 중 정부실패에 대한 설명으로 옳은 것은?

① 파생적 외부효과는 니스카넨(Niskanen)의 관료예산극대화 가설, Parkinson 법칙, Tullock의 관료제국주의의 근거가 된다.
② 자원배분이 효율적으로 이루어졌어도 다른 요인에 의해 X-비효율성이 발생할 수 있다.
③ 정책결정자의 조급성, 불확실한 대응, 담당 공무원의 졸속 행정 등으로 인해 내부성이 발생한다.
④ 정보 불완전성으로 인해 선택 전에 발생하는 도덕적 해이는 정부실패의 원인이 된다.

정밀해설

② X-비효율성은 독점에서 나타나는 조직의 관리상·경영상의 비효율을 의미하는 것으로 자원배분이 효율적으로 이루어졌다고 해도 다른 요인에 의해 발생할 수 있다.
① 내부성은 니스카넨(Niskanen)의 관료예산극대화 가설, Parkinson 법칙, Tullock의 관료제국주의의 근거가 된다.
③ 정책결정자의 조급성, 불확실한 대응, 담당 공무원의 졸속 행정 등으로 인해 파생적 외부효과가 발생한다.
④ 정보 불완전성으로 인해 선택 후에 발생하는 도덕적 해이는 정부실패의 원인이 된다.

정답: ②

02 ☐☐☐

다음 중 정부실패에 대한 설명으로 옳은 것은?

① 규제실패는 정부실패의 원인이 아니다.
② 도덕적 해이, 정부업무평가의 곤란성 등은 X-비효율성의 원인이다.
③ 포획현상, 대리손실은 정부실패에서 나타나지 않는다.
④ 정부활동은 효과가 없을 경우 정책을 종료시킬 수 있는 강력한 장치가 작동한다.

정밀해설

② X-비효율성은 자원배분이나 법으로 설명할 수 없는 행정이나 관리상의 심리적·기술적 요인으로 인한 비효율로 경쟁의 결여나 도덕적 해이, 정부업무평가의 곤란성 등이 원인에 해당한다.
① 규제실패는 정부실패의 원인이다.
③ 포획현상, 대리손실은 정부실패에서 발생한다.
④ 정부활동은 효과가 없을 경우 정책을 종료시킬 수 있는 정책종결 메커니즘이 잘 작동하지 않는다.

정답: ②

03

정부실패에 대한 정부의 대응방식으로 옳지 않은 것은?

① X-비효율성에 대한 방안으로 규제완화, 보조금 삭감, 민영화 등이 있다.
② 파생적 외부효과에 대한 대응방안으로는 규제완화, 정부 보조금 삭감 등이 있다.
③ 사적목표의 설정에 따른 정부실패의 경우 규제완화가 필요하다.
④ 시장실패와 정부실패를 동시에 해결할 수 있는 방법으로 네트워크, 거버넌스가 있다.

정밀해설

③ 사적목표의 설정에 따른 정부실패의 경우 민영화가 필요하다.
① X-비효율성은 정부의 독점적 지위로 인해 발생하는 것으로, 정부보조 삭감, 규제완화, 민영화를 통해 대응해야 한다.
② 파생적 외부효과는 정부의 개입으로 인해 발생하는 잠재적·비의도적 부작용으로 정부보조 삭감, 규제완화를 통해 대응해야 한다.
④ 거버넌스나 네트워크는 신국정관리에서 강조하는 방향으로 이를 통해 시장실패와 정부실패를 동시에 해결할 수 있다.

정답 : ③

04

다음 중 정부실패의 공급측면에 대한 특성이 아닌 것은?

① 정부산출물은 계량화하거나 측정이 어렵다.
② 정부업무기관에 최저선이나 종결 메커니즘이 없다.
③ 정치인은 시간 할인율이 높게 나타난다.
④ 정부업무는 생산함수나 생산기술이 불확실하다.

정밀해설

③ 정치인들의 높은 시간적 할인율은 정부개입의 수요측면에 대한 특성이다.
① 정부산출이나 성과는 무형성을 특징으로 하므로 정의 및 측정이 곤란하다는 것은 정부개입의 공급측면에 대한 특성이다.
② 활동이 부진하고 효과성이 없는 정부기관을 해체시킬 수 있는 종결 메커니즘도 없다는 것은 정부개입의 공급측면에 대한 특성이다.
④ 정부업무는 명확한 생산함수가 존재하지 않는다는 것은 정부개입의 공급측면에 대한 특성이다.

정답 : ③

THEME 008 신자유주의, 감축관리

1 공공서비스 공급에 대한 접근방식의 변화

구분	복지국가의 공공서비스	신공공관리주의에서의 공공서비스
공공서비스의 배분 기준	형평적 배분(시혜적 복지)	효율적 배분(재정 효율화)
민간부문에 대한 공공서비스의 기능	관리, 통제	경쟁력 지원
공공서비스의 형태	국가 최저 수준의 표준화된 공공서비스	시민사회의 다양한 선호 반영과 차별적으로 상품화된 서비스
성과관리의 초점	시설, 기관 공급자 중심	수요자 중심의 맞춤형 서비스 공급

2 신자유주의

민영화, 제3섹터, 수익자 부담주의, 시민단체 활동 등

3 감축관리 방안

① 예산의 점증적 증가 억제: 영기준예산(ZBB), 일몰제(Sunset Law) 등
② 구조·기능을 축소하거나, 기능을 대국대과주의에 입각하여 통폐합
③ 정책 종결 및 통폐합
④ 규제완화 및 행정절차 간소화
⑤ 광역화: 행정의 지역적 관장 범위를 확대함으로써 행정상 '규모의 경제' 도모
⑥ Sunrise Review, 신규채용의 동결
⑦ 시장성 검증(market test) 등의 절차를 거쳐 정부기능의 민간 이양

4 정부규모 논쟁

정부 기능의 축소 근거 (공공재 과소공급설)	① 듀젠베리(Duesenberry)의 전시효과 ② 머스그레이브(Musgrave)의 조세저항 ③ 다운스(Downs)의 합리적 무지 ④ 갈브레이스(Galbraith)의 의존효과(선전효과)
정부 기능의 확대 근거 (공공재 과다공급설)	① 피콕과 와이즈만(Peacock-Wiseman)의 조세대체 효과(전위효과) ② 바그너(Wagner)의 법칙 ③ 보몰(Baumol)의 병(病) ④ 니스카넨(Niskanen)의 관료예산극대화 가설 ⑤ 브라운과 잭슨(Brown-Jackson)의 중위투표자의 선택 ⑥ 뷰캐넌(J. Buchanan)의 다수결투표와 리바이던 가설 ⑦ 양출제입의 원리 ⑧ 할거적(fragmented) 예산결정구조

OX 기출분석

해설

01 ☐☐☐ 23 지방 9급
보몰(Baumol)은 정부 부문과 민간 부문 간의 생산성 격차를 통해 정부 예산의 팽창 원인을 설명하고 있다. ○ ×

'보몰의 병'에 대한 설명이다.

02 ☐☐☐ 19 국회 8급
지대추구이론은 재정권을 독점한 정부에서 정치가나 관료들이 독점적 권력을 국민에게 남용하여 재정규모를 과도하게 팽창시키는 행위를 의미한다는 내용을 담고 있다. ○ ×

리바이어던 가설은 재정권을 독점한 정부에서 정치가나 관료들이 독점적 권력을 국민에게 남용하여 재정규모를 과도하게 팽창시키는 행위를 의미한다는 내용을 담고 있다.

03 ☐☐☐ 17 서울 9급
복지국가(현대행정국가)의 서비스 배분 준거는 재정효율화이다. ○ ×

재정효율화는 신공공관리주의에서의 공공서비스에서의 배분 준거이다. 복지국가의 서비스 배분 준거는 형평적 배분이다.

04 ☐☐☐ 15 경찰간부
니스카넨(Niskanen)의 예산극대화론(Budget Maximization)은 관료의 효용극대화로 인해 발생한다. ○ ×

05 ☐☐☐ 13 국가 9급
신자유주의 정부이념은 민간기업의 성공적 경영기법을 행정에 접목시켜 효율적인 행정관리를 추구할 뿐 아니라 개방형 임용, 성과급 등을 통하여 행정에 경쟁 원리 도입을 추진한다. ○ ×

06 ☐☐☐ 11 경찰간부
공공재의 적정 공급규모에 관한 논의 중 갈브레이스(Galbraith)의 의존효과, 머스그레이브(Musgrave)의 조세저항, 보몰병(Baumol's Disease) 등은 정부 기능이 축소되었다는 입장이다. ○ ×

보몰병(Baumol's Disease)은 정부 기능이 확대되었다는 입장이다.

07 ☐☐☐ 11 국가 7급
영기준예산의 도입, 일몰법의 시행, 위원회의 설치 등은 감축관리의 방안이다. ○ ×

위원회 제도는 일반적으로 능률성의 측면에서 바람직하지 못한 것으로 판단된다. 따라서 위원회의 증설은 감축관리의 방안이 될 수 없다.

08 ☐☐☐ 10 국회 9급
작은 정부를 실현하기 위한 처방이란 정부의 어떠한 부분적 확대도 용납하지 않고, 모든 면에서 축소해야 하는 것을 의미한다. ○ ×

작은 정부를 실현하기 위한 처방이란 정부의 모든 기능을 전면적·일괄적으로 축소하자는 것이 아니라 불필요하거나 비능률을 유발하는 정부부문을 민영화 등을 통해 축소해야 하는 것을 의미한다.

정답 01 ○ 02 × 03 × 04 ○ 05 ○ 06 × 07 × 08 ×

핵심 기출 문제

01
2019 국회 8급

다음 글의 (ㄱ)에 해당하는 것은?

> (ㄱ)은 재정권을 독점한 정부에서 정치가나 관료들이 독점적 권력을 국민에게 남용하여 재정규모를 과도하게 팽창시키는 행위를 의미한다는 내용을 담고 있다.

① 로머와 로젠탈(Tomas Romer & Howard Rosenthal)의 회복수준 이론
② 파킨슨(Cyril N. Parkinson)의 법칙
③ 니스카넨(William Niskanen)의 예산극대화 가설
④ 지대추구이론
⑤ 리바이어던(Leviathan) 가설

정밀해설

⑤ 리바이어던 가설은 공공지출에 대한 통제권한이 집중화되고 집권화될수록 정치인이나 관료, 로비스트와 같은 이익집단들의 선호가 재정정책에 반영됨으로써 정부의 재정지출이 과도하게 늘어나고 규모가 팽창된다는 이론으로 공공재 과다공급설과 관련된다.
① 로머와 로젠탈의 회복수준이론은 Downs의 중위투표자 정리를 비판한 이론으로 예산안은 중위수준으로 결정되는 것이 아니라 all or nothing이라는 극단적 형식으로 결정된다는 이론이다.
③ 니스카넨의 예산극대화 가설은 관료들이 효용극대화를 추구함으로써 나타나는 것으로 관료들은 승진·소득·명성 등의 자기이익을 극대화하기 위하여 예산을 극대화하고 이로 인해 정부산출물은 적정 생산수준보다 과잉 생산이 이루어진다는 내용이다.
④ 지대추구이론은 Tullock이 주장한 것으로 정부의 규제가 반사적 이익이나 독점적 이익을 발생시키고 기업이나 이익집단은 자신의 이익을 위해 로비, 약탈, 방어 등 비생산적인 활동에 경쟁적으로 자원을 지나치게 소비한다는 내용이다.

정답: ⑤

02
2012 경찰간부

정부규모팽창에 대한 이론의 설명으로 옳은 것을 모두 고르면?

㉠ 전위효과 – 사회혼란기에 공공지출이 상향 조정되며 민간지출이 공공지출을 대체하는 현상
㉡ 와그너 법칙(Wagner's law) – 1인당 국민소득이 증가할 때, 국민경제에서 차지하는 공공부문의 상대적 크기가 증대되는 현상
㉢ 예산극대화 가설 – 관료들이 권력의 극대화를 위해 자기부서의 예산극대화를 추구하는 현상
㉣ 파킨슨의 법칙 – 공무원의 수가 해야 할 업무의 경중이나 그 유무에 관계없이 일정 비율로 증가하는 현상
㉤ 보몰효과(Baumol's effect) – 정부가 생산·공급하는 서비스의 생산비용이 상대적으로 빨리 하락하여 정부지출이 감소하는 현상

① ㉠, ㉡, ㉢
② ㉠, ㉡, ㉣
③ ㉡, ㉢, ㉣
④ ㉠, ㉢, ㉣, ㉤

정밀해설

③ ㉡, ㉢, ㉣이 옳은 내용이다.
㉠ [×] 전위효과란 위기시에 공적지출이 사적지출을 대신하며 재정이 팽창하는 현상을 말한다.
㉤ [×] 보몰병은 행정의 노동집약적 성격으로 재정규모가 팽창하는 병리적 현상을 의미하는 것으로, 정부가 생산·공급하는 서비스의 생산비용이 상대적으로 빨리 올라 정부지출이 증가하는 현상을 보몰효과라고도 부른다.

정답: ③

적중 예상 문제

01 □□□
감축관리의 저해요인을 설명한 것으로 옳은 것은?

① 동태적 보수주의가 나타난다.
② 행정의 경직성은 조직을 안정화시켜 감축관리를 지지하게 된다.
③ 기존 조직은 감축관리에 대해 적극적 지지를 하게 된다.
④ 감축관리는 인력의 Gresham 법칙이 발생해 인적 자원이 효율화된다.

정밀해설
② 행정의 경직성은 변화에 대한 저항으로 이어진다.
③ 기존 조직은 감축이나 쇄신에 대해 불안감을 느끼고 저항하게 된다.
④ 인력의 Gresham 법칙은 감축에 따른 부작용 등으로 신분보장이 약한 유능한 막료와 계약직 전문인력이 먼저 감축됨으로써 발생하는 인력손실 현상으로, 인적자원이 저하된다.

정답 : ①

02 □□□
다음 <보기>에서 공공재 과다공급설에 대한 이론을 모두 고르면?

―――――< 보기 >―――――
가. 보몰의 병리
나. 니스카넨의 관료예산극대화 가설
다. 간접세 위주의 국가재정
라. 뷰캐넌의 리바이던 가설
마. 와이즈만의 전위효과(조세대체효과)

① 가, 나
② 다, 라
③ 다, 마
④ 모두 맞다.

정밀해설
④ 가, 나, 다, 라, 마 모두 공공재 과다공급설과 관련된 이론이다.

▶ **과소공급설 vs 과다공급설**

과소공급설	· 머스그레이브의 조세저항 · 갈브레이스의 의존효과 · 다운스의 합리적 무지 · 듀젠베리의 전시효과
과다공급설	· 피콕과 와이즈만의 전위효과(조세대체효과) · 바그너의 경비팽창 법칙 · 보몰의 병 · 니스카넨의 관료예산극대화 가설 · 브라운과 잭슨의 중위투표자 선택 · 뷰캐넌의 리바이던 가설 · 양출제입 원리 · 간접세 위주의 국가 재정 구조 · 할거적 예산결정구조

정답 : ④

03 □□□
정부의 기능 재조정을 위한 시장성 테스트(market test)에서 적용되는 원칙이 아닌 것은?

① 정부 정책결정 업무의 외부화
② 정부 집행 업무의 내부경쟁화
③ 반드시 정부가 책임을 맡아야 하는가
④ 반드시 정부가 직접 수행해야 하는가

정밀해설
① 시장성 테스트는 영국의 행정개혁의 기본 점검 사항으로 작용한 것으로, 정책결정이나 기획 등의 업무는 정부가 직접 수행하고, 정책의 집행을 시장화, 외부화를 통해 해결할 수 있다.
② 정부 업무에서 비효율과 낭비를 제거하기 위해 내부 부서 간 경쟁의 원리를 통해 보다 효율적이고 생산적인 집행이 이루어지도록 한다.
③ 시장성 테스트를 통해 정부가 꼭 수행하여야 할 책임이 아니라면 민간에 아웃소싱하거나 외주화시킬 수 있다.
④ 정부가 직접 수행해야만 하는 것이 아니라면 민간의 효율성을 활용하여 정부 기능을 재조정하고 과부하를 해결할 수 있다.

정답 : ①

THEME 009 제3섹터, NGO

1 제3섹터 범위

공공부문			민간부문	
제1섹터(순수정부부문) 정부조직		제3섹터		제2섹터(순수민간부문) 민간조직
		준정부조직(QUAGO)	준비정부조직(QUANGO)	
중앙 부처	정부기업	• 공공기관 - 공기업 - 준정부기관 - 기타 공공기관 • 지방공기업 - 지방공사 - 지방공단 - 공동출자법인	• 시민단체(NGO) • 조합 • 공익재단 • 공익기업 • 교육시설 • 민간 박물관 등	민간기업 등 순수사적단체
	조달 우편사업 우체국 예금 양곡관리	책임 운영기관			

2 준정부조직(QUAGO)의 장단점

장점	시장실패와 정부실패 보완, 탄력성과 대응성 제고
단점	책임성 확보 곤란, 공공성 경시, 정부팽창 수단

3 준비정부조직(QUANGO): NGO 이론

공공재이론 (정부실패이론)	사회 구성원들에게 기존의 공공재 공급구조체제에서 충족되지 못한 수요를 만족시키는 역할
계약실패이론 (시장실패이론)	소비자들이 영리기업에서 생산하는 서비스에 대해 정확한 평가를 내리기가 불가능하기 때문에 이를 보완하기 위해 등장
소비자통제이론	공공서비스의 소비자인 시민이 공급자인 국가권력을 감시·통제하기 위한 수단으로 등장
다원화이론	정부에 의해 달성될 수 있는 것보다 사회 서비스 생산에서 다양성을 제공할 수 있다고 가정
기업가이론	정부와 NGO 부문이 이질적이고 이들 간의 관계가 경쟁과 갈등이라고 가정
상호의존이론	NGO 부문과 정부를 상호의존적인 협력관계로 상정하는 이론

Mani DB 사회적 기업

의의	• 취약 계층에게 사회서비스 또는 일자리를 제공하거나 지역사회에 공헌함을 목적으로 하는 기업으로서 사회적 목적의 실현을 조직의 주된 목적으로 함. • 고용노동부 장관의 인증을 받은 기업
인증 요건	• 서비스 수혜자, 근로자 등 이해관계자가 참여하는 의사결정구조를 갖출 것 • 유급근로자를 고용 • 회계연도별로 배분 가능한 이윤이 발생하는 경우 이윤의 2/3 이상을 사회적 목적을 위하여 사용(상법상의 회사만 해당) • 연계기업은 창출하는 이익을 취할 수 없음.
육성 및 지원	• 고용노동부 장관은 5년마다 사회적 기업 육성 기본계획을 수립하고, 실태를 조사하여 그 결과를 고용정책심의회에 통보 • 고용노동부 장관은 연도별 시행계획을 수립·시행 • 광역자치단체장은 사회적 기업 지원계획을 수립

OX 기출분석

01 □□□　　　　　　　　　　　　　　　　　　　　　　　　　16 사복 9급

우리나라에서는 시민단체의 자율성을 위하여 정부가 재정지원을 하지 않는다.　　　O X

> **해설**
> 우리나라에서는 「비영리민간단체 지원법」을 제정하여 정부가 재정지원을 하고 있다.

02 □□□　　　　　　　　　　　　　　　　　　　　　　　　　15 검정승진

시민공동생산은 시민의식이 성숙되고 시민의 참여욕구가 증대되면서 정부와 시민사회의 새로운 파트너십이 요구되고 있다.　　　O X

> 시민공동생산의 대두 배경을 설명한 지문이다.

03 □□□　　　　　　　　　　　　　　　　　　　　　　　　　13 지방 7급

시민공동생산 논의는 시민과 지역주민을 정규생산자로 파악하는 데에서 출발한다.　　　O X

> 공동생산에서는 시민들을 정규생산자가 아니라 공동생산자로 규정한다.

04 □□□　　　　　　　　　　　　　　　　　　　　　　　　　11 지방 7급

사회적 기업은 이익을 재투자하거나 그 일부를 연계기업에 배분할 수 있다.　　　O X

> 사회적 기업은 이익을 재투자하도록 노력해야 하나, 일부를 연계기업에 배분할 수는 없다.

05 □□□　　　　　　　　　　　　　　　　　　　　　　　　　11 국회 8급

사회적 기업으로 인정받기 위해서는 민법상 법인·조합, 상법상 회사 또는 비영리단체 등 대통령령으로 정하는 조직형태를 갖추어야 하며, 자원봉사자로만 구성된 비영리조직이라도 사회적 기업으로 인증받을 수 있다.　　　O X

> 사회적 기업으로 인정받기 위해서는 유급근로자를 고용하여 재화 또는 서비스의 생산·판매 등 영업활동을 하여야 한다.

06 □□□　　　　　　　　　　　　　　　　　　　　　　　　　10 국가 9급

비정부조직이 생산하는 공공재·집합재의 생산비용을 정부가 지원하는 경우, 이는 정부와 NGO가 대체적 관계를 형성하는 것이다.　　　O X

> 지문의 내용은 보완적 관계 속에서의 NGO의 역할을 설명한 지문이다.

07 □□□　　　　　　　　　　　　　　　　　　　　　　　　　09 지방 9급

비정부조직은 높은 전문성을 보유하고 있어 정책과정에서 영향력이 크다.　　　O X

> 비정부조직은 낮은 전문성을 보유하고 있으나, 정책에 대한 영향력은 크다.

08 □□□　　　　　　　　　　　　　　　　　　　　　　　　　08 지방 7급

다원화이론에 의하면 NGO는 사회의 구성원들이 기존의 공공재 공급구조에서 충족되지 못한 수요를 만족시키는 역할을 한다.　　　O X

> 다원화이론이 아니라 공공재이론에 관한 설명이다.

정답　01 X　02 O　03 X　04 X　05 X　06 X　07 X　08 X

THEME 009 제3섹터, NGO

핵심 기출 문제

01
2020 군무원 7급

대리정부(proxy government)의 특징에 대한 설명으로 옳지 않은 것은?

① 정보의 왜곡현상이 발생할 수 있다.
② 분권화 전략에 의해서 자원의 낭비와 남용을 줄일 수 있다.
③ 대리정부의 형태가 다양하므로 행정관리자의 전문적 리더십이 중요하다.
④ 시민 개개인의 행동이 정부정책의 성과를 결정하기 때문에 높은 시민의식 하에 대리정부에 대한 시민의 통제가 중요하다.

정밀해설

② 대리정부는 분권화 전략을 사용하지만 그 과정에서 대리손실 등의 문제 및 대리정부가 중앙정부로부터 이관받은 임무를 성공적으로 수행하지 못할 경우 생기는 오류를 교정하는 과정에서 오히려 비용이 더 많이 발생할 수 있다.
① 대리정부체제에서는 대리손실로 인한 정보의 왜곡현상(정보의 비대칭현상)이 발생할 수 있다.
③ 대리정부의 형태가 다양하므로 행정관료가 전문가적 리더가 되어야 한다.
④ 시민 개개인이 공익에 부합하는 행동을 할 때 중앙정부의 목표가치와 대리정부의 목표가치가 동일화 될 수 있다.

정답 : ②

02
2019 경찰간부

다음 중 제3섹터(중간조직)의 형성배경에 대한 설명으로 가장 옳지 않은 것은?

① 계약실패이론은 서비스의 성격상 영리기업의 서비스 양과 질을 정확하게 파악하지 못할 때 비영리성을 띤 준(비)정부조직의 서비스를 더 신뢰하게 된다는 이론이다.
② 관청형성모형은 정책위주의 참모조직을 집행위주의 계선조직으로 개편하려는 의도가 작용하여 준정부조직이 형성하게 된다는 이론이다.
③ 공공재이론은 시장에서 공급되지 못한 수요를 충족시키기 위하여 중간조직이 발생했다는 이론이다.
④ 소비자통제이론은 소비자인 시민이 국가권력을 감시하고 통제하기 위한 수단으로 발생하였다는 이론이다.

정밀해설

② 던리비(Dunleavy)의 관청형성모형은 니스카넨의 예산극대화 모형을 비판한 이론으로 집행위주의 계선조직을 정책위주의 참모조직으로 개편하려는 의도가 작용하여 준정부조직이 형성된다고 보는 모형이다.
① 계약실패이론은 거래비용이론에 근거한 것으로 서비스의 성격상 영리기업 서비스의 양과 질을 정확하게 파악하지 못할 때 준비정부조직의 서비스를 더 신뢰하게 된다는 모형이다.
③ 공공재공급모형이론은 시장에서 공급될 수 없는 공공성이 강한 재화는 주로 행정기구가 공급하여야 하나 NGO 등이 대신 공급할 수도 있다고 보는 모형이다.
④ 소비자통제이론은 소비자인 시민이 국가권력을 감시하고 통제하기 위한 수단으로 발생하였다는 것으로 이는 중간조직의 형성배경에 해당한다.

정답 : ②

03
2012 지방 9급

현대 민주주의 국가에서 정부와 시민사회의 관계에 대한 설명으로 적절하지 않은 것은?

① 시민사회의 역량이 커지면서 정부 중심의 통치에서 거버넌스로 관점이 변화되고 있다.
② 정부주도의 성장 과정에서 초래된 사회적 부작용을 완화하는 방안으로 시민사회의 역할이 강조되고 있다.
③ 시민의식이 성숙되고 시민의 참여욕구가 증대하면서 정부와 시민사회의 새로운 파트너십이 요구되고 있다.
④ 시민사회에 발생하는 이해관계자 간의 다양한 갈등을 해결하기 위하여 심판자로서의 정부 역할이 강화되고 있다.

정밀해설
④ 이해관계자 간의 갈등해결을 위한 중립적 심판자로서의 정부역할은 전통적인 다원주의에 해당하며, 현대 민주주의 국가에서는 거버넌스 등을 중시하면서 시민사회의 역할과 참여가 강조되고 있다.
① 현대의 시민사회는 네트워크 거버넌스의 주요 구성요소로서 기능한다.
② 시장실패와 정부실패를 동시에 극복하는 방안으로 대두되었다.
③ 정부와 시민사회(NGO)는 적대적 관계보다는 서로의 존재를 인정하는 '동반자적 관계'가 점차 일반화되어 가는 추세이다.

정답: ④

04
2011 지방 7급

우리나라 현행 제도상 사회적기업에 대한 설명으로 옳은 것은?

① 이익을 재투자하거나 그 일부를 연계기업에 배분할 수 있다.
② 재화 및 서비스의 생산·판매 등 영업활동을 하여야 한다.
③ 정부는 매년 사회적기업의 활동실태를 조사하고 육성계획을 수립·추진하여야 한다.
④ 설립 초기의 일정기간 동안에는 유급근로자를 고용하지 않고 무급근로자만으로 운영할 수 있다.

정밀해설
② 사회적 기업은 유급근로자를 고용하여 재화와 서비스의 생산·판매활동을 하여야만 고용노동부장관으로부터 인증을 받을 수 있다.
① 사회적 기업은 영업활동을 통하여 창출한 이익을 사회적 기업의 유지·확대에 재투자하도록 노력하여야 하며, 연계기업은 사회적 기업이 창출하는 이익을 취할 수 없다.
③ 고용노동부장관은 사회적 기업을 육성하고 체계적으로 지원하기 위하여 사회적 기업의 활동실태를 5년마다 조사하고, 그 결과를 고용정책심의회에 통보하고 고용정책심의회의 심의를 거쳐 사회적기업 육성 기본계획을 5년마다 수립하여야 한다.
④ 무급근로자들로만 구성된 단체는 사회적 기업으로 인증받을 수 없다.

정답: ②

적중 예상 문제

01

NGO에 관한 이론으로 옳지 않은 것은?

① 공공재 이론 – 사회의 구성원은 기존의 공공재 공급구조체제에서 충족되지 못한 수요를 만족시키는 역할을 한다.
② 소비자통제이론 – 공공서비스의 소비자인 시민이 공급자인 국가권력을 감시·통제하기 위한 수단으로 등장한 것이 NGO이다.
③ 기업가 이론 – 정부와 NGO는 동질적이고 이들 간의 관계는 상호 협동적·조화적이라고 본다.
④ 다원화 이론 – NGO부문은 정부에 의해 달성될 수 있는 것보다 사회서비스 생산에서 더 많은 다양성을 제공하고 있다.

정밀해설

③ 기업가 이론은 정부와 NGO의 관계가 상호 경쟁과 갈등이라는 가정을 한다.

▶ **준비정부조직의 한계**

- 무경험과 비전문성 등으로 인하여 효율성이 저하된다.
- 정부부문이나 준정부조직의 활동에 비하여 책임성, 공공성 등이 떨어진다.
- 주민을 내세워 책임을 회피하려는 수단으로 악용될 수도 있다.
- 행정비용은 절감될 수 있지만, 전문성 저하로 공공서비스의 질이 나빠질 수 있다.
- 아마추어적인 운영으로 인해 효율성이 낮은 경우가 많다.
- 자율적인 시민단체라도 취약한 재정형편으로 관변단체화될 가능성이 많다.

정답 : ③

02

시민단체(NGO)의 활성화 방안으로 적절하지 않은 것은?

① 시민단체 활동을 인권, 환경 등의 비정치적 분야로 제한한다.
② 시민의 자율성과 전문성을 강화한다.
③ 참여를 강화하여 '시민 없는 시민단체'를 극복한다.
④ 정부 중심 통치에서 거버넌스로 전환한다.

정밀해설

① 시민단체 활동을 비정치분야에서 정치분야로 확대하여야 한다.
② 시민의 자율성 및 전문성의 강화가 필요하다.
③ 시민들의 자발적이고 활발한 참여의 강화가 필요하다.
④ 시민의식이 성숙되고 참여가 증대하면서 정부와 시민의 새로운 파트너십이 요구되고 있다.

정답 : ①

03

준정부조직(QUAGO)에 대한 설명으로 가장 옳은 것은?

① 준정부조직은 공공서비스에 대한 책임을 강화할 수 있다.
② 준정부조직은 기존의 권력적 행정작용이 간접적 지원으로 전환하게 된다.
③ 준정부조직은 던리비(Dunleavy)의 관청형성모형에 의해 정부규모 확대에 기여한다.
④ 준정부조직은 시장실패보다 정부실패의 해결책으로 더 적절하다.

정밀해설

② 준정부조직은 종래의 권력적 행정에서 간접적 지원으로의 전환을 나타낸다.
① 준정부조직은 공공서비스에 대한 책임소재가 불분명하다.
③ 던리비(Dunleavy)의 관청형성모형과 관련되며, 이는 정부팽창의 은닉 수단이 될 수 있다.
④ 준정부조직은 시장실패와 정부실패 모두를 보완할 수 있다.

정답 : ②

04

오늘날 시민사회조직에 대한 설명으로 가장 적합하지 않은 것은?

① 정부가 지지나 지원의 필요성을 위해 특정한 비정부조직 분야의 성장을 유도하여 형성된 의존적 관계는 개발도상국에서 많이 나타난다.
② 비정부조직이 생산하는 공공재나 집합재의 생산비용을 정부가 지원하는 경우에는 정부와 대체적 관계를 형성한다.
③ 비영리조직이 지닌 특징으로는 자발성, 자율성, 이익의 비배분성 등이 있다.
④ 정부와 비정부조직 간에 적대적 관계보다는 서로의 존재를 인정하는 동반자적 관계가 점차 확산되고 있다.

정밀해설

② 비용을 정부가 지원하는 경우에 정부와 NGO의 관계는 보완적·협력적 관계가 된다. 대체적 관계란 국가의 한계로 인해 실패된 공공재 등의 공급을 NGO가 대신 맡게 된다는 것이다.
① 개발도상국에서는 의존적 관계가 많이 나타난다.
③ NGO의 주요 특징이다.
④ 행정과 시민사회의 관계가 점차 상호협력적인 관계로 바뀌고 있으며, 정부의 비효율성과 그에 따른 역기능이 커질수록 시민 사회의 역할은 중요해지고, 정부에 대한 시민사회의 영향력도 증대될 수밖에 없다.

정답 : ②

THEME 010 민영화

1 민영화의 장단점

장점	능률성·생산성·전문성 증진, 대응성·적응성·신축성 향상
단점	공공성·책임성의 약화, 안정성(계속성)·형평성 저하

2 민영화의 유형(Savas)

구분	장점	단점
계약(민간위탁) (contracting-out)	• 인력운영의 유연성으로 정부조직 팽창 억제 • 경쟁입찰을 통한 생산주체 결정으로 정부재정 부담 경감 • 기술개발과 서비스 개선 용이	• 파업 등 서비스 공급의 중단 우려 • 책임소재 불분명 • 계약의 관리·감독 비용 증가
보조금 (grant)	• 서비스가 기술적으로 복잡하여 서비스의 양과 질을 통제할 수 없을 경우에 적합 • 재화의 가격을 낮춤으로써 사용자의 비용부담 감소 • 외부경제효과를 갖는 민간 활동 장려	• 시장가격 왜곡 우려 • 정치적 목적으로 악용 우려
구매권 (voucher)	• 소비자에게 많은 선택권 부여 • 빈곤층을 위한 재분배정책 효과	• 서비스의 누출 • 공급 측에서 서비스 수요 파악 곤란
지정·허가 (franchise)	• 요금재 공급에 적합 • 사기업체의 전문성 활용	• 독점에 의한 가격 인상 • 서비스의 질 저하 우려
면허 (license)	• 운영권의 민간 매각으로 운영의 전문화 • 정부가 서비스수준 및 요금을 통제하면서도 서비스 생산을 민간에 이양 가능	공급자 간 경쟁이 미약할 경우 이용자의 비용부담 과중 우려
자원봉사 (volunteers)	• 예산삭감에 따른 서비스 감축 영향 최소화 • 주민의 욕구 반영 및 참여의식 고취	• 관변단체화 우려 • 책임성 약화

3 민영화방식

① 국민주 방식
② 황금주(golden share) 방식
③ 분할 매각 방식
④ 테마섹(temasek) 방식

 민자유치방식

구분	소유권 이전시기	운영기간 소유권 주체	특징
BTO	준공시점	정부	• 수익형 민간투자방식 • 사업운영주체는 민간사업시행자
BOT	운영종료시점	민간	• 민간이 직접 운영해 투자비를 회수 • 일차적으로 민간이 위험을 부담 ⓔ 인천대교, 민자도로 등 투자비 회수가 가능한 시설
BTL	준공시점	정부	• 임대형 민간투자방식 • 소규모 저수익사업 • 민간은 위험부담이 거의 없음.
BLT	운영종료시점	민간	• 사용료만으로 투자비 회수가 어려운 시설 • 정부의 시설임대료를 통하여 투자비를 회수 ⓔ 공공임대주택, 관사건축 등 투자비 회수가 곤란한 시설

OX 기출분석

01 　　　　　　　　　　　　　　　　　　　　　　　　　　　　21 국회 8급
사회간접자본(SOC)에 대한 대규모 민간투자사업은 기획재정부가 결정한다.
○ ×

해설
사회간접자본에 대한 민간투자사업은 주무관청이 결정한다.

02 　　　　　　　　　　　　　　　　　　　　　　　　　　　　20 서울/지방 9급
BTO(Build-Transfer-Operate)는 민간투자사업자가 사회기반시설 준공과 동시에 해당 시설 소유권을 정부로 이전하는 대신 시설관리운영권을 획득하고, 정부는 해당 시설을 임차 사용하여 약정기간 임대료를 민간에게 지급하는 방식이다.
○ ×

BTL(Build-Transfer-Lease)에 대한 설명이다.

03 　　　　　　　　　　　　　　　　　　　　　　　　　　　　19 서울 9급(2월)
임대형 민자사업(BTL) 방식은 민간이 시설을 건설하고 정부가 소유하며 민간은 정부로부터 임대료 수익을 보장받는 방식이다.
○ ×

04 　　　　　　　　　　　　　　　　　　　　　　　　　　　　19 국회 9급
자조활동 방식은 서비스 생산과 관련된 직접적 보수를 받지 않는 봉사자들이 생산을 담당한다.
○ ×

서비스 생산과 관련된 직접적 보수를 받지 않는 봉사자들이 생산을 담당하는 것은 자원봉사자 방식이다.

05 　　　　　　　　　　　　　　　　　　　　　　　　　　　　18 국가 9급
사바스(E. Savas)가 제시한 공공서비스 공급유형론에 따르면, 자원봉사(voluntary service) 방식은 민간이 결정하고 정부가 공급하는 유형에 속한다.
○ ×

사바스가 제시한 공공서비스 공급유형론에 따르면, 자원봉사 방식은 민간이 생산하고 민간이 공급하는 유형에 속한다.

06 　　　　　　　　　　　　　　　　　　　　　　　　　　　　17 국가 9급(추)
BOO(Build-Own-Operate)는 사회기반시설에 대한 민간투자사업에 있어서 사업시행자가 시설을 건설한 후 해당 시설의 소유권 및 운영권을 사업시행자가 가지는 방식이다.
○ ×

07 　　　　　　　　　　　　　　　　　　　　　　　　　　　　16 국회 8급
면허방식에서는 서비스 제공자들 간의 경쟁이 약할 경우 이용자 고객의 비용부담이 증가할 수 있다.
○ ×

08 　　　　　　　　　　　　　　　　　　　　　　　　　　　　15 서울 7급
민영화의 계약방식(contracting-out)은 일반적으로 경쟁 입찰을 통해 서비스 생산주체가 결정되므로 정부재정 부담을 경감시킬 수 있다.
○ ×

정답 01 X　02 X　03 O　04 X　05 X　06 O　07 O　08 O

핵심 기출 문제

01 □□□ 2020 군무원 7급

민자유치의 사업방식에 대한 설명으로 옳은 것을 모두 고르면?

㉠ BTO방식 - 민간투자기관이 민간자본으로 공공시설을 건설하고 시설완공과 동시에 소유권을 정부에 이전하는 대신, 민간투자기관이 일정기간 시설을 운영하여 투자비를 회수하는 방식

㉡ BOT방식 - 민간투자기관이 민간자본으로 공공시설을 건설하고 시설완공 후 일정기간 동안 민간투자기관이 소유권을 가지고 직접 운영하여 투자비를 회수하는 방식

㉢ BOO방식 - 민간투자기관이 민간자본으로 공공시설을 건설하고 시설완공 후 일정기간 동안 민간투자기관이 소유권을 가지고 직접 운영하여 투자비를 회수한 다음, 기간만료 시 소유권을 정부에 이전하는 방식

㉣ BTL방식 - 민간투자기관이 민간자본으로 공공시설을 건설하고 완공 시 소유권을 정부에게 이전하여 정부가 소유권과 운영권을 가지고, 대신 민간투자기관에게 임대료를 지급하도록 하여 시설투자비를 회수하는 방식

㉤ BLT방식 - 민간의 투자자본으로 건설한 공공시설을 정부가 사업을 운영하며 민간에 임대료를 지불하는 방식으로 운영종료 시점에 정부가 소유권을 이전받는 방식

① ㉠, ㉣, ㉤
② ㉡, ㉢, ㉣
③ ㉠, ㉢, ㉣, ㉤
④ ㉡, ㉢, ㉣, ㉤

정밀해설

① ㉠, ㉣, ㉤이 옳은 설명이다.
㉡ [×] BOT방식은 민간투자기관이 민간자본으로 공공시설을 건설하고 시설완공 후 일정기간 동안 민간투자기관이 소유권을 가지고 직접 운영하여 투자비를 회수한 다음, 기간만료 시 소유권을 정부에 이전하는 방식이다.
㉢ [×] BOO방식은 민간투자기관이 민간자본으로 공공시설을 건설하고 시설완공 후 일정기간 동안 민간투자기관이 소유권을 가지고 직접 운영하여 투자비를 회수하는 방식이다.

정답: ①

02 □□□ 2017 서울 7급

다음 중 Savas의 공공서비스 제공방식에 대한 유형별 설명으로 가장 옳지 않은 것은?

① 공공부문이 생산자(producer)인 동시에 배열자(arranger)인 경우의 예로 정부 간 협약을 통해 한 정부가 또 다른 정부의 공공서비스를 구매하는 방식이 있다.
② 공공부문이 생산자이고 민간부문이 배열자인 경우의 예로 정부응찰방식을 통해 민간부문이 정부가 생산한 공공서비스를 선별, 구매하고 대가를 지불하는 방식이 있다.
③ 민간부문이 생산자이고 정부가 배열자인 경우의 예로 민간위탁, 바우처(voucher)를 통한 서비스 제공 등이 있다.
④ 민간부문이 생산자인 동시에 배열자인 경우의 예로 임대형 민자사업(BTL), 보조금에 의한 서비스 제공 등을 들 수 있다.

정밀해설

④ 임대형 민자사업(BTL)과 보조금은 민간부문이 생산하고 공급주선자(배열자)는 공공부문이다.
① 정부 간 협약은 서로 협의를 통해 공공서비스가 제공되는 것으로 공공부문이 생산자인 동시에 배열자가 된다.
② 정부응찰방식을 통해 민간부문이 정부가 생산한 공공서비스를 선별, 구매하고 대가를 지불하는 방식인 정부판매는 공공부문이 생산자가 되고 민간부문이 배열자가 된다.
③ 민간부문이 생산자이고 정부가 배열자인 경우의 예로 민간위탁은 맞으나 바우처의 경우 민간부문이 생산하고 민간부문이 배열하는 예에 해당한다. 출제의 오류로 보이나 정답처리는 인정하지 않았으므로 주의해야 하는 지문이다.

▶ 공급과 생산주체에 따른 공공서비스 공급방법(Savas)

구분		공급 [provide, 공급주선자, 배열자(arranger)]	
		정부 (공공부문)	민간 (민간부문)
생산 (produce)	정부 (공공부문)	·정부서비스 (직접공급) ·정부 간 협약	정부판매
	민간 (민간부문)	·민간계약 (위탁) ·독점허가 ·보조금	·구매권 ·시장 ·자기생산 ·자원봉사

정답: ④

03

2015 서울 7급

민영화의 유형에 대한 설명으로 가장 옳지 않은 것은?

① 민영화의 계약방식(contracting-out)은 일반적으로 경쟁 입찰을 통해 서비스 생산주체가 결정되므로 정부재정 부담을 경감시킬 수 있다.
② 민영화의 프랜차이즈(franchise) 방식은 정부가 서비스 제공자에게 서비스 비용을 직접 지불하여 이용자의 비용부담을 경감시키는 장점이 있다.
③ 전자 바우처(vouchers) 방식은 개별적인 바우처 사용행태를 분석하여 실제 이용자의 실시간 모니터링이 가능하다.
④ 자조활동(self-help) 방식은 공공서비스 수혜자와 제공자가 같은 집단에 소속되어 서로 돕는 형식이다.

정밀해설

② 정부가 서비스 제공자에게 서비스 비용을 지불하여 이용자의 비용부담을 경감시키는 방식은 계약방식이다. 한편 프랜차이즈 방식은 민간조직에게 일정한 구역 내에서 공공서비스를 제공하는 권리를 인정하는 방식이다.
① 계약방식은 정부가 민간부문과 위탁계약을 맺고 비용을 지불하고 민간부문으로 하여금 공공서비스를 생산하게 하는 방식으로 기업 간 경쟁 입찰을 통해 서비스 생산 주체를 결정하므로 정부의 재정부담을 경감시킬 수 있다.
③ 전자 바우처(vouchers) 방식은 신용카드나 휴대폰 등 전자적 수단으로 서비스를 이용하고 지불하는 방식으로 개별적인 바우처 사용행태를 분석하여 실제 이용자의 실시간 모니터링이 가능하다는 장점이 있다.
④ 자조활동 방식은 공공서비스의 수혜자와 제공자가 같은 집단에 소속되어 서로 돕는 방식으로, 대표적으로 노인의 노인보조서비스 등이 있다.

정답 : ②

04

2012 국가 7급

공기업 민영화와 관련해 '역대리인'이론이 제기하는 문제점으로 가장 적절한 것은?

① '주인-대리인' 문제가 반복됨으로써 대리인 문제나 비효율의 문제가 반복된다.
② 민간이 흑자 공기업만 인수하려고 하기 때문에 적자 공기업은 매각되지 않고, 흑자 공기업만 매각된다.
③ 민영화 이후에 공공서비스가 제대로 공급되지 못하는 경우가 나타난다.
④ 민영화 과정에서 정부가 일부 지분을 계속 유지하려고 한다.

정밀해설

③ 공기업의 민영화와 관련하여 대리인이론을 적용할 경우 정부(주인)에서 민간기업(대리인)으로 이양된 사업은 이윤극대화를 위한 기업의 기회주의적 속성상 대리손실을 발생시키고, 오히려 공기업에 의해 제공될 때보다 민영화 이후에 공공서비스가 제대로 공급되지 못하는 경우가 나타날 우려가 있다.
① '주인-대리인' 문제가 반복되는 것은 복대리인으로 이는 누적적·반복적인 대리손실로 인한 비효율성을 비판하는 것으로 민영화를 지지하는 이론이다.
② 민간이 흑자 공기업만 인수하려고 하기 때문에 적자 공기업은 매각되지 않고, 흑자 공기업만 매각되는 현상을 크림스키밍(cream skimming)이라고 하며 이는 민영화를 저해하는 요인이다.
④ 황금주(Golden share)에 대한 설명으로, 이는 공기업의 민영화 시 정부가 주식 전체를 양도하지 않고 황금주를 보유함으로써 민영화된 공기업에 대해 정부가 권한을 계속 유지하고 언제든지 개입할 수 있도록 하는 현상이다.

정답 : ③

적중 예상 문제

01 ☐☐☐

다음 중 민영화의 단점이나 비판점으로 옳은 것은?

① 민영화를 통해 공공서비스의 가격을 안정시킬 수 있다.
② 공기업의 민영화로 정경유착의 부패를 방지한다.
③ 정보 불균형으로 인해 역대리인 문제가 발생한다.
④ 크림스키밍(Cream skimming) 현상으로 인해 부실한 공기업의 문제가 해결된다.

정밀해설

① 공공서비스의 가격을 상승시킬 우려가 있다.
② 공기업의 민영화로 정경유착의 부패를 발생한다.
④ 크림스키밍(Cream skimming) 현상으로 인해 부실한 공기업의 문제가 증가하고 심각해진다.

정답 : ③

02 ☐☐☐

민간위탁 방식에 대한 설명 중 옳지 않은 것은?

① 면허 방식은 민간조직에게 일정한 구역 내에서 공공서비스를 제공하는 권리를 인정하는 것이다.
② 지정 허가(franchise) 방식은 인력운영의 유연성을 제고하고 규모의 경제를 실현할 수 있다.
③ 바우처 방식은 소비자에게 많은 선택권을 부여하지만, 서비스 누출의 단점이 있다.
④ 자원봉사 방식은 예산삭감에 따른 서비스 감축 영향을 최소화할 수 있다.

정밀해설

② 계약 방식에 대한 설명이다. 지정 허가 방식은 요금재 공급에 적합하다.
① 면허 방식은 지나친 이윤추구로 공익저해, 서비스 중단의 우려가 있다.
③ 바우처 방식은 재분배 정책에 효과적이다.
④ 자원봉사 방식은 참여를 강화하지만, 관변단체화의 우려가 있다.

정답 : ②

03

바우처(voucher) 방식에 대한 설명으로 옳은 것은?

① 공공서비스의 수혜자와 제공자가 같은 집단에 소속되는 유형이다.
② 소비자의 선택권을 제약하는 단점이 있다.
③ 전자바우처 등이 있지만 소비자의 사용행태 분석이 이루어지지 않는다.
④ 소득재분배 효과가 있다.

정밀해설

④ 주민 대응성을 제고하고 저소득층을 지원하는 성격이 있으므로 소득재분배 효과가 있다.
① 자급방식(self-service)에 대한 설명이다.
② 소비자에게 서비스의 선택권을 준다는 장점이 있다.
③ 전자바우처 방식은 소비자의 사용행태를 분석하여 실시간 모니터링이 가능하다.

정답 : ④

04

수익자 부담주의(user's charge)에 대한 설명으로 옳은 것은?

① 공공서비스에 대한 무임승차 문제를 해결할 수 있다.
② 이용자와 비이용자 간에 차등적용으로 공정성을 저해한다.
③ 공공시설 이용 등에서 재정부담의 불균등을 초래한다.
④ 민간경제 위축과 수평적 형평성을 저해한다.

정밀해설

① 비배제성으로 인해 발생하는 무임승차 문제를 수혜자에게 비용부담하게 함으로써 해결할 수 있다.
② 이용자와 비이용자에 대한 차등적용은 수혜혜택에 따른 정당한 차별로써 공정성을 향상한다.
③ 공공시설을 이용은 하되 세금을 부담하지 않는 시민들에게도 사용료를 징수하게 되므로 재정부담을 균등하게 할 수 있다.
④ 수직적 형평성을 약화시켜 소외계층에 대해 서비스 중단이 일어난다. 따라서 저소득층에게 가격을 할인해 주는 등 차별화 전략이 필요하다.

정답 : ①

THEME 011 행정이념1(본질적 가치)

1 본질적 가치와 수단적 가치

본질적 행정가치	수단적(도구적) 행정가치
• 가치 자체가 목적이 되는 가치(시대 흐름과 무관) • 행정을 통해 이룩하고자 하는 궁극적 가치 → 정의, 복지, 형평, 자유, 평등	• 목적 실현을 가능하게 하는 수단적 가치(시대에 따라 다름) • 실제적인 행정과정에 구체적 지침이 되는 규범적 기준 → 민주성, 능률성, 효과성, 합법성, 합리성 등

※ 역사적·상황적 요인에 따라 평가기준이 달라짐.

2 공익

구분	공익개념	사회체제	공익인지	사익과의 관계	정치권력	정책 결정론
실체설	적극설	전체주의 (개발도상국)	선험적	공익과 사익 무관 ⇨ 본질적·질적 차이	엘리트론 (관료 역할 ↑)	합리모형
과정설	소극설	개인주의 (선진국)	경험적	공익은 사익의 조정결과 ⇨ 상대적·양적 차이 (공익과 사익은 갈등관계)	다원론 (관료 역할 ↓)	점증모형

※ 절충설: 공익은 공공의 의사(public will)

3 형평성

① 배경: 1960년대 미국사회 혼란기
② 내용: 수직적 형평(다른 사람을 다르게), 수평적 형평(같은 사람을 같게)

4 롤스(Rawls) 정의론

① 가정
  ㉠ '원초적 상황(original position)'과 '무지의 베일(veil of ignorance)'의 상황
  ㉡ 상호무관심적 개인
② 원칙
  ㉠ 롤스의 제1원리: 다른 사람의 자유와 상충되지 않는 범위 내에서 최대한의 자유를 누릴 권리
  ㉡ 롤스의 제2원리
     ⓐ 기회균등의 원리: 기회의 공평(공평한 기회하에서 발휘된 능력에 맞는 대우)
     ⓑ 차등조정의 원리: 최소극대화의 원리(Maximin)
        ⇨ 제1원리가 제2원리에 우선함.
        ⇨ 제2원리 중에서도 기회균등의 원리가 차등조정의 원리에 우선함.

Mani DB 저축의 원리

사회 협동의 산물 중 어느 정도를 후세대의 복지를 위하여 현재 사회 구성원에게 모두 배분하지 않고 유보 내지 저축하는 것이 적절한 것인가를 규정하는 원리

OX 기출분석

01 ☐☐☐   22 지방 9급
공익의 실체설은 다원적 민주주의에 도움을 준다.   O X

해설
실체설은 전체주의, 권위주의, 엘리트주의, 개발도상국, 관료의 적극적 역할을 강조한다. 이에 반해 과정설은 개인주의, 다원주의, 민주주의, 다수의 이해관계자의 적극적 역할을 강조한다.

02 ☐☐☐   21 군무원 9급
수평적 형평성이란 동등하지 않은 것을 서로 다르게 취급하는 것, 수직적 형평성이란 동등한 것을 동등하게 취급하는 것을 의미한다.   O X

동등하지 않은 것을 서로 다르게 취급하는 것은 수직적 형평성이고, 동등한 것을 동등하게 취급하는 것은 수평적 형평성이다.

03 ☐☐☐   20 서울/지방 9급
파레토 최적 상태는 형평성 가치를 뒷받침하는 기준이다.   O X

파레토 최적 상태는 형평성이 아니라 능률성을 뒷받침하는 기준이다.

04 ☐☐☐   19 지방 9급
수평적 형평성이란 동등한 것을 동등하게 취급하는 것, 수직적 형평성이란 동등하지 않은 것을 서로 다르게 취급하는 것을 의미한다.   O X

수평적 형평성은 같은 것은 같게 보는 것이고, 수직적 형평성은 다른 것을 다르게 보는 것이다.

05 ☐☐☐   19 서울 7급
공익의 실체설은 사회공동체나 국가의 모든 가치를 포괄하는 절대적 선의 가치가 있다.   O X

공익의 실체설에서는 공익은 공공선이나 실체로서 존재한다고 본다.

06 ☐☐☐   18 국가 9급
롤스(J. Rawls)의 정의론은 원초적 자연상태(state of nature)하에서 구성원들의 이성적 판단에 따른 사회형태는 극히 합리적일 것이라고 가정하는 사회계약론적 전통에 따른다.   O X

07 ☐☐☐   18 서울 9급
과정설은 공익을 서로 충돌하는 이익을 가진 집단들 사이에 상호조정과정을 거쳐 균형상태의 결론에 도달하였을 때 실현되는 것이라고 본다.   O X

08 ☐☐☐   16 경정승진
사회적 형평은 성별, 계층별, 세대별로 사회적 약자들을 적극 배려해야 한다는 적극적인 신념에 바탕을 두고 있다.   O X

정답 01 X 02 X 03 X 04 O 05 O 06 O 07 O 08 O

핵심 기출 문제

01
2020 경찰간부

롤스(Rawls)의 정의론에 대한 설명 중 옳은 것은 모두 몇 개인가?

가. 자유와 평등의 조화를 추구하는 중도적 입장보다는 자유방임주의에 의거한 전통적 자유주의 입장을 취하고 있다.
나. 이념적·가설적 상황으로서 원초적 상태를 설정하였고 사회계약론의 입장에서 정의의 원리를 도출한다.
다. 정의의 두 가지 기본원리 중 제1원리는 기본적 자유의 평등원리이며, 제2원리는 차등조정의 원리이다. 제2원리 내에서 충돌이 생길 때에는 차등의 원리가 기회균등의 원리에 우선한다.
라. 기회균등의 원리는 결과의 공평을 중시하며 차등의 원리는 기회의 공평을 중시한다.

① 1개
② 2개
③ 3개
④ 4개

정밀해설

① 나만 옳은 내용이다.
나. [○] 불확실한 원초적 상태에서 구성원들이 합의하는 원칙이 공정할 것이라고 전제하고 있으며 이는 곧 사회계약론과도 일치한다.
가. [×] 롤스의 정의론은 자유방임주의에 의거한 전통적 자유주의와 생산수단의 사회적 소유를 주장하는 사회주의의 양극단을 지양하고, 자유와 평등의 조화를 추구하는 중도주의적 입장을 취한다.
다. [×] 제2원리 내에서 충돌이 생길 때에는 기회균등의 원리가 차등의 원리에 우선한다.
라. [×] 기회균등의 원리는 기회의 공평을 중시하며, 차등의 원리는 결과의 공평을 중시한다.

정답 : ①

02
2019 서울 7급

공익의 실체설에 대한 설명으로 옳은 것을 <보기>에서 모두 고른 것은?

< 보기 >
ㄱ. 사회공동체나 국가의 모든 가치를 포괄하는 절대적 선의 가치가 있다.
ㄴ. 적법절차의 준수에 의해 공익이 보장된다.
ㄷ. 사회구성원이 보편적으로 공유하는 이익을 의미한다.
ㄹ. 행정의 조정자 역할이 강조된다.

① ㄱ
② ㄴ
③ ㄱ, ㄷ
④ ㄴ, ㄹ

정밀해설

③ ㄱ, ㄷ이 실체설에 대한 설명이다.
ㄴ. [×] 과정설은 적법절차의 준수에 의해 공익이 보장된다.
ㄹ. [×] 과정설에서 국가는 국민주권원리에 입각하여 민주적 조정자 역할만을 담당한다고 본다.

▶ 과정설 vs 실체설

구분	과정설	실체설
공익개념	소극설	적극설
사회체제	개인주의	전체주의
공익인지	경험적	선험적
사익과의 관계	공익은 사익의 조정 결과	공익과 사익은 무관
정치권력	다원론	엘리트론
정책결정론	점증모형	합리모형
비조직화된 이익	고려 ×	고려 ○

정답 : ③

03

2013 국회 8급

행정가치에 대한 다음 <보기>의 설명 중 옳은 것은 모두 몇 개인가?

< 보기 >

ㄱ. 실체설은 공익을 사익의 총합이라고 파악하며, 사익을 초월한 별도의 공익이란 존재하지 않는다고 본다.
ㄴ. 롤스(Rawls)의 사회정의의 원리에 의하면 정의의 제1원리는 기본적 자유의 평등원리이며, 제2원리는 차등조정의 원리이다. 제2원리 내에서 충돌이 생길 때에는 '차등 원리'가 '기회균등의 원리'에 우선되어야 한다.
ㄷ. 과정설은 공익을 사익을 초월한 실체적, 규범적, 도덕적 개념으로 파악하며, 공익과 사익과의 갈등이란 있을 수 없다고 본다.
ㄹ. 베를린(Berlin)은 자유의 의미를 두 가지로 구분하면서, 간섭과 제약이 없는 상태를 적극적 자유라고 하고 무엇을 할 수 있는 자유를 소극적 자유라고 하였다.

① 0개
② 1개
③ 2개
④ 3개
⑤ 4개

정밀해설

① 모두 틀리다.
ㄱ. [×] 공익을 사익의 총합이라고 파악하며, 사익을 초월한 별도의 공익이란 존재하지 않는다고 보는 것은 과정설이다.
ㄴ. [×] 롤스(Rawls)의 사회정의의 원리에 의하면 정의의 제1원리는 기본적 자유의 평등원리이며, 제2원리 내에서 충돌이 생길 때에는 차등원리보다 기회균등의 원리가 우선되어야 한다.
ㄷ. [×] 공익을 사익을 초월한 실체적, 규범적, 도덕적 개념으로 파악하며, 공익과 사익과의 갈등이란 있을 수 없다고 보는 것은 실체설이다.
ㄹ. [×] 베를린은 자유의 의미를 두 가지로 구분하면서, 국가의 간섭과 제약이 없는 상태를 소극적 자유라고 하고 무엇을 할 수 있는 자유를 적극적 자유라고 하였다.

정답 : ①

04

2011 경정승진

행정이념으로서 '사회적 형평성'에 관한 설명 중 가장 옳지 않은 것은?

① '사회적 형평성' 이념은 1960년대 후반에 미국사회의 혼란과 더불어 제기된 신행정학의 주요 이념의 하나이다.
② '사회적 형평성' 이념은 헌법상 평등 이념에서부터 고소득자에게 더 많은 세금을 부과해야 한다는 견해 등 다양한 의미를 포함하고 있다.
③ 누구나 건강상 문제가 없다면 병역의무의 기회가 균등하게 주어져야 한다는 것은 사전적 형평성의 문제이고, 결과적으로 군복무를 한 사람과 하지 않은 사람 사이의 문제는 사후적 형평성의 문제이다.
④ '사회적 형평성' 이념의 주창자들은 총체적 효용을 중시한다.

정밀해설

④ J.Rawls 등 '사회적 형평성' 이념의 주창자들은 정의론자들로서 사회 총체적 효용의 희생위에 약자들의 이익을 추구한다. 한편 총체적 효용을 중시하는 주창자들은 공리주의자이다.
① 신행정학은 사회적 적실성, 처방성 및 형평성을 지향한다.
② 누진세 제도 등은 사회적 형평성과 관련된 제도이다.
③ 사전적·사후적 형평성에 대한 설명이다.

정답 : ④

적중 예상 문제

01 ☐☐☐

다음 중 공익의 과정설에 대한 설명으로 옳은 것은?

① 공익에 대해 상대적·양적·다원주의적 성격을 인정한다.
② 절차적 합리성보다 도덕적 절대가치를 강조한다.
③ Bentham, Schubert, Hegel 등에 의해 주장되었다.
④ 공익을 사익 간의 타협에 의한 사회 전체이익의 극대화로 본다.

정밀해설

② 절차적 합리성과 적법절차를 강조한다.
③ Hegel은 실체설 입장이다.
④ 공익을 사익 간의 타협에 의한 사회 전체이익의 극대화로 보는 것은 실체설이다.

정답 : ①

02 ☐☐☐

Rawls의 정의론에 대한 설명으로 옳은 것은?

① Rawls는 최대 다수의 최대 행복을 위해 최소극대화(Maximin)를 추구한다.
② 저축의 원리를 축소해서라도 차등조정의 원리가 준수되어야 한다.
③ 개인을 위험회피적 성향을 지닌 것으로 보고, 상호무관심적 합리성을 가정한다.
④ 원초적 상태에서 이루어지는 구성원들 간의 합의는 불공정하므로 국가의 개입이 필요하다.

정밀해설

③ Rawls는 개인을 위험회피적 성향을 지닌 것으로 보며, 상호무관심적 합리성을 가정한다.
① 공리주의의 다수효용극대화를 비판한 이론이다.
② 저축의 원리와 양립하는 범위에서 가장 불리한 계층에게 최대의 이익(차등조정)이 되도록 조정해야 한다.
④ 원초적 상태하의 합의는 공정할 것으로 전제한다.

정답 : ③

03

Rawls의 정의에 관한 설명으로 가장 옳지 않은 것은?

① 정의의 원리 중 제1원리가 제2원리에 우선하며, 제2원리 중 기회균등의 원리가 차등조정의 원리에 우선한다.
② 롤스는 유·불리에 대한 판단이 불확실한 원초적 상태에서 구성원들이 합의한 규칙은 불공정할 것이라고 본다.
③ 전통적 자유주의와 사회주의의 양극단을 지양하고 자유와 평등의 조화를 추구하는 중도적 입장이다.
④ 저축의 원리란 정의의 제2원리 중 차등조정의 원리를 구현함에 있어 사회협동의 모든 산물 중 어느 정도 비율의 것을 분배나 재분배에 충당하지 않고 장래 세대의 복지를 위해 저축을 허용한다는 것이다.

정밀해설

② 롤스는 원초적 상태에서 구성원들이 합의하는 원칙이 공정할 것이라 전제한다.
① 바람직한 정책기준은 동등한 자유 → 기회의 평등한 보장 → 차등조정의 순서이다.
③ 롤스의 이러한 이론적 경향을 자유주의적 평등주의라고 한다.
④ 저축의 원리는 제2의 원리 중 불리한 입장에 있는 사람들에게 편익이 많이 돌아가도록 배분하는 차등조정의 원리(maximin)를 구현함에 있어서 이익의 일정 부분은 장래 세대의 복지를 위하여 저축 내지는 유보되어야 한다는 것으로 정당한(정의로운) 저축원리와 양립하는 범위 안에서 최소수혜자에게 이득이 되어야 한다고 본다.

정답 : ②

04

행정이념 중 사회적 형평성에 관한 설명 중 가장 옳은 것은?

① 사회적 형평성은 1960년대 후반 미국사회의 혼란을 발전행정적 관점에서 해결하기 위해 대두되었다.
② '다른 것을 다르게 다룬다.'는 의미의 수직적 형평성은 약자에게 더 많은 기회를 제공하므로 적극적·진보적 공평개념에 해당한다.
③ 기회균등의 사후적 형평성의 부분과 결과를 고려한 사전적 형평성을 포함한다.
④ 능력이론의 자유주의와 평등이론의 보호주의를 포함하며, 사회적 형평성은 총체적 효용을 중시한다.

정밀해설

① 1960년대 미국 신행정학(NPA)에서 대두된 행정가치이다.
③ 기회가 똑같이 제공될 때 확보되는 사전적 형평성과 개인의 똑같은 몫의 비용을 부담하거나 편익을 제공받을 때 확보되는 사후적 형평성을 말한다.
④ 형평성 이념의 주장자들은 분배적 공평성을 강조하였다.

정답 : ②

THEME 012 행정이념2(수단적 가치)

1 능률성 - 기계적 능률과 사회적 능률

구분	기계적 능률	사회적 능률
행정이론	과학적 관리론, 관료제 이론	인간관계론·통치기능설(1930~1940)
유사개념	대차대조표적 능률, 수치적 능률, 금전적 능률, 물리적 능률, 양적 능률, 단기적 능률, 몰가치적 능률, 객관적 능률, 사실적 능률, 좁은 의미의 능률성	인간적 능률, 대내적 민주성, 상대적 능률, 장기적 능률, 발전적 능률, 가치적 능률(가치와 능률의 조화), 질적 능률, 합목적적 능률, 넓은 의미의 능률성
비판	인간적 가치 무시	능률의 본질이 애매, 자원낭비에 대한 변명구실
학자	Gulick	E. Mayo, M. E. Dimock

2 민주성 - 대내적 민주화와 대외적 민주화

대내적 민주화	대외적 민주화
① 자유로운 의사소통 및 갈등의 민주적 조정 (하의상달 촉진, 제안제도, 상담, 고충심사) ② 공무원의 민주적 행정행태의 확립 ③ 정책결정과정에 부하들의 참여(MBO 등) ④ 공무원의 능력발전(교육훈련, 승진, 근평 등) ⑤ 행정인의 민주적 조직관리능력(Y이론적 관리) ⑥ 권한위임의 촉진(행정체제의 분권화)	① 공익과 사회정의의 추구 ② 책임행정과 대응성의 확립(행정통제) ③ 행정윤리의 확립(공무원의 정치적 중립, 부패방지, 업무공정성 등) ④ 행정구제제도의 확립(행정쟁송, 행정절차법, 옴부즈만 제도 등) ⑤ 시민참여의 촉진, 민관협동체제 구축 ⑥ 공개행정의 강화와 활발한 의사소통 ⑦ 관료제의 대표성 확보 및 기회균등의 확립

3 합리성의 유형 비교

구분	이성적·인지적 사고작용 판단을 통한 주관적 합리성	목표달성에 순기능적 행위를 하는 수단적 합리성
K. Mannheim	실질적 합리성(substantial rationality)	기능적 합리성(functional rationality)
H. A. Simon	절차적 합리성(procedural rationality)	내용적 합리성(substantive rationality)
M. Weber	실질적 합리성(substantive rationality)	형식적 합리성(formal rationality)
특징	• 공익의 과정설 • 점증주의 의사결정모형 • 과정적·주관적 합리성	• 공익의 실체설 • 합리주의 의사결정모형 • 결과적·객관적 합리성

4 능률성·효과성·효율성의 비교

능률성	효과성	효율성(생산성)
산출/투입	산출/목표	능률성 + 효과성
투입에 초점	산출에 초점	투입과 산출
양적·내적·단기적·객관적	질적·외적·장기적·주관적	종합적

Mani DB Quinn과 Rohrbaugh 모형: 경쟁적 가치접근법의 모형

구분	조직	인간
통제	합리적 목표모형 - 효과성 기준: 조직의 생산성, 이윤	내부과정모형(공식화 단계) - 효과성 기준: 조직의 안정성과 균형
유연성	개방체제모형(창업, 구조정교화 단계) - 효과성 기준: 환경과 관계를 통한 조직성장 여부	인간관계모형(집단공동체 단계) - 효과성 기준: 조직 내 인적 자원가치의 개발

OX 기출분석

01 ☐☐☐ 20 서울/지방 9급
근대 이후 합리성은 목표를 달성하는 수단과 관련된 개념이다. O X

해설
오늘날은 합리성을 대체로 목표에 대한 수단의 적합성으로 정의한다.

02 ☐☐☐ 19 지방 7급
사이먼(Simon)은 인간이 실질적 합리성을 사실상 포기하고, 만족할 만한 대안을 선택하려는 절차적 합리성을 추구한다고 주장한다. O X

사이먼은 인간이 의사결정과정에서 목표달성을 위한 최적 대안을 선택하려는 실질적 합리성은 사실상 포기하고, 만족할 만한 대안을 선택하려는 절차적 합리성을 추구하게 된다고 보았다.

03 ☐☐☐ 18 서울 9급(추)
조직효과성의 경쟁가치모형(Competing Values Model)에서 조직의 성장 및 자원획득의 목표를 강조하는 관점은 개방체제 관점이다. O X

04 ☐☐☐ 18 서울 9급
효과성은 수단적·과정적 측면에 중점을 두는 반면에, 능률성은 목표의 달성도를 중시한다. O X

능률성은 수단적·과정적 측면에 중점을 두는 반면에, 효과성은 목표의 달성도를 중시한다.

05 ☐☐☐ 17 서울 9급
사회적 효율성(social efficiency)은 과학적 관리론의 등장과 함께 강조되었다. O X

사회적 효율성은 인간관계론의 등장과 함께 강조되었다.

06 ☐☐☐ 17 사복 9급
적극적 의미의 합법성(legality)은 상황에 따라 신축성을 부여하는 법의 적합성보다 예외 없이 적용하는 법의 안정성을 강조한다. O X

소극적 의미의 합법성은 상황에 따라 신축성을 부여하는 법의 적합성보다 예외 없이 적용하는 법의 안정성을 강조한다.

07 ☐☐☐ 17 지방 7급
인간관계모형은 조직의 생산성, 능률성, 수익성을 달성하는 것이 목표가치이며, 그 수단으로서 계획과 목표 설정이 강조된다. O X

합리적 목표모형은 조직의 생산성, 능률성, 수익성을 달성하는 것이 목표가치이며, 그 수단으로서 계획과 목표 설정이 강조된다.

08 ☐☐☐ 15 국회 8급
행정의 민주성이란 정부가 국민의사를 존중하고 수렴하는 책임행정의 구현을 의미하며, 행정조직 내부 관리 및 운영과는 관계없는 개념이다. O X

대외적으로는 국민의사를 존중하고 책임행정을 구현하는 것을 말하며, 대내적으로는 행정 조직 내부 관리 및 운영의 민주성을 말한다.

정답 01 O 02 O 03 O 04 X 05 X 06 X 07 X 08 X

핵심 기출 문제

01
2019 지방 9급 / 교행 9급

행정이 추구하는 가치에 대한 설명으로 옳지 않은 것은?

① 합리성은 어떤 행위가 궁극적인 목표달성을 위한 최적의 수단이 되느냐를 가리키는 개념이다.
② 효과성은 투입 대비 산출의 비율을, 능률성은 목표의 달성도를 나타내는 개념이다.
③ 행정의 민주성은 대외적으로 국민 의사의 존중·수렴과 대내적으로 행정조직의 민주적 운영이라는 두 가지 측면이 있다.
④ 수평적 형평성이란 동등한 것을 동등하게 취급하는 것, 수직적 형평성이란 동등하지 않은 것을 서로 다르게 취급하는 것을 의미한다.

정밀해설

② 효과성은 목표의 달성도를, 능률성은 투입 대비 산출의 비율을 나타내는 개념이다.
① 합리성은 목적-수단의 연쇄관계를 전제로 어떤 행위가 궁극의 목적 달성에 최적 수단이 되는가와 관련된 이념이다.
③ 민주성은 국민의 의사를 행정에 반영하고 국민을 위한 행정을 펼치는 것으로 대외적으로는 정부가 국민의 의사를 존중하고 수렴하는 책임행정의 구현과 관련되고, 대내적으로는 행정조직 내부 관리 및 운영과 관련되는 이념이다.
④ 수평적 형평성은 공공서비스를 제공하는데 그 결정기준이 되는 특성에 비례하여 같은 양의 서비스를 받도록 하는 것으로서 동등한 것을 동등하게 취급하는 것을 의미한다. 한편 수직적 형평성은 각 개인의 특성에 정도의 차이가 있는 시민에게 공공서비스 배분의 형평성을 고려하는 기준으로 다른 것은 다르게 취급하는 것을 의미한다.

▶ **능률성 vs 효과성**

구분	능률성	효과성
개념	산출/투입	목표달성도
성격	산출은 구체적, 양적 개념	효과는 추상적, 질적 개념
관계	조직 내의 관계	조직과 환경과의 관계
행정이론	과학적 관리론	발전행정론

정답 : ②

02
2014 서울 7급

효과성 평가모형 중 퀸과 로보그(Quinn & Rohrbaugh)의 경합가치모형에 관한 다음의 설명 중 적절하지 못한 것은?

① 조직이 내부·외부 중 어디에 초점을 두고 있는지와 조직구조가 통제와 융통성 중 어떤 것을 강조하는지를 기준으로 조직효과성에 관한 네 가지 경쟁모형을 도출하였다.
② 조직의 내부에 초점을 두고 융통성을 강조하는 경우의 효과성 평가유형은 인간관계모형이다.
③ 개방체제모형은 조직의 외부에 초점을 두며 융통성을 강조하는 경우의 평가유형이다.
④ 조직의 외부에 초점을 두고 통제를 강조하는 경우 성장 및 자원 확보를 목표로 하게 된다.
⑤ 조직의 내부에 초점을 두고 통제를 강조하는 경우 안정성 및 균형을 목표로 하게 된다.

정밀해설

④ 조직외부에 초점을 두고 통제를 강조하는 모형은 합리적 목표모형으로 생산성이나 능률성을 목표로 하게 된다. 한편 성장과 자원 확보를 목표로 하는 모형은 조직외부에 초점을 두고 유연성을 강조하는 개방체제모형에 해당한다.
① 내부(인간)·외부(조직), 통제와 유연이라는 경쟁적 변수로 조직효과성에 관한 경쟁모형을 도출하였다.
② 인간관계모형은 인간(내부)과 유연성을 중시하였다.
③ 개방체제모형은 조직(외부)과 유연성에 초점을 두었다.
⑤ 내부와 통제를 중시하는 내부과정모형은 안정성을 중시하며 전통적인 위계문화가 나타난다.

▶ **경합가치모형(Quinn & Rohrbaugh)**

구분	외부	내부
통제	합리적 목표모형 ・목표: 생산성, 능률성 ・효과성 기준: 조직의 생산성, 이윤	내부과정모형 ・목표: 안정성, 통제 ・효과성 기준: 조직의 안정성과 균형
융통성	개방체제모형 ・목표: 성장, 자원 확보, 환경적응 ・효과성 기준: 환경과 관계, 조직성장 여부	인간관계모형 ・목표: 인적자원 개발 ・효과성 기준: 조직 내 인적 자원의 개발

정답 : ④

03

2014 국회 8급

다음 중 행정의 가치에 대한 설명으로 옳지 않은 것은?

① 능률성(efficiency)은 일반적으로 '투입에 대한 산출의 비율'로 정의된다.
② 대응성(responsiveness)은 행정이 시민의 이익을 반영하고, 그에 반응하는 행정을 수행해야 한다는 것을 뜻한다.
③ 가외성의 특성 중 중첩성(overlapping)은 동일한 기능을 여러 기관들이 독자적인 상태에서 수행하는 것을 뜻한다.
④ 사이먼(Simon)은 합리성을 목표와 행위를 연결하는 기술적·과정적 개념으로 이해하고, 내용적 합리성(substantive rationality)과 절차적 합리성(procedural rationality)으로 구분하였다.
⑤ 공익에 대한 과정설은 절차적 합리성을 강조하여 적법절차의 준수에 의해서 공익이 보장된다는 입장이다.

정밀해설

③ 가외성의 특징으로는 동일한 기능을 여러 기관이 공동적으로 집행하는 중첩성(overlapping), 동일한 과업을 별도의 기관에서 독립적으로 수행하는 중복성(duplication), 보조기능을 예비함으로써 주기관이 수행하지 못할 경우 보조기관이 수행하는 등전위성(equipotentiality)으로 나뉜다.
① 능률성은 투입 대비 산출의 비율을 극대화하는 양적 개념으로, 산출이 목표를 얼마나 충족시켰는지는 고려하지 않는다.
② 대응성 즉, 민주성은 대외적으로는 국민의 사를 존중하여 국민의 요구를 수렴하고 이를 행정에 반영함으로써 대응성 있는 행정을 실현하고 국민에게 책임을 지는 책임행정을 구현하는 것이다.
④ 사이먼(Simon)은 합리성을 이성적·인지적 사고작용 판단을 통한 주관적 합리성인 절차적 합리성과 목표달성에 순기능적 행위를 하는 수단적 합리성인 내용적 합리성으로 구분하였다.
⑤ 공익에 대한 과정설은 과정, 제도, 적법절차의 준수를 통해 공익이 보장된다고 보는 입장이다.

정답 : ③

04

2012 국회 8급

<보기> 중 효율성(efficiency)에 관한 설명으로 옳은 것은 모두 몇 개인가?

―< 보기 >―

ㄱ. 사이먼(H. A. Simon)은 기계적 효율성을 대차대조표적 효율성이라고 하면서 성과를 계량화하여 객관적인 기준에 따라 효율성을 평가한다고 보았다.
ㄴ. 사회적 효율성은 1960년대 말 신행정론에서 디목(M. E. Dimok)이 도입한 가치개념이다.
ㄷ. 효율성은 목표의 달성도를 나타내는 개념으로서 비용 내지 투입의 개념이 들어 있지 않다.
ㄹ. 효율성은 어떤 행위가 궁극적인 목표 달성의 최적 수단이 되느냐의 여부를 가리는 개념이다.
ㅁ. 효율성을 이론적으로 뒷받침하는 기준으로는 파레토 최적 상태를 들 수 있는데, 이는 자원배분의 효율성을 의미하지만 분배의 형평성을 확보해주는 것은 아니라는 한계를 지닌다.

① 1개　② 2개　③ 3개
④ 4개　⑤ 5개

정밀해설

② ㄱ, ㅁ 2개만 옳은 지문이다.
ㄱ. [O] 사이먼은 기계적 효율성을 대차대조표적, 수치적, 금전적 효율성 등과 같은 의미로 보았으며 성과를 계량화하여 객관적인 기준에 따라 효율성을 평가해야 한다고 주장하였다.
ㅁ. [O] 파레토 최적 상태는 자원배분의 효율성을 의미하지만 분배의 형평성이나 목표달성을 확보해 주지 않으므로 대체로 소극적·수단적 이념에 불과하다.
ㄴ. [X] 사회적 효율성은 1940년대 통치기능설에서 디목이 도입한 가치개념이다.
ㄷ. [X] 효과성은 목표의 달성도를 나타내는 개념으로서 비용 내지 투입의 개념이 들어 있지 않다.
ㄹ. [X] 합리성은 어떤 행위가 궁극적인 목표 달성의 최적 수단이 되느냐의 여부를 가리키는 개념이다.

정답 : ②

적중 예상 문제

01

각 행정이론이 추구하는 가치에 관한 설명으로 가장 옳지 않은 것은?

① 공공관리론은 신자유주의에 기초해 규제완화와 시장지향주의를 강조한다.
② 신행정론은 사회적 적실성과 형평성의 실현을 강조한다.
③ 전통행정론은 능률성과 민주성의 원리적 접근을 한다.
④ 뉴거버넌스는 신뢰성과 민주성을 중시하며 시민을 국정운영의 참여자로 본다.

정밀해설

③ 전통행정학은 합법성과 관료적 합리성을 추구하며 민주성을 중시하지 않는다.

▶ **행정이론과 행정이념의 발달**

대두시기 및 행정이론	행정이념	개념
19C 초, 법치국가 행정의 분리·독립 이전	합법성	· 법률에 의한 행정 (법치주의) · 현대행정에서는 실질적 합법성 강조
19C 말 (행정학의 성립기) 행정관리설	기계적 능률성	산출/투입, 최소의 비용과 노력으로 산출을 얻고자 하는 이념(과학적 관리론)
1930년대 통치기능설	사회적 능률성, 민주성	· 내부적: 인간관리의 민주화(인간관계론) · 외부적: 국민의사의 반영, 책임행정
1940년대 행태론	합리성	목표에 대한 수단의 적합성
1960년대 발전행정론	효과성	목표달성도
1970년대 신행정론	형평성	사회적 약자를 위한 행정
1980년대 신공공관리론	효율성, 고객만족	성과지향적 행정 (행정의 경영화 추구)
1990년대 뉴거버넌스	민주성, 신뢰성	참여를 통한 민주성 증진(행정의 정치화)

정답 : ③

02

행정이 추구하는 가치에 대한 설명으로 옳지 않은 것은?

① 사이먼이 주장하는 내용적 합리성은 목표에 비추어 적합한 행동이 선택되는 정도를 의미한다.
② 효과성은 목표달성도를 의미하며, 능률성은 투입 대비 산출의 비율로 표현된다.
③ 공공선택론에서는 적실성과 사회적 형평성을 고려하였다.
④ 기계적 효율관에 입각한 관점을 비판하고 행정의 인간적 가치의 실현 등을 내용으로 하는 것은 사회적 효율성이다.

정밀해설

③ 공공선택론은 경제적 합리성을 강조하였다.
① Simon은 행정의 과학성을 추구하였다.
② 효과성과 능률성을 결합한 것이 효율성(생산성)이다.
④ 인간적 능률, 대내적 민주성, 상대적 능률, 장기적 능률, 발전적 능률, 질적 능률, 합목적 능률과 같은 의미이다.

정답 : ③

03

다음 중 합리성에 대한 설명으로 옳지 않은 것은?

① 합리성은 목적과 수단의 연쇄적 관계를 전제로 한다.
② Simon의 내용적 합리성은 인지적 사고 작용의 판단을 통한 합리성이다.
③ Diesing은 사회구성요소 간의 조정과 통합을 사회적 합리성이라고 본다.
④ Mannheim의 기능적 합리성은 수단적 합리성을 의미한다.

정밀해설

② Simon의 절차적 합리성은 인지적 사고작용의 판단을 통한 합리성이다.
① 합리성은 목표와 수단의 인과관계를 전제로 한다.
③ 디징은 사회적 합리성을 사회구성요소 간의 조정과 통합이라고 정의하였다.
④ Mannheim은 인지적 측면을 실질적 합리성이라 하고, 기능적 합리성은 수단적 합리성을 의미한다.

정답 : ②

04

행정이념에 대한 설명으로 가장 적절하지 않은 것은?

① 형평성 – 사회적 평등과 경제적 평등으로 나뉘기도 하며 공공서비스의 공급과 수요의 분배에 대한 적절성을 의미한다.
② 가외성 – 행정기능의 중복을 뜻하고 안정적인 상황에서 정형적 집행을 도모한다는 목적이 있다.
③ 효율성 – 경제적인 타당성으로서 능률성이라고 부르기도 한다.
④ 효과성 – 투입에 대한 산출비율보다는 목표달성정도에 대한 판단이다.

정밀해설

② 가외성은 기계적·정형적·반복적·안정적 결정보다는 불확실한 상황에서 창의적·혁신적·적응적 결정을 하려는 것이다.
① 형평은 사회적 평등(교육기회의 공평 등)과 경제적 평등(소득재분배 등)으로 나뉘기도 한다.
③ 능률(efficiency)을 넓은 의미로는 효율(efficiency)이라 부르기도 한다.
④ 투입에 대한 산출비율은 능률성에 대한 설명이고, 효과성은 산출이 목표를 달성한 정도를 의미한다.

정답 : ②

THEME 013 사회적 자본, 이념 종합

1 사회적 자본(신뢰성)
① 특징: 사회관계적 현상, 수평적·자발적 신뢰, 동태적 현상, 선순환 관계
② 기능
　㉠ 거래비용의 감소 및 감시·감독 비용 감소함.
　㉡ 집단행동의 딜레마 및 기회주의 극복과 제도학습의 기회 제공
　㉢ 예측가능성 증진과 구성원 상호 간의 협력 강화
③ 향상 방안
　㉠ 시민사회의 활성화 및 참여 강화
　㉡ 불가항력적 약속
　㉢ 정책적 일관성 등
　㉣ 네거티브적
　㉤ 정보 공개

 **Mani DB** 　투명성

(1) 투명성의 의의: 정부의 결정과 집행 등 행정과정이 전반적으로 국민에게 공개되고 명확하게 드러나게 하여 열린 정부를 지향하는 이념으로 과정적 투명성, 결과투명성, 조직적 투명성이 확보되어야 함.
(2) 예: 서울시 민원처리 온라인 공개 시스템(서울시 open 시스템)

2 가외성(M. Landau)
① 가외성의 구성

중첩성	동일한 기능을 여러 기관이 집행	예 재난에 대한 기관별 대처
반복성	동일한 과업을 별도의 기관이 독립적으로 수행	예 자동차 이중브레이크
동등잠재력	주기관이 수행하지 못할 경우 보조기관이 수행	예 대통령 유고 시 국무총리 권한대행

② 가외성의 효용: 조직의 안정성 증진, 창의성 유발, 목표전환 완화

3 이념의 발달순서
합법성 ⇨ 능률성 ⇨ 민주성 ⇨ 합리성 ⇨ 효과성 ⇨ 형평성 ⇨ 생산성

4 이념들 간 관계

보완관계	민주성과 합법성, 민주성과 형평성 능률성·효과성·생산성
상충관계	민주성과 능률성, 능률성과 형평성 합법성과 효과성, 능률성과 가외성

OX 기출분석

01 ☐☐☐ 21 국가 7급
사회적 자본은 거래비용을 감소시키는 순기능이 있다. O X

해설: 사회적 자본은 거래비용을 감소시키고 능률성을 제고한다.

02 ☐☐☐ 21 경찰간부
사회자본은 스스로 창출되면서도 오랜 기간에 걸쳐 구축되고 나면 짧은 기간 내에 쉽게 사라지지 않는 성격을 지닌다. O X

해설: 사회자본은 사용할수록 총량이 늘고 사용하지 않을수록 줄어드는 포지티브 섬 관계이며, 축적되는 경향을 갖는다.

03 ☐☐☐ 20 경찰간부
부르디외(P.Bourdieu)는 사회적 자본을 서로 알고 지내는 사이에 지속적으로 존재하는 관계의 네트워크를 통하여 얻을 수 있는 실제적이고 잠재적인 자원의 합계로 정의하였다. O X

해설: 부르디외는 사회적 자본을 개인이 네트워크를 통해 얻을 수 있는 자산이나 문화라고 정의하였다.

04 ☐☐☐ 19 국가 7급
가외성은 행정체제의 신뢰성과 안정성을 저하시킨다. O X

해설: 가외성은 행정체제의 신뢰성과 안정성을 증진시킨다.

05 ☐☐☐ 19 서울 7급(2월)
사회적 자본이 형성되는 경우 거래비용 감소의 긍정적 효과가 있다. O X

해설: 사회적 자본이 형성되는 경우 불신으로 인한 비용이 감소하므로 거래비용이 감소된다.

06 ☐☐☐ 18 서울 9급
투명성은 정보공개뿐만 아니라 정보에 대한 접근권까지 포함하는 개념이다. O X

07 ☐☐☐ 18 서울 7급
효과성을 추구하는 과정에서 능률성의 희생이 발생될 수 있다. O X

08 ☐☐☐ 17 사복 9급
능률성(efficiency)은 떨어지더라도 효과성(effectiveness)은 높을 수 있다. O X

해설: 능률성과 효과성은 상충관계이다.

정답 01 O 02 O 03 O 04 X 05 O 06 O 07 O 08 O

핵심 기출 문제

01
2019 서울 7급(2월)

사회적 자본(social capital)에 대한 설명으로 옳은 것을 <보기>에서 모두 고른 것은?

< 보기 >
ㄱ. 퍼트남(R. Putnam)은 사회적 자본에 있어 네트워크, 규범, 신뢰를 강조하였다.
ㄴ. 사회적 자본이 형성되는 경우 거래비용 감소의 긍정적 효과가 있다.
ㄷ. 사회적 자본은 조정과 협동을 용이하게 만든다.
ㄹ. 세계은행은 개발도상국 개발사업에 사회적 자본개념을 활용하고 있다.
ㅁ. 후쿠야마(F. Fukuyama)는 한국사회에 만연한 불신은 사회적 비효율성의 원인이라고 하였다.

① ㄱ, ㄷ, ㅁ
② ㄱ, ㄹ, ㅁ
③ ㄱ, ㄴ, ㄷ, ㅁ
④ ㄱ, ㄴ, ㄷ, ㄹ, ㅁ

정밀해설

④ ㄱ, ㄴ, ㄷ, ㄹ, ㅁ 모두 옳은 내용이다.
ㄱ. [○] 퍼트남은 이탈리아 지방정부 연구를 통해 사회자본을 사회구성원 상호간의 이익을 위해 조정 및 협동을 촉진하는 규범, 신뢰, 네트워크로 정의하였다.
ㄴ. [○] 사회적 자본은 높은 수준의 신뢰를 가지므로 사회적 관계에서의 거래비용이 낮아진다는 효과가 있다.
ㄷ. [○] 사회적 자본은 사회구조와 네트워크 내에서 개인 간의 협동을 촉진하고 신뢰와 협력을 바탕으로 조정을 용이하게 한다.
ㄹ. [○] 사회적 자본은 사회구성원 간의 협력적 행위를 촉진하여 사회적 효율성을 증진시키는 효과가 있으므로 세계은행은 사회적 자본의 개념을 정의하고 이를 실증적으로 측정하기 위한 연구를 수행하고 있다.
ㅁ. [○] 후쿠야마는 사회적 자본은 사회적 신뢰에서 생성된다고 보고 이를 국가경쟁력을 좌우하는 중요한 요소라고 하였으며 한국, 중국, 프랑스 등을 사회적 자본이 모자라는 저신뢰 사회로 보았다.

정답: ④

02
2015 경찰간부

다음의 사회적 자본이론에 대한 내용 중 가장 옳지 않은 것은?

① 사회학적 시각에서는 사회적 자본의 출현에 필요한 조건으로서 연결이나 관계를 강조한다.
② 사회적 자본의 순기능으로는 신뢰를 통해 거래비용을 감소시키는 효과를 들 수 있다.
③ 사회적 자본은 사회적 제재 메커니즘을 제공하며, 상호간 소망스러운 행위를 유도한다.
④ 지역사회와 집단에의 참여는 반드시 동조성(conformity)에 대한 요구를 창출하고, 이로 인해 개인의 사적자유는 더 보장받게 된다.

정밀해설

④ 사회적 자본에 의한 지역사회와 집단에의 참여는 동조성(conformity)을 유발하게 하고, 이로 인해 개인의 사적 선택의 자유는 보장받지 못하게 된다.

▶ **사회적 자본의 순기능과 역기능**

순기능	• 참여자들의 공동 소유 자산(배타적인 소유권 행사 불가) • 참여자들이 서로 협력(혁신적 조직발전) • 신뢰제고에 따른 거래비용 감소, 가외성 필요성 감소 • 사회적·도덕적 규범으로 제재력 발휘
역기능	• 동조성의 요구로 개인의 사적 선택 제약 • 집단결속으로 타 집단과의 관계에서 부정적 효과 초래 우려 • 거래 및 형성과정이 불확실·불투명 • 측정의 기술적 곤란

정답: ④

03
2015 경정승진

행정에 있어서 가외성(redundancy)에 관한 설명 중 가장 적절하지 않은 것은?

① 각 부문들이 상호유기적인 관련을 가지면서 공동목표를 달성할 수 있도록 기여한다.
② 가외성의 산술적 증가는 실패의 확률을 지수적으로 감소시킨다.
③ 정보체제의 안전성을 증진시키기 위해서는 초과분의 정보채널 등 가외적 조직설계가 필요하다.
④ 불확실성이 커질수록 가외성의 필요성은 줄어든다.

정밀해설
④ 불확실성이 커질수록 가외성의 필요성은 증가한다.
정답 : ④

04
2013 경찰간부

행정이념 간의 관계에 대한 설명으로 가장 옳지 않은 것은?

① 능률성이 강조될 때 민주성은 저하되기 쉽다.
② 행정가치(이념)에는 본질적 가치와 수단적 가치가 있다.
③ 민주성과 합법성은 항상 조화의 관계에 있다.
④ 행정이념 간에는 시대와 장소를 불문한 절대적인 우선순위는 존재하지 않는다.

정밀해설
③ 민주성과 합법성이 항상 조화관계는 아니며, 민주성을 절차적 민주성으로 이해할 경우 합법성과 부합되지만, 결과적(내용적) 민주성을 이해할 경우 합법성의 절차적 정당성과 충돌할 수도 있다.
정답 : ③

적중 예상 문제

01 ☐☐☐

정부 투명성에 대한 설명으로 옳지 않은 것은?

① 국민과의 관계에서 열린 정부를 지향한다.
② 서울시는 'open 시스템'을 통해 투명성을 증대하고 있다.
③ 투명성의 증대는 정보 수요자에게 혼란을 초래하지 않는다.
④ 투명성은 부패와 도덕적 해이를 방지한다.

정밀해설

③ 투명성의 증대는 정보 과부하를 초래함으로써 정보 수요자에게 혼란을 가중시킨다.

정답 : ③

02 ☐☐☐

사회적 자본에 대한 설명으로 옳은 것은?

① 사회적 관계에서 상호이익을 위해 집합행동을 촉진시키는 규범과 네트워크를 말한다.
② 뉴거버넌스와는 배경이 다르다.
③ 집단행동의 딜레마를 해결하기 위한 정부개입의 근거를 제공해 준다.
④ 사회적 자본에서 시장과 시민사회의 역할은 강조되지만 정부는 배제된다.

정밀해설

② 뉴거버넌스의 배경이 된다.
③ 정부개입을 통한 집단행동의 딜레마 해결은 사회자본에 의한 것이 아닌 정부의 규제에 의한 해결수단이다.
④ 사회적 자본에서 말하는 네트워크는 정부·시장·시민사회 모두의 수평적·협력적 네트워크이다.

정답 : ①

03

가외성에 대한 설명으로 옳지 않은 것은?

① 1960년대 컴퓨터 기술발달과 함께 논의되고, Landau가 행정학에 도입하였다.
② 가외성은 불확실성에 대한 적극적 대처 방안이다.
③ 행정에 있어서 중첩이나 여분은 정부팽창을 유발할 수 있어서 최근 정부개혁의 감축관리와 조화가 필요하다.
④ 다원적·경쟁적 정보전달체계를 확보하므로 조직 구성원의 정보의 수용범위 한계를 극복하게 한다.

정밀해설

② 소극적 대처방안이다.
①, ③ 1960년대 란다우(M. Landau)는 컴퓨터나 정보과학 분야에서 활발하게 논의되던 가외성을 행정학에 도입하였다. 보통 가외성은 남는 것, 여분, 초과분이란 뜻으로 행정의 안정성과 신뢰성을 향상시키기 위하여 기능과 구조를 중복시키는 것을 의미한다.
④ 가외성의 효용은 적응성 확보, 신뢰성 증진, 창의성의 유발이다.

정답 : ②

04

행정이념에 관한 설명으로 옳지 않은 것은?

① 형평성은 1970년대 신행정론자들에 의해서 주장되었다.
② 신뢰성은 집단행동의 딜레마를 극복하는 장치가 된다.
③ 롤스는 차등조정의 원리보다 기회균등의 원리를 우선하였다.
④ 능률성과 정치적 중립성은 대체로 상충관계이다.

정밀해설

④ 정치·행정이원론하의 정치적 중립성은 행정을 관리로 인식하게 되므로 능률성을 중시한다.
① 형평성은 소외계층을 위하여 보다 나은 행정서비스를 우선적으로 제공하고자 하는 이념으로 1970년대 신행정론자들에 의하여 주장되었다.
② 신뢰는 자발적 협력과 참여를 유인하여 집단행동의 딜레마를 극복해 줄 수 있는 원천이자 힘이 된다.
③ 정의의 원리는 동등한 자유의 원리 → 기회균등의 원리 → 차등조정의 원리의 순서이다.

정답 : ④

THEME 014 행정학 접근법과 행정문화

1 행정학 접근론

주관		객관
주관주의자의 사회과학 접근방법		객관주의자의 사회과학 접근방법
유명론	← 존재론 →	실재론
반실증주의	← 인식론 →	실증주의
주의주의	← 인간본성 →	결정주의
개별 기술적	← 방법론 →	일반법칙 정립적(행태론)

2 행정문화

선진국			후진국		
• 전문주의	• 합리주의	• 중립주의	• 가족주의	• 권위주의	• 형식주의
• 성취주의	• 상대주의	• 사실정향주의	• 연고주의	• 온정주의	• 일반주의

3 미국 행정학의 사상적 기초

① **해밀턴(Hamilton) 사상**: 중앙집권화(연방주의)에 의한 능률적 행정방식이 최선임을 주장
② **제퍼슨(Jefferson) 사상**: 지방분권, 값싼 정부론(최소의 행정이 최선의 행정)을 주장
③ **매디슨(Madison) 사상**: 다원주의, 다양한 이익집단이 존재하고 이들 간의 견제와 균형
④ **잭슨(Jackson) 사상**: 공직교체와 공직개방을 골자로 하는 엽관주의(1829)를 도입

 **Wilson의 '행정의 연구'(1887)**

(1) 행정의 비능률과 부패를 초래한 정치로부터 독립된 능률적 행정을 주장
(2) 행정이 경영과 크게 다르지 않다고 보고, 경영적 행정의 필요성을 주장
(3) 유럽의 선진행정을 연구·도입하는 데 힘써 행정학의 학문적 체계를 갖춤
(4) 윌슨-베버리언(Wilson-Weberian) 패러다임

4 행정학의 학문적 특성

① **사회과학성**: 사회현상을 다루는 과학이라는 점에서 자연과학과 구별
② **가치와 사실의 혼합**: 행정학은 가치(정책결정)와 사실(관리)의 영역을 동시에 다룸
③ **과학과 기술의 양면성**
④ **보편성과 특수성의 문제**: 일반화의 가능성
⑤ **전문직업성**: D. Waldo는 현실의 문제를 해결할 수 있는 전문직업성(professionalism)을 갖춤으로써 행정학의 정체성 위기를 극복해야 한다고 주장
⑥ **연합학문성**: 학제적 성격 또는 다학문성
※ 정체성 위기 문제: 연합학문적 성격으로 인하여 독자적인 패러다임과 정체성이 존재하는지에 대해 논란

OX 기출분석

01 ☐☐☐ 20 군무원 9급

왈도(D. Waldo)가 'practice'란 용어로 지칭한 기술성은 정해진 목표를 어떻게 효율적으로 달성하는가 하는 방법을 의미한다. ○ ✕

해설: 사이먼이 'practice'란 용어로 지칭한 기술성은 정해진 목표를 어떻게 효율적으로 달성하는가 하는 방법을 의미한다.

02 ☐☐☐ 19 경찰간부

공무원 개인의 가치와 태도를 토대로 하여 공직사회 전체의 부패정도를 설명할 때 발생되는 오류를 합성의 오류라고 한다. ○ ✕

해설: 합성의 오류란 부분의 합이 전체와 일치하지 않는 것으로, 개별 공무원의 행태를 분석하여 공무원 사회 전체의 부패정도를 설명할 때 발생되는 오류이다.

03 ☐☐☐ 17 국가 7급

해밀턴주의(Hamiltonianism)는 다원화 과정을 통한 이익집단 요구의 조정과 이를 가능하게 하는 견제와 균형을 중시한다. ○ ✕

해설: 매디슨주의(Madisonianism)는 다원화 과정을 통한 이익집단 요구의 조정과 이를 가능하게 하는 견제와 균형을 중시한다.

04 ☐☐☐ 16 지방 7급

윌슨(Wilson)은 '행정연구(The Study of Administration, 1887)'에서 효율적 정부 운영에 관심을 두었고, 정치와 행정을 분리하고자 하였다. ○ ✕

05 ☐☐☐ 16 서울 7급

굿노(F.J.Goodnow)는 행정은 국가의 의지를 실천하는 것이라고 주장하였다. ○ ✕

해설: 굿노는 기술적 행정학을 주장한 학자로, 「정치와 행정」에서 국가의 의지를 실천하는 것이 행정이라고 보았다.

06 ☐☐☐ 15 국회 9급

행정학은 원인과 결과의 규칙성을 발견하는 기술성을 중시하는 학문이다. ○ ✕

해설: 원인과 결과의 규칙성을 발견하는 과학성과 행정의 활동자체나 사회문제를 처방하고 치료하는 기술성을 중시하는 학문이다.

07 ☐☐☐ 12 서울 9급

행정문화는 구성원의 사고와 행동을 결정하는 요인이다. ○ ✕

08 ☐☐☐ 11 경정승진

행정현상은 그 국가의 정치체계의 맥락 속에서 나타난다고 말하는 것은 행정의 보편성을 지적한 것이다. ○ ✕

해설: 수많은 국가의 정치체계 맥락에 따라 행정현상이 달리 나타난다는 것은 행정의 특수성을 지적한 것이다.

정답 01 ✕ 02 ○ 03 ✕ 04 ○ 05 ○ 06 ✕ 07 ○ 08 ✕

핵심 기출 문제

01 □□□
2020 군무원 9급

행정학의 기술성과 과학성에 대한 설명으로 옳지 않은 것은?

① 왈도(D. Waldo)가 'practice'란 용어로 지칭한 기술성은 정해진 목표를 어떻게 효율적으로 달성하는가 하는 방법을 의미한다.
② 윌슨(W. Wilson) 등 초기 행정학자들은 관리기술이나 행정의 원리 등을 발견하려는 데 초점을 두고 행정학의 기술성을 강조하였다.
③ 행태주의 학자들은 행정학 연구에서 처방보다는 학문의 과학화에 역점을 두고 가설의 경험적 검증 등을 강조했다.
④ 현실 문제의 해결은 언제나 과학에만 의존할 수 없으므로 행정학은 기술성과 과학성을 동시에 고려하여야 한다.

정밀해설

① 왈도(D. Waldo)가 'art' 또는 'professional'이란 용어로 지칭한 기술성은 행정의 활동 자체를 처방하고 치료하는 행위를 의미한다. 한편 사이먼이 'practice'란 용어로 지칭한 기술성은 정해진 목표를 어떻게 효율적으로 달성하는가 하는 방법을 의미한다.
② 윌슨 등 초기 행정학자들은 관리기술이나 행정의 원리를 발견하려는데 초점을 두었고 이에 따라 기술성이 자연스레 강조되었다.
③ 행태주의 학자들은 행정학 연구에서 처방성보다는 과학성에 초점을 두고 논리실증주의와 가설의 경험적 접근 등을 강조하였다.
④ 행정학은 기술성과 과학성을 동시에 고려하여야 한다.

정답: ①

02 □□□
2019 지방 7급

미국 행정의 발달과정과 행정학의 태동에 대한 설명으로 옳은 것은?

① 잭슨(Jackson)이 도입한 엽관주의는 정치지도자의 행정통솔력을 약화함으로써 국민의 요구에 대한 관료적 대응성의 후퇴 및 정책수행과정에서의 비효율성을 초래하였다.
② 건국 직후 미국 정치체제는 행정의 효율성을 지향하는 해밀턴주의(Hamiltonianism)가 지배했다.
③ 1906년에 설립된 뉴욕시정조사연구소(The New York Bureau of Municipal Research)는 좋은 정부를 구현하기 위한 능률과 절약의 실천방안을 제시하고 시정에 대한 과학적 연구를 수행했다.
④ 미국 행정학의 학문적 초석을 다진 애플비(Appleby)는 행정에 대한 지나친 정당정치의 개입이 정책의 능률적 집행을 저해한다고 보았다.

정밀해설

③ 1906년에 설립된 뉴욕시정조사연구소는 능률과 절약의 실천방안과 시정에 대한 과학적 연구를 수행하였고, 테일러의 과학적 관리법을 정부에 적용하는 일을 추진하였다.
① 잭슨(Jackson)이 도입한 엽관주의는 정치지도자의 행정통솔력이 강화되고 국민의 요구에 대한 관료의 대응성은 높아지지만, 정책수행과정에서는 비능률을 초래한다.
② 미국 건국 직후는 분권파와 중앙집권파가 갈등을 빚는 시기였으므로 특정하기 곤란하지만, 이후에는 해밀턴주의로 진행되다가 제3대 대통령인 제퍼슨이 당선되고 나서는 제퍼슨주의(Jeffesonianism)로 변화하게 되었다.
④ 미국 행정학의 학문적 초석을 다진 애플비(Appleby)는 행정은 경영과 다르다고 보는 정치행정일원론을 주장하였다.

정답: ③

03

2015 국가 9급

행정학의 접근방법에 대한 설명으로 옳은 것은?

① 법률적·제도론적 접근방법은 공식적 제도나 법률에 기반을 두고 있기 때문에 제도 이면에 존재하는 행정의 동태적 측면을 체계적으로 파악할 수 있다.
② 행태론의 접근방법은 후진국의 행정현상을 설명하는데 크게 기여했으며, 행정의 보편적 이론보다는 중범위이론의 구축에 자극을 주어 행정학의 과학화에 기여했다.
③ 합리적 선택 신제도주의는 방법론적 전체주의(holism)에, 사회학적 신제도주의는 방법론적 개체주의(individualism)에 기반을 두고 있다.
④ 신공공관리론은 기업경영의 원리와 기법을 그대로 정부에 이식하려고 한다는 비판을 받는다.

정밀해설

④ 신공공관리론은 시장만능주의에 입각하여 정부와 기업을 동일시하여 기업과 본질적으로 다른 정부에 기업 경영원리와 기법을 그대로 이식하려 한다는 비판이 있다.
① 법률적·제도론적 접근방법은 구제도론에 해당하는 것으로 구제도론은 정태적, 규범적, 도덕적 제도를 중시하는 것으로 동태적 측면을 파악하기 곤란하다.
② 후진국의 행정현상을 설명하는 데 크게 기여하고, 행정의 보편적 이론보다 중범위이론의 구축에 자극을 주어 행정학의 과학화에 기여한 이론은 생태론이다. 한편 행태론은 가치와 사실을 분리하고, 검증이 가능한 사실만을 과학적으로 연구하는 것으로 행정연구의 과학화에 기여하였으나 후진국에 적용하기 곤란하다는 단점이 있다.
③ 합리적 선택 신제도주의는 방법론적 개체주의에, 사회학적 신제도주의는 방법론적 전체주의에 해당한다.

정답: ④

04

2015 국회 9급

다음 중 행정학의 학문적 특성에 대한 설명으로 가장 옳지 않은 것은?

① 행정학은 원인과 결과의 규칙성을 발견하는 기술성을 중시하는 학문이다.
② 행정학은 전문직업적 성격을 포함한다.
③ 행정학은 실천적이고 도구적 성격이 강한 응용 학문이다.
④ 행정학은 종합 학문적 성격을 지니고 있어 정체성에 대한 논란이 지속적으로 제기되어 왔다.
⑤ 행정학의 연구에서 가치와 사실을 구분할 수 있어도 가치판단 문제를 완전히 배제할 수는 없다.

정밀해설

① 원인과 결과의 규칙성을 발견하는 것은 과학성에 대한 것이며, 기술성은 행정의 활동 자체나 사회문제를 처방하고 치료하는 것을 말한다.
② 전문직업성의 확립(현실의 문제를 해결할 수 있는 전문능력을 가진 관료의 양성)은 Waldo의 주장이다.
③ 행정학은 실천적 성격을 특징으로 한다.
④ 사회과학으로서의 행정학은 역사가 짧고 다른 학문의 영향을 많이 받아 왔으며, 실무적인 학문이기 때문에 다른 학문에 비해서 학문적 성격과 방향에 대한 논쟁이 많다.
⑤ 행정학 접근법 중 행태주의적 접근의 한계에 대한 설명이다.

정답: ①

적중 예상 문제

01 ☐☐☐

윌슨(W. Wilson)이 쓴 1887년 논문 '행정연구(The Study of Administration)'의 내용과 영향에 대한 설명으로 옳지 않은 것은 모두 몇 개인가?

> ㄱ. 그의 정치행정이원론은 행정학을 경영학으로부터 구분하여 하나의 학문으로 독립시키는 데 크게 기여하였다.
> ㄴ. 그에 따르면 행정은 국가의 의지를 결정하는 것을 중심 기능으로 하며, 따라서 행정가는 대표성보다는 전문성을 갖추는 것이 중요하다.
> ㄷ. 1883년 제정된 펜들턴법(Pendleton Act)은 행정의 전문성 확보를 위한 실적주의 인사제도를 도입하고 있다는 점에서 그의 행정연구 논문의 주장과 일치한다.
> ㄹ. 그의 주장에 따르면 정당정치의 개입은 행정을 전문화하는 데 긍정적인 영향을 미친다.

① 1개
② 2개
③ 3개
④ 4개

정밀해설

③ ㄷ만 옳은 내용이다.
ㄱ. [×] 윌슨은 행정을 정치학으로부터 구분하여 하나의 학문으로 독립시키는 데 크게 기여하였다.
ㄴ. [×] 행정을 정치가들에 의해 결정된 것을 효율적으로 집행하고 관리하는 것으로 본 행정관리론의 입장을 취하였다.
ㄹ. [×] 정당정치의 개입으로부터 자유로운 행정영역을 확립하기 위해 정당정치로부터 행정을 분리하는 입장을 취하였다.

정답: ③

02 ☐☐☐

다음 중 미국 행정학 사상에 대한 설명으로 옳은 것은?

① 해밀턴(Hamilton)은 지방분권의 자유주의를 주장하였다.
② 제퍼슨(Jefferson)은 강력한 연방주의를 주장하였다.
③ 잭슨(Jackson) 사상은 일반대중보다 엘리트에 의한 행정을 강조하였다.
④ 매디슨(Madison)은 다원주의 내 이익집단의 균형과 견제를 주장하였다.

정밀해설

④ 매디슨(Madison)은 다원주의 내에 다양한 이익집단이 존재하고 이들 간의 견제와 균형을 추구하였다.
① 제퍼슨(Jefferson)은 지방분권의 자유주의를 주장하였다.
② 해밀턴(Hamilton)은 강력한 연방주의를 주장하였다.
③ 잭슨(Jackson) 사상은 일반대중의 정치참여 기회를 확대하였다.

정답: ④

03

각국 행정학의 발전에 관한 설명으로 옳지 않은 것은?

① 영국의 행정학은 다른 유럽 국가들과 달리 법학의 영향을 받지 않았으며 정치학 등과 조화를 이루며 발달하였다.
② 프랑스는 17세기 경찰학을 바탕으로 법학 중심의 행정학으로 발전하였다.
③ 독일의 행정학은 1727년 프랑크푸르트대학에서 관방학과가 설치된 시점을 기준으로 전기와 후기로 구분된다.
④ 미국은 정실주의로 인한 비효율과 부패개혁을 위한 정치·행정일원론의 행정학이 연구되기 시작하였다.

정밀해설

④ 미국은 엽관주의의 폐단으로 인하여 정치·행정일원론이 아닌 정치·행정이원론적 관점에서 행정학이 연구되기 시작하였다.
① 영국은 관료제도의 개혁을 시작으로 행정학이 발전하였고 법학의 영향을 받지 않았다.
② 독일이 관방학에 연원을 두고 행정학이 태동하였다면, 프랑스는 법학을 중심으로 행정학이 발달하였다.
③ 독일의 후기관방학에서는 경찰학의 분리·독립, 왕실재정과 국가재정의 분리 등의 특징이 있다.

정답 ④

04

다음 중 행정학 연구에 대한 설명으로 옳지 않은 것은?

① 메이요(Mayo)는 호손실험에서 능률성 향상을 위해 비공식적 집단이 중요하다는 것을 발견했다.
② 귤릭(Gulick)은 시간과 동작에 관한 연구를 통해 최고관리자의 기능으로 POSDCoRB과 14원칙을 제시했다.
③ 화이트(White)는 '행정학 입문'을 통해 행정을 관리현상으로 보았다.
④ 애플비(Appleby)는 정치와 행정의 관계는 연속·순환적이어서 양자를 구별하는 것이 부적절하다고 주장했다.

정밀해설

② 최고관리자의 14대 원칙은 페이욜(Fayol)이다.

정답 : ②

THEME 015 과학적 관리론과 인간관계론

1 과학적 관리론과 인간관계론 비교

구분	과학적 관리론	인간관계론
시대	• 1900~1930년대 • Taylor 과학적 관리	• 1930년대 이후 • Mayo 호손 공장 실험
인간관	• 합리적·경제적 인간관(X이론) • 경제적·물질적 욕구	• 사회적·동태적 인간관(Y이론) • 비경제적·사회적 욕구
조직관	• 공식구조 중시 • 조직을 단순한 합리적·기계적 조직으로 파악	• 비공식구조 중시(공식구조와의 조화) • 대인관계·집단관계 등 상호관계 속에서 파악
관리방법	• 기계적 관리(개인주의) • 지위와 권한을 중시하는 권위적 리더십 • 하향적 의사전달 • 직무중심의 성과급	• 인간적·민주적 관리(협동주의, 집단주의) • 참여와 동기부여를 중시하는 민주적 리더십 • 상향적 의사전달 • 인간중심의 생활급
능률	기계적 능률	사회적 능률
행정이념	능률성 향상	민주성 확립
영향	• 행정관리론 • 행정의 능률화(직위분류제 등)	• 행정행태론 • 민주적 인사관리(제안, 고충처리, 사기 등)

2 공통점

① 동기부여의 피동성, 외재성
② 개인목표와 조직목표의 양립
③ 교환모형(exchange model), 목표달성 수단으로서 인간관
④ 정치행정 이원론(공사행정 일원론)에 기여
⑤ 폐쇄적 조직관
⑥ 관리층이 효율적으로 관리하는 것에 초점
⑦ 능률의 개념은 다를지라도, 두 이론 모두 능률을 추구

 **호손공장실험**

(1) 조명실험
(2) 계전기 조립 실험
(3) 면접
(4) Bank선 작업 실험

OX 기출분석

01 ☐☐☐ 22 경간부
인간관계론은 조직의 성과제고를 궁극적인 목표로 하며 조직 내 인간관계의 중요성을 강조한다.
○ ✕

해설
인간관계론은 조직의 성과제고를 목표로 하고 조직 내 인간관계의 중요성을 강조하는 이론이다.

02 ☐☐☐ 21 국가 9급
테일러(Taylor)의 과학적관리론에 따르면 조직 내의 인간은 사회적 욕구에 의해 동기가 유발된다고 전제한다.
○ ✕

과학적관리론에서 조직 내의 인간은 경제적·물질적 욕구에 의해 동기가 유발된다고 전제한다.

03 ☐☐☐ 19 지방 7급
디목(Dimock)은 과학적 관리론에 입각한 기계적 효율관을 비판하며 사회적 효율성을 강조했다.
○ ✕

디목(Dimock)은 과학적 관리론에 입각한 기계적·금전적 효율관을 비판하고, 사회적 효율성을 강조하였다.

04 ☐☐☐ 19 행정사
투입에 대한 산출의 비율로서 과학적 관리론에서 추구하는 행정가치는 능률성이다.
○ ✕

05 ☐☐☐ 18 서울 7급(추)
1920년대와 1930년대의 미국 행정학은 능률에 기초한 관리를 주장하였다.
○ ✕

06 ☐☐☐ 18 경찰간부
인간관계론은 외부환경의 영향을 고려하지 않는 폐쇄적 조직론이다.
○ ✕

인간관계론은 환경을 고려하지 않는 폐쇄이론이다.

07 ☐☐☐ 16 국가 7급
테일러(Taylor)는 '시간과 동작에 관한 연구'를 통해 최선의 방법(the one best way)을 추구하였다.
○ ✕

08 ☐☐☐ 16 경찰간부
호손 공장의 연구는 과학적 관리론의 실증적 근거가 되었다.
○ ✕

호손 공장의 연구는 인간관계론의 실증적 근거가 되었다.

정답 01 ○ 02 ✕ 03 ○ 04 ○ 05 ○ 06 ○ 07 ○ 08 ✕

핵심 기출 문제

01
2021 경찰간부

다음 중 고전적 인간관계론에서 자주 언급되는 호손실험(Hawthorne experiments)에 관한 설명으로 옳지 않은 것은?

① 생산성 향상에 비공식적 집단이 중요한 영향을 미친다는 것을 발견하였다.
② 생산성 향상은 작업환경의 변화보다도 근로자들이 특별한 존재로 인식되었기 때문에 일어났다.
③ 작업환경의 변화에 근로자들이 조직적으로 대응하는 문화가 존재한다는 것을 발견하였다.
④ 이 실험은 애초에 생산성 향상보다는 근로자들에 대한 인간적 대우가 중요하다는 것을 증명하기 위해서 설계되었다.

정밀해설

④ 호손실험은 과학적 관리론의 기본전제에 입각하여 진행된 실험이었으나 본래 실험 의도와는 다르게 근로자들에 대한 인간적 대우 등 인간관계적 요소가 중요하다는 것이 증명되었다.
① 호손실험은 물리적 근무환경 등 공식구조보다 구성원들의 욕구나 대인관계 등 비공식 요인이 생산성 향상에 중요한 영향을 미친다고 보았다.
② 생산성 향상은 관리자의 일방적 지시나 종업원의 육체적 능력이 아니라 대인관계나 심리적 만족감 등 사회적 규범이나 사회적 상황 등의 영향을 받는다고 보았다.
③ 호손실험은 작업환경의 변화에 근로자들이 집단의 구성원으로서 비공식적으로 합의된 사회적 규범에 따라 행동한다는 것을 발견하였다.

정답 ④

02
2020 군무원 9급

테일러(F. W. Taylor)의 과학적 관리론에 대한 설명으로 옳지 않은 것은?

① 테일러(F. W. Taylor)는 과학적 관리의 핵심을 개인적 기술에 두고, 노동자가 발전된 과학적 방법에 따라 작업이 되도록 한다.
② 어림식 방법을 지양하고 작업의 기본 요소 발견과 수행방법에 대해 과학적 방법을 발전시킨다.
③ 과업은 일류의 노동자만이 달성할 수 있는 충분한 것이어야 한다.
④ 노동자가 과업을 완수하는 경우 높은 보상, 실패하는 경우 손실을 받게 된다.

정밀해설

① 테일러는 과학적 관리의 핵심을 조직 구조에 두고 노동자가 가장 과학적이고 능률적인 방법을 발견하여 이에 따라 작업이 되도록 한다.
② 과학적 관리론은 어림식의 방법을 지양하고 작업의 기본 요소를 발견한 뒤 '동작과 시간에 관한 연구'를 통하여 작업의 과학적 수행 방법을 발전시킨다.
③ 과업은 가장 능률적으로 과업을 수행하는 일류의 노동자만이 달성할 수 있을 정도로 충분하여야 한다.
④ 노동자가 과업을 완수하는 경우 경제적으로 높은 보상을, 실패하는 경우 경제적 손실을 받게 된다.

정답 ①

03
2016 행정사

과학적 관리론과 인간관계론에 관한 설명으로 옳지 않은 것은?

① 과학적 관리론은 비공식적 집단의 역할을 강조하지만, 인간관계론은 공식적 조직의 역할을 중시한다.
② 메이요(Mayo)의 호손(Hawthorne) 실험은 인간관계론의 형성에 영향을 주었다.
③ 인간관계론은 작업환경이나 물리적 조건보다 조직구성원들의 사회심리적 요인을 중시한다.
④ 과학적 관리론과 인간관계론은 생산성 향상을 추구한다는 점에서 유사하다.
⑤ 과학적 관리론은 과업목표의 달성을 위해 체계적인 관리와 통제를 중시하는 관료제 조직에 적합하다.

정밀해설

① 과학적 관리론은 공식적 조직의 역할을 강조하지만, 인간관계론은 비공식적 집단의 역할을 중시한다.
② 인간관계론은 메이요의 호손실험을 계기로 조직구성원 간의 관계가 생산성에 많은 영향을 준다고 보았다.
③ 인간관계론은 비공식적 요인인 구성원들의 사회심리적 측면을 중시한다.
④ 과학적 관리론과 인간관계론에서 조직이 추구하는 궁극적 목표는 생산성 향상 및 성과 향상이다.
⑤ 과학적 관리론은 관료제 조직에 적합한 이론으로, 공식구조를 중시하며 기계적 관리 및 통제를 강조한다.

▶ **과학적 관리론과 인간관계론**

구분	과학적 관리론	인간관계론
인간관	• 합리적·경제적 인간관(X이론) • 경제적·물질적 욕구	• 사회적·동태적 인간관(Y이론) • 비경제적·사회적 욕구
조직관	• 합리적·기계적 조직으로 파악 • 공식구조 중시	• 비공식 구조 중시 (공식구조와의 조화)
인간관리	• 기계적 관리(개인주의) • 지위와 권한을 중시하는 권위적 리더십 • 하향적 의사전달 • 직무중심의 과학적 원리를 강조 • 직무중심의 성과급	• 인간적·민주적 관리(협동주의, 집단주의) • 참여와 동기부여를 중시하는 민주적 리더십 • 상향적 의사전달 • 과학적 원리는 중시하지 않음 • 인간중심의 생활급
능률	투입 대 산출의 기계적 능률	인간적이고 민주적인 사회적 능률
행정이념	능률성	민주성

정답 : ①

04
2009 지방 9급

행정관리학파에 대한 설명으로 옳지 않은 것은?

① 대표적인 학자로는 귤릭(Gulick), 어윅(Urwick), 페이욜(Fayol) 등이 있다.
② 비공식집단의 생성이나 조직 내의 갈등 등에 대한 설명을 용이하게 해준다.
③ 과학적 관리론, 고전적 관료제론 등과 함께 행정학의 출범 초기에 학문적 기초를 쌓는 데 크게 기여했다.
④ 조직과 구성원 간의 관계를 합리적 존재로만 봄으로써 조직을 일종의 기계 장치처럼 설계하려 하였다.

정밀해설

② 비공식집단의 생성이나 조직 내 갈등에 대한 설명을 용이하게 해주는 것은 과학적 관리론이 아니라 신고전적 이론인 인간관계론이다.
① 대표적인 학자로는 귤릭, 어윅, 페이욜, 화이트, 윌로비 등이 있다.
③ 행정관리론은 과학적 관리론, 고전적 관료제이론 등과 함께 고전행정학의 주류를 형성하였다.
④ 행정관리론은 폐쇄체제적 관점으로 조직을 기계처럼 설계하고 인간을 부품으로 보았다는 점에서 비판을 받았다.

정답 : ②

적중 예상 문제

01 ☐☐☐

과학적 관리론이 행정에 미친 영향 중 가장 옳지 않은 것은?

① 1912년 절약과 능률을 위한 위원회 등 행정의 능률 향상에 기여하였다.
② 행정의 구조 중심적 접근으로 조직 개혁에 영향을 주었지만, 직무분석 등을 통한 직위분류제 도입에는 부정적이었다.
③ 행정을 관리현상으로 보고 정치행정이원론의 이론을 전개하였다.
④ 조직의 원리, POSDCoRB 등을 통해 관리자의 역할과 기능을 강조하였다.

정밀해설

② 과학적 관리론은 1923년 직위분류제가 도입되어 직무분석에 의한 보수의 합리화가 추진되었다.
① 과학적 관리론은 1906년 뉴욕시정연구회, 1912년 절약과 능률을 위한 위원회(Taft 위원회), 1937년 행정관리에 관한 대통령 위원회(Brownlow 위원회), 제2차 세계대전 이후의 후버(Hoover) 위원회에서 연구되었다.
③ 과학적 관리론은 과학적 기법들이 행정에 도입되어 행정능률화에 크게 기여하였고 행정을 관리로 파악하여 행정관리론의 이론적 근거를 제시하였다.
④ 과학적 관리론은 조직의 원리, POSDCoRB 등을 통해 관리자의 역할과 기능을 강조하였다.

정답: ②

02 ☐☐☐

다음 중 과학적 관리론과 인간관계론의 유사점으로 옳지 않은 것은?

① 인간의 욕구를 만족시키는 경제적·비경제적 요인은 서로 같다고 보고, 개인목표와 조직목표의 통합을 강조한다.
② 조직인을 목표달성을 위한 수단으로 본다.
③ 인간 내부가 아닌 외부로부터 수동적으로 동기가 부여된다고 본다.
④ 환경을 고려하지 않는 폐쇄적 조직관이다.

정밀해설

① 경제적 요인과 비경제적 요인이 서로 다르다고 보고, 개인목표와 조직목표의 양립을 가정한다.
② 과학적 관리론과 인간관계론 모두 조직 구성원을 목표달성을 위한 하나의 수단으로 본다.
③ 과학적 관리론과 인간관계론 모두 인간 동기부여의 피동성과 외재성에 주목한다.
④ 과학적 관리론과 인간관계론 모두 환경적 요인을 고려하지 않은 폐쇄적인 조직관이다.

정답: ①

03

인간관계론에 관한 일반적 평가에 대한 설명 중 옳지 않은 것은?

① 조직 구성원들의 사회적·심리적 욕구와 조직 내의 비공식 집단을 중시하여 조직의 목표와 조직 구성원들의 목표가 서로 일치하지 않음을 지적하였다.
② 조직의 기술적·구조적 측면을 중시함으로써 조직의 전체적인 현상을 설명하는 데 실패하였다.
③ 인간의 사회적·심리적 측면을 밝힘으로써 인간에 대한 이해의 폭을 넓혔으나 인간의 복잡한 측면을 설명하는 데는 실패하였다.
④ 조직을 폐쇄체제적 관점으로 보며, 보수주의적 경향이 있다.

정밀해설

② 인간관계론은 공식적 구조보다는 조직 내 인간관계와 비공식적 조직을 중시하였으며, 조직의 기술적·구조적 측면을 어느 정도 고려하였지만 조직의 전체적인 현상을 설명하는 데 실패하였다.
① 조직을 역동적인 대인관계, 집단관계 등 상호관계가 있는 체제로 본다.
③ 인간적·민주적 관리와 민주적 리더십을 강조한다.
④ 환경에 대한 관점은 폐쇄체제적 관점이다.

정답 : ②

04

과학적 관리론에 관한 설명으로 가장 타당하지 않은 것은?

① 조직 내의 인간을 경제적 유인에 의해 동기가 유발되는 타산적 존재로 가정한다.
② 직위분류제가 도입됨으로써 직무평가에 의한 보수 합리화가 촉진되었다.
③ 과학적 분석에 의하여 유일최선의 방법(one best way)을 발견할 수 있다고 가정한다.
④ 과학적 관리학파의 연구활동은 고전적 행정학의 기틀을 다지는 데 기여하였고, 행정의 과학성을 확립하였다.

정밀해설

④ 행정에서 과학성의 정립은 행태론이다.
① 인간을 합리적 경제인의 이해타산적 존재로 본다.
② 과학적 관리론은 미국의 직위분류제에 큰 기여를 하였다.

정답 : ④

THEME 016 행태론

1 Simon - 행태주의를 행정학에 도입
① 행정의 원리는 검증되지 않은 격언에 불과하다고 비판
② 사회현상도 자연과학처럼 연구가 가능하다고 보고 논리적 실증주의를 도입
③ 행정의 과학성을 추구
④ 의사결정이 행정의 핵심
   ⇨ 단순한 '절약과 능률'보다는 '합리적 결정'이 더 중요하다고 주장

2 행태론의 내용과 특성
① 인간의 행태 중시: 미시적, 귀납적 접근, 방법론적 개체주의
② 제한된 합리성의 행정인(administrative man), 종합적 능률
③ 가치와 사실의 분리, 논리 실증주의: 변수들에 대하여 조작적 정의, 계량적 분석, 행태의 규칙성, 인과성을 경험적으로 입증
④ Simon과 March 등 카네기학파는 행정을 집단적·협동적 의사결정과정으로 보고 의사결정을 둘러싼 권위이론과 갈등이론을 중시
⑤ 정치행정새이원론

3 행태론 비판
① 가치판단 배제의 비현실성
② 사회적 문제 해결에 도움이 안 되는 경험적 보수주의와 낮은 적실성
③ 행정학의 정체성 상실 ⇨ 경영학과 유사
④ 후진국에의 적용 곤란
⑤ 연구범위와 대상을 내부관리로 제한하고 계량적·미시적 분석에 치중

 **후기행태주의(post-behaviorism)**

(1) 현실 적합성을 중시
 · 가치와 사실의 통합
 · 사회문제를 처방하기 위한 정책처방의 중시
 · 가치지향주의
(2) 반실증주의 등장
  1970년대부터 신행정론자들에 의해서 도입되기 시작하여 현상학적 접근, 비판행정 등 인간의 주관성을 강조

OX 기출분석

01 ☐☐☐ 20 경찰간부
행태론적 접근방법은 정치와 행정현상에서 개별국가의 특수성을 중시하였다. ○ ×

해설
행태론은 개별국가의 특수성보다는 보편화된 일반법칙을 중시하였다.

02 ☐☐☐ 19 국회 9급
행태주의 이론은 행태의 규칙성과 인과성을 경험적으로 입증할 수 있다고 본다. ○ ×

행태주의는 자료의 객관적이고 계량적인 입증을 거쳐 인간행태에 대한 규칙성·인과성 및 유형성을 발견하고자 하였다.

03 ☐☐☐ 19 행정사
행정학에서 기술성은 행태주의에 의해 중요하게 제기되었다. ○ ×

행정학에서 기술성은 신행정학에 의해 중요하게 제기되었다. 한편 행태주의에 의해 중요하게 제기된 것은 과학성이다.

04 ☐☐☐ 18 국가 7급
행태적 접근방법에 따른 연구에서는 가치와 사실을 구분하지 않는다. ○ ×

행태적 접근방법에 따른 연구에서는 가치와 사실을 구분한다.

05 ☐☐☐ 17 서울 7급
행태주의는 사회과학이 행태에 공통된 관심을 갖고 있기 때문에 통합된다고 보고 있다. ○ ×

06 ☐☐☐ 16 경찰간부
행태주의 연구방법은 가설검증을 위해 현상들을 경험적으로 관찰하여야 하고, 관찰할 수 없는 현상은 연구대상에서 제외한다. ○ ×

07 ☐☐☐ 15 교행 9급
행태론적 접근방법은 인식론적 근거로서 논리실증주의를 채택한다. ○ ×

08 ☐☐☐ 13 국회 8급
행태주의 접근방법은 집단의 고유한 특성을 인정하는 방법론적 전체주의 입장을 취한다. ○ ×

방법론적 전체주의가 아닌 방법론적 개체주의이다.

정답 01 X 02 O 03 X 04 X 05 O 06 O 07 O 08 X

핵심 기출 문제

01
2020 국회 9급

행태론적 접근방법에 대한 설명으로 옳은 것은?

① 인간행태의 복잡성을 강조하며 규칙성을 전제하지 않는다.
② 행정과 경영을 분리하는 경향이 강하다.
③ 가치와 사실을 일치시킨다.
④ 개인이 아닌 집단의 사회적·심리적 측면을 연구 대상으로 삼는다.
⑤ 인간이 환경의 변화를 유도하는 상황을 설명하기에는 적합하지 않다.

정밀해설
⑤ 행태론적 접근방법은 인간의 행태가 외적인 요인에 의해 결정된다는 결정론적 관점으로 환경이나 구조에 의해 영향을 받는 수동적 존재이므로 인간이 환경의 변화를 유도하는 상황을 설명하기에 적합하지 않다.
① 행태론적 접근방법은 인간행태의 일관성과 객관성을 강조하며 규칙성·유형성을 전제로 한다.
② 행태론적 접근방법은 행정과 경영을 동일시하며, 주관적인 경험이나 가치영역은 의식적으로 배제하는 정치행정새이원론의 입장을 취한다.
③ 행태론적 접근방법은 가치와 사실을 분리하고 사실에 대한 과학적 연구를 중점적으로 한다.
④ 행태론적 접근방법은 집단의 고유한 특성을 인정하지 않은 방법론적 개체주의의 입장에서 집단이 아닌 개인의 사회·심리적 측면을 연구대상으로 삼는다.

정답: ⑤

02
2017 서울 7급

행태론적 접근방법에 대한 설명으로 가장 옳지 않은 것은?

① 행태주의는 사회과학이 행태에 공통된 관심을 갖고 있기 때문에 통합된다고 보고 있다.
② 행정의 실체는 제도나 법률이 아니라고 주장하며 행정인의 행태에 초점을 맞춘다.
③ 논리실증주의를 강조한 사이먼(Simon) 이후 행정학 분야에서 크게 발전하였다.
④ 사회적 문제의 개선에 기여할 수 있는 연구의 가치평가적 정책연구를 지향한다.

정밀해설
④ 후기행태주의에 대한 설명이다. 한편 행태론적 접근법은 가치와 사실을 분리하여 검증이 불가능한 가치를 연구대상에서 배제하는 가치중립성을 특성을 가지고, 사회문제의 해결보다 이론적 과학성을 높이기 위하여 가치와 사실을 구분하고 사실중심의 연구를 지향하였다.
① 행태주의는 인간의 행태에 공통된 관심을 가지고 있기 때문에 연합학문적 성격을 띠고 있다고 본다.
② 행태주의는 행정조직의 구조적·제도적 측면보다 행정인의 행태나 상호작용 및 행정인의 행동에 초점을 맞춘다.
③ 행태론은 Barnard의 영향을 받아 Simon에 의해 체계화되었으며 1960년대까지 행정학 분야에서 크게 발전하였다.

정답: ④

03 □□□
2016 소방간부

행태론적 접근방법에 관한 설명으로 적당하지 않은 것은?

① 집단이나 개인의 행태의 올바른 이해와 해석을 위해서는 심리학, 사회학, 인류학 등 인접 학문과의 통합이 필요하다고 본다.
② 행정연구에 있어서 가치와 사실을 구별한다.
③ 개념의 조작적 정의를 통해 객관적인 측정방법을 사용하여 자료를 계량적으로 분석한다.
④ 행정체제의 개방성을 강조하고 분석수준은 거시적 분석의 성격을 띤다.
⑤ 집단의 고유한 특성을 인정하지 않는 방법론적 개체주의의 입장을 취한다.

정밀해설
④ 행태주의는 환경과의 관계를 고려하지 않는 폐쇄체제이며, 분석수준은 미시적 분석의 성격을 띤다.

정답 : ④

04 □□□
2010 국가전환특채

다음 중 행태주의의 특징이나 주장 중 옳지 않은 것은?

① 행태론은 규범적·실질적이고 질적인 연구를 강조한다.
② 가치와 사실을 구분하여 사실중심으로 행정현상을 연구한다.
③ 자연현상과 사회현상은 동일하다고 보고 논리실증주의방법을 적용한다.
④ 행정행태에 대한 정확한 지식을 위해 계량적·미시적 분석에 중점을 두고 개념의 조작적 정의를 통해 행정현상을 분석한다.

정밀해설
① 행태론은 규범적·가치지향적·질적인 연구보다는 가치와 사실을 구분하여 사실중심으로 행정현상을 연구한다. 아울러 행정행태에 대한 정확한 지식을 위해 계량적·미시적 분석에 중점을 두고 개념의 조작적 정의를 통해 행정현상을 분석한다.
② 행태주의는 가치와 사실을 구분하고 사실중심의 행정연구에 초점을 둔다.
③ 사회현상을 자연현상과 동일시하고 자연과학적·실증적 연구방법인 논리실증주의를 취함으로써 과학성·규칙성·유형성·인과성을 강조한다.
④ 개념의 조작적 정의란 추상적인 개념을 경험적으로 관찰가능한 속성으로 바꾸어 정의하는 것으로, 계량적·미시적으로 분석한다.

정답 : ①

적중 예상 문제

01 ☐☐☐

다음 중 행태론에 대한 설명으로 옳은 것은?

① 행태론은 행정연구의 종합과학적 성격을 부정한다.
② 조직행태의 인과성을 경험적으로 입증가능하다고 본다.
③ 개별 행태를 연구대상으로 한 개체주의적 접근으로 계량화기법을 부정한다.
④ 행정의 적용에서 개별국가의 특수성을 인정하였다.

정밀해설

① 행태론은 행정연구의 종합학문으로 접근한다.
③ 계량화 기법을 주로 사용한다.
④ 개별국가의 특수성을 인정하지 않았고 후진국은 연구 적용에 한계가 있다.

정답 : ②

02 ☐☐☐

행태론의 발달 과정에 대한 설명 중 가장 적절하지 않은 것은?

① 왓슨(Watson)은 인간 행동의 행태적 특징을 강조하였고, 메리엄(Merriam) 등 시카고 학파에서는 자연과학적 방법을 적용하여 정치학의 과학적 연구를 전개하였다.
② Argyris 등은 후기인간관계론을 전개하여 후기행태주의 연구를 시도하였다.
③ 버나드(C. I. Barnard)는 조직 내에서 조직의 요구와 노동자의 요구 사이의 동적 균형을 유지하는 것이 관리자의 기능이라고 보았다.
④ 사이먼(H. A. Simon)은 논리적 실증주의의 관점에서 행정원리의 보편성과 과학성에 대한 비판을 전개하였다.

정밀해설

② Argyris는 행태주의에 뿌리를 두고 동기부여이론을 통해 후기 인간관계론을 전개했다.

정답 : ②

03

사이먼(H. A. Simon)의 주장으로 옳지 않은 것은?

① 행정현상을 집단적·협동적 의사결정과정으로 파악하였다.
② 비엔나학파에서 시도한 사회현상의 과학적 방법론 적용에 그 뿌리를 두고 정치행정 새이원론적 접근을 하고 있다.
③ 논리 실증주의를 통해 행태의 규칙성, 상관성, 인과성을 경험적으로 입증하고 설명하고자 하였다.
④ 태도, 의견, 개성 등 가치가 내포된 요소들을 행태에 포함시키지 않는다.

정밀해설

④ 행태란 개인이나 집단의 가치관, 태도, 신념체계, 행동양식 등을 모두 포괄하는 것으로, Simon은 주관적인 요소를 배제한 것일뿐 행태를 부정한 것은 아니다.
① Simon과 March 등 카네기학파는 행정을 집단적·협동적 의사결정과정으로 보고 의사결정을 둘러싼 권위이론과 갈등이론을 중시하였다.
② 과학적 관리론이 중시하는 공식구조(계층제의 분업, 권한 등)와 인간관계론이 중시하는 비공식구조(인간관계, 행태, 소집단 등)를 통합하여 구조론적 접근을 시도하였다.

정답 : ④

04

행태주의와 후기행태주의를 비교·서술한 것으로 옳은 것은?

① 행태주의는 신행정학의 배경이 되었다.
② 후기행태주의는 행태주의의 연구방법을 모두 부정하는 것이 아니라 과학적 지식을 사회문제 해결에 사용하고자 한다.
③ 행태주의는 가치중립성은 실제로 유지할 수 없는 허구이고 가치에 관련되지 않는 과학은 없다고 본다.
④ 후기행태주의는 개념의 조작적 정의를 통해 계량적 분석을 한다.

정밀해설

② 후기행태주의는 과학적 연구도 중요하지만, 가치의 문제도 함께 연구해야 한다고 주장하였다.
① 후기행태주의는 신행정학의 배경이 되었다.
③ 후기행태주의는 가치중립성은 실제로 유지할 수 없는 허구이고 가치에 관련되지 않는 과학은 없다고 본다.
④ 행태주의는 개념의 조작적 정의를 통해 계량적 분석을 한다.

정답 : ②

THEME 017 생태론, 체제론

1 생태론
① 1940년대 Gaus에 의하여 행정에 도입
② 행정체제의 개방성을 강조
③ 집합적 행위나 제도의 수준에서 행정현상을 설명하는 거시적 분석
⇨ 생태론의 한계: 생태론적 결정론, 정태적 균형이론, 내부문제 경시

Mani DB Riggs 사회 삼원론

구분	융합사회	프리즘적 사회	분화사회
사회구조	농업사회(agraria)	전이, 과도기 사회(transitia)	산업사회(industria)
분화의 정도	미분화	분화가 이루어지지만 통합이 미흡	분화 활성화
관료제 모형	안방모델(chamber model) - 공사의 미분화	사랑방 모델(sala model) - 공사의 분화, 미분화가 혼재	사무실 모델(office model) - 공사의 분화

2 체제론
① 조직을 '상호작용하는 여러 구성요소들로 이루어진 유기적 복합체인 체제(system)'로 보고 전체적 관련성 속에서 구성요소들 간 또는 환경과의 상호작용을 분석하는 데 초점
② 특징
  ㉠ 거시이론이며 총체적으로 접근
  ㉡ 부정적 엔트로피, 등종국성, 환경과 상호작용, 분화와 통합
  ㉢ 비판: 현상유지적·보수적 이론, 전환과정 설명 미흡

Mani DB Parsons의 AGIL

구분	적응기능 (Adaptation)	목표달성기능 (Goal attainment)	통합기능 (Integration)	잠재적 형상유지기능 (Latent pattern maintenance)
내용	자원과 정보를 확보하여 체제를 통해 배분하는 기능	사회자원을 동원하여 사회의 목표달성에 기여함.	체제의 목표를 달성하기 위하여 하위체제의 활동을 조정	체제가 가지고 있는 가치체계를 보존하고 제도화된 체제를 유지
예	기업, 은행 등	행정기관 등	정당, 법원, 경찰서 등	교육기관, 종교단체 등

OX 기출분석

01 ☐☐☐ 22 경간부
리그스(F. Riggs)의 프리즘적 모형(prismatic model)은 비생태론적 접근방법에 기반을 둔다.
O X

> **해설**
> 프리즘적 모형은 생태론적 접근방법에 기반을 둔다.

02 ☐☐☐ 21 군무원 9급
생태론적 접근방법은 행정변수 중에서 특히 환경변화와 사람의 행태를 연구대상으로 한다. O X

> 사람의 행태를 연구대상으로 하는 것은 행태론이다. 한편 생태론적 접근방법은 개인보다 집단을 분석단위로 하고 환경에 의해 행정이 종속된다고 본다.

03 ☐☐☐ 20 행정사
프리즘적 사회의 특징은 형식주의, 정실주의, 이질혼합성을 들 수 있다. O X

> 프리즘적 사회는 고도의 이질성, 형식주의, 기능의 중첩 및 연고우선주의 등을 특징으로 한다.

04 ☐☐☐ 19 국회 9급
체제이론에서는 서구의 행정제도가 후진국에서 잘 작동되지 않는 이유를 사회문화적 환경의 차이라고 설명하면서 분석 수준을 행위자 개인으로 한정하였다. O X

> 체제이론에서는 서구의 행정제도가 후진국에서 잘 작동되지 않는 이유를 사회문화적 환경의 차이라고 설명하면서 분석수준을 행위자 개인이 아닌 행위나 제도로 본다.

05 ☐☐☐ 18 국회 8급
체제론은 비계서적 관점을 중시한다. O X

> 체제론은 계서적 관점을 중시한다.

06 ☐☐☐ 17 국회 8급
체제론적 접근방법은 자율적으로 목표를 설정하고 그 방향으로 체제를 적극적으로 변화시켜 나가려는 측면보다 환경 변화에 잘 적응하려는 측면을 강조한다. O X

07 ☐☐☐ 15 교행 9급
체제론적 접근방법은 환류를 통한 체제의 지속적인 균형을 중시한다. O X

08 ☐☐☐ 15 서울 7급
생태론은 행정의 보편적 이론보다는 중범위이론의 구축에 자극을 주고, 행정학의 과학화에 기여하였다. O X

> 생태론의 이론적 경향을 설명한 지문이다.

정답 01 X 02 X 03 O 04 X 05 X 06 O 07 O 08 O

THEME 017 생태론, 체제론

핵심 기출 문제

01 2020 행정사

리그스(F. W. Riggs)의 프리즘적 모형 (Prismatic Model)에 관한 설명으로 옳지 않은 것은?

① 개발도상국의 행정체제를 설명하기 위한 이론적 모형이다.
② 프리즘적 사회는 농업사회에서 산업사회로 넘어가는 과도기적 사회를 말한다.
③ 프리즘적 사회의 특징은 형식주의, 정실주의, 이질혼합성을 들 수 있다.
④ 생태론적 접근방법에 의해 설명된다.
⑤ 농업사회에서 지배적인 행정 모형을 사랑방 모형(Sala Model)이라 한다.

정밀해설

⑤ 농업사회에서의 행정모형은 안방모델이라고 한다. 한편 프리즘적 사회의 전이·과도기사회구조에서의 관료제 모형을 사랑방 모형이라고 한다.
① 프리즘 모형은 개발도상국의 행정체제를 설명하기 위한 이론적 모형이다.
② 프리즘적 사회는 농업사회에서 산업사회로 넘어가는 과도기적 사회를 의미한다.
③ 프리즘적 사회는 고도의 이질성, 형식주의, 기능의 중첩 및 연고우선주의 등을 특징으로 한다.
④ 프리즘 모형은 환경의 중요성을 강조하는 생태론적 접근방법에 의해 설명된다.

정답 : ⑤

02 2010 지방 7급

행정학의 주요 접근방법인 생태론적 접근방법의 특징에 대한 설명으로 옳지 않은 것은?

① 생태론적 접근방법을 행정학에 도입한 것은 1947년 가우스(J. M. Gaus)이다.
② 행정현상을 자연·사회·문화적 환경과 관련시켜 이해하려고 한다.
③ 행정이 추구해야 할 목표나 방향을 명확히 제시하고 있다.
④ 서구 행정제도가 후진국에서 잘 작동하지 않는 이유는 사회문화적 환경이 다르기 때문이라고 본다.

정밀해설

③ 생태론은 처방적 성격이 부족하고 행정이 추구해야 할 목표나 방향, 가치 등을 명확히 제시하지 못하고 있다는 비판을 받는다.
① 생태론은 J.M.Gaus의 '행정에 관한 반성(1947)'에서 시작되어 F.W.Riggs가 이를 '행정의 생태학(1961)'에서 비교행정을 위한 하나의 일반모형으로 정립시키면서 발전하였다.
② 행정에 영향을 미치는 환경과의 관계를 처음으로 연구한 개방체제적 접근법이다.
④ 후진국 행정현상을 이해하는 데 크게 기여하였으며, 신생국 행정체제를 위한 별도의 이론이 필요하다는 점을 확인시켜 주었다.

정답 : ③

03　2010 국회 8급

<보기>에서 개방체제적 특성에 해당하는 것은 모두 몇 개인가?

＜보기＞

가. 등종국성(equifinality)　　나. 정(+)의 엔트로피
다. 항상성　　　　　　　　　　라. 선형적 인과관계
마. 구조 기능의 다양성　　　　바. 체제의 진화

① 2개
② 3개
③ 4개
④ 5개
⑤ 6개

정밀해설

③ 가, 다, 마, 바가 개방체제 특징으로 옳은 내용이고 나, 라가 틀린 내용이다.

가. [○] 등종국성은 서로 상이한 시작조건과 진로를 통해서도 결국 동일한 최종 성과(결과)를 나타낸다는 것으로, 개방체제는 신축적인 전환 과정을 특징으로 하므로 투입자원과 전환을 다르게 하여도 동일한 목표를 달성하는 것이 가능하다.

다. [○] 항상성은 동태적 안정 상태를 의미하는 것으로, 개방체제는 환경과의 관계에서 에너지의 투입과 생산물의 유출이 계속 일어나지만 전체적으로 체제는 불변의 상태를 유지한다는 특징을 갖는다.

마. [○] 개방체제는 구조 기능의 다양성은 다양한 환경에 적응할 수 있도록 내부의 구조나 기능, 환경에 적합하게 다양성을 갖추고 특수한 기능을 수행할 수 있도록 진화한다는 구조 기능의 다양성이라는 특징을 갖는다.

바. [○] 변화하는 환경에 대응하기 위해 다양성을 갖추고, 특수한 기능을 수행할 수 있도록 구조와 기능이 끊임없이 진화한다.

나. [×] 개방체제는 부(-)의 엔트로피를 추구한다.

라. [×] 개방체제는 유일최선의 문제해결이 있다는 선형적 인과관계에 반대한다.

정답 : ③

04　2006 충남 9급

체제론적 접근방법으로 거리가 먼 것은?

① 체제론은 투입과 산출이 같이 순환적으로 연결되는 체계적 사고를 전제로 자발적이고 경제적인 인간상을 바탕으로 한다.
② 동적이면서도 항상성(homeostasis)을 갖는다.
③ 엔트로피를 낮춘다.
④ 개방체제는 가치판단을 배제하고 체제를 물화시켜 연구하므로 인간 간 상호작용을 중시하는 현상학과는 다르다.

정밀해설

① 체제론은 인간이 환경의 지배를 받는 종속변수로 가정되는 '생태론적 결정론'에 바탕을 두고 있어 능동적이고 자발적인 인간상과는 거리가 멀다.

② 환경의 기존의 질서나 균형을 깨려는 방향으로 작용할 때 체제는 자기 내부의 기능을 통제하여 본래의 규칙성을 유지하는 방향으로 작용한다.

③ 체제가 생존하기 위해서는 엔트로피 증가를 억제하고 소비하는 것 이상의 에너지를 받아들여 스스로를 유지하고 발전시키는 부정적 엔트로피 현상이 필요하다.

④ 가치판단을 배제하고 체제를 물화(物化)시켜 연구하므로 행정가치의 문제를 고려하는 현상학과는 다르다.

정답 : ①

적중 예상 문제

01

생태론에 대한 설명으로 옳지 않은 것은?

① 환경에 대해 정태적 균형이론이라는 점에서 한계가 있다.
② 서구제도가 후진국에 잘 작동되지 않는 이유는 후진국의 제도·담당 공무원 때문이라고 본다.
③ 행정체제의 개방성을 강조하며, 거시적 수준에서 분석한다.
④ Gaus는 환경의 요인으로 주민, 장소, 물리적 기술, 사회적 기술, 이념, 재난, 인물을 제시한다.

정밀해설

② 서구제도가 후진국에 잘 작동되지 않는 이유는 선진국과 다른 후진국의 사회문화적 환경 때문이라고 본다.
① 생태론은 환경과의 관계는 고려하지만 동태적인 측면을 고려하지 못하는 정태적 균형이론이다.
③ 생태론은 행정의 개방성을 강조하며 거시적 차원에서 행정현상을 분석한다.
④ Gaus가 제시한 환경요인이다.

정답 : ②

02

<보기>에서 프리즘 사회의 특징이 아닌 것을 모두 고르면?

┌─────────── < 보기 > ───────────┐
│ ㄱ. 권한통제의 불균형   ㄴ. 신분과 계약의 분리 │
│ ㄷ. 다규범성   ㄹ. 가치의 분산   │
│ ㅁ. 가격의 불확정성   ㅂ. 형식주의   │
└─────────────────────────────┘

① ㄱ, ㄴ
② ㄴ, ㄹ
③ ㄷ, ㅁ
④ ㄷ, ㅂ

정밀해설

② ㄴ, ㄹ은 옳지 않고, ㄱ, ㄷ, ㅁ, ㅂ은 옳다.
ㄴ. [×] 신분과 계약의 혼합관계이다.
ㄹ. [×] 가치가 응집되고 한군데로 집중된다.
ㄱ, ㄷ, ㅁ, ㅂ. [O] 권한통제의 불균형, 다규범성, 가격의 불확정성, 형식주의 모두 프리즘 사회의 특징이다.

정답 : ②

03

체제적 접근방법의 주요 내용으로 가장 옳은 것은?

① 체제적 접근방법은 행정현상에서 중요한 권력, 의사전달, 정책결정 등의 문제나 혹은 행정의 가치문제를 중요한 변수로 고려하였다.
② 행정의 개방성, 종합성을 추구하며 체제분석 기법 등을 개발하게 함으로써 의사결정의 과학화에 기여하였고 PPBS도입에 기여하였다.
③ 체제론은 현상유지적이며, 결정론적 한계, 개도국에 부적합성 등의 단점은 있으나 체제 내 전환과정을 설명하는 데 유리하다.
④ 파슨스의 AGIL을 통해 적응적 변화보다는 혁신적 변화를 나타내었다.

정밀해설

① 행정현상에서 중요한 권력, 의사전달, 정책결정 등의 문제나 혹은 행정의 가치문제를 고려하지 않고 일종의 암상자(black box)로 취급함으로써 변수화하지 않았다.
③ 체제 내 전환과정을 설명하지 못한다.
④ 혁신적 변화보다 적응적 변화를 중시한다.

정답 : ②

04

체제론에 대한 설명 중 옳은 것은 모두 몇 개인가?

ㄱ. 체제론은 정태적·보수적 이론으로 개방체제는 정태적 균형을 중시한다.
ㄴ. 개별 선택적 행위에 관심을 갖는 개체주의적 관점을 취한다.
ㄷ. 위계적·계서적 관점을 중시한다.
ㄹ. 법칙적·경험주의적 관점을 강조한다.
ㅁ. 발전 지향적이고 동태적 적응을 추구한다.
ㅂ. 목적론적 관점을 지닌다.

① 1개 ② 2개
③ 3개 ④ 4개

정밀해설

② ㄷ, ㅂ만 옳다.
ㄱ. [×] 체제론은 정태적·보수적 이론이지만, 개방체제는 동태적 균형을 중시한다.
ㄴ. [×] 체제론은 전체주의적 관점을 취한다.
ㄹ. [×] 행태론과 연관된다.
ㅁ. [×] 체제론은 정태적이고 균형적인 이론으로서 적극적인 변화나 동태적 발전을 추구하지는 않는다.

정답 : ②

THEME 018 비교행정론, 발전행정론

1 비교행정론

Riggs 접근법	• 규범적 ⇨ 경험적 • 개별법칙적 ⇨ 일반법칙적 • 비생태적 ⇨ 생태적
Heady 접근법	중범위 이론적 접근(연구대상을 좁혀 집중연구)

⇨ 한계: 정태적 이론, 환경결정론

2 발전행정론

대표학자	Esman, Weidner
특징	• 발전적 행정인 • 효과성(effectiveness) 중시, 동태적 행정현상 설명 • 엘리트주의, 전체주의적 이론 • 불균형 발전 전략

⇨ 기관형성(IB) 전략
⇨ 한계: 행정의 지나친 강화, 서구중심적 편견, 형평성 저해

3 비교

구분	비교행정 - 균형이론	발전행정 - 불균형이론
대두배경	1950년대 미국의 대외원조	개발도상국의 국가발전
연구방법	과학적, 서술적(why) (기능주의 - 체제의 특징 중시)	처방적, 규범적, 실천적(how) (실용주의 - 체제의 능력 중시)
행정이념	특별히 강조하는 행정이념 없음.	효과성(발전목표의 달성도), 합목적성 강조
변동의 관점	• 균형을 이루기 위한 정태적 변동 • 선진국에서 후진국으로 전이적 변화 (transitional change)	• 쇄신적 변화를 위한 동태적 변동 • 자체적으로 계획된 변화(planned change)
행정인	피동적 종속변수	능동적 독립변수(발전행정인 - 쇄신적 가치관)
이론의 성격	결정론, 비관주의	임의론, 낙관주의

OX 기출분석

01 　　　　　　　　　　　　　　　　　　　　　　　　　　20 국가 9급
후기 행태주의 접근 방법은 행정을 자연·문화적 환경과 관련하여 이해하면서 행정체제의 개방성을 강조한다.

해설: 행정을 자연·문화적 환경과 관련하여 이해하면서 행정체제의 개방성을 강조하는 것은 생태론적 접근 방법이다.

02 　　　　　　　　　　　　　　　　　　　　　　　　　　19 지방 9급
신행정학은 미국의 사회문제 해결을 촉구한 반면 발전행정은 제3세계의 근대화 지원에 주력하였다.

해설: 신행정학은 1960년대 말 미국사회의 격동기 시기에 등장한 것으로 사회문제를 해결하기 위해 행정의 적실성과 실천성을 강조한 반면 발전행정은 제3세계의 근대화를 지향하였다.

03 　　　　　　　　　　　　　　　　　　　　　　　　　　18 경찰간부
발전행정론은 정치행정이원론의 입장으로 정책의 효율성을 강조한다.

해설: 발전행정론은 정치행정일원론의 입장으로 정책의 효과성을 강조한다.

04 　　　　　　　　　　　　　　　　　　　　　　　　　　18 국회 8급
발전행정론은 정치, 사회, 경제의 균형성장에 크게 기여하였다.

해설: 발전행정론은 행정의 권력을 지나치게 비대화시켰다고 비판받는다.

05 　　　　　　　　　　　　　　　　　　　　　　　　　　16 지방 7급
비교행정은 행정을 지나치게 과소평가함으로써 행정의 독자성을 무시하고 행정의 종속성을 강조하고 있다.

06 　　　　　　　　　　　　　　　　　　　　　　　　　　16 지방 7급
비교행정은 처방성과 문제해결성을 강조함에 따라 행정의 비과학화를 초래하였다.

해설: 비교행정은 행정의 과학화에 기여하였다.

07 　　　　　　　　　　　　　　　　　　　　　　　　　　08 경정승진
발전행정론은 이론적 과학성이 높고 투입기능을 중시했다는 평가를 받았으나, 행정권력의 비대화를 정당화시켰다는 비판을 받는다.

해설: 이론적 과학성이 아니라 처방성을 강조하고, 목표달성도로 대표되는 효과성에 중점을 둠으로써 국민의 요구와 같은 투입기능을 무시했다는 비판이 가해진다.

08 　　　　　　　　　　　　　　　　　　　　　　　　　　06 서울 9급
발전행정론은 개도국의 경우 정부주도의 경제성장이 후진을 탈피하는 핵심적 방안이라고 보았다.

해설: 발전행정론에서는 후진국의 부족한 인적·물적자원이라는 특수한 상황에서는 정부주도의 중앙집권적 경제성장만이 후진을 탈피하는 수단이라고 생각하였다.

정답 01 X　02 O　03 X　04 X　05 O　06 X　07 X　08 O

핵심 기출 문제

01
2018 국회 8급

다음 <보기> 중 옳은 것을 모두 고르면?

<보기>
ㄱ. 인간관계론에서 조직 참여자의 생산성은 육체적 능력보다 사회적 규범에 의해 좌우된다.
ㄴ. 과학적 관리론은 과학적 분석을 통해 업무수행에 적용할 유일 최선의 방법을 발견할 수 있다고 전제한다.
ㄷ. 체제론은 비계서적 관점을 중시한다.
ㄹ. 발전행정론은 정치, 사회, 경제의 균형성장에 크게 기여하였다.

① ㄱ, ㄴ
② ㄱ, ㄹ
③ ㄴ, ㄷ
④ ㄴ, ㄹ
⑤ ㄷ, ㄹ

정밀해설

① ㄱ, ㄴ이 옳은 설명이다.
ㄱ. [○] 인간관계론은 인간의 사회적·심리적 측면을 중시하는 것으로 조직 참여자의 생산성은 경제적 보상, 육체적 능력보다 인간관계에 의한 사회적 규범에 의해 좌우된다.
ㄴ. [○] 과학적 관리론은 업무수행에 적용할 가능한 유일 최선의 방법을 발견할 수 있다고 전제하였다.
ㄷ. [×] 체제론은 체제나 현상 간에 존재하는 관계의 배열이 계층적이라고 보았고 계층적 서열이 존재한다는 계서적 관점을 중시한다.
ㄹ. [×] 발전행정론은 정치, 사회, 경제를 균형적으로 발전시키기보다는 불균형적 접근법을 중시하였고, 정치, 사회, 경제의 역할 및 발전을 저해시켰다.

정답: ①

02
2016 지방 7급

비교행정의 한계에 대한 설명으로 옳지 않은 것은?

① 독자적인 연구대상을 확정하기가 어렵다.
② 환경과 행정의 교류적 관계를 경시한 정태적 접근이다.
③ 처방성과 문제해결성을 강조함에 따라 행정의 비과학화를 초래하였다.
④ 행정을 지나치게 과소평가함으로써 행정의 독자성을 무시하고 행정의 종속성을 강조하고 있다.

정밀해설

③ 처방성과 문제해결성을 강조하는 이론은 신행정론이다.
① 각국의 행정현상을 비교하기 위한 일반적인 기준과 포괄적인 모델을 개발하는 방법인 일반체제 접근방법으로 연구함에 따라 독자적인 연구대상을 확정하기 어렵다.
② 정태적 균형이론의 한계로써 환경을 지나치게 강조한 나머지 신생국 행정체제는 환경적 요인에 의해 결정된다고 보는 생태론의 범주를 벗어나지 못하였다.
④ 관료(행정인)를 피동적 종속변수로 파악함으로써 행정엘리트가 독립변수로서 국가발전을 주도해가는 현상을 설명하지 못하였다.

정답: ③

03
2006 서울 5급 승진

다음 중 발전행정론의 특징과 문제점에 대한 설명이 틀린 것은?

① 선량주의(elitism)와 국가주의(statism)를 이론적 토대로 한다.
② 개도국의 경우 정부주도의 경제성장이 후진을 탈피하는 핵심적 방안이라고 보았다.
③ 실천성 및 기술성을 강조하는 정치행정일원론의 관점이었다.
④ 불균형적 접근법으로 행정권력의 비대화를 정당화시켰다는 비판이 따른다.
⑤ 이론적 과학성이 높고 투입기능을 중시했다는 평가를 받았다.

정밀해설

⑤ 1960년대 발전행정론은 개발도상국의 관료제가 국가발전을 주도해나가는 실천적 전략을 연구하는 이론으로, 이론적 과학성이 낮고 효과성을 강조한 나머지 투입기능을 경시했다는 비판을 받았다.
① 발전행정론은 소수 엘리트가 하향식으로 기획하고 관리하는 엘리트주의의 운영방식을 따르고, 국가주의적·전체주의적 이론이다.
② 개발도상국의 경우 자원이 부족하기 때문에 정부 중심으로 선도산업을 우선 육성함으로써 발전을 파급시키려는 불균형 발전 전략을 취한다.
③ 발전행정론은 행정체제가 발전을 계획하고 유도하는 것으로서, 의회가 수행하던 정치기능을 정부에서 수행한다는 점에서 정치행정(새)일원론의 관점이다.
④ 행정의 비대화와 낭비, 부패의 발생, 형평성 저해 등의 한계점이 있다.

정답 : ⑤

04
2005 서울 7급

주요 행정학의 접근방법에 관한 내용이 가장 타당한 것은?

① 체제적 접근방법은 행정현상에서 중요한 권력, 의사전달, 정책결정 등의 문제나 혹은 행정의 가치문제를 중요한 변수로 고려하였다.
② 생태론적 접근방법은 행정이 추구해야 할 목표나 방향을 명확하게 제시한다.
③ 후기행태주의자들은 행태론자들의 과학적 연구를 반대하고, 사회문제 해결을 강조하였다.
④ 행태론적 접근방법은 특정 질문에 따른 반응을 통해 파악해 볼 수 있는 태도, 의견, 개성 등도 행태에 포함시키고 있다.
⑤ 발전행정론은 가치중립적인 입장을 취하면서 행정의 종속변수적 측면을 강조하고 있다.

정밀해설

④ 행태주의는 심리학적 행동주의와는 달리 행위와 행동뿐만 아니라 특정 질문에 따른 반응을 통해 파악해 볼 수 있는 태도, 의견, 개성 등도 행태에 포함시키고 있다.
① 체제론적 접근방법은 정치·행정현상에서 특수한 인물의 성격, 개성, 리더십 등이 큰 비중을 차지하는 경우 이를 과소평가하기 쉬우며, 행정현상에 중요한 요소인 권력, 의사전달, 정책결정 등의 문제나 행정의 가치문제를 고려하지 못하였다.
② 생태론적 접근방법도 행정연구에 있어 개방적·거시적 안목을 제공하였지만 행정의 목표나 방향을 제시하지 못하였다.
③ 행태주의에 대한 비판으로 시작되는 후기행태주의는 과학적 방법을 포기하자는 주장이 아니다. 오히려 가능한 한 과학적 방법과 기법을 중요한 사회문제·정치문제 해결에 적용하려는 것이다.
⑤ 발전행정론은 후진국 발전을 위한 행정을 구축하려는 목적을 지니고 연구가 진행되었기 때문에 처방적이고 많은 부분에서 가치판단을 요하였다.

정답 : ④

적중 예상 문제

01 ☐☐☐

다음 중 비교행정론에 대한 평가로 옳은 것은?

① 후진국의 내부문제나 실정에 적합한 연구를 진행하였다.
② Riggs는 생태적 방법에서 비생태적 방법으로 접근하였다.
③ 비교행정은 문화 횡단면적 연구를 배제하였다.
④ Heady는 비교행정 연구로 중범위이론 접근을 하였다.

정밀해설

④ Heady는 연구의 중점을 행정체제 상호간의 비교분석을 중심으로 하는 접근방법으로 중범위이론적 접근을 한다.
① 후진국의 내부문제나 실정에 맞는 행정 연구를 진행하지 못하였다.
② Riggs는 비생태적 방법에서 생태적 방법으로 접근하였다.
③ 비교행정연구회(CAG) 연구와 문화 횡단면적 연구를 추구하였다.

정답 : ④

02 ☐☐☐

비교행정론에 대한 설명으로 옳지 않은 것은?

① 한 나라의 제도를 다른 나라에 적용하는 것을 목적으로 한다.
② 비교행정연구회(CAG)의 활동 영향을 받았다.
③ 공식적 법규보다는 실제 운영상태를 구조기능주의적 관점에서 비교·연구하였다.
④ 발전행정론과 이념지향성을 같이 한다.

정밀해설

④ 발전행정이 동태적 불균형이론인데 비하여, 비교행정론은 정태적 균형이론이다.
① 미국중심 행정학의 한계를 밝혀주어 신생국 행정연구에 기여하였다.
② 정치학회인 비교행정연구회의 영향이 크다.
③ 중범위이론은 연구 대상과 범위를 좁혀 집중연구하는 방법이다.

정답 : ④

03

발전행정론의 특징과 문제점에 대한 설명으로 옳지 않은 것은?

① 발전개념의 모호성과 서구적 편견이 내포되어 있다.
② 이론적 과학성이 높고 투입기능을 중시했다는 평가를 받았다.
③ 정치행정일원론의 관점으로 처방성을 강조하였다.
④ 국가주의의 관점으로 정부역할을 강조하였다.

정밀해설

② 1960년대 발전행정은 개도국의 관료제가 국가발전을 주도해 나가는 실천적 전략을 연구하는 유도발전이론으로 경험적 검증을 거친 이론이 드물어 이론적 과학성이 낮고 일방적인 산출을 강조한 나머지 투입기능을 경시했다는 비판을 받았다.
① 발전이란 진화, 성장, 근대화, 서구화 등과 혼동되며, 특히 서구화(미국화)를 발전이라고 보는 서구적 편견이 내포되어 있다.
③ 행정이 정치를 유도·대행한다는 행정우위론의 입장을 취하며, 행정이 국가발전을 위해서 무엇을 어떻게 해야할 것인지의 기술성을 강조하였다.
④ 정부관료제가 국가발전 관리를 주도해야 한다고 보는 관점에 입각한다.

정답 : ②

04

발전도상국가의 행정환경에 대한 설명 중 가장 옳지 않은 것은?

① 후진국사회와 선진국사회의 특징이 동시에 존재한다.
② 리그스(F. Riggs)가 말한 프리즘적 사회(prismatic society)가 여기에 해당한다.
③ 신분·계약의 혼합관계로 공식적 관계와 현실적 관계의 괴리가 발생한다.
④ 경제적인 특징에는 가격의 확정성과 투자의 장기성이 포함된다.

정밀해설

④ 경제적인 특징에는 가격의 불확정성과 투자의 단기성이 포함된다.
① 전통적 특징과 현대적 특징이 고도로 혼합되어 있는 '고도의 이질성'이 발생한다.
② F. Riggs가 말한 융합사회(fused society)는 농업사회, 분화사회(refracted society)는 산업사회에 해당하며, 프리즘적 사회(prismatic society)가 신생국 행정체제에 해당한다.
③ 공식적·형식적으로는 계약이 법적 권리의 무관계의 기초가 되나 현실적으로는 개인적·신분적 질서가 강하게 적용된다.

정답 : ④

THEME 019 신행정론, 현상학

1 배경
1960년대 미국의 사회적 격동기, 미노우브룩(Minnowbrook) 회의

2 특징
① 사회적 적실성, 처방성, 문제 해결 지향성
② 가치주의, 인본주의, 주관주의
③ 시민참여 중시
④ 탈관료제 추구

3 행태론과 신행정론 비교

구분	행태론	신행정론
시대	1940~1960년대(행태주의 연구 경향)	1960~1970년대(사회적 격동기)
접근법	사회심리학적 접근법(외면적 행태를 중시)	현상학적 접근법(내면적 주관을 중시)
인식론	실증주의(객관주의) - 가치중립	반실증주의(주관주의) - 가치지향
행정이념	합리성	사회적 형평성, 민주성, 대응성
목표	행정의 과학적 연구	사회적 적실성, 처방성
정치와의 관계	정치행정이원론(공사행정일원론)	정치행정일원론(공사행정이원론)

4 행태론과 현상학 비교

구분	행태론	현상학
관점	객관주의[과학, 사실, 존재(sein)]	주관주의[철학, 가치, 당위(Sollen)]
인간관	피동적, 결정론적 존재	능동적, 자발론적 존재
인식론	실증주의(논리적 실증주의)	반실증주의, 선험적 관념론(직관)
존재론(인간성)	실재론, 결정론	유명론, 임의론
연구방법	일반법칙 추구	개별사례 중심 연구(미시적)
사회관	사회는 인간의 의지나 의도와는 관계없는 별개의 존재	사회는 인간의 상호주관성의 결과
자아	수동적 자아, 원자적 자아	능동적 자아, 사회적 자아
행정이념	합리성	형평성, 대응성, 책임성
조직	계층구조, 비참여	비계층구조, 참여

OX 기출분석

01 　　　　　　　　　　　　　　　　　　　　　　　　　　22 국가 9급
신행정학은 왈도를 중심으로 가치와 형평성을 중시하면서 사회의 문제 해결에 대한 현실 적합성을 갖는 새로운 행정학의 정립을 시도하였다.　　　　　　　O　X

해설

1960년대 말 신행정론의 배경이다.

02 　　　　　　　　　　　　　　　　　　　　　　　　　　21 소방간부
신행정학(New Public Administration) 운동은 기존의 능률 지향적이고 가치중립적인 행정학의 적실성 부족을 비판하면서 가치문제를 중요하게 다루었다.　　　O　X

03 　　　　　　　　　　　　　　　　　　　　　　　　　　20 군무원 9급
신행정론의 시작은 행정학에서 가치에 관한 연구가 본격적으로 관심을 끌기 시작한 학문적 계기에 해당한다.　　　　　　　　　　　　　　　　　　O　X

04 　　　　　　　　　　　　　　　　　　　　　　　　　　19 지방 9급
신행정학은 정치행정이원론에 입각하여 독자적인 행정이론의 발전을 이루고자 하였다.　O　X

신행정학은 정치행정일원론에 입각하여 독자적인 행정이론의 발전을 이루고자 하였다.

05 　　　　　　　　　　　　　　　　　　　　　　　　　　19 서울 9급(2월)
신행정학은 적실성, 참여, 변화, 가치, 사회적 형평성 등에 기초한 행정학의 독자적 주체성을 강조했다.　　　　　　　　　　　　　　　　　　O　X

06 　　　　　　　　　　　　　　　　　　　　　　　　　　17 국가 9급
신행정학(New Public Administration)은 적실성 있는 행정학 연구, 고객중심의 행정, 기업식 정부 운영 등을 핵심내용으로 한다.　　　　　　　　O　X

기업식 정부 운영은 신공공관리론에서 강조하는 내용이다.

07 　　　　　　　　　　　　　　　　　　　　　　　　　　17 국가 7급(추)
현상학적 연구에서는 행정활동과 관련된 사람들 사이의 상호작용에 의해 구성된 상호주관적 경험이 중요하다.　　　　　　　　　　　　　　　　　　O　X

08 　　　　　　　　　　　　　　　　　　　　　　　　　　15 경찰간부
후기행태주의는 과학적 연구도 중요하지만 가치의 문제도 함께 연구해야 한다고 주장하였다.　O　X

정답 01 O　02 O　03 O　04 X　05 O　06 X　07 O　08 O

핵심 기출 문제

01 □□□   2019 지방 9급

미국에서 등장한 행정이론인 신행정학(New Public Administration)에 대한 설명으로 옳지 않은 것은?

① 신행정학은 미국의 사회문제 해결을 추구한 반면 발전행정은 제3세계의 근대화 지원에 주력하였다.
② 신행정학은 정치행정이원론에 입각하여 독자적인 행정이론의 발전을 이루고자 하였다.
③ 신행정학은 가치에 대한 새로운 인식을 기초로 규범적이며 처방적인 연구를 강조하였다.
④ 신행정학은 왈도(Waldo)가 주도한 1968년 미노브룩(Minnowbrook) 회의를 계기로 태동하였다.

정밀해설

② 신행정학은 정치행정새일원론에 입각하여 행정학의 적실성 및 실천성을 통해 사회문제의 해결을 추구하였고 가치중립적이고 정책지향적 성격을 특징으로 한다.
① 신행정학은 미국의 사회문제 해결을 지향하였고, 발전행정은 제3세계(개발도상국)의 근대화를 지원하는데 중점을 두었다.
③ 신행정학은 가치중립적인 과학적 연구보다 가치평가적인 정책연구를 지향하였고, 민주적 가치규범에 입각한 규범적·처방적인 연구와 탈권료제·분권화 등을 강조하였다.
④ 신행정학은 1968년 왈도가 주최하였던 미노브룩 회의에 참여한 젊은 학자들에 의해 주장되었고, Marini는 토의 내용을 기반으로 '신행정학을 지향하여'라는 책자를 발간하면서 본격적으로 등장하였다.

정답: ②

02 □□□   2017 국가 7급(추)

현상학적 행정연구에 대한 설명으로 옳지 않은 것은?

① 행정현상은 사람들의 의식, 생각, 언어, 개념 등을 통해 구성된 것이다.
② 행정연구에서는 행정활동과 관련된 사람들 사이의 상호작용에 의해 구성된 상호주관적 경험이 중요하다.
③ 행정연구에서 가치와 사실의 구별을 인정하며, 현상을 개체적으로 파악하고자 한다.
④ 기존의 관찰이나 믿음에 영향을 받지 않기 위해 '괄호 안에 묶어두기' 또는 '현상학적 판단정지'가 중요하다.

정밀해설

③ 현상학적 행정연구는 객관적 실재보다 명분이나 가치를 중시한다.
① 현상학에 따르면 사회현상 또는 사회적 실재란 그 속에 참여하는 사람들의 의식, 생각, 언어, 개념 등으로 구성되며 그들의 상호주관적인 경험으로 이룩되는 것을 말한다.
② 현상학은 사회현상이 상호주관적인 경험으로 이룩되기 때문에 사회과학의 연구대상은 자연과학과는 다르다고 본다.
④ 현상학적 행정연구에 따르면 기존의 관찰이나 믿음에 영향을 받지 않기 위해 현상학적 판단정지 등이 중요하다고 보았다.

정답: ③

03

2014 해경간부

신행정학에 대한 설명으로 가장 옳지 않은 것은?

① 대부분의 논자들은 1968년에 개최된 미노우브룩회의를 신행정학의 출발점으로 보고 있다.
② 신행정학이라는 움직임의 대두는 당시 미국 사회와 학계의 형편을 반영한 것으로, 인종갈등의 심화, 월남전을 둘러싼 정치적·사회적 뒤틀림 등으로 표출된 미국 사회의 소용돌이가 조성한 일종의 위기감에서 비롯되었다.
③ 인간주의 심리학, 현상학 등에 대한 강한 비판과 엄격한 실증주의의 적용으로 현실 문제를 해결하려 한다.
④ 전통적 접근방법을 비판했다고 하는 점에서 신행정학을 비판행정학이라고 부르는 사람들도 있다.

정밀해설

③ 신행정론은 엄격한 실증주의에 대한 비판 위에서 인간주의 심리학, 현상학 등에 바탕을 두고 현실 문제를 해결하려 한다.
① 대부분의 논자들은 1968년 시라큐스 대학에서 왈도(Waldo)를 중심으로 마리니(Marini), 프레드릭슨(Fredrickson) 등이 참여한 미노우브룩회의를 신행정학의 출발점으로 보고 있다.
② 미노우브룩회의에서 처방적·실천적 행정연구의 방향을 모색하였다.
④ 신행정학은 기존의 행정이론에 반기를 든 비판행정학의 일종이라는 점에서 후기행태주의의 출발로 평가한다.

▶ **신행정론의 특징**
· 사회적 적실성, 처방성 중시(규범주의)
· 형평성 등 가치강조(가치주의)
· 현상학적 접근론(주관주의, 인간주의, 인본주의)
· 문제지향 및 정책 지향성
· 참여의 중시, 고객지향성(민주성)
· 탈관료제 추구

정답 : ③

04

2010 지방 7급

현상학적 접근방법에 대한 설명으로 옳은 것을 모두 고른 것은?

ㄱ. 행정현상의 본질, 인간인식의 특성, 이론의 성격 등 사회과학 연구의 본질적 문제에 대해 실증주의와 행태주의적 연구방법에 반대한다.
ㄴ. 진리의 기준을 맥락의존적인 것으로 보며, 상상·해체·영역해체·타자성 등의 핵심개념을 포함하고 있다.
ㄷ. 사회현상 또는 사회적 실제란 자연현상처럼 사람과 동떨어진 객체로 존재하는 것이 아니라, 사람들의 상호 주관적인 경험으로 이루어진다.
ㄹ. 복잡한 미래 사회에서 정부의 방향잡기 역할이 어렵거나 불가능하기 때문에 행정의 역할은 서비스를 제공해야 하는 데 있음을 강조한다.

① ㄱ, ㄴ
② ㄱ, ㄷ
③ ㄴ, ㄹ
④ ㄷ, ㄹ

정밀해설

② ㄱ, ㄷ은 옳은 내용이고 ㄴ, ㄹ은 틀린 내용이다.
ㄱ. [O] 현상학은 객관화된 경험적 사실만이 과학의 대상은 아니라고 보고 철학이나 도덕, 가치 등도 경험과학으로서 재정립이 가능하다고 주장하면서 기존의 실증주의와 행태주의적 연구방법을 비판하였다.
ㄷ. [O] 사회현상은 자연현상과 달리 인간의 의식이나 동기, 생각, 언어 등으로 구성되며 그들의 상호주관적인 경험으로 이루어진다고 본다.
ㄴ. [X] 진리의 기준을 맥락의존적인 것으로 보며 상상·해체·영역해체·타자성 등을 중시하는 것은 포스트모더니즘에 대한 설명이다.
ㄹ. [X] 복잡한 미래 사회에서 정부의 방향잡기 역할이 어렵거나 불가능하기 때문에 행정의 역할은 서비스를 제공해야 한다고 보는 것은 신공공서비스이론에 대한 설명이다.

정답 : ②

적중 예상 문제

01 ☐☐☐

후기행태주의적 접근방법에 관한 설명으로 옳은 것은 모두 몇 개인가?

> ㄱ. 정치체계론자 D. Easton에 의해 행정학에 도입되었으며, 비판행정학이나 담론이론 등 후기 산업사회 행정이론의 계기가 되었다고 할 수 있다.
> ㄴ. 배경은 1960년대 미국에서의 대규모 흑인폭동, 베트남전쟁의 계속과 이에 대한 반전시위 등 미국사회의 혼란이라고 볼 수 있다.
> ㄷ. 가치중립적인 과학적·실증적 연구보다는 가치평가적인 정책연구를 지향하는 입장으로 정책과학(1970년대)의 발전에 견인차 역할을 하였다.
> ㄹ. 주의주의(主意主義), 객관주의를 표방한다.

① 1개 ② 2개
③ 3개 ④ 4개

정밀해설

③ ㄱ, ㄴ, ㄷ은 옳고 ㄹ만 옳지 않다.
ㄹ. [×] 후기행태주의는 주지주의(主知主義)가 아닌 주의주의(主意主義), 객관주의가 아닌 주관주의를 표방한다.

정답 ③

02 ☐☐☐

다음 중 신행정학의 특징으로 옳은 것은?

① Parsons가 주도한 1968년 미노브룩(Minnowbrook) 회의를 계기로 태동하였다.
② 사회문제 해결을 위해 관료제에 의한 계층적 조직을 강조한다.
③ 행정의 적실성, 참여, 합리성, 효율성을 이념으로 행정의 독자적 정체성을 확립한다.
④ 인간의 주관적 역할과 신념 등 주체성을 강조하는 해석학적 관점을 지닌다.

정밀해설

④ 신행정학은 엄격한 실증주의에 대한 비판을 바탕으로 인간주의 심리학, 현상학 등을 적용하여 현실문제를 해결하려 하였으며 현상학, 해석학적 관점을 지닌다.
① 1960년대에 행정행태론을 비판하면서 왈도(Waldo)가 주도한 1968년 미노브룩(Minnowbrook) 회의를 계기로 태동하였다.
② 신행정학은 행정의 고객지향성을 강조하고 분권화와 참여를 강조하였으며 탈관료제를 추구하였다.
③ 신행정학은 적실성, 참여, 변화, 가치, 사회적 형평성 등에 기초한 행정의 독자적 주체성을 강조한다. 합리성은 행태주의이다.

정답 ④

03

행정학의 접근방법 중 현상학적 접근방법에 관한 설명으로 옳지 않은 것은?

① 행정현실을 이해하는 데 과학적 방법보다 해석학적 방법을 선호한다.
② 자아를 수동적·원자적 자아로 본다.
③ 인간행위의 가치는 산출한 결과보다 그 행위 자체에 있다.
④ 행정학 연구에 현상학적 접근방법을 도입한 연구는 하몬(M. Harmon)의 행위이론(action theory)이다.

정밀해설

② 현상학은 자아를 능동적·사회적 자아로 본다.
① 인간의 의식이나 동기, 언어 등 외면에 대한 경험적 관찰보다는 그 이면에 깔린 동기를 이해하는 것이 중요하다고 보는 입장이다.
③ 인간행위의 가치는 행위가 산출한 합리적인 결과보다는 행위의 동기나 의도 자체에 있다. 한편 행동의 결과를 중시하는 것은 행태론적 관점이다.
④ 하몬의 행위이론이 행정학 연구에 현상학의 도입을 가져왔다.

정답 : ②

04

다음 중 현상학적 접근방법에 대한 평가로 가장 옳지 않은 것은?

① 사회적 자아를 통해 개인 간의 상호작용의 해석에 역점을 두기 때문에 그 접근방법이 미시적이다.
② 인간행위의 무의식이나 집단규범 또는 외적 환경의 영향을 고려하고 있다.
③ 행위의 목적성과 의도성을 어떻게 찾아낼 것인가에 대한 방법과 기술에 대해서는 언급이 없다.
④ 인간은 능동적이라고 가정하고 있지만, 실제에 있어서는 수동적인 경우가 더 많다.

정밀해설

② 현상학은 인간행위의 많은 부분이 무의식이나 집단규범 또는 외적 환경의 산물이라는 것을 간과하고 있다.
① 현상학은 사회적 자아를 통해 개인 간의 상호작용의 해석에 역점을 두며, 인간행위의 해석에 중점을 두기 때문에 접근방법이 미시적이다.
③ 현상학은 행위의 목적성과 의도성을 찾아내는 방법과 기술에 대한 언급이 없으며, 지나치게 철학적이고 주관적이다.
④ 현상학은 인간을 능동적 행위인이라고 가정하고 있으나 실제에서는 그렇지 않은 경우가 더 많다.

정답 : ②

THEME 020 포스트모더니즘 변화 등(비판이론, 담론행정)

1 비판이론
① 반실증주의: 인간을 능동적이고 자율적인 존재로 이해함(실증주의가 가지는 한계를 비판함).
② 규범성: 자기반성적인 인간의 주체적인 노력에 의하여 현실을 개선함.
③ 반전체주의: 모든 전체주의는 계몽주의적 이성이 도구적 이성으로 전락하였기 때문이라고 봄.
④ 인본주의: 인간의 무력감, 고독, 물질만능주의 등 인간소외를 극복하려는 것
⑤ 총체성(totality) ⇨ Habermas – 의사소통적 합리성 강조
⑥ 상호담론을 통해 공공행정의 위기극복 주장

2 담론이론(Fox와 Miller)
① 담론을 통해서 정책을 형성하고 집행하는 모형
② 진정한 의사소통이론(Habermas), 논쟁적 긴장(Arendt)
③ 담론의 형태-적정수 담론(some-talk)

3 포스트모더니즘
① 포스트모더니즘

모더니즘	통합, 결과	집중화	구심적	근원주의	획일화	객관주의	보편주의
포스트모더니즘	분열, 과정	분산화	원심적	반근원주의	다원화	주관주의	상대주의

② 포스트모더니즘 행정
⇨ 모더니즘 행정과 포스트모더니즘 행정의 비교

모더니즘 행정	포스트모더니즘 행정
이성, 합리성	상상, 특수성
보편성(과학주의), 객관주의	다양성, 상대주의
대상영역의 한정	탈영토화(간학문성)
간접민주주의	직접참여, 담론 강조

 D. Farmer 이론
(1) 상상(imagination): 문제의 특수성을 인정
(2) 해체(deconstruction): 텍스트의 근거를 파헤쳐 보는 것
(3) 탈영토화(deterritorialization): 학문 교류와 다양한 접근
(4) 타자성(alterity): 타인을 도덕적 타자로 인정

OX 기출분석

해설

01 □□□   21 소방간부

포스트모더니즘은 상대주의적 세계관, 구성주의, 합리주의와 과학주의 등을 강조한다.   O X

> 합리주의와 과학주의는 모더니즘의 특징이며 합리주의는 주관주의와 다원주의를 강조한다.

02 □□□   21 경정승진

포스트모더니티(Postmodernity) 이론은 거대설화(meta narratives)에 대한 믿음을 견지한다.   O X

> 포스트모더니티는 맥락적 진리를 추구하므로 메타설화는 존재하지 않으며 다양한 가치와 패러다임이 공존한다고 본다.

03 □□□   18 서울 9급

포스트모더니즘은 타자에 대한 대상화를 거부한다.   O X

04 □□□   17 경찰간부

포스트모더니즘은 행정이론의 한계와 모순을 잘 인식하게 하고, 담론을 통한 발전 가능성을 모색하는 촉매역할을 할 수 있다는 장점이 있다.   O X

05 □□□   16 서울 7급

포스트모더니티이론은 인권, 인간 이성과 인간 중심적 관점에서의 행정을 강조하였다.   O X

> 인간의 이성 또는 합리성을 기초로 하는 사조는 모더니즘이다. 포스트모더니즘은 이러한 모더니즘에 대한 반발적 사조로 나타난 것이다.

06 □□□   15 경찰간부

포스트모더니티는 "행정의 실무는 능률적이어야 한다."는 설화를 해체의 대상으로 간주한다.   O X

07 □□□   11 지방 7급

파머(D. Farmer)에 따르면 나 아닌 다른 사람을 인식적 타인이 아닌 도덕적 타인으로 인정한다.   O X

> 파머가 주장한 타자성(alterity)의 개념이다.

08 □□□   10 경정승진

탈영역화는 타인을 하나의 대상으로서가 아니라 도덕적 타인으로 인정하고 개방적인 태도를 가져야 한다는 점을 강조한다.   O X

> 타인을 하나의 대상으로서가 아니라 도덕적 타인으로 인정하고 개방적인 태도를 가져야 한다는 점을 강조하는 것은 타자성의 개념이다.

정답 01 X   02 X   03 O   04 O   05 X   06 O   07 O   08 X

핵심 기출 문제

01 ☐☐☐ 2020 지방 7급

파머(Farmer)가 주장한 포스트모더니티 행정이론의 내용으로 옳지 않은 것은?

① 나 아닌 다른 사람을 인식적 객체가 아닌 도덕적인 타자(他者)로 인정한다.
② 관점에 따라 다양한 가능성이 허용되는 상상(imagination)보다는 과학적 합리성(rationality)이 더 중요하다.
③ 행정에서도 지식과 학문의 영역 간 경계가 사라지는 탈영역화(deterritorialization)가 나타난다.
④ '행정은 객관적으로 연구될 수 있다'는 설화는 해체(deconstruction)를 통해 더 잘 이해할 수 있다.

정밀해설

② 과학적 합리성이 더 중요하다고 보는 것은 모더니티의 특징이다. 파머는 관점의 다양성을 의미하는 상상이 인간의 사고에 촉매적 역할을 대신할 수 있다고 보았다.
① 나 아닌 다른 사람을 인식적 객체가 아닌 도덕적인 타자로 인정하는 것을 타자성이라고 한다.
③ 탈영역화는 지식의 경계가 사라지는 것을 의미하며 포스트모더니티에서의 모든 지식은 성격과 조직에 있어서 고유의 영역이 해체된다.
④ 해체는 외면적인 텍스트, 즉 언어, 몸짓, 이야기, 설화, 이론 등의 근거를 파헤쳐보는 것으로, 행정은 객관적으로 연구될 수 있다는 명제를 당연한 것으로 여기지 않는다.

▶ **포스트모더니즘 행정이론(D.Famer)**

상상 (imagination)	부정적인 면에서는 규칙에 얽매이지 않는 것을, 긍정적인 면에서는 문제의 특수성을 인정하는 것을 의미함
해체 (deconstruction)	텍스트(언어, 몸짓, 이야기, 설화, 이론)의 근거를 해부하는 것을 의미
탈영토화 (deterritorialization)	지식의 고유영역과의 경계 및 학문영역 간의 경계를 파괴하는 것을 의미함
타자성(alterity)	타인을 인식적 객체가 아닌 도덕적 타인으로 인정하는 상호 개방적인 인간관

정답

02 ☐☐☐ 2015 경찰간부

다음 설명 중 포스트모더니티(Post-Modernity) 이론에 대한 설명으로 가장 옳지 않은 것은?

① 포스트모더니티의 핵심개념은 상상, 영역해체, 타자성 등이다.
② 포스트모더니티는 "행정의 실무는 능률적이어야 한다"는 설화를 해체의 대상으로 간주한다.
③ 포스트모더니티는 "진리의 기준은 맥락적"이기 때문에 인간이 지닌 이성을 통해서만 진리의 기준을 객관적으로 이해할 수 있다고 주장한다.
④ 포스트모더니티는 나 아닌 다른 사람을 인식적 객체가 아닌 도덕적 타자로 인정할 것을 주장한다.

정밀해설

③ 포스트모더니티(포스트모더니즘)는 인간의 이성과 합리성을 기초로 하는 모더니즘에 대한 반발적 사조로서 등장한 이론으로 인간이 지닌 이성을 통해서 진리의 기준을 객관적으로 이해하려는 모더니티(모더니즘)적 접근을 비판한다.
① 포스트모더니즘의 핵심이론으로 Farmer의 상상, 해체, 탈영토화, 타자성이 있다.
② 포스트모더니즘은 '행정의 실무는 능률적이어야 한다.'는 설화를 당연한 것으로 받아들이지 않고 이를 해체의 대상으로 본다.
④ 나 아닌 다른 사람을 인식적 객체가 아닌 도덕적 타자로 인정하는 것은 타자성에 대한 개념으로 파머가 주장한 내용이다.

정답

03

2011 지방 7급

포스트모더니티(postmodernity) 행정이론에 대한 설명으로 옳지 않은 것은?

① 파머(D. Farmer)는 패러다임 간의 통합(paradigm integration)을 연구전략의 하나로 주장하였다.
② 상대적이고 다원주의적이며, 동시에 해방주의적 성격의 세계관을 지니고 있다.
③ 바람직한 행정서비스는 다품종소량생산체제에서 제공될 가능성이 높다.
④ 파머(D. Farmer)에 따르면, 나 아닌 다른 사람을 인식적 타인(epistemic other)이 아닌 도덕적 타인(moral other)으로 인정한다.

정밀해설

① 파머는 패러다임 간의 통합을 연구전략의 하나로 주장한 것이 아니라 상상, 해체, 영역해체, 타자성을 포스트 모더니티 행정이론의 핵심요소로 강조한 학자이다.
② 포스트모더니티는 상대성과 다원성, 해방주의적 성격을 갖는다.
③ 포스트모더니티 사회에서 바람직한 행정서비스는 획일적 대량생산이 아닌 다품종 소량생산과 상품의 수명이 짧아지는 특징을 갖게 될 가능성이 높다.
④ 파머는 나 아닌 다른 사람을 인식적 객체가 아닌 도덕적 타자로 인정한다.

정답 : ①

04

2007 국가 7급

정책결정과정에 있어서 담론적 접근방법을 선택할 때 기대되는 유용성으로 적절하지 않은 것은?

① 지식, 지혜 및 정보를 포괄적으로 활용할 수 있다.
② 다수의 정책참여에 의하여 정책의 정당성을 확보하는 데 유리하다.
③ 정책결정과정에서 시간의 한계 및 정확한 정보의 부족문제를 극복할 수 있다.
④ 구성원의 합의로 주관적·상대적인 정책평가기준이 활용될 수 있다.

정밀해설

③ 담론적 접근법은 시간의 한계로 완전하고 정확한 정보를 얻는다는 것은 불가능하다.
① 참여를 강화하고 논쟁적 긴장을 통한 토론을 강조한다.
② 참여의 수에 있어서 적정수 담론을 강조한다.
④ 담론에 의한 합의는 주관적·상대적 합의이다.

정답 : ③

적중 예상 문제

01 ☐☐☐

다음 중 포스트모더니즘 행정에 대한 Farmer의 견해로 옳지 않은 것은?

① '해체'를 통해 객관적 연구가 될 수 있다는 행정학적 설화를 해체한다.
② 나 아닌 다른 사람을 공정한 객체로 대할 것을 주장한다.
③ '상상'을 통해 관점의 다양성을 주장한다.
④ 포스트모더니즘은 담론이론, 거버넌스 등에 영향을 주었다.

정밀해설

② 타자성은 나 아닌 다른 사람을 도덕적 타자로 인정할 것을 주장한다.
① 해체는 객관적으로 연구될 수 있는 설화를 해체하여야 한다고 본다.
③ 상상은 관점의 다양성을 의미한다.
④ 포스트모더니즘은 담론이론이나 뉴거버넌스 등에 영향을 주었다.

정답 ②

02 ☐☐☐

비판행정학에 대한 설명 중 가장 옳지 않은 것은?

① 프랑크푸르트 학파의 Habermas 등에 의해 체계화되었다.
② 비판이론은 주의주의, 반실증주의, 실용주의, 처방성, 상호담론, 총체성의 특징을 지닌다.
③ Denhardt는 오늘날 관료불신이 큰 이유를 시민과 관료 간에 의사소통이 왜곡되어 있어서 서로 관심이 일치하지 않기 때문이라고 보았다.
④ 자유로운 의사소통과 담론으로 공공행정의 위기가 민주적으로 극복될 수 있다고 보았다.

정밀해설

② 비판이론은 주의주의, 반실증주의, 반실용주의, 처방성, 인간소외의 극복, 의식과 이성의 중시, 상호담론을 통한 의사소통 등을 강조하였다.
① 비판이론은 비판철학에 뿌리를 두고 있다.
④ 시민 개개인의 자유로운 의사소통과 비판적 자세를 중요시한다.

정답 ②

03

심의민주주의(Deliberative Democracy)에 대한 설명으로 옳은 것은?

① 의사결정참여자들이 상호작용의 과정 중에 각자의 선호를 기꺼이 변화시킬 수 있다는 점을 전제로 한다.
② 입법적 의사결정은 가장 널리 공유된 선호의 결집을 반영한 것이다.
③ 집합(aggregative) 민주주의와 거의 동일하다.
④ 개인 간 선호의 질적 차이나 정당성의 차이를 고려하지 않는다.

정밀해설

① 심의민주주의(Deliberative Democracy)는 대의제 민주주의가 지닌 결함을 시정하여 직접 민주주의의 이상을 재현하려는 대안이다.
③ 집합적(aggregative) 민주주의는 대의 민주주의와 관련된다.
④ 개인 간 선호의 질적 차이나 정당성의 차이를 고려하지 않는 것은 대의 민주주의의 특징이다.

정답 : ①

04

다음 중 담론주의 이론에 대한 설명으로 타당하지 않은 것은?

① 다수의 선호가 곧 정당성을 갖게 된다.
② 토론, 의사소통 등을 통해 시민들 간의 합의된 집단적 의사를 형성하려는 것이다.
③ 의사소통의 왜곡이나 불균형을 배제하려는 주장이다.
④ 담론이론의 이념적 기초와 효용은 의사소통을 통한 행정의 민주성, 대응성, 정당성이다.

정밀해설

① 대의 민주주의의 이론으로 직접 의사 참여를 강조하는 담론주의와 거리가 멀다.
②, ③, ④ 담론주의는 시민들의 의견은 청취하여 그들의 의도를 반영하는 행위이다.

정답 : ①

THEME 021 공공선택론

1 의의
① 비시장적 의사결정의 경제학적 연구 혹은 정치학에 경제학을 응용하는 것
② 방법론적 개체주의, 합리적 경제인 가정
③ 공공부문의 시장경제화
⇨ 전통적 행정학과 공공선택론적 행정학 비교

비교 기준	전통적 행정학	공공선택론적 행정학
연구의 초점	조직(계층제)의 의사결정에 초점	개인의 의사결정에 초점
공익지향 여부	공익적 정책목표의 극대화	이기적 동기의 극대화
극대화 대상	부서 목표의 극대화	개인 목표의 극대화
의사결정 제도	의사결정 제도는 주어진 것으로 간주함.	다양한 제도들 간 선택 중시

2 Ostrom 민주행정모형: 윌슨의 고전적 패러다임 비판
① 권한의 분산: 권력의 행사를 제한하고 통제하기 위하여 권한은 분산
② 관료의 부패가능성 때문에 관료가 최선의 공급자는 아님.
③ 다양한 선호를 반영한 다양한 제도
④ 다중공공관료제, 관할구역의 중첩

Mani DB 공공선택론 모형

집합적 결정모형	Buchanan & Tullock의 적정참여자모형
반관료제모형	Ostrom의 민주행정패러다임
투표자 행태분석	Arrow의 불가능성 정리, Black의 중위투표자정리, A. Downs의 득표극대화모형, 티부가설, Log-rolling 모형, Pork barrel 모형 등
관료 행태분석	Niskanen의 관료예산극대화가설, Dunleavy 관청형성이론
이익집단 행태분석	Tullock의 지대추구론, Stigler의 규제의 경제사회이론, M. Olson의 무임승차론
정치인 행태분석	Nordhaus의 정치적 경기순환론

3 공공선택이론의 한계
① 방법론적 개인주의와 경제인 가정에 대한 비판
② 사회적 불평등 시정기제로서의 정부역할 간과
③ 시장경제원리의 지나친 추구와 이론적 보수성
④ 관할권 중첩의 비능률성

OX 기출분석

01 ☐☐☐   22 경간부
공공선택론적 접근방법은 공공문제 해결을 위한 정부의 역할을 중시한다.   O X

> **해설**
> 공공문제 해결을 위한 시민 개개인의 선호와 선택을 중시한다.

02 ☐☐☐   22 국가 9급
공공선택론은 1970년대 미국 행정학의 '지적 위기'를 지적하면서 인간을 이기적·합리적 존재로 전제하고, 공공재의 공급이 서비스 기관 간 경쟁과 고객의 선택에 의해 이루어지는 시스템을 제안하였다.   O X

> 공공선택론의 등장 배경이다.

03 ☐☐☐   20 행정사
공공선택론은 관료의 사익추구, 예산극대화, 지대추구행위, 정치 및 행정현상의 경제학적 분석의 특징을 갖는다.   O X

> 관료의 사익추구, 예산극대화, 지대추구행위, 정치 및 행정현상의 경제학적 분석의 특징을 갖는 것은 공공선택론이다.

04 ☐☐☐   19 군무원
공공선택이론은 시장실패의 원인을 분석하였으나 정부실패를 고려하지 않았다.   O X

> 공공선택모형은 공공서비스의 공급과 소비에 연관된 개인들이 자신들의 이익을 위하여 어떻게 행동하는지를 연구함으로써 정부실패의 원인을 분석하였다

05 ☐☐☐   18 지방 9급
공공선택이론은 전통적 관료제를 비판하고 그것을 대체할 공공재 공급방식의 도입을 강조한다.   O X

06 ☐☐☐   18 국회 8급
공공선택론은 경제학적인 분석도구를 관료행태, 투표자 행태, 정당정치, 이익집단 등의 비시장적 분석에 적용함으로써 공공서비스의 효율적 공급을 위한 제도적 장치를 탐색한다.   O X

07 ☐☐☐   17 국가 7급(추)
공공선택론(public choice theory)은 집권적이며 계층제적 구조를 강조하는 정부관료제가 시민의 요구에 민감하게 반응한다고 주장한다.   O X

> 전통적 정부관료제는 집권적이며 조직화된 압력단체들에 의해 공공서비스를 독점하여 공급하기 때문에 소비자의 선택을 억압하므로 시민의 요구에 민감하게 반응할 수 없다.

08 ☐☐☐   17 경찰간부
공공선택론은 정당이나 국가, 사회전체적 선호를 연구대상으로 하는 유기체적 접근법보다는 개인의 선호나 개인들을 연구대상으로 한다.   O X

정답 01 X   02 O   03 O   04 X   05 O   06 O   07 X   08 O

핵심 기출 문제

01
2020 국가 7급

니스카넨(Niskanen)의 예산극대화 이론과 던리비(Dunleavy)의 관청형성 이론에 대한 설명으로 옳지 않은 것은?

① 니스카넨(Niskanen)에 따르면 최적의 서비스 공급 수준은 한계편익(marginal benefit)과 한계비용(marginal cost)이 일치하는 수준에서 결정된다.
② 두 이론 모두 관료를 자신의 이익과 효용을 추구하는 인간으로 가정한다.
③ 던리비(Dunleavy)에 따르면 관청형성의 전략 중 하나는 내부조직 개편을 통해 정책결정 기능과 수준을 강화하되 일상적이고 번잡스러운 업무를 분리하고 이전하는 것이다.
④ 니스카넨(Niskanen)에 따르면 예산극대화 행동은 예산유형과 직위의 관계, 기관유형, 시대적 상황 등의 측면에서 다양하게 나타날 수 있다.

정밀해설

④ 예산유형과 직위의 관계, 기관유형, 시대적 상황 등의 측면에서 다양하게 나타날 수 있다고 보는 것은 던리비의 관청형성이론에 해당한다.
① 니스카넨에 따르면 정치인과 관료는 목적함수가 다르므로 효용극대화의 기준이 다르다고 보았는데, 정치인은 사회효용 극대화를 추구하므로 한계편익과 한계비용이 일치하는 수준에서 공급하려 하고, 관료는 자신의 효용극대화를 추구하므로 총편익과 총비용이 일치하는 지점까지 생산을 늘리려고 한다.
② 니스카넨의 예산극대화 이론과 던리비의 관청형성 이론 모두 관료를 자신의 이익과 효용의 극대화를 추구하는 인간으로 전제한다는 점에서 공통점을 갖는다.
③ 던리비의 관청형성모형의 경우 합리적인 고위관료들은 책임과 통제가 수반되는 일상적이고 번잡스러운 업무는 준정부조직이나 외부계약 등으로 떠넘기고 내부조직 개편을 통해 정책결정 기능과 수준을 강화하는 전략을 취한다.

▶ 던리비의 관청형성모형
  - 예산유형에 따른 예산극대화전략

예산유형	기관유형	극대화동기
핵심예산	전달기관	O(중·하위관료)
관청예산	이전기관	O(고위관료)
사업예산	통제기관	X
초사업예산	–	–

정답 : ④

02
2018 경찰간부

공공선택론에 관한 다음 설명 중 옳지 않은 것으로 짝지은 것은?

가. 경제학적 방법을 응용하여 정치 현상을 연구하는 접근 방법이며 방법론적 개인주의에 입각하고 있다.
나. 행정은 가치중립적인 것이고 효율적인 집행을 담당하기 때문에 정치의 영역 밖에 있으며, 행정기능에 관한 한 모든 정부는 구조적으로 유사성을 지닌다고 본다.
다. 니스카넨(Niskanen)은 예산극대화모형에서 관료는 한계편익곡선과 한계비용곡선이 교차하는 점에서 공공서비스를 공급하려 한다고 본다.
라. 애로우(K. J. Arrow)는 불가능성의 정리에서 바람직한 집합적 의사결정 방법의 기본조건으로 어느 누구도 집합적인 선택의 과정에 대해서 결정적인 영향력을 행사해서는 안 된다고 주장한다.

① 가, 나 ② 나, 다
③ 나, 라 ④ 다, 라

정밀해설

② 나, 다가 옳지 않은 설명이다.
나. [×] 윌슨 패러다임에 대한 설명이다. 윌슨 패러다임에 따르면 행정을 정치영역 밖의 관리현상으로 보며 서열화된 계층제적 구조가 행정의 능률성을 극대화시킨다고 전제하면서 구조적 유사성을 강조하였다. 한편, 오스트롬은 윌슨 패러다임을 비판하며 민주적 행정모형을 제시하였다.
다. [×] 니스카넨(Niskanen)은 예산극대화모형에서 관료는 총편익곡선과 총비용곡선이 교차하는 점에서 공공서비스를 공급하려 한다고 본다.
가. [○] 공공선택론은 공공부문에 경제학적 관점을 도입하여 정치 현상을 연구하는 이론으로 개인의 선호나 개인들을 연구대상으로 하는 방법론적 개체주의를 특징으로 한다.
라. [○] 애로우의 불가능성 정리에서 최선의 투표가 되기 위한 전제조건 중 비독재성의 원리에 해당한다. 이외에도 바람직한 집합적 의사결정방법의 기본조건으로는 파레토의 원리, 이행성의 원리, 독립성의 원리, 선호의 비제한성 원리가 있다.

정답 : ②

03

2018 경정승진

티부 가설(Tiebout Hypothesis)의 전제조건에 대한 설명으로 적절한 것을 모두 고른 것은?

> ㉠ 모든 지방정부의 공공재와 조세(수입·지출의 패턴)에 대한 정보가 공개되어 주민이 그 내용을 알 수 있어야 한다.
> ㉡ 공급되는 공공서비스가 지방정부 간에 파급효과 및 외부효과를 발생시킨다.
> ㉢ 모든 지방정부는 최적규모를 추구하며, 공공서비스의 최저평균생산을 위해 주민유입을 계속 유인한다.
> ㉣ 모든 시민은 지역 내 소득과 재산에 의한 배당수익에 의존하여 생계를 유지한다.
> ㉤ 공공재 생산을 위한 단위당 평균비용이 동일해야 한다.

① ㉠, ㉣
② ㉠, ㉡, ㉢
③ ㉠, ㉡, ㉤
④ ㉠, ㉣, ㉤

정밀해설

④ ㉠, ㉣, ㉤이 옳은 내용이다.
㉠ [O] 티부 모형의 전제조건으로서 완전한 정보를 의미한다.
㉣ [O] 모든 시민은 지역 내 소득과 재산에 의한 배당수익에 의존하여 생계를 유지한다고 가정하여, 거주지 선정에 고용기회가 영향을 미치지 못하도록 전제한다.
㉤ [O] 공공재 생산을 위한 단위당 평균비용이 동일해야 한다는 것은 규모의 경제가 작용하지 않아야 함을 의미한다. 규모의 경제가 나타나게 될 경우 주민이 납부한 세금(재산세)과 반대급부로서 공공서비스로 구성된 패키지가 유지되지 못하기 때문이다.
㉡ [×] 세금과 공공서비스의 패키지에 따른 '발에 의한 투표'가 성립되기 위해서는 파급효과 및 외부효과는 존재하지 않는다고 전제한다.
㉢ [×] 모든 지방정부는 최적생산규모를 추구하며, 공공서비스의 최저평균생산비용을 위해 최적 주민규모를 유지하려고 한다. 즉, 주민유입을 계속 유인한다는 표현이 옳지 않다.

정답 : ④

04

2025 경찰승진

공공선택론에 관한 설명으로 옳은 것을 모두 고른 것은?

> ㄱ. 오스트롬(V. Ostrom)은 관료행정과 대비되는 민주적 행정이론을 강조하며, 관료도 부패할 수 있으므로 권한이 분권화된 적합한 조직적 장치가 필요하다고 하였다.
> ㄴ. 뮬러(D. Mueller)는 공공선택론을 비시장적 의사결정에 대한 경제학적 연구로 규정한 바 있다.
> ㄷ. 경제학적 분석 도구를 국가 이론, 관료 행태 등의 연구에 적용한다.
> ㄹ. 정부실패를 비판하며 극복방안을 제시하였고, 이에 못지않게 시장실패에 대한 주제도 심층적으로 탐구하였다.

① ㄱ, ㄴ
② ㄱ, ㄴ, ㄷ
③ ㄴ, ㄷ, ㄹ
④ ㄷ, ㄹ

정밀해설

② 옳은 것은 ㄱ, ㄴ, ㄷ이다.
ㄱ. [O] 오스트롬(V. Ostrom)은 관료행정과 대비되는 민주적 행정 이론을 강조하며, 관료도 부패할 수 있으므로 권한이 분권화된 적합한 조직적 장치가 필요하다고 하였다.
ㄴ. [O] 뮬러(D. Mueller)는 공공선택론을 비시장적 의사결정에 대한 경제학적 연구로 규정한 바 있다.
ㄷ. [O] 경제학적 분석 도구를 국가 이론, 관료 행태 등의 연구에 적용한다.
ㄹ. [×] 공공선택론은 주로 정부실패에 초점을 맞추며, 시장실패에 대한 심층적인 탐구는 하지 않는다.

정답 : ②

적중 예상 문제

01

다음 중 공공선택론에 대한 설명으로 옳은 것은?

① 공공부문은 비시장적이므로 소비자 선호가 반영되거나 사회 총효용의 극대화가 이루어질 수 없다고 본다.
② Nordhaus의 정치적 경기순환론은 선거가 경기의 흐름에 영향을 주지 않는다고 본다.
③ Arrow는 합리적이면서 동시에 민주적인 조건을 충족시킬 수 있다고 본다.
④ Dunleavy의 관청형성모형에서 사업예산의 통제기관은 예산극대화를 추구하지 않는다.

정밀해설

④ Dunleavy는 관청형성모형에서 사업예산의 통제기관의 경우 예산을 극대화하려는 성향을 나타내지 않는다고 보았다.
① 공공부문도 소비자 선호가 반영되면 사회총효용의 극대화가 이루어진다고 본다.
② Nordhaus의 정치적 경기순환론에 따르면 선거 전에 부양정책, 선거 후에 긴축재정을 사용한다.
③ Arrow는 불가능성 정리를 주장하였다. 즉 파레토 원리, 이행성 원리, 독립성 원리, 비독재성 원리, 선호의 비제한성의 원리가 동시에 달성될 수 없다고 본다.

정답 ④

02

행정학의 접근방법으로서 공공선택이론에 관한 설명 중 옳은 것은?

① 관료도 부패할 수 있으므로 강력한 계층제적 통제를 통한 부패방지가 필요하다고 주장한다.
② 경쟁을 통하여 공공서비스를 생산하고 공급함으로써 행정의 대응성을 제고할 수 있다고 주장한다.
③ 의사결정에 필요로 하는 인원이 증가하면 의사결정비용이 감소하는 반면 외부비용은 증가한다.
④ 공공선택론은 만장일치나 다수결의 원칙에 의한 선거나 투표방식 등이 최선의 공공선택방법이 될 수 있다고 가정한다.

정밀해설

② 공공부문에 경제학적 관점을 도입하려는 접근법으로, 행정을 공공재의 공급과 소비관계로 파악한다.
① 공공선택론은 Wilson과 달리 사회 모든 구성원은 자발적 이기주의자로서 관료도 더 이상 윤리적 판단자가 아니며 다른 사람과 마찬가지로 부패할 수 있다고 보았다. 따라서 이러한 문제점을 단일의 의사결정중추에 의한 계층제적 통제가 아닌 관할구역의 중첩이나 의사결정권한의 분산 및 다원적 참여를 통하여 해결하려고 하였다.
③ 뷰캐넌과 털록(Buchanan & Tullock)의 비용극소화모형에 의하면 의사결정에서 필요로 하는 인원(참여자)이 증가하면 의사결정비용(내부비용)은 증가하지만 외부비용(집행비용, 순응비용)은 감소한다고 주장하였다.
④ 참여자가 너무 많거나(만장일치) 적을 때 (관료제모형) 정부실패가 발생하며, 따라서 공공선택론은 만장일치나 다수결의 원칙에 의한 선거나 투표방식 등이 최선의 공공선택방법이 될 수 없으며 적정참여자가 결정에 참여해야 한다는 것이다.

정답 ②

03

다음 중 공공선택론에 대한 설명으로 가장 옳은 것은?

① Arrow는 파레토 원리, 이행성의 원리, 독립성의 원리, 비독재성의 원리, 선호의 비제한성 원리가 모두 충족되는 것은 불가능하다고 보았다.
② Buchanan과 Tullock은 정책결정에 참여자가 증가하면 의사결정비용이 감소한다고 주장한다.
③ Downs의 투표모형에서 정당 간 선거경쟁의 극대화로 점차 대립적 정책으로 갈등상황이 발생한다고 본다.
④ Ostrom은 Wilson의 패러다임을 주장한다.

정밀해설

① 애로우(Arrow)는 '투표의 역설' 현상에 의해 합리적이면서 동시에 민주적인 조건을 충족시키는 다수결 투표방식은 존재하지 않는다고 보았으며, 5가지 공리(파레토 원리, 이행성의 원리, 독립성의 원리, 비독재성의 원리, 선호의 비제한성의 원리)를 모두 충족하는 것은 불가능하다고 보았다.
② Buchanan과 Tullock은 정책결정에 참여자가 증가하면 의사결정비용이 증가하고 외부비용이 감소한다고 주장한다.
③ Downs는 중위투표자 정리가 나타나 양 정당의 주장이 상호 유사해져 간다고 본다.
④ Ostrom은 Wilson의 고전적 패러다임을 비판한다.

정답 : ①

04

정부구조와 행정기구의 변화에 대해 관청형성이론이 제시하는 내용으로 옳지 않은 것은?

① 해당기관이 사적 부문에 직접 지불하는 모든 지출액은 관청예산에 포함한다.
② 전달기관은 전형적인 고전적 계서 관료제에 해당한다.
③ 핵심예산은 관청예산과 관련된 전달, 봉사, 규제기관 등의 경우에만 예산에 대해 관료의 후생 증감이 발생한다.
④ 니스카넨의 예산 모형을 보완하는 이론이다.

정밀해설

④ Dunleavy의 관청형성모형은 니스카넨의 관료예산 극대화가설을 비판한다. 예산 및 기관의 유형에 따라 예산을 증액하려는 성향은 달라진다고 보는 것이다. 정부조직이 집권화된 형태로 변하는 것이 아니라 관료 등의 관청형성 동기에 의해 정부조직이 다양한 형태로 은폐되고 이에 따라 국민에 의한 통제가 약화될 수 있음을 설명하는 이론이다.

정답 : ④

THEME 022 신제도주의

1 의의
제도와 행위자 간의 동태적 관계에 초점을 두는 접근법(D. North).

2 구제도론과 차이

구분	구제도주의	신제도주의
시대	1880~1920년대	1980년대 이후
제도의 범위	공식적, 가시적, 구체적 (법령, 통치체제, 행정기구 등)	• 비공식적, 무형적, 추상적, 상징적, 문화적(규범, 규칙 등) • 공식적으로 표명되지 않은 조직이나 문제해결 기제까지 포함

연구방법	• 제도를 정태적으로 연구
	• 행위자 배제
	  ⇨ 사회현상을 설명하지 못함
	• 제도의 권한·기능을 파악·기술
		• 제도를 동태적으로 연구
		• 제도와 행위자의 동태적인 상호관계
		  ⇨ 사회현상을 설명
		• 다양한 제도적 요소들의 역동적인 관계를 중시하는 분석적 접근

이론의 성격	정태적, 규범적, 도덕적	동태적, 경험적, 실증적, 분석적
접근법	거시적 접근	거시와 미시의 연계

3 신제도주의 주요 내용

구분	합리적 선택 신제도론	역사적 신제도론	사회학적 신제도론
접근방법	경제학적 접근	정치학적 접근	사회학적 접근
제도의 정의	좁게 인식	넓게 인식	가장 넓게 인식 (상징체계, 인지적 기초 등)
분석의 단위	개인(미시적, 개체주의)	제도(거시적, 전체주의)	제도(거시적, 전체주의)
인간의 선호	외생적, 고정적	내생적	내생적
제도와 인간	상호작용 ※ 인간이 독립변수	절충	인간은 제도를 만들 수 없으며 제도에 의하여 제약됨 ※ 제도가 독립변수
강조점	전략적 행위(선택)	권력불균형, 역사적 과정	인지적 측면
제도의 변화	개인들 간의 전략적 선택	경로의존성, 결절된 균형	동형화의 과정
제도의 역할	거래의 안정성 제공, 거래비용 최소화	제도는 국가별 특성을 결정	인간행동을 구조화, 안정화
방법론	연역적, 일반화된 이론	• 사례연구, 비교연구 • 종단면적	• 경험적 연구, 해석학 • 횡단면적

OX 기출분석

01 　　　　　　　　　　　　　　　　　　　　　　　　　　22 경간부
신제도주의에서는 법률, 규칙 등을 제도로 간주하지만, 비공식적인 제도나 규범은 제도로 간주하지 않는다. ○ ×

해설: 신제도주의에서는 법률, 규칙 등 공식적인 요인뿐 아니라 비공식적인 제도나 규범도 제도로 간주한다.

02 　　　　　　　　　　　　　　　　　　　　　　　　　21 군무원 9급
신제도주의는 제도가 개인과 조직, 국가의 성패를 결정한다고 보고 있다. ○ ×

해설: 제도는 개별 행위자들의 행태 등에 제약을 가하는 규칙의 집합이지만, 개인들 간의 상호작용의 결과에 따라 변할 수 있으므로 개인과 조직, 국가의 성패를 결정한다고 볼 수는 없다.

03 　　　　　　　　　　　　　　　　　　　　　　　　21 지방(서울) 9급
합리적 선택 제도주의는 제도가 합리적 행위자의 이기적 행태를 제약한다고 본다. ○ ×

04 　　　　　　　　　　　　　　　　　　　　　　　　　21 국회 8급
사회학적 제도주의가 제도의 종단면적 측면을 중시하면서 국가 간의 차이를 강조한다면, 역사적 제도주의는 횡단면적으로 서로 다른 국가나 조직에서 어떻게 유사한 제도가 나타나는지에 관심을 갖는다. ○ ×

해설: 역사적 제도주의가 제도의 종단면적 측면을 중시하면서 국가 간의 차이를 강조한다면, 사회학적 제도주의는 횡단면적으로 서로 다른 국가나 조직에서 어떻게 유사한 제도가 나타나는지에 관심을 갖는다.

05 　　　　　　　　　　　　　　　　　　　　　　　　　20 국가 9급
신제도주의 접근방법에서는 제도를 공식적인 구조나 조직 등에 한정하지 않고, 비공식적인 규범 등도 포함한다. ○ ×

06 　　　　　　　　　　　　　　　　　　　　　　　　　19 지방 7급
사회학적 제도주의는 사회적 딜레마를 해결하기 위해 사람들이 스스로 만드는 게임의 규칙을 제도로 본다. ○ ×

해설: 사회적 딜레마를 해결하기 위해 사람들이 스스로 만드는 게임의 규칙을 제도로 보는 것은 합리적 선택 제도주의이다.

07 　　　　　　　　　　　　　　　　　　　　　　　　　18 교행 9급
신제도주의는 제도를 공식적인 체제나 구조에 한정하여 규정한다. ○ ×

해설: 구제도주의는 제도를 공식적인 체제나 구조에 한정하여 규정한다.

08 　　　　　　　　　　　　　　　　　　　　　　　　　18 교행 9급
합리적 선택 신제도주의는 제도가 유사한 형태로 수렴하는 제도적 동형화에 주목한다. ○ ×

해설: 사회학적 신제도주의는 제도가 유사한 형태로 수렴하는 제도적 동형화에 주목한다.

정답 01 X 02 X 03 O 04 X 05 O 06 X 07 X 08 X

핵심 기출 문제

01
2021 국회 8급

신제도주의에 대한 설명으로 옳은 것만을 <보기>에서 모두 고르면?

< 보기 >

ㄱ. 사회학적 제도주의가 제도의 종단면적 측면을 중시하면서 국가 간의 차이를 강조한다면, 역사적 제도주의는 횡단면적으로 서로 다른 국가나 조직에서 어떻게 유사한 제도가 나타나는지에 관심을 갖는다.
ㄴ. 역사적 제도주의에 의하면, 제도는 환경의 변화가 크지 않으면 안정적인 균형상태를 유지하다가 외부의 충격을 겪으면서 근본적 변화를 경험하고 새로운 경로에서 다시 균형상태를 이루는 단절적 균형의 특성을 보인다.
ㄷ. 사회학적 제도주의에서는 개인이나 조직의 제도적 환경에 대한 적응력이 강조되고, 사회적으로 표준화된 규칙 또는 규범에 적절하게 순응하는 개인이나 조직은 사회로부터 정당성을 부여받는다.
ㄹ. 사회학적 제도주의는 제도의 변화에서 개인의 역할을 인정하지 않고, 개인은 자신의 의도에 따라 제도를 만들거나 변화시킬 수 없으며 제도에 종속될 뿐이라고 본다.

① ㄱ, ㄴ
② ㄴ, ㄷ
③ ㄷ, ㄹ
④ ㄴ, ㄷ, ㄹ
⑤ ㄱ, ㄴ, ㄷ, ㄹ

정밀해설

④ ㄴ, ㄷ, ㄹ이 옳은 설명이다.
ㄴ. [○] 역사적 제도주의에 의하면, 제도는 평소 안정적인 균형상태를 유지하다가 외부의 충격 등 역사적 전환기를 맞이하면 근본적 변화를 경험하고 다시 균형상태를 이루는 단절적 균형의 특성을 보인다.
ㄷ. [○] 사회학적 제도주의에서는 개인이나 조직의 제도적 환경에 대한 적응력이 강조되고, 개인이나 조직은 사회로부터 정당성을 부여받는다.
ㄹ. [○] 사회학적 제도주의에서 개인은 자신의 의도에 따라 제도를 만들거나 변화시킬 수 없으며 제도에 종속될 뿐이라는 제도화된 개인이나 내생적 선호를 중시한다.
ㄱ. [×] 반대이다. 역사적 제도주의가 제도의 종단면적 측면을 중시하면서 국가 간의 차이를 강조한다면, 사회학적 제도주의는 횡단면적으로 서로 다른 국가나 조직에서 어떻게 유사한 제도가 나타나는지에 관심을 갖는다.

정답 : ④

02
2019 경정승진

역사적 신제도주의(historical institutionalism)에 대한 설명으로 가장 적절하지 않은 것은?

① 제도는 개인들 간의 전략적 상호작용의 결과로 형성된 균형으로 인식한다.
② 전체주의(holism) 입장을 취하며 주로 중범위 수준에서 분석을 수행한다.
③ 제도의 변화를 설명함에 있어 역사적 전환점(historical juncture)에 주목한다.
④ 제도는 일단 형성되면 방향성과 안정성을 유지하면서 일정한 경로를 지속하게 된다.

정밀해설

① 제도를 개인들 간의 전략적 상호작용의 결과로 형성된 균형으로 인식하는 것은 합리적 선택 신제도주의에 대한 설명이다.
② 분석수준 면에서 방법론적 전체주의 입장을 취하며 중범위 이론에 관심을 갖는다.
③ 제도의 변화와 발전을 설명하는데 있어 제도 내에 존재하는 갈등과 균열에 관심을 갖고 역사적 전환점에 의해 제도의 변화를 설명한다.
④ 일단 제도가 형성되면 경로의존성에 의해 방향성과 안정성 및 지속성을 유지하게 된다.

정답 : ①

03

2020 지방 7급

사회학적 신제도주의에 대한 설명으로 옳지 않은 것은?

① 개인의 행위는 고립된 상태에서 선택되는 것이 아니라 사회관계에 의하여 영향을 받는다는 의미에서 '배태성(embeddedness)'이라는 개념을 사용한다.
② 조직들이 시장의 압력 속에서 생존하기 위해 경쟁력 있는 조직형태나 조직관리기법을 합리적으로 선택하는 것은 규범적 동형화(normative isomorphism)의 예이다.
③ 정부의 규제정책에 따라 기업들이 오염방지장치를 도입하거나 장애인 고용을 확대하는 것은 강압적 동형화(coercive isomorphism)의 예이다.
④ 정부의 제도개혁에 선진국의 제도를 도입하여 적용하는 것은 모방적 동형화(mimetic isomorphism)의 예이다.

정밀해설

② 사회학적 신제도주의 내용 안에서는 강압적 동형화로 볼 수 있고, 신제도주의 이론과 연관시켜 볼 때 합리적 선택 신제도주의에 대한 내용이기도 하다. 그러나 규범적 동형화와는 직접적인 관련이 없다.
① 배태성은 개인의 행위나 제도가 사회적 관계에 영향을 받는다는 것으로 사회학적 신제도주의에서의 조직은 효과와 관계없이 사회 속에서 이미 합리화되고 제도화된 절차를 채택한다.
③ 강압적 동형화는 어떤 조직이 의존하고 있는 다른 조직으로부터 공식적·비공식적 압력이나 통제에 순응하고 이에 따라 조직형태가 수렴되어 가는 과정을 의미한다.
④ 모방적 동형화는 정당성을 인정받고 있거나 성공적이라고 평가받는 조직을 모방함으로써 조직 형태가 유사해지는 경우를 의미한다.

▶ 동형화 유형

규범적 동형화	전문가직업사회에서 전문가집단의 직업적 자율성을 얻기 위한 전문화 과정을 통한 동형화
강압적 동형화	다른 조직으로부터 가해지는 공식·비공식 압력과 통제에 순응하는 과정에 의한 동형화
모방적 동형화	선진국이나 타 조직의 성공사례를 자발적으로 벤치마킹하여 모방하는 과정에 의한 동형화

정답 : ②

04

2014 국가 7급

신제도주의 이론에 대한 설명으로 옳지 않은 것은?

① 역사적 제도주의에서는 제도의 경로의존성(path dependency)을 강조한다.
② 신제도주의는 이론적 배경을 달리하는 역사적 제도주의, 합리적 선택이론, 사회학적 제도주의 등으로 구별된다.
③ 신제도주의는 기존의 행태주의가 시대별 정책적 차이나 다양성을 설명하지 못하는 한계를 가지고 있다는 점에 주목한다.
④ 구제도주의와 신제도주의의 공통점은 제도의 개념을 동태적인 것으로 파악하면서, 국가 간 차이에 대한 설명을 시도하는 것이다.

정밀해설

④ 구제도주의는 신제도주의와 달리 제도의 동태적 측면을 파악하지 못하며, 제도의 국가 간 차이 등에 대해서는 설명하지 못한다.
① 역사적 신제도주의는 제도의 지속성과 제도의 변화·발전을 설명하는 데 있어 기존의 경로를 유지하려는 경로의존성을 강조한다.
② 신제도주의는 경제학, 정치학, 사회학 등 다양한 학문을 토대로 연구되었으므로 그 유파가 다양한데, P.Hall은 합리적 선택, 역사적, 사회학적 제도주의로 구분하였다.
③ 신제도주의는 제도와 시대(역사)에 대해 인식을 하지 않는 행태주의나 제도적 제약을 간과한 다원주의에 대한 반발로 나타나게 되었다.

정답 : ④

적중 예상 문제

01

신제도주의적 연구에 대한 설명으로 옳지 않은 것은?

① 사회학적 신제도주의 계열에는 공공선택이론·거래비용경제학·대리인이론·공유재이론 등이 있다.
② 역사적 신제도주의는 역사발전의 비효율성, 제도의 지속성과 경로의존성을 주장한다.
③ 합리적 선택의 신제도주의자들은 생산활동에 참여하는 사람들의 교호작용 유형에 따라 달라지기 때문에 방법론적 개체주의를 사용한다.
④ P. Hall에 따르면 유형에는 크게 합리적 선택의 신제도주의·역사학적 신제도주의·사회학적 신제도주의로 분류된다.

정밀해설

① 공공선택이론·거래비용경제학·대리인이론·공유재이론 등은 합리적 선택의 신제도주의와 관련된다.
② 제도의 지속성을 강조하며, 제도의 변화와 발전을 설명하는데 경로의존성과 그로 인한 의도하지 않은 결과, 즉 비효율적인 제도의 존재를 인정한다.
③ 합리적 선택의 신제도주의자들은 생산활동에 참여하는 인간을 자신의 후생이나 입장을 극대화시키는 합리적·경제적 행위자로 가정하고 방법론적 개체주의 입장을 지지한다.

정답: ①

02

합리적 선택 신제도주의에 대한 설명으로 가장 옳지 않은 것은?

① 방법론적 개체주의이며 미시적 접근을 특징으로 한다.
② 제도의 변화는 개인의 편익과 비용이 일치할 때 이루어진다.
③ 제도의 분석은 전략적 상호작용을 대상으로 한다.
④ Williamson의 거래비용, Coase의 이론 등이 해당한다.

정밀해설

② 합리적 선택 신제도주의에서 제도의 변화는 각 개인의 이익(편익)이 비용보다 클 때 이루어진다.
① 합리적 선택 신제도주의는 방법론적 개체주의에 근거하며 미시적 접근을 특징으로 한다.
③ 합리적 선택 신제도주의에서 제도의 분석은 전략적 상호작용을 다루며 상대방이 어떻게 할 것인가에 대한 기대도 고려한다.
④ 합리적 선택 신제도주의의 주요 모형으로는 Williamson의 거래비용, Coase의 이론 등이 있다.

정답: ②

03

역사적 신제도주의에 대한 설명 중 옳은 것은?

① 제도는 독립변수인 동시에 종속변수로서 개념화된다.
② 사회에 대한 정치의 의존성을 강조한다.
③ 각 개인이나 집단의 선호가 이익집단이나 정당을 통해 정치적 요구로 표출되며, 정부는 이러한 요구를 수동적으로 전환시키는 역할을 수행한다.
④ 제도의 지속성을 강조하는 동시에 제도의 효율성을 강조한다.

정밀해설

① 제도는 개인 간 역사적 갈등과 전략의 산물임과 동시에 제도가 행위를 제약하는 변증법적 관계를 중시한다.
② 사회에 대한 정치의 의존성이 아니라 정치적 영역의 상대적 자율성을 강조한다.
③ 다원주의에 대한 설명이다. 역사적 신제도주의는 국가가 권력의 우위에 서서 주도적으로 제도를 형성해 나가므로 다원주의를 거부한다.
④ 기존 제도에 의해 발생하게 되는 의도하지 않았던 결과와 제도의 비효율성을 강조한다.

정답 : ①

04

사회학적 신제도주의에 대한 설명으로 옳은 것은?

① 제도의 유지와 변화, 동태성을 정치학적 접근으로 설명한다.
② 동일한 환경에 직면한 조직단위들의 다양한 적응과 차별적 대응을 설명한다.
③ '사회적 정당성'을 상실할 때 제도적 관행이 채택된다고 주장한다.
④ Dimmaggio와 Powell은 강압적 동형화, 모방적 동형화, 규범적 동형화로 유형화한다.

정밀해설

④ Dimmaggio와 Powell에 따르면 강압적 동형화, 모방적 동형화, 규범적 동형화로 동형화를 분류한다.
① 역사적 신제도주의에 대한 설명이다.
② 동일한 환경에 직면한 조직단위들이 닮아가는 제도적 동형화(isomorphism)가 나타난다.
③ 사회적 정당성 때문에 새로운 제도적 관행이 채택된다고 주장한다.

정답 : ④

THEME 023 신공공관리론(NPM)

1 배경 및 개혁방향
① **배경**: 정부실패, 신자유주의 등장(레이거노믹스, 대처리즘)
② **개혁방향**: 기업경영의 방식을 공공행정 부문에 도입하여 작고 효율적인 정부를 추구함.
   (내부: 신관리주의 + 외부: 시장주의)

2 특징
성과 중시, 시장지향성, 관리자 자율성과 책임 강화, 고객지향적 행정

3 전통적 정부와 비교

구분	전통적 정부관료제	신공공관리론의 기업형 정부
정부의 역할	노젓기(rowing)	방향잡기(steering)
정부의 활동	조정과 통제	지원, 이음매 없는 행정
서비스 공급방식	독점적 공급, 직접 공급	경쟁적 공급(민영화 등), 권한위임
행정관리기제	행정 메커니즘	시장 메커니즘
행정관리방식	법령, 규칙 중심 관리	임무, 성과 중심 관리
	투입 중심 예산	성과 연계 예산
	사후 대처	사전 대처(예측과 예방)
	명령과 통제	참여와 팀워크 및 네트워크 관리
행정의 지향점	공급자(관료 및 행정기관) 중심	수요자(고객) 중심
책임성 확보방법	계층제적 확보	참여적 대응성 확보
국가	행정국가	신행정국가

Mani DB — NPM의 구체적 관리전략

(1) 시장성검증(Market Testing)
(2) 총체적 품질관리(TQM; Total Quality Management)
(3) 리엔지니어링(Re-engineering): 기능이 아닌 프로세스(절차 및 공정)의 리엔지니어링(재설계)을 의미하는 것으로 조직업무의 전반적인 과정과 절차의 축소·재설계전략
(4) 벤치마킹 시스템(Bench-marking): 최고의 성과를 낸 다른 조직의 관행과 경험을 도입하는 것
(5) 아웃소싱(Out-sourcing): 외부조직이나 인력을 활용하여 공공서비스를 공급하는 계약에 의한 민간위탁
(6) 책임운영기관(Agency)
(7) 시민헌장제도(Citizen's Charter): 행정기관이 제공하는 행정서비스의 기준, 절차와 방법, 잘못된 서비스에 대한 시정 및 보상조치 등을 정하여 이를 시민의 권리로 공표하고, 이의 실현을 국민에게 약속하는 것

4 한계점
① 지나친 시장주의와 공행정의 가치 훼손
② 성과측정 곤란
③ 시민을 고객으로 대함
④ 대리정부화와 공동화 현상

5 탈신공공관리론
① 정부조직 재집권화(분권과 집권의 조화), 정부 재규제화, 과정과 소통중심 통제
② **통정부**: 통합적, 총체적 정부(분절과 축소)

OX 기출분석

01 ☐☐☐ 　　　　　　　　　　　　　　　　　　　　　　　　　22 경간부
신공공관리론은 정책기능과 집행기능의 통합에 의한 책임행정체제를 확립해야 한다.
○ ✕

해설
신공공관리론은 정치행정이원론의 관점으로 행정의 관리적인 측면을 강조하고 기업경영의 논리와 기법을 공공부문에 도입하려는 입장이다.

02 ☐☐☐ 　　　　　　　　　　　　　　　　　　　　　　　　　21 군무원 9급
신공공관리는 정부의 크기와 관계없이 시장지향적인 효율적인 정부를 만들 수 있는 개혁방안에 관심을 갖는다.
○ ✕

신공공관리론은 작은 정부를 구현하기 위한 개혁방안에 관심을 갖는다.

03 ☐☐☐ 　　　　　　　　　　　　　　　　　　　　　　　　　21 지방(서울) 9급
신공공관리론에서 지향하는 '기업가적 정부'는 경쟁적 정부, 노젓기 정부, 성과 지향적 정부, 미래 대비형 정부의 특징을 갖는다.
○ ✕

신공공관리론은 정부의 역할을 방향잡기로 보며 경쟁적 정부, 성과 지향적 정부, 미래 대비형 정부를 특징으로 한다.

04 ☐☐☐ 　　　　　　　　　　　　　　　　　　　　　　　　　19 지방 7급
신공공관리론은 집권적 계층제를 통해 행정의 책임성을 확보한다.
○ ✕

신공공관리론은 권한 분산과 하부 위임을 통해 행정의 참여적 대응성을 확보한다.

05 ☐☐☐ 　　　　　　　　　　　　　　　　　　　　　　　　　19 국회 9급
신공공관리론의 수정과 보완을 주장하는 탈신공공관리론에서는 시장 활성화를 위해 정부의 적극적인 규제완화를 주장한다.
○ ✕

신공공관리론에서는 시장 활성화를 위해 정부의 적극적인 규제완화를 주장한다. 한편 탈신공공관리론에서는 수정과 보완을 강조한다.

06 ☐☐☐ 　　　　　　　　　　　　　　　　　　　　　　　　　18 국회 8급
탈신공공관리론(post-NPM)에서 강조하는 행정개혁 전략으로 민간 – 공공부문 간 파트너십 강조, 분권화와 집권화의 조화, 규제완화 등이 있다.
○ ✕

탈신공공관리론은 민간–공공부문 간 파트너십 강조, 분권화와 집권화의 강조, 정부 역량 강화의 재규제 및 정치적 통제를 강조한다.

07 ☐☐☐ 　　　　　　　　　　　　　　　　　　　　　　　　　17 국가 7급(추)
신공공관리론은 공익을 사적 이익의 총합으로 파악하고, 기업가적 목표 달성을 위해 폭넓은 행정 재량을 공무원에게 허용할 수 있으며, 경영학의 성과관리와 경제학의 신제도주의가 혼합되어 영향을 주었다.
○ ✕

08 ☐☐☐ 　　　　　　　　　　　　　　　　　　　　　　　　　15 서울 9급
신공공관리론은 수익자부담 원칙 강화, 경쟁원리 강화, 민영화 확대, 규제 강화 등을 제시한다.
○ ✕

신공공관리론은 수익자부담 원칙 강화, 경쟁원리 강화, 민영화 확대, 규제 완화 등을 제시한다.

정답 01 ✕　02 ✕　03 ✕　04 ✕　05 ✕　06 ✕　07 ○　08 ✕

핵심 기출 문제

01
2020 소방간부

신공공관리론의 특성에 대한 설명으로 옳은 것은?

① 성과보다는 과정 중심의 관리를 강조한다.
② 시장주의와 신관리주의를 결합한 이론이다.
③ 정부의 방향잡기(steering)의 역할을 시장에 맡겨야 한다고 주장한다.
④ 국민 만족도를 제고하기 위하여 공급자 중심의 정부 서비스를 제공할 것을 주장한다.
⑤ 계약 등 간접제공 방식에서 명령이나 위계에 의한 직접제공 방식으로 전환하고자 한다.

정밀해설

② 신공공관리론은 내부적으로는 신관리주의를 도입해 성과위주의 행정을 도모하고, 외부적으로 시장주의를 도입해 고객위주행정을 도모한다.
① 과정·절차·규칙·규정 중심 보다는 산출·성과·결과 중심 관리를 강조한다.
③ 정부 역할은 노젓기보다 방향잡기에 중점을 두며, 노젓기 역할인 정책집행기능(관리기능)은 시장에 맡기거나 민간경영기법·성과중심관리기법을 적용하여 효율성을 높여야 한다고 보았다.
④ 공급자 중심보다는 고객 중심의 서비스 제공을 주장했다.
⑤ 명령이나 위계에 의한 직접제공 방식에서 계약 등 간접제공 방식으로 전환하고자 한다.

정답 : ②

02
2020 지방 7급

탈신공공관리론(Post NPM)에 대한 설명으로 옳지 않은 것은?

① 성과보다는 공공책임성을 중시하는 인사관리 강조
② 탈관료제 모형에 기반을 둔 경쟁과 분권화 강조
③ 구조적 통합을 통한 분절화의 축소와 조정의 증대
④ '통(通) 정부(whole of government)'적 접근

정밀해설

② 탈관료제 모형에 기반을 둔 경쟁과 분권화의 강조는 신공공관리론의 특징이다.
① 탈신공공관리론은 성과보다는 공공책임성을 중시하는 인사관리방식이다.
③ 탈신공공관리론은 구조적 통합을 통한 분절화의 축소를 지향한다.
④ 탈신공공관리론에서는 총체적이고 합체적 정부를 특징으로 한다.

정답 : ②

03

2019 국회 8급

신공공관리론에 대한 설명으로 옳은 것만을 <보기>에서 모두 고르면?

< 보기 >

ㄱ. 기업경영의 논리와 기법을 정부에 도입·접목하려는 노력이다.
ㄴ. 정부 내의 관리적 효율성에 초점을 맞추고, 규칙중심의 관리를 강조한다.
ㄷ. 거래비용이론, 공공선택론, 주인-대리인이론 등을 이론적 기반으로 한다.
ㄹ. 중앙정부의 감독과 통제의 강화를 통해 일선공무원의 책임성을 강화시킨다.
ㅁ. 효율성을 지나치게 강조하는 과정에서 민주주의의 책임성이 결여될 수 있는 한계가 있다.

① ㄱ, ㄴ, ㄷ
② ㄱ, ㄷ, ㄹ
③ ㄱ, ㄷ, ㅁ
④ ㄴ, ㄷ, ㅁ
⑤ ㄴ, ㄹ, ㅁ

정밀해설

③ ㄱ, ㄷ, ㅁ이 신공공관리론에 대한 내용으로 옳은 설명이다.
ㄱ. [O] 신공공관리론은 시장주의와 신관리주의를 결합하여 전통적인 관료제 패러다임과 정부실패의 한계를 극복하기 위해 도입된 것으로 기업경영의 논리기법과 시장의 원리를 정부에 도입·접목하려는 노력이다.
ㄷ. [O] 신공공관리론은 신관리주의와 공공선택론, 주인-대리인이론, 거래비용이론 등의 신제도주의 경제학을 이론적 기반으로 한다.
ㅁ. [O] 신공공관리론은 행정의 효율성을 향상시키기 위해 기업가적 재량권을 부여하므로 경제적 효율성과 성과를 중시하는 과정에서 책임성을 희생시킬 수 있다.
ㄴ. [X] 정부 내의 관리적 효율성에 초점을 맞추고, 규칙중심의 관리보다는 목표와 임무를 중심으로 하는 성과와 결과중심의 관리를 강조한다.
ㄹ. [X] 신공공관리론은 중앙정부의 감독과 통제를 축소하고 규칙과 절차를 완화함으로써 권한을 하부로 분산·위임하여 관리자의 자율성을 향상시키고 성과평가를 통한 책임성을 강화시킨다. 한편 중앙정부의 감독과 통제의 강화를 통해 일선공무원의 책임성을 강화시키는 것은 전통관료제의 특징이다.

정답 : ③

04

2018 국가 9급

신공공관리론(NPM)에 대한 비판적 논의에 해당하지 않는 것은?

① 공공부문은 민간부문과 다르기 때문에 민간부문의 관리 기법을 공공부문에 그대로 적용하는 데에는 한계가 있다.
② 민주적 책임성과 기업가적 재량권 간의 갈등으로 인하여 정부관료제의 효율성을 제고하기 어렵다.
③ 고객 중심 논리는 국민을 관료주도의 행정서비스 제공에 의존하는 수동적 존재로 전락시킬 우려가 있다.
④ 정치적 논리를 우선하여 내부관리적 효율성을 경시하는 경향이 있다.

정밀해설

④ 신공공관리론은 경제학적 논리를 적용하여 경쟁원리와 민간부문의 관리기법을 도입하여 내부관리의 효율성과 성과를 제고시키려는 것으로 행정의 정치적 성격을 경시하는 경향이 있다.
① 신공공관리론은 정부실패를 해결하기 위해 경영기법만을 강조한 나머지 관료에 대한 불신을 가중시키고 공공부문을 지나치게 시장화하려고 한다.
② 신공공관리론은 내부관리의 효율성만 중시한 나머지 국민에 대한 민주적 책임성을 경시하고 정부관료제의 효율성을 제고하기 어렵게 된다.
③ 신공공관리론은 고객중심의 행정을 지나치게 강조하므로 국민을 국정의 주체인 시민으로서가 아니라 수동적 객체인 고객으로 전락시킨다.

정답 : ④

적중 예상 문제

01

다음 중 신공공관리론에 대한 평가로 옳지 않은 것은?

① 신공공관리론은 지나친 시장주의를 추구하였다는 점에서 비판받는다.
② 정부업무의 특성상 성과측정의 한계가 있다.
③ 권한이양에 따른 행정의 공동화 현상이 발생한다.
④ 시민을 고객으로 보았지만, 직업공무원제는 강화되었다.

정밀해설

④ 직업공무원제는 약화되었다.
① 공공부문에 대한 지나친 시장주의적 접근의 한계이다.
② 행정업무는 성과 측정이나 수단과 평가기준에서 한계를 지닌다.
③ 행정의 공동화 현상이 나타난다.

정답 ④

02

다음 중 NPM 정부에 대한 Osborne과 Gaebler의 평가로 옳은 것은 모두 몇 개인가?

ㄱ. 시장지향적 정부	ㄴ. 고객지향적 정부
ㄷ. 성과지향적 정부	ㄹ. 기업가적 정부
ㅁ. 촉진적 정부	ㅂ. 방향잡기(steering) 정부
ㅅ. 작지만 강한 정부	ㅇ. 분권적 정부

① 1개
② 2개
③ 4개
④ 8개

정밀해설

④ ㄱ, ㄴ, ㄷ, ㄹ, ㅁ, ㅂ, ㅅ, ㅇ 모두 NPM 정부에 해당한다.

▶ **전통적 정부관료제 vs 신공공관리론의 기업가적 정부**

구분	전통적 관료제	신공공관리론 (기업가적 정부)	
정부 역할	노젓기 (rowing)	방향잡기 (steering)	촉진적·촉매적 정부
정부 활동	직접 해줌 (직접 제공, serving)	할 수 있도록 해줌 (권한 부여, empowering)	시민소유 정부, 지역사회가 주도하는 정부
서비스 공급 방식	독점적 공급	경쟁 도입	경쟁적 정부
	행정 메커니즘	시장 메커니즘	시장지향적 정부
관리 기제	규칙 중심 관리	임무 중심 관리	사명·임무 지향적 정부
관리 방식	투입 중심 예산	성과·결과 중심 예산	성과(결과) 지향적 정부
	지출 지향	수익 창출	기업가적 정신을 가진 정부
	사후 치료·대처	사전 대처 (예측·예방)	미래지향적·예견적 정부
	명령과 통제 (집권적 계층제)	참여와 팀워크 (네트워크 형성)	분권적 정부
주체 (책임성)	관료 중심 (계층제적 책임)	고객 중심 (참여적 대응성)	고객지향적 정부

정답 ④

03

신공공관리론(NPM)에서 추구하는 정부혁신에 대한 설명으로 옳은 것은?

① 수익보다는 지출에 대한 관리창출에 초점을 두고 예산운영도 동태적 운영방식을 강조한다.
② 효율성을 높이기 위하여 정책결정기능과 정책집행기능을 통합하여 유기적 연결을 한다.
③ 서비스 제일주의에 의해 경쟁을 조장하기 위하여 성과를 중시하고 유인기제를 도입한다.
④ 클린턴 정부는 미래형 정부모형으로 시민의 권리와 의무를 중시하여 시민재창조를 주장하였다.

정밀해설

① 지출보다 수익 중심의 생산성 향상을 추구하며, 이를 기업가적 정부라고 한다.
② 정책결정기능과 정책집행기능을 분리하고 집행적 기능과 서비스 전달기능은 민영화를 하거나 책임운영기관 또는 지방정부로 수행하도록 한다.
④ 신공공관리론은 주로 정부재창조론과 관련되며 Schachter의 시민재창조론은 참여주의를 바탕으로 하는 뉴거버넌스와 관련된다.

정답 : ③

04

기업가적 정부와 전통적인 관료제 정부를 비교하여 설명한 것으로 옳은 것은?

① 전통적인 관료제 정부에 비해 기업가적 정부는 리더십을 발휘하여 직접적인 서비스의 공급자로서 역할을 수행해야 한다.
② 전통적인 관료제 정부에서 정부의 역할은 주로 방향 잡아주기(steering)인데 반하여, 기업가적 정부에서는 노젓기(rowing)이다.
③ 투입중심 예산, 사후대처, 명령, 통제가 전통적 관료제 정부의 행정관리 방식이라면, 예측, 예방, 임무중심 관리 등은 기업가적 정부의 행정관리 방식이다.
④ 전통적인 관료제 정부에서는 예방에 중점을 두고, 기업가적 정부에서는 사후 치료를 중시한다.

정밀해설

③ 기업형 정부는 성과관리 중심의 행정을 중시한다.
①, ② 기업가적 정부는 정부가 직접적인 서비스 제공자(노젓기)보다는 전략적인 역할(방향잡기)만을 수행하는 것이다.
④ 전통적 관료제에서는 사후치료를, 기업가적 정부에서는 예측과 예방을 중시한다.

정답 : ③

THEME 024 뉴거버넌스

1 뉴거버넌스의 이론적 특징

① 정부, 시민, 시장의 파트너십
② 다양한 주체들의 수평적 네트워크
③ 상호 호혜적, 협력적 관계
④ 주체로서의 시민
⑤ 신공동체주의

2 NPM과 신국정관리

구분	신공공관리(1980년대~현재)	신국정관리(1990년대~현재)
시대배경	1970년대, 재정위기와 정부실패	1990년대, 신공공관리론의 지나친 시장주의
이데올로기	신자유주의, 신보수주의, 시장주의	신공동체주의 (신좌파의 시민주의 + 신우파의 자원봉사주의)
관리메커니즘	경쟁	신뢰 및 협력
시민관	수동적 객체로서의 '고객'(이기적 존재)	능동적 주체로서의 '주인'
관료관	공공기업가(자율성과 재량권 강조)	네트워크의 관리자, 조정자
행정이념	능률성, 생산성	민주성
서비스 생산방식	민영화(privatization), 민간위탁	공동생산(co-production)
지향가치	결과(outcome) - 효율성, 생산성	과정(procedure) - 민주성, 정치성
해결방식	시장적 방법, 민간경영기법 도입	정치적 방법, 다양한 참여자와 새로운 방법
재창조	정부재창조	시민재창조

3 Peters 모형

구분	시장형 정부운영모형	참여형 정부운영모형	신축형 정부운영모형	탈규제적 정부운영모형
기존정부의 문제점	독점	계층제	조직의 영속성	내부적 규칙
구조	분권화	수평적 조직	가상조직	특정한 지침 제거
관리방식	민간 부문의 관리기법	TQM, teams	일시적·적응적 인사관리	관리상 많은 자유

Mani DB 정부재창조론과 시민재창조론의 비교

구분	정부재창조론	시민재창조론
시대 및 배경	1980년대의 신공공관리론	1990년대의 신국정관리론
이념적 기초	신자유주의, 공공선택이론	신공동체주의(시민주의, 자원봉사주의)
행정개혁	정부구조, 절차의 재창조를 통한 행정개혁	시민의식 재창조를 통한 행정개혁
시민	객체인 고객(customer)	주체인 시민(owner)
강조 사항	공공기업가 정신	시민정신
주요 내용	정부가 어떻게 일을 해야 하는가?	정부가 무엇을 해야 하는가?

OX 기출분석

01 □□□ 22 경간부
거버넌스체제에서의 정부는 정부가 가지는 고유한 권한과 역할을 포기해야 한다고 주장한다.
○ ×

해설
거버넌스 관점에서의 정부는 조정자, 산출에 대한 통제, 부문 간 협력 등 정부의 고유한 권한과 역할을 통해 다양한 주체들과 상호보완하여야 한다.

02 □□□ 21 국가 9급
뉴거버넌스의 관리 기구는 시장(market)이다.
○ ×

뉴거버넌스의 관리 기구는 서비스연계망이다.

03 □□□ 19 국가 7급
피터스(G. Peters)의 정부모형 중 참여모형에서는 조직의 고위층과 최하위층 간에 계층 수가 많지 않아야 한다.
○ ×

참여모형은 계층제를 문제 삼으며 하급관료와 시민들의 참여를 중시하는 모형으로, 조직의 고위층과 최하위층 간에 계층 수가 많지 않아야 한다고 주장한다.

04 □□□ 19 교행 9급
신공공관리론은 정부 역할을 노젓기(rowing)로 보는 반면, 뉴거버넌스론은 정부 역할을 방향잡기(steering)로 본다.
○ ×

신공공관리론과 뉴거버넌스론 모두 정부의 역할을 노젓기보다는 방향잡기로 본다.

05 □□□ 18 경찰간부
신공공관리론(NPM)은 작은 정부를 중시하면서 행정과 경영을 동일시하지만, 뉴거버넌스는 큰 정부를 중시하면서 행정과 경영을 분리시킨다.
○ ×

신공공관리론과 뉴거버넌스 모두 공공부문과 민간부문의 구분 필요성에 대해 회의적인 입장을 취하고 있다.

06 □□□ 17 국가 9급(추)
피터스(B. Guy Peters)가 제시한 정부개혁모형 중 탈규제적 정부모형(deregulated government)에서는 경제적 규제 완화를 통한 시장 활성화를 추구하기 위하여 정부의 권한을 축소해야 한다고 본다.
○ ×

탈규제적 정부모형은 내부 규제를 완화하고 공무원의 재량권을 확대한다. 시장 활성화 추구는 해당 안 된다.

07 □□□ 17 해경간부
피터스(Peters)가 제시한 뉴거버넌스 정부개혁 모형 중 참여적 정부모형의 문제 진단기준은 관료적 계층제에 있으며, 구조 개혁 방안으로 가상조직을 제안한다.
○ ×

참여적 정부모형의 문제 진단 기준은 관료적 계층제에 있으며, 구조 개혁 방안으로 탈계층제조직인 평면구조를 제안한다.

08 □□□ 15 국회 9급
신거버넌스(New Governance)는 행정의 효율성을 중시하지만 신공공관리론적 정부개혁에 대해 비판적으로 접근한다.
○ ×

신거버넌스는 행정의 효율성을 중시하지 않는다.

정답 01 X 02 X 03 O 04 X 05 X 06 X 07 X 08 X

핵심 기출 문제

01 ☐☐☐ *2019 국가 7급*

피터스(G. Peters)의 정부모형에 대한 설명으로 옳은 것은?

① 참여모형에서는 조직의 고위층과 최하위층 간에 계층 수가 많지 않아야 한다.
② 유연정부모형은 변화하는 정책수요에 맞춰 탄력적으로 구성원들을 활용함으로써 이들의 조직과 업무에 대한 몰입도를 높인다.
③ 시장모형은 정치지도자들의 권력을 약화시키고 기업가적 관료들의 정책결정자로서의 역할을 제고하는 결과를 가져왔다.
④ 탈규제모형은 정부역할의 적극성 및 개입성이 높으면 공익구현이 어렵다는 인식을 전제한다.

정밀해설

① 참여모형에서는 계층제를 기존정부의 문제점으로 보고 이를 해결하기 위한 개혁방안으로 탈계층제를 제시하므로 조직의 고위층과 최하위층 간에 계층 수가 많지 않아야 한다.
② 유연정부모형(신축모형)은 변화하는 정책수요에 맞춰 탄력적으로 구성원들을 활용함으로써 기존 조직의 경직성을 탈피하고 유연성과 융통성을 추구하지만, 임시조직을 지향하므로 조직구성원들의 조직과 업무에 대한 몰입도는 떨어진다.
③ 정치지도자들의 권력을 약화시키고 기업가적 관료들의 정책결정자로서의 역할을 제고하는 결과를 가져온 것은 탈규제모형이다.
④ 정부역할의 적극성 및 개입성이 높으면 공익구현이 어렵다는 인식을 전제하는 것은 시장모형이다.

▶ Peters의 거버넌스 모형

구분	시장형 정부모형	참여형 정부모형	신축형 정부모형	규제완화 (탈규제) 정부모형
기존 정부의 문제점	정부 독점	계층제	조직의 영속성	다수의 내부 규칙, 규제
개혁 방안	분권화	탈계층제	가상조직, 실험	규제완화, 과다한 규칙 제거
관리 방식	민간 부문의 관리기법	TQM	가변적, 유연한 인사관리	관리상 재량 증대
가치 방향	저렴한 비용	참여	조정	창의성, 활동성

정답 ①

02 ☐☐☐ *2018 경찰간부*

신공공관리론(NPM)과 뉴거버넌스에 관한 다음 설명 중 가장 옳은 것은?

① 신공공관리론(NPM)과 뉴거버넌스는 모두 방향잡기(steering) 역할을 중시하며, 신공공관리론(NPM)에서는 기업을 방향잡기의 중심에, 뉴거버넌스에서는 정부를 방향잡기의 중심에 놓는다.
② 신공공관리론(NPM)은 작은 정부를 중시하면서 행정과 경영을 동일시하지만, 뉴거버넌스는 큰 정부를 중시하면서 행정과 경영을 분리시킨다.
③ 신공공관리론(NPM)에서는 부문 간 협력에, 뉴거버넌스에서는 부문간 경쟁에 역점을 둔다.
④ 두 이론 모두 정부실패를 이념적 토대로 설정하여 그 대응책을 마련하고자 하며, 투입보다는 산출에 대한 통제를 강조한다.

정밀해설

④ 신공공관리론과 뉴거버넌스 모두 정부실패를 배경으로 해결책을 마련하기 위해 등장하였으며 투입보다는 산출에 대한 통제를 강조하는 이론이다.
① 신공공관리론(NPM)과 뉴거버넌스는 모두 방향잡기(steering) 역할을 중시하지만, 신공공관리론(NPM)에서는 정부를 방향잡기의 중심에 둔다. 하지만 뉴거버넌스는 불평등한 관계가 아니라 평등한 관계 속에서 함께하는 것을 추구한다.
② 신공공관리론과 뉴거버넌스 모두 공공부문과 민간부문의 구분 필요성에 대해 회의적인 입장을 취하고 있다.
③ 신공공관리론(NPM)에서는 부문 간 경쟁에, 뉴거버넌스에서는 부문 간 협력에 역점을 둔다.

정답 ④

03

2015 경찰간부

뉴거버넌스(new governance)에서 논의되는 내용으로 가장 옳지 않은 것은?

① 전통적 거버넌스(old governance)에서 공공서비스는 공공관료제에 의해 주도적으로 생산되고 공급되었으나, 뉴거버넌스 체제에서는 시장(기업)과 시민사회(NGO)가 공공서비스 공급에 중요한 역할을 맡게 되었다.
② 뉴거버넌스 체제하에서 정부의 중심 기능은 기존의 감독자 역할에서 조정자 역할로 변화한다.
③ 뉴거버넌스 체제에서는 전통적 거버넌스보다 행정의 책임성을 확보하는 일이 더욱 용이해져서 민주주의의 정치질서를 구현하는 데 긍정적인 영향을 미칠 것으로 주장된다.
④ 뉴거버넌스가 새로운 국정관리시스템으로 정착되기 위해서는 정부와 시장 그리고 시민사회가 수평적 네트워크를 구축해야만 한다.

정밀해설

③ 뉴거버넌스는 다양한 주체의 참여를 통한 문제해결을 중시하기 때문에 행정의 책임성을 확보하기가 힘들고 민주주의의 정치질서를 구현하는 데 부정적인 영향을 미칠 수 있다는 비판도 있다.
① 전통적 거버넌스에서 관료제는 공공재의 독점적 생산·공급과 공급자 중심의 행정을 추구하였으나, 뉴거버넌스에서는 정부 외에 시장 및 NGO 등이 공공서비스 제공에 참여한다.
② 뉴거버넌스하에서의 관료는 네트워크 관리자이자 조정자의 역할을 강조한다.
④ 뉴거버넌스는 정부와 정부 외의 준정부조직, NGO, 민간기업, 전문가 등 다양한 주체가 정책결정과 공공서비스 제공에 참여하는 수평적 네트워크 관계를 구축한다.

정답 : ③

04

2013 서울 7급

신공공관리 이론과 뉴거버넌스 이론과의 비교로 적절하지 않은 것은?

① 두 이론 모두 투입보다는 산출에 대한 통제를 강조한다.
② 신공공관리는 공공부문과 민간부문을 명확하게 구분하는데 비해서 뉴거버넌스는 명확하게 구분하지 않는다.
③ 신공공관리는 조직내부 문제, 뉴거버넌스는 조직간 문제를 다룬다.
④ 신공공관리는 부문간 경쟁을, 뉴거버넌스는 부문간 협력을 강조한다.
⑤ 두 이론 모두 정부실패를 이념적 토대로 설정하여 그 대응책을 마련하고자 한다.

정밀해설

② 신공공관리와 뉴거버넌스는 모두 정부의 역할로서 방향잡기를 강조하며, 공공부문과 민간부문을 명확하게 구분하지 않는다는 공통점이 있다.
① 신공공관리론과 뉴거버넌스 모두 투입보다는 산출에 대한 통제를 강조한다.
③ 신공공관리는 조직 내부의 문제를, 뉴거버넌스는 조직 간의 문제를 분석한다.
④ 신공공관리는 부문 간 경쟁을, 뉴거버넌스는 부문 간 협력을 중시한다.
⑤ 신공공관리론과 뉴거버넌스는 모두 정부실패를 극복하기 위한 이론으로, 신공공관리론은 시장기제의 도입을, 뉴거버넌스론은 스비스연계망에 의한 공동생산을 대응방식으로 제시하였다.

정답 : ②

보충

▶ 신공공관리론 vs 뉴거버넌스

구분	신공공관리(국정관리)	뉴거버넌스(신국정관리)
인식론	신자유주의·신공공관리	공동체주의·참여주의
관리기구	시장주의	서비스연계망(공동체)에 의한 공동생산
관리가치	결과(효율성, 생산성)	과정(민주성, 정치성)
관료역할	공공기업가	조정자
작동원리	갈등과 경쟁(시장메커니즘)	신뢰와 협력체제(참여메커니즘)
서비스	민영화, 민간위탁	공동생산(시민·기업의 참여)
관리방식	고객지향	임무중심
분석수준	조직내	조직간
이데올로기	우파	좌파
혁신의 초점	정부재창조(미국)	시민재창조(영국)
참여의 형태	자원봉사주의	시민주의(Civicism)
정치성	탈정치화	재정치화

적중 예상 문제

01 ☐☐☐

뉴거버넌스에 대한 내용으로 가장 옳은 것은?

① 뉴거버넌스는 공공책임의 명확화와 유연한 적응을 나타낸다.
② NGO, 시장, 정부가 정책결정과 공공서비스 제공에 참여하는 수평적 네트워크 관계이다.
③ 뉴거버넌스는 자원봉사주의와 신자유주의를 이념으로 한다.
④ NPM은 정부실패에 대한 조직 내부문제와 경쟁을 강조하지만, 뉴거버넌스는 민간부문과 협력, 민영화를 통한 해결을 강조한다.

정밀해설

① 참여의 다양화로 책임성이 약화될 수 있다.
③ 신좌파의 시민주의와 신우파의 자원봉사주의의 결합이다.
④ NPM은 정부실패에 대한 조직 내부문제와 경쟁을 강조하며, 민간부문과 협력 및 민영화를 통한 해결을 강조한다.

정답: ②

02 ☐☐☐

뉴거버넌스(new governance)에 대한 설명 중 옳지 않은 것은?

① 행정관리 차원에서 교환관계, 임무수행의 비개인화(impersonality), 권력구조의 이원화 및 공급자 중심의 접근을 중시한다.
② 국가에 대한 국내외 신뢰뿐만 아니라 정책, 기업, 대통령, 정당, 시민단체, 제3섹터, 민간 등에 대한 종합적인 신뢰의 확립이 중요한 과제로 등장하고 있다.
③ 시민단체, 제3섹터 또는 민간 등도 정부와 더불어 정책네트워크형 거버넌스의 주체로서 역할을 수행한다.
④ 시민재창조론, 정치행정일원론, 참여 네트워크에 의한 국정 관리를 강조한다.

정밀해설

① 교환적 관리, 비정의성(비개인화), 권력구조의 이원화 및 공급자 중심의 접근방법은 과학적 관리론이나 관료제론과 같은 전통적 관리에 해당한다.

▶ 전통적 정부관료제 vs 뉴거버넌스

구분	전통적 정부관료제	신공공관리론의 기업형 정부
정부의 역할	노젓기(rowing)	방향잡기(steering)
정부의 활동	조정과 통제	지원, 이음매 없는 행정
서비스 공급방식	독점적 공급, 직접 공급	경쟁적 공급(민영화 등), 권한위임
행정관리 기제	행정 메커니즘	시장 메커니즘
행정관리 방식	법령, 규칙 중심 관리	임무, 성과 중심 관리
	투입 중심 예산	성과 연계 예산
	사후 대처	사전 대처 (예측과 예방)
	명령과 통제	참여와 팀워크 및 네트워크 관리
행정의 지향점	공급자(관료 및 행정기관) 중심	수요자(고객) 중심
책임성 확보방법	계층제적 확보	참여적 대응성 확보
국가	행정국가	신행정국가

정답: ①

03

미래의 국정관리에서 G. Peters가 제시한 네 가지 정부모형에 대한 설명 중 옳지 않은 것은?

① 시장정부모형은 정부관료제의 비효율성과 시장의 효율성에 대한 신뢰를 전제로 하고 있다.
② 참여정부모형은 시장에 대한 신뢰를 기초로 하여 정부에 대한 민주적 참여를 모색하는 것이다.
③ 신축정부모형에서의 신축성이란 환경의 변화에 대응하여 적합한 정책을 만들려는 정부기관의 능력을 말한다.
④ 탈내부규제정부모형은 정부내부의 규제를 철폐함으로써 공공부문에 내재하고 있는 잠재력과 독창성을 분출시키는 것이다.

정밀해설

② 참여정부모형은 탈계층적인 평면구조 및 수평적 조직을 통한 관료들의 참여를 강조한다.

▶ Peters의 거버넌스 모형

구분	시장형 정부 모형	참여형 정부 모형	신축형 정부 모형	규제 완화 (탈규제) 정부 모형
기존 정부의 문제점	정부 독점	계층제	조직의 영속성	다수의 내부 규칙, 규제
개혁 방안	분권화	탈계층제	가상 조직, 실험	규제 완화, 과다한 규칙 제거
관리 방식	민간 부문의 관리 기법	TQM	가변적, 유연한 인사 관리	관리상 재량 증대
가치 방향	저렴한 비용	참여	조정	창의성, 활동성

정답 : ②

04

신공공관리론(NPM)과 뉴거버넌스에 대한 설명으로 옳지 않은 것은?

① NPM은 경쟁의 원리를 강조하지만, 뉴거버넌스는 신뢰를 기반으로 조정과 협조를 중시한다.
② NPM은 작은 정부를 중시하면서 행정과 경영을 동일시 하지만, 뉴거버넌스는 큰 정부를 중시하면서 행정과 경영을 분리시킨다.
③ NPM은 국민을 공리주의에 입각하여 고객으로 보지만, 뉴거버넌스는 국민을 시민주의에 바탕을 두고 덕성을 지닌 시민으로 본다.
④ NPM은 행정기능을 상당부문 민간에 이양하지만, 뉴거버넌스는 민간의 힘을 동원한 공적 문제의 협력적 해결을 중시한다.

정밀해설

② 뉴거버넌스는 다양한 주체에 의한 네크워크를 통한 사회문제 해결을 강조한다는 점에서 큰 정부가 아닌 작은 정부를 지향하며, 작은 정부로의 정부개혁을 강조한다는 점에서 신공공관리론과 유사하다.

▶ 신공공관리론 vs 뉴거버넌스

구분	신공공관리	뉴거버넌스 (신국정관리)
인식론	신자유주의·신공공관리	공동체주의·참주의
관리기구	시장주의	서비스연계망 (공동체)에 의한 공동생산
관리가치	결과 (효율성, 생산성)	과정 (민주성, 정치성)
관료역할	공공기업가	조정자
작동원리	갈등과 경쟁 (시장메커니즘)	신뢰와 협력체제 (참여메커니즘)
서비스	민영화, 민간위탁	공동생산 (시민·기업의 참여)
관리방식	고객지향	임무중심
분석수준	조직내	조직간
이데올로기	우파	좌파
혁신의 초점	정부재창조(미국)	시민재창조(영국)
참여의 형태	시장주의	시민주의 (Civicism)
정치성	탈정치화	재정치화

정답 : ②

THEME 025 NPS 및 기타 이론

1 신공공서비스론(NPS) 비교

구분	전통행정이론	신공공관리론(NPM)	신공공서비스론(NPS)
이론과 인식의 토대	초기의 사회과학	• 경제이론 • 실증적 사회과학	• 민주주의이론 • 해석학, 비판이론, 포스트모더니즘을 포괄하는 다양한 접근
공익에 대한 입장	법률로 표현된 정치적 결정	개인들의 총이익	공유가치에 대한 담론의 결과
관료의 반응 대상	고객과 유권자	고객	시민
정부역할	노젓기 (정치적으로 결정된 단일목표에 초점을 맞춘 정책의 입안과 집행)	방향잡기 (시장의 힘을 이용한 촉매자)	서비스 제공과 봉사 (시민과 지역공동체의 이익을 협상 중재, 공유가치의 창출)
정책목표 달성기제	기존의 정부기구를 통한 위계적 관리	정책목표를 달성할 시장기제와 유인체제를 창출	상호합의에 의한 공공기관, 비영리기관, 개인들의 연합체 구축
책임에 대한 접근	위계적 (행정인은 민주적으로 선출된 정치지도자에게 책임)	시장지향적 (개인 이익의 총합은 시민에게 바람직한 결과 창출)	다면적 (법, 지역공동체, 가치, 정치규범, 전문성, 시민이익 존중)
기대하는 조직구조	상명하복의 관료적 조직과 고객에 대한 규제와 통제	기본적 통제를 수행하는 분권화된 공조직	조직 내외적으로 공유된 리더십을 갖는 협동적 구조
관료의 동기유발	• 보수와 편익 • 공무원 보호	• 기업가정신 • 정부규모를 축소하려는 이데올로기적 욕구	• 공공서비스 • 사회에 기여하려는 욕구

 Mani DB Denhardt의 NPS 7원칙

(1) 조정보다는 봉사를 지향한다.
(2) 공익은 부산물이 아니라 목표이다.
(3) 전략적으로 생각하고 민주적으로 행동한다.
(4) 고객이 아니라 시민에게 봉사한다.
(5) 책임은 단순하지 않다(다원적 책임).
(6) 인본주의: 사람을 존중한다.
(7) 시티즌십과 공공서비스를 중시한다.

2 NPS의 한계

① 구체적 처방을 제시하지 못함.
② 행정의 전문성 등 수단적 가치가 위축될 수 있음.

Mani DB 레짐이론(Stone)

구분	가치	구성원 간 관계
현상유지레짐	현상 유지	친밀성 높은 소규모 지역사회
개발레짐	지역개발, 성장	갈등이 심함.
중산계층진보레짐	삶의 질, 환경보호	시민참여와 감시
하층기회확장레짐	저소득층 보호	대중동원, 직업교육

OX 기출분석

01 ☐☐☐   23 지방 9급

무어(Moore)의 공공가치창출론(creating public value)은 신공공관리론을 계승하여 행정의 수단성을 강조한다.
   ○ ✕

해설

무어(Moore)의 공공가치창출론은 신공공관리론을 비판하면서 공적 영역의 가치를 강조하는 이론이다.

02 ☐☐☐   22 경간부

공공봉사동기이론은 높은 공공봉사동기를 가지고 있는 것과 공무원이 되고자 하는 동기 사이에는 아무 상관이 없는 것으로 결론 내린다.
   ○ ✕

공공봉사동기이론에 따르면 높은 공공봉사동기를 가지고 있는 사람을 공직에 충원해야 한다는 주장에 근거가 될 수 있다고 본다.

03 ☐☐☐   21 국가 9급

신공공서비스론에서 공익은 개인적 이익의 집합체이기 때문에 시민들과 신뢰와 협력의 관계를 확립해야 한다.
   ○ ✕

신공공서비스론에서 공익은 공유가치에 대한 담론의 결과이며 정부는 시민들과 신뢰와 협력의 관계를 확립해야 한다고 본다.

04 ☐☐☐   20 경찰간부

신공공서비스론에서 정부는 시장의 힘을 활용하는데 있어 방향잡기의 역할을 해야 한다고 본다.
   ○ ✕

신공공서비스론에서 정부는 노젓기도 아니고 방향잡기도 아닌 봉사라고 주장한다.

05 ☐☐☐   19 행정사

신공공서비스론에서 관료는 사회문제를 해결하는 과정에서 협상과 중재 기능을 담당한다.
   ○ ✕

신공공서비스론에서의 관료는 시민들로 하여금 공유된 가치를 표명하고 그것을 충족시킬 수 있도록 도와주고 봉사하며, 협상과 중재의 역할을 한다.

06 ☐☐☐   19 서울 7급(2월)

덴하트와 덴하트는 신공공서비스론의 특징으로 관료의 역할과 관련하여 '방향잡기'와 함께 '봉사'를 강조한다.
   ○ ✕

관료의 역할과 관련하여 '방향잡기'를 강조하는 것은 신공공관리론의 특징이다.

07 ☐☐☐   17 지방 9급(추)

신공공서비스론은 공익을 개인이익의 단순한 합산이 아닌 공유하고 있는 가치에 대해 대화와 담론을 통해 얻은 결과물이라고 본다.
   ○ ✕

08 ☐☐☐   16 서울 7급

신공공서비스론은 민주주의 이론 및 비판이론, 포스트모더니즘 등을 바탕으로 탄생한 복합적 이론이다.
   ○ ✕

정답 01 ✕ 02 ✕ 03 ✕ 04 ✕ 05 ○ 06 ✕ 07 ○ 08 ○

핵심 기출 문제

01
2022 지방 7급

넛지(nudge)의 특성으로 옳은 것만을 모두 고르면?

> ㄱ. 넛지 방식으로 정책을 설계하는 것을 선택설계라고 한다.
> ㄴ. 정책대상집단의 행동에 개입하지만 개인의 자유로운 선택을 허용한다.
> ㄷ. 넛지는 디폴트 옵션 설정 방식처럼 사람들의 인지적 편향을 전략적으로 활용하는 정책수단이다.

① ㄱ, ㄴ
② ㄱ, ㄷ
③ ㄴ, ㄷ
④ ㄱ, ㄴ, ㄷ

정밀해설

④ 넛지 이론은 행동적 시장실패에 대해 정부의 역할과 개입을 토대로 선택적 유도를 위한 설계를 주장하는 이론이다.(선택 설계)

정답 : ④

02
2021 국회 8급

신공공서비스론에 대한 설명으로 옳지 않은 것만을 <보기>에서 모두 고르면?

> ─── < 보기 > ───
> ㄱ. 공무원이 반응해야 하는 대상을 고객과 유권자 집단으로 본다.
> ㄴ. 책임성 확보의 방법으로 개인이익의 총합을 통해 시민 또는 고객집단에게 바람직한 결과를 창출하는 방법을 추구한다.
> ㄷ. 행정재량의 필요성을 인정하지만 제약과 책임이 수반되어야 한다고 본다.
> ㄹ. 공익의 개념은 공유 가치에 대한 담론의 결과이다.
> ㅁ. 공무원의 동기를 유발하는 수단은 정부규모를 축소하려는 이데올로기적 욕구와 사회봉사이다.

① ㄱ, ㄴ, ㄹ
② ㄱ, ㄴ, ㅁ
③ ㄴ, ㄷ, ㄹ
④ ㄴ, ㄹ, ㅁ
⑤ ㄷ, ㄹ, ㅁ

정밀해설

② ㄱ, ㄴ, ㅁ은 틀리다.
ㄱ. [×] 공무원이 반응해야 하는 대상은 고객이 아니라 시민 모두이다.
ㄴ. [×] 책임은 단순하지 않으며, 민주시민은 자기이익추구의 수준을 넘어 공익에 관심을 갖는 존재로서, 공익을 개인 이익의 총합으로 보지 않으며 공동체가 공유하는 가치에 대한 담론의 결과로 본다.
ㅁ. [×] 공무원의 동기를 유발하는 수단은 정부규모를 축소하려는 이데올로기적 욕구보다는 시민정신에 부응하려는 사회봉사이다.
ㄷ. [○] 정부의 책임은 시장뿐 아니라 헌법, 법률, 공동체 가치 등을 포함한다. 따라서 행정의 재량의 필요성은 인정하지만, 재량에 대한 제약과 책임이 수반된다고 본다.
ㄹ. [○] 공익을 담론의 결과물로 인식한다.

정답 : ②

03

2025 소방간부

주요 행정학 논의에 관한 설명으로 옳지 않은 것은?

① 행정재정립운동(refounding movement)은 공무원의 적극적 역할을 강조하고, 정부를 재창조하기보다 재발견해야 한다고 주장한다.
② 공공선택론(public choice theory)은 기존 관료제의 한계를 지적하면서, 경제학적 관점에서 공공부문 재화와 서비스의 효율적 공급과 배분에 관심을 둔다.
③ 신공공서비스론(new public service)은 기업경영의 논리와 기법을 정부부문에 도입함으로써, 행정성과의 향상과 책임성 확보를 기대한다.
④ 공공가치창출론(creating public value)은 공공부문의 관리자가 정부성과를 증진시키기 위해 공공가치를 발견하고, 정의하며, 생산하는 혁신가로서 역할을 해야 한다고 주장한다.
⑤ 넛지이론(nudge theory)은 인간의 비합리적 의사결정에 관한 행동경제학의 발견을 정부의 정책 설계 및 집행에 적용하려 한다.

정밀해설

③ 기업경영의 논리와 기법을 정부에 도입하여 성과와 책임성 향상을 추구하는 것은 신공공관리론(New Public Management)의 핵심 내용이다.
① 행정재정립운동은 직업공무원제를 옹호하며 정책과정에서 공무원의 적극적인 역할을 강조하고 정부의 '재발견'을 주장했다.
② 공공선택론은 경제학적 분석 도구를 활용하여 비시장적 의사결정, 특히 정부의 비효율성을 비판하고 공공서비스의 효율적 공급방안을 연구한다.
④ 무어(Moore)의 공공가치창출론은 정부 관리자가 공공자산을 활용하여 시민을 위한 공공가치를 적극적으로 창출해야 한다는 점을 강조한다.
⑤ 넛지이론은 인간의 제한된 합리성을 전제로, 행동경제학의 통찰을 정책 설계에 적용하여 사람들의 선택을 유도하는 접근법이다.

정답 : ③

04

2011 경찰간부

전통적 행정론, 신공공관리론 및 신공공서비스론의 주요 특징에 관한 설명 중 가장 옳지 않은 것은?

① 전통적 행정론에서는 정치와 행정을 구분하며, 공무원들은 중립성과 전문성을 가지고 정치권에서 결정된 정책을 집행하고 서비스를 제공하는 노젓기(rowing) 역할을 강조하고 있다.
② 신공공관리론에서는 공공부문에 경쟁을 도입하고, 공무원들은 기업가정신을 발휘하여 투입보다 성과달성에 노력하며 고객보다는 일반시민들의 요구에 대응하는 것을 강조하고 있다.
③ 신공공서비스론에서는 정부의 역할을 방향잡기(steering)보다는 시민들에게 힘을 실어주고 시민에게 봉사하는 정부의 역할을 강조하는 모형으로서 정부규모의 일방적 축소를 지양한다.
④ 신공공관리론은 공익을 개인적 이익의 집합을 반영한 것으로 보는 반면, 신공공서비스론은 공동의 가치에 대한 담론의 결과를 공익으로 본다.

정밀해설

② 신공공관리론은 고객정신 및 기업가정신을 강조하므로 국민을 고객으로 보지만, 신공공서비스론에서는 시민정신을 강조하므로 국민을 고객이 아닌 국정의 주체로서 시민으로 간주한다.
① 전통적 행정론에서는 정치와 행정을 구분하고, 정부의 역할을 노젓기로 본다.
③ 신공공서비스론은 정부의 역할을 방향잡기보다는 시민에게 봉사하는 것으로 인식하고 정부규모의 일방적 축소 등을 지양한다.
④ 신공공관리론은 공익을 개인들의 총이익으로 보고, 신공공서비스론은 공유가치에 대한 담론의 결과로 본다.

정답 : ②

적중 예상 문제

01 ㅁㅁㅁ

딜레마이론의 논리적 구성요건에 대한 설명으로 가장 적절하지 않은 것은?

① 분절성(Discreteness)은 대안 간 절충이 불가능하다는 것이다.
② 균등성(Equality)은 누구에게나 균등한 선택의 기회가 주어져야 한다는 것이다.
③ 상충성(Trade-Off)은 대안의 상충으로 인해 하나의 대안만 선택해야 한다는 것이다.
④ 선택의 불가피성(Unavoidability)은 시간의 제약 등으로 인해 어떤 선택이든 해야 한다는 것으로 최소한 하나의 대안을 반드시 선택해야 한다는 것이다.

정밀해설

② 딜레마에서 균등성(Equality)은 상충되는 두 대안이 가져올 결과 가치나 기회 손실이 비슷하여 어느 하나를 선택하기 어렵다는 의미이다. 누구에게나 균등한 선택의 기회가 주어져야 한다는 것은 딜레마의 구성 요건이 아니다.
① 분절성은 여러 대안들이 서로 단절되어 있어 상호 비교하거나 타협하기 어렵다는 딜레마의 구성 요건이다.
③ 상충성은 대안들이 서로 모순되거나 충돌하여 동시에 선택할 수 없고 하나의 대안만을 선택해야 하는 상황을 의미한다.
④ 선택의 불가피성은 주어진 시간 제약 등으로 인해 어떤 대안이든 반드시 선택해야만 하는 상황을 의미한다.

정답 : ②

02 ㅁㅁㅁ

다음 중 Stone의 레짐이론 유형에 대한 설명으로 옳지 않은 것은?

① 현상유지레짐은 친밀성 높은 소규모 지역사회를 대상으로 한다.
② 하층기회확장레짐은 저소득층 보호를 위한 중앙정부의 직접적 복지를 강조한다.
③ 중산계층진보레짐은 삶의 질과 환경보호 등을 주장한다.
④ 개발레짐은 지역개발과 성장을 추구하는 기득권의 레짐이다.

정밀해설

② 하층기회확장레짐은 저소득층 보호를 위한 대중동원이나 직업교육 등을 강조한다.
① 현상유지레짐은 친밀성 높은 소규모 지역사회가 그 대상이다.
③ 중산계층진보레짐은 삶의 질과 환경보호 등을 추구한다.
④ 개발레짐은 지역개발과 성장을 추구한다.

▶ Stone의 레짐이론 유형

구분	가치	구성원 간 관계	생존능력
현상유지 레짐	현상 유지	소규모 지역사회	강함
개발레짐	지역개발, 성장	높은 갈등	중간
중산계층 진보레짐	삶의 질, 환경 보호	시민참여와 감시	보통
하층기회 확장레짐	저소득층 보호	직업교육, 대중화	약함

정답 : ②

03

공공가치창출론에 대한 견해로 옳지 않은 것은?

① 무어(Moore)는 전략적 삼각형을 제시하였다.
② 신공공서비스론에 의해 발생한 행정의 공공성 약화를 극복하기 위한 패러다임이다.
③ 민주적으로 선출되어 정당성을 부여 받은 정부의 관리자들이 공공자산을 활용해 공공가치를 창출해야 한다는 주장이다.
④ 시민과 이해관계자의 능동적 참여와 소통을 강조한다.

정밀해설

② 신공공관리론이 야기한 행정의 공공성 약화를 극복하기 위한 대안적 패러다임이다.
①, ③ 무어는 전략적 삼각형으로 외부환경으로부터의 정당성과 지원, 공적 가치의 형성, 운영 역량의 형성을 강조하였다.
④ 시민과 이해관계자의 참여와 이들과 공무원 간 숙의민주주의 과정 강조한다.

정답 : ②

04

행정연구에서 혼돈이론(Chaos Theory)적 접근에 대한 설명으로 가장 옳지 않은 것은?

① 복잡한 사회문제에 대한 통합적 접근을 시도한다.
② 행정조직은 개인과 집단 그리고 환경적 세력이 상호작용하는 복잡한 체제이다.
③ 행정조직은 혼돈상황을 적절히 회피하고 통제할 수 있는 능력이 요구된다.
④ 행정조직의 자생적 학습능력과 자기조직화 능력을 전제로 한다.

정밀해설

③ 혼돈이론에서는 혼돈을 회피와 통제의 대상이 아닌 발전의 필수불가결한 조건으로 이해하고 긍정적 활용의 대상으로 인식한다.

정답 : ③

THEME 026 행정이론 종합

1 이론 흐름

시기	1900~1930	1930~1940	1940~1960	1960	1970	1980	1990~
학설	행정관리설	통치기능설	행정행태설	발전기능설	정책화기능설	거버넌스설	
이론	행정관리론 (기술적 행정학)	유효수요론 (기능적 행정학)	행정행태론	발전행정론	신행정론	신공공관리론	신국정관리론 (뉴거버넌스)
시대 배경	엽관주의 폐해, 예산팽창	경제대공황	행태주의	신생국 발전문제 대두	격동기 사회의 문제와 해결	오일쇼크, 신자유주의	시장주의 반발, 참여주의
행정 본질	관리(정책집행)	정책결정	가치중립	정책결정 + 국가발전 목표	정책결정	행정의 시장화	행정의 정치화
특징	기계적 능률, 기술적 행정학, 원리주의	사회적 능률, 기능적 행정학	가치중립성, 논리 실증주의, 학문의 과학성	효과성, 발전지향성	처방성, 정책지향성	작고 효율적인 정부	신뢰를 바탕으로 상호작용하는 서비스 연계망
정치와의 관계	정치행정 이원론	정치행정 일원론	정치행정 이원론	정치행정 일원론	정치행정 일원론	정치행정 이원론	정치행정 일원론
경영과의 관계	공사행정 일원론	공사행정 이원론	공사행정 일원론	공사행정 이원론	공사행정 이원론	공사행정 일원론	공사행정 이원론
대표 학자	Wilson, White	Dimock, Appleby	Simon, Barnard	Esman, Weidner	Easton	Osborn	Peters, Rhodes
행정 이념	능률성	민주성	합리성	효과성	형평성	효율성	-
조직	고전적 조직	신고전적 조직	현대적 조직			(동태적 조직) (지식조직)	
인사행정	소극적 인사행정, 실적주의(1883, Pendleton법)	적극적 인사행정			인적자원관리(HRM) 공무원제도 개혁		
재무행정	품목별 예산(LIBS, 1921)	성과주의 예산 (PBS, 1950)		계획 예산 (PPBS, 1965)	목표관리(MBO, 1973) 영기준 예산(ZBB, 1979)	개혁적 예산 (1980~)	

2 최신 이론

① 공공가치관리론

특징	㉠ 신공공관리론을 비판하며 행정의 공공성 강화를 주장하는 이론(행정의 정당성 회복) ㉡ 시민과 이해관계자의 자발적 적극적 참여를 강조(숙의 민주주의)
주요 이론	㉠ 무어(M. Moore)의 공공가치창출론(1995): 민주적 선출과정을 통해 정당성을 부여 받은 정부의 관료들이 공공자산을 활용해 공공가치를 창출해야 함. → 전략적 삼각형: 공적 가치 형성, 외부환경으로부터의 정당성과 지원, 운영 역량의 형성 ㉡ 보즈만(B. Bozeman)의 공공가치실패론(2002)

② 넛지(nudge) 이론

의의	인간의 의사결정 과정상의 비합리성을 분석하고 바람직한 결정을 유도하기 위한 대안을 제시하려는 이론(전통적 시장주의에 대해 비판) → 탈러(Richard H. Thaler)와 선스타인(Cass R. Sunstein)이 제시
특징	㉠ 부드러운 개입주의(자유주의적 개입)를 주장(자유주의를 비판적 보완) ㉡ 개인의 인지적 오류를 활용하고, 환경적 개선을 통해 개인의 판단을 통한 행동 변화를 추구 ㉢ 정부개입은 개인이 추구하는 목적이 아니라 수단을 간접적, 유도적으로 개입 → 관료는 선택의 설계자로서 역할함.

OX 기출분석

01 ☐☐☐　　　　　　　　　　　　　　　　　　　　　20 군무원 9급

테일러(F. W. Taylor)는 과학적 관리의 핵심을 개인적 기술에 두고, 노동자가 발전된 과학적 방법에 따라 작업이 되도록 한다.　　　　　　　　　　　　　　○ ✕

해설

테일러는 과학적 관리의 핵심을 조직 구조에 두고 노동자가 가장 과학적이고 능률적인 방법을 발견하여 이에 따라 작업이 되도록 한다.

02 ☐☐☐　　　　　　　　　　　　　　　　　　　　　18 서울 9급

탈신공공관리(post-NPM)는 신공공관리의 역기능적 측면을 교정하고 통치역량을 강화하며, 구조적 통합을 통한 분절화의 확대, 재집권화와 재규제의 축소, 중앙의 정치·행정적 역량의 강화를 강조한다.　　　　　　　　　　　　　　○ ✕

탈신공공관리(post-NPM)는 신공공관리의 역기능적 측면을 교정하고 통치역량을 강화하며, 구조적 통합을 통한 분절화의 축소, 재집권화와 재규제의 확대, 중앙의 정치·행정적 역량의 강화를 강조한다.

03 ☐☐☐　　　　　　　　　　　　　　　　　　　　　18 국회 8급

각국에서 채택된 정책의 상이성과 효과를 역사적으로 형성된 제도에서 찾으려는 것은 제도주의 접근의 한 방식이다.　　　　　　　　　　　　　　　　　○ ✕

04 ☐☐☐　　　　　　　　　　　　　　　　　　　　　17 국회 9급

행정학 이론의 역사적 발전은 Weber의 관료제론 → Simon의 행정행태론 → 신행정학 → 신공공관리론 순으로 전개되었다.　　　　　　　　　　　　　　○ ✕

05 ☐☐☐　　　　　　　　　　　　　　　　　　　　　16 서울 7급

귤릭(L. H. Gulick)은 POSDCoRB를 통해 능률적인 관리 활동방법을 제시하였다.　○ ✕

06 ☐☐☐　　　　　　　　　　　　　　　　　　　　　15 국가 9급

행정관리론(사무관리론·조직관리론)에서는 계획과 집행을 분리하고 권한과 책임을 명확히 규정할 것을 강조하였다.　　　　　　　　　　　　　　　　　○ ✕

07 ☐☐☐　　　　　　　　　　　　　　　　　　　　　11 국회 8급

행위이론을 주장한 하몬은 해석사회학, 현상학, 상징적 상호주의 및 반실증주의의 입장에서 행정을 다루었다.　　　　　　　　　　　　　　　　　○ ✕

하몬은 인간행위에는 의도가 있기 때문에 표출된 행위를 대상으로 인간행동을 분석하고 판단하는 실증주의는 오류를 낳을 수 있다고 주장하였다.

08 ☐☐☐　　　　　　　　　　　　　　　　　　　　　11 국회 9급

딜레마이론은 변화를 추진하는 변화담당자 혹은 조직 책임자들의 지적·정치적 능력과 더불어 시간적 리더십을 강조하고 있다.　　　　　　　　　　　　　○ ✕

지문의 내용은 시차이론이다. 시차이론에서는 제도의 도입에 있어 발생하는 시차가 매우 중요하다고 본다.

정답　01 ✕　02 ✕　03 ○　04 ○　05 ○　06 ○　07 ○　08 ✕

THEME 026 행정이론 종합　**157**

핵심 기출 문제

01
2023 지방 9급

무어(Moore)의 공공가치창출론(creating public value)적 시각에 대한 설명으로 옳지 <u>않은</u> 것은?

① 행정의 정당성 위기를 극복하기 위한 대안적 접근이다.
② 전략적 삼각형 개념을 제시한다.
③ 신공공관리론을 계승하여 행정의 수단성을 강조한다.
④ 정부의 관리자들은 공공가치 실현에 힘써야 한다고 주장한다.

정밀해설

③ 무어(Moore)의 공공가치창출론은 신공공관리론을 비판하면서 공적 영역의 가치를 강조하는 이론이다.
① 민주적으로 선출되어 정당성이 부여된 정부 관리자들이 공공자산을 이용해 공공가치를 창출해야 한다.
② 전략적 삼각형: 공적 가치 형성, 외부환경으로부터의 정당성과 지원, 운영 역량의 형성

정답 ③

02
2022 국가 9급

(가)~(라)의 행정이론이 등장한 시기를 순서대로 나열한 것은?

> (가) 정부와 공공부문에 참여하는 다양한 참여자들의 네트워크를 중시하고, 정부는 전체 네트워크를 관리하는 조정자의 입장에 있다고 하였다.
> (나) 미국 행정학의 '지적 위기'를 지적하면서 인간을 이기적·합리적 존재로 전제하고, 공공재의 공급이 서비스 기관 간 경쟁과 고객의 선택에 의해 이루어지는 시스템을 제안하였다.
> (다) 정치는 국가의 의지를 표명하고 정책을 구현하는 것이며, 행정은 이를 실천하는 관리활동으로서 정치와 행정의 차이를 분명히 하였다.
> (라) 왈도(Waldo)를 중심으로 가치와 형평성을 중시하면서 사회의 문제해결에 대한 현실 적합성을 갖는 새로운 행정학의 정립을 시도하였다.

① (다) → (라) → (가) → (나)
② (다) → (라) → (나) → (가)
③ (라) → (다) → (가) → (나)
④ (라) → (다) → (나) → (가)

정밀해설

② (다) → (라) → (나) → (가) 순으로 행정이론이 등장·발전하였다.
(다) 19C말~20세기 초 정치행정이원론인 행정관리론은 정치는 국가의 의지를 표명하고 정책을 구현하는 것이며, 행정은 이를 실천하는 관리활동으로서 정치와 행정의 차이를 분명히 하였다.
(라) 1960년대 말 신행정론은 왈도(Waldo)를 중심으로 가치와 형평성을 중시하면서 사회의 문제해결에 대한 현실 적합성을 갖는 새로운 행정학의 정립을 시도하였다.
(나) 1970년대 공공선택론은 미국 행정학의 '지적 위기'를 지적하면서 인간을 이기적·합리적 존재로 전제하고, 공공재의 공급이 서비스 기관 간 경쟁과 고객의 선택에 의해 이루어지는 시스템을 제안하였다.
(가) 1990년대 뉴거버넌스는 정부와 공공부문에 참여하는 다양한 참여자들의 네트워크를 중시하고, 정부는 전체 네트워크를 관리하는 조정자의 입장에 있다고 하였다.

정답 ②

03

2021 소방간부

미국 행정학의 발달에 관한 설명으로 옳지 않은 것은?

① 사이먼(Simon)은 초기 행정학의 과학성에 의문을 제기하며 논리 실증주의 방법에 의한 행정 원리의 도출을 주장하였다.
② 뉴딜(New Deal)정책을 통해 행정부의 역할과 규모가 확대되면서 정치와 행정의 구분은 비현실적인 것이 되었다.
③ 신행정학(New Public Administration) 운동은 기존의 능률 지향적이고 가치중립적인 행정학의 적실성 부족을 비판하면서 가치문제를 중요하게 다루었다.
④ 정책과학은 사이먼의 행태주의와 의사결정이론을 체계적으로 발전시킨 것으로서 수학과 컴퓨터를 활용하여 고도의 계량적인 접근 방법을 추구하였다.
⑤ 신공공관리론(New Public Management)은 기업가적 정신 등 사기업 경영원리의 도입을 추구하였다.

정밀해설

④ 정책과학은 기존의 미시적인 행태과학 및 관리과학을 중심으로 이루어지고 있다고 비판하면서 정책중심의 연구가 이루어져야 한다고 보았고, 적실성과 가치지향을 주장하였다.
① 사이먼은 초기 행정학에서 제시하는 원리들이 보편성과 과학성을 갖추지 못했다고 비판하면서 논리실증주의에 입각한 행정연구의 과학화를 강조하였다.
② 1930년대 경제대공황과 뉴딜정책으로 인해 행정권이 확대·강화되면서 정치와 행정의 유기적 연계성이 강조되었다.
③ 신행정학은 1960년대 말 미국사회 격동기의 문제를 해결하기 위해 등장한 이론으로, 기존의 가치중립적·과학적·실증적인 행정 방식은 현실적합성이 부족하다고 비판하면서 가치지향적이고 사회적실성을 갖추어야 한다고 주장하였다.
⑤ 신공공관리론은 시장주의와 신관리주의가 결합된 이론으로, 공공부문에 기업가적 정신과 같은 민간기법의 도입을 추구하였다.

정답 : ④

04

2017 국회 8급

다음 중 딜레마 이론에 대한 설명으로 옳은 것은?

① 정부활동의 기술적·경제적 합리성을 중시하고 정부가 시장의 힘을 활용하는 촉매자 역할을 한다는 점을 강조하는 이론이다.
② 전략적 합리성을 중시하고, 공유된 가치 창출을 위한 시민과 지역공동체 집단들 사이의 이익을 협상하고 중재하는 정부 역할을 강조하는 행정이론이다.
③ 정부신뢰를 강조하고, 정부신뢰가 정부와 시민의 협력을 증진시키며 정부의 효과성을 높이는 가장 중요한 요인이 된다고 주장하는 행정이론이다.
④ 시차를 두고 변화하는 사회현상을 발생시키는 주체들의 속성이나 행태의 연구가 행정이론 연구의 핵심이 된다고 주장하고, 이를 행정현상 연구에 적용하였다.
⑤ 상황의 특성, 대안의 성격, 결과가치의 비교평가, 행위자의 특성 등 상황이 야기되는 현실적 조건하에서 대안의 선택 방법을 규명하는 것을 통해 행정이론 발전에 기여하였다.

정밀해설

⑤ 딜레마이론은 상황이 야기되는 현실적 조건 하에서 대안의 선택방법을 규명함으로써 행정이론 발전에 기여하였다.
① 신공공관리론에 대한 설명이다. 신공공관리론은 기술적·경제적 합리성을 중시하고 정부가 시장을 활용하여 방향을 잡는 촉매자 역할을 한다고 본다.
② 신공공서비스론에 대한 설명이다. 신공공서비스론은 전략적 혹은 공식적 합리성을 중시하고 정부가 시민과 지역집단의 이해관계를 협상하고 중재하며 공유가치를 창조하는 역할을 한다고 본다.
③ 사회적 자본이론에 대한 설명이다. 사회적 자본은 정부의 신뢰 및 구성원들 사이의 상호 신뢰와 협력을 바탕으로 하는 이론이다.
④ 시차이론에 대한 설명이다. 시차이론은 변수들 간의 선후관계 등이 영향을 미친다고 보는 것으로 시간적 차이에서 오는 정책실패 등을 줄이기 위해 변화담당자들의 능력과 시간적 리더십을 강조하는 이론이다.

정답 : ⑤

적중 예상 문제

01 ☐☐☐

다음 행정학의 주요 이론에 대한 설명으로 가장 적절하지 않은 것은?

① 신공공서비스론(New Public Service)에서는 행정가가 업무수행의 효율성을 제고시키기보다는 모든 사람에게 더 나은 생활을 보장하여야 한다고 주장한다.
② 포스트모더니즘(Post-Modernism)은 이성, 합리성 및 과학성 등에 기초한 모더니즘(Modernism)을 비판하면서 상상, 해체, 영역파괴, 타자성 등의 개념을 중심으로 한 거시이론, 거시정치 등을 통하여 행정현상을 설명하고자 한다.
③ 신공공관리론(New Public Management)은 전통적 관료제에 의한 정부 운영방식의 한계를 극복하고 효율성을 확보하기 위해 민간 기업의 운영방식을 공공부문에 접목하고자 한다.
④ 피터스(B. G. Peters)는 전통적 형태의 정부모형에 대한 대안으로서 시장적 정부모형, 참여적 정부모형, 신축적 정부모형 및 탈내부규제 정부모형 등을 제시하였다.

정밀해설

② 포스트모더니즘 행정이론은 원자적·분권적 사회를 바탕으로 각자의 상이성을 존중하는 상대주의적·다원주의적 세계관을 지향하며 비현실적인 근거들을 해체하고 지배적 패러다임에 대한 회의를 갖는 것이므로 거시이론, 거시정치를 부인한다.
① 신공공서비스론에서는 행정가가 모든 사람에게 더 나은 생활을 보장하고 더 나은 서비스로 봉사해야 한다고 주장한다.
③ 신공공관리론은 전통적 관료제에 의한 정부 운영방식의 한계를 극복하고 민간 기업의 운영방식을 공공부문에 접목하여 효율성을 확보하고자 한다.
④ 피터스는 거버넌스 이론 모형으로 시장적 정부모형, 참여적 정부모형, 신축적 정부모형 및 탈내부규제 정부모형을 제시하였다.

정답 : ②

02 ☐☐☐

행정학의 주요 접근방법에 대한 설명으로 가장 옳지 않은 것은?

① 신제도론적 접근방법 중 합리적 선택 신제도주의는 경제학에 배경을 두고 있다.
② 뉴거버넌스론은 공공서비스 공급자로서 정부의 독점적 역할을 중요시한다.
③ 후기행태주의는 가치중립적인 과학적 연구를 비판하여 정책학의 발전에 기여하였다.
④ 생태론적 접근방법은 집합적 행위나 제도에 초점을 맞춘 거시적 분석을 한다.

정밀해설

② 뉴거버넌스론은 공공서비스 공급자로서 정부의 독점적 역할을 부정하고 시민과의 네트워크에 의한 공동생산을 중요시한다.
① 합리적 선택 신제도주의는 경제적, 역사적 신제도주의는 정치적, 사회학적 신제도주의는 문화적 접근에 배경을 두고 있다.
③ 후기행태주의는 가치중립적인 과학적 연구를 기반으로 하는 행태론을 비판하고 가치지향적인 연구를 통하여 정책학의 발전에 견인차 역할을 하였다.
④ 생태론적 접근방법은 행정체제에 영향을 미치는 정치·경제·사회적 조건과 환경을 규명하는 개방적·거시적 분석의 성격을 띠고 있다.

정답 : ②

03

행정이론에 관한 설명으로 옳은 것은?

① 윌슨-베버리안의 집권적 능률성 패러다임에 대항하여 공공서비스 공급에서 관할권의 중첩을 통한 경쟁원리를 도입하여 민주행정의 패러다임을 제시한 학자는 왈도(Waldo)이다.
② 하몬(Harmon) 등의 생태론적 행정이론은 상징적 상호주의를 배경으로 한다.
③ 발전행정론의 리그스(Riggs)는 사회를 융합사회(농업사회), 분화사회(산업사회), 프리즘사회(신생국)로 구분하였다.
④ 신공공관리라는 용어를 처음 사용한 C. Hood는 정부혁신방향을 작고 효율적인 정부, 시장지향적인 정부로 제시하였다.

정밀해설

④ 신공공관리론은 정부의 감축과 시장원리의 적용을 통해 기업형 정부를 추구한다.
① 윌슨-베버리안의 집권적 능률성 패러다임에 대항하여 공공서비스 공급에서 관할권의 중첩을 통한 경쟁원리를 도입하여 민주행정의 패러다임을 제시한 학자는 Ostrom이다. 한편 D. Waldo는 신행정론의 창시자이다.
② Harmon의 행위이론을 통해 현상학이 행정학에 도입되었다.
③ 비교행정론의 내용이다.

정답 : ④

04

행정이론과 주장자의 내용 연결이 틀린 것은?

① Fox & Miller는 대의민주주의보다는 담론이론을 통한 직접민주주의를 강조하였다.
② Osborne은 정부재창조에서 시민지향적 정부를 주장하였다.
③ Frederickson은 신행정론에서 형평성을 강조하였다.
④ Simon은 행태론에서 사회현상과 자연현상은 동일하다고 보고 자연과학적인 연구방법인 논리실증주의의 도입을 강조하였다.

정밀해설

② Osborne은 정부재창조에서 기업형 정부를 주장하였고, 공공선택론은 시장경제주의를 강조하였으나, 공공성을 강조하지는 않았다.
① Fox & Miller는 정통이론인 대의민주주의와 그 대안인 헌정주의와 공동체주의까지도 비판하면서 최종대안으로 담론이론을 주장하였다.
③ Frederickson은 신행정론에서 형평성을 강조하였다.
④ Simon은 행태론에서 사회현상과 자연현상은 동일하다고 보고 자연과학적인 연구방법인 논리실증주의의 도입을 강조하였으며, 행정은 합리적인 의사결정과정으로 보고 합리성을 강조하였다.

정답 : ②

해커스공무원 마니행정학 핵심테마 SWOT 119

PART 02
정책론

해커스공무원 학원·인강 gosi.Hackers.com

단원별 핵심 MAP

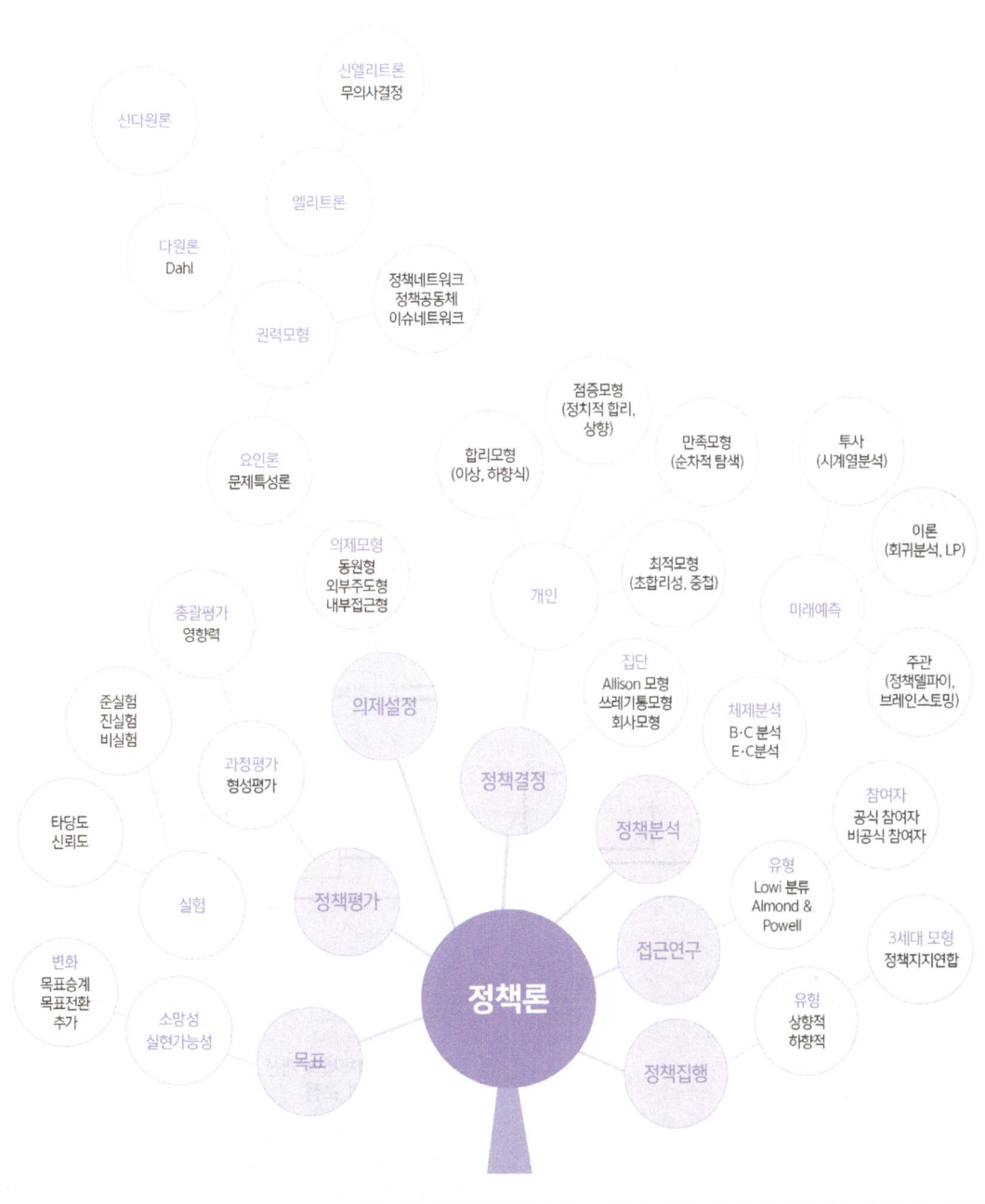

THEME 027 정책의 특징

1 정책론의 의의

① **정책학의 시작**
  Lasswell의 '정책지향(Policy Orientation: 1951)' 논문
② 1960년대 말 미국 사회의 격동기의 해결을 위해 후기행태주의의 등장과 함께 다시 재등장
③ 정책의 궁극적 목적은 인간의 존엄 실현

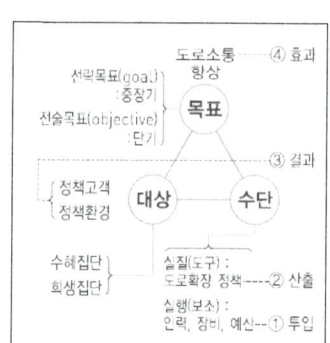

2 정책의 특성

① **목표지향성**: 정책은 설정해 놓은 사회 또는 바람직한 상태를 실현하려고 하는 작용
② **문제해결지향**: 사회가 당면하고 있는 문제를 해결하려는 문제해결 지향적 성격
③ 가치 배분성
④ 정부의 공식성·강제성·제약성
⑤ 합리적 분석·선택과 협상의 산물로서의 양면성

3 정책과정

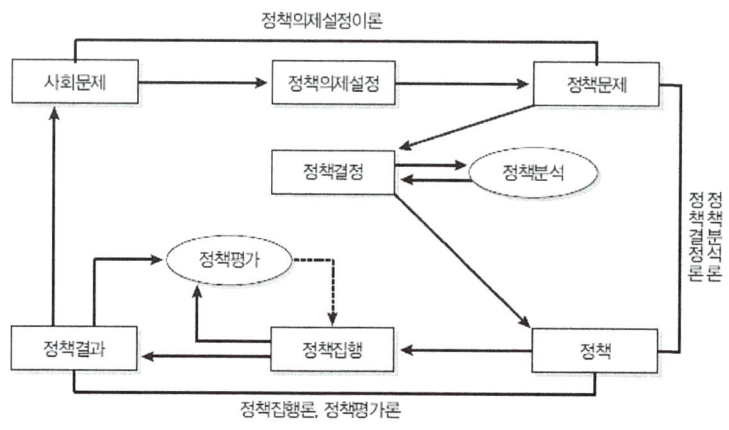

 정책학의 패러다임

Lasswell	Dror
• 맥락성 • 문제지향성 • 규범지향성과 당위성 • 연합학문적 연구	• 공공정책결정체제의 개선 • 거시적 수준에 초점 • 학문 간 경계 타파 • 순수연구와 응용연구의 통합 • 경험 및 묵시적 지식의 중시 • 시간관 중시 • 동태적 변동 중시(조직화된 독창성과 비합리적 요소의 활용)

OX 기출분석

01 ☐☐☐ 21 군무원 9급
정책은 공정성과 가치중립성(value-free)을 지향한다. ○ ✕

해설: 정책은 가치판단적 요소를 포함하며 가치지향적인 성격을 갖는다.

02 ☐☐☐ 20 행정사
정책은 정치적·행정적 과정으로서 단순하고 정태적 과정을 거친다. ○ ✕

해설: 정책은 정치적·행정적 과정으로서 복잡하고 동태적 과정을 거친다.

03 ☐☐☐ 18 서울 7급(추)
라스웰(Lasswell)의 '정책지향(policy orientation)'은 정책적 의사결정을 사회적 과정의 부분에 해당한다고 본다. ○ ✕

04 ☐☐☐ 18 경찰간부
Lasswell의 주장은 1950년대 당시에 미국정치학계를 휩쓸던 행태주의에 밀려 1960년대 말에 와서야 비로소 재출발하게 되었다. ○ ✕

05 ☐☐☐ 17 서울 7급
정책주체와 객체의 행태는 주관적이지만, 정책문제는 객관적이다. ○ ✕

해설: 정책문제는 정의하는 주체와 객체에 따라 달라질 수 있는 주관적·인공적인 성격을 지니므로 객관적이지 않다.

06 ☐☐☐ 17 서울 7급
정책문제는 당위론적 가치관의 입장에서 정의하는 것이 중요하다. ○ ✕

해설: 정책문제는 당위적인 공식성을 특징으로 한다.

07 ☐☐☐ 14 국회 8급
정책연구의 필요성이 대두된 계기로 처방적 지식의 요구, 행정의 전문화와 정책결정 역할담당 필요성 증대 등이 있다. ○ ✕

해설: 정책학은 문제처방적이고 정책지향적이어야 한다는 D. Easton의 후기행태주의가 견인차 역할을 하였다.

08 ☐☐☐ 13 국가 9급
정책목표와 정책수단 사이에는 인과관계가 있어야 한다. ○ ✕

해설: 목표와 수단의 계층제와 관련된다.

정답 01 ✕ 02 ✕ 03 ○ 04 ○ 05 ✕ 06 ○ 07 ○ 08 ○

핵심 기출 문제

01　　　　　　　　　　　　　　　　　　2018 경찰간부

현대적 정책학의 등장에 관한 다음 설명 중 옳은 것을 모두 고른 것은?

> 가. 현대적 정책학은 1951년에 발표된 Lasswell의 '정책지향(Policy Orientation)'이라는 논문에서 시작되었다.
> 나. Lasswell은 정책학의 특성으로 문제지향성, 맥락성, 범학문성, 규범지향성 등을 들고 있다.
> 다. Lasswell의 주장은 1950년대 당시에 미국정치학계를 휩쓸던 행태주의에 밀려 1960년대 말에 와서야 비로소 재출발하게 되었다.
> 라. 행태주의(Behavioralism)에 대한 비판으로 시작된 후기행태주의(Post Behavioralism)는 과학적 방법을 지양하고 가치판단과 관련한 사회·정치 문제 해결을 위한 정책지향을 도모하게 되었다.

① 나, 다
② 가, 나, 다
③ 가, 다, 라
④ 가, 나, 다, 라

정밀해설

② 가, 나, 다가 옳은 내용이다.
가. [○] Lasswell은 「정책지향(Policy Orientation)」에서 기존의 연구가 정치학과 관리과학 등을 중심으로 이루어지고 있다고 비판하면서 정책중심의 연구가 이루어져야 한다고 보았다.
나. [○] Lasswell은 정책학의 특성으로 문제해결 지향성(문제지향성), 시간적·공간적 상황의 고려(맥락성), 규범적·실증적·처방적 연구(규범지향성), 다학문적·종합학문적 연구(범학문성) 등을 제시하였다.
다. [○] Lasswell의 주장은 1950년대 미국 정치학계를 휩쓸었던 행태주의의 혁명에 의해 밀려났다가 1960년대 말 미국사회 격동기 해결을 위해 재등장하였다.
라. [×] 행태주의(Behavioralism)에 대한 비판으로 시작된 후기행태주의(Post Behaviora-lism)는 과학적 방법을 바탕으로 하여 가치판단과 관련한 사회·정치 문제 해결을 위한 정책지향을 도모하게 되었다.

정답 ②

02　　　　　　　　　　　　　　　　　　2013 국가 9급

정책 메카니즘에 대한 설명으로 옳지 않은 것은?

① 정책은 편파적으로 이익과 손해를 나누어주는 성격도 갖고 있다.
② 모든 사회문제는 정책의제화 된다.
③ 정책목표와 정책수단 사이에는 인과 관계가 있어야 한다.
④ 정책대안 선택의 기준들 사이에는 갈등이 있을 수 있다.

정밀해설

② 모든 사회문제가 정책의제화하는 것은 아니다. 해결이 곤란한 문제나 엘리트들의 이익과 기득권에 도전해오는 주장에 대해서는 무의사결정 등에 의하여 의제채택이 기각되는 경우도 있기 때문이다.

▶ **정책문제의 속성**

정치성	정치적 투쟁, 협상, 타협이 전개되므로 객관적 합리성이 제약됨
주관성	이해관계, 가치관, 능력, 심리상태 등에 따라 영향을 받음
인공성	이해집단의 상호작용이 이루어지는 정치적 과정이므로 객관성이 제약됨
동태성	여러 문제와 얽혀 있고 환경에 따라 그 성격과 해결책이 달라짐 → 복잡다양성, 상호의존성
역사성	역사적 산물인 경우가 많음
공공성	공익과 직결됨

정답 ②

적중 예상 문제

01 ☐☐☐

다음 중 정책에 대한 설명으로 옳지 않은 것은?

① 정책수단은 이해관계자 간의 갈등과 대립이 발생한다.
② 정책목표는 상·하의 계층구조이다.
③ 전통적인 정책수단으로는 규제, 유인, 설득이 있다.
④ 정책목표와 정책수단 간에는 인과관계가 형성되지 않는다.

정밀해설

④ 정책목표와 정책수단 간에는 인과관계가 있어야 한다.
① 정책수단은 국민에게 직접적인 영향을 미치기 때문에 이를 둘러싼 이해관계자들 간의 갈등과 대립이 발생한다.
② 정책목표는 정책수단과 상·하의 계층제 관계를 갖는다.
③ 전통적인 정책수단으로는 강제력에 바탕을 둔 규제, 보상적 권력에 바탕을 둔 유인, 규범적 권력에 바탕을 둔 설득이 있다.

정답 : ④

▶ **정책학 패러다임의 변화**

구분	Lasswell 시대	Lasswell 이후
궁극목적	인간의 존엄성 실현	인간의 존엄성 실현
수단	효율적 문제 해결	민주적 문제 해결
지향점	맥락 지향성	민주성 지향
관심	효율성	민주성

02 ☐☐☐

다음 중 정책학에 관한 설명으로 가장 옳지 않은 것은?

① 정책목표와 수단은 인과관계가 있어야 한다.
② 1960년대 인종갈등, 월남전 여파 등의 사회적 문제가 대두됨에 따라 정책학이 발전하기 시작하였다.
③ Lasswell은 정책학의 특성으로 문제지향성, 맥락성, 범학문성, 규범지향성 등을 들고 있다.
④ 정책대상자 중 수혜집단보다 정책비용집단을 집중적으로 고려해야 한다.

정밀해설

④ 정책대상자 중 수혜집단과 정책비용집단을 모두 고려해야 한다.
① 정책목표와 정책수단 사이에는 인과관계가 있어야 한다.
② 정책학은 1951년 발표된 Lasswell의 「정책지향」(Policy Orientation)이라는 논문에서 시작되었으나, 당시 행태과학의 위세에 밀렸다가 1960년대 말 격동기의 각종 사회문제가 나타나면서 후기행태주의의 등장으로 다시 연구가 활성화되었다.
③ Lasswell은 정책학의 특징으로 문제지향성, 맥락성, 범학문적 연구, 규범지향성과 당위성을 들었다.

정답 : ④

THEME 028 정책유형 및 정책과정 참여자

1 Lowi 분류: 엘리트론과 다원론의 상황적 통합

구분	배분정책	구성정책	규제정책	재분배정책
특징	집행 용이 포크배럴, 로그롤링	총체적 성격, 게임의 법칙	다원주의	계급대립적 성격, 엘리트주의
사례	SOC, 보조금 지급 등	선거구 획정, 정부기관 신설 등	진입규제, 독과점규제 등	사회보장정책, 임대주택 등
주도세력	의회	정당	이익집단	엘리트집단

Mani DB Salisbury의 4가지 분류

구분		요구패턴	
		통합적	분산적
결정패턴	통합적	재분배정책	규제정책
	분산적	자율규제정책	분배정책

2 학자별 정책 유형 분류

Lowi	Almond와 Powell	Ripley와 Franklin	Salisbury
분배정책	분배정책	분배정책	분배정책
규제정책	규제정책	경쟁적 규제정책 보호적 규제정책	규제정책 자율규제정책
재분배정책	-	재분배정책	재분배정책
구성정책	-	-	-
-	추출정책 <small>예 징병, 조세</small>	-	-
-	상징정책 <small>예 국경일 제정</small>	-	-

3 정책과정 참여자

① 유형

공식적 참여자	대통령과 행정수반, 행정기관과 관료, 입법부(국회), 사법부, 지방정부, 지방자치단체장, 지방의회 등
비공식적 참여자	정당, 이익집단, 언론, 시민단체, 정책전문가(정책공동체), 일반시민 등

② 비공식 참여집단의 비교

구분	정당	이익집단	정책공동체	NGO
목적	정권획득	이익의 극대화	정책건의·비판	정책감시, 여론형성
이해관계	정치적 이해	경제적 이해	없음	없음
기능	이익의 결집	이익의 표출	-	-
중립성	없음	없음	있음	있음
운동방향	대립적	대립적	단일방향	단일방향

OX 기출분석

해설

01 ☐☐☐   22 경간부

분배정책이란 부나 권리의 편중을 해소하기 위하여 정부가 가진 자와 못 가진 자의 분포를 인위적으로 변화시키려고 하는 정책이다.   ○ ✕

> 부나 권리의 편중을 해소하기 위하여 정부가 가진 자와 못 가진 자의 분포를 인위적으로 변화시키려고 하는 정책은 재분배정책이다.

02 ☐☐☐   21 지방 7급

종합편성 채널의 운영권을 부여하고, 이를 확보한 방송사에 대한 규제는 리플리와 프랭클린(Ripley & Franklin)의 보호적 규제 정책을 시행한 것으로 볼 수 있다.   ○ ✕

> 종합편성 채널의 운영권을 부여하고, 이를 확보한 방송사에 대한 규제는 리플리와 프랭클린의 경쟁적 규제정책에 해당한다.

03 ☐☐☐   21 국가 9급

로위(Lowi)의 정책유형 중 규제정책은 특정 개인이나 집단에 대한 선택의 자유를 제한하는 유형의 정책으로 강제력이 특징이다.   ○ ✕

> 규제정책은 개인·집단의 행동을 제약하는 정책으로 강제력을 확보하는 것이 특징이다.

04 ☐☐☐   21 경정승진

로위(T.Lowi)는 미국식 다원론자들의 주장과 엘리트주의자들의 주장을 통합하려는 의도에서 정책을 분류하였다.   ○ ✕

> 로위는 다원론(규제정책)과 엘리트론(재분배정책)의 통합을 시도하였다.

05 ☐☐☐   20 경찰간부

로위의 정책유형에서 구성정책은 모든 국민을 대상으로 하므로 대외적 가치배분에는 직접 영향을 주지 않지만 대내적으로는 게임의 법칙이 일어난다.   ○ ✕

> 구성정책은 모든 국민을 대상으로 하므로 대외적 가치배분에는 직접적인 영향력이 없으나 대내적으로는 게임의 법칙이 발생하기도 한다.

06 ☐☐☐   19 지방 7급

로위(Lowi)의 정책유형 분류에서 강제력이 행위의 환경에 직접적으로 적용되는 것은 규제정책이다.   ○ ✕

> 로위(Lowi)의 정책유형 분류에서 강제력이 행위의 환경에 직접적으로 적용되는 것은 재분배정책이다.

07 ☐☐☐   19 교행 9급

공직자 보수에 관한 정책, 정부기관 및 기구 신설에 관한 정책, 국유지 불하정책은 로위가 제시한 구성정책의 사례이다.   ○ ✕

> 국유지 불하정책은 로위가 제시한 배분정책의 사례이다.

08 ☐☐☐   18 서울 9급

로위(Lowi)의 분류 중 재분배정책의 예는 연방은행의 신용 통제, 누진소득세, 사회보장제도이고, 구성정책의 예는 선거구 조정, 기관신설 등이다.   ○ ✕

정답 01 ✕ 02 ✕ 03 ○ 04 ○ 05 ○ 06 ✕ 07 ✕ 08 ○

핵심 기출 문제

01
2021 국가 9급

로위(Lowi)의 정책유형과 그에 대한 설명으로 옳은 것만을 모두 고르면?

ㄱ. 규제정책은 특정 개인이나 집단에 대한 선택의 자유를 제한하는 유형의 정책으로 강제력이 특징이다.
ㄴ. 분배정책의 사례에는 FTA협정에 따른 농민피해 지원, 중소기업을 위한 정책자금지원, 사회보장 및 의료보장정책 등이 있다.
ㄷ. 재분배정책은 고소득층으로부터 저소득층으로 소득이전을 목적으로 하기 때문에 계급대립적 성격을 지닌다.
ㄹ. 재분배정책의 사례로는 저소득층을 위한 근로장려금 제도, 영세민을 위한 임대주택 건설, 대덕 연구개발 특구 지원 등이 있다.
ㅁ. 구성정책은 정부기관의 신설과 선거구 조정 등과 같이 정부기구의 구성 및 조정과 관련된 정책이다.

① ㄱ, ㄴ, ㄷ
② ㄱ, ㄷ, ㅁ
③ ㄴ, ㄹ, ㅁ
④ ㄷ, ㄹ, ㅁ

정밀해설

② ㄱ, ㄷ, ㅁ이 옳은 내용이다.
ㄱ. [○] 규제정책은 개인·집단의 행동을 제약하는 정책으로 강제력을 확보하는 것이 특징이다.
ㄷ. [○] 재분배정책은 계층 간의 소득을 재분배하여 소득격차를 해소하는 정책으로 고소득층으로부터 저소득층으로의 소득이전을 목적으로 하는 계급대립적 성격의 정책이다.
ㅁ. [○] 구성정책은 정부기구의 구성 및 조정과 관련된 대내적인 정책으로 정부기관의 신설이나 선거구 조정 등이 있다.
ㄴ. [×] FTA협정에 따른 농민피해 지원, 중소기업을 위한 정책자금지원은 분배정책에, 사회보장 및 의료보장정책은 모두 재분배정책의 사례이다.
ㄹ. [×] 저소득층을 위한 근로장려금 제도, 영세민을 위한 임대주택 건설은 재분배정책의 사례이고, 대덕 연구개발 특구 지원은 분배정책의 사례이다.

정답 ②

02
2018 국가 9급

살라몬(L. M. Salamon)이 제시한 정책수단의 유형에서 직접적 수단으로만 묶은 것은?

ㄱ. 조세지출(tax expenditure)
ㄴ. 경제적 규제(economic regulation)
ㄷ. 정부소비(direct government)
ㄹ. 사회적 규제(social regulation)
ㅁ. 공기업(government corporation)
ㅂ. 보조금(grant)

① ㄱ, ㄴ, ㄷ
② ㄱ, ㄹ, ㅂ
③ ㄴ, ㄷ, ㅁ
④ ㄹ, ㅁ, ㅂ

정밀해설

③ ㄴ, ㄷ, ㅁ이 직접성이 높은 수단에 해당한다.
ㄴ, ㄷ, ㅁ. [○] 경제적 규제, 정부소비, 공기업은 직접성이 높은 행정수단에 해당한다.
ㄱ. [×] 조세지출은 직접성이 중간인 행정수단에 해당한다.
ㄹ. [×] 사회적 규제는 직접성이 중간인 행정수단에 해당한다.
ㅂ. [×] 보조금은 직접성이 낮은 행정수단에 해당한다.

▶ **Salamon의 정책수단 유형**
(직접적 정책수단과 간접적 정책수단)

직접성	행정수단	효과성	형평성	정당성
높음	정부소비, 직접대출, 공기업, 경제적 규제, 정보제공, 보험	높음	높음	낮음
중간	조세지출, 계약, 사회적 규제, 벌금	낮음/중간	낮음	높음
낮음	손해책임법, 보조금, 대출보증, 정부출자기업, 바우처	낮음	낮음	높음

정답 ③

03

2014 국가 7급

정책유형과 사례를 바르게 연결한 것만을 모두 고른 것은?

ㄱ. 추출정책 – 부실기업 구조조정
ㄴ. 상징정책 – 노령연금제도
ㄷ. 규제정책 – 최저임금제도
ㄹ. 구성정책 – 정부조직 개편
ㅁ. 분배정책 – 신공항 건설
ㅂ. 재분배정책 – 지방자치단체에 지원되는 국고보조금

① ㄱ, ㄴ, ㅁ
② ㄱ, ㄹ, ㅂ
③ ㄴ, ㄷ, ㅂ
④ ㄷ, ㄹ, ㅁ

정밀해설

④ ㄷ, ㄹ, ㅁ이 옳게 연결되었다.
ㄷ. [○] 최저임금제도는 근로자를 보호하려는 사회적 규제의 일종으로 규제정책에 해당한다.
ㄹ. [○] 정부조직 신설 및 선거구역 획정 등은 구성정책에 해당한다.
ㅁ. [○] 공항, 항만, 도로 등의 사회간접자본(SOS) 건설은 모두 분배정책에 해당한다.
ㄱ. [×] 부실기업 구조조정은 강제퇴출의 성격을 지니므로 규제정책에 해당한다. 한편 추출정책은 징병과 관련된다.
ㄴ. [×] 노령연금제도는 사회적 약자에 대한 배려로서 이는 재분배 정책에 해당한다.
ㅂ. [×] 지방자치단체에 지원되는 국고보조금 등 자치단체나 기업에 대해 지원금 등은 모두 분배정책에 해당한다.

▶ 베덩(Vedung) 정책수단 유형

규제적 도구	강제성이 높은 정책수단 ⑩ 금지, 허가제, 규제, 벌금 등
경제적 도구	중간 정도의 강제성을 가진 정책수단 ⑩ 보조금, 세금감면, 조세지출, 바우처, 대출보증 등
정보적 도구	강제성이 가장 낮은 정책수단 ⑩ 정보 제공, 교육, 캠페인, 라벨링, 순위 공개 등

정답 : ④

04

2012 해경간부

다음 설명 중 옳은 것은 모두 몇 개인가?

ㄱ. Ripley & Franklin의 경쟁적 규제정책은 분배정책과 보호적 규제정책의 양면성을 지닌다.
ㄴ. 재분배정책은 엘리트론적 정치과정에서 정상 간의 제휴에 의해 정책이 결정되며, 정책결정구조는 불안정적인 상태를 나타낸다.
ㄷ. Lowi는 정책유형을 추출정책, 규제정책, 분배정책, 상징정책으로 나누었다.
ㄹ. Lowi의 정책유형론 중 분배정책의 경우에는 정책과정에 전문가나 관계기관의 역할은 미미하고, 의회위원회의 역할이 결정적인 반면, 재분배정책의 결정과정은 대통령 지향적이어서 대통령과 막료들의 역할이 적극적이다.
ㅁ. 구성정책은 헌정수행에 필요한 운영규칙에 관련된 정책으로, 주로 정부기구의 조정과 관련된 정책을 의미하며, Almond와 Powell이 제시한 정책유형에 속한다.

① 1개
② 2개
③ 3개
④ 4개

정밀해설

② ㄱ, ㄹ이 옳은 설명이다.
ㄱ. [○] Ripley & Franklin의 정책분류에서 분배정책과 보호적 규제정책의 양면성을 갖는 것은 경쟁적 규제정책이다.
ㄹ. [○] Lowi의 분배정책은 의회가 주도하므로 의회위원회의 역할이 결정적이지만, 재분배정책은 엘리트집단이 주도하므로 대통령과 막료들의 역할이 적극적이다.
ㄴ. [×] 재분배정책은 엘리트의 참여에 의해 정책이 결정되므로 정책결정구조는 집권적·안정적·독자적인 상태를 나타낸다.
ㄷ. [×] Lowi는 정책유형을 분배정책, 규제정책, 재분배정책, 구성정책으로 나누었다. 한편 정책유형을 추출정책, 규제정책, 분배정책, 상징정책으로 나눈 학자는 Almond & Powell이다.
ㅁ. [×] 구성정책은 헌정수행에 필요한 운영규칙에 관련된 정책으로, 주로 정부기구의 조정과 관련된 정책을 의미하며, Lowi가 제시한 정책유형에 속한다.

정답 : ②

적중 예상 문제

01 ☐☐☐

다음 중 Ripley와 Franklin의 분류에 대한 설명으로 옳지 않은 것은?

① 분배정책은 안정적 정책집행의 제도화가 가능하다.
② 재분배정책은 형평성 이념을 배경으로 한다.
③ 경쟁적 규제정책은 보호적 규제정책과 분배정책의 성격을 동시에 지닌다.
④ 보호적 규제정책은 재분배정책보다 분배정책의 성격이 더 강하다.

정밀해설

④ 보호적 규제정책은 분배정책보다 재분배정책의 성격이 더 강하다.
① 분배정책은 정부가 가진 자원을 분배하는 것으로 안정적 정책집행을 위한 루틴화의 가능성이 높은 정책유형이다.
② 재분배정책은 정부가 재산이나 소득 등의 가치를 개인이나 집단에게 재분배하는 소득 이전적 성격으로 형평성 이념을 추구하는 정책유형이다.
③ 경쟁적 규제정책은 경쟁범위를 제한하려는 정책으로 분배정책과 보호적 규제정책의 양면성을 지니는 정책유형이다.

정답: ④

02 ☐☐☐

다음 중 정책유형에 대한 설명으로 가장 옳은 것은?

① Salisbury의 자율규제정책은 요구패턴은 통합적이지만 결정패턴이 분산적인 정책이다.
② Ripley와 Franklin은 특정 개인이나 집단에게 서비스 재화를 제공하는 것과 관련되는 것을 보호적 규제정책이라고 보았다.
③ Almond와 Powell은 정당성에 대한 신뢰감, 충성심 증진을 위한 정책으로 추출정책을 제시하였다.
④ Lowi의 분배정책은 게임의 법칙이 적용되고 모든 국민을 대상으로 하는 체제형성정책으로 인해 정당이 중요한 영향을 미친다.

정밀해설

① Salisbury의 자율적 규제정책은 사적인 활동을 제약하는 특정의 조건을 설정함으로써 다수의 대중을 보호하려는 정책으로 요구패턴은 통합적이지만 결정패턴이 분산적인 정책에 해당한다.
② Ripley와 Franklin의 경쟁적 규제정책에 대한 설명이다.
③ Almond와 Powell은 정당성에 대한 신뢰감, 충성심 증진을 위한 정책으로 상징정책을 제시하였다.
④ Lowi의 구성정책은 게임의 법칙이 적용되고 모든 국민을 대상으로 하는 체제형성정책으로 인해 정당이 중요한 영향을 미친다고 보았다.

정답: ①

03

Salamon의 정책 분류 중 <보기>에서 강제성이 높은 정책수단으로만 묶인 것은?

< 보기 >
ㄱ. 바우처
ㄴ. 정보 제공
ㄷ. 보조금
ㄹ. 보험
ㅁ. 경제적 규제
ㅂ. 사회적 규제

① ㄱ, ㄴ
② ㄴ, ㄷ
③ ㄹ, ㅁ
④ ㅁ, ㅂ

정밀해설

④ ㅁ, ㅂ은 강제성이 높은 수단에 해당한다.
ㄱ, ㄷ, ㄹ. [×] 바우처, 보조금, 보험은 강제성이 중간 영역에 해당하는 수단이다.
ㄴ. [×] 정보 제공은 강제성이 낮은 영역에 해당한다.

▶ Salamon의 정책수단 유형
(직접적 정책수단과 간접적 정책수단)

직접성	행정수단	형평성
높음	정부소비, 직접대출, 공기업, 경제적 규제, 정보제공, 보험	높음
중간	조세지출, 계약, 사회적 규제, 벌금	낮음
낮음	손해책임법, 보조금, 대출보증, 정부출자기업, 바우처	낮음

정답 : ④

04

정책유형론에 관한 설명으로 옳은 것은 모두 몇 개인가?

ㄱ. Lowi는 정책유형에 따라 정책집행과정이 달라진다고 주장하였다.
ㄴ. Lowi는 정책의 유형을 분배정책, 경쟁적 규제정책, 보호적 규제정책, 재분배정책으로 분류하였다.
ㄷ. Ripley & Franklin은 정책유형에 따라 정책결정과정이 달라진다고 주장하였다.
ㄹ. Lowi가 말하는 배분정책에서는 게임의 법칙이 일어나며 총체적 기능과 권위적 성격을 특징으로 한다.
ㅁ. Salisbury는 정책을 분배정책, 재배분정책, 규제정책, 자율규제정책으로 분류하였다.

① 1개
② 2개
③ 3개
④ 4개

정밀해설

① ㅁ만 옳다.
ㄱ. [×] Ripley & Franklin은 정책의 유형에 따라 집행과정이 달라진다고 보고 정책의 사회적 목표와 집행과정의 특징을 중심으로 정책을 분류하였다.
ㄴ. [×] Lowi는 정책을 분배정책, 규제정책, 재분배정책, 구성정책으로 분류하였다.
ㄷ. [×] Lowi는 정책유형에 따라 정책결정과정이 달라진다고 주장하였다.
ㄹ. [×] 구성정책은 체제내부를 정비하는 정책으로 대내적으로는 '게임의 법칙'이 발생하며 총체적 기능과 권위적 성격을 특징으로 한다.

정답 : ①

THEME 029 정책의제 설정

1 정책의제 설정 과정

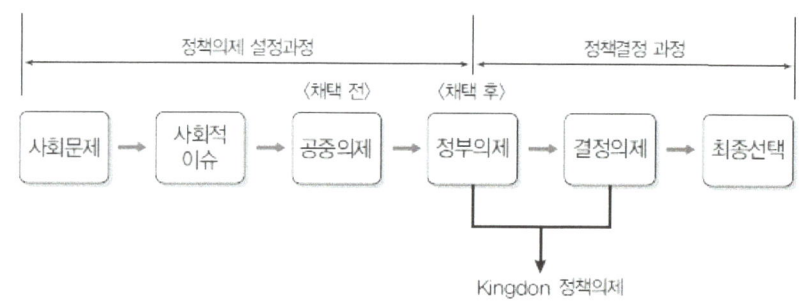

※ 3종 오류(메타오류) 발생 가능성 있음.

2 주도집단에 의한 모형(Cobb과 Ross)

구분	외부주도모형	동원모형	내부접근모형
내용	사회문제 ⇨ 공중의제 ⇨ 정부의제	사회문제 ⇨ 정부의제 ⇨ 공중의제	사회문제 ⇨ 정부의제
전개방향	외부 ⇨ 내부	내부 ⇨ 외부	내부 ⇨ 내부
공개성, 참여도	높음	중간	낮음
공중의제 성립	구체화, 확산단계	확산단계	공중의제 불성립
정부의제 성립	진입단계	주도단계	주도단계
사회·문화적 배경	평등사회	계층사회	불평등사회 (사회적 지위·부의 편중)

3 의제설정에 영향을 주는 문제의 특성

① 영향을 받는 집단(이해관계집단)이 크고(많고) 문제의 내용이 대중적이고 중요한 것일수록 의제화
② 관련 집단들에 의하여 예민하게 쟁점화된 것일수록 의제화
③ 문제를 인지(제기)하는 집단의 규모가 클수록 의제화
④ 해결책이 있을수록 의제화
⑤ 사회적 중요성이 클수록 의제화
⑥ 선례의 유무, 관례화된 문제일수록 의제화

※ 문제의 구체성: 논란이 있으나 문제가 추상적일 때 의제화 가능성이 높음(다수견해).

OX 기출분석

01 ☐☐☐   22 경간부
동형화 모형은 강압·모방·규범 등을 통해 정부 간 정책전이가 일어나면서 정책의제설정에 영향을 끼친다고 주장한다.   O X

해설: 동형화 모형은 정부 간 정책전이가 일어나면서 정책의제설정에 영향을 준다는 이론으로 강압·모방·규범 등의 동형화 과정이 나타난다.

02 ☐☐☐   21 지방 7급
콥과 로스(Cobb & Ross)가 제시한 의제 설정 유형 중 '사회문제 → 정부의제'의 과정을 거치는 것은 내부접근형이다.   O X

해설: 내부접근형은 사회문제 → 정부의제의 과정을 거친다.

03 ☐☐☐   20 경찰간부
동원형은 공중의제화 과정을 거치기 때문에 행정부의 영향력이 작고 민간부문이 발전된 선진국에서 많이 나타나는 모형이다.   O X

해설: 동원형은 주로 정부의 힘이 강하고 민간부문의 힘이 취약한 후진국에서 나타난다.

04 ☐☐☐   19 서울 7급
콥(Cobb)과 로스(Ross)가 유형화한 정책의제설정모형 중 사회문제 → 정부의제 → 공중의제의 순서로 전개되는 것은 외부주도형이다.   O X

해설: 콥(Cobb)과 로스(Ross)가 유형화한 정책의제설정모형 중 사회문제 → 정부의제 → 공중의제의 순서로 전개되는 것은 동원형이다.

05 ☐☐☐   17 국회 9급
내부접근형은 정부기관 내의 관료집단이나 정책결정자에게 쉽게 접근할 수 있는 외부집단이 최고정책결정자에게 접근하여 문제를 정부의제화하는 경우이다.   O X

해설: 내부접근형은 정부기관 내의 관료집단이 사회문제를 정부의제화 하는 모형으로 사회문제가 바로 정부의제화 된다.

06 ☐☐☐   17 행정사
외부주도형은 정부 바깥에 있는 집단이 사회문제를 정부가 해결해 줄 것을 요구하며 정부의제로 채택하도록 하는 유형이다.   O X

해설: 외부주도형은 민간집단에 의해 공중의제화한 후 정책결정자의 관심을 끌게 되면 정부의제로 전환되는 모형이다.

07 ☐☐☐   15 서울 7급
올림픽이나 월드컵 유치 등 국민들이 적극적인 관심을 보인 사례는 외부집단이 주도한 외부주도형이다.   O X

해설: 올림픽이나 월드컵 유치 등은 정부가 정책의제를 미리 설정하고 난 다음, 정책의 중요성과 유용성을 일반 대중에게 이해시키고 설득하는 동원형과 관련된다.

08 ☐☐☐   14 서울 9급
국민의 관심 집결도가 높거나 특정 사회이슈에 대해 정치인의 관심이 큰 경우에는 정책 의제화가 쉽게 진행된다.   O X

해설: 국민의 관심도가 높거나 정치인의 관심이 크고 사회적으로 중요한 문제일수록 정책의제화가 쉽게 진행된다.

정답 01 O 02 O 03 X 04 X 05 O 06 O 07 X 08 O

핵심 기출 문제

01 ◻◻◻ 2022 지방 9급

홀릿(Howlett)과 라메쉬(Ramesh)의 모형에 따라 정책의제설정 유형을 분류할 때, (가) ~ (라)에 대한 설명으로 옳지 않은 것은?

공중의 지지 의제설정 주도자	높음	낮음
사회 행위자(societal actors)	(가)	(나)
국가(state)	(다)	(라)

① (가) - 시민사회단체 등이 이슈를 제기하여 정책의제에 이른다.
② (나) - 특별히 의사결정자들에게 접근할 수 있는 영향력 있는 집단이 정책을 주도한다.
③ (다) - 이미 공중의 지지가 높기 때문에 정책이 결정된 후 집행이 용이하다.
④ (라) - 정책결정자가 이슈를 제기하면 자동적으로 정책의제화되기 때문에 성공적인 집행을 위한 공중의 지지는 필요없다.

정밀해설

④ 지문은 내부주도형에 대한 설명이다.

공중의 지지 의제설정 주도자	높음	낮음
사회 행위자 (societal actors)	외부 주도형	내부 주도형
국가(state)	굳히기형	동원형

정답 ④

02 ◻◻◻ 2018 서울 7급(3월)

정책의제설정 모형에 관한 설명으로 가장 옳은 것은?

① 포자 모형은 정책문제가 제기되어 정의되는 환경보다는 정책문제 자체의 성격이 갖는 중요성에 주목한다.
② 이슈관심주기 모형은 공공의 관심을 끌기 위한 치열한 경쟁과 별개로 이슈 자체에 생명주기가 있다고 본다.
③ 정책흐름 모형은 조직화된 무정부 상태에서의 합리성과는 다른 합리성 가정을 의제설정과정의 설명에 적용한다.
④ 동형화 모형은 정부 간 정책전이(policy transfer)가 모방, 규범, 강압을 통해 이뤄진다고 본다.

정밀해설

④ Dimaggio & Powell의 동형화(Isomorphism) 이론에 따르면, 어떤 조직이든 생성 시에는 다양한 형태로 출발하지만 시간이 흐르면 동질화의 압력이 나타나 동형화가 이루어진다는 것으로 정책전이현상은 정부들 간의 동형화로 이해할 수 있으며 이는 사회적으로 정당성을 인정받은 정책을 채택한다는 이론이다. 동형화의 유형으로는 모방적 동형화(보다 성공적인 조직을 모방하는 결과로 동형화가 이루어짐), 규범적 동형화(서로 다른 조직의 구성원들을 전문적으로 교육시킴으로써 동형화가 이루어짐), 강압적 동형화(압력의 결과로 조직이 변화함)가 있다.
① 포자 모형은 이슈촉발계기가 마련되고 유리한 환경이 조성될 때 이슈가 정책의제화된다는 것으로, 문제 자체의 성격보다 정책문제가 제기되어 정의되는 환경을 중시하는 모형이다.
② Downs의 이슈관심주기 모형에 따르면 일반 대중은 중요한 국내 문제에 오랫동안 관심을 가지려 하지 않는 경향이 있다고 본다.
③ 정책흐름 모형은 정책의제의 형성과 정책대안의 구체화 과정에서 문제의 흐름, 정치의 흐름, 정책의 흐름 세 가지가 중요한 변수라고 보고 이들의 결합에 의해 정책의제가 형성된다고 보는 것으로, 일반적인 합리성 모형과는 달리 쓰레기통모형 등 조직화된 무정부 상태에서의 합리성을 설명하는 모형이다.

정답 ④

03

2018 경찰간부

다음 설명 중 옳은 것은 몇 개인가?

가. 정책의제설정은 다양한 사회문제 중 특정한 문제가 정부의 정책에 의해 해결되기 위해 하나의 의제로 채택되는 과정이다.
나. 정책의제 설명모형 중 동원형은 의도적이고 일방적으로 국민을 무시하는 정부에서 나타날 수 있는 유형이다.
다. 올림픽이나 월드컵 유치 등 국민들이 적극적인 관심을 보인 사례는 외부집단이 주도한 외부주도형에 속한다.
라. 정책의제설정 과정에는 주도집단, 정책체제, 환경 등의 변수들이 중요하게 작용한다.
마. 사이몬(H. simon)의 의사결정론은 왜 특정의 문제가 정책문제로 채택되고 다른 문제는 제외되는가에 대한 설명에는 한계가 있다.

① 1개　　② 2개　　③ 3개　　④ 4개

정밀해설

③ 가, 라, 마가 옳은 내용이다.
가. [○] 정책의제설정이란 다양한 사회에 있는 개인이나 각종 집단의 요구들이 정부의 관심대상으로 전환되어 가는 과정으로 정부가 사회문제를 정책적으로 해결하기 위해 검토하고 결정하는 행위를 말한다.
라. [○] 주도집단의 특성, 정책문제 및 환경적 요인 등은 정책의제설정에 영향을 미치는 요인으로 정책의제설정 과정에 중요한 변수로 작용한다.
마. [○] 사이몬은 조직의 주의 집중력은 한계가 있으므로 일부의 사회문제만이 정책의제로 선택된다고 보았지만, 왜 특정의 문제가 정책문제로 채택되고 다른 문제는 제외되는가와 관련해서는 설명에 한계가 있다고 본다.
나. [×] 정책의제 설명모형 중 내부접근형은 의도적이고 일방적으로 국민을 무시하는 정부에서 나타날 수 있는 유형이다.
다. [×] 올림픽이나 월드컵 유치 등 국민들이 적극적인 관심을 보인 사례는 정부 내의 정책결정자들이 주도한 동원형에 속한다.

정답 : ③

04

2012 국회 8급

제3종 오류에 관한 설명으로 옳지 않은 것은?

① 제3종 오류는 가치중립적인 판단은 비현실적이라는 관점에서 출발한다.
② 기술적인(technical) 접근의 무비판적인 수용을 비판하는 측면이 있다.
③ 문제구성 자체가 잘못된 경우의 오류를 의미한다.
④ 주로 대안 선정 및 제시의 단계에서 나타난다.
⑤ 제3종 오류를 줄이기 위한 방법으로는 경계분석, 복수관점분석 등이 사용된다.

정밀해설

④ 제3종 오류는 주로 의제채택과정에서 나타난다.
① 제3종 오류는 문제를 잘못 정의하는 것이므로 가치중립적인 정책집행은 비현실적이라고 본다.
② 제3종 오류는 문제나 목표가 명확하다는 전제하에 최적의 수단을 탐색하는 수단적·기술적 기획관은 한계가 있다고 보고 규범적 기획관이 필요하다고 전제한다.
④ 문제를 잘못 인지하거나 구성 자체를 잘못한 경우에 나타나는 오류이다.
⑤ 정책문제 구조화를 통해 제3종 오류를 방지하고 정책문제를 올바르게 정의하려는 방법으로 경계분석, 복수관점분석 등이 사용된다.

▶ **정책오류 유형**

오류 유형	특징
제1종 오류	옳은 귀무가설을 기각하는 오류
	틀린 대립가설을 채택하는 오류
제2종 오류	틀린 귀무가설을 인용하는 오류
	옳은 대립가설을 기각하는 오류
제3종 오류	정책문제를 잘못 인지하여 정책 문제가 해결되지 못하는 근원적인 오류

정답 : ④

적중 예상 문제

01 □□□

정책의제설정(policy agenda setting)에 관한 설명으로 타당한 것은?

① 복잡하고 다양한 변화가 발생하는 현대 사회에서 야기되는 모든 사회문제는 개인이 해결하기 어렵기 때문에 정책의제가 된다.
② 문제 자체가 매우 복잡하여 이를 해결하기 위한 수단을 선택하기 힘든 사회문제는 정책의제화되기 쉽다.
③ 전문가들을 동원하여 정책목표의 실현가능성 분석과 각 대안에 대한 비용·편익분석을 통하여 주요 정책문제로 확정짓는 것이다.
④ 관련 집단들에 의해 예민하게 쟁점화된 사회문제일수록 정책의제화의 가능성이 크다.

정밀해설

④ 사회문제가 쟁점화되고 정책으로 인한 영향력이 클수록 정책의제화될 가능성이 크다.
① 다양한 사회문제 중에서 정부가 공식적으로 논의한 문제가 정책의제화된다.
② 문제 자체가 매우 복잡할수록 정책의제화되기 어렵다.
③ 실현가능성 분석과 비용편익 분석은 정책분석이다.

정답 ④

02 □□□

다음 중 사회적 이슈가 정책의제화되는 모형에 대한 설명으로 틀린 것은?

① 포자모형은 영향력이 없는 집단의 이슈가 평상시에는 정부의제로 발전되지 못한다는 이론이다.
② Kingdon의 흐름창 모형은 문제, 정책, 해결책 흐름의 결합에 의해 형성된다고 본다.
③ Downs의 이슈관심주기이론은 일반대중의 관심 수준과 본성에 초점을 둔다.
④ Rogers의 혁신확산이론은 시간에 따라 아이디어가 확산되는 방식으로 설명한다.

정밀해설

② Kingdon의 흐름창 모형은 정치, 정책, 문제의 흐름의 결합에 의해 형성된다고 본다.
① 포자모형은 영향력이 없는 집단의 이슈가 평상시에는 정부의제로 발전되지 못한다는 이론으로 이슈촉발계기가 마련되고 유리한 환경이 조성될 때 이슈가 정책의제화된다.
③ Downs의 이슈관심주기 이론은 일반대중의 관심 수준과 본성에 초점을 두고 5단계로 통과한다고 본다.
④ Rogers의 혁신확산이론은 시간의 경과에 따라 새로운 정책 아이디어가 빠르게 확산되지 않고 머무는 이유를 분석한다.

정답 ②

03

주도집단에 따른 정책의제 설정유형에 관한 설명으로 옳지 않은 것은?

① 동원형은 정부의 힘이 강하고 민간부문의 힘이 취약한 후진국에서 주로 나타나는 유형이다.
② 동원형은 정부의제화한 후 구체적인 정책결정을 하면서 공중의제화한다.
③ 내부접근형에서 정부의제는 정부PR을 통해 공중의제화된다.
④ 외부주도형은 이익집단이 발달하고 정부가 외부의 요구에 민감하게 반응하는 정치체제에서 주로 나타난다.

정밀해설

③ 정부PR을 통해 공중의제화하는 것은 동원형이고, 내부접근형(음모형)에서는 공중의제가 생략된다.
① 동원형은 후진국 사회나 권위주의 사회에서 주로 나타나는데, 한국의 새마을 운동과 가족계획 사업이 대표적인 예이다.
② 동원형은 사회문제가 정부의제로 먼저 채택된 후 정부의 의도적 노력에 의해 공중의제로 확산되는 유형이다.
④ 외부주도형은 다원화된 선진사회에서 주로 나타난다.

정답 : ③

04

Cobb과 Elder의 정책의제의 유형 중 체제적 의제와 관련된 내용으로만 연결된 것은?

> ㄱ. 일반대중이 관심을 갖고(공적 관심), 문제의 해결책이 강구되어야 한다고 공감하며 문제의 해결책을 강구하는 것이 정부의 권한에 속한다고 생각하는 의제이다.
> ㄴ. 정부가 정책적으로 해결해야 할 것이라고 인식한 문제로 정부가 여러 가지 사회문제 중에서 정책적 해결을 의도하여 공식적으로 채택한 문제이다.
> ㄷ. 사회적 쟁점이 체제적 의제화되는 이슈의 확산과정에서 인식이 공유되는 관계집단이 확인집단에서 관심집단, 관심대중, 일반대중으로 점차 확대될수록 의제화의 가능성이 확대된다.
> ㄹ. 동원형 의제설정모형에서는 정부에 의해 체제적 의제가 나타나고 난 뒤 국민에 대한 행정PR 등 공중의제화가 진행된다.
> ㅁ. 공식의제, 정부의제, 행동의제, 기관의제 등으로 불리워지기도 한다.
> ㅂ. 어떤 사회문제의 성격·해결방법에 대해 집단들 간의 견해 차이가 있어 논쟁 대상이 되어 있는 문제이다.

① ㄱ, ㄷ
② ㄴ, ㄷ
③ ㄱ, ㄹ, ㅁ
④ ㄱ, ㄷ, ㅂ

정밀해설

① ㄱ, ㄷ만 옳다.
ㄴ. [×] 공식의제에 대한 설명이다.
ㄹ. [×] 동원형은 주로 정치지도자들의 지시에 의해 사회문제가 공식의제(정부의제)로 채택되고 일반대중의 지지를 얻기 위한 정부주도의 행정 활동을 통해 공중의제화가 진행된다.
ㅁ. [×] 체제의제는 공중의제, 토의의제, 환경의제 등으로 불려진다.
ㅂ. [×] 사회문제의 성격이나 그 해결방안에 대하여 논란이 벌어지면 사회적 이슈가 된다.

정답 : ①

THEME 030 다원주의, 엘리트론

1 엘리트론과 다원론 전개

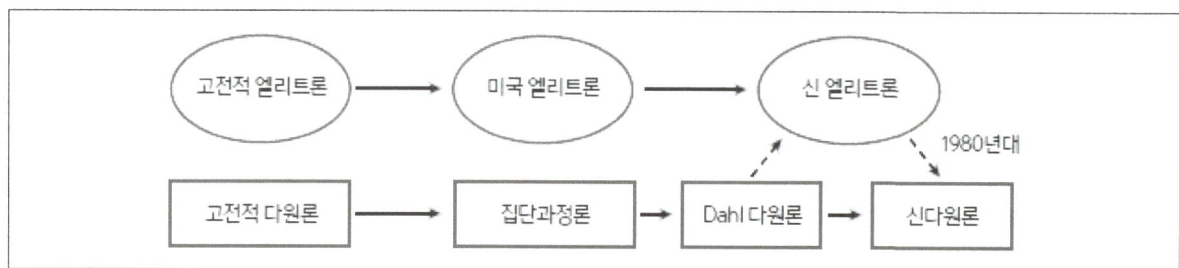

2 주요 내용

① 다원주의와 신다원주의 비교

이론	다원주의(Pluralism)	신다원주의(Neo-Pluralism)
특징	• 사회 집단들 사이에 권력은 동등하게 분산 • 복수의 이익집단 간 상호경쟁, 개별집단의 이익 추구 • 정부는 중립적·소극적 심판관 • 풍향계적 정부: 정책은 이익집단 간 경쟁과 타협의 결과 • 어떠한 사회문제든지 정치체제로 반영	• 신엘리트이론의 요소를 부분적으로 수용 • 정부는 전문적·능동적으로 기능 • 기업이 중요한 정책행위자라는 점과 우월적 존재가능성을 인정
주요 이론	• Bentley와 Truman의 이익집단론(고전적 다원론) - 잠재이익집단, 중복회원론 • R. Dahl의 다원론(뉴헤이븐시 연구)	P. Dunleavy의 신다원론

② 엘리트주의와 신엘리트주의 비교

이론	엘리트주의	신엘리트주의
특징	• 소수의 동질적이고 폐쇄적인 엘리트가 다수의 일반대중을 지배 • 정책은 엘리트집단의 이익을 대변	• 다원론에 대한 반발 • 엘리트들은 자신의 이득에 도전해오는 주장들을 의도적으로 방치 또는 기각하여 정책의제로 채택되지 못하도록 함
주요 이론	• 고전적 엘리트이론(Mosca) • C. W. Mills의 지위접근법 • F. Hunter의 명성접근법(아틀란타 시, 기업 엘리트)	• Bachrach & Baratz 등의 무의사결정론 • A. Gramsci의 Hegemony 이론 등

OX 기출분석

01 ☐☐☐ 23 지방 9급
밀즈(Mills)는 명성접근법을 사용하여 엘리트들을 분석한다. O X

해설: 1950년대 미국 엘리트론중 Mills는 지위접근법, Hunter는 명성접근법을 사용하였다.

02 ☐☐☐ 22 경간부
다원주의론에 따르면 이익집단 간의 영향력의 차이는 주로 정부의 정책과정에 대한 상이한 접근기회에 기인한다고 본다. O X

해설: 다원주의론에 따르면 이익집단 간의 영향력의 차이는 주로 정부의 정책과정에 대한 동등한 접근기회에 기인한다고 본다.

03 ☐☐☐ 20 검정승진
엘리트주의는 정책은 동질적이고 폐쇄적인 엘리트들의 자율적인 가치배분에 의해 결정된다고 본다. O X

해설: 엘리트주의는 소수의 동질적이고 폐쇄적인 엘리트가 다수의 일반대중을 지배한다고 본다.

04 ☐☐☐ 19 서울 9급
다원주의(Pluralism)에서 이익집단들 간의 영향력 차이는 주로 정부의 정책과정에 대한 상이한 접근기회에 기인한다. O X

해설: 이익집단들 간의 영향력 차이는 있지만, 정부의 정책과정에 대한 동등한 접근기회를 가지고 있다.

05 ☐☐☐ 19 지방 7급
밀즈의 지위접근법은 전국적 차원이 아니라 지역사회의 지배구조에 초점을 맞추면서, 소수 엘리트가 강한 응집성을 가지고 정책을 결정하고 정치에 무관심한 일반대중들은 비판 없이 이를 수용한다고 설명한다. O X

해설: 헌터의 명성접근법에 대한 설명이다.

06 ☐☐☐ 17 지방 9급(추)
다원주의이론은 정부정책을 다양한 행위자들 간의 협상과 경쟁의 결과로 본다. O X

07 ☐☐☐ 17 국회 8급
엘리트주의에서는 권력은 다수의 집단에 분산되어 있지 않으며 소수의 힘 있는 기관에 집중되고, 기관의 영향력 역시 일부 고위층에 집중되어 있다고 주장한다. O X

08 ☐☐☐ 17 경찰간부
Hunter의 명성접근법은 지역사회의 권력구조를 실증적으로 연구한 것으로, 사회적 명성이 있는 소수자들이 결정한 정책을 일반대중이 수용한다는 입장이다. O X

정답 01 X 02 X 03 O 04 X 05 X 06 O 07 O 08 O

Theme 030 다원주의, 엘리트론

핵심 기출 문제

01
2019 지방 7급

㉠, ㉡에 해당하는 권력모형을 옳게 짝지은 것은?

- (㉠)은 전국적 차원이 아니라 지역사회의 지배구조에 초점을 맞추면서, 소수 엘리트가 강한 응집성을 가지고 정책을 결정하고 정치에 무관심한 일반대중들은 비판 없이 이를 수용한다고 설명한다.
- (㉡)은 정치권력에 두 얼굴(two faces of power)이 있음을 주장하는 입장으로부터 권력의 어두운 측면이 갖는 영향력에 대해 관심을 가지지 않았다는 점을 비판받았다.

	㉠	㉡
①	밀즈의 지위접근법	달의 다원주의론
②	밀즈의 지위접근법	바흐라흐와 바라츠의 무의사결정론
③	헌터의 명성접근법	달의 다원주의론
④	헌터의 명성접근법	바흐라흐와 바라츠의 무의사결정론

정밀해설

③ ㉠은 헌터의 명성접근법이고 ㉡은 달의 다원주의론에 대한 설명이다.

- ㉠ 헌터의 명성접근법은 지역사회의 권력구조에 대한 연구로, 조지아주의 아틀란타시를 대상으로 명성이 있는 40명을 선정하여 이들의 성분을 조사하였다. 헌터에 따르면 응집력과 동료의식이 강하고 기업엘리트들이 지역사회를 지배한다고 보았으며 일반대중은 이들이 결정한 정책을 그대로 받아들인다고 보는 내용이다. 한편 밀즈의 지위접근법은 전국적 차원의 연구로, 정부, 군대, 기업의 엘리트 연합체인 군산복합체가 중요한 역할을 담당하고 있다고 보았다. 밀즈에 따르면 중요한 결정은 권력엘리트에 의해 결정되고 사소한 문제는 의회에서 일반 국민의 관심을 받으면서 논의될 뿐이라고 본다.
- ㉡ 달의 다원주의론은 권력의 두 얼굴에서 권력의 밝은 얼굴 측면만을 연구대상으로 삼았으며, 바흐라흐와 바라츠는 달의 다원주의는 권력의 어두운 측면을 보지 못했다고 비판하였다.

▶ **지위접근법 vs 명성접근법**

구분	미국의 엘리트이론	
	Mills 지위접근법	Hunter 명성접근법
공통점	계급이나 능력이 아닌 지위나 능력만으로 엘리트들의 권력을 설명함	
권력	사회적 지위	사회적 명성
주도 세력	정치엘리트 (군-산업엘리트 복합체)	기업엘리트
연구 범위	전국단위	지역단위 (아틀란타 시)

정답: ③

02
2019 서울 7급(2월)

다원주의론은 기본적으로 집단과정이론과 다원적 권력이론으로 크게 구분되는데, 이들 이론에 공통된 다원주의의 주요 특성으로 가장 옳지 않은 것은?

① 이익집단들 간의 경쟁은 정치체제의 유지에 순기능적이라고 본다.
② 권력의 원천이 특정 세력에 집중되어 있는 것이 아니고 각기 분산된 불공평성을 띤다.
③ 이익집단들 간에 상호 경쟁적이지만 기본적으로는 게임의 규칙을 준수해야 하는 데 합의를 하고 있다고 본다.
④ 다양한 이익집단은 정부의 정책과정에 동등한 접근기회를 가지고 있으며 이익집단들 간의 영향력에 차이가 있음을 인정하지 않는다.

정밀해설

④ 다양한 이익집단은 정부의 정책과정에 동등한 접근기회를 가지고 있으며 이익집단들 간의 영향력에 차이가 있음을 인정한다.

① 이익집단 상호간은 경쟁적이지만 이는 정치체제 유지에 순기능적 역할을 한다고 본다.
② 다원론에서는 서구 민주주의 체제에서 권력이 다양한 세력에게 분산되어 있지만 균등하게 배분되어 있지 않고 분산된 불공평의 형태를 띠고 있다.
③ 다원론에서 이익집단들 간에는 상호경쟁이 발생하지만 기본적으로 게임의 규칙을 준수하는데 합의하고 있다.

정답: ④

03

2017 경찰간부

정책결정과정 및 정책결정의 권력모형에 관한 다음의 설명 중 옳은 것은 모두 몇 개인가?

> 가. Hunter의 명성접근법은 지역사회의 권력구조를 실증적으로 연구한 것으로, 사회적 명성이 있는 소수자들이 결정한 정책을 일반대중이 수용한다는 입장이다.
> 나. 이슈네트워크 모형에서는 국가와 이익집단을 포함한 다양한 행위자간의 상호작용이 이슈를 통하여 매우 안정적이고 협력적으로 이루어진다.
> 다. 공공이익집단론은 공익을 주장하는 집단의 이익이 우선시 된다는 것을 핵심개념으로 하며, 이는 엘리트 이론에 대한 반발로 제기된 이론이다.
> 라. 신다원주의는 정부의 능동적·전문적 지위로 인한 정경유착의 가능성을 인정하고, 이를 방지하기 위해 정부기구의 집중화를 꾀한다.

① 1개 ② 2개 ③ 3개 ④ 4개

정밀해설

① 가만 옳다.
가. [○] Hunter의 명성접근법은 사회적 명성이 있는 소수자들이 결정한 정책을 일반대중이 수용한다는 입장이다.
나. [×] 이슈네트워크모형은 구성원간 인식에 대한 공유나 책임감이 없고 제로섬게임이 나타나므로 경쟁적·갈등적이며 매우 유동적·일시적인 불안정한 관계망이다. 이에 비하여 정책네트워크모형은 국가나 관료가 정책과정에서 주도적인 역할을 담당하는 행위자로 간주하며 이슈네트워크에 비교할 때 구성원간의 관계가 의존적·협력적이며 비교적 지속적이고 안정적인 관계망이다.
다. [×] 공공이익집단론은 특수이익보다는 공익에 가까운 주장을 하는 이익집단의 이익이 정책에 반영될 것이라는 이론이며, 엘리트이론에 대한 반론이 아니라 고전적 다원주의인 이익집단론에 대한 반론이다.
라. [×] 신다원주의는 정부의 능동적·전문적 지위로 인한 정경유착의 가능성을 인정하고, 이를 방지하기 위해 선거 등 외적 요인 보다는 정부 내부기구의 분화(분권화)를 통한 민주주의 확립 필요성을 강조하였다.

정답 : ①

04

2013 경찰간부

다음 중에서 엘리트이론에 상대되는 정책이론모형으로서의 다원주의이론의 특성에 해당하는 것으로 묶인 것은?

> 가. 권력은 대중의 요구에 민감하게 반응한다.
> 나. 권력을 가진 사람들 간에는 응집성이 강하다.
> 다. 이익집단들 간에는 영향력의 차이는 있지만 전체적으로 균형을 유지하고 있다.
> 라. 정부는 정책과정에서 주도적인 역할을 수행한다.
> 마. 권력은 다수에게 분산되어 있다.

① 가, 다, 마 ② 라, 마
③ 가, 나, 다 ④ 나, 다, 라

정밀해설

① 가, 다, 마가 다원주의의 특성이다.
가. [○] 다원론에서는 엘리트가 일반대중을 지배하지 못한다.
다. [○] 다원론에서는 각종 이익집단은 정책과정에의 영향력의 차이는 있지만 동등한 접근기회를 갖는다고 본다.
마. [○] 권력이 사회의 다양한 주체에게 널리 분산되어 있다는 입장이다.
나. [×] 권력을 가진 사람들 간 응집성이 강하다고 보는 입장은 엘리트론에 해당하며, 다원주의에서는 구성원 간의 권력은 분산되어 있다고 전제한다.
라. [×] 다원주의에서 정책과정의 주도자는 이익집단이며, 정부는 갈등적 이익을 조정하는 중개인(브로커) 또는 게임규칙의 준수를 독려하는 심판자의 역할을 한다.

정답 : ①

적중 예상 문제

01 ☐☐☐

엘리트이론과 다원주의론에 관한 설명으로 옳지 않은 것은?

① 고전적 엘리트이론가들은 엘리트들이 자율적이며 다른 계층에 대해 책임을 지지 않는다고 인식하였다.
② 1950년대 Mills는 지배적인 엘리트들이 공통의 사회적 배경과 이념 및 상호 관련된 이해관계를 공유하고 있다고 주장하였다.
③ 신다원주의론은 사회에 존재하는 이익집단들 간에 정치이익의 균형과 조정이 민주주의의 핵심적 동력으로 작용한다고 본다.
④ 다원주의론에서는 정부가 적극적인 역할을 수행한다고 본다.

정밀해설

④ 다원주의에서 정부는 이익집단의 요구를 수동적으로 수용할 뿐이라고 본다. 따라서 정부는 소극적이고 중립적인 조정자의 역할에 머무른다.

정답: ④

02 ☐☐☐

엘리트론에 대한 설명으로 옳지 않은 것은?

① 엘리트들은 동질적·폐쇄적·집권적이다.
② 밀즈(Mills)의 지위접근법, 헌터(Hunter)의 명성접근법은 엘리트의 존재에 대한 실증적 연구이다.
③ 엘리트들은 다른 계층에 대해 명백한 책임을 진다.
④ 미헬스(Michels)의 과두제철칙, Mosca의 지배계급론은 엘리트론과 관련된다.

정밀해설

③ 엘리트는 자율적이며 다른 계층에 대해 책임을 지지 않는다.
① 엘리트사회는 지배·피지배 계급으로 구분되고 소수가 의사결정을 하므로 동질적·폐쇄적·집권적 성격을 지닌다.
② 밀즈(Mills)의 지위접근법, 헌터(Hunter)의 명성접근법은 1950년대 미국의 실증적 연구이다.
④ 미헬스(Michels)의 과두제철칙, Mosca의 지배계급론 모두 엘리트론과 관련된다.

정답: ③

03

정책주도권에 대한 논쟁으로 옳은 것은?

① 다원론의 근거로 Michels의 과두제의 철칙, Mosca의 지배계급론 등이 있다.
② 엘리트론의 국가는 풍향계 정부, 브로커형 국가 등이다.
③ 신다원론에서는 국가를 능동적으로 기능하는 정부로 본다.
④ 신조합주의는 국가가 부국강병주의를 채택하고 추진한다고 본다.

정밀해설

③ 신다원론에 대한 옳은 지문이다.
① 엘리트론의 근거로 Michels의 과두제의 철칙, Mosca의 지배계급론 등이 있다.
② 다원론의 국가는 풍향계 정부, 브로커형 국가 등이다.
④ 신중상주의는 국가가 부국강병주의를 채택하고 추진한다고 본다.

정답 : ③

04

다원주의에 대한 신다원론의 비판으로 가장 옳지 않은 것은?

① 다원론은 국가이념이나 이데올로기의 작용을 고려하지 못하였다.
② 다원론은 기업가의 특권적 지위를 인정하지 않는다.
③ 다원론은 집단 간 비동등성과 경쟁을 인정한다.
④ 다원론은 선거기능의 한계를 인식하지 못하였다.

정밀해설

③ 다원론은 집단 간 동등성을 전제한다.
① 다원론은 정책과정의 이데올로기의 영향을 무시하였다.
② 다원론은 정부에 가해지는 구조적 제약이나 환경의 요인을 고려하지 못하고, 집단의 중요성을 지나치게 강조하고 있다.
④ 다원론은 선거 등의 한계를 인지하지 못하였다.

정답 : ③

THEME 031 무의사결정론(신엘리트주의)

1 의의
① 바흐라흐와 바라츠 『권력의 두 얼굴(Two Faces of Power)』(1962)
② 정치권력은 2가지 측면, 즉 정책문제를 해결하기 위한 밝은 측면의 얼굴과 불리한 문제가 처음부터 제기되지 못하도록 하는 어두운 측면의 얼굴을 가지고 있음.
    ⇨ 어두운 측면을 무의사결정(non-decision making)이라 함.

2 발생원인
① 지배계급에게 불리한 여건이 조성될 우려가 있을 경우
② 관료 스스로 어떤 안(idea)이 지배엘리트에게 호감을 갖게 하지 못한다고 생각할 경우
③ 특정한 개인들과 집단의 이익에 편파적으로 작용하는 지배적 가치, 신념, 제도적 절차와 같이 '편견의 동원'이 존재하는 경우
④ 관료의 이익과 상충되는 경우
    ⇨ 넓은 의미의 무의사결정은 정책의 전 과정(결정이나 집행 등)에서 일어남.

3 구체적 방법
① 테러행위 등 폭력을 사용
② 기존 혜택을 박탈하거나 새로운 이익으로 매수
③ 지배적 규범이나 절차에 의하여 제지
④ 사회적 윤리규범을 지배집단에게 유리하게 형성하고 이를 사회구성원들에게 내면화
⑤ 비공공화 전략
⑥ 적응적 흡수

 Mani DB 국가관 비교

다원주의	풍향계 정부	국가는 사회 내 이익집단 간의 힘의 균형을 반영하는 풍향계
	중립 국가관	국가는 조정자·심판자·개입자로서 중립적 공익을 추구
	브로커형 국가	국가는 자기이익을 추구하는 공식·비공식적 조직들로 구성
엘리트주의	외부통제 모형	국가는 외부 엘리트에 의해 통제되는 하나의 기구로 이해
	자율적 행위 모형	국가는 외부에 의해 통제되기보다 행정엘리트의 선호를 반영
	조합주의적 망	국가는 외부 엘리트들이 하나의 통제체제로 통합된 망

OX 기출분석

01 ☐☐☐ 　　　　　　　　　　　　　　　　　　23 국가 9급
바흐라흐(Bachrach)와 바라츠(Baratz)의 무의사결정론은 엘리트의 두 얼굴 중 권력행사의 어두운 측면을 고려하지 못한다고 비판했기 때문에 신다원주의로 불린다. 　O X

해설: 무의사결정이론은 신엘리트론이다.

02 ☐☐☐ 　　　　　　　　　　　　　　　　　　21 경정승진
바흐라흐와 바라츠(Bachrach & Baratz)의 무의사결정이론은 변화를 주장하는 사람으로부터 기존에 누리는 혜택을 박탈하거나 또는 새로운 혜택을 제시하여 이들을 매수한다. 　O X

해설: 무의사결정은 변화를 주장하는 사람으로부터 기존에 누리는 혜택을 박탈하거나 또는 새로운 혜택을 제시하여 이들을 매수한다.

03 ☐☐☐ 　　　　　　　　　　　　　　　　　　20 국가 9급
무의사결정론은 정치체제 내의 지배적 규범이나 절차가 강조되어 변화를 위한 주장은 통제된다고 본다. 　O X

해설: 정치체제 내의 지배적 규범이나 절차가 강조되어 변화를 위한 주장을 통제·억압하는 것은 편견의 동원으로 무의사결정의 수단에 해당한다.

04 ☐☐☐ 　　　　　　　　　　　　　　　　　　17 국가 9급
무의사결정은 중립적인 행동으로 다원주의 이론의 관점을 반영한다. 　O X

해설: 무의사결정은 신엘리트 이론이다.

05 ☐☐☐ 　　　　　　　　　　　　　　　　　　14 국가 7급
무의사결정은 변화의 주창자에 대해서 현재 부여되고 있는 혜택을 박탈하거나 새로운 이익으로 매수한다. 　O X

06 ☐☐☐ 　　　　　　　　　　　　　　　　　　14 국회 8급
Bachrach & Baratz가 제시한 무의사결정이론은 고전적 다원주의를 비판하며 등장한 신다원론에 해당한다. 　O X

해설: 모든 사회문제가 정책의제화 된다는 달의 다원론을 비판하고 나온 이론이기 때문에 신엘리트주의에 해당한다.

07 ☐☐☐ 　　　　　　　　　　　　　　　　　　13 국회 9급
무의사결정은 가치의 재분배를 추구하는 사람들에게 유리하게 작용한다. 　O X

해설: 가치의 재분배를 추구하는 계층은 사회적 소외집단이다. 엘리트주의에서는 이들의 요구가 공식적 거론조차 없이 방치되므로 불리하다.

08 ☐☐☐ 　　　　　　　　　　　　　　　　　　13 국회 9급
무의사결정이란 조성된 문제상황이 문제화되는 것을 차단하는 행동으로, 이를 위해 지배적 가치, 신념, 미신 등을 내세운다. 　O X

정답 01 X　02 O　03 O　04 X　05 O　06 X　07 X　08 O

핵심 기출 문제

01
2020 국가 9급

무의사결정론에 대한 설명으로 옳지 않은 것은?

① 정치체제 내의 지배적 규범이나 절차가 강조되어 변화를 위한 주장은 통제된다고 본다.
② 엘리트들에게 안전한 이슈만이 논의되고 불리한 이슈는 거론조차 못하게 봉쇄된다고 한다.
③ 위협과 같은 폭력적 방법을 통해 특정한 이슈의 등장이 방해받기도 한다고 주장한다.
④ 조직의 주의집중력과 가용자원은 한계가 있어 일부 사회문제만이 정책의제로 선택된다고 주장한다.

정밀해설

④ 조직의 주의집중력과 가용자원의 한계가 있다고 보는 것은 무의사결정과 관련이 없다. 한편 조직의 주의집중력과 가용자원은 한계가 있어 일부 사회문제만이 정책의제로 선택된다고 보는 것은 사이먼의 의사결정론에 해당한다.
① 정치체제 내의 지배적 규범이나 절차가 강조되어 변화를 위한 주장은 통제된다고 보는 것은 무의사결정에서 말하는 편견의 동원이다.
② 무의사결정은 엘리트들에게 안전한 이슈만이 논의되고 불리한 것은 거론조차 못하게 한다.
③ 무의사결정에서는 폭력적 방법을 통해 특정한 이슈를 방해하기도 한다.

정답: ④

02
2016 국회 9급

<보기>는 정책과정에 대한 이론적 관점들 중 하나를 제시한 것이다. 다음 중 <보기>에 대한 설명으로 옳은 것은?

< 보기 >

사회의 현존 이익과 특권적 분배 상태를 변화시키려는 요구가 표현되기도 전에 질식·은폐되거나, 그러한 요구가 국가의 공식 의사결정 단계에 이르기 전에 소멸되기도 한다.

① 정책은 많은 이익집단의 경쟁적 타협의 산물이다.
② 연구의 초점이 정부의 공식적 기구와 제도에 맞추어져 있고 이익집단과 언론기관과 같은 비공식적 조직은 연구에서 배제된다.
③ 실제 정책과정은 기득권의 이익을 수호하려는 보수적인 성격을 나타낼 가능성이 높다.
④ 정부가 단독으로 정책을 결정·집행하는 것이 아니라 시장(market) 및 시민사회 등과 함께한다.
⑤ 후기 산업화 단계에서 고용주연합과 노동조합은 더 이상 사회집단의 일원으로 남아 있지 않고 국가와 함께 지배 기구로 편입되어 국가 정책을 만드는 데 큰 영향을 끼쳤다.

정밀해설

③ <보기>는 무의사결정에 대한 내용이다. 무의사결정은 지배엘리트의 특권이나 이익 등에 대한 잠재적이고 현재적인 도전을 억압하고 방해하는 결과를 초래하는 의도적 무결정으로, 정책과정은 기득권의 이익을 수호하려는 보수적 성격을 띠게 된다.
① 정책을 많은 이익집단의 경쟁적 타협의 산물로 보는 것은 다원주의에 대한 설명이다.
② 무의사결정은 연구의 초점이 정부의 공식적 기구와 제도뿐 아니라 이익집단과 언론기관과 같은 비공식적 조직에서도 발생한다.
④ 정부가 단독으로 정책을 결정·집행하는 것이 아니라 시장(market) 및 시민사회 등과 함께한다고 보는 것은 뉴거버넌스에 대한 설명이다.
⑤ 후기 산업화 단계에서 고용주연합과 노동조합은 더 이상 사회집단의 일원으로 남아 있지 않고 국가와 함께 지배 기구로 편입되어 국가정책을 만드는 데 큰 영향을 끼친 것은 조합주의에 대한 설명이다.

정답: ③

적중 예상 문제

01 ☐☐☐

다음 중 Bachrach와 Baratz의 무의사결정 방법이 아닌 것은?

① 정책집행의 의지가 없는 상징적 대안만 선택한다.
② 사회 윤리규범을 구성원들에게 내면화시킨다.
③ 지연 전략을 통해 정책에 대한 정치적 압력을 강화한다.
④ 적응적 흡수를 통해 반대세력의 핵심인사를 흡수한다.

정밀해설

③ 지연 전략으로 정치적 압력을 축소시키고, 잡무의 미궁에 빠뜨려 문제해결을 지연시킨다.
① 정책대안의 범위·내용을 제한하여 집행의 의지가 없는 상징적 대안만 선택한다.
② 사회적 윤리규범을 지배집단에게 유리하게 형성하고 이를 사회구성원들에게 내면화시킨다.
④ 적응적 흡수를 통해 반대세력의 핵심인사를 흡수한다.

정답 : ③

02 ☐☐☐

무의사결정이론(non-decision making theory)에 대한 설명으로 옳지 않은 것은?

① 무의사결정론은 사회적 윤리 규범을 지배집단에게 유리하게 형성하는 것을 방해한다.
② Dahl의 다원론을 비판하면서 제시한 이론이다.
③ 무의사결정이론은 신엘리트론에 해당한다.
④ 무의사결정의 수단으로 폭력, 권력, 편견의 동원과 정치체제의 규범·규칙·절차의 조작 등을 들 수 있다.

정밀해설

① 무의사결정(non-decision making)은 사회적 윤리 규범을 지배집단에게 유리하게 형성하고 이를 사회구성원들에게 내면화한다.
② 바흐라흐 & 바라츠는 다원론자인 다알의 연구를 비판하면서 다알이 권력의 어두운 모습을 간과했다고 비판한 데서 비롯된 것으로 「권력의 두 얼굴」을 통하여 설명하였다.
④ 무의사결정이론에서 의사결정자들이 사용하는 방법에는 폭력(가장 강도가 높음.), 권력, 편견의 동원, 편견의 수정·강화 등이 있다.

정답 : ①

THEME 032 국가주의, 조합주의 및 기타모형

1 조합주의

조합주의(Corporatism)	신조합주의(Neo-Corporatism)

① 국가는 어느 특정집단이나 경제적 계급에 의하여 통제되지 않음.
② 국가는 이익집단으로부터 제약을 받지만 법률·조직 등을 지배하므로 자율성을 가지고 이익집단의 이익을 권위적·주체적으로 조정
③ 사회조합주의
  - 협력적, 비경쟁적, 위계적, 합의에 의한 정책결정
  ⇨ C. Schumitter의 조합주의
	① 조합주의보다 기업의 영향력을 더 강조하는 이론
	② 중요산업조직(특히 다국적기업)들이 국가와 긴밀한 동맹관계(파트너관계)를 형성하여 경제산업정책을 만듦.

2 마르크스주의

Marxism(마르크스주의=계급국가)	Neo-Marxism(신마르크스주의)

① 국가는 중립적인 기관이 아니라 지배계급(자본가계급)의 도구
② 국가(상부구조)에 대한 경제(하부구조)의 우위성 강조
  ⇨ K. Marx의 계급이론(class theory)
	① 국가가 어느 정도 상대적 자율성(relative autonomy)을 지니고 자본주의적 생산양식의 재생산에 기여함.
	② 정부가 아니라 민간부문이 실질적인 결정권을 장악한다는 점에서 신베버주의와도 구분
	  ⇨ Althusser(알뛰쎄르), Offe의 네오마르크스주의

3 베버주의

관료제국가(Weberism)	신베버주의(Neo-Weberism)

① 정부관료제는 국익의 관점에서 여러 이익집단들의 이익을 권위적으로 조정하는 실체적 주체
② 국가나 정부관료제의 독자성(절대적 자율성)과 지도적·개입적 역할을 강조
  ⇨ M. Weber의 관료제이론
	① 국가도 정책결정과정에 있어 어느 정도 자율(relative autonomy)을 가진 의사결정주체
	② 외교정책 등에서 국가는 기업의 이익이 아닌 국가의 이익을 고려
	③ 다원론이 주장하는 이익집단이나 네오마르크스자들이 주장하는 자본가 계급의 역할을 반박
	  ⇨ Krasner의 신베버주의

OX 기출분석

01 　　　　　　　　　　　　　　　　　　　　　　　22 경간부
조합주의에 따르면 정책과정에서 국가의 역할은 소극적이라고 본다.　　○ ×

해설: 조합주의는 정책과정에서 국가의 적극적 역할을 강조한다.

02 　　　　　　　　　　　　　　　　　　　　　　　21 군무원 9급
정책결정에서 정부의 역할을 줄이고 이익집단과의 상호협력을 보다 중시하는 이론이 조합주의이다.　　○ ×

해설: 조합주의는 정부의 적극적인 역할을 인정하고 이익집단과의 상호협력을 중시한다.

03 　　　　　　　　　　　　　　　　　　　　　　　20 경정승진
베버주의(Weberism)는 국가나 정부관료제의 독자성(절대적 자율성)과 지도적·개입적 역할을 강조한다.　　○ ×

해설: 베버주의에서는 국가나 정부관료제의 절대적 자율성을 강조한다.

04 　　　　　　　　　　　　　　　　　　　　　　　19 국회 8급
국가조합주의는 이익집단의 자율적 결성과 능동적 참여를 보장한다.　　○ ×

해설: 이익집단의 자율적 결성과 능동적 참여를 보장하는 것은 사회조합주의의 특징이다.

05 　　　　　　　　　　　　　　　　　　　　　　　17 국회 8급
조합주의(corporatism)는 정책결정에서 정부의 보다 적극적인 역할을 인정하고 이익집단과의 상호협력을 중시한다.　　○ ×

06 　　　　　　　　　　　　　　　　　　　　　　　16 국가 7급
조합주의(corporatism)에서 정부는 사회적 공동선을 달성하기 위해 중요 이익집단과 우호적 협력관계를 유지한다.　　○ ×

07 　　　　　　　　　　　　　　　　　　　　　　　14 국회 8급
조합주의는 국가의 독자성과 지도적·개입적 역할을 강조한다.　　○ ×

해설: 조합주의는 국가중심의 조정메커니즘을 신뢰하기 때문에 국가의 지도적이고 개입적인 역할을 강조한다.

08 　　　　　　　　　　　　　　　　　　　　　　　13 국가 9급
신조합주의 이론은 중요 산업조직이 정부와 긴밀한 동맹관계를 형성하고 경제 및 산업정책을 함께 만들어 간다는 이론이다.　　○ ×

해설: 신조합주의는 기존의 조합주의보다 기업의 영향력을 더욱 강조하는 이론이라고 볼 수 있다.

정답　01 X　02 X　03 O　04 X　05 O　06 O　07 O　08 O

핵심 기출 문제

01
2020 경정승진

국가권력 이론에 관한 설명으로 가장 적절하지 않은 것은?

① 베버주의(Weberism)는 국가나 정부관료제의 독자성(절대적 자율성)과 지도적·개입적 역할을 강조한다.
② 조합주의는 이익집단 간 경쟁을 통해 정책이 결정된다고 본다.
③ 마르크스주의(Marxism)는 사회를 지배계급과 피지배계급으로 나누는데 경제적 부를 소유한 지배계급(자본가계급)이 정치엘리트로 변하게 되어 결국 정부 또는 정책의 기능은 지배계급(자본가계급)을 위한 봉사수단이라고 본다.
④ 엘리트주의는 정책은 동질적이고 폐쇄적인 엘리트들의 자율적인 가치배분에 의해 결정된다고 본다.

정밀해설

② 조합주의는 정부와 이익집단 간의 상호협력을 중시하며 정부의 주도적인 역할을 강조하는 이론으로, 이익집단들 간의 관계는 경쟁적이라기보다 협력적이며, 비경쟁적이다. 한편 이익집단 간 경쟁을 통해 정책이 결정된다고 보는 것은 다원주의에 대한 설명이다.
① 베버주의는 정부관료제의 절대적 자율성을 강조한다.
③ 마르크스주의는 지배계급이 정책엘리트로 변하게 되면서 결국 국가는 자본가계급의 이익을 반영하는 도구에 불과하다고 본다.
④ 엘리트주의는 사회지배계급에 의하여 정책문제가 일방적으로 채택된다는 것으로 동질적이고 폐쇄적인 엘리트들의 가치와 선호에 부합하게 정책결정이 이루어진다.

▶ **국가론의 유형**

다원주의	이익집단이 의제주도, 국가는 수동적 심판관	신다원론	국가가 능동적 개입
엘리트주의	엘리트들이 일반대중 지배	신엘리트주의	무의사결정론
마르크스주의	국가는 자본가계급의 도구 (K.Marx)	신마르크스주의	국가의 상대적 자율성 - 민간집단이 주도
국가주의(베버주의)	정부 관료제의 절대적 자율성 (M.Weber)	신베버주의	국가의 상대적 자율성 (Krasner) - 정부가 주도
조합주의	국가가 이익집단 지배·억압	신조합주의	산업조직(다국적기업)의 영향력 강조

정답 : ②

02
2025 국회 8급

정책과정에서 권력모형에 대한 설명으로 옳은 것만을 <보기>에서 모두 고르면?

< 보기 >
ㄱ. 사회조합주의는 이익집단과 국가와의 관계에서 이익집단의 자율적 결성과 능동적 참여가 보장된다고 설명한다.
ㄴ. 국가조합주의는 국가가 이익집단에 대하여 강력한 주도권을 행사하며 계급, 종족, 언어, 지역에 근거한 정치적인 하위문화는 억압된다고 설명한다.
ㄷ. 엘리트론은 엘리트 간의 정치적 경쟁으로 대중의 선호가 최대한 정책에 반영된다고 설명한다.
ㄹ. 무의사결정론은 지역사회의 엘리트들이 강한 응집성을 가지고 정책을 결정하며, 정치에 무관심한 일반대중은 비판 없이 이를 수용한다고 설명한다.

① ㄱ, ㄴ ② ㄱ, ㄷ ③ ㄴ, ㄷ
④ ㄴ, ㄹ ⑤ ㄷ, ㄹ

정밀해설

① 옳은 것은 ㄱ, ㄴ이다.
ㄱ. [O] 사회조합주의는 국가와 이익집단이 상호 협력적 관계를 형성하며, 이익집단의 자율성이 보장된다.
ㄴ. [O] 국가조합주의는 국가가 이익집단을 통제하고 동원하는 하향식 관계이며, 다양한 하위문화를 억압하는 경향이 있다.
ㄷ. [×] 엘리트론은 소수의 엘리트가 정책을 결정하며 대중의 선호는 거의 반영되지 않는다고 본다. 대중의 선호가 반영된다고 보는 것은 다원주의에 가깝다.
ㄹ. [×] 헌터(Hunter)의 명성접근법에 따른 엘리트론에 대한 설명이다. 무의사결정론은 엘리트에게 불리한 의제는 정책과정 자체에 진입하지 못하도록 봉쇄된다는 점을 강조한다.

정답 : ①

적중 예상 문제

01

조합주의(corporatism)에 대한 설명으로 옳지 않은 것은?

① 정부활동은 다양한 이익집단 간 이익의 소극적 중재자 역할에 한정된다.
② 이익집단은 단일적·위계적인 이익대표체계를 형성한다.
③ 정부는 사회적 공동선을 달성하기 위해 중요 이익집단과 우호적 협력관계를 유지한다.
④ 이익집단은 상호 경쟁보다는 국가에 협조함으로써 특정 영역에서 자신의 요구를 정책과정에 투입한다.

정밀해설

① 정부활동은 다양한 이익집단 간 이익의 소극적 중재자 역할에 한정된다고 보는 것은 다원주의에 대한 설명이다.
② 이익집단은 기능적으로 분화된 범주를 가지고 있으며 단일의 강제적·비경쟁적·위계적으로 조직되어 있다.
③ 정부와 이익집단간의 공식합의(상호협력)를 중시하므로 이익집단의 자율성은 제약되지만, 정부는 사회적 공동선을 달성하기 위해 중요 이익집단과 우호적 관계를 유지한다.
④ 이익집단의 결성은 상호 경쟁적이라기보다는 국가에 협조함으로써 자신의 요구를 정책과정에 투입하려는 의도를 갖는다.

정답 : ①

02

국가권력이론에 대한 설명 중 신조합주의를 옳게 설명하고 있는 것은?

① 엘리트들의 정책에 대한 무관심, 관료들의 무능력에서 나온다.
② 국가가 일방적으로 주도하는 이익대표체제로서 이탈리아 파시스트가 대표적이다.
③ 국가는 자본가계급의 이익을 반영하는 도구에 불과하다.
④ 기업의 영향력을 강조하며 기업들이 국가와 긴밀한 관계를 형성한다고 본다.

정밀해설

① 무의사 결정은 신엘리트론의 입장으로서 엘리트들의 이익에 반하는 주장을 의도적으로 방치·기각하는 의도적 무결정으로서 정책에 대한 무관심, 비인지 등과는 상관이 없다.
② 국가조합주의에 해당한다.
③ 마르크스주의에 해당한다.

정답 : ④

THEME 033 정책네트워크, 이슈네트워크

1 정책네트워크 특징(Rhodes)

의의	• 정책을 다양한 공식(정부), 비공식(민간) 참여자들 간의 참여와 상호작용, 소유자원의 상호의존성의 산물로 봄 • 정책과정을 포괄적·동태적·체계적으로 설명하기 위한 모형임

특징	• 정책문제별 형성: 사안별로 형성 → 정책의 부분화(분화)·전문화
	• 다양한 참여자: 정부와 민간의 공식적·비공식적 개인 또는 조직
	• 연계의 형성: 교호작용을 통한 연계 형성
	• 경계의 존재: 참여자와 비참여자를 구분하는 경계가 존재함
	  ⇨ 정책네트워크의 참여자를 중심으로 분석함
	• 제도로서의 특성: 개별구조라기보다 참여자들의 상호작용을 규정하는 공식적·비공식적 규칙의 총체
	• 가변적 현상: 정책과정 전반을 지배하는 거시적·동태적 현상
	  ⇨ 시간의 흐름에 따라 외재적·내재적 요인에 의해 변동됨

2 철의 삼각(하위정부모형)

① 의의: 정부관료 – 의회상임위원회 – 이익집단 등 3자의 이해관계의 통합성이 지극히 높아 장기적·안정적·자율적으로 호혜적인 동맹관계를 형성하고 있음.
② 대통령 등 엘리트의 관심이 덜하고 일상화 수준이 높은 분배정책에 주로 영향을 미침.
③ 정책문제별로 다양한 하위정부가 형성된다는 점에서 다원주의적 성격을 지니지만, 폐쇄적 경계를 강조하고 타 집단의 참여를 배제한다는 점에서 엘리트주의적 성격도 지님.

3 이슈네트워크와 정책공동체

구분	이슈네트워크	정책공동체

정책 행위자	• 다양한 행위자, 이슈에 따라 수시로 변동
	(이익집단, 언론, 개인 등 모든 이해관계자)
	  ⇨ 개방적·불안정적·유동적
	• 경계의 개방성 높음
		• 공식적·조직화된 행위자에 한정
		(공무원, 연구원, 교수, 의원 등)
		  ⇨ 폐쇄적·안정적·지속적
		    (조합주의처럼 제도화된 관계에는 이르지 못함)
		• 경계의 개방성 낮음

상호관계	• 상호경쟁적, 상호의존성 약함, 권력의 편차가 심함, 갈등의 존재 • negative 게임	• 상호협력적, 상호의존성 강함, 비교적 균등한 권력 • positive 게임
참여의 목적	자기이익 극대화(이해 공유도 낮음) ⇨ 이슈의 성격에 따라 이합집산	정책에 대한 기본적 이해의 공유와 협조(이해 공유도 높음)
유형의 구조화	• 개별 행위자들로서 특별한 구조가 미형성 • 예측가능성 낮음	• 빈번한 상호작용 ⇨ 안정된 구조적 관계로 유형화(가치관, 문화 등 공유) • 예측가능성 높음
자원배분	• 자원보유 면에서 격차가 존재함 • 기본관계는 불평등관계	• 모든 참여자가 자원을 가지고 참여함 • 기본관계는 대등한 교환관계
정책결정	정책결정과정에서 정책내용이 많이 변경(예측 곤란)	처음의 정책내용대로 정책결정(예측 가능)
정책집행	결정된 정책내용과 다르게 집행되는 경우가 많음	결정된 정책내용과 크게 다르지 않음

OX 기출분석

해설

01 ☐☐☐   21 검정승진

정책공동체모형은 구성원 간 권력이 불균등하게 분포된다고 보고 있으나, 이슈네트워크는 권력이 균등하게 분포된다고 주장한다.   O X

정책공동체모형은 구성원 간 권력이 균등하게 분포되는 교환적 관계이고, 이슈네트워크는 구성원 간 권력이 불균등하게 분포되는 배타적 관계이다.

02 ☐☐☐   20 경찰간부

하위정부는 모든 정책분야에 걸쳐서 가능한 것이 아니라 대통령의 관심이 덜하거나 영향력이 비교적 적은 분배정책 분야에서 주로 형성되고 있다.   O X

03 ☐☐☐   19 국가 9급

정책공동체(policy community)에 비해서 이슈네트워크(issue network)는 제한된 행위자들이 정책과정에 참여하며 경계의 개방성이 낮은 특성이 있다.   O X

정책공동체는 제한된 행위자들이 정책과정에 참여하며 경계의 개방성이 낮은 특성이 있다.

04 ☐☐☐   18 서울 7급(3월)

이슈네트워크의 행위자는 매우 유동적이고 불안정하며, 이슈의 성격에 따라 주요 행위자가 수시로 변할 수 있다.   O X

05 ☐☐☐   17 지방 9급(추)

하위정부(subgovernment)의 주된 참여자는 정부관료, 선출직 의원, 이익집단이다.   O X

06 ☐☐☐   17 교행 9급

이슈네트워크모형에서는 참여자들의 관계를 고정적이고 안정적인 협력관계로 가정한다.   O X

이슈네트워크모형에서는 참여자들의 관계를 매우 개방적이고 일시적이며, 치열한 경쟁적 갈등관계로 본다.

07 ☐☐☐   17 교행 9급

정책공동체모형에서는 공동체의 구성원들이 정책문제의 해결방안을 둘러싸고 갈등을 일으킬 수도 있다고 본다.   O X

정책공동체는 상호협력을 추구한다.

08 ☐☐☐   16 국가 9급

하위정부론은 정책분야별로 이익집단, 정당, 해당 관료 조직으로 구성된 실질적 정책결정권을 공유하는 네트워크가 존재한다고 주장한다.   O X

하위정부론은 정책분야별로 이익집단, 의회상임위원회, 해당 관료 조직으로 구성된 실질적 정책결정권을 공유하는 네트워크(철의 삼각)가 존재한다고 주장한다.

정답 01 X 02 O 03 X 04 O 05 O 06 X 07 X 08 X

핵심 기출 문제

01
2020 검찰간부

정책네트워크이론(모형)에 대한 설명으로 가장 옳지 않은 것은?

① 정책과정에 대한 국가중심 접근방법과 사회중심 접근방법이라는 이분법적 논리를 극복하지 못하고 있다.
② 정책공동체의 경우 모든 참여자가 자원을 가지며 참여자 사이의 관계는 교환관계이다.
③ 헤클로(Heclo)는 하위정부모형을 비판적으로 검토하면서 정책이슈를 중심으로 유동적이며 개방적인 참여자들 간의 상호작용 현상을 묘사하기 위한 대안적 모형을 제안하였다.
④ 하위정부는 모든 정책분야에 걸쳐서 가능한 것이 아니라 대통령의 관심이 덜하거나 영향력이 비교적 적은 분배정책 분야에서 주로 형성되고 있다.

정밀해설

① 정책네트워크 이론은 정책과정에 대한 국가중심 접근방법과 사회중심 접근방법이라는 이분법적 논리를 극복하였다.
② 정책공동체(Policy community)는 모든 참여자가 자원을 갖고 교환관계를 형성한다.
③ 1970년대 후반 헤클로(Heclo)는 보다 참여적 정치로의 변화, 이익집단의 증가, 의회의 파편화 등으로 안정적 하위정부체계가 깨지고 있음을 주장하면서 정책이슈에 따라 유동적·개방적 참여자들 간 상호작용을 설명하는 이슈네트워크(Issue-Network) 모형을 제시하였다.
④ 하위정부(sub-governmet)모형은 대통령의 관심이 적은 분배정책 분야에서 주로 형성된다.

정답 : ①

02
2019 국회 8급

정책참여자 간 관계에 대한 설명으로 옳은 것만을 <보기>에서 모두 고르면?

<보기>
ㄱ. 정책공동체는 일시적이고 느슨한 형태의 집합체라는 점에서 이슈네트워크와 공통점을 가진다.
ㄴ. 다원주의에서의 정부는 집단들 간에 조정자 역할 또는 심판자의 역할을 할 것으로 기대된다.
ㄷ. 이슈네트워크는 참여자 간의 상호의존성이 낮고 불안정하며, 상호간의 불평등 관계가 존재하기도 한다.
ㄹ. 국가조합주의는 이익집단의 자율적 결성과 능동적 참여를 보장한다.

① ㄱ, ㄴ
② ㄱ, ㄷ
③ ㄴ, ㄷ
④ ㄴ, ㄹ
⑤ ㄷ, ㄹ

정밀해설

③ ㄴ, ㄷ이 정책참여자 간 관계에 대한 설명으로 옳은 지문이다.
ㄴ. [○] 다원주의에서 권력은 사회 집단들 간에 동등하게 분산되어 있고 각종 이익집단은 정책과정에서 동등한 정도의 접근기회를 특징으로 하므로, 정부는 이들의 이익을 소극적으로 중재하는 조정자나 게임규칙의 준수를 독려하는 심판자로서의 역할을 한다.
ㄷ. [○] 이슈네트워크는 정책 참여자의 범위가 넓고 경계의 개방성이 높아 진입 및 퇴장이 자유롭지만 참여자들 간의 관계는 경쟁적 갈등관계이며 자원과 접근의 불균형이 발생하여 권력에서도 불평등이 나타나고 행위자들은 불안정하고 일시적·유동적으로 상호작용한다.
ㄱ. [×] 정책공동체는 모든 참여자가 기본가치를 공유하고 결과의 정통성을 수용하는 협력적 교환관계를 특징으로 한다. 한편 이슈네트워크는 일시적이고 느슨한 형태의 집합체라는 점에서 정책공동체와 차이점을 가진다.
ㄹ. [×] 이익집단의 자율적 결성과 능동적 참여를 보장하는 것은 사회조합주의의 특징이다. 한편 국가조합주의는 이익집단의 활동을 규정하고 억압하여 정책을 정당화하고 정부 자체가 이익을 가지면서 권위적이고 능동적으로 정책을 결정하므로 이익집단의 자율적 결성과 능동적 참여는 저해된다.

정답 : ③

03

2018 서울 7급(3월)

로즈(Rhodes) 등을 중심으로 논의된 정책네트워크 모형의 특징으로 가장 옳지 않은 것은?

① 정책공동체는 비교적 폐쇄적이고 안정적이며 지속적인 네트워크이다.
② 이슈네트워크의 행위자는 매우 유동적이고 불안정하며, 이슈의 성격에 따라 주요 행위자가 수시로 변할 수 있다.
③ 정책네트워크를 구성하는 행위자들 간의 관계 형성 동기는 소유 자원의 상호의존성에 기인한다.
④ 정책네트워크를 통한 정책산출은 처음 의도한 정책내용과 유사하며, 정책산출에 대한 예측이 용이하다.

정밀해설

④ 정책네트워크 모형에서의 정책산출 예측은 전반적으로 볼 때 각종 이해관계자나 참여자 간 상호작용에 의해 처음 의도했던 정책내용과 달라질 수 있으므로 정책산출에 대한 예측이 용이하지 않다.
① 정책공동체는 공식적·조직화된 행위자에 한정되며, 폐쇄적·안정적·지속적인 네트워크 모형이다.
② 이슈네트워크의 행위자는 다양하고 이슈에 따라 수시로 변동할 수 있으며 개방적·불안정적·유동적인 네트워크 모형이다.
③ 정책네트워크 모형은 정책을 다양한 공식(정부), 비공식(민간) 참여자들 간의 참여와 상호작용으로 보며 이들 간의 관계 형성은 소유자원의 상호의존성에 기인한다고 본다.

정답 : ④

04

2017 국회 9급

정책네트워크 모형 중 하위 정부 모형과 이슈네트워크를 비교한 내용으로 옳지 않은 것은?

		하위 정부	이슈네트워크
①	결정과정에 접근	폐쇄적	개방적
②	정치적 제휴	불안정적	안정적
③	이해관계	동맹적	경쟁적, 갈등적
④	문제해결	해결됨	종종 해결되지 않음
⑤	집단 참여	자발적	자발적

정밀해설

② 하위정부모형은 정치적 제휴가 안정적인 반면, 이슈네트워크는 불안정적이다.
① 하위정부모형은 다른 이익집단의 참여를 배제하여 폐쇄적인 반면, 이슈네트워크는 경계의 개방성이 높다.
③ 하위정부모형은 정부관료제, 의회의원회, 기업집단 등 3자의 이해관계가 일치하여 동맹적이고 장기적인 반면, 이슈네트워크는 구성원간 인식에 대한 공유나 책임감이 없어 오히려 갈등을 증폭시키기도 한다.
④ 하위정부모형은 문제가 잘 해결되는 반면, 이슈네트워크는 해결되지 않는 문제들도 많다.
⑤ 하위정부모형과 이슈네트워크 모두 자발적인 집단 참여로 이루어진다.

▶ **하위정부모형 vs 이슈네트워크**

구분	하위정부모형	이슈네트워크
정치적 제휴	안정적	불안정적
집단 참여	자발적	자발적
의사결정과정에의 접근성	폐쇄적	개방적
이해관계	동맹적	경쟁적, 갈등적
문제해결	해결된	종종 해결되지 않음
참여자 수	제한됨	무제한
최종적인 의사결정점	각 부문별로 존재	존재하지 않음

정답 : ②

적중 예상 문제

01 ☐☐☐

다음 중 정책네트워크의 특성이 아닌 것은?

① 정책결정의 집권화와 일반화를 반영하여 다양한 참여자를 전제로 한다.
② 네트워크 참여자들은 서로 협력적인 관계이다.
③ 정책네트워크는 참여자와 비참여자를 구분하는 경계가 있다.
④ 정책네트워크는 동태적이고 가변적이다.

정밀해설

① 정책결정의 부분화와 전문화 추세를 반영하여 다양한 참여자를 전제로 한다.

▶ **정책네트워크(정책망) 모형의 특징**
- 정책문제별 형성(정책의 부분화·전문화)
- 다양한 참여자: 정부와 민간의 공식적·비공식적 개인 또는 조직
- 연계의 형성
- 참여자와 비참여자를 구분하는 경계가 존재함
- 참여자들의 상호작용을 규정하는 공식적·비공식적 규칙의 총체
- 정책과정 전반을 지배하는 거시적·동태적·가변적 현상

정답 : ①

02 ☐☐☐

이슈네트워크(issue network)와 비교한 정책공동체(policy community)의 상대적 특성으로 옳지 않은 것은?

① 정책결정을 둘러싼 권력게임은 공동의 이익을 추구하는 정합게임의 성격을 띤다.
② 참여자들이 기본가치를 공유하며 빈번한 상호작용으로 예측가능성이 높다.
③ 이익집단, 언론 등 참여자의 범위가 넓고 경계의 개방성이 높다.
④ 모든 참여자가 교환할 자원을 가지고 참여하므로 상호 간의 교환관계가 형성된다.

정밀해설

③ 이슈네트워크에 대한 내용이다. 한편 정책공동체는 참여자가 제한적이다.
① 정책공동체는 공동의 이익을 추구하는 정합게임의 성격을 띤다.
② 이슈네트워크에 비해 참여자들이 기본가치를 공유하며 구성원 상호 간 의존성과 정책의 예측가능성이 높다.
④ 정책공동체는 모든 참여자가 자원을 가지며 참여자 사이의 근본적인 관계는 협력적 교환관계이다.

정답 : ③

03

정책네트워크의 다양한 유형에 대한 다음 설명 중 옳은 것은?

① 정책공동체(정책네트워크)는 미국의 Heclo가 주장한 일종의 서비스연계망으로서 정책문제에 전문지식을 가진 구성원들이 신뢰와 협조하에 정책에 참여하는 것이다.
② 하위정부모형은 미국적 다원주의로서 구성원 간 관계가 매우 불안정하다.
③ 이슈공동체는 철의 삼각을 대체하는 개념으로 경계가 존재하는 폐쇄적 정책연계망이다.
④ 정책네트워크는 정책 참여자의 다양화 현상을 반영한다.

정밀해설

① 영국의 Rhodes에 의해 주장되었다.
② 하위정부모형은 미국적 다원주의로서 구성원 간 관계가 매우 안정적이며 장기간에 걸쳐 호혜적인 동맹관계(철의 삼각)가 구축되어 이 철의 삼각이 영역별로 정책을 지배한다는 것이다.
③ 경계가 존재하지 않는 일종의 광범위한 정책연계망이다.

정답: ④

04

정책결정의 권력모형에 대한 설명으로 옳지 않은 것은?

① 신베버주의에 속하는 Krasner에 의하면, 국가가 다른 나라와의 경쟁관계에 관한 정책결정을 할 때 기업의 이익이 아니라 국가이익을 옹호하는 결정을 내렸다고 한다.
② Bentley와 Truman으로 대표되는 이익집단론에 따르면, 정치과정의 핵심은 이익집단활동이며, 정책과정에서 관료들의 소극적인 역할을 상정하고 있다.
③ 정책네트워크 모형에 의하면, 국가는 자신의 정책 이해를 가지고 이를 정책과정에서 관철시키고자 하는 하나의 행위자이다.
④ 이슈네트워크모형에 따르면, 국가와 이익집단을 포함한 다양한 행위자 간에는 빈번한 상호작용이 발생하고, 이러한 상호작용은 안정적이고 협력적이라고 본다.

정밀해설

④ 이슈네트워크는 특정한 쟁점이 제기될 때 형성되는 개방적·유동적 네트워크로서 느슨하고 일시적이면서 불안정한 관계와 유동적인 참여자를 특징으로 한다.

정답: ④

THEME 034 정책대안 탐색, 문제 구조화

1 정책문제 구조화(Dunn) ⇨ 문제구조화의 방법

방법	의미	특징	성과기준
경계분석	메타문제의 경계 추정	포화표본추출, 문제도출, 축적	한계에 있어서 정확성
계층분석	가능하고, 개연적이고, 행동가능한 원인의 식별	원인의 논리적 분할 및 분류	논리적 일관성
분류분석	개념의 명료화	개념의 논리적 분할 및 분류	논리적 일관성
가정분석	갈등있는 가정들의 창조적 통합	이해관련자 식별, 가정도출, 도전, 접합, 통합 등	갈등
시네틱스	문제들 사이의 유사성 인식	개인적·직접적·상징적·환상적 유추의 구성	비교의 개연성
브레인스토밍	아이디어, 목표, 전략의 생성	아이디어 생성과 평가	의견의 일치
복수관점분석	통찰력 생성	기술적·조직적·개인적 관점의 사용	개선된 통찰력
논변지도작성	가정평가	개인성 및 중요성	최적 개연성 및 중요성

2 대안의 평가 기준-소망성, 실현가능성

정책대안 평가기준 (Nakamura & Smallwood)	소망성	형평성, 대응성, 적절성, 적정성, 효과성, 능률성, 노력
	실현가능성	기술적, 경제적, 법적, 윤리적, 행정적, 정치적 실현가능성
정책평가 기준	Nakamura & Smallwood	효과성, 능률성, 주민만족도, 수익자 대응성, 체제유지도
	W.Dunn	효과성, 능률성, 형평성, 대응성, 적합성, 적정성

Mani DB 대안의 능률성 평가기준

(1) Pareto 최적 기준: 다수의 효용의 증대를 가져와도 단 한 사람이라도 손해를 보는 사람이 있다면 바람직하지 않다는 이론
(2) Kaldor-Hicks 보상기준: 사회전체적인 총후생이 총비용보다 크다면 늘어난 효용으로 손실을 보상해 줄 수 있으므로 대안 채택이 가능하다는 이론
(3) Scitovsky 기준: Kaldor의 보상기준에 의한 판단을 보완하기 위한 재검증기

3 체제분석, 정책분석, 관리과학

구분	적용범위	초점	핵심내용
정책분석	종합 판단(최고결정자)	기본방향	가치, 비합리성, 정치적 합리성 고려
체제분석	계산 + 판단(관리층)	자원의 배분	비용·편익의 분석과 대안의 평가
관리과학	계산(하위계층)	운영계획 수립	계량적·공학적 분석

Mani DB 정책분석(PA)과 체제분석(SA)의 비교

구분	정책분석(PA)	체제분석(SA)
유사점	광범위한 체제적 관점, 예상결과 측정비교	
고려요인	정치적 합리성, 공익성, 가치 등	경제적 합리성
분석방법	비계량적·질적 분석 중심	계량적·양적 분석 중심
자원배분	자원의 사회적 배분(형평성 고려)	자원배분의 효율성(능률성)
분석수준	가치까지 고려(목적 분석)	가치는 고려하지 않음(수단 분석)
비합리성	비합리적 요인까지 고려	비합리적 요인은 고려하지 않음.
최적화	정책목표의 최적화	정책목표의 부분적 최적화
접근방법	휴리스틱	알고리즘

OX 기출분석

01 ☐☐☐ 　　　　　　　　　　　　　　　　　　　　　　　　　　　22 경간부
정책분석은 합리적인 대안 도출을 위한 활동으로 정치적 요인을 고려하지 않는다.　○ ×

해설: 정책분석은 정책대안이 가져올 정치적·경제적·사회적 요인을 고려하고 분석한다.

02 ☐☐☐ 　　　　　　　　　　　　　　　　　　　　　　　　　　17 지방 9급
문제구조화는 상호 관련된 4가지 단계인 문제의 감지, 문제의 정의, 문제의 추상화, 문제의 탐색으로 구성되어 있다.　○ ×

해설: 문제구조화는 문제의 감지 → 문제의 탐색 → 문제의 정의 → 문제의 구체화의 과정을 거친다.

03 ☐☐☐ 　　　　　　　　　　　　　　　　　　　　　　　　　　17 경찰간부
분류분석이란 정책문제의 존속기한 및 형성과정을 파악하기 위해 사용하는 방법으로, 대표적으로 포화표본추출기법이 사용된다.　○ ×

해설: 정책문제의 존속기한 및 형성과정을 파악하기 위해 사용하는 방법으로, 대표적으로 포화표본추출기법이 사용되는 것은 경계분석이다.

04 ☐☐☐ 　　　　　　　　　　　　　　　　　　　　　　　　　　14 국가 9급
가정분석(assumption analysis)은 간접적이고 불확실한 원인으로부터 차츰 확실한 원인을 차례로 확인해 나가는 기법으로 인과관계 파악을 주된 목적으로 한다.　○ ×

해설: 직접적이고 불확실한 원인으로부터 차츰 확실한 원인을 차례로 확인해 나가는 기법으로 인과관계 파악을 주된 목적으로 하는 것은 계층분석이다.

05 ☐☐☐ 　　　　　　　　　　　　　　　　　　　　　　　　　　14 경찰간부
정책분석은 대안의 평가기준에서 정치적 합리성을 강조하지만 체제분석은 경제적 합리성에 주안점을 둔다.　○ ×

해설: 정책분석은 정치적 합리성을 고려하지만 체제분석은 경제적 합리성을 고려한다.

06 ☐☐☐ 　　　　　　　　　　　　　　　　　　　　　　　　　　12 국회 8급
체제분석은 정책대안의 실현가능성을 분석하며, 정책대안이 가져올 비용과 효과의 분배적 측면을 분석한다.　○ ×

해설: 정책대안의 실현가능성을 분석하며, 정책대안이 가져올 비용과 효과의 분배적 측면까지 분석하는 것은 정책분석이다.

07 ☐☐☐ 　　　　　　　　　　　　　　　　　　　　　　　　　　12 국회 8급
정책분석은 체제분석과 달리 가치문제를 포함한다.　○ ×

해설: 정책분석에서는 가치문제를 포함한다.

08 ☐☐☐ 　　　　　　　　　　　　　　　　　　　　　　　　　　12 국회 8급
정책분석은 정책대안이 가져올 비용과 효과의 분배적 측면을 분석한다.　○ ×

해설: 정책분석은 체제분석의 논리에 정책대안이 가져올 비용효과의 분배적 측면, 실현가능성 분석, 정치·행정·사회적 영향분석을 추가로 실시한다.

정답 01 X　02 X　03 X　04 X　05 O　06 X　07 O　08 O

Theme 034 정책대안 탐색, 문제 구조화

핵심 기출 문제

01 □□□
2025 경찰승진

휴리스틱스(heuristics)와 판단 오류에 관한 설명으로 가장 적절하지 않은 것은?

① 대표성 휴리스틱스는 초기값으로부터 추정을 시작하여 조정과정을 거쳐 최종적인 답을 도출하는 과정에서 초기값의 편의와 조정의 불충분성으로 발생하는 판단 오류를 의미한다.
② 이용가능성 휴리스틱스는 어떤 사건의 빈도나 확률을 판단할 때, 실제 빈도가 아닌 구체적인 예를 떠올리는 것이 얼마나 용이한가에 따라 발생하는 판단 오류를 의미한다.
③ 사람들에게 'r'로 시작하는 영단어와 'r'이 세 번째 위치하는 영단어 중 어느 것이 더 많을지를 빠르게 판단하라고 하면 전자가 많을 것으로 판단하는 오류(실제로는 후자가 더 많음)는 이용가능성 휴리스틱스의 예이다.
④ 5초를 주고 A그룹에게는 '8×7×6×5×4×3×2×1', B그룹에게는 '1×2×3×4×5×6×7×8'의 결과치를 추정하게 하면 A그룹이 답한 수치의 평균값(2,250)이 B그룹이 답한 수치의 평균값(512)보다 크게 나타나는 오류(실제로는 40,320으로 동일함)는 고착화와 조정 휴리스틱스의 예이다.

정밀해설

① 제시된 내용은 대표성 휴리스틱스가 아닌 '고정 및 조정 휴리스틱스'에 대한 설명이다. 대표성 휴리스틱스는 어떤 대상이나 사건을 평가할 때, 그것이 얼마나 전형적인 범주에 속하는가에 근거하여 판단하는 경향을 의미한다.
② 이용가능성 휴리스틱스는 어떤 사건의 빈도나 확률을 판단할 때, 실제 빈도가 아닌 구체적인 예를 떠올리는 것이 얼마나 용이한가에 따라 발생하는 판단 오류를 의미한다.
③ 사람들에게 'r'로 시작하는 영단어와 'r'이 세 번째 위치하는 영단어 중 어느 것이 더 많을지를 빠르게 판단하라고 하면 전자가 많을 것으로 판단하는 오류(실제로는 후자가 더 많음)는 이용가능성 휴리스틱스의 예이다.
④ 5초를 주고 A그룹에게는 '8×7×6×5×4×3×2×1', B그룹에게는 '1×2×3×4×5×6×7×8'의 결과치를 추정하게 하면 A그룹이 답한 수치의 평균값(2,250)이 B그룹이 답한 수치의 평균값(512)보다 크게 나타나는 오류(실제로는 40,320으로 동일함)는 고착화와 조정 휴리스틱스의 예이다.

정답: ①

02 □□□
2014 국가 9급

정책문제의 구조화기법과 설명이 바르게 연결된 것은?

A. 경계분석(boundary analysis)   B. 가정분석(assumption analysis)
C. 계층분석(hierarchy analysis)   D. 분류분석(classification analysis)

ㄱ. 정책문제와 관련된 여러 구조화되지 않은 가설들을 창의적으로 통합하기 위해 사용하는 기법으로 이전에 건의된 정책부터 분석한다.
ㄴ. 간접적이고 불확실한 원인으로부터 차츰 확실한 원인을 차례로 확인해 나가는 기법으로 인과관계 파악을 주된 목적으로 한다.
ㄷ. 정책문제의 존속기간 및 형성과정을 파악하기 위해 사용하는 기법으로 포화표본추출(saturation sampling)을 통해 관련 이해당사자를 선정한다.
ㄹ. 문제상황을 정의하기 위해 당면문제를 그 구성요소들로 분해하는 기법으로 논리적 추론을 통해 추상적인 정책문제를 구체적인 요소들로 구분한다.

	A	B	C	D		A	B	C	D
①	ㄱ	ㄷ	ㄴ	ㄹ	②	ㄱ	ㄷ	ㄹ	ㄴ
③	ㄷ	ㄱ	ㄴ	ㄹ	④	ㄷ	ㄱ	ㄹ	ㄴ

정밀해설

③ A-ㄷ, B-ㄱ, C-ㄴ, D-ㄹ이 옳게 연결되었다.
ㄱ. [O] 가정분석은 정책문제와 관련된 여러 구조화되지 않은 가설들을 창의적으로 통합하기 위해 사용하는 기법으로 이전에 건의된 정책부터 분석한다.
ㄴ. [O] 계층분석은 간접적이고 불확실한 원인으로부터 차츰 확실한 원인을 차례로 확인해 나가는 기법으로 인과관계 파악을 주된 목적으로 한다.
ㄷ. [O] 경계분석은 정책문제의 존속기간 및 형성과정을 파악하기 위해 사용하는 기법으로 포화표본추출을 통해 관련 이해당사자를 선정한다.
ㄹ. [O] 분류분석은 문제상황을 정의하기 위해 당면문제를 그 구성요소들로 분해하는 기법으로 논리적 추론을 통해 추상적인 정책문제를 구체적인 요소들로 구분한다.

정답: ③

03 2014 경찰간부

정책분석(PA: Policy Analysis)과 체제분석(SA: System Analysis)의 차이점에 관한 설명 중 가장 적절하지 않은 것은?

① 정책분석은 비용과 효과의 사회적 배분을 중시하지만 체제분석은 자원배분의 효율성을 중시한다.
② 정책분석은 대안의 평가기준에서 정치적 합리성을 강조하지만 체제분석은 경제적 합리성에 주안점을 둔다.
③ 정책분석은 비용편익분석의 양적 분석에 치중하지만 체제분석은 질적 분석을 중요시한다.
④ 정책분석에 활용되는 기본과학은 정치학, 행정학, 사회학 등이지만 체제분석에서는 경제학과 응용과학 등이다.

정밀해설

③ 정책분석은 비용편익분석의 정치적·사회적·질적 분석에 치중하지만, 체제분석은 경제적·양적 분석을 중요시한다.
① 정책분석은 형평성을 고려하는 자원의 사회적 배분을 중시하지만 체제분석은 능률성을 고려하는 자원배분의 효율성을 중시한다.
② 정책분석은 정치적 합리성이나 공익 등을 고려하지만 체제분석은 경제적 합리성을 고려한다.
④ 정책분석은 정치학·행정학·심리학을 활용하지만 체제분석은 경제학·응용조사 등을 활용한다.

정답 : ③

04 2007 국가 9급

다음 <청산표>에서 평균기대값기준(Laplace 기준)에 의해 선택될 최적 대안은?

<각 상황별 대안의 청산표>

(단위: 억 원)

상황 대안	S_1	S_2	S_3
A_1	50	20	-10
A_2	30	24	15
A_3	25	25	25

① A_1 대안
② A_2 대안
③ A_3 대안
④ 대안선택 불가능

정밀해설

③ 라플라스 기준이란 평균기대값(불충분 이유의 기준)으로 각 상황의 발생확률이 동일하다는 가정하에 각 대안들의 평균값들 중 가장 큰 대안을 선택하는 것이다. A_1의 평균값은 20, A_2의 평균값은 23, A_3의 평균값은 25로 평균값이 가장 큰 A_3이 선택된다.

상황 대안	S_1	S_2	S_3	Laplace (평균기대값)
A_1	50	20	-10	(50+20-10)/3 =20
A_2	30	24	15	(30+24+15)/3 =23
A_3	25	25	25	(25+25+25)/3 =25

정답 : ③

적중 예상 문제

01 □□□

정책문제 구조화에 대한 설명으로 옳지 않은 것은?

① 시스템이론에 근거하여 원인들을 인과관계로 파악하는 것은 계층분석이다.
② 유사한 문제에 대한 분석을 활용하는 것은 가정분석이다.
③ 유추분석에는 개인적 유추, 직접적 유추, 가상적 유추, 상징적 유추가 있다.
④ 문제분석을 위한 주관적·직관적 방법으로 브레인스토밍, 델파이기법 등이 있다.

정밀해설

② 유사한 문제에 대한 분석을 활용하는 것은 유추분석이다.

▶ 문제구조화기법의 종류

기법	의미	특징
경계분석	메타문제의 경계 추정	포화표본추출, 문제도출, 축적
분류분석	개념의 명료화	개념의 논리적 분할 및 분류
계층분석	가능하고 개연적이고, 행동가능한 원인의 식별	원인의 논리적 분할 및 분류
가정분석	갈등있는 가정들의 창조적 통합	이해관련자 식별, 가정도출, 도전 등
시네틱스	문제들 사이의 유사성 인식	개인적·직접적·상징적·환상적 유추의 구성

정답

02 □□□

다음 중 대안평가의 소망성(desirability) 기준이 아닌 것은?

① 목표의 달성 정도를 고려한다.
② 투입 대비 산출의 비율을 고려한다.
③ 정책집단의 요구 및 선호의 충족정도이다.
④ 정책대안의 결정과 집행이 사회적으로 수용될 가능성이다.

정밀해설

④ 사회적 실현가능성에 대한 설명으로, 이는 실현가능성의 기준이다.
① 효과성에 대한 설명이다.
② 능률성에 대한 설명이다.
③ 대응성에 대한 설명이다.

▶ 정책대안 평가기준 (Nakamura&Smallwood)

정책대안 평가기준	소망성	형평성, 대응성, 적절성, 적정성, 효과성, 능률성, 노력
	실현가능성	기술적, 경제적, 법적, 윤리적, 행정적, 정치적 실현가능성
정책평가 기준		효과성, 능률성, 주민만족도, 수익자 대응성, 체제유지도

정답

03

다음 중 정책목표의 변화에 대한 설명으로 가장 옳은 것은?

① 미국 적십자사의 2차 대전 이후 헌혈사업 추가는 목표의 확장이다.
② 목표의 승계는 목표의 달성이 불가능할 경우 발생하며, 기존 목표의 달성은 해당하지 않는다.
③ 목표의 비중변동의 원인으로는 형식주의, 할거주의, 유형목표 추구, 지도자의 권력욕 등을 들 수 있다.
④ 목표의 종결은 저항이 제일 심하다.

정밀해설

④ 목표의 종결은 목표달성으로 인한 종결 및 폐지를 의미하는 것으로 저항이 가장 심하다.
① 미국 적십자사의 2차 대전 이후 헌혈사업추가는 목표의 추가 사례에 해당한다.
② 목표의 승계는 기존의 목표를 달성했거나 달성 자체가 불가능할 경우 새로운 목표를 재설정하는 것을 의미한다.
③ 목표전환의 원인으로 형식주의, 할거주의, 유형목표 추구, 지도자의 권력욕 등이 있다.

정답 : ④

04

정책분석에 관한 설명으로 옳지 않은 것은?

① 정책분석은 관리과학과 달리 가치의 문제를 포함한다.
② 체제분석은 경제적 합리성 위주이지만, 정책분석은 정치적 합리성만 분석한다.
③ 정책분석은 정책대안이 가져올 비용과 효과의 분배적 측면을 분석한다.
④ 정책분석은 정책대안의 실현가능성을 분석한다.

정밀해설

② 정책분석은 경제적 합리성뿐만 아니라 정치적 합리성 및 공익성 등을 고려한다.
① 관리과학은 능률성에 의한 양적·계량적 분석을 한다.
③ 정책분석은 사회적 배분과 가치문제를 고려한 질적 분석을 한다.

정답 : ②

THEME 035 불확실성과 미래예측기법1(객관적·양적)

1 불확실성의 대처방안 - 적극적 대처방안과 소극적 대처방안

구분	적극적 대처방안	소극적 대처방안
의의	불확실한 것을 확실하게 하려는 방안	불확실한 것을 주어진 것으로 보는 방안
방안	• 이론이나 모형의 개발(확정적 모형) • 결정의 지연(정보획득) • 점증주의적 정책결정 • 정책실험(시뮬레이션) • 정책델파이와 브레인스토밍 • 흥정이나 협상 • 공식화 및 표준화	• 가외적 장치 • 민감도 분석, 상황의존도 분석 • 악조건 가중분석, 분기점 분석 • 한정적 합리성 추구 • 문제의식적 탐색 • 휴리스틱적 접근 • 환경에 대한 조직적 대응

2 투사(project) - 외삽법에 의한 예측

시계열분석 (경향분석)	과거의 변동추세를 분석결과를 토대로 이를 연장하여 미래를 추정하는 투사법 ※ 경향선을 도출하는 기법: 흑선기법, 목측법, 이동평균법, 지수가중법(지수평활법), 최소자승법 등
자료변환법	시계열 변수값을 적절히 변화하여 얻은 선형방정식을 이용하여 경향 추정
격변방법	선형성이나 규칙성이 없는 시계열자료를 분석하는 '비선형적 시계열분석'에 해당하는 것으로 대변동법이라고도 함.
선형경향추정	시간을 독립변수로 하는 선형 시계열분석(가장 표준적인 추세연장·시계열 분석)

3 이론적 예측 - 예견(predict)

선형계획		일차함수를 이용하여 주어진 제약조건하에서 생산량을 극대화하기 위한 자원의 최적결합방법 도출 <선형계획의 응용> 비선형계획, 동적계획, 목적계획법, 수송선형계획
투입산출분석		미지수와 방정식의 수가 같으면 미지수를 구할 수 있다는 선형계획의 초보적 형태
이론지도		이론적 가정의 인과구조를 그림(map)으로 나타내어 체계화하는 기법
구간추정		도출된 통계적 확률이 적용될 수 있는 신뢰구간 추정
회귀분석	인과분석	독립변수와 종속변수 간의 인과관계 유무 규명
	상관분석	인과관계의 강도를 상관계수로 도출
	경로분석	어떠한 경로를 통하여 영향을 미쳤는지 인과관계의 경로를 분석
	회귀분석	인과관계의 유무·강도·경로 등을 통하여 종속변수의 변화량을 예측
	선형회귀분석	시간을 독립변수로 하는 회귀분석(Markov Model 등)
PERT & CPM		비반복적 사업의 성공적 달성을 위한 경로계획 또는 시간공정 관리기법
계량적 시나리오		대안의 결과에 대한 미래의 스토리를 계량적으로 분석하여 각본으로 작성
모의실험		위험적(risk) 불확실성 상황하에서 복잡한 현실과 유사한 가상적 장치(simulation)에 의한 실험결과를 통하여 실제현상을 예측
게임이론		상충적(conflict) 불확실성 상황하에서 특정대안의 선택결과가 다른 의사 결정자의 행동안 선택을 좌우할 때 확률이론을 적용하는 이론적 분석 체계
대기행렬이론		확률이론을 적용하여 대기시간·대기행렬을 최소화하고 최적의 서비스 생산시설규모 등을 발견하기 위한 이론

OX 기출분석

01 ☐☐☐   20 경찰간부
불확실성에의 대처방안에서 '적극적 대처방안'은 불확실한 것을 확실하게 하려는 방안을 말한다.
○ ×

해설
적극적 대처방안은 불확실한 것을 확실하게 하려는 것으로 불확실성의 적극적 극복 또는 해소방안이다.

02 ☐☐☐   19 교행 9급
상황에 대한 정보획득, 정책실험 수행, 협상 및 타협, 지연이나 회피는 모두 불확실성을 극복하는 적극적 대처방안이다.
○ ×

지연이나 회피는 불확실성을 극복하는 소극적 대처방안이다.

03 ☐☐☐   16 검정승진
분기점 분석은 정책상황의 변화 등에 따라 정책결과가 어떻게 영향을 받는지 분석하는 기법이다.
○ ×

상황의존도 분석에 대한 설명이다.

04 ☐☐☐   15 국회 8급
이론적 미래예측은 인과관계 분석이라고도 하며 선형계획, 투입산출분석, 회귀분석 등을 예로 들 수 있다.
○ ×

05 ☐☐☐   12 국회 8급
선형계획법은 의사결정에 제약이 있는 상황하에서 최선의 대안을 찾는 기법으로, 최선의 결정은 목적함수로 표현된다.
○ ×

선형계획법은 확실한 상황하에서 이루어지는 의사결정기법으로 주어진 제약조건하에서 자원의 최적배분을 찾는 방식으로 이루어진다.

06 ☐☐☐   12 인천 9급
정책실험은 다양한 정책대안의 포괄적 탐색에 적합하다.
○ ×

실험은 여러 가지 정책대안의 결과가 어떻게 될 것이며 어떻게 서로 다른지 한꺼번에 알아보기 위해 실험을 실시하는 것이기에 적합하다.

07 ☐☐☐   10 서울 7급
불확실성의 대처방안으로 휴리스틱스의 활용, 가외성 장치의 활용, 총체적 합리성 확보 등이 제시된다.
○ ×

불확실성하에서의 대처방안은 총체적 합리성 확보가 아닌 제한된 합리성을 추구할 수밖에 없다.

08 ☐☐☐   07 국가 7급
분기점분석은 가장 두드러진 대안에 불리한 값을 대입하여 우선순위의 변화를 통해 종속변수의 불확실성을 해결하기 위한 것이다.
○ ×

가장 두드러진 대안에 불리한 값을 대입하는 방식은 악조건 가중분석이다.

정답   01 O   02 X   03 X   04 O   05 O   06 O   07 X   08 X

핵심 기출 문제

01
2020 검정승진

정책환경의 불확실성을 극복하는 대처방안 중 소극적 대처방안으로 가장 적절하지 않은 것은?

① 보수적 결정 - 미래에 발생할 수 있는 최악의 상황을 전제하고, 정책대안의 결과를 예측
② 민감도 분석 - 모형의 패러미터가 불확실할 때 여러가지 가능한 값에 따라 대안의 결과가 어떻게 달라지는지를 분석
③ 불확실성을 유발하는 환경의 통제 - 경쟁기관과의 협상이나 타협
④ 분기점 분석 - 불확실한 상황에서도 동등한 결과를 산출하기 위한 가정을 도출하는 결과예측 방법

정밀해설

③ 불확실성을 유발하는 환경이나 상황 및 변수를 통제하는 것은 적극적 대처방안에 해당한다.
① 보수적 결정(접근)은 최악의 불확실성을 가정하고 대안을 모색하는 것으로 소극적 대처방안에 해당한다.
② 민감도분석은 미리 산정한 매개변수값(파라미터)가 변경되거나 불확실할 때 결과가 어떻게 달라지는가에 대해 추가적으로 분석하는 것으로 소극적 대처방안에 해당한다.
④ 분기점 분석은 악조건 가중분석의 결과 대안의 우선순위가 달라질 경우 동등한 결과를 가져오기 위해서는 어떤 가정이 필요한지를 밝히는 것으로 소극적 대처방안에 해당한다.

정답 : ③

02
2017 국가 7급(추)

정책분석기법에 대한 설명으로 옳지 않은 것은?

① 교차영향분석(cross-impact analysis)은 불완전한 정보를 가지고 있는 모형 내의 파라미터의 변화에 따라 대안의 결과가 어떻게 반응하는지를 분석하는 기법이다.
② 칼도-힉스(Kaldor-Hicks criterion)는 전통적인 비용편익분석(cost-benefit analysis)의 기초가 된다.
③ 추세 연장에 의한 예측에서 가장 표준적인 방법은 선형 경향 추정(linear trend estimation)이다.
④ 의사결정나무(decision tree)를 활용한 분석모형에서는 상황의 불확실성을 고려한다.

정밀해설

① 민감도 분석은 불완전한 정보를 가지고 있는 모형 내의 파라미터의 변화에 따라 대안의 결과가 어떻게 반응하는지를 분석하는 기법이다. 한편 교차영향분석(cross-impact analysis)은 사건 간의 상호관련성 식별에 도움을 주는 기법으로 연관 사건의 발생유무에 기초하여 미래의 어떤 사건이 일어날 확률에 대하여 식견 있는 판단을 이끌어내는 직관적 기법이다.
② 칼도-힉스(Kaldor-Hicks criterion) 기준은 공공사업으로 인한 수혜집단의 사회효용 증가분이 피해 집단의 사회비용보다 클 때 이러한 증가된 편익으로 그 피해를 보상해 줄 수 있기 때문에 사업을 실시하는 것이 타당하다고 보는 기준으로 이는 비용편익분석의 기초가 된다.
③ 추세 연장에 의한 예측은 연장적 방법으로 과거로부터의 경향치를 보고 이를 통해 미래까지의 경향을 예측하는 귀납적 방법으로 여기에는 선형경향추정, 시계열분석 등이 있다.
④ 의사결정분석은 의사결정에서 나무의 가지를 가지고 목표와 상황과의 상호 관련성을 나타내어 최종적인 의사결정을 하는 불확실한 상황하의 의사결정 분석 방법을 의미한다.

정답 : ①

03

2015 국회 8급

미래예측기법에 대한 설명 중 옳지 않은 것은?

① 비용·편익분석은 정책의 능률성 내지 경제성에 초점을 맞춘 정책분석의 접근방법이다.
② 판단적 미래예측에서는 경험적 자료나 이론이 중심적인 역할을 한다.
③ 추세연장적 미래예측기법들 중 하나인 검은줄 기법(black-thread technique)은 시계열적 변동의 굴곡을 직선으로 표시하는 기법이다.
④ 교차영향분석은 연관사건의 발생여부에 따라 대상사건이 발생할 가능성에 관한 주관적 판단을 구하고 그 관계를 분석하는 기법이다.
⑤ 이론적 미래예측은 인과관계 분석이라고도 하며 선형계획, 투입·산출분석, 회귀분석 등을 예로 들 수 있다.

정밀해설

② 판단적(직관적) 미래예측기법은 경험적 자료나 이론이 없을 때 전문가나 경험자들의 주관적 의견을 취합하여 미래를 예측하는 기법이다.
① 비용·편익분석은 공공사업의 채택이 가져올 유·무형의 비용과 편익을 화폐가치로 평가·분석함으로써 한정된 정부예산으로 사회 전체에 가장 큰 혜택을 주는 사업을 선정할 때 사용하는 것으로 경제성에 초점을 맞춘 정책분석 접근방법이다.
③ 검은줄 기법은 시계열 분석 중 하나로 과거로부터 지속되어 온 역사적 경향을 관찰하여 미래변화를 예측하는 방법으로 귀납적인 추론에 입각, 지속성, 규칙성, 신뢰성과 타당성을 바탕으로 미래를 투사하는 기법이다.
④ 교차영향분석은 관련된 선행사건의 발생에 따른 특정사건의 발생가능성을 주관적인 판단에 입각해서 예측하는 주관적·질적 기법으로 그 사건에 영향을 미치는 선행사건을 규명하여 관련사건 간 상호작용이 미치는 잠재적 효과를 분석하는 것이다.
⑤ 이론적 미래예측기법은 인과관계분석이라고 하며 구체적인 기법으로는 선형계획, 투입·산출분석, 회귀분석, 대기행렬이론 등이 있다.

정답 : ②

04

2011 국회 9급

W. N. Dunn은 예측의 기법을 연장적 예측, 이론적 예측, 직관적 예측으로 분류하였다. <보기>에서 이론적 예측 기법은 모두 몇 개인가?

< 보기 >

ㄱ. 시계열분석
ㄴ. 선형경향추정
ㄷ. 구간추정
ㄹ. 회귀분석
ㅁ. 상관분석
ㅂ. 정책델파이
ㅅ. 교차영향분석
ㅇ. 브레인스토밍

① 2개
② 3개
③ 4개
④ 5개
⑤ 6개

정밀해설

② ㄷ, ㄹ, ㅁ만 이론적 예측기법에 해당한다.
ㄷ. [○] 구간추정은 통계적 확률이 적용될 수 있는 신뢰구간을 측정하는 것으로, 이론적 예측기법에 해당한다.
ㄹ. [○] 회귀분석은 독립변수 한 단위 변화에 따른 종속변수의 변화량을 알고자 할 때 사용하는 분석기법으로, 이론적 예측기법에 해당한다.
ㅁ. [○] 상관분석은 변수 간 관계의 밀접한 정도로 상관관계를 분석하는 통계적 분석방법으로, 이론적 예측기법에 해당한다.
ㄱ. [×] 시계열분석은 시간을 독립변수로 하여 미래를 예측하려는 동태적인 종단분석으로, 연장적 예측기법에 해당한다.
ㄴ. [×] 선형경향추정은 시간을 독립변수로 하는 선형 시계열분석으로, 연장적 예측기법에 해당한다.
ㅂ. [×] 정책델파이는 정책문제 해결을 위해 전문가들을 활용하여 정책대안을 개발하고 그 결과를 예측하기 위해 만들어진 것으로, 직관적 예측기법에 해당한다.
ㅅ. [×] 교차영향분석은 사건 간의 상호관련성 식별에 도움을 주는 기법으로, 직관적 예측기법에 해당한다.
ㅇ. [×] 브레인스토밍은 문제상황을 식별하고 개념화하는 데 도움을 주는 아이디어 등을 끌어내기 위한 방법으로, 직관적 예측기법에 해당한다.

정답 : ②

적중 예상 문제

01 ☐☐☐

다음 불확실성하에서의 정책대안의 미래예측기법 중 이론적 예측기법에 대한 설명으로 옳지 않은 것은?

① 대기행렬이론은 대기행렬을 최소화하고 최적의 서비스 생산시설규모 등을 위한 이론이다.
② 게임이론은 상충적인 불확실한 상황에서 의사결정자의 확률론적 분석이다.
③ 회귀분석은 인과분석, 상관분석, 경로분석 등으로 이루어진다.
④ 구간추정은 이동평균법, 지수가중법, 최소자승법 등을 활용한다.

정밀해설

④ 시계열분석은 이동평균법, 지수가중법, 최소자승법 등을 활용한다.
① 대기행렬이론은 서비스나 용역을 제공받을 때 대기하는 시간을 최소화하기 위한 이론이다.
② 게임이론은 불확실한 상황하에서 복수의 의사결정자의 입장이 상충될 때의 의사결정문제를 다루는 것이다.
③ 회귀분석은 독립변수 한 단위 변화에 따른 종속변수의 변화량을 알고자 할 때 사용하는 분석기법으로, 인과분석, 상관분석, 경로분석과 연관된다.

정답 ④

02 ☐☐☐

행정에서 불확실성에의 대처방안에 대한 설명 중 가장 옳지 않은 것은?

① '적극적 대처방안'은 불확실한 것을 확실하게 하려는 방안을 말한다.
② '소극적 대처방안'은 불확실한 것을 주어진 것으로 보고 이에 대처하는 방안을 말한다.
③ 불확실성에 대한 적극적 대처방안으로는 모형이나 이론의 개발, 정책델파이 등이 있다.
④ 불확실성에 대한 소극적 대처방안으로는 분기점 분석, 민감도 분석, 악조건 가중 분석, 충분한 정보 획득 등이 해당된다.

정밀해설

④ 정보 획득은 적극적 대처방안이다.
① 적극적 대처방안은 불확실한 것을 확실하게 하려는 불확실성의 적극적 극복 또는 해소 방안이다.
② 소극적 대처방안은 불확실성을 주어진 것으로 전제하고, 이 불확실성을 감안하여 정책을 결정하는 방법이다.
③ 적극적 대처방안에는 모형이나 이론의 개발, 정보의 충분한 획득, 정책델파이, 집단토의, 상황 자체에 대한 통제 등의 방법이 사용되며, 소극적 대처방안에는 보수적 접근법, 중복성(redundancy), 민감도 분석 등이 사용된다.

▶ **불확실성에의 대처방안**

적극적 대처방안	· 환경이나 상황의 통제(제어) · 모형이나 이론 개발·적용 · 정보의 충분한 획득 · 정책실험, 직관적 예측 등
소극적 대처방안	· 보수적 접근: 최악의 불확실성을 가정하고 대안 모색 · 가외성 설치(복수의 대안 마련) · 민감도 분석 · 상황의존도 분석 · 악조건 가중 분석 · 분기점 분석 · 결정 회피, 시간 지연 등

정답 ④

03

다음 중 게임이론에 대한 내용이 아닌 것은?

① 의사결정자들은 동시에 균등한 기회에서 확률을 계산하고 이에 의하여 행동대안을 선택한다.
② 전문가들이 모여서 주관적 예측과 통계적 기법에 의해 처리하는 방식이다.
③ 참여자들은 기본적으로 자기이익을 극대화하기 위하여 노력하는 합리적 행위자라는 입장이다.
④ 불확실하고 상충(경쟁)적 상황하에서의 의사결정 전략이다.

정밀해설

② 게임이론은 상충적이고 경쟁적인 조건에서의 경쟁자 간의 경쟁상태를 모형화하여 참여자의 행동을 분석함으로써 최적전략을 선택하는 것을 이론화하는 것이다.
① 게임이론에 따르면 의사결정자들은 균등한 기회에서 확률을 계산하고 행동대안을 선택한다.
③ 게임이론에서 참여자들은 기본적으로 자기이익의 극대화를 추구하는 합리적 행위자이다.
④ 게임이론은 불확실하고 상충적인 상황하에서의 의사결정이다.

▶ 게임이론의 기본가정

- 참여자들은 합리적·지능적으로 행동함
- 참여자들은 이익을 극대화하고 손실을 극소화 하려고 함
- 정보는 참여자들에게 균등하게 알려져 있음
- 참여자들은 상대방과 직접 소통하지 않음
- 참여자들은 동시에 행동노선을 선택함

정답 : ②

04

다음 중 정책분석기법에 대한 설명으로 옳지 않은 것은?

① 시계열분석은 과거 변동추이를 통해 미래를 파악하는 기법으로 지수가중법, 최소자승법, 이동평균법 등이 있다.
② 상관분석은 변수간의 원인과 결과를 파악할 수 없는 단점이 있다.
③ 회귀분석은 단순한 상관관계를 넘어서 종속변수와 독립변수의 인과관계를 파악할 수는 없다.
④ 시뮬레이션은 몬테카를로 기법이 주로 사용된다.

정밀해설

③ 회귀분석(regression analysis): 독립변수와 종속변수 간의 인과관계를 분석하는 기법으로서 독립변수의 값이 변할 때 종속변수의 미래변화를 예측하는 통계적 기법이다.
① 시계열분석(time series analysis): 과거의 변동추이를 모아 놓은 시계열데이터를 분석함으로써 이를 토대로 미래의 변화결과를 예측하는 통계적 기법이다. 경험적·귀납적 미래예측기법이며 경향외삽법, 투사법, 추세분석, 보외적 예측 등이 있다.
② 상관분석(correlational analysis): 대등한 변수들 간의 상관관계, 즉 상호관련성의 방향과 정도를 분석하는 통계적 기법이다.
④ 시뮬레이션(simulation): 실제의 사회현상과 유사한 가상적인 모형을 만들어 놓고 그 모형에 조작을 가하여 얻은 실험결과를 가지고 실제 현상의 특성을 규명하고 미래를 예측하는 기법으로서 모의분석, 모의실험이라고도 한다.

정답 : ③

THEME 036 불확실성과 미래예측기법2(주관적·질적)

1 주관적·질적 예측기법 종류

브레인스토밍	대면적 접촉하에 자유분방하게 의견을 교환, 비판금지, 편승기법
전통적 델파이	미래사건에 대한 전문가들의 의견을 익명의 설문조사방식으로 수렴하는 기법
정책델파이	델파이를 정책분석에 응용 (다양한 참여자, 갈등의 조성, 선택적 익명성, 양극화된 통계처리 등이 전통적 델파이와의 차이)
교차영향분석	선행사건을 규명하여 관련된 사건 간의 상호작용이 미치는 잠재적 효과를 분석
실현가능성분석	정치적 갈등이 심한 상태에서 대안의 정치적 실현가능성을 분석
명목집단기법	제한된 집단토론 + 표결
변증법적 토론	찬·반 두 팀으로 나누어 토론을 진행하여 합의를 도출하는 지명반론자 기법

2 델파이 기법

구분	전통적 델파이	정책델파이
적용	일반문제(기술적인 문제)에 대한 예측	정책문제(정책적인 문제)에 대한 예측
응답자	동일영역의 일반전문가	이해관계자 등 식견 있는 다양한 창도자
익명성	철저한 격리성과 익명성 보장	선택적 익명성 보장
통계 처리	의견의 대푯값·평균치(중윗값) 중시	의견차이나 갈등을 부각시키는 양극화된 통계처리
합의	합의(근접된 의견)도출	구조화된 갈등(극단적이거나 대립된 견해의 존중·유도)
토론	없음	컴퓨터를 통한 회의 및 대면토론

3 브레인스토밍 특징

① 비판금지
② 편승기법
③ 정책대안을 검토하는 과정에서 토론의 질보다 양을 중시
④ 아이디어 개발단계에서의 브레인스토밍 활동의 분위기는 개방적이고 자유롭게 유지되어야 함.

OX 기출분석

01   21 국가 7급
정책 델파이(policy delphi) 기법의 경우 정책대안에 대한 주장들이 표면화된 후에는 참가자들로 하여금 비공개적으로 토론을 벌이게 한다.   O X

해설
정책 델파이 기법은 정책대안에 대한 주장들이 표면화되고 나면 참가자들로 하여금 공개적으로 토론을 벌이게 한다.

02   19 지방 9급
전통적 델파이기법은 전문가들의 다양성을 고려해 의견일치를 유도하지 않는다.   O X

정책델파이 기법은 전문가들의 다양성을 고려해 의견일치를 유도하지 않는다.

03   17 국가 9급(추)
미래 예측을 위한 일반적 델파이기법은 전문가들의 의견을 종합하여 보다 합리적인 아이디어를 만들려는 시도이며, 정책대안의 결과 예측뿐 아니라 정책대안의 개발·창출에도 사용된다.   O X

04   17 국회 9급
명목집단 기법(nominal group technique)은 관련자들이 의사결정에 참여하지 않은 채 서면으로 대안에 대한 아이디어를 제출하도록 하고, 모든 아이디어가 제시된 이후 최고 의사결정자가 단독으로 결정하는 기법이다.   O X

명목집단 기법은 모든 아이디어가 제시된 이후 제한된 토론을 거쳐 투표로 의사결정을 한다.

05   17 경정승진
미래예측기법 중 브레인스토밍(Brain storming)은 누구나 자유롭게 발언할 수 있으며, 다른 아이디어에 편승한 창안을 적극 유도하는 주관적·질적 분석기법이다.   O X

브레인스토밍은 제약 없이 자유로운 분위기하에서 전문가의 창의적 의견이나 기발한 아이디어를 직접적인 대면접촉 토의를 통하여 창안하는 주관적·질적 분석기법이다.

06   16 사복 9급
지명반론자 기법(devil's advocate method)이 성공하려면 반론자들이 고의적으로 본래 대안의 단점과 약점을 적극적으로 지적하여야 한다.   O X

07   13 국가 7급
변증법적 토론은 두 집단으로 나누어 토론을 하기 때문에 특정 대안의 장단점이 최대한 노출될 수 있다.   O X

토론과정에서 찬반 양쪽의 입장이 다양하게 표출되기 때문에 대안의 장단점이 최대한 노출된다.

08   12 지방 9급
정책델파이는 대립되는 정책대안이나 결과가 표면화되더라도 모든 단계에서 익명성이 보장되어야 한다.   O X

정책델파이에서 정책대안이나 결과가 표면화되면 참여자들 간의 공개적인 토론이 허용된다.

정답 01 X   02 X   03 O   04 X   05 O   06 O   07 O   08 X

핵심 기출 문제

01
2020 국회 9급

집단적 문제해결기법에 대한 설명으로 옳은 것은?

① 명목집단기법에서는 전통적인 회의방법과는 달리 의견교환을 하는 것이 항상 허용된다.
② 델파이기법을 쓰면 지배적 성향을 가진 사람의 독주와 다수의견의 횡포 등을 피할 수 있다.
③ 브레인스토밍에서는 다른 사람의 아이디어에 자기 의견을 첨가해 새로운 아이디어로 꾸미는 것이 제한된다.
④ 집단적 문제해결은 개인적 문제해결보다 시간과 비용이 더 적게 든다.
⑤ 변증법적 토론기법은 토론집단을 의견이 유사한 두 개의 팀으로 나누어 토론을 진행하여 합의를 도출해내는 기법이다.

정밀해설

② 델파이 기법은 대면토론 시 나타날 수 있는 성격마찰, 지배적 성향을 가진 사람의 독주, 다수의견의 횡포, 집단사고를 방지할 수 있다.
① 명목집단기법에서는 전통적인 방법과는 달리 모든 아이디어가 제시된 이후 제한된 토의를 거쳐 투표로 의사결정을 하는 기법이다.
③ 브레인스토밍에서는 다른 사람의 아이디어를 결합·수정·모방해서 새로운 아이디어를 산출하는 편승기법의 사용이 가능하다.
④ 집단의 문제해결은 개인적 문제해결보다 시간과 비용이 훨씬 더 많이 든다.
⑤ 변증법적 토론기법은 작위적으로 의견이 다른 두 개의 팀으로 토론집단을 나눠 이들이 제기하는 반론과 이에 대한 제안자의 옹호 과정을 통해 의사결정을 유도하는 방식이다.

정답 : ②

02
2016 서울 7급

다음 집단의 의사결정 기법에 대한 설명 중 가장 옳은 것은?

① 델파이(Delphi) 기법은 미래 예측을 위해 전문가가 아닌 일반인 다수를 활용하는 의사결정 기법이다.
② 브레인스토밍(brainstorming)은 아이디어가 많은 소수에게 여러 개 주제에 대해 아이디어를 제시하도록 해 좋은 아이디어를 발굴하는 기법이다.
③ 지명반론자 기법(devil's advocate method)은 작위적으로 특정 조직원들 또는 집단을 반론을 제기하는 집단으로 지정해 반론자 역할을 부여하고 이들이 제기하는 반론과 이에 대한 제안자의 옹호 과정을 통해 의사결정을 유도하는 기법이다.
④ 명목집단기법(nominal group technique)은 관련자들이 의사결정에 직접 참여하여 대안에 대한 아이디어를 제출하도록 하고 충분한 토의를 거쳐 투표로 의사결정을 하는 기법이다.

정밀해설

③ 지명반론자기법은 찬·반 두 팀으로 나누어 토론을 진행하여 대안의 장단점을 도출하는 기법으로 변증법적 토론 방식이다.
① 델파이 기법은 미래 예측을 위해 전문가 집단을 활용하는 방법이다.
② 브레인스토밍에서는 소수의 참여자가 아닌 다수 참여자들의 자유분방한 의견표출을 강조한다.
④ 명목집단기법에서는 충분한 토의가 아니라 제한된 집단토론을 통해 토론이 방만하게 진행되는 것을 예방하는 장점이 있다.

정답 : ③

03

2014 국회 8급

다음 중 정책문제의 구조화 방법의 일종인 브레인스토밍(brainstorming)에 대한 설명으로 옳지 않은 것은?

① 브레인스토밍 집단은 조사되고 있는 문제상황의 본질에 따라 구성되어야 한다.
② 아이디어 평가의 마지막 단계에서 아이디어에 우선순위를 부여한다.
③ 아이디어 평가는 첫 단계에서 모든 아이디어가 총망라된 다음에 시작되어야 한다.
④ 아이디어 개발단계에서의 브레인스토밍 활동의 분위기는 개방적이고 자유롭게 유지되어야 한다.
⑤ 아이디어 개발과 아이디어 평가는 동시에 이루어져야 한다.

정밀해설

⑤ 아이디어 개발단계에서는 비판과 평가를 금지한다.
① 브레인스토밍 집단은 조사되고 있는 문제상황의 본질에 따라 구성되어야 하며 보통 10명 내외의 전문가로 구성하나 식견 있는 사람들이 포함되기도 한다.
② 아이디어 평가 단계 끝에 집단은 아이디어에 우선순위를 부여하고 문제의 개념화와 잠정적 해결방안을 포함하는 제안서에 그러한 아이디어를 포함하여야 한다.
③ 아이디어 평가는 격렬한 집단토의는 시기상조의 비판과 토론에 의하여 방해받을 수 있으므로 모든 아이디어가 총망라된 다음에 시작되어야 한다.
④ 브레인스토밍은 규격화되지 않은 집단토론 상황에서 구성원들이 자유롭게 토론하고 다양한 아이디어를 도출해야 하므로 브레인스토밍의 분위기는 개방적이고 자유로워야 한다.

정답 : ⑤

04

2010 국회 8급

<보기> 중 정책예측기법 중 하나인 델파이 기법(Delphi Method)에 대한 설명으로 옳은 것을 모두 고르면?

─ <보기> ─

가. 집단사고(group think)를 방지할 수 있다.
나. 익명성을 유지하면서 각각 독자적으로 피력하는 의견이나 판단을 조합, 정리한다.
다. 마지막 단계에서는 대면 접촉하는 모임을 통해 의견의 조율을 꾀한다.
라. 해당 분야에 대한 체계적인 지식이 풍부한 전문가들을 활용한다.
마. 피력된 의견이나 판단에 대해서 비판보다는 창조적인 대안제시에 집중한다.

① 가, 나, 라
② 나, 라, 마
③ 가, 라, 마
④ 다, 라, 마
⑤ 가, 나, 다

정밀해설

① 가, 나, 라가 옳은 설명이다.
가. [O] 델파이기법은 대면토론을 하지 않으므로 구성원 간의 대립, 집단사고, 다수의견의 횡포 등을 방지할 수 있다.
나. [O] 델파이기법은 익명의 상태에서 형성된 전문가들의 판단을 종합하고 정리하는 미래예측기법이다.
라. [O] 미래 사건에 대한 다수 전문가들의 식견 있는 견해를 획득하고 교환·개발하는 판단적 예측 절차이다.
다. [X] 정책델파이는 마지막 단계에서 대면접촉하는 모임을 통해 의견의 조율을 꾀한다.
마. [X] 브레인스토밍은 피력된 의견이나 판단에 대해서 비판보다는 창조적인 대안 제시에 집중한다.

정답 : ①

적중 예상 문제

01

다음 중 브레인스토밍에 대한 설명으로 옳지 않은 것은?

① 다른 사람의 아이디어를 평가, 비판, 간섭하지 않아야 한다.
② 관련분야 전문가들의 제한된 참여를 통해 아이디어를 제공한다.
③ Osborne에 의해 창안된 전문가의 창의적·주관적 예측 기법이다.
④ 아이디어의 양을 선호한다.

정밀해설

② 전문가가 아니더라도 아이디어를 제공할 수 있다.
① 브레인스토밍은 다양한 아이디어의 도출을 위해 비판이나 평가 등을 금지한다.
③ 브레인스토밍은 창의적·주관적 예측기법으로 Osborne 등이 창안하였다.
④ 좋은 아이디어보다 많은 아이디어를 내놓게 함으로써 창의적이고 독창적인 의견을 이끌어내고자 한다.

정답 ②

02

주관적·질적 예측기법에 대한 설명으로 옳은 것은?

① 델파이기법은 익명성이 유지되는 사람들이 각자 독자적으로 형성한 판단을 종합한다.
② 명목집단기법은 제한 없는 다수토론을 한 다음 표결로 정한다.
③ 브레인스토밍은 창의적 아이디어 도출을 위해 비판 및 편승기법을 금지한다.
④ 교차영향분석은 후행사건의 발생확률을 토대로 선행사건을 추론한다.

정밀해설

① 델파이기법은 철저히 익명성을 보장하며 각자 독자적으로 형성한 판단을 종합하여 도출한다.
② 명목집단기법은 제한된 집단적 토론만 한 다음 해결방안에 대한 표결을 한다.
③ 브레인스토밍은 창의적 아이디어 도출을 위해 비판은 금지하나 편승기법은 허용한다.
④ 교차영향분석은 선행사건의 발생이 다른 특정사건의 발생가능성을 주관적으로 판단하는 기법이다.

정답 ①

03

정책델파이에 관한 설명으로 옳지 않은 것은?

① 정책델파이에서는 통계처리와 의도적인 갈등의 조성을 중시한다.
② 정책델파이에 참여하는 사람들은 해당 분야의 전문가뿐만 아니라 그 문제에 대해서 관심을 가지고 있는 사람들도 참여한다.
③ 정책델파이에 참여하는 사람들은 초기단계에서만 익명성이 요구되며, 논쟁이 표면화되고 나면 공개적으로 토론하게 된다.
④ 정책델파이는 객관적 예측을 바탕으로 컴퓨터를 통해서 참여자들 사이의 상호작용을 조성해 나간다.

정밀해설

④ 정책델파이는 컴퓨터를 통해서 의견을 통계적으로 처리하지만 미래예측의 근원은 전문가의 주관과 직관이다. 따라서 객관적 예측이 아니다.
① 극단적인 대립된 견해의 유도와 존중으로 구조화된 갈등을 유도한다.
② 정책델파이는 이해관계자 등 식견 있는 다양한 창도가가 참여한다.
③ 선택적 익명성에 의한다.

정답 : ④

04

다음 중 정책분석에 대한 설명으로 가장 옳은 것은?

① 선행사건의 발생이 다른 사건의 발생 가능성에 대한 주관적 판단이 브레인스토밍이다.
② 각 대안이 채택되고 난 후 미래상태에 대한 각본 등을 작성하여 분석하는 것은 시나리오 기법이다.
③ 명목집단기법은 관련자들이 모두 참여하여 토론한다.
④ 지명반론자 기법은 집단에서 획일적 사고를 하는 단점이 발생한다.

정밀해설

② 시나리오 기법은 각각의 대안들이 채택되면 미래의 상태에 대한 줄거리와 각본 등을 작성하여 분석하는 기법을 의미한다.
① 선행사건의 발생이 다른 사건의 발생 가능성에 대한 주관적 판단은 교차영향분석에 대한 설명이다. 한편 브레인스토밍은 어떠한 제약 없이 자유로운 분위기하에서 전문가의 창의적 의견이나 기발한 아이디어를 직접적인 대면접촉 토의를 통하여 창안하는 주관적·질적 분석기법이다.
③ 명목집단기법은 제한된 토론과 표결을 특징으로 한다.
④ 지명반론자 기법은 획일적 사고를 방지하는 장점이 있다.

정답 : ②

THEME 037 비용편익·비용효과 분석

1 비용편익분석 - 할인율

할인율을 알 수 있는 경우	자원의 제약이 없을 경우	-	순현재가치
	자원의 제약이 있을 경우	동일규모	순현재가치
		다른 규모	순현재가치 + 편익비용비
할인율을 알 수 없는 경우		-	내부수익률

Mani DB 현재가치 계산

$$P = A \left[\frac{1}{(1+i)^n} \right]$$

P: 현재가치   A: 미래가치
n: 기간   i: 할인율

· 할인율과 현재가치: 현재가치와 할인율은 반비례, 할인율이 클수록 현재가치는 작아지고 장기사업이 불리해짐.
· 기간과 현재가치: 사업의 기간이 길어질수록 현재가치는 작아짐.

2 비용편익분석의 평가기준

구분	개념	특징
순현재가치	편익의 현재가치 - 비용의 현재가치	B-C > 0이면 타당성 있음
편익비용비(B/C Ratio)	편익의 현재가치 / 비용의 현재가치	B/C > 1이면 타당성 있음
내부수익률	비용과 편익의 현재가치를 같게 해주는 때의 할인율	기준할인율보다 클수록 좋은 대안
자본회수기간	투자원금을 회수하는 데 걸리는 시간	자본회수기간이 짧을수록 좋은 대안
할인율	미래에 발생하는 비용과 편익을 현재가치로 환산할 때의 비율	낮은 할인율은 장기투자에, 높은 할인율은 단기투자에 유리

3 비용편익분석의 한계

① 경제적 능률성만 추구하다보니 형평성에 대한 고려가 부족함.
② 정부부문의 비시장성으로 인하여 비용과 편익의 객관적 측정이 곤란함.

4 비용효과분석(E/C분석)

구분	비용편익분석(B/C분석)	비용효과분석(E/C분석)
표현방식	비용·편익을 금전적 가치로 전환	비용은 금전적 가치로, 편익은 금전외의 산출물로 전환
비용·효과 고정여부	가변비용, 가변효과 분석에 사용	고정비용, 고정효과 분석에 사용
성격	· 양적 분석(공공부문에의 적용 곤란) · 형평성·주관적 가치문제 다루지 못함	· 질적 분석(공공부문에의 적용 가능) · 외부효과, 무형적·질적 가치 분석에 적합
중점	경제적 합리성(능률성) 강조	도구적·기술적 합리성(효과성) 강조
비교대상	이질적 목표의 프로그램 간 비교	유사·동일 목표의 프로그램 간 비교

OX 기출분석

01 ☐☐☐   21 국가 9급

공공사업의 경제성분석에서는 직접적이고 유형적인 비용과 편익은 반영하고, 간접적이고 무형적인 비용과 편익은 포함하지 않는다. ○ ×

> **해설**
> 직접적이고 유형적인 비용과 편익뿐 아니라 간접적이고 무형적인 비용과 편익도 포함하며, 매몰비용만 제외한다.

02 ☐☐☐   21 경찰간부

비용편익분석에서 투자한 비용에 비해 효과가 장기적으로 발생한다면, 할인율이 높을수록 순현재가치가 크게 평가되어 경제적 타당성이 높게 나타난다. ○ ×

> 투자한 비용에 비해 효과가 장기적으로 발생한다면, 할인율이 높을수록 순현재가치가 낮게 평가되어 경제적 타당성이 낮게 나타난다.

03 ☐☐☐   21 국가 9급

공공사업의 경제성분석에서 할인율이 높을 때는 편익이 장기간에 실현되는 장기투자사업보다 단기간에 실현되는 단기투자사업이 유리하다. ○ ×

> 할인율이 높을 때는 장기투자보다 단기투자사업이 유리하다.

04 ☐☐☐   20 서울/지방 9급

비용·편익분석은 분야가 다른 정책이나 프로그램은 비교할 수 없다. ○ ×

> 비용·편익분석은 비용과 편익을 모두 금전적 가치로 환산하여 비교·평가하므로 분야가 다른 이질적인 정책이나 프로그램도 비교할 수 있다.

05 ☐☐☐   19 서울 7급

편익·비용 비율(Benefit/Cost ratio), 생산성(Productivity) 지표는 정책, 사업 등에 대한 타당성을 평가하는 비용·편익분석(Cost Benefit Analysis) 결정을 위한 기준에 해당한다. ○ ×

> 비용·편익분석의 평가기준에는 편익비용비율, 순현재가치, 내부수익률, 자본회수기간 등이 있으며, 생산성은 해당하지 않는다.

06 ☐☐☐   17 해경간부

비용편익분석은 미래에 발생할 비용과 편익을 화폐적 단위로 표시하고 계량적인 환산을 한다. ○ ×

> 비용편익분석은 비용과 편익을 화폐로 측정하고 계량적으로 분석한다.

07 ☐☐☐   16 지방 9급

비용효과분석은 비용과 효과가 서로 다른 단위로 측정되기 때문에 총효과가 총비용을 초과하는지의 여부에 대한 직접적 증거는 제시하지 못한다. ○ ×

> 비용효과분석은 비용은 금전적 가치로, 효과는 측정가능한 산출물 단위로 산정하여 총효과가 총비용을 초과하는지의 여부에 대한 직접적 증거는 제시하지 못한다.

08 ☐☐☐   16 경찰간부

비용편익분석은 비용과 편익을 화폐단위로 평가하되, 미래가치를 현재가치로 평가한다. ○ ×

> 비용편익분석이란 공공투자사업에 따른 모든 비용과 편익을 현재가치로 산정한 화폐단위로 환산하여 비교·평가하는 방법이다.

정답 01 X 02 X 03 O 04 O 05 X 06 O 07 O 08 O

핵심 기출 문제

01
2021 경찰간부

다음 중 비용편익분석(cost-benefit analysis)에 대한 설명으로 옳지 않은 것은?

① 총비용에 비해 총편익이 큰 정책이 바람직한 정책이라고 가정한다.
② 미래에 발생할 비용과 편익을 화폐적 단위로 표시하고 계량적인 환산을 한다.
③ 적절한 할인율을 설정하기가 쉽지 않다.
④ 투자한 비용에 비해 효과가 장기적으로 발생한다면, 할인율이 높을수록 순현재가치가 크게 평가되어 경제적 타당성이 높게 나타난다.

정밀해설

④ 투자한 비용에 비해 효과가 장기적으로 발생한다면, 할인율이 높을수록 순현재가치가 낮게 평가되어 경제적 타당성이 낮게 나타나므로, 사업의 타당성이나 순현재가치는 할인율에 반비례한다고 볼 수 있다.
① 비용편익분석은 순현재가치가 0보다 크거나 편익비용비율이 1보다 크면 바람직하고 타당한 정책이라고 본다.
② 비용과 편익을 모두 금전적 가치로 평가하여 비교한다.
③ 시장가격을 그대로 사용할 수가 없기 때문에 적정한 사회적 할인율을 찾는다는 것이 쉽지 않다는 점이 비용편익분석의 약점이다.

정답 : ④

02
2017 해경간부

<보기> 중 비용-편익분석에 관한 설명으로 옳지 않은 것은 모두 몇 개인가?

< 보기 >
ㄱ. 기회비용에 의해 모든 가치가 평가되어야 한다는 가정 하에서 이루어진다.
ㄴ. 미래에 발생할 비용과 편익을 화폐적 단위로 표시하고 계량적인 환산을 한다.
ㄷ. 편익비용비율법의 경우 특정항목을 음의 편익으로 볼 것인가 또는 양의 비용으로 볼 것인가에 따라 결과가 다르게 나타난다.
ㄹ. 어떤 한 대안의 내부수익률은 여러 개로 계산될 수 있다.
ㅁ. 비용에 비해 효과가 장기적으로 발생한다면, 할인율이 높을수록 순현재가치가 커져 경제적 타당성이 높게 나타난다.
ㅂ. 내부수익률이 양(+)으로 나타나는 경우 사업의 타당성이 인정된다.
ㅅ. 총편익을 순현재가치법에 의해 현재가치로 전환하여 투자대안을 평가한다.

① 3개
② 4개
③ 5개
④ 6개

정밀해설

① ㅁ, ㅂ, ㅅ이 옳지 않은 지문이다.
ㅁ. [×] 비용에 비해 효과가 나중에 발생한다면, 편익의 할인기간이 비용의 할인기간보다 길어지므로 할인율이 높아질수록 편익의 현재가치 감소분이 비용의 현재가치 감소분보다 커져 순현재가치가 작아지므로 경제적 타당성이 낮아지게 된다.
ㅂ. [×] 기준할인율보다 내부수익률이 커야 사업의 타당성이 인정된다.
ㅅ. [×] 순편익을 순현재가치법에 의해 현재가치로 전환하여 투자대안을 평가한다.
ㄱ. [○] 비용-편익분석은 기회비용의 관점에서 평가한다.
ㄴ. [○] 비용-편익분석은 비용과 편익을 가치의 공통단위인 화폐로 측정하고 계량적인 환산을 한다.
ㄷ. [○] 편익비용비율법의 경우 특정항목을 음의 편익으로 볼 것인지, 양의 비용으로 볼 것인지에 따라 다르게 나타난다.
ㄹ. [○] 내부수익률은 순현재가치가 0이 되게 하는 할인율로 내부수익률이 높을수록 사업의 타당성이 인정된다.

정답 : ①

03

2016 지방 9급

비용편익분석과 비용효과분석에 대한 설명으로 옳지 않은 것은?

① 순현재가치(NPV)는 할인율의 크기에 따라 그 값이 달라지지만, 편익·비용 비(B/C ratio)는 할인율의 크기에 영향을 받지 않는다.
② 내부수익률은 공공프로젝트를 평가하는 데 적절한 할인율이 알려져 있지 않을 경우 유용하게 사용할 수 있다.
③ 비용효과분석은 비용과 효과가 서로 다른 단위로 측정되기 때문에 총효과가 총비용을 초과하는지의 여부에 대한 직접적 증거는 제시하지 못한다.
④ 비용효과분석은 산출물을 금전적 가치로 환산하기 어렵거나, 산출물이 동일한 사업의 평가에 주로 이용되고 있다.

정밀해설

① 순현재가치뿐만 아니라 편익·비용비 또한 할인율의 크기에 영향을 받는다.
② 내부수익률은 비용의 현재가치와 편익의 현재가치를 동일하게 만드는 할인율이다.
③ 비용효과분석은 비용과 효과가 서로 다른 단위로 측정되기 때문에 총효과가 총비용을 초과하는지 여부에 대한 직접적인 증거는 제시하지 못한다.
④ 비용효과분석은 비용과 편익이 화폐가치로 표현될 수 없거나 서로 다른 척도로 표현될 경우에 매우 유용하다.

정답 : ①

04

2010 국가 9급

정책대안의 비교평가기준 중 내부수익률(IRR: Internal Rate of Return)에 대한 설명으로 옳지 않은 것은?

① 여러 가지 정책대안들을 비교할 때, 내부수익률이 낮은 대안일수록 좋은 대안이다.
② 정책대안의 순현재가치를 0으로 만드는 할인율을 의미한다.
③ 사업이 종료된 후 또다시 투자비가 소요되는 변이된 사업유형에서는 복수의 내부수익률이 존재할 수 있다.
④ 내부수익률에 의한 사업의 우선순위는 사회적 할인율을 적용한 순현재가치에 의한 사업의 우선순위가 다를 수 있다.

정밀해설

① 할인율이 주어져 있지 않아 현재가치를 계산할 수 없을 때 사용하는 기준으로 내부수익률이 클수록 우수한 사업이다.
② 내부수익률이란 순현재가치를 0으로 만드는 할인율 또는 편익비용비를 1로 만드는 할인율을 의미한다.
③ 내부수익률을 도출하는 데 사용한 방정식은 몇 개의 해를 가질 수 있으므로 사업이 종료된 후 또다시 투자비가 소요되는 변이된 사업에서는 복수의 내부수익률이 존재할 수 있다.
④ 동일한 상황에서 어떤 기준(B-C, B/C)을 적용하느냐에 따라 사업의 채택여부는 달라지지 않지만 사업의 우선순위는 달라진다.

▶ 비용편익분석의 평가기준

평가기준	개념	특징
순현재가치	편익의 현재가치 - 비용의 현재가치	B-C > 0이면 타당성 O
비용편익비율	편익의 현재가치 / 비용의 현재가치	B/C > 1이면 타당성 O
내부수익률	비용과 편익의 현재가치를 같게 해주는 때의 할인율	내부수익률 > 기준할인율 타당성 O
자본회수기간	투자원금을 회수하는 데 걸리는 시간	짧을수록 좋음

정답 : ①

적중 예상 문제

01 □□□

비용편익분석에서 순현재가치에 대한 설명으로 옳지 않은 것은?

① 높은 시간적 할인율은 장기투자에 유리하다.
② 순현재가치가 0보다 클 때 그 사업은 추진할 가치가 있으며 그 값이 클수록 우수한 대안이다.
③ 내부수익률법보다 순현재가치법이 오류가 적다.
④ 편익의 총현재가치에서 비용의 총현재가치를 뺀 것이다.

정밀해설

① 현재가치는 할인율이 높을수록, 할인기간이 길수록 그 값은 작아진다. 따라서 시간적 할인율이 높을수록 단기투자에 유리하고, 할인율이 낮을수록 장기투자에 유리하다.

정답 ①

02 □□□

경기도가 벤처사업 대상도시로 부천시, 과천시, 동두천시를 검토하고 있으며, 각 도시에 대한 비용 및 편익 흐름을 동일 시점으로 총합 환산한 값이 아래 표처럼 나타났다고 한다. 대안들 중 경기도지사가 과천시를 선정하였다면 이는 어떠한 대안선정 기준에 근거한 의사결정인가?

구분	비용	편익
부천시	50	60
과천시	10	18
동두천시	30	45

① 비용효과분석(E/C)
② 비용편익비율(B/C ratio)
③ 내부수익률(IRR)
④ 순현재가치(NPV)

정밀해설

② 비용과 편익이 모두 제시되어 있으므로 비용편익분석으로 대안을 선정할 수 있다. 경기도지사가 과천시를 선정하였다고 하였으므로 순현재가치와 비용편익비율을 계산하여 선정된 기준을 찾으면 된다.
① 비용효과분석은 정책결정 기획 과정에서 정부 지출의 목적은 구체적으로 명확히 이해되고 있으나 그 성과를 화폐가치로 측정하기 어려운 경우에 활용된다.
③ 내부수익률은 순현재가치가 0이 되도록 하는 할인율이 큰 대안을 선택하는 것으로 할인율을 몰라 현재가치를 계산할 수 없을 때 쓰이는 방법이다.
④ 순현재가치의 방법을 적용하게 되면 동두천시가 최선의 대안이 되므로 동두천시를 선정하여야 하나 설문에서 과천시를 선정하였다고 했으므로 정답이 될 수 없다.

▶ 순현재가치와 B/C 비율 적용사례

구분	비용	편익	순현재가치	비용편익비율
부천시	50	60	10	60/50=1.2
과천시	10	18	8	18/10=1.8 (선택)
동두천시	30	45	15 (선택)	45/30=1.5

정답 ②

03

비용편익분석(cost-benefit analysis)에 관한 설명으로 옳지 않은 것은?

① 기회비용에 의해 모든 가치가 평가되어야 한다는 가정하에서 이루어진다.
② 미래에 발생할 비용과 편익을 화폐적 단위로 표시하고 계량적인 환산을 한다.
③ 비용에 비해 효과가 장기적으로 발생한다면, 할인율이 높을수록 순현재가치가 커져 경제적 타당성이 높게 나타난다.
④ 적절한 할인율이 주어지지 않을 때는 내부수익률 기준을 사용하며, 내부수익률이 시장이자율을 상회하면 일단 투자가치가 있다고 판단한다.

정밀해설

③ 할인율은 미래에 발생하는 비용과 편익을 현재가치로 환산할 때 사용하는 비율로서 할인율이 높을수록 현재가치는 낮아진다.
① 미시경제학에서 비용의 계산은 기회비용을 기준으로 한다.
② 비용편익분석은 화폐단위로 표시한다.
④ 할인율을 알 수 없을 때 내부수익률을 사용한다.

정답 : ③

04

비용편익분석과정에서 활용되는 할인율(discount rate)에 대한 설명으로 옳은 것은?

① 현재가치를 미래가치로 환산할 수 있다.
② 내부수익률은 비용과 편익의 현재가치를 같도록 해주는 할인율을 말하며 내부수익률은 낮아야 투자가치가 있다.
③ 민간할인율은 시중금리를 말한다.
④ 공공할인율은 민간할인율보다 높은 것이 보통이다.

정밀해설

③ 보통 민간할인율은 시중금리를, 공공할인율은 사회적 할인율에 가깝다.
① 미래가치를 현재가치로 환산할 수 있다.
② 내부수익률은 비용과 편익의 현재가치를 같도록 해주는 할인율을 말하며, 내부수익률은 높을수록 투자가치가 있다.
④ 공공할인율은 민간할인율보다 낮다. 민간할인율은 높은 불확실성으로 인하여 대체로 높다.

정답 : ③

THEME 038 정책결정모형1(개인·산출지향)

1 합리모형과 점증모형

구분	합리모형	점증모형
합리성	경제적 합리성(자원배분의 효율성)	정치적 합리성(타협과 조정 중시)
목표-수단 분석	실시(목표와 수단은 별개)	미실시(목표와 수단은 상호의존적)
수단의 역할	목표달성 극대화(수단은 목표에 합치)	목표를 수정하기도 함(목표는 수단에 합치)
최적화	전체적·포괄적 최적화	부분적 최적화
정책결정방식	• 근본적 결정(root method) • 쇄신적 결정 • 분석적·합리적 결정 • 포괄적·일회적 결정	• 지엽적 결정(branch method) • 개량주의적 결정 • 부분적·분산적 결정 • 연속적·순차적 결정
매몰비용	미고려	고려
결정방향	하향식(top-down)	상향식(bottom-up)
사회(적용국가)	불안정한 사회에 적합(개도국)	안정된 사회에 적합(선진국)
상황	확실한 상황에 적합(∵ 예측용이)	불확실한 상황에 적합(∵ ±α)
접근방식	• 연역적 접근(일반원칙 ⇨ 구체적 사실) • 이론에 의존	• 귀납적 접근(구체적 사실 ⇨ 일반원칙) • 이론에 의존하지 않음
배경이론	엘리트론	다원론
집권과 분권	집권적	분권적

2 합리모형과 만족모형

구분	합리모형	만족모형
합리성	완전한 합리성	제한된 합리성
인간에 대한 가정	경제인	행정인
대안선택 기준	최적화(optimizing) - 목표를 극대화하는 최적대안 선택	만족화(satisficing) - 만족할 만한 대안 선택(심리적 만족 추구)
대안탐색	모든 대안을 광범위하게 탐색	만족대안을 찾을 때까지 무작위적·순차적 탐색
결과예측	모든 대안의 결과 예측(총체적 예측)	중요한 요소만 고려하여 결과 예측(부분적 예측)
접근방식	규범적·이상적 접근	현실적·실증적 접근

3 혼합탐사모형(Etzioni)

혼합모형	근본적 결정	포괄적(모든 대안) - 합리모형	제한적(중요한 결과만 예측) - 합리모형의 엄밀성 극복
	세부적 결정	제한적(소수의 대안만) - 점증모형	포괄적(모든 결과를 세밀히 예측) - 점증모형의 보수성 극복

4 최적모형(Dror)

① 정책결정의 4단계(stage): 초정책결정 → 정책결정 → 정책결정 이후(후정책결정) → 의사전달과 환류
② 질적 모형, 직관·창의 등 초합리성 강조
③ 정책결정구조의 중첩성
④ 한계: 신비주의(mysticism)에 빠질 우려, 주먹구구식의 결정을 미화

OX 기출분석

01 □□□ 22 국가 7급

정책결정 요인론에서 도슨-로빈슨(Dawson-Robinson) 모형은 사회경제적 변수가 정치체제와 정책 모두에 영향을 미친다는 모형으로, 사회경제적 변수로 인해 정치체제와 정책의 상관관계가 유발된다고 설명한다.
○ ×

해설
도슨 로빈슨 모형은 정치체제와 정책의 상관관계를 주장하였다.

02 □□□ 22 국가 9급

'최적모형'은 정책결정자의 합리성뿐 아니라 직관ˑ판단ˑ통찰 등과 같은 초합리성을 아울러 고려한다.
○ ×

최적모형은 질적 요소를 고려한다.

03 □□□ 21 소방간부

만족모형은 미래에 발생할 현상을 예측하고 모든 대안을 검토한 후, 가장 만족스러운 대안을 채택한다.
○ ×

만족모형은 제한된 합리성을 중시하는 모형으로 몇 개의 중요한 대안과 결과만을 순차적으로 검토하고 만족스러운 대안을 채택한다.

04 □□□ 20 군무원 9급

사이먼(H. A. Simon)의 정책결정 만족모형에서 경제인은 합리적·분석적 결정을, 행정인은 직관, 영감에 기초한 결정을 한다.
○ ×

경제인은 합리적·분석적 결정을, 행정인은 한정된 대안의 순차적 탐색결과 만족할만한 수준에서 결정을 한다.

05 □□□ 19 국회 9급

에치오니(Etzioni)가 제시한, 근본적인 결정은 합리모형에 의하고 세부적인 대안은 점증모형에 의하는 정책결정모형은 혼합주사모형(Mixed Scanning Model)이다.
○ ×

혼합주사모형은 에치오니가 제시한 것으로, 세부적 결정단계에서는 대안의 범위를 제한적(점증모형)으로 고려하지만 대안의 결과는 포괄적으로 검토(합리모형)한다.

06 □□□ 18 경정승진

점증모형은 정책의 목표와 수단이 뚜렷하게 구분되지 않으므로 목표와 수단 사이의 관계 분석에 한계가 있다.
○ ×

07 □□□ 17 국가 9급

점증모형은 기존의 정책을 수정 보완해 약간 개선된 상태의 정책 대안이 선택된다.
○ ×

08 □□□ 17 지방 7급

혼합주사모형에서 세부적 결정은 합리모형의 의사결정방식으로 개선된 대안을 제시한다.
○ ×

혼합주사모형은 세부적인 결정은 점증모형의 의사결정방식으로 개선된 대안을 제시하지만, 기본적인 결정은 합리모형의 의사결정방식으로 전반적이고 근본적인 방향을 설정한다.

정답 01 O 02 O 03 X 04 X 05 O 06 O 07 O 08 X

핵심 기출 문제

01
2022 국가 7급

정책결정요인론에 대한 설명으로 옳은 것은?

① 정책의 내용에 영향을 미치는 요인이 무엇인가를 밝히는 이론으로, 사회경제적 요인의 중요성을 과소평가했다는 비판을 받고 있다.
② 도슨 - 로빈슨(Dawson-Robinson) 모형은 사회경제적 변수가 정치체제와 정책 모두에 영향을 미친다는 모형으로, 사회경제적 변수로 인해 정치체제와 정책의 상관관계가 유발된다고 설명한다.
③ 키 - 로커트(Key-Lockard) 모형은 사회경제적 변수가 정책에 직접적으로 영향을 미친다는 모형으로, 예를 들면 경제발전이 복지지출 수준에 직접 영향을 준다고 본다.
④ 루이스 - 벡(Lewis-Beck) 모형은 사회경제적 변수가 정책에 영향을 주는 직접효과가 있고, 정치체제가 정책에 독립적 영향을 주지 않는다고 설명한다.

정밀해설

② 도슨과 로빈슨은 사회경제적 변수, 정치체제, 정책의 순차적 관계를 부정하고 사회경제적 변수가 정치체제와 정책의 모든 부분에 영향을 미치고 있으므로 정치체제와 정책은 허위의 상관관계라고 주장하였다.
① 정책결정요인론은 정책을 결정하거나 좌우하는 환경적 요인(정치적 요인, 사회경제적 요인)이 무엇인가를 밝히려는 이론으로, 정치적 요인은 과소평가되었고, 사회경제적 요인은 과대평가되었다는 비판을 받고 있다.
③ 키-로커트 모형은 정치적 요인만이 직접적으로 영향을 미친다고 보았다.
④ 루이스-벡 모형은 사회경제적 변수와 정치적 요인 모두가 정책에 영향을 미친다고 보았다.

정답 : ②

02
2021 소방간부

정책 관련 모형에 관한 설명으로 옳지 않은 것은?

① 점증모형은 기존 정책을 수정 보완해 약간 개선된 상태의 정책대안을 채택한다고 본다.
② 만족모형은 미래에 발생할 현상을 예측하고 모든 대안을 검토한 후, 가장 만족스러운 대안을 채택한다.
③ 쓰레기통모형은 정책문제, 문제의 해결책, 선택 기회, 참여자 등의 요소가 개별적으로 떠다니다가 우연한 계기로 교차되면 정책결정이 된다고 본다.
④ 최적모형은 기존의 계량적 분석뿐만 아니라 직관적 판단에 의한 결정도 중요하다고 본다.
⑤ 회사모형은 갈등의 준해결, 문제 중심의 탐색, 불확실성의 회피, 조직의 학습, 표준운영절차(SOP)의 활용 등을 특징으로 한다.

정밀해설

② 만족모형은 제한된 합리성을 중시하는 모형으로 몇 개의 중요한 대안과 결과만을 순차적으로 검토하고 만족스러운 대안을 채택한다.
① 점증모형은 기존 정책을 토대로 하여 그보다 약간 수정된 정책대안을 채택한다.
③ 쓰레기통모형은 정책문제, 해결책, 선택기회, 참여자의 4가지 요소가 독자적으로 흘러 다니다가 우연한 계기로 한 곳에 만나 정책결정이 이루어진다.
④ 최적모형은 경제적 합리성뿐 아니라 직관이나 판단 등의 초합리성도 동시에 강조한다.
⑤ 회사모형은 개인적 차원의 만족모형을 조직 차원의 의사결정에 적용한 모형으로. 갈등의 준해결, 문제중심의 탐색, 불확실성의 회피, 조직적 학습, 표준운영절차의 활용 등을 특징으로 한다.

정답 : ②

03

2015 국회 8급

정책결정모형 가운데 드로(Y.Dror)의 최적모형에 대한 설명으로 옳지 않은 것은?

① 합리적 정책결정모형이론이 과도하게 계량적 분석에 의존해 현실 적합성이 떨어지는 한계를 보완하기 위해 제시되었다.
② 정책결정자의 직관적 판단도 중요한 요소로 간주한다.
③ 경제적 합리성의 추구를 기본원리로 삼는다.
④ 느슨하게 연결되어 있는 조직의 결정을 다룬다.
⑤ 양적 분석과 함께 질적 분석결과도 중요한 고려 요인으로 인정한다.

정밀해설

④ 느슨하게 연결되어 있는 조직의 결정을 다루는 것은 회사모형에 대한 설명이다.
① 최적모형은 합리모형의 비현실성과 점증모형의 타성적 방식에 반발하여 나온 모형으로 정책결정의 성과를 최적화하기 위하여 기존 모형에서 연구되지 못한 '초합리성'과 '초정책결정'이란 개념이 도입된, 포괄적이고 광범위한 결정모형이다.
② 최적모형은 합리적 요소 이외에 결정자의 주관·직관·판단이나 영감 혹은 육감 등과 같은 초합리적 요인도 중시해야 한다고 본다.
③ 최적모형은 기본적으로 경제적 합리성을 중시하는 합리모형에 가깝다고 볼 수 있다.
⑤ 최적모형은 합리성 외에 초합리성을 중시하므로 양적 분석과 함께 질적 분석결과도 중요한 요인으로 인정한다.

정답 : ④

04

2013 경찰간부

다음 설명 중에서 Lindblom과 Wildavsky가 주장한 점증주의 의사결정이론의 내용을 옳게 고른 것은?

> 가. 정책목표를 먼저 선택하고 그에 상응하는 정책대안을 선택하는 것이 아니라 정책대안을 고려하면서 정책목표를 설정하게 된다.
> 나. 정책결정은 한 번에 전체가 결정되기보다는 조금씩 수정·보완하는 방법으로 이루어진다.
> 다. 매몰비용의 존재는 전혀 새로운 정책대안을 받아들이지 못하는 주요한 원인이 될 수 있다.
> 라. 점증주의 의사결정은 정치적 갈등을 높이기도 하지만 혁신적인 정책대안 발굴에 도움이 된다.
> 마. 과거의 정책 혹은 다른 정부의 정책대안도 점증주의 정책대안의 주요한 원천들이다.

① 가, 다, 라, 마
② 나, 다, 라, 마
③ 가, 나, 다, 마
④ 가, 나, 다, 라

정밀해설

③ 가, 나, 다, 마가 옳은 설명이다.
가. [○] 점증주의 의사결정은 합리모형과 달리 수단에 의해 목표가 수정될 수 있음을 인정하고 정책대안을 고려하면서 정책목표를 설정하게 된다.
나. [○] 점증주의 의사결정은 대폭적인 변화보다는 기존정책을 토대로 하여 그보다 약간 수정된 내용의 정책을 수정하며 소폭적·점진적 변화를 추구한다.
다. [○] 점증주의 의사결정은 매몰비용을 인정하므로 혁신에 소극적이다.
마. [○] 점증주의 의사결정은 기존의 정책을 토대로 약간 수정을 하는 것으로 과거의 정책뿐만 아니라 다른 정부의 정책대안도 주요 대안이 된다.
라. [×] 점증주의 의사결정은 정치적 갈등을 줄여주지만 보수적인 성격을 가지므로 혁신적인 정책대안 발굴에 도움이 되지 못한다.

정답 : ③

적중 예상 문제

01 ☐☐☐

정책결정요인론 연구에 대한 설명으로 옳지 않은 것은?

① 정책에 영향을 미치는 요인이 정치적 변수인가 경제사회적 변수인가에 대한 논쟁이다.
② 정책결정과정을 연구를 통해 집행과정의 특성과 정책의 독립변수적 속성을 도출하였다.
③ 초기 연구에서는 정치적 요인보다 사회경제적 요인이 정책내용에 더 큰 영향을 미치는 것으로 나타났다.
④ 정치학자들의 재연구에서는 사회경제적 요인과 함께 정치적 요인도 정책내용에 영향을 미치는 것으로 나타났다.

정밀해설

② 정책결정요인론은 정책을 종속변수로 보고 정책에 영향을 미치는 요인이 무엇인지 밝혀내는 이론이다.
① 정책에 영향을 미치는 요인이 정치적 변수(정치체제)라는 미국 내 정치학자들의 입장과 사회경제적 변수(정책환경)라는 경제학자들의 입장이 서로 충돌하게 되면서 논쟁이 본격화되었다.
③ 1950년대 경제학자들의 연구는 정치적 요인(정치체제)보다 경제사회적 요인(정책환경)의 중요성을 역설하고 이를 입증함으로써 정치학자들에게 큰 충격을 주었다.
④ 1963년 Dawson, Robinson 등에 의해 재연구되었는데 사회·경제적 요인과 함께 정치적 요인도 정책에 영향을 주는 것으로 나타났다.

정답 : ②

02 ☐☐☐

다음 중 정책결정모형에 대한 설명으로 옳은 것은?

① Simon은 경제인 가정을 통해 만족모형을 주장하였다.
② Lindblom은 제한된 합리성과 경제적 합리성을 통해 점증모형을 분석하였다.
③ Etzioni는 혼합탐사모형의 경우 능동적 사회에 부적합하다고 보았다.
④ Dror는 최적모형에서 합리적 요소와 초합리적 요소의 조화를 강조하였다.

정밀해설

④ Dror는 최적모형에서 합리적 요소와 초합리적 요소의 조화를 강조하였다.
① Simon은 행정인 가정을 통해 만족모형을 주장하였다.
② Lindblom은 제한된 합리성을 점증모형을 분석하였다.
③ Etzioni는 혼합탐사모형의 경우 능동적 사회에 적합하다고 보았다.

정답 : ④

03

드로어가 주장한 최적모형에 대한 설명 중 옳지 않은 것은?

① 합리모형과 점증모형의 조화를 강조하였다.
② 초정책결정은 정책결정에 대한 결정을 의미한다.
③ 양적 분석뿐만 아니라 질적 분석도 동시에 고려해야 한다.
④ 최적화를 위해 정책결정 구조의 중첩성을 인정하지 않는다.

정밀해설

④ Dror는 정책결정구조의 중첩성을 인정한다.

정답 : ④

04

다음 중 점증모형이 갖는 특징이 아닌 것은?

① 목표와 수단을 구분하지 않는다.
② 사회가 불안정할 때 적용이 곤란하다.
③ 기본적인 결정과 세부적인 결정을 명확히 구분하기 어렵다.
④ 계획성이 부족하고 기회주의적 결정이 되기 쉽다.

정밀해설

③ 혼합모형이 지니는 문제점이다. 한편, 점증모형은 정책의 목표와 수단이 뚜렷하게 구분되지 않으므로 목표와 수단 사이의 관계 분석에 한계가 있다고 본다.
① 목표와 수단의 연쇄관계를 전제로 한다.
② 점증모형은 안정적 사회에 효과적으로 적용된다.
④ 보수적이고 현상유지적이며 비계획적 모형으로, 보수주의 및 임기응변적 성격이 나타난다.

정답 : ③

THEME 039 정책결정모형2(집단·과정지향)

1 Allison 모형

구분	model I (합리적 행위자모형)	model II (조직과정모형)	model III (관료정치모형)
조직관	조정과 통제가 잘되는 유기체	느슨하게 연결된 하위조직들의 연합체	독립적·개별적 집합체
집단 응집력	강함	약함	매우 약함
참여자의 목표	조직 전체의 목표	조직 전체목표 +하위조직의 국지적 목표	조직 전체목표 +하위조직의 국지적 목표 +개인과 집단의 이익
의사결정방식	총체적·분석적 탐색과 결정	갈등의 준해결, 순차적 대안탐색, 기존 관행과 프로그램 목록	정치적 게임의 규칙에 따른 협상, 타협, 흥정 등
의사결정권 위치	최고 결정권자	반독립적인 하위조직들	독립적인 개별적 행위자
정책일관성	강함(바뀌지 않음)	약함(자주 바뀜)	매우 약함(거의 일치하지 않음)
조직 내 적용계층	조직 전체계층	하위계층	상위계층

2 쓰레기통모형(Cohen, March, Olsen)

① 전제조건: 불명확한 기술, 수시적 참여자, 불분명한 선호
② 조직화된 무정부상태(organized anarchy)
③ 의사결정의 계기 - 4가지 흐름의 우연한 만남 ⇨ 문제의 흐름, 해결책의 흐름, 참여자의 흐름, 의사결정 기회의 흐름

> **Mani DB** 흐름창(정책창)모형
>
> (1) J. W. Kingdon의 '흐름창 또는 정책창(Policy Window)'모형
> '정책창'은 '정책주창자들이 그들의 관심대상인 정책문제에 주의를 집중시키고, 그들이 선호하는 대안을 관철시키기 위해서 열려지는 기회'로 정의된다. 기본적으로 다원주의적 관점임.
> (2) 흐름(줄기)의 세 가지 요소
>   ① 문제의 흐름 ② 정책의 흐름 ③ 정치적 흐름

3 회사모형(March와 Cyert)

① 협상을 통한 의사결정과 갈등의 준해결(quasi-resolution)
② 불확실성의 회피·통제
③ 조직의 학습과 표준운영절차(SOP), 목표의 순차적 해결 ⇨ 만족모형의 집단 적용

4 정책딜레마 이론

① 구성요건

분절성(단절성)	대안 간 절충 불가
상충성	대안 간 이해충돌
균등성	대안들의 비슷한 결과가치
선택불가피성	선택 압력
명료성	대안의 구체성

② 딜레마 증폭요인
권력이 균등할 때 / 기회손실이 비슷할 때 / 손해와 이익이 명확히 구분될 때 / 내부 응집력이 강한 때

OX 기출분석

01 ☐☐☐   23 지방 9급
킹던(Kingdon)이 제시한 정책흐름모형에서 정책 과정의 세 흐름은 문제흐름, 정책흐름, 정치흐름이 있다.   O X

해설: 흐름창 모형은 쓰레기통 모형을 발전시킨 것이다.

02 ☐☐☐   23 국가 9급
앨리슨(Allison)의 관료정치모형(모형 Ⅲ)은 정책결정에 참여하는 구성원들 간의 목표 공유 정도와 정책결정의 일관성이 모두 매우 낮다.   O X

해설: 관료정치모형은 독립적 구성원에 의한 결정을 설명하는 이론이다.

03 ☐☐☐   21 경정승진
앨리슨(Allison)모형 중 관료정치모형(Model Ⅲ)은 행위자 간 목표의 공유가 매우 약하며 타협과 흥정이 지배함을 제시하였다.   O X

해설: 관료정치모형은 행위자 간의 목표공유도가 매우 약하며 정치적 게임에 의한 타협과 협상 등이 나타난다.

04 ☐☐☐   20 서울/지방 9급
쓰레기통모형에서 의사결정의 4가지 요소는 문제, 해결책, 선택기회, 참여자이다.   O X

해설: 쓰레기통모형은 문제, 해결책, 선택기회, 참여자를 의사결정의 요소로 본다.

05 ☐☐☐   20 경찰간부
회사모형은 문제 중심적 탐색, 갈등의 완전한 해결, 표준운영절차 중시 등을 특징으로 한다.   O X

해설: 회사모형은 문제 중심적 탐색, 갈등의 준해결, 표준운영절차 중시 등을 특징으로 한다.

06 ☐☐☐   19 서울 9급(2월)
앨리슨 모형 중 조직과정모형은 정책결정 결과가 참여자들 간 타협, 협상 등에 의해 좌우된다고 본다.   O X

해설: 앨리슨 모형 중 관료정치모형은 정책결정 결과가 참여자들 간 타협, 협상 등에 의해 좌우된다고 본다.

07 ☐☐☐   18 국가 9급
킹던(J. Kingdon)의 '정책의 창(policy windows) 이론'은 문제 흐름(problem stream), 이슈 흐름(issue stream), 정치 흐름(political stream)이 만날 때 '정책의 창'이 열린다고 본다.   O X

해설: 문제의 흐름, 정책의 흐름, 정치의 흐름이 만날 때 '정책의 창'이 열린다고 본다. 이슈의 흐름과는 관련 없다.

08 ☐☐☐   18 국가 9급
사이버네틱스(cybernetics) 의사결정 모형은 문제를 해결하고 목표를 달성하기 위해 정보와 대안의 광범위한 탐색을 강조한다.   O X

해설: 합리모형에 대한 설명이다. 한편 사이버네틱스 모형은 미리 설정해둔 주요 변수에 대한 정보만을 중심으로 제한된 탐색을 한다.

정답   01 O   02 O   03 O   04 O   05 X   06 X   07 X   08 X

핵심 기출 문제

01
2021 경찰간부

다음은 정책결정모형에 관한 설명이다. 옳은 지문은 몇 개인가?

가. 사이먼(Simon)에 따르면, 인간의 합리성은 제한적이지만 정책결정자는 최선의 대안을 추구한다.
나. 윌다브스키(Wildavsky)에 따르면, 예산 결정은 과거의 지출 수준을 토대로 점증적으로 결정될 가능성이 크다.
다. 쓰레기통 모형(Garbage can model)에 따르면, 조직의 의사결정은 고도로 불확실한 상황에서 이루어진다.
라. 드로(Dror)의 최적모형에 따르면, 영감, 직관, 통찰력과 같은 초합리적 요소는 합리적 분석을 위해 배제되어야 한다.
마. 사이버네틱스(Cybernetics) 의사결정에 따르면, 의사결정의 질은 사전에 설정된 표준운영절차가 얼마나 정교한지에 의해 결정된다.

① 2개
② 3개
③ 4개
④ 5개

정밀해설

② 나, 다, 마만 맞다.
나. [O] 윌다브스키(Wildavsky)에 따르면, 예산 결정은 과거의 지출 수준을 토대로 점증적으로 결정될 가능성이 크다.
다. [O] 쓰레기통 모형은 복잡하고 혼란한 상황, 즉 조직화된 무정부상태에서 조직이 어떤 결정을 하는가에 연구의 초점을 둔 모형으로 고도로 불확실한 상황에서 우연한 점화계기에 의해 의사결정이 이루어진다.
마. [O] 사이버네틱스(Cybernetics) 의사결정에 따르면, 의사결정은 확립된 의사결정규칙(SOP)에 의하여 이루어지므로 결국 의사결정의 질은 사전에 설정된 표준운영절차(SOP)가 얼마나 정교한지에 의해 결정된다고 할 수 있다.
가. [×] 사이먼(Simon)에 따르면, 인간의 합리성은 제한적이어서 정책결정자는 최선의 대안을 추구하기 어렵고 만족스러운 대안을 추구하게 된다.
라. [×] 드로(Dror)의 최적모형은 양적인 동시에 질적인 모형으로 합리성과 영감, 직관, 통찰력과 같은 초합리적 요소를 동시에 고려한다.

정답 : ②

02
2019 국가 9급

앨리슨(Allison) 모형에 대한 설명으로 옳은 것은?

① 합리적 행위자 모형에서는 국가전체의 이익과 국가목표 추구를 위해서 개인의 이익을 고려하지 않는 것을 경계하며 국가가 단일적인 결정자임을 부정한다.
② 조직과정모형에서 조직은 불확실성을 회피하기 위하여 정책결정을 할 때 표준운영절차(SOP)나 프로그램 목록(program repertory)에 의존하지 않는다.
③ 관료정치모형은 여러 다양한 문제에 관심을 갖는 다수의 행위자를 상정하며 이들의 목표는 일관되지 않는다.
④ 외교안보문제 분석에 있어서 설명력을 높이기 위한 대안적 모형으로 조직과정모형을 고려하지는 않는다.

정밀해설

③ 관료정치모형은 조직 상층부에서 의사결정을 설명하는 모형으로 국가정책을 결정하는 주체는 참여자들 개개인으로서 이들은 정책결정의 일관성이 매우 약한 것이 특징이며 다양한 권력들 간의 정치적 타협에 의해 정책결정이 좌우된다.
① 합리적 행위자 모형에서는 국가전체의 이익과 국가목표 추구를 위해서 개인의 이익을 고려하지 않는 것을 전제하며 국가가 단일적인 결정자임을 인정한다.
② 조직과정모형에서 조직은 불확실성을 회피하기 위하여 정책결정을 할 때 표준운영절차(SOP)나 프로그램 목록(program repertory)에 의존한다.
④ 외교안보문제 분석에 있어서 설명력을 높이기 위한 대안적 모형으로 조직과정모형을 고려한다.

정답 : ③

03

2014 서울 9급

사이어트(R. Cyert)와 마치(J. March)가 주장한 회사모형(firm model)의 내용이 아닌 것은?

① 조직의 전체적 목표 달성의 극대화를 위하여 장기적 비전과 전략을 수립·집행한다.
② 조직 내 갈등의 완전한 해결은 불가능하며 타협적 준해결에 불과하다.
③ 정책결정능력의 한계로 인하여 관심이 가는 문제 중심으로 대안을 탐색한다.
④ 조직은 반복적인 의사결정의 경험을 통하여 결정의 수준이 개선되고 목표달성도가 높아진다.
⑤ 표준운영절차(SOP : Standard Operation Procedure)를 적극적으로 활용한다.

정밀해설

① 합리모형은 조직의 전체적 목표 달성의 극대화를 위하여 장기적 비전과 전략을 수립·집행한다.
② 관련 집단들의 요구가 모두 성취되기보다는 서로 나쁘지 않을 정도의 수준에서 타협점을 찾는 모형으로, 타협적인 준해결에 그친다.
③ 시간과 능력의 제약으로 인해 정책결정자들은 모든 상황을 고려하기보다 특별히 관심을 끄는 부분에 대해서만 고려하는 문제중심의 탐색을 중시한다.
④ 경험에 의해 탐색절차를 수정해나가면서 결정수준이 개선되고 탐색규칙에서의 적응적 행태를 보인다.
⑤ 환경의 불확실성으로 인해 표준운영절차에 의한 단기적 대응과 단기적인 피드백·환류를 중시한다.

정답 : ①

04

2011 지방 9급

정책결정모형에 대한 설명 중 옳은 것을 모두 고른 것은?

> ㉠ 점증주의 모형에 따르면 합리적 방법에 의한 쇄신보다는 기존의 상태에 바탕을 둔 점진적 변동을 시도한다고 본다.
> ㉡ 공공선택 모형은 관료들의 자기이익 추구를 배제한 공익차원의 집단적 의사결정 방식이다.
> ㉢ 엘리슨 모형은 정책결정 모형을 합리모형, 조직과정모형, 관료정치모형 관점에서 정리한 것 이다.
> ㉣ 쓰레기통 모형에 따르면 문제 흐름, 선택기회 흐름 및 참여자 흐름이 만나 무의사결정을 하게 된다고 본다.

① ㉠, ㉡
② ㉠, ㉢
③ ㉡, ㉣
④ ㉢, ㉣

정밀해설

㉠, ㉢은 옳고 ㉡, ㉣이 틀린 설명이다.
㉡ [×] 공공부문에 경제학적 관점을 도입한 공공선택 모형은 의사결정에 참여하는 모든 사람 즉 관료, 정치인, 시민, 이익집단 모두가 자기 이익을 추구한다고 가정한다.
㉣ [×] 쓰레기통 모형에 따르면 의사결정에 필요한 4가지 요소(문제의 흐름, 해결책의 흐름, 선택기회 흐름 및 참여자 흐름)가 만나서 의사결정이 이루어진다고 보았다.

정답 : ②

적중 예상 문제

01

다음 중 집단수준의 정책결정모형에 대한 내용으로 옳은 것은?

① 만족모형의 집단수준의 적용은 쓰레기통모형이다.
② 회사모형은 문제중심적 탐색을 통해 갈등의 준해결을 이룬다.
③ 쓰레기통 모형은 의사결정 흐름 간의 인과적 과정을 설명한다.
④ 대형참사를 계기로 대책을 마련하는 상황은 Allison 모형에서 설명된다.

정밀해설

② 회사모형은 문제중심의 탐색을 하고 구성원 간 타협적 수준의 준해결을 이룬다.
① 만족모형의 집단수준의 적용은 회사모형이다.
③ 쓰레기통 모형은 의사결정 흐름 간의 우연성에 의해 결정되므로 인과적 과정과는 거리가 멀다.
④ 대형참사를 계기로 대책을 마련하는 상황은 쓰레기통 모형에서 설명된다.

정답 ②

02

쓰레기통모형에 대한 설명으로 옳은 것은?

① Cohen, March, Olsen에 의하면 의사결정의 계기는 4가지 흐름이 의도된 계획 속에서 이루어진다고 본다.
② 대형참사를 계기로 나타나는 정책결정을 설명하는 데 유용하다.
③ 문제의 흐름, 해결책 흐름, 참여자의 흐름, 의사결정의 흐름을 전제조건으로 한다.
④ 계층제적 질서가 명확히 이루어진 열린 조직에 잘 적용된다.

정밀해설

② 대형참사를 계기로 그동안 해결하지 못했던 정책문제에 대한 대책을 마련하는 상황을 설명하는 데 유용하다.
① Cohen, March, Olsen이 고안한 모형으로 극도로 불확실하고 불합리하며 구성원의 응집성이 약한 복잡하고 혼란스러운 상황에서 조직이 어떠한 결정행태를 나타내는가에 연구의 초점을 둔 모형이다.
③ 쓰레기통 모형은 불명확한 기술, 수시적 참여자, 불분명한 선호를 전제조건으로 한다.
④ 계층제적 조직화된 무정부상태에서 이루어지며 상·하위 계층적 관계를 지니지 않은 참여자들에 의하여 의사결정이 이루어지는 경우에 적용할 수 있다.

정답 ②

03

다음 중 Allison의 모형에 대한 설명으로 옳지 않은 것은?

① 조직에 대한 관점, 집단의 응집성, 정책 일관성 정도에 따라 의사결정 방식이 달라진다.
② 모형Ⅰ, Ⅱ, Ⅲ은 하나의 조직에 동시에 적용될 수 있다.
③ 조직과정모형은 목표에 대한 순차적 관심을 통해 갈등의 준해결이 된다.
④ 모형Ⅰ은 조직 내 최하위계층에 적용된다.

정밀해설

④ Allison 모형Ⅰ은 조직 전반에 적용된다.
① Allison 모형은 정부조직 내 집단의 응집성, 정책 일관성 정도에 따라 의사결정방식이 달라진다고 본다.
② 실제 정책결정과정에서는 어느 하나의 모형이 아니라 3가지 모형이 모두 적용될 수 있다.
③ 조직과정모형의 경우 갈등과 타협은 불가피하며 목표에 대한 순차적 관심을 통해 갈등의 준해결이 된다.

▶ 앨리슨(Allison) 모형 간 비교 정리

구분	합리적 행위자 모형 (model Ⅰ)	조직과정 모형 (model Ⅱ)	관료정치 모형 (model Ⅲ)
조직관	조정과 통제가 잘되는 유기체	느슨하게 연결된 하위조직들의 연합체	독립적·개별적 집합체
집단 응집력	강함	약함	매우 약함
의사결정권 위치	최고 결정권자	반독립적인 하위조직들	독립적인 개별적 행위자
정책결정 일관성	강함	약함	매우 약함
조직 내 적용계층	조직 전체계층	하위계층	상위계층

정답 : ④

04

정책딜레마(Policy dilemma)에 대한 설명으로 옳지 않은 것은?

① 정책대안들이 추상적이고 명료하지 못하다.
② 정책대안들 가운데 반드시 하나를 선택해야 할 경우이다.
③ 이익을 보는 집단과 손해를 보는 집단이 명확히 구분된다.
④ 대안들의 결과가치 또는 기회손실이 비슷하다.

정밀해설

① 정책딜레마는 상호 갈등적인 정책대안들이 구체적이고 명료하다.
② 정책딜레마는 정책대안 중 하나를 반드시 선택해야 한다는 요청이 강할 때 증폭된다.
③ 정책딜레마는 특정 대안의 선택으로 인해 이익을 보는 집단과 손해를 보는 집단이 명확히 구분된다.
④ 정책딜레마는 대안들의 가치를 직접 비교할 수는 없으나 각각의 결과가치 또는 기회손실이 비슷한 경우 발생한다.

▶ 딜레마이론의 구성요건

분절성(단절성)	대안 간 절충 불가
상충성	대안 간 충돌
균등성	대안들의 비슷한 결과가치
선택불가피성	선택 압력
명료성	대안의 구체성

정답 : ①

THEME 040 정책집행론

1 고전적 집행론
정책만능주의, 정태적 정책관, 계층적·하향적 조직관, 목표수정부당론 ⇨ 오클랜드 사업 실패

2 하향적 정책집행과 상향적 정책집행

구분	하향적 정책집행	상향적 정책집행
목표	정책목표의 달성	집행문제의 해결
합리성	도구적 합리성(목표를 달성시키는 수단)	제한적 합리성, 절차적 합리성(환경에 적응)
초점	결정자에 의한 집행과정의 효과적 통제	일선관료에게 적절한 재량과 자원 부여
성공요건	결정자의 통제력과 집행자의 순응	집행자의 역량과 재량
이론적 배경	정치행정이원론, SOP	정치행정일원론, 상황에 맞는 절차
연구방법	거시적·연역적	미시적·귀납적
Elmore	전향적 접근(forward mapping)	후향적 접근(backward mapping)
Berman	정형적 집행	적응적 집행

3 일선관료제(M. Lipsky) 특징
① 시민과 직접 대면 접촉하고 상호작용하며 실질적인 재량권을 행사함.
② 시간과 자원이 부족하여 과도한 업무량
③ 서비스 제공 기준이 애매하거나 고객의 특징이나 요구가 불확실한 경우가 많음.
④ 조직 권위로부터의 상대적 자율성을 지님.
⑤ 객관적 평가 기준이 없고, 효과적 통제가 곤란함.

4 Sabatier 정책지지연합모형
① 기본적으로 상향적 접근을 하며 하향적 접근을 통합함.
② 시간의 경과에 따른 행위자들의 전략과 시도를 강조함.
③ 정책하위체제 개념을 사용함.
④ 참여자의 신념체계(belief system)를 강조함.

5 Nakamura와 Smallwood의 정책집행모형

유형	정책결정자 역할	정책집행자 역할	정책실패요인	정책평가기준
고전적 기술자형	구체적인 목표설정	기술적 권한 소유	수단상의 기술적 결함	능률성
지시적 위임가형		행정적 권한 소유	…… + 협상의 실패	효과성
협상자형	목표와 수단에 대한 집행자와의 협상		…… + 적응적 흡수나 부집행	주민만족도
재량적 실험가형	추상적인 목표지지	목표·수단의 구체화	…… + 책임의 회피나 기만	수익자대응성
관료적 기업가형	집행자가 설정한 목표지지	(추상적) 목표설정	…… + 정책의 사전오염	체제유지도

OX 기출분석

해설

01 ☐☐☐   22 국가 9급

'재량적 실험형'은 정책결정자가 추상적인 목표를 설정하면, 정책집행자는 정책결정자를 위해 목표와 수단을 명확하게 하는 역할을 담당한다고 본다.
○ ✕

재량적 실험형은 정책결정자가 추상적·일반적인 목표를 설정하면 정책집행자는 정책결정자를 위해 목표와 수단을 명확하게 재정의하는 역할을 담당한다고 본다.

02 ☐☐☐   22 국가 9급

립스키(Lipsky)의 '일선관료제'에서 일선관료들이 처하는 업무환경의 특징은 단순하고 정형화된 정책대상집단이다.
○ ✕

일선관료들의 환경은 복잡한 업무환경에 처해 있다.

03 ☐☐☐   21 지방(서울) 9급

정책옹호연합모형(advocacy coalition framework)은 정책학습을 통해 행위자들의 기저 핵심 신념(deep core beliefs)을 쉽게 변화시킬 수 있다.
○ ✕

정책옹호연합모형은 정책과정 참여자들의 기저 핵심 신념은 장기적인 갈등 조정의 과정을 거친다고 본다.

04 ☐☐☐   21 국회 8급

일선관료는 시간과 정보·기술적인 지원 등 업무수행에 필요한 자원이 불충분하기 때문에 체계적이고 계획적인 집행을 하게 된다.
○ ✕

일선관료는 시간과 정보·기술적인 지원 등 업무수행에 필요한 자원이 불충분하기 때문에 부분적이고 간헐적으로 집행을 하게 되며 이는 행정의 단순화 및 정형화를 초래한다.

05 ☐☐☐   19 서울 9급(2월)

일선관료는 상향적 집행과정에서 가장 큰 영향력을 행사한다.
○ ✕

06 ☐☐☐   19 지방 9급

정책패러다임 변동모형은 신념체계, 정책학습 등의 요인이 정책변동에 영향을 주며 정책변동 과정에서 정책중재자가 중요한 역할을 하고, 분석단위로서 정책하위체제에 초점을 두고 정책변화를 이해한다.
○ ✕

정책지지연합 모형에 대한 설명이다.

07 ☐☐☐   18 국회 8급

상향적 접근(bottom-up approach)은 공식적인 정책목표가 중요한 변수로 취급되므로 집행실적의 객관적 평가가 용이하다.
○ ✕

하향적 접근은 공식적인 정책목표가 중요한 변수로 취급되므로 집행실적의 객관적 평가가 용이하다.

08 ☐☐☐   17 국가 9급

정책집행의 상향적 접근방법의 대표적인 모형은 사바티어(Sabatier)의 정책지지 연합모형(Advocacy Coalition Framework)이다.
○ ✕

사바티어의 정책지지 연합모형은 통합 모형의 대표적 모형이다.

정답   01 O   02 ✕   03 ✕   04 ✕   05 O   06 ✕   07 ✕   08 ✕

핵심 기출 문제

01 □□□ 2019 지방 9급

다음 특징을 가진 정책변동 모형은?

- 분석단위로서 정책하위체제(policy sub system)에 초점을 두고 정책 변화를 이해한다.
- 신념체계, 정책학습 등의 요인은 정책변동에 영향을 준다.
- 정책변동 과정에서 정책중재자(policy mediator)가 중요한 역할을 한다.

① 정책흐름(Policy stream) 모형
② 단절적 균형(Punctuated Equilibrium) 모형
③ 정책지지연합(Advocacy Coalition Framework) 모형
④ 정책패러다임 변동(Paradigm Shift) 모형

정밀해설

③ 제시문은 정책지지연합(Advocacy Coalition Framework) 모형에 대한 설명이다. 정책지지연합 모형은 정책하위체제라는 분석단위에 초점을 두고 정책변화를 이해하였고, 정책과정 참여자의 신념체계(belief system)를 강조하는 모형이다.
① 정책흐름모형은 킹던이 제시한 것으로 문제의 흐름, 정치의 흐름, 정책의 흐름들이 상호 독립적인 경로를 따라 진행되다가 어떤 계기로 서로 교차될 때 정책의 창이 열리고 정책변동이 이루어진다고 본다.
② 단절균형모형에 의하면 정책변동(제도변화)은 사회경제적 위기나 군사적 갈등과 같은 강력한 외부적 충격(중요한 분기점)에 의해 단절적으로 급격하게 발생한다고 본다.
④ 정책패러다임변동모형(P.Hall)은 정책목표와 수단에 있어서 급격한 변화를 가져올 수 있다고 보는 점에서 근본적 정책변동이 쉽게 일어나지 않는다는 사바티어(Sabatier)의 정책지지연합모형과 다르다.

정답 : ③

02 □□□ 2018 국가 9급

립스키(M. Lipsky)의 일선관료제(Street-Level Bureaucracy) 이론에 대한 설명으로 옳은 것은?

① 일선관료는 고객에 대한 고정관념(stereotype)을 타파함으로써 복잡한 문제와 불확실한 상황에 대처한다.
② 일선관료가 업무를 수행하는 기관에 대한 고객들의 목표기대는 서로 일치하고 명확하다.
③ 일선관료는 집행에 필요한 자원이 부족한 경우 대체로 부분적이고 간헐적으로 정책을 집행한다.
④ 일선관료는 계층제의 하위에 위치하고 있기 때문에 직무의 자율성이 거의 없고 의사결정에 있어서 재량권의 범위가 좁다.

정밀해설

③ 일선관료는 자원이 부족할 경우 부분적이고 간헐적으로 집행하는 경향이 있다.
① 일선관료는 고객에 대한 고정관념 등으로 인하여 복잡한 문제와 불확실한 상황에 제대로 대처하지 못한다.
② 일선관료에 대한 고객들의 목표기대는 명확하지 못하며 성과평가 기준 또한 객관적이지 않다.
④ 일선관료는 많은 재량권을 가지고 있지만 인적·물적 자원 및 시간이 부족하여 업무가 지연된다.

정답 : ③

03

2018 지방 9급

버먼(Berman)의 '적응적 집행'에 대한 설명으로 옳은 것은?

① 미시집행 국면에서 발생하는 정책과 집행조직 사이의 상호적응이 이루어질 때 성공적으로 집행된다.
② 거시적 집행구조는 동원, 전달자의 집행, 제도화의 세 단계로 구분된다.
③ '행정'은 행정을 통해 구체화된 정부프로그램이 집행을 담당하는 지방정부의 사업으로 받아들여지는 것을 의미한다.
④ '채택'은 지방정부가 채택한 사업을 실행사업으로 변화시키는 것을 의미한다.

정밀해설

① 버먼은 정책집행을 정형적 집행과 적응적 집행으로 구분하고 적응적 집행이 중요하다고 보았는데, 미시집행 국면에서 발생하는 정책과 집행조직 사이의 상호적응이 이루어질 때 성공적으로 집행된다고 보았다. 또한 미시집행 국면에서 발생하는 정책과 집행조직 사이의 상호적응 자체가 성공적 집행이며 정책집행의 성과는 미시집행과정에서 결정된다고 보았다.
② 미시적 집행구조는 동원, 전달자의 집행, 제도화의 세 단계로 구분되고 거시적 집행구조의 단계(통로)는 행정, 채택, 미시적 집행, 기술적 타당성으로 구성된다.
③ '채택'은 행정을 통해 구체화된 정부프로그램이 집행을 담당하는 지방정부의 사업으로 받아들여지는 것을 의미한다.
④ '미시적 집행'은 지방정부가 채택한 사업을 실행사업으로 변화시키는 것을 의미한다.

▶ 버먼의 미시적 집행구조

동원	집행조직에서 사업을 채택하고 실행계획을 세우는 단계를 의미함
전달자의 집행	적응 국면으로 채택된 사업을 실제로 집행하는 단계를 의미함
제도화	채택된 사업은 집행조직 내에 정형화된 일부분으로 자리잡기 위한 제도화의 과정을 의미함

정답 : ①

04

2025 국회 8급

정책집행론에 대한 설명으로 옳지 않은 것은?

① 정책집행과정에서 정책대상집단의 불응 정도는 정책 유형에 따라 달라진다.
② 하향식 접근방법(Top-down Approach)은 정책설계자가 정책집행자의 능력과 헌신에 대해 충분한 지식을 가지고 있다고 가정한다.
③ 상향식 접근방법(Bottom-up Approach)은 공식적 정책목표 달성에 초점을 맞추지 않고 집행현장을 있는 그대로 파악하기 때문에 정책의 의도하지 않은 효과까지도 분석할 수 있다.
④ 나카무라와 스몰우드(Nakamura & Smallwood)의 정책집행 유형 중 지시적 위임형은 정책집행자가 목표 달성을 위한 행정적 협상 능력보다는 기술적 역량을 가지고 있는 유형이다.
⑤ 매즈매니언과 사바티어(Mazmanian & Sabatier)는 효과적인 정책집행을 위해서 정책목표가 분명하고 일관성을 가져야 한다고 설명한다.

정밀해설

④ 지시적 위임형에서 정책집행자는 정책결정자가 위임한 행정적 권한을 바탕으로 목표 달성을 위한 기술적 역량과 행정적 협상 능력을 모두 갖추어야 한다.
① 정책 유형(분배, 규제, 재분배 등)에 따라 정책대상집단의 저항 및 불응 수준이 달라진다.
② 하향식 접근방법은 정책결정자가 정책집행과정과 집행자의 능력·헌신 등을 충분히 파악하고 통제할 수 있다고 전제한다.
③ 상향식 접근방법은 집행 현장에서 출발하므로 공식적 목표 외에 의도하지 않았던 부수적 효과까지 파악하는 데 용이하다.
⑤ 매즈매니언과 사바티어는 성공적인 정책집행의 조건으로 명확하고 일관된 정책목표를 중요한 변수로 제시한다.

정답 : ④

적중 예상 문제

01

정책학습(policy learning)에 대한 내용으로 옳지 않은 것은?

① 정책학습의 대상은 정책집행조직 혹은 연합체일수도 있다.
② Birkland는 사회적 학습, 수단적 학습, 정치적 학습으로 파악하였다.
③ 사회적 학습은 정책문제에 내재된 인과관계를 검토하고 정부활동의 본질을 살펴본다.
④ 정치적 학습은 실행가능성을 위한 수단이나 기법을 파악한다.

정밀해설

④ 실행가능성을 위한 수단이나 기법을 파악하는 것은 수단적 학습이다.
① 정책학습은 올바른 결론을 유도하기 위한 과정으로 시행착오나 정책실패를 통해 더 나은 정책을 결정할 수 있는 방법을 얻을 수 있게 된다.
② 버크랜드는 정책학습이 일어나는 수준에 따라 수단적 학습, 사회적 학습, 정치적 학습으로 구분하였다.
③ 사회적 학습은 정부활동의 본질과 타당성까지도 검토하는 것으로 정책문제에 내재된 인과관계를 검토한다.

▶ 정책학습 유형

수단적 학습	정책개입이나 집행설계의 실행가능성을 의미하며 수단이나 기법에 집중함
사회적 학습	문제의 원인에 대한 학습을 의미하는 것으로 사회적 학습이 성공적으로 적용되면 정책문제에 내재된 인과관계를 더 잘 이해하게 됨
정치적 학습	주어진 정책 아이디어나 문제를 옹호하는 전략에 대한 학습을 의미하는 것으로 정치적 변화에 대한 찬성과 반대의 주장을 통해 새로운 정치적 정보를 받아들이고 스스로 전략과 전술을 변화시킴

정답: ④

02

Nakamura & Smallwood의 정책집행유형에 관한 설명이다. 어느 유형에 관한 설명인가?

> (가) 정책결정자는 추상적이고 일반적인 정책목표를 지지하지만 지식의 부족 또는 불확실성 때문에 정책목표를 구체적으로 설정할 수 없다.
> (나) 정책목표를 구체화하고 그것을 달성할 수 있는 정책수단을 개발할 수 있도록 정책집행자에게 광범위한 재량을 위임한다.
> (다) 정책집행자는 정책목표의 구체화, 수단 선택, 정책 시행을 자기 책임하에 자발적이고 성실한 자세로 과업을 수행하고 그에 따른 필요한 능력을 보유하고 있다.

① 고전적 기술자형
② 지시적 위임가형
③ 협상형
④ 재량적 실험가형

정밀해설

④ (가), (나), (다) 모두 재량적 실험가형에 대한 설명이다.

정답: ④

03

Sabatier의 정책지지연합모형에 대한 설명으로 가장 옳지 않은 것은?

① 정책하위체제의 분석단위에 초점을 두고 정책변화를 장기적 관점에서 이해한다.
② 기본적 과정은 하향적이지만 참여자들의 활동에 영향을 미치는 요소들은 상향적 접근에서 도출한다.
③ 시간의 경과에 따른 다양한 행위자들의 전략과 시도를 파악하는 동태적 모형이다.
④ 집행모형이라기보다는 수단적 학습, 사회적 학습, 정치적 학습의 정책학습을 설명하는 모형이다.

정밀해설

② 기본적 과정은 하위시스템 내의 경쟁적인 정책지지연합 간 갈등과 타협과정 속에서 상향적으로 이루어지고, 정책하위시스템 참여자들의 활동에 영향을 미치는 요소들은 하향적으로 형성된다.
① Sabatier는 정책하위체제라는 분석단위에 초점을 두고 정책변화를 이해하며, 정책변화과정을 이해하기 위해서는 10년 이상이라는 장기간이 필요하다고 보았다.
③ 정책지지연합모형은 시간의 경과에 따라 자신들의 목표를 달성하기 위해 다양한 행위자들의 전략과 시도를 파악하는 동태적 모형이다.
④ 정책지지연합모형은 정책학습에 초점을 둔 이론으로 정책집행모형이라기보다 정책학습모형의 성격이 강한 모형이다.

정답 : ②

04

정책집행 통합모형에 대한 설명으로 옳지 않은 것은?

① Sabatier의 비교우위적 접근은 하향식 접근과 상향식 접근 중 상대적으로 적합한 접근방법을 이용하는 것으로, 하나의 정책이 집행현장을 좌우하는 경우에는 하향적 접근이 유리하다고 본다.
② Matland는 상향적 접근과 하향적 접근이 어떤 조건에서 더 잘 적용되는지, 이때 중요한 집행변수가 무엇인지를 탐색하여 관리적 집행, 정치적 집행, 실험적 집행, 상징적 집행으로 분류하였다.
③ Elmore는 상향적 접근에 의해 정책목표를 설정하고 하향적 접근을 수용함으로써 집행가능성이 높은 정책수단을 채택하는 상호가역성의 논리를 제시하였다.
④ Winter의 통합모형은 정책형성과정과 정책집행과정의 특징에 따라 집행성과가 달라진다고 보면서 과정별 집행 실패사유를 제시하였다.

정밀해설

③ Elmore(엘모어)는 하향적 접근에 의해 정책목표를 설정하고 상향적 접근을 수용함으로써 집행가능성이 높은 정책수단을 채택하는 상호가역성의 논리를 제시하였다.

정답 : ③

THEME 041 정책목표

1 정책목표의 기능
① 미래지향적인 성격
② 정당성의 근거를 제시, 효과성의 기준
③ 정책대안의 탐색과 예측, 평가의 기준
④ 정부의 기본행동 방향을 정하는 데 지침

2 정책목표의 변화유형

목표의 승계	새로운 목표로 재설정, 동태적 보수주의
목표의 확장	목표의 상향 조정
목표의 추가(다원화)	새로운 목표의 추가
목표간 비중변동	하위목표들 간의 우선순위 조정
목표의 전환	목표수단의 대치(전도)
목표의 종결(폐지)	목표의 달성에 의한 종결

3 효과적인 정책집행을 위한 조건(Sabatier & Mazmanian)
① **타당한 인과모형의 존재**: 정책수단과 정책목표 간의 인과관계(기술적 타당성)
② **명확한 정책지침과 대상 집단의 순응 극대화**: 명확한 정책목표, 목표 간 우선순위의 명료화, 집행기관의 충분한 재정적 자원, 적절한 집행기관의 선정, 집행기관의 적절한 의사결정규칙, 이해관계자의 광범위한 참여
③ 유능하고 헌신적인 집행관료
④ **지속적인 지지**: 조직화된 이익집단, 유권자 집단, 입법부 또는 행정부의 장으로부터의 지속적 지지
⑤ 정책목표 및 목표 간 우선순위의 명확성과 안정성

Mani DB 정책대상집단의 규모와 조직화에 따른 집행의 용이성

구분	조직화 정도	
	강	약
수혜집단 > 희생집단	집행 용이	집행 용이
수혜집단 = 희생집단	집행 곤란	집행 용이
수혜집단 < 희생집단	집행 곤란	집행 용이

OX 기출분석

01 ☐☐☐ 20 국가 9급
실질적인 정책내용이 변하더라도 정책목표가 변하지 않는다면 이를 정책유지라 한다. ○ ✕

해설
실질적인 정책내용이 변하더라도 정책목표가 변하지 않는다면 이를 정책승계라고 한다.

02 ☐☐☐ 20 서울/지방 9급
정책목표의 달성이 정책수단의 실현에 선행해서 존재해야 한다는 것은 인과관계의 조건 중 시간적 선행성에 대한 설명이다. ○ ✕

시간적 선행성은 정책수단의 실현이 정책목표의 달성에 선행해서 존재해야 한다는 것이다.

03 ☐☐☐ 17 지방 9급
정책목표와 정책수단이 구체적일수록 정책집행이 성공할 가능성이 커진다는 주장이 있다. ○ ✕

정책목표와 정책수단이 구체적일 경우 이해가 용이하여 정책집행이 성공할 가능성이 커진다.

04 ☐☐☐ 13 서울 7급
Hogwood와 Peters의 정책변동 유형 중 정책목적은 유지하되 세부적 정책수단을 변화시키는 유형은 정책승계이다. ○ ✕

05 ☐☐☐ 12 지방 9급
사바티어는 정책대상 집단의 행태변화 정도가 크면 정책집행의 성공은 어렵다고 본다. ○ ✕

행태변화 정도가 크다면 이해관계의 조정이 어려워지므로 집행성공이 곤란하다.

06 ☐☐☐ 11 지방 9급
사바티어와 매즈매니언은 효과적인 집행의 전제조건으로 타당성 있는 인과이론, 명확한 정책지침, 정책목표의 탄력적·신축적인 조정 등을 제시하였다. ○ ✕

정책목표의 탄력적이고 신축적인 조정이 아니라 집행기관의 행동방향을 명확하게 설정하는 정책지침이 효과적인 집행의 전제조건으로 보았다.

07 ☐☐☐ 09 국회 8급
사업목표와 목표를 달성할 수 있는 수단이 구체적이고 대립되지 않을수록 정책집행이 성공할 가능성이 높다. ○ ✕

이는 비용부담자 집단이 강하게 반발하지 않을 가능성이 높다는 것이고, 이것은 거부점의 숫자가 적어진다는 의미와 같다.

08 ☐☐☐ 09 국회 8급
정책집행 주체의 전문성 정도나 정책에 대한 이해도가 정책집행에 많은 영향을 미친다. ○ ✕

전문성의 정도나 정책 이해도가 높다면 정책 집행과정에서 전문성을 바탕으로 집행의 능률성과 효과성을 도모할 수 있다.

정답 01 ✕ 02 ✕ 03 ○ 04 ○ 05 ○ 06 ✕ 07 ○ 08 ○

핵심 기출 문제

01
2017 국가 7급(추)

다음과 같은 내용을 모두 포괄하는 정책변동의 유형은?

- 정책수단의 기본 골격이 달라지지 않으며, 주로 정책산출 부분이 변한다.
- 정책 대상집단의 범위가 변동된다거나 정책의 수혜수준이 달라지는 경우와 관련이 있다.
- 저소득층 자녀에 대한 교육비 보조를 그 바로 위 계층의 자녀에게 확대하는 사례에 해당한다.

① 정책 통합(policy consolidation)
② 정책 분할(policy splitting)
③ 선형적 승계(linear succession)
④ 정책 유지(policy maintenance)

정밀해설

④ 정책 유지에 대한 설명이다. 정책 유지는 정책의 기본적 성격은 유지한 채 정책수단인 사업이나 담당조직을 바꾸는 경우로 기본골격은 유지하면서 정책의 구체적인 구성요소(사업내용, 예산액수, 집행절차)들을 완만하게 대체·변경하는 것을 의미한다.
① 정책 통합은 둘 이상의 정책들을 전부 또는 부분적으로 종결하고 이를 대체하도록 유사한 목적을 추구할 단일의 정책을 새로 채택하는 것을 말한다.
② 정책 분할은 하나의 정책이 둘 이상으로 나누어지는 것을 말한다.
③ 선형적 승계는 기존의 정책을 완전히 종결하고 같은 정책 영역에서 기존 정책과 같거나 유사한 목적을 가진 정책을 채택하는 것을 말한다.

정답: ④

02
2012 지방 9급

정책집행에 영향을 미치는 요인에 대한 설명으로 옳은 것은?

① 사바티어(Sabatier)는 정책대상집단의 행태변화의 정도가 크면 정책집행의 성공은 어렵다고 본다.
② 집행주체의 집행역량은 집행구조나 조직의 분위기에 영향을 받지 않는다.
③ 정책집행 과정에서 의사결정점(decision point)이 많을수록 신속하게 집행된다.
④ 정책수혜집단의 규모가 크고 조직화 정도가 강한 경우 집행이 어렵다.

정밀해설

① 사바티어는 정책대상집단의 행태변화정도가 클 경우 정책집행의 성공이 어렵다고 보았다.
② 집행주체의 집행역량은 집행구조나 조직의 분위기에 영향을 받게 된다.
③ 윌다브스키와 프레스만의 공동행동의 복잡성 이론에 따르면 정책집행 과정에서 의사결정점(decision point)이 많을수록 정책집행이 복잡해져 신속한 집행이 어렵다.
④ 정책집행집단의 규모가 크고, 조직화 정도가 강한 경우에는 집행이 용이하다.

정답: ①

03
2009 국회 8급

정책집행에 영향을 미치는 요인에 관한 설명으로 옳지 않은 것은?

① 사업의 목표와 목표를 달성할 수 있는 수단이 구체적이고 대립되지 않을수록 정책집행이 성공할 가능성이 높다.
② 소망성은 집행과정에 관여하는 사람들이 사업계획의 내용을 바람직하게 인식하는 정도이며, 소망성이 높을수록 정책집행이 성공할 가능성이 높다.
③ 규제정책의 경우 정책집행의 결과로 수혜집단과 희생집단이 나뉘는 경우가 많아 집행과정에서 많은 갈등이 야기된다.
④ 정책집행주체의 전문성 정도나 정책에 대한 이해도가 정책집행에 많은 영향을 미친다.
⑤ 재분배정책의 경우 사회적 합의로 인하여 집행과 관련한 갈등이나 반대가 상대적으로 약하므로 정책집행이 성공할 가능성이 높다.

정밀해설

⑤ 사회적 합의로 인하여 집행과 관련한 갈등이나 반대가 상대적으로 약하므로 정책집행이 성공할 가능성이 높은 것은 분배정책이다. 한편 재분배정책의 경우 사회적 합의가 곤란하고 집행과 관련한 갈등이나 반대가 상대적으로 강하므로 정책집행이 성공할 가능성이 낮다.

정답: ⑤

적중 예상 문제

01 ☐☐☐

혹우드(Hogwood)와 피터스(Peters)가 제시한 정책변동의 유형에 대한 설명으로 옳지 않은 것은?

① 정책승계는 정책목표는 변환되지 않지만 정책수단인 사업이나 사업을 담당하는 조직, 예산 항목에서 중대한 변화가 일어난다는 점에서 정책유지와 다르다.
② 정책혁신은 사회문제가 처음으로 정책문제로 전환되고 이것을 해결하기 위해 정부가 정책을 결정하는 것으로서 현재의 정책이나 활동이 없고, 담당조직도 없으며 예산이나 사업활동도 없는 '무'에서 새로운 것을 만드는 것이다.
③ 정책유지는 정책의 기본적 특성을 그대로 유지시키는 것으로서 정책의 집행과정에서 일어나거나 현재의 특수사정 등에 적응하기 위해서 일어나는 경우가 많다.
④ 정책종결은 현존하는 정책의 기본적 성격을 바꾸는 것으로서 정책의 근본적인 수정을 필요로 하는 경우 정책을 없애고 새로이 완전히 대체하는 경우 등을 포함한다.

정밀해설

④ 현존하는 정책의 기본적 성격을 바꾸는 것으로서, 정책의 근본적인 수정을 필요로 하는 경우 정책을 없애고 새로이 완전히 대체하는 경우 등을 포함하는 것은 정책승계이다. 한편 정책종결은 정책목표가 완전히 달성되어 문제가 소멸되었거나 달성 불가능한 경우 정책을 완전히 소멸시키는 유형으로, 새로운 정책도 결정하지 않으며 정책수단도 완전히 사라지는 유형이다.
① 정책승계는 정책의 목표는 그대로 유지하되 정책수단인 사업, 조직, 예산에 중대한 변화가 일어나는 유형으로 정책평가로부터 얻은 정부가 정책채택 단계에서 다시 활용되기도 한다.
② 정책혁신은 완전히 새로운 정책을 결정하는 것으로 현재의 정책이나 활동이 없고 이를 담당하는 정책수단도 없는 '무'에서 새로운 정책을 만드는 것이다.
③ 정책유지는 정책목표는 그대로 유지하되 정책의 구성요소나 구체적인 내용(사업내용, 예산액수, 집행절차)에 부분적인 대체나 완만한 변동이 일어나는 유형이다.

▶ 정책변동 유형

정책혁신	완전히 새로운 정책을 결정하는 유형
정책유지	정책수단의 기본골격은 달라지지 않고 정책투입, 대상집단의 범위와 같은 정책의 구체적 내용에 있어 부분적인 대체나 완만한 변동이 일어나는 유형
정책승계	정책의 기본적 성격을 바꾸는 것으로서 기본 정책을 없애고 새로운 정책으로 완전히 대체하는 경우를 포함하지만, 정책유지처럼 정책목표는 변동되지 않고 정책이나 정책수단을 근본적으로 수정하거나 대체하는 유형
정책종결	정책목표가 완전히 달성되어 문제가 소멸되었거나 달성 불가능한 경우 정책을 완전히 소멸시키는 것으로, 다른 정책에 의해 기존에 존재하던 정책을 폐지하는 유형

정답 : ④

02 ☐☐☐

정책환류에 대한 설명으로 옳은 것은?

① 환류는 정책환경의 변화를 인지할 수 없다.
② 환류는 관리상, 법상 책임을 규명하기 위한 목적으로 이루어지는 경우가 있다.
③ 환류는 정책결정에 참여했던 사람을 징계하기 위한 장치이다.
④ 환류의 중요성에도 불구하고 우리나라는 정책품질관리를 위한 제도화가 되어 있지 않다.

정밀해설

② 정책 평가는 관리상 또는 법상 책임을 규명하기 위한 목적으로 사용되는 것이다.
① 오차 수정을 통해 정책환경의 변화를 인지하는 데 유용한 자료로 활용된다.
③ 정책 평가는 정책결정에 참여한 사람을 징계하기 위한 장치라고 볼 수 없다.
④ 참여정부는 정책품질관리규정(2005)을 제정하여 정부정책의 품질관리를 제도화하였다.

정답 : ②

THEME 041 정책목표

THEME 042 정책평가

1 평가유형

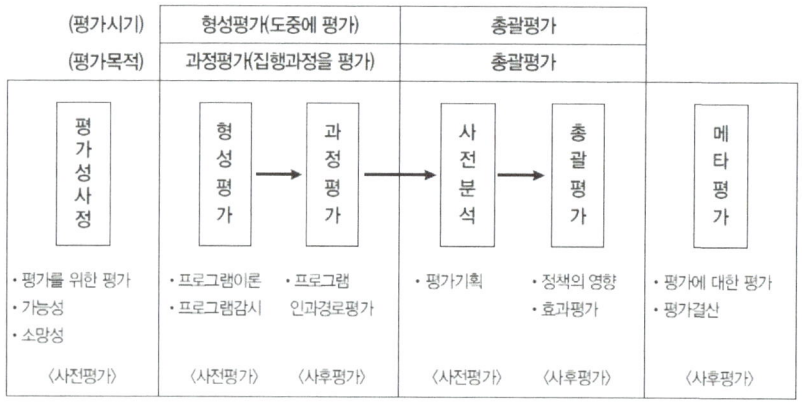

2 정책평가의 필요성

① 정부실패 방지
② 바람직한 목표를 위한 정책 내용 수정
③ 보다 효율적인 정책전략 수립

 평가 기준(Nakamura & Smallwood)

유형	의미	방법
목표 달성도(효과성)	정책목표의 달성도, 총괄평가의 핵심	계량적·객관적·기술적
능률성	투입비용 대비 성과, 사회적 비용까지 고려	
주민 만족도	전체 주민(유권자)의 만족도	주관적·질적
수혜자 대응성	정책의 직접 소비자의 호응도	
체제 유지	전체 체제의 안정과 집행담당 조직의 활력에 기여	혼합

3 타당성

구성적 타당성(construct validity)	처리, 결과, 모집단 및 상황들에 대한 이론적 구성요소들이 성공적으로 조작화된 정도
통계적 결론의 타당성 (statistical conclusion validity)	제대로 조작화 되었다고 할 때, 이에 대한 효과를 찾아낼 수 있을 만큼 충분히 정밀하고 강력하게 연구설계가 되어진 정도
내적 타당성(internal validity)	인과적 결론의 적합성 정도
외적 타당성(external validity)	인과적 결론의 적합성을 다른 상황에 일반화시킬 수 있는 것

4 신뢰도 - 일관성

검증방법: 재검사법, 복수양식법, 반분법, 내적 일관성 분석

OX 기출분석

01 ☐☐☐ 23 국가 9급
내적타당도는 집행된 정책내용과 발생한 정책효과 간의 관계에 대한 인과적 추론의 정확성 정도를 의미한다. ○ ✕

해설
내적타당도는 정책수단과 목표효과 간에 인과관계를 의미한다.

02 ☐☐☐ 23 국가 9급
솔로몬 4집단 설계는 통제집단 사전·사후 설계와 통제집단 사후 설계의 장점을 갖는다. ○ ✕

정책실험에서 솔로몬4집단 설계의 특징이다.

03 ☐☐☐ 20 국가 9급
신뢰성은 측정도구의 타당성을 담보할 수 있는 충분조건이다. ○ ✕

신뢰성은 측정도구의 타당성을 담보할 수 있는 필요조건이다.

04 ☐☐☐ 19 지방 9급
정책의 집행과 효과 사이에 존재하는 인과관계의 추론이 가능한 평가가 내적 타당성이 있는 평가이다. ○ ✕

내적타당성은 인과적 결론의 적합성을 의미하는 것으로 정책의 집행과 효과 사이에 인과관계의 추론이 가능하다면 내적가능성이 있다고 볼 수 있다.

05 ☐☐☐ 18 서울 9급
평가성 사정(evaluability assessment)은 영향평가 또는 총괄평가를 실시한 후에 평가의 유용성, 평가의 성과증진 효과 등을 평가하는 활동이다. ○ ✕

평가성 사정은 영향평가 또는 총괄평가를 실시하기 전에 평가의 유용성, 평가의 성과증진효과 등을 미리 평가하는 활동이다.

06 ☐☐☐ 17 국가 7급(추)
정책비용의 측면을 고려하는 능률성 평가는 총괄평가에서 검토될 수 없다. ○ ✕

능률성 평가는 정책의 목표를 달성효과와 투입의 비율로 나타내는 것으로 총괄평가에서 검토될 수 있다.

07 ☐☐☐ 17 교행 9급
정책평가의 신뢰성이 높으면 그 평가의 타당성이 높을 수밖에 없다. ○ ✕

신뢰성이 타당성의 필요조건이지 충분조건은 아니므로 정책평가의 신뢰성이 높다고 해서 타당성이 높은 것은 아니다.

08 ☐☐☐ 17 사복 9급
정책평가의 단계는 정책개요 작성 및 정책목표 규명 → 평가성 사정 → 평가기준의 설정 → 인과모형의 설정 → 자료의 수집·분석 → 평가결과의 환류의 순으로 이루어진다. ○ ✕

정답 01 O 02 O 03 X 04 O 05 X 06 X 07 X 08 O

핵심 기출 문제

01
2018 서울 9급

정책평가에 대한 설명으로 가장 옳지 않은 것은?

① 총괄평가(summative evaluation)는 정책이 종료된 후에 그 정책이 당초 의도했던 효과를 가져왔는지의 여부를 판단하는 활동이다.
② 메타평가(meta evaluation)는 평가자체를 대상으로 하며, 평가활동과 평가체제를 평가해 정책평가의 질을 높이고 결과활용을 증진하기 위한 목적으로 활용된다.
③ 평가성 사정(evaluability assessment)은 영향평가 또는 총괄평가를 실시한 후에 평가의 유용성, 평가의 성과증진 효과 등을 평가하는 활동이다.
④ 형성평가(formative evaluation)란 프로그램이 집행과정에 있으며 여전히 유동적일 때 프로그램의 개선을 위해서 실시하는 평가이다.

정밀해설

③ 평가성 사정은 영향평가 또는 총괄평가를 실시하기 전에 평가의 유용성, 평가의 성과증진 효과 등을 미리 평가하는 활동이다.
① 총괄평가는 정책이 집행되고 난 후에 정책이 의도했던 정책효과가 발생하였는지를 평가하는 활동이다.
② 메타평가는 평가결과에 대해 기존 평가자가 아닌 제3자가 다시 평가하는 것으로 평가자체가 제대로 되었는지를 재평가하며, 평가기획, 진행 중인 평가, 완료된 평가를 평가하여 정책평가의 질을 높이고 결과활용을 증진시키기 위한 목적으로 활용된다.
④ 형성평가는 정책이 의도했던 집행계획이나 집행설계에 따라 집행되었는지를 평가·점검하고 모니터링하는 것이다.

정답 : ③

02
2017 국가 9급(추)

정책평가의 방법을 논리모형(논리 매트릭스)과 목표모형으로 구분할 경우, 논리모형에 대한 설명으로 옳지 않은 것은?

① 정책 프로그램이 특정 성과를 산출하기 위해 어떤 논리적 인과구조를 가지고 있는지를 명시적으로 보여준다.
② 프로그램이 해결하려는 정책문제 및 정책의 결과물이 무엇인지를 명확히 해주기 때문에 정책형성과정의 인과관계에 대한 가정의 오류와 정책집행의 실패를 구분할 수 있도록 한다.
③ 정책이 달성하려는 장기목표와 중단기목표들을 잘 달성했는지에 초점을 맞춘 평가모형이다.
④ 프로그램 논리의 분석 및 정리과정이 이해관계자의 정책 프로그램에 대한 이해를 높인다.

정밀해설

③ 프로그램 논리모형이 아닌 프로그램 목표모형에 대한 설명이다. 프로그램 목표모형은 정책이 달성하려는 장기 목적과 중단기 목표들을 잘 달성했는지에 초점을 맞춘 평가모형으로 목적달성 여부를 선별적으로 보여주며 명확성과 단순성을 특징으로 한다.
① 프로그램 논리모형은 형성평가의 일종으로 논리적 인과구조를 가지고 있는지 보여주어 정책집행 과정 및 성과를 평가할 수 있다.
② 프로그램 논리모형은 프로그램의 인과경로를 잘 구축하여 프로그램의 핵심적 목표와 연계된 평가이슈, 평가지표를 인식한다.
④ 프로그램 논리모형은 이론실패와 실행실패를 구분할 수 있게 함으로써 평가의 타당성을 제고시켜 주는 형성평가 모형에 해당하며 이해관계자의 정책 프로그램에 대한 이해를 높여준다.

정답 : ③

03

2017 서울 7급

다음 중 정책평가의 타당성 검토에 대한 설명으로 가장 옳지 않은 것은?

① '청렴'이라는 이론적 구성요소에 대한 측정지표가 성공적으로 조작되어 있는가를 살펴본다.
② '까마귀 날자 배 떨어진다'는 속담에서처럼 정책의 효과가 우연한 것은 아닌지, 다시 말해서 오직 정책에 기인한 것인지를 살펴본다.
③ 서울특별시를 대상으로 시범실시하여 효과적으로 나타난 A사업을 전국 광역시를 대상으로 확대 실시한 경우에도 효과적인지를 검토한다.
④ 정책의 대상집단과 내용 등이 동질적이나 정책평가시기를 달리하는 경우 각 시기별 정책결과 측정값의 상관관계를 분석한다.

정밀해설

④ 정책의 대상집단과 내용 등이 동질적인 정책평가시기를 달리하는 경우 각 시기별 정책결과 측정값의 상관관계를 분석하는 것은 신뢰도에 해당한다.
① 구성적 타당성에 대한 설명이다. 구성적 타당성은 이론적 구성요소들에 대한 측정지표가 성공적으로 조작화되어 있는 정도를 살펴보는 것이다.
② 내적 타당성에 대한 설명이다. 내적 타당성은 정책의 효과가 우연히 나타난 것은 아닌지, 정책에 기인한 것인지를 살펴보는 것이다.
③ 외적 타당성에 대한 설명이다. 외적 타당성은 특정한 상황에서 얻은 정책평가가 다른 상황에도 그대로 적용될 수 있는 일반화 정도를 의미한다.

정답 : ④

04

2025 국가 9급

정책평가 유형에 대한 설명으로 옳지 않은 것은?

① 총괄평가는 정책 집행이 완료된 후 정책의 효과성과 효율성을 종합적으로 판단하는 평가이다.
② 형성평가는 일종의 예비평가로 공식 영향평가의 실행 가능성과 유용성을 검토하기 위하여 실시된다.
③ 과정평가는 정책이 의도한 대로 집행되고 있는지, 정책 집행과정의 문제점을 파악하고 개선하는 데 초점을 맞춘 평가이다.
④ 집행 모니터링은 프로그램 투입 또는 활동을 측정하고 이를 사전에 결정되거나 기대하였던 기준값과 비교하여, 프로그램이 설계에 명시된 대로 수행되고 있는지를 판단한다.

정밀해설

② 평가성 사정에 대한 설명이다.
① 총괄평가는 효과성에 대한 평가이다.
④ 집행 모니터링은 형성평가에 해당한다.

정답 : ②

적중 예상 문제

01 ☐☐☐

정책평가에 관한 설명으로 옳지 않은 것은?

① 프로그램 논리모형은 집행 도중에 진행되는 형성평가의 일종으로 이해관계자의 정책 이해도를 높인다.
② 평사성 사정은 예비평가, 평가를 위한 평가의 성격이 있다.
③ 좁은 의미의 과정평가는 인과관계 경로에 대한 평가이다.
④ 총괄평가는 정책집행이 이루어지는 과정을 평가하는 활동으로 사전적, 사후적 상황을 종합적으로 평가한다.

정밀해설

④ 총괄평가는 정책집행이 종료된 후에 그 성과나 효과를 평가하는 활동이다.
① 논리모형은 형성평가의 일종이다.
② 평사정 사정이다.
③ 과정평가에 대한 서술이다.

정답 ④

02 ☐☐☐

정책평가에 대한 설명으로 옳지 않은 것은?

① 신뢰도는 결과를 일반화할 수 있는 정도로써 동일한 측정도구를 반복하여 사용했을 때 동일한 결과를 얻을 확률을 의미한다.
② 인과적 추론을 위한 시간적 선행조건, 공동변화의 조건, 경쟁가설 배제의 원칙 3가지를 충족해야 한다.
③ 정책평가의 외적 타당도란 특정한 상황에서 얻은 정책평가의 결과를 일반화할 수 있는 정도를 말한다.
④ 정책평가의 통계적 결론의 타당성이란 정책효과를 찾아낼 수 있을 만큼 충분히 정밀하고 강력하게 연구설계가 이루어진 정도를 의미한다.

정밀해설

① 신뢰도는 동일한 측정도구로 동일한 현상을 반복하여 측정했을 경우 동일한 결론이 나오는지의 확률을 의미한다.
② 정확히 판단해 내리면 인과적 추론을 위한 시간적 선행조건, 공동변화의 조건, 경쟁가설 배제의 원칙 3가지를 충족해야 한다.
③ 정책평가의 외적 타당도란 조사연구의 결론을 다른 모집단, 상황 및 시점에 어느 정도까지 일반화시킬 수 있는지의 정도를 나타낸다.
④ 통계적 결론의 타당성이란 정책결과의 측정을 위해 충분히 정밀하고 강력한 연구설계가 이루어진 정도를 의미한다.

정답 ①

03

정책평가의 타당도에 대한 설명으로 옳지 않은 것은?

① 구성적 타당성이란 정책평가의 구성내용이 특정사안에만 적용되는 것이 아니라 다른 사안에서도 적용될 수 있어야 한다는 것을 의미한다.
② 외적 타당성은 당초의 가설에 포함된 내용 이외의 이론적 구성요소에까지도 확대하여 일반화될 수 있는 정도를 의미한다.
③ 내적 타당성이란 밝혀낸 원인과 결과에 대한 설명이 허위적 요인에 기인하지 않는 인과적 결론의 적합성을 의미한다.
④ 통계적 결론의 타당성은 정밀하게 설계되어진 정도인데, 1종오류, 2종오류와 관련된다.

정밀해설

① 일반화의 정도 또는 다른 상황에 확대 적용 가능성은 외적 타당도를 의미한다.

정답 : ①

04

메타평가의 유용성으로 옳지 않은 것은?

① 공공부문에서의 다양한 평가 견해를 반영할 수 있다.
② 정책 엘리트 중심의 평가 방법으로서 비민주적이라는 비판을 받는다.
③ 메타평가의 구체적인 지표구성은 타당성과 신뢰성을 균형있게 확보해야 한다.
④ 평가대상의 특성을 표준화시켜 지표를 구성하는 기존의 측정방식에 대한 보완적 방법이다.

정밀해설

② 메타평가(meta evaluation)는 평가에 대한 평가 또는 평가결산이라 부르는 것으로, 기존 평가자보다는 제3자에 의해 기존의 평가에서 발견했던 사실을 재분석하는 것을 말한다.

정답 : ②

THEME 043 정책평가 실험

1 정책실험 종류

구분			내용
비실험적 방법	실험집단만 선정	대표적 비실험	실험집단에게 처리를 가한 후 결과 분석
		통계적 비실험	통계적 분석
실험적 방법	실험집단과 비교집단을 선정	준실험	실험집단과 비교집단의 동질성 미확보
		진실험	실험집단과 비교집단의 동질성 확보

Mani DB 실험 종류에 따른 타당도 비교

구분	비실험	준실험	진실험
내적 타당도	약	중	강
외적 타당도	강	중	약
실현 가능성	강	중	약

2 내적 타당도 저해 요인

선정효과	실험집단과 통제집단이 다르기 때문에 나타나는 차이
상실효과	실험기간 중 실험대상의 중도포기 또는 탈락 때문에 나타나는 차이
회귀요인	극단적인 점수를 얻은 실험대상들이 시간이 흐름에 따라 보다 덜 극단적인 상태로 표류하게 되는 경향
성숙효과	시간의 경과에 따른 대상집단의 특성 변화
사건효과(역사요인)	실험기간 중 일어난 사건에 의한 대상집단의 특성 변화
검사요인	사전검사에 대한 친숙도가 사후측정에 미치는 영향에 따른 차이(측정요소, 시험요소)
측정수단요인	측정기준과 측정수단이 변화함에 따라 나타나는 차이(도구요인)
선발과 성숙의 상호작용	실험대상이 자원에 의해 실험집단을 이루고, 자원하지 않은 사람들이 통제집단을 구성하는 경우
처리와 상실의 상호작용	실험집단과 통제집단에 서로 다른 처리를 함으로써 양 집단의 결과가 왜곡되는 현상
누출효과	실험집단에 대한 처리가 통제집단에게 흘러들어가는 현상
모방효과	통제집단이 실험집단을 모방하여 따라 함으로써 나타나는 차이
부자연스러운 변이	실험 때문에 대상집단이 일시적으로 부자연스러운 상태로 변화되는 현상

3 외적 타당도 저해 요인

상이한 실험집단과 통제집단의 선택과 실험조작의 상호작용	무작위배정(randomization)에 의한 동등화가 이루어지지 않은 두 집단에 실험적 변수를 적용시킴으로써 발생하는 상호작용 때문에 예기치 못한 효과가 발생하게 되는데, 이를 일반화하기는 곤란함.
표본의 대표성 부족 (추출과 시도의 상호작용)	양 집단 간 동질성이 있다 하더라도, 각 집단의 구성원이 사회적인 대표성이 없다면 일반화가 곤란함.
설정과 시도의 상호작용	특정 연구에서 설정한 상황에서 찾아낸 인과관계를 다른 상황에 적용할 때 결과가 다르게 나옴.
역사와 시도의 상호작용	특정 시간대에 산출된 연구결과를 다른 시간대에 적용하는 경우 결과가 다르게 나옴.
실험조작의 반응효과(호손효과)	인위적인 특수한 실험환경에서 얻은 결과를 일반화하면 효과가 다르게 나타남.
다수적 처리에 의한 간섭	한 집단에 여러 번의 실험적 처리를 반복하여 가할 경우 실험조작에 익숙해짐으로써 영향을 받게 되는데, 그 실험결과를 일반화하여 적용하기 곤란함.
실험조작과 측정의 상호작용	사전측정(pretest)을 받아 본 적이 있는 연구대상자들에게 나온 결과를 사전측정을 받아 본 적이 없는 모집단에 일반화하여 적용하기 곤란함.

크리밍효과

OX 기출분석

01 ☐☐☐　　　　　　　　　　　　　　　　　　　22 국가 7급

내적 타당성을 위협하는 역사요인은 정책집행 기간이 상대적으로 길고 정책대상이 사람일 때 주로 나타나며 시간의 경과 때문에 발생하는 조사대상 집단의 특성변화가 정책의 효과에 혼재되어 나타나는 경우를 말한다.　　　　　　　　　　　　○ ×

> **해설**
>
> 성숙효과에 대한 설명이다.

02 ☐☐☐　　　　　　　　　　　　　　　　　　　21 국가 9급

실험집단 구성원 자신이 실험대상임을 인지하고 평소와 다른 특별한 반응을 보일 경우 외적타당성이 저해된다.　　　　　　　　　　　　　　　○ ×

> 실험집단 구성원 자신이 실험대상임을 인지하고 평소와 다른 특별한 반응을 보이는 것은 호손효과에 해당하며, 외적 타당성을 저해한다.

03 ☐☐☐　　　　　　　　　　　　　　　　　　　20 국가 9급

허위변수는 독립변수와 종속변수 모두에게 영향을 미치며 이들 사이의 공동변화를 설명하는 제3의 변수이다.　　　　　　　　　　　　　　　○ ×

> 허위변수는 독립변수와 종속변수간에 실제로는 전혀 상관관계가 없는데도 있는 것처럼 완전히 왜곡되게 나타나는 것으로 독립변수와 종속변수 모두에 영향을 주는 변수이다.

04 ☐☐☐　　　　　　　　　　　　　　　　　　　19 국가 7급

상실요인은 정책집행 기간에 대상자 일부가 이탈하여 사전 및 사후 측정값이 달라지는 것과 관련이 있다.　　　　　　　　　　　　　　　　　○ ×

> 상실요인은 실험집단과 통제집단의 구성원 일부가 이탈함으로써 발생하는 현상을 말한다.

05 ☐☐☐　　　　　　　　　　　　　　　　　　　18 경찰간부

준실험은 자연과학 실험과 같이 대상자들을 격리시켜 실험하기 때문에 호손효과(Hawthorne effect)를 강화시킨다.　　　　　　　　　　　　　○ ×

> 진실험은 자연과학 실험과 같이 대상자들을 격리시켜 실험하기 때문에 호손효과를 강화시킨다.

06 ☐☐☐　　　　　　　　　　　　　　　　　　　18 국회 8급

성숙효과는 정책으로 인하여 그 결과가 나타난 것이 아니라 그냥 가만히 두어도 시간이 지나면서 자연스럽게 변화가 일어나는 경우를 말한다.　　　○ ×

정답 01 X　02 O　03 O　04 O　05 X　06 O

핵심 기출 문제

01
2020 지방 7급

다음 사례에서 제시된 '경쟁가설'과 관련한 정책평가의 내적타당성 위협요인은?

> 정부는 OO하천의 수질오염을 방지하기 위해 주변 모든 공장에 폐수정화시설을 의무적으로 갖추도록 하는 정책을 시행했다. 1년 후 정부는 정책평가를 통해 OO하천의 오염 정도가 정책실시 이전보다 훨씬 낮게 나타났다는 결과를 발표했다. OO하천의 수질개선은 정책의 효과라는 정부의 입장에 대해, A교수는 "OO하천이 깨끗해진 것은 정책 시행기간 중 불경기가 극심하여 많은 공장들이 문을 닫았고, 정책평가를 위한 오염수준 측정 직전에 갑자기 비가 많이 왔기 때문"이라는 경쟁가설을 제기했다.

① 역사요인
② 검사요인
③ 선발요인
④ 상실요인

정밀해설

① 제시문에서는 수질오염을 방지하기 위해 폐수정화시설을 의무적으로 갖추도록 하였고, 1년 이후에 실시 이전과 비교하였다. 그런데 실시 이전과 이후 두 시점 사이에 불경기가 발생하여 많은 공장들이 문을 닫았고 측정 직전에 갑자기 비가 많이 왔다고 하였으므로 이는 역사요인에 해당한다고 볼 수 있다. 역사요인은 실험기간 중 일어난 사건에 의한 대상집단의 특성변화로 특정 프로그램처리가 집행될 즈음에 발생한 다른 어떤 외부적 사건 때문에 나타난 효과이다.
② 검사요인은 정책 및 프로그램 실시 전후 유사한 검사를 반복하는 경우에 시험에 친숙도가 높아져 측정값에 영향을 미치는 경우이다.
③ 선발요인은 실험집단과 통제집단을 구성할 때 두 집단에 서로 다른 개인들이 할당되면서 발생하는 경우이다.
④ 상실요인은 실험기간 중 실험대상의 중도포기 또는 탈락 때문에 나타나는 경우이다.

정답 : ①

02
2020 국가 9급

정책변수에 대한 설명으로 옳은 것만을 모두 고르면?

> ㄱ. 매개변수 - 독립변수의 원인인 동시에 종속변수의 원인이 되는 제3의 변수
> ㄴ. 조절변수 - 독립변수와 종속변수 간에 상호작용 효과를 나타나게 하는 제3의 변수
> ㄷ. 억제변수 - 독립변수와 종속변수 간에 상관관계가 없는데도 있는 것으로 나타나게 하는 제3의 변수
> ㄹ. 허위변수 - 독립변수와 종속변수 모두에게 영향을 미치며 이들 사이의 공동변화를 설명하는 제3의 변수

① ㄱ, ㄷ
② ㄱ, ㄹ
③ ㄴ, ㄷ
④ ㄴ, ㄹ

정밀해설

④ ㄴ, ㄹ이 옳은 내용이다.
ㄴ. [O] 조절변수는 독립변수와 종속변수 사이의 이론적 관계가 성립되는 변수로 독립변수와 종속변수 간에 상호작용 효과를 나타나게 하는 제3의 변수이다.
ㄹ. [O] 허위변수는 독립변수와 종속변수간에 실제로는 전혀 상관관계가 없는데도 있는 것처럼 완전히 왜곡되게 나타나는 것으로 독립변수와 종속변수 모두에 영향을 주는 제3의 변수이다.
ㄱ. [X] 매개변수는 독립변수와 종속변수의 사이에서 두 변수를 매개하여 독립변수의 결과인 동시에 종속변수의 원인이 되는 제3의 변수를 말한다.
ㄷ. [X] 억제변수는 독립변수와 종속변수가 서로 상관관계가 있는데도 없는 것으로 나타나게 하는 제3의 변수이다.

▶ 정책변수

독립변수	어떠한 결과(정책효과)를 가져오게 한 원인이 되는 변수
종속변수	원인변수에 의하여 나타난 변화나 효과, 즉 결과변수
허위변수	두 변수가 관계가 없음에도 불구하고 서로 관계가 있게끔 보이도록 하는 제3의 매개변수
혼란변수	두 변수 간의 관계를 과대 또는 과소평가하게 만드는 제3의 매개변수
매개변수	독립변수와 종속변수 사이를 매개하는 변수
선행변수	독립변수에 선행하여 작용함으로써 독립변수에 영향을 미치는 변수
억제변수	독립·종속변수가 실제로는 인과관계가 있는데도 관계가 없는 것으로 나타나게 하는 제3의 변수
왜곡변수	독립·종속변수 사이의 관계를 정반대의 관계로 나타나게 하는 제3의 변수

정답 : ④

03

2019 국가 7급

정책평가에서 내적 타당성에 대한 설명으로 옳지 않은 것은?

① 역사요인은 외부환경에서 발생하여 사전 및 사후 측정값이 달라지게 만드는 어떤 사건을 말한다.
② 성숙효과는 실험 대상자들이 사전측정의 내용에 대해 친숙하게 되어 사후 측정값이 달라지는 것이다.
③ 상실요인은 정책집행 기간에 대상자 일부가 이탈하여 사전 및 사후 측정값이 달라지는 것과 관련이 있다.
④ 선발요인은 실험집단 및 통제집단에 대한 무작위 배정과 사전측정을 통해 어느 정도 통제할 수 있다.

정밀해설

② 성숙효과는 시간의 경과에 따른 대상집단의 변화로 순전히 시간이 경과함에 따라 발생되는 조사대상집단의 변화와 관련된다. 한편 실험 대상자들이 사전측정의 내용에 대해 친숙하게 되어 사후 측정값이 달라지는 것은 검사요인에 대한 설명이다.
① 역사요인은 실험기간 동안에 외부에서 일어난 역사적 사건이 실험에 영향을 미치는 경우에 나타나는 현상이다.
③ 상실요인은 연구기간 중 집단으로부터 구성원의 이탈 등 두 집단간 구성상의 변화로 인해 사후측정값이 달라지는 현상이다.
④ 선발요인은 선발의 차이로 인한 오류로 집단을 구성할 때 발생하는 현상이다.

정답 : ②

04

2018 경찰간부

준실험과 진실험에 관한 다음 설명 중 옳지 않은 것으로 짝지은 것은?

가. 진실험이 준실험 보다 내적 타당성 면에서는 우수하나, 준실험이 실행가능성 면에서는 진실험 보다 우수하다.
나. 진실험설계의 주요 형태 중 하나인 단일집단 사전사후측정설계는 동일한 정책대상집단에 대한 사전측정과 사후측정을 통해 정책효과를 추정하는 방식이다.
다. 준실험에서 외적 타당도의 문제 가운데 가장 전형적인 것이 크리밍 효과(Creaming effect)이다.
라. 준실험은 자연과학 실험과 같이 대상자들을 격리시켜 실험하기 때문에 호손효과(Hawthorne effect)를 강화시킨다.

① 가, 나
② 나, 다
③ 나, 라
④ 다, 라

정밀해설

③ 나, 라가 틀린 지문이다.
나. [×] 비실험설계의 주요 형태 중 하나인 단일집단 사전사후측정설계는 동일한 정책대상집단에 대한 사전측정과 사후측정을 통해 정책효과를 추정하는 방식이다.
라. [×] 진실험은 자연과학 실험과 같이 대상자들을 격리시켜 실험하기 때문에 호손효과(Hawthorne effect)를 강화시킨다.

정답 : ③

적중 예상 문제

01 □□□

정책실험에 대한 설명으로 옳지 않은 것은?

① 진실험에서는 무작위 선발·배정을 하게 되면 동질성 확보가 안 된다.
② 비실험적 방법은 내적타당성 확보는 곤란하지만, 사용하기가 용이하다.
③ 통계적 비실험 방법은 내적타당성이 저해된다.
④ 회귀불연속 설계는 회귀불연속 상태의 크기가 실험처리의 효과를 나타낸다.

정밀해설

① 진실험에서는 동질성 확보를 위해 무작위 선발·배정한다.
② 비실험적 방법은 통제집단을 구성하지 못한 경우로서 비교집단 없이 실험집단에만 정책을 처리하여 정책효과의 존재여부를 판단하는 것으로, 내적타당성을 확보하기는 곤란하지만 사용하기가 용이하므로 일상적으로 많이 사용된다.
③ 통계적 비실험 방법은 실험적 설계 없이 통계적 분석에 의해 이루어지는 것으로, 내적타당성이 저해된다.
④ 회귀불연속 설계는 자격기준에 의한 설계로 회귀불연속 상태의 크기가 실험처리의 효과를 나타낸다.

정답 · ①

02 □□□

실험적 정책평가의 방법에 대한 설명 중 옳지 않은 것은?

① 진실험적 평가방법은 무작위 배정을 통해 실험집단과 통제집단 사이의 동질성을 확보한다.
② 준실험적 평가방법은 진실험적 평가방법에 비해 내적 타당도가 높다.
③ 준실험적 평가방법에서 외적타당도의 가장 전형적인 크리밍 효과가 나타난다.
④ 준실험적 평가방법은 복잡한 사회 요인들이 작용하는 경우에 사용된다.

정밀해설

② 준실험은 진실험에 비해 내적 타당도가 낮다.
① 진실험은 실험집단과 통제집단 간의 동질성 확보를 중요한 요인으로 구성한다.

정답 · ②

03

<보기> 중 정책평가의 내적타당성을 저해하는 요인은 모두 몇 개인가?

―――――< 보기 >―――――
ㄱ. 역사요인 ㄴ. 회귀인공요인
ㄷ. 실험조작의 반응효과 ㄹ. 처리와 상실의 상호작용
ㅁ. 측정요인 ㅂ. 선발과 성숙의 상호작용
ㅅ. 측정도구요인 ㅇ. 표본추출의 대표성 문제
ㅈ. 다수 처리의 간섭 ㅊ. 실험조작과 측정의 상호작용

① 3개 ② 4개
③ 5개 ④ 6개

정밀해설

④ ㄷ, ㅇ, ㅈ, ㅊ을 제외한 나머지 6개가 내적타당성을 저해하는 요인이다.

정답 : ④

04

다음 중 실험에서 내적타당도 확보방법에 대한 설명으로 가장 옳지 않은 것은?

① 내적타당도는 원인변수와 결과변수 사이의 인과관계 추론의 정확도이다.
② 진실험설계는 무작위 배정에 의한다.
③ 준실험설계는 축조된 통제, 재귀적 통제에 의한다.
④ 비실험설계는 회귀불연속설계에 의해 내적타당도를 확보한다.

정밀해설

④ 회귀불연속설계는 축조된 통제로, 준실험설계가 내적타당도를 확보하는 방법에 해당한다.
① 내적타당도는 원인변수와 결과변수 간의 인과관계 추론의 정확도를 의미하는 것으로 정책수단과 정책효과 사이의 인과관계를 파악할 수 있다.
② 진실험설계는 무작위 배정에 의한 동질적 통제집단설계를 통해 내적타당도를 확보한다.
③ 준실험설계는 축조된 통제와 재귀적 통제에 의해 내적타당도를 확보한다.

정답 : ④

THEME 044 정부업무평가

1 정부업무평가 기본법

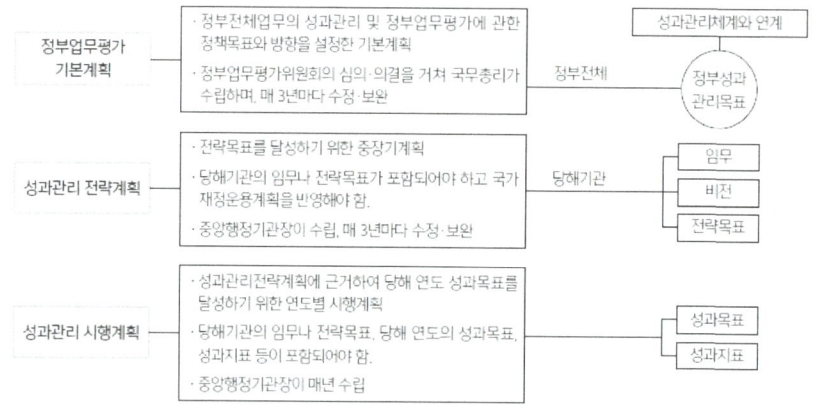

2 평가 종류

종류	주체	내용
중앙행정기관평가	중앙행정기관장	자체평가, 필요 시 재평가
지방자치단체평가	지방자치단체장	자체평가, 필요 시 평가지원(행정안전부장관)
특정평가	국무총리	국정 통합적 관리가 필요한 정책평가
공공기관평가	기획재정부장관	외부평가

※ 주요정책과제 부문 - 국무총리실 / 재정성과부문 - 기획재정부 / 기관역량부문 - 행정안전부

3 평가결과의 활용

① 평가결과를 전자통합평가체계 및 인터넷 홈페이지 등을 통하여 공개
② 평가결과의 보고

 사회지표

지표	개념	특징
10분위배율	$\dfrac{\text{하위 40\% 소득}}{\text{상위 20\% 소득}}$	0~2, 높을수록 평등
로렌츠곡선	가로축에 소득인원수의 누적 백분비율, 세로축에 소득금액의 누적 백분비율을 나타내어 얻어지는 곡선	45°직선 = 완전평등선(균등분포선) 대각선에서 멀어질수록 불평등
지니계수	대각선(균등분포선)아래의 면적(삼각형)에 대하여 대각선과 로렌츠 곡선 사이의 면적이 차지하는 비율	0~1, 낮을수록 평등
앳킨슨지수	평균소득과 균등분배대등소득을 이용하여 소득분배불평등도를 측정 $A = 1 - \left[\dfrac{Y^e}{\overline{Y}}\right]$ (Ye: 균등분배대등소득, $\overline{Y}$: 사회전체평균소득)	0~1, 낮을수록 평등

OX 기출분석

01 ☐☐☐   22 국가 9급

「정부업무평가 기본법」상 특정평가는 국무총리가 중앙행정기관과 공공기관을 대상으로 국정을 통합적으로 관리하기 위한 목적을 갖는다.   O X

> **해설**
> 특정평가는 국무총리가 중앙행정기관을 대상으로 국정을 통합적으로 관리하기 위하여 필요한 정책 등을 평가하는 것을 의미한다.

02 ☐☐☐   22 경간부

정부업무평가의 실시와 평가기반의 구축을 체계적·효율적으로 추진하기 위하여 대통령 소속 하에 정부업무평가위원회를 둔다.   O X

> 정부업무평가의 실시와 평가기반의 구축을 체계적·효율적으로 추진하기 위하여 국무총리 소속 하에 정부업무평가위원회를 둔다.

03 ☐☐☐   20 국회 8급

「정부업무평가 기본법」상 행정안전부장관은 평가제도의 운영실태를 확인·점검하고, 그 결과에 따라 제도 개선방안의 강구 등 필요한 조치를 할 수 있다.   O X

> 「정부업무평가 기본법」상 평가제도의 운영실태를 확인·점검하고, 그 결과에 따라 제도 개선방안의 강구 등 필요한 조치를 할 수 있는 주체는 국무총리이다.

04 ☐☐☐   19 국가 9급

정부업무평가위원회는 위원장 1인과 14인 이내의 위원으로 구성한다.   O X

> 정부업무평가위원회는 위원장 2인을 포함한 15인 이내의 위원으로 구성한다.

05 ☐☐☐   18 지방 9급

「정부업무평가 기본법」상 국무총리는 중앙행정기관의 자체평가 결과에 대해 필요시 정부업무평가위원회의 심의·의결을 거쳐 재평가를 할 수 있다.   O X

06 ☐☐☐   17 국가 9급(수정)

「정부업무평가 기본법」에 따르면 행정안전부장관은 지방자치단체합동평가위원회의 당연직 위원장이다.   O X

> 지방자치단체합동평가위원회의 위원장은 민간위원 중에서 행정안전부장관이 지명한다.

07 ☐☐☐   16 서울 9급

정부업무평가 중 특정평가는 국무총리가 중앙행정기관을 대상으로 정책을 평가하는 것을 의미한다.   O X

08 ☐☐☐   15 사복 9급

「정부업무평가 기본법」상 공공기관의 경우 기관의 특수성과 전문성을 고려하고 평가의 객관성 및 공정성을 확보하기 위하여 공공기관 외부의 기관이 평가하여야 한다.   O X

정답 01 X 02 X 03 X 04 X 05 O 06 X 07 O 08 O

핵심 기출 문제

01 □□□ 2019 국가 9급

「정부업무평가 기본법」상 정책평가제도에 대한 설명으로 옳지 않은 것은?

① 지방자치단체의 장은 정부업무평가시행계획에 기초하여 자체평가계획을 매년 수립하여야 한다.
② 국무총리는 2 이상의 중앙행정기관 관련 시책, 주요 현안시책, 혁신관리 및 대통령령이 정하는 대상부문에 대하여 특정평가를 실시하고, 그 결과를 공개하여야 한다.
③ 중앙행정기관 또는 지방자치단체의 소속기관이 행하는 정책은 정부업무평가의 대상에 포함된다.
④ 정부업무평가위원회는 위원장 1인과 14인 이내의 위원으로 구성한다.

정밀해설

④ 정부업무평가위원회는 위원장 2인을 포함한 15인 이내의 위원으로 구성한다.
① 지방자치단체의 자체평가를 위해 지자체장은 자체평가조직 및 자체평가위원회를 구성·운영하여야 하며 정부업무평가시행계획에 기초하여 성과를 높일 수 있도록 자체평가계획을 매년 수립하여야 한다.
② 정부업무평가 중 특정평가에 대한 설명으로 국무총리가 중앙행정기관을 대상으로 하는 평가에 해당한다.
③ 중앙행정기관, 지방자치단체, 중앙행정기관 또는 지방자치단체의 소속기관 및 공공기관에서 행하는 정책은 정부업무평가의 대상이다.

▶ 정부업무평가의 종류

중앙행정기관 평가	자체평가, 필요시 재평가(국무총리)
지방자치단체 평가	자체평가, 필요시 평가지원(행정안전부장관)
특정평가	국정의 통합적 관리가 필요한 정책평가(국무총리)
공공평가	외부평가(자체평가 불인정)

정답: ④

02 □□□ 2017 지방 9급(추)

「정부업무평가 기본법」상 정부업무평가제도에 대한 설명으로 옳은 것은?

① 정부업무평가의 평가대상기관에 지방자치단체의 소속기관은 포함되지 않는다.
② 자체평가는 국무총리가 중앙행정기관을 대상으로 국정을 통합적으로 관리하기 위하여 필요한 정책 등을 평가하는 것이다.
③ 정부업무평가의 실시와 평가기반의 구축을 체계적·효율적으로 추진하기 위하여 국무총리 소속하에 정부업무평가위원회를 둔다.
④ 특정평가는 중앙행정기관 또는 지방자치단체가 소관 정책 등을 스스로 평가하는 것이다.

정밀해설

③ 정부업무평가위원회는 국무총리 소속으로 정부업무평가의 실시와 평가기반의 구축을 체계적·효율적으로 추진하기 위하여 둔다.

정부업무평가 기본법 제9조(정부업무평가위원회의 설치 및 임무) ① 정부업무평가의 실시와 평가기반의 구축을 체계적·효율적으로 추진하기 위하여 국무총리 소속하에 정부업무평가위원회를 둔다.

① 정부업무평가의 평가대상기관에는 지방자치단체의 소속기관도 포함된다.

통법 제18조(지방자치단체의 자체평가) ① 지방자치단체의 장은 그 소속기관의 정책등을 포함하여 자체평가를 실시하여야 한다.

② 특정평가는 국무총리가 중앙행정기관을 대상으로 국정을 통합적으로 관리하기 위하여 필요한 정책 등을 평가하는 것이다.
④ 자체평가는 중앙행정기관 또는 지방자치단체가 소관 정책 등을 스스로 평가하는 것이다.

정답: ③

적중 예상 문제

01 ☐☐☐

현행 정부업무평가제도에 대한 설명으로 옳지 않은 것을 모두 고른 것은?

> ㄱ. 국무총리는 정부업무평가기본계획을 수립하고 최소한 5년마다 이를 수정·보완해야 한다.
> ㄴ. 중앙행정기관의 장은 성과관리전략계획을 수립하고 최소한 3년마다 이를 수정·보완해야 한다.
> ㄷ. 중앙행정기관의 장은 성과관리전략계획에 기초하여 당해 연도의 성과목표를 달성하기 위한 연도별 시행계획을 수립·시행하여야 한다.
> ㄹ. 특정평가란 행정안전부장관이 지방행정기관을 대상으로 국정을 통합적으로 관리하기 위하여 필요한 정책 등을 평가하는 것을 말한다.

① ㄱ, ㄴ
② ㄱ, ㄹ
③ ㄴ, ㄷ
④ ㄷ, ㄹ

정밀해설

② ㄱ, ㄹ이 옳지 않은 설명이다.
ㄱ. [×] 국무총리는 정부업무평가기본계획을 수립하고 최소한 3년마다 이를 수정·보완하여야 한다.
ㄹ. [×] 특정평가란 국무총리가 지방행정기관을 대상으로 국정을 통합적으로 관리하기 위하여 필요한 정책 등을 평가하는 것을 말한다.
ㄴ. [○] 중앙행정기관의 장은 성과관리전략계획을 수립하고 최소한 3년마다 이를 수정·보완하여야 한다.
ㄷ. [○] 중앙행정기관의 장은 성과관리전략계획에 기초하여 연도별 시행계획을 시행·수립하여야 한다.

정답 : ②

02 ☐☐☐

「정부업무평가 기본법」상 정부업무평가에 대한 설명으로 옳은 것은?

① 평가결과에 대해 비공개를 원칙으로 한다.
② 객관성·신뢰성 등으로 다시 평가할 필요가 있는 경우 국무총리는 재평가를 실시한다.
③ 지방자치단체의 소속기관은 평가대상이 아니다.
④ 중앙행정기관의 장은 정부업무평가기본계획을 3년마다 수정·보완한다.

정밀해설

② 국무총리는 평가의 객관성·신뢰성에 문제가 있어 다시 평가가 필요하다고 판단되는 경우 재평가를 실시할 수 있다.
① 평가를 실시하는 기관의 장은 평가결과를 전자통합평가체계 및 인터넷 홈페이지 등을 통하여 공개하여야 한다.

동법 제17조(자체평가결과에 대한 재평가) 국무총리는 중앙행정기관의 자체평가결과를 확인·점검 후 평가의 객관성·신뢰성에 문제가 있어 다시 평가할 필요가 있다고 판단되는 때에는 위원회의 심의·의결을 거쳐 재평가를 실시할 수 있다.

③ 중앙행정기관 또는 지방자치단체의 소속기관도 평가대상에 해당한다.
④ 정부업무평가기본계획은 정부업무평가위원회의 심의·의결을 거쳐 국무총리가 수립하며, 3년마다 수정·보완 등의 조치를 하여야 한다.

동법 제8조(정부업무평가기본계획의 수립) ① 국무총리는 위원회의 심의·의결을 거쳐 정부업무의 성과관리 및 정부업무평가에 관한 정책목표와 방향을 설정한 정부업무평가기본계획(이하 "정부업무평가기본계획"이라 한다)을 수립하여야 한다.
② 국무총리는 정부업무평가기본계획에 다음 각 호의 사항을 포함하여야 하고 최소한 3년마다 그 계획의 타당성을 검토하여 수정·보완 등의 조치를 하여야 한다.

정답 : ②

THEME 045 기획론

1 기획의 논쟁

① 반대론(Hayek 등)
  ㉠ 하이예크(Hayek)의 저서 『노예에로의 길(The Road to Serfdom)』(1944)
  ㉡ 하이예크(Hayek)는 '국가기획과 개인의 자유는 양립이 불가능하다'고 주장
② 찬성론(H. Finer, K. Mannheim, Waterstone, Hansen 등)
  ㉠ Finer의 저서 『반동에로의 길(The Road to Reaction)』
  ㉡ 자유와 국민의 권리를 보장하는 '민주적 기획'

2 기획의 종류(Ackoff)

기획의 정향	특징	종류	관심 영역
무위주의(inactivism)	현상유지주의(보수성)	조작적 기획	수단의 선택(작위의 오류 회피)
반동주의(reactivism)	복고주의(극단적 보수성)	전술적 기획	수단과 단기목표의 선택
선도주의(preactivism)	미래주의(최적화 추구)	전략적 기획	수단과 장·단기 목표의 선택(부작위의 오류 회피)
능동주의(proactivism)	이상주의(이상화 추구)	규범적 기획	수단과 장·단기 목표, 이상의 선택(모든 오류 회피)

Mani DB Hudson의 분류(SITAR)

총괄적(Synoptic) 기획	합리적·종합적 접근, 개발도상국
점진적(Incremental) 기획	계속적 조정·적응 추구, 선진국
교류적(Transactive) 기획	대면접촉, 존엄성·효능감 중시
창도적(Advocacy) 기획	사회적 약자보호, 법적 피해구제절차 중시
급진적(Radical) 기획	자발적 실행주의 사조에 기초

3 기획의 원칙

① 단순성의 원칙: 기획은 간결하여야 하며 난해하거나 전문적인 용어는 피함.
② 목적성의 원칙: 비능률과 낭비를 피하기 위하여 명확하고 구체적인 목적이 제시되어야 함.
③ 표준화의 원칙: 서비스 및 작업방법 등의 표준화를 통하여 계획수립과 집행을 용이하게 하여야 함.
④ 신축성(탄력성)의 원칙: 유동적이고 불확실한 행정상황에 신속히 대응할 수 있어야 함.
⑤ 안정성의 원칙: 불필요한 수정과 잦은 변경을 피하고 일관성과 안정성이 있어야 함.
⑥ 계속성(계층화·단계성)의 원칙: 상위·중위·하위 계획은 연계성과 계속성을 가져야 함.
⑦ 장래예측성의 원칙: 미래를 가능한 한 정확히 예측할 수 있어야 함.
⑧ 경제성의 원칙: 비용을 절감하고 투입 대비 산출이 크도록 하여야 함.

OX 기출분석

해설

01 ☐☐☐ 14 지방 9급
하이에크의 『노예에로의 길』은 성과에 의한 관리, 미국의 '위대한 사회 정책', 오스본과 게블러의 『정부재창조길』 등의 이론적 근거로 작용하였다. O X

하이에크는 『노예에로의 길』에서 신자유주의적 정부관을 피력하였다. 한편 위대한 사회정책은 큰 정부·복지국가의 이념에 부합한다.

02 ☐☐☐ 12 서울 9급
파이너는 기획이 시장의 질서를 교란시키고 국민의 자유권을 침해하며 자유민주주의에 위배된다고 주장하였다. O X

지문은 하이에크의 주장이다. 파이너는 오히려 기획의 중요성을 역설한 학자이다.

03 ☐☐☐ 11 군무원
기획의 과정은 상황분석, 기획전제의 설정, 목표설정, 대안의 탐색 및 평가, 최적안의 선택 순으로 이루어진다. O X

기획은 '목표설정 → 상황분석 → 기획전제의 설정 → 대안의 탐색 및 평가 → 최적안의 선택' 순으로 이루어진다.

04 ☐☐☐ 08 서울 7급
정책변동을 촉발할 수 있는 요인으로는 정부 관료제의 변화, 위기와 재난, 참여집단의 역학관계 변화, 정책오류, 매몰비용 고려 등이 있다. O X

매몰비용은 정책변동의 장애요인에 해당한다.

05 ☐☐☐ 04 국회 8급
허드슨의 급진기획은 자발적 실행주의 사조에 기초한 단기성과를 강조한다. O X

단기성과를 강조하는 것은 급진기획의 주된 특징이다.

06 ☐☐☐ 04 국회 8급
허드슨이 분류한 다섯 가지 기획 중 창도적 기획은 법적 피해구제절차를 중시한다. O X

창도적 기획은 강자에 대한 약자 보호를 목적으로 하는 기획으로서 법적 피해구제절차를 중시한다.

07 ☐☐☐ 04 서울 9급
구체적이고 집권적 기획은 구성원의 판단과 창의성을 보장할 수 있다. O X

구체적·집권적 기획은 구성원의 행동반경을 좁혀 창의성을 오히려 제약할 수 있다.

08 ☐☐☐ 04 대전 9급
기획의 원칙 중 비능률과 낭비를 피하고 효과성을 높이려는 원칙은 표준화 원칙이다. O X

표준화 때문에 비능률과 낭비가 초래될 가능성이 높기 때문에 표준화 원칙이 아니라 목적성의 원칙에 해당한다.

정답 01 X 02 X 03 X 04 X 05 O 06 O 07 X 08 X

핵심 기출 문제

01
2022 군무원

전략기획(strategic planning)에 대한 설명으로 가장 옳지 않은 것은?

① 불확실한 미래에 체계적이고 능동적으로 대응하기 위한 전략을 만드는 과정이다.
② 상대적으로 정치 및 경제 등이 불안정한 환경 속에서 유용성이 높다.
③ 정책결정에 비해 외부환경에 개방되지 않고 전문가의 역할이 강조되는 편이다.
④ 환경에 대한 체계적인 분석과 조직진단을 통해 실현가능한 설계에 초점을 맞춘다.

정밀해설
② 전략기획은 안정적인 정치와 경제등의 환경에서 유용성이 높다.
① 전략기획은 미래를 향한 기획이다.
③ 전략기획은 미래 기획이므로 전문가의 역할이 강조되고, 정책결정에 비해 개방성이 낮다.

정답 : ②

02
2015 해경간부

다음 중 제시된 <보기>에서 설명하고 있는 것은?

< 보 기 >
가. 점증주의 전략에 입각하여 계획적 이상과 현실을 조화시키려는 것이다.
나. 일종의 계속적인 계획으로서 장기계획과 단기계획을 결합시키는데 이점이 있다.
다. 방대한 인적자원과 물적자원이 요구된다.
라. 계획 집행상의 신축성을 유지하기 위해 매년 계획 내용을 수정·보완하여 계획기간을 계속적으로 1년씩 늦추어 가면서 동일한 연한의 계획기간을 가진다.
마. 목표를 명확하게 부각시키기가 어려워 선거공약으로는 적합하지 않다.

① 정책기획(Policy Planning)
② 연동계획(Rolling Plan)
③ 고정계획(Fixed Plan)
④ 운영기획(Program Planning)

정밀해설
② 보기는 연동계획에 대한 설명이다. 연동계획은 장기 또는 중기계획을 집행하는 동안 수정·보완해 나가면서 계획기간을 지속적으로 유지해 나가는 기획으로, 장기계획과 단기계획을 통합하는데 유리하다.
③ 고정계획은 계획의 조건과 적용이 안정화된 계획이다.
④ 운영계획은 실무적 운영을 위한 계획이다.

정답 : ②

적중 예상 문제

01 □□□

정부조직에서 발생하는 기획 과정상의 제약요인에 대한 설명으로 옳지 않은 것은?

① 국가기획의 구체적이고 집권적인 기획은 공무원의 창의성과 아이디어를 확보할 수 있다.
② 기획목표를 설정할 때 담당자 혹은 집단 간의 갈등으로 인하여 목표의 일치를 확보하기 어렵다.
③ 기획과정에서 유동적이고 가변적인 미래를 예측하기 어렵고, 특히 행정부분에 있어서 각종 정보나 자료의 부족은 기획을 어렵게 한다.
④ '악화가 양화를 구축한다.'는 그레샴의 법칙(Gresham's law)이 기획에도 나타날 수 있다.

정밀해설

① 기획은 강제력과 구속성을 특징으로 하므로 구성원의 자율과 창의력을 저해한다는 한계를 안고 있다. 특히 민주적이고 분권적이지 않은 구체적이고 집권적인 기획은 더욱 그렇다.
②, ③, ④ 기획 과정상의 제약요건에 해당된다.

정답 : ①

02 □□□

Ackoff의 기획의 정향과 종류에 대한 설명으로 옳지 않은 것은?

① 무위주의는 현상유지적이며 조작적 기획을 한다.
② 반동주의는 전술적 기획을 통해 수단과 단기목표의 선택에 관심을 갖는다.
③ 선도주의는 전략적 기획을 추구한다.
④ 능동주의는 이상적·규범적 기획보다는 현실적합한 기획정향을 나타낸다.

정밀해설

④ 능동주의는 현실적합한 기획보다 이상적·규범적 기획정향을 나타낸다.
① 무위주의는 조작적 기획과 관련되며 현상유지적이고 보수적인 특징을 갖는다.
② 반동주의는 전술적 기획과 관련되며 수단과 단기목표의 선택에 관심을 가지며 극단적인 보수성을 특징으로 한다.
③ 선도주의는 전략적 기획과 관련되며 최적화를 추구하고 수단과 장·단기 목표의 선택에 관심을 갖는다.

정답 : ④

해커스공무원 마니행정학 핵심테마 SWOT 119

PART 03
조직론

해커스공무원 학원·인강 gosi.Hackers.com

단원별 핵심 MAP

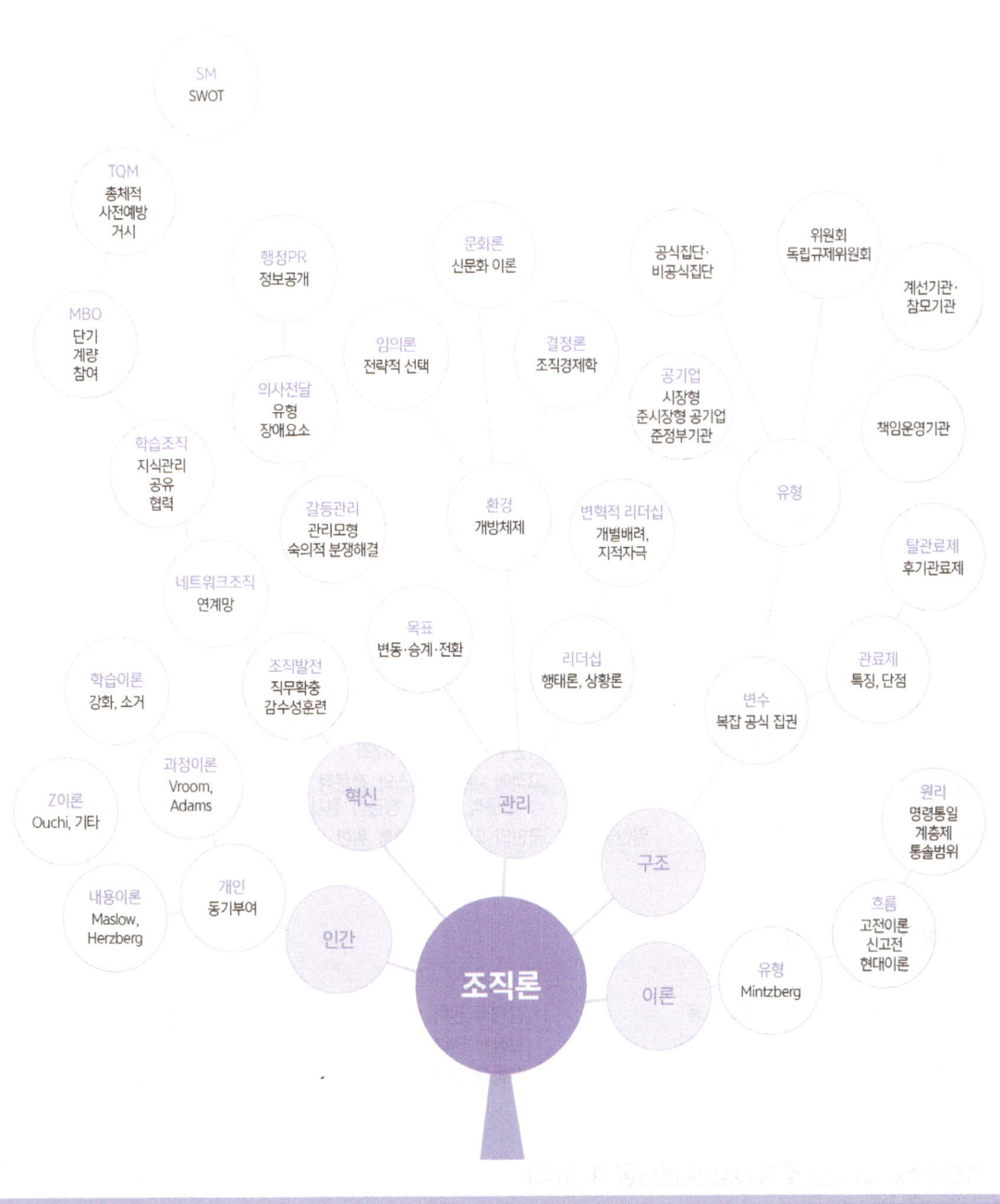

THEME 046 조직의 의의 및 조직분류

1 조직이론 분류(Waldo)

구분	고전적 이론	신고전적 이론	현대적 이론
관련이론	과학적 관리론 등	인간관계론·행태론	체제론 이후
인간관	합리적·경제적 인간	사회적 인간	복잡한 인간
가치	기계적 능률성	사회적 능률성	다원적 목표·가치·이념
주요연구대상	공식적 구조(관료제·계층제)	비공식적 구조	동태적·유기체적 구조
주요변수	구조	인간	환경
환경과의 관계	폐쇄적(조직·환경)	대체로 폐쇄적	개방적
연구방법	원리접근(형식적 과학성)	경험적 접근(경험적 과학성)	복합적 접근(경험과학, 관련과학 등)

2 Mintzberg의 조직유형

구분	환경	조정기제	조직규모	권력	분업화(전문화)	공식화
단순구조	단순, 동적	직접감독	소규모	최고관리자에 집중	낮음	낮음
기계적 관료제	단순, 안정	과정의 표준화	대규모	조직적 분화	높음	높음
전문적 관료제	복잡, 안정	기술의 표준화	중·소규모	수평적	높음	낮음
사업부제	단순, 안정	산출의 표준화	대규모 조직 내 중·소규모	하부단위, 준자율적	중간	높음
애드호크라시	복잡, 급변	상호조정	소규모	수평적	높음	낮음

3 Blau와 Scott의 조직유형

구분	예	수혜자	특징
호혜(상호)조직	정당, 노조	구성원	구성원의 참여와 통제에 의한 민주적 절차 중요 ⇨ 집권화(과두제의 철칙)할 가능성이 큼
기업(사익)조직	민간기업체, 은행	소유주	이윤추구, 능률의 극대화
봉사조직	병원, 학교	고객	고객에 대한 서비스와 전문적 봉사 ⇨ 전문적 봉사와 행정적 절차 사이 갈등이 심함
공익조직	행정기관, 경찰	일반국민	국민의 외재적 통제를 위한 민주적 장치

4 Etzioni의 조직유형

구분	예	권력	조직구성원 관여(복종)
강제적(강압적) 조직	교도소 등	강제적 권력	소외적(굴종적) 관여
공리적 조직	사기업체 등	보상적 권력	타산적·계산적 관여
규범적 조직	종교 등	규범적 권력	도의적·도덕적 관여

5 콕스(Cox, Jr.)의 조직유형론(문화론적 시각)

획일적 조직, 다원적 조직, 다문화적 조직

OX 기출분석

01 ☐☐☐   22 경간부
사업구조를 가진 조직은 제품별·산출물별로 구성된 자기완결적 사업부서를 가지며, 이들 사이의 업무조정은 매우 쉽다.   O X

해설: 사업부서 간의 업무조정은 매우 곤란하지만, 사업부서 내의 조정은 용이하다.

02 ☐☐☐   22 국가 7급
신고전적 조직이론은 조직 내 사회적 능률을 강조하고, 조직의 비공식적 구조나 요인에 초점을 둔다.   O X

해설: 신고전적 조직이론의 대표로 인간관계론이 있다.

03 ☐☐☐   21 경찰간부
민츠버그(H. Mintzberg)가 제시한 조직구조에서 전략부문(strategic apex)은 조직에 관한 전반적 책임을 지는 부분이다.   O X

해설: 전략부문은 조직에 관한 전반적 책임을 지는 부문으로, 단순구조의 핵심 구성부문이다.

04 ☐☐☐   20 국회 9급
민츠버그(Mintzberg)가 제시한 조직(구조)을 구성하는 기본 부문들 중 핵심운영부문(operating core)은 조직을 가장 포괄적인 관점에서 관리한다.   O X

해설: 민츠버그(Mintzberg)가 제시한 조직(구조)을 구성하는 기본 부문들 중 조직을 가장 포괄적인 관점에서 관리하는 것은 전략부문이다.

05 ☐☐☐   19 서울 7급
블라우(Blau)와 스콧(Scott)은 기능을 중심으로 조직의 유형을 분류하였다.   O X

해설: 블라우와 스콧은 조직의 수혜자를 중심으로 조직의 유형을 분류하였다. 한편 기능을 중심으로 조직을 분류한 학자는 파슨스이다.

06 ☐☐☐   19 서울 7급(2월)
민츠버그의 조직성장 경로모형 중 전략 부문은 조직을 가장 포괄적인 관점에서 관리하는 최고관리층이 있는 곳으로 조직의 전략을 형성한다.   O X

해설: 전략부문은 최고관리층이 있는 곳으로 조직의 전략을 형성하는 부문이다.

07 ☐☐☐   17 국회 9급
할거적 양태(사업부제)의 주된 조정 방법으로는 산출의 표준화가 있다.   O X

08 ☐☐☐   16 경정승진
블라우(P. Blau)와 스코트(W. Scott)의 조직유형 중 호혜조직은 국민에 의한 외재적 통제가 가능하도록 민주적 장치를 발전시키는 것이 중요하다.   O X

해설: 공익조직은 국민에 의한 외재적 통제가 가능하도록 민주적 장치를 발전시키는 것이 중요하다.

정답 01 X   02 O   03 O   04 X   05 X   06 O   07 O   08 X

THEME 046 조직의 의의 및 조직분류

핵심 기출 문제

01
2020 국회 9급

민츠버그(Mintzberg)가 제시한 조직(구조)을 구성하는 기본 부문들에 대한 설명으로 옳지 않은 것은?

① 전략부문(strategic apex)은 최고관리층이 있는 곳이다.
② 핵심운영부문(operating core)은 조직의 제품이나 서비스를 생산해 내는 기본적인 일들이 발생하는 곳이다.
③ 중간부문(middle line)은 핵심운영부문과 전략부문을 연결하는 기능을 한다.
④ 핵심운영부문(operating core)은 조직을 가장 포괄적인 관점에서 관리한다.
⑤ 기술구조부문(technostructure)은 업무의 표준화를 추구한다.

정밀해설

④ 조직을 가장 포괄적인 관점에서 관리하는 것은 전략부문이다.
① 전략부문(최고관리층)은 조직에 관한 전반적 책임을 지는 부문으로 최고관리층을 말한다.
② 핵심운영부문(작업계층)은 생산 업무에 직접 종사하는 작업 부문으로 조직에서 서비스가 제공되거나 제품의 공급이 이뤄지는 곳이다.
③ 중간부문은 최고관리층과 핵심운영 부문을 연계시켜주는 부문으로 계선에 위치한 중간 관리층으로 구성된다.
⑤ 기술구조부문은 조직 내 업무 처리 과정과 산출물의 표준화를 담당한다.

정답 : ④

02
2017 해경간부

민츠버그가 분류한 다섯 가지 조직유형에 대한 설명으로 가장 옳지 않은 것은?

① 사업부제구조는 중간관리층을 핵심 부문으로 하는 대규모 조직에서 나타나는데 관리자간 영업 영역의 마찰이 일어날 수 있다.
② 단순구조는 집권화되고 유기적인 조직구조로 단순하고 동태적인 환경에서 주로 발견된다.
③ 전문적 관료제 구조는 전문성 확보에 유리한 반면, 수직적 집권화에 따른 환경변화에 영합하는 속도가 빠르다는 문제가 있다.
④ 애드호크라시는 창의성을 바탕으로 불확실한 업무에 적합하나 책임소재가 불분명하여 갈등과 혼동을 유발할 수 있다.

정밀해설

③ 전문적 관료제 구조는 전문성 확보에 유리하며 기술적 표준화에 따른 환경변화에 영합하는 속도가 느리다는 문제가 있지만, 수평적·수직적 분권화를 추진한다.
① 사업부제구조는 조직 내 중간관리층을 핵심 부문으로 하는 대규모 조직에서 나타나지만, 관리자 간 영역과 권한의 마찰이 발생한다.
② 단순구조는 분화와 공식화 수준이 낮아 집권화되는 유기적 구조이며, 신생조직이나 소규모 조직에서 주로 나타난다.
④ 애드호크라시는 가장 복잡하고 융통성이 큰 구조를 지는 조직이며 창의적 업무 수행에 적합하지만, 모호한 업무규정으로 책임혼란이 발생한다.

▶ Mitzberg의 조직유형 정리

구분	환경	조직 규모	권력	조정 기제
단순 구조	단순, 동적	소규모	최고 관리자에 집중	직접 감독
기계적 관료제	단순, 안정	대규모	조직적 분화	과정의 표준화
전문적 관료제	복잡, 안정	중·소규모	수평적	기술의 표준화
사업 부제	단순, 안정	대규모 조직 내 중·소규모	하부 단위, 준자율적	산출의 표준화
애드호 크라시	복잡, 급변	소규모	수평적	상호조정

정답 : ③

03

2014 국가 9급

조직이론에 대한 설명 중 옳지 않은 것은?

① 고전적 조직이론에서는 조직 내부의 효율성과 합리성이 중요한 논의 대상이었다.
② 신고전적 조직이론은 인간에 대한 관심을 불러 일으켰고 조직행태론 연구의 출발점이 되었다.
③ 신고전적 조직이론은 인간의 조직 내 사회적 관계와 더불어 조직과 환경의 관계를 중점적으로 다루었다.
④ 현대적 조직이론은 동태적이고 유기체적인 조직을 상정하며 조직발전(OD)을 중시해 왔다.

정밀해설

③ 신고전적 조직이론은 인간의 조직 내 사회적 관계는 관심이 높았으나, 조직과 환경의 관계를 중점적으로 다루지는 못하는 폐쇄체제이론이다.
① 고전적 조직이론에서는 기계적 효율성과 합리성 등 경제적 목표가 중요한 논의 대상이었다.
② 신고전적 조직이론은 인간을 중점적으로 연구하였고 이러한 관심은 행태론의 성립에 영향을 주었다.
④ 현대적 조직이론은 개방체제적·동태적이고 유기체적인 특성을 지니며 민주적·참여적 관리를 통해 구성원의 자아실현 등을 중시하였다.

정답 : ③

04

2014 국회 8급

조직유형에 대한 다음 <보기>의 설명 중 옳은 것은 모두 몇 개인가?

< 보기 >

ㄱ. 민츠버그(Mintzberg)의 전문적 관료제는 낮은 공식화와 집권을 특성으로 가진다.
ㄴ. 콕스(Cox.Jr)의 다문화적 조직은 다른 문화적 입장을 가진 사람들을 포용하지만 집단간 갈등수준은 상당히 높다.
ㄷ. 애드호크라시는 복잡성, 공식성, 집권성이 낮은 조직구조형태를 띠고 있다.
ㄹ. 정보화사회에서는 삼엽조직이나 공동화조직이 확대되고 기획 및 조정기능의 위임과 위탁을 통해 업무가 간소화되기도 한다.
ㅁ. 사업구조는 부서내 기능간 조정은 용이하나 부서간 조정이 곤란하여 사업영역간 갈등이 발생한다.

① 1개　　② 2개　　③ 3개
④ 4개　　⑤ 5개

정밀해설

② ㄷ, ㅁ이 옳은 설명이다.
ㄷ. [O] 애드호크라시는 복잡성, 공식성, 집권성이 모두 낮은 조직구조형태이다.
ㅁ. [O] 사업구조는 부서내 기능간 조정은 용이하나 부서간 조정은 곤란하여 사업영역 간의 갈등이 발생한다.
ㄱ. [X] 민츠버그(Mintzberg)의 전문적 관료제는 낮은 공식화와 수직적·수평적 분권을 특성으로 한다.
ㄴ. [X] 콕스(Cox.Jr)의 다문화적 조직은 다른 문화적 입장을 가진 사람들을 포용하지만 집단간 갈등수준은 상당히 낮다.
ㄹ. [X] 정보화 사회에서는 삼엽조직이나 공동화조직이 확대되고 이에 따라 기획 및 조정 기능을 제외한 부수적인 기능의 위임과 위탁을 통해 업무가 간소화되기도 한다.

정답 : ②

적중 예상 문제

01 ☐☐☐

고전적 조직이론들이 갖고 있는 특징에 대한 설명으로 가장 적절하지 않은 것은?

① 조직은 생산과 관련된 경제적 목표를 달성하기 위하여 존재한다.
② 조직의 구성원들은 동기부여의 외재적 요인을 중시하지 않는다.
③ 전문화와 분업을 통하여 조직의 효과적 운영과 능률의 극대화를 추구한다.
④ 조직이 합법적 규칙과 권위에 기초할 때 개인의 오류 제거가 가능하다고 가정한다.

정밀해설

② 고전적 조직이론은 X이론적 관점에서 자기이익을 극대화하는 합리적·경제적 인간관을 가정하였기 때문에 경제적·물질적 보상과 같은 동기부여의 외재적 요인만을 중시하였다.

정답 : ②

02 ☐☐☐

다음 중 모건(Morgan)의 조직모형에 대한 설명으로 옳지 않은 것은?

① 유기체로서의 조직은 상황적합이론이다.
② 두뇌로서의 조직은 학습조직이다.
③ 심리적 감옥으로서의 조직은 경쟁과 갈등의 장이다.
④ 지배로서의 조직은 피지배층을 조정하고 착취한다.

정밀해설

③ 정치적 존재로서의 조직은 경쟁과 갈등의 장이다.
① 유기체로서의 조직으로는 인간관계론, 상황적합이론 등이 있다.
② 두뇌로서의 조직으로는 정보처리체제, 학습조직 등이 있다.
④ 지배로서의 조직은 지배계층이 자신의 이익을 위해 피지배층을 조종하고 착취한다.

정답 :

03

Blau와 Scott의 조직 유형에 관한 설명 중 가장 옳은 것은?

① 호혜적 조직으로는 기업, 이익단체 등이 있다.
② 봉사조직은 참여에 의한 민주적 절차를 중시한다.
③ 기업조직은 구성원의 이익 제고가 가장 중요하다.
④ 공익조직은 국민의 외재적 통제를 위한 민주적 장치가 가장 중요하다.

정밀해설

④ 공익조직(공공복리조직)은 일반행정기관, 군, 경찰서 등이며 국민의 외재적 통제를 위한 민주적 장치가 가장 중요하다.

▶ Blau와 Scott의 조직유형

구분	예	수혜자	특징
호혜 (상호) 조직	정당, 노조	구성원	구성원의 참여와 통제에 의한 민주적 절차 중요 ⇨ 집권화(과두제의 철칙)할 가능성이 큼
기업 (사익) 조직	민간기업체, 은행	소유주	이윤추구, 능률의 극대화
봉사 조직	병원, 학교	고객	고객에 대한 서비스와 전문적 봉사 ⇨ 전문적 봉사와 행정적 절차 사이 갈등이 심함
공익 조직	행정기관, 경찰	일반국민	국민의 외재적 통제를 위한 민주적 장치

정답 : ④

04

민츠버그(H. Mintzberg)의 조직유형론에 대한 설명으로 옳지 않은 것은?

① 단순구조(simple structure)는 최고관리자에 의한 직접적 감독이 이루어지는 집권화되고 공식화 수준이 낮은 조직에 적용된다.
② 기계적 관료제(machine bureaucracy)는 단순하고 안정적인 환경에 적절한 조직형태로서, 주된 조정방법은 작업과정의 표준화이다.
③ 전문적 관료제(professional bureaucracy)는 수평·수직적으로 분권화된 조직형태로서, 전문가의 권위에 의한 조정이 이루어진다.
④ 사업부제조직(divisionalized form)은 산출물의 표준화를 통해 조정이 이루어지지만 기능의 중첩으로 인해 낭비가 발생한다.

정밀해설

③ 전문적 관료제는 기술의 표준화에 의한 조정이 이루어진다. 한편 전문가의 권위에 의한 조정은 애드호크라시의 특징이다.
① 단순구조는 직접 지시 감독에 의한 조정이 일어나 신속한 적응이 가능하다.
② 대규모 관료제로서 작업과정을 표준화한다.
④ 사업부제는 자기 완결적 조직의 특징이지만, 중복과 낭비가 발생한다.

정답 : ③

THEME 047 동기부여(내용이론)

1 내용이론

구분	← 하위 차원				상위 차원 →
Maslow	생리적 욕구	안전 욕구	사회적 욕구	존경 욕구	자아실현 욕구
Alderfer	생존욕구(E)		관계욕구(R)		성장욕구(G)
Herzberg	위생요인(불만요인)			동기요인(만족요인)	
McGregor	X이론			Y이론	
Argyris	미성숙인			성숙인	
Likert	권위형			민주형	
	착취적(체제Ⅰ)	온정적(체제Ⅱ)	협의적(체제Ⅲ)		참여적(체제Ⅳ)
Ramos	작전인			반응인	

2 Maslow의 욕구 계층론

구분	의의	특징

5단계
자아실현 욕구
	최상위의 욕구로서, 잠재적 역량을 최대한 발휘하고자 하는 욕구	① 욕구는 강도에 따라 계층을 이룸(우성의 원리).
		② 하위 욕구 충족 시 상위 욕구로 순차적 진행
		③ 욕구의 완전한 충족이 아니라, 어느 정도 충족되면서 상위 욕구가 점진적으로 나타남(욕구충족의 상대성).
		④ 비판
		  ㉠ 욕구의 개인화 무시
		  ㉡ 욕구의 계층성에 대한 비판과 욕구의 동태성을 무시하고 정태적 측면만 봄.

4단계 존경(자긍) 욕구	자기 스스로와 타인으로부터 인정과 존경을 받고 싶어하는 욕구	
3단계 사회적 욕구	소속 및 애정의 욕구, 동료들과 우정과 애정을 나누고 싶어하는 욕구	
2단계 안전 욕구	안전, 보호, 공포 및 불안으로부터의 해방, 신분보장 욕구	
1단계 생리적 욕구	최하위의 가장 기본적인 욕구	

3 Alderfer의 ERG이론

① 인간의 욕구는 생존(Existence), 관계(Relation), 성장(Growth)의 세 가지로 분류할 수 있음.
② 인간의 욕구를 계층화시켰다는 점에서 Maslow와 유사함.
  ㉠ 두 가지 이상의 욕구가 동시에 작용할 수 있다고 봄.
  ㉡ 욕구발로의 후진적·하향적 퇴행을 제시한 점에서 차이를 보임.

4 McGregor의 X·Y이론

구분	X이론(theory X)	Y이론(theory Y)
인간관	• 본질적으로 일을 하기 싫어하고 게으름 • 야망이 없고 책임지기를 싫어함 • 명령과 지시를 받으려 함 • 자기중심적이며 조직목표에 대해 무관심 • 안전을 원하고 변화에 저항적 ※ 동기유발은 생리적 욕구나 안전욕구를 자극함으로써 가능	• 본질적으로 일을 하는 것을 싫어하지 않음 • 책임 있는 일을 맡기를 원함 • 자율적으로 행동함 • 타인을 위하여 행동하기도 함 • 자기발전을 원하고 변화를 추구 ※ 동기유발은 5가지의 모든 욕구에서 가능(고급욕구를 더 중시)
관리전략	직무의 엄격한 통제, 금전적 보상체계의 강화, 권위적 리더십, 집권적 의사결정, 명령과 점검 등 ⇨ 당근(유인)과 채찍(통제·감시) 병행	자아실현적 직무개선, 분권화와 권한위임, 민주적 리더십, 내부규제 및 통제완화, 목표관리(MBO) 등 ⇨ 통합관리(개인·조직목표의 통합)

5 F. Herzberg의 욕구충족요인 이원론

① 두가지 요인 구분

구분	동기요인(만족요인)	위생요인(불만요인)
의의	직무 그 자체	직무의 환경
예	성취감, 책임감, 직무내용, 타인의 인정, 성장, 승진, 칭찬, 자아실현, 직무성과 등	조직의 정책·관리·관행, 감독, 근무환경, 대인관계, 보수 등

⇨ 만족의 반대는 불만족이 아니라 만족이 없는 상태임(요인 간 독립성).

② 한계
    ㉠ 전문직 종사자를 상대로 진행된 연구이므로 일반화에 한계가 있음.
    ㉡ 중요사건기록법을 근거로 수집하여 개인차를 고려하지 못함.

6 Hackman과 Oldham의 직무특성론 - 개인차이 고려

① 직원의 성장욕구 수준이 높은 경우 - 자율성과 환류 강화
② MPS에 의하면 자율성과 환류의 중요성 강조

 잠재적 동기지수(MPS)

$$\text{잠재적 동기지수(MPS)} = \frac{\text{기술다양성} + \text{직무정체성} + \text{직무중요성}}{3} \times \text{자율성} \times \text{환류}$$

(1) 기술다양성: 직무를 수행하는 데 요구되는 기술의 종류가 얼마나 여러가지인가
(2) 직무정체성: 직무의 내용이 하나의 제품이나 서비스를 처음부터 끝까지 완성시킬 수 있도록 구성되어 있는가
(3) 직무중요성: 개인이 수행하는 직무가 조직 내 또는 조직 밖의 다른 사람들의 삶과 일에 얼마나 큰 영향을 미치는가
(4) 자율성: 개인이 자신의 직무에 대하여 개인적으로 느끼는 책임감의 정도
(5) 환류: 직무 자체가 주는 직무수행 성과에 대한 정보의 유무

7 W. Ouchi의 Z이론

구분	전형적 일본조직	Z형 미국조직	전형적 미국조직
고용·평가	• 종신고용 • 엄격한 평가와 느린 승진	• 장기고용 • 엄격한 평가와 느린 승진	• 단기고용 • 신속한 평가와 빠른 승진
경력경로·통제	• 비전문화된 경력경로 • 비공식적·암시적 통제	• 다기능적 경력경로 • 비공식적·암시적 통제	• 전문화된 경력경로 • 공식적·가시적 통제
의사결정·책임	• 집단 의사결정 • 집단 책임	• 집단 의사결정 • 개인 책임	• 개인 의사결정 • 개인 책임
인간에 대한 관심	• 총체적 관심	• 총체적 관심	• 개인의 조직 내 역할 관심

OX 기출분석

01 23 지방 9급
해크만과 올드햄(Hackman & Oldham)의 직무특성이론에서는 유의성, 수단성, 기대감을 동기부여의 핵심으로 보았다. O X

> **해설**
> 해크맨과 올햄의 직무특성 요소는 직무다양성, 직무정체성, 직무중요성, 자율성, 환류이다.

02 21 국가 9급
매클리랜드(McClelland)의 성취동기이론에 따르면 개인들의 욕구는 학습을 통해 개발될 수 있다. O X

03 20 경찰간부
Likert의 관리체제이론, Argyris의 미성숙-성숙이론, Skinner의 강화이론, Porter&Lawler의 업적만족이론은 모두 내용이론에 해당한다. O X

> Likert의 관리체제이론, Argyris의 미성숙-성숙이론은 내용이론에, Skinner의 강화이론, Porter&Lawler의 업적만족이론은 과정이론에 해당한다.

04 19 서울 7급
맥클랜드(McClelland)의 성취동기이론은 개인의 욕구는 성취욕구, 친교욕구, 권력욕구로 구분되며, 성취욕구의 중요성을 강조한다. O X

> 맥클랜드의 성취동기이론은 개인의 욕구를 성취욕구, 친교욕구, 권력욕구로 구분하고 성취욕구의 중요성을 강조한다.

05 19 국가 9급
Schein의 사회적 인간관은 인간을 자신의 이익을 극대화하기 위해 행동하는 존재로 보며 인간은 조직에 의해 통제·동기화되는 수동적 존재이며, 조직은 인간의 감정과 같은 주관적 요소를 통제할 수 있도록 설계돼야 한다고 본다. O X

> Schein의 합리적·경제적 인간관에 대한 설명이다.

06 17 국가 9급
허즈버그(Herzberg)의 욕구충족요인 이원론은 욕구의 계층화를 시도한 점에서 매슬로(Maslow)의 욕구단계 이론과 유사하다. O X

> 욕구의 계층화를 시도한 점에서 매슬로의 욕구단계 이론과 유사한 이론은 엘더퍼의 ERG 이론이다.

07 17 국가 7급
매슬로(Maslow)의 욕구단계이론 중에서 사회적 욕구는 어떤 일을 행함으로써 느끼게 되는 자신감, 성취감 등을 의미한다. O X

> 사회적 욕구가 아니라 자기실현 욕구에 대한 설명이다.

08 17 국회 8급
앨더퍼(Alderfer)의 ERG이론은 상위욕구가 만족되지 않거나 좌절될 때 하위 욕구를 더욱 충족시키고자 한다는 좌절-퇴행 접근법을 주장한다. O X

정답 01 X 02 O 03 X 04 O 05 X 06 X 07 X 08 O

해설

09 17 국회 8급
로크(Locke)의 목표설정이론은 구체적이고 어려운 목표의 설정과 목표성취도에 대한 환류의 제공이 업무담당자의 동기를 유발하고 업무성취를 향상시킨다고 본다. ○ ×

10 16 경정승진
맥클리랜드(McClelland)의 성취동기이론은 개인의 행동을 동기화시키는 욕구는 학습되는 것이므로 개인마다 그 계층에 차이가 있다고 본다. ○ ×

11 16 서울 7급
맥클랜드(McClelland)의 성취동기이론에 의하면 성취욕구는 행운을 바라는 대신 우수한 결과를 얻기 위해 높은 기준을 설정하고 이를 달성하려는 욕구이다. ○ ×

12 16 사복 9급
맥클리랜드(D. McClelland)의 성취동기이론은 개인의 욕구를 성취욕구, 친교욕구, 권력욕구로 분류하고 권력욕구가 높을수록 생산성이 높아진다고 주장한다. ○ ×

> 맥클리랜드의 성취동기이론에서는 권력욕구가 아닌 성취욕구가 높을수록 생산성이 높아진다고 보았다.

13 16 사복 9급
매슬로우(A. H. Maslow)의 욕구계층론에 대하여는 각 욕구단계가 명확히 구분되지 않는다는 비판이 있다. ○ ×

> 매슬로우의 욕구계층이론은 실제 다섯 가지의 욕구단계가 명확히 구분하기 어렵다는 비판을 받는다.

14 16 국가 7급
허즈버그의 욕구충족요인 이원론은 만족과 불만을 상호연계 차원으로 인식한다. ○ ×

> 허즈버그의 욕구충족요인 이원론은 조직구성원에게 불만을 주는 요인과 만족을 주는 요인은 상호 독립되어 있다는 것을 제시한 이론이다.

15 15 서울 7급
아지리스(C. Argyris)는 개인의 성격은 미성숙한 상태에서 성숙한 상태로 변하며, 이러한 성격변화는 하나의 연속선상에 있다고 주장하였다. ○ ×

16 15 경정승진
맥그리거(D. McGregor)는 Y이론적 관리전략으로 자율에 의한 통제, 잠재력 발휘를 위한 여건의 조성, 통합의 원리, 비공식적 조직 활용 등을 제시하였다. ○ ×

정답 09 O 10 O 11 O 12 X 13 O 14 X 15 O 16 O

핵심 기출 문제

01 ☐☐☐ 2025 경정승진

공공봉사동기(public service motivation)에 관한 설명으로 가장 적절하지 않은 것은?

① 공공봉사동기의 구성개념은 합리적 차원, 규범적 차원, 감성적 차원으로 나눌 수 있다.
② 합리적 차원은 '공공정책에 대한 매력'으로, 공공정책의 전반적인 과정에 공직자들이 적극 참여하는 것이 자신들의 효용을 극대화시키는 행위라고 인식하는 것이다.
③ 규범적 차원은 '공익에 대한 기여'로, 공익 실현을 위하여 공직자들이 어느 정도 노력하는가와 관련된 것이다.
④ 공·사 부문 종사자들이 동일한 가치 및 욕구 체계를 갖고 있다는 가정에서 출발한다.

정밀해설

④ 공공봉사동기는 공무원들이 사기업 종사자들과는 다른 가치와 동기를 가지고 있다는 가정에서 출발한다. 즉, 공익을 추구하려는 특별한 동기가 있다고 보는 것이다.
① 공공봉사동기의 구성 개념은 합리적 차원, 규범적 차원, 감성적 차원으로 나눌 수 있다.
② 합리적차원은 '공공 정책에 대한 매력'으로, 공공 정책의 전반적인 과정에 공직자들이 적극 참여하는 것이 자신들의 효용을 극대화시키는 행위라고 인식하는 것이다.
③ 규범적 차원은 '공익에 대한 기여'로, 공익 실현을 위하여 공직자들이 어느 정도 노력하는가와 관련된 것이다.

▶ **공공봉사동기이론(PSM)의 구성**

합리적 차원	공직자의 효용극대화는 사익추구가 아니라 적극적 정책참여를 통해 사회적 효용과 개인의 효용을 극대화하는 전략 → 공공정책에 대한 일체감·호감도, 특정한 이해관계지지, 정책과정에의 참여
정서적 차원	국민에 대해 적극적으로 희생하며 사회적 약자를 보호하고 사회적 형평성을 추구하는 적극적 표현으로 나타남 → 선의의 애국심, 사회적으로 중요한 정책에 대한 몰입 등의 정서적 차원
규범적 차원	공익에 대한 봉사와 정부에 대한 충성심을 특징으로 함 → 공익에 대한 봉사요구, 의무감, 정부 전체에 대한 충성도, 사회적 형평 등

정답 : ④

02 ☐☐☐ 2019 서울 7급(2월)

동기이론에 대한 설명으로 가장 옳은 것은?

① 머슬로(A. Maslow)는 욕구를 하위 욕구부터 상위 욕구까지 총 5단계로 분류하면서, 하위욕구를 충족하게 되면 상위욕구를 추구하게 되나, 하위욕구인 생리적 욕구와 안전 욕구는 충족되더라도 필수적 욕구로 동기 유발이 지속된다고 주장하였다.
② 허즈버그(F. Herzberg)의 욕구충족요인 이원론은 불만요인(위생요인)은 개인의 불만족을 방지하는 효과를 가져오는 요인으로 충족이 되지 않으면 심한 불만을 일으키지만 충족이 되면 강한 동기요인이 되기 때문에 개인의 불만에 대하여 관심을 갖고 관리 해야 한다고 주장하였다.
③ 앨더퍼(C. Alderfer)의 ERG 이론은 머슬로의 욕구 5단계이론과 달리, 욕구 추구는 분절적으로 일어날 수도 있지만, 두 가지 이상의 욕구를 동시에 추구하기도 한다고 주장하였다.
④ 매클랜드(D. McClelland)는 성취동기이론에서 공식 조직이 개인의 행태에 미치는 영향 연구를 통하여 미성숙 상태에서 성숙 상태로 발전하는 성격 변화의 경험이 성취동기의 기본이 된다고 주장하였다.

정밀해설

③ 앨더퍼의 ERG이론은 머슬로의 욕구 5단계이론과 달리 3단계로 통합하고 욕구 추구가 분절적으로 나타날 수 있지만, 두 가지 이상의 욕구를 동시에 추구하기도 한다.
① 머슬로는 하위 욕구가 어느 정도 충족이 된 경우 동기부여의 힘이 약해지고 다음단계로 진행된다고 보았다.
② 허즈버그는 불만요인이 충족되더라도 동기 요인으로 작용하지 않는다고 보았다.
④ 아지리스의 비성숙·성숙이론에서 공식 조직이 개인의 행태에 미치는 영향 연구를 통하여 미성숙 상태에서 성숙 상태로 발전하는 성격변화의 경험이 성취동기의 기본이 된다고 보았다.

정답 ③

03

2014 서울 9급

조직구성원의 인간관에 따른 조직관리와 동기부여에 관한 이론들로서 바르게 설명한 것을 모두 고른 것은?

> ㉠ 허즈버그의 욕구충족요인 이원론에 의하면, 불만요인을 제거해야 조직원의 만족감을 높이고 동기가 유발된다는 것이다.
> ㉡ 로크의 목표설정이론에 의하면, 동기유발을 위해서는 구체성이 높고 난이도가 높은 목표가 채택되어야 한다는 것이다.
> ㉢ 합리적·경제적 인간관은 테일러의 과학적 관리론, 맥그리거의 X이론, 아지리스의 미성숙인 이론의 기반을 이룬다.
> ㉣ 자아실현적 인간관은 호손실험을 바탕으로 해서 비공식적 집단의 중요성을 강조하며, 자율적으로 문제를 해결하도록 한다.

① ㉠, ㉡, ㉢, ㉣
② ㉠, ㉡, ㉢
③ ㉠, ㉡, ㉣
④ ㉡, ㉢
⑤ ㉢, ㉣

정밀해설

④ ㉡, ㉢이 옳은 설명이다.
㉡ [○] 로크의 목표설정이론에 따르면 구체성이 높고 난이도가 높은 목표일수록 동기유발에 유리하다.
㉢ [○] 과학적 관리론, X이론, 아지리스 미성숙인은 합리적 경제적 인간관에 부합한다.
㉠ [×] 허즈버그의 욕구충족요인 이원론에 의하면 불만요인을 제거한다고 해서 동기가 유발되지 않으며 욕구가 충족되어도 만족감을 갖게 되지 않는다고 본다.
㉣ [×] 사회적 인간관은 호손실험을 바탕으로 해서 비공식집단의 중요성을 강조하고, 자아실현적 인간관은 자율적으로 문제를 해결하도록 한다.

정답 : ④

04

2011 지방 9급

해크먼(J. Hackman)과 올드햄(G. Oldham)의 직무특성모델에 대한 설명으로 옳지 않은 것은?

① 잠재적 동기지수(Motivating Potential Score: MPS) 공식에 의하면 제시된 직무특성들 중 직무정체성과 직무중요성이 동기부여에 가장 중요한 역할을 한다.
② 허즈버그의 욕구충족요인이원론보다 진일보한 것으로 이해할 수 있다.
③ 직무정체성이란 주어진 직무의 내용이 하나의 제품 혹은 서비스를 처음부터 끝까지 완성시킬 수 있도록 구성되어 있는지에 관한 것이다.
④ 이 모델은 기술다양성, 직무정체성, 직무중요성, 자율성, 환류 등 다섯 가지의 핵심 직무특성을 제시한다.

정밀해설

① 해크만과 올드햄의 직무특성이론에서 잠재적 동기지수 공식에 따르면 자율성과 환류의 중요성을 가장 강조한다.
② 직무수행자의 성장욕구 수준이라는 개인적 차이를 고려하고 직무의 특성, 성과변수 등의 관계를 제시했다는 측면에서 허즈버그의 이원론보다 진일보한 이론이다.
③ 직무정체성은 직무의 완결성의 정도를 의미한다.
④ 해크먼과 올드햄은 직무특성요소로 기술다양성, 직무정체성, 직무중요성, 자율성, 환류 5가지를 제시하였다.

▶ Hackman & Oldham의 직무특성요인

직무 정체성	주어진 직무의 내용이 하나의 제품 혹은 서비스를 처음부터 끝까지 완성시킬 수 있도록 구성되어 있는지에 관한 것
기술 다양성	직무를 수행하는데 요구되는 기술 종류의 다양성 정도
직무 중요성	직무가 다른 사람들의 삶과 일에 대한 영향력의 정도
자율성	업무결과에 대한 책임성 인식을 제고하는 직무설계의 측면, 책임감 정도
환류	직무수행 성과에 대한 정보의 유무 정도

정답 : ①

적중 예상 문제

01 ☐☐☐

다음은 매슬로우(Maslow)의 욕구단계이론에 관한 설명 중 가장 타당하지 않은 것은?

① 욕구의 발로는 순차적이고, 욕구의 계층성은 개인에 따라 차이를 나타낸다.
② 어떤 욕구가 충족되면 그 욕구의 강도는 약해지며, 충족된 욕구는 일단 동기유발 요인으로서의 의미를 상실한다.
③ 하위욕구일수록 욕구 강도가 크고 우선순위가 강하며, 욕구들은 계층을 이루고 있다.
④ 욕구의 계층은 생리적 욕구, 안전 욕구, 사회적 욕구, 존경에 대한 욕구, 자아실현 욕구로 구성되어 있다.

정밀해설

① 매슬로우(Maslow)의 욕구단계이론은 하위욕구가 부분적으로 충족되었을 때 상위욕구가 발로될 것이라는 점을 지적하고 있으며 개인의 차이를 무시하였다.
② 어떤 욕구가 충족되면 그 욕구의 강도는 약해지며 충족된 욕구는 동기 유발 요인으로서의 의미를 상실하는 욕구충족에 의한 욕구의 약화가 나타난다.
③ 매슬로우(Maslow)에 따르면 인간의 동기는 하급욕구로부터 상급욕구로 순차적으로 유발된다고 본다.
④ 욕구는 생리적 욕구, 안전의 욕구, 사회적 욕구, 존경 욕구, 자기실현욕구로 구성되어 있다.

정답 : ①

02 ☐☐☐

동기부여이론의 내용이론에 대한 설명으로 타당한 것은?

① Hackman과 Oldham의 이론에 따르면 직무특성이 직무수행자의 성장욕구와 일치하지 않을 때 동기가 유발된다.
② Herzberg는 만족의 반대는 불만족이 아닌 만족이 없는 상태이고, 불만족의 반대는 만족이 증진되는 상태라고 본다.
③ McGregor의 Y이론은 개인과 조직목표의 통합관리를 강조한다.
④ Argyris는 인간은 미성숙 상태에서 성숙상태로 성장하므로 성숙상태에서는 조직과 갈등하지 않는다고 본다.

정밀해설

③ McGregor의 Y이론은 인간의 고급욕구에 착안한 관리전략으로 조직의 목표를 통합시키는 목표에 의한 관리체계를 구축한다.
① Hackman과 Oldham은 MPS를 통해 직무특성과 수행자의 성장욕구가 일치할 때 동기가 유발된다고 본다.
② Herzberg는 불만족의 반대는 불만족이 없는 상태이지 만족의 증진과는 관련 없다고 본다.
④ Argyris의 미성숙·성숙이론은 조직과 개인의 갈등, 악순환을 고려한다.

정답 : ③

03

동기부여이론에 대한 다음 설명 중 옳지 않은 것은?

① 아지리스(Argyris)는 "미성숙-성숙 이론"에서 성숙한 인간의 욕구와 조직합리성에 치중하는 공식조직 중심의 관리전략이 부조화를 초래할 수 있다고 지적하였다.
② 로울리스(Rawless)는 "Z이론"에서 과거 일본조직이 가지는 종신고용, 느린 승진, 공동의사결정 등을 효과적 경영방식으로 주목하였다.
③ 브롬(Vroom)의 "기대이론"은 욕구의 내용보다는 동기부여의 과정적 차원을 중시한다.
④ 허즈버그(Herzberg)는 "욕구충족요인 이원론"에서 위생요인의 제거 또는 감소는 동기부여의 소극적·단기적 효과에 그친다고 주장하였다.

정밀해설

② 로울리스(Rawless)가 아니라 오우치(Ouchi)가 "일본식 Z이론"에서 미국 내 일본식 경영에 대해 연구하였다.

정답 : ②

04

Herzberg의 욕구충족요인이원론에 대한 설명으로 가장 옳지 않은 것은?

① 허즈버그(Herzberg)의 욕구충족요인이원론은 위생요인과 동기요인이 구성원에 따라 다를 수 있다는 인식하에 개인차를 강조한다.
② 허즈버그(Herzberg)에 의하면, 만족의 반대는 불만족이 아니고 만족이 없는 상태이며, 불만족의 반대는 만족이 아니라 불만족이 없는 상태라고 한다.
③ 동기요인이란 만족을 느끼게 하는 심리적 요인으로서 직무 그 자체이며 위생요인은 불만족을 느끼게 하는 요인으로서 직무의 환경과 관련된 것이다.
④ 허즈버그(Herzberg)는 조직구성원에게 만족을 주는 요인과 불만족을 주는 요인은 상호 독립되어 있다고 주장하였다.

정밀해설

① 허즈버그(Herzberg)의 욕구충족요인이원론은 위생요인과 동기요인이 구성원에 따라 다를 수 있다는 개인차를 고려하지 못하였다.

정답 : ①

THEME 048 동기부여2(과정이론)

1 과정이론

V. Vroom의 기대이론(VIE이론)	노력이 보상을 가져올 것이라는 기대와 그 보상에 대한 주관적 매력에 대한 종합적 고려
Adams의 형평이론 (공정성이론)	노력과 보상 간의 불일치 자각 → 준거기준을 바꿈(과소일 때 투입을 줄이고, 과다일 때 투입을 늘림). → 불공정성은 과소보상에서 민감함. → 불공정이 커질수록 동기유발이 커짐.
Porter & Lawler의 업적만족이론(EPRS이론)	업적에 대한 내재적 보상(자기실현)과 외재적 보상(승진, 보수) + 보상의 공평성에 대한 기대=만족
Georgopoulos의 목표·통로이론	목표에 이르는 통로의 상대적 유용성에 대한 주관적 기대, 개인의 목표달성을 위한 통로로서 조직의 목표가 기능할 때 동기유발
J. Atkinson의 기대모형	성공하려는 적극적 동기와 실패를 면하려는 소극적 동기의 교호작용에 의해 개인동기가 결정

2 학습이론(강화이론)

① **핵심원리**: 업무상황(자극)에 처하여 조직이 바라는 행동(반응)을 하면 그에 결부해 강화요인(행동의 결과)을 제공하고, 바람직하지 못한 행동을 하면 처벌(행동의 결과)하여 바람직한 행동을 학습시켜야 한다는 것(긍정적 강화의 중요성 강조).

② **강화 유형**

구분	의미	예	목적 및 결과
적극적 강화	행동자가 원하는 상황을 제공 (바람직한 결과의 제공)	칭찬, 승진, 특별상여금 지급 등	바람직한 행동 유도(반복)
소극적 강화 (부정적 강화, 회피)	행동자가 원하지 않는 상황을 회피 또는 제거 (바람직하지 않은 결과의 제거)	징계 경고, 숙직 면제 등	
처벌(제재)	원하지 않는 상황을 제공 (바람직하지 않은 결과의 제공)	징계 등	바람직하지 않은 행동 제거
소거(중단)	원하는 상황의 제공을 철회 또는 중단 (바람직한 결과의 제거)	성과금 배정 안 함	

Mani DB Downs의 성격유형 분류

등반형	승진, 권력, 수입, 명예	• 단기결과 중시, 안정보다는 변화 추구 • 권력·위신·수입을 매우 높게 평가, 중간관리층에서 나타남.
보전형	안정, 편의	• 변화보다는 안정추구, 현상유지형, 나이에 비례 • 편의와 신분의 유지에 관심
열중형 (열성형)	한정된 정책	• 혁신과 변화 추구, 편협한 사고와 시각 • 범위가 한정된 정책·사업에 충실·집착, 낙천적·정력적·공격적·내향적
창도가형	조직의 이익	• 조직에 대한 애착, 공격적, 관료제국주의(조직팽창 추구) • 보다 광범위한 기능이나 조직에 충성함, 권력을 추구하고 낙천적이나 외향적
경세가형	사회의 공익	• 전체국민에 대한 충성과 봉사, 실천력이 강함, 가장 이타적 • 사회 전체를 위해 충성, 공공복지에 관심

OX 기출분석

01　　　　　　　　　　　　　　　　　　　　　　　22 국가 7급
애덤스(Adams)는 투입한 노력 대비 얻은 보상에 대해서 준거인과 비교해 상대적으로 느끼는 공평함의 정도가 동기부여에 영향을 미친다고 하였다. O X

해설: 애덤스는 준거인과 비교를 하였다.

02　　　　　　　　　　　　　　　　　　　　　　　21 국가 9급
아담스(Adams)의 공정성 이론에 따르면 공정하다고 인식할 때 동기가 유발된다. O X

해설: 아담스(Adams)의 공정성 이론에 따르면 자신과 준거인물의 투입과 산출을 비교하여 불공정하다고 인식할 때 동기가 유발된다.

03　　　　　　　　　　　　　　　　　　　　　　　20 경찰간부
강화이론(학습이론)에서 고정간격 강화는 부하의 행동이 발생하는 빈도에 따라 일정한 간격으로 강화요인을 제공하는 것이다. O X

해설: 부하의 행동이 발생하는 빈도에 따라 일정한 간격으로 강화 요인을 제공하는 것은 고정비율 강화이다.

04　　　　　　　　　　　　　　　　　　　　　　　19 지방 7급
포터와 롤러(Porter&Lawler)의 업적·만족 이론은 성과보다는 구성원의 만족이 직무성취를 가져온다고 지적한다. O X

해설: 포터와 롤러의 업적·만족 이론은 성과가 구성원의 만족을 가져온다고 지적한다.

05　　　　　　　　　　　　　　　　　　　　　　　18 경찰간부
V. H. Vroom의 기대이론에서 다른 사람과 비교하여 공정하게 대우를 받고 있다는 믿음을 공정성(Equity)이라고 한다. O X

해설: 해당 지문은 Adams(아담스)의 형평성 이론에 대한 설명이다.

06　　　　　　　　　　　　　　　　　　　　　　　17 서울 7급
브룸(Vroom)의 기대이론은 개인의 선호에 부합하는 결과물을 유인으로 제시한다. O X

07　　　　　　　　　　　　　　　　　　　　　　　17 경찰간부
Vroom의 기대이론에 따르면, 개인이 지각하기에 어떤 특정한 수준의 성과를 달성하면 바람직한 보상이 주어지리라고 믿는 정도를 수단성이라고 한다. O X

08　　　　　　　　　　　　　　　　　　　　　　　16 지방 9급
애덤스(Adams)는 형평성이론에서 자신의 노력과 그 결과로 얻어지는 보상과의 관계를 다른 사람의 것과 비교해 상대적으로 느끼는 공평한 정도가 행동동기에 영향을 준다고 본다. O X

정답 01 O 02 X 03 X 04 X 05 X 06 O 07 O 08 O

핵심 기출 문제

01 2025 경찰승진

강화이론(reinforcement theory)에 관한 설명으로 옳은 것을 모두 고른 것은?

> ㄱ. 스키너(B. Skinner)는 외부 자극에 대한 유기체의 능동적 반응을 통해 형성되는 조작적 조건화를 연구하였다.
> ㄴ. 인간의 행동은 미래 자신의 행동 결과에 대한 예측을 통해 강화된다고 본다.
> ㄷ. 처벌(punishment)은 바람직하지 않은 행동, 특히 이전에 보상을 받아 강화된 행동이지만 이제는 그 정도가 지나쳐 바람직하지 않게 된 행동의 빈도를 줄이고자 긍정적 보상을 제거하는 것이다.
> ㄹ. 회피(avoidance)는 바람직한 행동에 대해 보상해 주는 것이 아니라 바람직하지 않은 결과를 제거함으로써 바람직한 행동의 빈도를 늘리는 것이다.

① ㄱ, ㄴ ② ㄱ, ㄹ
③ ㄴ, ㄷ ④ ㄷ, ㄹ

정밀해설

② ㄱ, ㄹ이 옳은 설명이다.
ㄱ. [○] 스키너(B. Skinner)는 외부 자극에 대한 유기체의 능동적 반응을 통해 형성되는 조작적 조건화를 연구하였다.
ㄹ. [○] 회피(avoidance)는 바람직한 행동에 대해 보상해주는 것이 아니라 바람직하지 않은 결과를 제거함으로써 바람직한 행동의 빈도를 늘리는 것이다.
ㄴ. [×] 인간의 행동은 미래 자신의 행동 결과에 대한 예측을 통해 강화된다고 본다. 강화 이론은 행동의 결과에 따라 행동이 강화된다고 보는 관점이다. 미래 예측보다는 과거의 경험이 중요하다.
ㄷ. [×] 처벌은 바람직하지 않은 행동을 감소시키는 조치이며, 긍정적 보상의 제거는 소거(extinction)이다.

정답: ②

02 2019 서울 9급

조직 내에서 구성원 A는 구성원 B와 동일한 정도로 일을 하였음에도 불구하고 구성원 B에 비하여 보상을 적게 받았다고 느낄 때 애덤스(J. Stacy Adams)의 공정성이론에 의거하여 취할 수 있는 구성원 A의 행동 전략으로 가장 옳지 않은 것은?

① 자신의 투입을 변화시킨다.
② 구성원 B의 투입과 산출에 대해 의도적으로 자신의 지각을 변경한다.
③ 이직을 한다.
④ 구성원 B의 투입과 산출의 실제량을 자신의 것과 객관적으로 비교하여 보상의 재산정을 요구한다.

정밀해설

④ 구성원 B의 투입과 산출의 실제량을 자신의 것과 상대적으로 비교하여 불공정하다고 느끼면 봉급인상 등을 요구한다.
① 투입을 변화시켜 자신의 생산을 감소시키거나 시간을 줄여 타인의 비율과 균형을 맞추려고 한다.
② 불공정성을 줄이기 위해 투입과 산출의 수준과 방향에 변화를 주어 공정한 지각이 되도록 한다.
③ 조직 이탈 등의 행동을 통해 공정성을 높이려 한다.

정답: ④

03

2016 경찰간부

동기부여의 과정이론에 대한 다음 설명 중 가장 옳지 않은 것은?

① 애덤스(J. Stacy Adams)의 공정성이론(equity theory)은 개인이 자신의 직무에 대한 공헌도(투입)와 보상(산출)을 준거인물과 비교하여 불공정성을 느끼는 경우 이를 해소하는 방향으로 동기가 부여된다고 본다.

② 포터(Lyman W. Porter)와 롤러(Edward E. Lawler)는 인간의 동기유발 요인으로 내재적 보상과 외재적 보상으로 나누었을 때, 내재적 보상이란 경제적 이익 및 승진 등과 같은 개인의 환경과 관련된 것을 지칭했다.

③ 포터(Lyman W. Porter)와 롤러(Edward E. Lawler)는 조직내 구성원은 노력에 대한 보상의 유의성이 높다고 느낄수록, 그리고 노력이 바람직한 보상을 가져올 것이라는 기대감이 높을수록 더 많은 노력을 한다고 가정했다.

④ 브룸(Victor H. Vroom)은 조직구성원의 동기는 기대(expectancy), 수단성(instrumentality), 유의성 또는 유인가(valence) 등 세 가지 요소의 값이 각각 최대값이 되면 최대의 동기부여가 되고, 각 요소 중에 하나라도 0이 되면 전체 값이 0이 되어 동기부여가 되지 않는다고 했다.

정밀해설

② 포터(Lyman W.Porter)와 롤러(Edward E.Lawler)는 인간의 동기유발 요인으로 내재적 보상과 외재적 보상으로 나누었을 때, 내재적 보상이란 성취감이나 직무에 대한 만족감 등과 같은 심리적 보상과 관련된 것을 지칭했다. 한편 경제적 이익 및 승진 등과 같은 개인의 환경과 관련된 것은 외재적 보상에 해당한다.

① 애덤스의 공정성이론은 개인의 투입-산출 비율이 타인(준거인물)의 것과 비교하였을 때 불공정하다고 인식되면 개인은 불공정성을 감소시켜 공정성을 유지하기 위하여 동기가 유발된다고 보았다.

③ 포터와 롤러는 실제로 받은 보상의 양뿐만 아니라, 기대하는 보상의 양이 클수록 만족을 느끼게 된다고 보았다.

④ 브룸의 VIE이론에서는 동기의 강도는 유의성과 기대를 곱한 값과 같다고 보았으며, 각 요소 중에 하나라도 0이 되면 전체 값이 0이 되어 동기부여가 되지 않는다고 주장하였다.

정답 : ②

04

2013 국회 9급

동기부여이론과 그 활용이 적절하게 연결된 것은?

① A부서는 Vroom의 기대이론에 따라 선택적 복지 제도를 도입하여 조직원들의 기대감(expectancy)을 높였다.

② Herzberg의 2요인이론에 따르면 동기요인인 보수보다는 위생요인인 성취와 인정이 동기부여에 효과적이므로 B부서는 모든 직급과 연령대의 구성원들에게 보수의 향상보다는 성취와 인정을 느끼는 방안을 도입했다.

③ C부서는 Hackman과 Oldham의 직무특성이론에 따라 직무분석 프로그램을 운영하여 동기부여를 향상시켰다.

④ D부서는 Adams의 공정성이론에 따라 준거인물을 설정할 수 없도록 재택근무제도를 도입했다.

⑤ E부서는 Herzberg의 직무확충이론에 따라 표준운영절차(SOP)를 강화했다.

정밀해설

③ 직무분석 프로그램을 운영하여 직무의 특성을 파악하는 한편, 조직구성원으로 하여금 개인의 성장욕구 수준과 부합하는지 여부를 스스로 확인하게 한다면 C부서 구성원으로 하여금 동기를 유발시킬 수 있다는 점에서 타당한 지문이다.

① 기대감(E)은 노력(행동)이 산출(성과)을 가져다 줄 것이라는 주관적 확률로, 선택적 복지제도는 기대감과 직접적 관련이 없다.

② 보수는 위생요인이고, 성취와 인정감은 동기요인이다.

④ Adams의 공정성이론은 노력과 보상 간 비율을 준거인과 비교하여 일치하지 않을 때 행동이 유발된다는 이론으로, 준거인물이 필수적인 요소이다.

⑤ Herzberg의 직무확충이론은 직무를 양적으로 다양화하는 직무확대와 질적으로 직무의 자율과 책임을 심화시키는 직무 충실(풍요화)을 강조하는 직무재설계(탈전통적 직무설계)를 통한 현대적 동기부여이론으로, 표준운영절차(SOP) 등을 통하여 기계적 구조를 확립하려는 전통적 직무설계와 다른 내용이다.

정답 : ③

적중 예상 문제

01 □□□

동기부여이론 중 학습이론에 대한 설명으로 옳은 것은?

① 귀인이론에서 그행동은 합의성, 일관성, 특이성을 기준으로 평가된다.
② 켈리의 귀인이론은 판단대상이 다른 상황에서 다르게 행동하는 정도가 높다면 그 행동의 원인을 내적 요소에 귀인하는 것으로 본다.
③ 잠재적 학습이론은 학습결과를 행동으로 옮기는 데 강화작용이 필요 없다고 본다.
④ 강화 유형 중 매월 25일에 월급을 받는 것은 연속적 강화이다.

정밀해설

② 켈리의 귀인이론은 판단대상이 다른 상황에서 다르게 행동하는 정도가 높다면 그 행동의 원인을 외적 요소에 귀인하는 것으로 본다.
③ 잠재적 학습이론은 학습에는 강화작용이 필요없지만 행동을 옮기는 데 강화작용이 필요하다고 본다.
④ 단속적 강화 유형 중 고정간격 강화이다.

정답 : ①

02 □□□

학습이론의 유인기제에 대한 설명으로 옳은 것은?

① 칭찬, 승진 등은 적극적 강화이다.
② 징계 등은 소거에 해당한다.
③ 성과금을 배정하지 않는 것은 처벌이다.
④ 특별상여금의 지급은 소극적 강화이다.

정밀해설

① 칭찬, 승진 등은 바람직한 결과를 제공하는 적극적 강화의 예이다.
② 징계 등은 바람직하지 않은 결과를 제공하는 처벌의 예이다.
③ 성과금을 배정하지 않는 것은 원하는 상황의 제공을 철회하거나 중단하는 소거 및 중단의 예이다.
④ 특별상여금을 지급하는 것은 바람직한 결과를 제공하는 적극적 강화의 예이다.

정답 : ①

03

다음 중 동기부여 과정이론에 대한 설명으로 옳은 것은?

① Vroom의 기대이론에서 개인이 원하는 특정한 보상에 대한 선호의 강도는 기대감(expectancy)이다.
② Locke는 목표의 난이도가 높고 구체적일수록 노력의 강도를 높인다고 보았다.
③ Adams는 불공정한 과다보상의 경우 더욱 민감하다고 보았다.
④ Porter와 Lawler는 임금인상, 승진 등 내적인 보상을 더 강조한다.

정밀해설

② Locke의 목표설정이론은 인간의 행동이 의식적 목표와 성취의도에 의해 결정된다는 이론으로 목표의 구체성이 높고 난이도가 높을수록 성취감이 크므로 노력의 강도를 높인다고 보았다.
① Vroom의 기대이론에서 개인이 원하는 특정한 보상에 대한 선호의 강도는 유의성(Valence)이다.
③ Adams는 불공정성에 대한 민감성은 과소보상에서 더욱 민감하게 반응한다고 보았다.
④ Porter와 Lawler는 임금, 승진 등을 외적인 보상으로 보았다.

▶ **Porter & Lawler의 내재적 보상과 외재적 보상**

내재적 보상	성취감 등 개인의 내부감정에서 나오는 심리적 보상으로서 자아실현욕구나 성장욕구와 관련됨.
외재적 보상	임금 인상, 승진 등 개인의 외부환경(조직)으로부터 나오는 보상으로서 주로 하위 욕구와 관련됨.

정답 : ②

04

아담스(J. S. Adams)의 공정성이론에 대한 설명으로 가장 옳지 않은 것은?

① 종업원에 대한 보상의 중요성을 강조하고 있으며 과소보상보다는 과대보상에서 동기유발이 더 잘 일어난다.
② 처우의 공평성은 자신의 투입.산출을 준거인의 투입.산출과 비교하여 평가하게 된다.
③ 불공정성을 줄이기 위해서 조직원은 투입과 산출의 수준과 방향에 변화를 주어 공정한 지각이 되도록 한다.
④ 동기부여에 있어서 조직원의 지각의 중요성을 인식한다.

정밀해설

① 불공정성에 대한 민감성은 과소보상에서 더욱 예민하게 나타난다.

정답 : ①

THEME 049 조직의 원리

1 계층제의 원리

의의	권한과 책임의 정도에 따라 수직적 계층을 설정하고 지휘명령체계를 확립
특징	• 통솔범위와 역의 관계(통솔범위가 넓을수록 저층구조) • 통솔범위의 한계를 극복하기 위하여 계층제 대두 • 업무성격: 상위계층일수록 비정형적·전략적 업무(하위계층일수록 정형적·집행적 업무)
기능	• 명령의 통로 • 상·하향적 의사소통의 통로 • 행정의 목표설정기능 수행 • 권한위임을 통한 업무 분담 • 할거주의에 의해 발생한 갈등의 권위적·수직적 조정·해결

2 전문화(분업)의 원리

① 의의: 능률적인 업무추진을 위해 업무를 성질별로 구분하고 한 가지 주된 업무를 분담시켜 반복적으로 수행하도록 하는 것

② 유형

구분		수평적 전문화(직무의 범위)	
		높음	낮음
수직적 전문화 (직무의 깊이)	높음	비숙련 직무(생산부서의 일)	일선 관리직무
	낮음	전문가적 직무	고위 관리직무(정책·전략 결정)

3 통솔범위의 원리

의의	• 한 명의 상관이 유효적절하게 관리할 수 있는 부하의 수 • 통솔범위가 넓을수록 계층 수는 적어지고 행정 농도는 낮아짐(역의 관계).
특징	부하의 수가 많아질수록 관계의 수는 기하급수적으로 증가 ⇨ 부하의 수는 적어야 함(부하의 적정 수: 6명).

4 명령통일의 원리

의의	한 명의 상관으로부터 명령을 받고 보고하는 것
목적	조직의 안정성과 능률성 확보
예외	Matrix 조직, Taylor의 기능적 직장제(감독의 분업화)

5 조정의 원리

의의	공동의 목적을 달성하기 위해 행동의 통일을 기하도록 집단적 노력을 순서 있게 배열하는 것
특징	• 전문화·분업·조직규모와 역의 관계(전문화·분업화·조직이 대규모화될수록 조정 곤란) • 조정 수단: 계층제(전통적 조직이론이 강조), 명령통일의 원칙

OX 기출분석

해설

01 ☐☐☐   21 국가 7급
부문화의 원리는 일정한 기준에 따라 서로 기능이 같거나 유사한 업무를 조직단위로 묶는 것을 의미한다.
                                                                                                      ○ ✕

부문화의 원리는 일정한 기준에 따라 서로 연관된 업무를 묶어 조직단위를 구성하는 것을 의미한다.

02 ☐☐☐   20 서울/지방 9급
명령통일의 원리는 여러 상관이 지시한 명령이 서로 다를 경우 내용이 통일될 때까지 명령을 따르지 않아야 한다는 것이다.
                                                                                                      ○ ✕

명령통일의 원리는 한 사람의 부하는 한 명의 상관으로부터만 명령을 받고 그에게만 보고해야 한다는 것이다.

03 ☐☐☐   18 국가 9급
수직적 연결방법으로는 임시적으로 조직 내의 인적·물적 자원을 결합하는 프로젝트 팀(project team)의 설치 등이 있다.
                                                                        ○ ✕

수평적 연결방법으로는 임시적으로 조직 내의 인적·물적 자원을 결합하는 프로젝트 팀(project team)의 설치 등이 있다.

04 ☐☐☐   17 지방 9급
계층제의 원리는 조직 내의 권한과 책임 및 의무의 정도가 상하의 계층에 따라 달라지도록 조직을 설계하는 것이다.
                                                                        ○ ✕

05 ☐☐☐   17 지방 9급
분업은 업무량의 변동이 심하거나 원자재의 공급이 불안정한 경우에 더 잘 유지된다.   ○ ✕

분업은 업무량의 변동이 심하거나 원자재의 공급이 불안정한 경우 분업을 유지하기 어렵다.

06 ☐☐☐   17 지방 9급
통솔범위란 한 사람의 상관 또는 감독자가 효과적으로 통솔할 수 있는 부하 또는 조직단위의 수를 말하며, 감독자의 능력, 업무의 난이도, 돌발 상황의 발생 가능성 등 다양한 요소를 고려하여 정해진다.
                                                                                       ○ ✕

07 ☐☐☐   16 경정승진
직무를 권한과 책임의 정도에 따라 등급화하고 상하계층 간에 지휘·명령복종관계를 확립하는 계층제는 필연적으로 통솔범위를 넓게 한다.   ○ ✕

계층제와 통솔범위는 반비례 관계이다. 통솔범위가 넓을수록 계층 수가 줄어들어 수평적인 저층 구조가 형성된다.

08 ☐☐☐   16 국가 7급
귤릭(Gulick)의 조직 설계의 고전적 원리 중 부서편성의 원리는 조직편성의 기준을 제시하며, 그 기준은 목적, 성과, 자원 및 환경의 네 가지이다.   ○ ✕

부서편성의 원리는 목적, 과정, 수혜, 지역 네 가지이다.

정답   01 ○   02 ✕   03 ✕   04 ○   05 ✕   06 ○   07 ✕   08 ✕

THEME 049 조직의 원리

핵심 기출 문제

01 □□□ 2018 국가 9급

조직구조의 설계에 있어서 '조정의 원리'에 대한 설명으로 옳지 않은 것은?

① 수직적 연결은 상위계층의 관리자가 하위계층의 관리자를 통제하고 하위계층 간 활동을 조정하는 것을 목적으로 한다.
② 수직적 연결방법으로는 임시적으로 조직 내의 인적·물적 자원을 결합하는 프로젝트 팀(project team)의 설치 등이 있다.
③ 수평적 연결은 동일한 계층의 부서 간 조정과 의사소통을 목적으로 한다.
④ 수평적 연결방법으로는 다수 부서 간의 긴밀한 연결과 조정을 위한 태스크포스(task force)의 설치 등이 있다.

정밀해설

② 수평적 연결방법으로는 임시적으로 조직 내의 인적·물적 자원을 결합하는 프로젝트 팀(project team)의 설치 등이 있다.
① 수직적 연결은 조직의 상하간의 활동을 조정한다.
③ 수평적 연결은 동일한 계층의 조직부서 간 수평적인 조정과 의사소통 장치이다.
④ 수평적 연결방법에는 정보시스템, 직접접촉, 태스크포스, 프로젝트 매니저, 프로젝트 팀 등이 있다.

▶ **수직적 조정기제 vs 수평적 조정기제**

수직적 조정기제	· 계층제 · 규칙과 계획 · 계층직위의 추가 · 수직정보시스템
수평적 조정기제	· 정보시스템 · 직접접촉 · 임시사업단(태스크포스) · 프로젝트 매니저 · 프로젝트 팀

정답: ②

---

02 □□□ 2017 지방 9급

조직의 원리에 대한 설명으로 옳지 않은 것은?

① 계층제의 원리는 조직 내의 권한과 책임 및 의무의 정도가 상·하의 계층에 따라 달라지도록 조직을 설계하는 것이다.
② 통솔범위란 한 사람의 상관 또는 감독자가 효과적으로 통솔할 수 있는 부하 또는 조직단위의 수를 말하며, 감독자의 능력, 업무의 난이도, 돌발 상황의 발생 가능성 등 다양한 요소를 고려하여 정해진다.
③ 분업의 원리에 따라 조직 전체의 업무를 종류와 성질별로 나누어 조직구성원이 가급적 한 가지의 주된 업무만을 전담하게 하면, 부서 간 의사소통과 조정의 필요성이 없어진다.
④ 부성화의 원리는 한 조직 내에서 유사한 업무를 묶어 여러 개의 하위 기구를 만들 때 활용되는 것으로 기능부서화, 사업부서화, 지역부서화, 혼합부서화 등의 방식이 있다.

정밀해설

③ 분업의 원리에 따라 조직 전체의 업무를 종류와 성질별로 나누어 조직구성원이 가급적 한 가지의 주된 업무만을 전담하게 하면, 행정의 능률성은 제고되지만, 할거주의로 인한 전문가적 무능이 초래되므로 부서 간 의사소통과 조정의 필요성이 높아진다.
① 계층제의 원리는 조직의 직무를 권한과 책임의 정도에 따라 등급화하고 상·하의 계층에 따라 지휘·명령·복종관계를 확립하는 원리이다.
② 통솔범위는 한 사람의 상관(감독자)이 효과적으로 직접 통솔할 수 있는 부하의 수를 의미하는 것으로, 통솔범위를 효과적으로 결정하기 위해서는 상관(감독자)의 능력뿐 아니라 업무의 난이도, 범위 등 다양한 요소를 고려하여야 한다.
④ 부성화의 원리는 중앙행정기관이나 하부조직을 어떤 기준으로 편성할 것인지에 관한 것으로 동일한 기능, 과정, 고객, 장소 등을 기준으로 부처를 편성하며, 부처편성의 방식에는 기능부서화, 사업부서화, 지역부서화, 혼합부서화 등이 있다.

정답: ③

03 2016 경정승진

조직의 원리에 관한 설명 중 가장 적절하지 않은 것은?

① 직무를 권한과 책임의 정도에 따라 등급화하고 상하계층 간에 지휘·명령복종관계를 확립하는 계층제는 필연적으로 통솔범위를 넓게 한다.
② 전문화의 원리는 전문가적 편협성과 할거주의로 인하여 조직 내의 각 단위의 통합과 조정을 저해한다.
③ 명령통일의 원리는 한 사람에게만 보고하고 지시를 받아야 한다는 원리를 말한다.
④ 조정의 원리는 공동목적을 달성하기 위하여 구성원의 행동 통일을 기하도록 집단적 노력을 질서 있게 배열하는 과정으로 할거주의, 비협조 등을 해소하는 기능을 가진다.

정밀해설
① 한 명의 상관이 통솔할 수 있는 부하의 수에는 한계가 있으므로 이를 극복하기 위해 계층제가 발전하게 되었고, 이는 통솔범위가 넓어지면 계층의 수가 적어지고 통솔범위가 좁을수록 계층의 수가 많아지는 상호 역관계를 특징으로 하므로, 계층제가 필연적으로 통솔범위를 넓게 하는 것은 아니다.
② 전문화(분업)의 원리는 능률적인 업무추진을 위하여 업무를 성질별로 구분하고 한 가지의 주된 업무를 분담시켜 반복적으로 수행하도록 하는 것으로 각 단위 간 할거주의로 인하여 조정을 곤란하게 한다.
③ 명령통일의 원리는 조직의 모든 구성원은 한 명의 상관으로부터 명령을 받고 보고해야 한다는 것이다.
④ 조정의 원리는 공통의 목적을 달성하기 위해 행동의 통일을 기하도록 집단적 노력을 배열하는 것을 의미하는 것으로, 할거주의, 비협조 등을 해소하는 기능을 가진다.

정답 : ①

04 2011 국회 8급

조직 내에서 직무의 범위와 깊이는 과제의 성격에 따라 달라져야 한다. 아래는 직무전문화와 과제 성격과의 관계를 나타낸 표이다. (가), (나), (다), (라)에 들어갈 내용이 옳게 연결된 것은?

구분		수평적 전문화	
		높음	낮음
수직적 전문화	높음	(가)	(나)
	낮음	(다)	(라)

	(가)	(나)	(다)	(라)
①	일선관리직무	비숙련직무	전문가적 직무	고위관리직무
②	일선관리직무	비숙련직무	고위관리직무	전문가적 직무
③	고위관리직무	전문가적 직무	일선관리직무	비숙련직무
④	비숙련직무	일선관리직무	고위관리직무	전문가적 직무
⑤	비숙련직무	일선관리직무	전문가적 직무	고위관리직무

정밀해설
⑤ (가) – 비숙련직무, (나) – 일선관리직무, (다) – 전문가적 직무, (라) – 고위관리직무가 옳게 연결되었다.
(가) 생산부서의 비숙련직무와 같은 단순한 직무는 수평적 전문화와 수직적 전문화가 모두 높은 것이 효과적이다.
(나) 일선관리직무는 수평적 전문화는 낮고 수직적 전문화는 높은 것이 효과적이다.
(다) 전문가적 직무는 수평적 전문화는 높고 수직적 전문화는 낮은 것이 효과적이다.
(라) 조직의 전략과 정책 등을 결정하는 고위관리직무는 수평적 전문화와 수직적 전문화가 모두 낮은 것이 효과적이다.

정답 : ⑤

적중 예상 문제

01 ☐☐☐

조직원리에 대한 <보기> 중 옳지 않은 설명을 모두 고르면?

─── < 보기 > ───

ㄱ. 전문화(분업)의 원리는 공동 목적을 달성하기 위하여 구성원의 행동통일을 기하도록 집단적 노력을 질서 있게 배열하는 과정이며, 전문화에 의한 할거주의, 비협조 등을 해소하는 순기능을 가지고 있다.
ㄴ. 조정의 원리는 업무를 종류와 성질별로 구분하여 구성원에게 가급적 한 가지의 주된 업무를 분담시켜 조직의 능률을 향상시키려는 것이나, 업무 수행에 대한 흥미상실과 비인간화라는 역기능을 가지고 있다.
ㄷ. 명령통일의 원리는 계층제적 조직에서 수직적 질서를 강조한다.
ㄹ. 규칙적 절차의 합리성 또는 효과성에 대한 신뢰가 증가할 때 조직은 집권화된다.
ㅁ. 조직의 규모가 커질수록 조직의 문제가 복잡해져 분권화의 필요성이 높아지지만, 규모가 작으면 최고 관리자가 모든 문제를 소상하게 알고 부하를 적절히 관리할 수 있기에 보다 더 집권적이다.

① ㄱ, ㄴ
② ㄴ, ㄹ
③ ㄴ, ㄷ
④ ㄱ, ㅁ

정밀해설

① ㄱ, ㄴ이 옳지 않은 설명이다.
ㄱ. [×] 조정의 원리는 공동 목적을 달성하기 위하여 구성원의 행동통일을 기하도록 집단적 노력을 질서 있게 배열하는 과정이다.
ㄴ. [×] 분업(전문화)의 원리는 업무를 종류와 성질별로 구분하여 구성원에게 가급적 한 가지의 주된 업무를 부담시켜 조직의 능률을 향상시키려는 것이다.
ㄷ. [O] 명령통일의 원리는 조직구성원은 누구나 한 사람의 상관으로부터만 명령을 받고 보고를 해야 한다는 원리로 수직적 질서를 중시한다.
ㄹ. [O] 규칙과 절차의 합리성 또는 효과성에 대한 신뢰가 존재할 때 집권화가 촉진된다.
ㅁ. [O] 조직의 규모가 클수록 분권화되고, 규모가 작을수록 구성원의 행동에 순기능이 많고 부하를 적절히 관리할 수 있으므로 집권화된다.

정답: ①

02 ☐☐☐

분업의 원리에 대한 설명으로 옳은 것은?

① 수평적 전문화의 수준이 높을수록 업무는 단순해진다.
② 업무의 전문화는 계급제에서 주장하는 내용이다.
③ 분업화가 증가하면 행정능률이 저하된다.
④ 업무를 세분화할수록 전문가적 무능이 감소한다.

정밀해설

① 분업의 원리란 조직에서 업무를 세분화하여 개인들에게 분담시키는 것으로, 수평적 전문화의 수준이 높을수록 업무는 단순해진다.
② 사람의 전문화는 계급제에서 주장하는 내용이다.
③ 분업화가 증가하면 행정능률이 증가한다.
④ 업무를 세분화할수록 전문가적 무능이 증가한다.

정답: ①

03

조직의 원리에 관한 설명 중 옳지 않은 것은?

① 조정의 원리는 공동 목적을 달성하기 위하여 구성원의 행동 통일을 기하도록 집단적 노력을 질서 있게 배열하는 과정이며, 전문화에 의한 할거주의, 비협조 등을 해소하는 순기능을 가지고 있다.
② 통솔범위의 원리는 1인의 상관 또는 감독자가 효과적으로 직접 감독할 수 있는 부하의 수에 관한 원리로, 전통적 조직이론들은 통솔범위가 좁을수록 이상적으로 보았다.
③ 전문화(분업)의 원리는 업무의 전문화와 사람의 전문화를 통해 할거주의를 방지할 수 있다.
④ 명령통일의 원리는 1명의 상관으로부터 명령을 받고 보고해야 한다는 것인데, 책임소재의 명확화와 능률성 향상의 장점이 있다.

정밀해설

③ 전문화(분업)의 원리는 업무를 종류와 성질별로 구분하여 구성원에게 가급적 한 가지의 주된 업무를 분담시켜 조직의 능률을 향상시키려는 것이지만, 업무수행에 대한 흥미 상실과 비인간화, 할거주의라는 역기능을 가지고 있다.
① 조정의 원리는 전문화에 의한 할거주의나 비협조 등을 해소하는 순기능을 가진다.
② 통솔범위와 계층제는 반비례의 관계를 가지며, 전통조직론에서는 통솔범위가 좁을수록 이상적으로 보았다.
④ 명령통일의 원리는 1명의 상관으로부터 보고해야 한다는 것으로, 이는 책임소재의 확보 및 능률성 향상이 용이하다.

정답 : ③

04

계층제와 관련된 설명으로 옳은 것은?

① 계층의 수와 통솔범위는 비례관계이다.
② 통솔범위의 한계로 인하여 계층제가 발생한다.
③ 계층의 존재는 조직 내 분쟁과 갈등의 요인이 된다.
④ 분권화된 저층구조일수록 조정의 필요성이 낮아진다.

정밀해설

② 통솔범위의 한계는 계층제 필요성의 근거가 된다.
① 계층의 수와 통솔범위는 반비례관계이다.
③ 계층의 존재는 오히려 조직 내 분쟁과 갈등을 조정하는 수단이 된다.
④ 분화화된 저층구조일수록 조정의 필요성이 높아진다.

정답 : ②

THEME 050 조직구조 변수

1 조직변수 간 관계

기본변수	복잡성(분화)	① 규모와 기본변수와의 관계
	공식성(공식화·표준화)	㉠ 조직규모와 집권화: 반비례
	집권성(집권화)	㉡ 조직규모와 공식화: 비례
상황변수	규모(크기)	→ 규모가 커지면 수직적·수평적 분화 촉진
	기술(일상적·비일상적)	② 기술과 기본변수와의 관계
	환경(불확실성)	㉠ 일상적 기술일수록 집권화·공식화가 높고, 비일상적 기술일수록 집권화·공식화가 낮음.
	전략(방어형·공격형·분석형)	㉡ 일상적 기술일수록 복잡성은 낮아짐(일반적 견해).
	권력(권력자의 선호)	③ 환경과 기본변수와의 관계
		㉠ 불확실한 환경일수록 조직구조의 복잡성이 낮음(Lawrence & Lorsch).
		㉡ 확실한 환경일수록 집권화·공식화가 높고, 환경의 복잡성의 정도는 낮으나, 불확실한 환경일수록 집권화·공식화가 낮고, 환경의 복잡성의 정도는 높음.

2 Perrow의 기술유형론

구분		과제의 다양성(예외적 사건의 발생 빈도)	
		낮음(단순성)	높음(다양성·복합성)
문제의 분석 가능성	낮음 (해결 곤란)	기예적 기술(craft) • 하이터치(high-touch): 개인적 관찰, 면접회의 등 예 도예, 연주, 공예산업	비일상적 기술(non-routine) • 하이테크 및 하이터치 예 기획, 우주항공 등
	높음 (해결 용이)	일상적 기술(routine) • 기계적 구조 예 민원창구업무, 대량생산기술 등	공학적 기술(engineering) • 하이테크(high-tech): 데이터베이스, DSS 등 예 회계, 변론, 주문생산기술 등

3 Thompson의 기술유형론

유형	상호의존성	조정 방법(기제)	조정 난이도	추가적 방법
중개적 기술	집단적	표준화에 의한 조정, 규칙	가장 용이	전담 직위로 참모 설치
길게 연결된 기술	순차적	계획에 의한 조정, 정기적 회의	중간	위원회 설치
집약적 기술	교호적	상호적응(작용)에 의한 조정, 부정기 회의	가장 곤란	프로젝트팀, 태스크포스 등 설치

4 기계적 구조와 유기적 구조

구분	기계적 구조	유기적 구조
직무범위	좁다(한계가 명확)	넓다(한계가 불명확)
공식화	높다(통제중심, SOP)	낮다(재량과 신축성 중심)
책임성	분명한 책임	모호한 책임
의사소통	계층제	분화된 채널, 개방적 의사전달
계층의 수	고층구조(수직적 분화 높음)	저층구조(수직적 분화 낮음)
성과측정	가능	곤란
동기부여	금전적 동기부여	복합적 동기부여

OX 기출분석

해설

01 □□□   20 서울/지방 9급
페로(Perrow)의 기술유형 중 정형화된(routine) 기술은 공식성 및 집권성이 높은 조직구조와 부합한다.
O X

정형화된 기술은 과제의 다양성이 낮고 문제의 분석 가능성이 높은 일상적 기술로 공식성·집권성이 높은 기계적 구조와 부합된다.

02 □□□   20 국회 8급
일반적으로 단순하고 반복적 직무일수록, 조직의 규모가 클수록 그리고 안정적인 조직환경일수록 공식화가 높아진다.
O X

단순한 직무일수록, 규모가 클수록, 안정된 환경일수록 공식화가 높아진다.

03 □□□   19 서울 9급
조직의 규모가 클수록 공식화 수준이 낮아지고 조직 내 구성원의 응집력이 강해진다.
O X

조직의 규모가 클수록 공식화 수준이 높아지고 조직 내 구성원의 응집력이 약해진다.

04 □□□   19 국가 7급
페로(C.Perrow)의 기술유형 중 과업의 다양성과 문제의 분석 가능성이 모두 높은 경우에 해당하는 것은 일상적 기술이다.
O X

페로의 기술유형 중 과업의 다양성과 문제의 분석 가능성이 모두 높은 경우에 해당하는 것은 공학적 기술이다.

05 □□□   17 국가 7급
공식화의 수준이 높을수록 조직구성원들의 재량이 증가한다.
O X

공식화의 수준이 높을수록 조직구성원들의 재량이 감소한다.

06 □□□   16 교행 9급
조직이 방어적 전략을 추구할수록 공식화 정도는 낮고 분권화 정도는 높은 조직구조가 적합하다.
O X

조직이 방어적 전략을 추구할수록 집권적이고 공식화 정도가 높은 기계적 구조가 적합하다.

07 □□□   16 행정사
공식화 수준이 너무 높으면 업무처리에 있어서 조직구성원의 자율성과 창의성이 저해되기도 한다.
O X

08 □□□   15 지방 7급
공간적 분화는 조직의 시설과 구성원이 물리적으로 분리되어 있는 정도를 의미한다.
O X

정답 01 O 02 O 03 X 04 X 05 X 06 X 07 O 08 O

핵심 기출 문제

01 □□□ 2020 국회 8급

조직구조에 대한 설명으로 옳지 않은 것은?

① 일반적으로 단순하고 반복적 직무일수록, 조직의 규모가 클수록 그리고 안정적인 조직환경일수록 공식화가 높아진다.
② 조직구조의 구성요소 중 집권화란 조직 내에 존재하는 활동이 분화되어 있는 정도를 말한다.
③ 지나친 전문화는 조직구성원을 기계화하고 비인간화시키며, 조직구성원 간의 조정을 어렵게 하는 단점이 있다.
④ 공식화의 정도가 높을수록 조직적응력은 떨어진다.
⑤ 유기적인 조직일수록 책임관계가 모호할 가능성이 크다.

정밀해설

② 조직구조의 구성요소 중 조직 내에 존재하는 활동이 분화되어 있는 정도를 분권화라고 한다. 한편 집권화는 의사결정이 조직계층 상하 간의 권한 배분과 의사결정의 수준을 의미한다.
① 일반적으로 단순·반복된 직무일수록, 조직의 규모가 클수록, 안정적이 환경일수록 공식화가 높아진다.
③ 지나친 전문화는 조직구성원 간의 조정을 어렵게 한다.
④ 공식화는 업무의 표준화 정도로, 불확실한 상황에서는 환경에 대한 탄력성 및 조직적 응력이 떨어진다.
⑤ 유기적 구조는 모호한 책임관계를 특징으로 한다.

정답: ②

02 □□□ 2016 서울 7급

다음 상황론적 조직이론(contingent theory)에 대한 설명 중 가장 옳은 것은?

① 우드워드(J. Woodward)는 제조업체의 생산기술에 따라 조직이 사용하는 기술의 유형을 구분하고, 대량생산 기술에는 관료제와 같은 기계적 구조가 효과적이지 않다고 주장하였다.
② 톰슨(V. A. Thompson)은 업무 처리 과정에서 일어나는 조직 간·개인 간 상호의존도를 기준으로 기술을 분류하고, 종합병원처럼 집약기술이 필요한 조직은 수직적 조정이 중요하다고 주장하였다.
③ 페로우(C. Perrow)는 조직원이 업무를 처리하는 과정에서 발생하는 예외적인 사건의 정도와 업무 처리가 표준화된 절차에 의해 수행되는 정도를 기준으로 조직의 기술을 장인기술, 비일상적 기술, 일상적 기술, 공학적 기술로 유형을 구분하였다.
④ 상황론적 조직이론에서는 정책결정자가 환경에 대해 충분한 정보를 갖지 못하므로 환경이 조직구조에 영향을 미치지 않는다고 본다.

정밀해설

③ 페로우는 과제의 다양성(예외적 사건의 발생빈도)과 문제의 분석가능성이라는 2가지 차원에서 기술의 유형을 크게 4가지(기예적 기술, 비일상적 기술, 일상적 기술, 공학적 기술)로 분류하였다.
① 우드워드는 제조업체의 생산기술에 따라 조직이 사용하는 기술을 소량생산기술, 대량생산기술, 연속공정기술로 분류하였고, 표준화된 제품을 생산하고 기계화 정도가 높아 관료제와 같은 기계적 구조에 효과적인 것은 대량생산 기술이라고 주장하였다.
② 톰슨은 업무 처리 과정에서 일어나는 조직 간·개인 간 상호의존도를 기준으로 중개적 기술, 길게 연결된 기술, 집약적 기술로 분류하였고, 종합병원처럼 집약적 기술이 필요한 조직은 부정기적 회의 등을 통한 상호적응에 의한 조정이 중요하다고 주장하였다. 한편 수직적 조정이 중요한 유형은 중개적 기술이다.
④ 상황론적 조직이론에서는 정책결정자가 환경에 대한 충분한 정보를 가지지 못하므로 환경이 조직구조에 영향을 미친다고 본다.

▶ **페로우(Perrow)의 기술 유형론**

구분		과제의 다양성	
		낮음	높음
문제의 분석 가능성	낮음	기예적 기술	비일상적 기술
	높음	일상적 기술	공학적 기술

정답: ③

03

2015 경찰간부

다음 중 조직구조의 특성지표에 관한 설명 중 가장 옳지 않은 것은?

① 환경이 불확실하고 복잡성이 높을수록 사업의 변동률이 높아진다.
② 비일상적인 기술을 사용하는 조직일수록 복잡성은 높은 반면, 공식화의 정도는 낮아진다.
③ 하위조직단위 간 횡적조정이 어려워 이를 조정해야 하는 경우 분권화의 필요성이 커진다.
④ 규모가 클수록 비정의성(impersonality)이 높아지고 집단의 응집성은 약해진다.

정밀해설

③ 하위조직단위 간 횡적조정이 어려워 이를 조정해야 하는 경우는 집권화의 필요성이 커진다.
① 환경이 불확실할수록, 복잡성이 높을수록 공식성이 낮아지므로 사업의 변동률이 높아진다.
② 비일상적인 기술을 사용할수록 복잡성은 높고 공식화의 정도가 낮아 재량의 여지가 많다.
④ 규모가 클수록 비정의성이 높아지고 응집력이 낮아지며 보수성을 띠게 된다.

정답 : ③

04

2014 국가 7급

조직구조 및 유형의 특성에 대한 설명으로 옳은 것은?

① 애드호크라시는 공식화 정도가 높고 분권화되어 있으며, 수직적 분화가 심한 특징을 보여주고 있다.
② 공식화는 자원배분을 포함한 의사결정 권한이 조직의 상하 직위 간에 어떻게 분배되어 있는가를 의미한다.
③ 복잡성은 조직이 얼마나 나누어지고 흩어져 있는가의 분화 정도를 말하며, 수평적·수직적·공간적 분화 등으로 세분화할 수 있다.
④ 집권화는 업무수행 방식이나 절차가 표준화되어 있는 정도를 의미하며 직무기술서, 내부규칙, 보고체계 등의 명문화 정도로 측정할 수 있다.

정밀해설

③ 복잡성은 조직의 분화 정도를 의미하는 것으로, 조직이 얼마나 흩어져 있는가에 따라 수평적·수직적·공간적 분화로 구분한다.
① 애드호크라시는 공식화 정도가 낮고 분권화되어 있으며, 수직적 분화가 심한 특징을 보여주고 있다.
② 집권화는 자원배분을 포함한 의사결정 권한이 조직의 상하 직위 간에 어떻게 분배되어 있는가를 의미한다.
④ 공식화는 업무수행 방식이나 절차가 표준화되어 있는 정도를 의미하며 직무기술서, 내부규칙, 보고체계 등의 명문화 정도로 측정할 수 있다.

정답 : ③

적중 예상 문제

01 □□□

다음 중 조직의 상황변수에 대한 설명으로 옳은 것은?

① 일상적 기술일수록 복잡성이 높다.
② 환경의 불확실성이 높아지면 집권화된다.
③ Thompson은 교호적 상호작용은 집약적 기술에 필요하다고 보았다.
④ 조직의 규모가 커지면 조직의 응집력과 사기가 증가한다.

정밀해설

③ Thompson의 기술유형론에 따르면 집약적 기술은 조정의 곤란도가 가장 높아 교호적 상호작용이 필요하다.
① 일상적 기술일수록 복잡성이 낮다.
② 환경의 불확실성이 높아지면 분권화된다.
④ 조직의 규모가 커지면 조직의 응집력과 사기가 감소한다.

정답 · ③

02 □□□

조직의 집권화와 분권화의 형성요인에 관한 설명으로 옳은 것은?

① 정보통신기술의 발달은 분권화를 촉진한다.
② 역사가 짧은 신설조직은 선례가 없기 때문에 설립자의 지시에 의존하게 되어 집권화의 경향을 가진다.
③ 급변하는 환경에 적절하게 대응하기 위해서는 집권화가 필요하다.
④ 교통통신의 발달로 상호 유기적인 연계가 강화되면서 분권화가 이루어진다.

정밀해설

② 역사가 짧은 소규모 신설조직은 집권화되기 쉽다.
① 정보통신기술의 발달은 중앙집권적인 업무처리와 신속한 전달을 가능하게 하여 위임의 필요성을 감소시킨다.
③ 급변하는 환경에 적절하게 대응하기 위해서는 분권화가 필요하다.
④ 교통통신의 발달로 상급자나 상급기관의 의사결정에 필요한 정보가 많이 집중될 때 집권화가 촉진된다.

▶ 집권화 촉진요인 vs 분권화 촉진요인

집권화 촉진요인	· 역사가 짧은 소규모 신설조직인 경우 · 교통·통신의 발달 · 경쟁의 격화와 조직의 위기일 경우 · 의사결정의 중요성이 높은 경우 · 하급자나 하급기관의 역량이 부족한 경우 · 규칙과 절차의 발달(높은 공식성) · 권위주의적 문화일 경우 · 분업의 심화 및 기능분립적 구조 설계
분권화 촉진요인	· 조직의 규모 확대 · 변화의 격동성 및 복잡성 · 신속한 의사결정 필요성 증가 · 다수의 유능한 관리자(인적전문화) 존재 · 개인의 창의성 발휘가 요구되는 경우

정답 · ②

03

톰슨(Thompson)의 기술모형에 관한 설명 중 옳지 않은 것은?

① 조직이 사용하는 기술을 길게 연결된 기술(long-linked technology), 중개적 기술(mediating technology), 집약형 기술(intensive technology)로 구분하여 설명하였다.
② 집약적 기술을 사용하는 부서의 의존관계는 교호적 상호작용이다.
③ 길게 연결된 기술을 사용하는 경우 표준화가 가능하고, 순차적 의존관계를 지니게 된다.
④ 중개적 기술은 다양한 기술의 복합체로서 종합병원과 같은 곳에서 사용한다.

정밀해설

④ 중개적 기술(mediating technology)은 집합적 의존관계에 있는 고객들을 연결하는 기술로서 은행·부동산 거래기관과 같은 곳에서 사용하며, 표준화를 추구한다. 다양한 기술의 복합체로서 종합병원과 같은 곳에서 사용하는 기술은 집약적 기술이다.

정답 : ④

04

C. Perrow는 조직의 기술을 네 가지로 구분하였다. 이에 대한 설명 중 옳지 않은 것은?

① 공학적 기술의 경우 과제의 다양성과 문제의 분석 가능성이 모두 높아 직무수행이 복잡하다.
② 일상적 기술의 경우 의사결정이 집권화되며 계획에 의한 조정이 이루어진다.
③ 비일상적 기술의 경우 의사결정이 분권화되며 과제를 해결하기 위한 방법을 탐색하는 절차가 매우 복잡하다.
④ 장인적 기술의 경우 과제의 다양성이 높고 문제의 분석 가능성은 낮아 문제해결이 어렵다.

정밀해설

④ 장인적 기술의 경우 과제의 다양성이 낮고 문제의 분석 가능성도 낮아 문제해결이 어렵다.

▶ 페로우(Perrow)의 기술 유형론

구분	분석 가능성	과제 다양성	조직 구조	특징
일상적 기술	높음	낮음	기계적, 집권적	넓은 통솔범위, 수직적 의사소통
공학적 기술	높음	높음	다소 기계적, 다소 집권적	
장인적 기술	낮음	낮음	다소 유기적, 다소 분권적	
비 일상적 기술	낮음	높음	유기적, 분권적	좁은 통솔범위, 수평적 의사소통

정답 : ④

THEME 051 공식·비공식 조직, 계선·참모기관, 위원회

1 공식·비공식 조직

공식조직(집단)	비공식조직(집단)
조직의 목표달성을 위하여 존재	감정·욕구의 충족을 위하여 존재
인위적 조직	자연발생적 조직(자생적 집단)
비인격적·제도적 관계, 명문화	인격적·비제도적 관계, 대면관계
전체적 질서	부분적 질서
가시적 조직	비가시적 조직
수직적 관계	수평적 관계
권한이 상층부로부터 위임됨	권위가 구성원들로부터 부여됨

2 계선·참모기관

구분	계선(보조)기관	참모(보좌)기관
장점	• 권한과 책임의 한계 명확 • 신속하고 능률적 • 결정·명령·집행권 • 계층제 형태 • 강력한 통솔력	• 기관장의 통솔범위 확대 • 업무조정 및 전문지식의 활용-행정의 전문화 • 인격적 보완체 • 기관간 조정
단점	• 기관책임자의 독단적 결정 • 부문간 조정 곤란-할거주의 • 조직의 경직성 및 비민주성	• 조직의 복잡성 • 계선과 참모의 갈등 발생 • 계선과의 알력 및 전문가적 무능

※ 행정농도: 일반적으로 선진국은 행정농도가 높고, 후진국은 낮다(Pondy).

3 위원회

구분	특징	예
자문위원회	관청적 성격과 구속력 없음, 대통령령으로 설치 가능	경제사회노동위원회
조정위원회	자문적 성격 / 구속력과 관청적 성격 없음	경제관계장관회의
	의결적 성격 / 구속력과 관청적 성격 있음	중앙노동위원회, 환경분쟁조정위원회 등
행정위원회	준사법적 의결기능, 관청적 성격과 구속력 있음, 법적 근거에 의해 설치, 국민에 대한 권익과 관련된 의사결정(엄밀한 의미의 위원회, 합의제 행정관청)	소청심사위원회, 중앙해양안전심판원, 국제심사위원회 등
독립규제위원회	1887년 미국 주간통상위원회가 시초, Brownlow 위원회, 1·2차 Hoover위원회에서 개편 건의	중앙선거관리위원회 등

※ 국무총리 소속 행정위원회: 국민권익위원회, 공정거래위원회, 금융위원회, 원자력안전위원회, 개인정보보호위원회
※ 대통령 소속 행정위원회: 방송통신위원회, 규제개혁위원회

OX 기출분석

01 ☐☐☐ 21 국가 7급
계선은 부하에게 업무를 지시하고, 참모는 정보제공, 자료분석, 기획 등의 전문지식을 제공한다.
O X

해설
계선은 부하에게 업무를 지시하고 조직의 목표달성에 직접적으로 기여하는 구조이고, 참모는 계선을 지원하고 자문, 보좌하는 구조이다.

02 ☐☐☐ 21 경찰간부
공정거래위원회, 방송통신위원회는 대통령 직속 행정위원회에 해당한다.
O X

방송통신위원회는 대통령 직속 행정위원회에, 공정거래위원회는 국무총리 소속 행정위원회에 해당한다.

03 ☐☐☐ 19 행정사
국가과학기술자문회의, 공정거래위원회, 금융위원회는 모두 국무총리 소속기관이다.
O X

국가과학기술자문회의는 대통령 소속의 자문기관이다.

04 ☐☐☐ 19 국가 9급
위원회 조직은 결정에 대한 책임의 공유와 분산을 특징으로 한다.
O X

05 ☐☐☐ 18 지방 9급
보조기관이란 행정기관이 그 기능을 원활하게 수행할 수 있도록 그 기관장을 보좌함으로서 행정기관의 목적달성에 공헌하는 기관을 말한다.
O X

보좌기관이란 행정기관이 그 기능을 원활하게 수행할 수 있도록 그 기관장을 보좌함으로서 행정기관의 목적달성에 공헌하는 기관을 말한다.

06 ☐☐☐ 17 국회 8급
자문위원회는 의사결정의 구속력이 없다.
O X

07 ☐☐☐ 15 국회 9급
계선기관은 권한 및 책임의 한계의 명확성, 신속한 결정력, 업무수행의 능률성 등의 장점이 있다.
O X

08 ☐☐☐ 14 지방 7급
보좌기관이 보조기관보다는 더 현실적이고 보수적인 속성을 가질 가능성이 높다.
O X

보조기관이 보좌기관보다 현실적이고 보수적인 결정을 할 가능성이 높다. 보좌기관은 오히려 전문성을 바탕으로 혁신적인 속성을 지닌다.

정답 01 O 02 X 03 X 04 O 05 X 06 O 07 O 08 X

핵심 기출 문제

01　2020 해경승진

보조기관과 보좌기관에 대한 설명으로 가장 옳지 않은 것은?

① 보조기관은 위임·전결권의 범위 내에서 의사결정과 집행의 권한을 가진다.
② 보좌기관은 정책에 대한 최종적인 책임을 지지 않는 경우가 많으며 보조기관과 갈등을 유발할 수도 있다.
③ 보좌기관이 보조기관보다는 더 현실적이고 보수적인 속성을 가질 가능성이 높다.
④ 보좌기관은 목표달성 및 정책수행에 간접적으로 기여한다.

정밀해설

③ 보조기관은 현실적이고 보수적이지만 보좌기관은 개혁적이고 이상적인 속성을 가질 가능성이 높다.
① 보조기관은 계선의 하부조직으로, 행정기관의 의사 또는 판단의 결정이나 표시를 보조하며 위임의 범위 내에서 직접 결정하기도 한다.
② 보좌기관은 행정기관이 그 기능을 원활하게 수행할 수 있도록 그 기관장이나 보조기관을 보좌하는 것으로, 정책에 대한 최종적인 책임을 지지 않는 경우가 많다.
④ 보좌기관은 행정기관의 목적 달성에 간접적으로 공헌한다.

정답 : ③

02　2018 국가 9급

행정기관에 대하여 관계법령에 규정된 내용으로 옳은 것은?

① 부속기관이란 행정권의 직접적인 행사를 임무로 하는 기관에 부속하여 그 기관을 지원하는 행정기관을 말한다.
② 보조기관이란 행정기관이 그 기능을 원활하게 수행할 수 있도록 그 기관장을 보좌함으로써 행정기관의 목적달성에 공헌하는 기관을 말한다.
③ 하부기관이란 중앙행정기관에 소속된 기관으로서, 특별지방행정기관과 부속기관을 말한다.
④ 방송통신위원회, 공정거래위원회, 소청심사위원회 등은 행정기관의 소관 사무에 관하여 자문에 응하거나 조정, 협의, 심의 또는 의결 등을 하기 위해 복수의 구성원으로 이루어진 합의제 기관으로서 행정기관이 아니다.

정밀해설

① 부속기관은 교육훈련기관, 시험연구기관, 문화기관 등 부수적 업무를 담당하는 기관으로 행정권의 직접적인 행사를 임무로 하는 기관에 부속되어 그 기관을 지원하는 행정기관이다.
② 보좌기관에 대한 설명이다. 보조기관은 행정기관의 의사나 판단의 결정이나 표시를 보조하는 기관으로 행정기관의 목적달성에 공헌하는 기관을 말한다.
③ 소속기관에 대한 설명이다. 하부기관은 보조기관과 보좌기관을 의미한다.
④ 방송통신위원회, 공정거래위원회, 소청심사위원회는 합의제 기관으로 행정기관에 해당한다.

정답 : ①

03

2017 국회 8급

다음 중 위원회조직에 대한 설명으로 옳지 않은 것은?

① 의결위원회는 의사결정의 구속력과 집행력을 가진다.
② 자문위원회는 의사결정의 구속력이 없다.
③ 토론과 타협을 통해 운영되기 때문에 상호 협력과 조정이 가능하다.
④ 위원 간 책임이 분산되기 때문에 무책임한 의사결정이 발생할 수 있다.
⑤ 다양한 정책전문가들의 지식을 활용할 수 있으며 이해관계자들의 의견 개진이 비교적 용이하다.

정밀해설

① 의결위원회는 자문위원회와 행정위원회의 중간적 성격을 가진 위원회로 의사결정의 구속력은 있지만 집행권은 없다.
② 자문위원회는 특정 개인 또는 조직 전체에 대한 자문을 목적을 설치된 일종의 참모기관·보조기관적 성격을 지닌 위원회로 의사결정의 구속력이 없다.
③ 많은 경험이나 지식 등을 모아 결정함으로 합리적이고 창의성 있는 결정이 가능하며 이견의 조정과 통합이 가능하다.
④ 구성원이 복수이므로 위원간의 책임이 분산되며 책임전가의 현상이 발생할 수 있다.
⑤ 다양한 전문지식과 기술을 활용할 수 있으며 다양한 의견을 반영하여 결정하는데 비교적 용이하다.

▶ 위원회의 장단점

장점	· 결정의 신중성 및 공정성 · 합리적이고 창의적인 결정 · 행정의 안정성 및 계속성 확보 · 이견의 조정과 통합
단점	· 경비·시간·노력 낭비 · 타협적 결정 및 기밀의 누설 우려 · 정책결정의 정당화 수단 · 책임의 분산 및 사무기구의 우월화

정답 : ①

04

2012 경정승진

조직은 성립과정이 인위적인지 여부에 따라 공식적 조직과 비공식적 조직으로 분류할 수 있다. 행정조직 내 비공식적 조직에 관한 설명 중 가장 적절하지 않은 것은?

① 비공식적 조직은 사회적 욕구충족을 위해 어디까지나 공식적 조직 내에서 발생하는 조직을 말한다.
② 비공식적 조직은 각 구성원이 지켜야 할 행동규범을 확립하여 사회적 통제의 기능을 수행한다.
③ 비공식적 조직을 파악하는 데는 연결망 분석의 일종인 소시오메트리(Sociometry) 기법이 유용할 수 있다.
④ 비공식적 조직은 비밀정보망으로 기여하게 되며 이는 공식조직의 응집력을 높이는 작용을 한다.

정밀해설

④ 비공식적 조직은 공식목표와는 무관한 비밀정보망으로 기여하게 되며 이는 공식조직의 응집력을 저하시키는 작용을 한다.
① 공식조직 내에 존재하는 부분적 질서로서 복합적·다기능적 기능을 수행한다.
② 행동규범의 공유와 사회적 통제라는 순기능이 있다.
③ 소시오메트리 기법이란 집단 내 행위자에게 지시와 질문을 통하여 수집한 자료를 활용하여 행위자들 간의 견인, 반발, 무관심의 심리적 행태를 분석하고 그 강도와 빈도를 측정함으로써 개인의 관계위치, 그리고 집단 자체의 구조나 상태를 연구하는 것이다.

정답 : ④

적중 예상 문제

01 ☐☐☐

조직구조의 공식성에 대한 설명으로 옳은 것은?

① 공식화의 수준이 높아지면 일의 전문화는 촉진되지만, 인적 전문화는 저해된다.
② 기계적 조직보다 유기적 조직에서 공식성이 높다.
③ 공식성이 높아지면 조직의 사업변동률이 증가한다.
④ 높은 공식성은 red-tape 현상, 과잉동조를 감소시킨다.

정밀해설

① 공식화는 명문화된 정도를 의미하는 것으로 공식화의 수준이 높아지면 일의 전문화는 촉진되나 인적 전문화는 저해된다.
② 유기적 조직보다 기계적 조직에서 공식성이 높다.
③ 공식성이 높아지면 조직의 사업변동률이 감소한다.
④ 높은 공식성은 red-tape 현상, 과잉동조를 증가시킨다.

정답 : ①

02 ☐☐☐

참모기관(막료기관)의 순기능에 대한 설명으로 가장 옳지 않은 것은?

① 합리적·창의적·개혁적 결정을 가능하게 한다.
② 권한과 책임의 한계를 분명히 하는 장치가 된다.
③ 계선의 통솔범위를 확대시켜 주고 수평적 업무조정을 할 수 있다.
④ 국민에게 간접접촉을 함으로써 2차적 책임을 진다.

정밀해설

② 권한과 책임의 한계를 분명히 하는 장치가 되는 것은 계선기관이다.

▶ **계선(보조)기관 vs 참모(보좌)기관**

계선(보조)기관	참모(보좌)기관
· 권한과 책임의 한계 명확	· 기관장의 통솔범위 확대
· 신속하고 능률적	· 업무조정 및 전문지식의 활용·행정의 전문화
· 소규모 조직에 적합	· 대규모 조직에 적합
· 조직의 안정성 확보	· 조직의 신축성 및 동태성 확보
· 결정·명령·집행권	· 합리적 결정
· 계층제 형태	· 인격적 보완체
· 강력한 통솔력	· 기관간 조정
· 현실적 조직	· 개혁적 조직

정답 : ②

03

독립규제위원회에 대한 설명으로 옳지 않은 것은?

① 미국의 주간통상위원회에서 기원하였다.
② 준입법·준사법적 성격이 강하다.
③ 위원회의 결정은 법적 구속력이 있다.
④ 우리나라의 환경분쟁조정위원회, 중앙노동위원회가 대표적이다.

정밀해설

④ 환경분쟁조정위원회, 중앙노동위원회는 조정위원회의 대표적인 예이다.
① 미국의 주간통상위원회가 최초의 독립규제위원회이다.
② 독립규제위원회는 준입법·준사법적 성격을 갖는 위원회이다.
③ 독립규제위원회의 결정은 법적 구속력이 강하다.

정답 : ④

04

비공식적 조직의 역기능에 관한 설명 중 가장 적절하지 않은 것은?

① 파벌조성으로 공식조직의 응집력 약화 우려
② 관리자의 소외 및 공식권위의 약화
③ 정실행위의 원천
④ 공식조직의 경직성 심화 우려

정밀해설

④ 비공식적 조직은 공식조직의 경직성을 완화하고, 적응성을 증진시킨다.
①, ②, ③ 비공식적 조직은 공식목표와는 무관한 비밀정보망으로 기여하게 되며, 이는 공식조직의 응집력을 저하시키는 작용을 한다. 또한 압력단체로서의 역할을 하며 정실행위의 원천이 된다.

정답 : ④

THEME 052 관료제

1 Weber의 이념형 관료제

권위	지배	관료제	내용
전통적 권위	전통적 지배	가산관료제	인격적 지배, 관직의 사유화
카리스마적 권위	카리스마적 지배	카리스마적 관료제	지배자의 개인적 특성에 의존
합법적·합리적 권위	합법적·합리적 지배	합법적·합리적 관료제	계층제, 문서주의, 공사구분, 몰인격성 등

2 관료제의 특징과 한계

특징	순기능	역기능
계층제	조직 내의 수직적 분업체계, 질서유지, 명령·복종체계 수립	조직 내 의사소통의 왜곡과 지연, 무사안일주의, 상급자의 권위에의 의존, 책임의 회피와 전가, 권력의 집중현상
법·규칙의 강조	조직구조의 공식성 제고, 조직 활동과 절차의 정확성 촉진, 공평·공정·통일적인 업무수행, 조직 활동의 객관성·예측가능성·일관성 확보	동조과잉, 목표전환, 획일성과 경직성, 조직목표와 성과의 차질, 변화에 대한 저항, 반응성의 결여, 형식주의, 무사안일주의
비인간화 (비정의성)	객관적 사실과 법규에 근거한 행정발전 촉진, 공평무사한 업무처리	비인간적인 관료양성, 조직구성원의 기계화·소외·부적응에 따른 인격적 관계의 상실
연공서열 중시	직업공무원제 발전, 행정의 안정과 재직자 보호	'Peter의 원리'의 작용에 따른 무능력자의 승진과 무자격자의 보호(Veblen)
전문화	전문행정가 양성, 행정능률 증진	훈련된 무능에 따른 좁은 시야와 포괄적 통제력의 부족, 전문직업적 정신이상현상, 할거주의에 따른 조정·협조의 곤란
문서주의	직무수행의 공식성과 객관성 확립, 결과 보존	형식주의, 의식주의, 서면주의, 번문욕례(red-tape)현상

3 관료제의 평가

① 승진제도는 상승욕구 충족수단
② 법 앞의 평등 실현
③ 신속하고 능률적인 행정(민주적 목표의 능률적 수행)
④ 고도의 합리주의에 바탕을 둔 실적과 능력에 의한 충원, 기회균등

4 관료제의 옹호론

Yates, Goodsell, Wamsley

 블랙스버그(Blacksburg) 선언

(1) 행정의 정당성을 회복하려는 운동(행정재정립운동)
(2) 1980년대 이후 신공공관리론에 대한 반발로 등장
(3) 신행정학 정신을 계승하여 행정의 규범적 역할을 강조, 직업공무원제 옹호

OX 기출분석

01 ☐☐☐ 20 국회 8급
베버(Weber)가 주장했던 이념형 관료제에서는 엄격한 계서제에 따라 상대방의 지위를 고려하여 법규를 적용한다. ○ ✕

> **해설**
> 관료제는 법규와 규정에 따라 업무를 객관적으로 처리하는 비개인화를 특징으로 하므로 상대방의 지위를 고려하지 않는다.

02 ☐☐☐ 17 국가 9급(추)
베버(M. Weber)가 주장한 이념형(ideal type)으로서의 근대 관료제에서 관료는 계급과 근무연한에 따라 정해진 금전적 보수를 받는다. ○ ✕

03 ☐☐☐ 16 국가 7급
관료제는 소수의 상관과 다수의 부하로 구성되는 피라미드 형태를 취하며, 과두제(oligarchy)의 철칙이 나타날 수 있다. ○ ✕

04 ☐☐☐ 16 경정승진
관료제는 엄격한 계층제의 확립과 실적 중심의 인사로 인간의 능력상 차이를 반영하기 어렵다. ○ ✕

> 관료제는 엄격한 계층제의 확립과 실적 중심의 인사로 인간의 능력상 차이를 반영할 수 있다.

05 ☐☐☐ 15 국가 7급
베버(Weber)는 정당성을 기준으로 권위의 유형을 전통적 권위, 카리스마적 권위, 법적·합리적 권위로 나누었는데, 근대적 관료제는 법적·합리적 권위에 기초를 두고 있다고 주장한다. ○ ✕

06 ☐☐☐ 14 서울 7급
이상적인 관료제는 비정의성에 따라 움직이며 정치적 전문성에 의해 충원되는 제도를 갖는다. ○ ✕

> 정치적 전문성이 아닌 기술적 전문성에 의해 충원되는 특징을 지닌다.

07 ☐☐☐ 14 국회 9급
베버가 제시한 관료제는 협업구조, 계층구조, 문서화된 법규, 비정의적 행동, 실적주의의 특성을 지닌다. ○ ✕

> 협업구조가 아니라 분업구조이다.

08 ☐☐☐ 13 지방 9급
베버의 관료제론에 의하면 규칙에 의한 규제는 조직에 계속성과 안정성을 제공한다. ○ ✕

정답 01 ✕ 02 ○ 03 ○ 04 ✕ 05 ○ 06 ✕ 07 ✕ 08 ○

핵심 기출 문제

01 　　　　　　　　　　　　　　　　　　　　　　　2023 지방 9급

블랙스버그 선언(Blacksburg Manifesto)과 행정재정립운동(refounding movement)에 대한 설명으로 옳지 않은 것은?

① 블랙스버그 선언은 행정의 정당성을 침해하는 정치·사회적 상황을 비판했다.
② 행정재정립운동은 직업공무원제를 옹호했다.
③ 행정재정립운동은 정부를 재창조하기보다는 재발견해야 한다고 주장했다.
④ 블랙스버그 선언은 신행정학의 태동을 가져왔다.

정밀해설

④ 블랙스버그 선언은 1980년대 신공공관리론에 대한 반발로 등장하였으며, 행정의 정당성 회복을 목적으로 한다. Waldo의 규범이론을 계승한 것으로, 신행정학의 정신을 계승하고 있다.

정답 : ④

02 　　　　　　　　　　　　　　　　　　　　　　　2020 국회 8급

베버(Weber)가 주장했던 이념형 관료제의 특징으로 옳은 것만을 <보기>에서 모두 고르면?

―< 보기 >―
ㄱ. 지도자 개인의 카리스마가 아니라 성문화된 법령이 조직 내 권위의 원천이 된다.
ㄴ. 엄격한 계서제에 따라 상대방의 지위를 고려하여 법규를 적용한다.
ㄷ. 관료는 업무 수행에 대한 대가로 정기적으로 일정한 보수를 받는다.
ㄹ. 모든 직무수행과 의사전달은 구두가 아니라 문서로 이루어지는 것이 원칙이다.
ㅁ. 권한은 사람이 아니라 직위에 부여되는 것이다.

① ㄱ, ㄴ
② ㄴ, ㅁ
③ ㄱ, ㄷ, ㄹ
④ ㄱ, ㄷ, ㄹ, ㅁ
⑤ ㄴ, ㄷ, ㄹ, ㅁ

정밀해설

④ ㄱ, ㄷ, ㄹ, ㅁ이 옳은 내용이다.
ㄱ. [O] 베버의 관료제는 개인의 카리스마가 아니라 합법적 권력을 그 원천으로 한다.
ㄷ. [O] 규칙적으로 급료를 지불받는 직업관료제를 전제로 한다.
ㄹ. [O] 권한과 책임한계를 분명히 하기 위해 문서위주의 행정을 원칙으로 한다.
ㅁ. [O] 권한은 사람이 아니라 직위에 부여되는 것으로, 점직자(직위를 점한 사람)가 바뀌어도 그 직위에 부여된 권한은 변함이 없다.
ㄴ. [×] 상대방(민원인)의 지위나 신분, 여건 등을 무시하고 법규와 규정에 따라 업무를 객관적으로 처리하는 비개인화를 특징으로 한다.

정답 : ④

03

2017 경찰간부

관료제의 병폐(역기능)에 관한 설명으로 옳은 것은?

① 훈련된 무능이란 관료들이 편협한 안목으로 인해 전체이익 보다는 특수이익에 집착하게 만드는 병폐를 의미한다.
② Merton은 관료제의 역기능 모형에서 권한위임과 전문화가 동조과잉을 초래하여 할거주의를 야기시키는 원인이 된다고 보았다.
③ 상관의 계서적 권한과 부하의 전문적 권력이 이원화됨에 따라 발생하는 병폐를 인격의 상실 또는 인간적 발전의 저해라고 한다.
④ Blau & Thompson은 관료제 조직 내 인격적 관계의 상실로 인한 조직구성원의 심리적 불안감이 현상유지적 행태를 초래하고, 이로 인해 관료제는 동조과잉이나 변동에의 저항 등 역기능을 나타낸다고 본다.

정밀해설

④ 블라우와 톰슨은 조직 내의 사회적 관계에 대한 개인적 심리의 불안정성이 병리의 원인이 되며 이는 인간적 유대를 저해하고, 이로 인한 관료제는 동조과잉을 초래한다고 보았다.
① 관료들이 편협한 안목으로 인해 전체이익보다는 특수이익에 집착하게 만드는 병폐를 의미하는 것을 할거주의다. 한편 훈련된 무능은 하나의 기술과 분야에 대하여 훈련받고 그것을 준수하도록 길들여진 사람은 다른 분야에 대한 몰이해로 바뀌어져 오히려 무능이 촉진되는 현상을 의미한다.
② 동조과잉이란 법규의 엄격한 적용과 준수로 관료는 목표의 달성보다 수단인 규칙·절차를 중시하는 현상으로, Merton은 관료제의 역기능 모형에서 규칙의 엄수가 동조과잉을 초래한다고 보았다.
③ 상관의 계서적 권한과 부하의 전문적 권력이 이원화됨에 따라 발생하는 병폐를 권력구조의 이원화라고 한다. 한편 인간적 발전의 저해 또는 인격의 상실은 집권적·권위적인 통제와 법규 위주의 지나친 몰인간성이나 몰인정성은 조직내의 인간관계와 비공식적 요인을 소홀히 하는 현상을 말한다.

정답 : ④

04

2011 지방 7급

베버(M. Weber)의 관료제에 대한 비판론자들이 있다. 그들이 주장하는 관료제의 병폐에 대한 설명으로 옳은 것은 모두 고른 것은?

> ㄱ. 조직구성원은 한 가지의 지식 또는 기술에 관하여 훈련받고 기존규칙을 준수하도록 길들여지기 때문에 변동된 조건 하에서는 대응이 어렵게 된다.
> ㄴ. 권한과 능력의 괴리, 상위직으로 갈수록 모호해지는 업적평가기준, 조직의 공식적 규범을 엄격하게 준수해야 한다는 압박감 등으로 조직구성원들이 불안해지므로 더욱 더 권위주의적인 행태를 가지게 된다.
> ㄷ. 상관의 계서적 권한과 부하의 전문적 권력이 이원화됨에 따라 조직 내에서 갈등이 발생하게 되어 조직구성원들의 불만이 증대된다.
> ㄹ. 집권적이고 권위주의적인 통제와 법규우선주의, 그리고 몰인격적(impersonal) 역할관계는 조직구성원의 사회적 욕구충족을 저해하며 그들의 성장과 성숙을 방해한다.

① ㄱ, ㄹ
② ㄱ, ㄴ, ㄷ
③ ㄴ, ㄷ, ㄹ
④ ㄱ, ㄴ, ㄷ, ㄹ

정밀해설

④ ㄱ, ㄴ, ㄷ, ㄹ 모두 옳은 내용이다.
ㄱ. [O] 관료제의 병폐 중 베블린이 제시한 훈련된 무능에 대한 설명이다.
ㄴ. [O] 권위주의적 행태의 조장은 관료제의 병폐 중 하나이다.
ㄷ. [O] 권력구조의 이원화와 갈등에 의해 갈등을 유발하고 조직 내 비효율을 발생시킨다.
ㄹ. [O] 관료제는 인간적 발전을 저해시키는 문제를 야기한다.

정답 : ④

적중 예상 문제

01 □□□

다음 중 블랙스버그 선언(Blacksburg Manifesto)에 대한 설명으로 옳지 않은 것은?

① 1980년대 웜슬리, 울프 등이 행정의 정당성 회복을 목적으로 주장하였다.
② Waldo의 규범이론을 비판하면서 공무원의 행동규범을 위한 구체적 대안을 제시하였다.
③ 행정의 규범과 가치 및 정당성을 향상하기 위한 행정재정립운동이다.
④ Goodsell은 행정의 전문직업주의를 강조하였다.

정밀해설

② 신공공관리론에 대한 반발이며, 왈도의 규범이론을 계승하였다.

▶ 블랙스버그 선언

블랙스버그 선언은 1980년대 중반의 미국 내 개혁운동으로 웜슬리(Wamsley), 굳셀(Goodsell), 울프(Wolf), 로어(Rohr), 그리고 화이트(White)가 1987년 공동선언하였다. 후기 관료제모형이나 신공공관리론에 대한 반발로 나타나 행정의 정당성 회복을 주 목적으로 한다.

정답 : ②

02 □□□

<보기> 중 관료제의 병폐에 관한 설명으로 옳지 않은 것은 모두 몇 개인가?

―< 보기 >―

ㄱ. 피터의 원리는 관료들의 권한행사영역이 계속 확장되는 것을 의미한다.
ㄴ. 할거주의는 한 가지 지식 또는 기술에 대해 훈련받고 기존 규칙을 준수하도록 길들여진 사람이 다른 대안을 생각하지 못하는 것을 의미한다.
ㄷ. 번문욕례(red tape)는 쇄신과 발전에 대해 수용적이며 고객과 환경의 요청에 적절히 대응하는 관료적 행태를 의미한다.
ㄹ. 권위주의는 관료들의 편협한 안목을 의미하며 직접적인 고객의 특수이익에 묶여 전체이익을 망각하는 경향을 의미한다.

① 4개 ② 3개
③ 2개 ④ 1개

정밀해설

① 모두 틀리다.
ㄱ. [×] 관료들의 지속적 권한 확장은 파킨슨의 법칙 내지는 관료제국주의에 해당한다.
ㄴ. [×] 훈련된 무능이다.
ㄷ. [×] 번문욕례는 문서와 형식에 얽매여 쇄신과 발전에 저항적인 행태를 보이는 것이다.
ㄹ. [×] 국지주의 내지 할거주의를 말한다.

정답 : ①

03

베버(Max Weber)가 주장한 관료제의 기술적 우월성에 대한 설명으로 옳지 않은 것은?

① 관료제는 법적·합리적 권한에 의해 구조화된 조직이므로 보편성에 근거한 객관적 업무수행이 용이하다.
② 관료제를 합리적 대규모 조직체로 봄으로써 공식적·비공식적 집단의 참여가 허용되는 대규모 조직의 운용이 가능하다.
③ 관료제 내의 직위를 계서적으로 배열함으로써 업무능률을 향상시키고 조정을 용이하게 한다.
④ 전문적 관료들이 업무를 계속해서 수행하므로 업무가 신속·정확하고 장기적으로 보면 업무수행의 비용이 적게 든다.

정밀해설

② 비공식적 요인과 참여형 관리방식의 중요성은 인간관계론에서 나타났다.

정답 : ②

04

막스 베버가 제시한 이념적인 조직형태인 관료제의 특성으로 옳지 않은 것은?

① 문서주의의 행정을 실시한다.
② 법규에 의한 지배를 추구한다.
③ 고용관계의 자유계약성을 띤다.
④ 국민의 어려운 사정이나 개별적 여건을 고려한다.

정밀해설

④ 비정의적·비개인적 업무 수행을 중시하는 비개인화 내지는 몰인간적인 특징이 나타나므로 국민 개개인의 어려운 사정이나 개별적 요건을 고려하지 않는 보편타당한 행정을 추구한다.
① 직무의 수행은 문서에 의거하여 이루어지며, 직무수행 결과는 문서로 기록·보존된다.
② 관료의 권한과 직무범위는 법규에 의해 규정되며, 상관의 권한은 업무활동에 한정된다.
③ 쌍방의 자유의사에 따른 자유로운 계약이 형성된다.

정답 : ④

THEME 053 탈관료제

1 관료제 이론에 대한 비판·수정론

연대	학자	내용
1930	미국사회학자	① Merton: 동조과잉, 목표전환 등 역기능의 무시 ② Selznick: 환경의 불고려, 할거주의(전문화의 역기능) ③ Thompson, Blau: 조직 내 개인의 불안정성(개인의 소외) ④ Gouldner: 비인간적 규칙 제정
1960	발전행정론자	계층제의 완화·수정, 전문가의 편협한 시야 극복, 행정의 합목적성 강조
1970	신행정론자	비계층적·탈관료적 조직형태 모색, 관료제의 종말 주장

2 탈관료제 모형의 일반적 경향(McCurdy)

① 경계관념의 타파
② 계층제 타파 및 잠정성의 강조
③ 낮은 조직구조변수
④ 집단적·협동적 노력의 강조
⑤ 임무와 능력의 중시(일 중심주의)
⑥ 직업적 유동성

 탈관료제 모형

Golembiewski의 견인이론, Bennis의 유기적 구조, Kirkhart의 연합적 이념형, White의 변증법적 조직, Thayer의 계서제 없는 조직

3 관료제 병리현상과 쇄신방향

구분	병리현상	쇄신방향
구조적인 측면	① 할거주의(sectionalism) ② 갈등조정 수단 부족 ③ 전문가적 무능(Veblen), 훈련된 무능 현상 ④ 조직의 활력 상실	① 조직동태화(임시조직, 문제해결조직, 위원회 제도, 막료기구의 활성화) ② 참여 및 의사전달의 촉진 ③ 분권화와 권한위임의 촉진 ④ 보수·상벌제도 개선
행태적·인간적 측면	① 무사안일주의(변화에 대한 저항) ② 인간성 상실 ③ 이기주의(관료제적 이익추구)	① 고객지향적 행정행태 확립 ② 행정윤리의 확립 ③ 행정관리의 민주화 ④ 전문직업의식 확립
환경적 측면	① 서면주의, 형식주의, 번문욕례(red tape) ② 목표·수단의 전도현상, 동조과잉 ③ 환경적응능력 부족	① 사회환경의 정화 ② 국민의식수준 향상 ③ 관료제에 대한 민주적 통제 강화
조직관리적 측면	① 정보의 독점 ② 위계적 조직 관리, 비민주성 ③ 권력의 독점 ④ 폐쇄적 의사결정	① 정보체계의 개선 ② 쇄신적·변환적 리더십 ③ 조직 내 민주주의의 육성 ④ 정책중심의 체제 육성

OX 기출분석

01 ☐☐☐　　　　　　　　　　　　　　　　　　　　　　23 지방 9급

블랙스버그 선언은 신행정학의 태동을 가져왔다.　　　　　○ ✕

> **해설**
> 블랙스버그 선언은 1980년대 신공공관리론에 대한 반발로 등장하였으며, 행정의 정당성 회복을 목적으로 한다.

02 ☐☐☐　　　　　　　　　　　　　　　　　　　　　　23 국가 9급

재니스(Janis)의 집단사고(groupthink)는 토론을 바탕으로 한 집단지성을 활용한다.　○ ✕

> 집단사고는 집단에 대한 과대평가로 집단이 실패할리 없다는 환상과 동조성에 의한 획일적 조직에서 나타난다.

03 ☐☐☐　　　　　　　　　　　　　　　　　　　　　　22 지방 9급

관료제의 병리현상으로 피터의 원리는 관료들의 세력 팽창 욕구로 인한 기구와 인력의 증대를 나타낸다.　○ ✕

> 피터의 원리(Peter's principle) : 계층제적 관료조직의 구성원이 각자의 능력을 넘는 수준까지 승진함으로써 모든 직위가 무능자로 채워지는 경향이 나타난다.

04 ☐☐☐　　　　　　　　　　　　　　　　　　　　　　18 경찰간부

견인이론(Pull Theory)은 기능의 동질성과 일의 흐름을 중시하며, 권한의 흐름을 하향적·일방적인 것이 아니라 상호적인 것으로 생각한다.　○ ✕

> 견인이론은 기능의 동질성이 아닌 일의 흐름을 중시하며, 권한의 흐름을 하향적·일방적인 것이 아니라 상호적인 것으로 생각한다.

05 ☐☐☐　　　　　　　　　　　　　　　　　　　　　　17 경찰간부

상관의 계서적 권한과 부하의 전문적 권력이 이원화됨에 따라 발생하는 병폐를 인격의 상실 또는 인간적 발전의 저해라고 한다.　○ ✕

> 상관의 계서적 권한과 부하의 전문적 권력이 이원화됨에 따라 발생하는 병폐를 권력구조의 이원화라고 한다.

06 ☐☐☐　　　　　　　　　　　　　　　　　　　　　　17 경찰간부

Blau & Thompson은 관료제 조직 내 인격적 관계의 상실로 인한 조직구성원의 심리적 불안감이 현상유지적 행태를 초래하고, 이로 인해 관료제는 동조과잉이나 변동에의 저항 등 역기능을 나타낸다고 본다.　○ ✕

07 ☐☐☐　　　　　　　　　　　　　　　　　　　　　　12 지방 7급

관료제의 역기능 모형 중 맥커디(McCurdy)모형은 계층제적 관료조직 내에서 구성원이 각자의 능력을 넘는 수준까지 승진하게 된다고 본다.　○ ✕

> 계층제적 관료조직 내에서 구성원이 각자의 능력을 넘는 수준까지 승진하게 된다는 것은 피터의 원리에 대한 설명이다.

08 ☐☐☐　　　　　　　　　　　　　　　　　　　　　　12 경정승진

후기관료제 모형에서는 표준화된 작업구조로 인해 조직구성원들 간의 책임의 한계가 분명하게 나타난다.　○ ✕

> 표준화된 작업구조로 인해 조직구성원들 간의 책임의 한계가 분명하게 나타나는 것은 전통적 정부관료제 모형이다.

정답 01 ✕　02 ✕　03 ✕　04 ✕　05 ✕　06 ○　07 ✕　08 ✕

핵심 기출 문제

01 □□□ 2023 국가 9급

재니스(Janis)의 집단사고(groupthink)의 특성에 해당하지 않는 것은?

① 토론을 바탕으로 한 집단지성의 활용
② 침묵을 합의로 간주하는 만장일치의 환상
③ 집단적 합의에 대한 이의 제기에 대한 자기 검열
④ 집단에 대한 과대평가로 집단이 실패할 리 없다는 환상

정밀해설

① 집단사고는 집단 내 응집성과 합의를 강조하면서 비판적 사고가 제시되지 못하고, 토론과 검토가 충분히 이루어지지 않을 때 집단의 결정이 잘못된 의사결정으로 나타나는 현상이다.

▶ 관료제의 병리에 대한 학자들의 주장

M.Janowitz	관료제가 민주적 합의에 기초하지 않고 균형을 잃을 경우 전체적이거나 굴종적 관료제가 됨
Downs	관료제의 영역투쟁
Corzier	'관료제적 현상론'에서 관료제의 몰인간성 등 병리현상은 그 자체의 과오로부터 배워서 행동을 바로 잡을 수 없는 조직(병리의 악순환 현상)
S.N.Eisenstadt	과잉관료제와 역관료제 현상 지적
Bennis	'관료제 너머'에서 관료제의 종언을 예고
S.Claire	관료제는 시민의 자유를 침해할 위험이 있는 행정통제 초래
Merton	규칙의 엄수가 동조과잉 (목표의 전환) 초래
Selznick	권한위임과 전문화가 전체목표보다는 하위목표에 집착하는 병리의 원인
Gouldner	부하를 통제하기 위한 규칙이 통제 위주의 관리 초래

정답 : ①

02 □□□ 2025 경찰승진

탈관료제적 조직모형에 관한 설명으로 가장 적절하지 않은 것은?

① 골렘뷰스키(R. Golembiewski)는 조직 내 자유로운 분위기를 조성하고 구성원들이 자발적으로 일하면서 보람과 만족을 느끼는 압력이론(push theory)의 처방에 따라 조직의 구조와 과정을 설계해야 한다고 주장하였다.
② 베니스(W. Bennis)는 문제 중심 구조, 구조의 잠정성·유연성을 통한 환경 변화에의 대응성을 구조설계의 처방으로 제시하였다.
③ 커크허트(L. Kirkhart)는 조직 간의 자유로운 인력 이동을 통한 상황적 응성을 강조하는 연합적 이념형을 주장하였다.
④ 테이어(F. Thayer)는 지배 복종 체제인 계서제의 완전한 타파를 강조하였다.

정밀해설

① 골렘뷰스키는 압력이론(push theory)이 아닌 '견인이론(pull theory)'을 주장했다. 견인이론은 구성원들이 자발적으로 참여하고 싶도록 조직 환경을 조성하는 것을 강조한다.
② 베니스(W. Bennis)는 문제 중심 구조, 구조의 잠정성·유연성을 통한 환경 변화에의 대응성을 구조 설계의 처방으로 제시하였다.
③ 커크허트(L. Kirkhart)는 조직 간의 자유로운 인력 이동을 통한 상황 적응성을 강조하는 연합적 이념형을 주장하였다.
④ 테이어(F. Thayer)는 지배 복종 체제인 계서제의 완전한 타파를 강조하였다.

정답 : ①

03

2018 경찰간부

탈관료제 모형에 관한 다음 설명 중 옳은 것은 몇 개인가?

> 가. 매트릭스 조직은 잦은 대면과 회의를 통해 과업조정이 이루어지기 때문에 신속한 결정이 가능하다.
> 나. 네트워크조직은 업무처리의 신속성과 유연성을 확보하는 데 유리하며, 응집력 있는 조직문화를 만드는 데 유리하다.
> 다. 계서제 없는 조직은 소집단의 연합체 형성, 책임과 권한에 따른 보수의 차등화, 집단 내 또는 집단 간 협동적 과정을 통한 의사결정, 모호하고 유동적인 집단과 조직의 경계 등을 특징으로 한다.
> 라. 견인이론(Pull Theory)은 기능의 동질성과 일의 흐름을 중시하며, 권한의 흐름을 하향적·일방적인 것이 아니라 상호적인 것으로 생각한다.
> 마. 정보화 사회에서는 삼엽조직이나 공동화조직이 확대되고 기획 및 조정기능의 위임과 위탁을 통해 업무가 간소화되기도 한다.

① 없음
② 1개
③ 2개
④ 3개

정밀해설

① 가, 나, 다, 라, 마 모두 틀린 지문이다.
가. [×] 매트릭스 조직은 잦은 대면과 회의를 통해 과업조정이 이루어지기 때문에 시간과 노력의 낭비가 발생하고 신속한 결정이 곤란하다.
나. [×] 네트워크조직은 업무처리의 신속성과 유연성을 확보하는 데 유리하며, 응집력 있는 조직문화를 만드는 데 불리하다.
다. [×] 계서제 없는 조직은 소집단의 연합체 형성, 보수차등 철폐, 집단 내 또는 집단 간 협동적 과정을 통한 의사결정, 모호하고 유동적인 경계 등을 특징으로 한다.
라. [×] 견인이론(Pull Theory)은 기능의 동질이 아닌 일의 흐름을 중시하며, 권한의 흐름을 하향적·일방적인 것이 아니라 상호적인 것으로 생각한다.
마. [×] 정보화 사회에서는 삼엽조직이나 공동화조직이 확대되고 기획 및 조정 이외의 기능의 위임과 위탁을 통해 업무가 간소화되기도 한다.

정답 : ①

04

2010 군무원

다음 중 전통적 관료제의 역기능을 극복하기 위해 매커디 등이 제시한 후기관료제모형의 특징으로 볼 수 없는 것은?

① 후기관료제에서는 문제해결 능력을 가진 사람이 권한을 행사한다.
② 업무수행의 규정과 절차는 상황적응적 원리에 따른다.
③ 문제해결과 의사결정은 집단사고나 집단과정보다는 분업화의 원리에 의존한다.
④ 관료제의 구조적 배열은 항구적인 것이 아닌 임시적인 것으로 간주한다.

정밀해설

③ 후기관료제모형에서는 고전적인 계층제의 원리나 분업화의 원리에 집착하기보다는 구조의 유연성, 절차의 비정형성, 환경변화에 대한 적응의 신속성을 특징으로 하며, 문제해결과 의사결정에 의존한다.
① 임무와 문제해결능력을 중시한다.
② 표준화를 거부하고 상황적응적 관리를 처방한다.
④ 구조나 역할의 배열은 유동적·잠정적인 것이어야 한다고 주장한다.

정답 : ③

적중 예상 문제

01 ☐☐☐

McCurdy의 탈관료제 내용으로 옳지 <u>않은</u> 것은?

① 경계개념을 타파하고 시민을 고객으로 대한다.
② 지위나 권한을 중심으로 직무를 수행한다.
③ 의사결정은 집단적 과정을 통해 이루어지도록 한다.
④ 구조의 잠정성을 기반으로 직업적 유동성을 추진한다.

정밀해설

② 지위나 권한보다는 임무중심주의, 능력중심주의를 처방한다.
① 경계관념을 타파하고 시민을 고객처럼 대한다.
③ 의사결정 및 문제해결은 집단적인 과정을 통해 이루어지도록 자율적·참여적 관계를 강조한다.
④ 구조의 잠정성을 기반으로 직업상의 유동성을 지지한다.

정답: ②

02 ☐☐☐

관료제의 역기능 모형에 대한 설명으로 옳지 <u>않은</u> 것은?

① 머튼(Merton)모형은 관료에 대한 최고관리자의 지나친 통제가 관료들의 경직성을 초래한다고 본다.
② 셀즈닉(Selznick)모형은 권한의 위임과 전문화가 조직 하위체제의 이해관계를 지나치게 분열시킨다고 본다.
③ 맥커디(McCurdy)모형은 계층제적 관료조직 내에서 구성원이 각자의 능력을 넘는 수준까지 승진하게 된다고 본다.
④ 굴드너(Gouldner)모형은 관료들이 규칙의 범위 내에서 최소한 행태만을 추구하여 무사안일주의를 초래한다고 본다.

정밀해설

③ 피터의 원리에 대한 설명이다.
① Merton은 규칙의 엄수가 동조과잉(목표의 전환)을 초래한다고 본다.
② Selznick은 권한위임과 전문화가 전체목표보다는 하위목표에 집착하는 병리의 원인이라고 본다.
④ Gouldner는 부하를 통제하기 위한 규칙이 통제 위주의 관리를 초래한다고 본다.

정답: ③

03

탈관료제의 특징으로 가장 타당한 것은?

① 조직관리의 효율성을 중시한다.
② 기능·권한 등에 있어서 공식구조의 전문화를 강조한다.
③ 계층제적 통제를 통한 효율적 행정을 강조한다.
④ 조직구조의 유연화로 학습조직에 적합하다.

정밀해설

④ 탈관료제 조직은 낮은 복잡성, 낮은 공식성, 낮은 집권성, 규칙과 절차는 상황적응적 원리의 속성을 가진다.

▶ 관료제이론에 대한 비판

1930	미국 사회학자	① Merton: 동조과잉, 목표전환 등 역기능의 무시 ② Selznick: 환경의 불고려, 할거주의(전문화의 역기능) ③ Thompson, Blau: 조직 내 개인의 불안정성 (개인의 소외) ④ Gouldner: 비인간적 규칙제정
1960	발전 행정론자	계층제의 완화·수정, 전문가의 편협한 시야 극복, 행정의 합목적성 강조
1970	신행정론자	비계층적·탈관료적 조직형태 모색, 관료제의 종말 주장

정답 : ④

04

정부의 조직구조는 관료제를 근간으로 하고 있어 순기능과 함께 역기능도 나타나고 있다. 그 역기능을 극복하기 위해 제시될 수 있는 후기관료제에 관한 설명으로 가장 적절한 것은?

① 융통성과 적응성이 높은 조직이다.
② 높은 공식화와 임시적 성격으로 인해 조직의 안정성이 높다.
③ 표준화된 작업을 중시한다.
④ 조직구성원들 간에 책임한계가 분명하게 나타난다.

정밀해설

① 유기적 조직인 후기관료제에 대한 특징이다.
②, ③, ④ 모두 고전적인 관료조직의 특징에 해당한다.

정답 : ①

THEME 054 책임운영기관

1 특징

적용대상	① 집행적 분야에 적용 ② 내부시장화가 가능한 분야 ③ 성과관리가 용이한 분야 ④ 자체 재원확보가 가능한 분야
특징	① 정책결정과 집행의 분리, 기관장의 임기제(2~5년) ② 경쟁도입, 재량권 부여 ※ 영국 대처 행정부시기(1988)에 등장
문제점	① 정부팽창의 은닉수단, 책임운영기관의 비대화 ② 기관장의 신분보장 미흡

2 일반기관과의 비교

구분	일반행정기관	책임운영기관
기관의 성격	정부조직	정부조직(정부기업)
기관장	장관이 내부 임명	외부공개채용 (장관이 기관장추천위원회를 통하여 외부공개채용 및 성과계약 ⇨ 결과 중시)
직원의 신분	공무원	공무원
직원인사권	장관	장관이 일체의 임용권을 갖되 대부분을 기관장에게 위임
직원인사교류	제한 없이 실시	기관장과 협의하여 실시
성과상여금	공무원보수규정 적용	장관이 별도 책정 가능
정원관리	종류와 정원, 고위공무원단에 속하는 공무원으로서 보하는 직위와 고위공무원단에 속하는 공무원의 정원 등은 대통령령으로 규정	• 총정원만 대통령령으로 규정 • 종류별·계급별 정원 또는 고위공무원단에 속하는 공무원의 정원은 총리령 또는 부령으로 정하되, 대통령령이 정하는 바에 따라 통합하여 정할 수 있음. • 직급별 정원은 기관장이 기본운영규정으로 정함.
회계방식	일반회계방식 적용 (정부기업은 기업회계 적용)	• 행정형 기관: 일반회계예산 • 기업형 기관: 특별회계예산
예산편성지침	기획재정부 장관이 동일기준 시달	소속장관의 의견을 들어 별도 작성 가능
예산집행	경직적	신축적

※ 중앙책임운영기관: 특허청

OX 기출분석

해설

01 ☐☐☐ 　　　　　　　　　　　　　　　　　　20 국가 9급
책임운영기관은 1970년대 영국에서 집행기관(executive agency)이라는 이름으로 처음 도입되었고, 우리나라는 1990년부터 운영하고 있다. 　　　　　○ ×

1988년 영국에서 집행기관이라는 이름으로 처음 도입되었고, 우리나라는 1999년부터 도입·운영하고 있다.

02 ☐☐☐ 　　　　　　　　　　　　　　　　　　20 국회 8급
우리나라 중앙행정기관 소속책임운영기관의 기관장은 공개모집절차에 따라 5년 범위 내에서 임기제공무원으로 채용한다. 　　　　　○ ×

03 ☐☐☐ 　　　　　　　　　　　　　　　　　　19 국가 9급
소속책임운영기관에 두는 공무원의 총정원 한도는 총리령으로 정하며, 이 경우 고위공무원단에 속하는 공무원의 정원은 부령으로 정한다. 　　　　　○ ×

소속책임운영기관에 두는 공무원의 총정원 한도는 대통령령으로 정하며, 이 경우 고위공무원단에 속하는 공무원의 정원은 총리령 또는 부령으로 정한다.

04 ☐☐☐ 　　　　　　　　　　　　　　　　　　17 국회 9급
책임운영기관 제도는 행정운영의 효율성과 행정서비스의 질적 향상을 도모하기 위해 도입된 제도이다. 　　　　　○ ×

05 ☐☐☐ 　　　　　　　　　　　　　　　　　　17 행정사
책임운영기관의 회계는 특별회계로 하여 예산 운영상의 자율성을 보장하여야 한다. 　　　　　○ ×

책임운영기관의 회계는 일반회계와 특별회계로 나뉜다.

06 ☐☐☐ 　　　　　　　　　　　　　　　　　　17 국회 8급(수정)
중앙책임운영기관장은 국무총리와 성과계약을 체결하고, 소속책임운영기관장은 소속 중앙행정기관의 장과 성과계약을 체결한다. 　　　　　○ ×

07 ☐☐☐ 　　　　　　　　　　　　　　　　　　13 국회 9급(수정)
책임운영기관 소속 직원의 신분은 공무원이며, 직원의 임용시험은 원칙적으로 행정안전부장관이 담당한다. 　　　　　○ ×

책임운영기관에게 인사·조직·재정상의 자율성을 부여하기 때문에 직원 임용시험은 원칙적으로 책임운영기관장이 실시한다.

08 ☐☐☐ 　　　　　　　　　　　　　　　　　　13 서울 9급
책임운영기관은 정부팽창의 은폐수단 및 민영화의 회피수단으로 악용될 가능성이 있다. 　　　　　○ ×

정답 01 X　02 O　03 X　04 O　05 X　06 O　07 X　08 O

핵심 기출 문제

01 □□□
2021 경찰간부

책임운영기관에 대한 설명으로 옳지 않은 것은?

① 1999년 제정된 「책임운영기관의 설치·운영에 관한 법률」에 근거하여 운영되고 있다.
② 인사와 예산에서 자율성은 확대되고 운영성과에 대해서는 책임이 부여되는 정부기관이다.
③ 책임운영기관 제도설계의 이론적 기반은 신공공관리론이다.
④ 책임운영기관의 기관장은 공개모집을 통해 정년이 보장되는 정규직 공무원으로 채용된다.

정밀해설

④ 기관장은 공직내외에서 유능한 인재를 공개모집하여 임기제 공무원으로 채용하고 성과에 따라 연봉을 지급한다.
① 김대중 정부시절인 1999.7 제정된 「책임운영 기관의 설치·운영에 관한 법률」 및 동법 시행령에 따라 운영되고 있다.
② 기관운영에 필요한 인사·조직·예산 등 관리 권한에 있어서 기관장에게 융통성을 부여하는 대신, 그 운영결과에 대해서는 장관에게 책임을 지도록 한다.
③ 책임운영기관은 성과와 자율, 책임을 중시하는 신공공관리론의 조직원리에 따라 등장한 조직형태이다.

정답: ④

02 □□□
2019 국가 9급

「책임운영기관의 설치·운영에 관한 법률」상 책임운영기관에 대한 설명으로 옳지 않은 것은?

① 책임운영기관은 기관장에게 재정상의 자율성을 부여하고 그 운영성과에 대해 책임을 지도록 하는 행정기관의 특성을 갖는다.
② 소속책임운영기관에 두는 공무원의 총 정원 한도는 총리령으로 정하며, 이 경우 고위공무원단에 속하는 공무원의 정원은 부령으로 정한다.
③ 소속책임운영기관 소속 공무원의 임용시험은 기관장이 실시함을 원칙으로 한다.
④ 기관장의 근무기간은 5년의 범위에서 소속중앙행정기관의 장이 정하되, 최소한 2년 이상으로 하여야 한다.

정밀해설

② 소속책임운영기관에 두는 공무원의 총 정원 한도는 대통령령으로 정하며, 이 경우 고위공무원단에 속하는 공무원의 정원은 총리령 또는 부령으로 정한다.
① 책임운영기관은 정부기능을 정책결정과 집행기능으로 구분하고 집행 분야를 대상으로 자율적 운영을 통해 성과와 책임성을 확보하는 제도로, 기관장에게 인사, 재무, 조직상의 많은 재량을 부여하고 그 운영성과에 대해 책임을 지도록 하는 행정기관으로서의 성격을 지닌다.
③ 소속책임운영기관 소속 공무원의 임용시험은 책임운영기관의 장이 담당한다.
④ 책임운영기관장은 5년의 범위에서 최소한 2년 이상 근무하여야 한다.

> **책임운영기관의 설치·운영에 관한 법률 제2조 (정의)** ① 이 법에서 "책임운영기관"이란 정부가 수행하는 사무 중 공공성(公共性)을 유지하면서도 경쟁 원리에 따라 운영하는 것이 바람직하거나 전문성이 있어 성과관리를 강화할 필요가 있는 사무에 대하여 책임운영기관의 장에게 행정 및 재정상의 자율성을 부여하고 그 운영 성과에 대하여 책임을 지도록 하는 행정기관을 말한다.
> ③ 책임운영기관은 기관의 사무성격에 따라 다음 각 호와 같이 구분한다.
> 1. 조사연구형 책임운영기관
> 2. 교육훈련형 책임운영기관
> 3. 문화형 책임운영기관
> 4. 의료형 책임운영기관
> 5. 시설관리형 책임운영기관
> 6. 그 밖에 대통령령으로 정하는 유형의 책임운영기관

정답: ②

적중 예상 문제

01 □□□

우리나라의 책임운영기관에 대한 설명으로 옳은 것은?

① 신행정론을 배경으로 강조되는 정부조직이다.
② 책임운영기관의 장보다 구성원에게 더 많은 자율과 재량의 성과를 부여하여 구성원의 책임을 강화한다.
③ 책임운영기관의 직원은 법률상 공무원이 아니다.
④ 공공성뿐만 아니라 경쟁 원리와 성과도 중시한다.

정밀해설

④ 책임운영기관이란 정부가 수행하는 사무 중 공공성을 유지하면서도 경쟁원리에 따라 운영하는 것이 바람직하거나 전문성이 있어 성과관리를 강화할 필요가 있는 사무에 대하여 그 기관의 장에게 행정 및 재정상의 자율을 부여하고 책임을 지도록 하는 행정기관이다.
① 신공공관리론의 조직 원리에 따라 등장한 새로운 형태의 정부조직이다.
② 기본적으로 책임운영기관의 장에게 재량과 성과 책임을 부여하고 강조한다.
③ 우리나라 책임운영기관은 내부시장화된 조직이므로 정부조직이며, 직원의 신분도 법률상 공무원이다.

정답 : ④

02 □□□

책임운영기관에 대한 설명으로 옳지 않은 것은?

① 미국 클린턴 정부의 NPR에서 유래하였다.
② 정책결정보다 정책 집행적 분야를 대상으로 한다.
③ 한국의 중앙책임운영기관으로는 특허청이 유일하다.
④ Dunleavy의 관청형성모형에서는 책임운영기관을 정부팽창의 은폐수단이라고 비판한다.

정밀해설

① 1987년 영국의 Executivy Agency에서 유래하였다.
② 책임운영기관은 정책결정과 집행을 분리하여 정책결정적 핵심기능은 중앙행정기관이 그대로 소유하고 집행분야를 대상으로 한다.
③ 한국의 중앙책임운영기관으로는 특허청이 유일하다.
④ Dunleavy의 관청형성론에서는 책임운영기관이 정부팽창의 은폐수단으로 악용될 수 있다고 본다.

정답 : ①

THEME 055 공기업

1 공기업의 범위

행정부처	정부기업		공공기관			
	조달, 우편, 우체국예금, 양곡관리	책임운영기관 (기업형기관)	공기업		준정부기관		기타 공공기관
			시장형 공기업	준시장형 공기업	기금관리형 준정부기관	위탁집행형 준정부기관	공공기관 - (공기업 + 준정부기관)
	← 정부부처형 공기업 →		← 협의의 공기업 →				
	← 광의의 공기업(실정법상 개념) →						

Mani DB 공공기관 지정현황(2025년 기준 331개)

공기업 (31개)	시장형 (14개)	**한국가스공사**, 한국남동발전, 한국남부발전, 한국동서발전, 한국서부발전, 한국석유공사, 한국수력원자력, **한국전력공사**, 한국도로공사, 한국중부발전, 한국지역난방공사, 한국공항공사, **인천국제공항공사**, 강원랜드
	준시장형 (17개)	**한국조폐공사**, 한국마사회, 대한석탄공사, 제주국제자유도시개발센터, 주택도시보증공사, 한국감정원, 한국수자원공사, 한국철도공사, 한국토지주택공사, **한국방송광고진흥공사**, 해양환경관리공단, 주식회사 에스알, 그랜드 코리아 레저 등
준정부기관 (57개)	기금관리형 (12개)	**공무원연금공단**, **국민체육진흥재단**, 한국언론진흥재단, 한국무역보험공사, 신용보증기금, 예금보험공사, 한국자산관리공사, 한국주택금융공사, 기술보증기금, 중소기업진흥공단, **근로복지공단**, 국민연금공단
	위탁집행형 (45개)	한국교육학술정보원, **한국장학재단**, 아시아문화원, 한국농어촌공사, 한국지식재산전략원, 시청자미디어재단, 도로교통공단, 중소기업기술정보진흥원, **한국인터넷진흥원**, 한국노인인력개발원, 건강보험심사평가원, 교통안전공단, 한국철도시설공단, 한국국토정보공사, **한국소비자원**, 한국원자력안전기술원, 한국전력거래소, 국립공원관리공단, 한국장애인고용공단, 한국사업인력공단, 한국해양과학기술진흥원, 한국가스안전공사, 대한무역투자진흥공사, 한국고용정보원, **한국관광공사**, 한국가정건강진흥원, 한국원자력환경공단, 서민금융진흥원, 한국재정정보원 등
기타 공공기관 (243개)		한국교통연구원, 정보통신정책연구원, 한국보건사회연구원, **한국행정연구원**, 한국투자공사, 한국수출입은행, **국립중앙의료원**, 한국산업은행, 중소기업은행, 한국지식재산연구원, 한국에너지재단, 의료기관평가인증원, 한국해양진흥공사, 아동관리보장원, (재)축산환경관리원, 한국등산·트레킹지원센터, 국립해양과학관, 한국고용노동교육원, 대한석탄공사적십자사, **인천항만공사**, **부산항만공사** 등

2 발달 원인: 시장실패 보완, 국가발전, 국방전략상 이유 등

3 유형

구분	정부부처형	법인형 공기업	
		공사형	주식회사형
근거	정부조직법	특별법	상법(또는 특별법)
법인격	법인격과 당사자능력 없음	법인격과 당사자능력 있음	
재원	정부예산(특별회계)	전액 정부 투자	민·관 공동 투자
업무 특성	공공성 중시(공공성 > 기업성)	조화(공공성 + 기업성)	기업성 중시(공공성 < 기업성)
예	양곡, 조달, 우편, 우체국 예금, 책임운영기관	한국조폐공사, 한국석유공사	민영화 이전의 포항제철
예산관련법	정부기업예산법(독립채산제 ×)	공공기관의 운영에 관한 법률(독립채산제 ○)	
특징	단독제(이사회 없음)	합의제(의결기관인 이사회와 집행기관의 분리)	
예산의결	국회 의결	이사회 의결	

4 통제
① 「공공기관의 운영에 관한 법률」에 의한 통제
② 기관장(대통령 임명), 상임이사(공기업의 장 임명), 비상임이사(기재부장관 임명), 감사(대통령 임명)
③ 감사원에 의한 통제

OX 기출분석

해설

01 ☐☐☐   22 경간부

「공공기관의 운영에 관한 법률」에 따르면 직원 정원이 500명 미만인 공기업의 장은 임원추천위원회가 복수로 추천하여 운영위원회의 심의·의결을 거친 사람 중에서 국무총리가 임명한다. ○ ✕

직원 정원이 500명 미만인 공기업의 장은 임원추천위원회가 복수로 추천하여 운영위원회의 심의·의결을 거친 사람 중에서 주무기관의 장이 임명한다.

02 ☐☐☐   21 국가 9급

시장에서 독점성이 나타나는 경우 공기업 설립이 정당화된다. ○ ✕

수도, 가스, 철도, 전기 등과 같은 자연독점적인 사업을 사기업에 맡길 경우 독점이나 요금인상 등의 폐해가 야기되므로 공기업으로 운영한다.

03 ☐☐☐   20 경찰간부

한국방송공사는 「공공기관의 운영에 관한 법률」상 준시장형 공기업으로 분류할 수 있다. ○ ✕

한국방송공사는 공공기관으로 지정할 수 없다.

04 ☐☐☐   19 국회 8급

공기업의 기관장은 인사 및 조직운영의 자율성이 없으며 관할 행정부처의 통제를 받는다. ○ ✕

공기업의 기관장은 관할 행정부처의 감독과 통제를 받지만 이사회의 의결로 예산이 확정되는 등 인사 및 조직운영에 있어서 일정한 자율성이 부여된다.

05 ☐☐☐   19 국가 9급

한국철도공사, 한국소비자원, 국립중앙극장, 한국연구재단은 모두 공공서비스의 공급주체 중 정부 부처 형태의 공기업에 해당한다. ○ ✕

정부 부처 형태의 공기업은 정부기업으로 우편, 우체국예금, 양곡, 조달사업, 책임운영기관이 있으며 국립중앙극장은 책임운영기관에 해당한다. 한편 한국철도공사, 한국소비자원, 한국연구재단은 모두 공공기관에 해당한다.

06 ☐☐☐   17 교행 9급

한국연구재단은 기금관리형 준정부기관에 해당한다. ○ ✕

한국연구재단은 위탁집행형 준정부기관에 해당한다.

07 ☐☐☐   17 지방 9급

공기업을 민영화하면 국민에 대한 보편적 서비스의 제공이 약화될 수 있다. ○ ✕

08 ☐☐☐   14 서울 9급

「공공기관의 운영에 관한 법률」상 한국마사회, 한국조폐공사 등은 시장형 공기업에 해당한다. ○ ✕

한국마사회, 한국조폐공사 등은 준시장형 공기업에 해당한다.

정답 01 ✕ 02 ○ 03 ✕ 04 ✕ 05 ✕ 06 ✕ 07 ○ 08 ✕

핵심 기출 문제

01 2020 경찰간부

다음 중 「공공기관의 운영에 관한 법률」상 공공기관에 대한 설명으로 옳지 않은 것을 모두 고른 것은?

> 가. 우리나라의 공공기관 중 준정부기관은 기금관리형과 위탁집행형으로 구분할 수 있다.
> 나. 「공공기관의 운영에 관한 법률」의 적용을 받는 공기업의 상임이사(상임감사위원 제외)에 대한 원칙적인 임명권자는 기획재정부장관이다.
> 다. 기획재정부장관은 매년 직원 정원 100인 이상의 공공기관 중에서 공기업과 준정부기관을 지정한다.
> 라. 한국방송공사는 「공공기관의 운영에 관한 법률」상 준시장형 공기업으로 분류할 수 있다.
> 마. 기획재정부장관은 지방자치단체가 설립하고 그 운영에 관여하는 기관을 공공기관으로 지정할 수 없다.

① 가, 나
② 다, 라
③ 나, 다, 마
④ 나, 다, 라

정밀해설

④ 나, 다, 라가 옳지 않은 내용이다.
나. [×] 공기업의 상임이사(상임감사위원 제외)에 대한 원칙적인 임명권자는 공기업의 장이다.
다. [×] 기획재정부장관은 매년 직원 정원 300명 이상, 총수입액 200억원 이상, 자산규모 30억원 이상의 이상의 공공기관 중에서 공기업과 준정부기관을 지정한다.
라. [×] 한국방송공사는 공공기관으로 지정될 수 없다.
가. [○] 준정부기관은 기금관리형 준정부기관과 위탁집행형 준정부기관으로 분류한다.
마. [○] 기획재정부장관은 지방자치단체가 설립하고 그 운영에 관여하는 기관을 공공기관으로 지정할 수 없다.

> **통법 제4조(공공기관)** ② 제1항에도 불구하고 기획재정부장관은 다음 각 호의 어느 하나에 해당하는 기관을 공공기관으로 지정할 수 없다.
> 1. 구성원 상호 간의 상호부조·복리증진·권익향상 또는 영업질서 유지 등을 목적으로 설립된 기관
> 2. 지방자치단체가 설립하고, 그 운영에 관여하는 기관
> 3. 「방송법」에 따른 한국방송공사와 「한국교육방송공사법」에 따른 한국교육방송공사

정답: ④

02 2019 국가 9급

공공서비스의 공급 주체 중 정부 부처 형태의 공기업에 해당하는 것은?

① 한국철도공사
② 한국소비자원
③ 국립중앙극장
④ 한국연구재단

정밀해설

③ 공기업 분류에 대해 학설의 대립은 있지만 조직형태상 분류에서 '정부 부처 형태의 공기업'은 정부기업을 의미한다. 정부기업은 대표적으로 우편, 우체국예금, 양곡, 조달사업이 있으며 책임운영기관이 포함된다. 국립중앙극장의 경우 2000년부터 책임운영기관으로 전환되었다.
①, ②, ④ 공공기관에 해당한다.

정답: ③

03

2025 국회 8급

현행 「공공기관의 운영에 관한 법률」상 공공기관의 구분과 그 사례의 연결로 옳은 것은?

① 위탁집행형 준정부기관 – 한국재정정보원
② 준시장형 공기업 – 대한석탄공사
③ 기금관리형 준정부기관 – 한국관광공사
④ 시장형 공기업 – 한국마사회
⑤ 기타공공기관 – 한국소비자원

정밀해설

① 한국재정정보원은 2025년 1월 위탁집행형 준정부기관으로 변경 지정되었다.
② 대한석탄공사는 2025년 기타공공기관으로 변경 지정되었다.
③ 한국관광공사는 위탁집행형 준정부기관이다.
④ 한국마사회는 준시장형 공기업이다.
⑤ 한국소비자원은 위탁집행형 준정부기관이다.

정답 : ①

04

2015 국가 7급

공기업 민영화 과정에서 발생할 수 있는 문제점에 대한 설명으로 옳지 않은 것은?

① 민영화 과정에서 특혜, 정경유착 등의 부패가 발생할 수 있다.
② 공기업에서 제공하던 공공서비스가 사적 서비스로 변환되기 때문에 서비스 배분의 형평성 문제가 제기될 수 있다.
③ 민영화를 통해 정부의 지분이 다수 국민에게 지나치게 분산되면 대주주는 없고 다수의 소액주주만 있어서 공기업에 대한 효과적인 감시가 어려워질 수 있다.
④ 시장성이 큰 서비스를 다루는 공기업을 민영화하게 되면 지나친 경쟁체제에 노출되기 때문에 민영화의 실익이 없다.

정밀해설

④ 시장성이 큰 공기업의 민영화는 자본참여를 유도하여 민간자본시장에 활력을 불어넣어 줌으로써 침체된 민간경제를 활성화시키는 계기가 된다.
①, ③ 민간부문의 속성상(비밀성) 정보격차가 더욱 심화되어 대리손실이 더욱 커지고 느슨한 감독을 위한 뇌물이 제공되므로 관료부패가 발생하기 쉽다.
② 민영화의 문제점으로 영리를 추구하는 민간기업 속성상 저소득층에게는 서비스제공을 기피하거나 차별적으로 제공하는 현상이 발생됨으로써 형평성이 저해될 수 있다.

정답 : ④

적중 예상 문제

01
공사형 공기업에 대한 설명으로 옳지 않은 것은?

① 정부기업과 주식회사형 공기업의 중간적 성격을 띤다.
② 특정한 목적을 위해 특별법에 의해 설립된다.
③ 조달, 양곡관리, 우편, 우체국예금의 업무에 적용한다.
④ 직원은 공무원이 아니며, 공사는 당사자 능력을 가진다.

정밀해설

③ 조달, 양곡관리, 우편, 우체국예금의 업무에 적용하는 것은 정부부처형 공기업이다.
① 공사형 공기업은 정부기업과 주식회사형 공기업의 중간적 성격을 갖는다.
② 한국도로공사와 같이 특정한 목적을 위해 특별법에 의해 설립된다.
④ 종업원은 공무원이 아니며 공사는 법인으로서 당사자 능력을 지닌다.

정답: ③

02
「공공기관의 운영에 관한 법률」에 대한 설명으로 옳은 것은?

① 공기업·준정부기관의 지정, 지정 해제 등에 관한 사항을 심의·의결하기 위하여 국무총리 소속하에 공공기관운영위원회를 둔다.
② 공기업은 기금관리형과 위탁집행형으로 구분된다.
③ 준정부기관에 근무하는 구성원은 공무원의 신분을 지닌다.
④ 부산항만공사, 인천항만공사는 기타공공기관으로 분류된다.

정밀해설

④ 부산항만공사, 인천항만공사는 기타공공기관으로 분류된다.
① 공공기관 운영위원회는 공기업·준정부기관의 지정, 지정 해제 등에 관한 사항을 심의·의결하기 위하여 기획재정부장관 소속하에 둔다(법8조).
② 공기업은 시장형 공기업과 준시장형 공기업으로 구분되며, 준정부기관은 기금관리형 준정부기관과 위탁집행형 준정부기관으로 구분된다.
③ 신분은 민간인이다.

정답: ④

03

공기업의 관리원칙에 대한 설명 중 옳지 않은 것은?

① 공기업이 공급하는 서비스에는 산업기반적 서비스, 독점적 서비스 및 생활필수적 서비스 등이 포함된다.
② 공기업은 국민의 세금으로 운영되기 때문에 공공규제의 대상이 되어야 한다.
③ 공기업의 책임경영은 중시되어야 하지만 공기업이 수익성만을 목적으로 하지는 않기 때문에 독립채산제의 도입은 엄격히 제한된다.
④ 공기업은 화폐단위로 측정될 수 있는 생산활동을 수행하기 때문에 생산성의 향상을 주된 관리원칙으로 삼아야 한다.

정밀해설
③ 공공기관은 독립채산제를 적용한다.

정답 : ③

04

시장형 공기업의 기관장에 대한 원칙적인 임명권자는?

① 대통령
② 주무기관의 장
③ 해당 공기업의 장
④ 기획재정부장관

정밀해설
① 공기업의 기관장은 대통령이 임명한다.
② 준정부기관의 기관장은 주무기관장이 임명한다.
③ 공기업의 상임이사는 해당 공기업의 장이 임명한다. 상임이사는 공기업이든 준정부기관이든 모두 해당기관장이 임명한다.
④ 공기업의 비상임이사는 기획재정부장관이 임명한다.

정답 : ①

THEME 056 리더십

1 리더십이론의 전개

이론	시기	주요 연구	특징
특성이론	40년대 후반 이전	심리검사, R. M. Stogdill 등	리더십 능력은 타고난다(위인이론; great man theory): 성격·욕구·동기·가치관·기량 등
행동이론	40년대 후반 ~ 60년대 후반	Lewin, Lippitt, White, 아이오와대	권위형·민주형·방임형 → 생산성은 민주형과 권위형이 비슷함.
		미시건대	직원중심형 > 생산중심형, 일반적 감독 > 면밀한 감독
		오하이오대	구조설정(임무중심적) + 배려(인간관계 중심적)
		Blake & Mouton	관리유형도: 임무성취(생산) + 인간관계 개선(인간) ⇨ 빈약형, 친목형, 임무중심형, 절충형, 단합형
상황이론 또는 상황적합이론	60년대 후반 ~ 80년대 초반	Fiedler	상황적응적 접근 방법 - '가장 좋아하지 않는 동료'로 평가(LPC지표) - 상황변수: 리더-추종자관계, 임무구조, 권력 - 상황 유리 or 불리 ⇨ 과업중심, 적당히 유리 ⇨ 인간중심
		Hersey & Blanchard 생애주기이론	부하의 성숙도에 따라 과업과 인간에 대한 중요성이 달라져야 함 - 지시형, 설득형, 참여형, 위임형
		House, Dessler, Mitchell	통로·목표이론 - 상황변수: 부하의 특성, 근무환경의 특성 - 지시적(긴박한 상황), 지원적(안정적 상황), 성취지향적, 참여적
신조류이론	80년대 초반 이후	House, Conger & Kanungo, Burns, Bass 등	리더는 비전을 지녀야 하며, 하위자에게 강한 정서적 반응을 이끌어 내야 함.

2 하우스의 경로 목표모형(리더 행동유형)

지시적 리더십	과업을 구조화하고 과업요건을 명확히 하는 리더십
지원적(후원적) 리더십	부하에 대해 배려하고 복지에 관심을 갖는 리더십
참여적 리더십	부하와 정보를 공유하고 부하들의 생각과 제안을 반영
성취적 리더십	높은 목표를 설정하고 지속적으로 성과 향상을 추구하는 리더십

3 거래적 리더십과 변혁적 리더십

구분	거래적 리더십	변혁적 리더십
권력의 원천	지위로부터 얻음	구성원들이 부여함
변화에 대한 태도	안전 지향(소극적, 회피적, 폐쇄적)	변화 지향(적극적, 창조적, 개방적)
시간에 대한 태도	단기적, 현실 중시	장기적, 미래지향적
관리전략	합리적·타산적 교환관계, 통제 지향	내적 동기유발, 비전 지향
욕구	하급욕구 만족	고급욕구 만족
의사소통	하향적, 수직적	다방향적
수용의 기제	일방적 지시	합리적 설명
관리층	하위관리층, 중간관리층	최고관리층
적합한 조직구조	관료제 조직	탈관료제 조직(임시조직)

OX 기출분석

01 ☐☐☐ 　　　　　　　　　　　　　　　　　　　　22 경간부
피들러(F. Fiedler)의 상황조건론은 리더에게 유리한 리더십 상황(단순하고 명확한 과업구조, 강한 직위 권력 등)에서 인간관계 중심형 리더십이 효과적이라 주장한다. ○ ×

해설
리더에게 가장 유리하거나 가장 불리한 상황(조건)에서는 과업중심형 리더십이 효과적이라고 본다. 한편 인간관계 중심형 리더십은 중간 정도의 상황에서 효과적이다.

02 ☐☐☐ 　　　　　　　　　　　　　　　　　　　　21 지방 7급
허시(Hersey)와 블랜차드(Blanchard)는 부하의 성숙도가 높은 경우 지시적 리더십이 효과적이라고 보았다. ○ ×

허시와 블랜차드는 부하의 성숙도가 높은 경우 위임적 리더십(위양형)이 효과적이라고 보았다.

03 ☐☐☐ 　　　　　　　　　　　　　　　　　　21 지방(서울) 9급
변혁적(transformational) 리더십은 부하에게 새로운 비전을 제시하며, 지적 자극을 통한 동기부여를 강조한다. ○ ×

변혁적 리더십에서 리더는 부하에게 영감과 새로운 비전을 제시하고 지적 자극과 공유에 의한 동기유발을 중시한다.

04 ☐☐☐ 　　　　　　　　　　　　　　　　　　　　20 경찰간부
상황론은 리더십이 상황의 변화를 가져온다는 것을 전제한다. ○ ×

상황론은 상황의 변화가 리더십의 변화를 가져온다는 것을 전제한다.

05 ☐☐☐ 　　　　　　　　　　　　　　　　　　　　19 서울 7급
블레이크(Blake)와 머튼(Mouton)의 관리그리드 이론, 피들러(Fiedler)의 상황적응 모형은 리더십 상황이론에 해당한다. ○ ×

블레이크와 머튼의 관리그리드 이론은 행태론적 접근방법이다.

06 ☐☐☐ 　　　　　　　　　　　　　　　　　　　　19 국가 9급
상황론에서는 리더십을 특정한 맥락 속에서 발휘되는 것으로 파악해, 상황 유형별로 효율적인 리더의 행태를 찾아내기 위한 연구를 수행하였다. ○ ×

07 ☐☐☐ 　　　　　　　　　　　　　　　　　　　　19 지방 9급
변혁적 리더십은 리더가 인본주의, 평화 등 도덕적 가치와 이상을 호소하는 방식으로 부하들의 의식수준을 높인다. ○ ×

08 ☐☐☐ 　　　　　　　　　　　　　　　　　　　　17 해경간부
피들러(Fiedler)는 리더의 행태에 따라 권위주의형, 민주형, 자유방임형의 세 가지 유형으로 구분하였다. ○ ×

권위주의형, 민주형, 자유방임형으로 구분한 학자는 Lippitt & White이다.

정답 01 X　02 X　03 O　04 X　05 X　06 O　07 O　08 X

핵심 기출 문제

01 □□□ 2020 국회 9급

리더십이론에 대한 설명으로 옳지 않은 것은?

① 피들러(Fiedler)의 상황론이 제시하는 상황변수에는 리더와 부하와의 관계, 리더가 지닌 공식적 권한의 정도, 부하의 성숙도가 있다.
② 리더십이론은 자질론(특성론)에서 출발하였다.
③ 허쉬와 블랜차드(Hersey &Blanchard)의 리더십 상황이론에 따르면 지시형, 설득형, 참여형, 위임형이 있다.
④ 레딘(Reddin)의 3차원 모형에서 헌신형은 과업을 중시한다.
⑤ 미시간대학교의 리더십 연구에서는 직원중심적(employee centered) 리더가 효과적인 것으로 나타났다.

정밀해설

① 피들러의 상황론이 제시하는 상황변수에는 리더와 부하와의 관계, 임무(과업)구조, 리더의 직위권한(직위에 부여된 권력)이 있다. 한편 부하의 성숙도를 상황변수로 본 것은 허쉬와 블랜차드의 생애주기이론이다.
② 리더십이론은 자질론(특성론, 속성론)에서 출발하여 행태론, 상황론, 신속성(통합론)으로 발달하였다.
③ 허쉬와 블랜차드의 리더십 상황이론(생애주기이론)은 부하의 성숙도에 따라 리더십 유형을 지시형, 설득형, 참여형, 위임형으로 분류하였다.
④ 레딘(Reddin)의 3차원 모형은 리더행동의 기본유형을 분리형(과업·인간관계 모두 경시), 헌신형(과업만 중시), 관계형(인간관계만 중시), 통합형(과업·인간관계 모두 중시)으로 분류하였다.
⑤ 미시간대학교의 리더십 연구에서는 직원중심형과 생산중심형으로 구분하고, 직원중심형을 효과적인 리더십유형으로 보았다.

정답 : ①

02 □□□ 2017 국가 7급(추)

리더십이론에 대한 설명으로 옳은 것만을 모두 고른 것은?

ㄱ. 피들러(Fiedler)의 상황적합이론(contingency theory of leadership)에서는 상황변수로 '리더와 부하의 관계', '직위 권력', '과업구조' 세 가지를 들고 있다.
ㄴ. 허시와 블랜차드(Hersey & Blanchard)의 경로-목표이론(path-goal theory of leadership)에서는 상황변수로 부하의 능력과 의욕으로 구성되는 성숙도를 채택하였다.
ㄷ. 하우스(House)는 리더십을 거래적 리더십(transactional leader-ship)과 변혁적 리더십(transformational leadership)으로 구분하였다.
ㄹ. 블레이크와 모튼(Blake & Mouton)의 관리격자(managerial grid) 모형에 따르면 무기력형, 컨트리클럽형, 과업형, 중도형, 팀형이라는 기본적 리더십 유형이 도출된다.

① ㄱ, ㄴ
② ㄱ, ㄹ
③ ㄴ, ㄷ
④ ㄷ, ㄹ

정밀해설

② ㄱ, ㄹ이 옳은 지문이다.
ㄱ. [○] 피들러의 상황적응적 리더십은 리더와 부하의 관계, 과업구조, 리더의 직위권한의 세 요소의 결합이 리더에 대한 '상황적 호의성'을 결정하게 되는 것이라고 본다.
ㄹ. [○] 블레이크와 모튼의 관리유형도에 따르면 빈약형(무관심형), 친목형(컨트리클럽형), 임무중심형(과업형), 절충형(중도형), 단합형(팀형)이라는 리더십 유형을 도출하였다.
ㄴ. [×] 허시와 블랜차드의 생애주기이론(life-cycle theory)에서는 리더십을 배려(관계)와 구조설정(과업)이라는 변수에 부하의 성숙도를 추가하여 상황변수로 채택하였다. 한편 경로-목표이론은 하우스와 에반스가 주장한 유형이다.
ㄷ. [×] Bass는 현대적 리더십 유형으로 거래적 리더십과 변혁적 리더십으로 구분하였다.

정답 : ②

03

2017 경찰간부

변혁적 리더십에 관한 설명이다. 옳은 것을 모두 고른 것은?

> 가. 리더는 부하로부터 존경심을 이끌어내는 카리스마를 가져야 한다.
> 나. 자신감과 영감을 불어넣으며, 조직에 대한 팀 스피리트(team spirit)를 고무시킨다.
> 다. 기존의 가정이나 인식에서 벗어나 혁신적이고 창조적인 관점에서 문제를 재구성하고 해결책을 구하도록 자극하고 변화를 유도한다.
> 라. 리더가 부하에게 특별한 관심을 보이고 각 부하의 특정한 요구를 이해해 줌으로써 부하에 대해 개인적으로 존중한다는 것을 전달한다.

① 나, 다, 라
② 가, 나, 다
③ 가, 다, 라
④ 가, 나, 다, 라

정밀해설

④ 가, 나, 다, 라 모두 변혁적 리더십에 관한 설명으로 옳은 지문이다.
가. [O] 카리스마적 리더십에 대한 설명으로 리더는 부하로부터 존경심을 이끌어내는 카리스마를 가져야 한다고 본다.
나. [O] 영감적 리더십에 대한 설명으로 리더는 구성원에게 자신감과 영감을 불어넣으며 조직에 대한 팀 스피리트를 고무시키고 부하로 하여금 도전적 목표와 임무 등을 열정적으로 받아들이고 계속 추구하도록 격려해야 한다고 본다.
다. [O] 지적자극에 대한 설명으로 형식적 사고와 관례에서 벗어나 혁신적이고 창조적인 관점에서 문제를 재구성하고 해결책을 구하도록 자극하고 변화를 유도해야 한다고 본다.
라. [O] 개별적 배려에 대한 설명으로 리더가 부하에게 특별한 관심을 보이고 각 부하의 특정한 요구를 이해해 줌으로써 개인적으로 존중한다는 것을 전달하고 구성원 니즈에 관심을 가지며 잠재력 개발을 돕는다고 본다.

정답 : ④

04

2014 지방 7급

커와 저미어(S. Kerr & J. Jermier)가 주장한 '리더십 대체물 접근법'에 대한 설명으로 옳은 것만을 모두 고른 것은?

> ㄱ. 구조화되고, 일상적이며, 애매하지 않은 과업은 리더십의 대체물이다.
> ㄴ. 조직이 제공하는 보상에 대한 무관심은 리더십의 대체물이다.
> ㄷ. 부하의 경험, 능력, 훈련 수준이 높은 것은 리더십의 중화물이다.
> ㄹ. 수행하는 과업의 결과에 대한 환류(feedback)가 빈번한 것은 리더십의 대체물이다.

① ㄱ, ㄷ
② ㄱ, ㄹ
③ ㄴ, ㄷ
④ ㄴ, ㄹ

정밀해설

② ㄱ, ㄹ이 옳은 설명이다.
ㄱ. [O] 대체물은 리더십을 불필요하게 만드는 요인으로, 구조화되고 일상적이며 애매하지 않은 과업은 대체물에 해당한다.
ㄹ. [O] 수행하는 과업의 결과에 대한 환류는 과업의 특성으로 대체물이다.
ㄴ. [X] 중화물은 리더십의 필요성을 감소시키는 요인으로 조직이 제공하는 보상에 대한 무관심은 중화물에 해당한다.
ㄷ. [X] 부하의 경험, 능력, 훈련 수준이 높은 것은 리더십의 대체물이다.

▶ Kerr & Jermier의 리더십대체물이론

부하의 특성	경험·능력·훈련	대체물 (리더십을 불필요하게 만듦)
	전문가적 지향	
과업의 특성	애매하지 않고, 구조화된 일상적인 과업	
	과업에 의해 제공되는 피드백	
	내적으로 만족되는 과업	
조직의 특성	응집력이 높은 집단	
	공식화된 구조 (명확한 계획·목표·책임)	
부하의 특성	조직의 보상에 대한 무관심	중화물 (리더의 필요성을 감소시킴)
	리더가 통제할 수 없는 보상	
조직의 특성	비유연성 (엄격한 규칙과 절차)	
	리더와 부하 간 긴 공간적 거리	

정답 : ②

적중 예상 문제

01

리더십에 관한 설명으로 타당한 것은?

① 조직을 위해 새로운 비전을 창출하고, 그러한 비전이 새로운 현실이 될 수 있도록 지지를 확보할 수 있는 리더십은 거래적 리더십(transactional leadership)이다.
② 변혁적 리더십(transformational leadership)은 효과적 교환관계를 설정하여 심리적으로 추종자와 일체가 되고, 신뢰를 구축한다.
③ 통합이 강조되고 고도의 다양성과 적응성이 요구되는 탈관료제적 조직에서는 거래적 리더십보다 변혁적 리더십이 효과적일 가능성이 높다.
④ 상황론은 리더십이 상황의 변화를 가져온다는 것을 전제한다.

정밀해설

③ 탈관료제적 조직에서는 변혁적 리더십이, 관료제적 조직에서는 거래적 리더십이 더 효과적일 가능성이 높다.
① 변혁적 리더십(transformational leadership)의 내용이다.
② 합리적 교환관계를 중시하는 경우는 거래적 리더십(transactional leadership)이다.
④ 상황론은 상황이 효율적인 리더십을 결정한다.

정답 : ③

02

상황론적 리더십에 대한 설명으로 옳은 것은?

① Fiedler는 LPC 점수가 높은 리더십을 과업지향적 리더로 보았다.
② Hersey와 Blanchard는 부하의 성숙도에 따라 지시형, 위임형, 참여형, 설득형으로 전개하였다.
③ Reddin의 상황적 리더십은 리더의 행태가 주어진 상황에 적합하면 효과적 리더십으로 보았다.
④ House와 Evans는 목표-통로이론을 통해 Vroom의 기대이론을 부정하였다.

정밀해설

③ Reddin은 리더의 행태가 주어진 상황에 적합하면 효과적인 리더십 유형이 된다고 보았다.
① Fiedler는 LPC 점수가 높은 리더십을 인간관계지향적 리더로 보았다.
② Hersey와 Blanchard는 부하의 성숙도에 따라 지시형, 설득형, 참여형, 위임형으로 전개하였다.
④ House와 Evans는 목표-통로이론은 Vroom의 기대이론에 입각한 이론이다.

정답 : ③

03

리더십 대체물 접근법에서 리더의 행동을 불필요하게 하는 것이 아닌 것은?

① 결과에 대한 빈번한 환류
② 부하의 경험, 훈련 수준이 높을 때
③ 일상적이고 구조화된 업무
④ 보상에 대한 무관심

정밀해설

④ 리더의 행동을 불필요하게 하는 것은 대체요인에 대한 설명이다. 한편 보상에 대한 무관심은 중화요인에 해당한다.
①, ②, ③ 리더의 행동을 필요 없게 하는 대체요인에 해당한다.

정답 : ④

04

지식정보 사회의 리더십에 대한 D. Tapscott의 주장으로 옳지 않은 것은?

① 조직구성원 누구나 리더로서의 기능을 수행해야 하는 네트워크화된 시대에 적절하다.
② 정보화 사회의 조직구성원은 각자가 복잡한 정보사회에 대한 이해를 바탕으로 한 명백하고 공유된 비전을 가져야 하고, 이를 위해 조직구성원 전체가 끊임없는 학습의지를 지녀야 한다.
③ 정보화 사회의 조직은 상호연계적 리더십의 발휘를 통해 다양한 개인들의 역량이 효과적으로 결합되어야 한다.
④ 정보화 사회에서 상호연계적 리더십을 형성하고 발휘하는 데 중간관리자의 지원과 관심은 필수적이다.

정밀해설

④ 정보화 사회에서 최고관리자의 지원과 관심은 필수적이다.
① 정보화된 사회를 배경으로 적용하는 이론이다.
② 학습조직의 특징을 지닌다.
③ 느슨하게 연계된 관계망에 의해 발휘된다고 본다.

정답 : ④

THEME 057 조직관리-의사전달, 갈등, 권위

1 의사전달 유형

구분	연쇄형(사슬형)	바퀴형(윤형)	원형	개방형(전체경로형)
권한의 집중도	높음	중간	낮음	매우 낮음
의사전달의 속도	중간	• 단순과업: 빠름 • 복잡과업: 늦음	• 모여있는 경우: 빠름 • 떨어져 있는 경우: 늦음	빠름
의사전달의 정확성	• 문서: 높음 • 구두: 낮음	• 단순과업: 높음 • 복잡과업: 낮음	• 모여있는 경우: 높음 • 떨어져 있는 경우: 낮음	중간

2 갈등관리 방안

① 갈등해결 모형

Thomas의 2차원 갈등해결모형	㉠ 회피, ㉡ 경쟁, ㉢ 순응, ㉣ 협동, ㉤ 타협
Simon과 March의 방안	㉠ 문제해결: 당사자들 간에 목표가 합의된 경우 합의기준에 맞는 해결책을 강구 ㉡ 설득: 공통의 목표에 비추어 하위 목표에 대한 의견대립을 조정 ㉢ 협상: 설득이 되지 않을 경우 복합적인 이해관계 사안을 주고받는 교환 ㉣ 정략: 당사자들 간의 해결이 어려워 여론·정부 등 제3자의 지지를 획득

② 분쟁해결기법

전통적 해결기법		참여적 해결기법	
	구분	대안적 분쟁해결기법	숙의적 분쟁해결기법
관료적 해결, 정치적 결단, 사법적 방법 등	참여자	이해당사자들이 주체	이해관계가 없는 일반시민이 주체
	특징	드러난 문제의 해결	문제해결 역량의 성숙, 토론과 학습을 통하여 해결방안 협의
	예	조정, 협상, 중재 등	시민배심원제, 합의회 등

Mani DB Timorthy & Judge의 갈등 유형(대상 기준)

갈등 유형	개념 및 갈등 원인	갈등 해소 방안
관계갈등	• 대인관계에서 발생하는 갈등 • 원인: 가치관, 문화, 소통 부족 등의 인적 요인	• 가치관 및 태도의 변화, 의사소통 기회 제공 • 의사전달 장애요소 제거
직무(업무)갈등	• 직무의 내용이나 목표와 관련하여 발생하는 갈등 • 원인: 지나친 분업, 업무의존성 등의 과업(직무)요인	• 상위 목표 제시, 권한과 책임의 명확화 • 공식적 권한을 가진 상사의 명령 및 중재
과정갈등	• 업무수행방법 및 과정(절차)에 의해 발생하는 갈등 • 원인: 자원 부족, 할거주의 등의 구조적 요인	• 조직구조 변경, 조직자원의 증대 • 의사소통의 증진

Mani DB 권위수용이론

Bernard의 무차별권 (zone of indifference)	상급자의 명령에 대하여 부하가 • 명백히 수용할 수 없는 범위 • 중립적인 범위 • 이의 없이 수용되는 범위(무차별권, 무관심권) 등으로 구분함.
Simon의 수용권 (zone of acceptance)	㉠ 의사결정의 장단점을 검토하고 확신이 있을 때 따르는 경우 ㉡ 장단점을 충분히 검토하지 않고 따르는 경우 ㉢ 의사결정이 잘못되었다고 생각해도 따르는 경우로 구분함. → ㉡, ㉢은 권위의 수용권 → 구성원의 자아의식이 확립될수록 수용권의 범위는 좁아짐.

OX 기출분석

해설

01 □□□   21 경정승진
문제 해결, 상위목표 제시, 자원의 증대, 정보전달 억제는 갈등관리전략 중 갈등해소전략에 해당한다.
    O X

문제 해결, 상위목표 제시, 자원의 증대는 갈등해소전략에, 정보전달 억제는 갈등조성전략에 해당한다.

02 □□□   20 국가 9급
프렌치와 레이븐(French & Raven)의 강압적 권력은 카리스마 개념과 유사하며 인간의 공포에 기반한다.
    O X

강압적 권력은 인간의 공포에 기반하는 것이고, 카리스마 개념과 유사한 것은 준거적 권력이다.

03 □□□   19 서울 7급
조직 내부에서 발생하는 갈등은 조직 내 하위목표를 강조함으로써 갈등을 해소할 수 있다. O X

상위목표를 설정 및 제시함으로써 갈등을 해소할 수 있다. 한편 조직 내 하위목표를 강조할수록 갈등은 더욱 심화된다.

04 □□□   18 경찰간부
Thomas의 갈등해소 전략 중 타협형 갈등관리는 갈등 당사자 간의 관계를 좋은 상태로 유지하면서 상호 간의 이익을 추구하는 상생(win-win) 전략이다.   O X

Thomas의 갈등해소 전략 중 갈등 당사자 간의 관계를 좋은 상태로 유지하면서 상호 간의 이익을 추구하는 상생 전략은 협동형 갈등관리이다.

05 □□□   17 국회 8급
마치(March)와 사이먼(Simon)은 개인적 갈등의 원인 및 형태를 비수락성, 비비교성, 불확실성으로 구분하였다.
    O X

06 □□□   17 국회 9급
프렌치와 라벤(French & Raven)이 주장한 권력 중 직위적 권력은 직무를 가지고 있는 사람과는 관계없이 그 직위자체로 인해 부여받은 권력이므로 보상적 권력, 강압적 권력 등과는 상호 독립적이다.
    O X

직위적 권력은 직무를 가지고 있는 사람과는 관계없이 그 직위 자체로 인해 부여받은 권력으로 보상적 권력, 강압적 권력 등과는 상호보완적이다.

07 □□□   16 국회 8급
갈등해소를 위한 경쟁(competition) 전략은 신속하고 결단력이 필요한 경우나 구성원들에게 인기 없는 조치를 실행할 경우 사용될 수 있다.
    O X

08 □□□   16 지방 9급
공식적 의사전달은 조정과 통제가 곤란하다는 단점이 있다.   O X

비공식적 의사전달은 조정과 통제가 곤란하다는 단점이 있다.

정답 01 X   02 X   03 X   04 X   05 O   06 X   07 O   08 X

핵심 기출 문제

01
2020 국회 8급

갈등관리에 대한 설명으로 옳지 않은 것은?

① 갈등은 해결과정에서 조직의 문제해결능력, 창의력, 융통성 등이 향상되는 순기능도 있다.
② 관계갈등을 해결하기 위해서는 의사전달의 장애요소를 제거하고 직원 간 소통의 기회를 제공해 줄 필요가 있다.
③ 직무갈등을 해결하기 위해서는 조직의 자원 증대, 공식적 권한을 가진 상사의 명령 및 중재, 그리고 상호타협의 방법이 있을 수 있다.
④ 과정갈등은 상호 의사소통 증진이나 조직구조의 변경을 통하여 해결할 수 있다.
⑤ 갈등은 조직 구성원의 사기를 저하시키고 부서 간의 위화감을 조성할 수 있다.

보충

▶ Timorthy & Judge의 갈등 유형(대상 기준)

갈등 유형	개념 및 갈등 원인	갈등 해소방안
관계 갈등	· 대인관계에서 발생하는 갈등 · 원인: 가치관, 문화, 소통 부족 등의 인적요인	· 가치관 및 태도의 변화 · 의사전달 장애요소 제거 · 의사소통 기회 제공
직무 (업무) 갈등	· 직무의 내용이나 목표와 관련하여 발생하는 갈등 · 원인: 지나친 분업, 업무의존성 등의 과업(직무)요인	· 상위목표 제시 · 공식적 권한을 가진 상사의 명령 및 중재 · 권한과 책임의 명확화 · 접촉필요성 감소
과정 갈등	· 업무수행방법 및 과정(절차)에 의해 발생하는 갈등 · 원인: 자원부족, 할거주의 등의 구조적 요인	· 조직구조 변경 · 조직자원의 증대 · 의사소통의 증진

정밀해설

③ Timorthy & Judge가 갈등의 대상을 기준으로 분류한 모형에 따르면 직무갈등(과업갈등)은 업무의 내용이나 목표에 관련된 갈등으로 이를 해결하기 위해서는 업무의존성을 줄여주거나 상위목표의 제시, 계층제적 권위 등이 필요하다.
① 갈등을 해결하는 과정에서 조직의 문제해결능력이나 창의력 등이 향상될 수 있다.
② 관계갈등은 대인관계에 관련된 갈등으로 의사전달 장애요소를 제거하거나 의사소통의 기회를 제공함으로써 해결할 수 있다.
④ 과정갈등은 업무수행방법과 절차에 관련된 갈등으로 의사소통 증진이나 조직구조의 변경 및 자원의 증대 등을 통하여 해결할 수 있다.
⑤ 소모적 갈등은 조직 구성원의 사기를 저하시키고 부서 간의 위화감을 조성할 수 있다.

정답: ③

02
2017 국회 8급

갈등관리에 대한 설명으로 옳은 것은?

① 로빈스와 저지(Robbins & Judge)의 갈등에 관한 관점 중 인간관계적 관점(human relation view)은 조직관리자가 갈등의 순기능을 최대화하도록 관리할 것을 강조한다.
② 사이먼(Simon)의 갈등 해결방안인 교섭(bargaining)은 관계 당사자의 범위를 확대해서 잠재적인 동맹자를 끌어들이는 전략을 강조한다.
③ 조직 내 갈등과 관련해 폰디(Pondy)가 분류한 관료제적(bureaucratic) 갈등은 이해당사자 간 갈등을 의미하며, 주로 희소한 자원을 획득하기 위해 서로 경쟁할 때 발생한다.
④ 갈등 예방 전략이란 순기능적 갈등을 적절히 조성해 조직에 이익이 되도록 하는 것을 의미하며, 구체적인 방안으로는 정보 및 권력의 재분배, 정보 조절, 경쟁 상황의 창출 등이 있다.
⑤ 제3자 개입에 의한 갈등관리 방식인 중재(arbitration)는 제3자가 갈등 당사자에게 구속력 있는 결정을 내려 준다는 점에서 조정(mediation)과 차별화된다.

정밀해설

⑤ 중재(arbitration)는 제3자가 구속력 있는 결정을 내려 갈등을 강제적으로 해결하는 반면, 조정(mediation)은 제3자가 해결책을 권고할 뿐 구속력이 없다는 점에서 명확히 구분된다.
① 인간관계적 관점은 갈등이 자연스럽고 불가피한 현상이므로 수용해야 한다는 입장이다. 갈등의 순기능을 적극적으로 활용·조성해야 한다는 관점은 상호작용주의적 관점이다.
② 관계 당사자의 범위를 확대해 동맹자를 끌어들이는 전략은 교섭(bargaining)이 아니라 정치(politics)에 해당한다.
③ 희소자원 획득을 위한 이해당사자 간 경쟁은 협상적 갈등에 해당한다. 관료제적 갈등은 계층제상 상하 관계에서 발생하는 갈등이다.
④ 제시된 내용은 갈등을 예방하는 전략이 아니라, 의도적으로 갈등을 유발하여 조직의 활력을 높이는 갈등 조성 전략에 해당한다.

정답: ⑤

03
2012 경정승진

정부조직은 행정의 효율성을 제고하기 위하여 다른 부문보다도 조직내 의사전달(의사소통)의 중요성이 크다고 할 것이다. 이와 관련하여 행정조직내의 의사전달(의사소통)에 관한 설명 중 가장 적절한 것은?

① 환류의 차단은 의사전달의 정확성을 제고할 수 있으나 신속성이 우선시되는 상황에서는 장애가 될 수 있다.
② 상의하달적 의사소통으로 '보고', '내부결제제도', '업무지시' 등이 있다.
③ 비공식적 의사소통의 한계로 책임소재의 불분명성, 공식적인 의사전달의 마비, 개인목적에의 악용가능성 등을 들 수 있다.
④ 조직구성원을 대상으로 실시되는 가치관이나 업무에 관련된 교육훈련은 의사전달의 장애를 줄이기 힘들다.

정밀해설
③ 비공식적 의사전달은 구성원 간 현실적인 접촉이나 대인관계에 의해 형성되는 자생적 의사전달로, 책임소재의 불분명, 공식적 의사전달의 마비, 개인목적에의 역이용, 조정 및 통제의 곤란성 등의 단점이 있다.
① 환류의 차단은 의사전달의 신속성을 제고할 수 있으나 정확성은 떨어질 수 있다.
② 업무지시나 명령 등은 상의하달적 의사소통에 해당하지만, 보고, 내부결제제도 등은 하의상달적 의사소통에 해당한다.
④ 가치관의 차이로 인한 소통의 왜곡은 가치관이나 업무에 관련된 교육훈련을 통해 줄일 수 있다.

▶ **공식적 의사전달 vs 비공식적 의사전달**

공식적 의사전달	비공식적 의사전달
• 책임소재가 명확 • 편리하고 객관적인 의사전달 • 상관의 권위 유지 • 정보나 근거 보존 용이 • 정책결정에 활용 용이	• 신속한 전달 • 관리자에 대한 조언 • 상황에의 융통성과 적응력이 높음 • 배후사정을 자세히 전달 가능

정답 : ③

04
2011 국회 8급

프렌치(J. French)와 라벤(B. Raven)의 권력의 원천에 관한 설명으로 옳지 않은 것은?

① 권한과 유사한 개념인 합법적 권력은 상사가 보유하고 있는 직위에 기반을 둔 것으로 일반적으로 직위가 높으면 높을수록 합법적 권력은 더욱 커지는 경향이 있다.
② 준거적 권력은 다른 사람들이 가치를 두는 정보를 갖고 있는 정도에 기반을 둔 것으로 다른 사람이 필요로 하는 전문적인 기술이나 지식을 어떤 사람이 갖고 있을 때 발생한다.
③ 강압적 권력은 인간의 공포에 기반을 둔 것으로 어떤 사람이 다른 사람을 처벌할 수 있는 능력을 가지거나 육체적 또는 심리적으로 다른 사람에게 위해를 가할 수 있는 능력을 가진 경우에 발생한다.
④ 보상적 권력은 다른 사람들에게 보상을 제공할 수 있는 능력에 기반을 둔 것으로 조직이 제공하는 보상의 예에는 봉급, 승진, 직위 부여 등이 있다.
⑤ 합법적 권력의 합법성의 한계는 직위의 공식적인 속성과 비공식적인 규범 및 전통에 의해 결정된다.

정밀해설
② 다른 사람들이 가치를 두는 정보를 갖고 있는 정도에 기반을 둔 것으로 다른 사람이 필요로 하는 전문적인 기술이나 지식을 어떤 사람이 갖고 있을 때 발생하는 것은 전문적 권력이다.

▶ **권력의 원천(기초)에 의한 권력의 유형**

보상적 권력	복종의 대가로 타인이 원하는 것을 줄 수 있을 때 성립하는 권력
강요적 권력	상대방을 처벌할 수 있을 때 성립하는 권력
정통적 권력	계층상의 위계에 비추어 권력행사자가 정당한 권력을 행사할 수 있는 권리를 가지고 있다고 인정되는 경우에 성립하는 권력(M. Weber의 합법적 권력과 유사)
준거적 권력	복종자가 지배자와 일체감·유사성을 가지고 자기의 행동모형을 권력행사자로부터 찾으려고 하는 역할 모형화에 의한 권력으로 어떤 사람이 자신보다 월등하다고 느끼는 무언가의 매력이나 카리스마에 의한 권력
전문가적 권력	전문기술이나 지식·정보에 기반한 권력

정답 : ②

적중 예상 문제

01 ☐☐☐

조직 내 의사전달에 대한 설명으로 옳지 않은 것은?

① 비공식적 의사전달은 '포도넝쿨(grapevine)'이라고도 한다.
② 의사전달은 일관성, 명확성, 적정성, 적시성, 분배성, 수용성의 원칙이 필요하다.
③ 의사전달의 과정은 발신자, 코드화, 발송, 통로, 수신자, 해독, 환류로 이루어진다.
④ 의사전달 과정에서 환류의 차단은 의사전달의 신속성을 저해할 수 있다.

정밀해설

④ 의사전달 과정에서 환류의 차단은 의사전달의 신속성을 가져올 수 있으나, 신중성과 정확성은 저해된다.

정답: ④

02 ☐☐☐

French와 Raven의 권력유형에 대한 설명으로 옳은 것은?

① 강압적 권력은 합법적이고 적절한 명령계통을 통해 이루어진다.
② 전문가적 권력은 조직 내 누구나 가질 수 있다.
③ 권력 행사자에 대해 일체 의식을 갖고 닮고자 할 때 합법적 권력이 행사된다.
④ 보상적 권력은 Y이론에 근거한다.

정밀해설

② 전문가적 권력은 직위와 직무를 초월하여 조직 내 누구나 가질 수 있다.
① 합법적 권력은 합법적이고 적절한 명령계통을 통해 이루어진다.
③ 권력 행사자에 대해 일체 의식을 갖고 닮고자 할 때 준거적 권력이 행사된다.
④ 보상적 권력은 X이론에 근거한다.

정답: ②

03

Robins의 조직 갈등해결에 관한 설명으로 옳지 않은 것은?

① 갈등당사자들이 모두 소중하게 생각하는 상위목표나 공동의 적을 제시하여 갈등을 해결한다.
② 의사전달통로를 변경하거나 조직 내의 계층 수 및 기능적 조직단위의 수를 늘려 서로 견제하게 하는 것은 해소전략에 해당된다.
③ 단기적 해결방법으로 회피전략이 있다.
④ 갈등은 지위체계 개편, 인사교류, 보상체계의 개선 등 구조적 차원에서 해결하는 방안도 있다.

정밀해설

② 의사전달통로를 변경하거나 조직 내의 계층 수 및 기능적 조직단위의 수를 늘려 서로 견제하게 하는 것은 조성전략에 해당된다.

▶ **Robins의 갈등해결 방안**

- 공동의 문제해결: 당사자들의 얼굴을 맞대고 합의에 이르지 못한 문제의 해결책을 모색하는 것이다. 그러나 서로의 가치체계가 다른 경우와 같이 복잡한 갈등은 문제해결의 방법이 곤란하다.
- 상위목표의 설정 및 제시: 갈등당사자들이 모두 소중하게 생각하는 상위목표나 공동의 적을 제시하여 갈등을 해결한다.
- 자원의 증대: 자원의 부족이 갈등의 원인인 경우 자원을 늘림으로써 해결한다.
- 완화(smoothing): 갈등당사자 간의 차이를 최소화하고 공통점이나 이해관계의 일치를 강조함으로써 갈등을 잠정적으로 해결하는 방법이다. 회피와 상위목표 제시를 혼합한 방법이다.
- 타협: 민주사회의 가장 전통적인 방법으로서 갈등당사자들 각자가 자기의 이익을 조금씩 양보하면서 합의에 이르는 방법이다.
- 공식적 계층제 또는 권위적 지위명령에 따른 조정: 계층제에서 상관의 지시에 의한 갈등해결 방법으로 단기적으로는 효과적일 수 있으나, 갈등의 근본적인 문제를 해결하지 못한다.
- 행태변화: 가장 어려운 갈등해결방법으로서 감수성 훈련과 같은 조직발전(OD)기법을 통하여 갈등을 장기적으로 예방·해결하려는 방법이다.
- 제도개혁

정답 : ②

04

토머스가 제시하고 있는 대안적 갈등관리 방안에 대한 설명으로 옳은 것은?

① 자신의 이익과 상대방의 이익을 만족시키려는 정도라는 두 가지 차원으로 구분하여 설명한다.
② 순응이란 상대방의 이익을 희생하여 자신의 이익을 추구하는 방안이다.
③ 협동이란 자신의 이익은 희생하면서 상대방의 이익을 만족시키려는 방안이다.
④ 타협이란 자신과 상대방의 이익 모두를 만족시키려는 방안이다.

정밀해설

① 자신의 주장을 충족시키려는 욕구가 단정적인가 아닌가, 그리고 상대방의 이익을 만족시키려는 욕구가 협조적인가 아닌가에 따라 설명한다.
② 경쟁에 대한 설명이다.
③ 순응에 대한 설명이다.
④ 타협은 양보와 획득을 통하여 자신과 상대방의 이익을 절충시키려는 방안이며, 자신과 상대방의 이익 모두를 만족시키려는 방안은 타협이 아니라 협동(협력)이다.

정답 : ①

THEME 058 행정정보공개, PR, 행정참여

1 정보공개제도 연혁

1992년 기초자치단체(청주시)에서 조례로 제도화
⇨ 1996년 헌법상 '알 권리'에 기반하여 '공공기관의 정보공개에 관한 법률' 제정(독일, 일본의 입법례와 유사함)

2 정보공개 vs 행정PR

① 정보공개: 가공되지 않은 정보의 소극적, 수동적 제공
② 행정PR: 가공된 정보의 능동적, 자발적 제공

3 정보공개법 주요내용

청구권자	모든 국민, 법인·단체(일정요건 충족 시)·외국인도 가능
공개기관	국가기관(국회, 헌법재판소, 법원, 중앙행정기관 등), 지방자치단체, 공공기관 운영에 관한 법률 제2조에 따른 공공기관(한국수자원공사, 한국도로공사 등), 그 밖에 대통령령이 정하는 기관(각급 학교, 지방공사·공단 등)
공개여부결정 & 이의신청	• 청구받은 날로부터 10일 이내 결정(10일 이내 연장가능) • 청구인은 정보공개와 관련한 공공기관의 비공개 결정 또는 부분 공개 결정에 대하여 불복이 있거나 정보공개 청구 후 20일이 경과하도록 정보공개 결정이 없는 때에는 공공기관으로부터 정보공개 여부의 결정 통지를 받은 날 또는 정보공개청구 후 20일이 경과한 날부터 30일 이내에 해당 공공기관에 문서로 이의신청을 할 수 있음.

비공개 대상정보	• 모든 정보는 공개되는 것이 원칙
	  - 예외) 비공개대상정보(동법 제9조)
	• 개인의 사생활의 비밀 또는 자유를 침해할 우려가 있는 정보 등
	  (다만, 직무를 수행한 공무원의 성명과 직위, 국가 또는 지방자치단체가 업무의 일부를 위탁 또는 위촉한 개인의 성명과 직업은 공개 가능)

관련기관	• 정보공개심의회: 각 기관별로 구성 - 공개여부의 결정 • 정보공개위원회: 행정안전부 장관 소속 - 정보공개정책의 수립 & 개선

4 행정참여

배경	대의민주정치의 한계, 정치권력 균등화의 요구, 정책 집행의 불일치, 관료제의 역기능과 행정통제
장점	행정수요 및 지역특성의 반영, 시민의 순응과 집행의 촉진, 행정서비스 향상, 책임성·신뢰성의 확보, 절차적 민주주의 확보, 권력의 재배분, 정보비대칭성 완화, 소외계층 배려로 형평성 제고, 지역이기주의 극복의 대안
단점	행정의 전문성·합리성 저해, 행정의 지연(능률성 저해), 비용의 증대, 특수이익에 의한 포획, 집단이기주의, 시민의 조작 대상화
유형	• 제도적(민간자문기구 등)·비제도적 참여(시민운동, 교섭 등) • 수단에 의한 유형 • 정치적 수단에 의한 참여: 여론형성·청원·투표·직접청구 등

5 행정PR의 원칙

공익성	사회적 책임이나 공익에 부합되어야 함
교육성(계몽성)	국민형성 등과 같은 계몽적·교육적 성격을 가짐
객관성(진실성)	사실을 과장하거나 왜곡시켜서는 안됨(∴선전과 다름)
수평성	행정PR의 주체와 객체는 언제나 대등한 위치에 있음
의무성	국민의 알 권리에 대응하는 정부의 의무를 가짐
교류성	행정PR은 알리고 듣는 상호간 의사전달의 과정을 가짐

OX 기출분석

01 　　　　　　　　　　　　　　　　　　　　　　　　　　22 국가 7급
공공기관의 정보공개는 청구에 의한 공개도 가능하지만 특정 정보는 별도의 청구 없이도 사전에 공개해야 한다. ○ ✕

▣ **해설**

청구에 의한 공개와, 공공기관의 자발적 공개가 있다.

02 　　　　　　　　　　　　　　　　　　　　　　　　　　21 경찰간부
중앙과 지방을 불문하고 공공기관에 대해 정보공개를 청구할 수 있다. ○ ✕

정보공개 대상기관에는 국가, 지방자치단체 및 공기업 등 공공기관을 모두 포함하므로 공공기관에 대해 정보공개를 청구할 수 있다.

03 　　　　　　　　　　　　　　　　　　　　　　　　　　16 사복 9급
「공공기관의 정보공개에 관한 법률」에서 지방자치단체는 그 소관 사무에 관하여 법령의 범위에서 정보공개에 관한 조례를 정할 수 있다고 규정한다. ○ ✕

04 　　　　　　　　　　　　　　　　　　　　　　　　　　16 사복 9급
「공공기관의 정보공개에 관한 법률」에서 공공기관은 정보공개의 청구를 받으면 부득이한 사유가 있더라도 그 청구를 받은 날부터 연장 없이 10일 이내에 공개 여부를 결정하여야 한다고 규정한다. ○ ✕

부득이한 사유가 있는 경우 청구 기간이 끝나는 다음 날부터 10일의 범위 내에서 연장할 수 있다.

05 　　　　　　　　　　　　　　　　　　　　　　　　　　14 국가 9급
정보의 공개 및 우송에 드는 비용은 실비범위에서 청구인이 부담한다. ○ ✕

06 　　　　　　　　　　　　　　　　　　　　　　　　　　12 경정승진
행정PR의 필요성으로는 국민의 의견을 사전에 반영하여 행정의 효율성 제고에 기여할 수 있다는 점을 들 수 있다. ○ ✕

07 　　　　　　　　　　　　　　　　　　　　　　　　　　11 경찰간부
「공공기관의 정보공개에 관한 법률」에는 정보공개를 활성화하기 위하여 이 법 또는 다른 법률의 규정에 의해서만 비공개대상정보를 정하도록 되어 있다. ○ ✕

다른 법률 또는 법률이 위임한 명령의 규정에 의하여 비밀 또는 비공개사항으로 규정된 정보는 공개하지 않을 수 있다.

08 　　　　　　　　　　　　　　　　　　　　　　　　　　10 지방 9급
우리나라 정보공개제도에서 외국인은 행정정보의 공개를 청구할 수 없다. ○ ✕

외국인도 일정한 요건을 갖추기만 하면 정보공개청구가 가능하다.

정답 01 O　02 O　03 O　04 ✕　05 O　06 O　07 ✕　08 ✕

핵심 기출 문제

01 □□□ 2021 경찰간부

정보공개청구 제도에 관한 내용으로 옳지 않은 것은?

① 행정기관이 보유하고 있는 정보를 시민의 청구에 따라 공개하는 제도이다.
② 예산 사용에 관한 정보는 이 제도를 통해 청구할 수 없다.
③ 「공공기관의 정보공개에 관한 법률」에 근거하여 정보공개를 청구할 수 있다.
④ 중앙과 지방을 불문하고 공공기관에 대해 정보공개를 청구할 수 있다.

정밀해설

② 예산 사용에 관한 정보는 비공개정보에 해당하지 않으므로 공개하는 것이 원칙이므로, 정보공개를 청구할 수 있다.
① 국가, 지방자치단체 및 공기업 등 공공기관이 보유하고 있는 정보를 국민의 청구에 의하여(또는 자발적으로) 공개하는 제도이다.
③ 모든 국민(국내에 거소를 가지고 일정기간 거주하는 등록 된 외국인 등 포함)은 「공공기관의 정보공개에 관한 법률」에 근거하여 정보공개를 청구할 수 있다.
④ 정보공개 대상기관에는 국가, 지방자치단체 및 공기업 등 공공기관을 모두 포함하므로 공공기관에 대해 정보공개를 청구할 수 있다.

정답 : ②

02 □□□ 2016 사복 9급

「공공기관의 정보공개에 관한 법률」의 내용으로 옳은 것은?

① 지방자치단체는 그 소관 사무에 관하여 법령의 범위에서 정보공개에 관한 조례를 정할 수 있다.
② 모든 국민은 정보의 공개를 청구할 권리를 가지며, 외국인의 정보공개 청구에 관하여는 법률로 정한다.
③ 공공기관은 예산집행의 내용과 사업평가 결과 등 행정 감시에 필요한 정보가 다른 법률에서 비밀이나 비공개사항으로 규정되었더라도 이를 공개하여야 한다.
④ 공공기관은 정보공개의 청구를 받으면 부득이한 사유가 있더라도 그 청구를 받은 날부터 연장 없이 10일 이내에 공개 여부를 결정하여야 한다.

정밀해설

① 지방자치단체는 그 소관 사무에 관하여 법령의 범위에서 정보공개에 관한 조례를 정할 수 있다(동법 제4조 제2항).
② 모든 국민은 정보공개를 청구할 권리를 가지며, 외국인의 정보공개 청구에 관하여는 대통령령으로 정한다.
③ 예산집행의 내용과 사업평가 결과 등 행정 감시에 필요한 정보가 다른 법률에서 비밀이나 비공개사항으로 규정되었다면 공개하지 아니할 수 있다.
④ 공공기관은 정보공개의 청구를 받으면 그 청구를 받은 날부터 10일 이내에 공개 여부를 결정하여야 하지만, 부득이한 사유가 있는 경우 청구 기간이 끝나는 날의 다음 날부터 10일의 범위에서 연장할 수 있다.

▶ **공공기관의 정보공개에 관한 법률**

- **제9조(비공개 대상 정보)** ① 공공기관이 보유·관리하는 정보는 공개 대상이 된다. 다만, 다음 각 호의 어느 하나에 해당하는 정보는 공개하지 아니할 수 있다.
  1. 다른 법률 또는 법률에서 위임한 명령(국회규칙·대법원규칙·헌법재판소규칙·중앙선거관리위원회규칙·대통령령 및 조례로 한정한다)에 따라 비밀이나 비공개 사항으로 규정된 정보
- **제11조(정보공개 여부의 결정)** ① 공공기관은 제10조에 따라 정보공개의 청구를 받으면 그 청구를 받은 날부터 10일 이내에 공개 여부를 결정하여야 한다.
  ② 공공기관은 부득이한 사유로 제1항에 따른 기간 이내에 공개 여부를 결정할 수 없을 때에는 그 기간이 끝나는 날의 다음 날부터 기산(起算)하여 10일의 범위에서 공개 여부 결정기간을 연장할 수 있다. 이 경우 공공기관은 연장된 사실과 연장 사유를 청구인에게 지체 없이 문서로 통지하여야 한다.

정답 : ①

적중 예상 문제

01 □□□

다음 중 조직시민행동에 대한 설명으로 옳지 않은 것은?

① 최근 거버넌스의 대두와 함께 시민참여의 중요성이 강조된다.
② 직무에 대한 긍정적 태도를 갖고, 불편함과 부당함에 대해 정당한 요구를 주장한다.
③ 조직시스템에 명시되지 않아도 자발적으로 구성원을 돕고 전문성을 계속 개발한다.
④ 조직구성원 스스로가 조직을 위해 행하는 자발적 행동이다.

정밀해설

② 조직을 발전하거나 방어하며, 긍정적 태도로 직무에 대한 불편함도 감수하는 행동이다.
① 조직시민행동은 최근 거버넌스의 대두와 함께 그 중요성이 강조된다.
③ 조직시민행동은 조직의 방침을 준수하고 조직발전과 관련된 분야의 전문성을 지속적으로 개발한다.
④ 조직시민행동은 직무에 대한 최소한의 요구를 넘어서서 스스로가 조직을 위해 행하는 자발적인 행동이다.

정답 : ②

02 □□□

행정정보공개제도에 대한 설명으로 옳은 것은?

① 외국인을 포함한 모든 국민은 정보공개를 청구할 수 있다.
② 1992년 청주시가 법률에 근거해 최초로 실시하였다.
③ 직무를 수행한 공무원의 성명은 비공개한다.
④ 인터넷 등 전자적 형태로의 공개는 금지한다.

정밀해설

① 모든 국민은 정보공개를 청구할 수 있으며, 외국인도 일정요건을 갖추면 정부공개를 청구할 수 있다.
② 1992년 청주시에서 최초로 행정정보공개 조례가 제정되었다.
③ 직무를 수행한 공무원의 성명·직위는 공개하여야 한다.
④ 전자적 형태로도 정보를 공개할 수 있다.

정답 : ①

THEME 059 조직과 환경

1 환경관

환경관	관련 이론		특징
폐쇄체제 (1950년대 이전)	고전적 조직이론	과학적 관리론, 행정관리론	내부문제에만 치중, 유일최선의 원리(one best way)에 대한 신뢰
	신고전적 조직이론	인간관계론, 행정행태론	조직 내 환경(비공식·공식집단의 상호작용)을 인식
		환경유관론	환경에 관심을 가지기 시작하였고, 개방체제이론의 선구적 역할을 함. *Gaus의 『행정에 대한 반성』
개방체제 (1950년대 이후)	현대적 조직이론	체제이론	환경과 조직의 상호작용을 중시, 동태적 균형
		비교행정론	환경이 조직에 미치는 영향을 중시, 기능 중심
		발전행정론	조직이 환경에 미치는 영향을 중시, 쇄신적 행정인과 기관형성 중시, 동태적 발전론
		신행정학	미국 사회의 격동기를 맞아 사회문제의 적실성 강조
		구조적 상황이론	환경적 상황에 따라 조직구조가 결정된다는 환경결정론 입장
		전략적 선택이론	상황이론의 환경결정론적 관점을 비판, 관리자의 상황판단과 전략이 구조를 결정하고 환경을 변화시킴.
		자원의존이론	희소한 자원에 대한 관리자의 획득·통제·관리 능력을 중시
		조직군생태학이론	적자생존원리를 적용하여 환경에 적합한 조직만 선택되어 생존하게 된다는 극단적 환경결정론
		공동체생태학이론	조직 간 능동적인 공동전략을 강조한 입장
		조직경제학	거래비용을 줄이기 위하여 계층적 조직이 형성됨을 강조
		제도화이론	가치나 규범 등 사회문화적 환경에 적응해야 함을 강조

2 현대조직의 결정론과 임의론

		환경인식		
		(환경)결정론	임의론	기타
분석수준	조직군	자연적 선택 관점 - 조직경제학 - 조직군 생태학이론	집단적 행동 관점 - 공동체 생태학이론	제도주의 관점
	개별조직	체제구조적 관점 - 구조적 상황이론	전략적 선택 관점 - 전략적 선택이론 - 자원의존이론	

OX 기출분석

해설

01 　23 국가 9급
전략적 선택이론은 동일한 환경에 처한 조직도 환경에 대한 관리자의 지각 차이로 상이한 선택을 할 수 있다.　O X

환경에 대한 임의론인 전략적 선택이론이다.

02 　21 국가 7급
거래비용이론에 따르면 기회주의적 행동을 제어하는 데에는 시장이 계층제보다 효율적인 수단이다.　O X

기회주의적 행동을 제어하는 데에는 시장보다 계층제가 더 효율적이다.

03 　20 경정승진
거래비용이론은 거래비용이 높아지면 기업 내 위계조직 설립이 줄어든다고 설명한다.　O X

거래비용이론은 거래비용이 높아지면 기업 내 위계조직 설립이 증가한다고 설명한다.

04 　19 서울 7급
공동체 생태학이론은 조직의 내적 논리를 강조한다.　O X

공동체 생태학이론은 조직의 내적 논리보다는 조직 간 공동전략에 의한 능동적 환경 적응과정을 강조한다.

05 　18 지방 9급
자원의존이론은 조직의 안정과 생존을 위해서 조직의 주도적·능동적 행동을 중시한다.　O X

06 　17 국가 7급(추)
거래비용이론은 탐색·거래·감시비용 등을 포함하는 거래비용의 절감을 위해 외부화 전략뿐만 아니라 내부화 전략도 가능하다.　O X

07 　17 국회 9급
상황론적 조직이론(contingency theory)은 모든 상황에 적용되는 유일·최선의 조직구조나 관리방법은 없다는 것을 전제로 한다.　O X

08 　16 경정승진
주인-대리인이론에서 주인은 대리인보다 우월한 능력을 가지기 때문에 대리인은 주인의 재량에 의존하는 바가 크다.　O X

대리인이 주인의 재량에 의존하는 것이 아니라 주인이 대리인의 재량에 의존한다.

정답　01 O　02 X　03 X　04 X　05 O　06 O　07 O　08 X

핵심 기출 문제

01 ☐☐☐ 2021 소방간부

조직이론에 관한 다음의 설명으로 옳지 않은 것은?

① 상황론적 조직이론은 독립변수를 특정하고 상황적 조건들을 유형화해 제한된 범위 내의 일반성과 규칙성을 발견한다.
② 대리인이론은 주인과 대리인 사이에 정보의 비대칭성이 있다고 전제한다.
③ 거래비용이론에서 거래비용이란 탐색비용, 이행 및 감시비용 등을 포함한다.
④ 자원의존이론은 조직을 환경에 의존하는 피동적 존재로 본다.
⑤ 조직군생태론의 분석단위는 단일조직이 아니라 조직군이다.

정밀해설

④ 조직을 환경에 의존하는 피동적 존재로 보는 것은 상황적응론이다. 한편 자원의존이론은 조직이 의존하고 있는 핵심적인 희소자원에 대한 관리자의 능력과 역량이 중요하다고 보았다.
① 상황론적 조직이론은 개별조직이 놓여 있는 상황에 따라 조직의 구조와 전략이 달라져야 한다는 이론으로, 연구대상이 될 변수를 특정하고 상황적 조건들을 유형화하여 분석의 틀을 단순화하고, 제한된 범위 내에서 일반성과 규칙성의 발견을 추구하는 중범위이론이다.
② 대리인이론은 주인과 대리인 간에 근본적인 이해관계의 상충으로 인해 대리손실이 발생한다는 이론으로, 주인과 대리인 사이에 정보비대칭성이 있다고 전제한다.
③ 거래비용이론에서는, 통제비용, 탐색비용, 이행비용 등을 포함하여 거래비용으로 본다.
⑤ 조직군생태론은 분석의 단위가 다양하지만, 주로 조직군 수준에서 분석한다.

▶ **조직환경이론**

분석수준	(환경)결정론	임의론
조직군	조직경제학, 조직군 생태학이론	공동체 생태학이론
개별조직	구조적 상황이론	전략적 선택이론, 자원의존이론

정답: ④

---

02 ☐☐☐ 2017 국가 7급(추)

현대 조직이론에 대한 설명으로 옳지 않은 것은?

① 거래비용이론 - 탐색·거래·감시비용 등을 포함하는 거래비용의 절감을 위해 외부화 전략뿐만 아니라 내부화 전략도 가능하다.
② 조직군생태론 - 조직군을 분석단위로 하며, 개별 조직은 외부 환경의 선택에 좌우되는 수동적인 존재이다.
③ 상황론 - 조직구조를 상황요인으로 강조하면서 이러한 상황에 적합한 조직의 기술과 전략 등을 처방한다.
④ 제도적 동형화론 - 조직의 장이 생성되어 구조화되면, 내부 조직뿐만 아니라 새로 진입하려는 조직들도 유사해지는 경향을 나타낸다.

정밀해설

③ 상황론은 환경이 기술, 규모 등 다양한 상황변수를 고려하면서 상황이론은 유일한 최선의 대안이 존재한다는 것을 부정하고, 조직이 처해 있는 상황에 따라 조직설계 및 관리방법도 달라져야 한다고 주장한다.
① 거래비용이론은 환경에서 자원을 교환하는 데 드는 비용과 조직 내에서 교환을 관리하는 비용을 최소화하기 위한 거래의 내부화를 통한 계층제의 조직화를 주장한다.
② 조직군생태론은 조직군을 분석단위로 하고 환경결정론에 해당하므로 조직을 수동적인 존재로 본다.
④ 제도적 동형화이론은 조직은 환경에 순응하면서 정당성 획득을 주요기능으로 보고, 조직이 사회 속에서 널리 합리화되고 정당화된 관행과 절차를 채택하여 조직의 공식구조로 설치하는 것을 의미한다.

정답: ③

03　　　　　　　　　　　　　　　　2017 서울 7급

주인-대리인이론(principal-agent theory)에 대한 설명으로 가장 옳지 않은 것은?

① 주인(principal)과 대리인(agent) 모두를 자신의 효용을 극대화시키는 합리적인 인간으로 가정하며 주인이 대리인보다 전문적인 지식이 부족하다고 간주한다.
② 주인이 대리인을 통제하고 감시하는 데 발생하는 비용을 거래비용(transaction cost)이라고 한다.
③ 대리인에 의한 도덕적 해이(moral hazard)는 대리인에게 지급한 성과급이 거래비용보다 클 때 나타난다.
④ 주인과 대리인 간의 정보의 비대칭(information asymmetry)으로 인하여 역선택(adverse selection)이 발생한다.

정밀해설

③ 주인-대리인 이론에서 주인이 대리인에게 지급한 성과급이 대리인을 감시하는 거래비용보다 적을 때 도덕적 해이가 나타나므로 거래비용보다 많은 인센티브를 대리인에게 지급할 필요가 있다.
① 주인과 대리인 모두를 조직 내 합리적인 이기주의자로 가정하고 주인이 대리인보다 전문적인 지식이 부족하여 정보격차로 인한 대리손실이 있다고 가정한다.
② 거래비용은 조직들이 함께 일을 할 때 그들의 활동을 통제하는 데 필요한 모든 비용을 의미하며, 주인이 대리인을 통제하고 감시하는 데 발생하는 비용을 의미한다.
④ 주인과 대리인 간의 정보비대칭 등으로 인한 역선택이 발생하며 주인의 불리한 선택으로 인한 문제해결에 초점을 둔다.

정답: ③

04　　　　　　　　　　　　　　　　2015 서울 9급

상황론적 조직이론과 자원의존이론에 대한 다음 설명 중 가장 옳지 않은 것은?

① 자원의존이론은 어떤 조직도 필요로 하는 자원을 모두 획득할 수는 없다는 것을 전제로 삼는다.
② 상황론적 조직이론은 모든 상황에 적합한 최선의 조직화 방법은 존재하지 않는다고 존재한다.
③ 자원의존이론은 조직이 생존과 발전에 필요한 자원을 환경에 의존하기 때문에 조직을 환경과의 관계에서 피동적 존재로 본다.
④ 상황론적 조직이론은 효과적인 조직 설계와 관리 방법은 조직환경에 달려 있다고 주장한다.

정밀해설

③ 자원의존이론은 조직이 상황에 반응하는 것이 아니라, 상황적 제약조건들을 전략적 조정을 통해 완화시킬 수 있다고 본다.
① 자원의존이론은 조직의 필요자원에 대해 자급적일수가 없어 조직외부의 다양한 조직들과 상호의존적 거래관계를 형성하게 되고 어떤 조직도 필요로 하는 자원을 모두 획득할 수 없다고 본다.
② 상황론적 조직이론은 조직을 구성하고 관리하는 데 있어 유일최선의 방법이 없다고 전제한다.
④ 상황론적 조직이론은 환경에의 적합성이 조직의 생존에 관건이라는 환경의 절대성을 강조한다.

▶ **분석의 수준에 따른 분류**

분석수준	(환경)결정론	임의론
조직군	조직경제학, 조직군 생태학이론	공동체 생태학이론
개별조직	구조적 상황이론	전략적 선택이론, 자원의존이론

정답: ③

적중 예상 문제

01

거시조직이론에 대한 다음 설명 중 사실과 다른 것은?

① 구조적 상황론은 유일최선의 방법을 부인하고 조직은 상황조건에 따라 수동적으로 적응되어야 한다는 이론이다.
② 전략적 선택이론은 관리자가 선택하는 전략이 조직구조를 결정하고 환경을 조직에 유리하도록 조정할수 있다는 임의론이다.
③ 공동체생태학이론은 관리자들의 능동적 상호작용을 중시한다.
④ 자원의존이론은 관리자의 자원확보 능력보다는 주어진 환경에 적응을 강조한다.

정밀해설

④ 자원의존이론에서는 관리자가 환경을 자신이 원하는 방향으로 재구성해 나가는 주체로 가정한다.

▶ 구조적 상황이론 vs 전략적 선택이론

(환경)결정론	임의론
조직의 구조와 특성은 환경에 의하여 결정 (결정론적 입장)	조직의 구조와 특성은 관리자의 전략적 선택에 의해 결정 (임의론적 입장, 인간의 자율성 중시)
상황은 주어진 것	상황은 조직에 의하여 만들어질 수 있는 대상
환경조건의 통제에 단순히 적응	환경을 유리하게 조종·통제·창조
조직과 환경은 밀접한 관계에 있으며, 환경에 대한 인식은 누구나 동일	조직과 환경은 밀접하지 않으며 동일한 환경이라도 관리자의 인지적 기초와 가치관의 차이로 인식하는 환경이 각기 다름.
환경에 적합한 최선의 선택을 해야 효과가 극대화	조직과 환경은 어느 정도 느슨하게 연결되어 있으므로 목표를 달성하는 방법은 여러 가지이며, 결정자는 만족할 수 있는 여러 대안을 가지고 있고 만족화의 원리에 따라 스스로 전략적 선택

정답 : ④

02

환경결정론에 대한 설명으로 옳은 것은?

① Williamson의 거래비용이론은 거래비용이 클 경우 조직 내 통합으로 시장거래가 유리하다고 본다.
② 구조적 상황이론은 환경적 특성에 적합한 가장 효과적인 조직구조가 있다고 본다.
③ 조직군 생태학이론은 장기적 관점에서 관리자의 역할은 무작위적(inactive)인 것으로 본다.
④ 제도화이론은 조직이 환경에 순응하여 제도적 동형화보다는 다양한 조직이 형성된다고 본다.

정밀해설

① Williamson의 거래비용이론에 따르면 거래비용이 클 경우 계서적 조직이 이루어진다.
② 구조적 상황이론은 유일 최선의 구조는 없다고 본다.
④ 제도화이론은 제도적 동형화(isomorphism)를 추구한다.

정답 : ③

03

조직군 생태학이론에 대한 설명으로 옳은 것은?

① 조직의 환경 적합도를 적자생존이론으로 적용한다.
② 종단적 분석으로 조직의 동형화를 부정한다.
③ 환경과 조직의 관계를 조직에 의해 환경이 결정된다고 본다.
④ 조직은 변이, 선택, 보전의 과정을 거치지 않는다.

정밀해설

① 조직군생태학이론은 적자생존이론을 조직 현상에 적용한 것이다.
② 종단적 분석이며 조직의 동형화를 긍정한다.
③ 환경과 조직의 관계를 분석함에 있어 환경에 의해 조직이 결정된다는 환경결정론이다.
④ 조직변동과정을 변이, 선택, 보전으로 파악한다.

정답 : ①

04

거래비용이론(transaction cost theory)에 관한 옳은 설명을 모두 고르면?

> ㄱ. Williamson에 의하면 조직은 재화나 용역의 거래비용을 줄이기 위해 만들어지는 장치이다.
> ㄴ. 주인-대리인이론과 함께 신제도주의 경제학 이론에 해당된다.
> ㄷ. 환경관을 다루기 때문에 거시적 이론이지만, 분석에서는 미시적 이론이다.
> ㄹ. 조직외부화가 불가능하거나 오히려 조직내부화가 능률적일 때는 시장거래가 유리하다고 본다.
> ㅁ. 행정의 효율성뿐만 아니라 민주성이나 형평성도 적절히 고려한다.

① ㄱ, ㄴ, ㄷ
② ㄱ, ㄴ, ㅁ
③ ㄱ, ㄷ, ㄹ
④ ㄴ, ㄷ, ㅁ

정밀해설

① ㄱ, ㄴ, ㄷ만 옳은 설명이다.
ㄹ. [×] 조직 내부화가 비능률적일 때는 시장 거래가 유리하다고 본다.
ㅁ. [×] 거래비용경제학은 경제학적 관점에서 시장논리나 효율성의 논리만을 중시한다.

▶ **조직경제학의 적용**

M형 가설(M-form hypothesis)
1. 의의: Williamson은 거래비용을 줄이기 위한 계서제적 조직에 있어서 효율성을 극대화하는 방안의 하나로 전통적 U형 구조를 효율적인 M형 구조로 대체할 것을 제안하였다.
2. 구조
   · U형 구조(Unitary form): 고전적 조직이론가들이 주장한 조직으로서 유사한 활동별로 부문화(기능 중심)를 이룬 전통적 조직구조이다.
   · M형 구조(Multi-divisional form): 사업부제 조직모형으로서 연관활동에 의한 부문화(산출물 중심)를 이루고 수직적·수평적 권한 및 책임을 동시에 강조한다.

정답 : ①

THEME 060 조직문화

1 조직문화론 - Hellriegel: 통제와 관심

관료적 문화	공식화 규칙, 표준적 절차, 계서적 조정을 강조하는 조직의 문화로서 안정적 통제지향성과 관심의 내향성을 특징으로 함.
가족적 문화	전통과 충성심의 중시, 개인적 헌신, 강력한 사회화, 팀워크, 자율관리 등을 강조하는 조직의 문화로서 융통성 있는 통제지향성과 관심의 내향성을 특징으로 함.
기업가적 문화	모험적·역동적·창조적인 조직의 문화로서 융통성 있는 통제지향성과 관심의 외향성을 특징으로 함.
시장적 문화	이윤추구 성향이 강하고 경쟁적 활동을 하는 조직의 문화로서 안정적 통제지향성과 외향적 관심을 특징으로 함.

2 Saffold의 조직문화 접근법

특성론적 접근방법	• 조직효과성을 향상시킬 수 있는 특정한 문화특성이 존재한다는 것 • 긍정적인 문화특성을 가지고 있는 조직이 그렇지 못한 조직에 비하여 효과성이 높다는 것
문화강도적 접근방법	• 조직효과성을 향상시키기 위해서는 강한 문화가 필요하다는 견해 • 조직구성원들이 가치를 강하게 공유하고 있는 조직의 효과성이 높다는 것
상황론적 접근방법	조직문화 특성과 상황요인들 간의 적합성에 따라 조직효과성이 달라질 수 있다는 것
문화유형론적 접근방법	각각의 문화유형의 특성에 따라 조직효과성이 달라진다는 것

3 Douglas의 신문화론(문화유형론)

문화유형과 조정기계		집단역할	
		약	강
사회역할 (규칙성)	약	개인주의(시장)	평등주의(공동체)
	강	전체주의(후견주의)	위계주의(국가)

Mani DB 문화의 특성과 관련된 이론

(1) 문화갈등론: 문화는 쉽게 바뀌지 않으며 새로운 문화를 접했을 때 갈등이 생김.
(2) 문화구조론: 문화는 사회구조의 일부임.
(3) 문화정향론: 문화는 일정한 방향성과 경향성을 가짐.
(4) 문화지체론: 다른 것은 빠르게 변하지만 문화의 변화는 더딤.
(5) 문화결정론: 문화는 인간의 사고와 행동을 결정함.

OX 기출분석

01 ☐☐☐   17 교행 9급
우리나라의 관료문화 중 집단주의는 집단 내 구성원들 간의 소속감과 심리적 안정 욕구를 충족하여 할거주의적 태도를 감소시킨다.   O X

해설
우리나라의 관료문화 중 집단주의는 집단 내 구성원들 간의 소속감과 심리적 안정 욕구를 충족하여 할거주의적·파벌적 태도를 강화시킨다.

02 ☐☐☐   14 서울 7급
조직문화에 대한 상황론적 접근방법은 구성원들이 가치를 강하게 공유하고 있는 조직의 효과성이 높다고 전제한다.   O X

상황론적 접근은 조직문화 특성과 여러 상황적 요인들 간의 적합도에 따라 조직의 효과성이 달라진다고 보는 접근방법이다.

03 ☐☐☐   14 서울 7급
조직문화에 관한 문화강도적 접근법은 조직효과성을 향상시키기 위해서는 강한 문화가 필요하다는 견해이다.   O X

04 ☐☐☐   10 국회 9급
온정주의자는 다른 사람들로부터의 사회적 압력에 둔감한 반응을 보인다.   O X

온정주의는 감성적인 유대관계를 중시하므로 다른 사람들로부터의 사회적 압력 내지 타인의 인식에 민감한 반응을 보인다.

05 ☐☐☐   12 지방 9급
연고주의는 직장 내에서 가족적 분위기를 조성하여 인간관계를 개선하는 데 기여할 수 있다.   O X

06 ☐☐☐   07 부산 7급
Douglas의 문화이론 중 개인적 문화는 사회적 위험의식이 충분히 개발되어 있다.   O X

개인주의적 문화는 개인의 사회적 역할과 집단성이 모두 약한 문화유형으로 사회적 위험의식이 충분히 개발되어 있지 않다.

07 ☐☐☐   06 전북 9급
조직문화가 강한 경우 구성원의 사고와 행동에 유연성 및 창의성이 촉진되는 경향이 있다.   O X

조직 문화는 구성원의 유연성과 창의성을 저해하고, 개혁과 변동에는 반동적으로 작용한다.

08 ☐☐☐   05 경기 7급
상대주의는 인간관계를 불평등한 수직적 관점에서 보는 의식구조를 지칭한다.   O X

인간관계를 불평등한 수직적 관점에서 보는 의식구조를 지칭하는 것은 권위주의이다.

정답 01 X   02 X   03 O   04 X   05 O   06 X   07 X   08 X

핵심 기출 문제

01
2020 군무원 7급

윌리엄스와 앤더슨(Williams & Anderson)에 의해 주장되는 조직에 대한 조직시민행동(OCB-O)으로 옳지 않은 것은?

① 신사적 행동(sportsmanship)
② 성실행동(conscientiousness)
③ 시민의식행동(civic virtue)
④ 이타적 행동(altruism)

정밀해설

④ 이타적 행동은 개인 차원의 조직시민행동에 해당한다.
①, ②, ③ 조직시민행동은 조직에 대한 조직시민행동(OCB-O)와 개인에 대한 조직시민행동(OCB-I)으로 구분할 수 있는데 신사적 행동(스포츠맨십), 성실행동, 시민의식행동(시민정신)은 조직에 대한 조직시민행동이고, 이타적 행동, 예의성은 개인에 대한 조직시민행동이다.

▶ **조직시민행동(OCB; Organizational Citizenship Behavior)**

1. 의의: 조직이 공식적으로 요구하는 의무적인 행동이 아님에도 구성원이 자발적으로 조직의 발전과 목표 달성을 위하여 노력하는 활동
2. 유형
   - 개인 차원의 조직시민행동(OCB-I): 동료를 위한 마음에서 비롯되는 이타적 행동, 예의성과 관련됨
   - 조직 차원의 조직시민행동(OCB-O): 조직을 위한 차원에서 동료를 지원하는 것으로 양심적 행동, 스포츠맨십, 시민행동과 관련됨

정답: ④

02
2019 경장승진

더글라스(Douglas)의 문화이론에 대한 설명으로 가장 적절하지 않은 것은?

구분		집단성 (응집성)	
		약	강
사회역할 (규칙성)	약	㉠	㉡
	강	㉢	㉣

① ㉠ - 자아추구적, 경제적 인간관에 입각하여 경쟁, 개인책임을 중시하는 유형이다.
② ㉡ - 타인배려적, 협동적 인간관에 입각하여 결과의 평등을 중시하는 유형이다.
③ ㉢ - 인간에 대한 의구심으로 인하여 의무, 규율, 복종을 중시하는 유형이다.
④ ㉣ - 최고층의 권한 집중과 개인의 자율적 결정 배제를 중시하는 유형이다.

정밀해설

④ 최고층의 권한 집중과 개인의 자율적 결정 배제를 중시하는 유형은 더글라스의 문화이론과 관계없는 내용이다.
한편 ㉣ 계층주의(위계주의)는 제도와 규제에 대한 신뢰, 계층제 내의 불평등 구조와 중앙집권적 의사결정체제의 인정 등을 중시한다.
① ㉠ 개인주의 문화는 자아추구적이고 경제적인 인간관에 입각하여 경쟁 및 개인의 책임을 중시한다.
② ㉡ 평등주의 문화는 타인을 배려하는 협동적 인간관에 입각하여 결과의 평등을 중시한다.
③ ㉢ 전체주의(운명주의) 문화는 인간에 대한 의구심에 따른 의무나 규율 등을 중시하는 유형이다.

▶ **더글라스(Douglas)의 문화이론**

구분		집단성(응집성)	
		약	강
사회역할 (규칙성)	약	개인주의	평등주의
	강	전체주의	계층주의

정답: ④

적중 예상 문제

01 ☐☐☐

Saffold의 조직문화 접근법에 대한 설명으로 옳지 않은 것은?

① 문화강도적 접근은 강한 문화의 필요성을 인정한다.
② 특성론적 접근은 효과성을 위한 특정한 문화를 주장한다.
③ 문화유형론적 접근은 문화유형의 특성에 따라 다르게 본다.
④ 상황론적 접근은 조직구조와 구성원의 적합성을 파악한다.

정밀해설

④ 상황론적 접근은 조직문화 특성과 상황요인들 간의 적합성에 따라 조직효과성이 달라질 수 있다고 본다.

▶ **Saffold의 조직문화접근법(1988)**

특성론적 접근방법	조직효과성을 향상시킬 수 있는 특정한 문화특성이 존재한다는 것. 긍정적인 문화특성을 가지고 있는 조직이 그렇지 못한 조직에 비하여 효과성이 높다는 것
문화 강도적 접근방법	조직효과성을 향상시키기 위해서는 강한 문화가 필요하다는 견해. 조직 구성원들이 가치를 강하게 공유하고 있는 조직의 효과성이 높다는 것
상황론적 접근방법	조직문화 특성과 상황요인들간의 적합성에 따라 조직효과성이 달라질 수 있다는 것
문화 유형론적 접근방법	각각의 문화유형의 특성에 따라 조직효과성이 달라진다는 것

정답 : ④

02 ☐☐☐

조직문화가 강할 때의 순기능으로 가장 적절하지 않은 것은?

① 다른 조직과의 경계를 명확히 인식하게 하여 경계를 둘러싼 갈등을 최소화한다.
② 구성원의 사고와 행동에 유연성 및 창의성을 촉진한다.
③ 조직에 바람직하지 않은 행동이 강제수단 없이도 억제될 수 있다.
④ 구성원에게 소속감과 안정감을 가지게 해준다.

정밀해설

② 조직문화는 조직형성 초기에는 순기능을 수행하지만 장기적으로는 조직의 변화와 개혁에 걸림돌이 되거나 획일적인 집단사고의 확립으로 구성원의 사고와 행동의 유연성 및 창의성을 저해한다는 단점이 있다.

정답 : ②

THEME 061 조직발전(OD), 조직동태화 모형

1 조직발전(OD)
조직구성원의 행태변화를 통한 조직의 생산성과 환경적응능력 향상
① 특징
  ㉠ Y이론적 인간관
  ㉡ 외부전문가에 의한 하향적 접근
  ㉢ 지속적이고 장기적인 관점
  ㉣ 행태의 변화 추구
② 주요 기법: 감수성 훈련, 태도조사 환류, 직무확충(직무충실, 직무확장), 과정상담, 역할연기 등
③ 한계: 시간소모가 장기적, 편향적 인간관, 구조적 문제 경시

2 Daft 모형

유형	특징	단점
기능구조	일의 중복방지, 동일기능으로 부서화	할거주의, 집권화 우려
사업구조	산출물의 자기완결적 구조	기능의 중복, 부서 간 경쟁으로 갈등 초래
매트릭스조직	기능구조와 사업구조의 결합	이중권한체제, 기능부서와 사업부서의 권력 다툼
수평조직	고객수요변화에 신속한 대처, 핵심업무중심, 단위업무 통합	소속감 결여, 책임 분산
네트워크구조	느슨하게 연결된 결합조직, 분권적이며 집권적임	주인대리인 문제, 공동조직 우려

3 조직동태화 모형

① 이음매 없는 조직

구분	전통적 조직	이음매 없는 조직
구조	분산적(fragmented) 구조	유기적·총체적(seamless) 구조
직무	폭이 좁고, 단편적·구획적	폭이 넓고, 협력적
역할구분	구분 명확	교차기능적·중복 기능적 역할
업적평가	투입 기준(부하의 수, 예산 등)	성과와 고객만족 기준
관리방법	통제지향적	분권적·참여적

② 팀제

구분	전통적 기능조직	팀제
조직구조	계층적, 개인	수평적, 팀
직무설계	단일 업무	전체 업무·다수 업무
리더	강하고 명백한 지도자	리더십 역할 공유
지시·전달	상명하복·지시·품의	상호 충고·전달·토론
정보흐름	폐쇄·독점	개방·공유
보상과 책임	개인주의, 연공주의, 개인책임	팀, 능력 위주, 공동책임

③ 애드호크라시: 불확실한 환경에 신속 대응

OX 기출분석

해설

01 □□□ 22 경간부
조직 발전은 조직 전체의 변화를 추구하는 계획적이고 의도적인 개입방법이다. O X

조직발전은 조직 전체의 변화를 추구하는 계획적·의도적인 방법이다.

02 □□□ 21 국회 8급
애드호크라시는 업무수행자가 복잡한 환경에 탄력적으로 대응하도록 하기 위해서 업무수행방식을 법규나 지침으로 경직화시키지 않는다. O X

애드호크라시는 불확실한 환경에 적합한 조직으로 업무의 표준화 및 공식성(경직성)이 낮다.

03 □□□ 21 경정승진
팀제는 신속한 의사결정이 가능하다. O X

팀제는 의사결정단계의 축소로 인해 신속한 의사결정이 가능하다.

04 □□□ 20 군무원 9급
매트릭스 조직은 조직의 성과를 저해하는 권력투쟁이 발생하기 쉽다. O X

05 □□□ 19 경찰간부
대프트(Daft)의 조직유형 중 사업구조는 조직구성원들에게 자율관리, 의사결정권과 책임을 위임함으로써 사기와 직무동기 부여에 기여한다. O X

조직구성원들에게 자율관리, 의사결정권과 책임을 위임함으로써 사기와 직무동기 부여에 기여하는 것은 수평구조이다.

06 □□□ 17 국가 9급(추)
태스크포스(task force)는 특수한 과업 완수를 목표로 기존의 서로 다른 부서에서 사람들을 선발하여 구성한 팀으로서 본래 목적을 달성하면 해체되는 임시조직이다. O X

07 □□□ 17 사복 9급
애드호크라시(adhocracy)는 동태적이고 복잡한 환경에 적합한 조직구조이다. O X

08 □□□ 17 해경간부
조직발전은 구조, 형태, 기능 등을 바꾸고 조직의 환경 변화에 대한 대응 능력과 문제 해결 능력을 향상시키려는 관리 전략이다. O X

조직발전은 구성원의 행태를 바람직한 방향으로 바꾸고 계획적으로 변화시키며 환경변화에 대한 대응능력과 문제해결 능력을 향상시키려는 관리전략이다.

정답 01 O 02 O 03 O 04 O 05 X 06 O 07 O 08 X

핵심 기출 문제

01 □□□　　　　　　　　　　　　　　　　　　2023 국가 9급

조직구조의 유형에 대한 설명으로 옳지 않은 것은?

① 사업(부)구조는 조직의 산출물에 기반을 둔 구조화 방식으로 사업(부) 간 기능 조정이 용이하다.
② 매트릭스구조는 수직적 기능구조에 수평적 사업구조를 결합시켜 조직 운영상의 신축성을 확보한다.
③ 네트워크구조는 복수의 조직이 각자의 경계를 넘어 연결고리를 통해 결합 관계를 이루어 환경 변화에 대처한다.
④ 수평(팀제)구조는 핵심업무 과정 중심의 구조화 방식으로 부서 사이의 경계를 제거하여 의사소통을 원활하게 한다.

정밀해설

① 사업부제는 사업간 기능 조정이 용이하지 않고, 기능 중첩이 나타난다.
② 매트릭스조직은 수직 수평의 이중 구조이다.
③ 네트워크 구조는 분권과 집권의 느슨한 연계이다.

정답 : ①

02 □□□　　　　　　　　　　　　　　　　　　2020 해경승진

조직발전(OD)에 대한 설명으로 가장 옳지 않은 것은?

① 조직구성원의 행태변화를 통하여 조직의 생산성과 환경에의 적응능력을 향상시키는 것을 목표로 한다.
② 문제해결 역량을 개선하려는 지속적이고 장기적인 노력이다.
③ 과정지향적이며 아래로부터의 자율적이고 자발적인 접근방법이다.
④ 조직 내·외부의 컨설턴트를 참여시켜 개혁추진자의 역할을 맡게 한다.

정밀해설

③ 조직발전은 최고관리층의 참여와 배려 하에 상위계층에서부터 하향적으로 진행된다.
① 조직발전은 조직구성원의 가치관·태도 등의 행태를 의도적·계획적으로 변화시켜 조직의 환경변화에 대한 대응능력과 문제해결 능력을 향상시켜려는 관리전략이다.
② 조직발전은 최고관리층에서 하위계층에 이르는 전체적이고 통합적인 목표와계획을 수립하는 지속적·장기적 변화를 노력한다.
④ 조직발전은 조직 내·외부의 변화관리자(OD전문가, 변동컨설턴트)를 참여시켜 개혁의 변동을 담당하게 한다.

정답 : ③

03
2017 사복 9급

애드호크라시(adhocracy)에 대한 설명 중 가장 옳지 않은 것은?

① 일상적 업무 수행의 내부 효율성을 제고한다.
② 구성원의 능력을 최대한 발휘하게 하여 혁신을 촉진할 수 있다.
③ 동태적이고 복잡한 환경에 적합한 조직구조이다.
④ 낮은 수준의 공식화를 특징으로 하는 유기적 조직구조이다.

정밀해설

① 애드호크라시는 동태적 환경에 적합한 조직으로 일상적 업무 수행의 내적 효율성을 추구하지 않으며 구조나 역할 등이 유동적·잠정적이므로 관료제 조직에 비해 효율성이 낮다고 볼 수 있다. 한편 일상적 업무 수행의 내부 효율성을 제고하는 것은 기계적 구조와 같은 관료제 조직의 특징이다.
② 애드호크라시는 고도의 창의성과 환경적응성이 필요한 상황에서 유효한 임시조직으로 구성원의 능력을 최대한 발휘하게 한다.
③ 애드호크라시는 불확실하고 급변하는 환경에 대해 신축적으로 대응하기 위한 조직으로 동태적이고 복잡한 환경에 적합하다.
④ 애드호크라시는 업무 수행자가 상황에 탄력적으로 대응하도록 하기 위해 업무 수행방식을 법규나 지침으로 경직화시키지 않으며 낮은 공식성을 특징으로 한다.

정답 : ①

04
2017 국회 8급

다음 중 매트릭스 조직에 대한 설명으로 옳지 않은 것은?

① 명령통일의 원리가 배제되고 이중의 명령 및 보고체제가 허용되어야 한다.
② 부서장들 간의 갈등해소를 위해 공개적이고 빈번한 대면기회가 필요하다.
③ 기능부서의 장들과 사업부서의 장들이 자원배분에 관한 권력을 공유할 수 있어야 한다.
④ 조직의 환경 영역이 단순하고 확실한 경우 효과적이다.
⑤ 조직의 성과를 저해하는 권력투쟁을 유발하기 쉽다.

정밀해설

④ 매트릭스 조직은 조직의 환경이 복잡하고 불확실한 경우 효과적이다.
① 매트릭스 조직은 기능중심의 수직적 분화가 되어 있는 지시·감독 라인에 수평적으로 연결된 또 하나의 지시·감독 라인을 인정하는 이중적 권한구조 조직으로 이중의 명령 및 보고하는 체계를 가진다.
② 이중적 명령 관계 등으로 인해 상관은 부하에 대해 완전한 통제력을 가지지 못하기 때문에 상관들 간의 대면기회 등을 통해 협력하고 갈등을 조절할 수 있는 관리능력이 요구된다.
③ 기능부서와 사업부서 간의 갈등이 발생하기 쉽고, 갈등해결에 요구되는 시간과 노력의 낭비가 발생하므로 권력을 공유할 수 있어야 한다.
⑤ 이중적 명령계통은 역할의 모호성을 초래하므로 기능부서와 사업부서 간의 갈등과 마찰이 발생할 수 있다.

정답 : ④

적중 예상 문제

01

린덴(Linden)의 '이음매 없는 행정서비스(seamless service)'에 관한 설명으로 옳지 않은 것은?

① 소비자의 다양한 욕구를 반영하여 주문생산적 산출물의 성격을 갖는다.
② 전통적 조직과 달리 조직 내 역할 구분이 비교적 명확하지 않고 총체적 구조를 갖는다.
③ 신공공관리론의 BSC(Balanced Score Card)를 비롯한 성과관리방식과는 다르다.
④ 행정조직의 구성원들은 시민에게 보다 향상된 서비스를 직접 제공한다.

정밀해설

③ 이음매 없는 행정서비스는 시민들에게 향상된 서비스를 제공하고자 하는 BSC 등 신공공관리론적 성과관리와 밀접한 관련이 있다.

정답 : ③

02

사업구조 조직에 대한 설명으로 가장 옳지 않은 것은?

① 규모의 경제에 따른 효율성을 확보하여 대규모 조직에 적합하다.
② 기능구조보다 환경변화에 신축적이고 대응적이다.
③ 산출물에 기반한 사업부서화 방식으로 성과에 대한 책임성이 분명하다.
④ 사업부서들은 자율적으로 운영되므로 각 기능의 조정은 부서 내에서 이루어진다.

정밀해설

① 사업구조는 기능의 중첩으로 비효율성과 규모의 불경제를 내용으로 한다. 한편 규모의 경제에 따른 효율성을 확보할 수 있는 것은 기능구조이다.
② 사업구조조직은 환경변화에 신속하게 대응할 수 있다.
③ 사업구조조직은 자기완결적 단위를 기능으로 하며, 성과책임의 소재가 분명해 성과관리 체제에 유리하다.
④ 사업부서들은 자율적으로 운영되고 각 사업부서 안에서 기능 간 조정이 용이하다.

▶ 사업구조 조직의 장단점

장점	· 불안정한 환경에서 신속한 변화에 적합 · 제품에 대한 책임과 담당자가 명확하기 때문에 고객만족을 높일 수 있음. · 기능부서 간 원활한 조정 · 제품, 지역, 고객별 차이에 신속하게 적응 가능 · 몇 개의 제품을 가진 대규모 기업에 적합함. · 분권화된 의사결정
단점	· 기능부서에서 규모의 경제 효과 감소 · 제품라인 간 조정이 약화될 수 있음. · 특정 분야에 대한 지식과 능력의 전문화가 곤란 · 제품라인 간 통합과 표준화가 곤란

정답 : ①

03

조직발전(OD)에 관한 설명으로 옳지 않은 것은?

① 계획적·체계적 변동의 특징과 성장이론의 편견이 반영되었다.
② 조직의 구조적 측면을 중시해 인간을 Y이론식으로 가정하여 관리한다.
③ 문화적 갈등이 발생할 수 있다.
④ 문제해결을 지향하는 협동적 집단의 중요성을 강조한다.

정밀해설

② Y이론에 바탕을 두는 민주적 관리전략이지만, 조직의 구조적 측면이 아니라 인간적 측면을 중시한다.

▶ **조직발전의 가정**

1. 인간에 대한 가정: McGregor의 Y이론적 인간관과 성장이론
2. 집단에 대한 가정: 구성원들에게는 준거집단, 특히 작업집단이 매우 중요하며 집단 내의 대인관계가 솔직하고 상호지원적이면 개인의 집단에 대한 기여도는 크게 향상될 수 있다.
3. 조직에 대한 가정: 조직은 상호중첩적이고 의존적인 작업집단으로 구성되어 있으며, 조직 내 민주적 분위기는 집단적 문제해결과 개인의 성장 및 직무만족에 유리한 작용을 한다.

정답: ②

04

Daft의 조직구조모형에 대한 설명으로 옳지 않은 것은?

① 사업구조(divisional structure)에서는 자율적으로 운영되는 부서 간의 조정 가능성은 증진되지만 부서 내 조정은 어려워진다.
② 네트워크(network structure) 내의 개인들은 도전적인 과업을 수행하면서 직무의 확장과 확충에 따라 직무동기가 유발되는 장점이 있다.
③ 기능구조(functional structure)에서는 기능적 통합을 통하여 규모의 경제를 제고할 수 있다.
④ 매트릭스구조(matrix structure)에서는 조직구성원들을 부서 간에 공유함으로써 자원 활용의 효율성을 제고할 수 있다.

정밀해설

① 사업구조(divisional structure)의 각 부서는 자기완결적 기능단위로서 산출물별로 자율적으로 운영되며 부서 내에서 기능 간 조정이 용이하다.

정답: ①

보충

▶ **Daft의 조직구조 모형**

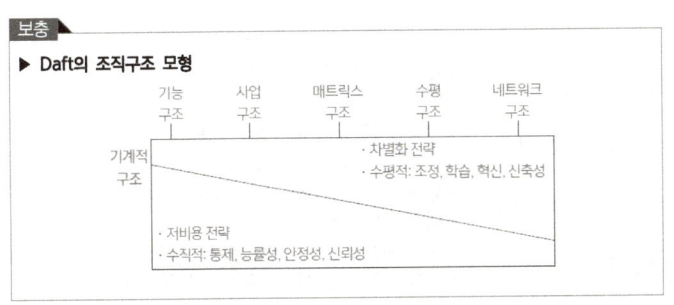

THEME 062 조직 동태화(네트워크 조직, 학습조직 등)

1 네트워크 조직

① 계층제보다 탄력적(lighter)이면서 시장보다 안정적(more reliable)
② 자발적, 수평적, 분권적, 협력적
③ 단점: 조정, 감시비용 증가

구분	계층제	네트워크조직	시장
조직형태	단일의 중추조직	느슨하게 연결된 군집형 조직	다양한 개별 독립조직의 공존
분쟁조정수단	조직적 권위(일방적 명령)	조직적 권위의 정당성이 부족한 행위자들의 집합(신뢰와 협력)	자발적 협상과 거래, 조직적 권위 부존재(경쟁과 갈등)
조직간의 관계	긴밀하게 연결된 결절	느슨한 연결과 조정	연결되지 않은 결절(node)
구조적 유연성	낮음(경계 고정)	비교적 높음(경계 유연, 수정 용이)	높음
정보의 창출, 공유	낮음	활발	낮음
생산활동	하나의 조직에서 완결	핵심적인 것만 생산하고 나머지는 외주	거래와 교환에 의한 부품별 생산

2 학습조직

① 특징: 지속적 순환적 과정, 양성적 피드백, 자발성, 모든 구성원이 주체화
② 전통조직과 비교

구분	관료조직	학습조직
권력	조직적 권력(계층적 권력)	개인적 권력(지식에 기반한 전문적 권력)
지향	업무(효율성), 합리적 목표	설계(문제해결), 변화를 위한 학습
업무배분	원자적 구조	관계적 접근
의사결정의 틀	개인적 학습	조직적 학습
업무의 기초	독점적 권한	공동생산
업무수행	자율적·개체적 행동	집합적(collective) 행동

 **Mani DB** P. Senge의 제5수련

공유 비전(shared vision), 정신적 모델(mental model), 개인적 숙련(personal mastery), 팀 학습(team learning), 시스템적 사고(system thinking)

3 지식관리

변화	내용	사례
암묵지 ⇨ 암묵지 (사회화: Socialization)	개인의 암묵지를 경험을 통해 다른 사람이 암묵지로 전환하는 과정	• 도공의 도자기기술 전수 • 인재로테이션
암묵지 ⇨ 형식지 (외재화: Externalization)	암묵지를 언어로 표출시켜 형식지로 바꾸는 과정	• 현장실무경험을 매뉴얼로 전환 • 구체적 기계, 원리 발명
형식지 ⇨ 형식지 (결합화: Combination)	형식지를 또 다른 형식지로 이전, 복합하는 과정	• 통계자료를 이용하여 요약보고서 작성 • 데이터베이스를 구축
형식지 ⇨ 암묵지 (내재화: Internalization)	형식지를 개인의 암묵지로 내면화하는 과정	• 매뉴얼을 보고 자신의 기술로 습득 • 지식, 경험, 노하우의 축적과 실제 적용

OX 기출분석

01 ☐☐☐ 　　　　　　　　　　　　　　　　　　　　　　　　　　　23 국가 9급
수평(팀제)구조는 핵심업무 과정 중심의 구조화 방식으로 부서 사이의 경계를 제거하여 의사소통을 원활하게 한다. 　○ ✕

> **해설**
> 수평구조는 핵심업무 중심의 유연한 구조이다.

02 ☐☐☐ 　　　　　　　　　　　　　　　　　　　　　　　　　　　21 군무원 9급
네트워크 조직에서는 서비스나 재화의 생산과 공급, 유통 등을 서로 다양한 조직에서 따로 수행한다. 　○ ✕

> 네트워크 조직은 핵심기능만 수행하고 서비스나 재화의 생산, 공급 등은 외주를 통해 진행한다.

03 ☐☐☐ 　　　　　　　　　　　　　　　　　　　　　　　　　　　21 국가 9급
네트워크 조직은 결정과 기획 같은 핵심기능만 수행하는 조직을 중심에 놓고 다수의 독립된 조직들을 협력 관계로 묶어 일을 수행하는 조직형태이다. 　○ ✕

> 네트워크 조직은 조직의 자체기능은 핵심역량 위주로만 합리화하고 여타 부수적인 기능은 외부기관들과 위탁계약 통해 연계·수행하는 조직이다.

04 ☐☐☐ 　　　　　　　　　　　　　　　　　　　　　　　　　　　20 서울/지방 9급
네트워크 조직은 기능(functional) 구조와 사업(project) 구조의 통합을 시도하는 조직형태이다. 　○ ✕

> 기능(functional) 구조와 사업(project) 구조의 통합을 시도하는 조직 형태는 매트릭스 조직이다.

05 ☐☐☐ 　　　　　　　　　　　　　　　　　　　　　　　　　　　19 군무원
학습조직의 기본단위는 업무 프로세스 중심의 통합 기능팀이다. 　○ ✕

06 ☐☐☐ 　　　　　　　　　　　　　　　　　　　　　　　　　　　17 국가 9급(추)
네트워크 조직(network organization)은 핵심기능을 수행하는 소규모의 조직을 중심에 두고 다수의 협력업체를 네트워크로 묶어 과업을 수행한다. 　○ ✕

07 ☐☐☐ 　　　　　　　　　　　　　　　　　　　　　　　　　　　17 해경간부
네트워크구조 내의 개인들은 도전적인 과업을 수행하면서 직무의 확장과 확충에 따라 직무 동기가 유발되는 장점이 있다. 　○ ✕

08 ☐☐☐ 　　　　　　　　　　　　　　　　　　　　　　　　　　　16 교행 9급
학습조직은 자극-반응적 학습을 주된 방법으로 활용한다. 　○ ✕

> 전통(관료)조직은 자극-반응적 학습을 주된 방법으로 활용한다.

정답 01 O　02 O　03 O　04 X　05 O　06 O　07 O　08 X

핵심 기출 문제

01
2020 국가 7급

학습조직에 대한 설명으로 옳지 않은 것은?

① 개방체제와 자아실현적 인간관을 바탕으로 새로운 지식을 창출하고자 한다.
② 연결된 체계 간의 상호작용을 이해하고, 이를 효과적으로 활용하기 위한 체계적 사고(system thinking)를 강조한다.
③ 조직구성원들의 비전 공유를 중시한다.
④ 조직구성원의 합이 조직이 된다는 점에서, 조직 내 구성원 각자의 개인적 학습을 강조한다.

정밀해설
④ 학습조직은 개인의 학습이 아닌 집단적 학습을 강조한다.
① 학습조직은 개방체제와 자아실현적 인간관을 바탕으로 한다.
② 체계적 사고는 P. Senge의 제5수련의 한 요소로, 부분적인 현상을 보기보다는 전체를 본다는 것으로 학습조직에서는 이를 강조한다.
③ 비전공유는 P. Senge의 제5수련의 한 요소로, 조직의 추구하는 목표와 방향, 가치와 사명에 대해 모든 조직구성원들이 공감대를 형성하는 것으로 학습조직에서는 이를 강조한다.

정답: ④

02
2020 경찰간부

네트워크 조직의 특성에 관한 설명으로 옳은 것을 모두 고른 것은?

가. 네트워크 조직은 조직의 자체 기능은 핵심역량 위주로 합리화하고, 여타 기능은 외부기관들과의 계약관계를 통해 수행하는 방식이다.
나. 조직의 유연성과 자율성 강화를 통해 환경 변화에 신속히 대응하고 창의력을 발휘할 수 있다.
다. 잦은 대면과 회의를 통해 과업조정이 이루어져야 하기 때문에 신속한 결정이 곤란하다.
라. 유동적이고 모호한 조직경계에 따라 조직의 정체성이 약해 응집력 있는 조직문화를 가지기 어렵다는 단점이 있다.
마. 기능부서의 기술적 전문성과 사업부서의 신속한 대응성이 동시에 요구되면서 등장한 조직형태이다.

① 가, 나, 다
② 나, 다, 라
③ 가, 나, 라
④ 나, 다, 마

정밀해설
③ 가, 나, 라가 네트워크 조직에 대한 옳은 내용이다.
가. [○] 네트워크 조직은 조직의 자체 기능은 핵심역량 위주로 합리화하고, 여타 기능은 외부와 계약관계를 통해 수행하는 방식이다.
나. [○] 네트워크 조직은 환경변화에 따른 유연성과 신속성의 특성을 갖으며, 조직이 유연함에 따라 조직 구성원이 창의력을 발휘할 수 있다.
라. [○] 네트워크 조직은 정체성이 약해 응집력 있는 조직문화를 갖기 어려울 수 있다는 단점을 갖는다.
다. [×] 매트릭스 조직의 특성이다. 매트릭스 조직은 이중권한체계를 가지고 있어 잦은대면과 회의를 통해 과업조정이 이루어진다.
마. [×] 기능부서의 기술적 전문성과 사업부서의 신속한 대응성이 동시에 요구되면서 등장한 조직형태는 매트릭스 조직이다.

▶ 네트워크(Network) 조직
- 시장과 계층제조직의 중간형태의 조직
- 독립적·자율적인 구성원과 구성단위로 연결되어 분권화된 군집형 조직
- 상호신뢰를 전제로 한 자발적·수평적·분권적·협력적·지속적 연결
- 상하 간 의사결정 참여를 통해 수평적·지리적 통합을 지향
- 의사결정이 분권적이며 동시에 집권적
- 정보교환으로 조직학습 촉진
- 조직 간 네트워크를 관리하는 연계자의 역할 강조
- 수평적·공개적 의사전달 강조
- 개별조직 간 경쟁이 아닌 네트워크 간, 시스템 간 경쟁

정답: ③

03

지식정보화 시대에 필요한 학습조직의 특성에 대한 설명으로 옳은 것만 묶은 것은?

> ㄱ. 조직의 기본구성 단위는 팀으로, 수직적 조직구조를 강조한다.
> ㄴ. 불확실한 환경에 요구되는 조직의 기억과 학습의 가능성에 주목한다.
> ㄷ. 리더에게는 구성원들이 공유할 수 있는 미래비전 창조의 역할이 요구된다.
> ㄹ. 체계화된 학습이 강조됨에 따라 조직구성원의 권한은 약화된다.

① ㄱ, ㄴ
② ㄱ, ㄹ
③ ㄴ, ㄷ
④ ㄷ, ㄹ

정밀해설

③ ㄴ, ㄷ이 학습조직의 특성의 내용으로 옳은 지문이다.
ㄱ. [×] 조직의 기본구성 단위는 팀으로, 수평적 조직구조를 강조한다.
ㄹ. [×] 체계화된 학습이 강조됨에 따라 조직 구성원의 권한은 강화된다.

▶ **학습조직의 특징**

- 지식의 창출·공유·활용에 능숙
- 창조적인 변화를 촉진할 수 있는 능력을 가진 조직
- 탈관료제 지향(분권적·신축적·유기체적 조직)
- 전략적 사고와 변화를 탐구하는 조직
- 집단학습, 팀 및 상호주관성 중시
- 구성원의 권한 강화
- 환류를 통한 의사소통(비공식소통) 중시
- 시행착오(실험) 허용
- 공유·분배된 리더십

정답 : ③

04

2011 지방 7급

조직의 이중 순환고리 학습(Double-loop learning)에 대한 설명으로 옳은 것은?

① 모건(G. Morgan)의 홀로그래픽(holographic) 조직설계를 위해 개발된 '학습을 위한 학습 원칙'과 관련성이 높다.
② 학습과정의 안정성이 필요하므로 개방적인 조직보다는 폐쇄적인 조직 하에서 발생할 가능성이 높다.
③ 학습과정에서 높은 수준의 통찰력을 요구하지만 학습효과는 빠르고 국소적으로 나타난다.
④ 기존의 운영규범 및 지식체계 하에서 오류를 발견하고 수정해나가는 것이다.

정밀해설

① 이중순환고리학습은 학습을 위한 학습으로, 부정적 환류와 긍정적 환류의 통합적 인식을 중시한다.
② 학습과정의 안정성이 필요하여 개방적인 조직보다 폐쇄적 조직하에서 발생할 가능성이 높은 단일고리학습은 고전적 조직에서 나타난다.
③ 이중순환고리는 학습과정에서의 높은 수준의 통찰력을 요구하지만 학습효과는 장기적으로 천천히 그리고 광범위하게 나타난다. 한편 학습효과가 빠르고 국소적으로 나타나는 것은 단일고리학습의 특징이다.
④ 기본 규범 내에서 오류를 발견하고 수정해 나가는 것은 전통적 단일고리학습이다.

▶ **단일고리학습 vs 이중고리학습**

단일고리학습	이중고리학습
· 기본 규범 내에서 오류 수정	· 규범이나 기준의 수정
· 부정적 환류	· 긍정적 환류
· 즉각적, 국소적 학습 효과	· 장기적, 전반적 학습 효과
· 기능적 합리성	· 전략적 합리성

정답 : ①

적중 예상 문제

01

지식정보사회의 조직에 대한 설명으로 옳은 것을 모두 고르면?

> ㄱ. 조직 지식의 활용에 있어 개인적, 원자적 학습의 강화가 강조된다.
> ㄴ. 지식정보사회의 네트워크 조직은 새로운 사업에 대한 초기투자 없이 진입할 수 있다.
> ㄷ. 신뢰의 구축으로 지식정보사회의 조직에서 거래비용을 감소시켜 준다.
> ㄹ. 정부는 기획, 조정, 통제, 감독 등 핵심적 기능으로 축소된 공동조직(hollow organization) 형태를 띠게 된다.
> ㅁ. 암묵지와 형식지 사이에 단절적 학습이 일어난다.

① ㄱ, ㄷ
② ㄴ, ㄷ, ㄹ
③ ㄱ, ㄴ, ㄷ
④ ㄴ, ㄷ, ㄹ, ㅁ

정밀해설

② ㄴ, ㄷ, ㄹ이 옳다.
ㄱ. [×] 사회적 지식의 활용에 있어 사회적 학습이 강조된다.
ㅁ. [×] 암묵지와 형식지 사이에 이중순환고리 학습이 일어난다.

정답 : ②

02

네트워크 조직에 대한 설명으로 적절하지 않은 것은?

① 네트워크 조직은 느슨하게 연결된 조직 구조이다.
② 네트워크는 계층제보다 탄력적이며, 시장보다 안정적이다.
③ 네트워크 구조에서는 조정 및 감시비용이 증가한다.
④ 네트워크 구조는 수평적·공개적 의사전달을 강조하기 때문에 수평적 통합은 가능하나 수직적 통합은 어렵다.

보충

▶ 네트워크 조직(network organization)
1. 네트워크 조직(network organization)은 전략·계획·통제 등 핵심기능 위주로 합리화하고 여타의 생산기능은 아웃소싱을 통하여 다른 조직의 자원을 저렴한 비용으로 활용하는 '분권화된 공동조직(hollow organization)'이다.
2. 네트워크의 신축성 때문에 조직 간의 독립성이 높고 수직적 계층관계를 띠지 않는 '느슨하게 연결·결합된 군집형 조직(loosely-coupled organization)'이라고도 한다.

정밀해설

④ 네트워크 조직은 환경이 제공하는 복잡한 문제를 해결하기 위하여 수직적 통합뿐만 아니라 수평적 통합 매커니즘을 갖춘 조직이라고 할 수 있다.
③ 네트워크 조직에서는 대리인 문제가 발생하기 쉬워 조정 및 감시비용이 증가한다.

▶ 네트워크(Network) 조직 장단점

장점	• 위계보다 탄력적이면서 시장보다 안정적 • 지식의 효율적 공유를 통한 정보비대칭성 극복 • 분산된 의사결정은 조직구성원들에게 자율과 책임에서 오는 적극적 참여, 창의성 발휘 등 동기부여에 기여 • 조직의 네트워크화를 통한 거래비용과 환경에 대한 불확실성 감소 • 가치사슬의 통합과 지속적 학습을 통해 조직은 경쟁력 배양
단점	• 자신의 노하우 공유하지 않는 '비대칭적 학습' 현상이 나타날 수 있음 • 대리인 문제가 발생하기 쉬워 조정 및 감시비용 증가 • 폐쇄적 성격 • 조직 정체성과 안정성 한계

정답 : ④

03

다음 중 가상조직의 특징이 아닌 것은?

① 구성원들은 비전과 목표를 공유한다.
② 조직의 경계가 명확하다.
③ 계선과 참모의 역할 구분이 불분명하다.
④ 부수적인 기능을 위임·위탁함으로써 업무의 절차 및 처리가 간소화된다.

정밀해설

② 조직의 경계가 모호하고 유동적이다.

정답 : ②

04

학습조직의 특징으로 옳은 것을 모두 고른 것은?

```
ㄱ. 시스템적 사고
ㄴ. 조직일체감과 정보 공유
ㄷ. 원자적 구조
ㄹ. 수평적 조직구조 강조
ㅁ. 구성원의 권한 강화
ㅂ. 유동적 과정
```

① ㄱ, ㄴ, ㄹ
② ㄷ, ㄹ, ㅁ, ㅂ
③ ㄱ, ㄴ, ㄹ, ㅁ, ㅂ
④ ㄱ, ㄴ, ㄷ, ㄹ, ㅁ, ㅂ

정밀해설

③ ㄱ, ㄴ, ㄹ, ㅁ, ㅂ이 옳다.
ㄷ. [×] 원자적 구조는 관료조직의 특성에 해당한다.

▶ **학습조직의 구체적 특징**

1. 양성적 피드백(positive feedback)
2. 지속적·순환적 과정
3. 효과의 지속성
4. 주체성과 자발성
5. 구축과정(학습행위)과 결과(학습조직)의 비분리
6. 열린 시스템으로서 특성

정답 : ③

THEME 063 MBO와 TQM

1. MBO(목표관리제)

연혁	① 드러커에 의하여 소개, 1973년 미국 닉슨 대통령이 연방정부 예산제도의 일환으로 도입 ② 우리나라는 1999년 김대중 정부에서 근무성적평정제도의 일환으로 목표관리제를 실시한 바 있음 (2005년부터 성과계약평가제로 전환).
기본과정	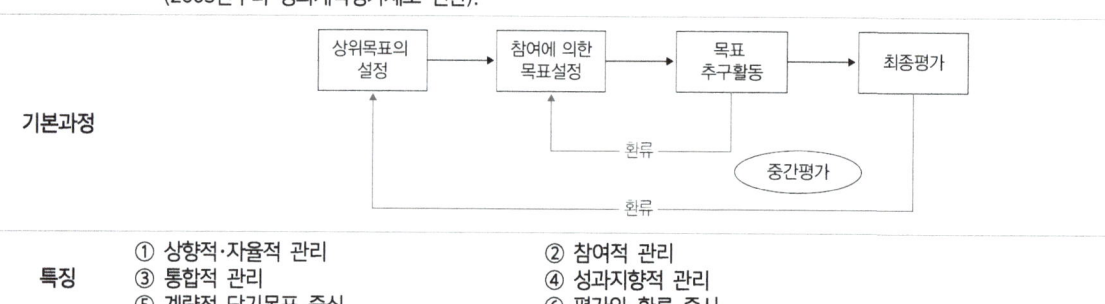
특징	① 상향적·자율적 관리 ② 참여적 관리 ③ 통합적 관리 ④ 성과지향적 관리 ⑤ 계량적 단기목표 중심 ⑥ 평가와 환류 중시

2. 조직발전(OD)과 MBO 비교

구분	조직발전(OD)	MBO
유사점	Y이론적·동태적 관리, 인간의 발전추구, 조직목표와 개인목표의 조화	
주도자	외부전문가(expert) 중심	내부계선(line) 중심
특성	하향적(최고관리층의 지휘 통제)	상향적(구성원의 자발적 목표 설정)
중점	행태 변화에 초점(장기, 과정 중시)	목표의 달성과 평가(단기, 결과 중시)
활용 기술	행태과학기술	일반관리기술
모형	체제모형(환경에의 적응 강조)	목표모형(목표달성도 강조)

3. TQM(총체적 품질관리)

특징	① 고객이 서비스 질의 최종 결정자 ② 과정 절차를 개선, 모든 직원이 참여하며 직원에게 권한을 부여 ③ 거시적 안목을 갖고 장기적·계속적 과정 ④ 사전예방에 초점
한계	① 정부서비스 질의 측정, 고객범위 설정 곤란 ② 환경 유동성으로 장기적 사업 추진 곤란

4. MBO와 TQM 비교

구분	MBO	TQM
관점	단기적·미시적	장기적·거시적
지향	대내적 관리지향	대외적 고객지향(고객만족도 중시)
초점	결과	과정·절차·문화 등
관리의 중점	사후적 관리(평가 및 환류 중시)	사전적 관리(예방적 통제 중시)
계량화	중시함	중시하지 않음
보상방법	개별적 보상	팀 보상 및 구성원 보상

OX 기출분석

01 ☐☐☐　　　　　　　　　　　　　　　　　　　　　　　　22 국가 9급
목표관리제는 조직 내·외의 상황이 안정적이고 예측가능한 조직에서 성공확률이 높다. ○ ×

> **해설**
> 급격한 변화나 복잡한 환경에서는 목표의 명확한 설정이 곤란하므로 조직이 안정적이고 참여적일수록 효과적이다.

02 ☐☐☐　　　　　　　　　　　　　　　　　　　　　　　　20 국가 9급
총체적 품질관리(Total Quality Management)의 문제해결의 주된 방법은 집단적 노력에서 개인적 노력으로 옮아간다. ○ ×

> TQM은 개인별 분업이나 경쟁보다는 집단적 노력(협업)과 총체적 헌신을 통한 품질의 향상을 추구한다.

03 ☐☐☐　　　　　　　　　　　　　　　　　　　　　　　　19 서울 9급
목표관리제는 개인이나 부서의 목표를 조직의 관리자가 제시한다는 측면에서 조직목표 달성을 위한 하향식 접근이다. ○ ×

> 목표관리제는 개인이나 부서의 목표를 구성원들의 참여에 의하여 결정한다는 측면에서 조직목표 달성을 위한 상향식 접근이다.

04 ☐☐☐　　　　　　　　　　　　　　　　　　　　　　　　18 서울 9급
전통적 관리체제는 낮은 성과의 원인을 관리자의 책임으로 간주하는 데 비해 TQM은 낮은 성과를 근로자 개인의 책임으로 간주한다. ○ ×

> 전통적 관리체제는 낮은 성과를 근로자 개인의 책임으로 간주하는 데 비해 TQM은 낮은 성과의 원인을 관리자 책임으로 간주한다.

05 ☐☐☐　　　　　　　　　　　　　　　　　　　　　　　　17 서울 9급
TQM이 X이론적 인간관에 기반하고 있다면, MBO는 Y이론적 인간관에 기반하고 있다. ○ ×

> TQM과 MBO는 Y이론적 인간관에 기반하고 있다.

06 ☐☐☐　　　　　　　　　　　　　　　　　　　　　　　　16 사복 9급
총체적 품질관리(TQM)는 환경의 불확실성을 통제하기 위하여 단기적 전략과 교정적·사후적 통제에 치중한다. ○ ×

> MBO는 환경의 불확실성을 통제하기 위하여 단기적 전략과 교정적·사후적 통제에 치중한다.

07 ☐☐☐　　　　　　　　　　　　　　　　　　　　　　　　15 경정승진
구성원의 참여를 인정한다는 점에서 MBO와 TQM은 동일하다. ○ ×

08 ☐☐☐　　　　　　　　　　　　　　　　　　　　　　　　15 해경간부
총체적 품질관리는 사실자료에 기초를 두고 과학적 품질관리기법을 활용한다. ○ ×

정답 01 O　02 X　03 X　04 X　05 X　06 X　07 O　08 O

핵심 기출 문제

01 ☐☐☐ 2020 국가 9급

총체적 품질관리(Total Quality Management)에 대한 설명으로 옳은 것만을 모두 고르면?

> ㄱ. 고객의 요구를 존중한다.
> ㄴ. 무결점을 향한 지속적 개선을 중시한다.
> ㄷ. 집권화된 기획과 사후적 통제를 강조한다.
> ㄹ. 문제해결의 주된 방법은 집단적 노력에서 개인적 노력으로 옮아간다.

① ㄱ, ㄴ
② ㄱ, ㄷ
③ ㄴ, ㄹ
④ ㄷ, ㄹ

정밀해설

① ㄱ, ㄴ이 옳은 내용이다.
ㄱ. [○] TQM은 고객 중심의 관리로서 고객의 요구를 중시하고 고객만족을 지향한다.
ㄴ. [○] TQM은 실책과 결점을 용납하지 않으며 결점이 없어질 때까지 개선활동을 지속적으로 되풀이한다.
ㄷ. [×] TQM은 분권적 기획과 사전적 관리를 강조한다. 한편 사후적 통제를 강조하는 것은 MBO이다.
ㄹ. [×] TQM은 조직 구성원 간 협력을 중시하므로 집단적 노력을 중시한다. 한편 집단적 노력에서 개인적 노력으로 옮아가는 것은 MBO이다.

정답: ①

02 ☐☐☐ 2019 서울 9급

목표관리제(MBO)와 성과관리제를 비교한 <보기>의 설명 중 옳은 것을 모두 고르면?

< 보 기 >

> ㄱ. 목표관리제는 개인이나 부서의 목표를 조직의 관리자가 제시한다는 측면에서 조직목표 달성을 위한 하향식 접근이다.
> ㄴ. 목표관리제와 성과관리제 모두 성과지표별로 목표달성수준을 설정하고 사후의 목표달성도에 따라 보상과 재정지원의 차등을 약속하는 계약을 체결한다.
> ㄷ. 성과평가에서는 평가의 타당성, 신뢰성, 객관성을 확보하는 것이 중요하다.
> ㄹ. 성과관리는 조직의 비전과 목표로부터 이를 달성하기 위한 부서단위의 목표와 성과지표, 개인단위의 목표와 지표를 제시한다는 점에서 상향식 접근이다.

① ㄷ
② ㄴ, ㄷ
③ ㄱ, ㄴ, ㄷ
④ ㄴ, ㄷ, ㄹ

정밀해설

② ㄴ, ㄷ이 옳은 설명이다.
ㄴ. [○] 목표관리제, 성과관리제 모두 목표달성수준을 명확히 설정하고 중간평가 등을 활용하여 목표달성수준을 평가하여 차등보상을 제공한다. 또한 성과관리제는 직무분석을 통해 도출된 성과책임을 바탕으로 성과목표를 설정 및 평가하고 그 결과를 보수 등에 적용하는 과정을 거친다.
ㄷ. [○] 성과평가는 타당성, 신뢰성, 객관성 및 공정성을 확보하는 것이 중요하므로 평적 목적 및 용도를 명확히 제시할 필요가 있다.
ㄱ. [×] 목표관리제는 상하간의 참여적 관리로 하급자 및 구성원들의 참여 속에 목표를 명확하게 설정하여 활동하고 그 결과를 측정 및 평가하는 상향식 접근이다.
ㄹ. [×] 성과관리는 조직의 비전과 목표로부터 이를 달성하기 위한 부서단위의 목표와 성과지표, 개인단위의 목표와 지표를 제시한다는 점에서 하향식 접근이다.

정답: ②

03
2018 서울 9급

전통적 관리와 TQM(Total Quality Management)에 대한 설명으로 가장 옳지 않은 것은?

① 전통적 관리체제는 기능을 중심으로 구조화되는 데 비해 TQM은 절차를 중심으로 조직이 구조화된다.
② 전통적 관리체제는 개인의 전문성을 장려하는 분업을 강조하는 데 비해 TQM은 주로 팀 안에서 업무를 수행할 것을 강조한다.
③ 전통적 관리체제는 상위층의 의사결정을 위한 정보체제를 운영하는 데 비해 TQM은 절차 내에서 변화를 이루는 사람들이 적시에 정확한 정보를 소유하는 데 초점을 둔다.
④ 전통적 관리체제는 낮은 성과의 원인을 관리자의 책임으로 간주하는 데 비해 TQM은 낮은 성과를 근로자 개인의 책임으로 간주한다.

정밀해설

④ 전통적 관리체제는 낮은 성과를 근로자 개인의 책임으로 간주하는 데 비해 TQM은 낮은 성과의 원인을 근로자에 대한 동기유발과 팀워크 관리를 책임지는 관리자 책임으로 간주한다.
① 전통적 관리체제는 기계적 구조를 기반으로 하는데 비해 TQM은 팀제를 기반으로 한다.
② 전통적 관리체제는 개인의 분업을 강조하는 데 비해 TQM은 팀별 협업을 중시한다.
③ 전통적 관리체제는 상위층에 의한 일방적·집권적 의사결정을 위한 정보체제를 운영하는데 비해 TQM은 구성원 간 정보의 공유에 의한 의사결정을 중시한다.

▶ **전통적 관리와 TQM의 비교**

구분	전통적 관리	TQM
고객의 욕구 측정	고객의 요구를 전문가들이 규정	고객의 요구를 고객의 입장에서 규정
품질관리	관찰 후 사후 수정	문제점에 대한 예방적 관리
조직관리	수직적 명령 계통에 의한 통제	내·외부 관련 구성원들에 의한 참여관리
조직구조	수직적·집권적 구조	수평적·분권적 구조
의사결정	불확실한 가정과 직감에 의한 결정	통계적 자료와 과학적 절차에 준거한 결정

정답 : ④

04
2017 서울 9급

총체적 품질관리(TQM)와 목표관리(MBO)에 대한 설명으로 가장 옳은 것은?

① TQM이 X이론적 인간관에 기반하고 있다면, MBO는 Y이론적 인간관에 기반하고 있다.
② TQM이 분권화된 조직관리 방식이라고 하면, MBO는 집권화된 조직관리 방식이다.
③ TQM이 조직 내부 성과의 효율성에 초점을 둔다면, MBO는 고객만족도 중심의 대응성에 초점을 둔다.
④ TQM이 팀 단위의 활동을 바탕으로 한다면, MBO는 개별 구성원의 활동을 바탕으로 한다.

정밀해설

④ TQM이 팀 단위의 활동을 바탕으로 한다면, MBO는 개별 구성원의 활동을 바탕으로 한다.
① TQM과 MBO는 Y이론적 인간관에 기반하고 있다.
② TQM과 MBO는 분권화된 조직관리 방식을 특징으로 한다.
③ TQM이 고객만족도 중심의 대응성에 초점을 둔 반면, MBO는 조직 내부 성과의 효율성에 초점을 둔다.

▶ **MBO와 TQM의 비교**

구분	MBO	TQM
시계	단기적·미시적	장기적·거시적
지향	대내적 관리지향	대외적 고객지향 (고객만족도 중시)
초점	결과 (수량적 목표의 달성도)	과정 (행정서비스의 품질 개선)
관리 중점	사후적 관리 (평가 및 환류 중시)	사전적 관리 (예방적 통제 중시)
계량화	중시	중시하지 않음
보상 방법	개별적 보상	팀 보상 및 구성원 보상

정답 : ④

적중 예상 문제

01 □□□

MBO에 대한 설명으로 옳은 것은?

① 성과지향적·하향적·통합적 관리로 단기적·계량적·질적 특성을 지닌다.
② 조직상황이 불확실한 경우 적용가능성이 크다.
③ 업적 평가와 환류를 통해 업무개선에는 기여하지만 목표설정과 달성에 대해 상급자와 공동평가 실시가 곤란하다.
④ 조직의 변화와 쇄신을 추구하는 동태화 전략이라는 점에서 OD와 유사하다.

정밀해설

④ MBO와 OD는 모두 조직의 변화와 쇄신을 추구하는 동태적 전략이론이다.
① MBO는 성과지향적·상향적·통합관리로 단기적·계량적·양적 특성을 지닌다.
② MBO는 조직 내의 상황이 어느 정도 안정되어 있는 경우에 적용된다.
③ MBO는 업적평가와 환류를 중시하므로 업무개선에 기여하며 목표 설정과 달성에 대해 상급자와 공동평가 실시가 가능하다.

정답: ④

02 □□□

MBO와 PPBS에 대한 비교설명으로 옳은 것은?

① PPBS는 외적이고 총편익에 치중하고, MBO는 내적이고 산출량에 치중한다.
② PPBS는 분권화된 권위구조, MBO는 집권화된 권위구조를 선호한다.
③ PPBS는 관리기술의 일환으로, MBO는 예산제도 개혁의 일환으로 발달하였다.
④ PPBS는 MBO와 비교할 때 환류기능을 중시한다.

정밀해설

① PPBS는 외적이고 비용편익분석에 치중하는 반면, MBO는 내적이고 산출량에 치중한다.
② PPBS는 집권화된 권위구조, MBO는 분권화된 권위구조를 선호한다.
③ PPBS는 예산제도 개혁의 일환으로, MBO는 관리기술의 일환으로 발달하였다.
④ PPBS는 환류기능이 미흡하고, MBO는 환류기능을 중시한다.

▶ MBO vs PPBS

구분	MBO	PPBS
유사점	목표의 중시, 사업계획의 계속적인 검토 및 수정, 결과 평가	
도입	· 1963년 케네디 대통령 - 국방부 도입 · 1965년 존슨 대통령 - 연방정부로 확대	1973년 닉슨 대통령
기간	부분적인 단기적 계획	종합적인 중장기 계획
특성	분권적·참여적 (일선담당자에게 분산)	집권적·하향적 (최고관리층에게 집중)
권위구조	계선기관에 치중	분석이 필요한 참모기관에 치중
관리기술	참여적 일반 관리	분석적·통계적 전문 기술에 의한 관리
프로그램	내적이고 산출량에 치중	외적이고 비용편익 분석에 치중
환류	환류기능 중시	환류기능 미흡

정답: ①

03

공공부문에 도입된 TQM(Total Quality Management; 총체적 품질관리)의 효과성을 높이기 위한 전략으로 옳지 않은 것은?

① TQM은 Deming이 경영기법으로 전파하여 미국 기업들이 일본의 TQM을 광범위하게 도입하였다.
② 조직개혁의 효과성을 극대화하기 위해 수직적 명령계통을 최대한 활용하는 전략이 필요하다.
③ 최고 지도자들의 적극적 관심과 이해 및 노력이 매우 중요하다.
④ 우수부서 및 직원에 대한 각종 인사 및 경제적인 보상을 시행할 필요가 있다.

정밀해설

② TQM은 수평적이고 분권적인 조직문화를 가지며 팀워크를 중시한다.
① Deming이 경영기법으로 도입하였다.

▶ **TQM의 성격**

1. 서비스의 질을 고객기준으로 평가하는 사고방식을 갖게 한다.
2. 과정·절차를 개선하도록 한다.
3. 직원에게 권한을 부여한다.
4. 거시적 안목을 갖고 장기적 전략을 세우게 한다.
5. 현상에 안주하지 않도록 심리적 압박을 가한다.

정답 : ②

04

다음 중 MBO에 대한 비판으로 옳지 않은 것은?

① 계층적 조직에의 적용이 곤란하다.
② 단기적이고 양적 목표에 치중하므로 목표의 전환·대치가 발생한다.
③ 성과측정 기준이 명확하지 않아 행정의 전반에 적용하기 힘들다.
④ 최종결과를 평가하고 개선하는 과정에서 환류는 거의 나타나지 않는다.

정밀해설

④ MBO는 최종결과를 평가하고 개선책을 마련하는 과정에서 결과에 대한 정확한 평가 및 환류가 매우 활발하게 일어난다.

정답 : ④

THEME 064 최신 조직혁신론

1 전략적 관리(SM)

구분	일상적 관리	전략적 관리
목표	주어진 목표에 치중	새로운 목표와 전략의 설정에 집중
목표 및 성과	단기목표와 단기성과	장기목표와 장기성과
의사결정	정형적·반복적 의사결정	비정형적·비반복적 의사결정
경험	과거의 경험으로부터 타당성을 얻음	경험은 최소한에 그치고 새로운 지식과 정보를 중시
관심사항	조직의 특정 기능과 업무에 관심	환경의 변화와 조직 전체의 대응에 관심

◎ 조직역량분석(SWOT)를 강조하버드 정책모형

Mani DB SWOT 분석

구분		환경	
		위협(T)	기회(O)
역량	약점(W)	WT전략 : 방어적 전략 약점을 보완하면서 위협을 회피하거나 최소화하는 전략	WO전략 : 방향전환 전략 약점을 보완하여 기회를 살리려는 전략
	강점(S)	ST전략 : 다양화 전략 강점을 가지고 위협을 회피하거나 최소화하는 전략	SO전략 : 공격적 전략 장점을 가지고 기회를 살리는 전략

2 BPR(Business Process Re-engineering)

구분	BPR	TQM
초점	업무절차의 효율적 개선	행정서비스의 품질 향상과 고객만족도
접근법	합리적 접근	규범적 접근
대상	해당 업무분야	조직 전체(구성원의 태도, 조직문화의 변화 강조)
개선방법	혁신적 개선(과정 자체의 재구축)	점진적 개선(기존 과정 내에서 새로운 가치 도입)

3 위기관리(CM) - 그라이너(Greiner)의 조직성장단계

구분	단계	위기	특징
1단계	창조의 단계	리더십의 위기	비공식화
2단계	지시의 단계	자율성의 위기	공식·집권화
3단계	위임의 단계	통제의 위기	분권화
4단계	조정의 단계	관료주의 위기	통합·재집권
5단계	협력의 단계	탈진의 위기	혁신

OX 기출분석

01 ☐☐☐ 17 국가 7급
SWOT분석에서 기존 프로그램의 축소 또는 폐지는 약점-기회를 고려한 방어적 전략이라고 볼 수 있다. ○ ×

해설: 기존 프로그램의 축소 또는 폐지는 약점-위협을 고려한 방어적 전략이라고 볼 수 있다.

02 ☐☐☐ 17 지방 7급
리엔지니어링(BPR)은 조직의 점진적 변화가 필요할 때 사용되며, 조직문화는 개혁의 대상이 아니다. ○ ×

해설: 리엔지니어링은 조직의 급진적·근본적 변화가 필요할 때 사용되며, 궁극적으로 조직문화도 개혁의 대상에 해당한다.

03 ☐☐☐ 16 국회 8급
그라이너(Greiner)는 조직의 성장 단계에 따라 위기가 발생하는 양상이 다르다고 보았는데, 통제의 위기를 초래하는 단계는 '제3단계 – 위임의 단계'이다. ○ ×

04 ☐☐☐ 14 행정사
리엔지니어링에는 조직 및 인력감축이 필수적이다. ○ ×

해설: 리엔지니어링은 조직 및 인력을 감축하는 것이 아니라 절차의 축소·재설계이다.

05 ☐☐☐ 13 국회 8급
균형성과표를 정부부문에 적용시키는 경우 가장 중요한 변화는 재무적 관점보다 학습과 성장의 관점이 강조되어야 한다는 점이다. ○ ×

해설: 정부부문에서 가장 강조되어야 하는 관점은 시민에 대한 관점, 즉 고객관점이라고 볼 수 있다.

06 ☐☐☐ 10 국회 8급
Greiner의 조직성장이론의 제2단계에서는 조직성장동력을 담당부서의 전문성 발휘에 둔다. ○ ×

07 ☐☐☐ 10 경정승진
전략적 관리는 환경의 변화가 급격히 이루어지기 때문에 단기적인 관점에서 계획기간을 설정한다. ○ ×

해설: 전략적 관리의 시간관은 단기적이 아니라 장기적인 관점에서 계획기간을 설정하고 이에 대응한다.

08 ☐☐☐ 10 경정승진
전략적 관리에서는 환경변화에 대한 이해를 강조하기 때문에 현재의 환경과 계획기간 중에 일어날 환경변화를 체계적으로 분석한다. ○ ×

정답 01 × 02 × 03 ○ 04 × 05 × 06 ○ 07 × 08 ○

핵심 기출 문제

01
2019 지방 9급

2016년 이후 정부조직의 변화에 대한 설명으로 옳지 않은 것은?

① 중소기업, 벤처기업 등에 관한 사무를 관장하는 중소벤처기업부를 신설하였다.
② 행정안전부의 외청으로 소방청을 신설하였다.
③ 국가보훈처가 차관급에서 장관급으로 격상되었다.
④ 한국수자원공사에 대한 관할권을 환경부에서 국토교통부로 이관하였다.

정밀해설

④ 2018년 정부조직법의 개정으로 기존의 국토교통부 관할이었던 수자원 보전·이용 및 개발 기능을 환경부로 이관하면서 물관리 체계를 일원화하였다. 따라서 한국수자원공사에 대한 관할권도 환경부로 이관되었다.

정부조직법 제39조(환경부) ① 환경부장관은 자연환경, 생활환경의 보전, 환경오염방지, 수자원의 보전·이용·개발 및 하천에 관한 사무를 관장한다.

① 기존의 중소기업청을 중소벤처기업부로 승격 및 신설하였다.
② 행정안전부의 외청으로 소방청을 신설하였다.
③ 기존의 국가보훈처를 차관급에서 장관급으로 격상하였다.

정답 : ④

02
2017 국가 7급

SWOT분석에 대한 설명으로 옳지 않은 것은?

① 조직 내적 특성과 외부 환경의 조합에 따른 맞춤형 대응전략 수립에 도움이 된다.
② 조직 외부 환경은 기회와 위협으로, 조직 내부 자원·역량은 강점과 약점으로 구분한다.
③ 다양화 전략은 조직의 강점을 활용하여 위협을 회피하거나 최소화하는 전략이라고 볼 수 있다.
④ 기존 프로그램의 축소 또는 폐지는 약점 - 기회를 고려한 방어적 전략이라고 볼 수 있다.

정밀해설

④ 기존 프로그램의 축소 또는 폐지는 약점 - 위협을 고려한 방어적 전략이라고 볼 수 있다.
① SWOT는 대내적으로 조직의 강점 및 약점과 대외적으로는 환경으로부터의 위협 및 기회를 분석·확인하여 조직 내적 특성과 외부환경의 조합에 따른 최적의 대응전략을 수립하는데 도움을 준다.
② 조직 외부환경은 기회와 위협으로 구분하며, 조직의 역량 및 내부의 자원은 강점과 약점으로 구분한다.
③ 다양화 전략은 조직의 강점 - 위협전략으로 강점을 가지고 위협을 회피하거나 최소화하는 전략이다.

▶SWOT 분석

구분		환경	
		위협(T)	기회(O)
역량	약점(W)	WT전략 : 방어적 전략 약점을 보완하면서 위협을 회피하거나 최소화하는 전략	WO전략 : 방향전환 전략 약점을 보완하여 기회를 살리려는 전략
	강점(S)	ST전략 : 다양화 전략 강점을 가지고 위협을 회피하거나 최소화하는 전략	SO전략 : 공격적 전략 장점을 가지고 기회를 살리는 전략

정답 : ④

03　　　　　　　　　　　　　　　　　　　2017 지방 7급

행정개혁으로서의 리엔지니어링(BPR)에 대한 설명으로 가장 옳은 것은?

① 조직의 점진적 변화가 필요할 때 사용되며, 조직 문화는 개혁의 대상이 아니다.
② 조직 개선을 위한 논의는 구조, 기술, 형태 등과 같은 변수를 중심으로 이루어진다.
③ 공공부문과 민간부문의 리엔지니어링 환경은 차이가 없다.
④ 고객만족 가치를 창출하는 프로세스 개선에 초점을 둔다.

정밀해설

④ 리엔지니어링은 조직 내 부서들이 고도록 분업화됨에 따른 폐단을 극복하기 위해 등장한 행정개혁기법으로 조직의 업무절차를 급진적으로 고쳐서 고객만족을 창출하고 극대화한다.
① 리엔지니어링은 조직의 급진적·근본적 변화가 필요할 때 사용되며, 궁극적으로 조직 문화도 개혁의 대상에 해당한다.
② 리엔지니어링은 구조, 기술, 형태 등과 같은 변수를 중심으로 이루어지는 것이 아니라 업무절차를 중심으로 조직개선을 논의한다.
③ 공공부문은 서비스의 성격상 리엔지니어링을 적용하기가 민간부문보다 용이하지 않다.

정답 : ④

04　　　　　　　　　　　　　　　　　　　2016 국회 8급

그라이너(Greiner)는 조직의 성장 단계에 따라 위기가 발생하는 양상이 다르다고 보았다. 다음 중 통제의 위기를 초래하는 단계는?

① 제1단계 - 창조의 단계
② 제2단계 - 지시의 단계
③ 제3단계 - 위임의 단계
④ 제4단계 - 조정의 단계
⑤ 제5단계 - 협력의 단계

정밀해설

③ 통제의 위기를 초래하는 단계는 제3단계인 위임의 단계로, 분권적 경영이 확대됨에 따라 최고경영자는 일선 관리에 대한 통제를 상실하게 된다.
① 제1단계인 창조의 단계는 리더십의 위기를 초래한다.
② 제2단계인 지시의 단계는 자율성의 위기가 발생한다.
④ 제4단계는 조정의 단계로 번문욕례의 위기를 초래한다.
⑤ 제5단계는 협력의 단계로 탈진의 위기를 초래한다.

정답 : ③

적중 예상 문제

01

전략적 관리(SM)에 대한 설명으로 옳지 않은 것은?

① SWOT 분석을 통해 조직역량을 분석한다.
② 장기적 목표와 장기적 성과를 지향한다.
③ 조직역량분석으로 정형적 의사결정을 한다.
④ 주요 조직활동을 유기적으로 연계시킨다.

정밀해설

③ 조직역량분석으로 비정형적 의사결정을 한다.
① SWOT 분석을 통해 장기적 관점에서 환경과 조직역량을 분석한다.
② 장기적인 관점에서 계획기간을 설정하며, 장기적인 성과를 지향한다.
④ 조직의 주요 요소를 모두 고려하는 포괄성 높은 관리로 조직활동을 통합하고 유기적으로 연계시킨다.

▶ 일상적 관리 vs 전략적 관리

구분	일상적 관리	전략적 관리
목표	주어진 목표에 치중	새로운 목표와 전략의 설정에 집중
목표 및 성과	단기목표와 단기성과	장기목표와 장기성과
의사결정	정형적·반복적 의사결정	비정형적·비반복적 의사결정
경험	과거의 경험으로부터 타당성을 얻음	경험은 최소한에 그치고 새로운 지식과 정보를 중시
관심사항	조직의 특정 기능과 업무에 관심	환경의 변화와 조직 전체의 대응에 관심

정답 : ③

02

조직문화 개혁의 전략에 관한 설명으로 옳지 않은 것은?

① 인력의 충원은 기존의 문화를 잘 흡수·적응할 수 있도록 해야 한다.
② 조직문화가 전환되려면 구성원들이 새로운 행태를 경험해야 한다.
③ 조직설계란 의사결정이 이루어지고, 역할이 이행되며, 책임이 분담되는 방식을 말한다.
④ 새로운 조직문화를 형성하거나 기존 문화를 바꾸기 위해서는 조직의 새로운 기본적 가치와 가정이 상징(symbols)이나 이야기(narratives) 등의 형식으로 전달되어야 한다.

정밀해설

① 조직 문화 개혁에서 인력의 충원은 새로운 사고와 통찰력을 조직에 가져옴으로써 새로운 문화를 형성시킬 수 있다.

정답 :

03

조직혁신기법에 대한 설명으로 옳지 않은 것은?

① BPR은 주된 절차의 지속적 흐름 위주로 설계한다.
② BPR에서 인력감축이 필수적이지는 않다.
③ 전략적 관리는 조직 역량을 SWOT을 통해 체계적으로 분석한다.
④ 전략적 관리는 조직 중간층의 대응능력을 강화시키는 단기적 기법이다.

정밀해설

④ 전략적 관리(SM)는 최고관리층의 장기적·미래적 기법이다.

정답 : ④

04

위기관리(CM)에 관한 설명 중 옳지 않은 것은?

① 위기관리 전략에는 변혁적 리더십, 전략적 결정 등이 모두 포함된다.
② 위기 시에는 권한의 분권을 통한 적응적 대응이 필요하다.
③ Pauchant & Mitroff의 위기관리 양파모형은 진단과 관리의 계층화를 주장한다.
④ Greiner의 조직성장단계모형은 창조-지시-위임-조정-협력의 단계모형을 제시한다.

정밀해설

② 위기시에는 권한의 집중을 통해 강력한 리더십을 바탕으로 대응하는 것이 바람직하다.

정답 : ②

해커스공무원 마니행정학 핵심테마 SWOT 119

PART 04
인사행정론

해커스공무원 학원·인강 gosi.Hackers.com

단원별 핵심 MAP

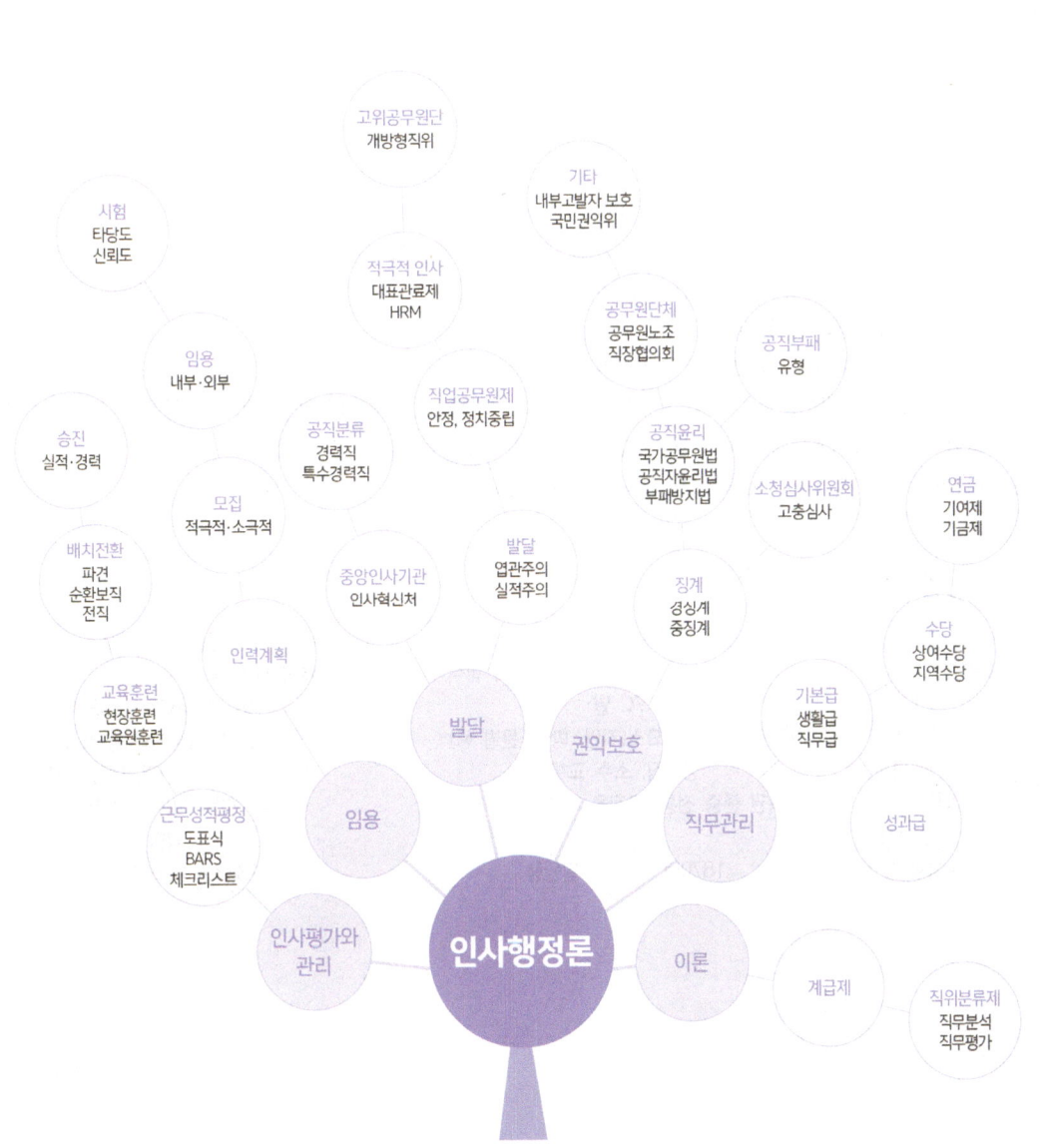

THEME 065 인사행정의 발달

1 인사행정의 흐름

① 절대군주시대(18C) – 절대 관료제
   군주의 사용인(royal servants), 강력한 중앙집권화를 위하여 엄격한 자격요건과 시험, 엄격한 복무규율, 강한 신분보장 등을 중요시함.

② 입법국가시대(19C)
   ㉠ 영국의 정실주의(patronage system): 17C 말 명예혁명(1688) 이후
   ㉡ 미국의 엽관주의(spoils system): 19C 초 잭슨 대통령 취임(1829) 이후(잭슨민주주의)

③ 현대 국가의 인사행정 – 공무원은 국민에 대한 봉사자
   ㉠ 고전적 인사행정(19C 말~1930년대): 직무 중심의 과학적·합리적 인사 – 과학적 관리론
      ⓐ 실적제(merit system): 19C 말 '펜들턴법(Pendleton법, 1883)'
      ⓑ 직위분류제(position classification): 20C 초 '직위분류법(1923)'
   ㉡ 신고전적 인사행정(1930~1950년대): 인간의 가치를 중시하는 민주적 인사 – 인간관계론
   ㉢ 적극적 인사행정(1950년대 이후): 적극적·신축적·분권적 인사
      ⓐ 후기인간관계론: 개인목표와 조직목표의 통합
      ⓑ 인적자원관리(HRM): 구성원을 소중한 자원으로 인식하고 전략적으로 개발하고 활용
      ⓒ 실적제의 한계 보완: 대표관료제, 개방형 직위 등 엽관주의적 요소 도입
      ⓓ 직위분류제와 계급제의 상호접근: 고위공무원단제(SES) 등

2 정실주의와 엽관주의

구분		정실주의(영국)	엽관주의(미국)
유사점		능력이나 실적 등에 의하여 선발하지 않음	
차이점	시기	17C 말	19C 초(1829~1883년)
	선발기준	당파성 + 정치적 요소(지연, 학벌, 문벌 등)	당파성(정당에의 공헌도)
	신분 변경	종신직, 소수 교체	정권교체 시 변경, 대량 교체
	배경 이념	기득권 존중 전통, 공직을 재산권으로 인식	잭슨 민주주의(민주적 책임성)
	신분보장	강함	약함
	실적제 전환	1870년 제2차 추밀원령	1883년 Pendleton법

OX 기출분석

01 □□□   21 지방(서울) 9급
엽관주의는 정치지도자의 국정 지도력을 약화한다.   O X

해설
엽관주의는 정치지도자의 국정 지도력을 강화한다.

02 □□□   19 서울 7급
엽관주의는 정당에의 충성도와 공헌도를 임용 기준으로 삼았기 때문에 민주주의와 전혀 관련이 없다.   O X

엽관주의는 정당에의 충성도와 공헌도를 임용 기준으로 삼았고, 이는 공직기회의 확대로 이어졌으므로 민주주의와 전혀 관련이 없다고 볼 수 없다.

03 □□□   18 서울 7급
엽관제는 정부관료제의 민주화에 기여하며 정치적 책임을 확보하기 용이하다.   O X

04 □□□   17 국가 7급(추)
미국의 잭슨(Jackson) 대통령은 공무원의 장기 근무의 순기능을 강조하며 공직의 대중화를 도모하였다.   O X

미국의 잭슨 대통령은 공직 독점의 해체와 공직 개방을 강조하며 공직의 대중화를 도모하였다.

05 □□□   16 지방 7급
잭슨(Jackson) 대통령이 암살당한 사건은 미국에서 실적주의 도입의 배경이 되었다.   O X

실적주의는 가필드 대통령의 암살사건을 배경으로 도입되었다.

06 □□□   16 경정승진
엽관주의는 19세기 초 정치적으로 자유민주주의가 어느 정도 정착된 미국에서 발전하였다.   O X

07 □□□   15 서울 9급
엽관주의 인사는 행정의 안정성을 저해할 수 있다.   O X

08 □□□   15 경찰간부
정부의 인사행정은 기업의 인사관리에 비해 신축성을 확보하기가 용이하다.   O X

정부의 인사행정은 엄격한 통제와 법령의 규제를 지니므로 민간기업의 인사관리에 비해 재량의 범위가 좁고 신축성을 확보하기 곤란하다.

정답 01 X   02 X   03 O   04 X   05 X   06 O   07 O   08 X

핵심 기출 문제

01
2021 지방(서울) 9급

엽관주의와 실적주의에 대한 설명으로 옳은 것은?

① 엽관주의는 개인의 능력, 적성, 기술을 공직 임용 기준으로 한다.
② 엽관주의는 정치지도자의 국정 지도력을 약화한다.
③ 실적주의는 국민에 대한 관료의 대응성을 높인다.
④ 실적주의는 공직 임용에 대한 기회의 균등을 보장한다.

정밀해설
④ 실적주의는 개인의 능력·자격 등 실적을 기준으로 임용이 이루어지므로 공직에의 기회 균등을 구현하였다.
① 개인의 능력, 적성, 기술을 공직 임용 기준으로 하는 것은 실적주의이다.
② 엽관주의는 정치지도자의 국정 지도력을 강화한다.
③ 국민에 대한 관료의 대응성을 높이는 것은 엽관주의이다.

정답 : ④

02
2018 서울 7급

엽관제의 장점에 해당하지 않는 것을 <보기>에서 모두 고른 것은?

< 보 기 >
ㄱ. 부정부패를 방지하기가 쉽다.
ㄴ. 행정의 안정성과 지속성을 확보하기 쉽다.
ㄷ. 정부관료제의 민주화에 기여한다.
ㄹ. 정치적 책임을 확보하기 용이하다.
ㅁ. 직업공무원제 정착에 도움이 된다.
ㅂ. 공무원들의 충성심을 확보하기 용이하다.

① ㄱ, ㄴ, ㅁ
② ㄴ, ㄷ, ㅂ
③ ㄷ, ㄹ, ㅁ
④ ㄱ, ㄴ, ㄹ

정밀해설
① ㄱ, ㄴ, ㅁ이 엽관제의 장점에 해당하지 않는다.
ㄱ. [×] 엽관제는 위인설관 등으로 불필요한 공직이 증설될 수 있으며 부정부패를 초래한다.
ㄴ. [×] 대규모 공직 경질과 교체 등은 행정의 계속성·안정성·지속성을 저해할 수 있다.
ㅁ. [×] 엽관제는 정권교체 시 신분보장이 되지 않으므로 직업공무원제 정착에 불리하다.
ㄷ. [○] 엽관제는 정부 관료제를 대중에 개방하므로 행정의 민주화에 기여한다.
ㄹ. [○] 선거와 정당을 통해 국민에게 정치적 책임을 확보할 수 있다.
ㅂ. [○] 정당에 대한 공헌도와 충성도를 임용 기준으로 하기 때문에 선출직 공무원에 대한 공무원들의 충성심을 확보하기 용이하다.

▶ 엽관제의 장단점

장점	· 정당정치 발달에 기여 · 한정된 공직 널리 개방(평등이념 구현) · 관료제의 쇄신 및 정치적 리더십 강화 · 행정의 민주성·대응성·책임성 확보
단점	· 정치적 중립 저해 · 행정의 안정성 및 직업공무원제 저해 · 비능률·무질서·낭비·부패 초래 및 전문화 저해 · 임용의 공평성 상실

정답 : ①

03

2017 서울 9급

인사행정제도에 대한 다음 설명 중 가장 옳은 것은?

① 직업공무원제는 장기근무를 장려하고 행정의 계속성과 일관성을 유지하는 데 긍정적인 제도로 개방형 인사제도 및 전문행정가주의에 입각하고 있다.
② 엽관주의는 정당에의 충성도와 공헌도를 임용 기준으로 삼는 인사행정제도로 행정의 민주화에 공헌한다는 장점이 있다.
③ 실적주의는 개인의 능력이나 자격, 적성에 기초한 실적을 임용기준으로 삼는 인사행정제도로 정치지도자들의 행정 통솔력을 강화시키는 데 기여한다.
④ 대표관료제는 전체 국민에 대한 정부의 대응성을 향상시키고 실적주의를 강화하여 행정의 능률성을 향상시키는 장점이 있다.

정밀해설

② 엽관주의는 선거에서의 충성도에 따라 공직을 정당원들에게 임의대로 처분할 수 있는 정치적 인사제도로, 행정의 책임성을 향상시키며 행정의 민주화에 공헌한다는 장점을 지닌다.
① 직업공무원제는 장기근무를 장려하고 신분을 보장하므로 정권교체에도 불구하고 행정의 계속성과 연속성 및 일관성을 유지하는 데 긍정적인 제도이지만, 폐쇄형 인사제도 및 일반행정가주의에 입각하고 있다.
③ 실적주의는 개인의 능력이나 자격, 적성에 기초한 실적을 임용기준으로 삼는 인사행정제도이기는 하나, 정치지도자들의 행정 통솔력을 약화시킨다. 정치지도자들의 행정 통솔력을 강화시키는 데 기여하는 것은 엽관주의의 특징이다.
④ 대표관료제는 전체 국민에 대한 정부의 대응성을 향상시키기는 하나 실적주의를 저해하여 능률성을 떨어뜨릴 수 있다는 단점이 있다.

정답 : ②

04

2014 지방 9급

인사행정제도에 관한 설명 중 적절하지 않은 것은?

① 엽관주의는 정당에의 충성도와 공헌도를 관직 임용의 기준으로 삼는 제도이다.
② 엽관주의는 국민의 요구에 대한 관료적 대응성을 확보하기 어렵다는 단점을 갖는다.
③ 행정국가 현상의 등장은 실적주의 수립의 환경적 기반을 제공하였다.
④ 직업공무원제는 계급제와 폐쇄형 공무원제, 그리고 일반행정가주의를 지향한다.

정밀해설

② 엽관주의는 정당이나 선거를 통하여 국민의 요구에 대한 관료집단의 대응성을 확보할 수 있다는 장점이 있다.
③ 행정기능의 양적 팽창과 질적 전문화 등 행정국가의 등장은 19C 말부터 시작되었으며, 행정기능이 전문화되면서 전문능력과 기술을 갖춘 전문행정가를 임용할 수 있는 실적주의가 필요하게 된 것이다.

▶ **엽관주의와 실적주의**

구분	엽관주의	실적주의
궁극적 가치	민주성과 형평성 (∵ 귀족적·신분적 정부관료제 구성에 반대)	민주성과 형평성 (∵ 실적에 따라 누구나 공직에 임용)
실현 방법	정치적·정당적 대응성	공개경쟁에 의한 채용, 정치적 중립, 신분보장, 중앙인사기관의 설치
문제점	정치적 간섭으로 인한 폐해 (비능률, 낭비, 부패)	비대응성, 경직성, 집권성, 실질적 비형평성

정답 : ②

적중 예상 문제

01 ☐☐☐

엽관주의에 대한 설명으로 옳지 않은 것은?

① 미국은 임기 4년법으로 공무원 연대 책임을 마련하였다.
② 잭슨 민주주의는 공직의 대중화, 개방화를 특징으로 한다.
③ 엽관주의는 민주적 평등 이념 실현에 부적합하다.
④ 신분보장이 약하고, 안정성이 저해된다는 단점이 있다.

정밀해설

③ 엽관주의는 민주적 평등 이념 실현에 적합하다.
① 미국의 먼로 대통령은 '4년 임기법'을 제정하여 대통령과 공무원을 함께 교체하는 연대책임의 기반을 마련하였다.
② 잭슨 대통령은 연두교서를 통해 공직의 대중화를 실시하였다.
④ 대규모 공직 경질과 교체로 공무원의 신분보장이 약하고 안정성을 저해한다.

정답 : ③

02 ☐☐☐

엽관제의 장점 또는 정당화의 근거로 적절하지 않은 것은?

① 민주정치의 정당제도 유지에 기여
② 정부관료제의 민주화에 기여
③ 행정의 계속성과 관료의 직업적 안정성 유지
④ 정치인들에 의한 행정의 효과적 통제

정밀해설

③ 엽관제는 교체임용주의를 본질로 하므로 행정의 안정성이나 계속성을 유지하기 어려운 단점이 있다. 지문은 실적주의의 장점이다.

▶ **엽관주의의 장단점**

장점	· 정당정치의 발전과 책임성·대응성 향상 · 관료제의 민주화에 기여 · 민주통제의 강화 · 평등이념 구현 · 집권정치인들의 공무원에 대한 효과적 통솔
단점	· 관료의 정당사병화 · 행정의 안정성과 능률성 저하 · 관직의 남설(위인설관 현상) · 기회균등의 저해 · 매관매직

정답 : ③

03 ☐☐☐

인사제도에 대한 설명으로 옳지 않은 것은?

① 실적주의는 정치적 중립을 강조하여 인사행정을 소극화·형식화시켰다.
② 대표관료제는 관료들이 출신 집단의 가치와 이익을 대변하리라는 기대에 기반을 둔다.
③ 엽관주의는 신분보장으로 인하여 관료들에 대한 국민적 통제가 잘 이루어지지 않았다.
④ 폐쇄형 인사제도는 내부승진의 기회가 개방형보다 더 많이 제공된다.

정밀해설

③ 엽관주의는 선거에 의한 교체임용이 이루어지기 때문에 공무원에 대한 국민적 통제가 이루어진다.
① 실적주의는 정치적 중립을 강조하여 정책추진이 곤란해지고 국민의 대응성을 저하시켰다. 이는 인사행정을 소극화·형식화하였다는 내용과 일맥상통한다.
② 대표관료제는 관료들이 출신 집단의 가치와 이익을 정책에 반영할 것이라는 가정에 기반을 두어, 관료제의 민주화 및 정부의 대응성과 책임성을 제고시킨다.
④ 폐쇄형 인사제도는 하위직으로만 인력을 충원하는 승진제도로 관리자를 내부에서 양성하므로 내부승진의 기회가 개방형보다 더 많이 제공된다.

정답 : ③

04 ☐☐☐

엽관주의에서 나타날 수 있는 병폐로 볼 수 없는 것은?

① 국민요구에 대한 비대응성
② 낭비·비능률
③ 정치적·행정적 부패로 공익 저해
④ 행정의 안정성 저해

정밀해설

① 엽관주의는 정치적으로 승리한 정당이 공직을 구성하는 인사제도로서 정치적 민주주의나 책임성, 국민요구에 대한 대응성을 확보할 수 있다는 장점이 있다.
② 불필요한 관직을 남설하는 위인설관현상이 나타나 예산의 낭비와 행정의 비능률을 초래한다.
③ 관료의 정당 사병화로 말미암아 관료가 국민이 아닌 특정정당을 위하여 주로 봉사하게 되어 행정의 대표성이나 공익성·책임성이 저해된다.
④ 정권이 교체될 때마다 공무원이 대량 경질되어 정책의 일관성이나 행정의 안정성을 저해한다.

정답 : ①

THEME 066 실적주의(Merit system)

1 엽관제와 실적주의 비교

구분	엽관제	실적주의
궁극적 가치	민주성과 형평성 (∵ 귀족적·신분적 정부관료제 구성에 반대)	민주성과 형평성 (∵ 실적에 따라 누구나 공직에 임용)
실현하는 방법	정치적·정당적 대응성 반영	공개경쟁에 의한 채용, 정치적 중립, 신분보장, 중앙인사기관의 설치
문제점	정치적 간섭으로 인한 비능률, 부패	경직성, 집권성, 형식적 평등(형평) 저해

> **Mani DB** 펜들턴법(Pendleton Act, 1883)
> (1) 초당적·독립적인 연방인사위원회(Federal Civil Service Commission)의 설치
> (2) 공개경쟁시험에 의한 임용
> (3) 공무원의 정치헌금·정치활동 금지(정치적 중립성 최초 규정)
> (4) 시보(조건부 임용)기간 시행
> (5) 제대군인에 대한 특혜 인정

2 실적주의의 장점

① 공직취임의 기회균등과 평등이념의 실현
② 공무원의 전문성 향상과 행정능률의 향상
③ 정치적 중립성 확보

3 실적주의의 단점

① 인사의 경직성과 형식성
② 국민의 대응성 저하, 정책추진의 곤란성
③ 결과로서의 형평성을 보장하지 못함.

4 미국과 영국 비교

구분	미국-직위분류제	영국-계급제
성립 배경	정당정치와 엽관주의의 폐단 극복	귀족정치와 정실주의의 폐단 극복
실적주의 형태	개방형 실적주의(직무 중심)	폐쇄형 실적주의(사람 중심)
직업공무원제 관계	직업공무원제에 기여하지 못함.	직업공무원제에 기여함.

OX 기출분석

해설

01 　　　　　　　　　　　　　　　　　　　　　　　　　　　22 국가 7급
미국의 잭슨 대통령은 엽관제를 민주주의의 실천적 정치원리로 인식하고 인사행정의 기본 원칙으로 채택하였다.　○ ×

→ 잭슨의 공직개방사상이다.

02 　　　　　　　　　　　　　　　　　　　　　　　　　　　21 지방 7급
실적주의는 공무원의 인적 구성이 사회의 인구학적 특성과 비례가 되도록 해야 한다는 대표관료제를 비판하면서 등장하였다.　○ ×

→ 공무원의 인적 구성이 사회의 인구학적 특성과 비례가 되도록 해야 한다는 것은 대표관료제이며, 이는 실적주의를 비판하면서 등장하였다.

03 　　　　　　　　　　　　　　　　　　　　　　　　　　　21 지방(서울) 9급
실적주의는 공직 임용에 대한 기회의 균등을 보장한다.　○ ×

→ 실적주의는 공개경쟁채용을 통해 임용하므로 공직 임용에 대한 기회균등을 보장한다는 장점이 있다.

04 　　　　　　　　　　　　　　　　　　　　　　　　　　　19 지방 7급
실적주의에서 공무원은 자의적인 제재로부터 적법절차에 의해 구제받을 권리를 보장받는다.　○ ×

→ 실적주의에서 공무원은 권익과 신분이 보장되므로 자의적인 제재로부터 적법절차에 의해 보호받을 권리를 보장받는다.

05 　　　　　　　　　　　　　　　　　　　　　　　　　　　19 서울 7급
실적주의는 정치적 중립을 지향하여 인사행정을 소극화, 형식화시켰다.　○ ×

→ 실적주의는 엽관주의 극복을 위해 정치적 중립을 강조하여 인사행정을 지나치게 소극화, 형식화시켰다는 비판을 받는다.

06 　　　　　　　　　　　　　　　　　　　　　　　　　　　19 행정사
실적주의 인사행정은 빈번한 교체임용을 통해서 관료의 특권화를 막는다.　○ ×

→ 빈번한 교체임용을 통해서 관료의 특권화를 막는 것은 엽관주의의 특징이다.

07 　　　　　　　　　　　　　　　　　　　　　　　　　　　17 국가 7급(추)
미국에서는 「펜들턴법」의 제정으로 공개경쟁채용시험을 도입하고 연방인사위원회가 설치되었다.　○ ×

08 　　　　　　　　　　　　　　　　　　　　　　　　　　　17 서울 9급
실적주의는 개인의 능력이나 자격, 적성에 기초한 실적을 임용기준으로 삼는 인사행정 제도로 정치지도자들의 행정 통솔력을 약화시키는 데 기여한다.　○ ×

정답 01 O　02 X　03 O　04 O　05 O　06 X　07 O　08 O

핵심 기출 문제

01
2021 경찰간부

다음은 공무원 인사제도에 대한 설명이다. 옳은 지문은 몇 개인가?

> 가. 실적주의는 공직 임용기회 균등으로 평등이념 실현에 기여할 수 있다.
> 나. 실적주의는 공무원의 정치적 중립을 요구하지는 않으나, 직업공무원제는 공무원의 정치적 중립이 중요하다.
> 다. 엽관주의는 선거를 통해 행정부를 통제한다는 긍정적인 기능이 있다.

① 0개 ② 1개
③ 2개 ④ 3개

정밀해설

③ 가, 다만 옳은 지문이다.
가. [○] 실적주의는 모든 사람은 누구나 일정한 자격만 갖추면 공직에 취임 할 수 있다는 기회균등의 정신을 구현할 수 있다.
다. [○] 엽관주의는 선거를 통한 대응성·책임성 확보로 정당정치의 발달과 행정의 민주화에 기여하며, 엽관정치인들이 공무원을 통솔·장악하기 용이하다.
나. [×] 반대이다. 실적주의는 공무원의 정치적 중립을 기본원칙으로 하지만, 직업공무원제는 반드시 정치적 중립을 요구하지는 않는다.

정답: ③

02
2019 경정승진

실적주의에 대한 설명 중 가장 적절하지 않은 것은?

① 1881년 가필드(Garfield) 대통령이 암살당하면서 엽관주의가 쇠퇴하고, 1883년에 제정된 펜들턴법(Pendleton Act)을 계기로 실적주의가 확립되었다.
② 실적주의의 주요 구성요소로는 공직취임의 기회균등, 공무원 인적구성의 다양화, 신분보장과 정치적 중립 등이 있다.
③ 실적주의는 상대적으로 유능한 인재의 유치라는 적극적인 측면보다는 부적격자의 제거라는 소극적인 측면에 중점을 두게 되었다.
④ 적극적 인사행정은 실적주의의 비융통성을 보완하는 적극적, 분권적, 신축적 인사행정을 의미한다.

정밀해설

② 실적주의의 주요 구성요소로는 공직취임의 기회균등, 신분보장과 정치적 중립 등이 있다. 한편 공무원 인적구성의 다양화는 대표관료제의 특징에 해당한다.
① 가필드 대통령의 암살사건은 실적주의 도입의 배경이 되었고, 1883년 펜들턴법을 계기로 실적주의가 확립되었다.
③ 실적주의는 유능한 인재의 유치보다는 부적격자의 제거라는 소극적 측면에 중점을 둔다.
④ 적극적 인사행정은 실적주의의 비융통성과 경직성을 보완하는 적극적·신축적·분권적인 인사행정이다.

정답: ②

03
2014 국가 9급

엽관주의와 실적주의에 대한 설명으로 옳은 것만을 모두 고르면?

> ㄱ. 엽관주의는 실적 이외의 요인을 고려하여 임용하는 방식으로 정치적 요인, 혈연, 지연 등이 포함된다.
> ㄴ. 엽관주의는 정실임용에 기초하고 있기 때문에 초기부터 민주주의의 실천원리와는 거리가 멀었다.
> ㄷ. 엽관주의는 정치지도자의 국정지도력을 강화함으로써 공공정책의 실현을 용이하게 해 준다.
> ㄹ. 실적주의는 정치적 중립에 집착하여 인사행정을 소극화·형식화시켰다.
> ㅁ. 실적주의는 국민에 대한 관료의 대응성을 높일 수 있다는 장점이 있다.

① ㄱ, ㄷ
② ㄴ, ㄹ
③ ㄴ, ㅁ
④ ㄷ, ㄹ

정밀해설

④ ㄷ, ㄹ이 옳은 설명이다.
ㄷ. [○] 엽관주의는 선거에서 승리한 정당 및 정치지도자의 정치이념을 강력하게 추진할 수 있으므로 공공정책의 실현을 용이하게 한다.
ㄹ. [○] 실적주의는 공무원의 정치적 중립성을 지나치게 강조하였고 이로 인해 인사행정이 소극화·형식화되기도 하였다.
ㄱ. [×] 엽관주의는 정당에의 충성도 등을 고려하여 임용하는 방식으로 정치적 요인을 고려하는 반면, 정실주의는 인사권자와의 개인적 신임이나 친분관계를 고려하여 임용하므로 혈연, 지연 등이 포함된다.
ㄴ. [×] 엽관주의는 정실임용에 기초하고 있는 정실주의와 달리 정당에의 충성도 등을 고려하여 임용하므로 초기부터 민주주의의 실천원리와 밀접한 관계였다.
ㅁ. [×] 엽관주의는 국민에 대한 관료의 대응성을 높일 수 있다는 장점이 있다. 한편 실적주의는 국민의 요구에 둔감하고 대응성이 저해된다는 단점이 있다.

정답 : ④

04
2011 서울 9급

엽관주의와 실적주의 발전 과정에 대한 설명 중 가장 적절하지 않은 것은?

① 엽관주의는 민주정치의 발달과 불가분의 관계가 있다.
② 직업공무원제는 직위분류제와 일반행정가주의를 지향하고 있다.
③ 엽관주의는 관료기구와 국민의 동질성을 확보하기 위한 수단으로 발전했다.
④ 정실주의는 인사권자의 개인적 신임이나 친분관계를 기준으로 한다.
⑤ 대표관료제는 실적주의를 훼손하고 행정능률을 저하시킬 수 있다.

정밀해설

② 직업공무원제는 계급제와 일반행정가주의를 지향한다.
① 엽관주의는 민주정치와 같은 맥락에서 발전하였다.
③ 엽관주의는 대표성·민주성을 증진시킨다.
④ 정실주의는 인사권자의 개인적 신임, 친분 등을 임명의 기준으로 한다.
⑤ 할당제로 인하여 보다 유능한 인재의 공직 입직 기회가 박탈당할 경우, 행정 전반의 능률이 저하될 수 있다.

정답 : ②

적중 예상 문제

01

1883년 미국에서 제정된 Pendleton법의 내용에 속하는 것을 모두 고른 것은?

ㄱ. 공무원의 중립성	ㄴ. 연봉제
ㄷ. 공무원의 교육·훈련 의무	ㄹ. 인사위원회 설치
ㅁ. 공개경쟁시험 실시	

① ㄱ, ㄴ, ㄷ
② ㄱ, ㄴ, ㄹ
③ ㄱ, ㄴ, ㅁ
④ ㄱ, ㄹ, ㅁ

정밀해설

④ ㄱ, ㄹ, ㅁ만 해당한다.
ㄴ. [×] 연봉제란 실적주의(Merit Pay System)에 의한 성과급 보수제도를 말한다.
ㄷ. [×] 공무원의 교육·훈련 의무 및 신분보장에 대한 사항은 없다.

▶ **실적주의의 발달**

1. 미국 – 펜틀턴법(Pendleton Act, 1883)
펜틀턴 의원이 ㉮ 초당적·독립적인 연방인사위원회의 설치, ㉯ 공개경쟁시험에 의한 임용, ㉰ 제대군인에 대한 특혜인정, ㉱ 공무원의 정치헌금·정치활동 금지(정치적 중립성 최초 규정), ㉲ 시보(조건부 임용)기간 설정 등을 규정한 법안을 제출하여 통과

2. 영국 – 노스코트-트레빌리언(Northcote-Trevelyan) 보고서(1853)
실적주의를 기반으로 하는 공무원제도개혁에 대한 보고서로서 1·2차 추밀원령 제정의 밑거름이 되었다. ㉮ 정실주의 폐지, ㉯ 공개경쟁시험 실시, ㉰ 시험을 관장할 독립적 인사위원회의 설치 등을 주장하였다.

정답 : ④

02

실적주의와 엽관주의에 대한 설명 중 옳지 않은 것은?

① 실적주의는 공직임용의 기회를 균등히 보장함으로써 민주주의적 평등 이념의 실현에 기여한다.
② 실적주의는 소극적 실적주의에서 20C초 과학적 관리론에 영향을 받아 적극적 실적주의로 전환되었다.
③ 엽관주의는 각 개인이 가지고 있는 능력에는 차이가 있음을 인정하는 상대적 평등주의를 신봉한다.
④ 엽관주의는 최고관리층의 리더십을 강화한다.

정밀해설

③ 실적주의와 관련된 내용이다.

▶ **엽관주의와 실적주의**

구분	미국 (직위분류제)	영국 (계급제)
성립 배경	정당정치와 엽관주의의 폐단 극복	귀족정치와 정실주의의 폐단 극복
직업 공무원제와의 관련	개방형 실적주의 (직무 중심) → 직업공무원제에 기여하지 못함.	폐쇄형 실적주의 (사람 중심) → 직업공무원제에 기여함.

정답 : ③

03

공무원 인사제도에 있어서 실적제 원리의 적용이 가져올 수 있는 문제점으로 옳지 않은 것은?

① 실적제가 객관적·과학적 측정방법을 강조하지만, 실제로 공직후보자의 능력을 정확하게 측정하는 데에는 한계가 있다.
② 실적제는 기회의 형평에 초점을 두기 때문에 결과로서의 형평성을 보장하지 못한다.
③ 외부로부터 적극적으로 우수한 공무원을 채용하므로 내부공무원의 직업안정성 유지에 상대적으로 불리한 제도이다.
④ 실적제는 주로 채용의 공정성에만 초점을 둔 나머지 유능한 인재의 선발이나 능력개발 등은 소홀해질 수밖에 없다.

정밀해설

③ 실적제는 법령이 규정하는 바에 따라 신분을 보장하므로 내부공무원의 직업안정성 유지에 기여한다.
① 실적제는 정실이나 엽관주의적 요소가 아닌 개인의 능력·자격·성적 등 실적을 기준으로 하는 객관적·과학적 방법을 강조하지만, 실제로 공직후보자의 능력을 정확하게 측정하는 데에는 한계가 있다.
② 실적제는 형식적 평등에 그치기 때문에 실질적 형평성이 저해된다.
④ 실적제는 공개와 경쟁에 의한 임용에 초점을 둔 나머지 유능한 인재의 선발이나 능력개발은 상대적으로 소홀해질 우려가 있다.

정답 : ③

04

인사제도와 관련된 설명 중 옳은 것은?

① '동일업무에 대한 동일보수'라는 보수의 형평성과 직업공무원제의 요구가 직위분류제의 도입에 큰 영향을 미쳤다.
② 일반적으로 계급제의 경우 인적자원의 충원에 폐쇄적이고 직업공무원제 확립에 장애가 되는 반면, 직위분류제는 행정의 전문화와 직업공무원제의 확립에 기여하는 것으로 평가된다.
③ 실적주의는 직업공무원들의 강력한 신분보장을 통해 공무원 스스로 정치적 소신을 행정에 반영하도록 했다는 점에서 긍정적인 평가를 받는다.
④ 관료제의 대표성을 확보하고 정부의 대응성을 향상시키기 위해 여성관리자 임용할당제, 고위직에 대한 지역안배 등이 고려될 수 있다.

정밀해설

④ 대표관료제의 사례이다.
① '동일업무에 대한 동일보수'라는 직무급은 직위분류제와 관련이 있으나, 직업공무원제는 계급제를 지향한다.
② 계급제의 경우 직업공무원제 확립에 기여하고, 직위분류제는 행정의 전문화를 제고시키지만 직업공무원제의 확립에 기여하지 못한다.
③ 실적주의는 정치적 중립성을 실천수단으로 하므로 공무원 스스로의 정치적 소신을 행정에 반영하기 어렵다.

정답 : ④

THEME 067 직업공무원제

1 직업공무원제의 의의
젊고 유능한 인재들이 공직을 보람 있는 직업으로 선택하여 일생을 바쳐 성실히 근무하도록 운영하는 인사제도

2 직업공무원제의 필요성
① 공무원의 신분을 보장하여 행정의 정치적 중립성 및 안정성을 유지
② 공무원의 신분보장으로 공무원의 사기를 앙양
③ 정치·행정의 분리로 정권교체기에 정치적·행정적 공백의 최소화

3 직업공무원제와 실적주의 비교

공통점	차이점	
	실적주의	직업공무원제
· 정치적 중립 · 원칙적으로 신분보장 · 자격이나 능력에 의한 인사 · 정실배제	· 주로 개방형 · 임용 시 학력과 연령제한이 없는 완전한 기회균등 · 채용 시의 능력(업적)이 임용기준 · 소극적 신분 보장 · 전문행정가 · 직무 몰입	· 주로 폐쇄형 · 임용 시 연령·학력 등의 제한으로 제약된 기회균등 · 잠재능력(발전가능성)이 기준 · 적극적 신분 보장 · 일반행정가 · 조직 몰입

4 직업공무원제의 단점
① 공무원으로 하여금 현상유지적·보수적 성향이 나타나게 됨. ⇨ 개혁에 저항
② 무사안일 등 병리현상이 만연 ⇨ 특권집단화
③ 일반행정가 중심으로 하기 때문에 각 분야 행정의 전문화·기술화를 저해
④ 일반적으로 폐쇄형을 채택하므로 외부전문가를 채용하기가 곤란
⑤ 학력·경력·연령의 엄격한 제한 등 직업공무원제의 제약은 공직에의 기회균등을 약화

OX 기출분석

해설

01 ☐☐☐ 22 국가 9급
직업공무원제는 직무급중심의 보수체계이다. O X

직업공무원제는 생활급 중심의 보수체계이다.

02 ☐☐☐ 21 국가 7급
직업공무원제는 공무원의 일체감과 단결심 및 공직에 헌신하려는 정신을 강화하는 데 불리한 제도이다. O X

직업공무원제는 공무원의 일체감과 공무원의 일체감과 단결심 및 공직에 헌신하려는 정신을 강화하는 데 유리한 제도이다.

03 ☐☐☐ 21 소방간부
직업공무원제는 채용 당시의 직무수행 능력이 장기적인 발전 가능성보다 중요시된다. O X

직업공무원제는 젊고 유능한 인재의 채용을 지향하므로 채용 당시의 직무수행 능력보다 장기적인 발전 가능성을 더욱 중시한다.

04 ☐☐☐ 20 서울/지방 9급
계약제 임용제도, 정치적 중립의 강화, 계급정년제의 도입은 직업공무원제의 단점을 보완할 수 있다. O X

직업공무원제의 단점을 보완하기 위해서는 정치적 중립을 완화하여야 한다.

05 ☐☐☐ 19 서울 7급
직업공무원제는 원칙적으로 개방형 충원 및 전문가주의에 입각하고 있다. O X

직업공무원제는 원칙적으로 폐쇄형 충원 및 일반행정가주의에 입각하고 있다.

06 ☐☐☐ 19 지방 9급
직업공무원제는 조직 내에 승진적체가 심화되면서 직원들의 불만이 증가할 수 있다. O X

07 ☐☐☐ 17 서울 9급
직업공무원제는 장기근무를 장려하고 행정의 계속성과 일관성을 유지하는 데 긍정적인 제도로 개방형 인사제도 및 전문행정가주의에 입각하고 있다. O X

직업공무원제는 장기근무를 유도하므로 행정의 계속성과 일관성을 유지할 수 있고, 폐쇄형 인사제도 및 일반행정가주의를 지향한다.

08 ☐☐☐ 13 서울 7급
직업공무원이 선출직 공무원에게 책임을 지도록 조직화된 이유는 정부의 능률성을 제고하기 위함이다. O X

선출직 공무원에게 책임을 지도록 하는 것은 민주성과 대응성을 제고하기 위한 목적과 관계가 깊다.

정답 01 X 02 X 03 X 04 X 05 X 06 O 07 X 08 X

핵심 기출 문제

01 2021 소방간부

직업공무원제에 관한 설명으로 옳지 않은 것은?

① 행정의 안전성, 계속성, 일관성 유지가 가능하다.
② 전통적 관료제의 구성 원리와 부합하는 인사제도이다.
③ 채용 당시의 직무수행 능력이 장기적인 발전 가능성보다 중요시된다.
④ 주로 계급제, 폐쇄형 공무원제를 기반으로 하며 일반행정가의 양성을 추구한다.
⑤ 공직 수행에 필요한 높은 수준의 봉사정신과 행동규범을 보장할 수 있다.

정밀해설

③ 직업공무원제는 젊고 유능한 인재의 채용을 지향하고 학력과 연령의 상한선을 제한함으로써 채용당시의 능력보다는 장기적인 발전 가능성이나 잠재능력을 더 중시한다.
① 직업공무원제는 정치적 중립과 신분보장으로 인해 행정의 안정성 및 계속성, 일관성 등을 제고한다.
② 직업공무원제는 정권교체 등 정치적 변화에 관계없이 공무원의 신분을 보장하므로 전통적 관료제의 구성 원리에 부합한다.
④ 직업공무원제는 폐쇄형 임용제도와 계급제를 기반으로 하므로 일반행정가주의를 특징으로 한다.
⑤ 공직에 대한 높은 사회적 평가로 인해 공직 수행에 필요한 봉사정신과 행동규범 등을 보장할 수 있다.

정답 : ③

02 2019 교행 9급

직업공무원제에 대한 설명으로 옳지 않은 것은?

① 젊고 우수한 인재가 공직을 직업으로 선택해 일생을 바쳐 성실히 근무하도록 운영하는 인사제도이다.
② 폐쇄적 임용을 통해 공무원집단의 보수화를 예방하고 전문행정가 양성을 촉진한다.
③ 행정의 안정성을 확보할 수 있고, 높은 수준의 행동규범을 유지하는 데 도움을 준다.
④ 조직 내에 승진적체가 심화되면서 직원들의 불만이 증가할 수 있다.

정밀해설

② 폐쇄적 임용을 통해 공무원집단의 보수화가 초래되고 전문성이 저해된다.
① 직업공무원제는 젊고 유능한 인재들이 공직을 보람 있는 직업으로 선택하여 일생을 바쳐 성실히 근무하도록 운영하는 인사제도로 젊은 인재 채용을 선발할 수 있는 제도적 기반 및 공직에 대한 사회적 평가가 높아야 한다.
③ 공무원의 신분을 보장하므로 행정의 안정성 및 계속성을 확보할 수 있고 공무원의 사명감이나 윤리성을 제고하는데 도움을 준다.
④ 공직사회가 전반적으로 침체화·보수화되면서 승진적체의 문제가 발생할 수 있다.

▶ **직업공무원제 확립요건**

- 실적주의의 우선적 확립
- 공직에 대한 높은 사회적 평가
- 젊고 유능한 인재의 채용을 위한 유인체제의 확립
- 보수의 적정화 및 연금제도의 확립
- 재직자의 교육훈련에 의한 능력발전 및 승진
- 장기적인 시각에서의 직급별 인력수급계획의 수립
- 폐쇄형에 기반한 계급제의 확립

정답 : ②

적중 예상 문제

01 □□□

직업공무원제에 대한 설명으로 옳지 않은 것은?

① 장기간 근무를 통해 다양한 경험을 갖출 수 있다.
② 공무원의 사명감과 책임감을 강화한다.
③ 학력, 연령 등의 요건을 제거하고 임용의 기회균등을 실현한다.
④ 전문가주의를 저해한다.

정밀해설

③ 학력, 연령 등의 요건을 대상을 제한하는 경우가 많아 공직임용의 기회균등의 저해라는 점에서 비판을 받는다.
① 직업공무원제는 장기근속을 유도하므로 공무원은 장기근무를 통해 다양한 경험을 갖출 수 있다.
② 국민에 대한 봉사자로서 공무원의 사명감과 책임성을 강화하는 데 기여한다.
④ 직업공무원제는 폐쇄형 임용구조로 인해 외부전문가가 유입되지 못하므로 전문성이 저해된다.

▶ **직업공무원제의 장단점**

장점	· 재직 공무원의 사기증진 · 젊고 유능한 인재 조기 발굴 가능 · 공직사회의 연대감 및 일체감 제고 · 행정의 안정성 제고 　(∵ 정치적 중립, 신분 보장) · 행정의 계속성·일관성 유지
단점	· 민주통제의 곤란-지나친 신분 보장 · 환경변동에의 부적응-무사안일 · 공직임용에의 기회균등 저해 · 참여적 관료제 저해 · 자격제한으로 인한 비민주성 · 공직사회 전반적인 질 저하 · 행정의 전문성 저해

정답 : ③

02 □□□

직업공무원제와 실적주의에 대한 비교 내용으로 옳지 않은 것은?

① 충원방식으로는 직업공무원제는 폐쇄형, 실적주의는 개방형에 가깝다고 할 수 있다.
② 실적주의는 채용 시 당사자가 가지고 있는 업적성에 역점을 두지만, 직업공무원제는 공직을 평생의 보람으로 생각하는 생애성에 역점을 둔다.
③ 직업공무원제는 승진, 전보 훈련 등을 통해 능력발전의 기회를 강조하지만, 실적주의의 경우는 그렇지 않다.
④ 실적주의는 반드시 공무원의 정치적 중립성을 요구하지는 않으나, 직업공무원제는 공무원의 정치적 중립이 필수적이다.

정밀해설

④ 실적주의에서는 공무원의 정치적 중립성이 엄격히 요구되나 상대적으로 직업공무원제에서는 중립성이 완화되어 있다.

▶ **실적주의 vs 직업공무원제**

공통점	차이점	
	실적주의	직업공무원제
· 정치적 중립 · 원칙적으로 신분 보장 · 자격이나 능력에 의한 인사 · 정실배제	· 주로 개방형 · 임용 시 학력과 연령제한이 없는 완전한 기회균등 · 채용 시의 능력(업적)이 임용 기준 · 소극적 신분 보장 · 전문행정가	· 주로 폐쇄형 · 임용 시 연령·학력 등 제한으로 제약된 기회균등 · 잠재능력(발전가능성)이 기준 · 적극적 신분 보장 · 일반행정가

정답 : ④

THEME 067 직업공무원제

THEME 068 적극적 인사행정

1 소극적 인사행정과 적극적 인사행정 비교

소극적 인사행정(과학적 인사행정)	적극적 인사행정(1930년대 이후)
중앙인사기관에 의한 집권적·경직적 인사관리	각 부처에 의한 분권적·신축적 인사관리
인사행정의 능률화·과학화	인사행정의 민주화·인간화
소극적 모집	적극적 모집
엽관주의 배격, 실적주의 추구	엽관주의와 실적주의의 조화
신분보장 강화	신분보장 완화

2 인적자원관리(HRM)

구분	전통적 인사관리	인적자원관리(HRM)
구성원에 대한 관점	비용(cost), 통제대상	자원(resources), 자산
배경 이론	과학적 관리론	1970년대 후기인간관계론, 1980년대 조직문화
인사관리의 중점	직무에 적합한 인재를 어떻게 능률적으로 선발할 것인가	경영조건의 변화에 적응하기 위하여 인재의 능력을 어떻게 개발할 것인가
특징	• 소극적·경직적·집권적 인사행정 • 절차와 규정 중시 • 하향적, X이론과 통제	• 적극적·신축적·분권적 인사행정 • 성과(결과)와 책임 중시 • 구성원의 능력개발, 조직몰입, 직무만족 • 조직과 개인 목표의 통합 • 상향적, Y이론과 참여
인사관리모형	교환모형(X이론)	통합모형(Y이론)

3 관리융통성망 모형

① 인사권의 분권화, 대응성 제고 ② 인사행정과 일반관리의 연계 ③ 자율성과 통합성의 조화, 유연성 확대

Mani DB 유연근무제 유형

시간선택제 전환근무		주당 15~30시간 이하(점심시간 제외) - 1일 최소 3시간 이상, 매일 특정 시간대 근무를 원칙 - 업무공백 및 업무의 연속성을 위해 격주제, 격월제는 금지
탄력근무제		주 40시간 근무하되, 출퇴근시각·근무시간·근무일을 자율 조정
	시차출퇴근형	1일 8시간 근무체제 유지 - 매일 같은 출근시각(07:00~10:00 선택) - 요일마다 다른 출근시각(07:00~10:00 선택)
	근무시간 선택형	1일 4~12시간 근무, 주 5일 근무
	집약근무형	1일 4~12시간 근무, 주 3.5~4일 근무
	재량근무형	출퇴근 의무 없이 프로젝트 수행으로 주 40시간 인정 ※ 고도의 전문적 지식과 기술이 필요해 업무수행 방법이나 시간배분을 담당자의 재량에 맡길 필요가 있는 분야
원격근무제		모바일 기기를 이용, 사무실이 아닌 장소에서 근무
	재택근무형	부여받은 업무를 사무실이 아닌 집에서 수행
	스마트워크근무형	자택 인근 스마트워크센터 등 별도 사무실에서 근무

4 QWL(Quality of Work Life) - 공무원의 삶의 질

직장에서 근로자의 삶의 질을 향상시키기 위한 인간적이고 민주적인 근로운동

OX 기출분석

01 ☐☐☐　　　　　　　　　　　　　　　　　　　　　　　21 국가 7급

균형인사정책, 일과 삶 균형정책은 다양성 관리의 방안으로 볼 수 없다. 　○ ✗

해설

다양성 관리의 방안으로 균형인사정책, 일과 삶의 균형, 대표관료제 등이 있다.

02 ☐☐☐　　　　　　　　　　　　　　　　　　　　　　　20 군무원 9급

시간선택제 전환공무원은 통상적인 근무시간보다 짧은 시간(주 15-35시간)을 근무하는 공무원으로서 일반 공무원처럼 시험을 통해 채용되고 정년이 보장되는 공무원이다. 　○ ✗

통상적인 근무시간보다 짧은 시간(주 15-35시간)을 근무하는 공무원으로서 일반 공무원처럼 시험을 통해 채용되고 정년이 보장되는 공무원은 시간선택제 채용공무원이다.

03 ☐☐☐　　　　　　　　　　　　　　　　　　　　　　　17 국가 9급

전략적 인적자원관리는 장기적이며 목표·성과 중심적으로 인적자원을 관리한다. 　○ ✗

04 ☐☐☐　　　　　　　　　　　　　　　　　　　　　　　16 국가 7급

성과주의 인적자원관리는 형식 요건을 중시하고 규격화된 임용 방식을 확대한다. 　○ ✗

형식 요건을 중시하고 규격화된 공개 채용임용방식을 확대하는 것은 전통적인 연공주의 인적자원 관리방식이다.

05 ☐☐☐　　　　　　　　　　　　　　　　　　　　　　　12 지방 7급

정부조직을 유연하게 만들기 위한 관리융통성 제도에는 팀제, 총액인건비제, 개방형임용제, 실적주의 등이 있다. 　○ ✗

실적주의는 관리융통성제도에 해당하지 않는다.

06 ☐☐☐　　　　　　　　　　　　　　　　　　　　　　　09 서울 9급

적극적 인사행정의 방안으로는 정치적 임용의 부분적 허용, 인사권의 분권화, 공무원단체의 인정, 적극적 모집 등이 활용된다. 　○ ✗

07 ☐☐☐　　　　　　　　　　　　　　　　　　　　　　　09 서울 9급

정년보장식 신분보장은 적극적 인사행정과 거리가 멀다. 　○ ✗

08 ☐☐☐　　　　　　　　　　　　　　　　　　　　　　　05 국가 7급

적극적인 인사행정을 위해서 정치적 임용의 확대, 분권적 인사정책, 엄격한 직위분류제의 운용 등이 필요하다. 　○ ✗

경직된 직위분류제에 융통성 있는 계급제를 가미하여 분권적·신축적으로 인사관리하는 방식이다.

정답 01 ✗　02 ✗　03 ○　04 ✗　05 ✗　06 ○　07 ○　08 ✗

핵심 기출 문제

01 □□□ 2019 국가 9급

공무원의 근무방식과 형태에 대한 설명으로 옳지 않은 것은?

① 유연근무제는 공무원의 근무방식과 형태를 개인·업무·기관 특성에 따라 선택할 수 있는 제도이다.
② 시간선택제 근무는 통상적인 전일제 근무시간(주 40시간)보다 길거나 짧은 시간을 근무하는 제도이다.
③ 탄력근무제는 전일제 근무시간을 지키되 근무시간, 근무일수를 자율 조정할 수 있는 제도이다.
④ 원격근무제는 직장 이외의 장소에서 정보통신망을 이용하여 근무하는 제도이다.

정밀해설

② 시간선택제 근무는 통상적인 전일제 근무시간(주 40시간)보다 짧은 시간(주당 15시간 이상 35시간 이내)을 근무하는 제도이다.
① 유연근무제는 공직생산성을 향상시키고 삶의 질을 높이기 위해 개인·업무·기관별 특성에 맞는 근무형태를 선택하여 활용할 수 있는 제도이다.
③ 탄력근무제는 주 40시간을 근무하되 출퇴근시간이나 근무일수 등을 자율적으로 조정할 수 있는 제도이다.
④ 원격근무제는 사무실이 아닌 직장 이외의 장소에서 모바일 기기 등의 정보통신망을 이용하여 근무하는 제도이다.

정답: ②

02 □□□

전략적 인적자원관리에 대한 설명으로 옳지 않은 것은?

① 장기적이며 목표·성과 중심적으로 인적자원을 관리한다.
② 개인의 욕구는 조직의 전략적 목표달성을 위해 희생해야 한다는 입장이다.
③ 인사업무 책임자가 조직 전략 수립에 적극적으로 관여한다.
④ 조직의 전략 및 성과와 인적자원관리 활동 간의 연계에 중점을 둔다.

정밀해설

② 전략적 인적관리는 구성원을 자산으로 여기며 조직과 개인 욕구 사이의 조화를 강조한다.
① 전략적 인적자원관리는 적극적이고 장기적이며 성과와 책임을 중시한다.
③ 전략적 인적자원관리는 상향적이며 인사업무 책임자는 인사행정에 있어 정책과 전략 중심의 역할을 한다.
④ 전략적 인적자원관리는 조직과 개인목표의 통합을 중시하며 조직의 전략 및 성과와 인적자원활동 간의 연계에 초점을 둔다.

정답: ②

03

2016 국가 7급

전통적인 연공주의 인적자원관리와 비교할 때 성과주의 인적자원관리의 특징으로 옳지 않은 것은?

① 형식 요건을 중시하고 규격화된 임용 방식을 확대한다.
② 태도와 근속연수보다 성과와 능력 중심의 평가를 강조한다.
③ 직급파괴와 역량에 의한 승진을 강조한다.
④ 조기퇴직 및 전직 지원을 활성화한다.

정밀해설

① 연공주의 인적자원관리는 계급과 연공 등의 형식적 요건을 중시하고 정기적이고 일률적이며, 규격화된 공개채용방식을 확대한다.
② 성과주의 인적자원관리는 성과와 능력 중심의 평가를 강조하는 반면, 연공주의 인적자원관리는 태도와 근속연수를 중심으로 평가한다.
③ 성과주의는 직급파괴와 능력 및 성과중심의 유연한 임용 및 성과와 역량에 기반한 승진을 강조하는 반면, 연공주의는 연공에 기반한 승진을 강조한다.
④ 성과주의는 조기퇴직 및 전직 지원의 활성화를 강조하는 반면, 연공주의는 평생고용 및 신분보장의 활성화를 강조한다.

▶ 전통적 인사관리 vs 전략적 인사관리

구분	전통적 인사관리	인적자원관리 (HRM)
구성원에 대한 관점	비용(cost), 통제대상	자원(resources), 자산
특징	· 소극적·경직적·집권적 인사행정 · 절차와 규정 중시 · 하향적, X이론과 통제	· 적극적·신축적·분권적 인사행정 · 성과(결과)와 책임 중시 · 근무생활의 질 향상 · 구성원의 능력 개발, 조직몰입, 직무만족 · 조직과 개인 목표의 통합 · 조직의 탄력성 증대 · 상향적, Y이론과 참여

정답 : ①

04

2004 국가 7급

직무만족과 관련된 내용 중 옳지 않은 것은?

① 직무순환이란 세분화된 업무를 일정한 시간적 간격을 두고서 두루 역임하게 하여 업무의 단조성이나 무의미성을 극복하도록 하는 것이다.
② 근로생활의 질(QWL)은 직무만족의 수준향상과 노동환경의 민주화를 통한 근로생활에 있어서 인간성회복 운동이라 할 수 있다.
③ 근무담당자에게 기존업무에 관리적 요소를 부여하여 자율성과 책임성을 높여주고자 하는 것을 직무확대(Job Enlargement)라 한다.
④ 직무만족도의 측정기법 중 행동경향법은 응답자에게 자기직무와 관련하여 어떻게 행동하고 싶은가를 묻는 방법이다.

정밀해설

③ 하급자로 하여금 직무수행의 자율성과 책임성을 증대시키려는 것은 직무확대(Job Enlargement)가 아니라 직무풍요화 내지는 직무충실(Job Enrichment)이다.
① 직무순환에 대한 설명이다.
② '직장생활의 질은 작업 풍토를 변화시켜 궁극적으로 보다 나은 '직장생활의 질'이나 '근로생활의 보람'을 확립하려는 것으로, 직무충실화를 비롯하여 직무 설계와 사회기술적 재설계의 원리를 적용하여 작업상황의 질을 개선하려는 종합적인 노력을 의미한다.
④ 행동경향법에 대한 설명이다.

정답 : ③

적중 예상 문제

01

적극적 인사행정에 대한 설명으로 옳지 않은 것은?

① 공직에 대한 사회적 평가를 제고하는 한편 임용기준을 완화하는 적극적 모집은 적극적 인사행정을 실현하는 데 기여한다.
② 실적주의의 비융통성을 보완하기 위하여 엽관주의의 요소를 도입하는 것은 적극적 인사행정을 위한 방안이다.
③ 인사행정에 있어 과학성과 객관성을 지나치게 강조하다 보면 인사행정의 융통성을 저해하게 되는데, 이는 인본주의적 인사행정이라는 적극적 인사행정의 지향점과 부합하지 않는다.
④ 적극적 인사행정은 실적제, 직위분류제를 활용하고 엽관제나 계급제적 요소는 배제한다.

정밀해설

④ 적극적 인사행정이란 소극적인 실적제와 엽관제, 계급제와 직위분류제 등 대립되는 인사제도를 적극적으로 융합하고 활용하려는 인사방안을 말한다. 한편 엄격한 직위분류제의 적용은 소극적 인사행정방안에 해당한다.

▶ 소극적 인사행정 vs 적극적 인사행정

구분	소극적 인사행정 (전통적)	적극적 인사행정 (현대적)
지향점	중앙인사기관에 의한 집권적·경직적 인사관리	각 부처에 의한 분권적·신축적 인사관리
이념	인사행정의 능률화·과학화	인사행정의 민주화·인간화
모집	소극적 모집	적극적 모집
엽관주의 요소	엽관주의 배격, 실적주의 추구	엽관주의와 실적주의의 조화
신분 보장	신분 보장 강화	신분 보장 완화

정답 ④

02

전통적 인적자원관리와 비교한 전략적 인적자원관리(SHRM)의 내용으로 옳지 않은 것은?

① 현장의 책임자에게 인사권을 준다.
② 인사행정의 능동적·주도적 역할을 한다.
③ 행정업무의 분업화·전문화된 직무설계를 한다.
④ 내·외부 고객의 수평적 파트너십을 중시한다.

정밀해설

③ 팀, 집단 중심의 통합적 직무설계를 한다.
① 현장 책임자에게 인사담당권을 부여한다.
② 인사행정의 신속적, 능동적, 주도적 역할을 한다.
④ 내·외부고객과의 수평적 파트너십을 핵심기능으로 한다.

정답 ③

03 □□□

직장생활의 질(QWL)을 향상하기 위한 방안으로 옳지 않은 것은?

① 안전하고 건강한 작업환경 조성
② 개인능력의 활용과 개발기회 확대
③ 인간중심의 직무 재설계
④ 신자유주의적 근무원리의 확립

정밀해설

④ QWL은 공동체의식을 확립하고 인본주의를 지향하는 관리방식이다. QWL은 직업생활의 인간화, 인간의 존엄성 중시, 통합적 관리를 특징으로 한다.

정답 : ④

04 □□□

현대 인사행정의 특징에 관한 설명으로 가장 옳지 않은 것은?

① 퇴직 관리 강화, 보수관리의 융통성, 내부임용의 신축성 확보, 교육훈련의 강화 등을 나타낸다.
② 일반적이고 보편적인 인사행정원리의 확립을 강조한다.
③ 관리융통성 모형을 통해 자율성과 분권화, 통합성을 강조한다.
④ QWL을 통해 직장에서 근로자의 삶의 질을 향상시키기 위한 인간적이고 민주적인 근로활동을 강조한다.

정밀해설

② 현대 인사행정은 복잡한 환경에 대한 높은 적응성 및 신축성을 강조하므로 가변적 인사행정을 강조한다.
① 현대 인사행정은 다양한 인사행정요소를 적극적으로 실현하고 퇴직 관리 강화, 보수관리의 융통성 등 교육훈련과 사기관리 등을 통해 공무원의 능력과 역량을 강화한다.
③ 관리융통성 모형을 통해 인사의 자율성과 분권화, 통합성 등을 강조한다.
④ 직장생활의 질은 인간성이나 자기실현의 욕구를 중시하는 관리방식으로 보다 나은 직장생활의 질을 향상시키기 위해 인간적인 근로활동을 강조한다.

정답 : ②

THEME 069 대표관료제

1 대표관료제의 특징

의미	① 인종·성별·출신·종교·직업·신분·계층·지역 등에 의하여 분류되는 모든 사회집단들이 한 나라의 인구 전체 안에서 차지하는 비율에 맞게 관료조직의 직위들을 차지해야 한다는 원리 ② 사회적 구성비 = 공직 내 구성비가 되도록 하는 균형인사제도(공직임용할당제)
측면	① 소극적 대표: 출신성분(배경)이 태도를 결정한다는 측면, 형식적인 비례분포, 구성론적 대표성(= 인적·사회적·비례적·배경적·태도적·피동적·일차적 대표) ② 적극적 대표: 출신집단의 이익을 적극 대변하고 책임지는 측면, 실질적인 대표기능, 역할론적 대표성(= 역할론적·능동적·정책적·정치적·이차적 대표)
특징	① 정부의 대응성 및 책임성 확보 ② 실질적 기회보장과 수직적 형평성 제고 ③ 내부통제의 강화 ④ 적극적 정치중립성 ⑤ 민주적 대표성 확보

2 한계

① 임용 후 재사회화 미고려
② 행정의 능률성, 객관성, 합리성 저해
③ 피동적 대표성이 능동적 대표성을 보장한다는 허구성
④ 대표의 집단이기주의화
⑤ 수평적 형평성 저해(역차별 발생)
⑥ 공직 전문성 저하

3 대표관료제와 실적제

구분	대표관료제	실적제
임용	할당적 임용	실적, 능력, 업적
이념	형평성, 민주성	능률성, 전문성
기준	집단	개인

 **우리나라 대표관료제 사례**

양성평등채용목표제, 여성공무원 인사관리, 장애인공무원 인사관리, 이공계공무원 인사관리, 지방인재채용목표제, 지역인재추천채용제, 저소득층 공무원 채용 등(미국: Affirmative Action)

OX 기출분석

01 ☐☐☐   23 지방 9급
대표관료제는 다양한 집단의 이익을 반영하는 실적주의 이념에 부합하는 인사제도이다. ◯ ✕

해설
대표관료제는 실적주의를 비판하는 이론으로서, 집단주의를 배경으로 한다.

02 ☐☐☐   22 경간부
대표관료제는 능력에 따른 채용을 엄정하게 적용하여 행정의 전문성과 생산성을 높이는 것을 목표로 한다. ◯ ✕

능력에 따른 채용을 엄정하게 적용하여 행정의 전문성과 생산성을 높이는 것을 목표로 하는 것은 실적주의에 해당한다.

03 ☐☐☐   20 경찰간부
대표관료제의 한계로 국민주권의 원리 위반, 역할론적 대표성 확보의 어려움, 내부통제 약화, 임용의 역차별과 갈등의 우려를 들 수 있다. ◯ ✕

대표관료제는 내부통제를 강화하지만, 한계로 국민주권의 원리 위반, 역할론적 대표성 확보의 어려움, 임용의 역차별과 갈등의 우려를 들 수 있다.

04 ☐☐☐   19 지방 9급
대표관료제에서 소극적 대표성은 전체 사회의 인구 구성적 특성과 가치를 반영하는 관료제의 인적 구성을 강조한다. ◯ ✕

05 ☐☐☐   19 서울 9급(2월)
대표관료제의 관료들은 누구나 자신의 사회적 배경의 가치나 이익을 정책 과정에 반영시키려고 노력한다는 명제를 전제로 한다. ◯ ✕

06 ☐☐☐   18 해경간부
대표관료제는 관료제의 인적 구성측면을 강조하며 관료제의 대표성과 대응성을 강화하기 위한 제도이다. ◯ ✕

07 ☐☐☐   17 국가 9급
대표관료제는 엽관주의의 폐단을 시정하기 위해 등장하였다. ◯ ✕

대표관료제는 채용 등에 있어서 불평등한 결과를 초래하는 실적주의의 한계를 극복하기 위해 대두된 이론이다.

08 ☐☐☐   15 검정승진
대표관료제는 할당제를 강요하는 결과를 초래해 현대 인사행정의 기본원칙인 실적주의를 훼손하고 행정능률을 저해할 수 있다는 비판을 받는다. ◯ ✕

정답 01 ✕   02 ✕   03 ✕   04 ◯   05 ◯   06 ◯   07 ✕   08 ◯

핵심 기출 문제

01 ☐☐☐
2015 국회 9급

다음 중 대표관료제에 대한 설명으로 가장 옳지 않은 것은?

① 임용 이후의 사회화를 통한 동질화 가능성을 간과한다는 비판을 받는다.
② 인간의 존엄과 평등을 중시한다는 점에서 자유주의 이념을 구현하기 위한 인사제도이다.
③ 대표관료제는 공무원의 정치적 중립 윤리와 상호 모순되는 경향이 있다.
④ 다양한 계층을 공직에 입문시켜 공직구성의 다양성과 다양한 관리기법을 촉진시킨다.
⑤ 적절한 능력을 갖춘 인재에 대한 역차별의 문제가 제기될 수 있다.

정밀해설
② 개인보다는 집단에 역점을 두는 대표관료제는 자유주의와 배치된다(대표의 집단이기주의화).
① 채용 전과 후의 이해관계가 변화할 수 있고 자기의 신념도 바뀔 수 있다는 재사회화 현상을 고려하지 못한다.
③ 정치적 사회화에 의한 주관적 책임을 인정하므로 정치적 중립 윤리와 어긋날 수 있다.
⑤ 유능한 인재가 할당제로 인하여 불합격하는 역차별 사례가 발생한다.

정답 : ②

02 ☐☐☐
2013 국회 8급

다음 중 대표관료제에 대한 설명으로 옳지 않은 것은?

① 대표관료제는 정부관료제가 그 사회의 인적 구성을 반영하도록 구성함으로써 관료제 내에 민주적 가치를 반영시키려는 의도에서 발달하였다.
② 크랜츠(Kranz)는 대표관료제의 개념을 비례대표로까지 확대하여 관료제 내의 출신 집단별 구성 비율이 총인구 구성 비율과 일치해야 할 뿐만 아니라, 나아가 관료제 내의 모든 직무 분야와 계급의 구성 비율까지도 총인구 비율에 상응하게 분포되어 있어야 한다고 주장한다.
③ 대표관료제의 장점은 사회의 인구 구성적 특징을 반영하는 소극적 측면의 확보를 통해서 관료들이 출신 집단의 이익을 위해 적극적으로 행동하는 적극적인 측면을 자동적으로 확보하는 데 있다.
④ 대표관료제는 할당제를 강요하는 결과를 초래해 현대 인사행정의 기본원칙인 실적주의를 훼손하고 행정 능률을 저해할 수 있다는 비판을 받는다.
⑤ 우리나라의 양성평등 채용목표제나 지역인재 추천채용제는 관료제의 대표성을 제고하기 위해 도입된 제도로 볼 수 있다.

정밀해설
③ 대표관료제는 소극적 대표와 적극적 대표가 있으며, 소극적인 측면이 적극적인 면으로 자동적으로 확보된다는 점은 아직 입증되지 않았다.
① 대표관료제는 민주적 가치를 반영시키려는 의도에서 발달하였다.
② Kranz는 피동적 대표를 주장한 Kingsley와 달리 대표관료제 개념을 비례대표로까지 확대시켜 적극적 대표를 지지하였다.
④ 대표관료제는 능력중심의 인사가 아니므로 실적주의와 상충된다.
⑤ 우리나라의 양성채용목표제, 지역인재채용목표제, 장애인고용촉진제, 저소득임용할당제 등은 모두 관료제의 대표성을 제고하기 위해 도입된 제도이다.

정답 : ③

적중 예상 문제

01 ☐☐☐

다음 중 대표관료제에 대한 설명으로 가장 옳지 않은 것은?

① 대표관료제는 관료 조직 내의 내부통제를 반영하지 못하는 단점이 있다.
② 대표관료제는 다양한 사회적 인구 구성을 반영토록 하여 그 관료가 출신집단에 책임을 질 수 있도록 보장한다.
③ 대표관료제는 역차별로 인해 사회 갈등을 조장할 수 있다.
④ 임용 이후의 사회화를 통한 동질화 가능성을 고려하지 못한 점에서 비판받는다.

정밀해설

① 대표관료제는 관료 조직 내의 내부통제는 강화시키고, 외부통제는 약화시킨다.
② 대표관료제는 정부관료가 그 사회의 인적 구성을 반영하도록 구성함으로써 관료제 내에 민주적 가치를 반영시키려는 의도에서 도입된 제도이다.
③ 대표관료제는 유능한 인재가 할당제로 인하여 불합격하는 역차별이 발생할 수 있다.
④ 임용 후에 출신집단과 다른 새로운 소속집단이 생기고 그 소속집단의 가치와 이익을 대변하는 재사회화 현상이 발생할 가능성을 고려하지 못했다는 비판을 받는다.

정답 : ①

02 ☐☐☐

대표관료제의 한계점을 모두 고른 것은?

ㄱ. 국민주권원리 위반
ㄴ. 수평적 형평성 침해
ㄷ. 역할론적 대표성과 구성론적 대표성 확보의 어려움
ㄹ. 재사회화와 새로운 준거집단 미고려

① ㄱ, ㄴ
② ㄴ, ㄹ
③ ㄴ, ㄷ, ㄹ
④ ㄱ, ㄴ, ㄷ, ㄹ

정밀해설

④ ㄱ, ㄴ, ㄷ, ㄹ 모두 대표관료제의 한계에 해당한다.
ㄱ. [○] 공직 내부의 인적 대표성에 의한 통제에 맡기는 것은 국민주권 원리에 어긋날 수 있다.
ㄴ. [○] 공직에의 임용 기준을 개인의 능력이 아니라 그가 속한 집단에 두는 할당제를 강요하게 되며 수평적 형평성을 저해한다.
ㄷ. [○] 구성론적 대표성은 관료제의 모든 계층과 직위에 각 사회집단이 비례적으로 대표되는 것이고, 역할론적 대표성은 비례적으로 구성된 관료들이 출신 집단이나 계층을 적극 대변하고 책임지는 것으로, 현실에서는 대표성 확보가 매우 어렵다.
ㄹ. [○] 공직임용 후에 출신 집단과 다른 새로운 소속집단이 생기고 그 소속집단의 가치와 이익을 대변하는 재사회화 현상이 발생할 우려가 있음을 고려하지 못했다는 비판을 받는다.

▶ 대표관료제 특징과 한계

특징	· 정부의 대응성·책임성 확보 · 수직적 형평성과 실질적 기회 보장 · 내부통제의 강화 · 적극적인 정치적 중립성
한계	· 임용 후 재사회화와 새로운 준거집단 영향 고려하지 못 함 · 행정의 능률성·객관성·전문성·합리성 저해 · 역차별 초래 · 실적주의와의 갈등, 상충하는 관계

정답 : ④

THEME 070 고위공무원단

1 한국 고위공무원단의 운영 방향

핵심방향	구체적 내용
폐쇄형 임용 → 개방과 경쟁	개방형 직위제, 부처 내외 공모직위제
계급·연공 중심 → 성과와 책임	직무등급제, 성과계약 및 연봉제, 적격성 심사
무분별한 순환보직 → 능력발전 및 전문성	역량평가제, 교육훈련, 최소보임기간 설정
부처중심 인사 → 범정부적 통합	인사 부처 간 인사교류, 공모직위제 등

2 선발과 운영

① 후보자 교육과정의 이수 의무화
② 역량평가제의 실시: 모의상황에서의 역할 연기 등을 통해 고위공무원으로서 역량을 구비했는지 사전 테스트
③ 공정한 심사: 공모직위·개방형직위 임용 시 선발의 공정성·객관성 제고를 위해 선발심사위원을 둠

3 보수체계

⇨ 원칙적으로 직무성과급적 연봉제를 적용
① **기본연봉**: 개인의 경력 및 누적성과를 반영하여 책정하는 기준급과 직무의 곤란성과 책임정도를 반영하여 직무등급에 따라 책정하는 직무급으로 구성
② **성과연봉**: 성과계약 등 평가의 결과에 따라 지급하는 보수

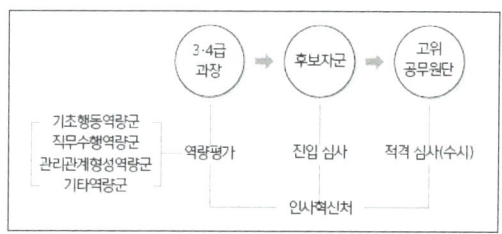

4 개방형 직위제와 공모직위제의 비교

구분	개방형 직위제	공모직위제
대상직위	전문성이 특히 요구되거나 효율적인 정책수립을 위하여 필요하다고 판단되는 직위	효율적 정책수립 또는 관리를 위하여 적격자를 임용할 필요가 있는 직위
공모대상	• 내·외부(행정부 내부+행정부 외부) • 고위공무원단에 속하는 직위 총수의 20% 이내 • 과장급 직위의 20% 이내 개방형 직위 지정 의무화	• 내부(행정부 내부) • 고위공무원에 속하는 직위 총수의 30% 이내 • 과장급 직위의 20% 이내 공모직위 지정 의무화 • 과장급 미만은 자율지정 가능
대상직종	일반직·특정직·별정직 공무원으로 보할 수 있는 고위공무원단 직위	일반직·특정직공무원으로 보할 수 있는 고위공무원단직위
임용기간	최장 5년 범위 내 최소 2년 이상 ※ 임기제 임용 공무원은 최소 3년 이상, 근무성과탁월시 5년 초과하여 연장 임용 가능	기간에 별도 제한규정 없음. ※ 원칙적으로 임용일로부터 2년 내 다른 직위에 임용될 수 없음.
자치단체	• 광역: 1급 ~ 5급 이상 직위의 10% 이내 • 기초: 2급 ~ 5급 이상 직위의 10% 이내	자치단체 도입 (지정범위와 지정비율은 임용권자가 정하도록 함.)

OX 기출분석

01 □□□ 21 지방(서울) 9급
고위공무원단제도는 역량 중심의 인사관리, 계급 중심의 인사관리를 중시한다. ○ ×

해설
고위공무원단제도는 계급 중심이 아닌 역량, 성과와 책임, 개방과 경쟁 중심의 인사관리를 중시한다.

02 □□□ 20 경찰간부
고위공무원단은 계급제가 아닌 직무등급제를 기반으로 운영된다. ○ ×

03 □□□ 18 경정승진
고위공무원단에 속하는 모든 일반직공무원의 신규채용 임용권은 각 부처의 장관이 가진다. ○ ×

고위공무원단에 속하는 모든 일반직공무원의 신규채용 임용권은 대통령이 가진다.

04 □□□ 17 국가 7급
고위공무원단 구성은 소속 장관별로 개방형 직위 30%, 공모 직위 20%, 기관자율 직위 50%로 이루어져 있다. ○ ×

고위공무원단 구성은 소속 장관별로 개방형 직위 20%, 공모 직위 30%, 기관자율 직위 50%로 이루어져 있다.

05 □□□ 17 국가 7급
고위공무원단으로 관리되는 풀(pool)에는 일반직공무원뿐만 아니라 외무공무원도 포함된다. ○ ×

06 □□□ 16 지방 9급
개방형직위로 지정된 직위에는 외부 적격자뿐만 아니라 내부 적격자도 임용할 수 있다. ○ ×

07 □□□ 16 경찰간부
미국의 고위공무원단 제도에는 엽관주의적 요소가 포함되어 있다. ○ ×

08 □□□ 14 지방 9급
우리나라의 경우 고위공무원단제도는 이명박 정부 시기인 2008년에 도입되었다. ○ ×

노무현 정부 시기인 2006년에 도입되었다.

정답 01 X 02 O 03 X 04 X 05 O 06 O 07 O 08 X

핵심 기출 문제

01
2021 국회 8급

<보기>에서 우리나라의 공무원 임용제도에 대한 설명으로 옳지 않은 것은 모두 몇 개인가?

< 보기 >
ㄱ. 공모직위는 공무원에게만 개방하며 민간인은 지원할 수 없다.
ㄴ. 개방형직위는 일반직을 대상으로 하며 특정직 및 별정직은 제외된다.
ㄷ. 중앙정부부처나 지방자치단체의 장은 소속기관의 개방형직위 지정범위에 관해 중앙인사기관의 장과 협의해야 한다.
ㄹ. 우리나라의 공무원 임용제도는 계급제를 기반으로 하며 부분적으로 직위분류제적 요소를 도입하고 있다.
ㅁ. 개방형직위에 임용되는 공무원의 임용기간은 다른 법령에 특별한 규정이 있는 경우를 제외하고는 최소한 3년 이상으로 하여야 한다.

① 1개
② 2개
③ 3개
④ 4개
⑤ 5개

정밀해설

③ ㄴ, ㄷ, ㅁ은 틀리다.
ㄴ. [×] 개방형 직위는 일반직뿐만 아니라 별정직과 특정직(외무직 등) 및 임기제공무원으로 보할 수 있는 고위공무원단 직위나 과장급 직위도 가능하다.
ㄷ. [×] 중앙정부부처의 장은 소속기관의 개방형직위의 지정범위에 관해 중앙인사기관의 장(인사혁신처장)과 협의해야 하지만 지방자치단체의 경우 행정안전부장관과 협의하지 않아도 된다(2008년 폐지).
ㅁ. [×] 개방형 직위에 임용되는 공무원의 임용기간은 다른 법령에 특별한 규정이 있는 경우를 제외하고는 5년의 범위에서 소속 장관이 정하되, 최소한 2년 이상으로 하여야 한다. 다만, 공무원이 아닌 사람이 개방형 직위에 임기제공무원으로 임용되는 경우에는 3년으로 한다.
ㄱ. [○] 공모직위는 공무원에게만 개방하여 부처내외의 공무원 중에서 적격자를 임용하는 제도이므로 민간인은 제외된다.
ㄹ. [○] 우리나라의 공무원 임용제도는 계급제를 기반으로 하여 부분적으로 직위분류제적 요소를 가미하고 있다.

정답: ③

02
2017 국가 7급

고위공무원단제도에 대한 설명으로 옳은 것은?

① 고위공무원단으로 관리되는 풀(pool)에는 일반직공무원 뿐만 아니라 외무공무원도 포함된다.
② 적격 심사에서 부적격 결정을 받은 경우에 한해서만 직권면직이 가능하므로 제도 도입 전보다 고위공무원의 신분보장이 강화되었다.
③ 고위공무원단 직무 등급이 2009년 2등급에서 5등급으로 변경됨에 따라 계급중심의 인사관리로 회귀할 가능성이 높아졌다.
④ 고위공무원단 구성은 소속 장관별로 개방형 직위 30%, 공모 직위 20%, 기관자율 직위 50%로 이루어져 있다.

보충
▶ 고위공무원단 직위 구성

구분	포함되는 공무원	제외되는 공무원
직종별	· 국가직 공무원 · 일반직(임기제공무원 포함), 별정직 · 특정직 중 외무공무원	· 지방직 공무원 · 정무직 · 외무공무원 제외한 특정직
기관별	· 중앙행정기관(소속기관 직위 포함) · 행정부 각급기관	· 국회, 법원, 헌법재판소, 선거관리위원회 등 행정부가 아닌 헌법상 독립기관 · 감사원
지방정부 직위별	· 광역자치단체 행정부시장·행정부지사 및 기획관리(조정)실장 · 지방교육행정기관 부교육감	· 광역자치단체 정무부시장·정무부지사 · 기초자치단체(시·군·구)의 부단체장

정밀해설

① 고위공무원단제는 전체 정부의 통합적 인사운영을 위해 기존의 1~3급의 계급을 없애고, 범정부적 차원에서 공무원 인사풀(pool)을 만들어 운용하는 인사시스템으로 중앙행정기관의 실·국장급 공무원들로 구성되며 일반직, 별정직, 외무공무원 등이 적용대상이다.
② 고위공무원의 경우 고위공무원임용심사위원회의 적격 심사에서 부적격 결정을 받은 경우 직권면직이 가능하므로 제도 도입 전보다 고위공무원의 신분보장이 완화되었다.
③ 고위공무원단 직무 등급이 2009년 5등급에서 2등급으로 변경됨에 따라 계급중심의 인사관리로 회귀할 가능성이 높아졌다.
④ 고위공무원단 구성은 소속 장관별로 개방형 직위 20%, 공모 직위 30%, 기관자율 직위 50%로 이루어져 있다.

정답: ①

03

2016 국회 8급

다음 중 우리나라의 고위공무원단에 대한 설명으로 옳지 않은 것은?

① 고위공무원단의 일부는 공모직위제도에 의해 충원된다.
② 고위공무원단제도는 지방자치단체의 지방공무원에 대해서는 도입되지 않고 있다.
③ 고위공무원단은 계급제가 아닌 직무등급제를 기반으로 운영된다.
④ 고위공무원단의 대상은 일반직 공무원이며 별정직 공무원은 그 대상에서 제외된다.
⑤ 고위공무원단의 성과연봉은 전년도 근무성과에 따라 결정된다.

정밀해설

④ 「국가공무원법」상 "고위공무원단"이란 직무의 곤란성과 책임도가 높은 직위에 임용되어 재직 중이거나 파견·휴직 등으로 인사관리되고 있는 일반직공무원, 별정직공무원 및 특정직공무원의 군(群)을 말한다. 따라서 별정직 공무원도 당연히 포함된다.
① 고위공무원단 직위 총수의 30% 이내를 공모직위제로 충원하고 있다.
② 고위공무원단제도는 국가소속 국가공무원에 한해 도입·실시되고 있다.
③ 과거 1~3급의 계급을 폐지하고, 직무등급(가, 나 등급)을 기반으로 운영되고 있다.
⑤ 고위공무원단제도에서는 전년도 근무성과를 바탕으로 성과연봉을 지급하는 직무성과급적 연봉제를 실시하고 있다.

정답 : ④

04

2015 경정승진

개방형 임용제에 관한 설명 중 가장 적절하지 않은 것은?

① 국가공무원법은 '효율적인 정책수립 또는 관리'를 위하여 적격자를 임용할 필요가 있는 직위에 대하여 개방형 직위로 지정하여 운용할 수 있다고 규정하고 있다.
② 개방형 임용제는 공직사회의 탈관료제화에 기여할 수 있다.
③ 공무원과 민간전문가 사이의 생산적인 경쟁을 유도하여 공무원의 자기계발을 촉진하는 효과를 거둘 수 있다.
④ 전문성이 요구되는 경우 일정한 직무 수행요건을 갖춘 자를 공직 내·외부에서 임용하여 공직의 전문성을 높이기 위한 제도이다.

정밀해설

① 국가공무원법은 '효율적인 정책수립 또는 관리'를 위하여 적격자를 임용할 필요가 있는 직위에 대하여 공모직위로 지정하여 운용할 수 있다고 규정하고 있다.

> **국가공무원법 제28조의4(개방형 직위)** ① 임용권자나 임용제청권자는 해당 기관의 직위 중 전문성이 특히 요구되거나 효율적인 정책 수립을 위하여 필요하다고 판단되어 공직 내부나 외부에서 적격자를 임용할 필요가 있는 직위에 대하여는 개방형 직위로 지정하여 운영할 수 있다. 이 경우 「정부조직법」등 조직 관계 법령에 따라 1급부터 3급까지의 공무원 또는 이에 상응하는 공무원으로 보할 수 있는 직위(고위공무원단 직위를 포함하며, 실장·국장 밑에 두는 보조기관 또는 이에 상응하는 직위는 제외한다) 중 임기제공무원으로도 보할 수 있는 직위(대통령령으로 정하는 직위는 제외한다)는 개방형 직위로 지정된 것으로 본다.

② 개방형 직위는 민간전문가에게도 공모기회가 개방되어 있어 공직사회의 탈관료제화에 기여할 수 있다.
③ 개방형 직위제는 공모대상이 행정부 내부뿐만 아니라 행정부 외부(민간)도 포함되어 있어 공무원과 민간전문가 간 생산적 경쟁을 통한 공무원의 자기계발 확대효과를 거둘 수 있다.
④ 전문성이 특히 요구되거나 효율적 정책수립을 위해 필요하다고 판단되는 직위에 개방형 직위제로 지정한다.

정답 : ①

적중 예상 문제

01 □□□

우리나라 고위공무원단제도에 대한 설명으로 옳지 않은 것은?

① 계급제의 폐쇄성과 직위분류제의 전문가 중심의 경직성을 극복하고 양자를 결합시키기 위해 도입하였다.
② 개방형임용 방법, 직위공모 방법, 자율임용 방법을 실시한다.
③ 국가공무원으로 보하는 부시장, 부지사, 부교육감 등은 해당되지 않는다.
④ 원칙적으로 직무성과급적 연봉제를 적용한다.

정밀해설

③ 국가직으로 보하는 지방자치단체의 행정부시장, 행정부지사, 부교육감 등도 고위공무원단에 포함된다.

정답 : ③

02 □□□

한국 고위공무원단의 운용에 대한 설명으로 옳지 않은 것은?

① 고위공무원단 충원은 개방형 20%, 공모직위 30%, 자율직위 50% 이내를 기준으로 한다.
② 감사원, 중앙선거관리위원회 등 중앙행정기관과 각급 기관을 포함한다.
③ 인사혁신처에 고위공무원 임용심사위원회를 설치한다.
④ 고위공무원단의 신분보장을 완화하고, 부적격 시 직권면직도 가능하다.

정밀해설

② 감사원, 중앙선거관리위원회는 고위공무원단 직위에서 제외된다.
① 고위공무원단 충원은 개방형 직위 20%, 공모직위 30%, 자율직위 50% 이내로 구성한다.
③ 고위공무원의 충원 및 적격성에 대한 심사를 위해 인사혁신처에 고위공무원임용심사위원회를 설치한다.
④ 고위공무원은 근무성적평정 결과를 통해 신분보장이 완화되며, 부적격 결정을 받은 경우 직권면직도 가능하다.

▶ 고위공무원단 직위 구성

구분	포함되는 공무원	제외되는 공무원
직종별	·국가직 공무원 ·일반직(임기제공무원 포함), 별정직 ·특정직 중 외무공무원	·지방직 공무원 ·정무직 ·외무공무원 제외한 특정직
기관별	·중앙행정기관(소속기관 직위 포함) ·행정부 각급기관	·국회, 법원, 헌법재판소, 선거관리위원회 등 행정부가 아닌 헌법상 독립기관 ·감사원
지방정부 직위별	·광역자치단체 행정부시장·행정부지사 및 기획관리(조정)실장 ·지방교육행정기관 부교육감	·광역자치단체 정무부시장·정무부지사 ·기초자치단체(시·군·구)의 부단체장

정답 : ②

03

미국 SES와 비교한 우리나라 고위공무원단의 특징으로 적절하지 않은 것은?

① 계급제에 직위분류제를 도입하였다.
② 고위공무원단의 전문성은 넓은 안목과 관리능력, 리더십을 배양하기 위한 역량 강화 맞춤형 교육 등을 통한 능력발전을 말한다.
③ 보수체계는 직무급을 직무성과급제로 한다.
④ 계급 대신 직무개념을 도입하고, 신분상 불이익이 가능하다.

정밀해설

③ 우리나라는 연공급에서 직무성과급적 연봉제로 전환하는 반면, 미국 SES는 직무급에서 직무성과급제로 전환하였다.
① 우리나라는 계급제에 직위분류제적 요소를 가미한 반면, 미국 SES는 직위분류제에 계급제적 요소를 가미하였다.
② 우리나라는 일반행정가에 전문행정가적 요소(현장형 학습, 역량평가 등)를 가미한 반면, 미국 SES는 전문행정가에 일반행정가적 요소를 가미하였다.
④ 우리나라는 직무등급개념을 도입하고 신분보장을 완화한 반면, 미국 SES는 계급개념을 도입하고 신분보장을 강화하였다.

▶ **미국과 한국의 고위공무원단제 비교**
부처 간 자유로운 이동이나 직무 성과중심의 인사, 계급제+직위분류제, 전문행정가+일반행정가 등의 점에서는 각국의 고위공무원단제도가 공통점을 가지고 있지만, 각국의 공직풍토에 따라 나라마다 그 접근법이 다르다. 미국의 경우 '직무'라는 개념 대신 '계급'이라는 개념을 도입하려는 것이지만, 우리의 경우 오히려 '계급'이라는 개념 대신 '직무'라는 개념을 도입하려는 성격이 강하다.

구분	미국	한국
추진 방향	직위분류제 + 계급제 가미	계급제 + 직위분류제 가미
공무원 자질	전문행정가 → 전문행정가 + 일반행정가	일반행정가 → 일반행정가 + 전문행정가
신분 보장	신분보장 X → 신분보장 강화	신분보장 O → 신분보장 약화
보수	직무급 → 직무성과급	연공급 → 직무성과급

정답 : ③

04

공모직위제와 개방형 직위제도에 대한 설명 중 가장 옳지 않은 것은?

① 전문성이 요구되거나 효율적인 정책수립을 위하여 필요하다고 판단되는 직위에 대해 운영할 수 있다.
② 단기적으로는 직업공무원제에 반하나, 장기적으로는 직업공무원제 확립에 긍정적인 효과가 있다.
③ 공모직위제는 행정부 내부를 대상으로 한다.
④ 개방형 직위에 임용되는 공무원이 모두 임기제 공무원인 것은 아니다.

정밀해설

② 개방형 직위제도는 장·단기적으로 직업공무원제 확립에 지장을 준다.
① 전문성이 특히 요구되거나 효율적인 정책수립을 위하여 필요하다고 판단되어 공직 내부나 외부에서 적격자를 임용할 필요가 있는 직위에 대하여는 개방형 직위로 지정하여 운영할 수 있다.
③ 공모직위제의 공모대상은 행정부 내부이다.
④ 개방형 직위제는 임기제 공무원을 임용하는 것이 원칙이지만, 임기제가 아닌 경력직으로도 임용할 수 있다.

정답 : ②

THEME 071 중앙인사기관의 유형

1 중앙인사기관의 유형

구분	합의성	단독성
독립성	독립합의형 예 실적제보호위원회	독립단독형
비독립성	비독립합의형	비독립단독형 예 한국: 인사혁신처

2 독립합의형과 비독립단독형

구분	독립합의형(위원회형)	비독립단독형(집행부형)
장점	• 엽관주의의 영향력을 배제하여 정치적 중립과 실적제 발전에 유리 • 인사행정의 전횡과 독단을 막고, 인사행정에 관한 결정의 신중화 • 위원들의 부분적 교체로 인사행정의 계속성 확보	• 인사행정의 책임소재 명확화 • 인사정책의 신속한 결정 • 행정수반이 인사행정을 도구로 국가정책의 신속·강력한 추진 • 합의제가 아니므로 행정 변화에 신축적으로 대응
단점	• 인사행정의 책임 분산 • 인사정책의 결정 지연 • 구성원들이 양당적 혹은 초당적인 비전문가들이기 때문에 비능률적이고 비합리적인 결정 우려 • 행정수반이 인사수단을 확보하지 못하여 강력한 정책 추진 곤란	• 인사행정의 정치적 중립 결여로 인사행정의 엽관화 방지 곤란 • 단독제 기관장의 독선적·자의적 결정 견제 곤란 • 기관장 교체 등으로 인한 인사행정의 일관성·계속성 결여

Mani DB 인사혁신처와 행정안전부

인사혁신처	공무원의 인사, 윤리, 복무, 연금에 관한 사무, 고위공무원단
행정안전부	국무회의의 서무, 정부조직과 정원, 정부 혁신, 전자정부, 개인정보보호, 정부청사의 관리, 지방자치제도, 지방자치단체의 사무지원, 재정지원, 선거 국민투표의 지원 등 국가의 행정사무

3 소청심사위원회

의의	① 인사혁신처 소속의 상설 합의제 기관 ② 행정부 소속 공무원의 징계처분 기타 그 의사에 반하는 불리한 처분이나 부작위에 대한 소청을 심사결정하는 준사법적 의결기관
구성	위원장(정무직) 1인을 포함한 5인 이상 7인 이내의 상임위원(임기 3년)과 상임위원 수의 1/2 이상인 비상임위원으로 구성
소청심사 청구	처분사유설명서를 받은 공무원은 그 처분에 불복이 있을 때에는 그 설명서를 받은 날로부터, 공무원이 처분 이외의 그 의사에 반한 불리한 처분을 받았을 때에는 그 처분이 있은 것을 안 날부터 각각 30일 이내에 소청심사위원회에 심사청구 가능

심사 및 결정	① 후임자 보충발령 금지
	② 소청의 심사·결정
	   ㉠ 소청이 접수되었을 경우 지체없이 심사하고 접수일로부터 60일 이내에 결정하여야 함(30일 연장 가능).
	   ㉡ 소청인에게 진술의 기회를 부여하여야 함(부여하지 않은 결정은 무효).
	   ㉢ 재적 위원의 2/3 이상 출석과 출석 위원 과반수로 결정(의견분립 시 소청인에게 유리하게 결정).
	   ㉣ 원징계보다 과한 징계를 결정하지 못하며, 결정은 처분행정청을 기속함
	      → 행정소송과의 관계(필요적 전심절차)
	   cf. 부당한 인사는 고충심사청구대상임.

OX 기출분석

01 ☐☐☐ 19 국회 8급
소청심사위원회에서 심사의 결정을 하기 위해서는 재적 위원의 3분의 1 이상의 출석이 필요하며, 심사의 결정은 출석 위원의 과반수의 합의에 따른다. ○ ×

해설
심사의 결정을 하기 위해서는 재적위원의 3분의 2 이상의 출석과 출석위원의 과반수의 합의에 따른다.

02 ☐☐☐ 19 국회 9급
독립단독형의 조직 형태가 가장 보편적이고 흔하다. ○ ×

독립단독형은 기관장 한 사람에 의해 관리되는 구조로 일반적으로 흔하지 않은 조직 형태이다.

03 ☐☐☐ 17 서울 9급
일본의 총무성은 중앙인사기관이 행정부의 한 부처로 속해 있는 비독립형 단독제 기관의 예이다. ○ ×

04 ☐☐☐ 17 서울 9급
현재 우리나라 인사혁신처는 합의제 중앙인사기관으로 설립되어 있다. ○ ×

현재 우리나라 인사혁신처는 비독립단독형 중앙인사기관이다.

05 ☐☐☐ 16 지방 9급
비독립단독형은 집행부형태로 인사행정의 책임이 분명하고 신속한 의사결정을 가능하게 해주지만, 인사행정의 정실화를 막기 어렵다. ○ ×

06 ☐☐☐ 16 지방 9급
독립단독형은 독립합의형과 비독립단독형의 절충적 성격을 가진 형태로서 대표적인 예는 미국의 인사관리처나 영국의 공무원 장관실 등이다. ○ ×

미국의 인사관리처나 영국의 공무원 장관실은 비독립단독형의 예이다.

07 ☐☐☐ 16 경찰간부
국회사무총장, 법원행정처장, 감사원사무총장, 인사혁신처장은 국가공무원법 제6조의 규정에 의한 중앙인사관장기관이다. ○ ×

감사원은 중앙인사관장기관에 해당하지 않는다.

08 ☐☐☐ 16 국회 8급
독립합의형 인사기관은 인사행정의 공정성 확보가 용이하다는 장점이 있다. ○ ×

정답 01 X 02 X 03 O 04 X 05 O 06 X 07 X 08 O

THEME 071 중앙인사기관의 유형

핵심 기출 문제

01 ☐☐☐　　　　　　　　　　　　　　　　　2020 해경승진

인사혁신처에 설치된 소청심사위원회에 대한 설명으로 가장 옳지 않은 것은?

① 다른 법률로 정하는 바에 따라 특정직공무원의 소청을 심사·결정할 수 있다.
② 원징계처분보다 무거운 징계를 부과하는 결정을 할 수 없다.
③ 위원장 1명을 포함한 5명 이상 7명 이하의 상임위원과 상임위원 수의 2분의 1 이상의 비상임위원으로 구성되어 있으며, 그 위원장은 별정직으로 보한다.
④ 강임·휴직·직위해제·면직 처분을 받은 공무원은 처분사유 설명서를 받은 후 30일 이내에 심사청구를 할 수 있다.

정밀해설

③ 소청심사위원회의 위원장은 정무직으로 보하고, 위원장 1명을 포함한 5명 이상 7명 이하의 상임위원과 상임위원 수의 2분의 1 이상의 비상임위원으로 구성된다.

국가공무원법 제9조(소청심사위원회의 설치) ③ 국회사무처, 법원행정처, 헌법재판소사무처 및 중앙선거관리위원회사무처에 설치된 소청심사위원회는 위원장 1명을 포함한 위원 5명 이상 7명 이하의 비상임위원으로 구성하고, 인사혁신처에 설치된 소청심사위원회는 위원장 1명을 포함한 5명 이상 7명 이하의 상임위원과 상임위원 수의 2분의 1 이상인 비상임위원으로 구성하되, 위원장은 정무직으로 보한다.

① 소청심사위원회는 특정직공무원의 소청을 심사·결정할 수 있다.
② 소청심사위원회는 원징계처분보다 무거운 징계 또는 원징계부가금 부과처분보다 무거운 징계부가금을 부과하는 결정을 할 수 없다.
④ 공무원에 대하여 징계처분등을 할 때나 강임·휴직·직위해제 또는 면직처분을 할 때에는 그 처분권자 또는 처분제청권자는 처분사유를 적은 설명서를 교부하여야 한다.

동법 제75조(처분사유 설명서의 교부) ① 공무원에 대하여 징계처분등을 할 때나 강임·휴직·직위해제 또는 면직처분을 할 때에는 그 처분권자 또는 처분제청권자는 처분사유를 적은 설명서를 교부(交付)하여야 한다. 다만, 본인의 원(願)에 따른 강임·휴직 또는 면직처분은 그러하지 아니하다.

정답 ③

---

02 ☐☐☐　　　　　　　　　　　　　　　　　2019 국회 9급

인사행정기관의 유형에 대한 설명으로 옳지 않은 것은?

① 독립합의형은 엽관주의의 영향력을 배제함으로써 실적제를 발전시키는 데 유리하다.
② 비독립단독형은 인사행정의 정실화와 기관장의 자의적 결정을 견제하기 어렵다.
③ 독립단독형의 조직 형태가 가장 보편적이고 흔하다.
④ 비독립합의형은 미국의 연방노동관계청(FLRA)과 과거 우리나라의 중앙인사위원회 등이 있다.
⑤ 독립합의형은 행정수반이 정책을 강력하게 추진하기 위한 인사관리 수단을 제한한다.

보충

▶ 독립합의형 vs 비독립단독형

독립합의형 (위원회형)	· 엽관제의 배제 → 합의에 의한 결정으로 인사 전횡 방지 · 실적제 확립에 유리 · 인사의 안정성 확보 · 일반국민 및 행정부와 원만한 관계 → 중요한 이익집단의 요구의 수용 가능
비독립 단독형 (집행부형)	· 책임의 명확화 · 집행부 형태로 신속한 결정 가능 · 행정수반이 인사기관을 국정관리수단 삼음 → 강력한 인사정책의 추진 가능 · 환경 변화에 신축적 대응 가능

정밀해설

③ 독립단독형은 기관장 한 사람에 의해 관리되는 구조로 일반적으로 흔하지 않은 조직 형태이다.

① 독립합의형은 합의에 의한 결정으로 인사권의 전횡을 방지하고 엽관제를 배제함으로써 실적제를 확립하는 데 유리하다.
② 비독립단독형은 환경변화에 신축적으로 대응할 수 있고 강력한 인사정책의 추진에 유리하지만 인사의 공정성이 저해되고 독선적·자의적인 정실인사를 견제하기 곤란하다.
④ 비독립합의형은 과거 우리나라 대통령소속의 중앙인사위원회와 현재의 소청심사위원회 및 미국의 연방노동관계청(FLRA) 등이 대표적이다.
⑤ 독립합의형은 합의제 기관으로 특정 기관 및 세력과의 원만한 관계를 유지할 수 있으나 강력한 정책을 추진하기 곤란하다.

정답 ③

적중 예상 문제

01 ☐☐☐

인사혁신처의 주요 업무가 아닌 것은?

① 공무원의 임용, 교육훈련, 보수 등 인사 관계 관련사항
② 고위공무원단에 속하는 공무원의 채용과 승진임용
③ 직무분석의 원칙과 기준에 관한 사항
④ 공무원 복무 및 징계제도 관련한 중앙징계위원회 설치 운영

정밀해설

④ 공무원 복무 및 징계제도는 윤리복무관에서 수행하지만, 중앙징계위원회는 국무총리 소속하에 설치한다.

인사혁신처	공무원의 인사, 윤리, 복무, 연금에 관한 사무, 고위공무원단
행정안전부	국무회의의 서무, 정부조직과 정원, 정부 혁신, 전자정부, 개인정보보호, 정부청사의 관리, 지방자치제도, 지방자치단체의 사무지원, 재정지원, 선거 국민투표의 지원 등 국가의 행정사무

정답 : ④

02 ☐☐☐

고충심사처리에 대한 설명으로 가장 옳지 않은 것은?

① 공무원은 누구나 인사상담이나 고충의 심사를 청구할 수 있다.
② 고충심사를 이유로 불이익한 처분이나 대우를 받지 아니한다.
③ 6급 이하의 경우 보통고충심사위원회, 5급 이상의 경우 중앙고충심사위원회가 담당한다.
④ 고충심사는 신청받은 사항에 대한 결정 통보에 기간 제한이 없다.

정밀해설

④ 고충심사는 신청받은 날로부터 30일 이내에 결정하여 통보하여야 한다.

공무원 고충처리규정 제7조(고충심사절차) ① 고충심사위원회가 청구서를 접수한 때에는 30일 이내에 고충심사에 대한 결정을 하여야 한다. 다만, 부득이하다고 인정되는 경우에는 고충심사위원회의 의결로 30일을 연장할 수 있다.

정답 : ④

보충

▶ 소청심사 vs 고충심사

구분	소청심사제도	고충처리제도
목적	공무원의 권리 규제	공무원의 개인적인 애로 및 불만 해결
적용 대상	• 경력직공무원 • 특수경력직공무원은 개별 법률에 따름	• 경력직공무원 • 다른 법률에 특별한 규정이 있는 경우를 제외하고 특수경력직공무원에 대해서도 준용

심사 기관	소청심사위원회(높은 독립성)	고충심사위원회(상대적으로 낮은 독립성)
		• 국가공무원
		   - 중앙고충심사위원회(소청심사위원회)
		   - 보통고충심사위원회
		• 지방공무원: 인사위원회

대상 사유	징계처분과 신분상 불이익처분(범위 좁음)	인사·조직·처우 등 각종 직무조건과 그 밖의 신상문제(범위 넓음)
청구 기한	처분사유설명서를 받은 날 또는 처분이 있은 것을 안 날로부터 30일 이내	제한 없음
심사의 법적성격	준사법적 기능	심사 기능
심사결정의 효력	기속력과 확정력 모두 있음	기속력과 확정력 모두 없음

THEME 072 공직분류, 충원방식

1 공직분류

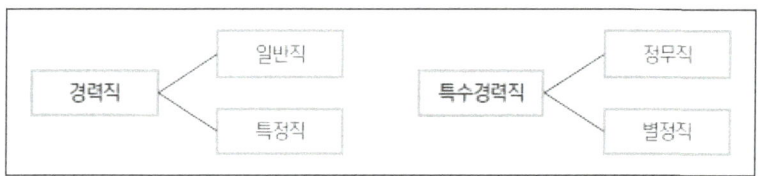

2 우리나라의 공직분류 정리

경력직	일반직	행정일반, 기술·연구, 감사원 사무차장, 시·도 선거관리위원회 상임위원 등
	특정직	법관, 검사, 외무공무원, 경찰공무원, 소방공무원, 교육공무원, 군인, 군무원, 헌법재판소 헌법연구관, 국가정보원 직원, 경찰청장, 검찰총장, 경호공무원 등
특수 경력직	정무직	• 선출직: 대통령, 국회의원, 자치단체장, 지방의회의원 • 국회임명 동의: 국무총리, 감사원장, 헌법재판소장 • 고도의 정책결정업무: 장·차관, 처장, 청장 기타 차관급 공무원 • 법령에서 정무직으로 지정하는 공무원: 대통령실 실장, 대통령 경호처장, 국무총리실 실장·국무차장·사무차장, 방송통신위원회 위원장 및 위원, 감사원의 감사위원·사무총장, 국회사무총장·차장·도서관장·의정연수원장, 헌법재판소 사무처장, 중앙선거관리위원회 상임위원·사무총장·차장, 차관급 상당의 보수를 받는 비서관, 국가정보원 원장·차장·기획조정실장, 국민권익위원회 위원장·부위원장·사무처장, 국가인권위원회 위원장·상임위원 등
	별정직	• 법령: 차관보, 청의 차장, 처의 차장, 국민권익위원회 상임위원, 공정거래위원회 상임위원, 국회수석 전문위원 • 조례: 의회전문위원, 청소년지도사, 문화재관리원 등

※ 1) 정무직 공무원이 아닌 청장· 검찰총장·경찰청장 · 특정직 공무원
    2) 국회 수석전문위원은 별정직(1급 상당), 국회전문위원은 일반직(2급)

3 충원방식

구분	개방형	폐쇄형
직업 공무원제	불리	유리
신분 보장	신분불안정	신분보장
신규 임용	전계급에서 허용	하위직만 허용
임용 자격	전문능력	일반능력
공직분류 기준	직위분류제: 직무 중심	계급제: 사람 중심
채택국가	미국, 캐나다, 필리핀	영국, 독일, 프랑스, 일본
장단점	• 장점: 능력, 성과중심, 민주통제 용이 • 단점: 직업공무원제 불리	• 장점: 직업공무원제 유리 • 단점: 공직 침체(경직성), 외부통제 곤란(민주통제 ×)

OX 기출분석

01 ☐☐☐ 22 국가 7급
소속 장관은 해당 기관의 일반직공무원 직위 중 순환보직이 곤란하거나 장기 재직 등이 필요한 특수 업무 분야의 직위를 인사혁신처장과 협의하여 전문경력관직위로 지정할 수 있다. ○ ×

해설
전문경력관에 대한 설명이다.

02 ☐☐☐ 21 국가 7급
개방형 인사제도는 외부전문가나 경력자에게 공직을 개방하여 새로운 지식과 기술, 아이디어를 수용해 공직사회의 침체를 막고 행정의 효율성을 높이는 데 유리하다. ○ ×

개방형 인사제도는 외부전문가나 경력자에게 공직을 개방하는 제도로 공직사회의 침체를 막고 행정의 효율성을 높이는 데 유리하다.

03 ☐☐☐ 21 지방(서울) 9급
경력직 공무원은 실적과 자격에 의해 임용되고 신분이 보장된다. ○ ×

경력직 공무원은 실적과 자격에 따라 임용되고 그 신분이 보장되며 특별한 사유가 없는 한 정년까지 근무할 것이 예정되는 공무원을 의미한다.

04 ☐☐☐ 20 국가 9급
전문경력관이란 직무 분야가 특수한 직위에 임용되는 일반직 공무원을 말한다. ○ ×

05 ☐☐☐ 20 행정사
헌법재판소 헌법연구관, 감사원 사무차장, 국민권익위원회 위원장은 모두 특수경력직 공무원에 해당한다. ○ ×

헌법재판소 헌법연구관은 특정직 공무원에, 감사원 사무차장은 일반직 공무원에, 국민권익위원회 위원장은 정무직 공무원에 해당한다.

06 ☐☐☐ 18 국회 8급
교육·소방·경찰 공무원 및 법관, 검사, 군인 등 특수분야의 업무를 담당하는 공무원은 특수경력직 중 특정직 공무원에 해당한다. ○ ×

교육·소방·경찰 공무원 및 법관, 검사, 군인 등 특수분야의 업무를 담당하는 공무원은 경력직 중 특정직 공무원에 해당한다.

07 ☐☐☐ 17 국가 9급(추)
특수경력직 공무원은 경력직 공무원 이외의 공무원으로서 실적주의와 직업공무원제의 획일적인 적용을 받지 않는다. ○ ×

08 ☐☐☐ 17 지방 7급
개방형은 공무원의 신분보장이 강화됨으로써 행정의 안정성을 유지할 수 있다. ○ ×

폐쇄형은 공무원의 신분보장이 강화됨으로써 행정의 안정성을 유지할 수 있다.

정답 01 ○ 02 ○ 03 ○ 04 ○ 05 × 06 × 07 ○ 08 ×

핵심 기출 문제

01
2020 행정사

우리나라 공무원 분류 중 특수경력직 공무원에 해당되지 않는 것은?

① 국회의원
② 헌법재판소 헌법연구관
③ 대통령 비서실장
④ 국민권익위원회 위원장
⑤ 감사원 사무차장

정밀해설

② 헌법재판소 헌법연구관은 특정직 공무원이다.
⑤ 감사원 사무차장은 일반직 공무원이다.
① 국회의원은 정무직 공무원이다.
③ 대통령 비서실장은 정무직 공무원이다.
④ 국민권익위원회 위원장은 정무직 공무원이다.

정답 : ②, ⑤

02
2017 행정사

우리나라 경력직공무원에 해당하는 사람을 모두 고른 것은?

ㄱ. 담당업무가 특수하여 자격·신분보장·복무 등에 있어서 개별 특별법이 우선 적용되는 공무원
ㄴ. 비서관·비서 등 보좌업무 등을 수행하는 공무원
ㄷ. 기술, 연구 또는 행정 일반에 대한 업무에 종사하는 공무원
ㄹ. 선거로 취임하는 공무원
ㅁ. 국회의 동의를 거쳐 임명하는 등 주로 정치적 판단이나 정책결정을 필요로 하는 업무를 담당하는 공무원
ㅂ. 실적과 자격에 따라 임용되고 그 신분이 보장되며 평생 동안(근무기간을 정하여 임용하는 공무원의 경우에는 그 기간 동안을 말한다) 공무원으로 근무할 것이 예정되는 공무원

① ㄱ, ㄴ, ㄹ   ② ㄱ, ㄷ, ㅂ   ③ ㄴ, ㄷ, ㅁ
④ ㄴ, ㄹ, ㅁ   ⑤ ㄷ, ㅁ, ㅂ

정밀해설

② ㄱ, ㄷ, ㅂ이 경력직 공무원과 관련된다.
ㄱ. [○] 담당업무가 특수하여 자격·신분보장·복무 등에 있어서 개별 특별법이 우선 적용되는 공무원은 경력직 공무원 중 특정직 공무원이다.
ㄷ. [○] 기술, 연구 또는 행정 일반에 대한 업무에 종사하는 공무원은 경력직 공무원 중 일반직 공무원이다.
ㅂ. [○] 실적과 자격에 따라 임용되고 그 신분이 보장되며 평생 동안(근무기간을 정하여 임용하는 공무원의 경우에는 그 기간 동안을 말한다) 공무원으로 근무할 것이 예정되는 공무원은 경력직 공무원이다.
ㄴ. [×] 비서관·비서 등 보좌업무 등을 수행하는 공무원은 특수경력직 공무원 중 별정직 공무원이다.
ㄹ. [×] 선거로 취임하는 공무원은 특수경력직 공무원 중 정무직 공무원이다.
ㅁ. [×] 국회의 동의를 거쳐 임명하는 등 주로 정치적 판단이나 정책결정을 필요로 하는 업무를 담당하는 공무원은 특수경력직 공무원 중 정무직 공무원이다.

정답 ②

적중 예상 문제

01 □□□

공직분류에 관한 설명 중 가장 적절한 것은?

① 감사원 사무차장, 전문경력관, 시·도 선관위 상임위원은 특정직 공무원이다.
② 일반직과 특정직 공무원은 신분이 보장되며, 정년까지 공무원으로 근무할 것이 예정된다.
③ 지방의회의원 및 지방자치단체장은 특수경력직 중 별정직에 속한다.
④ 헌법재판소 재판관과 헌법연구관은 경력직 중 특정직에 속한다.

정밀해설

② 경력직 공무원은 실적과 자격에 의하여 임용되고 계급이 있으며 그 신분이 보장되는 공무원으로서, 직업공무원이라 한다.
① 감사원 사무차장, 시·도 선관위 상임위원 등은 일반직이다.
③ 지방의회의원 및 지방자치단체장은 특수경력직 중 정무직에 속한다.
④ 헌법재판소 재판관은 특수경력직 중 정무직 공무원에 속하나, 헌법연구관은 경력직 중 특정직 공무원에 속한다.

정답: ②

02 □□□

특수경력직 공무원에 대한 설명으로 옳지 않은 것은?

① 원칙적으로 실적주의나 직업공무원제에 적용을 받지 않는다.
② 감사원 감사위원·사무총장, 대통령 비서실장 등은 정무직 공무원이다.
③ 국정원 원장, 국정원 기획조정실장은 별정직 공무원이다.
④ 대통령, 국회의원, 헌법재판소장, 국무조정실장은 정무직 공무원이다.

정밀해설

③ 국정원 원장, 국정원 기획조정실장은 모두 정무직 공무원이다.
① 별정직 공무원은 특수경력직 공무원으로 실적주의와 직업공무원제가 원칙적으로 적용되지 않는다.
② 감사원 감사위원·사무총장은 임명 시 국회의 인사청문 대상 공무원이며, 대통령 비서실장은 고도의 정책 결정업무를 담당하거나 이러한 업무를 보조하는 공무원으로 모두 정무직 공무원에 해당한다.
④ 대통령, 국회의원은 선거에 의해 취임하는 공무원이고 헌법재판소장은 임명 시 국회의 동의가 필요한 공무원이며, 국무조정실장은 고도의 정책결정업무를 담당하거나 이러한 업무를 보조하는 공무원으로 모두 정무직 공무원에 해당한다.

정답: ③

03 □□□

우리나라 국회 인사청문회제도에 대한 설명 중 옳은 것은?

① 주요 공직자에 대해서 그 적격성 여부를 국회차원에서 사전검증한다.
② 헌법에서 임명에 국회의 동의를 얻도록 규정하고 있지 않은 공직자는 인사청문특별위원회를 거쳐야 한다.
③ 감사원장, 국정원장, 경찰청장, 검찰총장 등은 소관 상임위원회에서 인사청문을 실시한다.
④ 소관상임위원회의 청문결과는 법적 구속력을 갖는다.

정밀해설

① 대통령이 고위 공직자를 임명하기 전에 먼저 국회에서 청문을 거친다.
② 인사청문특별위원회가 아니라 소관상임위원회를 거친다.
③ 감사원장은 헌법에서 임명 시에는 국회의 동의를 얻도록 정하고 있는 자로서 반드시 인사청문특별위원회와 본회의 표결을 거쳐야 한다.
④ 국회의 인사청문은 원칙적으로 법적 구속력을 가지지 않는다.

정답: ①

THEME 073 계급제

1 계급제의 의의

의의	한 사람의 사회적 지위와 신분(학력, 경력)에 따라 공직을 분류하는 제도
연혁	• 농경사회 등 서열 의식이 강한 나라(영국·프랑스·독일·일본 등) • 영국 - Northcote-Trevelyan 보고서(1853년), 2차 추밀원령(1870)

2 계급제의 특징

① 주로 4대 계급제를 배경으로 함(영국).
② 계급 간의 차별
③ 고위계급의 엘리트화
④ 폐쇄적 충원체제
⑤ 조직몰입도 증가
⑥ 강력한 신분보장, 직업공무원제 확립에 적합

3 계급제의 장단점

장점	• 일반행정가 육성 • 탄력적, 신축적 인사운영 • 폐쇄적 충원체제 • 조직몰입의 제고 • 강력한 신분보장과 직업공무원제 확립에 적합
단점	• 환경변화에의 경직성 • 행정전문화 저하 • 연공서열의 승진과 공직사회 침체 • 엄격한 계층제 • 비합리적 인사행정

4 계급제와 직위분류제의 비교

구분	계급제(사람중심)	직위분류제(직무중심)
배경	농업사회	산업사회
분류기준	개인의 자격, 신분, 능력	직무의 종류, 곤란도, 책임도
중심기준	• 인간 중심 • 연공서열 중심 인사관리	• 직무 중심 • 실적 중심 인사관리
행정가	일반행정가 양성	전문행정가 양성
인사운용·배치	신축적, 탄력적	경직적, 할거주의 초래
보수체계	생활급(생계유지 수준), 연공급	직무급(동일직무·동일보수의 합리적 제도)
행정계획	장기계획, 장기능률	단기계획, 단기능률
조정·협조	원활함	어려움
임용	폐쇄형(내부충원형)	개방형(외부채용형)
신분보장	강함	약함
직업공무원제 관련	확립 용이	확립 곤란
사례	영국, 독일, 일본	미국, 캐나다

OX 기출분석

01 ☐☐☐ 23 지방 9급
계급제는 직무의 속성을 중심으로 공직을 분류하는 제도이다. ○ ✕

> **해설**
> 계급제는 사람의 특성에 따라 공직을 분류하는 것이다. 직무의 속성을 중심으로 공직을 분류하는 제도는 직위분류제이다.

02 ☐☐☐ 21 경정승진
계급제에서는 보수 체계가 직무급이나 성과급을 중심으로 운영되지만, 직위분류제에서는 생활급이나 연공급에 의존하는 경우가 많다. ○ ✕

> 계급제에서는 보수 체계가 생활급이나 연공급에 의존하지만, 직위분류제에서는 직무급이나 성과급을 중심으로 운영된다.

03 ☐☐☐ 19 서울 9급
과학적 관리론과 실적제의 발달은 직위분류제의 쇠퇴와 계급제의 발전에 기여하였다. ○ ✕

> 과학적 관리론과 실적제의 발달은 직위분류제의 발전에 기여하였다.

04 ☐☐☐ 18 경정승진
계급제는 공무원의 신분보장과 직업공무원제 확립에 유리하며, 직위분류제는 인력 활용의 융통성을 높여준다. ○ ✕

> 계급제는 공무원의 신분보장과 직업공무원제 확립에 유리하며, 직위분류제에 비해 인력 활용의 융통성이 높다.

05 ☐☐☐ 18 경정승진
계급제하에서는 인적자원 활용의 수평적 융통성은 높으나 수직적 융통성은 낮은 편이다. ○ ✕

06 ☐☐☐ 17 국가 9급
계급제는 단체정신과 조직에 대한 충성심 확보에 유리하다. ○ ✕

07 ☐☐☐ 17 국회 9급
계급제에서는 연공서열 중심으로 인사관리가 이루어진다. ○ ✕

08 ☐☐☐ 17 해경간부
계급제에 비해 직위분류제는 공무원의 신분을 강하게 보장하는 경향이 있는 제도이다. ○ ✕

> 직위분류제에 비해 계급제는 공무원의 신분을 강하게 보장하는 경향이 있는 제도이다.

정답 01 ✕ 02 ✕ 03 ✕ 04 ✕ 05 ○ 06 ○ 07 ○ 08 ✕

핵심 기출 문제

01
2018 경정승진

계급제와 직위분류제에 대한 설명으로 적절한 것을 모두 고른 것은?

> ㉠ 계급제는 공무원의 신분보장과 직업공무원제 확립에 유리하며, 직위분류제는 인력 활용의 융통성을 높여준다.
> ㉡ 계급제는 직무보다는 사람을 중심으로 공직을 분류하며, 규모가 크고 복잡한 조직에 적합하다.
> ㉢ 직위분류제는 잠정적·비정형적 업무로 구성된 역동적이고 불확실한 직무 상황에 유용하다.
> ㉣ 계급제하에서는 인적자원 활용의 수평적 융통성은 높으나 수직적 융통성은 낮은 편이다.
> ㉤ 직위분류제가 외부환경에 대한 대응력이 상대적으로 강하다.

① ㉠, ㉣ ② ㉡, ㉢
③ ㉡, ㉤ ④ ㉣, ㉤

정밀해설

④ ㉣, ㉤이 옳은 설명이다.
㉣ [○] 계급제에서는 동일 계급 내에서 인적자원 활용의 수평적 융통성은 높으나, 계급 간 이동으로서 수직적 융통성은 낮은 편이다.
㉤ [○] 직위분류제는 개방형 임용방식과 함께 운영되므로 기술변화와 같은 외부환경에 대한 대응력이 폐쇄형 임용과 결합하는 계급제 구조에 비해 상대적으로 강하다.
㉠ [×] 계급제는 공무원의 신분보장과 직업공무원제 확립에 유리하며, 횡적 배치전환(순환보직)이 가능하여 직위분류제에 비해 인력 활용의 융통성이 높다.
㉡ [×] 규모가 크고 복잡한 조직에서는 직무 중심의 조직구조로서 직위분류제가 적합하다.
㉢ [×] 계급제는 횡적 배치전환이 가능하므로 잠정적·비정형적 업무로 구성된 역동적이고 불확실한 직무 상황에 유용하다.

정답: ④

02
2014 서울 7급

계급제에 관한 설명으로 옳지 않은 것은?

① 개별 공무원의 자격과 능력을 기준으로 계급을 설정하고 이에 따라 공직을 분류하는 제도이다.
② 계급 간 승진이 어려워 한정된 계급범위에서만 승진이 가능하다.
③ 공무원 간의 협력이 원활하게 이루어지기 어렵다.
④ 해당 직무에 적임자의 임용이 보장되지 않는다.
⑤ 공무원의 신분보장과 경력발전이 강조된다.

정밀해설

③ 계급제는 부서 간, 공무원 간 횡적 교류와 협력이 원활하다.
① 계급제는 공무원의 자격과 능력을 기준으로 공직에 임용하는 제도이다.
② 한정된 계급 내에서만 승진이 가능하며 계급 간 승진이 곤란한 편이다.
④ 폭넓은 안목을 지닌 일반행정가를 양성하는 데 유리하지만, 순환보직 등이 자주 일어나므로 해당 직무에 전문행정가를 양성하는데 상대적으로 불리하다.
⑤ 공무원의 신분보장과 경력발전에 기여하지만 강한 신분보장으로 인해 경직성이 초래되기도 한다.

▶ **계급제의 장단점**

장점	· 일반행정가 육성 · 탄력적, 신축적 인사운영 · 폐쇄적 충원체제 · 조직몰입의 제고 · 강력한 신분보장과 직업공무원제 확립에 적합
단점	· 환경변화에의 경직성 · 행정전문화 저하 · 연공서열의 승진과 공직사회 침체 · 엄격한 계층제 · 비합리적 인사행정

정답: ③

적중 예상 문제

01 □□□

직위분류제와 계급제의 특성에 대한 설명으로 옳지 않은 것은?

① 직위분류제는 전문행정가 양성을 가능하게 하여 행정의 전문화를 촉진한다.
② 직위분류제에서는 직무의 종류나 성격에 따라 수평적 이동은 활발하나, 수직적 이동은 제한된다.
③ 계급제는 다른 직렬로의 이동이 비교적 용이하므로 수평적 융통성이 높은 편이다.
④ 계급제에서는 공무원 간의 유대의식이 높아 행정의 능률성을 제고할 수 있다.

정밀해설

② 직위분류제는 직류나 직렬의 제한 때문에 폭넓은 인사이동이 불가능하고 전문행정가가 양성된다.
① 직위분류제는 행정의 전문화를 촉진한다.
③ 계급제에서는 인사관리가 신축적이고 융통성 있다.
④ 계급제는 수평적 보직이동이 가능하므로 공무원 간 유대의식이 높아 업무처리 시에 행정의 능률성을 제고할 수 있다.

정답 : ②

02 □□□

계급제와 직위분류제의 장단점에 대한 설명으로 옳지 않은 것은?

① 계급제는 부서 간·부처 간 교류와 협조에 용이하다.
② 직위분류제는 조직 내 인적 자원의 교류 및 활용에 주는 제약이 상대적으로 크다.
③ 직위분류제는 직무중심적 동기유발을 촉진하여 행정의 전문화를 저해하게 된다.
④ 계급제는 인사관리의 탄력성과 융통성을 증진시켜 준다.

정밀해설

③ 직위분류제는 직무중심적 동기유발을 촉진하여 행정의 전문화를 제고하는 데 기여한다.
① 계급제는 부서 간, 공무원 간 횡적 교류와 협력이 원활하다.
② 직위분류제는 인사배치의 수평적 융통성이 부족하다.
④ 계급제는 횡적 배치전환(순환보직)이 가능하여 직위분류제에 비해 인력 활용의 융통성이 높다.

정답 : ③

THEME 074 직위분류제

1 직위분류제의 수립 절차

직무기술서 작성 → 직무분석 → 직무평가 → 직급명세서 작성 → 정급
　　　　　　　　　(종적 분류)　(횡적 분류)

2 직위분류제의 기본개념

직위	한 사람의 공무원에게 필요로 하는 직무와 책임
직급	직무의 종류, 곤란도, 자격요건 등이 상당히 유사하여 채용·보수 등 인사행정에서 동일하게 다룰 수 있는 직위의 군
직류	동일한 직렬 내에서 담당분야가 동일한 직무의 군 ⑩ 행정직렬 내 일반행정직류, 재경직류, 법무행정직류
직렬	직무의 종류는 유사하나 곤란도, 책임도가 상이한 직급의 군 ⑩ 행정직렬, 감사직렬, 세무직렬
직군	직무의 성질이 유사한 직렬의 군 ⑩ 행정직군 = 행정직렬 + 세무직렬 + 감사직렬
등급	직무의 종류는 다르지만 직무의 곤란도·책임도가 유사하여 동일한 보수를 줄 수 있는 직위의 군

3 직무평가 방법

구분		특징
비계량적 (종합적) 방법	서열법	쌍쌍비교법 등을 통해 직무를 구성요소별로 나누지 않고 전체적·종합적으로 평가하고 상대적 중요도에 따라 상하서열을 부여하여 직무와 직무를 직접 비교하는 방식으로, 가장 단순하고 간단함
	분류법 (등급법)	사전에 작성된 등급기준표에 의해 직무의 책임과 곤란도 등을 파악하여 등급을 정하는 방법으로, 주로 정부기관에서 많이 활용됨
계량적 (분석적) 방법	점수법	직위의 구성요소를 정의하고 각 요소별로 직무평가기준표에 의해 평가한 점수를 총합하는 방식으로, 일반적으로 가장 많이 활용됨
	요소비교법	직무를 평가요소별로 평가하되 점수법의 임의성을 보완하기 위해 기준직위(대표직위)를 선정하여 비교하고 이와 동시에 보수액이 산정·제시되는 방식으로, 가장 늦게 고안됨

※ 분류법과 점수법은 등급기준표에 의한 절대평가,
　서열법과 요소비교법은 등급기준표 없이 직위와 직위를 상호비교하는 상대평가 방법

4 직위분류제의 장단점

장점	① 채용시험 등 인사배치에서 적합한 기준 제공 ② 적재적소에 유능한 사람 임용 ③ 훈련의 수요 쉽게 파악, 직무급 수립 용이(높은 보수형평성) ④ 권한과 책임의 한계를 명백하게 해 조직관리의 합리성을 기함. ⑤ 행정의 전문화와 정원관리에 용이 ⑥ 직무 중심적 동기유발
단점	① 일반행정가의 양성 곤란 ② 조직 및 직무 변화에 대응 미흡 ③ 인사관리의 탄력성 & 신축성 확보 곤란 ④ 공무원 신분 보장의 위협 ⑤ 직업공무원제 확립 저해 ⑥ 전문가 지향으로 횡적인 의사소통이나 협조·조정의 곤란

OX 기출분석

01 ☐☐☐ 23 국가 9급
직무평가 중 요소비교법은 기준직무(key job)와 평가할 직무를 상호 비교해 가며 평가하는 비계량적 방법이다. ○ ×

> 해설
> 요소비교법은 계량적 방법이다.

02 ☐☐☐ 20 국가 9급
직무분석은 직무의 곤란성과 책임성을 기준으로 상대적 가치를 결정하고 개인에게 공정한 보수를 제공하는데 필요한 작업으로 주로 서열법, 분류법, 점수법 등을 활용한다. ○ ×

> 직무분석이 아니라 직무평가에 대한 설명이다.

03 ☐☐☐ 19 서울 7급
서열법은 직무 전체의 중요도, 난이도, 책임도 등을 고찰하고, 각 직무의 상대적 가치를 비교하여 서열을 결정하는 방법이다. ○ ×

04 ☐☐☐ 19 교행 9급
직위분류제는 업무 난이도에 따라 보상이 결정되고 교육훈련 수요의 파악과 정원관리의 개선에 도움을 준다. ○ ×

05 ☐☐☐ 18 국회 8급
직군은 직무의 종류는 다르지만 직무 수행의 책임도와 자격 요건이 상당히 유사해 동일한 보수를 지급할 수 있는 직위의 횡적 군이다. ○ ×

> 등급은 직무의 종류는 다르지만 직무 수행의 책임도와 자격 요건이 상당히 유사해 동일한 보수를 지급할 수 있는 직위의 횡적 군을 말한다.

06 ☐☐☐ 18 해경간부
직무조사는 분류될 직위의 직무에 대한 객관적인 정보수집이다. ○ ×

07 ☐☐☐ 17 서울 7급
직무평가 방법에는 계량적 방법과 비계량적 방법이 있으며, 서열법과 분류법이 전자에 해당되고 요소비교법이 후자에 해당된다. ○ ×

> 직무평가 방법에는 계량적 방법과 비계량적 방법이 있으며, 서열법과 분류법은 비계량적 방법에, 점수법과 요소비교법은 계량적인 방법에 해당한다.

08 ☐☐☐ 17 행정사
직무의 내용, 특성, 자격 등 객관적인 기준에 따라 합리적인 인사가 이루어질 수 있다. ○ ×

정답 01 X 02 X 03 O 04 O 05 X 06 O 07 X 08 O

핵심 기출 문제

01
2020 해경승진

직무평가의 방법에 대한 설명으로 가장 옳지 않은 것은?

① 점수법은 신뢰도와 타당도가 높아 일반적으로 가장 많이 활용되는 방법이다.
② 분류법은 직무 전체를 종합적으로 판단하되, 등급 기준표와의 비교를 통해 등급을 결정한다.
③ 요소비교법은 가장 늦게 고안된 객관적이고 정확한 방법으로, 점수법의 임의성을 극복하고자 개발된 비계량적 방법이다.
④ 서열법은 직무를 총괄적으로 평가하여 서열을 결정하는 비계량적 평가법이다.

보충
▶ 직무평가 방법

비계량적 (종합적) 방법	서열법	쌍쌍비교법 등을 통해 직무를 구성요소별로 나누지 않고 전체적·종합적으로 평가하고 상대적 중요도에 따라 상하서열을 부여하여 직무와 직무를 직접 비교하는 방식으로, 가장 단순하고 간단함
	분류법 (등급법)	사전에 작성된 등급기준표에 의해 직무의 책임과 곤란도 등을 파악하여 등급을 정하는 방법으로, 주로 정부기관에서 많이 활용됨
계량적 (분석적) 방법	점수법	직위의 구성요소를 정의하고 각 요소별로 직무평가기준표에 의해 평가한 점수를 종합하는 방식으로, 일반적으로 가장 많이 활용됨
	요소 비교법	직무를 평가요소별로 평가하되 점수법의 임의성을 보완하기 위해 기준직위(대표직위)를 선정하여 비교하고 이와 동시에 보수액이 산정·제시되는 방식으로, 가장 늦게 고안됨

정밀해설
③ 요소비교법은 계량적 방법으로, 가장 늦게 고안된 객관적이고 정확한 방법으로, 점수법의 임의성을 극복하고자 개발되었다.
① 점수법은 체계적이고 과학적인 직무평가기준표를 사용하므로 평가결과의 타당도·객관도·신뢰도가 높고, 가장 많이 활용된다.
② 분류법은 분류기준을 미리 작성한 등급기준표에 따라 평가하려는 직위의 직무를 어떤 등급에 배치할 것인가를 결정하는 방법이다.
④ 서열법은 가장 간단한 방법으로, 직무기술서를 보면서 직무를 전체적·종합적으로 평가하여 상대적 중요도에 따라 서열을 부여하는 비계량적 방법이다.

정답: ③

02
2016 행정사

우리나라 공직 혹은 공무원의 분류·관리에 관한 설명으로 옳은 것을 모두 고른 것은?

ㄱ. 직위분류제를 근간으로 하면서 계급제적 요소를 부분적으로 도입하고 있다.
ㄴ. 계급제는 사람의 특성에 따라, 직위분류제는 직무의 특성에 따라 공직을 분류한다.
ㄷ. 계급제는 공무원의 신분보장과 직업공무원제 확립에 유리하며, 직위분류제는 인력 활용의 융통성을 높여 준다.
ㄹ. 고위공무원단에 소속된 공무원은 계급이 없는 대신 담당직무의 등급에 따라 그 지위가 결정된다.
ㅁ. 전문경력관은 일반직공무원이지만, 계급 구분과 직군·분류가 적용되지 않는다.

① ㄱ, ㄴ, ㄷ   ② ㄴ, ㄷ, ㄹ   ③ ㄴ, ㄷ, ㅁ
④ ㄴ, ㄹ, ㅁ   ⑤ ㄷ, ㄹ, ㅁ

정밀해설
④ ㄴ, ㄹ, ㅁ이 옳은 설명이다.
ㄴ. [○] 계급제는 사람을 기준으로 분류한 제도이고, 직위분류제는 직무를 기준으로 분류한 제도이다.
ㄹ. [○] 고위공무원단의 경우 계급이 없는 대신 담당직무의 등급에 따라 지위가 결정된다.
ㅁ. [○] 전문경력관이란 순환보직이 곤란하거나 장기재직이 필요한 특수직위로 계급 구분과 직군·직렬의 분류를 적용하지 아니하는 일반직 공무원을 말한다.
ㄱ. [×] 계급제를 근간으로 하면서 직위분류제적 요소를 부분적으로 도입한 절충형을 채택하고 있다.
ㄷ. [×] 계급제는 공무원의 신분보장과 직업공무원제 확립에 유리하지만, 직위분류제는 엄격한 분류구조로 인하여 인력 활용의 융통성을 확보하기 힘들다.

정답: ④

03

2015 국회 8급

다음 중 직위분류제에 대한 설명으로 옳지 않은 것은?

① 계급제가 사람의 자격과 능력을 기준으로 한 계급구조라면 직위분류제는 사람이 많아서 수행하는 직무와 그 직무수행에 수반되는 책임을 기준으로 분류한 직위구조이다.
② 직위분류제는 책임명료화·갈등 예방·합리적 절차수립을 돕는다는 장점이 있다.
③ 직무수행의 책임도와 자격 요건이 다르지만, 직무의 종류가 유사해 동일한 보수를 지급할 수 있는 직위의 횡적 군을 등급이라고 한다.
④ 직위분류제는 인적자원 활용에 주는 제약이 크다는 비판을 받는다.
⑤ 직렬은 직무의 종류가 유사하고 그 책임과 곤란성의 정도가 상이한 직급의 군이다.

정밀해설

③ 등급은 직무의 종류는 다르지만, 직무수행의 책임도와 자격요건이 상당히 유사하여 동일한 보수를 지급할 수 있는 직위의 횡적 군을 말한다.
① 계급제는 한 사람의 사회적 지위와 신분 등에 따라 공직을 분류하는 제도를 말하며, 직위분류제는 직무를 중심으로 공무원을 분류하는 제도로서 직무의 종류와 책임의 수준을 종횡으로 구분하여 직위의 분류구조를 형성하는 것을 말한다.
② 직위분류제의 장점으로는 행정의 전문화, 행정활동의 갈등과 중복을 회피하고 합리적 절차를 수립한다.
④ 직위분류제는 운영절차가 번잡하고 인사배치의 융통성이 부족하다는 단점이 있다.
⑤ 직무의 종류는 유사하고 그 책임과 관련성의 정도가 상이한 직급의 군을 직렬이라고 한다.

정답 : ③

04

2013 지방 7급

직위분류제 분류 구조와 관련된 개념을 바르게 연결한 것은?

ㄱ. 한 사람의 공무원에게 부여할 수 있는 직무와 책임
ㄴ. 직무의 종류는 다르지만, 그 곤란성·책임수준 및 자격수준이 상당히 유사하여 동일한 보수를 지급할 수 있는 모든 직위를 포함하는 것
ㄷ. 직렬 내에서 담당분야가 동일한 직무의 군
ㄹ. 직무의 종류가 유사한 직렬의 군

	ㄱ	ㄴ	ㄷ	ㄹ
①	직위	등급	직류	직군
③	직위	직급	직류	직군
②	직렬	등급	직군	직류
④	직렬	직급	직군	직류

정밀해설

① ㄱ은 직위, ㄴ은 등급, ㄷ은 직류, ㄹ은 직군에 해당한다.

▶ **직위분류 구조**

구분	성질·종류	곤란도·책임도	구성 범위	비고
직위 (position)	-	-	1인의 업무량	-
직급 (class)	유사 (동일)	유사	직위의 군	-
직류	유사	상이	직무의 군	직렬을 세분한 것
직렬 (series)	유사	상이	직급의 군	-
직군 (group)	유사		직렬의 군	
등급 (grade)	상이	유사	직위의 군	직군·직렬을 초월

정답 : ①

적중 예상 문제

01

직위분류제의 구조에 대한 특징으로 옳은 것은?

① 동일한 직렬 내의 직책이 유사한 직무의 군은 직군이다.
② 직무의 종류가 유사하고 책임과 곤란도가 상이한 직급의 군은 직렬이다.
③ 직무수행의 책임도와 자격요건이 유사하지만 직무가 상이한 직위의 횡적 군을 직급이라 한다.
④ 직무의 성질, 난이도, 책임이 유사하여 보수 등에서 동일하게 다룰 수 있는 직위의 집단을 등급이라 한다.

정밀해설
① 동일한 직렬 내의 직책이 유사한 직무의 군은 직류이다.
③ 직무수행의 책임도와 자격요건이 유사하지만 직무가 상이한 직위의 횡적 군을 등급이라 한다.
④ 직무의 성질, 난이도, 책임이 유사하여 보수 등에서 동일하게 다룰 수 있는 직위의 집단을 직급이라 한다.

정답 : ②

02

직위분류제와 계급제의 특성에 대한 설명으로 옳지 않은 것은?

① 계급제는 다른 직렬로의 이동이 비교적 용이하므로 수평적 융통성이 높은 편이다.
② 계급제에서는 공무원 간의 유대의식이 높아 행정의 능률성을 제고할 수 있다.
③ 직위분류제는 전문행정가 양성을 가능하게 하여 행정의 전문화를 촉진한다.
④ 직위분류제에서는 직무의 종류나 성격에 따라 수평적 이동은 활발하나, 수직적 이동은 제한된다.

정밀해설
④ 직위분류제는 엄격한 수직적·수평적 분류체계이므로 직무변화 상황에 신속히 대처할 수 없다.
① 계급제에서는 인사관리가 신축적이고 융통성이 있다.
② 계급제는 수평적 보직이동이 가능하므로 공무원 간 유대의식이 높아 업무처리 시에 행정의 능률성을 제고할 수 있다.
③ 직위분류제는 행정의 전문화를 촉진한다.

▶ 계급제와 직위분류제의 비교

구분	계급제	직위분류제
배경	농업사회	산업사회
분류기준	개인의 자격, 신분, 능력	직무의 종류, 곤란도, 책임도
중심기준	인간 중심, 연공서열 중심 인사관리	직무 중심, 실적 중심 인사관리
행정가	일반행정가 양성	전문행정가 양성
인사운용·배치	신축적, 탄력적	경직적, 할거주의 초래
보수체계	생활급(생계유지 수준), 연공급	직무급(동일직무·동일보수 합리적 제도)
행정계획	장기계획, 장기능률	단기계획, 단기능률
조정·협조	원활함	어려움
임용	폐쇄형 (내부충원형)	개방형 (외부채용형)
신분보장	강함	약함
직업공무원제 관련	확립 용이	확립 곤란
사례	영국, 독일, 일본	미국, 캐나다

정답 : ④

03

직위분류제 수립에 관한 설명으로 옳지 않은 것은?

① 직무분석은 직군, 직렬, 직류별로 종적인 분류이다.
② 직무평가는 곤란도·책임도 등 직무의 상대적 비중 및 가치에 따라 횡적으로 분류된다.
③ 직급명세서의 작성은 공무원 선발, 훈련, 근무성적평정 등의 인사관리의 기준으로 활용된다.
④ 직위분류제에서 구성원의 몰입대상은 조직 자체이다.

정밀해설

④ 직위분류제에서 구성원의 몰입대상은 직무 자체이다. 그러므로 직무몰입의 일상화가 일어난다.

▶ **직위분류제 수립 절차**

직무기술서 작성 (직무조사)	실제로 개개 공무원이 수행하는 직무 내용을 기술하게 하여 직무를 조사하는 것
직무분석	직무기술서를 토대로 하여 직무의 성질과 종류에 따라 직군·직렬·직류별로 분류하는 종적인 분류
직무평가	직무의 곤란도·책임도 등 직무의 상대적 비중 및 가치에 따라 횡적으로 분류하는 것(등급과 직급 결정)
직급명세서 작성	직급들을 명확히 규정하는 것으로 각 직위를 직급에 배치하는 정급의 지표를 제시하는 것
정급	모든 직위를 각각 해당 직군·직렬·직류와 등급·직급에 배정하는 것

정답 : ④

04

직무평가에 관한 설명으로 옳은 것은?

① 점수법은 사전에 작성된 등급기준표에 의해 직무의 책임과 곤란도를 결정해 나간다.
② 직무의 곤란도·책임도 등 직무의 상대적 비중에 따라 분류한다.
③ 계량적 평가방법으로는 서열법, 분류법, 요소비교법 등이 있다.
④ 절대평가로는 서열법이 있다.

정밀해설

② 직무의 상대적 비중 및 가치에 따라 횡적으로 분류한다.
① 분류법에 대한 설명이다.
③ 비계량적 직무평가 방법으로 서열법, 분류법이 있으며, 점수법, 요소비교법은 계량적 방법이다.
④ 절대평가로는 분류법, 점수법이 있다.

정답 : ②

THEME 075 공무원 임용, 시험

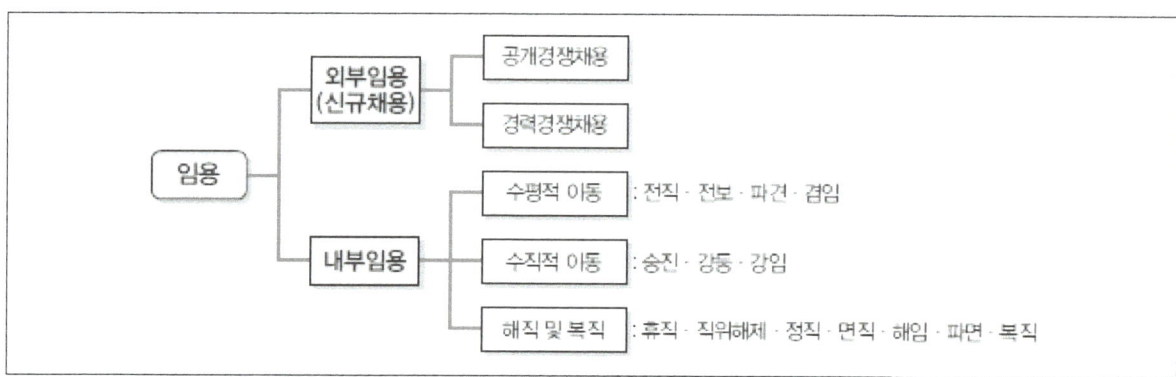

1 임용절차

인력계획 → 모집 → 시험, 채용후보자명부 작성 → 임용추천 → 시보임용 → 임명 및 보직
(유효기간 2년)

 시보임용

(1) 시보기간: 6급 이하는 6개월, 5급은 1년(고위관리직 신규임용에는 적용 ×)
(2) 시보공무원의 행위가 징계사유에 해당될 경우에는 정규공무원과 동일하게 징계처분이 가능
(3) 소청심사 청구 인정

2 시험의 효용성

타당도		시험이 측정하고자 하는 내용을 얼마나 정확하게 측정하였는가를 나타내는 것
	기준타당도	직무수행능력을 제대로 예측한 정도(시험성적＝근무성적) • 예측적 타당도: 합격한 수험생의 시험성적과 업무실적을 비교 • 동시적 타당도: 재직자의 시험성적과 업무실적을 비교
	내용타당도	직무수행에 필요한 능력요소를 제대로 측정한 정도(시험문제 내용＝능력요소)
	구성타당도	이론적으로 구성한 능력요소를 제대로 측정한 정도(시험내용＝이론적 구성요소) • 수렴적 타당도: 상관성이 높을수록 수렴적 타당도가 높음. • 차별적 타당도: 상관성이 낮을수록 차별적 타당도가 높음.
신뢰도		• 시험결과의 일관성 • 동일한 사람이 동일한 시험을 다른 시간과 장소에서 실시해도 차이가 없으면 신뢰도는 높음.
객관도		채점결과의 일관성, 채점자에 따라 큰 차이가 없으면 객관도는 높음.
난이도		시험이 어려운 정도, 상대적 우열을 구분
실용도		시험실시의 용이성

OX 기출분석

01 ☐☐☐ 20 국가 9급
전직은 인사 관할을 달리하는 기관 사이의 수평적 인사이동에 해당하며, 예외적인 경우에만 전직시험을 거치도록 하고 있다. ○ ✕

> **해설**
> 전직은 인사 관할을 달리하는 기관 사이의 수평적 인사이동으로, 전직시험을 거쳐야 하며, 예외적인 경우에만 시험의 일부나 전부를 면제할 수 있다.

02 ☐☐☐ 20 행정사
국가공무원법에 의하면 공무원의 시보기간은 3개월이다. ○ ✕

> 국가공무원법에 의하면 5급 공무원은 1년, 6급 이하의 공무원은 6개월간 각각 시보로 임용한다.

03 ☐☐☐ 18 국회 8급
동시적 기준타당성은 시험이 특정한 직위의 의무와 책임에 직결되는 요소들을 어느 정도 측정할 수 있느냐에 대한 타당성의 개념이다. ○ ✕

> 내용타당성은 시험이 특정한 직위의 의무와 책임에 직결되는 요소들을 어느 정도 측정할 수 있느냐에 대한 타당성의 개념이다.

04 ☐☐☐ 18 경정승진
기준타당성은 하나의 측정도구를 이용하여 측정한 결과와 다른 기준을 적용하여 측정한 결과를 비교하였을 때 도출된 연관성의 정도이다. ○ ✕

05 ☐☐☐ 17 지방 7급
시험의 신뢰성은 시험과 기준의 관계이며, 재시험법은 시험의 횡적 일관성을 조사하는 것이다. ○ ✕

> 신뢰성은 시험이 측정도구로서 가지는 일관성 및 일치성을 의미하는 것으로, 신뢰성의 측정방법인 재시험법은 시험의 종적 일관성을 검증하는 수단이다.

06 ☐☐☐ 15 국가 9급
공무원을 수직적으로 이동시키는 내부 임용의 방법으로는 전직과 전보가 있다. ○ ✕

> 공무원을 수평적으로 이동시키는 내부 임용의 방법으로는 전직과 전보가 있다. 한편 수직적으로 이동시키는 내부 임용의 방법으로는 승진과 강등·강임이 있다.

07 ☐☐☐ 13 행정사
시보임용은 공무원으로서 적격성 여부를 판단하는 선발과정의 일부이며, 임용권자는 시보임용 기간 중에 있는 공무원의 근무상황을 항상 지도·감독하여야 한다. ○ ✕

08 ☐☐☐ 12 지방 7급
어떤 개념의 측정지표와 이미 타당성이 검증된 다른 기준과의 상관성 정도를 내용타당성이라고 한다. ○ ✕

> 내용타당성이 아니라 기준타당성에 대한 설명이다.

정답 01 ✕ 02 ✕ 03 ✕ 04 ○ 05 ✕ 06 ✕ 07 ○ 08 ✕

핵심 기출 문제

01
2022 국가 7급

2022년 10월 14일 기준, 「국가공무원법」상 공무원으로 임용될 수 없는 사람은? (단, 다른 상황은 고려하지 않음)

① 2021년 10월 13일에 성년후견이 종료된 甲
② 파산선고를 받고 2021년 10월 13일에 복권된 乙
③ 2019년 10월 13일에 공무원으로서 징계로 파면처분을 받은 丙
④ 2017년 금고형을 선고받고 그 집행유예기간이 2019년 10월 13일에 끝난 丁

정밀해설

③ 징계로 파면처분을 받은 때부터 5년이 지나지 아니한 자는 공무원으로 임용될 수 없으므로 2019년 10월 13일에 징계로 파면처분을 받은 丙의 경우 동법 제33조 제7호에 따라 2022년 10월 14일에 공무원으로 임용될 수 없다.

국가공무원법 제33조(결격사유) 다음 각 호의 어느 하나에 해당하는 자는 공무원으로 임용될 수 없다.
1. 피성년후견인
2. 파산선고를 받고 복권되지 아니한 자
3. 금고 이상의 실형을 선고받고 그 집행이 종료되거나 집행을 받지 아니하기로 확정된 후 5년이 지나지 아니한 자
4. 금고 이상의 형을 선고받고 그 집행유예 기간이 끝난 날부터 2년이 지나지 아니한 자
5. 금고 이상의 형의 선고유예를 받은 경우에 그 선고유예 기간 중에 있는 자
6. 법원의 판결 또는 다른 법률에 따라 자격이 상실되거나 정지된 자
7. 징계로 파면처분을 받은 때부터 5년이 지나지 아니한 자
8. 징계로 해임처분을 받은 때부터 3년이 지나지 아니한 자

정답:

02
2017 경찰간부

선발시험의 효용성 기준에 관한 설명으로 옳지 않은 것은?

① 시험문제가 지나치게 어려워 대부분 수험생들의 성적이 거의 60점 이하로 분포되어 우수한 사람과 열등한 사람을 구별하기가 어려웠다면 내용타당성이 낮다고 말할 수 있다.
② 같은 시험을 같은 집단에 시간간격을 두고 두 번 실시하여 성적을 비교한 결과 비슷한 분포를 이루는 것으로 나타났다면 시험의 신뢰도가 높다고 본다.
③ 시험문제가 주관식(서술형)이었는데, 채점위원 A교수의 채점 결과 평균점수와 다른 시험위원 B교수의 채점결과 평균점수가 상당한 차이를 보였다면 시험의 객관도가 낮다고 여겨진다.
④ 우수한 성적을 받고 합격한 사람들이 실제 임용 후에도 일을 잘 하는 것으로 조사되었다면 시험의 기준타당성이 높다고 본다.

정밀해설

① 난이도에 대한 설명이다. 내용타당성은 직무수행에 필요한 능력요소의 내용이 시험문제에 부합하는 정도를 말하는 것으로 필수적으로 먼저 직무분석을 통하여 직무수행에 필요한 능력요소를 식별해 내고, 이것과 시험의 내용을 비교하는 것을 의미한다.
② 시험의 신뢰도는 시험이 측정수단으로서 갖는 일관성을 의미하는 것으로 동일한 사람이 동일한 시험을 다른 시간에 치르는 경우 그 성적 차이가 작을수록 신뢰도는 높다고 본다.
③ 시험의 객관도는 채점자의 편견이나 주관적 판단에 의하여 시험이 영향을 받지 않는 정도를 의미하는 것으로 여러 다른 채점자가 동일 답안을 채점한 결과의 차이가 적을수록 객관도가 높다.
④ 기준타당성은 시험성적과 본래 시험에서 예측하고자 했던 기준 사이에 얼마나 밀접한 상관관계가 있느냐에 대한 것이다. 시험성적과 비교할 직무수행실적의 기준을 타당하게 결정하기가 어렵다.

정답:

03

2014 지방 7급

소방공무원의 선발시험에 대한 신뢰성과 타당성의 검증방법에 대한 연결로 옳지 않은 것은?

① 동질이형법(equivalent forms) - 내용과 난이도에 있어 동질적인 Ⓐ, Ⓑ책형을 중앙소방학교 교육후보생들을 대상으로 시험을 보게 한 후, 두 책형의 성적 간 상관관계를 분석한다.
② 내용타당성 - 소방공무원을 선발하고자 할 때 그 직무에 정통한 전문가의 의견을 들어 선발시험의 내용을 구성한다.
③ 기준타당성 - 소방직 시험에 합격한 사람들에게 3개월 뒤 같은 문제로 시험을 보게 하여 두 점수간의 상관관계를 분석한다.
④ 구성타당성 - 지원자의 근력·지구력 등을 측정하기 위해 새로 만든 시험방법을 통해 측정한 점수와 기존의 시험방법으로 측정한 결과 간의 상관관계를 분석한다.

정밀해설

③ 소방직 시험에 합격한 사람들에게 3개월 뒤 같은 문제로 시험을 보게 하여 두 점수간의 상관관계를 분석하는 것은 재시험법에 의한 신뢰도 검증방법에 해당한다. 한편 기준타당도는 시험성적과 근무성적을 비교하여 검증하는 방법이다.
① 책형(시험의 형식)을 달리하여 측정결과를 비교하는 것은 동질이형법에 의한 신뢰도 검증방법에 해당한다.
② 내용타당도는 직무수행에 필요한 능력요소와 시험문제의 부합정도로 대개 전문가에 의한 문항검증이나 내용분석 등을 통해 검증한다.
④ 구성타당도는 이론적으로 구성된 능력요소를 얼마나 정확하게 측정할 수 있느냐의 정도로, 근력·지구력 등 추상적인 능력을 측정하기 위해 새로 개발한 시험방법을 통해 측정한 점수와 기존의 시험방법으로 측정한 결과 간의 상관관계를 분석한다.

정답 : ③

보충

▶ 타당도의 비교

구분	개념	판단 기준	검증 방법
기준타당도	직무수행의 능력 및 실적의 예측	시험성적과 업무수행실적 간의 상관관계	· 예측적 검증 · 동시적 검증
내용타당도	직무수행에 필요한 능력요소의 측정	직무수행에 필요한 능력요소와 시험문제의 부합정도	전문가에 의한 내용 분석
구성타당도	이론적으로 구성된 능력요소의 측정	이론적으로 추정한 능력요소와 시험문제의 부합정도	· 수렴적 타당도 · 차별적 타당도

04

2013 행정사

우리나라 공무원의 시보임용에 관한 설명으로 옳지 않은 것은?

① 임용권자는 시보임용 기간 중에 있는 공무원의 근무상황을 항상 지도·감독하여야 한다.
② 시보기간 중 근무성적이 좋으면 정규공무원으로 임용한다.
③ 시보기간은 시보공무원에게 행정실무의 습득기회를 제공하는 것이다.
④ 시보임용은 공무원으로서 적격성 여부를 판단하는 선발과정의 일부이다.
⑤ 시보공무원은 일종의 교육훈련 과정으로 교육에만 전념할 수 있도록 정규 공무원과 동일하게 공무원 신분을 보장한다.

정밀해설

⑤ 시보기간 동안에는 신분보장이 제한적이다. 시보기간 중 근무성적이 양호한 경우에 정규공무원으로 임용되며, 시보기간 중 근무성적 및 교육훈련성적이 불량할 경우에는 면직이 가능하고, 면직되어도 소청을 제기할 수 없다.
① 공무원임용령 제23조의 내용으로 임용권자는 시보임용 기간 중에 있는 공무원의 근무상황을 지도·감독하여야 한다.
② 시보기간 중 근무성적이 좋은 경우 정규공무원으로 임용된다.
③ 시보임용은 채용후보자로 하여금 현장에서 실무를 미리 습득하게 함으로써 공직에의 습득기회를 제공하는 것이다.
④ 시보임용은 공무원으로서 적격성 여부를 판단하는 것으로 공무원 선발과정의 연장으로 볼 수 있다.

정답 : ⑤

적중 예상 문제

01 □□□

공무원 선발시험의 효용성에 대한 설명으로 옳지 않은 것은?

① 시험의 타당성이 높을수록 근무성적이 우수한 사람을 선발할 수 있다.
② 동시적·예측적 타당성 검증은 기준타당성 검증 수단에 해당한다.
③ 내용타당성(content validity)이란 시험내용이 직위의 의무와 책임에 직접적으로 관련되는 능력요소들, 즉 직무수행에 필요한 지식, 기술, 태도 등을 제대로 측정할 수 있는 정도를 말한다.
④ 시험의 신뢰성은 시험결과로 나온 성적의 일관성을 의미하는데, 이는 타당성의 충분조건이며 필요조건은 아니다.

정밀해설

④ 시험의 타당도가 높으면 신뢰도가 높아진다. 신뢰도가 낮으면 타당도도 낮아지지만, 신뢰도가 높다고 타당도가 높다고 할 수 없다. 신뢰도는 타당도의 필요조건일 뿐 충분조건은 아니다.

▶ **신뢰도(reliability)**

1. 의의: 시험의 측정수단으로서의 일관성을 의미한다. 즉, 동일한 사람이 동일한 시험을 다른 시간에 치르는 경우 그 성적 차이가 작을수록 신뢰도는 높다.
2. 검증방법: ㉠ 재시험법(동일한 집단에게 다시 시험), ㉡ 복수양식법(동질이형법: 시험형식을 바꾸어 동일한 집단에게 시험), ㉢ 반분법(동일한 시험을 둘로 나누고 동시에 시험), ㉣ 내적 일관성 검증(반분신뢰도의 평균값)

정답: ④

02 □□□

임용에 대한 설명으로 옳지 않은 것은?

① 순환보직제도는 행정고객 집단과의 바람직하지 못한 결탁의 가능성을 줄여 행정부패의 여지를 축소시키는 순기능을 한다.
② 임용권자는 직제 또는 정원이 변경되거나 예산의 감소 등으로 직위가 폐직되었을 경우 또는 본인이 동의한 경우에는 소속 공무원을 강임할 수 있다.
③ 특별채용은 예외적으로 실시하는 비경쟁채용제도인데, 실적주의를 보완하고 정치적 압력을 방지한다.
④ 내부임용으로 전직, 파견, 휴직, 직위해제 등이 있다.

정밀해설

③ 특별채용은 정치적 압력이나 정실의 개입가능성이 커서 실적주의를 침해하기 쉽다.
① 순환보직은 공무원으로 하여금 특정 고객집단과의 장기간에 걸친 유대관계 형성을 방해하여 행정부패의 발생가능성을 축소시킨다.
② 정원의 개폐 또는 예산의 감소 등으로 직위가 폐직되거나 과원이 된 경우 본인이 동의한 경우에는 소속 공무원을 강임할 수 있다.
④ 외부임용과 내부임용으로 나누는데, 내부임용은 수평적 이동, 수직적 이동, 해직 및 복직을 포함한다.

▶ **임용의 구분**

외부임용 (신규채용)	공개경쟁채용	
	경력경쟁채용	
내부임용	수평적 이동	전직·전보·파견·겸임
	수직적 이동	승진·강등·강임
	해직 및 복직	휴직·직위해제·정직·면직·해임·파면·복직

정답: ③

03

시험의 효용성에 대한 설명으로 옳은 것은?

① 시험의 타당성을 검증하는 방법으로 재시험법, 동질이형법, 내적 일관성 검증 등이 있다.
② 여러 다른 채점자가 동일 답안을 채점한 결과의 차가 적으면 시험의 실용성이 높다.
③ 내용타당성을 확보하려면 직무분석이 무엇보다도 필수적이다.
④ 시험이 측정해 내는 결과의 일관성이 어느 정도인가에 관한 기준은 시험의 타당성이다.

정밀해설

③ 내용타당성은 직무분석을 통하여 능력요소와 시험내용의 적합도를 판정한다.
① 시험의 신뢰성을 검증하는 방법이다.
② 시험의 객관성을 측정하는 방법이다.
④ 신뢰도(consistency)에 해당한다.

정답 : ③

04

외부임용에 대한 설명으로 옳지 않은 것은?

① 채용후보자 명부의 유효기간은 1년이다.
② 시보임용은 채용시험의 연장으로 본다.
③ 채용후보자 명부에의 등록은 직급별로 시험성적순에 따른다.
④ 징계에 의한 정직 등의 기간은 시보임용기간에 산입하지 않는다.

정밀해설

① 채용후보자 명부의 유효기간은 2년이며, 1년의 범위 안에서 연장이 가능하다.

국가공무원법 제29조(시보 임용) ① 5급 공무원(제4조제2항에 따라 같은 조 제1항의 계급 구분이나 직군 및 직렬의 분류를 적용하지 아니하는 공무원 중 5급에 상당하는 공무원을 포함한다. 이하 같다)을 신규 채용하는 경우에는 1년, 6급 이하의 공무원을 신규 채용하는 경우에는 6개월간 각각 시보(試補)로 임용하고 그 기간의 근무성적·교육훈련성적과 공무원으로서의 자질을 고려하여 정규 공무원으로 임용한다. 다만, 대통령등으로 정하는 경우에는 시보 임용을 면제하거나 그 기간을 단축할 수 있다.
③ 시보 임용 기간 중에 있는 공무원이 근무성적·교육훈련성적이 나쁘거나 이 법 또는 이 법에 따른 명령을 위반하여 공무원으로서의 자질이 부족하다고 판단되는 경우에는 제68조와 제70조에도 불구하고 면직시키거나 면직을 제청할 수 있다. 이 경우 구체적인 사유 및 절차 등에 필요한 사항은 대통령령등으로 정한다.

정답 : ①

THEME 076 근무성적평정, 다면평가

1 우리나라 근무성적평정의 종류

구분		성과계약 등 평가	근무성적평가
평정자·확인자		• 평정자: 평정대상자의 상급·상위 감독자 중에서 기관장이 지정한 자 • 확인자: 평정자의 상급·상위 감독자 중에서 기관장이 지정한 자(지정하지 않을 수 있음)	
평정대상	일반직	• 고위공무원(실·국장급) • 4급 이상(연구관·지도관 포함) • 5급 이하 및 우정직 공무원(예외)	5급 이하(연구사·지도사 포함) 및 우정직 공무원
	특정직	• 직종별 개별 법령에 의함.	–
	정무직	• 차관 등 부기관장(기관장의 판단에 따라 가능)	–
	별정직	• 일반직 4급 상당 이상 • 일반직 5급(상당) 이하(예외)	일반직 5급 상당 이하
평정시기		연 1회(12월 31일 기준)	연 2회(6월 30일, 12월 31일 기준), 수시평가 가능
평정항목		성과목표달성도, 부서 단위의 운영평가결과, 직무수행능력 중 하나 또는 그 이상	• 직무수행능력 • 근무실적 • 직무수행태도 또는 부서단위의 운영 평가 결과(필요 시)
공개 및 이의신청		• 공개 원칙 • 확인자에게 이의신청 가능	• 공개 원칙 • 확인자에게 이의신청 가능 • 근평(소)위에 조정신청 가능
평정결과 활용		• 각종 임용에 활용 • 보수(성과연봉, 성과급) 산정에 활용 • 제재(적격심사, 직권면직, 직위해제 등)에 활용	• 각종 임용에 활용 • 보수(성과상여금) 산정 및 특별승급 결정에 활용 • 제재(직권면직, 직위해제 등)에 활용

2 근무성정평정의 유형

도표식 평정척도법	장점	① 작성이 간단하고 평정이 용이 ② 평정 결과의 계량화와 통계적 조정 가능 ③ 상벌 목적으로 이용 시 효과적
	단점	① 평정요소의 합리적 선정이 곤란 ② 등급 비교기준이 불명확 ③ 평정이 임의적임. ④ 연쇄화·집중화·관대화의 오차발생 가능
강제배분법		피평정자의 성적분포가 과도하게 집중되거나 관대화되는 것을 막기 위해 성적분포를 미리 정해 놓는 방법
서열법		피평정자 간의 근무성적을 서열로 표시하는 방법. 집단의 규모가 작을 때 적합(=인물비교법, 쌍쌍비교법)
강제선택법		제시된 선택항목 중 피평정자의 특성에 해당하는 것을 반드시 선택하도록 하는 방법
목표관리제(MBO)		상·하급자의 협의를 통해 목표를 정하고, 집행결과를 목표달성도에 따라 평가하고 환류하는 방식
체크리스트		• Probst가 1930년에 고안해 '프로브스트 평정법'이라고도 함. • 평가의 기준이 되는 표준행동목록을 미리 작성해서 그 목록에 단순히 가부를 표시하는 방법 • 항목별 가중치를 두어 계량적 수치로도 환산 가능
중요사건 기록법		평정기간 중 피평정자의 근무 실적에 큰 영향을 주는 중요 사건들을 평정자로 하여금 기술하게 하여 누적된 사건기록을 중심으로 평정하는 방법
행태기준평정척도법 (BARS)		도표식평정척도법+중요사건기록법
행태관찰평정척도법 (BOS)		행태를 얼마나 자주 하는가에 대한 빈도를 표시하는 척도를 만들어 평가

3 착오유형

연쇄적 착오 (halo effect)	① 어느 하나의 평정요소에 대한 평정자의 판단이 다른 평정요소에 연쇄적으로 영향을 미치는 것 도표식 평정척도법에서 많이 나타남(=후광효과). ② 대책: 강제선택의 사용	
논리적 착오 (logical error)	평정요소 간에 논리적인 상관관계가 있는 경우 한 평정요소에 대한 평정이 그와 관계있는 다른 평정요소에 영향을 미치는 착오	
시간적 착오	① 최초효과(primacy effect) ② 근접효과(recency effect) ③ 방지: 목표관리제, 중요사건기록법, 별도의 평가센터(assessment center)를 설치	
분포상의 착오 (distributional error)	① 집중화 경향(central tendency) ② 관대화 경향(leniency tendency) ③ 엄격화 경향(severity tendency)	
체계적 착오 (systematic error)	다른 평정자들보다 항상 좋은 점수를 주거나, 항상 나쁜 점수를 주는 것(규칙적·일관적 착오)	
총계적 착오 (total error)	일관성이 없는 착오로서 특정 평정자의 평정기준이 불규칙하게 위아래로 움직이기 때문에 발생하는 현상	
유형화의 착오 (stereotyping error)	피평정자에 대해서 그가 속한 집단이나 범주에 대한 고정관념에 비추어 부정확하게 평정하는 현상 (선입견에 의한 착오, 상동적 착오)	
유사성의 착오 (similarity error)	평정자가 자기와 유사한 피평정자에게 높은 평점을 주는 착오	
기타착오	• 투사에 의한 착오: 자신의 감정이나 특성을 다른 사람에게 전가하려는 것 • 선택적 지각의 착오: 자신에게 유리한 정보만을 받아들여 판단하는 것	

4 다면평가제

장점	• 다면평가는 보다 공정하고 객관적인 평정을 가능하게 하며, 평정결과에 대한 당사자들의 승복을 받아내기 쉬움. • 다면평가를 통해 능력과 성과중심의 인사관리가 이루어질 경우 개인의 행태변화에 긍정적인 영향을 미침. • 조직 내 상하 간, 동료 간, 부서 간 의사소통을 촉진할 수 있음. • 조직구성원으로 하여금 조직 내외의 모든 사람과 원활한 인간관계를 증진시키려는 강한 동기를 부여함으로써 업무 수행의 효율성을 제고할 수 있음. • 탈관료제적 조직에 적합함.
단점	• 다면평가를 계서적 문화가 강한 조직에 적용할 경우 상급자와 하급자 간의 갈등이 초래될 수 있음. • 인간관계 중심의 인기투표로 변질될 가능성이 존재함. • 현재 다면평가의 결과를 역량개발, 교육훈련 등에 활용토록 하고 승진, 전보, 성과급 지급 등에는 참고자료로 활용함.

OX 기출분석

01 ☐☐☐ 23 지방 9급

연쇄효과(halo effect)는 초기 실적이나 최근의 실적을 중심으로 평가함으로써 발생하는 시간적 오류를 의미한다.   ○ ✕

해설

최근의 실적을 중심으로 평가함으로써 발생하는 오류는 근접효과이다.

02 ☐☐☐ 21 국가 9급

일관적 오류는 평정자의 기준이 다른 사람보다 높거나 낮은 데서 비롯되며 강제배분법을 완화방법으로 고려할 수 있다.   ○ ✕

일관적(규칙적) 오류는 한 평정자가 다른 평정자보다 일관적으로 과대 또는 과소평가하는 것으로, 이를 방지하기 위해 강제배분법을 활용한다.

03 ☐☐☐ 20 서울/지방 9급

국내 최고 대학을 졸업했기 때문에 일을 잘했을 것이라고 생각하여 피평정자에게 높은 근무성적평정 등급을 부여할 경우 평정자가 범하는 오류는 첫머리 효과에 의한 오류이다.   ○ ✕

국내 최고 대학을 졸업했기 때문에 일을 잘했을 것이라고 생각하여 피평정자에게 높은 근무성적평정 등급을 부여할 경우 평정자가 범하는 오류는 선입견에 의한 오류이다.

04 ☐☐☐ 20 국회 8급

근본적 귀속의 착오(fundamental attribution error)란 평정자가 어떤 사람이나 사물을 볼 때 그들이 속한 집단 또는 범주에 대한 고정관념에 비추어 지각함으로써 발생하는 착오이다.   ○ ✕

평정자가 어떤 사람이나 사물을 볼 때 그들이 속한 집단 또는 범주에 대한 고정관념에 비추어 지각함으로써 발생하는 착오는 상동적 오류이다.

05 ☐☐☐ 19 경찰간부

근무성적평정 요소에는 직무수행실적과 개인의 능력 외에 태도도 포함할 수 있다.   ○ ✕

06 ☐☐☐ 19 국가 9급

목표관리제 평정법은 근무성적평정에서 나타나기 쉬운 집중화 경향과 관대화 경향을 시정하기 위한 방법이다.   ○ ✕

강제배분법은 근무성적평정에서 나타나기 쉬운 집중화 경향과 관대화 경향을 시정하기 위한 방법이다.

07 ☐☐☐ 18 서울 9급

근무성적평정상의 오류 중 총계적 오류(total error)는 평가자가 일관성 있는 평정기준을 갖지 못하여 관대화 및 엄격화 경향이 불규칙하게 나타나는 것이다.   ○ ✕

08 ☐☐☐ 17 서울 9급

다면평가제도는 조직구성원들에게 조직 내외의 모든 사람과 원활한 인간관계를 증진시키려는 강한 동기를 부여함으로써 업무수행의 효율성을 제고할 수 있다.   ○ ✕

정답 01 ✕ 02 ○ 03 ✕ 04 ✕ 05 ○ 06 ✕ 07 ○ 08 ○

09 　　　　　　　　　　　　　　　　　　　　　　　　　　　17 서울 7급
직무성과계약제는 상·하급자 간의 합의를 통해 목표를 설정하고, 성과계약의 내용이 구체적이며 상향식으로 체결된다는 점에서 목표관리제(MBO)와 유사하다.　○ ×

해설: 직무성과계약제는 기관의 임무나 비전으로부터 하향적으로 성과목표가 도출된다는 점에서 목표관리제와 다르다.

10 　　　　　　　　　　　　　　　　　　　　　　　　　　　17 국가 7급
다면평가는 평가의 객관성과 공정성을 제고할 수 있으나 각 부처가 반드시 이를 실시해야 하는 것은 아니다.　○ ×

11 　　　　　　　　　　　　　　　　　　　　　　　　　　　17 서울 9급
근무성적평가제는 공정한 평가를 위해 평가자와 피평가자의 사전협의가 금지된다.　○ ×

해설: 공정한 평가를 위해 평가자와 피평가자의 사전협의 및 면담 등을 인정한다.

12 　　　　　　　　　　　　　　　　　　　　　　　　　　　16 서울 9급
역량평가제도는 대상자의 과거 성과를 평가하는 것이고, 성과에 대한 외부 변수를 통제하지 않는다.　○ ×

해설: 역량평가제도는 미래행동에 대한 잠재력을 측정하는 것이며 성과에 대한 외부변수를 통제함으로써 객관적 평가가 가능하다.

13 　　　　　　　　　　　　　　　　　　　　　　　　　　　15 국회 8급
도표식 평정척도법은 전형적인 평정방법으로 직관과 선험에 근거하여 평가요소를 결정하기 때문에 작성이 빠르고 쉬우며, 경제적이라는 장점이 있다.　○ ×

14 　　　　　　　　　　　　　　　　　　　　　　　　　　　15 사복 9급
직무성과관리는 직무분석을 통해 도출된 성과책임을 바탕으로 성과목표를 설정·관리·평가하고, 그 결과를 보수 혹은 처우 등에 적용하는 일련의 과정을 거친다.　○ ×

15 　　　　　　　　　　　　　　　　　　　　　　　　　　　13 서울 9급
다면평가는 평가의 객관성과 공정성 제고에 기여할 수 있고, 계층제적 문화가 강한 사회에서 조직 간 화합을 제고해 준다.　○ ×

해설: 계층제적 문화가 강한 사회에서 다면평가제도는 조직 간 유대의식의 약화를 불러올 수 있다.

정답　09 ×　10 ○　11 ×　12 ×　13 ○　14 ○　15 ×

핵심 기출 문제

01
2021 소방간부

역량평가제도에 관한 설명으로 옳지 않은 것은?

① 추측이나 유추가 아닌 직접적 관찰을 통해 역량을 평가한다.
② 성과에 대한 외부 변수를 통제하여 역량을 평가할 수 있다.
③ 다양한 실행과제를 활용할 수 있고, 다양한 종류의 역량을 평가할 수 있다.
④ 다수의 평가자가 합의를 통해 평가 결과를 도출하기 때문에 개별 평가자의 오류를 방지하고 평가의 공정성을 확보할 수 있다.
⑤ 성취된 업적을 기반으로 하기 때문에 피평정자의 역량을 객관적으로 평가할 수 있다.

정밀해설

⑤ 역량평가제도는 미래 행동에 대한 잠재력을 측정하는 것이므로 피평정자의 역량을 객관적으로 평가할 수 있다. 한편 성취된 업적을 기반으로 평가하는 것은 근무성적평정이다.
① 역량평가는 다양한 평가기법을 활용하여 실제 업무와 유사한 구조화된 모의상황에서 나타나는 평가 대상자의 행동 특성을 다수의 평가자가 관찰하고 합의하는 방법이다.
② 역량평가는 과거의 실적이 아닌 미래 잠재력을 측정하는 것으로 평가결과가 유인으로 연결되지 않으므로 성과에 대한 외부 변수를 통제함으로써 객관적으로 평가할 수 있다.
③ 다양한 실행과제를 활용함으로써 다양한 종류의 역량을 평가할 수 있다.
④ 다수의 평가자가 관찰하고 합의하여 평가하므로 개별평가자의 오류를 방지하고 평가의 공정성을 확보할 수 있다.

▶ **역량평가 vs 근무성적평정**

구분	역량평가	근무성적평정
성격	비교적 객관적	주관적
주체	역량평가단	상급자
목적	미래 잠재력을 사전에 예측	과거 실적에 대한 사후 평가
보상	없음	있음(성과급 등)

정답 : ⑤

02
2020 지방 7급

다음의 설명과 근무성적평정방법을 바르게 연결한 것은?

ㄱ. 피평정자들의 성적분포가 과도하게 집중되는 것을 방지하기 위해 등급별로 비율을 정하여 준수하도록 하는 방법
ㄴ. 시간당 수행한 공무원의 업무량을 전체 평정기간동안 계속적으로 조사해 평균치를 측정하거나, 일정한 업무량을 달성하는 데 소요된 시간을 계산해 그 성적을 평정하는 방법
ㄷ. 선정된 중요 과업 분야에 대해서 가장 이상적인 과업수행 행태에서부터 가장 바람직하지 못한 과업수행 행태까지를 몇 개의 등급으로 구분하고, 등급마다 중요행태를 명확하게 기술하고 점수를 할당하는 방법

	ㄱ	ㄴ	ㄷ
①	강제배분법	산출기록법	행태기준평정척도법
②	강제선택법	주기적 검사법	행태기준평정척도법
③	강제선택법	산출기록법	행태관찰척도법
④	강제배분법	주기적 검사법	행태관찰척도법

정밀해설

① ㄱ-강제배분법, ㄴ-산출기록법, ㄷ-행태기준평정척도법이 옳게 연결되었다.
ㄱ. 강제배분법은 집단적 서열법으로 피평정자들을 우열의 등급에 따라 구분한 뒤 몇 개의 집단으로 분포비율에 따라 강제로 배치하는 방법이다. 한편 강제선택법은 4~5개의 체크리스트식인 단문 중에서 피평정자의 특성에 가장 가까운 것 하나를 평정자로 하여금 반드시 골라 표시·선택하도록 하는 방법이다.
ㄴ. 산출기록법은 생산고(작업량)로 나타나는 근무실적(사실)을 수량적·객관적으로 평가·기록하는 방법으로 일상적이고 반복적인 업무에 적용하는 방법이다. 한편 주기적 검사법은 직무수행의 능률에 관한 검사를 주기적으로 실시하여 실적을 평정하는 방법으로 단순하고 반복적인 업무에 적합하나 특정시기의 생산기록만을 측정하는 것이므로 산출기록법보다 덜 정확하다.
ㄷ. 행태기준평정척도법은 평정의 임의성과 주관성을 배제하기 위하여 도표식평정척도법에다 중요사건기록법을 가미한 방식으로 실제로 관찰될 수 있는 행태를 서술적 문장으로 평정척도를 표시한 평정도표를 사용한다. 한편 행태관찰척도법은 평정요소별 행태에 관한 다양하고도 구체적인 사건을 기준으로 평정하고, 등급에서는 사건을 빈도로 표시하는 척도를 구성하여 해당 행동이 얼마나 자주 관찰되는지를 빈도로 구성된 척도에 의하여 행태를 관찰하는 기법이다.

정답 : ①

03

2017 국가 7급

성과평가제도에 대한 설명으로 옳은 것은?

① 일반직공무원의 근무성적평정은 크게 5급 이상을 대상으로 한 '성과계약 등 평가'와 6급 이하를 대상으로 한 '근무성적평가'로 구분된다.
② '성과계약 등 평가'는 정기평가와 수시평가로 나눌 수 있으며, 정기평가는 6월 30일과 12월 31일을 기준으로 연 2회 실시한다.
③ 다면평가는 평가의 객관성과 공정성을 제고할 수 있으나 각 부처가 반드시 이를 실시해야 하는 것은 아니다.
④ 역량평가제도는 5급 신규 임용자를 대상으로 업무수행에 충분한 역량을 보유하고 있는지를 평가한다.

정밀해설

③ 다면평가제는 보다 공정하고 객관적인 평정을 가능하게 하며, 평정결과에 대한 당사자들의 승복을 받아내기 쉽고 다면평가를 통해 능력과 성과중심의 인사관리가 이루어질 경우, 개인의 행태변화에 긍정적인 역할을 미친다. 다면평가제도는 1999년 임의규정으로 도입된 후 2003년에 강행규정으로 전환되었다가 2008년 다시 임의규정으로 완화되었다. 따라서 각 부처가 반드시 실시해야 하는 것은 아니다.
① 일반직 공무원의 근무성적 평정은 크게 4급 이상을 대상으로 한 '성과계약 등 평가'와 5급 이하를 대상으로 한 '근무성적평가'로 구분된다.
② '근무성적평가'는 정기평가와 수시평가로 나눌 수 있으며, 정기평가는 6월 30일과 12월 31일을 기준으로 연 2회 실시한다. 한편 '성과계약 등 평가'는 12월 31일을 기준으로 연 1회 실시한다.
④ 역량평가제는 고위공무원단제도의 도입에 따라 고위공무원으로서 요구되는 역량을 구비했는지를 사전에 검증하는 제도적 장치로 도입되었으며, 고위공무원의 역량평가는 고위공무원으로 신규채용 되려는 사람 또는 4급 이상 공무원이 고위공무원단 직위로 승진임용되거나 전보되려는 사람을 대상으로 임용 전에 실시하는 제도이다.

정답 : ③

04

2025 군무원 7급

다면평가에 관하여 현행 「공무원 성과평가 등에 관한 규정」으로 가장 적절하지 않은 것은?

① 소속 장관은 소속 공무원에 대한 능력개발 및 인사관리 등을 위하여 해당 공무원의 상급 또는 상위 공무원, 동료, 하급 또는 하위 공무원 및 민원인 등에 의한 다면평가를 실시하여야 한다.
② 소속 장관은 다면평가를 실시할 경우 다면평가의 방법 및 절차 등에 관한 구체적인 사항을 직무의 특성 등을 고려하여 설계·운영하여야 한다.
③ 다면평가의 평가자 집단은 다면평가 대상 공무원의 실적·능력 등을 잘 아는 업무 관련자로 구성하되, 소속 공무원의 인적 구성을 고려하여 공정하게 대표되도록 구성하여야 한다.
④ 다면평가의 결과는 해당 공무원에게 공개할 수 있다.

정밀해설

① 「공무원 성과평가 등에 관한 규정」 제28조에 따르면, 다면평가는 '실시하여야 한다'가 아니라 '실시할 수 있다'로 규정되어 있어 임의적 사항이다.
② 다면평가 실시 시 소속 장관은 방법 및 절차 등을 직무 특성을 고려하여 설계·운영하여야 한다.
③ 다면평가자 집단은 업무 관련자로 구성하되, 공정하게 대표되도록 구성하여야 한다.
④ 다면평가의 결과는 해당 공무원에게 공개할 수 있다.

정답 : ①

적중 예상 문제

01

근무성적평정상의 오류에 대한 설명으로 옳은 것은?

① 평정시점에 가까운 최근 실적일수록 크게 반영하는 것은 최초효과이다.
② 실제수준보다 더 낮게 평정하는 것은 집중화 오류이다.
③ 우연적이고 불규칙적으로 나타나는 오류는 총계적 오류이다.
④ 특정 집단이나 범주에 대한 대상자를 같은 부류로 보는 것은 유사성 오류이다.

정밀해설

① 평정시점에 가까운 최근 실적일수록 크게 반영하는 것은 근접효과이다.
② 실제수준보다 더 낮게 평정하는 것은 엄격화 오류이다.
④ 특정집단이나 범주에 대한 대상자를 같은 부류로 보는 것은 유형화 오류이다.

정답: ③

02

우리나라 근무성적평정제도에 대한 설명으로 옳지 않은 것은?

① 평가자는 근무성적평정이 완료되면 요청에 관계없이 평정대상 공무원에게 평정결과를 알려주어야 한다.
② 4급 이상 및 고위공무원단에 속하는 자는 성과계약에 의한 목표달성도를 연 1회 평가한다.
③ 5급 이하는 근무실적과 직무수행능력으로 평가하되, 필요시 직무수행태도의 추가가 가능하다.
④ 평가자는 성과계약 평가 또는 근무성적평가 정기평가를 실시하는 때에 근무성적평정이 공정하고 타당하게 실시될 수 있도록 하기 위하여 평정 대상 공무원과 의견교환 등 성과면담(상담)을 3회 이상 실시하여야 한다.

정밀해설

④ 평가자는 평정의 공정하고 타당성 있는 실시를 위해 평정 대상 공무원과 성과면담을 실시해야 하나 횟수에 대한 규정은 없다.
① 평가자, 확인자 및 평가 단위 확인자는 평정이 완료되면 평정 대상 공무원에게 해당 평정 결과를 알려주어야 한다.
② 4급 이상 공무원 및 고위공무원단에 속하는 자는 성과계약 등 평가가 적용되며 성과계약의 성과목표달성도, 부서 단위의 운영 평가 결과, 그 밖의 직무수행과 관련된 자질이나 능력 등에 대한 평가 결과 중에서 하나 또는 그 이상을 연 1회 평가한다.
③ 5급 이하 공무원은 근무성적평가가 적용되며 근무실적과 직무수행능력을 기본으로 평가하되 소속 장관은 직무수행태도 또는 부서 단위 평가 결과를 추가할 수 있다.

정답: ④

보충

▶ 우리나라 근무성적평정제

구분		국가공무원	지방공무원
평정방법	고위공무원단	· 성과계약 등 평가 · 5등급(매우우수, 우수, 보통, 미흡, 매우미흡)	고위공무원단제도 없음
	4급 이상	· 성과계약 등 평가 · 3등급 이상	목표관리제 또는 성과계약평가(택일)
	5급 이하	· 평정항목: 근무실적과 직무수행능력으로 평가하되, 필요시 직무수행태도 추가 가능 · 평정등급: 3등급 이상 상대평가(최상등급 2할, 최하등급 1할)	· 평정항목: 국가직과 동일 · 평정등급: 수:우:양:가의 비율을 2:4:3:1로 하되, '가'에 해당하는 자가 없을 경우 수:우:양의 비율을 2:4:4로 할 수 있음
평정기구		· 평정자와 확인자가 협의하여 평정 · 근무성적평가위원회: 근무성적평가점수를 부여하고 결과의 조정·이의신청을 처리하기 위하여 승진후보자명부 작성 단위 기관별로 설치	· 평정자와 확인자가 협의하여 평정 · 근무성적평정위원회: 근무성적평정점을 정하기 위하여 승진후보자명부 작성 단위기관별로 설치되는 평정기구 · 근무성적평정소위원회: 근무성적평정 결과 이의신청 처리를 위하여 평정단위별로 설치·운영되는 평정기구

03

공무원 평정제도에 대한 설명 중 옳지 않은 것은?

① 역량평가제는 각 부처에서 소속 공무원이 직무를 성공적으로 수행하기 위해 필요한 능력과 역량을 설정하고, 이를 기준으로 고위공무원단 후보자가 아닌 과장급 공무원의 승진임용·보직관리 등에도 활용하는 제도이다.
② 직무성과관리제는 장·차관 등 기관의 책임자와 실·국장, 과장, 팀장 간 성과목표의 지표 등에 대해 합의하여 top-down 방식으로 직근상하급자 간 공식적 성과계약을 체결하고 그 이행도를 평가하여 결과를 성과급, 승진 등에 반영한다.
③ 다면평가제도는 근무성적을 상관·동료·하급자·민원인 등에 의해 다면적·입체적으로 평가받게 하여 인사평정의 객관성과 신뢰성을 제고시킨다.
④ 우리나라의 근무성적평정제도는 6급 이하 일반직 공무원 등에 실시되고 공무원의 능력, 근무성적 및 태도 등을 평가해 교육훈련 수요를 파악하고, 승진 및 보수결정 등의 인사관리 자료를 얻는 데 활용한다.

정밀해설

④ 우리나라의 근무성적평정제도는 5급 이하에 실시되고 공무원의 능력, 근무성적 및 태도 등을 평가해 교육훈련 수요를 파악하고, 승진 및 보수결정 등의 인사관리자료를 얻는 데 활용한다.

정답 : ④

04

다면평가제도의 장점에 관한 설명으로 옳지 않은 것은?

① 다면평가는 시간과 비용이 많이 소요되지만 입체적 평가를 통해 객관성과 신뢰성을 높인다.
② 다면평가는 조직구성원들로 하여금 자신의 장단점을 파악하여 자기역량 강화의 기회를 늘릴 수 있다.
③ 다면평가는 동기부여의 기능과 더불어 평가에 대한 수용성이 높고 개인의 경력에도 도움이 된다.
④ 다면평가는 민원인, 고객에 의한 평가도 포함한다.

정밀해설

① 다면평가는 다양한 정보분석, 평가의 시행 등 시간이 많이 소비된다는 오해가 있지만, 실제는 인사정책시스템 등을 통해 평가를 용이하게 할 수 있다.

▶ **우리나라의 다면평가**

1. 다면평가의 참여자: 평가자 집단은 공무원 상급 또는 상위공무원, 동료, 하급 또는 하위공무원 및 민원인 등으로 구성하되, 대상 공무원의 실적·능력 등을 잘 아는 업무 유관자로 구성하며 소속공무원의 인적구성을 고려하여 공정하게 대표되도록 구성하여야 하며 평가자의 익명성이 유지되도록 한다.
2. 다면평가의 활용: 다면평가 결과를 공무원의 역량개발, 교육훈련 등에만 활용하도록 하고, 승진, 전보, 성과급 지급 등에는 참고자료로 활용할 수 있다.
3. 다면평가의 공개 및 이의신청: 다면평가의 결과는 해당 공무원에게 공개할 수 있으며 이의신청이 가능하다.

정답 : ①

THEME 077 교육훈련, 승진, 배치전환

1 현장훈련과 교육원훈련의 비교

구분	장점	단점
현장훈련 (OJT)	• 훈련이 실제적임. • 교육원훈련보다 실시가 용이함. • 상사나 동료 간의 이해와 협동정신을 강화·촉진시킴. • 낮은 비용으로 가능함. • 훈련을 하면서 일을 할 수 있음.	• 일과 훈련 모두 소홀히 할 수 있음. • 많은 구성원을 한꺼번에 훈련시킬 수 없음. • 교육훈련의 내용과 수준을 통일시키기 곤란함. • 고도의 전문적인 지식과 기능을 가르치기 힘듦. • 사전에 예정된 계획에 따라 실시하기 어려움.
교육원훈련 (Off JT)	• 현장의 업무수행과는 관계없이 예정된 계획에 따라 실시할 수 있음. • 많은 구성원들을 동시에 교육시킬 수 있음. • 전문적인 지식을 갖춘 교관이 실시함.	• 교육훈련의 결과를 현장에 바로 활용하기가 곤란함. • 직무수행에 필요한 인력이 줄어 부서에 남아있는 구성원들의 업무 부담이 늘어남. • 비용이 많이 듦.

 **Mani DB** 액션러닝(Action Learning)

소규모로 구성된 그룹이 실질적인 업무 현장의 문제를 해결해 내고, 그 과정에서 성찰을 통해 학습하도록 하는 행동학습 교육훈련방법

2 우리나라 승진제도(일반승진)

구분	승진대상	승진방법
고위공무원	자격과 경력을 갖춘 자: 3급 공무원, 4급(3년 이상) 경력자로서 후보자 교육 및 역량평가를 통과한 자	보통승진심사위 대상자 선정 → 고위공무원단 임용 심사위원회 승진심사 → 임용제청
3급	바로 하급 공무원	보통승진심사위원회 심사
4급	동일직군 또는 직렬의 바로 하급 공무원 중 승진후보자명부의 고순위자 순	
5급	-	승진시험 또는 보통승진심사위원회 심사(병행 가능)
6급	-	보통승진심사위원회 심사 (필기시험 또는 실기시험과 병행실시 가능)
7급	-	
8급	-	

※ 5급 이하 승진 시 근무성적평정 90%, 경력평정 10%

3 배치전환

겸직	한 사람에게 둘 이상의 직위 부여	-
전직	직렬을 달리하여 이동	시험 필요
전보	동일한 직렬 내에서 직위·부서·부처 이동	시험 불필요
전출입	인사관할권이 다른 기관으로의 이동	시험 필요
파견	소속이 바뀌지 않으면서 일시적으로 타기관에 근무하고 돌아오는 것	-

OX 기출분석

01 ☐☐☐ 20 국가 9급
같은 직급 내에서 직위 등을 변경하는 전보는 수평적 인사이동에 해당하며, 전보의 오용과 남용을 방지하기 위해 전보가 제한되는 기간이나 범위를 두고 있다. O X

해설

전보는 동일한 직급 내에서 보직 등을 변경하는 수평적 인사이동으로 시험을 거칠 필요가 없으나 전보의 오용과 남용 등을 방지하기 위해 전보가 제한되는 필수보직기간을 둔다.

02 ☐☐☐ 19 국가 7급
직장 내 훈련(OJT: on-the-job training)은 감독자의 능력과 기법에 따라 훈련성과가 달라지며 많은 사람을 동시에 교육하기 어렵다. O X

03 ☐☐☐ 19 서울 7급
감수성 훈련은 자신의 행동이 타인에게 미치는 영향을 검토하도록 한다. O X

04 ☐☐☐ 19 서울 9급
배치전환은 정당한 징계절차에 의하지 않고 일종의 징계수단으로 활용될 가능성이 존재한다. O X

05 ☐☐☐ 17 해경간부
강의는 교육내용을 다수의 피교육자에게 단시간에 전달하는 데 효과적인 방법이다. O X

06 ☐☐☐ 17 교행 9급
현장훈련(on-the-job-training)은 공무원들 간 비정형적 체험을 통해서 자기에 대한 인식과 타인에 대한 이해의 기회를 갖게 하여 태도와 행동의 변화를 가져오고 궁극적으로 대인관계 기술을 향상시키려는 목적을 갖는다. O X

감수성훈련에 대한 설명이다.

07 ☐☐☐ 16 지방 7급
액션러닝(action learning)은 소규모로 구성된 그룹이 실질적인 업무현장의 문제를 해결해 내고 그 과정에서 성찰을 통해 학습하도록 하는 행동학습(learning by doing) 교육훈련 방법이다. O X

08 ☐☐☐ 14 국가 7급
전직과 전보는 부처 간 할거주의의 폐단을 타파하고 부처 간 협력 조성을 위한 기반을 마련해 줄 수 있다. O X

정답 01 O 02 O 03 O 04 O 05 O 06 X 07 O 08 O

핵심 기출 문제

01 □□□ 2019 소방간부

다음 설명에 해당하는 공무원 교육훈련 방법은?

교육 참가자들이 소그룹 규모의 팀을 구성해 개인, 그룹 또는 조직에 중요한 의미를 갖는 실제 현안 문제를 해결하면서 동시에 문제 해결 과정에 대한 성찰을 통해 학습하도록 지원하는 '행동하면서 학습하는' 교육방식이다. 2005년 중앙공무원교육원 고위정책 과정과 신임관리자 과정에 처음으로 적용되어 현재 주로 관리자 훈련에 사용되고 있다.

① 감수성 훈련
② 학습 동아리
③ 신디케이트
④ 사례 연구
⑤ 액션 러닝

정밀해설

⑤ 제시문은 소규모로 구성된 한 집단이 실제 직면하고 있는 실질적인 문제를 해결하면서 동시에 문제해결 과정에 대한 성찰을 통해 학습하는 방식인 액션러닝에 대한 내용이다. 주로 관리자훈련에 사용되며, 우리나라에 도입되어 있으며, 현재 고위공무원 후보자 교육과정에도 활용되고 있다.
① 감수성 훈련은 외부환경과 차단된 상황속에서 10명 내외의 피훈련자끼리 자유로운 토론을 통해 어떤 문제의 해결 방안이나 상대방에 대한 이해를 얻도록 하는 방법으로 성찰과 교류를 통해 자신과 대인관계에 대한 이해 및 감수성을 높이는 데 도움을 준다.
② 학습 동아리는 조직 내 모든 구성원의 학습과 개발을 촉진시키는 조직형태로 새로운 지식의 창출 및 공유하는 교육훈련 방식이다.
③ 신디케이트는 피훈련자들을 10명 내외의 소규모 집단으로 나누어 분반별로 동일한 문제를 토의하여 문제해결방안을 작성한 후 다시 전원이 한 장소에 모여 발표와 토론을 통해 하나의 합리적인 방안을 작성하는 방식이다.
④ 사례 연구는 실제 조직에서 경험한 사례를 사전에 선정하여 사회자의 지도하에 여러 사람이 공동으로 토의·연구하여 그에 대한 대안을 모색하는 방식이다.

정답 : ⑤

02 □□□ 2019 국회 8급

우리나라 공무원의 승진제도에 대한 설명으로 옳지 않은 것은?

① 5급 이하 공무원의 승진후보자명부는 근무성적평정 60%, 경력평정 40%를 고려하여 작성된다.
② 일반직공무원(우정직공무원은 제외)이 승진하려면 7급은 2년 이상, 6급은 3년 6개월 이상 해당 계급에 재직하여야 한다.
③ 근속승진은 승진후보자명부 작성단위기관 직제상의 정원표에 일반직 6급·7급 또는 8급의 정원이 없는 경우에도 근속승진인원만큼 상위직급에 결원이 있는 것으로 보고 승진임용 할 수 있다.
④ 공개경쟁승진은 5급으로 승진에 적용되며, 기관 구분 없이 승진 자격을 갖춘 6급 공무원을 대상으로 하는 공개경쟁승진시험의 성적에 의하여 결정된다.
⑤ 특별승진은 민원봉사대상 수상자, 직무수행능력 우수자, 제안채택 시행자, 명예퇴직자, 공무사망자 등을 대상으로 일정 요건을 충족하는 경우 승진임용하거나, 승진심사 또는 승진시험에 응시할 수 있도록 하는 제도이다.

정밀해설

① 5급 이하 공무원의 승진후보자명부는 근무성적평정 90%, 경력평정 10%를 고려하여 작성된다.
② 일반직 공무원이 승진하기 위한 최저연수에 대한 설명으로, 7급은 2년 이상, 6급은 3년 6개월 이상 해당 계급에 재직하여야 한다.
③ 근속승진은 일정 기간 복무한 하위공무원을 대상으로 7급은 11년 이상, 8급은 7년 이상, 9급은 5년 6개월 이상 재직하면 자동 승진시키는 제도이다. 또한 승진후보자명부 작성기관의 직제상 정원표에 하위직급의 정원이 없는 경우에도 상위직급에 결원이 있는 것으로 보고 승진임용 할 수 있다.
④ 5급 승진의 경우 공개경쟁제도를 실시하고, 기관 구분 없이 승진 자격을 갖춘 6급 공무원을 대상으로 하며 공개경쟁승진시험의 성적에 의하여 결정된다.
⑤ 특별승진은 청렴하고 투철한 봉사정신으로 직무에 모든 힘을 다하여 공무집행의 공정성을 유지하고 깨끗한 공직사회를 구현하는 데 기여한 공무원을 대상으로 일반승진 조건에 예외를 부여하는 제도이다.

정답 : ①

적중 예상 문제

01 □□□

다음 중 교육훈련의 내용으로 옳은 것은?

① 지식의 전달과 수행능력의 향상을 위해서 감수성훈련을 한다.
② 피훈련자의 능동적 참여가 이루어지는 것은 사례연구이다.
③ 실제 직무상황과 같은 상황을 설정해 실연시켜보는 것은 신디케이트 기법이다.
④ 지명반론자 기법은 집단사고의 문제를 발생시킨다.

정밀해설

① 감수성훈련은 태도나 행동의 변화를 위해 실시하는 훈련방식이다.
③ 실제 직무상황과 같은 상황을 설정해 실연시켜보는 것은 역할연기 방식이다.
④ 지명반론자 기법은 집단사고를 방지한다.

정답 : ②

02 □□□

승진제도에 대한 설명으로 옳지 않은 것은?

① 승진은 실적을 우선하고 실적이 동일할 경우 경력을 고려한다.
② 승진의 해당 부처를 제한할 경우 부처 간 조정 협조가 곤란하다.
③ 연공 경력은 가장 객관적이고 수치화된 제도이다.
④ 5급으로 승진 시 승진시험을 필수적으로 통과하여야 한다.

정밀해설

④ 5급으로 승진 시 승진시험 또는 보통승진심사위원회의 심사 중 병행이 가능하다.
① 승진의 일반원칙으로, 실적을 우선으로 하고 실적이 동일할 경우 경력을 고려한다.
② 승진의 해당 부처를 제한할 경우 승진정체 부처 공무원의 사기 저하, 부처 간 조정 및 협조곤란 등의 문제가 발생한다.
③ 연공 경력은 근속기관, 직무경험, 연령 등과 같은 요소를 포함하므로 가장 객관적이고 수치화된 제도이다.

▶ 우리나라 승진제도-일반승진

구분	승진대상	승진방법
고위공무원	자격과 경력을 갖춘 자: 3급 공무원, 4급(3년 이상) 경력자로서 후보자 교육 및 역량평가를 통과한 자	보통승진심사위 대상자 선정 → 고위공무원단 임용 심사위원회 승진심사 → 임용제청
3급	바로 하급 공무원	
4급	동일직군 또는 직렬의 바로 하급 공무원 중 승진후보자명부의 고순위자 순	보통승진심사위원회 심사
5급	-	승진시험 또는 보통승진심사위원회 심사(병행 가능)
6급	-	보통승진심사위원회 심사 (필기시험 또는 실기시험과 병행실시 가능)
7급	-	
8급	-	

정답 : ④

THEME 078 보수, 연금

1 보수체계

① 기본급(봉급)

생활보상	㉠ 생활급: 생계비를 결정기준으로 하는 보수로서 공무원과 그 가족의 생활을 보장하기 위한 보수 지급(연령과 가족상황이 기준)
	㉡ 근속급(연공급): 공무원의 근속연수를 기준으로 보수지급
근로대가	㉠ 직능급: 직무수행능력(노동력의 가치)에 따라 보수 지급
	㉡ 직무급: 직무의 상대적 가치에 따라 보수 지급(동일노동·동일보수)
	㉢ 성과급: 직무수행 결과적 산출을 기준으로 보수 지급

② 부가급(수당): 특별한 사정에 따라 차별적으로 받는 금액
　　예 직무부가급적 수당, 생활보조금적 수당, 지역수당, 성과급적 수당, 초과근무수당 등

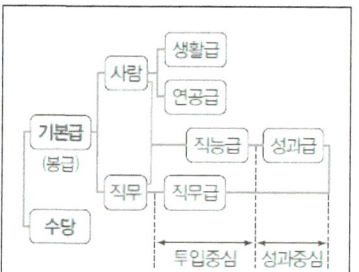

2 공직구조별 특징

① 계급제 → 사람중심 → 등급의 수 적음. → 수당 중심의 운영
② 직위분류제 → 일중심 → 등급의 수 많음. → 기본급 중심의 운영
③ 우리나라도 상위직으로 갈수록 호봉 간 보수 차이가 크므로 오목형(J자형)

3 우리나라의 보수체계

보수제도		적용대상	보수구조		성과급여
			기본급여(고려요인)		
연봉제	고정급적 연봉제	정무직	기본연봉(직책, 계급, 누적성과)		-
	직무성과급적 연봉제	고위공무원단	기본연봉	기준급(직책, 계급, 누적성과)	성과연봉
				직무급(직무의 곤란도에 따라)	
	성과급적 연봉제	5급(상당) 이상	기본연봉(직책, 계급, 누적성과)		성과연봉
호봉제		6급 이하	봉급(직급과 근무 연한)		성과상여금

4 연금

① 연금의 재원조달방식

구분	기금제	비기금제
장점	비교적 연금급여의 지속적 지급을 보장할 수 있음.	개시비용의 부담이 적음, 운영이 간단하며 관리비용이 적게 듦.
단점	• 인플레가 심할 경우 기금의 가치 하락 • 연금의 관리가 복잡하고 많은 관리비용이 발생	• 시간이 지날수록 운용·관리비용이 과다하게 발생 • 재정형편이 어려운 경우 연금을 지급하지 못할 경우 등이 발생

② 우리나라의 특징
　㉠ 기금제이면서 정부와 공무원이 공동으로 연금의 비용을 납부하는 기여제
　㉡ 공무원연금법 제외대상: 군인과 선거(대통령, 국회의원 등)에 의하여 취임하는 공무원
　㉢ 기여율 인상(기준소득월액의 9%)
　㉣ 연금지급 개시연령 연장(모든 공무원 65세)

OX 기출분석

해설

01 ☐☐☐　　　　　　　　　　　　　　　　　　　　　　22 지방 9급
2015년 공무원연금 개혁으로 퇴직급여 산정 기준은 퇴직 전 3년 평균보수월액으로 변경되었다.　○ ✗

퇴직급여(퇴직연금)의 산정 기준은 평균기준소득월액이다. 평균기준소득월액은 재직 기간 중 매년 기준소득월액을 공무원보수인상률 등을 고려하여 급여의 사유가 발생한 날의 현재가치로 환산한 후 합한 금액을 재직 기간으로 나눈 금액을 의미한다.

02 ☐☐☐　　　　　　　　　　　　　　　　　　　　　　22 지방 9급
공무원 보수 중 연공급은 근속연수를 기준으로 하기 때문에 전문기술인력 확보에 유리하다.　○ ✗

연공급은 근속연수를 기준으로 보수를 지급한다. 따라서 능력 있는 인사나 전문기술인력 확보에 불리하다.

03 ☐☐☐　　　　　　　　　　　　　　　　　　　　　　20 국회 8급
퇴직수당은 공무원과 정부가 분담한다.　○ ✗

퇴직수당은 퇴직연금이 아니므로 정부가 단독으로 부담한다.

04 ☐☐☐　　　　　　　　　　　　　　　　　　　　　　19 국가 7급
비기여제는 정부가 연금재원의 전액을 부담하는 제도이다.　○ ✗

05 ☐☐☐　　　　　　　　　　　　　　　　　　　　　　18 해경간부
직능급이란 직무의 난이도와 책임에 따라 결정되는 보수이다.　○ ✗

직무급이란 직무의 난이도와 책임에 따라 결정되는 보수이다.

06 ☐☐☐　　　　　　　　　　　　　　　　　　　　　　17 지방 9급
「공무원보수규정」상 고위공무원단 소속 공무원에 적용되는 직무성과급적 연봉제에서 직무급은 직무의 곤란성 및 책임의 정도를 반영하여 직무등급에 따라 책정된다.　○ ✗

07 ☐☐☐　　　　　　　　　　　　　　　　　　　　　　16 교행 9급
우리나라 공무원연금제도의 경우 재직기간 상한을 최대 36년까지 인정한다.　○ ✗

08 ☐☐☐　　　　　　　　　　　　　　　　　　　　　　16 지방 7급
고정급적 연봉제에서 연봉은 기본연봉과 성과연봉으로 구성된다.　○ ✗

직무성과급적 연봉제에서 연봉은 기본연봉과 성과연봉으로 구성된다.

정답 01 ✗　02 ✗　03 ✗　04 ○　05 ✗　06 ○　07 ○　08 ✗

THEME 078 보수, 연금　**449**

핵심 기출 문제

01 □□□ 2020 해경승진

다음 중 우리나라 공무원연금제도에 대한 설명으로 옳은 것을 모두 고른 것은?

> ㉠ 공무원연금제도는 행정안전부가 관장하고, 그 집행은 공무원연금공단에서 실시하고 있다.
> ㉡ 최초의 공적연금제도로서 직업공무원을 대상으로 하는 특수직역 연금제도이다.
> ㉢ 「공무원연금법」상 공무원연금 대상에는 군인, 공무원 임용 전의 견습직원 등이 포함된다.
> ㉣ 사회보험원리와 부양원리가 혼합된 제도이다.

① ㉠, ㉡
② ㉡, ㉣
③ ㉡, ㉢
④ ㉠, ㉡, ㉣

정밀해설

② ㉡, ㉣이 옳은 내용이다.
㉡ [○] 공적연금에는 국민연금(1988년 시행, 1999년 적용범위를 전국민으로 확대함)과 특수직역연금이 있으며, 특수직역연금에는 공무원연금(1960년 시행), 군인연금(1963년 시행), 사립학교교직원연금(1975년 시행)이 있다.
㉣ [○] 공무원연금은 비용부담은 정부와 공무원이 균등부담하는 사회보험적 성격과 재정수지 부족액을 정부재정으로 보전하는 부양원리의 성격이 혼합된 제도이다.
㉠ [×] 공무원연금제도는 인사혁신처에서 관장하고, 그 집행은 공무원연금공단에서 실시한다.
㉢ [×] 군인은 군인연금법이 적용되고, 공무원 임용 전의 견습직원은 공무원이 아니므로 공무원연금법이 적용되지 않는다.

정답: ②

02 □□□ 2016 지방 7급

공무원 보수제도 중 연봉제에 대한 설명으로 옳지 않은 것은?

① 직무성과급적 연봉제는 고위공무원단 소속 공무원에게 적용된다.
② 고정급적 연봉제에서 연봉은 기본연봉과 성과연봉으로 구성된다.
③ 직무성과급적 연봉제에서 기본연봉은 기준급과 직무급으로 구성된다.
④ 성과급적 연봉제와 직무성과급적 연봉제의 성과연봉은 전년도의 업무실적에 따른 평가결과에 따라 차등지급된다는 점에서 유사한 면이 있다.

정밀해설

② 고정급적 연봉제는 대통령, 장, 차관 등 정무직 공무원들에게 적용되는 연봉제로서, 기본급여의 연액만을 기본연봉으로 지급한다. 한편 기본연봉과 성과연봉으로 구성되는 것은 직무성과급적 연봉제이다.
① 직무성과급적 연봉제의 적용대상은 고위공무원단 소속 공무원이다.
③ 직무성과급적 연봉제는 기본연봉이 기준급과 직무급으로 구성되며, 기본연봉에 성과연봉을 추가하여 지급하는 연봉제이다.
④ 성과연봉은 전년도 업무성과에 대한 평가결과에 따라 평가등급별로 차등하여 해당 연도에 지급되는 금액으로 성과급적 연봉제와 직무성과급적 연봉제의 공통점이다.

▶ **직무성과급적 연봉제**

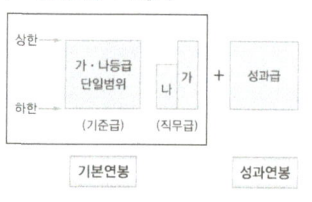

정답: ②

03

2014 국회 8급

다음 중 우리나라의 총액인건비제도에 대한 설명으로 옳지 않은 것은?

① 성과관리와 관리유인체계를 제공하기 위한 신공공관리적 시각을 반영한다.
② 직급 인플레이션을 발생시킬 수도 있다.
③ 국 단위기구까지 자율성이 인정된다.
④ 계급에 따른 인력 운영 및 기구설치에 대한 재량권이 인건비 총액 한도 내에서 인정된다.
⑤ 성과상여금에 대한 지급액의 증감이 가능하다.

정밀해설

③ 국 단위 이상의 기구는 대통령령(직제)에서 규정하고, 과 단위의 기구는 각 부처가 정원의 범위 내에서 총리령 또는 부령에서 자율적으로 설치·운영된다.
① 총액인건비제도는 성과와 보상의 연계가 강화되며, 자율과 책임의 조화 부분은 신공공관리적 시각을 반영한 것이다.
② 총액인건비제도는 무분별한 증원과 상위직 증설 등으로 인해 직급 인플레이션이 유발될 가능성이 높다.
④ 총액인건비제도는 중앙예산기관과 조직관리기관이 총정원과 인건비예산의 총액만을 정해주면, 그 범위 안에서 각 부처는 재량권을 발휘하여 인력운영 및 기구설치에 대한 자율성과 책임성을 보장받는 제도이다.
⑤ 총액인건비제도는 보수의 기본항목인 봉급 등만 인사혁신처가 통제하고, 자율항목인 성과상여금 부분은 부처의 자율에 맡기므로 지급액의 증감이 가능하다.

정답 : ③

04

2012 국회 8급

공무원 보수에 관한 설명으로 옳지 않은 것은?

① 계급제의 경우 직책에 따라 보수액을 결정하는 것이 아니라 능력, 자격에 따라 보수를 결정한다.
② 공무원의 보수를 책정할 때에도 동일 노동에 동일 대가를 지불하는 것을 원칙으로 한다.
③ 공무원은 일반적으로 노동권의 제약을 받고 있어 보수 결정이 불리할 수 있다.
④ 공무원 보수 수준의 결정에 있어서 사회윤리적 요인은 공무원은 공공에 대한 봉사직이므로 지나치게 높은 보수를 받아서는 안된다는 관념에 기초를 둔 것이다.
⑤ 미국이나 영국의 공무원 보수 수준 결정은 대내적 상대성을 따르는 경향이 있다.

정밀해설

⑤ 미국이나 영국 등 대부분의 선진국에서의 공무원 보수수준 결정은 대내적 상대성보다는 일차적으로 대외적 비교성을 따르는 경향이 있다.
① 계급제는 직책에 따라 보수액을 결정하는 것이 아니라 능력, 자격에 따라 보수를 결정한다.
② 직무급의 원칙으로 공무원의 보수는 업무의 곤란도나 책임도에 상응해야 한다.
③ 공무원의 경우 단결권의 제약으로 처우 개선 등 스스로의 권익 증진이 곤란하다.
④ 공무원 보수수준의 결정에 있어서 사회윤리적 요인은 공무원은 공공에 대한 봉사자이므로 지나치게 높은 보수를 받아서도 안 되고 정부는 모범적 고용주로서 공무원에게 지나치게 낮은 보수를 지급해도 안 된다는 관념에 기초를 둔 것이다.

▶ **대외적 비교성과 대내적 상대성의 원칙**

대외적 비교성 원칙	민간임금과 균형을 이루어야 함
대내적 상대성 원칙	격차요인이 분명하고 공평해야 함

▶ **보수수준 결정요인**

경제적 요인	상한선 결정요인(민간임금, 국민담세능력, 정부지불능력, 물가수준, 재정경제정책 등)
사회윤리적 요인	하한선 결정요인(모범적 고용주로서 생계비·생활비 지급 의무)
부가적 요인	보수 이외에 받게 되는 후생복지(연금, 휴가 등)
정책적 요인	성과제고를 위한 인사정책적 수단(성과급 등)

정답 : ⑤

적중 예상 문제

01 □□□

보수의 폭과 호봉의 수를 결정할 때 고려해야 할 요인에 대한 설명으로 옳지 않은 것은?

① 승진의 기회가 제한되어 있고, 동일 등급 내에서의 체류기간이 길면 호봉의 수를 적게 할 필요가 있다.
② 하나의 등급 내에서 공무원의 유용성이 최대로 될 때까지의 기간(성숙기간)의 길이에 따라 호봉의 수를 달리해야 한다.
③ 보수폭(등급의 폭)을 두는 이유는 동일 등급의 직무를 수행하더라도 그 일을 담당하는 사람의 경력, 자격, 실적 등의 차이를 반영하기 위함이며 이를 호봉이라고 한다.
④ 승급기간이 길면 호봉의 수는 적은 대신 승급액이 상대적으로 많아져야 한다.

정밀해설

① 동일 등급 내 체류기간이 길면 호봉의 수를 많게 해야 한다.
② 하나의 등급 내에서 공무원의 성숙기간의 길이에 따라 호봉수를 달리해야 한다.
③ 호봉은 보수등급의 폭을 몇 개로 나눈 하나하나를 의미하는 것으로 보수폭을 두는 이유는 동일 등급의 직무를 수행하더라도 그 일을 담당하는 사람의 경력, 차이, 실적 등을 반영하기 위해서이다.
④ 승급기간이 길면 승급액은 상대적으로 많은 대신 호봉의 수는 적다.

정답 : ①

02 □□□

우리나라의 성과지향적 보수제도에 대한 설명으로 옳지 않은 것은?

① 고위공무원단은 직무성과급적 연봉제를 실시한다.
② 정무직의 고정급적 연봉제는 기본연봉에 성과급여를 지급한다.
③ 성과상여금은 전년도 실적을 바탕으로 과장급이 아닌 6급 이하 공무원에게 지급한다.
④ 제도 개선 등으로 수입이 증대되거나 지출이 절약된 경우 기여한 공무원에게 예산성과급을 지급한다.

정밀해설

② 정무직은 성과급여를 지급하지 않으며 기본급여의 연액만을 기본연봉으로 지급한다.
① 고위공무원단에게는 직무성과급적 연봉제를 적용한다.
③ 성과상여금은 전년도 실적을 바탕으로 6급 이하 공무원에게 지급한다.
④ 예산의 집행방법 또는 제도의 개선 등으로 수입이 증대되거나 지출이 절약된 경우 기여한 공무원에게 예산성과급을 지급한다.

정답 ②

03

공무원 보수에 관한 설명으로 옳지 않은 것은?

① 한국은 보수곡선의 J 커브형으로 인해 상위직과 장기근속을 우대한다.
② 한국은 생활급 중심의 보수체계로서 보수의 공정성이 높다.
③ 공무원은 일반적으로 정부의 재정력을 상한선으로, 공무원의 생계비를 하한선으로 하여 결정한다.
④ 직위분류제에서는 기본급 중심이며, 계급제에서는 수당중심체제이다.

정밀해설

② 보수의 공정성은 직위분류제가 더 적합하며, 한국은 보수의 공정성이 낮다.
① 미국, 영국, 우리나라는 대외적 비교성(민간과 비교)에 입각하여 보수를 결정한다. 상위직일수록 등급간 보수의 폭은 크다.

▶ **기본급(봉급) 종류**

1. 생활급: 공무원 및 그 가족의 기본적인 생계유지를 보장하기 위한 것으로서, 공무원의 연령·가족수·자녀교육비 등이 고려되며 직무에 관한 요소가 반영되지 않는다.
2. 근속급(연공급): 공무원의 근속연수를 기준으로 결정하는 보수로서 근무연수가 증가됨에 따라 봉급도 증가하므로 근속을 장려하고 생계비를 보장하는 기능도 수행한다.
3. 자격급: 공무원이 가진 학력·자격증·면허증 등에 의하여 표시되는 자격을 기초로 결정되는 보수이다.
4. 능력급: 공무원의 능력 정도에 따라 결정되는 보수로서 능력은 공무원이 가진 모든 능력이 아니라 조직목적에 기여할 수 있는 능력이다. 능력의 범위를 더욱 한정하여 직무별 능력을 기초로 하는 보수를 직능급이라 한다.
5. 직무급: 각 직위가 가지고 있는 상대적 가치에 따라 결정되는 보수로서 직무의 곤란도·책임도에 따라 지급함으로써 '일에 맞는 보수'를 실현하는 목적을 가진다.
6. 성과급: 성과(실적)를 기준으로 결정되는 보수로서 보수액은 고정적이지 않고 그때그때의 성과에 따라 달라진다. 실적급이라고도 한다.

정답 : ②

04

우리나라의 공무원연금제도에 관한 설명으로 옳지 않은 것은?

① 미국과 달리 연금을 일종의 거치된 보수로 보는 거치보수설에 입각하지 않고 있으며, 일시적으로 공무에 종사하지 않는 휴직공무원은 연금의 적용에서 제외된다.
② 기금제를 택하고 있으며, 퇴직연금뿐만 아니라 복지후생연금의 의미도 가지고 있다.
③ 퇴직연금제도는 공무원이 노령, 질병, 부상, 기타의 이유로 퇴직하거나 사망한 경우 본인 또는 유족의 생계를 돌보기 위해 연금을 지급하는 제도로 직업공무원제를 확립하는데 불가결한 제도이다.
④ 우리나라는 기금조성의 비용을 정부와 공무원이 공동으로 부담하는 기여제를 채택하고 있다.

정밀해설

① 거치보수설에 입각해 공무원 연금제도를 운영하고 있으며, 휴직공무원도 연금이 적용된다.

▶ **연금기금의 조성**

1. 재원조달방법 - 기금제와 비기금제
   기금제: 연금지급에 필요한 재원을 조달하기 위하여 미리 기금을 마련하고 이 기금과 기금의 운용·투자에서 얻어지는 이자 및 사업수익을 연금에 충당하는 제도로서, 보험적립제라고도 하며, 우리나라와 미국이 이에 해당한다.
2. 구성원의 재원납부 여부 - 기여제와 비기여제
   · 기여제: 정부와 공무원이 공동으로 기금조성의 비용을 납부하는 제도로서 호혜의 원칙에 입각하고 있다. 우리나라·미국·프랑스 등이 여기에 해당된다.
   · 비기여제: 정부가 기금조성비용의 전액을 납부하는 제도로서 독일·영국 등이 여기에 해당된다.

정답 : ①

THEME 079 징계, 신분보장

1 징계

경징계	견책	훈계하고 회개하게 함에 그치는 가장 가벼운 처분으로, 6개월간 승진(승급)이 제한
	감봉	1~3개월 동안 보수의 1/3 감함, 12개월간 승진 제한
중징계	정직	1~3개월 동안 직무종사 못함, 보수 전액 삭감, 18개월간 승진 제한
	강등	1계급 아래로 내림, 3개월간 직무 종사 못함, 보수전액 삭감, 18개월간 승진 제한
	해임	• 강제퇴직 처분, 3년간 공직취임 제한 • 금전적 비리로 해임된 경우 퇴직급여는 5년 미만은 1/8, 5년 이상은 1/4을 감액, 퇴직수당도 1/4을 감액
	파면	• 강제퇴직 처분, 5년간 공직취임 제한 • 퇴직급여는 5년 미만은 1/4, 5년 이상은 1/2을 감액, 퇴직수당도 1/2을 감액

2 직위해제와 직권면직

직위 해제	의의	공무원에게 신분은 보유하나 직위를 부여하지 않고 일정기간 직무에서 격리시키는 처분
	사유	① 직무수행능력 부족이나 실적이 불량한 자 ② 중징계(파면·해임·정직)의결이 요구 중인 자 ③ 형사사건으로 기소된 자 ④ 고위공무원단에 속한 자가 근무성적이 불량하여 적격심사 요구를 받은 자
직권 면직	의의	공무원이 법률 규정에 해당하는 사유가 발생하였을 경우 임용권자가 직권으로 해당 공무원의 공무원 신분을 박탈시키는 처분
	사유	① 직제와 정원이 개폐 또는 예산의 감소 등에 따라 폐직 또는 과원이 되었을 때 ② 휴직기간이 끝나거나 휴직 사유가 소멸된 후에도 직무에 복귀하지 아니하거나 직무를 감당할 수 없을 때 ③ 대기명령을 받은 자가 그 기간에 능력 또는 근무성적의 향상을 기대하기 어렵다고 인정된 때 ④ 전직 시험에서 3번 이상 불합격한 자로서 직무수행 능력이 부족하다고 인정된 때 ⑤ 징병검사·입영 명령을 받고 정당한 사유 없이 기피하거나 군복무를 위한 휴직자가 군무 이탈한 경우 ⑥ 해당 직급에서 직무수행을 위한 자격증 효력이 없어지거나 면허 취소, 직무수행 능력이 없게 된 때 ⑦ 고위공무원단 소속 공무원으로 적격심사 결과 부적격 결정을 받은 때

Mani DB 사기관리

인사상담	조직구성원의 욕구불만, 갈등, 스트레스, 정서적 혼란 등 부적응 문제를 해결하기 위하여 상담전문가가 상담 의뢰인에게 조언 등을 해주는 면접절차
고충처리	직장생활과 관련하여 조직구성원들이 제기하는 고충을 심사·해결책 강구
제안제도	조직구성원으로부터 조직운영이나 업무개선에 대한 창의적인 의견을 받아들여 이를 심사하고 채택된 제안자에게 보상하는 제도(상향적 의사전달, 사기↑, 하위계층의 참여가 중요)
근무생활의 질 (QWL, 직무개선)	직장생활을 통하여 개인적 보람을 추구하여 근로의욕을 고취하고자 전개된 인간적·민주적 근로운동
스트레스 관리	스트레스는 최근 근로생활의 질을 나타내는 주요 지표로 주목

OX 기출분석

01 ☐☐☐   22 국가 9급
임용권자는 직무수행 능력 부족을 이유로 직위해제를 받은 공무원이 직위해제 기간에 능력의 향상을 기대하기 어렵다고 인정된 때에 직권면직을 통해 공무원의 신분을 박탈할 수 있다.   O X

해설
임용권자의 인사상 권한이다.

02 ☐☐☐   21 지방 7급
고충심사위원회가 청구서를 접수한 때에는 30일 이내에 고충심사에 대한 결정을 해야 하고 그 결정은 위원 과반수의 출석과 과반수의 합의에 의한다.   O X

고충심사위원회의 결정은 보통심사위원회의 경우 위원 5명 이상의 출석과 출석위원 과반수의 합의에 따르고, 중앙고충심사위원회의 경우 인사혁신처에 설치된 소청심사위원회가 그 기능을 대신하며, 위원(소청심사위원회의 상임위원과 비상임위원) 3분의 2 이상의 출석과 출석위원 과반수의 합의에 따른다.

03 ☐☐☐   21 국회 8급
견책은 잘못된 행동에 대하여 훈계하고 회개토록 하는 것으로 6개월간 승진과 승급이 제한되는 효력을 가진다.   O X

04 ☐☐☐   20 국가 9급
예산 감소 등으로 직위가 폐지되어 하위 계급의 직위에 임용되려면 별도의 심사절차를 거쳐야 하고, 강임된 공무원에게는 강임된 계급의 봉급이 지급된다.   O X

직제 또는 정원의 변경이나 예산의 감소 등으로 직위가 폐지되거나 하위의 직위로 변경되어 과원이 된 경우 또는 본인이 동의한 경우 별도의 심사절차는 거칠 필요 없이 소속 공무원을 강임할 수 있다.

05 ☐☐☐   19 지방 7급
「국가공무원법」상 징계로 해임처분을 받은 때부터 5년이 지나지 아니한 자는 공무원으로 임용될 수 없다.   O X

징계로 해임처분을 받은 경우 3년(파면처분의 경우 5년)이 지나지 아니한 자는 공무원으로 임용될 수 없다.

06 ☐☐☐   18 지방 9급
직위해제는 직무수행능력이 부족하거나 근무성적이 극히 나쁜 경우 공무원의 신분은 유지하지만 강제로 직무를 담당하지 못하게 하는 것이다.   O X

07 ☐☐☐   17 경찰간부
강등·정직은 18개월, 감봉은 12개월, 견책은 6개월 간 승급이 정지된다.   O X

08 ☐☐☐   17 사복 9급
정직은 1개월 이상 3개월 이하의 기간으로 하고, 정직 처분을 받은 자는 그 기간 중 공무원의 신분은 보유하나 직무에 종사하지 못하며 보수의 3분의 2를 감한다.   O X

정직은 1~3개월 동안 직무에 종사하지 못하게 하는 처분으로 정직 처분을 받은 자는 보수의 전액을 감한다.

정답 01 O   02 X   03 O   04 X   05 X   06 O   07 O   08 X

핵심 기출 문제

01
2021 국회 8급

우리나라의 공무원 징계에 대한 설명으로 옳지 않은 것은?

① 견책은 잘못된 행동에 대하여 훈계하고 회개토록 하는 것으로 6개월간 승진과 승급이 제한되는 효력을 가진다.
② 감봉은 보수의 불이익을 받는 것으로 1개월 이상 3개월 이하의 기간 동안 보수액의 2/3를 감한다.
③ 강등은 직급을 내리고 공무원신분은 보유하나 3개월간 직무에 종사하지 못하며 그 기간 중 보수의 전액을 감한다.
④ 해임은 강제퇴직의 한 종류로서 3년간 재임용자격이 제한된다.
⑤ 파면은 공무원신분을 완전히 잃는 것으로 5년간 재임용자격이 제한된다.

정밀해설

② 감봉은 보수의 불이익을 받는 것으로 1개월 이상 3개월 이하의 기간 동안 보수의 1/3를 감한다.
① 견책은 전과에 대하여 훈계하고 회개하게 하는 것으로 6개월간 승급이 정지된다.
③ 강등은 1계급 아래로 직급을 내리고 공무원 신분은 보유하나 3개월간 직무에 종사하지 못하며 그 기간 중 보수의 전액을 감하고 18개월간 승급이 정지된다.
④ 해임은 강제퇴직의 한 종류로서 3년간 공무원 재임용이 제한된다.
⑤ 파면은 강제로 퇴직시키는 처분으로 5년간 재임용자격이 제한된다.

정답 ②

02
2015 지방 9급

고충처리제도와 소청심사제도에 대한 설명으로 옳지 않은 것은?

① 양자 모두 공무원의 권익보호를 위한 제도이다.
② 고충심사위원회와 소청심사위원회의 결정은 관계기관의 장을 기속한다.
③ 중앙고충심사위원회의 기능은 인사혁신처 소청심사위원회에서 관장한다.
④ 소청심사제도는 공무원이 징계처분 기타 그 의사에 반하는 불이익 처분에 대해 이의를 제기하는 경우 이를 심사·결정하는 특별행정심판제도이다.

정밀해설

② 고충심사위원회의 결정은 구속력이 없지만, 소청심사위원회의 결정은 구속력이 있어 관계기관의 장을 기속한다.
① 고충처리제도는 근무조건이나 인사, 신상문제에 대하여 불이익한 처분이나 대우를 받을 경우에 하는 것이고, 소청심사제도는 징계처분 및 기타 의사에 불리한 처분을 받았을 경우에 하는 것이므로 양자 모두 공무원의 권익보호와 관련된 제도이다.
③ 5급 이상의 경우 중앙고충심사위원회가 담당하며, 중앙고충심사위원회는 인사혁신처 소청심사위원회가 대행한다.
④ 소청심사제도는 징계처분, 그 밖에 그 의사에 반하는 불리한 처분이나 부작위에 대해 이의를 제기할 수 있는 것으로, 소청심사위원회는 이를 심사하고 결정한다.

▶ 고충처리제도 vs 소청심사제도

구분	고충처리제도	소청심사제도
기관	고충심사위원회 (상대적으로 낮은 독립성)	소청심사위원회 (높은 독립성)
대상	인사·조직·처우 등 각종 직무조건과 그 밖의 신상문제 (범위 넓음)	징계처분과 신분상 불이익처분 (범위 좁음)
청구기한	규정 없음	처분사유설명서를 받은 날 또는 처분이 있은 것을 안 날로부터 30일 이내
법적 구속력	약함	강함

정답 ②

03

2015 행정사

「국가공무원법」상에 규정된 직위해제 사유에 해당되지 않는 자는?

① 직무수행 능력이 부족한 자
② 휴직 사유가 소멸된 후에도 직무에 복귀하지 않은 자
③ 근무성적이 극히 나쁜 자
④ 파면·해임에 해당하는 징계의결이 요구 중인 자
⑤ 정직에 해당하는 징계의결이 요구 중인 자

정밀해설

② 휴직기간이 만료되었음에도 불구하고 직무에 복귀하지 않는 경우는 직권면직사유에 해당한다.
①, ③, ④, ⑤ 직위해제 사유에 해당한다.

정답 : ②

보충

▶ 직위해제와 직권면직 비교

구분	직위해제	직권면직
개념	일정기간(3개월 이내) 직위를 부여하지 않을 수 있는 처분	직권으로 면직(신분박탈)하는 인사 처분
사유	· 직무수행 능력이 부족하거나 근무성적이 극히 나쁜 자 · 파면·해임·강등 또는 정직에 해당하는 징계의결이 요구 중인 자 · 형사 사건으로 기소된 자(약식명령이 청구된 자는 제외) · 고위공무원단에 속하는 일반직공무원으로서 적격심사를 요구받은 자 · 금품비위, 성범죄 등 대통령령으로 정하는 비위행위로 인하여 감사원 및 검찰·경찰 등 수사기관에서 조사나 수사 중인 자로서 비위의 정도가 중대하고 이로 인하여 정상적인 업무수행을 기대하기 현저히 어려운 자	· 직제와 정원의 개폐 또는 예산의 감소 등에 따라 폐직·과원 되었을 때 · 휴직 기간이 끝나거나 휴직 사유가 소멸된 후에도 직무에 복귀하지 아니하거나 직무를 감당할 수 없을 때 · 대기 명령을 받은 자가 그 기간에 능력 또는 근무성적의 향상을 기대하기 어렵다고 인정된 때 · 전직시험에서 세 번 이상 불합격한 자로서 직무수행 능력이 부족하다고 인정된 때 · 병역판정검사·입영 또는 소집의 명령을 받고 정당한 사유 없이 이를 기피하거나 군복무를 위하여 휴직 중에 있는 자가 군복무 중 군무를 이탈하였을 때 · 해당 직급·직위에서 직무를 수행하는데 필요한 자격증의 효력이 없어지거나 면허가 취소되어 담당 직무를 수행할 수 없게 된 때 · 고위공무원단에 속하는 공무원이 적격심사 결과 부적격 결정을 받은 때

04

2025 소방간부

현행 「국가공무원법」의 내용으로 가장 적절하지 않은 것은?

① 임용권자는 직무수행 능력이 부족하거나 근무 성적이 극히 나쁜 자에게 직위를 부여하지 아니할 수 있다.
② 임용권자는 직제 또는 정원의 변경이나 예산의 감소 등으로 직위가 폐직되거나 하위의 직위로 변경되어 과원이 된 경우에도 본인의 동의가 있어야 소속 공무원을 강임할 수 있다.
③ 임용권자는 직제와 정원의 개폐 또는 예산의 감소 등에 따라 폐직(廢職) 또는 과원(過員)이 되었을 때에는 공무원을 직권으로 면직시킬 수 있다.
④ 임기제공무원의 근무기간이 만료된 경우에는 당연히 퇴직한다.

정밀해설

② 「국가공무원법」 제73조의4(강임)에 따르면, 직제 또는 정원의 변경이나 예산 감소 등으로 인한 폐직·과원 발생 시에는 본인의 동의 없이도 강임할 수 있다. 동의는 본인의 자발적인 요청에 의한 강임 시 필요하다.
① 「국가공무원법」 제73조의3(직위해제)에 따르면, 직무수행 능력이 부족하거나 근무성적이 극히 나쁜 경우 직위를 부여하지 아니할 수 있다.
③ 「국가공무원법」 제70조(당연퇴직, 직권면직 등)에 따르면, 직제·정원의 개폐 또는 예산 감소 등으로 인한 폐직·과원은 직권면직 사유에 해당한다.
④ 「국가공무원법」 제69조(당연퇴직)에 따르면, 임기제공무원의 근무기간이 만료된 경우 당연히 퇴직한다.

정답 : ②

적중 예상 문제

01

현행 국가공무원법에 규정된 징계처분에 관한 설명으로 옳지 않은 것은?

① 징계의결 등의 요구는 징계 등의 사유가 발생한 날부터 3년(금품 및 향응 수수, 공금의 횡령·유용의 경우 등에는 5년)이 지나면 하지 못한다.
② 정직은 1개월 이상 3개월 이하이며, 정직 기간 동안 공무원의 신분은 유지하되, 직무에 종사하지 못하고 보수의 전액을 감한다.
③ 파면은 연금법상 불이익은 없으며, 5년간 공직에 임용될 수 없다.
④ 강등은 공무원 신분은 보유하나 3개월간 직무에 종사하지 못하고 그 기간 중 보수의 전액을 감한다.

정밀해설

③ 파면은 연금법상 불이익이 있으며, 5년간 공직취임이 제한된다.
① 징계의결 등의 요구는 징계 등의 사유가 발생한 날부터 3년이 지나면서 하지 못하며, 금품수수나 공금횡령 및 유용 등으로 인한 징계의결요구의 소멸시효는 5년이다.
② 정직은 1개월 이상 3개월 이하의 기간 동안 공무원의 신분은 보유하나 직무수행이 정지되고 그 기간 중 보수의 전액을 감한다.
④ 강등은 1계급 아래로 직급을 내리는 처분으로 공무원의 신분은 유지하나 3개월 간 직무에 종사하지 못하고 그 기간 중 보수의 전액을 감한다.

정답: ③

02

우리나라 공무원의 내부임용에 관한 설명으로 옳지 않은 것은?

① 해임은 중징계 처분의 하나로 연금법상의 불이익은 없으나 해임된 경우에는 5년 동안 공무원으로 임용될 수 없다.
② 파견은 국가적 사업의 수행을 위해 공무원의 소속을 바꾸지 않고 일시적으로 다른 기관이나 국가기관 이외의 기관 및 단체에서 근무하게 하는 것을 말한다.
③ 정직은 중징계 처분의 하나로 정직의 기간은 1개월 이상 3개월 이하이며, 정직 기간 중에는 보수의 전액을 삭감하도록 되어 있다.
④ 권고사직은 인사권자의 자의에 의해 이루어지는 것으로 징계대상 공무원에 대해 가혹한 징계를 모면하게 하는 수단으로 이용되기도 한다.

정밀해설

① 해임은 원칙적으로 연금법상 불이익은 없으나 3년간 공직에 재임용될 수 없으며, 파면은 연금의 일부가 지급 제한되며 5년간 재임용될 수 없다. 참고로 금전적 비리(뇌물·향응수수,공금횡령·유용 등)로 해임된 경우 퇴직급여는 5년 미만은 1/8을, 5년 이상은 1/4을 감액하며, 퇴직수당도 1/4을 감액하여 지급한다.

정답: ①

03

공무원의 신분보장 및 퇴직에 대한 설명으로 옳지 않은 것은?

① 직위해제의 경우는 공무원의 신분을 유지하나, 해임 및 파면의 경우는 공무원의 신분을 상실한다.
② 임의퇴직을 늘리기 위한 하나의 방편으로서 권고사직은 공무원에게 온정적 조치이지만 때로는 신분보장을 침해할 위험이 있다.
③ 우리나라 고위공무원을 포함한 경력직 공무원은 형의 선고, 징계처분 또는 법령에서 정하는 사유에 따르지 아니하고는 본인의 의사에 반하여 휴직·강임 또는 면직을 당하지 아니한다.
④ 정치적 중립을 확보하기 위한 신분보장은 실적주의 및 직업공무원제 정착에 기여한다.

정밀해설

③ 우리나라 공무원은 형의 선고, 징계처분 또는 법령에서 정하는 사유에 따르지 아니하고는 본인의 의사에 반하여 휴직·강임 또는 면직을 당하지 아니한다. 그러나 1급 및 직무등급이 가장 높은 고위공무원단에 속하는 공무원은 그러하지 아니하다(국가공무원법 제68조).

정답 : ③

04

「국가공무원법」상 직권면직 사유가 아닌 것은?

① 직제와 정원 등 개폐 또는 예산의 감소에 따른 폐직 또는 과원되었을 때
② 대기명령 받은 자가 그 기간에 능력 또는 근무성적의 향상을 기대하기 어렵다고 인정될 때
③ 고위공무원단에 속하는 공무원이 적격심사 결과 부적격 결정을 받을 때
④ 약식명령이 청구된 자를 제외한 형사사건으로 기소된 자

정밀해설

④ 약식명령이 청구된 자를 제외한 형사사건으로 기소된 자는 직위해제 사유에 해당한다.

▶ **직위해제 사유(국가공무원법 제73조의3)**

- 직무수행 능력이 부족하거나 근무성적이 극히 나쁜 자
- 파면·해임·강등 또는 정직에 해당하는 징계 의결이 요구 중인 자
- 형사 사건으로 기소된 자(약식명령이 청구된 자는 제외)
- 고위공무원단에 속하는 일반직공무원으로서 적격심사를 요구받은 자
- 금품비위, 성범죄 등 대통령령으로 정하는 비위행위로 인하여 감사원 및 검찰·경찰 등 수사기관에서 조사나 수사 중인 자로서 비위의 정도가 중대하고 이로 인하여 정상적인 업무수행을 기대하기 현저히 어려운 자

정답 : ④

THEME 080 공무원단체, 정치적 중립

1 공무원노조(공무원의 노동조합 설립 운영에 관한 법률) - 공무원노조와 공무원직장협의회의 비교

구분	공무원노조	공무원직장협의회
법률상 근거	• 헌법 제33조 제1·2항 • 「노동조합 및 노동관계조정법」, 「공무원노조법」	• 헌법상 근거는 없음. • 「공무원직장협의회의 설립·운영에 관한 법률」
설립	• 국가공무원은 행정부·국회·법원·중앙선거관리위원회·헌법재판소, 지방공무원은 특별시·광역시·도, 시·군·자치구, 시·도 교육청을 최소단위로 복수설립 가능 • 전국단위 설립 허용 • 고용노동부 장관에게 설립 신고	• 기관장이 4급 이상 상당인 기관 단위로 하나의 협의회만 설립 가능 • 둘 이상의 기관에 걸치는 협의회 및 연합협의회 설립 금지 • 해당 기관의 장에게 설립 통보
가입범위	• 일반직공무원, 별정직공무원 • 특정직공무원 중 외무영사직렬·외교정보기술직렬 외무공무원, 소방공무원 및 교육공무원(다만, 교원은 제외) • 가입 제한 　- 특정직·정무직, 교원, 사실상 노무종사 공무원 　- 지휘·감독직, 인사·보수 등 공무원노조와의 관계에서 행정기관의 입장에 서는 자 　- 교정·수사 등 유사업무 담당자, 노조원의 지위를 가지고 수행하기 곤란한 업무 담당 공무원 등	• 일반직공무원 • 특정직공무원 중 다음 각 목의 어느 하나에 해당하는 공무원 　- 외무영사직렬·외교정보기술직렬 외무공무원 　- 경찰공무원 　- 소방공무원 • 별정직공무원
교섭·협의 사항	• 단체교섭 및 협약체결권 인정 　- 보수·복지 기타 근무조건에 관한 사항 　- 근무조건과 직접 관련이 없는 정책결정에 관한 사항, 임용권의 행사 등 행정기관의 관리·운영에 관한 사항은 교섭대상에서 제외	• 협의만 가능 　- 당해 기관 고유의 근무환경 개선에 관한 사항 　- 업무능률 향상에 관한 사항 　- 공무와 관련된 일반적 고충에 관한 사항 　- 기타 기관의 발전에 관한 사항
전임자	전임 인정(무급휴직)	전임 금지
사용자의 교섭의무	정당한 이유 없는 교섭거부·해태 등은 부당노동행위로 규정되며, 노동위원회에 구제신청 가능	기관장에게 매년 2회 협의의무를 부과하고 있으나, 거부·해태시 제재규정 없음.
분쟁조정	중앙노동위원회에 별도의 '공무원노동관계조정위원회' 설치	별도의 규정이 없으므로 일반적 행정구제 절차에 따름.

※ 공무원노조는 직장협의회의 설립 운영을 방해하지 아니함.

2 정치적 중립

미국	• Pendleton법(공무원의 정치적 중립 최초 도입) • Hatch법(정치활동을 광범위하게 제한)
영국	• 1948년 공무원정치 활동위원회 보고서(정치활동에 대한 비판 본격화) • 휘틀리 협의회(Whitely Council) 보고(공무원 집단별 정치활동 범위 다르게 규정)
한국	• 헌법 제7조 • 국가공무원법 제65조

OX 기출분석

01 ☐☐☐ 22 국가 9급
공무원이 정치적 중립의 정당화 근거는 공무원의 정치적 기본권을 강화하여 공직의 계속성을 제고할 수 있다.
○ ✕

해설: 공무원의 정치적 기본권인 정치적 참정권을 제한한다.

02 ☐☐☐ 20 국회 9급
「공무원의 노동조합 설립 및 운영 등에 관한 법률」에 따르면 노동조합을 설립하려는 사람은 행정안전부장관에게 설립신고서를 제출하여야 한다.
○ ✕

해설: 노동조합을 설립하려는 사람은 고용노동부장관에게 설립신고서를 제출하여야 한다.

03 ☐☐☐ 20 국회 8급
공무원 노동조합은 2개 이상의 단위에 걸치는 노동조합이나 그 연합단체도 허용하고 있다.
○ ✕

04 ☐☐☐ 16 국가 7급
공무원노동조합은 부당한 정치적 정실인사를 배제하는 데 기여할 수 있다.
○ ✕

05 ☐☐☐ 13 국가 9급
공무원단체는 공직 내 의사소통을 약화시키며, 보수 인상 등 복지요구 확대는 국민부담으로 이어질 수 있다.
○ ✕

해설: 공무원 노조의 활성화는 공직 내 의사소통을 강화시키는 수단이 된다.

06 ☐☐☐ 12 국가 9급
공무원의 정치적 중립은 행정의 계속성과 전문성을 확보하고 공무원 집단의 정치세력화를 방지하기 위해서 요구된다.
○ ✕

07 ☐☐☐ 12 국가 9급
정치적 무관심화를 통한 직무수행의 능률성 확보를 위해서 공무원의 정치적 중립이 요구된다.
○ ✕

해설: 정치적 중립은 정치적 무관심화를 지향하는 것이 아니다.

08 ☐☐☐ 12 지방 7급
현행 국가공무원법에서는 공무원이 투표권 행사 여부에 대하여 사적 견해를 제시하는 것을 제한하고 있다.
○ ✕

해설: 제한대상이 아니며 정치적 중립의무에 위반되지 않는다.

정답 01 ✕ 02 ✕ 03 ○ 04 ○ 05 ✕ 06 ○ 07 ✕ 08 ✕

핵심 기출 문제

01 ☐☐☐ 2020 국회 9급

「공무원의 노동조합 설립 및 운영 등에 관한 법률」에 규정된 공무원 노동조합에 대한 설명으로 옳지 않은 것은?

① 노동조합과 그 조합원은 정치활동을 해서는 아니 된다.
② 공무원은 임용권자의 동의를 받아 노동조합의 업무에만 종사할 수 있다.
③ 국가와 지방자치단체는 전임자에게 그 전임기간 중 보수를 지급해서는 아니 된다.
④ 노동조합을 설립하려는 사람은 행정안전부장관에게 설립신고서를 제출하여야 한다.
⑤ 6급 이하의 일반직 공무원에 상당하는 별정직 공무원은 노동조합에 가입할 수 있다.

정밀해설

④ 노동조합을 설립하려는 사람은 행정안전부장관이 아닌 고용노동부장관에게 설립신고서를 제출하여야 한다.
⑤ 일반직공무원, 별정직공무원, 특정직공무원 중 외무영사직렬·외교정보기술직렬 외무공무원, 소방공무원 및 교육공무원 등은 노동조합에 가입할 수 있다.
① 노동조합과 조합원은 정치활동을 할 수 없다.
② 노동조합 전임자는 임용권자의 동의를 받아 노동조합의 업무에만 종사할 수 있다.
③ 국가와 지방자치단체는 전임자에게 전임기간 동안 보수를 지급할 수 없다.

공무원노조법 제6조(가입 범위) ① 노동조합에 가입할 수 있는 사람의 범위는 다음 각 호와 같다.
1. 일반직공무원
2. 특정직공무원 중 외무영사직렬·외교정보기술직렬 외무공무원, 소방공무원 및 교육공무원(다만, 교원은 제외한다)
3. 별정직공무원
4. 제1호부터 제3호까지의 어느 하나에 해당하는 공무원이었던 사람으로서 노동조합 규약으로 정하는 사람

정답: ④, ⑤

02 ☐☐☐ 2018 경정승진

공무원직장협의회 제도에 대한 설명으로 가장 적절하지 않은 것은?

① 국가기관, 지방자치단체 및 그 하부기관에 근무하는 공무원은 직장협의회를 설립할 수 있다.
② 협의회는 기관 단위로 설립하며, 하나의 기관에 복수의 협의회를 설립할 수 있지만 전국 단위 결성은 금지된다.
③ 6급 이하의 일반직 공무원 및 이에 준하는 일반직 공무원은 가입 대상이나, 지휘·감독의 직책에 있는 공무원은 가입이 금지된다.
④ 공무원노조와 달리 협의회의 업무를 전담하는 공무원은 둘 수 없다.

정밀해설

② 협의회는 기관 단위로 설립하되, 하나의 기관에는 하나의 협의회만 설립할 수 있고, 전국 단위의 결성은 금지된다.

공무원직장협의회의 설립·운영에 관한 법률 제2조(설립) ② 협의회는 기관 단위로 설립하되, 하나의 기관에는 하나의 협의회만 설립할 수 있다.

① 국가기관, 지방자치단체 및 그 하부기관에 근무하는 공무원도 직장협의회를 설립할 수 있다.
③ 옳은 설명이다.

동법 제3조(가입 범위) ① 협의회에 가입할 수 있는 공무원의 범위는 다음 각 호와 같다.
1. 일반직공무원
2. 특정직공무원 중 다음 각 목의 어느 하나에 해당하는 공무원
  가. 외무영사직렬·외교정보기술직렬 외무공무원
  나. 경찰공무원
  다. 소방공무원
5. 별정직공무원
② 다음 각 호의 어느 하나에 해당하는 공무원은 협의회에 가입할 수 없다.
2. 업무의 주된 내용이 지휘·감독권을 행사하거나 다른 공무원의 업무를 총괄하는 업무에 종사하는 공무원
3. 업무의 주된 내용이 인사, 예산, 경리, 물품 출납, 비서, 보안, 경비 및 그 밖에 이와 유사한 업무에 종사하는 공무원

④ 협의회의 경우 업무를 전담하는 공무원은 둘 수 없다.

정답: ②

03

2016 해경간부

공무원의 정치적 중립에 관한 다음 설명 중 옳은 것은 모두 몇 개인가?

> 가. 공무원의 정치적 중립은 엽관주의나 정당주의를 강화시킨다.
> 나. 일반적으로 정치적 중립이 강화되면 행정의 능률성과 전문성이 떨어진다.
> 다. 현대적 관점의 정치적 중립은 행정의 정치적 성격을 일체 배제하자는 것이다.
> 라. 정치적 중립은 행정의 안정성과 계속성 유지를 위해 필요하다.
> 마. 대표관료제와는 상충되나, 참여관료제를 활성화시키는 효과가 있다.
> 바. 미국은 Pendleton법에서 최초로 공무원의 정치적 중립을 규정하였다.

① 없음
② 1개
③ 2개
④ 3개

정밀해설

③ 라, 바 2개가 옳은 설명이다.
라. [O] 정치적 중립은 정권교체에 영향을 받지 않고 직무수행에 전념할 수 있으므로 행정의 안정성 및 계속성을 확립할 수 있다.
바. [O] 미국은 엽관주의의 폐단을 극복하기 위해 1883년 펜들턴법에서 최초로 공무원의 정치적 중립을 규정하였다.
가. [×] 공무원의 정치적 중립은 엽관주의나 정당주의를 방지함으로써 인사관리상의 비정치성을 확보할 수 있다.
나. [×] 일반적으로 정치적 중립이 강화되면 행정에 대한 정치권력의 개입 등을 방지하고 비능률과 낭비를 극복함으로써 행정의 능률성과 전문성이 제고된다.
다. [×] 현대적 관점의 정치적 중립은 정치행정일원론적 관점으로 정치적 고려를 하거나 정치성을 띠어도 특정정당에 치우치지 않고 공정하기만 하면 된다는 적극적 개념이다. 한편 행정의 정치적 성격을 일체 배제하자는 것은 정치행정이원론적 관점인 전통적 관점에서의 개념이다.
마. [×] 정치적 중립은 대표관료제와 상충되며 공무원이 정책결정에 참여하여 자기의사를 표출하는 참여관료제를 저해한다.

정답: ③

04

2012 경찰간부(수정)

공무원의 노동조합 설립 및 운영에 대한 설명으로 옳지 않은 것은?

① 단체협약의 내용 중 법령, 조례, 예산에 의하여 규정되는 내용은 단체협약으로서의 효력을 인정하지 아니한다.
② 공무원노조를 설립하고자 하는 경우에는 고용노동부장관에게 노조설립신고서를 제출하여야 한다.
③ 인사·보수에 관한 업무를 수행하는 공무원 등 노동조합과의 관계에서 행정기관의 입장에서 업무를 수행하는 공무원은 노동조합에 가입할 수 없다.
④ 단체교섭이 결렬된 경우에는 당사자 일방 또는 쌍방은 중앙노동위원회의 조정을 신청할 수 있다. 중앙노동위원회는 조정신청을 받은 날부터 20일 이내에 조정을 마쳐야 한다.
⑤ 정부교섭대표는 정부교섭대표가 아닌 관계 기관의 장으로 하여금 교섭에 참여하게 할 수 있고, 다른 기관의 장이 관리하거나 결정할 권한을 가진 사항에 대해서 해당 기관의 장에게 교섭 및 단체협약 체결 권한을 위임할 수 있다.

정밀해설

④ 단체교섭이 결렬된 경우에는 당사자 어느 한쪽 또는 양쪽은 중앙노동위원회에 조정을 신청할 수 있고 중앙노동위원회는 조정신청을 받은 날부터 30일 이내에 마쳐야 한다.

공무원의 노동조합 설립 및 운영 등에 관한 법률 제12조(조정신청 등) ① 제8조에 따른 단체교섭이 결렬(決裂)된 경우에는 당사자 어느 한쪽 또는 양쪽은 「노동위원회법」 제2조에 따른 중앙노동위원회(이하 "중앙노동위원회"라 한다)에 조정(調停)을 신청할 수 있다.
④ 조정은 제1항에 따른 조정신청을 받은 날부터 30일 이내에 마쳐야 한다. 다만, 당사자들이 합의한 경우에는 30일 이내의 범위에서 조정기간을 연장할 수 있다.

① 단체협약의 내용 중 법령·조례 또는 예산에 의하여 규정되는 내용은 단체협약으로서의 효력을 가지지 않는다.
② 공무원노조를 설립하고자 하는 경우에는 고용노동부장관에게 설립신고서를 제출하여야 한다.
③ 인사·보수에 관한 업무를 수행하는 공무원 등 노동조합과의 관계에서 행정기관의 입장에서 업무를 수행하는 공무원은 노동조합에 가입할 수 없다.
⑤ 정부교섭대표는 필요한 경우 정부교섭대표가 아닌 관계 기관의 장으로 하여금 교섭에 참여하게 할 수 있고, 다른 기관의 장이 관리하거나 결정할 권한을 가진 사항에 대하여는 해당 기관의 장에게 교섭 및 단체협약 체결 권한을 위임할 수 있다.

정답: ④

적중 예상 문제

01 □□□

다음 중 공무원직장협의회에 대한 설명으로 옳지 않은 것은?

① 기관 단위로 설립하는 것이 원칙이며, 협의회 간 연합협의회를 설립할 수 없다.
② 국가기관뿐 아니라 지방자치단체 및 하부기관에 설립할수 있다.
③ 가입범위는 일반직공무원, 외무영사직렬·외교정보기술직렬 외무공무원, 경찰공무원, 소방공무원, 별정직공무원이다.
④ 공무원은 자유로이 협의회에 가입하거나 협의회를 탈퇴할 수 있으며, 전임직은 인정되지 않는다.

정밀해설

① 공무원 직장 협의회는 국가기관 또는 지방자치단체 내에 설립된 협의회를 대표하는 하나의 연합협의회를 설립할 수 있다(직장협의회법 제2조의2).
④ 법 제4조에 근거해 가입과 탈퇴는 자유이다.

정답 : ①

02 □□□

「공무원의 노동조합 설립 및 운영 등에 관한 법률」상 내용으로 옳지 않은 것은?

① 공무원노조는 고용노동부장관에게 노조설립 신고서를 제출해야 한다.
② 다른 공무원에 대하여 지휘, 감독권을 행사하는 공무원, 또는 노동조합과의 관계에서 행정기관의 입장에서 업무를 수행하는 공무원은 가입할 수 없다.
③ 교섭을 요구하는 노동조합이 2 이상인 경우 당해 노동조합에 대하여 교섭 창구를 단일화하도록 요청할 수 있으며, 교섭을 거부할 수는 없다.
④ 단체교섭이 결렬된 경우 당사자 일방 또는 쌍방은 중앙노동위원회에 조정신청을 할 수 있고, 조정신청일로부터 30일 이내 종료하여야 한다.

정밀해설

③ 교섭창구가 단일화될 때까지 교섭을 거부할 수 있다.
① 공무원노조를 설립하고자 할 때에는 고용노동부장관에게 노조설립 신고서를 제출해야 한다.
② 「공무원의 노동조합 설립 및 운영 등에 관한 법률」 제6조 제2항의 내용이다.
④ 당사자 간 합의가 있는 때에는 30일 범위에서 연장할 수 있다.

정답 : ③

03

공무원의 정치적 중립에 관한 설명 중 가장 적절하지 않은 것은?

① 정치적 중립은 공무원으로 하여금 정치적 무관심이나 무감각을 조장하려는 것이 아니다.
② 공무원의 정치적 중립이란 어느 정당이 집권하든 공평하게 여야 간에 차별없이 봉사하는 것을 의미한다.
③ 공무원의 정치적 중립성을 지나치게 강조하다 보면 공무원의 정치적 자유와 참정권을 제한할 수 있다.
④ 정치적 중립을 확보해야 할 필요성으로 공무원의 대표성 확보를 들 수 있다.

정밀해설

④ 일반적으로 중립을 강조하는 실적제는 정치적 사회화나 정치적 안배를 중시하는 대표관료제와 상충되는 것으로 이해된다.
①, ② 공무원의 정치적 중립은 공무원으로 하여금 국민전체의 봉사자로서 공익을 추구하게 하고 정치로부터 행정의 기능이 분리되어 행정의 계속성 및 안정성 확보에 기여한다.
③ 공무원의 정치적 중립의 지나친 강조는 공무들의 정치적 자유 또는 참정권을 침해할 수 있다.

정답 : ④

04

다음 중 국가공무원법에 규정하고 있는 공무원의 정치운동 금지 사항으로 옳지 않은 것은?

① 서명운동을 기도, 주재하거나 권유하는 것
② 문서 또는 도서를 공공시설 등에 게시하거나 게시하게 하는 것
③ 정치적 중립을 위해 가족에게 정당에 가입하지 아니하도록 권유하는 것
④ 기부금을 모집 또는 모집하게 하거나 공공자금을 이용 또는 이용하게 하는 것

정밀해설

①, ②, ④ 국가공무원법 제65조 제2항의 각 호에서 명시하고 있는 사항이다.

국가공무원법 제65조(정치 운동의 금지) ① 공무원은 정당이나 그 밖의 정치단체의 결성에 관여하거나 이에 가입할 수 없다.
② 공무원은 선거에서 특정 정당 또는 특정인을 지지 또는 반대하기 위한 다음의 행위를 하여서는 아니 된다.
 1. 투표를 하거나 하지 아니하도록 권유 운동을 하는 것
 2. 서명 운동을 기도(企圖)·주재(主宰)하거나 권유하는 것
 3. 문서나 도서를 공공시설 등에 게시하거나 게시하게 하는 것
 4. 기부금을 모집 또는 모집하게 하거나, 공공자금을 이용 또는 이용하게 하는 것
 5. 타인에게 정당이나 그 밖의 정치단체에 가입하게 하거나 가입하지 아니하도록 권유 운동을 하는 것

정답 : ③

THEME 081 공직윤리

1 국가공무원법(13대 의무)

① 성실의무
② 복종의무
③ 직장이탈 금지의 의무
④ 친절·공정의 의무
⑤ 비밀엄수의 의무
⑥ 청렴의 의무
⑦ 외국정부의 영예 등 수령 규제
⑧ 품위유지의 의무
⑨ 영리 업무 및 겸직 금지
⑩ 정치 운동의 금지
⑪ 집단 행위의 금지
⑫ 선서의 의무
⑬ 종교중립의 의무(2009. 2. 신설)

※ 헌법상 의무: 헌법 제7조 "공무원은 국민 전체에 대한 봉사자이며 국민에 대해 책임을 진다."

2 「공직자윤리법」상의 의무

① 선물수수 신고·등록의 의무
② 주식 백지신탁 의무, 이해충돌 방지
③ 재산등록자와 공개대상자

구분	등록대상자	공개대상자
정무직	전원(국가·지방)	전원(국가·지방)
일반직·별정직	4급 이상 일반(상당 별정직)	1급 이상 일반(상당 별정직)
법관·검사	모든 법관 및 검사, 헌법재판소 헌법연구관	고등법원 부장 판사급 이상, 대검 검사급 이상
군인 등	대령 이상의 장교	중장 이상의 장성급 장교
경찰·소방	• 총경 이상 • 소방정 이상	• 치안감 이상, 지방경찰청장 • 소방정감 이상
공공기관	공기업의 장·부기관장, 상임이사·상임감사 등	공기업의 장·부기관장 및 상임감사 등
기타	세무, 감사, 검찰사무, 건축·토목·환경·식품위생분야의 대민 업무 등의 7급 이상 5급 이하, 공직유관단체 임직원	지방 국세청장 및 3급 공무원 또는 고위공무원단 소속인 세관장
교육	• 총장, 부총장, 학장, 교육감 • 대학원장, 학장 및 교육장 • 대학의 처장·실장	• 총장, 부총장, 학장, 교육감 • 전문대학장

④ 퇴직 후 취업제한

구분	대상공무원	내용	기간
업무취급제한	퇴직한 모든 공무원과 공직유관단체 임직원	재직 중 직접 취급한 업무	퇴직 후 취급 ×
	기관업무기준 취업심사대상자	퇴직 전 2년부터 근무한 기관이 취업한 취업심사대상기관에 대해 처리하는 업무	퇴직 후 2년간 취급 ×
취업제한	취업심사대상자 (=재산등록의무자)	관할 공직자윤리위원회로부터 취업심사대상자가 퇴직 전 5년 동안 소속하였던 부서 또는 기관의 업무와 취업심사대상기관 간에 밀접한 관련성이 없다는 확인을 받거나 취업승인을 받은 때에는 취업 가능	퇴직 후 3년간 취업 ×

※ 부패방지법상 비위면직자(퇴직 전 5년, 퇴직 후 5년, 공직취업제한)

3 공직자 등의 병역사항 신고 및 공개에 관한 법률

본인과 18세 이상인 직계비속의 병역처분, 군복무사실, 면제 등에 관한 사항을 소속기관에 신고해야 함.

4 부정청탁금지법 시행령 주요 내용

가액범위	음식물	5만 원
	선물	5만 원(농수산물·가공품 15만 원, 설·추석 30만 원)
	선물범위	상품권 등 유가증권 제외
	경조사비	5만 원(화환·조화 10만 원)
외부 강의 등 상한액	공무원, 공직유관단체 임직원	직급별 구분 없음(시간당 40만 원*)
	국·공립학교 교직원	사립학교 교직원과 동일(시간당 100만 원)
	공직유관단체인 언론사 임직원	일반 언론사 임직원과 동일(시간당 100만 원)
외부 강의 등 신고	사전 신고사항	외부강의 등의 유형, 요청사유 제외
	보완 신고기간	해당 사항을 안 날부터 5일 이내

※ 공무원·공직유관단체 임직원은 1시간 넘게 강의하더라도 최대 1시간 상한액의 150%인 60만 원까지만 사례금을 받을 수 있음.

OX 기출분석

01 　　　　　　　　　　　　　　　　　　　　　　　　　　22 지방 9급
공직자 윤리법상 재산등록의무자는 소령 이상의 장교 및 이에 상당하는 군무원이다. ○ ✗

해설
공직자 윤리법상 재산등록의무자는 대령 이상의 장교 및 이에 상당하는 군무원이다.

02 　　　　　　　　　　　　　　　　　　　　　　　　　　21 국회 8급
재산등록의무자였던 퇴직공직자는 퇴직 전 5년 동안 소속하였던 부서 또는 기관의 업무와 밀접한 관련성이 있는 기관에 퇴직일로부터 5년간 취업이 제한된다. ○ ✗

재산등록의무자인 취업심사대상자는 퇴직일부터 3년간 취업심사대상기관에 취업할 수 없다. 다만, 관할 공직자윤리위원회로부터 퇴직 전 5년 동안 소속하였던 부서 또는 기관의 업무와 취업심사대상기관 간에 밀접한 관련성이 없다는 확인을 받은 때에는 취업할 수 있다.

03 　　　　　　　　　　　　　　　　　　　　　　　　　　20 군무원 9급
재산등록의무자는 5급 이상의 국가공무원 및 지방공무원과 이에 상당하는 보수를 받는 별정직 공무원이다. ○ ✗

재산등록의무자는 4급 이상의 국가공무원 및 지방공무원과 이에 상당하는 보수를 받는 별정직 공무원이다.

정답 01 ✗ 02 ✗ 03 ✗

핵심 기출 문제

01 □□□
2025 경찰승진

주식백지신탁제도에 관한 설명으로 가장 적절하지 않은 것은?

① 주식백지신탁제도는 고위공직자가 직위 또는 직무상 알게 된 정보를 이용하여 주식거래를 하거나 주가에 영향을 미쳐 부정하게 재산을 증식하는 것을 방지하려는 제도이다.
② 「공직자윤리법」상 이 제도의 적용대상자는 재산공개대상자와 기획재정부 및 금융위원회 소속 고위공무원단에 속하는 공무원 중 대통령령으로 정하는 본인과 그 이해관계자이다.
③ 「공직자윤리법」 및 동법 시행령상 공개대상자 등은 본인과 그 이해관계자 모두가 보유한 주식의 총 가액이 3천만 원을 초과할 때에는 초과하게 된 날부터 2개월 이내에 주식을 매각하거나 신탁재산의 관리·운용·처분에 관한 권한을 수탁기관에 위임하는 주식백지신탁계약을 체결해야 한다.
④ 공직자윤리위원회로부터 직무관련성이 없다는 결정을 통지받은 경우에는 보유주식의 매각·신탁 의무가 없다.

정밀해설
④ '주식백지신탁 심사위원회'로부터 직무관련성 없음 통지를 받아야 하며, 공직자윤리위원회가 아님에 유의해야 한다.
① 제도는 직무관련 정보 이용 부당이득 방지를 목적으로 한다.
② 적용 대상자는 법령과 대통령령에 규정되어 있다.
③ 보유 주식 총액 3천만 원 초과 시 매각 또는 신탁 의무가 있다.

정답 : ④

02 □□□
2021 국회 8급

공직윤리에 대한 설명으로 옳은 것은?

① 품위 유지의 의무와 영리업무 및 겸직금지는 「공직자윤리법」에 규정되어 있다.
② 재산등록의무자였던 퇴직공직자는 퇴직 전 5년 동안 소속하였던 부서 또는 기관의 업무와 밀접한 관련성이 있는 기관에 퇴직일로부터 5년간 취업이 제한된다.
③ 육군 소장과 강원도 소방정감은 「공직자윤리법」상 재산공개의무가 있다.
④ 「부정청탁 및 금품 등 수수의 금지에 관한 법률 시행령」상 사립학교 교직원의 외부강의 사례금 상한액은 시간당 50만원이다.
⑤ 총경 이상의 경찰공무원과 경기도의 교육장은 「공직자윤리법」상 재산등록의무가 있다.

정밀해설
⑤ 총경 이상의 경찰공무원과 시·도의 교육감 및 교육장은 재산등록의무가 있다.
① 품위 유지의 의무와 영리업무 및 겸직 금지는 「국가공무원법」에 규정되어 있다.
② 재산등록의무자인 취업심사대상자는 퇴직일부터 3년간, 퇴직 전 5년간 소속하였던 부서의 업무와 밀접한 관련이 있는 사기업체에 취업할 수 없다.
③ 군인의 경우 재산공개대상자는 중장 이상의 장교이므로 육군 소장은 재산공개의무가 없다.
④ 각급 학교의 장과 교직원 및 학교법인의 임직원의 경우 외부강의 등 사례금 상한액은 시간당 100만원이다. 공무원과 공직유관단체 임직원은 시간당 40만원이다.

정답 : ⑤

03

2020 국가 7급

우리나라의 행정윤리에 대한 설명으로 옳은 것만을 모두 고르면?

< 보기 >

ㄱ. 「공직자윤리법」상 지방의회 의원은 외국 정부 등으로부터 받은 선물의 신고 의무가 없다.
ㄴ. 우리나라에서는 내부고발자보호제도를 법률로 규정하고 있다.
ㄷ. 「공직자윤리법」에 따르면 총경 이상의 경찰공무원과 소방정 이상의 소방공무원은 재산을 등록해야 한다.
ㄹ. 공무원의 주식백지신탁 의무는 「부패방지 및 국민권익위원회의 설치와 운영에 관한 법률」에 규정되어 있다.

① ㄱ, ㄴ
② ㄱ, ㄷ
③ ㄴ, ㄷ
④ ㄷ, ㄹ

정밀해설

③ ㄴ, ㄷ이 옳은 내용이다.

ㄴ. [O] 우리나라는 「부패방지 및 국민권익위원회의 설치와 운영에 관한 법률」에 내부고발자보호제도를 규정하고 있다.

ㄷ. [O] 공직자윤리법 제3조에 따라 총경 이상의 경찰공무원과 소방정 이상의 소방공무원은 재산을 등록해야 한다.

> **동법 제3조(등록의무자)** ① 다음 각 호의 어느 하나에 해당하는 공직자(이하 "등록의무자"라 한다)는 이 법에서 정하는 바에 따라 재산을 등록하여야 한다.
> 9. 총경(자치총경을 포함한다) 이상의 경찰공무원과 소방정 이상의 소방공무원

ㄱ. [×] 공직자윤리법 제15조에 따라 지방의회의원을 포함한 공무원 등은 외국 정부 등으로부터 받은 선물은 신고해야할 의무를 지닌다.

ㄹ. [×] 공무원의 주식백지신탁 의무는 공직자윤리법에 규정되어 있다.

정답: ③

04

2018 서울 7급(3월)

「부정청탁 및 금품 등 수수의 금지에 관한 법률」(일명 김영란법) 및 동법 시행령에 규정된 내용 중 가장 옳지 않은 것은?

① 누구든지 직접 또는 제3자를 통하여 법에 규정된 직무를 수행하는 공직자 등에게 부정청탁을 해서는 아니된다.
② 공직자 등이 직무와 관련하여 1회 100만원 이하의 금품을 수수하는 경우 형사 처벌할 수 있다.
③ 이 법의 적용대상은 언론사의 임직원은 물론 그 배우자를 포함한다.
④ 경조사비는 축의금, 조의금은 5만원까지 가능하고, 축의금과 조의금을 대신하는 화환이나 조화는 10만원까지 가능하다.

정밀해설

② 공직자 등은 직무와 관련하여 그 명목에 관계없이 동일인으로부터 1회에 100만원 또는 매 회계연도에 300만원을 초과하는 금품을 받거나 요구 또는 약속해서는 아니되며, 이를 위반할 경우 형사처벌을 할 수 있다.

> **부정청탁 및 금품 등 수수의 금지에 관한 법률 제8조(금품등의 수수 금지)** ① 공직자등은 직무 관련 여부 및 기부·후원·증여 등 그 명목에 관계없이 동일인으로부터 1회에 100만원 또는 매 회계연도에 300만원을 초과하는 금품등을 받거나 요구 또는 약속해서는 아니 된다.

① 동법 제5조의 내용으로 옳은 지문이다.

> **동법 제5조(부정청탁의 금지)** ① 누구든지 직접 또는 제3자를 통하여 직무를 수행하는 공직자등에게 다음 각 호의 어느 하나에 해당하는 부정청탁을 해서는 아니 된다.

③ 이 법의 적용대상의 공공기관과 공직자는 순수정부기관, 공직유관기관 등의 임직원, 언론사의 임직원 및 그 배우자 등을 포함한다.

④ 동법 시행령 제17조의 내용으로 경조사비는 축의금, 조의금의 경우 5만원까지 가능하지만, 축의금·조의금을 대신하는 화환·조화는 10만원까지 가능하다.

▶ **금품수수 허용 범위**

음식물	5만 원
선물	5만 원(농수산물·가공품 15만 원)
경조사비	5만 원(화환·조화 10만 원)

정답: ②

적중 예상 문제

01

「공직자윤리법」의 내용으로 가장 옳지 않은 것은?

① 4급 이상 일반직 공무원은 재산등록대상자에 해당한다.
② 퇴직일로부터 5년간, 퇴직 전 3년 동안 소속하였던 부서의 업무와 관련한 사기업체에 취업할 수 없다.
③ 관할 공직자윤리위원회에 승인받은 경우는 취업할 수 있다.
④ 주식백지신탁제도, 선물수령신고 등 의무가 규정되어 있다.

정밀해설

② 재산등록의무자인 취업심사대상자는 퇴직일부터 3년간 취업심사대상기관에 취업할 수 없다. 다만, 관할 공직자윤리위원회로부터 퇴직 전 5년 동안 소속하였던 부서 또는 기관의 업무와 취업심사대상기관 간에 밀접한 관련성이 없다는 확인을 받은 때에는 취업할 수 있다.
① 4급 이상의 일반직 국가공무원은 재산을 등록하여야 한다.
③ 공직자윤리위원회의 승인을 받은 경우에는 취업이 가능하다.
④ 공직자윤리법에는 재산취득의 규제, 공직자의 선물신고 및 주식백지신탁, 퇴직공직자의 취업제한 및 행위제한 등을 규정하고 있다.

▶ 공직자취업제한 의무

대상자	재산등록자	비위면직자
퇴직 전	5년 간	5년 이내
퇴직 후	3년 간	5년 간
근거법률	공직자윤리법	부패방지법

정답 : ②

02

공직자윤리법 및 시행 규정의 내용으로 옳지 않은 것은?

① 공직자 등은 직무 관련 여부 및 기부·후원·증여 등 그 명목에 관계없이 동일인으로부터 1회에 100만원 또는 매 회계연도에 300만원을 초과하는 금품 등을 받거나 요구 또는 약속해서는 아니 된다.
② 미국화폐 100달러 이상인 선물은 신고하여야 한다.
③ 퇴직공직자는 퇴직일로부터 3년간 소속하였던 부서의 업무와 밀접한 관련이 있는 사기업체 등에 취업할 수 없다.
④ 음식물은 3만원, 경조사비 5만원, 선물은 5만원, 농수산물 가공품은 15만원의 범위에서 가능하며, 추석 설날은 30만원까지 가능하다.

정밀해설

④ 음식물은 5만원(개정됨), 선물은 5만원, 농수산물 가공품은 15만원의 범위에서 가능하며, 추석 설날은 30만원까지 가능하다.
① 「공직자윤리법」 제8조에 있는 내용이다.
② 「공직자윤리법 시행령」 제28조이다.
③ 「공직자윤리법」 제17조이다.

정답 : ④

03

공무원의 복무에 관한 설명 중 가장 옳은 것은?

① 직장 이탈 금지 – 수사기관이 현행범의 공무원을 구속할 때에도 그 소속기관의 장에게 미리 통보하여야 한다.
② 품위 유지의 의무 – 공무원은 직무의 내외를 불문하고 그 품위가 손상되는 행위를 하여서는 아니 된다.
③ 복종의 의무 – 공무원은 직무를 수행할 때 소속 상관의 그 어떤 명령에도 복종하여야 한다.
④ 비밀 엄수의 의무 – 공무원은 직무상 알게 된 비밀을 재직 중에만 엄수하면 된다.

정밀해설

② 품위 유지의 의무는 국가공무원법 제63조의 내용이다.
① 직장 이탈 금지의 의무는 국가공무원법 제58조의 내용으로, 수사기관이 공무원을 구속하려면 그 소속 기관의 장에게 미리 통보하여야 하나, 현행범은 통보하지 않는다.
③ 복종의 의무는 국가공무원법 제57조의 내용으로, 공무원은 직무를 수행할 때 소속상관의 직무상 명령에 복종하여야 한다.
④ 비밀 엄수의 의무는 국가공무원법 제60조의 내용으로, 공무원은 재직 중은 물론 퇴직 후에도 직무상 알게 된 비밀을 엄수하여야 한다.

정답 : ②

04

공직윤리에 관한 설명으로 가장 옳지 않은 것은?

① 공직자윤리법에 의하면 공무원 등이 직무와 관련하여 외국으로부터 선물을 받은 때에는 즉시 이를 소속기관장에게 신고하고 국고에 귀속시켜야 한다.
② 공직자윤리법에는 퇴직공직자의 취업 제한에 대해서 규정하고 있다.
③ 공직자윤리법에는 공직자는 자신의 직무가 자신의 재산상 이해와 관련되어 공정한 직무수행이 어려운 사항이 야기되지 않도록 노력해야 한다고 규정하고 있다.
④ 대통령 훈령으로 제정된 공무원행동강령은 추상적인 공직윤리를 내용으로 하고 있다.

정밀해설

④ 대통령 훈령으로 제정된 공무원 행동강령은 구체적이고 구속력있는 행동규범이다.
① 공직자윤리법상 선물수수의 신고등록의무의 내용이다.
② 공직자윤리법 제17조 퇴직공직자의 취업제한에 퇴직공직자의 관련 사기업체 등 취업제한 규정이 있다.
③ 공직자윤리법상 이해충돌방지 의무의 내용과 관련된다.

정답 : ④

THEME 082 공직부패, 내부고발자보호제도 등

1 공직부패의 유형

일반적 유형	직무유기형	시민이 개입되지 않는 공무원 단독의 부패 ⓔ 복지부동 등
	후원형	정실이나 학연 등을 토대로 불법적으로 후원하는 형태
	사기형	공금을 유용하거나 횡령하는 부패
	거래형	가장 전형적 부패, 뇌물을 매개로 이권이나 특혜 등을 불법적으로 거래
제도화 정도	제도화된 부패	업무 수행하는 것이 의무로 되어있음에도 불구하고 이에 대한 대가를 명시적으로 요구하는 경우
	우발적(일탈형) 부패	개인의 윤리적 일탈에 의해 발생하게 되는 부패
용인 가능성	흑색부패	사회에 미치는 해악이 너무 커서 명백히 비난받는 부패 ⓔ 공금횡령 등
	백색부패	구성원 다수가 어느 정도 용인하는 관례화된 부패 ⓔ 공무원 출퇴근카드 허위체크 등
	회색부패	수용과 비난 사이 일치점을 찾기 어려운 부패 ⓔ 촌지, 소액규모 접대 등
적극적 부패		해서는 안 될 일을 하는 행위 ⓔ 금품수수, 공금유용 등
소극적 부패		해야 할 일을 하지 않는 행위 ⓔ 불친절, 업무지연, 무사안일 등

2 내부고발자보호제도

① 특징
  ㉠ 자발적·개방적·상향적 부패통제
  ㉡ 내부자·다수에 의한 부패통제
  ㉢ 비공식적 경로
  ㉣ 실질적 동기의 다양성
  ㉤ 윤리적·이타적 동기에 의한 고발이라는 외형은 갖추어야 함.

② 제도

신고	누구든지 가능, 신고자의 인적 사항과 신고취지 및 이유를 기재한 기명(記名)의 문서로 수사기관, 감사원, 위원회에 신고
신고자 보호	• 신변보호: 위협으로부터 경찰이 신체를 보호, 자신은 물론 친족과 동거인도 보호(신고자를 인식할 만한 정보를 다른 사람에게 알려주거나 공개한 사람은 형사처벌) • 신분보장: 신분상 불이익이나 근무조건상 차별을 받지 아니함(불이익 처분 시 과태료 처분, 불이익 또는 차별적 조치 처분자가 위원회의 조치요구에 미이행시에는 바로 형사처벌) • 책임의 감면: 신고자가 범죄 관련시 징계나 형 감경 또는 면제
신고자 포상 및 보상	포상금(간접적 사유, 2억 원 이내), 보상금(직접적 사유, 보상심의위원회에서 90일 이내에 심의·의결 ⇨ 대통령이 정하는 바에 따라 지급, 20억 원 이내)

 인사청문제도

(1) 의의
  헌법상 국회의 임명동의가 필요하거나 국회에서 선출하도록 되어 있는 공직자, 개별법에서 국회의 인사청문을 거치도록 되어 있는 주요 공직자에 대해서 그 적격성 여부를 국회차원에서 사전검증하는 제도
(2) 대상
  · 인사청문특별위원회: 헌법상 국회의 임명동의를 요하는 자, 국회에서 직접 선출되는 자
  · 소관상임위원회: 국회에서 직접 선출되지 않는 자, 개별법에 규정된 자, 모든 국무위원

OX 기출분석

01 ☐☐☐ 22 국가 7급
공직부패중 인·허가 업무처리 시 소위 '급행료'를 당연하게 요구하는 행위를 일탈형 부패라고 한다.
○ X

해설
공직부패 중 제도화된 부패이다.

02 ☐☐☐ 20 국가 7급
우리나라에서는 내부고발자보호제도를 법률로 규정하고 있다.
○ X

03 ☐☐☐ 20 경찰간부
인사청문특별위원회 위원장은 인사청문 경과를 국회 본회의에 보고한 후, 대통령에게 인사청문 경과보고서를 송부한다.
○ X

국회의장은 공직후보자에 대한 인사청문 경과가 보고되면 지체 없이 인사청문 경과보고서를 대통령 등에게 송부하여야 한다.

04 ☐☐☐ 19 국회 9급
공무원 부패에 대한 제도적 접근에서는 행정통제장치를 제대로 갖추지 못하였기 때문에 부패행위가 발생한다고 본다.
○ X

05 ☐☐☐ 18 경정승진
내부고발은 조직구성원인 개인 또는 집단(퇴직자도 포함)이 비윤리적이라고 판단되는 조직 내의 일을 대외적으로 폭로하는 행위를 말한다.
○ X

06 ☐☐☐ 17 서울 9급
금융위기가 심각함에도 불구하고 국민들의 동요나 기업활동의 위축을 막기 위해 공직자가 거짓말을 하는 것은 회색부패에 해당한다.
○ X

금융위기가 심각함에도 불구하고 국민들의 동요나 기업활동의 위축을 막기 위해 공직자가 선의의 목적으로 거짓말 등을 하는 것은 백색부패에 해당한다.

07 ☐☐☐ 16 서울 7급
사회문화적 접근은 관료부패를 사회문화적 환경의 독립변수로 본다.
○ X

사회문화적 접근은 관료의 부패를 사회문화적 환경의 종속변수로 본다.

08 ☐☐☐ 15 국가 7급
공무원 부패에 대한 체제론적 접근방법에 따르면 공무원 부패는 개인들의 윤리의식과 자질 때문에 발생한다.
○ X

공무원 부패에 대한 도덕적 접근방법에 해당한다.

정답 01 X 02 O 03 X 04 O 05 O 06 X 07 X 08 X

핵심 기출 문제

01
2017 서울 9급

공무원 부패에 관한 설명으로 가장 옳지 않은 것은?

① 인·허가와 관련된 업무를 처리할 때 소위 '급행료'를 지불하는 것을 당연시하는 관행은 제도화된 부패에 해당한다.
② 금융위기가 심각함에도 불구하고 국민들의 동요나 기업활동의 위축을 막기 위해 공직자가 거짓말을 하는 것은 회색부패에 해당한다.
③ 무허가 업소를 단속하던 단속원이 정상적인 단속활동을 수행하다가 금품을 제공하는 특정 업소에 대해서 단속을 하지 않는 것은 일탈형 부패에 해당한다.
④ 공금 횡령, 개인적인 이익의 편취, 회계 부정 등은 비거래형 부패에 해당한다.

정밀해설

② 금융위기가 심각함에도 불구하고 국민들의 동요나 기업활동의 위축을 막기 위해 공직자가 선의의 목적으로 거짓말 등을 하는 것은 백색부패에 해당한다.
① 제도화(체제화)된 부패는 부패가 일상화되고 제도화되어 행정체제 내에서 부패가 실질적인 규범이 되고 바람직한 행동규범은 예외적인 것으로 전락되는 부패를 의미하는 것으로 소위 '급행료'를 지불하는 행위 등이 그 예에 해당한다.
③ 일탈형(우발적) 부패는 부정적인 관행이나 구조보다는 개인의 윤리적 일탈에 의하여 발생하게 되는 부패로 일시적 부패를 의미한다.
④ 거래형 부패는 가장 전형적인 부패로서, 공무원과 시민이 뇌물을 매개로 이권이나 특혜 등을 불법적으로 거래하는 것을 의미한다.

정답 : ②

02
2016 서울 9급

다음 공무원 부패의 원인에 대한 접근방법을 설명한 것 중 가장 옳지 않은 것은?

① 도덕적 접근은 부패의 원인을 부패를 저지르는 관료 개인의 윤리 의식과 자질의 탓으로 돌린다.
② 제도적 접근은 법과 제도상의 결함이나 운영의 미숙 등이 부정부패의 원인으로 작용한다고 본다.
③ 사회문화적 접근은 관료 부패를 사회문화적 환경의 독립 변수로 본다.
④ 체제론적 접근은 관료 부패 현상을 관료 개인의 속성과 제도, 사회문화 환경 등 여러 요인이 복합적으로 상호 작용한 결과로 이해한다.

정밀해설

③ 사회문화적 접근은 관료 부패를 사회문화적 환경의 종속 변수로 파악한다.
① 도덕적 접근법에서는 부패의 원인을 공무원 개인의 윤리의식 및 자질 등이 부족한 탓이라고 본다.
② 제도적 접근법에서는 법과 행정구조, 제도의 결함과 미비가 부패의 원인이라고 본다.
④ 체제론적 접근법에서는 부패는 문화적 특성, 제도상 결함, 구조상 모순 등 다양한 요인에 의해 복합적으로 나타난다고 보는 입장이다.

정답 : ③

적중 예상 문제

01 □□□

부패의 유형에 대한 설명으로 옳지 않은 것은?

① 과도한 선물의 수수와 같이 공무원 윤리강령에 규정될 수는 있지만, 법률로 규정하는 것에 대하여 논란이 있는 경우에는 회색부패에 해당된다.
② 공금횡령이나 회계부정은 거래를 하는 상대방 없이 공무원에 의해 일방적으로 발생하는 백색부패에 해당된다.
③ 공무원과 기업인 간의 뇌물과 특혜의 교환은 거래형 부패에 해당된다.
④ Caiden은 부패가 일상적으로 만연된 상황을 체제화된 부패로 보았다.

정밀해설

② 공금횡령이나 회계부정은 사기형 부패에 해당되며, 횡령은 흑색부패에 해당한다.
① 사회적 용인의 견해가 대립하는 회색부패이다.
③ 대가의 교환은 거래형 부패이다.
④ 체제적 부패, 제도화된 부패이다.

정답: ②

02 □□□

내부고발의 특성에 대한 설명으로 옳지 않은 것은?

① 조직구성원이 재직 중이거나 퇴직 후 고발하는 것이다.
② 내부고발은 비공식적인 통로를 통하여 조직 내부의 비리를 외부에 폭로하는 것이다.
③ 실질적 동기와 관계없이 내부고발은 이기주의적 외형을 취한다.
④ 조직운영상의 불법, 부당, 비윤리적 행위를 폭로하는 것이다.

정밀해설

③ 내부고발은 공익을 위한 이타주의적인 외형을 취하지만, 고발자의 실질적인 동기와 고발 내용의 정확도는 다양하다.

정답: ③

해커스공무원 마니행정학 핵심테마 SWOT 119

PART 05
재무행정론

단원별 핵심 MAP

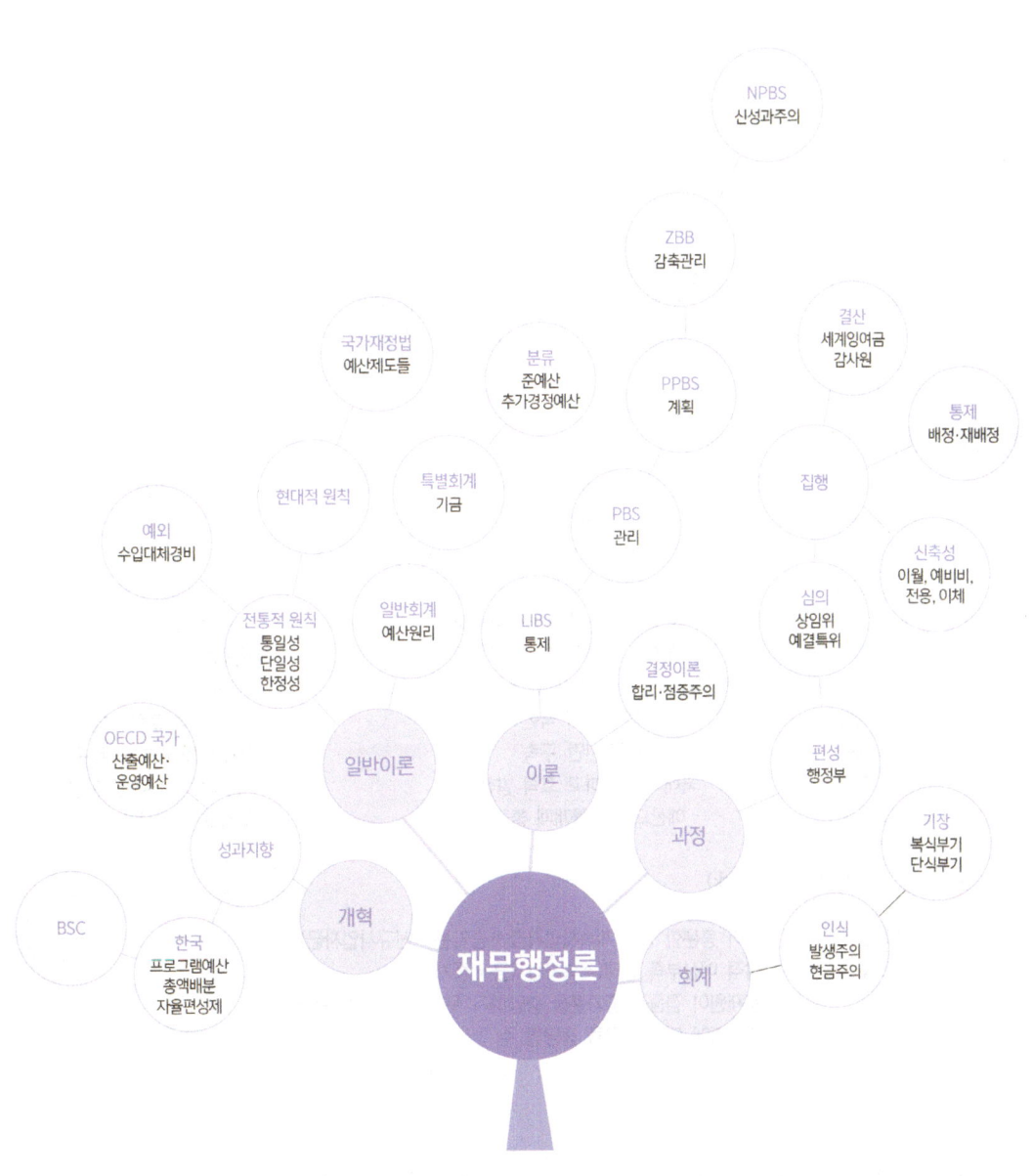

THEME 083 재무행정 일반

1 재정운영 패러다임의 변화

기존의 패러다임	새로운 패러다임
투입(input)과 통제 중심	성과(performance) 중심
유량(flow) 중심	유량(flow)과 저량(stock) 중심
아날로그 정보시스템	디지털 정보시스템
관리자 중심	납세자 중심
몰 성인지적 관점	성인지적 관점

2 예산의 기능

주요기능	학자	내용
정치적 기능	Wildavsky	정치적 투쟁의 산물
행정적 기능	Schick	통제기능, 관리기능, 계획기능
경제적 기능	Musgrave	자원배분, 소득재분배, 경제성장과 안정화

3 예산과 법률

구분			예산	법률
성립절차	제출권자		정부	정부와 국회
	제출기한		회계연도 개시 120일 전	제한 없음
	심의	기한	회계연도 개시 30일 전	제한 없음
		범위	증액 및 새 비목 설치 원칙적 불가	자유로운 수정 가능
	거부권 행사		대통령의 거부권 행사 불가	대통령의 거부권 행사 가능
	공포		공포 불필요, 의결로 확정(행정부는 예산을 공고)	공포로 효력 발생
효력	시간적 효력		회계연도에 국한	계속적 효력 발생
	대인적 효력		국가기관만 구속	국가기관·국민 모두 구속
	지역적 효력		국내외 불구하고 효력 발생	원칙상 국내에만 한정
	형식적 효력		예산으로 법률개폐 불가	법률로써 예산변경 불가

Mani DB 희소성의 유형(Schick)

완화된 희소성	자원이 충분한 상태(계속사업자금 + 증가분 + 신규사업자금)
만성적 희소성	일상적 예산부족 상태(계속사업자금 + 증가분)
급성 희소성	가용재원이 점증적 증가분을 충당하지 못하는 상태(계속사업자금)
총체적 희소성	계속사업에 대한 비용을 충당할 수 없는 상태

OX 기출분석

01 □□□ 19 국가 7급
대통령은 국회가 의결한 법률안에 대해 거부권이 있지만, 국회의결 예산에 대해서는 사안별로만 재의요구권이 있다. O X

해설
대통령은 국회가 의결한 법률안에 대해 거부권이 있지만, 국회의 예산안 심의·의결에 대한 재의요구는 인정하지 않는다.

02 □□□ 18 지방 9급
머스그레이브의 소득재분배 기능은 시장실패를 재정을 통해 교정하고 사회적 최적 생산과 소비 수준이 이루어지게 하는 기능이다. O X

자원배분기능에 대한 설명이다.

03 □□□ 18 서울 9급
예산으로 법률의 개폐가 불가능하지만, 법률로는 예산을 변경할 수 있다. O X

예산으로 법률의 개폐가 불가능하며, 법률로 예산을 변경할 수 없다.

04 □□□ 18 경찰간부
배분적 효율성이 부문 내의 배분을 중시하는 효율성이라면, 운영상 효율성은 부문 간의 효율성을 말한다. O X

배분적 효율성이 부문 간의 배분을 중시하는 효율성이라면, 운영상 효율성은 부문 내의 효율성을 말한다.

05 □□□ 17 해경간부
법률은 공포절차 없이 효력발생이 가능하나, 예산은 정부의 공포 없이는 효력이 발생하지 않는다. O X

법률은 공포절차가 필요하나 예산은 정부의 공포절차가 필요하지 않다.

06 □□□ 14 서울 7급
예산은 정부만이 제안권을 갖고 있고, 국회는 제안권을 갖고 있지 않다. O X

07 □□□ 12 서울 7급
Schick는 예산의 본질적 기능으로 통제기능, 관리기능, 계획기능 등을 제시하였다. O X

08 □□□ 11 경찰간부
머스그레이브는 재정의 3대 기능으로 효율적인 자원배분, 형평성 있는 배분, 성장과 안정의 균형 등을 제시하였다. O X

정답 01 X 02 X 03 X 04 X 05 X 06 O 07 O 08 O

핵심 기출 문제

01 □□□ 2020 경정승진

우리나라에서 예산과 법률의 차이에 관한 설명으로 가장 적절한 것은?

① 법률안과 예산안은 국회에서 의결된 후 공포 절차를 거쳐야 효력이 발생한다.
② 예산으로 법률의 개폐가 불가능하지만 법률로는 예산을 변경할 수 있다.
③ 예산은 국회의 의결로 성립하지만 정부의 수입 지출의 권한과 의무는 별도의 법률로 규정된다.
④ 국회에 발의 제출된 법률안은 의결기한에 제한이 없으나, 예산안은 매년 12월 2일까지 예산결산특별위원회의 심사를 마쳐야 한다.

정밀해설

③ 국회의 예산의결로 세출예산이 성립해 있더라도 경비의 지출을 명하는 법률이 없는 경우 정부는 지출할 수 없다.
① 법률은 공포해야 효력이 발생하지만 예산은 국회의 의결로 확정되고 공포 절차가 필요 없다.
② 예산과 법률은 서로 형식과 대상이 다르므로 성질과 효력을 달리하므로 예산으로 법률을 개폐할 수 없고 법률로 예산을 변경할 수 없다.
④ 국회에 제출된 법률안은 의결기한에 제한이 없으나, 예산안은 회계연도 개시 30일 전까지(12월 2일까지) 본회의 의결을 완료해야 한다.

정답: ③

02 □□□ 2017 경찰간부

공공지출관리의 재정건전성을 위한 세 가지 규범에 관한 설명으로 옳지 않은 것은?

① 총량적 재정규율이란 예산총액에 대한 효과적인 통제를 의미 하는 것으로, 거시적 예산결정을 토대로 자원배분을 이루려는 개념이다.
② 배분적 효율성은 각 재정부문 간 재원배분을 통한 재정지출의 총체적 효율성을 도모하는 개념으로, 예산지출의 편익이 큰 분야에 예산액을 집중할 때 배분적 효율성이 높아질 수 있다.
③ 배분적 효율성이 부문 내의 배분을 중시하는 효율성이라면, 운영상 효율성은 부문 간의 효율성을 말한다.
④ 운영상 효율성을 높이기 위해서는 투입에 대한 산출의 비율을 높여야 한다.

정밀해설

③ 반대로 서술되어 있다. 배분적 효율성이 부문 간의 배분을 중시하는 효율성이라면, 운영상 효율성은 부문 내의 효율성을 말한다.
① 총량적 재정규율이란 예산 총액의 효과적인 통제를 의미하는 것으로 예산편성 단계에서뿐만 아니라 예산 집행 단계에서도 적용되며 정부의 재정 및 경제정책과 관련한 예산 운영 전반에 대한 거시적 예산결정을 의미한다.
② 배분적 효율성은 부문 간 효율성을 의미하는 것으로 부문 간 재원배분을 통한 재정지출의 총체적 효율성을 도모하며, 파레토 최적을 달성하는 것이다.
④ 운영상 효율성은 부문 내의 효율성을 의미하는 것으로 기술적 효율성을 나타내기도 한다. 운영상 효율성을 높이기 위해서는 투입에 대한 산출의 비율을 높여야 하며 성과정보의 이용이 필요하다.

정답: ③

03

2012 서울 7급

예산의 기능에 대한 다음 설명 중 옳지 않은 것은?

① 윌다브스키(A. Wildavsky)는 예산을 경제적 투쟁의 결과물로 보았다.
② 알렌 쉬크(A. Schick)는 예산의 본질적 기능으로 통제기능, 관리기능, 계획기능을 제시하였다.
③ 합리주의 예산에 입각하여 예산의 경제원리를 강조할 경우 예산의 기획기능이 강조되면서 예산운영은 집권화된다.
④ 목표관리예산(MBO)은 예산운영의 참여와 관리기능을 강조하였다.
⑤ 시장에서의 자원배분이 바람직하지 않을 때 이를 시정하는 것은 예산의 경제적 기능에 속한다.

정밀해설

① 윌다브스키(A. Wildavsky)는 '예산과정의 정치(1964)'에서 예산을 협상과 타협에 의한 정치적 과정의 산물로 보았다.
② 쉬크는 예산을 통제기능, 관리기능, 계획기능으로 분류하였다.
③ 합리주의 예산의 대표사례는 PPBS이다.
④ MBO가 예산 개혁의 하나로 주장되었다.
⑤ 예산의 경제적 기능은 시장에서의 자원배분이 바람직하지 않을 때 이를 시정하는 것과 관련된다.

정답: ①

04

2008 지방 9급

예산의 법 형식은 크게 법률주의와 예산주의로 나누어 볼 수 있다. 이에 대한 설명으로 옳지 않은 것은?

① 미국은 세입법을 의회에서 제정한다.
② 한국은 예산 계정을 위한 근거법을 필요조건으로 하고 있지는 않다.
③ 미국은 잠정예산을 제외한 모든 예산에 대하여 대통령이 거부권을 행사할 수 있다.
④ 한국은 예산에 의해 법률을 개폐할 수 없다.

정밀해설

③ 미국은 특별예산은 거부권 행사가 가능하지만, 세출예산 법안에 대해서는 거부권을 행사할 수 없다.
① 미국은 예산법률주의로 의회에서 제정하는 세입예산법 및 세출예산법에 의하여 예산이 운영된다.
② 한국은 예산의결주의로, 예산계정을 위해 법률제정을 필수조건으로 하지 않는다.
④ 한국은 비법률주의로 예산으로 법률을 변경할 수 없고 법률로 예산을 변경할 수도 없다.

정답: ③

적중 예상 문제

01 □□□

정부예산 기초이론에 대한 다음 설명 중 옳은 것은 모두 몇 개인가?

> ㄱ. 머스그레이브(Musgrave)는 재정의 3대 기능으로 효율적인 자원배분, 형평성 있는 분배, 성장과 안정의 균형 등을 제시하였다.
> ㄴ. 윌다브스키(A. Wildavsky)의 예산결정문화론에서는 예측력이 높고 경제력이 풍부한 경우 점증주의 예산이 나타난다고 본다.
> ㄷ. 쉬크(A. Schick)는 예산의 기능을 통제기능, 관리기능, 계획기능으로 분류하였다.
> ㄹ. 노이마르크(Neumark)의 예산원칙은 예산을 통제수단으로 파악하였다.

① 1개 ② 2개
③ 3개 ④ 4개

정밀해설

④ ㄱ, ㄴ, ㄷ, ㄹ 모두 옳다.
ㄱ. [○] 머스그레이브는 재정을 자원배분 기능, 소득재분배 기능, 경제안정화 기능으로 구분하였다.
ㄴ. [○] 윌다브스키의 예산결정문화론에 따르면 점증주의 예산은 예측력이 높고 경제력이 풍부한 경우 나타난다고 본다.
ㄷ. [○] 쉬크는 예산을 통제기능, 관리기능, 계획기능, 감축기능으로 구분하였다.
ㄹ. [○] 노이마르크는 예산을 통제수단으로 파악하였다.

정답: ④

---

02 □□□

예산의 기능에 대한 설명 중 그 성격이 가장 다른 것은?

① 예산은 희소한 자원을 효율적으로 배분하여 사회적 최적 생산과 소비 수준이 이루어지도록 함으로써 시장실패를 치유하는 기능을 한다.
② 정부는 재정을 통하여 소득분배 상태를 더 좋은 방향으로 재분배하기 위한 여러 가지 조치를 취하게 된다. 세입에서는 누진세율의 적용이, 세출에서는 사회보장비의 지출 등이 그것이다.
③ 정부지출이나 조세징수액을 변화시킴으로써 총수요에 영향을 주는 재정정책(fiscal policy)을 통하여 국민경제를 안정화시키는 역할을 한다.
④ 예산과정을 통하여 가치가 분배되고 이해관계가 조정되므로 예산을 정치적 투쟁의 산물로 보았다.

정밀해설

④ Wildavsky는 예산을 정치적 기능으로 보았다.
① Musgrave의 경제적 기능 중 분배기능으로, 이는 사회적 효용극대화를 위한 자원배분 기능에 해당한다.
② Musgrave의 경제적 기능 중 재분배기능으로, 이는 사회적 약자에 대한 배려를 기반으로 형평성을 제고하는 기능에 해당한다.
③ Musgrave의 경제적 기능 중 경제안정화 기능으로, 이는 완전고용과 물가안정 등 경기조절적 기능에 해당한다.

▶ 예산의 기능

법적 기능	입법에 준하는 절차와 구속력
정치적 기능 (A. Wildavsky)	정치적 이해관계의 타협과 조정
행정적 기능 (A. Schick)	· 통제기능 (1920년대 LIBS) · 관리기능 (1950년대 PBS) · 기획기능 (1960년대 PPBS)
경제적 기능 (Musgrave)	· 경제안정화기능: 완전고용과 물가안정 등 경기조절적 기능 · 분배기능: 사회적 효용극대화를 위한 자원배분기능 · 재분배기능: 소득분배의 공평화 및 소득재분배기능 · 경제성장 촉진기능: 부의 창출과 경제성장 기능

정답: ④

03

재정운영의 새로운 패러다임에 대한 설명으로 옳지 않은 것은?

① 투입 중심에서 성과 중심으로 전환되었다.
② 아날로그 정보시스템에서 디지털 정보시스템으로 전환되었다.
③ 몰 성인지 관점에서 성인지 관점으로 전환되었다.
④ 납세자 중심에서 관리자 중심으로 전환되었다.

정밀해설

④ 관리자 중심에서 납세자 중심으로 전환되었다.

▶ **재정운영의 새로운 패러다임(윤영진)**

1. 투입-통제 중심에서 성과 - 평가중심으로
2. 유량 중심에서 유량 및 저량 중심으로: 기존 현금주의 방식에서는 수입·지출이라는 유량(flow)이 주요 관리대상인 반면, 발생주의 방식에서는 유량개념인 수익·비용뿐만 아니라, 저량(stock)개념인 자산·부채·순자산이 중시된다.
3. 아날로그 정보시스템에서 디지털 정보시스템으로
4. 관리자 중심에서 납세자 주권으로: 시민사회가 급속히 성장하면서 기존 관리자 입장에서 '주인 없는 돈', '눈먼 돈'이라고 인식되던 예산이 납세자인 시민 중심으로 전환되면서 재정정보의 공개 및 재정운영의 투명성과 예산과정에의 시민참여가 중시되고 있다.
5. 몰성인지적 관점에서 성인지적 관점으로: 예산이 성 중립적(gender neutral)이라는 것이 반드시 양성평등하지 않을 수도 있다는 문제의식에서 출발하여 예산이 여성과 남성에게 미치는 효과를 평가하고 그 결과를 예산에 반영하는 성인지예산이 등장하였다.

정답 : ④

04

Allen Schick의 예산의 희소성에 대한 연결로 적절하지 않은 것은?

① 완화된 희소성 - 사업개발에 역점
② 급격한 희소성 - 사업의 분석 평가 소홀
③ 만성적 희소성 - 지출통제보다 관리개선에 역점
④ 총체적 희소성 - 회피형 예산편성

보충

▶ **자원의 희소성과 예산제도(A.Schick)**

희소성	희소성의 상태	예산의 중점
완화된 희소성	계속사업 + 증가분 + 신규사업	· 사업개발에 역점 → 기획기능 강조 · PPBS 고려
만성적 희소성	계속사업 + 증가분	· 새로운 사업의 분석과 평가의 소홀 · 지출통제보다는 관리개선에 역점을 둠 → 관리기능 강조 · ZBB 고려
급성 희소성	계속사업	· 예산에 대한 기획활동의 전면중단 · 비용절약을 위해 관리상의 효율 재강조 · 단기적·임기응변적 예산편성에 몰두
총체적 희소성	(기존 사업에 대해 비용을 충당할 수 없는 상태)	회피형·반복적 예산편성 → 비현실적 계획, 부정확한 예산

정밀해설

② 급격한 희소성은 예산관련 기획은 거의 없으며 관리상의 효율성을 재강조한다.
① 완화된 희소성은 계속사업의 증가분뿐 아니라 신규사업을 추진할 수 있는 자원을 보유한 상황으로 예산의 계획기능을 중시하며 다년도 예산 및 사업개발을 중시한다.
③ 만성적 희소성은 정부가 계속사업의 증가분을 충당할 수는 있으나 신규사업은 추진할 수 없는 상황으로 신규사업에 대한 분석 및 평가가 소홀하고 지출통제보다는 관리개선을 통한 효율성을 강조한다.
④ 총체적 희소성은 정부가 계속사업 자체를 유지할 수 없는 상황으로 광범위한 행정부패와 허위적 회계처리로 예산통제와 관리가 무의미한 현실회피형 예산편성이다.

정답 : ②

THEME 084 예산 관련 법률, 조직

1 예산 관련 법률

구분		관련 법규
국가재정의 기본		헌법: 조세법률주의, 국회의 재정권, 국무회의의 재정심의권, 감사원의 회계감사
예산운영	일반법	국가재정법
	특별회계	정부기업예산법, 책임운영기관의 설치·운영에 관한 법률, 각 개별법
	공공기관	공공기관의 운영에 관한 법률
기금관리		국가재정법, 공공자금관리기금법 등 개별 기금법
수입과 지출		국고금관리법
결산 및 회계		국가회계법
국세		국세기본법, 국세징수법, 소득세법, 법인세법, 종합부동산세법 등
국회의 재정권		국회법, 국회예산정책처법
결산 및 회계검사		감사원법
지방재정		지방재정법, 지방세법, 지방공기업법, 지방교부세법, 지방교육재정교부금법 등

Mani DB 국가재정법

(1) 국가재정운용계획 수립 (2) 예산총액배분 자율편성제 (3) 성과관리제
(4) 예비비 (5) 예비타당성 검사 (6) 세계잉여금 사용
(7) 조세지출예산 (8) 재정불법지출감시제 (9) 성인지 예·결산제도
(10) 재정정보공개

2 중앙정부와 지방정부의 예산 비교

구분	중앙정부 예산	지방정부 예산
제출기한	회계연도 개시 120일 전	광역: 50일 전, 기초: 40일 전
의결기한	회계연도 개시 30일 전	광역: 15일 전, 기초: 10일 전
추경예산 편성빈도	보통 연 1회	보통 연 3~4회
상임위원회 예비심사	필수	기초의회 경우 예비심사 없음.
예산결산특별위원회	상설	비상설
참여예산제도	○(국민참여예산제도)	○(주민참여예산제도)
회계공무원	재무관, 지출관	재무관, 지출원
예비비 법정상한선	일반회계 1% 이내	일반회계 1% 이내
계속비	5년	5년

3 재무행정 조직

구분	분리형	통합형
형태	3원 체제(중앙예산기관, 수지총괄기관, 중앙은행)	2원 체제(재무성, 중앙은행)
체제	대통령제(미국)	대통령제(우리나라), 내각책임제(영국, 일본)
장점	효과적인 행정관리 수단, 강력한 행정력 발휘, 초월적 입장 유지	세입·세출의 유기적 연계
단점	세입·세출 연계 약함.	분파주의

OX 기출분석

01 ☐☐☐ 　　　　　　　　　　　　　　　　　　　　　　22 국가 7급
우리나라 중앙예산기관 변천에서 1961년 설립된 경제기획원은 수입·지출의 총괄기능을 담당하였으며, 재무부는 중앙예산기관의 역할을 담당하였다.
○ ✗

해설
1961년 당시 수입지출의 총괄기능은 재무부이고, 중앙예산기관의 역할을 담당한 것은 경제기획원이다.

02 ☐☐☐ 　　　　　　　　　　　　　　　　　　　　　　22 경간부
지방재정은 중앙재정에 비해 자원배분 기능, 소득재분배 기능, 지역경제 안정화 기능 등 더 포괄적인 기능을 수행한다.
○ ✗

중앙재정은 지방재정에 비해 자원배분 기능, 소득재분배 기능, 경제안정화 기능 등 더 포괄적인 기능을 수행한다.

03 ☐☐☐ 　　　　　　　　　　　　　　　　　　　　　　19 국회 8급
「국가재정법」에 따르면 정부는 예산이 여성과 남성에게 미칠 영향을 미리 분석한 보고서를 작성하여야 한다.
○ ✗

04 ☐☐☐ 　　　　　　　　　　　　　　　　　　　　　　18 경정승진
우리나라는 현재 중앙예산기관과 국고수지총괄기관이 기획재정부에 통합되어 있는 이원체제에 해당되며, 이는 세입·세출의 유기적 연계성을 높인다.
○ ✗

05 ☐☐☐ 　　　　　　　　　　　　　　　　　　　　　　16 국회 8급
「국가재정법」에 따르면 정부는 예측할 수 없는 예산 외의 지출 또는 예산초과 지출에 충당하기 위하여 일반회계 예산 총액의 100분의 1 이내의 금액을 예비비로 세입·세출 예산에 계상할 수 있다.
○ ✗

06 ☐☐☐ 　　　　　　　　　　　　　　　　　　　　　　14 지방 7급
재정의 투명성이란 재정의 편성부터 심의, 집행에 이르는 과정에서의 제반사항 및 경과를 일반국민들이 확인할 수 있는 정도를 의미한다.
○ ✗

07 ☐☐☐ 　　　　　　　　　　　　　　　　　　　　　　14 국회 8급
정부는 대통령의 승인을 얻은 예산안을 회계연도 개시 90일 전까지 국회에 제출하여야 한다.
○ ✗

대통령의 승인을 얻은 예산안을 120일 전까지 제출하여야 한다.

08 ☐☐☐ 　　　　　　　　　　　　　　　　　　　　　　11 경북전환
예산과 법률은 모두 제출기한이 정해져 있다.
○ ✗

예산의 경우에는 회계연도 개시 120일 전으로 정해져 있으나, 법률은 제출기한이 정해져 있지 않다.

정답 01 ✗　02 ✗　03 ○　04 ○　05 ○　06 ○　07 ✗　08 ✗

THEME 084 예산 관련 법률, 조직

핵심 기출 문제

01
2020 국회 9급

「국가재정법」에 규정된 예산에 대한 설명으로 옳은 것은?

① 예비비는 천재지변에 의한 피해복구경비 등 예측할 수 없는 예산초과지출에 충당하기 위한 경우에 사용하며, 목적예비비는 공무원의 보수 인상을 위한 인건비 충당에 사용할 수 있다.
② 각 중앙관서의 장은 예산의 집행방법 또는 제도의 개선 등으로 인하여 수입이 증대되거나 지출이 절약된 때에는 이에 기여한 자에게 예산성과금심사위원회의 심사를 거쳐 성과금을 지급할 수 있다.
③ 각 중앙관서의 장은 예산의 목적범위 안에서 재원의 효율적 활용을 위하여 행정안전부장관의 승인을 얻어 각 항 또는 목의 금액을 전용할 수 있다.
④ 정부조직 등에 관한 법령의 제정, 개정 또는 폐지로 인하여 중앙관서의 직무와 권한에 변동이 있는 때에는 그 중앙관서의 장은 그 예산을 이체할 수 있다.
⑤ 각 중앙관서의 장은 지방자치단체 및 민간에 지원한 국고보조금의 교부실적과 해당 보조사업자의 보조금 집행실적을 국회 소관 상임위원회와 예산결산특별위원회에만 제출한다.

정밀해설

② 각 중앙관서의 장은 성과금을 지급하거나 절약된 예산을 다른 사업에 사용하고자 하는 때에는 예산성과금심사위원회의 심사를 거쳐야 한다.
① 예비비는 천재지변에 의해 피해복구경비 등 예측할 수 없는 예산 초과 지출에 충당하기 위한 경우에 사용하며, 목적예비비는 공무원의 보수인상을 위한 인건비 충당에 사용할 수 없다.
③ 각 중앙관서의 장은 예산의 목적범위 안에서 재원의 효율적 활용을 위하여 기획재정부장관의 승인을 얻어 각 항 또는 목의 금액을 전용할 수 있다.
④ 정부조직 등에 관한 법령의 제정, 개정 또는 폐지로 인하여 중앙관서의 직무와 권한에 변동이 있는 때에는 그 중앙관서의 장의 요구에 따라 기획재정부장관은 그 예산을 이체할 수 있다.
⑤ 각 중앙관서의 장은 지방자치단체 및 민간에 지원한 국고보조금의 교부실적과 해당 보조사업자의 보조금 집행실적을 기획재정부장관, 국회 소관 상임위원회와 예산결산특별위원회에 각각 제출한다.

정답: ②

02
2018 경정승진

재무행정 조직에 대한 설명으로 가장 적절하지 않은 것은?

① 중앙예산기관과 국고수지총괄기관의 분리 여부에 따라 삼원체제와 이원체제로 구분된다.
② 미국은 관리예산처, 재무부, 연방준비은행이 분리된 삼원체제에 해당한다.
③ 우리나라는 현재 중앙예산기관과 국고수지총괄기관이 기획재정부에 통합되어 있는 이원체제에 해당되며, 이는 세입·세출의 유기적 연계성을 높인다.
④ 효과적인 행정관리 수단, 분파주의 등은 삼원체제의 장점이다.

정밀해설

④ 효과적인 행정관리 수단, 분파주의 방지 등은 삼원체제의 장점이다. 한편 분파주의 발생은 이원체제의 단점이다.
① 이원체제와 삼원체제는 중앙예산기관과 국고수지총괄기관의 분리에 따라 분류된다.
② 미국은 중앙예산기관인 관리예산처, 수입지출 총괄기관인 재무부, 중앙은행인 연방준비은행이 분리된 삼원체제에 해당한다.
③ 우리나라의 경우 재무행정기관인 기획재정부와 중앙은행인 한국은행으로 구분된 이원체제에 해당하며, 이원체제는 세입과 세출의 유기적 연계성을 높인다.

▶ 삼원체제 vs 이원체제

삼원체제 (분리형)	· 행정관리능력의 제고 · 분파주의 방지
이원체제 (통합형)	세입과 세출의 유기적 연계성

정답: ④

적중 예상 문제

01 ☐☐☐

헌법에 근거한 재정제도에 해당하지 않는 것을 모두 고른 것은?

ㄱ. 준예산	ㄴ. 계속비
ㄷ. 추가경정예산	ㄹ. 조세법정주의
ㅁ. 예비비	ㅂ. 총사업비관리제도
ㅅ. 성인지 예·결산제도	

① ㄱ, ㄴ, ㄷ
② ㄹ, ㅁ, ㅂ
③ ㅂ, ㅅ
④ ㄷ, ㅁ

정밀해설

③ ㅂ, ㅅ은 국가재정법에 근거한다.
ㅂ. [×] 총사업비 관리는 국가재정법 제50조의 내용이다.
ㅅ. [×] 성인지 예·결산제도는 국가재정법 제26조의 내용이다.
ㄱ. [○] 준예산은 헌법 제54조의 내용이다.
ㄴ. [○] 계속비는 헌법 제55조의 내용이다.
ㄷ. [○] 추가경정예산은 헌법 제56조의 내용이다.
ㄹ. [○] 조세법정주의는 헌법 제59조의 내용이다.
ㅁ. [○] 예비비는 헌법 제55조의 내용이다.

정답 : ③

02 ☐☐☐

중앙정부와 지방정부의 재정제도에 대한 설명으로 옳은 것은?

① 지방과 달리 중앙정부 예산과정에 국민의 참여는 제도적으로 허용되지 않는다.
② 예비비의 법정상한선은 일반회계 총액의 1/100로 동일하다.
③ 지방정부는 재정진단제도를 실시하지 않는다.
④ 광역자치단체의 예산제출기한은 50일 전, 예산의결기한은 40일 전이다.

정밀해설

② 예비비의 법정상한선은 중앙정부와 지방정부 모두 일반회계 총액의 1/100로 동일하다.
① 2018년 국민참여예산제가 도입되면서 중앙정부 예산과정에 국민의 참여는 제도적으로 허용된다.
③ 지방정부는 재정진단제도를 실시한다.
④ 광역자치단체의 예산제출기한은 50일 전, 예산의결기한은 15일 전이다.

정답 : ②

THEME 085 예산의 원칙과 예외

1 예산의 원칙과 예외

원칙		내용	예외
완전성의 원칙 (포괄성의 원칙)		세입·세출이 모두 예산에 계상	순계예산, 기금, 현물출자, 외국차관의 전대, 수입대체경비
단일성의 원칙		모든 재정활동을 포괄하는 단일의 예산으로 편성	특별회계, 기금, 추가경정예산, 공기업예산
정확성의 원칙		예산과 결산의 균형	적자예산, 흑자예산
한정성의 원칙	목적 외 사용금지(질적 한정성)		이용, 전용
	초과지출 금지(양적 한정성)		예비비, 추가경정예산
	연도경과 금지(시간적 한정성)		이월, 계속비, 과년도 수입 및 지출, 국고채무부담행위
통일성의 원칙		세입·세출에 대한 국고 통일	특별회계, 기금, 수입대체경비, 목적세
사전의결의 원칙		의회가 사전 심의 및 의결	준예산, 예비비, 전용, 사고이월, 재정상 긴급명령, 선결처분
공개성의 원칙		국민에게 공개	신임예산 등
명료성의 원칙		누구나 이해할 수 있도록	총액예산, 예비비용

2 현대적 예산원칙(Smith)

계획의 원칙	예산은 사업계획과 연계되어야 한다는 원칙
책임의 원칙	행정수반의 지휘와 감독하에 가장 효과적·경제적인 방법으로 집행할 책임이 있다는 원칙
보고의 원칙	예산의 모든 과정은 정부 각 기관으로부터 제출되는 재정보고와 업무보고 등 각종 보고에 기초하여야 한다는 원칙
적절한 수단의 원칙	행정부는 예산을 책임 있게 운영하기 위하여 적절한 행정상의 수단을 구비하여야 한다는 원칙
다원적 절차의 원칙	현대 행정활동은 매우 다양하므로 사업의 성격에 따라 예산절차를 다르게 운영하여야 한다는 원칙
재량의 원칙	의회가 행정부에 일정한 재량의 여지를 줌으로써 신축적으로 집행하여야 한다는 원칙
시기신축성의 원칙	환경의 변화에 적응할 수 있도록 예산집행 시기를 적절하게 조절할 수 있어야 한다는 원칙
예산기구 상호성의 원칙	예산의 능률적·효과적 집행을 위하여 모든 관련기관이 서로 협력하여야 한다는 원칙

Mani DB 국가재정법상 재정건전화 방안

재정운용의 효율화 방안	• 국가재정운용계획 • 자율편성예산 • 성과중심 재정운용 • 회계·기금 간 전·출입
재정운용의 민주화 방안	• 성인지예·결산 • 조세지출예·결산 • 재정정보의 공표 • 주민참여예산

OX 기출분석

해설

01 　　　　　　　　　　　　　　　　　　　　　　　21 소방간부
전통적 예산 원칙의 하나인 통일의 원칙은 정부의 회계장부가 하나여야 한다는 원칙이다. ○ ×

정부의 회계장부가 하나여야 한다는 원칙은 단일성의 원칙이다.

02 　　　　　　　　　　　　　　　　　　　　　　　20 경찰간부
사전의결(절차성)의 원칙, 공개성의 원칙, 명확성(명료성)의 원칙, 보고의 원칙은 전통적 예산원칙에 해당한다. ○ ×

사전의결(절차성)의 원칙, 공개성의 원칙, 명확성(명료성)의 원칙은 전통적 예산원칙에, 보고의 원칙은 현대적 예산원칙에 해당한다.

03 　　　　　　　　　　　　　　　　　　　　　　　19 국회 8급
수입금마련경비는 지출이 직접 수입을 수반하는 경비로서 기획재정부장관이 지정하는 것을 의미하며 전통적 예산원칙 중 통일성의 예외에 해당한다. ○ ×

수입대체경비는 지출이 직접 수입을 수반하는 경비로서 기획재정부장관이 지정하는 것을 의미하며 전통적 예산원칙 중 통일성의 예외에 해당한다.

04 　　　　　　　　　　　　　　　　　　　　　　　19 지방 7급
목적세는 한정성 원칙의 예외에, 특별회계는 단일성 원칙의 예외에 해당한다. ○ ×

목적세는 통일성 원칙의 예외에, 특별회계는 단일성 원칙의 예외에 해당한다.

05 　　　　　　　　　　　　　　　　　　　　　　　19 서울 9급(2월)
예산 엄밀성의 원칙은 정해진 목표를 위해서 정해진 금액을 정해진 기간 내에 사용해야 한다는 원칙이다. ○ ×

정해진 목표를 위해서 정해진 금액을 정해진 기간 내에 사용해야 한다는 원칙은 예산 한정성의 원칙이다.

06 　　　　　　　　　　　　　　　　　　　　　　　17 사복 9급
특별회계와 추가경정예산은 예산 단일성의 원칙에 대한 예외이다. ○ ×

07 　　　　　　　　　　　　　　　　　　　　　　　17 경정승진
순계예산, 현물출자, 전대차관(轉貸借款)은 한계성의 예외이다. ○ ×

순계예산, 현물출자, 전대차관(轉貸借款)은 완전성의 예외이다.

08 　　　　　　　　　　　　　　　　　　　　　　　16 지방 7급
예산은 결산과 일치해야 한다는 예산 엄밀성의 원칙은 정확성의 원칙이라고도 불린다. ○ ×

정답 01 X 02 X 03 X 04 X 05 X 06 O 07 X 08 O

핵심 기출 문제

01 □□□ 2019 행정사

예산의 일반 원칙과 예외 사항이 옳게 묶인 것은?

① 사전의결의 원칙 - 목적세
② 공개성의 원칙 - 수입대체경비
③ 통일성의 원칙 - 추가경정예산
④ 한정성의 원칙 - 준예산
⑤ 완전성의 원칙 - 전대차관

정밀해설

⑤ 완전성의 원칙의 예외로는 전대차관, 순계예산, 기금, 현물출자 등이 있다.
① 목적세는 통일성 원칙의 예외에 해당한다.
② 수입대체경비는 통일성과 완전성 원칙의 예외이다.
③ 추가경정예산은 단일성 원칙의 예외이다.
④ 준예산은 사전승인 원칙의 예외에 해당한다.

정답: ⑤

보충

▶ 예산의 원칙과 예외

원칙	내용	예외
공개성 원칙	국민에게 공개	신임예산
명료성 원칙	국민이 이해하기 쉽게 편성	총액예산
정확성 원칙	예산 = 결산(수지균형)	적자예산, 흑자예산
명세성 원칙	구체적 항목화	총액예산
완전성(포괄성) 원칙	모두 예산에 계상	순계예산, 기금, 현물출자, 외국차관의 전대, 수입대체경비
통일성 원칙	국고로 통합, 국고에서 지출	특별회계, 기금, 수입대체경비, 목적세
사전의결 원칙	의회가 사전 심의 및 의결	준예산, 예비비, 전용, 사고이월, 재정상 긴급명령, 선결처분
한정성 원칙	목적 외 사용금지(질적)	이용, 전용
	초과지출 금지(양적)	예비비
	연도경과 금지(시간적)	이월, 계속비, 과년도 수입 및 지출, 국고채무부담행위
단일성 원칙	재정활동을 단일예산으로 편성	특별회계, 기금, 추가경정예산, 공기업예산

02 □□□ 2017 국회 9급

「국가재정법」에서 규정하고 있는 예산총계주의 원칙의 예외에 대한 설명으로 옳지 않은 것은?

① 국가가 현물로 출자하는 경우에는 이를 세입세출예산 외로 처리할 수 있다.
② 전대차관을 상환하는 경우 환율의 변동으로 인하여 원리금 상환액이 그 세출예산을 초과하게 되는 때에는 초과한 범위 안에서 그 세출예산을 초과하여 지출할 수 있지만, 금리의 변동으로 인한 경우에는 해당되지 않는다.
③ 외국차관을 도입하여 전대하는 경우에는 이를 세입세출예산 외로 처리할 수 있다.
④ 수입대체경비 등 예산총계주의 원칙의 예외에 관하여 필요한 사항은 대통령령으로 정한다.
⑤ 차관물자대의 경우 전년도 인출예정분의 부득이한 이월 또는 환율 및 금리의 변동으로 인하여 세입이 그 세입예산을 초과하게 되는 때에는 그 세출예산을 초과하여 지출할 수 있다.

정밀해설

② 전대차관을 상환하는 경우 환율의 변동으로 인하여 원리금 상환액이 그 세출예산을 초과하게 되는 때에는 초과한 범위 안에서 세출예산을 초과하여 지출할 수 있으며, 금리의 변동으로 인한 경우에도 해당된다.

국가재정법 제53조(예산총계주의 원칙의 예외)
② 국가가 현물로 출자하는 경우와 외국차관을 도입하여 전대(轉貸)하는 경우에는 이를 세입세출예산 외로 처리할 수 있다.
③ 차관물자대(借款物資貸)의 경우 전년도 인출예정분의 부득이한 이월 또는 환율 및 금리의 변동으로 인하여 세입이 그 세입예산을 초과하게 되는 때에는 그 세출예산을 초과하여 지출할 수 있다.
④ 전대차관을 상환하는 경우 환율 및 금리의 변동, 기한 전 상환으로 인하여 원리금 상환액이 그 세출예산을 초과하게 되는 때에는 초과한 범위 안에서 그 세출예산을 초과하여 지출할 수 있다.
⑥ 수입대체경비 등 예산총계주의 원칙의 예외에 관하여 필요한 사항은 대통령령으로 정한다.

① 예산총계주의는 세입·세출은 모두 예산에 편입하여야 한다는 것으로, 예외로는 현물출자, 전대차관 등이 있다.
③ 외국전대차관은 세입세출예산 외로 처리할 수 있으므로 예산총계주의 원칙의 예외에 해당한다.
④ 초과수입을 초과지출에 충당할 수 있는 수입대체경비는 예산총계주의 원칙의 예외에 해당한다.
⑤ 부득이한 사유로 세입예산 초과시 초과지출이 가능한 차관물자대는 예산총계주의 원칙의 예외에 해당한다.

정답: ②

03

2012 해경간부

다음은 전통적 예산의 원칙에 관한 설명이다. 괄호 안에 들어갈 내용으로 가장 바르게 연결한 것은?

> 가. 수입대체경비의 초과수입, 현물출자와 외국차관을 정부 이름으로 대신 빌려서 실제 그 돈을 사용할 차관사업 수행자에게 그대로 넘겨주는 전대차관(轉貸借款)은 (㉠)의 예외이다.
> 나. 목적세, 수입대체경비, 특별회계, 기금은 (㉡)의 예외이다.
> 다. 준예산, 전용, 사고이월, 재정상의 긴급명령, 선결처분은 (㉢)의 예외이다.
> 라. 추가경정예산의 편성, 예산의 이월, 계속비 등은 (㉣)의 예외이다.

① ㉠ - 예산총계주의, ㉡ - 단일성의 원칙,
   ㉢ - 공개성의 원칙, ㉣ - 한계성의 원칙
② ㉠ - 초과지출금지의 원칙, ㉡ - 통일성의 원칙,
   ㉢ - 공개성의 원칙, ㉣ - 단일성의 원칙
③ ㉠ - 예산총계주의, ㉡ - 통일성의 원칙,
   ㉢ - 사전의결의 원칙, ㉣ - 한계성의 원칙
④ ㉠ - 초과지출금지의 원칙, ㉡ - 단일성의 원칙,
   ㉢ - 사전의결의 원칙, ㉣ - 한계성의 원칙

정밀해설

③ ㉠-예산총계주의, ㉡-통일성의 원칙, ㉢-사전의결의 원칙, ㉣-한계성의 원칙이 옳게 연결되었다.

정답 : ③

04

2011 국회 9급

통일성 원칙이란 특정 수입과 특정 지출이 연계되어서는 안 된다는 안 된다는 예산의 원칙이다. <보기>에서 통일성 원칙의 예외와 관련된 세목을 모두 바르게 묶은 것은?

> < 보기 >
> ㄱ. 법인세   ㄴ. 교통·에너지·환경세
> ㄷ. 교육세   ㄹ. 지방교육세
> ㅁ. 농어촌특별세   ㅂ. 소득세

① ㄱ, ㄴ, ㄷ
② ㄱ, ㄴ, ㄹ, ㅁ
③ ㄴ, ㄷ, ㄹ
④ ㄴ, ㄷ, ㄹ, ㅁ
⑤ ㄴ, ㄷ, ㄹ, ㅂ

정밀해설

④ ㄴ, ㄷ, ㄹ, ㅁ이 통일성 원칙의 예외에 해당한다.
ㄴ, ㄷ, ㄹ, ㅁ. [○] 교통·에너지·환경세, 교육세, 지방교육세, 농어촌특별세는 목적세로 통일성 원칙의 예외에 해당한다.
ㄱ, ㅂ. [×] 법인세, 소득세는 직접세로 내국세에 해당한다.

정답 : ④

보충

▶ 지방세목 체계

구분	특별시·광역시	자치구세	도세	시·군세
보통세	취득세, 주민세, 자동차세, 레저세, 담배소비세, 지방소비세, 지방소득세	등록면허세, 재산세	취득세, 레저세, 등록면허세, 지방소비세	주민세, 재산세, 자동차세, 담배소비세, 지방소득세
목적세	지방교육세, 지역자원시설세	-	지방교육세, 지역자원시설세	-

적중 예상 문제

01 ☐☐☐

전통적 예산원칙과 그 예외에 대한 연결로 옳은 것은?

① 통일성의 원칙 - 기금, 목적세, 수입대체경비
② 사전의결의 원칙 - 준예산, 예비비, 국고채무부담행위
③ 완전성의 원칙 - 수입대체경비, 계속비, 기금
④ 단일성의 원칙 - 특별회계, 준예산, 목적세

정밀해설

① 통일성의 원칙은 특정수입과 특정지출이 연계되어서는 안 된다는 것으로, 특별회계, 기금, 목적세, 수입대체경비 등이 예외이다.
② 국고채무부담행위는 한정성 원칙의 예외이다.
③ 계속비는 한정성 원칙의 예외이다.
④ 준예산은 사전의결의 예외이다.

정답: ①

02 ☐☐☐

전통적 예산원칙과 예외에 대한 설명으로 옳지 않은 것은?

① 한정성의 원칙 중 질적 한정성의 예외는 이용, 전용이다.
② 한정성의 원칙 중 양적 한정성의 예외로 이월, 계속비 등이 있다.
③ 공개성의 원칙의 예외로는 국가정보원예산, 신임예산 등이 있다.
④ 사전의결의 원칙의 예외로는 준예산, 사고이월, 전용 등이 있다.

정밀해설

② 한정성의 원칙 중 시간적 한정성 예외로 이월, 계속비 등이 있다.

▶ 예산의 원칙과 예외

원칙	내용	예외
완전성 (포괄성) 원칙	모두 예산에 계상	순계예산, 기금, 현물출자, 외국차관의 전대, 수입대체경비
통일성 원칙	국고 통합, 국고에서 지출	특별회계, 기금, 수입대체경비, 목적세
사전의결 원칙	의회가 사전 심의 및 의결	준예산, 예비비, 전용, 사고이월, 재정상 긴급명령, 선결처분
한정성 원칙	목적 외 사용금지(질적)	이용, 전용
	초과지출 금지(양적)	예비비
	연도경과 금지(시간적)	이월, 계속비, 과년도 수입 및 지출, 국고채무부담행위
단일성 원칙	재정활동을 단일예산으로 편성	특별회계, 기금, 추가경정예산, 공기업예산

정답: ②

03

예산원칙의 예외에 대한 설명으로 옳지 않은 것은?

① 예산의 이용(利用)은 한계성의 원칙에 대한 예외이다.
② 준예산제도는 사전의결의 원칙에 대한 예외이다.
③ 특별회계는 단일성의 원칙에 대한 예외이다.
④ 목적세, 기금은 공개성의 원칙에 대한 예외이다.

정밀해설

④ 목적세는 통일성 원칙의 예외이다.
① 한계성의 원칙은 예산의 목적 외 사용금지, 초과 지출금지, 연도 경과의 금지의 3가지 내용을 포함한다. 그 예외로 이용과 전용, 예비비, 추가경정예산 등이 있다.
② 사전의결 원칙의 예외로는 준예산, 사고이월, 예비비, 전용 등이 있다.
③ 특별회계는 단일성·통일성의 원칙에 대한 예외이다.

정답 : ④

04

Smith의 현대적 예산원칙에 해당하는 것을 모두 고른 것은?

ㄱ. 책임의 원칙	ㄴ. 보고의 원칙
ㄷ. 다원적 절차의 원칙	ㄹ. 재량의 원칙
ㅁ. 시기신축성의 원칙	ㅂ. 적절한 수단의 원칙

① ㄱ, ㄴ, ㄹ
② ㄷ, ㅁ, ㅂ
③ ㄹ, ㅁ, ㅂ
④ ㄱ, ㄴ, ㄷ, ㄹ, ㅁ, ㅂ

정밀해설

④ ㄱ, ㄴ, ㄷ, ㄹ, ㅁ, ㅂ 모두 Smith의 현대적 예산원칙에 해당한다.

정답 : ④

THEME 086 일반회계, 특별회계, 기금

1 일반회계·특별회계·기금 비교

구분	일반회계	특별회계	기금
설치사유	국가고유의 일반적인 재정활동	• 특정사업 운영 • 특정자금 보유 운용 • 특정 세입으로 특정 세출에 충당	특정 목적을 위하여 특정 자금을 신축적으로 운용할 필요가 있을 때
재원조달 및 운용형태	조세수입과 무상급부 원칙	일반회계와 기금의 운용형태 혼재	출연금과 부담금 등을 수입원으로 하여 융자사업 등 유상급부 제공
확정절차	부처의 예산요구 → 기획재정부의 예산안 편성 → 국회의 심의·의결	부처의 예산요구 → 기획재정부의 예산안 편성 → 국회의 심의·의결	기금관리주체가 계획수립 → 기획재정부장관의 협의·조정 → 국회의 심의·의결
집행절차 (자율성)	합법성에 입각한 엄격한 통제	합법성에 입각한 엄격한 통제	합목적성 차원에서 상대적으로 자율성과 탄력성 보장
수입과 지출의 연계	연계 배제	연계	연계
계획변경	추경예산 편성	추경예산 편성	주요항목 지출금액의 20%(금융성 기금은 30%) 초과 변경 시 국회의결 필요
결산	국회의 결산심의	국회의 결산심의	국회의 결산심의

2 특별회계

설치대상	조달, 우편, 우체국예금, 양곡관리, 책임운영기관
장점	① 정부 재정수지를 명확히 함. ③ 책임소재 명확
단점	① 재정운영의 경직성 ② 예산구조의 복잡성 ③ 재정팽창의 원인이 됨.

3 기금

① 특징

구분	기금	예산
재원	유상적 급부원칙 (일반회계로부터의 전입금, 정부출연금 등 다양한 수입원)	무상적 급부원칙(조세수입이 대부분임)
운용방식	• 국회 통제가 약함 (합목적성 차원에서 상대적으로 자율적임) • 기업회계방식을 적용함	국회 통제를 받음(합법성에 입각하여 엄격히 통제)

② 기금운용계획의 절차

전년도 12월 31일 국가재정운영계획 수립지침	⇨	1월 31일 중기사업계획서 제출	⇨	3월 31일 기금운용계획안 작성지침 통보	⇨	5월 31일 기금운용계획안 제출	⇨	회계연도 개시 120일 전 기금운용계획안 국회 제출

OX 기출분석

01 ☐☐☐ 23 지방 9급
기금은 예산원칙의 일반적 제약으로부터 벗어나 탄력적으로 운용된다.   O X

해설: 기금은 일반회계와 달리 신축적이고 탄력적 운영이 가능하다.

02 ☐☐☐ 22 지방 9급
일반회계, 특별회계, 기금 모두 국회로부터 결산의 심의 및 의결을 받아야 한다.   O X

해설: 국회 결산 심의 대상이다.

03 ☐☐☐ 21 지방(서울) 9급
특별회계 예산은 합목적성 차원에서 기금보다 자율성과 탄력성이 강하다.   O X

해설: 기금은 합목적성 차원에서 특별회계보다 자율성과 탄력성이 강하다.

04 ☐☐☐ 19 국회 9급
특별회계의 세입은 주로 조세수입으로 이루어진다.   O X

해설: 특별회계의 세입은 별도 특정수입과 일반회계의 전입금 등으로 이루어진다.

05 ☐☐☐ 18 교행 9급
기금은 법률로써 설치하며 출연금, 부담금 등은 기금의 재원으로 활용할 수 없다.   O X

해설: 기금은 법률로써 설치하며, 출연금, 부담금 등도 기금의 재원으로 활용할 수 있다.

06 ☐☐☐ 17 지방 7급
특별회계예산은 재정운영 주체의 자율성 증대를 통해 운영의 효율성을 높일 수 있을 때 필요하다.   O X

07 ☐☐☐ 17 행정사
특별회계제도는 예산제도가 단순해지므로 국가 재정의 통합적 관리에 유리하다.   O X

해설: 특별회계제도는 재정운영의 경직성이 초래되며 예산제도가 복잡해지므로 통합적 관리에 불리하다.

08 ☐☐☐ 16 서울 9급
특별회계예산에서는 입법부의 예산통제가 용이해진다.   O X

해설: 특별회계는 일반회계보다 행정부의 재량이 확대되는 영역이기 때문에 입법부의 예산통제 또한 어려워지게 된다.

정답 01 O 02 O 03 X 04 X 05 X 06 O 07 X 08 X

THEME 086 일반회계, 특별회계, 기금

핵심 기출 문제

01 □□□   2020 지방 7급

우리나라의 **특별회계**에 대한 설명으로 옳지 않은 것은?

① 설치근거가 되는 법률을 별도로 정하고 있다.
② 세출예산뿐 아니라 세입예산도 일반회계와 특별회계로 구분한다.
③ 특별회계의 설치요건 중에는 특정한 세입으로 특정한 세출에 충당함으로써 일반회계와 구분하여 회계처리할 필요가 있을 경우도 포함한다.
④ 예산의 이용 및 전용과 마찬가지로 예산 한정성의 원칙이 적용되지 않는다.

정밀해설

④ 특별회계는 예산 단일성 및 통일성의 원칙이 적용되지 않는다. 한편 한정성의 원칙에는 적용된다.
① 정부가 특정한 사업을 영위하기 위해 설치하는 기업특별회계와 그 밖의 목적으로 개별법에 근거하여 설치된 기타특별회계로 구분되므로 특별회계는 설치근거가 되는 법률을 별도로 정하고 있다.
② 특별회계도 세입과 세출의 운영체계를 가지므로 세출예산뿐 아니라 세입예산도 일반회계와 특별회계로 구분한다.
③ 특별회계는 국가가 특정사업을 추진할 경우, 특정한 자금을 운영하고자 할 경우, 특정한 세입으로 특정한 세출에 충당함으로써 일반회계와 구분하여 계리할 필요가 있을 경우를 설치요건으로 하고 있다.

정답 : ④

02 □□□   2025년 국회 8급

「국가재정법」상 기금에 대한 설명으로 옳지 않은 것은?

① 정부는 규정에 따른 주요항목 단위로 마련된 기금운용계획안을 회계연도 개시 120일 전까지 국회에 제출하여야 한다.
② 국회는 정부가 제출한 기금운용계획안의 주요항목 지출금액을 증액할 때 미리 정부의 동의를 얻어야 한다.
③ 기금관리주체가 기금운용계획상 여유자금 운용으로 계상된 지출 금액을 변경하는 경우 기금운용계획변경안을 국회에 제출하여야 한다.
④ 환율 및 금리 변동으로 인한 차입금 원리금 상환 지출에 따라 주요 항목 지출금액의 변경범위가 10분의 2를 초과한 경우 기금관리주체는 변경명세서를 국회 소관 상임위원회에 제출하여야 한다.
⑤ 다른 법률의 규정에 따른 의무적 지출금액의 경우 기금관리주체는 기금운용계획변경안을 국회에 제출하지 않고 대통령령으로 정하는 바에 따라 변경할 수 있다.

정밀해설

③ 「국가재정법」 제70조 제3항에 따라 기금운용계획상 여유자금 운용 지출은 국회의 심의 없이 대통령령으로 변경할 수 있다.
① 「국가재정법」 제68조에 따라 정부는 기금운용계획안을 회계연도 개시 120일 전까지 국회에 제출해야 한다.
② 「국가재정법」 제69조에 따라 국회가 기금운용계획안의 주요항목 지출을 증액하려면 미리 정부의 동의가 필요하다.
④ 「국가재정법」 제70조 제5항에 따라 환율 및 금리 변동으로 인한 차입금 상환액이 일정 범위를 초과하면 변경명세서를 국회에 제출해야 한다.
⑤ 「국가재정법」 제70조 제3항에 따라 법률에 따른 의무적 지출은 국회 의결 없이 대통령령으로 변경이 가능하다.

> **국가재정법 제70조(기금운용계획의 변경)** ① 기금관리주체는 지출계획의 주요항목 지출금액의 범위 안에서 대통령령으로 정하는 바에 따라 세부항목 지출금액을 변경할 수 있다.
> ② 기금관리주체(기금관리주체가 중앙관서의 장이 아닌 경우에는 소관 중앙관서의 장을 말한다)는 기금운용계획 중 주요항목 지출금액을 변경하고자 하는 때에는 기획재정부장관과 협의·조정하여 마련한 기금운용계획변경안을 국무회의 심의를 거쳐 대통령의 승인을 얻은 후 국회에 제출하여야 한다.
> ③ 제2항에도 불구하고 주요항목 지출금액이 다음 각 호의 어느 하나에 해당하는 경우에는 기금운용계획변경안을 국회에 제출하지 아니하고 대통령령으로 정하는 바에 따라 변경할 수 있다.
> 1. 별표 3에 규정된 금융성 기금 외의 기금은 주요항목 지출금액의 변경범위가 10분의 2 이하
> 2. 별표 3에 규정된 금융성 기금은 주요항목 지출금액의 변경범위가 10분의 3 이하. 다만, 기금의 관리 및 운용에 소요되는 경상비에 해당하는 주요항목 지출금액에 대하여는 10분의 2 이하로 한다.

정답 : ③

03

2015 행정사

「국가재정법」상 기금에 관한 설명으로 옳지 않은 것은?

① 기금관리주체는 지출계획의 주요항목 지출금액의 범위 안에서 대통령령이 정하는 바에 따라 세부항목 지출금액을 변경할 수 있다.
② 정부는 주요항목 단위로 마련된 기금운용계획안을 회계연도 개시 90일 전까지 국회에 제출하여야 한다.
③ 국회는 정부가 제출한 기금운용계획안의 주요항목 지출금액을 증액하거나 새로운 과목을 설치하고자 하는 때에는 미리 정부의 동의를 얻어야 한다.
④ 정부는 기금이 여성과 남성에 미칠 영향을 미리 분석한 보고서를 작성하여야 한다.
⑤ 국가가 특정한 목적을 위하여 특정한 자금을 신축적으로 운용할 필요가 있을 때에 한하여 법률로써 설치한다.

정밀해설

② 정부는 주요항목 단위로 마련된 기금운용계획안을 회계연도 개시 120일 전까지 국회에 제출하여야 한다.

동법 제68조(기금운용계획안의 국회제출 등) ① 정부는 제67조 제3항의 규정에 따른 주요항목 단위로 마련된 기금운용계획안을 회계연도 개시 120일 전까지 국회에 제출하여야 한다.

① 기금관리주체는 지출계획의 주요항목 지출금액의 범위 안에서 대통령령이 정하는 바에 따라 세부항목 지출금액을 변경할 수 있다(동법 제70조 제1항).
③ 국회는 정부가 제출한 기금운용계획안의 주요항목 지출금액을 증액하거나 새로운 과목을 설치하고자 하는 때에는 미리 정부의 동의를 얻어야 한다(동법 제69조).
④ 정부는 기금이 여성과 남성에 미칠 영향을 미리 분석한 보고서인 성인지 기금운용계획서를 작성하여야 한다.
⑤ 기금은 국가가 특정한 목적을 위하여 특정한 자금을 신축적으로 운용할 필요가 있을 때에 한하여 법률로써 설치한다(동법 제5조 제1항).

정답 : ②

04

2013 지방 7급

우리나라 특별회계에 대한 설명으로 옳지 않은 것은?

① 특별회계 설립 주체에 따라 중앙정부 특별회계와 지방자치단체 특별회계로 구분한다.
② 특정한 사업을 운영하기 위한 중앙정부 특별회계의 일례로 교육비특별회계가 있다.
③ 「지방공기업법」에 따라 설립된 모든 지방직영기업은 지방자치단체 공기업특별회계 대상이다.
④ 중앙정부의 기업특별회계에는 책임운영기관특별회계와 「정부기업예산법」의 적용을 받는 우편사업·우체국예금·양곡관리·조달특별회계가 있다.

정밀해설

② 교육비특별회계는 중앙정부가 아니라 지방정부의 특별회계이다. 이는 목적세인 지방교육세를 재원으로 운영되는 광역자치단체 특별회계이다.
① 특별회계는 설립주체에 따라 중앙정부 특별회계와 지방자치단체 특별회계로 구분한다.
③ 지방공기업법에 따라 설립된 모든 지방직영기업은 지방자치단체 공기업특별회계 대상에 해당한다.
④ 중앙정부의 기업특별회계에는 책임운영기관특별회계와 정부기업예산법의 적용을 받는 우편사업, 우체국예금, 양곡관리, 조달특별회계가 있다.

▶ **지방정부 특별회계**

공기업 특별회계	지방공기업법에 의한 지방직영기업 특별회계
교육비 특별회계	지방교육재정 확충을 위한 특별회계
기타 특별회계	도시개발특별계획, 공단조성특별회계 등

정답 : ②

적중 예상 문제

01

다음 중 특별회계에 대한 설명으로 옳은 것은?

① 특별회계는 세입과 세출의 수지가 불분명하다.
② 특별회계 세입은 자체수입과 일반회계의 전입금으로 구성된다.
③ 국가가 특정한 사업을 운영하고자 할 때 대통령령에 근거하여 설치한다.
④ 현재 정부기업특별회계로는 우편사업과 조달만 있다.

정밀해설

① 특별회계는 세입과 세출의 수지가 분명하다.
③ 국가가 특정한 사업을 운영하고자 할 때 법령에 근거하여 설치한다.
④ 현재 정부기업 특별회계로는 우편사업, 우체국예금, 양곡관리, 조달이 있다.

정답 : ②

02

특별회계에 대한 설명으로 옳은 것은?

① 아시아 문화중심도시 조성, 주한 미군기지 이전, 교통시설, 지역발전 등의 특별회계가 있다.
② 특별회계에서 발생한 잉여금은 일반회계로 전입시킬 수 없다.
③ 특별회계의 신설에 대한 타당성 심사는 국무총리가 한다.
④ 특별회계는 반드시 법률과 대통령령으로 설치한다.

정밀해설

① 아시아 문화중심도시 조성, 주한 미군기지 이전, 교통시설, 지역발전은 기타특별회계이다.
② 특별회계에서 발생한 잉여금은 일반회계로 전입시킬 수 있다.
③ 특별회계의 신설에 대한 타당성 심사는 기획재정부장관이 한다.

국가재정법 제14조(특별회계 및 기금의 신설에 관한 심사) ① 중앙관서의 장은 소관 사무와 관련하여 특별회계 또는 기금을 신설하고자 하는 때에는 해당 법률안을 입법예고하기 전에 특별회계 또는 기금의 신설에 관한 계획서(이하 이 조에서 "계획서"라 한다)를 기획재정부장관에게 제출하여 그 신설의 타당성에 관한 심사를 요청하여야 한다.

④ 특별회계는 법률로써 설치한다.

정답 : ①

03

「국가재정법」상 기금에 관한 설명으로 옳지 않은 것은?

① 국회는 정부가 제출한 기금운용계획안의 주요항목 지출금액을 증액하거나 새로운 과목을 설치하고자 하는 때에는 미리 정부의 동의를 얻어야 한다.
② 출연금과 부담금 등을 수입원으로 하여 융자사업 등에 무상급부로 제공한다.
③ 기금관리주체는 지출계획의 주요항목 지출금액의 범위 안에서 대통령령이 정하는 바에 따라 세부항목 지출금액을 변경할 수 있다.
④ 국가가 특정한 목적을 위하여 특정한 자금을 신축적으로 운용할 필요가 있을 때에 한하여 법률로써 설치한다.

정밀해설

② 출연금과 부담금 등을 수입원으로 하여 융자사업 등 유상급부를 제공한다.
① 국회는 정부가 제출한 기금운용계획안의 주요항목 지출금액을 증액하거나 새로운 과목을 설치하고자 하는 때에는 미리 정부의 동의를 얻어야 한다(동법 제69조).
③ 기금관리주체는 지출계획의 주요항목 지출금액의 범위 안에서 대통령령이 정하는 바에 따라 세부항목 지출금액을 변경할 수 있다(동법 제70조).
④ 기금은 국가가 특정한 목적을 위하여 특정한 자금을 신축적으로 운용할 필요가 있을 때에 한하여 법률로써 설치하되, 정부의 출연금 또는 법률에 따른 민간부담금을 재원으로 하는 기금은 규정된 법률에 의하지 아니하고는 이를 설치할 수 없다(동법 제5조).

정답 : ②

04

다음 중 기금에 대한 설명으로 옳은 것은?

① 기금은 운용상 세입예산에 포함되어야 한다.
② 금융성 기금은 통합재정에서 제외된다.
③ 기금은 통일성 원칙의 예외이지만, 단일성의 원칙에는 해당된다.
④ 정부는 3년마다 기금운용계획안을 마련하여 국회의 심의·의결을 받아야 한다.

정밀해설

② 통합재정은 일반회계, 특별회계, 기금, 세입세출의 항목을 포함하지만 내부거래와 보전거래 및 금융성 기금은 제외된다.
① 기금은 세입세출예산에 의하지 않고 운용할 수 있다.
③ 기금은 통일성 원칙과 단일성 원칙의 예외에 해당한다.
④ 정부는 매년 기금운용계획안을 마련하여 국회의 심의·의결을 받아야 한다.

정답 : ②

THEME 087 예산 분류

1 통합예산
① 재정건전성 판단이 가능하고, 재정이 국민경제에 미치는 영향을 효과적으로 파악할 수 있음.
② 중앙정부의 통합재정 규모는 일반회계, 특별회계, 기금, 세입·세출 외 항목은 모두 포함함.
but, 내부거래와 보전거래는 제외함.
③ 통합재정은 중앙재정, 지방재정, 지방교육재정(교육비특별회계)을 포함함.
④ 우리나라의 경우 융자지출을 통합재정수지의 적자요인으로 간주함.
⑤ 통합예산은 재정통계이므로 현금주의로 작성함

2 특징별 분류기준

특징	분류기준
전통적 분류(합법성)	조직별·품목별
프로그램 중심의 현대적 분류(효율성)	기능별(사업계획별·활동별)
의회통제 및 회계책임 확보 용이	조직별·품목별
의회의 예산심의 용이	조직별·기능별
시민을 위한 분류	기능별
경제 효과분석 용이	경제성질별 분류

3 절차상 분류

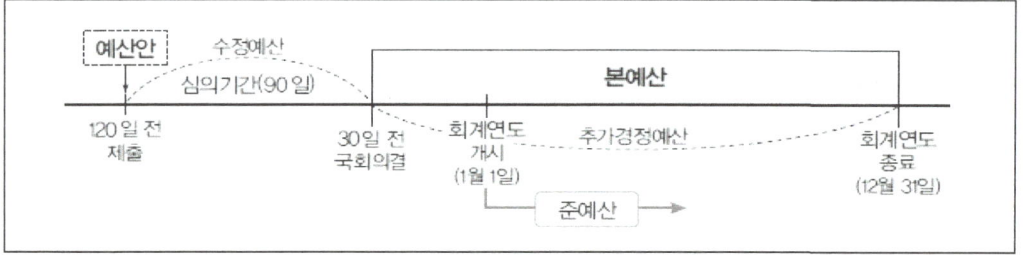

4 예산 불성립 시

구분	채택국가	지출 가능 경비	국회의결 여부	기간
준예산	우리나라, 독일	한정적	의결 없이 자동적으로 사용	무제한
가예산	프랑스, 우리나라 제1공화국	전반적	의결 필요	1개월
잠정예산	영미계 국가, 일본	전반적	의결 필요	무제한

Mani DB 과목 분류

구분	입법과목(국회의결 필요), 이용			행정과목(국회의결 불필요), 전용	
세입예산	-	관	항	-	목
세출예산	장	관	항	세항	목

OX 기출분석

해설

01 ☐☐☐   23 지방 9급

잠정예산은 수개월 단위로 임시예산을 편성해 운영하는 것으로 가예산과 달리 국회의 의결이 불필요하다.
○ ✕

잠정예산도 국회의 의결이 필요하다. 준예산은 국회 의결이 필요없다.

02 ☐☐☐   23 국가 9급

통합재정 산출 시 내부거래와 보전거래를 제외함으로써 세입·세출을 순계 개념으로 파악한다.
○ ✕

통합재정에서 내부거래와 보전거래는 제외한다.

03 ☐☐☐   21 국가 9급

정부는 회계연도 개시 전까지 예산안이 의결되지 못한 때에는 전년도 예산에 준해 모든 예산을 편성해 운영할 수 있다.
○ ✕

정부는 회계연도 개시 전까지 예산안이 의결되지 못한 때에는 헌법에 규정된 일정한 경비만 전년도 예산에 준해 집행할 수 있다.

04 ☐☐☐   20 국회 8급

예산이 성립되면 잠정예산은 그 유효기간이나 지출 잔액유무에 관계없이 본예산에 흡수된다. ○ ✕

05 ☐☐☐   19 국가 7급

통합재정은 일반회계, 특별회계, 기금을 모두 포괄하며, 재정 활동의 전모를 파악할 수 있도록 융자지출을 통합재정수지의 계산에 포함하고 있다.
○ ✕

06 ☐☐☐   19 경찰간부

잠정예산은 회계연도 개시 전까지 예산이 의결되지 못하는 경우를 대비해 의회가 미리 1개월분 예산만 의결해 정부로 하여금 집행할 수 있도록 하는 예산을 의미한다.
○ ✕

잠정예산은 회계연도 개시 전까지 예산이 의결되지 않은 경우 기간의 제한이 없이 정부로 하여금 잠정적으로 집행할 수 있도록 하는 예산을 말한다.

07 ☐☐☐   17 국회 9급

준예산제도는 헌법이나 법률에 의해 설치된 기관 또는 시설의 유지·운영 경비 공무원의 보수와 사무처리에 관한 기본경비를 포함하지 않는다.
○ ✕

준예산제도는 헌법이나 법률에 의해 설치된 기관 또는 시설의 유지·운영 경비 공무원의 보수와 사무처리에 관한 기본 경비를 포함한다.

08 ☐☐☐   17 국회 8급

국민경제활동의 구성과 수준에 미치는 영향을 파악하고, 고위정책결정자들에게 유용한 정보를 제공해 주는 예산의 분류는 사업계획별 분류이다.
○ ✕

경제성질별 분류에 대한 설명이다.

정답   01 ✕   02 ○   03 ✕   04 ○   05 ○   06 ✕   07 ✕   08 ✕

핵심 기출 문제

01
2020 지방 7급

「국가재정법」상 추가경정예산에 대한 설명으로 옳은 것은?

① 정부는 국회에서 추가경정예산안이 확정되기 전에 이를 미리 배정하거나 집행할 수 있다.
② 새로운 회계연도가 개시될 때까지 국회에서 예산안이 의결되지 못한 때에 편성된다.
③ 법령에 따라 국가가 지급하여야 하는 지출이 발생하거나 증가하여 이미 확정된 예산에 변경을 가할 필요가 있는 경우에 편성할 수 있다.
④ 경기침체 등과 같은 대내외 여건에 중대한 변화가 발생할 우려가 있어 이미 확정된 예산에 변경을 가할 필요가 있는 경우라도 편성할 수 없다.

정밀해설

③ 법령에 따라 국가가 지급하여야 하는 지출이 발생하거나 증가하는 경우는 추경예산의 편성요건에 해당하므로 추경예산을 편성할 수 있다.

국가재정법 제89조(추가경정예산안의 편성) ① 정부는 다음 각 호의 어느 하나에 해당하게 되어 이미 확정된 예산에 변경을 가할 필요가 있는 경우에는 추가경정예산안을 편성할 수 있다.
1. 전쟁이나 대규모 재해(「재난 및 안전관리 기본법」 제3조에서 정의한 자연재난과 사회재난의 발생에 따른 피해를 말한다)가 발생한 경우
2. 경기침체, 대량실업, 남북관계의 변화, 경제협력과 같은 대내·외 여건에 중대한 변화가 발생하였거나 발생할 우려가 있는 경우
3. 법령에 따라 국가가 지급하여야 하는 지출이 발생하거나 증가하는 경우

① 정부는 국회에서 추가경정예산안이 확정되기 전에 이를 미리 배정하거나 집행할 수 없다.

동법 제89조(추가경정예산안의 편성) ② 정부는 국회에서 추가경정예산안이 확정되기 전에 이를 미리 배정하거나 집행할 수 없다.

② 새로운 회계연도가 개시될 때까지 국회에서 예산안이 의결되지 못한 때에 편성하는 것은 준예산이다.
④ 경기침체 등과 같은 대내외 여건에 중대한 변화가 발생할 우려가 있어 이미 확정된 예산에 변경을 가할 필요가 있는 경우에는 편성할 수 있다.

정답: ③

02
2019 지방 9급

통합재정에 대한 설명으로 옳은 것은?

① 일반회계, 특별회계, 기금을 포함한다.
② 통합재정의 기관 범위에 공공기관은 포함되지만, 지방자치단체는 포함되지 않는다.
③ 국민의 입장에서 느끼는 정부의 지출 규모이며 내부거래를 포함한다.
④ 2005년부터 정부의 재정규모 통계로 사용하고 있으며 세입과 세출을 총계 개념으로 파악한다.

정밀해설

① 통합재정은 일반회계, 특별회계, 기금을 포괄한 정부 전체의 재정활동을 의미한다.
② 통합재정의 기관 범위에 중앙정부와 지방정부 및 비금융 공기업은 포함되지만, 금융성 기금과 외국환평형기금, 공공기관, 지방공기업은 포함되지 않는다.
③ 재정이 국민경제에 미치는 영향을 분석하기 용이하며 내부거래와 보전거래는 제외한다.
④ 1979년부터 정부의 재정규모 통계로 사용하고 있으며 세입과 세출을 순계 개념으로 파악한다.

정답: ①

03 2017 국회 9급

준예산제도에 대한 설명으로 옳지 않은 것은?

① 국회의 의결을 필요로 하지 않는다.
② 헌법상 준예산으로 지출 가능한 경비를 제한하고 있다.
③ 이미 예산으로 승인된 사업의 계속 목적으로 집행할 수 있다.
④ 헌법이나 법률에 의해 설치된 기관 또는 시설의 유지·운영 경비 공무원의 보수와 사무처리에 관한 기본 경비를 포함하지 않는다.
⑤ 지출이 가능한 기간의 제한은 없으며, 당해연도 예산이 성립할 때까지 유효하다.

정밀해설

④ 준예산은 헌법이나 법률에 의하여 설치된 기관 또는 시설의 유지·운영 경비(공무원 보수와 사무처리에 관한 기본경비 등)를 포함한다.
① 준예산은 새로운 회계연도가 개시될 때까지 예산이 성립되지 못할 경우 의회의 승인 없이 특정 경비를 전년도에 준하여 지출할 수 있는 제도로, 사전의결을 필요로 하지 않으므로 사전의결 원칙에 위배된다.
② 헌법 제54조에 준예산으로 지출 가능한 경비를 제한하고 있다.
③ 준예산은 헌법이나 법률에 의하여 설치된 기관 또는 시설의 유지·운영, 법률상 지출의무의 이행, 이미 예산으로 승인된 사업 계속의 목적으로 집행할 수 있다.
⑤ 지출이 가능한 기간의 제한이 없으므로 예산이 성립할 때까지 유효하며, 당해연도 예산이 성립되면 준예산은 그 효력이 상실된다.

> **헌법 제54조** ③ 새로운 회계연도가 개시될 때까지 예산안이 의결되지 못한 때에는 정부는 국회에서 예산안이 의결될 때까지 다음의 목적을 위한 경비는 전년도 예산에 준하여 집행할 수 있다.
> 1. 헌법이나 법률에 의하여 설치된 기관 또는 시설의 유지·운영
> 2. 법률상 지출의무의 이행
> 3. 이미 예산으로 승인된 사업의 계속

정답 : ④

---

04 2015 국회 8급

예산분류 방식의 특징에 대한 다음 설명 중 옳은 것은?

① 기능별 분류는 시민을 위한 분류라고도 하며 행정수반의 사업계획 수립에 도움이 되지 않는다.
② 조직별 분류는 부처 예산의 전모를 파악할 수 있어 지출의 목적이나 예산의 성과파악이 용이하다.
③ 품목별 분류는 사업의 지출성과와 결과에 대한 측정이 곤란하다.
④ 경제 성질별 분류는 국민소득, 자본형성 등에 관한 정부활동의 효과를 파악하는 데 한계가 있다.
⑤ 품목별 분류는 예산집행기관의 재량을 확대하는 데 유용하다.

▶ 예산의 특징별 분류기준

특징	분류기준
전통적 분류(합법성)	조직별·품목별
프로그램 중심의 현대적 분류(효율성)	기능별(사업계획별·활동별)
의회통제 및 회계책임 확보 용이	조직별·품목별
의회의 예산심의 용이	조직별·기능별
시민을 위한 분류	기능별
경제 효과분석 용이	경제성질별 분류
총괄계정에 가장 적합	기능별
다른 분류기준과 함께 가장 많이 쓰이는 분류	품목별

정밀해설

③ 품목별 분류는 회계검사가 용이하고 회계책임이 명확하다는 장점이 있지만 사업의 지출성과 결과에 대한 측정이 곤란하다는 단점이 있다.
① 기능별 분류는 시민을 위한 분류로서의 성격을 지니고 정부계획의 성격변화나 중점의 변동을 파악하기 용이하다는 장점이 있으나, 지나친 융통성으로 의회의 통제가 곤란하고 회계책임이 명확하지 못하다는 단점이 있다.
② 조직별 분류는 경비지출의 책임소재와 예산과정의 단계를 명확히 한다는 장점이 있으나 예산지출의 목적을 알 수 없으며 예산의 경제적 효과를 파악하기 어렵다는 단점이 있다.
④ 경제성질별 분류는 예산이 국민경제에 미치는 영향을 파악하기 용이하고 경제정책 및 재정정책의 수립이 용이하다는 장점이 있으나 소득배분에 대한 영향을 밝혀주지 못하고 경제활동에 대한 정부의 영향을 일부만 근사치로서 측정할 수 있다는 단점이 있다.
⑤ 품목별 분류는 예산통제가 주목적이므로 예산집행기관의 재량을 통제하는데 유용하다.

정답 : ③

적중 예상 문제

01 ☐☐☐

성인지예산에 대한 설명으로 옳은 것은?

① 세입, 세출예산은 남성과 여성에게 미치는 영향이 다르지 않다는 것을 전제로 한 제도이다.
② 성 주류화 관점은 소극적인 성 중립적 관점을 지향한다.
③ 우리나라는 아직 「국가재정법」에서 성인지예산을 규정하지 않았다.
④ 성인지적 관점의 예산운영은 새로운 재정 운영의 규범이 되고 있다.

정밀해설

④ 새로운 재정운영의 규범으로 성평등을 지향한다는 점에서 그 의의를 찾을 수 있다.
① 성인지예산은 세입·세출예산이 남성과 여성에 미치는 영향이 다르다는 것을 전제로 한다.
② 예산과정에서 남녀평등을 적극적으로 실현하려는 성 주류화 예산을 말한다.
③ 우리나라는 「국가재정법」에서 성인지예산서와 결산서 작성을 의무화하였다.

정답 : ④

02 ☐☐☐

통합예산에 대한 설명으로 옳지 않은 것은?

① 통합예산은 중앙재정, 지방재정, 일반회계 및 특별회계, 기금을 포함한다.
② 통합예산은 예산순계로 편성하며, 정확성을 위해 발생주의로 작성된다.
③ 통합예산은 금융공공부문, 금융성기금, 외국환평형기금, 지방공사, 지방공단 등은 제외한다.
④ 통합예산은 재정적자의 보전 또는 흑자처분을 위한 거래는 제외되므로 재정건전성 판단이 가능하다.

정밀해설

② 통합예산은 순계 개념으로 파악하며, 현금주의로 작성한다.
① 중앙정부의 통합재정 규모는 일반회계, 특별회계, 기금, 세입세출의 항목을 포함한다.
③ 통합예산은 금융공공부문, 금융성기금, 공공기관, 지방공기업 등은 포함하지 않는다.
④ 통합재정은 재정이 국민에게 미치는 영향을 분석하기에 용이하고 내부거래와 보전거래를 차감함으로써 재정활동의 규모를 파악하는 데 유리하며, 순세입·순세출 규모로 작성하므로 재정건전성 판단이 가능하다.

정답 : ②

03

다음 중 준예산의 집행 사유가 아닌 것은?

① 법률상 지출의무의 이행
② 이미 예산으로 승인된 사업의 계속
③ 한 회계연도를 넘어 계속 지출할 경우
④ 헌법이나 법률에 의해 설치된 기관 또는 시설의 유지·운영

정밀해설

③ 계속비의 집행사유에 해당한다.
①, ②, ④ 준예산의 집행사유에 해당한다.

헌법 제54조 ③ 새로운 회계연도가 개시될 때까지 예산안이 의결되지 못한 때에는 정부는 국회에서 예산안이 의결될 때까지 다음의 목적을 위한 경비는 전년도 예산에 준하여 집행할 수 있다.
1. 헌법이나 법률에 의하여 설치된 기관 또는 시설의 유지·운영
2. 법률상 지출의무의 이행
3. 이미 예산으로 승인된 사업의 계속

정답 : ③

04

조세지출예산에 관한 설명으로 옳지 않은 것은?

① 조세지출은 보조금 지급, 비과세 혜택, 우대세율 적용 등을 통한 정부의 직접적 재정지원을 말한다.
②「국가재정법」은 행정부가 국회에 예산안을 제출할 때 조세지출예산서를 첨부하도록 규정하고 있다.
③ 조세지출은 예산지출에 비해 지속성과 경직성이 강하다.
④ 조세지출예산제도의 운영은 과세의 형평을 파악하는 데 도움이 된다.

정밀해설

① 조세지출은 비과세, 세액공제, 우대세율 적용 등 세제상의 혜택을 통해 특정 부문을 지원하는 간접적인 재정지원 방식이다. 보조금 지급은 직접 지출에 해당한다.
②「국가재정법」제34조에 따라 정부는 예산안을 국회에 제출할 때 조세지출예산서를 첨부해야 한다.
③ 조세지출은 대부분 법률에 근거하므로 한번 제정되면 잘 변하지 않아 예산지출보다 경직성이 강한 경향이 있다.
④ 조세지출예산제도는 조세 감면의 내역을 투명하게 공개함으로써 조세 부담의 형평성을 제고하는 데 기여한다.

정답 : ①

THEME 088 예산결정이론

1 예산결정이론의 필요성: Key Question
"어떠한 근거로 X달러를 B사업 대신 A사업에 배분하도록 결정하는가?"

2 점증주의와 합리주의

구분	점증주의(정치원리)	합리주의(경제원리)
기준	• 정치적 합의와 동의 • 균형화 원리(게임원리) • 공정한 몫의 배분	• 예산상의 편익(사회 총효용) 극대화 • 최적화 원리 • 효율적 자원배분(파레토최적)
합리성	정치적 합리성	경제적 합리성
방법	• 정치적 타협과 흥정(muddling through) • 미시적·상향적, 분권	• B/C 분석 등 체제분석 기법의 활용 • 거시적·하향적(다만, ZBB는 미시적·상향적), 집권
대안의 탐색	단편적·제한적 탐색	체계적·포괄적 탐색
예산제도	품목별 예산(LIBS), 성과주의 예산(PBS)	계획예산(PPBS), 영기준예산(ZBB) 등
개혁목표	재정민주주의	예산배분의 효율성
특성	보수적, 현실적, 실증적	쇄신적, 혁신적, 이상적, 규범적

3 루빈(Rubin)의 RTB 모형

세입 흐름에서 의사결정	'누가, 얼마만큼 부담할 것인가'에 관한 의사결정으로 의사결정 흐름 속에는 설득의 정치가 내재해 있음.
세출 흐름에서 의사결정	'누구에게 배분할 것인가'에 관한 의사결정으로 선택의 정치로 특정 지어지며, 참여자들은 지출의 우선순위가 재조정되기를 바라거나 현재의 우선순위를 고수하려고 노력함.
예산 균형 흐름에서 의사결정	'예산 균형을 어떻게 정의할 것인가'에 관한 의사결정으로 제약조건의 정치라는 성격을 지니며, 예산균형의 결정은 근본적으로 정부의 범위 및 역할에 대한 결정과 연계되어 있음.
예산 집행 흐름에서 의사결정	'계획된 대로 수행할 수 있는가'에 대한 의사결정으로 기술적 성격이 강하고 책임성의 정치라는 특성을 지니며, 예산계획에 따른 집행과 수정 및 일탈의 허용 범위에 대한 문제가 중요함.
예산 과정 흐름에서 의사결정	'어떻게 예산을 결정하는가', 즉 누가 예산을 결정하는가의 정치임.

4 Wildavsky 예산문화론(예산행태 유형)

구분		국가의 경제력	
		부유(큼)	빈곤(작음)
재정의 예측력	높음	• 점증적 예산 • 선진국	• 양입제출적 예산(=세입예산) • 미국 도시정부
	낮음	• 보충적 예산 • 행정능력이 낮은 경우	• 반복적 예산 • 후진국

※ 대체점증예산: 경제력이 크고 재정예측가능성이 낮은 경우 정치적 불안이 가중되면 점증예산과 반복예산이 교차적으로 나타남.

OX 기출분석

01 ☐☐☐ 21 국회 8급
정부 예산 이론 중 다중합리성 모형은 예산재원의 배분 형태가 항상 일정하게 유지되는 것이 아니라 특정 사건이나 상황에 따라 균형 상태에서 급격한 변화를 경험한 이후 다시 합리적 균형을 지속하게 된다. ○ ×

해설: 단절균형모형에 대한 설명이다.

02 ☐☐☐ 19 지방 7급
예산 결정에서 기존 사업에 대한 당위적 예산 배분을 제어할 수 있다는 점은 점증모형의 유용성이다. ○ ×

해설: 예산 결정에서 기존 사업에 대한 당위적 예산배분을 제어할 수 있다는 점은 합리모형의 유용성이다.

03 ☐☐☐ 19 국회 8급
점증주의는 일단 불완전한 예측을 전제로 하여 정책대안을 실시하여 보고 그때 나타나는 결과가 잘못된 점이 있으면 그 부분만 다시 수정·보완하는 방식을 택하기도 한다. ○ ×

04 ☐☐☐ 17 지방 9급(추)
점증주의적 예산결정은 다수의 참여자들 간 고리형의 상호작용을 통한 합의를 중시하는 합리주의와는 달리 선형적 과정을 중시한다. ○ ×

해설: 점증주의적 예산결정은 선형적 과정을 중시하는 합리주의와는 달리 다수의 참여자들 간 고리형의 상호작용을 통한 합의를 중시한다.

05 ☐☐☐ 17 사복 9급
계획예산제도(PPBS)와 영기준 예산제도(ZBB)는 대표적 총체주의 예산제도이다. ○ ×

06 ☐☐☐ 17 국가 7급
루이스(Lewis)는 예산배분결정에 경제학적 접근법을 적용하여 '상대적 가치', '증분분석', '상대적 효과성'이라는 세 가지 분석명제를 제시한다. ○ ×

07 ☐☐☐ 17 교행 9급
단절균형모형은 예산의 단절균형 발생 시점을 예측할 수 있기 때문에 미래지향성을 지닌다. ○ ×

해설: 단절균형모형은 예산의 단절균형 발생 시점을 예측하지 못하므로 미래지향성 측면에는 한계가 있다.

08 ☐☐☐ 16 지방 7급
루빈의 실시간 예산운영모형에 따르면 예산 균형 흐름에서 의사결정은 '예산 균형을 어떻게 정의할 것인가'에 관한 의사결정으로 제약조건의 정치라는 성격을 지니며, 예산균형의 결정은 근본적으로 정부의 범위 및 역할에 대한 결정과 연계되어 있다. ○ ×

정답 01 × 02 × 03 ○ 04 × 05 ○ 06 ○ 07 × 08 ○

핵심 기출 문제

01

정부 예산에 대한 이론 중 다중합리성 모형을 설명하고 있는 것은?

① 예산 혹은 정책과정의 각 단계에 영향을 미치는 합리성은 경제적 측면뿐 아니라 정치·사회·법적 측면에서 다양한 형태로 존재한다. 따라서 관료들은 예산주기의 다양한 시점에서 단계별로 작용하는 합리적 기준에 따라 서로 다른 형태의 의사결정을 한다.

② 예산재원의 배분 형태가 항상 일정하게 유지되는 것이 아니라 특정 사건이나 상황에 따라 균형 상태에서 급격한 변화를 경험한 이후 다시 합리적 균형을 지속하게 된다.

③ 예산 배분 문제를 해결하기 위한 모형을 구성하고 이에 기초해서 최적의 해결방안을 모색한다. 이를 위해 우선 문제를 확인하고 목표를 설정하며 가능한 모든 대안을 탐색한다.

④ 예산 결정은 전체적인 혹은 종합적인 관점이 아니라 전년도 대비 일정 규모의 증가에 그치는 부분에 대한 분석이 중요하다고 본다.

⑤ 관료를 공익을 대변하는 합리적 대리인이 아니라 자신의 효용을 극대화하는 이기적 합리성을 따르는 경제적 주체로 본다.

정밀해설

① 다중합리성모형(Thumair & Willoughby)은 예산과정의 각 단계(흐름)별 5단계: 세입, 세출, 집행, 균형, 과정)로 영향을 미치는 서로 다른 복수의 합리성(경제적 합리성뿐 아니라 정치·사회·법적 합리성)이 존재하며, 따라서 관료들은 예산주기의 다양한 시점에서 단계별로 작용하는 복수의 합리적 기준에 따라 서로 다른 형태의 다중적 의사결정을 한다고 본다. 다중합리성모형은 흐름창모형(Kingdon)과 실시간예산모형(Rubin)의 결합으로 만들어졌다.
② 단절균형모형에 대한 설명이다.
③ 합리주의모형에 대한 설명이다.
④ 점증주의모형에 대한 설명이다.
⑤ 예산극대화모형에 대한 설명이다.

정답 : ①

02

2017 국가 7급

예산이론에 대한 설명으로 옳은 것은?

① 루이스(Lewis)는 예산배분결정에 경제학적 접근법을 적용하여, '상대적 가치', '증분분석', '상대적 효과성'이라는 세 가지 분석명제를 제시한다.

② 니스카넨(Niskanen)의 예산극대화 모형은 의회 의원들이 재선 가능성을 높이기 위해 지역구 예산을 극대화하는 행태에 분석초점을 둔다.

③ 윌로비와 서메이어(Willoughby & Thurmaier)의 다중합리성 모형은 의원들의 복수의 합리성 기준이 의회의 예산결정에 미치는 영향을 주로 분석한다.

④ 단절균형예산이론(Punctuated Equilibrium Theory)은 급격한 단절적 예산변화를 설명하고, 나아가 그러한 변화를 예측할 수 있는 장점이 있다.

정밀해설

① 루이스(Lewis)는 기회비용에 입각한 상대적 가치, 상이한 목표 간 비교평가를 위한 증분분석, 공동 목표에 대한 상대적 효과성을 제시하였다.
② 니스카넨(Niskanen)의 예산극대화 모형은 부처 관료들이 자신의 효용을 극대화시키기 위해 예산을 극대화하는 행태에 분석초점을 둔다.
③ 윌로비와 서메이어(Willoughby & Thurmaier)의 다중합리성 모형은 중앙예산기관의 예산분석가들이 예산결정을 할 때 복수의 합리성 기준을 적용하며, 관료들의 정부 예산 역할을 중심으로 과정적 접근방법에 미치는 영향을 분석한다.
④ 단절균형예산이론(Punctuated Equilibrium Theory)은 사후적인 분석으로는 적절하지만, 단절 균형이 발생할 수 있는 시점을 예측하지 못하기 때문에 미래 지향성 측면에서는 한계가 있는 접근법이다.

정답 : ①

03

2015 경찰간부

다음 중 총체주의 예산결정 이론에 대한 설명으로 가장 옳지 않은 것은?

① 예산결정과정의 합리화를 위한 실증적 성격이 강한 의사결정방식이다.
② PPBS, ZBB 등은 총체주의 예산결정 제도의 대표적 예이다.
③ 예산에 대한 의사결정시 비용편익분석, 체제분석, OR 등의 분석기법을 사용한다.
④ 루이스(Lewis)가 제시한 상대적 가치, 증분분석, 상대적 효과성의 명제도 하나의 예가 될 수 있다.

정밀해설

① 총체주의(합리주의)는 목표달성이 극대화되도록 합리적·분석적 과정을 통해 예산을 배분해야 한다는 것으로 실증적 성격이 강한 의사결정방식은 점증주의 모형을 말한다.
② 계획예산(PPBS), 목표관리예산(MBO), 영기준예산(ZBB) 등이 합리주의(총체주의) 예산이다.
③ 합리주의 예산은 비교편익분석, OR 등과 같은 분석기법을 사용한다.
④ 총체주의는 효율적 자원배분을 기준으로 하여 경제적 합리성을 추구하므로 루이스의 이론은 총체주의 예산결정에 가깝다고 할 수 있다.

▶ **루이스(Lewis)의 이론**

상대적 가치	기회비용 관점에서 대안별 상대적 가치 비교
증분 분석	한계효용 개념을 활용하여 상이한 목적 간의 상대적 가치를 비교
상대적 효과성	공통의 목표달성을 위한 대안들의 상대적 효과성을 비교

정답 : ①

04

2011 서울 7급

예산결정 이론은 크게 총체주의와 점증주의로 구분할 수 있다. 다음에 제시된 총체주의와 점증주의에 관한 설명 중 가장 적절하지 않은 것은?

① 총체주의: 목표에 대한 사회적 합의가 도출되지 않은 경우에도 적용할 수 있다는 장점을 가지고 있다.
② 총체주의: 예산담당관이 보수적 성향을 가질 경우 합리적 모형에 따른 예산결정은 현실적으로 힘들어진다.
③ 총체주의: 합리적 모형을 적용하면 계획 기능이 강화되는 효과를 창출하는데 이는 집권화의 병리를 초래할 위험이 있다.
④ 점증주의: 예산결정은 예산배분을 둘러싼 이해당사자들의 갈등을 완화하고 해결한다는 의미의 정치적 합리성을 특징으로 한다.
⑤ 점증주의: 행정개혁의 시기에서는 소극적인 측면에서 저항 혹은 관료병리로 평가될 수도 있다.

정밀해설

① 총체주의는 합리주의 예산으로 목표-수단 분석을 전제로 하기 때문에 목표에 대한 사회적 합의가 도출될 수 있다는 가정하에 적용할 수 있는 이론이다.
② 예산담당관이 보수적 성향을 가질 경우, 점증주의적 예산제도가 될 가능성이 높다.
③ 합리모형 적용 시 계획기능이 강화되므로 집권화의 병리를 초래할 수 있다.
④ 점증주의는 예산과정 참여자들의 역할과 기대를 안정시켜 갈등의 소지를 줄인다.
⑤ 점증주의는 행정개혁의 저항 또는 관료병리로 평가될 수 있다.

정답 : ①

적중 예상 문제

01 ☐☐☐

예산결정 모형에 대한 설명으로 옳지 않은 것은?

① Patashnik의 거래비용접근은 예산의 계약적 성격을 분석한다.
② 단절균형모형은 특정사건이 균형적 상태에서 점증적 변화를 설명한다.
③ Lindblom은 예산을 과거 결정에 의존하는 제한된 변화로 보았다.
④ Thumaier 등이 제시한 다중합리성 모형은 각 부처의 미시적 접근과 정무직 관료의 거시적 관점을 연계한다.

정밀해설

② 단절균형모형은 특정사건이 균형적 상태에서 급격한 변화가 발생하는 단절현상이 발생한 후 다시 균형을 지속한다는 예산이론이다.
① Patashnik의 거래비용접근은 거래비용을 예산현상의 중요 변수로 파악하는 이론으로, 예산의 계약적 성격을 분석한다.
③ Lindblom은 예산은 과거의 결정에 의존하는 제한된 변화만 가능하다고 보았다.
④ Thumaier 등이 제시한 다중합리성 모형은 각 부처의 미시적 접근과 정무직 관료의 거시적 관점을 연계하는 역할을 하며 중앙예산기관의 역할을 중심으로 이루어지는 모형이다.

정답 : ②

02 ☐☐☐

점증주의(Incrementalism)에 대한 설명으로 옳지 않은 것은?

① 예산결정은 예산배분을 둘러싼 이해당사자들의 갈등을 완화하고 해결한다는 의미의 정치적 합리성을 특징으로 한다.
② 의사결정은 마치 사람이 진흙 속을 헤쳐 나가는 것과 같다고 하여 'muddling through model'이라고 불리기도 한다.
③ 현 연도의 예산액에 의한 증가이므로 외부적 변수가 예산결정에 영향을 많이 미친다.
④ 다양한 이해관계가 서로 복잡하게 얽혀 있는 사회에서 상호 이해관계에 조정은 점진적으로 이루어질 수밖에 없기 때문에 '분할적 점증주의(disjointed incrementalism)'라고 불리기도 한다.

정밀해설

③ 예산과정에서 외부적 요인에 의한 영향이 결여된다.

▶ 점증주의 특징

1. 기준(base)의 비검토
2. 소폭의 증감: 증감의 규모가 작으며 증액뿐만 아니라 감액도 포함된다.
3. 좁은 역할범위를 가진 참여자 간의 현상: 참여자들은 각각 다른, 좁은 역할범위를 가지고 상호 간의 협상을 통하여 예산을 결정한다.
4. 예산결정과정의 안정성: 행정부처는 전년도 의회의 승인액을 참작하여 결정하고 의회는 행정부처의 요구액을 기초로 심의하게 된다.
5. 외부적 요인에 의한 영향의 결여: 현 연도의 예산액에 의존하므로 외부적 변수가 예산결정에 영향을 미치지 못한다.

정답 : ③

03

예산결정이론 중 합리적 분석에 의한 과정(합리모형)에 관한 설명으로 옳지 않은 것은?

① 예산편성 방법상 계획예산(PPBS)과 영기준예산(ZBB)을 들 수 있다.
② 정치적 합리성의 가치를 간과하기 쉽고, 실제 예산 과정에서 현실과 괴리가 있다.
③ 예산과정상 보수적 성향을 나타내며, 예산담당관은 합리모형에 입각한 예산 결정에 긍정적이다.
④ 예산의 규모는 사회후생 극대화 기준에 의해서 결정되며, 항상 계량화의 문제가 발생한다.

정밀해설

③ 합리모형에 입각한 예산결정은 보수적이 아니라 이상적이고 혁신적인 성향을 띤다. 한편 점증주의는 정치적 합의와 동의를 통해 미시적·상향적 접근을 하며, 품목별 예산(LIBS), 성과주의 예산(PBS)이 대표적이다.

정답 : ③

04

윌다브스키(A. Wildavsky)가 부와 재정의 예측성을 기준으로 분류한 예산과정 형태 중 경제력이 낮으며 재원의 예측 가능성도 낮은 경우에 해당하는 형태는?

① 점증예산
② 대체점증예산
③ 반복예산
④ 양입제출적 예산

정밀해설

③ 후진국의 반복적 예산이다.
① 선진국의 예산 형태이다.
② 경제력이 크고 재정 예측가능성이 낮은 경우 정치적 불안이 가중되면 점증예산과 반복예산이 교차적으로 나타나는 행태이다.
④ 미국 등 선진국의 지방정부에서 흔히 발견되는 세입예산에 해당한다.

▶ **윌다브스키(A.Wildavsky)의 예산행태 유형**

구분		국가의 경제력	
		큼	작음
재정의 예측력	높음	점증적 예산	양입제출적 예산(=세입예산)
	낮음	보충적 예산	반복적 예산

정답 : ③

THEME 089 예산이론 발달과 품목별 예산제도(LIBS)

1 예산이론 발전 종합

구분	품목별 예산(LIBS)	성과주의 예산(PBS)	계획예산(PPBS)	목표관리(MBO)	영기준예산(ZBB)
시대	1920~30	1950~60	1965~71	1973~79	1979~
활용인물	-	Truman	Johnson	Nixon	Carter
방향(지향)	통제	관리	기획	관리	의사결정(우선순위)
주요정보	지출대상	부처활동	부처목표	사업계획의 효과성	사업, 단위 조직목표
정책결정 유형	점증적	점증적	총체적	분권적·참여적	부분적·총체적
분석초점	지출대상	지출과 성과의 관계	대안평가 계량분석	단기목표 강조	대안분석 예산증감
중앙예산기관 관심	지출의 적격성	능률성	정책	효과성·능률	정책우선순위 (사업지향적)
예산의 중심단계	집행단계	편성단계	편성 전의 계획단계	-	-
결정흐름	상향적	상향적	하향적	상향적	상향적

2 품목별 예산제도(LIBS: Line-Item Budgeting System)

의의	① 예산을 지출대상(품목)별로 분류하여 편성하는 통제지향적 예산제도 ② 재정민주주의에 충실한 제도
연혁	① 1906년 '뉴욕시정연구회'의 건의를 받아들여 보건국 예산 편성에서 시작 ② 1912년 '능률과 절약을 위한 대통령위원회(Taft 위원회)'에서 도입을 권장
장점	① 의회의 예산심의가 용이함. ② 관료의 재량을 줄임으로써 부정과 예산의 남용을 방지함. ③ 목(目)을 중심으로 배분되므로 회계책임이 명확하고 통제가 용이함. ④ 보수·상여금 등의 파악으로 인력관리가 용이함. ⑤ 예산삭감 시 이익집단의 저항을 덜 받음.
단점	① 정부가 무엇을 구매하는지는 알 수 있지만 왜 구매하는지는 알 수 없음. ② 투입측면에만 초점을 두고 편성되므로 지출에 따른 성과나 효과를 알 수 없음. ③ 예산운영의 신축성이 제약됨. → 총괄계정에 부적합하고, 명세계정에 적합함. ④ 각 부처는 예산항목의 증가에만 관심을 기울일 뿐 정책의 내용과 우선순위를 소홀히 함.

Mani DB 품목별 예산(LIBS)과 성과주의 예산(PBS)의 비교

구분	품목별 예산	성과주의 예산
초점	투입 중심	성과 중심
편성방법	지출대상 × 가격	업무량 × 단위원가
핵심	통제 중심(합법성)	관리 중심(효율성)

OX 기출분석

01 ☐☐☐ 23 지방 9급
품목별 예산제도는 미국에서 공무원의 부정부패를 막고 행정의 능률을 향상시키기 위해 도입되었다. O X

해설

1920년대 입법부 우위의 통제중심적 예산제도이다.

02 ☐☐☐ 21 지방(서울) 9급
품목별 예산제도는 행정부의 재량권을 확대하기 위해 도입되었다. O X

품목별 예산제도는 예산집행에 대한 회계책임을 명확하게 하는 통제지향적 예산제도로, 행정부의 권한과 재량권이 제한된다.

03 ☐☐☐ 20 국가 9급
품목별 예산제도는 일에 대한 정보를 제공하며, 세입과 세출의 유기적 연계를 고려한다. O X

품목별 예산제도는 일(사업)에 대한 정보를 제공하지 못하고 지출의 대상을 중심으로 예산을 편성하므로 세입과 세출의 유기적인 연계가 곤란하다.

04 ☐☐☐ 19 국회 8급
품목별 예산제도(LIBS)는 왜 돈을 지출해야 하는지, 무슨 일을 하는지에 대하여 구체적인 정보를 제공하는 장점이 있다. O X

품목별 예산제도(LIBS)는 왜 돈을 지출해야 하는지, 무슨 일을 하는지에 대하여 구체적인 정보를 제공하지 못한다는 단점이 있다.

05 ☐☐☐ 17 지방 9급(추)
품목별 예산제도는 비교적 운영하기 쉬우나 회계책임이 분명하지 않은 단점이 있다. O X

품목별 예산제도는 통제중심의 예산으로 비교적 운영하기 쉽고 회계책임이 분명하다는 장점이 있다.

06 ☐☐☐ 16 지방 9급
품목별 예산제도는 재정민주주의 구현에 유리한 통제지향 예산제도이다. O X

07 ☐☐☐ 16 지방 9급
품목별 예산제도는 정부가 수행하는 사업과 그 효과에 대한 명확한 정보를 제공하지 못한다. O X

08 ☐☐☐ 15 행정사
품목별 예산제도는 투입지향적 예산제도이다. O X

정답 01 O 02 X 03 X 04 X 05 X 06 O 07 O 08 O

핵심 기출 문제

01 □□□ 2019 국가 9급

품목별 예산제도에 대한 설명으로 옳은 것은?

① 지출을 통제하고 공무원들로 하여금 회계적 책임을 쉽게 확보할 수 있는 데 용이하다.
② 미국 케네디 행정부의 국방장관인 맥나마라(McNamara)가 국방부에 최초로 도입하였다.
③ 거리 청소, 노면 보수 등과 같이 활동 단위를 중심으로 예산재원을 배분한다.
④ 능률적인 관리를 위하여 구성원의 참여를 촉진한다는 점에서는 목표에 의한 관리(MBO)와 비슷하다.

정밀해설

① 품목별 예산제도는 회계 책임이 명확하여 합법성 위주의 회계검사에 유용하므로 지출통제 및 재량통제에 적합하다.
② 계획예산제도는 미국 케네디 행정부의 국방장관인 맥나마라(McNamara)가 국방부에 최초로 도입하였다.
③ 성과주의 예산은 거리 청소, 노면 보수 등과 같이 활동 단위를 중심으로 예산재원을 배분한다.
④ 영기준예산은 능률적인 관리를 위하여 구성원의 참여를 촉진한다는 점에서는 목표에 의한 관리(MBO)와 비슷하다.

정답: ①

02 □□□ 2016 지방 9급

품목별예산제도에 대한 설명으로 옳지 않은 것은?

① 재정민주주의 구현에 유리한 통제지향 예산제도이다.
② 정부활동의 중복방지와 통합·조정에 유리한 예산제도이다.
③ 지출 대상에 따라 자세히 예산이 표시되어 있으므로 예산심의가 용이하다.
④ 정부가 수행하는 사업과 그 효과에 대한 명확한 정보를 제공하지 못한다.

정밀해설

② 정부활동의 중복방지와 통합·조정에 유리한 예산제도는 계획예산제도이다. 통합적 관점에서 예산을 편성함으로써 부처 또는 부서 간 갈등조정 및 부처할거주의를 타파하는 효과가 있다.
① 품목별 예산제도는 회계책임이 명확하고 통제가 용이하여 재정민주주의 구현에 유리하다.
③ 품목별 예산제도는 세출예산의 최종 단위인 목(目)을 중심으로 편성되므로 의회의 예산심의가 용이하다.
④ 품목별 예산제도는 투입측면에만 초점을 두고 편성되므로 지출에 따른 성과나 효과를 파악하기 곤란하다.

▶ **품목별 예산제도 장단점**

장점	· 책임확보 및 통제 용이 · 합법성 위주의 회계검사 용이 · 절차가 간편함 · 인사행정상 유용한 자료 제공 · 이익집단의 저항 회피
단점	· 동조과잉 및 번문욕례 초래 · 융통성 저해 · 사업의 목적이나 성과 불분명 · 효율성 저하 · 국민경제에 미치는 영향을 알 수 없음

정답: ②

적중 예상 문제

01 ☐☐☐

품목별 예산제도(LIBS)에 대한 설명으로 옳지 않은 것은?

① 1912년 '능률과 절약을 위한 위원회'에서 도입이 권장되어 연방부처로 확대되었다.
② 통제지향적이며 의회의 권한을 강화한다.
③ 회계책임을 묻는 데 용이하다.
④ 투입지향적 예산방식으로 하향적 성격을 지닌다.

정밀해설

④ 품목별 예산제도는 투입과 통제 중심의 예산제도로 상향적 성격을 지닌다.
① 품목별 예산제도는 1912년 미국의 태프트 위원회가 건의하여 채택된 바 있는 '절약적이고 능률적인 예산'으로 도입되었고 1920년대 연방정부로 확대되었다.
② 품목별 예산제도는 통제지향적 예산으로 의회의 권한을 강화시킬 수 있고 합법성 위주의 회계검사가 용이하여 공무원의 재량권 남용을 방지할 수 있다.
③ 품목별 예산제도는 지출예산별 금액이 자세히 표시되기 때문에 예산심의가 용이하며 재정적 한계와 공무원의 회계책임을 명확히 할 수 있다.

정답 : ④

02 ☐☐☐

품목별 예산제도의 장점이 아닌 것은?

① 회계책임 확보와 재정통제가 용이하다.
② 운영방법이 비교적 간단하다.
③ 정부사업의 우선순위 파악이 용이하다.
④ 필요한 인력자료와 보수에 관한 정보를 활용할 수 있다.

정밀해설

③ 품목별 예산은 사업위주의 예산이 아니므로 정부사업의 우선순위 파악이 곤란하다.
① 집행자의 재량을 제한하고, 예산의 유용이나 남용을 방지한다.
② 품목별로 세부적으로 분류되어 있어 운영방법이 비교적 간단하다.
④ 인사행정에 유용하다.

정답 : ③

THEME 090 성과주의 예산(PBS)

1 성과주의 예산 연혁
① 1913년 뉴욕시 리치먼드구에서 기원
② 제1차 후버위원회 건의에 의하여 1950년 연방정부를 비롯한 주 및 지방정부로 확산됨.
　→ 한국은 1962년에 농지개척사업 등에 성과주의 예산제를 적용하였으나 1964년에 폐기

2 성과주의 예산 편성
① 예산액 = 업무량 × 단위원가
② 행정관리에 있어서 능률성 제고
③ 관리지향적 예산제도

3 성과주의 예산의 장단점

장점	① 투입되는 예산의 성과를 파악할 수 있음. ② 정부가 무엇을 하는지 국민이 이해하기 쉽고 의회에서 심의하기가 용이함. ③ 계량화된 정보를 통하여 합리적 의사결정과 관리개선에 도움을 받을 수 있음. ④ 업무의 계량화와 성과측정이 용이한 소규모 조직에 적합함.
단점	① 단위원가를 계산하기 위해서는 회계학적 지식(간접비 산출, 감가상각 등)이 필요함. ② 동질적이고 계량화할 수 있는 최종산출물을 찾기가 곤란해 업무단위의 선정이 어려움. ③ 입법부의 엄격한 회계적 통제가 곤란함. ④ 단위사업만 중시해 장기적 계획과의 연계가 약함(→ 총괄계정에 적합하지 않음.)

4 예산이론 비교

구분	품목별 예산(LIBS)	성과주의 예산(PBS)	계획예산(PPBS)
발달시기	1920~1930년대 발달, 현재까지 지속	1930년대 도입, 1950년대 확산	1960~1970년대
예산의 기능	통제기능	관리기능	계획기능
초점	품목의 지출, 투입중심	기능, 사업, 활동(성과중심)	목표, 정책
예산의 중심단계	집행 단계	편성 단계	편성 전 계획단계
예산기관의 역할	합법성(통제와 감시)	능률성 향상	정책효과성 향상
결정의 흐름	상향적	상향적	하향적
결정의 유형	점증모형	점증모형	합리모형
대안의 비교평가	미실시	미실시	실시
통제책임	중앙	운영단위	운영단위
결정권	분권화	분권화	집권화

OX 기출분석

01 ☐☐☐ 22 국가 7급
성과주의예산제도는 산출 이후의 성과에 관심을 가지며 예산집행의 재량과 결과에 대한 책임을 강조하는 제도로서 1950년대 연방정부를 비롯해 지방정부에 확산되었다. O X

해설
산출 이후 성과에 관심을 갖고 재량과 결과에 대한 책임을 강조하는 것은 신성과주의예산이다.

02 ☐☐☐ 20 국회 9급
성과주의 예산제도(PBS)는 의회의 심의기능을 약화시킨다. O X

성과주의 예산제도는 사업별로 예산 산출근거가 제시되기 때문에 의회에서 예산심의가 용이하다.

03 ☐☐☐ 19 국가 7급
성과주의 예산제도는 재정사업에 대한 투입보다는 그 결과에 대한 관심을 강조하고 있으나 정작 성과측정, 사업원가 산정, 성과 – 예산의 연계 등에서 여전히 많은 난관이 있다. O X

04 ☐☐☐ 18 서울 7급
성과주의 예산제도(PBS)는 평가 대상 업무 단위가 중간 산출물인 경우가 많아 예산성과의 질적인 측면까지 평가할 수 있다. O X

성과주의 예산제도는 업무단위가 중간 산출물인 경우가 많아 집행성과에 그칠 뿐 질적인 성과까지는 평가할 수 없다.

05 ☐☐☐ 17 해경간부
성과주의 예산제도는 예산비목의 증가를 통제하기 쉽다. O X

성과주의 예산제도는 예산비목의 증가를 통제하기 어렵다.

06 ☐☐☐ 16 국가 7급
모든 조직에 공통적으로 적용할 수 있는 표준적 성과측정지표를 개발하기 어렵다는 점은 성과관리 예산제도의 단점으로 지적된다. O X

07 ☐☐☐ 14 국회 8급
성과주의 예산제도는 정부가 무슨 일을 하느냐에 중점을 두는 제도로 기능별 예산제도 또는 활동별 예산제도라고 부르기도 한다. O X

08 ☐☐☐ 13 교행 9급
성과주의 예산은 효율성·효과성을 고려하지만 자원의 최적배분, 사업의 필요성과 타당성 여부는 알 수 없다. O X

정답 01 X 02 X 03 O 04 X 05 X 06 O 07 O 08 O

핵심 기출 문제

01
2018 서울 7급

성과주의 예산제도(PBS: Performance Budgeting System)의 장점에 대한 설명으로 가장 옳지 않은 것은?

① 평가 대상 업무 단위가 중간 산출물인 경우가 많아 예산성과의 질적인 측면까지 평가할 수 있다.
② 계량화된 정보를 통해 합리적인 의사결정과 관리 개선에 기여할 수 있다.
③ 입법부의 예산심의를 간편하게 만든다.
④ 사업 또는 활동별로 예산이 편성되기 때문에 국민들이 정부의 추진사업을 쉽게 이해할 수 있다.

정밀해설

① 성과주의 예산제도는 업무단위의 선정이 곤란하고, 업무단위가 중간산출물인 경우가 많아 집행성과에 그칠 뿐 질적인 성과까지는 평가할 수 없다는 단점이 있다.
② 성과주의 예산제도는 상향적·분권적 의사결정으로 의사결정력이 제고되며 계량화된 정보를 통해 합리적인 의사결정과 관리개선에 기여할 수 있다.
③ 사업별 산출근거가 제시되므로 입법부의 예산심의가 용이하다.
④ 예산서에 사업의 목적 및 목표에 대한 기술서가 포함되므로 일반국민이나 입법부가 정부사업의 목적을 쉽게 이해할 수 있다.

정답: ①

02
2013 서울 7급

성과주의 예산제도에 대한 설명으로 옳은 것은?

① 운영관리를 위한 지침으로 효과적이다.
② 기획기능을 상대적으로 강조한다.
③ 회계책임을 명확하게 한다.
④ 예산비목의 증가를 통제하기 쉽다.
⑤ 입법부에 의한 예산 통제에 효과적이다.

정밀해설

① 운영관리를 위한 지침으로 효과적인 것은 성과주의 예산제도에 대한 설명이다.
② 기획기능을 상대적으로 강조하는 것은 계획예산제도이다.
③ 회계 책임이 명확한 것은 품목별 예산제도이다.
④ 성과주의 예산은 점증주의 예산이므로 예산의 증가를 통제하기 어렵다.
⑤ 입법부에 의한 예산통제가 곤란하다.

정답: ①

03
2012 해경간부 / 2010 국가 9급

성과주의 예산제도에 관한 설명으로 옳은 것을 모두 고른 것은?

> ㄱ. 예산서에는 사업의 목적과 목표에 대한 기술서가 포함되며, 재원은 활동단위를 중심으로 배분된다.
> ㄴ. 사업의 대안들을 제시하도록 하고 가장 효과적인 프로그램에 대해 재원배분을 선택하도록 한다.
> ㄷ. 예산의 배정과정에서 필요 사업량이 제시되므로 예산과 사업을 연계시킬 수 있다.
> ㄹ. 장기적인 계획과의 연계보다는 단위사업만을 중시하기 때문에 전략적인 목표의식이 결여될 수 있다.

① ㄱ, ㄴ
② ㄱ, ㄷ, ㄹ
③ ㄱ, ㄴ, ㄷ
④ ㄴ, ㄷ, ㄹ

정밀해설

② ㄱ, ㄷ, ㄹ이 옳은 내용이다.
ㄱ. [○] 성과주의 예산제도는 예산서에 사업의 목적·목표에 대한 기술서가 포함되므로 일반국민이나 입법부가 정부사업의 목적을 용이하게 이해할 수 있으므로 재정의 투명성 및 신뢰성이 증진된다.
ㄷ. [○] 업무단위 선정과 단위원가의 과학적 계산으로 자원배분의 합리화가 가능하고 필요한 사업량이 제시되어 재원과 사업계획의 연계가 가능하다.
ㄹ. [○] 구체적이고 개별적인 단위사업만 나타나 있으므로 PPBS에 비해 전략적인 목표의식이 부족하고 장기계획과의 연계보다는 개별적인 단위사업만 중시한다.
ㄴ. [×] 계획예산은 사업의 대안들을 제시하도록 하고 가장 효과적인 프로그램에 대해 재원배분을 선택하도록 한다.

정답: ②

적중 예상 문제

01 ☐☐☐

성과주의 예산제도의 단점으로 볼 수 없는 것은?

① 업무단위 선정의 곤란성
② 예산편성과 집행의 관리의 어려움
③ 단위원가 계산의 곤란성
④ 재정통제의 곤란

정밀해설

② 성과주의는 관리중심의 예산이므로 예산편성과 집행의 효율적 관리가 가능하다.
① 공공행정의 비시장성으로 인하여 업무측정단위의 선정이 근본적으로 곤란하다.
③ 단위원가는 감가상각 등 고도의 회계학적 지식이 요구되는데 이는 기술적으로 용이하지 않다.
④ 성과주의는 행정부 재량을 인정해주는 예산이므로 입법통제가 상당부분 포기되고 행정부의 능률적 관리수단으로 전환된다.

정답 : ②

02 ☐☐☐

성과주의 예산(Performance Budget)에 대한 설명으로 옳지 않은 것은?

① 구체적으로 완성한 이후의 모습을 보여줌으로써 재원과 사업을 직접적으로 연계시키는 예산제도이다.
② 결과중심의 예산제도이며 정부사업의 목적에 대해 의회와 국민의 이해를 증진시킨다.
③ 체제분석을 통하여 자원배분을 합리화할 수 있다.
④ 계량화된 정보를 통하여 합리적 의사결정과 관리개선에 도움을 받을 수 있다.

정밀해설

③ 체제분석을 통하여 자원배분을 합리화하는 것은 계획예산(PPBS)과 관련된 내용으로, PPBS는 체제분석에 의하여 총체적 분석을 하며 예산의 이익 극대화를 추구한다.

정답 : ③

03 ☐☐☐

예산제도에 관한 설명으로 옳은 것은?

① 품목별 예산제도(LIBS)는 예산집행의 유연성이 높아 환경변화가 심할 때 능동적 대처가 가능하다.
② 성과주의 예산제도(PBS)는 정부가 하고 있는 일에 중점을 두며 예산운용에서 능률성과 효과성은 중시되지 않는다.
③ 계획예산제도(PPBS)는 계획과 예산을 연계시키고 있으나 예산과정의 객관성보다 주관적 효율성을 추구한다.
④ 영기준예산제도(ZBB)는 1970년대 미국 카터 대통령 당시 긴축재정 정책의 일환으로 도입되었다.

정밀해설

④ ZBB에 대한 옳은 내용이다.
① 품목별 예산제도(LIBS)는 예산집행의 유연성이 낮아 환경변화가 심할 때 능동적 대처가 불가능하다.
② 성과주의 예산제도(PBS)는 예산운용에서 능률성과 효과성을 중시한다.
③ 계획예산제도(PPBS)는 예산과정에서 비용편익분석 등 객관적 효율성을 추구하여 정치적 고려 등 주관적 판단을 배제한다.

정답 : ④

THEME 091 계획예산제도(PPBS)

1 계획예산제도의 연혁
1965년 존슨 대통령에 의해 연방정부에 도입되었으나, 닉슨 행정부가 들어서면서(1973) 공식적으로 중지되고 MBO로 대체되었음.

2 계획예산제도의 운영원리
장기적 계획과 단기적 예산편성을 프로그램을 통해 유기적으로 연결시킴으로써 합리적 자원배분을 추구하는 총체적·하향적 예산편성제도

3 계획예산제도의 특징
① 체제분석·운영분석 등 계량적·경제학적 기법 도입
② 계획기능의 집권화(하향적)
③ 예산기관의 '정책결정' 역할 강조
④ 장단점

장점	㉠ 자원 배분의 합리화 ㉡ 의사결정의 일원화 → 기획에 대한 책임소재 분명 ㉢ 목표와 수단의 연계 ㉣ 부서 간 장벽 타파(개방체제적)
단점	㉠ 의사결정의 집권화(하향적) ㉡ 목표설정 및 사업구조 작성의 어려움. ㉢ 계량화 작업의 곤란, 과다한 문서와 정보량 ㉣ 공무원과 의회의 이해부족 ㉤ 경험 많은 관료의 영향력 감소 → 저항 ㉥ 제도의 경직성 → 융통성 부족

🔍 Mani DB 계획예산제의 과정과 내용

(1) 장기계획 수립(planning)
(2) 실시계획 작성(programming)
 · 실시계획(program)
 · 사업구조(program structure)
  - 사업범주(program category): 조직 상층부가 전략적으로 결정하는 대단위 사업
  - 하위사업(program sub-category): 사업범주를 다시 분류한 중간단위의 사업
  - 사업요소(program element): 사업구조의 기본단위로 최종산물을 생산하는 부처의 활동으로, 산출을 명백히 정의할 수 있어야 함. 부처의 최종산물
 · 사업재정계획(program and financial plan)
(3) 단기적 예산편성(budgeting)
 구체적 계획을 예산에 반영하는 단계로서 채택된 프로그램을 실시하는 데 필요한 자금을 뒷받침함.

OX 기출분석

해설

01 ☐☐☐ 21 지방(서울) 9급
계획예산제도에서는 장기적인 기획과 단기적인 예산편성을 연계하여 합리적 예산 배분을 시도한다.
○ ×

계획예산제도는 장기적인 기획과 단기적인 예산편성을 유기적으로 연결하여 합리적인 자원배분을 이루려는 예산제도이다.

02 ☐☐☐ 20 서울/지방 9급
기획예산제도는 당시 미국의 국방장관이었던 맥나마라(McNamara)에 의해 국방부에 처음 도입되었고, 국방부의 성공적인 예산개혁에 공감한 존슨(Johnson) 대통령이 1965년에 전 연방정부에 도입하였다.
○ ×

03 ☐☐☐ 20 국가 9급
계획예산제도는 비용편익분석 등을 활용함으로써 자원 배분의 합리화를 추구한다.
○ ×

04 ☐☐☐ 19 군무원
계획예산제도는 영기준제도보다 운영 면에서 전문성을 적게 요구하므로 모든 조직 구성원들이 진지하게 참여한다.
○ ×

계획예산제도는 최고관리층의 권한을 강화시키므로 하급공무원 및 계선기관의 참여가 어렵다.

05 ☐☐☐ 18 해경간부
계획예산제도는 품목별 예산과는 달리 정책별로 예산을 배분하지 않고 부서별로 예산을 배정한다.
○ ×

품목별 예산과는 달리 계획예산은 부서별로 예산을 배정하지 않고 정책별로 예산을 배분한다.

06 ☐☐☐ 16 경정승진
계획예산제도란 장기적인 기획과 단기적인 예산을 유기적으로 연결시켜 합리적인 자원배분을 이루려는 것으로서 정치적 협상을 중시한다.
○ ×

정치적 협상을 중시하지는 않는다.

07 ☐☐☐ 15 지방 7급
계획예산제도(PPBS)는 계획(plan)-사업(program)-예산(budget)의 체계적 연계를 강조한다.
○ ×

08 ☐☐☐ 13 국가 9급
품목별 예산은 하향식 예산과정을 수반하나, PPBS는 상향식 접근이 원칙이다.
○ ×

설명이 바뀌었다. 품목별 예산은 상향식 흐름, PPBS는 하향식 흐름이다.

정답 01 O 02 O 03 O 04 X 05 X 06 X 07 O 08 X

핵심 기출 문제

01 □□□ 2021 경찰간부

계획예산제도(PPBS)에 관한 설명으로 옳지 않은 것은?

① 상향식 예산편성으로 하위 구성원의 참여가 보장된다.
② 비용편익분석 등 계량적 분석기법이 사용된다.
③ 의회와 관계기관으로부터 협조를 받지 못해 실패한 제도로 평가된다.
④ 목표와 계획에 따른 사업의 효율적 집행에 초점을 맞춘다.

정밀해설

① PPBS는 기획과 예산을 연결시키려는 합리주의 예산으로 최고위층과 전문막료가 주도하는 하향적 흐름의 예산이다.
② PPBS는 정책목표 달성을 위한 대안의 평가와 선택을 위하여 비용편익분석 등의 기법을 활용하는 계량적 예산이다.
③ PPBS는 의회나 공무원의 지지를 얻지 못하였으며, 충분한 준비나 유능한 전문인력이 부족하여 전반적으로 실패한 예산으로 평가받는다.
④ 계획예산제도는 사업의 계획과 목표를 중시하고 투입과 산출에도 관심을 가지며 분석적 기법을 활용하여 합리적·효율적으로 집행하고 배분한다.

정답: ①

02 □□□ 2011 국회 8급

계획예산제도(PPBS)에 관한 설명으로 옳은 것은?

① 품목별 예산은 하향식 예산과정을 수반하지만 계획예산제도는 하향식 접근을 선택할 수 있게 해준다.
② 프로그램 예산 형식을 취하고 있으며 예산 편성에서 계량기법의 도입에 대해서는 적극적이지 못했다.
③ 부서별로 일정하게 배분되는 시스템으로 개별부서들은 예산확보를 위해 사업에 대한 영향을 분석할 필요성을 느끼지 못하며, 구조화된 분석의 역할은 중시되지 않는다.
④ 미국 연방정부 차원에서 도입되었으나 전반적으로 실패한 것으로 평가되고 있다.
⑤ 품목별 예산과는 달리 정책별로 예산을 배분하지 않고 부서별로 예산을 배정한다.

정밀해설

④ 계획예산제도는 미국 연방정부 차원에서 도입되었으나 전반적으로 실패한 것으로 평가되고 있다.
① 품목별 예산은 상향식 흐름의 예산이다.
② 비용편익분석 등 계량적 기법의 도입에 적극적이었다.
③ 부서별 구분(장벽)을 없애고 프로그램 중심으로 분석하였다.
⑤ 부서별로 예산을 배정하지 않고 정책별로 배분한다는 점이 과거의 품목별예산 등과 다르다.

정답: ④

적중 예상 문제

01 □□□

계획예산제도(PPBS)에 대한 설명으로 옳지 않은 것은?

① 전문가를 통한 체계적인 분석을 강조하는 계획예산제도하에서는 경험이 많은 관료의 영향력은 감소하게 된다.
② 계획예산제도의 사업구조는 사업범주, 하위사업, 사업요소로 구성되어 목표-수단관계를 체계화한다.
③ 계획예산제도는 프로그램 예산형식을 취하고, 비용편익분석과 같은 계량적 분석을 중시하며, 부서별로 예산을 배정하지 않고 정책(프로그램)별로 예산을 배분한다.
④ 계획예산제도는 장기적 시각과 객관적인 분석도구를 통하여 예산결정을 합리화함으로써 정책구조의 분권화를 초래할 가능성이 높다.

정밀해설
④ 계획예산제도는 정책구조의 집권화를 초래할 가능성이 높다.

정답 : ④

02 □□□

계획예산제도(PPBS)에 대한 설명으로 옳은 것은?

① 조직구성원의 참여를 촉진할 수 있다.
② 문서와 정보량이 적고 단순하여 처리하기 쉽다.
③ 각 대안을 최소 수준, 현행 수준, 증가된 수준으로 나누어 분석한다.
④ 프로그램구조는 카테고리 → 서브카테고리 → 엘리먼트로 세분화할 수 있다.

정밀해설
④ PPBS의 사업계획 작성 시의 구조이다.
① PPBS는 하급자들의 참여를 보장하지 않는다. 지문은 MBO에 대한 설명이다.
② 분석과정에 많은 시간·정보·비용을 요구한다.
③ 영기준예산의 특징에 해당한다.

정답 : ④

03

계획예산제도(PPBS)에 대한 설명으로 옳지 않은 것은?

① 미 국방부 내에서 육·해·공군성 간 구분을 없애고 프로그램 중심으로 도입하였다.
② 목표설정과 프로그램 분석이 쉽다.
③ 예산 지출에 대한 최종결과를 파악할 수 있다.
④ 최고관리층의 관리수단이다.

정밀해설
② 목표설정 및 사업구조 작성이 어렵다는 것이 PPBS의 단점이다.
① 조직 간 장벽을 제거한 상태에서 대안의 분석 검토를 통하여 합리적 자원배분을 한다.
③ 계획예산은 정부의 예산투입이 가져다 줄 수 있는 최종결과의 파악이 가능하다는 장점이 있다.
④ 최고관리층의 의사를 예산에 반영할 수 있다.

정답 : ②

THEME 092 영기준예산(ZBB)

1 영기준예산의 의의

도입배경	1977년 카터 대통령 당시 긴축재정정책의 일환으로 미 연방정부에 도입 (1981년 레이건 행정부가 들어서면서 ZBB는 공식적으로 폐기됨.)
특징	매년 모든 지출제안서에 대해 영(0)의 기준에서 근본적인 재평가를 실시하고 우선순위에 의해 예산을 편성하는 총체적·상향적 예산편성 제도

 Mani DB 영기준예산(ZBB) 편성 원리

(1) 의사결정단위(decision unit)의 확인
(2) 의사결정 패키지(decision package)의 작성
  · 사업대안 패키지(alternative package)
  · 증액대안 패키지(incremental package)

최저수준(minimum level)	현행보다 낮은 수준
현행수준(current level)	현재의 사업을 존속시키는 데 필요한 수준
증액수준(incremental level)	현행수준을 초과하여 자금과 성과가 증가된 수준

(3) 우선순위의 결정(ranking)
  업무를 관장하는 상급관리자가 구성원의 참여하에 단위별 패키지를 통합하여 순위를 결정하고, 이와 동일한 방법으로 최고관리자까지 결정하는 방식(상향적 결정방식)
(4) 실행예산의 편성(budgeting)

2 영기준예산의 장단점

장점	① 자원배분의 효율화와 예산 절감 ③ 변동 대응성·유연성·신축성 향상 ⑤ 계획기능의 분권화	② 관리자의 참여 확대(조직구성원 참여) ④ 의사결정능력의 향상
단점	① 사업축소·폐지의 곤란 ③ 업무부담의 가중 → 관료의 저항적 행태 ⑤ 점증주의로 되었다는 평가를 받음.	② 장기적 시각 결여(ZBB는 PPBS에 비해 단기적) ④ 우선순위 선정의 주관성

3 계획예산과의 비교

구분		계획예산(PPBS)	영기준예산(ZBB)
공통점		합리주의적 예산제도	
차이점	예산의 중점	정책·계획의 수립이나 목표에 중점	목표달성과 사업평가에 중점
	참여범위	집권적(최고결정자와 참모 중심)	분권적(모든 관리자가 참여)
	결정의 흐름	하향적(top-down), 상의하달	상향적(bottom-up), 하의상달
	기간	장기적(보통 5년)	단기적(1년)
	점증·합리주의	중간형	완전 합리주의
	B/C 분석의 적용	신규사업만 적용	신규 및 기존 사업에 적용
	관리적 측면	최고관리층의 관리도구	일선관리자의 관리도구

OX 기출분석

해설

01 ☐☐☐ 　　　　　　　　　　　　　　　　　　　　　　22 국가 7급
영기준예산제도는 예산배분의 관행을 인정하지 않는 제도로서 미국의 민간기업 Texas Instruments에서 처음 시작되었고, 1970년대 미국 연방정부에 도입되었다. 　　O X

영기준예산제도는 민간기업에서 시작하였다.

02 ☐☐☐ 　　　　　　　　　　　　　　　　　　　　　　20 국회 9급
영기준예산제도(ZBB)는 과거의 예산결정을 반성 없이 수용한다. 　　O X

영기준예산제도는 전년도 예산을 답습하는 것이 아니라 기존 예산과 신규사업을 재평가하여 백지 상태에서 재검토하는 방식이다.

03 ☐☐☐ 　　　　　　　　　　　　　　　　　　　　　　20 경찰간부
영기준예산은 기획의 책임이 집권화되어 있다. 　　O X

영기준예산은 기획의 책임이 분권적이다.

04 ☐☐☐ 　　　　　　　　　　　　　　　　　　　　　　19 서울 7급
영기준예산제도(Zero-Base Budgeting)는 예산과정에서 상향적 의사결정이 이루어지므로 실무자의 참여가 확대된다. 　　O X

05 ☐☐☐ 　　　　　　　　　　　　　　　　　　　　　　17 국가 9급
영기준예산제도(ZBB)가 단위사업을 사업-재정계획에 따라 장기적인 예산편성 쪽으로 방향을 잡았다면, 계획예산제도(PPBS)는 당해 연도의 예산 제약 조건을 먼저 고려한다. 　　O X

PPBS가 단위사업을 사업-재정계획에 따라 장기적인 예산편성 쪽으로 방향을 잡았다면, ZBB는 당해 연도의 예산 제약 조건을 먼저 고려한다.

06 ☐☐☐ 　　　　　　　　　　　　　　　　　　　　　　16 서울 7급
ZBB는 비용편익분석과 시스템 분석을 주요 수단으로 활용한다. 　　O X

비용편익분석과 시스템 분석 등 계량적·경제학적 기법을 활용하는 것은 PPBS이다.

07 ☐☐☐ 　　　　　　　　　　　　　　　　　　　　　　15 사복 9급
영기준예산제도는 예산과정에 대한 관리자 및 실무자의 참여를 촉진한다. 　　O X

08 ☐☐☐ 　　　　　　　　　　　　　　　　　　　　　　12 해경간부
비용편익 내지 비용효과분석의 대상에 있어서 신규사업은 물론 계속사업도 대상으로 하는 점증적 예산제도와는 달리 영기준예산제도는 신규사업만을 대상으로 한다. 　　O X

점증주의가 신규사업만을 대상으로 하는 것과 달리 영기준예산에서는 신규사업뿐만 아니라 계속사업까지도 대상으로 한다.

정답 01 O　02 X　03 X　04 O　05 X　06 X　07 O　08 X

핵심 기출 문제

01 □□□　2019 서울 7급

영기준 예산제도(Zero-Base Budgeting)에 대한 설명으로 가장 옳지 않은 것은?

① 자원의 효율적인 배분 및 예산절감의 효과를 얻을 수 있다.
② 예산과정에서 상향적 의사결정이 이루어지므로 실무자의 참여가 확대된다.
③ 예산과정에서 정치적 고려 및 관리자의 가치관이 반영될 가능성이 높다.
④ 현 시점 위주로 분석하므로 장기적인 목표가 경시될 수 있다.

정밀해설

③ 영기준예산은 우선순위를 결정하는 것에만 초점을 둔 나머지 정치적 요인이나 가치판단 등의 비경제적 요인이 경시된다.
① 사업의 우선순위를 정기적으로 새로이 결정함으로써 중복이나 낭비를 배제할 수 있고, 우선순위가 낮은 사업은 축소 내지 폐지되어 재정운용상의 탄력성을 확보할 수 있다.
② 모든 계층의 구성원과 관리자가 의사결정 패키지 개발에 참여하는 상향적·분권적 결정방식으로 예산과정에 대한 관리자 및 실무자의 참여를 촉진한다.
④ 전년도 예산의 답습이 아닌 백지상태에서 현행 사업을 근본적으로 재검토하므로 장기적인 목표가 경시될 수 있다.

정답: ③

02 □□□　2009 서울 7급

다음 중 일몰법과 영기준예산에 대한 설명으로 옳지 않은 것은?

① 일몰법은 정책과 관련된 입법적 과정이며, 영기준예산은 행정부예산제도로 행정적 과정과 관련이 크다.
② 일몰법과 영기준 예산은 사업의 능률성과 효과성을 검토하여 사업의 계속 여부를 결정하기 위한 재심사의 성격을 갖는다
③ 일몰법은 조직의 최상위 계층부터 중·하위 계층 모두와 관련되어 있는 반면, 영기준예산은 조직의 최상위 계층과 관련이 있다.
④ 일몰법과 영기준예산의 시행을 통해 자원의 합리적 배분을 꾀할 수 있다.
⑤ 일몰법과 영기준예산은 자원난시대에 대비하는 감축관리를 강조하고 있다는 점에서 공통점을 지닌다.

정밀해설

③ 일몰법은 조직의 최상위 계층과 관련이 있는 반면, 영기준예산은 조직의 최상위 계층부터 중·하위 계층 모두와 관련되어 있다.
① 일몰법은 예산심의를 특징으로 하는 입법과정적 성격이며, 영기준예산은 예산편성을 특징으로 하는 행정과정적 성격이다.
② 일몰법과 영기준예산 모두 사업의 능률성과 효과성을 검토하여 사업의 계속 여부를 결정하기 위해 재심사를 한다.
④ 일몰법과 영기준예산 모두 자원의 합리적 배분을 강조하는 특징이 있다.
⑤ 일몰법과 영기준예산 모두 자원난 시대에 대비하는 감축관리를 강조한다는 유사점이 있다.

▶ 영기준예산 vs 일몰법

구분	영기준예산	일몰법
제도성격	행정과정	입법과정
의사결정 흐름	상향식	하향식
실시주기	매년	일정기간 동안 주기적 검토
대상	조직 최상위부터 중·하위계층까지 모두 대상	조직 최상위 계층

정답: ③

적중 예상 문제

01 ☐☐☐

계획예산(PPBS)과 영기준예산(ZBB)에 관한 비교 설명 중 옳은 것은?

① PPBS는 기획정향적인 성격을 강하게 띠고, ZBB는 평가지향적 성격을 띤다.
② PPBS는 미시적 분석이고, ZBB는 거시적 분석이다.
③ PPBS는 상향적이고, ZBB는 하향적이다.
④ PPBS는 단기적 관점이고, ZBB는 장기적 관점이다.

정밀해설

① PPBS는 장기적 발전계획을 중시하고, ZBB는 관리, 평가, 환류 등을 중시한다.
②, ③ PPBS는 거시적·하향적, ZBB는 미시적·상향적이다.
④ PPBS는 주로 5년 단위이고, ZBB는 1년 단위이다.

정답 : ①

02 ☐☐☐

점증주의와 비교할 때 영기준예산제도의 특징으로 옳은 것은?

① 사업목표의 수준을 달리하여 예산을 융통성 있게 편성할 수 없다.
② 영(0)수준에서 새로이 예산을 결정한다.
③ 예산운영방법의 개발에서 영기준예산제도는 소극적이다.
④ 신규사업만을 대상으로 한다.

정밀해설

② 점증예산제도가 전년도 예산수준을 기준으로 하는 것과 달리 영기준예산제도는 영(0)수준에서 새로이 예산을 결정한다.
① 점증주의보다 신축성·탄력성 확보가 용이하다.
③ 예산운영방법의 개발에 있어서 소극적인 점증적 예산제도와는 달리 영기준예산제도는 적극적이다.
④ 점증적 예산제도가 신규사업만을 분석하는 것과 달리 영기준예산제도는 신규사업은 물론 계속사업도 대상으로 한다.

정답 : ②

03 ☐☐☐

영기준예산(ZBB)의 특징으로 적절하지 않은 것은?

① 의사결정단위 선정과 우선순위 결정을 중시한다.
② 예산을 매개단위로 하여 구성원의 다양성을 수용한다.
③ 총체적·종합적 예산결정방식이며, 기존 프로그램의 계속적인 재평가를 하지 않는다.
④ 상향적이고 분권적 구조를 가진다.

정밀해설

③ 기존 프로그램에 대해 계속적 재평가를 한다.

▶ 영기준예산제도의 장단점

장점	단점
· 재정운용·자금배정의 탄력성	· 사업 축소·폐지의 곤란
· 정보의 다각적 활용	· 목표설정기능·계획기능의 위축
· 사업의 효율성 향상	· 업무부담의 가중
· 관리자의 참여 확대	· 결정 시 시간제약과 주관성
· 자원배분의 합리화	· 관료의 저항적 행태
· 관리수단의 제공	· 분석기법의 적용 한계
	· 정치적·심리적 요인 경시
	· 장기적 안목의 결여

정답 : ③

THEME 092 영기준예산(ZBB)

THEME 093 신성과주의 예산개혁

1 예산 접근 패러다임의 변화

구분	전통적 예산접근	성과지향 예산접근
정보의 초점	투입	산출 및 성과
예산결정 유형	점증적, 미시적	합리적 총액통제, 거시적
예산기관의 역할	감시통제 중심	관리 중심
의사결정의 흐름	상향적(bottom-up)	하향적(top-down)
통제의 책임	중앙정부	운영단위
예산편성단위	품목별	기능별 또는 대항목별
예산집행 재량	법구속적, 회계책임	신축적(flexibility)
정책결정자의 관심	품목통제(미시적 통제)	목표, 정책우선순위(거시적 통제)

2 자본예산제도

① 의의: 정부예산을 경상지출과 자본지출로 구분하여 경상지출은 경상수입으로 충당시켜 수지의 균형을 이루도록 하고, 자본지출은 공채발행과 적자재정으로 충당하게 하는 제도임

② 장단점

장점	• 자본적 지출에 대한 특별한 사정과 분석을 가능하게 함. • 조세형평성 차원에서 응익주의를 실현하여 이용자 간·세대 간 재원부담의 형평성을 제고함. • 정부의 순자산상태의 변동을 표시하는 등 국가자산구조, 국가재정 구조의 이해를 도움. • 장기적인 재정계획 수립에 도움이 됨.
단점	• 경상비의 적자 은폐수단이 되거나 적자재정을 정당화함. • 공채남발로 인한 선심성 사업을 확대, 인플레이션을 유발할 가능성이 있음. • 공공부문은 자산평가가 부정확하고 감가상각이 곤란함. • 투자수익이 있는 공공사업분야에 치중하므로 사회복지사업 등은 소홀히 할 가능성이 있음.

Mani DB 다양한 예산 개혁 이론들

총괄배정예산 (지출대예산)	각 부처에 총액을 배정하고 각 부처가 자율편성하는 예산	• 각 부처의 자율성과 책임성 제고 • 과다청구 관행 감소 • 우리나라: 총액배분자율편성제(2004년)
지출통제예산	지출총액만 통제(항목별 통제 ×)하고 그 범위 내에서 재량적 집행	• 전용의 신축성 • 이월의 허용 ⇨ 효율성 배당제도
산출예산	공공서비스의 산출에 초점을 두고 산출물별로 소요비용을 산정하는 예산(소비자 지향)	• 장관(구매)과 사무차관(제공)이 성과협약과 구매협약 체결 • 장관은 정책기조에 부합되는 산출물을 선택·구매하고 이를 근거로 평가 • 발생주의 운영, 재무성과표 작성
운영예산	• 행정경비를 운영경비로 통합 • 총괄경상비제도	• 행정경비의 전용 용이 • 운영비의 신축적 운용

OX 기출분석

01 □□□   20 경찰간부
모든 조직에 공통적으로 적용할 수 있는 표준적 성과측정지표를 개발하기 어렵다는 점은 신성과주의 예산제도의 단점으로 지적된다.   O X

해설

02 □□□   19 국회 9급
자본예산제도에서 자본적 지출은 대부분 공채발행 등 차입으로 충당하는 단식예산제도의 일종이다.   O X

자본적 지출은 적자재정과 공채발행으로 충당함으로써 불균형예산을 편성하는 복식예산제도의 일종이다.

03 □□□   18 경정승진
자본예산제도는 경기침체 시 흑자예산을 편성하고, 경기과열 시에는 적자예산을 편성하여 경기변동의 조절에 도움을 준다.   O X

경기침체 시 적자예산을 편성하고, 경기과열시에는 흑자예산을 편성하여 경기변동의 조절에 도움을 준다.

04 □□□   17 국가 9급
총사업비관리제도는 시작된 대형사업에 대한 총사업비를 관리해 재정지출의 생산성 제고를 도모한다.   O X

05 □□□   16 국가 7급
부처 간 유사·중복 사업 또는 비효율적인 사업 추진으로 예산 낭비의 소지가 있는 사업에 대해서는 재정사업 심층평가를 실시할 수 있다.   O X

06 □□□   15 국회 9급
자본예산은 선심성 사업 억제에 효과적이다.   O X

공채남발로 인한 선심성 사업을 확대할 가능성이 있다.

07 □□□   14 서울 9급
각 중앙관서의 장은 예산의 집행방법 또는 제도의 개선 등으로 인하여 수입이 증대되거나 지출이 절약된 때에는 이에 기여한 자에게 성과금을 지급할 수 있다.   O X

08 □□□   13 국가 7급
총액배분자율편성제도는 사전에 결정된 예산의 지출한도 내에서 각 부처가 자율적으로 예산을 편성하는 상향식 방식이다.   O X

총액배분자율편성은 중앙예산기관에서 지출한도를 각 부처에 주는 방식으로 이루어지는 하향식 예산흐름이다

정답 01 O   02 X   03 X   04 O   05 O   06 X   07 O   08 X

핵심 기출 문제

01
2018 서울 7급(3월)

신성과주의 예산(New Performance Budgeting)의 특징으로 가장 옳지 않은 것은?

① 투입요소 중심이 아니라 산출 또는 성과를 중심으로 예산을 운용하는 제도이다.
② 과거의 성과주의 예산과 비교하여 프로그램 구조와 회계제도에 미치는 영향이 훨씬 광범위하고 포괄적이다.
③ 책임성 확보를 위해 시행되고 있는 성과관리를 예산과 연계시킨 제도이다.
④ 예산집행에서의 자율성을 부여하되, 성과평가와의 연계를 통해 책임성을 확보하고자 한다.

정밀해설

② 신성과주의 예산은 과거의 성과주의 예산과 비교하여 프로그램 구조와 회계제도의 변경 등 큰 틀의 제도개혁보다는 성과정보의 예산과정에서의 활용을 개혁의 목표로 삼는다. 반면 과거의 성과주의는 신성과주의보다 예산의 형식 및 회계제도의 변경 등 개혁의 범위가 광범위하고 포괄적이다.
① 신성과주의 예산제도는 투입중심이 아니라 산출 및 성과를 중심으로 운용하는 제도이다.
③ 신성과주의 예산제도는 책임성 확보를 위해 시행되고 있는 성과관리를 연계시킨 제도이다.
④ 신성과주의 예산은 자율성과 융통성을 부여하되 책임성을 확보하고자 한다.

정답: ②

02
2017 국가 7급

결과 지향적 예산제도(new performance budgeting; result-oriented budgeting)에 대한 설명으로 옳지 않은 것은?

① 미국 클린턴 행정부는 결과 지향적 예산제도의 일환으로 PART(Program Assessment Rating Tool)를 도입했다.
② 각 부처 재정사업 담당자들에 대한 동기부여를 강조하고 이들에게 더 많은 권한을 부여하고자 한다.
③ 재정사업의 목표, 결과, 재원을 연계하여 예산을 '성과에 대한 계약'의 개념으로 활용한다.
④ 20세기 후반부터 주요 국가들이 재정사업의 운영과정이나 기능에 초점을 두고 새로운 성과주의 예산체계를 도입하기 시작했다.

정밀해설

① 미국 클린턴 행정부는 결과 지향적 예산제도의 일환으로 1993년 GPRA(Government Performance and Result Act)를 도입했다. 한편 PART는 부시행정부가 2002년 GPRA를 보완하기 위해 도입한 제도이다.
② 신성과주의는 재정사업 관리자(담당자)들에게 예산집행에서의 수단의 선택과 운영에 대해서 대폭적인 재량권을 허용하고 예산운영자는 구체적으로 성과평가와의 연계를 통해 책임성을 확보한다.
③ 신성과주의 예산제도는 목표설정, 성과측정 지표, 예산요구 형식을 의회와 협약하여 구성함으로써 행정부의 성과관리와 입법부의 예산심의의 연계성을 중시하였으며 사업의 목표, 결과, 재원을 모두 연계하여 예산을 '성과에 대한 계약'으로 활용한다.
④ 1990년대 이후 주요 국가들이 예산서의 형식보다 재정사업의 운영과정이나 기능에 초점을 두고 새로운 성과주의 예산체계를 도입하기 시작하였다.

정답: ①

03
2017 서울 7급

다음 중 국가예산제도 개혁에 관한 설명으로 가장 옳지 않은 것은?

① 디지털예산회계시스템(BAR): 성과중심형 예산시스템으로 발생주의·복식부기 회계제도를 기반으로 한 과학적 예산 관리 제도
② 조세지출예산제도: 예산지출을 절약하거나 조세를 통해 국고수입을 증대시킨 경우 그 성과의 일부를 기여자에게 인센티브로 지급하는 제도
③ 총액배분·자율편성(top-down) 예산제도: 각 부처가 국가재정운용계획에 의해 설정된 1년 예산상한선 내에서 자율적으로 예산을 편성하는 제도
④ 주민참여예산제도: 예산편성권을 지역사회와 지역주민에게 분권화함으로써 예산편성과정에 해당 지역주민들이 직접 참여하는 제도

정밀해설

② 예산지출을 절약하거나 조세를 통해 국고수입을 증대시킨 경우 그 성과의 일부를 기여자에게 인센티브로 지급하는 제도를 예산성과금 제도라 한다. 한편 조세지출예산제도는 조세지출의 내용과 규모를 예산서 작성을 통해 체계적으로 분류하고 주기적으로 공표하여 행정부에 일임된 조세지출을 입법부 차원에서 국회차원에서 통제하고 정책효과를 판단하고자 하는 제도이다.
① 디지털예산회계시스템(BAR)은 2007년 성과중심의 재정기반을 확충하기 위하여 2007년 도입된 범정부적인 예산회계 정보 시스템을 의미하고 발생주의·복식부기 회계제도를 기반으로 한 성과중심형 예산시스템이다.
③ 총액배분·자율편성예산제도는 1년 간 지출한도를 정해주고 한도 내에서 각 부처가 자율적으로 예산을 편성하는 제도로 2005년에 도입하였고, 각 부처가 국가재정운용계획에 의해 설정된 예산상한선 내에서 자율적으로 예산을 편성하는 제도이다.
④ 주민참여예산제도는 예산편성과정에 주민들이 직접 참여하는 제도로 2007년 지방재정법 개정으로 도입되었으며, 예산편성권을 지역사회와 주민에게 분권화함으로써 예산편성과정에 지역주민들이 직접 참여하는 제도이다.

정답 : ②

04
2015 국가 7급

1990년대에 새롭게 주목받게 된 성과관리 예산제도에 대한 설명으로 옳지 않은 것은?

① 투입보다는 산출 또는 성과를 중심으로 삼고 있다.
② 거리청소사업으로 예를 들면, 거리의 청결도와 주민의 만족도 등을 다음연도 예산배분에 반영하는 것이다.
③ 장기적인 기획과 단기적인 예산편성을 유기적으로 연결하여 합리적인 자원 배분을 이루려는 제도다.
④ 모든 조직에 공통적으로 적용할 수 있는 표준적 성과측정 지표를 개발하기 어렵다는 점은 성과관리 예산제도의 단점으로 지적된다.

정밀해설

③ 계획예산제도(PPBS)는 장기적인 기획과 단기적인 예산편성을 유기적으로 연결하여 합리적인 자원 배분을 이루려는 제도이다.
① 예산의 통제보다는 성과에 초점을 두며 정보의 계량화를 통해 관리의 능률성을 향상시키고자 하는 관리지향적 예산이다.
② 일차적인 산출보다는 고객만족 등 최종적인 성과까지 중시하여 다음연도에 환류하거나 반영하기도 한다.
④ 성과주의 예산은 계량화 할 수 있는 최종산출물을 찾기가 곤란해 업무단위의 선정이 어렵다.

▶ **성과주의예산제와 신성과주의 예산제**

구분	성과주의 예산제(PBS)	신성과주의 예산제(NPBS)
시대	1950년대 행정국가 배경	1980년대 신행정국가 배경
초점	통제 및 관리위주	자율과 책임의 연계
예산과 성과평가	연계 부족	예산과 연계
범위	예산편성과정에 국한	국정전반의 성과관리와 연계
결정흐름	상향식(분권)	집권과 분권의 조화
주요내용	업무량X단위원가	성과계획서와 성과보고서

정답 : ③

적중 예상 문제

01 ☐☐☐

성과관리 또는 성과중심(Performance-oriented)의 행정에 관한 설명으로 옳지 않은 것은?

① 성과중심의 인사관리의 예로 성과급제도, 공모직위제, 직무성과계약제 등을 들 수 있다.
② BSC는 민간부문은 재무 관점이 성공의 핵심이지만, 공공부문에서는 사명달성의 성과가 궁극의 목적이므로 재무적 관점은 목표가 아니라 제약조건으로 작용한다.
③ 최근 성과관리는 예산, 조직, 인사 부분을 고도로 전문화하여 분산적이고 개별화된 접근으로 추진한다.
④ 성과중심의 행정은 신공공관리론이나 기업가적 정부에서 강조하는 핵심적 방향이다.

정밀해설

③ 최근 성과관리는 조직·인사·예산 등 국정 전반에 걸쳐 통합적·균형적으로 추진되고 있다.
① 성과급제도, 공모직위제, 직무성과계약제 등은 성과중심의 인사관리로 볼 수 있다.
② BSC는 재무적 관점, 비재무적 관점, 내부적 관점과 외부적 관점을 균형 있게 반영한다.
④ 신공공관리론이나 기업가적 정부에서는 성과중심의 행정을 강조한다.

정답 : ③

02 ☐☐☐

예산제도에 대한 설명으로 가장 옳지 않은 것은?

① 신성과주의 예산제도는 산출(output)이 아닌 결과(outcome)에 초점을 두며, 사업활동을 결과와 연결시킨다.
② 계획예산제도는 하향식 접근을 통하여 효과적인 프로그램에 대한 자원배분이 용이하다는 장점이 있지만, 의사결정의 집권화를 초래하는 문제점을 가지고 있다.
③ 영기준예산은 감축관리를 하는데 유리한 제도이지만 현시점 위주의 분석이므로 장기적으로는 예산의 낭비를 가져올 수 있다.
④ 자본예산은 공채발행을 통해 부채에 대응하므로 순자산을 변동시켜 경기변동에 대응한다.

정밀해설

④ 자본예산제도는 정부의 순자산상태의 변동을 표시하는 등 국가 자산구조 및 국가 재정구조의 이해를 돕는 장점이 있으나, 경상비의 적자 은폐수단이 되거나 적자재정을 정당화하는 문제점도 있다. 순자산은 불변이다.
① 신성과주의 예산제도는 관리자에게 권한과 재량을 부여하고 결과에 대한 책임을 강조하는 경향을 보였다.
② 계획예산제도는 정보와 의사결정권한이 과도하게 중앙집권화하는 경향이 있어 재정민주주의를 저해할 수 있다.
③ 영기준예산은 장기적인 안목이 결여되었다는 비판을 받는다.

정답 : ④

03

자본예산제도에 대한 설명으로 옳은 것은?

① 1937년 미국 주정부에서 불균형재정의 해결을 위해 실시한 것이 시작이다.
② 투자재원의 조달에 대한 현 세대와 다음 세대 간의 부담을 공평하게 할 수 있다.
③ 경상적 지출과 자본적 지출을 통합 관리함으로써 재정의 기본구조를 이해하는 데 도움이 된다.
④ 자본적 지출은 단기적 계획을 요한다.

정밀해설

② 자본예산은 세대 간 재원부담의 형평성을 제고하는 장점이 있다.
① 스웨덴에서 처음 도입하였다.
③ 경상적·자본적 지출을 분리 계리한다.
④ 자본예산에서 중시하는 자본적 지출은 장기적 계획을 요한다.

▶ **자본예산의 본질(필요성)**

1. 불경기의 극복
2. 재원의 한정성 해결(적자재정과 공채발행)
3. 자본투자사업의 합리적 수행
4. 수익자부담원칙의 적용(세대 간)
5. 순자산의 불변
6. 경기변동에 따른 순환적 균형
7. 경제성장을 위한 투자재원 조달

정답 : ②

04

성인지예산제도(gender budgeting)의 기본전제에 대한 설명으로 옳지 않은 것은?

① 1984년 호주에서 시작되어 많은 나라들이 채택하고 있는데, 세출뿐 아니라 세입에 관해서도 차별 철폐를 추구한다.
② 성 중립적(gender neutral) 관점에서 출발해 세입·세출예산이 남성과 여성에게 미치는 영향은 다르지 않다고 전제한다.
③ 우리나라는 「국가재정법」에서 성인지 예산서와 결산서 작성을 의무화하였다.
④ 성인지예산서에는 성평등 기대효과, 성과목표, 성별수혜분석 등을 포함해야 한다.

정밀해설

② 성 중립적 관점이 아닌 성인지적 관점에서 출발한다.

정답 : ②

THEME 094 예산편성, 심의

1 예산안 편성(FY-1)

중기사업계획서 제출	• 국가재정운용계획 수립지침 통보(기획재정부장관 ⇨ 중앙관서의 장) • 이를 바탕으로 1월 31일까지 수립, 제출(중앙관서의 장 ⇨ 기획재정부장관) • 5회계연도 기간 동안의 사업계획 포함
예산안편성지침 시달	• 3월 중 <국가재정운용계획> 수립 • 3월 31일까지 예산안편성지침 시달(기획재정부장관 ⇨ 중앙관서의 장) • 국무회의 심의와 대통령 승인을 얻어야 함. • 예산안편성지침에 지출한도 포함 → 총액배분자율편성제의 근거 • 국회 예산결산위원회의 보고
예산요구서 제출	• 5월 31일까지(중앙관서의 장 ⇨ 기획재정부장관) • 세입세출예산, 계속비, 명시이월비, 국고채무부담행위 요구서
예산안 사정 및 편성	• 6월 초~8월 말(3개월) • 기획재정부장관이 세출예산안을 각 부처와 협의
예산안 국회제출	• 회계연도 개시 120일 전 • 국회제출예산문서: 예산안, 기금운용계획안, 국가재정운용계획, 성과계획서, 국가채무관리계획, 성인지예산서, 기타 재정관련자료(국가보증채무관리계획, 공기업·준정부기관의 중장기 재무관리계획, BTL 정부 지급금 추계서)

Mani DB 예산형식

예산총칙, 세입세출예산, 계속비, 명시이월비, 국고채무부담행위
⇨ ① 국가채무 관리계획, ② 예산편성안 지침, ③ 국가재정 운용계획 예산안과 함께 국회로 제출해야 하지만 첨부서류는 아님.

2 예산심의(FY-1)

대통령 시정연설	• 9월 초 ※ 국정감사: 상임위원회별로 정기회 집회일(9월 1일) 이전에 감사 시작일부터 30일 이내 　　(다만, 본회의 의결로 정기회 기간 중에 감사실시 가능)
상임위원회 예비심사	• 9월 초~11월 초, 각 상임위원회 • 소관 부처장의 제안설명 • 증액지향
예산결산특별위원회 종합심사	• 11월 중순~12월 2일, 예산결산특별위원회(상설) • 기획재정부장관의 제안설명 • 삭감지향 • 상임위에서 삭감한 세출예산 각 항의 금액을 증액하거나 새 비목을 설치할 경우 상임위의 동의를 구하여야 함.
본회의 의결	• 12월 2일(회계연도 개시 30일 전까지) • 의결과 동시에 확정(법률의 형태가 아니므로 공포절차 필요 없음), 예산안 이송 시 정부는 공고

3 한국 예산심의의 특징

① 소위원회 중심주의, 본회의는 형식적 성격
② 상임위는 증액지향, 예결위는 삭감지향
③ 예산결산특별위원회: 상설화된 특별위원회, 활동기한 없음, 위원 및 위원장 임기 1년

OX 기출분석

01 □□□　　　　　　　　　　　　　　　　　　　22 경간부
국회는 정부의 동의 없이 정부가 제출한 지출예산 각항의 금액을 증가시키거나 새 비목을 설치할 수 있다.　　　　　　　　　　　　　　　　○ ✕

해설
국회는 정부의 동의 없이 정부가 제출한 지출예산 각항의 금액을 증가시키거나 새 비목을 설치할 수 없다.

02 □□□　　　　　　　　　　　　　　　　　　　20 국가 9급
기획재정부장관은 매년 2월 말까지 예산집행지침을 각 중앙관서의 장과 국회예산정책처에 통보하여야 한다.　　　　　　　　　　　　　　○ ✕

기획재정부장관은 매년 1월 말까지 예산집행지침을 각 중앙관서의 장에게 통보하여야 한다(국가재정법 시행령 제18조).

03 □□□　　　　　　　　　　　　　　　　　　　19 지방 9급
예산과정은 예산편성 – 예산집행 – 예산심의 – 예산결산의 순으로 이루어진다.　　○ ✕

예산과정은 예산편성 → 예산심의 → 예산집행 → 예산결산의 순으로 이루어진다.

04 □□□　　　　　　　　　　　　　　　　　　　19 군무원
우리나라는 대통령 중심제이기 때문에 의원내각제 국가보다 예산심의 과정이 엄격하지 않다.　　　　　　　　　　　　　　　　　　○ ✕

의원내각제가 대통령제보다 예산심의 과정이 엄격하지 않은 편이다.

05 □□□　　　　　　　　　　　　　　　　　　　17 교행 9급
기획재정부장관은 국가재정운용계획과 예산편성을 연계하기 위하여 예산안편성지침에 중앙관서별 지출한도를 포함하여 통보할 수 있다.　　○ ✕

06 □□□　　　　　　　　　　　　　　　　　　　16 국가 9급
상임위원회의 예비심사를 거친 정부예산안은 예산결산특별위원회에 회부되고, 예산결산특별위원회에서 종합심사가 종결되면 본회의에 부의된다.　○ ✕

07 □□□　　　　　　　　　　　　　　　　　　　14 국회 8급(수정)
기획재정부장관은 국무회의의 심의를 거쳐 대통령 승인을 얻은 다음 연도 예산안 편성지침을 매년 4월 30일까지 각 중앙관서의 장에게 통보하여야 한다.　○ ✕

매년 4월 30일이 아니라 매년 3월 31일까지 통보하여야 한다.

08 □□□　　　　　　　　　　　　　　　　　　　10 검정승진
국회는 예산심의 과정에서 정부의 동의 없이 정부 예산안에 대해 금액을 증액할 수 있으나 새로운 비목을 설치하지 못한다.　　　　　　　○ ✕

국회는 정부의 동의 없이는 예산심의 과정에서 금액을 증액하거나 새로운 비목을 설치할 수 없다.

정답 01 ✕　02 ✕　03 ✕　04 ✕　05 ○　06 ○　07 ✕　08 ✕

핵심 기출 문제

01
2021 소방간부

「국가재정법」상의 예산안 편성과정에 관한 설명으로 옳지 않은 것은?

① 각 중앙관서의 장은 매년 1월 31일까지 당해 회계 연도부터 5회계연도 이상의 기간 동안의 신규사업 및 기획재정부장관이 정하는 주요 계속사업에 대한 중기사업계획서를 기획재정부장관에게 제출해야 한다.
② 기획재정부장관은 매년 3월 31일까지 예산안편성지침을 국무회의 심의와 대통령의 승인을 받아 중앙관서의 장에게 통보해야 한다.
③ 각 중앙관서장은 예산편성지침에 따라 그 소관에 속하는 다음 연도의 세입세출예산 등의 예산요구서를 작성해 매년 5월 31일까지 기획재정부장관에게 제출해야 한다.
④ 각 중앙관서의 예산요구서가 취합되면 기획재정부장관은 예산안을 편성하여 국무회의의 심의를 거친 후 대통령의 승인을 얻어야 한다.
⑤ 정부예산안을 회계연도 개시 90일 전까지 국회에 제출해야 한다.

정밀해설

⑤ 국가재정법에 따르면 정부예산안은 회계연도 개시 120일 전까지 국회에 제출해야 한다. 한편 회계연도 개시 90일 전까지 국회에 제출해야 한다는 규정은 헌법에 명시된 내용이다.
① 각 중앙관서의 장은 매년 1월 31일까지 중기사업계획서를 기획재정부장관에게 제출하여야 한다.
② 기획재정부장관은 국가재정운용계획을 확정하고 국무회의의 심의를 거쳐 대통령의 승인을 얻은 다음연도의 예산안편성지침을 매년 3월 31일까지 각 중앙관서의 장에게 통보하여야 한다.
③ 각 부처는 예산요구서를 작성하여 매년 5월 31일까지 기획재정부장관에게 제출해야 한다.
④ 기획재정부장관은 각 부처의 예산요구서를 취합하여 예산안사정 및 예산안을 편성하고 국무회의를 거쳐 대통령의 승인을 얻어야 한다.

정답 ⑤

02
2017 국회 8급

다음 중 예산심의와 관련된 법령에 대한 설명으로 옳은 것을 <보기>에서 모두 고르면?

< 보기 >

ㄱ. 세목 또는 세율과 관계있는 법률의 제정 또는 개정을 전제로 하여 미리 제출된 세입예산안은 소관상임위원회에서 심사한다.
ㄴ. 국회는 정부의 동의 없이 정부가 제출한 지출예산 각 항의 금액을 증가하거나 새 비목을 설치할 수 없다.
ㄷ. 예산결산특별위원회는 소관상임위원회에서 삭감한 세출예산 각 항의 금액을 증가하게 할 경우에는 소관상임위원회의 동의를 얻어야 한다.
ㄹ. 예산결산특별위원회는 그 활동기한을 1년으로 한다.
ㅁ. 의원이 예산 또는 기금상의 조치를 수반하는 의안을 발의하는 경우에는 그 의안의 시행에 수반될 것으로 예상되는 비용에 대한 재정소요를 추계하여야 한다.

① ㄱ, ㄴ, ㄷ   ② ㄱ, ㄴ, ㄹ   ③ ㄱ, ㄷ, ㅁ
④ ㄴ, ㄷ, ㅁ   ⑤ ㄴ, ㄹ, ㅁ

정밀해설

④ ㄴ, ㄷ, ㅁ이 옳은 지문이고 ㄱ, ㄹ은 틀린 지문이다.
ㄴ. [○] 국회는 정부의 동의 없이 정부가 제출한 지출예산 각 항의 금액을 증가하거나 새 비목을 설치할 수 없다(헌법 제57조).
ㄷ. [○] 예산결산특별위원회는 소관상임위원회에서 삭감한 세출예산 각 항의 금액을 증가하게 할 경우에는 소관상임위원회의 동의를 얻어야 한다(국회법 제84조 제5항).
ㅁ. [○] 의원이 예산 또는 기금상의 조치를 수반하는 의안을 발의하는 경우에는 그 의안의 시행에 수반될 것으로 예상되는 비용에 대한 재정소요를 추계하여야 한다(국회법 제79조의2 제2항).
ㄱ. [×] 세목 또는 세율과 관계있는 법률의 제정 또는 개정을 전제로 하여 미리 제출된 세입예산안은 예산결산특별위원회, 상임위원회 모두 이를 심사할 수 없다.
ㄹ. [×] 예산결산특별위원회는 다른 특별위원회와 달리 연중 활동하므로 활동기한이 따로 정해져 있지 않다.

정답 ④

03

2016 국가 9급

국회의 예산심의에 대한 설명으로 옳지 않은 것은?

① 상임위원회의 예비심사를 거친 정부예산안은 예산결산특별위원회에 회부되고, 예산결산특별위원회에서 종합심사가 종결되면 본회의에 부의된다.
② 예산결산특별위원회는 소관 상임위원회의 동의 없이 상임위원회에서 삭감한 세출예산 각 항의 금액을 증액할 수 있다.
③ 국회는 정부의 동의 없이 정부가 제출한 지출예산 각 항의 금액을 증가하거나 새 비목을 설치할 수 없다.
④ 국회의장은 예산안을 소관 상임위원회에 회부할 때에는 심사 기간을 정할 수 있으며, 상임위원회가 이유없이 그 기간 내에 심사를 마치지 아니한 때에는 이를 바로 예산결산특별위원회에 회부할 수 있다.

정밀해설

② 소관상임위원회에서 증액한 내용은 예산결산특별위원회에서 상임위원회의 동의 없이 삭감할 수 있으나, 상임위원회가 삭감한 세출예산의 금액을 증가하거나 새 비목을 설치할 경우에는 소관 상임위원회의 동의가 필요하다.

국회법 제84조(예산안·결산의 회부 및 심사)
⑤ 예산결산특별위원회는 소관 상임위원회의 예비심사 내용을 존중하여야 하며, 소관 상임위원회에서 삭감한 세출예산 각 항의 금액을 증가하게 하거나 새 비목(費目)을 설치할 경우에는 소관 상임위원회의 동의를 받아야 한다.

① 국회의 예산심의는 상임위원회의 예비심사를 거친 후 예산결산특별위원회의 종합심사를 거쳐 본회의에 부의된다.
③ 국회는 정부의 동의없이 정부가 제출한 지출예산 각 항의 금액을 증가하거나 새 비목을 설치할 수 없다.
④ 의장은 예산안을 소관상임위원회에 회부할 때에는 심사기간을 정할 수 있으며, 상임위원회가 이유 없이 그 기간 내에 심사를 마치지 아니한 때에는 이를 바로 예산결산특별위원회에 회부할 수 있다.

정답 : ②

04

2008 국회 8급

예산과정에 관한 설명으로 옳지 않은 것은?

① 일반적으로 국회 상임위원회의 국정감사와 예산심의는 동시에 진행된다.
② 예산안과 결산은 소관상임위원회에 회부하고, 소관상임위원회는 예비심사를 하여 그 결과를 의장에게 보고한다. 이 경우 예산안에 대하여는 본회의에서 정부의 시정연설을 듣는다.
③ 예산결산특별위원회는 활동기한이 없다.
④ 예산과정에 있어 본회의는 형식적 성격이 강하다.
⑤ 예산주기는 3년이다.

정밀해설

① 국정감사는 예산심의에 필요한 정보수집 등을 하는 중요한 단계로, 시정연설 및 예산심의보다 먼저 이루어진다.
② 우리나라 예산심의는 정부의 시정연설 → 소관 상임위원회 예비심사 → 예산결산특별위원회 종합심사 → 본회의 의결 순으로 이루어진다.
③ 예결위는 상설위원회이므로 활동기간이 정해져 있지 않다.
④ 예산심의는 본회의가 아닌 소위원회 중심으로 예산심의가 이루어지며 본회의는 형식적 성격을 띤다.
⑤ 예산과정은 3년을 주기로 하는 순환과정으로 편성 및 심의, 집행, 결산에 모두 3년이 소요된다.

정답 : ①

적중 예상 문제

01 ☐☐☐

우리나라의 예산제도에 대한 설명으로 옳은 것은?

① 헌법상 행정부는 회계연도 개시 120일 전까지 다음 연도의 예산안을 국회에 제출하여야 한다.
② 국회에 제출되는 예산안은 일반회계만을 의미한다.
③ 국회가 회계연도 개시 30일 전까지 다음 연도의 예산을 확정하지 못하면, 정부는 준예산을 편성하여 집행한다.
④ 준예산은 전년도 예산에 준하여 집행하되 집행범위는 헌법이나 법률로 설치된 기관의 유지비, 법률상 지출의무가 있는 경비, 승인받은 계속비 등에 한정된다.

정밀해설

① 헌법상 회계연도 개시 90일 전까지 국회에 제출하여야 한다.
② 국회에 제출되는 예산안은 일반회계와 특별회계를 의미한다.
③ 30일 전까지가 아니라 '새로운 회계연도가 개시될 때까지 예산안이 의결되지 못한 때'이다.

정답 : ④

02 ☐☐☐

우리나라 정부의 예산구조에 대한 설명으로 옳은 것은?

① 기획재정부장관은 3년마다 국가채무관리계획을 회계연도 120일 전까지 국회에 제출한다.
② 기금운용계획변경 시 국회에 제출하지 아니하고 정부가 자율적으로 변경할 수 있는 범위를 비금융성기금은 30%에서 20%로, 금융성기금은 50%에서 30%로 축소하였다.
③ 매년 5회계연도 이상의 국가재정운용계획을 수립하고 회계연도 개시 120일 전까지 감사원에 제출한다.
④ 예비비는 일반회계 예산총액의 10/100 이내로 한다.

정밀해설

② 금융성기금은 주요 항목의 30%, 비금융성기금은 주요 항목의 20% 이상 변경할 경우 국회의 의결을 거쳐야 한다.
① 기획재정부장관은 매년 국가채무관리계획을 회계연도 120일 전까지 국회에 제출한다.
③ 매년 5회계연도 이상의 국가재정운용계획을 수립하고 회계연도 개시 120일 전까지 국회에 제출한다.
④ 일반회계 총액의 1% 이내로 한다.

정답 : ②

03

우리나라의 예산심의에 대한 설명으로 옳지 않은 것은?

① 우리나라 예산은 상임위와 예결위 중심으로 심의되며 본회의는 형식적 역할을 한다.
② 소관상임위와 예결위가 유기적으로 연결되어 전문성이 높다.
③ 세출예산심의에서 상임위원회는 증액지향이지만, 예결위는 삭감지향적이다.
④ 예결위의 계수조정 위원회는 간담회 형식(비공개 및 회의록 미작성)으로 이루어진다.

정밀해설

② 의원들의 전문성이 매우 낮다. 이를 보완하기 위해 '국회예산정책처'를 두고 있다.

▶ 예산심의(FY-1)

1. 대통령 시정 연설: 10월 초
2. 각 상임위원회 예비심사: 10월 초 ~ 11월 초
3. 예산결산특별위원회 종합심사: 11월 중순 ~ 12월 2일
4. 본회의 의결: 회계연도 개시 30일 전까지(12월 2일)

정답 : ②

04

우리나라의 예산심의에 관한 설명으로 옳은 것은?

① 예산은 법률의 형식으로 의결된다.
② 예산결산특별위원회는 특별위원회이므로 상설화되지 않았다.
③ 예산결산특별위원회는 종합심사를 담당한다.
④ 예산심의기간은 헌법규정상 90일로 되어 있다.

정밀해설

③ 예결위는 예산안의 종합심사와 계수조정 등 우리나라 예산심의과정에서 핵심적인 역할을 수행한다.
① 예산은 법률이 아닌 의결의 형식으로 성립한다.
② 예산결산특별위원회는 특별위원회이지만 상설화되었다.
④ 헌법 규정상 60일(90일 전까지 제출하고 30일 전까지 의결)로 되어 있고, 국가재정법 규정상으로는 90일로 되어 있다.

정답 : ③

THEME 095 예산집행

1 예산집행(FY)

예산배정요구서 제출	중앙관서의 장 ⇨ 기획재정부장관
예산배정계획서 작성	기획재정부장관 ⇨ 국무회의 제출, 대통령 승인
예산배정 통지	기획재정부장관 ⇨ 감사원
예산배정	• 기획재정부장관 ⇨ 중앙관서의 장 • 예산배정은 분기별, 자금배정은 월별 • 유형: 정기배정, 수시배정, 긴급배정, 당겨배정, 조기배정
예산재배정	중앙관서의 장 ⇨ 산하기관의 장

2 재정통제와 신축성

① 재정통제

예산의 배정	배정	기획재정부장관이 중앙관서의 장에게 예산을 배분
	재배정	중앙관서의 장이 산하기관의 장에게 예산을 다시 배분
지출원인행위에 대한 통제		채무부담의 원인이 되는 행위에 대한 통제
정원·보수에 대한 통제		중앙인사기관장과 중앙예산기관장과의 협의
예산안편성지침		예산안편성준칙의 시달
표준예산제도		인건비 등 경상사무비에 대한 사전한도 시달
통합예산		일반회계, 특별회계, 기금 등을 총망라하여 편성
총사업비제도		개개의 사업에 소요되는 모든 경비를 총괄적으로 관리

② 신축성

이용	입법과목(장·관·항) 간에 상호융통(국회의 의결을 요함, 기획재정부장관 승인)
전용	행정과목(세항·목) 간에 상호융통(국회 의결 ×, 기획재정부장관 승인)
이체	예산의 책임소관 변경, 국회 의결 ×
이월	다음 연도로 넘겨서 예산을 사용(명시이월·사고이월)
계속비	수년간 예산지출(5년 이내) (총액, 연부액)
예비비	예산외의 지출 및 초과지출에 충당하기 위한 경비, 사후승인
긴급배정	회계연도 개시 전 예산배정
추가경정예산	예산성립 후 추가로 편성된 예산
준예산	예산불성립 시 전년도에 준하여 지출
다년도예산	회계연도에 구애받지 않고 3년 이상으로 세출예산을 운영
국고채무부담행위	법률, 세출예산, 계속비 외에 정부가 채무를 부담하는 행위
총액계상예산제도	예산을 총액으로 편성하고 집행과정에서 세부적으로 지출
장기계속계약제도	계속비제도에 더 신축성을 부여한 제도(당해 연도 예산범위 내 계약)
대통령의 재정에 관한 긴급명령권	헌법에 규정된 대통령 권한

OX 기출분석

01 ☐☐☐ 21 국회 8급
총괄예산제도는 예산집행의 신축성을 위한 제도이다. ○ ×

해설
총괄예산제도는 지출을 총액으로 승인해주는 총액계상예산제도로 예산집행의 신축성을 보장해주는 제도이다.

02 ☐☐☐ 21 경찰간부
범죄수사 등 특수활동에 소요되는 경비, 여비, 경제정책상 조기 집행을 필요로 하는 공공사업비 등은 회계연도가 개시되기 이전에 예산을 배정할 수 있도록 허용하는 경우도 있다. ○ ×

국가재정법 시행령 제16조에 따라 긴급배정이 가능하다.

03 ☐☐☐ 20 국가 9급
기획재정부장관은 각 중앙관서의 장에게 예산을 배정한 때에는 감사원에 통지하여야 한다. ○ ×

04 ☐☐☐ 19 지방 9급
예산집행의 신축성을 확보하기 위해 예비비, 총액계상제도 등을 활용하고 있다. ○ ×

05 ☐☐☐ 19 국가 9급
예산의 전용을 위해서 정부 부처는 미리 국회의 승인을 받아야 한다. ○ ×

예산의 전용을 위해서 정부 부처는 미리 국회의 승인을 받을 필요가 없다.

06 ☐☐☐ 14 국회 8급
이월제도는 예산을 당해 회계연도에 집행하지 않고 다음 연도에 넘겨 차기 회계연도의 예산으로 사용하는 것이다. ○ ×

07 ☐☐☐ 14 서울 7급
사고이월은 지출원인행위를 하였으나 연도 내에 지출하지 못한 경비와 지출원인행위를 하지 않는 부대경비를 다음 연도에 지출하는 것을 말한다. ○ ×

08 ☐☐☐ 14 국가 7급
예비타당성 조사제도는 사업주무부처에서 수행하며, 기술적인 검토와 예비설계 등에 초점을 맞춘다. ○ ×

지문의 내용은 예비타당성 조사가 아닌 '타당성 조사'에 대한 설명이다.

정답 01 ○ 02 ○ 03 ○ 04 ○ 05 × 06 ○ 07 ○ 08 ×

핵심 기출 문제

01
2021 국회 8급

우리나라 예산집행 제도에 대한 설명으로 옳은 것만을 <보기>에서 모두 고르면?

< 보기 >
ㄱ. 총괄예산제도는 예산집행의 신축성을 위한 제도이다.
ㄴ. 계속비는 사전승인의 원칙에 대한 예외로, 국가가 지출할 수 있는 연한은 원칙적으로 그 회계연도로부터 5년 이내이다.
ㄷ. 예비비는 일반회계 예산총액의 1/100 이내에서 계상할 수 있다.
ㄹ. 국고채무부담행위에는 차관, 국공채 등이 포함된다.

① ㄱ, ㄴ
② ㄱ, ㄷ
③ ㄱ, ㄷ, ㄹ
④ ㄴ, ㄷ, ㄹ
⑤ ㄱ, ㄴ, ㄷ, ㄹ

정밀해설

② ㄱ, ㄷ은 옳고 ㄴ, ㄹ은 틀리다.
ㄱ. [○] 총괄예산제도는 지출을 총액으로 승인해주는 총액계상예산제도(지출통제예산)로 예산집행의 신축성을 보장해주는 제도이다.
ㄷ. [○] 예비비에 대한 옳은 설명이다.
ㄴ. [×] 계속비는 원칙적으로 그 회계연도로부터 5년 이내에 걸쳐 지출할 수 있는 제도로 국회의 의결을 얻어야 하므로 사전승인의 원칙의 예외가 아니다. 한정성(기간적 한정성)의 원칙에 대한 예외이다.
ㄹ. [×] 국고채무부담행위와 차관, 국공채 등이 모두 국가채무에 포함은 되지만 국고채무부담행위와 국가채무가 동일한 것은 아니고 차관이나 국공채 등이 국고채무부담행위에 포함되는 것도 아니다. 국고채무부담행위는 법률에 의한 것과 세출예산금액 또는 계속비의 총액 범위 안의 것 외에 국가가 채무를 부담하는 행위를 말한다.

정답 : ②

02
2019 경찰간부

다음의 예산집행의 목표를 구현하는 수단 중 신축성 확보방안은 모두 몇 개인가?

가. 예산의 재배정
나. 총액계상예산
다. 예산의 전용
라. 계속비
마. 총사업비 관리
바. 예비타당성 조사

① 1개
② 2개
③ 3개
④ 4개

정밀해설

③ 나, 다, 라가 신축성 확보방안에 해당한다.
나, 다, 라. [○] 총액계상예산, 예산의 전용, 계속비는 예산집행의 신축성 확보방안이다.
가, 마, 바. [×] 예산의 재배정, 총사업비 관리, 예비타당성 조사는 예산집행의 재정통제 제도이다.

▶ **예산집행의 통제 vs 신축성 확보**

재정통제수단	신축성 확보수단
· 예산의 배정·재배정	· 이용·전용·이체
· 지출원인행위에 대한 통제	· 이월 (명시이월, 사고이월)
· 정원·보수에 대한 통제	· 예비비 지출
· 예산안편성지침	· 추가경정예산
· 표준예산제도	· 준예산
· 총사업비관리제도	· 수입대체경비, 수입금 마련지출
· 계약의 통제	· 총액계상사업
· 기록 및 보고제도	· 긴급재정경제 명령권
	· 총괄배정예산, 다년도예산, 국고채무부담행위, 장기계속계약제도
	· 신축적 예산배정: 긴급·당겨·조기·수시·감액배정, 배정유보

정답 : ③

03

2017 서울 9급

예산집행의 신축성을 유지하기 위한 방안에 대한 설명 중 가장 옳지 않은 것은?

① 이체란 정부조직 등에 관한 법령의 제정·개정 또는 폐지로 인하여 중앙관서의 직무와 권한에 변동이 있을 때 관련 예산을 이동하는 것이다.
② 전용이란 입법 과목 간 상호 융통으로, 각 중앙관서의 장은 예산의 목적범위 안에서 재원의 효율적 활용을 위하여 기획재정부장관의 승인을 얻어 각 세항 또는 목의 금액을 전용할 수 있다.
③ 이월이란 당해 연도 예산액의 일정 부분을 다음 연도로 넘겨서 사용할 수 있는 제도이다.
④ 계속비란 완성에 수년도를 요하는 사업에 대해 그 경비의 총액과 연도별 지출액을 정하여 미리 국회의 의결을 얻은 범위 안에서 수년도에 걸쳐 지출하는 경비이다.

정밀해설

② 전용은 행정 과목 간 상호 융통으로 각 중앙관서의 장은 예산의 목적범위 안에서 재원의 효율적 활용을 위하여 대통령령이 정하는 바에 따라 기획재정부 장관의 승인을 얻어 각 세항 또는 목의 금액을 전용할 수 있다. 한편 입법 과목 간 상호 융통은 이용과 관련된 내용이다.
① 이체는 정부조직 등에 관한 법령의 개정 또는 폐지로 인하여 그 직무와 권한에 변동이 있을 때에 예산도 이에 따라 변경시키는 것이다.
③ 이월이란 당해 회계연도 예산의 일정액을 다음 연도에 넘겨서 사용하는 것으로 시기적인 집행상의 신축성을 유지해 주는 제도이다.
④ 계속비란 완성에 수년을 요하는 공사나 제조 및 연구개발 사업은 경비의 총액과 연부액을 정하여 미리 국회의 의결을 얻은 범위 안에서 수년에 걸쳐서 지출하는 예산이다.

정답 : ②

04

2015 교행 9급

우리나라 예산과정과 관련된 기술로 맞는 것은?

① 기획재정부장관의 예산안편성지침 통보에 따라 각 중앙관서의 장은 중기사업계획서와 예산요구서를 작성하여 기획재정부에 제출한다.
② 국회의 예산안 심의는 정부 예산안 제출 → 국회 소관 상임위원회의 예비심사 → 국회 예산결산특별위원회의 종합심사 → 시정연설 → 본회의 의결 순으로 진행된다.
③ 기획재정부장관은 분기별 예산배정계획을 작성하여 국무회의 심의와 대통령 승인 후 각 중앙관서의 장에게 예산을 배정하며, 중앙관서의 장은 배정된 예산을 다시 하급기관에 재배정한다.
④ 국회는 결산에 대한 심의·의결을 정기회 폐회 전까지 완료해야 한다.

정밀해설

③ 중앙관서의 장이 기획재정부장관에게 예산배정요구서를 제출하면 기재부 장관은 예산배정계획서를 작성하여 국무회의 심의와 대통령의 승인을 받은 후 중앙관서의 장에게 예산을 배정하면 각 중앙관서의 장은 다시 산하기관의 장에게 예산을 재배정한다.
① 중기사업계획서는 예산안 편성지침 전 각 중앙관서의 장이 매년 1월 31일까지 기획재정부장관에게 제출해야 하고, 예산요구서는 매년 5월 31일까지 제출해야 한다.
② 국회의 예산안 심의는 정부 예산안 제출 → 정부의 시정연설 → 소관상임위원회 예비심사 → 예산결산특별위원회 종합심사 → 본회의 심의·의결 순으로 진행된다.
④ 국회는 결산에 대한 심의·의결을 정기회 개회 전까지 완료해야 한다.

정답 : ③

적중 예상 문제

01 ☐☐☐

우리나라 행정부의 예산집행 통제장치에 대한 설명으로 옳지 않은 것은?

① 정부조직 등에 관한 법령의 제정·개정 폐지로 인해 그 직무와 권한에 변동이 있을 때 예산도 이에 따라 변동시킬 수 있다.
② 예산에 대해 기획재정부장관이 소속기관을 통제하는 배정과 중앙관서의 장이 산하기관을 통제하는 재배정이 있다.
③ 각 중앙관서의 장은 2년 이상 소요되는 사업 중 대통령령으로 정하는 대규모 사업에 대해 사업규모, 총사업비, 사업기간을 정해 미리 기획재정부장관과 협의해야 한다.
④ 각 중앙관서의 장은 월별로 기획재정부장관에게 사업집행 보고서를 제출해야 한다.

정밀해설

① 예산의 이체에 관한 설명으로, 예산집행의 신축성을 확보하기 위한 장치이다.
② 예산의 배정은 한 회계연도의 예산집행의 균형을 유지하도록 기획재정부가 중앙관서를 통제하는 것이며(예산부족 방지 및 세입 축소 시 세출삭감), 예산의 재배정은 중앙관서의 장이 산하기관을 통제하는 것이다.

정답 : ①

02 ☐☐☐

예산집행의 신축성을 보장하기 위한 제도에 대한 설명으로 옳은 것은?

① 이용은 입법과목 간의 상호융통이고, 전용은 행정과목 간의 상호융통이다.
② 국고채무부담행위는 명세항목이 아닌 전체 액수로 국회의 승인을 얻어 집행에 탄력을 부여하는 제도이다.
③ 계속비는 원칙상 5년 이내로 국한하지만 필요하다고 인정하는 때에는 기획재정부장관의 승인을 통해 연장할 수 있다.
④ 이체는 예측할 수 없는 예산의 지출 또는 예산의 초과지출을 충당하기 위해 정부는 상당하다고 인정되는 금액을 세입·세출예산에 계상하게 된다.

정밀해설

② 총액계상예산제도에 대한 설명이다.
③ 계속비는 5년 이내가 원칙이지만 국회 의결이 있을 경우 기간 연장이 가능하다.
④ 예비비에 대한 설명이다.

정답 : ①

03

예산의 이월(移越)제도에 대한 설명 중 적절하지 않은 것은?

① 사고이월은 연도 내의 지출을 필할 것으로 예상되었으나 부득이한 사유에 의하여 지출을 필하지 못한 경비나, 연도 내에 지출원인행위를 하지 못한 부대경비를 다음 회계연도에 사용하는 것으로 다음 회계연도에 재차 이월이 가능하다.
② 사고이월은 사전의결의 원칙 예외이며, 예산의 이월제도 시행은 집행상의 신축성을 유지하기 위하여 요구된다.
③ 명시이월은 세출예산 중 연도 내에 지출을 필하지 못할 것으로 예상되는 경비를 미리 국회의 승인을 얻어서 다음 회계연도에 사용하는 것을 말한다.
④ 명시이월과 사고이월 모두 예산한정성의 원칙이나 회계연도 독립의 원칙의 예외가 된다.

정밀해설

① 명시이월은 재차이월이 가능하지만 사고이월은 재차 사고이월이 불가능하다.

▶ 명시이월 vs 사고이월

구분	명시이월	사고이월
미지출 예측여부	예측 가능	예측 불가
의회승인 여부	사전승인 필요	사전승인 불필요
재이월 여부	가능	불가능

정답 : ①

04

예산집행의 신축성을 보장하기 위한 제도에 대한 설명 중 가장 옳은 것은?

① 예산의 이용은 입법과목 간 융통을 의미하는 것으로, 예산 집행상 필요에 따라 미리 예산으로써 국회의 의결을 얻은 때에는 기획재정부장관의 승인을 얻어 이용할 수 있다.
② 예산의 이체는 정부조직 등에 관한 법령의 제정·개정 또는 폐지로 인하여 중앙관서의 직무와 권한에 변동이 있을 때 이루어지는 것으로 국회의 승인이 있어야 한다.
③ 예산의 이월은 당해 회계연도에 집행되지 않은 예산을 다음 연도의 예산으로 사용하는 것으로 각 중앙관서의 장이 자유롭게 이월 및 재이월할 수 있다.
④ 계속비는 원칙상 5년 이내로 국한하지만 필요하다고 인정하는 때에는 기획재정부장관의 승인을 통해 연장할 수 있다.

정밀해설

② 이체는 법령의 변화로 인한 것이므로 국회의 승인이 필요 없다.
③ 예외적으로 허용되며, 명시이월은 국회의 사전의결이 필요하다.
④ 계속비는 5년 이내가 원칙이지만 국회의결이 있을 경우 기간을 연장할 수 있다.

정답 : ①

THEME 096 결산 및 회계검사

1 결산 및 회계검사(FY+1)

출납사무 완결	구분	출납정리기한(출납완결)	출납기한(출납사무완결)
	국가	12월 말	2월 10일
	지방자치단체	12월 말	2월 10일
중앙관서별 결산보고서	다음 회계연도 2월 말까지	중앙관서의 장 ⇨ 기획재정부장관	
국가 결산보고서 작성 및 제출	다음 회계연도 4월 10일까지	기획재정부장관 ⇨ 감사원	
결산검사 및 결산검사보고서 제출	다음 회계연도 5월 20일까지	감사원 ⇨ 기획재정부장관	
결산보고서의 국회제출	다음 회계연도 5월 31일까지	정부(기획재정부장관) ⇨ 국회	
국회의 결산심의	예비심사, 종합심사, 본회의 심의		

2 회계검사

구분	전통적 회계검사	현대적 회계검사
기준	합법성	경제성, 능률성, 효과성
대상	회계감사	업무감사, 정책감사, 전산감사 확대
책임성 확보	회계책임	관리책임, 사업·정책책임
기능	적발기능, 비판기능	지도기능, 환류(feedback)기능
대상 기관	중앙행정기관 중심	지방자치단체 등까지 포함

※ 감사원=회계검사+직무감찰 / 감사원장 포함 7인 / 대통령 소속 / 직무상 독립

 **Mani DB** 세계잉여금 처리(국가재정법 제90조)

(1) 국가채무 상환에 세계잉여금을 우선 사용한 후 잔액을 추경재원으로 사용토록 규정
(교부세 및 지방교육재정교부금 정산 ⇨ 공적자금 상환 ⇨ 국채 또는 차입금 상환 ⇨ 추가경정예산의 편성 ⇨ 다음 연도 세입(이입))
(2) 국무회의의 심의와 대통령 승인을 얻어 사용 가능
(3) 국회의 사전의결 불필요
(4) 사용하거나 출연한 금액을 공제한 잔액은 다음 연도의 세입에 이입하여야 함.

OX 기출분석

01 21 검찰간부
감사원이 국가결산보고서의 위법 또는 부당한 내용을 발견하면 이를 무효로 하거나 취소할 수 있다.

> **해설**
> 감사원의 결산검사는 결산의 합법성과 정확성을 검증하는 행위이므로 위법 또는 부당한 내용을 발견하더라도 이를 무효로 하거나 취소할 수 없다.

02 20 국가 9급
세계잉여금에는 일반회계, 특별회계가 포함되고 기금은 제외된다.

03 19 지방 9급
우리나라가 발행하는 국채의 종류에 국고채와 재정증권은 포함되지 않는다.

> 우리나라가 발행하는 국채의 종류에 국고채와 재정증권 등이 있다.

04 18 국가 9급
정부는 감사원의 검사를 거친 국가결산보고서를 국회에 제출하여야 한다.

05 17 해경간부
결산이란 한 회계연도에서 국가의 수입과 지출의 실적을 예정적 계수로서 표시하는 행위이다.

> 결산이란 한 회계연도의 국가의 수입과 지출의 실적을 확정적 계수로 표시하는 행위이다.

06 13 국가 7급
예산결산특별위원회의 결산심사는 제안설명과 전문위원의 검토보고를 듣고, 종합정책 질의, 부별심사 또는 분과위원회심사 및 찬반토론을 거쳐 표결한다.

07 12 국회 8급
한 회계연도에 속하는 세입·세출의 출납에 관한 사무는 다음 연도 2월 10일까지 완결하여야 한다.

08 12 국회 8급
기획재정부장관은 각 중앙관서의 장이 제출하는 결산보고서에 의거하여 총결산보고서를 작성하여 다음 연도 4월 말일까지 감사원에 제출한다.

> 4월 말일까지가 아니라 4월 10일까지 제출해야 한다.

정답 01 X 02 O 03 X 04 O 05 X 06 O 07 O 08 X

THEME 096 결산 및 회계검사

핵심 기출 문제

01 □□□ 2021 경찰간부

다음 중 감사원의 임무 및 기능에 대한 설명으로 가장 옳지 않은 것은?

① 감사원이 국가결산보고서의 위법 또는 부당한 내용을 발견하면 이를 무효로 하거나 취소할 수 있다.
② 국가 또는 지방자치단체가 자본금의 50% 이상을 출자한 법인의 회계에 대해서 회계검사를 할 수 있다.
③ 직무감찰 대상은 공무원, 지방공무원, 한국은행 임원, 준공무원 등이다.
④ 감사원의 감사를 받는 자의 직무에 관한 처분, 그 밖의 행위에 관하여 이해관계를 가진 자는 감사원에 심사청구를 할 수 있다.

정밀해설

① 감사원의 결산검사는 결산의 합법성과 정확성을 검증하는 행위이므로 위법 또는 부당한 내용을 발견하더라도 이를 무효로 하거나 취소할 수 없다.
② 국가 또는 지방자치단체가 자본금의 2분의 1 이상을 출자한 법인은 필요적 검사대상기관에 해당한다.
③ 직무감찰 대상기관은 「정부조직법」 등 법률에 의하여 설치된 행정기관, 지방자치단체, 한국은행, 국가 또는 지방자치단체가 자본금의 2분의 1 이상을 출자한 법인, 국가 또는 지방자치단체가 위탁한 사무를 처리하는 자, 군기관 등이다.
④ 「감사원법」 제42조에 의한 심사의 청구에 대한 옳은 설명이다.

정답: ①

02 □□□ 2013 국가 7급

국회의 결산심사에 대한 설명으로 옳지 않은 것은?

① 예산집행과정에서 위법 또는 부당한 지출이 있었는지의 여부를 확인하는 통제기능과, 예산운용에 대한 평가결과를 다음 연도 예산 심의에 반영하는 환류기능을 수행한다.
② 예산결산특별위원회의 결산심사는 제안설명과 전문위원의 검토보고를 듣고, 종합정책질의, 부별심사 또는 분과위원회심사 및 찬반토론을 거쳐 표결한다.
③ 결산의 심사결과 위법 또는 부당한 사항이 있는 때에 국회는 본회의 의결 후 정부 또는 해당기관에 변상 및 징계조치 등 그 시정을 요구하고, 정부 또는 해당기관은 시정요구를 받은 사항을 지체 없이 처리하여 그 결과를 국회에 보고하여야 한다.
④ 예산결산특별위원회 위원장은 결산을 소관상임위원회에 회부할 때에 심사기간을 정할 수 있으며, 상임위원회가 이유 없이 그 기간 내에 심사를 마치지 아니한 때에는 이를 바로 예산 결산특별위원회에 회부할 수 있다.

정밀해설

④ 결산심의를 상임위원회에 회부하는 것은 예산결산특별위원회 위원장이 아니라 국회의장의 권한이다.
① 결산은 예산과정의 마지막 단계로서 1회계연도 동안의 세입·세출 실적을 확정적 계수로 표시하고 이를 검증하는 행위로, 예산집행과정에서 위법 또는 부당한 지출이 있었는지의 여부를 확인하는 통제기능과 예산운용에 대한 평가결과를 다음 연도 예산심의에 반영하는 환류기능을 수행한다.
② 예산결산특별위원회의 예산안 및 결산의 심사는 제안설명과 전문위원의 검토보고를 듣고 종합정책 질의, 부별심사 또는 분과위원회심사 및 찬반토론을 거쳐 표결한다(국회법 제84조 제3항).
③ 결산의 심사결과 위법 또는 부당한 사항이 있는 때에는 국회는 본회의 의결 후 정부 또는 해당기관에 변상 및 징계조치 등 그 시정을 요구하고, 정부 또는 해당기관은 시정요구를 받은 사항을 지체 없이 처리하여 그 결과를 국회에 보고하여야 한다(동법 제84조 제2항).

▶ **결산의 의의**

지출이 적법·적당한 경우	정부의 책임이 해제되는 법적 효력 있음
지출이 불법·부당한 경우	무효·취소가 되지 않으므로 법적 효력 없음

정답: ④

03

2012 국회 8급

예산의 결산과정에 관한 설명으로 옳지 않은 것은?

① 한 회계연도에 속하는 세입·세출의 출납에 관한 사무는 다음 연도 2월 10일까지 완결하여야 한다.
② 각 중앙관서의 장은 매 회계연도에 그 소관에 속하는 결산보고서를 작성하여 다음 연도 2월 말까지 기획재정부장관에게 제출한다.
③ 기획재정부장관은 각 중앙관서의 장이 제출하는 결산보고서에 의거하여 총결산보고서를 작성하여 다음 연도 4월 말일까지 감사원에 제출한다.
④ 감사원은 결산 확인이 끝나면 그 보고서를 다음 연도 5월 20일까지 기획재정부장관에게 송부한다. 그리고 정부는 감사원의 검사를 거친 결산보고서를 다음 연도 5월 말일까지 국회에 제출한다.
⑤ 국회는 제출된 결산보고서를 각 상임위원회와 예산결산특별위원회의 심의를 거쳐 본회의에 보고하여 처리한다.

정밀해설

③ 기획재정부장관은 세입세출의 결산을 작성하여 국무회의의 심의와 대통령 승인을 얻은 후 다음 연도 4월 10일까지 감사원에 제출하여야 한다.
① 한 회계연도의 세입세출 출납사무 완결 및 세입세출부의 마감은 다음 연도 2월 10일까지 완결하여야 한다.
② 각 중앙관서의 장은 부처별 세입세출결산보고서를 작성하여 다음연도 2월 말까지 기획재정부장관에게 제출하여야 한다.
④ 감사원은 결산의 검사 및 확인 후 검사보고서를 다음연도 5월 20일까지 기획재정부장관에게 송부하여야 하고, 정부는 감사원의 결산 검사를 거친 결산보고서 및 첨부서류를 다음 연도 5월 말까지 국회에 제출하여야 한다.
⑤ 국회는 제출된 결산보고서를 각 상임위원회 예비심사와 예산결산특별위원회의 종합심사를 거쳐 본회의에 보고하여 처리한다.

정답 : ③

04

2025 국회 8급

우리나라의 국가채무와 국가부채에 대한 설명으로 옳지 않은 것은?

① 「국가재정법」에서는 국가채무를 국가의 회계 또는 기금이 부담하는 금전적 채무로 정의하고 있다.
② 국가채무의 기관 포괄범위에는 중앙정부, 지방자치단체(교육자치단체 포함) 및 비영리공공기관이 포함된다.
③ 국가채무는 현금주의 기준에 의해 작성되는 채무 규모이다.
④ 일반정부 부채는 국제지침에 따라 발생주의 기준에 의해 산출된다.
⑤ 공공부문 부채는 발생주의 기준에 의해 산출되며 공공부문의 재정건전성 관리에 활용된다.

정밀해설

② 국가채무의 범위에는 중앙정부와 지방자치단체는 포함되나 비영리공공기관(공공기관)은 포함되지 않는다.
① 「국가재정법」상 국가채무는 회계·기금이 부담하는 금전채무이다.
③ 국가채무(D1)는 현금주의 기준으로 산출된다.
④ 일반정부 부채(D2)는 발생주의 기준으로 작성된다.
⑤ 공공부문 부채(D3)는 발생주의 기준, 광의의 재정건전성 지표로 활용된다.

정답 : ②

적중 예상 문제

01

결산에 대한 설명으로 옳지 않은 것은?

① 기획재정부장관은 세입·세출을 작성하여 국무회의 심의와 대통령 승인을 얻은 후 다음 연도 4월 10일까지 감사원에 제출한다.
② 감사원은 결산감사를 한 후 검사보고서를 5월 20일까지 기획재정부장관에게 송부한다.
③ 정부는 결산서를 다음 회계연도 120일 전까지 국회에 제출한다.
④ 중앙관서는 2월 10일까지 출납기한을 완결한다.

정밀해설

③ 정부는 감사원의 검사를 거친 국가결산보고서를 다음 연도 5월 31일까지 국회에 제출하여야 한다.
① 기획재정부장관은 각 중앙관서의 장이 제출하는 결산보고서에 따라 국가결산보고서를 작성하여 다음 연도 4월 10일까지 감사원에 제출하여야 한다.
② 감사원은 결산 확인이 끝나면 그 보고서를 다음 연도 5월 20일까지 기획재정부장관에게 송부한다.
④ 한 회계연도에 속하는 세입·세출예산의 출납에 관한 사무는 다음 연도 2월 10일까지 완료하여야 한다.

정답 ③

02

우리나라의 세계잉여금에 관한 설명으로 옳지 않은 것은?

① 1회계연도에 수납된 세입액으로부터 지출된 세출액을 차감한 잔액이다.
② 「국가재정법」상 채무 상환 후 잔액을 추가경정예산안의 편성에 사용할 수 있다.
③ 사용하거나 출연한 금액을 공제한 잔액은 다음 연도의 세입에 이입하여야 한다.
④ 사용 또는 출연은 국회의 사전 동의를 받아야 한다.

정밀해설

④ 세계잉여금의 사용 시기는 대통령의 결산 승인 이후이다.

▶ 세계잉여금의 처리

1. 기존 예산회계법에서는 추경요인 발생 시 세계잉여금을 우선 사용할 수 있었으나, 국가재정법에서는 국가채무 상환에 세계잉여금을 우선 사용한 후 잔액을 추경재원으로 사용하도록 규정(교부금 정산 → 공적자금상환 → 국채상환 → 추경재원으로 사용 → 다음 연도 세입 이입) 하고 있다.
2. 세계잉여금은 국무회의 심의와 대통령 승인을 얻어 사용할 수 있으며 국회의 사전의결이 불필요하다.

정답 ④

03

현재 우리나라의 예산 및 결산제도에 관한 설명으로 옳은 것은?

① 세계잉여금은 사용·출연한 금액을 공제한 잔액은 다음 연도의 세입에 이입하여야 한다.
② 정부가 제출한 결산서는 예산서와는 달리 상임위원회의 심사를 거치지 않는다.
③ 세입·세출 결산의 검사는 기획재정부장관이 한다.
④ 결산 결과 위법·부당한 지출이 확인된 경우 예산집행을 무효화 할 수 있다.

정밀해설

① 지방교부세 및 지방교육재정교부금의 정산, 공적자금상환기금에의 출연, 국가채무상환, 추가경정예산안의 편성 순으로, 사용·출연한 금액을 공제한 잔액은 다음 연도의 세입에 이입하여야 한다.
② 결산서도 예산서와 마찬가지로 상임위 예비심사를 거쳐 예결위 종합심사를 거친 다음 본회의를 거쳐 최종 확정된다.
③ 세입·세출 결산의 작성·관리는 기획재정부장관이 하지만 검사는 감사원이 한다.
④ 결산 결과 위법·부당한 지출이 확인된 경우에도 예산집행을 무효·취소할 수 없다.

정답 : ①

04

우리나라의 감사원에 대한 설명으로 옳은 것은?

① 주요 기능은 결산 승인, 회계검사 및 직무감찰 등이다.
② 소속·직무 모두 독립적 지위를 가진다.
③ 국가의 각 기관은 회계관계 법령을 제정하거나 개정·폐지하려는 경우 미리 기획재정부 장관의 의견을 구하여야 한다.
④ 지방자치단체가 자본금의 2분의 1이상을 출자한 법인의 회계는 감사원의 필요적 검사사항에 속한다.

정밀해설

④ 필요적 검사대상으로 국가의 회계, 지방자치단체의 회계, 한국은행의 회계와 지방자치단체가 자본금의 2분의 1 이상을 출자한 법인의 회계, 감사원의 회계검사를 받도록 규정된 단체 등이 있다.
① 감사원은 결산의 사전확인기능을 수행할 뿐 결산의 승인은 국회의 고유권한이다.
② 대통령에 소속된 헌법기관으로서 직무상 독립적 지위를 가진다.
③ 회계관계법령의 제정·개정·폐지하려는 경우 감사원의 의견을 미리 구해야 한다. 중앙예산기관장이 감사원의 요구예산을 삭감하고자 하는 때에도 미리 감사원장의 의견을 구해야 한다.

정답 : ④

THEME 097 재정민주주의, 계획과 예산

1 계획과 예산

구분	계획	예산
기간	중장기	단기(1회계연도)
결정과정	행정부에서 결정	행정부가 편성하고 국회가 심의·의결
법적 구속력	없음	있음
접근방법	전략적 접근	운영적 접근

2 국가재정운용계획

① 전략적 재원배분(국정우선순위에 따라 한정된 자원을 효율적 배분)
② 부처별 지출한도가 사전 제시됨에 따라 각 부처의 전문성을 적극 활용하여 사업별 예산 규모를 결정할 수 있고 각 부처의 책임과 권한을 강화 ⇨ 재원배분(부처내)의 자율성 제고
③ 전체 재정규모, 분야별·부처별 예산규모 등 주요 정보를 각 부처와 재정당국이 공유하고 재원배분 계획을 국무회의에서 함께 결정 ⇨ 자원배분의 투명성 제고
④ 일반회계, 특별회계, 기금을 모두 포함하여 설정하므로 특별회계·기금 등 칸막이식 재원을 확보하려는 유인이 축소
⑤ 중기적 시각에서 재정규모를 검토하고, 예측가능성 및 안정적 수행이 가능

3 재정민주주의

① 내용: 재정주권자인 국민을 재정운영에 참여시키고 관련 정보를 공개하며, 결과에 책임을 지는 것
② 반영방법

시민참여	예산편성 단계에서의 공청회·청문회·토론회, 시민대표의 위원회 참여, 재정수요의 조사, 주민투표제 등
시민의 감시·통제	예산 관련 정보공개청구, 예산낭비 등에 대한 주민감사청구, 예산 불법 지출에 대한 내부고발자 보호, 주민소환제, 예산의 불법·부당 지출에 대한 반환을 요구하는 납세자소송 등

③ 주민참여예산제
　㉠ 2004년 광주시 북구 의회가 최초로 주민참여예산조례를 개정해 도입
　㉡ 지방재정법을 개정하여 지방자치단체의 장이 지방예산편성을 함에 있어 대통령령이 정하는 바에 따라 주민이 참여할 수 있는 절차 마련(2006년 1월)
④ 국가재정법에는 참여예산제도가 규정됨: 국민참여예산제

 **Mani DB** 국가재정법 시행령 제7조의2 【예산과정에의 국민참여】

① 정부는 법 제16조 제4호에 따라 예산과정의 투명성과 국민참여를 제고하기 위하여 필요한 시책을 시행하여야 한다.
② 정부는 예산과정에의 국민참여를 통하여 수렴된 의견을 검토하여야 하며, 그 결과를 예산편성 시 반영할 수 있다.
③ 정부는 제2항에 따른 의견수렴을 촉진하기 위하여 국민으로 구성된 참여단을 운영할 수 있다.
④ 제1항에 따른 시책의 마련을 위하여 필요한 구체적인 사항은 기획재정부장관이 정한다.

OX 기출분석

01 ☐☐☐ 19 국가 7급
중기재정계획은 단년도 예산의 장점인 안정성과 일관성보다는 재정건전성 등 중장기적 거시 재정목표의 효과적인 추구를 위해 도입되었다. ○ ×

해설
중기재정계획은 단년도 예산편성방식의 문제점을 극복하고자 중장기 관점에서 사업을 검토하여 재원배분의 일관성·효율성·건전성 등을 제고하기 위한 제도이다.

02 ☐☐☐ 15 경찰간부
시민에 의한 예산참여는 재정민주주의 발전과정상 예산감시에서 시작해 직접 예산을 편성하는 참여예산제도로 발전하였다. ○ ×

03 ☐☐☐ 14 경찰간부
국가재정운용계획은 정부가 국가재정의 효율적 운용을 위해 도입한 제도이다. ○ ×

04 ☐☐☐ 14 경찰간부
예산집행의 신축성을 확대하기 위하여 만들어진 예산의 전용제도는 국회의 동의를 구해야 하므로 재정민주주의 확보에 기여하는 제도적 장치이다. ○ ×

전용은 행정과목 간 융통이므로 국회의 의결없이 기재부 장관의 승인을 얻으면 전용할 수 있다.

05 ☐☐☐ 13 국가 9급
재정민주주의는 '대표 없이 과세 없다.'라는 표현에서 나타나듯이 재정 주권이 납세자인 국민에게 있다는 의미를 내포하고 있다. ○ ×

06 ☐☐☐ 11 지방 7급
현재 우리나라는 국가재정지출에 있어서 낭비를 감시하고 그에 대한 책임을 추궁하는 납세자소송제도를 도입하고 있다. ○ ×

납세자소송으로 주민소송은 지방자치법에 규정되어 있지만, 국가재정지출에 대한 납세자 소송제도는 도입되지 않았다.

07 ☐☐☐ 09 군무원
기획은 정치적 성격이 강하지만, 예산은 합리적인 성격이 강하다. ○ ×

기획은 합리적이지만 예산은 정치적 성격이 강하다.

08 ☐☐☐ 08 지방 9급
계획예산제도는 상향식 예산접근으로 재정민주주의 실현에 적합한 장점이 있다. ○ ×

계획예산제도는 하향식 예산접근으로 재정민주주의 실현을 저해한다.

정답 01 X 02 O 03 O 04 X 05 O 06 X 07 X 08 X

THEME 097 재정민주주의, 계획과 예산

핵심 기출 문제

01
2020 국회 8급

우리나라 참여예산제도에 대한 설명으로 옳은 것만을 <보기>에서 모두 고르면?

< 보기 >
ㄱ. 국민참여예산제도는 2019년도 예산편성부터 시행되었다.
ㄴ. 국민참여예산제도에서 각 부처는 소관 국민제안사업에 대한 적격성 점검을 실시하고 기획재정부, 국민참여예산지원협의회와 협의하여 최종적으로 사업예산편성 여부를 결정한다.
ㄷ. 지방자치단체는 주민참여예산제도의 운영에 대한 평가를 실시한다.
ㄹ. 주민참여예산제도의 구체적인 내용은 대통령령으로 정한다.

① ㄱ, ㄴ ② ㄱ, ㄷ ③ ㄴ, ㄷ
④ ㄴ, ㄹ ⑤ ㄷ, ㄹ

정밀해설
① ㄱ, ㄴ만 옳다.
ㄱ. [○] 국민참여예산제도는 2018년 국가재정법의 개정으로 2019년부터 예산편성부터 시행·적용되었다.
ㄴ. [○] 국민참여예산 운영절차로, 각 부처는 국민제안사업에 대한 적격성 심사를 하고 기획재정부와 국민참여예산지원협의회와 협의하여 최종적으로 사업예산편성 여부를 결정한다.
ㄷ. [×] 행정안전부장관은 지방자치단체의 재정적·지역적 여건 등을 고려하여 대통령령으로 정하는 바에 따라 지방자치단체별 주민참여예산제도의 운영에 대하여 평가를 실시할 수 있다.
ㄹ. [×] 주민참여예산기구의 구성·운영과 그 밖에 필요한 구체적인 사항은 대통령령이 아니라 해당 지방자치단체의 조례로 정한다.

정답 : ①

02
2019 국가 7급

1980년대 이후 주요 국가들의 예산개혁에 대한 설명으로 옳은 것은?

① 성과주의 예산제도는 재정사업에 대한 투입보다는 그 결과에 대한 관심을 강조하고 있으나, 정작 성과측정, 사업원가 산정, 성과-예산의 연계 등에서 여전히 많은 난관이 있다.
② 중기재정계획은 단년도 예산의 장점인 안전성과 일관성보다는 재정건전성 등 중장기적 거시 재정목표의 효과적인 추구를 위해 도입되었다.
③ 하향식 예산편성제도는 추계한 예산총량을 전략적 우선순위에 따라 먼저 부문별·부처별로 배분하여 예산의 기술적 효율성(technical efficiency)의 제고를 우선적인 목적으로 한다.
④ 총액배분자율편성예산제도는 기획재정부가 부문별·부처별로 예산상한을 할당하는 집권화된 예산편성 방식으로, 부처의 사업별 재원배분에 대한 보다 세밀한 관리·통제 필요성에 따라 도입되었다.

정밀해설
① 성과주의 예산제도는 재정사업에 대한 투입보다는 산출·성과·결과를 중시하지만, 성과측정이나 사업원가 산정 및 성과-예산의 연계 등 실제 운영과정에서 많은 어려움이 있다는 비판을 받는다.
② 국가재정운용계획은 단년도 예산의 단점을 극복하고 사업의 안정성·일관성 및 재정건전성 등 중장기적 거시 재정목표의 효과적인 추구를 위해 도입되었다.
③ 하향식 예산편성제도는 추계한 예산총량을 전략적 우선순위에 따라 먼저 부문별·부처별로 배분하여 예산의 배분적 효율성을 제고를 우선적인 목적으로 한다. 한편 기술적 효율성은 개별적 지출 차원의 효율성으로 운영상 효율성, 생산적 효율성이라고 한다.
④ 총액배분자율편성예산제도는 기획재정부가 부문별·부처별로 예산상한을 할당하면 각 부처에서 그 범위내로 구체적인 사업별 재원배분을 결정하는 것으로, 분권적·자율적인 동시에 사전에 지출한도를 정하여 하향적으로 제시하므로 통제가 완화된 제도라고 볼 수 있다.

정답 : ①

적중 예상 문제

01 ☐☐☐

재정민주주의에 대한 설명으로 옳지 않은 것은?

① 품목별 예산제도는 예산에 대한 입법부의 통제를 용이하게 한다는 측면에서 재정민주주의 실현에 기여한다.
② 지방정부의 납세자소송제도는 재정민주주의를 반영하고 있다.
③ 「지방재정법」상 지방자치단체의 장은 대통령령으로 정하는 바에 따라 지방예산편성과정에 주민이 참여할 수 있는 절차를 마련하도록 의무화하여 주민참여예산제도를 명문으로 규정하고 있다.
④ 정부 예산집행의 신축성을 확대하기 위하여 만들어진 예산의 이체제도는 재정민주주의 확보에 기여하는 제도적 장치이다.

정밀해설

④ 예산의 이체제도는 재정민주주의와 직접적인 관련이 없다.
① 품목별 예산제도는 예산에 대한 입법부의 통제를 용이하게 하여 재정민주주의 실현에 기여한다.
② 납세자소송제도는 국가나 지방자치단체의 예산이 위법하게 사용된 경우 이를 환수할 수 있는 소송제기권을 납세자에게 부여하는 제도로 재정민주주의의 본질을 잘 반영하고 있다.
③ 주민참여 예산제도는 지방자치단체 예산편성에 주민이 직접 참여할 수 있도록 한 제도로 시민참여를 확대함으로써 재정운영의 투명성과 공정성을 높여 재정민주주의의 본질을 잘 반영하고 있다.

정답 : ④

02 ☐☐☐

한국의 재정민주주의와 관련이 없는 것은?

① 재정 정보 공포
② 예산·기금의 불법지출에 대한 국민감시제
③ 재정운용에 대한 의견 수렴
④ 재정에 관한 국민소송제

정밀해설

④ 현재 국민소송제는 도입되어 있지 않다.
①, ②, ③ 국가재정법 제9조, 제10조, 제100조에 근거를 두고 있다.

정답 : ④

THEME 098 정부회계 제도

1 회계제도 정리

인식기준	인식시점	측정대상	특징
현금주의	현금의 유입과 유출에 따라 수입과 지출 인식	• 현금 • 비현금거래(에 감가상각비, 미수금, 미지급금 등)는 인식하지 않음.	• 이해가 쉽고 예산의 관리통제에 용이 • 자산 및 부채의 변동사항이 인식되지 않아 재정상태 및 운영성과의 왜곡 초래
수정 현금주의	현금주의와 동일하되, 출납정리기간 내의 입출금을 포함하여 인식	단기적 재무자원의 변동	• 현행 출납정리기한 및 조상충용제도 적용 • 장기적 재무자원의 변동상황 파악 곤란
수정 발생주의	• 수익은 현금주의로, 비용은 발생주의로 처리 • 유동자산 또는 유동부채의 증감시점에 거래를 인식	유동자산 또는 유동부채 변동	비재무자원, 즉 유형자산, 사회간접자본 시설 등 고정자산과 장기차입금, 장기미지급금 등 고정 부채의 변동 상황 파악이 곤란
발생주의	거래 발생시점	모든 경제적 자원의 변동	• 자산과 부채의 종합관리 • 사업원가, 행정비용 등을 통해 정부성과의 측정 가능

Mani DB 복식부기

차변	대변
자산의 증가 부채의 감소 자본의 감소	자산의 감소 부채의 증가 자본의 증가
비용의 증가 수익의 감소	비용의 감소 수익의 증가

2 정부회계 재무제표

재정상태표	의의	• 특정 시점에서의 정부 재정상태를 나타냄. • 구성: 자산, 부채, 자본(순자산으로 표시) • 목적: 실질적인 공공서비스 공급능력을 보여 줌.
	특징	• 계정식: 차변(자산)과 대변(부채와 자본)으로 구분 • 보고식: 차변과 대변을 구분하지 않고, 자산, 부채, 순자산 순으로 연속 표시(우리나라) • 유동성 배열법
재정운영표	의의	• 수익과 비용의 내역을 일정기준에 따라 체계적으로 보여 줌. • 수입과 지출의 비연계로 수익과 비용의 비대응
	특징	• 발생주의 • 프로그램 순원가, 재정운영 순원가, 재정운영결과로 표시
현금흐름표	의의	• 일정기간의 현금의 원천(유입)과 사용(유출)을 표시 • 자치단체의 현금흐름을 현금주의에 따라 나타냄. • 현금흐름표의 수입액의 합계와 지출액의 합계는 세입세출결산서의 수입총계와 지출총계와 일치
	특징	• 경상활동: 실제 행정서비스와 관련된 활동 • 투자활동: 자금의 융자와 회수, 장기투자증권·일반유형자산·주민편의시설·사회기반시설 및 무형자산의 취득·처분 활동 • 재무활동: 자금의 차입·상환, 지방채의 발행·상환활동
순자산변동표	의의	• 순자산의 증감내역 • 순자산 = 자산 - 부채
	특징	기초순자산, 재정운영표의 수익과 비용의 차액인 재정운영결과(운영차액), 재원의 조달 및 이전, 조정항목, 기말순자산으로 구분

OX 기출분석

01 ☐☐☐ 22 국가 9급
중앙정부 결산 보고서상의 재무제표는 재정상태표, 재정운영표, 순자산변동표로 구성된다. ○ ✕

해설: 국가회계법에 근거한 타당한 내용이다.

02 ☐☐☐ 21 군무원 9급
발생주의 회계제도는 복식부기 기장방식을 채택하는 것이 일반적이다. ○ ✕

해설: 발생주의는 일반적으로 복식부기 기장방식을 사용한다.

03 ☐☐☐ 20 경정승진
현금주의 회계제도는 산출물에 대한 원가 산정이 가능하므로 분권화된 조직의 자율과 책임을 구현할 수 있는 중요한 수단이다. ○ ✕

해설: 산출물에 대한 원가 산정이 가능하므로 분권화된 조직의 자율과 책임을 구현할 수 있는 것은 발생주의 회계제도이다.

04 ☐☐☐ 19 행정사
「국가회계법」상 중앙정부의 대표적 재무제표는 재정상태보고서, 재정운영보고서, 현금흐름보고서, 순자산변동보고서로 구성된다. ○ ✕

해설: 「국가회계법」상 결산보고서에 포함되는 재무제표에는 재정상태표, 재정운영표, 순자산변동표로 구성되며, 현금흐름표는 포함되지 않는다.

05 ☐☐☐ 18 국가 9급
복식부기에서는 계정 과목 간에 유기적 관련성이 있기 때문에 상호 검증을 통한 부정이나 오류의 발견이 쉽다. ○ ✕

06 ☐☐☐ 17 국가 7급(추)
재정상태표에는 현금주의와 단식부기가, 재정운영표에는 발생주의와 복식부기가 각각 적용되고 있다. ○ ✕

해설: 재정상태표와 재정운영표에는 발생주의와 복식부기가 적용된다.

07 ☐☐☐ 15 사복 9급
정부회계의 재무제표는 재정상태표, 현금흐름표, 순자산변동표로 구성되며, 재무제표에 대한 주석을 포함한다. ○ ✕

해설: 정부 재무제표는 재정상태표, 재정운용표, 순자산변동표, 재무제표에 대한 주석을 포함한다.

08 ☐☐☐ 13 지방 7급
발생주의 회계제도는 거래나 사건이 발생하는 시점에서 인식하는 것으로 자산, 부채, 수입, 지출을 정확하게 측정하기 위한 회계기법이다. ○ ✕

해설: 수입, 지출의 정확한 측정은 현금주의와 관련된다. 발생주의는 수익과 비용으로 인식한다.

정답 01 ○ 02 ○ 03 ✕ 04 ✕ 05 ○ 06 ✕ 07 ✕ 08 ✕

THEME 098 정부회계 제도

핵심 기출 문제

01
2018 검정승진

발생주의 회계제도에 대한 설명으로 가장 적절한 것은?

① 정부의 재정운영보고서는 일정 시점의 자산과 부채 및 순자산 현황을 나타낸 것이다.
② 교량, 박물관, 체육관 등 가시적 치적 쌓기에 관심이 있는 정치인들이 선호하는 회계제도이다.
③ 미지급금·부채성 충당금 등을 포함하여 부채를 정확하게 측정한다.
④ 발생주의 회계에서는 측정이 가능하고 징수가 가능할 때 수입으로 기록한다.

정밀해설

③ 현금주의는 현금이동을 수반하지 않는 미지급금·부채성충당금 등을 인식하지 못하는 한계를 가진다.
① 정부의 재정상태표는 일정 시점의 자산과 부채 및 순자산현황을 나타낸다.
② 교량, 박물관, 체육관 등 가시적 치적 쌓기에 관심이 있는 정치인들이 선호하는 회계제도는 현금주의 회계이다.
④ 현금주의 회계에서는 측정이 가능하고 징수가 가능하여 실제 현금이동을 통한 수입이 발생할 때 수입으로 기록한다.

정답 : ③

02
2025년 국회 8급

우리나라의 정부회계제도에 대한 설명으로 옳지 않은 것은?

① 중앙정부 국가회계와 지방자치단체 지방회계의 이원적 체계로 운영되고 있다.
② 중앙정부가 복식부기·발생주의를 먼저 도입한 이후 지방자치단체로 확산되었다.
③ 재무제표는 해당 회계연도분과 직전 회계연도분을 비교하는 형식으로 작성한다.
④ 중앙정부의 재무제표는 재정상태표, 재정운영표, 순자산변동표, 현금흐름표로 구성되며, 주석을 포함한다.
⑤ 재정상태표는 재정상태표일 현재의 자산과 부채의 명세 및 상호 관계 등 재정상태를 나타내는 재무제표로서 자산, 부채 및 순자산으로 구성된다.

정밀해설

② 우리나라에서는 지방자치단체가 2007년에 먼저 복식부기·발생주의를 도입하였고, 중앙정부는 2011년부터 공식 도입하였다.
① 현재 우리나라는 중앙정부의 국가회계와 지방자치단체의 지방회계가 분리된 이원적 체계로 운영된다.
③ 재무제표는 재정 정보의 기간별 비교 가능성을 확보하기 위해 해당 회계연도분과 직전 회계연도분을 함께 표시한다.
④ 「국가회계법」에 따라 중앙정부 재무제표는 재정상태표, 재정운영표, 순자산변동표, 현금흐름표와 주석으로 구성된다.
⑤ 재정상태표는 특정 시점의 자산, 부채, 순자산의 상태를 나타내는 보고서이다.

국가회계법 제14조(결산보고서의 구성) 결산보고서는 다음 각 호의 서류로 구성된다.
1. 결산 개요
2. 세입세출결산(중앙관서결산보고서 및 국가결산보고서의 경우에는 기금의 수입지출결산을 포함하고, 기금결산보고서의 경우에는 기금의 수입지출결산을 말한다)
3. 재무제표
 가. 재정상태표
 나. 재정운영표
 다. 순자산변동표
 라. 현금흐름표
4. 성과보고서

정답 : ②

03

2016 서울 9급

우리나라의 국가채무에 대한 설명으로 가장 옳지 않은 것은?

① 국가채무의 범위는 「국가회계법」 제91조 2항에 따라 결정된다.
② 정부의 대지급 이행이 확정된 채무의 경우 국공채 및 차입금이 아니더라도 국가채무에 포함시킨다.
③ 국가의 회계 또는 기금이 인수하여 보유하고 있는 채권과 차입금은 국가채무 대상에서 제외시킨다.
④ 보증채무는 재정통계에 포함시키지 않는다.

정밀해설

① 국가채무의 범위는 「국가재정법」 제91조 제2항에 따라 결정된다.
② 정부의 대지급 이행이 확정된 채무의 경우 국공채 및 차입금이 아니더라도 국가채무에 포함시킨다.
③ 국가의 회계 또는 기금이 인수하여 보유하고 있는 채권과 차입금은 국가채무대상에서 제외시킨다.
④ 국가채무는 채무의 존재, 지급 시기, 금액이 확정되어 지급 의무가 확실하게 결정된 채무만을 대상으로 하므로 대지급이 확정되지 않은 보증채무는 재정통계에 포함시키지 않으며 정부의 대지급 이행이 확정된 보증채무만 국가채무에 포함시킨다.

국가재정법 제91조(국가채무의 관리) ② 제1항의 규정에 따른 금전채무는 다음 각 호의 어느 하나에 해당하는 채무를 말한다.
1. 국가의 회계 또는 기금(재원의 조성 및 운용방식 등에 따라 실질적으로 국가의 회계 또는 기금으로 보기 어려운 회계 또는 기금으로서 대통령령으로 정하는 회계 또는 기금은 제외한다. 이하 이 항에서 같다)이 발행한 채권
2. 국가의 회계 또는 기금의 차입금
3. 국가의 회계 또는 기금의 국고채무부담행위
4. 그 밖에 제1호 및 제2호에 준하는 채무로서 대통령령으로 정하는 채무

정답 : ①

04

2014 행정사

우리나라 정부회계의 장부 기장 방식 중 현금주의와 발생주의에 관한 설명으로 옳지 않은 것은?

① 전통적으로 지방정부의 일반회계는 현금주의를, 중앙정부 기업특별회계는 발생주의 회계방식을 적용하였다.
② 현금주의 회계방식은 경영성과 파악이 용이하며, 발생주의 회계방식은 절차와 운용이 간편하다.
③ 현금주의 회계방식은 이해와 통제가 용이하며, 발생주의 회계방식은 재정건전성 확보가 용이하다.
④ 현금주의 회계방식은 일반행정 부분에 적용가능하며, 발생주의 회계방식은 사업적 성격이 강한 회계 부분에 적용이 가능하다.
⑤ 현금주의 회계방식은 손해배상 비용이나 부채성 충당금 등에 대한 인식이 어렵지만, 발생주의 회계방식은 미지급비용과 미수수익을 각각 부채와 자산으로 인식한다.

정밀해설

② 현금주의 회계방식은 경영성과를 파악하기 어렵지만, 절차와 운영이 간편하다는 장점이 있다.
① 전통적으로 일반회계는 현금주의를 기업특별회계는 발생주의 회계방식을 적용하였다.
③ 현금주의 회계방식은 절차가 간편하고 이해와 통제가 용이하고, 발생주의 회계방식은 재정의 실질적 건전성 확보에 용이하다.
④ 현금주의 회계방식은 일반행정 부분에, 발생주의 회계방식은 사업적 성격이 강한 특별회계에 적용이 가능하다.
⑤ 현금주의 회계방식은 재화나 용역을 제공하더라도 현금으로 회수하기 전까지는 수익으로 처리하지 않고, 현금을 지불하기 전까지는 비용으로 인식하지 않는다.

정답 : ②

적중 예상 문제

01 □□□

정부회계 기장방식에 있어서 복식부기의 특징으로 볼 수 없는 것은?

① 자기검증기능으로 신뢰성과 투명성이 제고된다.
② 별도의 작업 없이 항상 최근의 총량데이터를 작성.확보하기에 유리하다.
③ 회계처리 절차가 복잡하고 비용이 많이 소모된다.
④ 종합적 재정 상태를 알 수 없으나 자동 이월기능이 있다.

정밀해설

④ 복식부기의 장점 중 하나인 자동이월기능에 의해서 종합적 재정상태의 파악과 재정정보의 적시성을 확보할 수 있다.

▶ **복식부기(double-entry bookkeeping)**

하나의 거래를 대차평균의 원리에 따라 차변(왼쪽)과 대변(오른쪽)에 이중기록하는 방식으로서, 자산·부채·자본을 인식하여 거래의 이중성에 따라 차변과 대변에 각각 계상하고 차변과 대변의 합계가 반드시 일치되도록 한다(대차평균). 단식부기의 단점을 보완하기 위하여 만들어진 발전적 회계제도이며 발생주의에서 주로 사용한다.

정답 : ④

02 □□□

다음에 대한 복식부기의 사례로 옳은 것은?

서울특별시가 지하철 증설을 위해 100억 원의 채권 발행

	차변	대변
①	자산 100억 증가	부채 100억 증가
②	자본 100억 감소	자산 100억 감소
③	부채 100억 증가	자본 100억 감소
④	비용 100억 증가	수익 100억 감소

정밀해설

① 채권을 발행했으므로 차변에는 자산 100억 증가로 표기하고 대변에는 부채 100억 증가로 표기한다.

▶ **복식부기**

차변	대변
자산의 증가	자산의 감소
부채의 감소	부채의 증가
자본(순자산)의 감소	자본(순자산)의 증가
비용의 발생	수익의 발생
비용	수익

정답 : ①

03

정부회계에서 발생주의에 의한 복식부기의 장점으로 보기 어려운 것은?

① 정부활동의 성과관리에 필요한 적절한 정보를 제공한다.
② 재정활동의 책임성 확보가 용이하다.
③ 회계처리가 객관적이어서 관리통제면에서 유용하다.
④ 정부자산의 감가상각의 적절한 반영이 가능하다.

정밀해설

③ 현금주의 및 단식부기의 장점이다.
① 성과중심의 정보작성, 공유로 재정활동에 대한 성과파악이 용이하다.
② 복식부기를 도입하면 정부재정활동의 효율성, 투명성 및 책임성이 확보된다.
④ 감가상각에 의한 자산의 재평가가 실시된다.

정답 : ③

04

발생주의 회계제도에 관한 설명으로 옳은 것은?

① 자의적이고 주관적인 회계처리가 불가능하기 때문에 관리·통제면에서 유용하다.
② 정부 수입을 납세고지 시점으로, 정부 지출을 지출원인행위 시점으로 계산하는 방식이다.
③ 일반적으로 복식부기 제도는 현금주의에만 적용할 수 있다.
④ 가시적 성과에 관심이 있는 정치인들이 선호하는 회계제도이다.

정밀해설

② 발생주의 회계제도는 정부 수입을 납세고지 시점으로, 정부 지출을 지출원인행위 시점으로 계산한다.
① 현금주의 회계제도의 특징이다.
③ 정부가 채권 발행 시 자산의 증가는 차변에, 부채의 증가는 대변에 기록해야 한다.
④ 가시적 치적 쌓기에 관심이 있는 정치인들이 선호하는 회계제도는 단식부기이다.

정답 : ②

THEME 099 한국 예산제도, 조달행정

1 한국 예산제도 개혁

구분	내용	활용
국가재정운용계획	국가정책의 비전과 재정투자계획을 제시하는 5년 단위 중장기계획 수립	5개년 재정계획 수립기능을 제공하고, 매년 편성되는 예산의 지출한도 설정에 활용
성과관리제	재정사업으로 달성하고자 하는 목표와 실적치를 비교·평가하여 그 결과를 재정운용에 환류	사업별로 성과정보를 관리하고 예산편성 시 활용
프로그램예산	품목별 예산운영 방식을 탈피하여 성과를 관리하기 용이한 예산구조로 개편	프로그램별로 재정사업을 관리할 수 있으며 집행현황도 체계별로 점검
복식부기·발생주의 회계	수입·지출이 일어나면 자산부채의 증감과 동시에 기록하고, 수익과 비용을 거래가 발생한 시점에 기록하는 회계제도	재정집행 결과가 복식부기·발생주의 회계 기준에 따라 실시간으로 자동 분류되고 정리(자동분개)

2 총액배분자율편성제도(Top-down 예산제도)

기존 예산제도	총액배분자율편성제도
단년도 예산편성 중심(거시적 재원배분 곤란)	국가재정운용계획과 연계 (우선순위에 입각한 전략적 재원배분, 경기대응 및 조절)
상향식(Bottom-up) (각 부처 예산요구 ⇨ 예산기관 대폭삭감 ⇨ 편성)	하향식(Top-down) (지출한도 설정 ⇨ 각 부처 자율편성 ⇨ 종합편성)
각 부처 과다요구 관행 및 예산사정기관과의 마찰	과다요구 관행의 축소 및 예산사정기관과의 마찰 감소
예산투입에 치중	성과관리에 중점(성과관리제와의 연계)

3 균형성과표(BSC)

특성			재무적 관점 - 비재무적 관점의 균형, 장·단기 목표 간의 균형, 과정 - 결과의 균형, 내·외부 관점 간의 균형, 성과지표 - 전략의 연계, 시스템적 관점
4가지 관점	외부 관점	재무 (기업가치)	• 이해관계자에게 재무적으로 얼마나 성공하고 있는가? • 현재까지도 가장 중요한 기업의 성과지표, 성과지표의 최종목표
		고객 (고객만족)	• 기업의 비전을 달성하기 위해 고객에게 어떻게 보여야 하는가? • 고객만족도, 신규고객 증가 수, 고객충성도 등으로 성과 측정
	내부 관점	내부프로세스 (업무처리)	• 이해관계자와 고객을 만족시키려면 어떠한 업무절차에서 탁월해야 하는가? • 비즈니스 전 과정에서 나타나는 신뢰성이나 신속성
		학습과 성장 (미래지향적)	• 환경변화에 적응하기 위해 어떻게 준비하고 있는가? • 위의 세가지 관점의 기본 토대 • 인적자원에 대한 성과 포함(구성원의 능력개발, 직무만족 등)

 조달행정

▶집중구매(vs 분산구매)

장점	단점
• 조달업무 전문화 • 물품 표준화를 통한 능률적 구매관리 • 공급자의 편의 및 경비절감	• 적시성, 개별 특화된 구매 곤란 • 구매조직의 관료화 • 대기업 위주의 구매

※ 청렴계약제 도입(국가계약법(2012) 개정)

OX 기출분석

01 □□□   23 국가 9급

재정사업 자율평가는 미국 관리예산처(OMB)의 PART(Program Assessment Rating Tool)를 우리나라 실정에 맞게 도입한 제도이다.   O X

해설: 미국 PART에 기원한다.

02 □□□   22 경간부

총액배분 자율편성 예산제도는 부처의 사업별 재원배분에 대해 보다 세밀한 관리·통제가 가능하다.   O X

해설: 총액배분 자율편성 예산제도는 부처의 사업별 재원배분에 자율성을 부여한 제도로 세밀한 관리·통제가 곤란하다.

03 □□□   21 지방 7급

예비타당성조사는 총사업비와 국가의 재정지원 규모가 일정 금액 이상인 신규사업 중 특정 요건에 해당하는 경우에 실시하며, 국회가 의결로 요구하는 사업에 대해서도 실시하여야 한다.   O X

해설: 예비타당성조사는 총사업비 500억 원 이상, 국가의 재정지원 규모가 300억 원 이상인 신규사업 중 특정 요건에 해당하는 경우에 실시하며 국회가 의결로 요구하는 사업에 대해서도 실시하여야 한다.

04 □□□   20 서울/지방 9급

세금 자체를 부과하지 않는 비과세는 조세지출의 방법으로 볼 수 없다.   O X

해설: 세금 자체를 부과하지 않는 비과세도 조세지출의 유형에 해당하며, 이외에도 면세, 소득공제, 특혜세율, 세액공제 등이 있다.

05 □□□   19 국가 7급

예비타당성조사는 대규모 건설사업, 정보화사업, 연구개발사업 등을 대상으로 하며, 교육·보건·환경 분야 등에는 아직 적용되지 않고 있다.   O X

해설: 예비타당성조사는 대규모 건설사업, 정보화사업, 연구개발사업, 사회복지, 보건, 교육, 노동, 문화 및 관광, 환경 분야 등의 사업에도 적용되고 있다.

06 □□□   18 경찰간부

BSC의 지표 중 학습과 성장 관점은 다른 지표들을 통해 달성하고자 하는 최종적인 목표로서 가장 상부구조에 해당한다.   O X

해설: 학습과 성장 관점은 가장 하부구조에 해당한다.

07 □□□   17 국가 7급

dBrain System은 예산편성, 집행, 결산, 사업관리 등 재정업무 전반을 종합적으로 연계 처리하도록 하는 통합재정정보시스템이다.   O X

08 □□□   17 서울 7급

총액배분·자율편성(top-down) 예산제도는 각 부처가 국가재정운용계획에 의해 설정된 1년 예산상한선 내에서 자율적으로 예산을 편성하는 제도이다.   O X

정답 01 O   02 X   03 O   04 X   05 X   06 X   07 O   08 O

핵심 기출 문제

01
2023 국가 9급

우리나라의 재정사업 성과관리에 대한 설명으로 옳지 않은 것은?

① 재정사업 성과관리의 내용은 성과목표관리와 성과평가로 구성된다.
② 재정사업 성과평가 결과는 지출 구조조정 등의 방법으로 재정운용에 반영될 수 있다.
③ 재정사업 심층평가 결과 기획재정부장관이 필요하다고 판단하면 재정사업 자율평가를 실시할 수 있다.
④ 재정사업 자율평가는 미국 관리예산처(OMB)의 PART(Program Assessment Rating Tool)를 우리나라 실정에 맞게 도입한 제도이다.

정밀해설

③ 옳지 않은 설명이다.

제39조의3(재정사업의 성과평가 등) ① 기획재정부장관은 법 제85조의8제1항에 따라 각 중앙관서의 장과 기금관리주체에게 기획재정부장관이 정하는 바에 따라 주요 재정사업을 스스로 평가(이하 "재정사업자율평가"라 한다)하도록 요구할 수 있으며, 다음 각 호의 어느 하나에 해당하는 사업에 대해서는 심층평가를 실시할 수 있다. 다만, 「과학기술기본법」 제11조에 따른 국가연구개발사업에 대한 평가는 「국가연구개발사업 등의 성과평가 및 성과관리에 관한 법률」에 따른 성과평가로 재정사업자율평가 또는 심층평가를 대체할 수 있다.
1. 재정사업자율평가 결과 추가적인 평가가 필요하다고 판단되는 사업
2. 부처간 유사·중복 사업이나 비효율적인 사업추진으로 예산낭비의 소지가 있는 사업
3. 향후 지속적 재정지출 급증이 예상되어 객관적 검증을 통해 지출효율화가 필요한 사업
4. 그 밖에 심층적인 분석·평가를 통해 사업추진 성과를 점검할 필요가 있는 사업
② 기획재정부장관은 법 제85조의8제1항에 따라 주요 재정사업의 지역균형발전에 대한 영향을 평가할 수 있다

④ 미국은 1993년 관리예산처(OMB)의 PART (Program Assessment Rating Tool)를 도입하였고, 우리나라는 이를 이용하여 도입하였다.

정답: ③

02
2020 행정사

우리나라가 시행 중인 재정관리혁신 조치의 하나인 예비타당성 조사에 관한 설명으로 옳지 않은 것은?

① 대규모 공공투자사업의 타당성을 분석하고 그 결과에 따라 재정사업의 신규투자 여부를 결정한다.
② 2000회계연도 예산을 편성할 때부터 적용되었다.
③ 한국개발연구원, 한국조세재정연구원 등 법령으로 정하는 지정기준을 갖춘 전문기관이 수행할 수 있다.
④ 정책성 분석을 배제하고 경제성 분석에 집중한다.
⑤ 이 제도 도입 이전인 1994년부터 무분별한 사업비 증가를 방지하려는 총사업비관리제도가 운영되고 있다.

보충

▶ 타당성조사 vs 예비타당성조사

구분	타당성조사	예비타당성조사
주체	주무사업부	중앙예산기관
조사초점	기술적 측면	경제적·정책적 측면
조사범위	당해사업	국가재정 전반적 관점
특징	사후적·세부적	사전적·개략적
조사기간	장기	단기

정밀해설

④ 예비타당성 조사는 대규모 공공투자사업의 타당성을 분석하고 그 결과에 따라 재정사업의 신규투자 여부를 결정하는 통제지향적인 제도로서 경제성 분석, 정책성 분석 등을 통해 사업의 타당성을 검토한다(국가재정법 시행령 제13조 제5항).
② 예비타당성 조사는 기존에 유지된 타당성조사의 문제점을 보완하기 위해 1999년부터 도입되어 2000년 예산편성 때부터 적용하고 있다.
③ 한국개발연구원, 한국조세재정연구원 등 법령으로 정하는 지정기준을 갖춘 전문기관이 수행할 수 있다.

예비타당성 조사 운용지침 제36조(예비타당성 조사 수행기관) ① 예비타당성조사는 기획재정부장관의 요청에 의해 한국개발연구원(KDI), 한국조세재정연구원(KIPF)이 수행한다. 다만, 기획재정부장관은 효율적인 조사를 위해 필요한 경우 예비타당성조사 수행기관을 변경하거나 추가로 지정할 수 있다.

⑤ 정부는 예비타당성 조사를 도입하기 이전인 1994년부터 무분별한 사업비 증가를 방지하려는 총사업비관리제도를 운영하고 있다.

정답: ④

03

2025 경정승진

우리나라의 프로그램 예산제도에 관한 설명으로 가장 적절한 것은?

① 프로그램이란 동일한 정책목표 하에 추진되는 여러 개의 단위사업을 하나로 묶은 것을 말한다.
② 제도 도입 이후 종전의 예산과목 체계에서 '장 – 관 – 항'이 기능별 분류로, '세항 – 세세항 – 목'이 사업별 분류로 단순화되었다.
③ 투입관리와 통제 중심의 재정운영을 통해 재정집행의 투명성과 능률성을 제고할 수 있다.
④ 지방정부에서 시범적으로 도입된 이후 2008년에 중앙정부로 확대되었다.

정밀해설

① 프로그램 예산 제도는 정책 목표를 중심으로 예산을 편성하는 제도이다.
② '관-항-목'이 기능별 분류, '세항-세세항'이 사업별 분류이다.
③ 프로그램 예산 제도는 성과 중심의 재정 영을 지향한다.
④ 중앙 정부에서 먼저 도입된 후 지방 정부로 확대되었다.

정답 : ①

04

2011 서울 7급

총액배분·자율편성 예산제도(Top-down Budgeting)의 특징이 아닌 것은?

① 정부 각 기관에 예산 자율권을 부여하는 예산관리모형이다.
② 점증주의적 예산관행을 바꾸는 데 기여할 수 있다.
③ 각 부처에서 예산을 과다 요구하는 관행에서 어느 정도 벗어날 수 있다.
④ 부처별 개별사업을 집중적으로 검토하는 예산편성이다.
⑤ 자금관리의 분권화를 강조하지만 의사결정의 주된 흐름은 하향적이다.

정밀해설

④ 품목별예산제도의 특징에 해당한다.
① 자율편성제도는 전략적인 국가재정운용계획과 연계하여 성과 중심으로 예산을 운영하기 위하여 지출한도를 정해주고 그 한도 내에서는 각 부처의 예산편성 자율성을 인정해 주는 제도로서 종래의 투입중심, 개별사업 중심, 단년도 중심의 예산제도의 문제점을 타파하기 위하여 도입된 제도이다.
② 총액배분 자율편성제도는 미래예측을 강조함으로써 점증주의적 예산편성의 관행을 바꾸는 데 기여할 수 있다.
③ 각 부처에서 예산을 과다요구하고 중앙예산기관에서는 이를 대폭 삭감하는 관행에서 빚어지는 에너지 소모를 줄일 수 있다.
⑤ 자금관리가 분권화되어 있으며, Top-down 방식의 하향적 예산편성제도이다.

정답 : ④

적중 예상 문제

01

디지털예산회계 시스템(dBrain System)에 대한 설명으로 옳지 않은 것은?

① 재정사업의 효율성, 투명성, 책임성을 강화한다.
② 중앙과 지방, 예산과 결산의 분산관리를 한다.
③ dBrain에서 회계는 복식부기와 발생주의를 적용한다.
④ 사업관리와 예산회계시스템을 연계할 수 있다.

정밀해설

② 중앙과 지방, 예산과 결산을 통합하여 구축한다.
① 디지털예산회계시스템은 재정사업의 전 과정에서 효율성과 투명성을 높이고 성과에 대한 책임을 강화하기 위해 재정정보를 디지털화하여 정보 분석 및 통계를 극대화한 제도로 재정사업의 효율성, 투명성 및 책임성을 강화한다.
③ 디지털예산회계 시스템은 복식부기와 발생주의 회계방식을 적용한다.
④ 디지털예산회계 시스템은 예산시스템과 사업관리 시스템을 연계한다.

▶ 기존 재정정보 시스템 vs 디지털예산회계 시스템

구분	기존 재정정보 시스템	디지털예산회계 시스템(dBrain)
범위	분산구축 (중앙과 지방, 예산과 결산)	통합구축
계획과 예산	별도 관리	연계 관리
시스템 연계	·재정혁신 시스템과 연계 안 됨. ·사업관리 및 예산회계 시스템 연계 안 됨. ·예산 시스템과 회계 시스템 연계 안 됨.	·재정혁신 시스템과 연계 ·사업관리 및 예산회계 시스템 연계 ·예산 시스템과 회계 시스템 연계
자원배분	분산관리로 비효율적 자원배분	통합관리로 효율적 자원배분
회계방식	단식부기, 현금주의	복식부기, 발생주의
처리방식	수작업 관리 및 처리	디지털 관리 및 처리
중점	투입	성과
운용주체	회계담당자	업무담당자

정답 : ②

02

프로그램예산제도에 대한 설명으로 옳은 것은?

① 중앙정부는 실시하고 있으나 지방정부에는 아직 도입되지 않았다.
② 프로그램은 동일한 정책을 수행하는 사업단위로 '부문', '관' 단위에서 이루어진다.
③ 성과관리의 책임성을 높이고, 프로그램 단위의 자율성을 높인다.
④ 예산편성 전 적용은 안 되지만, 예산편성 후 사후적 연계가 용이하다.

정밀해설

③ 성과관리에 대한 책임을 강화하고 프로그램 단위로 자율성을 높인다.
① 중앙정부는 2007년에, 지방정부는 2008년에 공식적으로 채택하여 실시하고 있다.
② 프로그램은 동일한 정책을 수행하는 단위사업의 묶음으로 '항' 단위에서 이루어진다.
④ 예산편성 시부터 체계적으로 연계한다.

정답 : ③

03

예산총액배분자율편성제도에 대한 설명으로 가장 옳은 것은?

① 국회가 예산 지출한도를 정하면 정부는 지출한도 범위에서 예산을 편성한다.
② 예산과정상 과다예산요구, 대폭삭감의 악순환을 해결하는 데 도움이 된다.
③ 재정운용의 분권화를 목적으로 상향식 의사결정구조를 강조한다.
④ 예산의 한도가 사전에 결정되므로 전통적 예산편성방식(Bottom-up)에 비해 각 부처의 전문성이 활용되기는 어렵다.

정밀해설

② 총액배분자율편성제도는 지출한도를 사전에 정해서 시달한다.
① 중앙예산기관이 예산 지출한도를 정하면 각 기관이 지출한도 범위에서 예산을 편성한다.
③ 자금관리의 분권화를 강조하지만 의사결정의 주된 흐름은 하향적이다.
④ 예산의 한도가 사전에 결정되기는 하지만 각 부처가 그 범위 내에서 자율적으로 편성하므로 전통적 예산편성방식에 비해 각 부처의 전문성이 활용되기 쉽다.

▶ **기존예산제도 vs 총액배분자율편성제도**

기존 예산제도	총액배분자율 편성제도
단년도 예산편성 중심	국가재정운용계획과 연계된 전략적 재원배분
상향식(Bottom-up)	하향식(Top-down)
각 부처 과다요구 관행 및 예산사정기관과의 갈등 대립	과다요구 관행의 축소 및 산사정기관과의 갈등 감소
예산투입 중심	성과관리 중점 및 연계

정답 : ②

04

균형성과관리에 대한 설명으로 옳지 않은 것은?

① BSC는 MBO보다 거시적이고 포괄적이다.
② 전통적 성과관리에 비하여 세부적 관점보다 고객만족 등을 중시하는 고객중심적인 성과관리체제이다.
③ 신공공관리(NPM)에 입각한 전략적인 성과관리시스템이다.
④ 균형성과관리는 조직전체의 목표(상위계층성과표)를 먼저 설정하고 그것을 토대로 부서별 목표(하위계층 성과표)를 작성한다.

정밀해설

③ 균형성과관리는 거버넌스에 입각한 전략적인 성과관리 시스템이다.

▶ **MBO vs BSC**

MBO	BSC
개별 또는 팀별(단위별)의 구체적·단기적 목표 추구	거시적·장기적 관점의 궁극적 목표 추구
사업목표 달성	사업목표 달성을 기관 목표 달성으로 연결
좁은 범위	넓은 범위

정답 : ③

해커스공무원 마니행정학 핵심테마 SWOT 119

PART 06
행정통제·행정개혁론

해커스공무원 학원·인강 gosi.Hackers.com

단원별 핵심 MAP

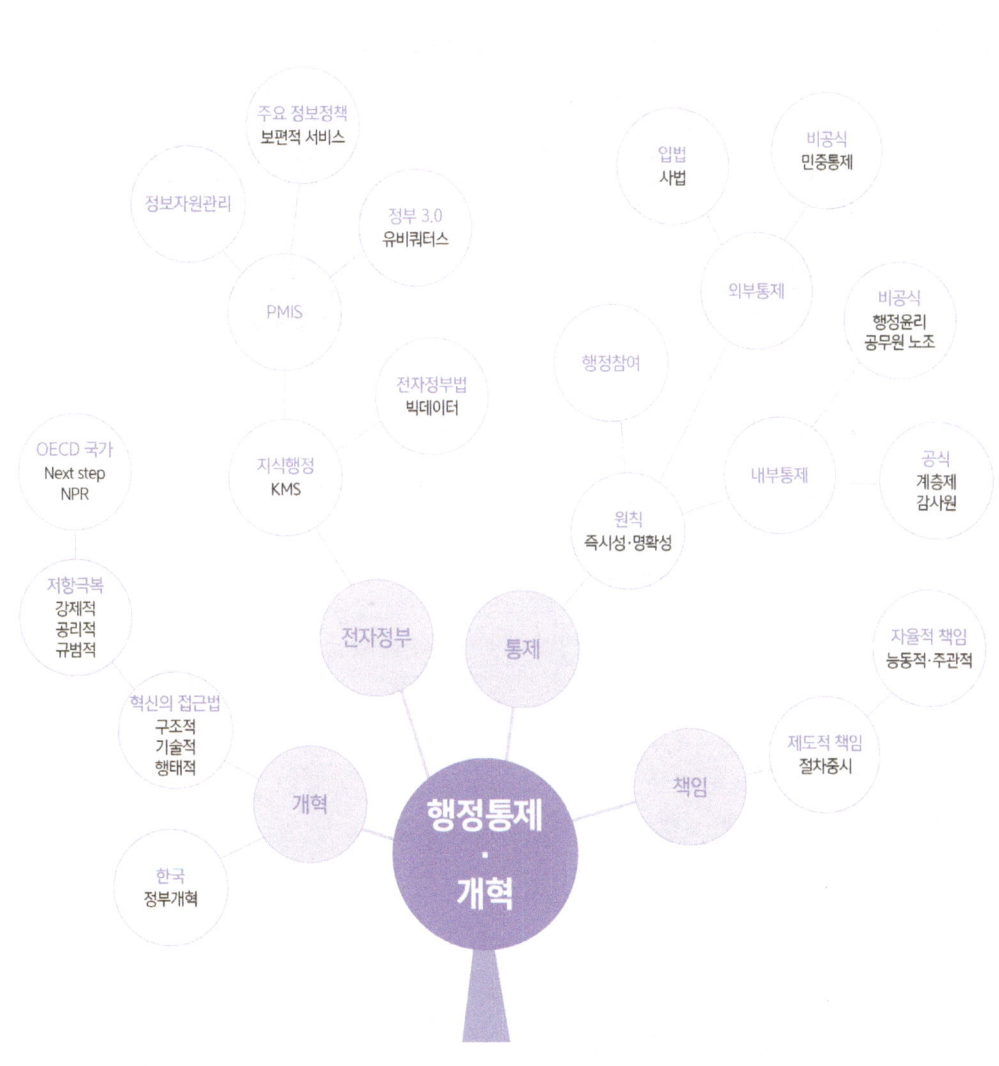

THEME 100 행정책임

1 행정책임
① 행정의 전문화와 재량권 확대로 중요성 증가
② 유형: 객관적 책임, 주관적 책임
  - 법적 책임, 정치적 책임, 기능적 책임 등

2 책임 유형 구분: 외재적 책임(Finer) vs 내재적 책임(Friedrich)

구분	외재적 책임(제도적 책임) - Finer의 고전적 책임론(입법국가)	내재적 책임(자율적 책임) - Friedrich의 현대적 책임(행정국가)
개념	• 내면적 기준이 아닌 '외부적인 힘'에 의한 통제로 확보되는 책임 • 관료는 대중이 선출한 대표자에게 책임져야 함.	• 외부적 힘이 아닌, 관료의 내면적 기준에 의한 책임 • 책임은 통제가 아니라 유도되는 것 • 직업윤리나 전문기술적·과학적 기준에 따라할 책임
특징	• 문책자의 외재성 • 절차의 중시 • 공식적·제도적인 통제 • 판단기준과 절차의 객관화 • 제재의 존재	• 문책자의 내재화 또는 부재 • 절차의 준수와 책임의 완수는 별개의 것 • 공식적 제도에 의해 달성할 수 없음. • 객관적으로 확정할 수 있는 기준 없음. • 제재의 부재

Mani DB — Dubnick & Romzek의 행정책임성 유형

구분		통제의 기초(관료조직 통제의 소재)	
		내부	외부
통제의 정도	높음	위계적(hierarchical) 책임성	법적(legal) 책임성
	낮음	전문가적(professional) 책임성	정치적(political) 책임성

OX 기출분석

01 　　　　　　　　　　　　　　　　　　　　　　　21 지방(서울) 9급
프리드리히(Friedrich)는 내재적 통제보다 객관적·외재적 책임을 강조한다.　　　O X

> **해설**
> 프리드리히는 객관적·외재적 책임보다 내부적 통제를 강조한다.

02 　　　　　　　　　　　　　　　　　　　　　　　　20 국회 9급
제도적 책임성은 자율적 책임성보다 상대적으로 광범위한 행정책임을 의미한다.　　O X

> 자율적 책임성은 제도적 책임성보다 상대적으로 광범위한 행정책임을 의미한다.

03 　　　　　　　　　　　　　　　　　　　　　　　　16 지방 9급
제도적 책임성이란 공무원이 전문가로서의 직업윤리와 책임감에 기초해서 자발적인 재량을 발휘해 확보되는 행정책임을 의미한다.　　O X

> 자율적 책임성이란 공무원이 전문가로서의 직업윤리와 책임감에 기초해서 자발적인 재량을 발휘해 확보되는 행정책임을 의미한다.

04 　　　　　　　　　　　　　　　　　　　　　　　　14 경정승진
행정책임을 물을 때에는 권한과 책임의 명확화가 전제되어야 하므로 행동의 동기를 파악하는 것이 중요하다.　　O X

> 행정책임에서는 결과와 과정이 중요하지만, 동기는 중요하지 않다.

05 　　　　　　　　　　　　　　　　　　　　　　　　11 경정승진
행정책임은 행정상의 일정한 권리를 전제로 발생하며 과정책임도 중요하다.　　O X

> 행정책임은 행정상의 일정한 의무를 전제로 발생하며, 주로 결과에 대한 책임을 중시하지만 과정책임도 중요하다.

06 　　　　　　　　　　　　　　　　　　　　　　　　10 국가 7급
자율적 책임성은 국민들의 요구와 기대를 정확하게 인식해서 이에 능동적으로 대응하는 것으로, 고객만족을 위하여 성과보다는 절차에 대한 책임을 강조한다.　　O X

> 자율적 책임성에서는 절차준수와 결과에 대한 책임을 별개의 관계로 본다.

07 　　　　　　　　　　　　　　　　　　　　　　　　10 서울 7급
전문가적 책임성은 듀브닉과 럼직의 행정책임성 유형 중 내부지향적이고 통제의 정도가 높은 책임성이다.　　O X

> 지문의 내용은 관료적 책임성과 관련된다.

08 　　　　　　　　　　　　　　　　　　　　　　　　10 서울 7급
듀브닉과 럼직은 통제의 원천과 강도에 따라 행정책임의 유형을 정치적 책임성, 관료적 책임성, 법률적 책임성, 전문가적 책임성, 관리적 책임성의 5가지로 구분하였다.　　O X

> 듀브닉과 럼직은 행정책임의 유형을 정치적 책임성, 관료적 책임성, 법률적 책임성, 전문가적 책임성의 4가지로 구분하였다.

정답 01 X　02 X　03 X　04 X　05 X　06 X　07 X　08 X

핵심 기출 문제

01 ☐☐☐　　　　　　　　　　　　　　　　2018 서울 7급(3월)

행정의 책임성에 대한 설명으로 가장 옳지 않은 것은?

① 행정의 책임성에는 결과에 대한 책임과 함께 과정에 대한 책임도 포함된다.
② 신공공관리론(NPM)에서 강조하고 있는 시장책임성은 고객만족에 의한 행정책임을 포함한다.
③ 법적 책임의 확보 방법은 시대에 따라 변하고 있다.
④ 제도적 책임성은 공무원의 자율적이고 능동적인 행정책임을 의미한다.

정밀해설

④ 자율적 책임성은 공무원의 자율적이고 능동적인 행정책임을 의미한다. 반면 제도적 책임성은 외부로부터 부과되는 기준에 따라 행동하여야 할 의무를 의미한다.
① 행정의 책임성은 결과에 대한 책임뿐 아니라 과정에 대한 책임도 포함한다.
② 시장책임성은 신공공관리론에서 강조하는 것으로 고객과 시장에 대한 책임 및 성과에 대한 책임을 의미한다.
③ 법적 책임은 시대에 따라 그 의미와 확보 방법 등이 변화하고 있다.

▶ **제도적 책임성과 자율적 책임성**

구분	제도적 책임성	자율적 책임성
의의	· 외부로부터 부과되는 기준에 따라 행동하여야 할 의무 · 타율적·수동적·객관적 책임	· 인간내부의 도덕적 기준에 따라 행동해야할 의무 · 자율적·능동적·주관적 책임
내용	· 문책자의 외재성 · 판단기준과 절차의 객관화 · 제재의 존재 · 공식적·제도적 통제 가능 · 절차의 중시	· 문책자의 내재성 또는 부재 · 객관적 기준의 부재 · 제재의 부재 · 공식적·제도적 통제 곤란 · 절차의 준수와 책임의 완수는 별개

정답 : ④

---

02 ☐☐☐　　　　　　　　　　　　　　　　2013 해경간부

행정책임의 유형에 관한 설명으로 가장 옳지 않은 것은?

① H. Finer의 고전적 책임론은 사법부·입법부 등 제도화된 외부적인 힘에 의한 통제를 강조한다.
② H. Finer의 고전적 책임론의 대표적인 것이 바로 법률이나 규칙에 대한 책임, 국민에 대한 책임, 의회에 대한 책임 등이다.
③ C. J. Friedrich의 현대적 책임론은 공무원들의 직업윤리나 전문 기술적·과학적 기준에 따라야 할 기능적 책임과 국민의 요구에 따르는 정치적 책임을 강조하였다.
④ Dubnick과 Romzek은 통제의 정도와 통제의 원천이 기관내부인지 외부인지에 따라 네 가지로 유형화하였고, 외부에서 내부로, 낮은 통제에서 높은 통제로 중점이 변화되어 왔다고 주장하였다.

정밀해설

④ Dubnick과 Romzek은 통제의 정도와 통제의 원천이 기관내부인지 외부인지에 따라 네 가지로 유형화 하였고, 행정국가로 이행하면서 외부에서 내부로, 높은 통제에서 낮은 통제로 중점이 변화되어 왔다고 주장하였다.
① Finer의 고전적 책임론은 자율적·비제도적 통제의 한계를 지적하면서 사법부·입법부 등 제도화된 외부적인 힘에 의한 통제를 강조한다.
② Finer의 고전적 책임론의 대표적인 것으로 법률이나 규칙에 대한 책임, 상급자와 부하 등 계층구조에 대한 책임, 정책에 대한 책임, 국민에 대한 책임, 의회에 대한 책임 등이 있다.
③ Friedrich의 현대적 책임론은 '통제'되거나 제도화·객관화할 수 있는 것이 아니며 공무원들의 직업윤리나 전문 기술적·과학적 기준에 따라야 할 기능적 책임과 국민의 요구에 따르는 정치적 책임 두 가지를 강조하였다.

▶ **Dubnick & Romzek 책임성의 종류**

구분		통제의 기초	
		내부	외부
통제의 정도	높음	위계적 (hierarchical)	법적 (legal)
	낮음	전문가적 (professional)	정치적 (political)

정답 : ④

적중 예상 문제

01 ☐☐☐

다음 중 롬젝(Romzeck)의 행정책임 모형에 대한 것으로 옳지 않은 것은?

구분		통제의 기초	
		내부	외부
통제 정도	높다	A	B
	낮다	C	D

① A는 조직 내에서 상명하복의 질서에 따라 통제된다.
② B는 공식적 규정과 법규에 의해 통제된다.
③ C는 시민의 고객수요와 사회적 규범에 의해 통제된다.
④ D는 외부 이해관계자의 기대에 부응하는 가를 중심으로 통제한다.

정밀해설

③ 전문가적 책임은 전문직업적 규범과 전문가 집단의 관행을 중시한다.

구분		통제의 기초	
		내부	외부
통제 정도	높음	위계적 책임	법률적 책임
	낮음	전문가적 책임	정치적 책임

정답 : ③

02 ☐☐☐

제도적 책임성(accountability)과 대비되는 자율적 책임성(responsibility)에 대한 설명으로 가장 옳지 않은 것은?

① 전문가로서의 직업윤리와 책임감에 기초해서 적극적·자발적 재량을 발휘하여 확보되는 책임
② 객관적으로 기준을 확정하기 곤란하므로 내면의 가치와 기준을 따르는 것
③ 국민들의 요구와 기대를 정확하게 인식해서 이에 능동적으로 대응하는 것
④ 고객 만족을 위하여 성과보다는 절차에 대한 책임 강조

정밀해설

④ 자율적 책임성은 행정인의 내면적·주관적 기준에 의한 내재적 책임이며, 절차에 대한 책임을 강조하는 것은 제도적 책임이다.

▶ **제도적 책임성과 자율적 책임성**

구분	제도적 책임	자율적 책임
의의	· 외부로부터 부과되는 기준에 따라 행동해야 할 의무 · 타율적·수동적·객관적 책임	· 인간내부의 도덕적 기준에 따라 행동해야 할 의무 · 자율적·능동적·주관적 책임
내용	· 문책자의 외재성 · 판단기준과 절차의 객관화 · 제재의 존재 · 공식적·제도적 통제 가능 · 절차의 중시	· 문책자의 내재성 또는 부재 · 객관적 기준의 부재 · 제재의 부재 · 공식적·제도적 통제 곤란 · 절차의 준수와 책임의 완수는 별개

정답 : ④

THEME 101 행정통제

1 통제 유형

구분	공식성	통제유형	통제내용
외부통제	공식통제	입법통제	법률제정 통제, 재정통제, 국정감사·조사통제 등
		사법통제(사후적)	헌법재판소의 위헌심판, 행정소송 판결 등
		옴부즈만(ombudsman) 제도	행정감찰관
	비공식통제	민중통제	선거, 투표, 이익집단, 여론, 시민참여, 정당 등
내부통제	공식통제	행정수반에 의한 통제	임명권, 행정입법, 행정개혁 등
		정책 및 기획통제	국정의 기본계획 및 정부의 주요 정책과 기획
		운영통제(관리통제)	정부업무평가
		요소별 통제	법제통제, 예산 및 결산통제, 정원 및 인사통제 등
		절차통제	보고와 지시, 품의제, 민원처리 온라인 공개시스템 등
		감사원에 의한 통제	직무감찰, 회계검사 등
		중앙통제	자치단체에 대한 인사·조직·관리·재정상 통제
		계층제적 통제	조직 내 명령복종관계를 통해 상관이 부하를 통제
	비공식통제	행정윤리의 확립	자발적 행동기준
		대표관료제	사회 각 계층의 이익을 정책에 반영, 내부견제
		공무원노조	부정부패에 대한 내부통제
		내부고발자보호제	부정부패에 대한 내부적·자발적·비공식적 통제
		비공식집단, 행정문화	조직 내 비공식집단과 하위문화에 의한 통제

2 옴부즈만

연혁	1994년 국민고충처리위원회 ⇨ 2008년 「부패방지 및 국민권익위원회 설치운영법」 국민권익위원회로 통합
특징	• 국무총리 소속의 행정통제기관 • 광범위한 관할사항: 위법·부당한 행정행위, 소극적 행정행위(접수거부, 처리지연 등), 불합리한 제도 시정·개선권고 등 • 신청에 의한 조사(직권조사권 규정 ×), 사후적 구제수단(사전심사권 ×) • 비헌법기관
주요사항	• 누구든지(국내거주 외국인 포함) 중복하여(동일 사안을 여러 권익위원회에서 신청 가능) 문서(전자문서 포함) 또는 구술(특별한 사정이 있는 경우)로 신청할 수 있음. • 조사·처리 기간: 접수일로부터 60일(60일 이내 연장 가능) • 결과: 권익위는 해당 기관에 시정조치·제도개선 권고(해당 기관장은 권고사항의 처리결과를 30일 이내에 국민권익위원회에 통보해야 함.) 및 감사기구에 감사의뢰를 할 수 있음.
조사 제외사항	• 국회, 법원, 헌재, 선관위, 감사원, 지방의회에 관한 사항 • 행정기관 등의 인사행정행위 관련 사항 • 개인의 사생활에 관한 사항 • 불복절차(행정심판·소송, 헌재의 심판, 감사원의 심사청구 등)가 진행 중인 사항 • 고도의 정치적 판단을 요하거나 국가기밀 또는 공무상 비밀에 관한 사항

 스웨덴형 옴부즈만

(1) 입법부 소속(외부통제)
(2) 독립성 강함.
(3) 직권조사권(사전심사권) 인정
(4) 헌법기관

OX 기출분석

01 □□□   21 국가 9급

국회의 국정조사, 언론의 공무원 부패 보도, 행정안전부의 각 중앙행정기관 조직과 정원 통제는 모두 행정부에 대한 외부통제이다.   ○ ×

해설

행정안전부의 각 중앙행정기관 조직과 정원 통제는 내부통제이다.

02 □□□   20 서울/지방 9급

감사원의 직무감찰, 의회의 국정감사는 모두 외부통제이다.   ○ ×

감사원의 직무감찰은 내부통제에, 의회의 국정감사는 외부통제에 해당한다.

03 □□□   20 군무원 9급

옴부즈만(Ombudsman)제도는 행정 내부통제의 한계를 보완하는 제도이다.   ○ ×

옴부즈만제도는 입법·사법통제의 한계를 보완하는 제도이다.

04 □□□   17 지방 9급

국무총리 소속 국민권익위원회는 옴부즈만적 성격을 가지며, 국민권익위원회의 위원장과 부위원장은 국무총리의 제청으로 대통령이 임명한다.   ○ ×

05 □□□   17 지방 9급

교차기능조직(criss-cross organizations)은 행정체제 전반에 걸쳐 관리작용을 분담하여 수행하는 참모적 조직단위들로서 내부적 통제체제로부터 완전히 독립되어 있다.   ○ ×

교차기능조직은 행정체제 전반에 걸쳐 관리작용을 분담하여 수행하는 참모조직단위이며, 내부통제기구로 계선기관의 의사결정에 동의함으로써 사전적 통제역할을 한다.

06 □□□   17 국회 8급

국무총리 소속으로 설치한 국민권익위원회는 행정체제 외의 독립통제기관이며, 대통령이 임명하는 옴부즈만의 일종이다.   ○ ×

국무총리 소속으로 설치한 국민권익위원회는 행정체제 내의 독립통제기관이며, 대통령이 임명하는 옴부즈만의 일종이다.

07 □□□   16 국가 7급

입법부에 의한 통제, 사법부에 의한 통제, 감사원에 의한 통제, 공무원으로서 직업윤리는 행정통제 중 내부통제에 해당한다.   ○ ×

입법부에 의한 통제, 사법부에 의한 통제는 외부통제에 해당한다.

08 □□□   15 경정승진

길버트(E. Gilbert)에 의하면 행정통제의 방법은 통제자가 행정조직 내부에 위치하는가, 그렇지 않은가에 따라 내부통제와 외부통제로 구분된다.   ○ ×

정답 01 X   02 X   03 X   04 O   05 X   06 X   07 X   08 O

핵심 기출 문제

01 ☐☐☐　　　　　　　　　　　　　　　　　　　2017 지방 9급

행정통제에 대한 설명으로 옳지 않은 것은?

① 독립통제기관(separate monitoring agency)은 일반행정기관과 대통령 그리고 외부적 통제중추들의 중간 정도에 위치하며, 상당한 수준의 독자성과 자율성을 누린다.
② 헌법재판제도는 헌법을 수호하고 부당한 국가권력으로부터 국민의 권리와 자유를 보호하는 과정에서 행정에 대한 통제 기능을 수행한다.
③ 교차기능조직(criss-cross organizations)은 행정체제 전반에 걸쳐 관리 작용을 분담하여 수행하는 참모적 조직단위들로서 내부적 통제체제로부터 완전히 독립되어 있다.
④ 국무총리 소속 국민권익위원회는 옴부즈만적 성격을 가지며, 국민권익위원회의 위원장과 부위원장은 국무총리의 제청으로 대통령이 임명한다.

정밀해설

③ 교차기능조직은 행정체제 전반에 걸쳐 횡적 지원 및 조정기능을 통한 관리작용을 분담하여 수행하는 참모조직단위로 기획재정부, 행정안전부, 인사혁신처, 조달청, 법제처 등이 여기에 해당한다. 즉 교차기능조직은 내부통제기구로 완전히 독립되어 있지 않으며 계선기관의 의사결정 등에 동의·협의함으로써 사전적 통제기능을 수행한다.
① 독립통제기관은 행정체제의 중앙통제조직을 의미하며, 독립성과 자율성의 성격을 지닌다.
② 헌법재판제도는 헌법을 수호하고 부당한 국가권력으로부터 국민의 권리나 자유를 보호하는 과정에서 행정에 대한 통제를 수행한다.
④ 국민권익위원회는 국무총리 소속으로 두며 위원장과 부위원장은 국무총리의 제청으로 대통령이 임명하고, 국민권익위원회는 옴부즈만적 성격을 지니는 기구이다.

▶ **부패방지 및 국민권익위원회의 설치와 운영에 관한 법률**

- **제11조(국민권익위원회의 설치)** 고충민원의 처리와 이에 관련된 불합리한 행정제도를 개선하고, 부패의 발생을 예방하며 부패행위를 효율적으로 규제하도록 하기 위하여 국무총리 소속으로 국민권익위원회(이하 "위원회"라 한다)를 둔다.
- **제13조(위원회의 구성)** ③ 위원장 및 부위원장은 국무총리의 제청으로 대통령이 임명하고, 상임위원은 위원장의 제청으로 대통령이 임명하며, 상임이 아닌 위원은 대통령이 임명 또는 위촉한다.

정답 ③

02 ☐☐☐　　　　　　　　　　　　　　　　　　　2017 국회 8급

다음 중 옴부즈만제도에 대한 설명으로 옳지 않은 것은?

① 1800년대 초반 스웨덴에서 처음으로 채택되었다.
② 옴부즈만은 입법기관에서 임명하는 옴부즈만이었으나 국회의 제청에 의해 행정수반이 임명하는 옴부즈만도 등장하게 되었다.
③ 우리나라 지방자치단체는 시민고충처리위원회를 둘 수 있는데 이것은 지방자치단체의 옴부즈만이라고 할 수 있다.
④ 국무총리 소속으로 설치한 국민권익위원회는 행정체제 외의 독립통제기관이며, 대통령이 임명하는 옴부즈만의 일종이다.
⑤ 시정조치의 강제권이 없기 때문에 비행의 시정이 비행자의 재량에 달려 있는 경우가 많다.

정밀해설

④ 국무총리 소속으로 설치한 국민권익위원회는 행정체제 내의 독립통제기관이며, 대통령이 임명하는 옴부즈만의 일종이다.
① 옴부즈만 제도는 1809년 스웨덴에서 처음으로 채택되었다.
② 옴부즈만은 공식적 외부통제장치로 입법부가 행정부를 통제하기 위한 수단으로 발전된 제도로 입법기관에서 임명하는 옴부즈만이었으나, 국회의 제청에 의해 행정수반이 임명하는 옴부즈만 및 대통령·총독·국왕이 임명하는 옴부즈만도 등장하게 되었다.
③ 우리나라는 지방자치단체 및 그 소속기관에 관한 고충민원의 처리와 행정제도의 개선 등을 위하여 각 지방자치단체에 시민고충처리위원회를 둘 수 있으며, 이는 지방자치단체의 옴부즈만이라고 볼 수 있다.
⑤ 옴부즈만 제도는 일반적으로 조사권, 시찰권 등이 있으나 행정행위를 무효 하거나 취소할 수 있는 권한은 없으며 시정권고를 통해 간접적인 통제를 한다.

정답 ④

03

2017 경정승진

길버트(Gilbert)는 행정통제를 통제자의 위치와 제도화 여부에 따라 다음과 같이 네 가지 유형으로 구분하였다. 각 유형에 해당되는 우리나라의 행정통제 방법으로 가장 적절하지 않은 것은?

통제자의 위치 제도화 여부	외부	내부
공식적	㉠	㉡
비공식적	㉢	㉣

① ㉠ - 국민권익위원회에 의한 통제
② ㉡ - 교차기능조직에 의한 통제
③ ㉢ - 정당에 의한 통제
④ ㉣ - 행정윤리에 의한 통제

정밀해설

① ㉡, ㉢, ㉣만 옳다.
㉠ [×] 외부·공식적 통제로 입법부, 사법부, 옴부즈만에 의한 통제가 있다.
한편 국민권익위원회에 의한 통제는 내부·공식적 통제로 ㉡에 해당한다.

▶ 행정통제의 유형

구분		내부통제	외부통제
공식		행정수반(대통령), 교차기능조직, 독립통제기관(감사원, 국민권익위원회), 계층제(상관), 국무조정실 심사평가	입법부, 사법부, 옴부즈만
비공식		행정윤리(전문직업상의 행동규범), 대표관료제, 공익, 공무원노조, 비공식집단 등	민중통제, 시민참여, 이익집단, 언론, 정당

정답 : ①

04

2013 국가 7급

행정통제의 과정을 순서대로 바르게 나열한 것은?

> ㄱ. 실제 행정 과정에 대한 정보의 수집
> ㄴ. 목표와 계획에 따른 통제기준의 확인
> ㄷ. 통제주체의 시정조치
> ㄹ. 과정평가, 효과평가 등의 실시

① ㄱ → ㄴ → ㄹ → ㄷ
② ㄴ → ㄱ → ㄹ → ㄷ
③ ㄴ → ㄷ → ㄱ → ㄹ
④ ㄷ → ㄴ → ㄱ → ㄹ

정밀해설

② 행정통제의 과정은 ㄴ → ㄱ → ㄹ → ㄷ 순으로 이루어진다.
ㄴ. 통제기준의 확인(설정): 통제기준을 확인하는 단계에서는 통제기준이 무엇이며, 그것이 피통제자에게 제대로 전달되었는지 피통제자는 그것을 이해하고 실행에 옮길 수 있는 기회를 가졌는지에 대해 확인한다.
ㄱ. 정보의 수집: 통제기준을 확인한 다음에는 통제기준에 대응한 실천상황에 관한 정보를 수집하고 선별한다.
ㄹ. 성과의 측정·평가: 평가의 단계에서는 통제기준과 실적에 관한 정보를 평가하여 기준과 실적의 차질유무를 확인하고 시정의 필요성에 관한 결정을 한다.
ㄷ. 시정조치: 평가의 결과에 따라 통제주체는 시정행동을 하고 이러한 시정조치의 결과는 통제중추에 환류되는 과정을 거친다.

정답 : ②

적중 예상 문제

01

행정 내부통제에 대한 설명으로 옳은 것은?

① 감사원은 직무감찰 등을 통제내용으로 하는 비공식 통제기관이다.
② 인사혁신처, 기획재정부 등은 참모적 역할로서 교차기능조직에 의한 통제이다.
③ 내부고발자보호제는 내부자에 의한 특정 소수 통제이다.
④ 행정문화에 의한 통제는 비공식적 통제로 볼 수 없다.

정밀해설

② 교차기능조직에 의한 통제는 행정체제 전반에 걸쳐 관리작용을 분담하여 수행하는 참모적 조직단위들을 의미하는 교차기능조직에 의한 통제로 기획재정부, 인사혁신처, 행정안전부 등이 있다.
① 감사원은 직무감찰 등을 통제내용으로 하는 공식 통제기관이다.
③ 내부고발자보호제는 내부자에 의한 다수통제적 성격을 갖는다.
④ 행정문화에 의한 통제는 비공식적 통제에 해당한다.

정답 : ②

02

행정통제를 향상시키기 위한 방안에 대한 설명으로 옳지 않은 것은?

① 행정책임실명제의 도입, 내부자고발제도 활성화, 통제기관의 독립성 확보 등이 필요하다.
② 행정절차의 명확화 및 행정정보공개제도는 행정책임의 확보와 통제비용 절감에 기여할 수 있다.
③ 정책공동체, 참여예산제 등 거버넌스로의 전환, 주민발안 등 시민참여가 활성화되어야 한다.
④ 옴부즈만 제도의 권한으로서 독립적 조사권, 시찰권, 소추권 등은 대부분의 나라에서 인정하고 있다.

정밀해설

④ 옴부즈만은 직권조사권과 사전심사권이 인정되는 반면, 관계기관이 시정조치를 취하지 않더라도 이를 직접 제재할 수 있는 권한이 없으므로 일반적으로 소추권은 인정되지 않는다.
① 행정책임 실명제의 도입, 내부고발자보호제도의 활성화, 통제기관 간의 협조체계와 통제기관의 독립성 확보가 필요하다.
② 행정정보공개제도의 활성화, 행정절차의 명확화 등은 책임의 확보와 통제비용 절감에 기여한다.
③ 시민단체와 NGO 등의 활발한 참여와 견제가 필요하다.

정답 : ④

03

옴부즈만 제도의 일반적 특징에 관한 설명으로 옳은 것은?

① 행정결정을 취소, 변경할 수 있는 권한은 없고 간접적 통제권을 지닌다.
② 정부 내에 속해 있지만 직무 수행 시는 정치적 독립성을 지닌다.
③ 신청에 의한 조사만 가능하며 직권조사권이 없다.
④ 옴부즈만이 조사할 수 있는 행위는 불법행위뿐이다.

정밀해설

① 옴부즈만 제도는 행정결정을 무효로 하거나 취소, 변경할 수 있는 권한이 없으나, 법원, 행정기관에 대해서는 간접적 통제권을 가진다.
② 입법부 내에 속해 있다.
③ 직권에 의한 조사활동도 가능하다.
④ 옴부즈만이 조사할 수 있는 행위는 불법행위뿐만 아니라 공직의 요구에서 이탈된 모든 행위라고 할 수 있다.

정답 : ①

04

다음 설명 중 옳지 않은 것은 모두 몇 개인가?

ㄱ. 사법통제에서 정치적, 법적 책임에 대한 통제는 가능하지만, 도의적 책임에 대한 통제는 어렵다.
ㄴ. 행정통제력 강화방안으로는 주인-대리인 이론의 극복, 행정정보공개제도의 활성화, 행정절차법의 활용 등이 있다.
ㄷ. 행정책임은 행정상의 일정한 권리를 전제로 하여 발생하며, 결과에 대한 책임과 과정에 대한 책임이 포함된다.
ㄹ. 행정책임을 제도적(객관적) 책임과 자율적(주관적) 책임으로 나눌 때, 자율적 책임은 문책자의 외재성, 절차의 중시, 공식적이고 제도적 통제, 판단기준과 절차의 객관화, 제재의 존재 등과 관련된다.

① 1개
② 2개
③ 3개
④ 4개

정밀해설

③ ㄱ, ㄷ, ㄹ이 옳지 않다.
ㄱ. [×] 사법통제에서는 정치적, 정책적, 도의적 책임에 대한 통제는 어렵다.
ㄷ. [×] 행정책임은 행정상의 의무를 전제로 발생한다.
ㄹ. [×] 제도적 책임의 내용이다.

정답 : ③

THEME 102 행정개혁, 선진국 행정개혁

1 OECD 국가들의 정부개혁 방향
① 작은 정부 구현: 민영화, 규제완화, 노젓기보다 방향잡기
② 공공부문의 시장화를 통한 시장지향적 정부
③ 고객지향 정부: 시민헌장, 비용가치의 증대
④ 공공부문에 경영마인드와 시장기법의 벤치마킹
⑤ 절차보다는 임무나 성과를 중시

2 행정개혁 접근법

구분	초점	특징
구조적 접근방법 (전통적 접근방법)	조직의 구조적 설계를 개선 예 분권화의 확대, 통솔범위의 조정, 의사결정권한의 수정, 의사전달 체계의 수정, 명령계통의 효율화 등	• 원리전략(최적 구조의 설계): 기능중복의 제거, 책임의 재규정, 조정 및 통제 절차의 개선, 표준적 절차의 간소화 등 • 분권화전략: 구조의 분권화(공식적 조직뿐만 아니라 관리자의 행태와 의사결정까지를 포함하는 종합적 성격)
기술적 접근방법 (과정적 접근방법)	기술적 쇄신을 통하여 조직 내 운영과정이나 일의 흐름을 개선 예 새로운 장비를 도입하거나 관리과학·체제분석·전산화 등 계량화 기법을 활용	• 기술적 쇄신을 통하여 표준적 절차와 조직의 과업수행에 영향을 줄 뿐만 아니라, 조직의 행태와 인간의 행태에 영향을 미칠 수 있음. • 기술과 인간성 간의 갈등 소홀
행태적 접근방법 (인간중심적 접근방법)	구성원에게 초점을 두고 인간행태의 변혁을 추구 – 조직발전기법 예 감수성 훈련·태도조사, MBO 등을 통하여 자율적 행태변화를 유도	오랜 시일이 소요되고 권위주의적 행정문화에서는 성공하기 곤란하며, 정부조직의 경우 법적 제약이 존재
통합적 접근방법	통합적·총체적인 개선(구조 + 기술 + 행태)	개혁추진자들의 실천적 작업에 있어서 많은 부담을 줌.

3 미국 행정개혁
① Taft 위원회(Cleveland 위원회, 능률과 절약에 관한 대통령 위원회, 1910): 행정부 예산편성제도의 강조, 1921년 예산회계법 제정, 1923년 직위분류제법 제정을 건의
② Brownlow 위원회(행정관리에 관한 대통령위원회, 1936): 대통령의 권한을 강화하는 방편으로 막료를 대통령 직속으로 할 것을 건의·채택
③ Hatch법의 제정(1939): 뉴딜정책 후 문란해진 공무원의 정치활동을 엄격하게 규제
④ 제1차 Hoover 위원회(1947): 성과주의 예산, 정부기구 일원화와 간소화를 건의
⑤ 제2차 Hoover 위원회(정부행정위원회, 1953): 정부활동의 민간이양을 건의
⑥ 클린턴 행정부 정부개혁 사례와 특징: 1990년 초 '정부재창조'(NPR)
　㉠ 국민성과심의회(NPR)
　㉡ 정부 성과 및 결과법(GPRA)

Mani DB 영국 행정개혁

(1) 대처 행정부: ㉮ 국영기업 민영화 추진(1979), ㉯ 능률성 진단(efficiency scrutiny, 1979),
　　　　　㉰ 의무적 경쟁입찰제도 도입(1980), ㉱ 'Next Steps'에 의한 책임운영기관의 설치(1988) 등
(2) 메이저 행정부: ㉮ 시장성테스트 도입(1991), ㉯ 시민헌장제 도입(1991), ㉰ 고위공무원단 도입(1996) 등
(3) 블레어 행정부: ㉮ '더 나은 정부(the better government)', ㉯ '공공서비스협약제도'를 실시,
　　　　　㉰ 다년도 예산, ㉱ '서비스제일주의'로 확대 실시 등

OX 기출분석

01 ☐☐☐   17 경정승진

구조적 접근법은 조직내부구조 개선에는 유리하지만, 환경과의 관계, 조직내 인간관계, 조직의 동태적 측면을 소홀히 하였다.   O X

📖 해설

02 ☐☐☐   15 국가 9급

문화론적 접근방법은 행정문화를 개혁함으로써 행정체제의 보다 근본적이고 장기적인 개혁을 성취하려는 접근방법이다.   O X

03 ☐☐☐   15 지방 7급

공리적·기술적 방법에는 개혁의 시기조정, 경제적 손실에 대한 보상, 개혁이 가져오는 가치와 개인적 이득의 실증 등이 있다.   O X

04 ☐☐☐   14 경찰간부

북유럽은 복지국가의 위기 속에서 행태나 문화변수, 관리기법의 변화 등에 초점을 맞추는 능률성 진단, Next Steps, 책임기관 창설 등의 방법을 추진하였다.   O X

복지국가의 위기 속에서 행태나 문화변수, 관리기법의 변화 등에 초점을 맞추는 능률성 진단, Next Steps 등을 추진한 나라는 영국이다.

05 ☐☐☐   12 국가 7급

정부혁신은 생태적 속성을 지닌 비연속적 과정으로, 새로운 개혁 조치들이 개혁집단에 의해 주도되어 집행되는 제도로서 정착되기 위해서는 단기 집약적인 노력이 필요하다.   O X

행정개혁은 생태적·연속적 과정으로 연속적·지속적인 변화의 노력이 필요하다.

06 ☐☐☐   10 경정승진

개혁의 점진적 추진, 적절한 시기의 선택, 개혁안의 명확화와 공공성의 강조 등은 행정개혁의 저항을 극복하기 위한 기술적·공리적 전략에 해당한다.   O X

07 ☐☐☐   08 국가 7급

영국에서 추진된 Next Steps 프로그램은 중앙정부가 수행하고 있는 집행적 성격의 기능을 정책형성기능으로부터 분리하여 독립적인 책임집행기관을 창설하는 것이다.   O X

08 ☐☐☐   07 전북 9급

1980년대 이후 선진국들이 추진해 온 행정개혁은 국민들의 신뢰 회복을 위해 중앙정부가 개혁추진체계를 신설하여 이를 획일적으로 추진해 왔다는 공통적 특징이 있다.   O X

중앙의 개혁추진기구에 의하여 획일적으로 추진되었다기보다는 각 부처의 자율과 분권을 강화하는 방향과 방법으로 개혁이 이루어졌다고 보아야 한다.

정답 01 O 02 O 03 O 04 X 05 X 06 O 07 O 08 X

핵심 기출 문제

01 □□□
2021 경찰간부

미국 클린턴 (B. Clinton) 행정부의 국정성과평가팀(National Performance Review)이 추구한 행정개혁에 대한 내용으로 옳지 않은 것은?

① 고객우선주의
② 문서주의의 지양
③ 권한위임
④ 내부관리에 대한 통제 강화

정밀해설

④ 클린턴 행정부의 국정성과평가팀이 추구한 행정개혁은 Gore 보고서로, 고객우선주의, 권한위임 및 내부관리에 대한 통제 등을 타파하고자 하는 번문욕례 등을 핵심으로 한다.

▶ Gore 보고서의 주요 내용
 – Clinton 행정부의 개혁백서

1. 번문욕례의 제거
2. 고객우선주의 실현: 총체적 품질관리, 서비스기준제도 등
3. 분권화(구성원의 권한 강화) 및 결과중심의 관리개혁
4. 기본원칙(핵심)으로의 복귀 및 감축관리

정답 : ④

02 □□□
2015 국가 9급

행정개혁의 접근방법에 대한 설명으로 옳지 않은 것은?

① 사업(산출)중심적 접근방법은 행정활동의 목표를 개선하고 서비스의 양과 질을 개선하려는 접근방법으로 분권화의 확대, 권한 재조정, 명령계통 수정 등에 관심을 갖는다.
② 과정적 접근방법은 행정체제의 과정 또는 일의 흐름을 개선하려는 접근방법이다.
③ 행태적 접근방법의 하나인 조직발전 (OD: Organizational Development)은 의식적인 개입을 통해서 조직 전체의 임무수행을 효율화하려는 계획적이고 지속적인 개혁활동이다.
④ 문화론적 접근방법은 행정문화를 개혁함으로써 행정체제의 보다 근본적이고 장기적인 개혁을 성취하려는 접근방법이다.

정밀해설

① 분권화의 확대, 권한 재조정, 명령계통 수정 등에 관심을 갖는 접근방법은 구조적 접근방법에 해당한다. 구조적 접근방법은 공식적·합리적 조직관에 바탕을 두는 전통적 접근법으로, 조직의 구조적 설계를 개선함으로써 행정개혁의 목적을 달성하는 접근방법이다.
② 과정적 접근방법은 기술적 쇄신을 통하여 조직 내 운영과정이나 일의 흐름을 개선하려는 접근방법을 말한다.
③ 행태적 접근방법은 구성원에게 초점을 두고 인간행태의 변화를 추구하는 접근방법이다.
④ 문화론적 접근방법은 행정문화를 개혁함으로써 장기적인 개혁을 성취하려는 접근방법이다.

▶ 행정개혁 접근방법

구분	내용
구조적 접근	· 전통적 접근방법 · 조직의 구조적 설계 개선 · 분권화의 확대, 통솔범위의 조정, 의사결정권의 수정, 의사전달체계의 수정, 명령계통의 효율화 등
기술적 접근	· 기술적 쇄신을 통하여 조직 내 운영과정이나 일의 흐름을 개선 · 새로운 장비의 도입, 계량화 기법(관리과학, 전산화 등) 활용
행태적 접근	· 구성원에게 초점을 두고 인간 행태의 변혁을 추구(OD) · 감수성훈련, 태도조사, MBO 등
통합적 접근	통합적 총체적 개선(구조, 기술, 행태)

정답 ①

03 □□□
2015 경정승진

행정개혁의 일반적 특징에 관한 설명 중 가장 적절하지 않은 것은?

① 행정개혁은 주로 대내적 관계에서 전개되는 것으로 폐쇄체제적이다.
② 행정개혁은 행정을 인위적·의식적으로 변화시키려는 것이므로 불가피하게 관련자들의 저항을 수반한다.
③ 행정개혁 성공을 위해서는 정치적 요소도 고려하여야 한다.
④ 행정개혁은 단시간에 결과를 보는 일시적인 과정이 아니라 장기적이고 지속성을 갖는 학습과정이다.

정밀해설
① 행정개혁은 환경 등의 변화에 능동적으로 대응하고 문제해결을 강구함으로써 전개되는 것으로 개방체제적·능동적 활동이다.
② 행정개혁은 변화를 전제로 하는 것이므로 현상을 유지하려는 세력들에 의한 저항 및 부작용이 수반되므로 저항 극복에 대한 전략이 필요하다고 본다.
③ 행정개혁의 성공을 위해서는 가치관이나 행태 등과 같은 내재적인 요인과 국민적 지지 등의 외재적 요인뿐 아니라 조직 개편이나 정책 및 절차 개혁 등의 요소들도 고려하여야 한다.
④ 개혁은 단발적·단속적·일시적 변화가 아니라 다발적·지속적·장기적 속성을 갖는다.

정답 : ①

04 □□□
2014 국회 8급

행정개혁의 저항을 줄이는 방법에 대한 다음 <보기>의 설명 중 옳은 것을 모두 고르면?

――< 보 기 >――
ㄱ. 참여기회 제공   ㄴ. 포괄적 개혁추진
ㄷ. 구성원의 부담 최소화   ㄹ. 외부집단에 의한 개혁추진
ㅁ. 피개혁자 교육 및 홍보   ㅂ. 개혁안의 명료화

① ㄱ, ㄴ, ㄷ, ㅁ
② ㄱ, ㄷ, ㅁ, ㅂ
③ ㄱ, ㄴ, ㄷ, ㅁ, ㅂ
④ ㄱ, ㄷ, ㄹ, ㅁ, ㅂ
⑤ ㄱ, ㄴ, ㄷ, ㄹ, ㅁ, ㅂ

정밀해설
② ㄱ, ㄷ, ㅁ, ㅂ이 옳은 설명이다.
ㄱ. [O] 저항 극복을 위한 규범적·사회적 전략에 해당한다.
ㄴ. [×] 포괄적·전면적 개혁은 부분적·점진적 개혁보다 저항이 많고 성공가능성도 낮다.
ㄷ. [O] 공리적·기술적 전략에 해당한다.
ㄹ. [×] 외부집단(국외자)에 의한 개혁보다 내부집단(국내자)에 의한 개혁이 저항이 약하다.
ㅁ. [O] 규범적·사회적 전략에 해당한다.
ㅂ. [O] 공리적·기술적 전략에 해당한다.

▶ 저항극복 전략

규범적·사회적 전략	· 참여의 확대 · 의사소통의 촉진 · 집단토론과 사전훈련 · 카리스마나 상징의 활용 · 충분한 시간 부여
공리적·기술적 전략	· 개혁의 점진적 추진 · 적절한 범위와 시기의 선택 · 개혁안의 명확화와 공공성 강조 · 개혁방법·기술의 수정 · 적절한 인사배치·호혜적 전략 · 손실의 최소화와 보상의 명확화
강제적·물리적 전략	· 의식적인 긴장 조성 · 물리적 제재나 압력 사용 · 상급자의 권력 행사

정답 : ②

적중 예상 문제

01 □□□

다음 중 행정개혁의 내부주도형을 추진할 경우에 나타나는 특징이 아닌 것은?

① 행정개혁의 종합적, 객관적 추진이 가능하다.
② 개혁의 근본적 개편이 곤란하다.
③ 집행을 용이하고 신속하게 추진할 수 있다.
④ 조직내부의 저항을 최소화 할 수 있다.

정밀해설

① 외부주도형을 추진할 경우 행정개혁의 종합적, 객관적 추진이 가능하다.
②, ③, ④ 내부주도형을 추진할 경우에 나타나는 특징에 해당한다.

▶ 내부주도형 개혁 vs 외부주도형 개혁

구분	내부주도형	외부주도형
장점	간편하고 집중적, 조직내부의 이익을 고려, 현실성 있음, 집행이 용이·신속함, 특수사항을 고려할 수 있음	종합적·객관적 추진 가능, 근본적 재편성에 유리, 개혁의 정치적 측면을 고려할 수 있음
단점	객관성 상실, 관료 이익 우선, 단편적, 전문성 결여, 근본적 개편의 곤란, 과정이나 기술에 치우칠 우려가 있음	많은 시간과 경비 소요, 실현 가능성 부족, 내부저항, 과격하고 급진적 추진 등

정답 : ①

02 □□□

다음 중 행정개혁에 대한 저항 극복방안으로 옳은 것은?

① 강제적 전략은 명령·신분상 불이익 등의 권력 행사는 가능하지만 긴장된 분위기는 조성할 수 없다.
② 공리적 전략은 비용이 적게 들고 단기에 효과적이다.
③ 점진주의적 개혁, 적절한 시기 선택은 규범적 전략이다.
④ 외부주도형 개혁은 저항이 강하고 하향적 접근이 많다.

정밀해설

① 강제적 전략은 명령·신분상 불이익 등의 권력 행사가 가능하며 긴장된 분위기의 조성도 강제적 전략에 포함된다.
② 공리적 전략은 비용과 시기가 많이 소요되는 반면 단기에 효과적이다.
③ 점진주의적 개혁, 적절한 시기 선택은 공리적 전략이다.

정답 : ④

03

행정개혁을 추진하는 접근방법 중에서 관리 기술적 접근법이 아닌 것은?

① 행정전산망 등 장비·수단의 개선
② BPR 등을 통한 행정조직 내의 운영과정 및 일의 흐름을 개선
③ 행정과정에 새로운 분석기법의 적용
④ 집단토론, 감수성 훈련 등 조직발전(OD)기법의 활용

정밀해설

④ 행태적 접근에 해당한다.
①, ②, ③ 관리 기술적 접근법은 행정이 수행되는 절차나 과정·기술 장비의 개혁이다.

정답 : ④

04

다음 중 적극행정 및 사전 컨설팅제도에 대한 설명으로 옳은 것은?

① 인사혁신처장은 각 기관의 적극행정 문화 조성을 위하여 필요한 사업을 발굴하고 추진할 수 있다.
② 공무원이 적극행정을 추진한 결과에 대하여 해당 공무원의 행위에 고의 또는 중대한 과실이 있는 경우에도 국가공무원법 또는 다른 공무원 인사 관계 법령에 따른 징계 또는 징계부가금 부과 의결을 하지 아니한다.
③ 인허가 등 규제 관련 사무나 법령이 불명확하여 적용이 어려운 사무는 사전컨설팅을 적용하지 않는다.
④ 공무원이 사전컨설팅 의견대로 업무를 처리한 경우라도 사후에 징계의결을 통해 책임을 묻도록 한다.

정밀해설

③ 인허가 등 규제 관련 사무나 법령이 불명확하여 적용이 어려운 사무에 사전 컨설팅을 적용한다.
④ 공무원이 사전컨설팅 의견대로 업무를 처리한 경우에 고의 중대한 과실이 없는 경우는 징계를 하지 않는다.

제50조의2(적극행정의 장려) ① 각 기관의 장은 소속 공무원의 적극행정(공무원이 불합리한 규제의 개선 등 공공의 이익을 위해 업무를 적극적으로 처리하는 행위를 말한다. 이하 이 조에서 같다)을 장려하기 위하여 대통령령으로 정하는 바에 따라 인사상 우대 및 교육의 실시 등에 관한 계획을 수립·시행할 수 있다.
② 적극행정 추진에 관한 다음 각 호의 사항을 심의하기 위하여 각 기관에 적극행정위원회를 설치·운영할 수 있다.
③ 공무원이 적극행정을 추진한 결과에 대하여 해당 공무원의 행위에 고의 또는 중대한 과실이 없다고 인정되는 경우에는 대통령령으로 정하는 바에 따라 이 법 또는 다른 공무원 인사 관계 법령에 따른 징계 또는 징계부가금 부과 의결을 하지 아니한다.
④ 인사혁신처장은 각 기관의 적극행정 문화 조성을 위하여 필요한 사업을 발굴하고 추진할 수 있다.

정답 : ①

THEME 103 한국의 행정개혁

1 정부조직 개편(2025년 기준) *추가개편 시 네이버 카페 <마니행정학> 자료실 참고

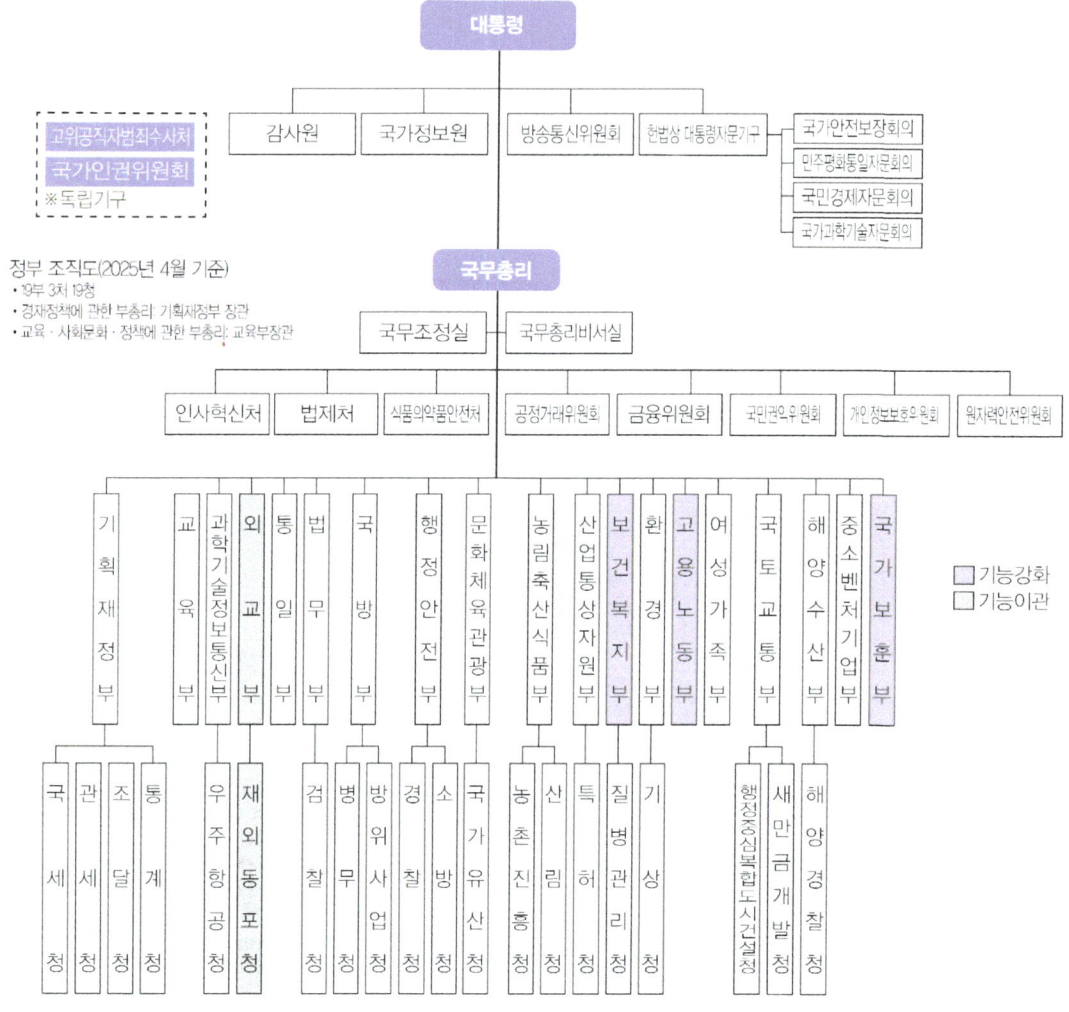

▶ 정부조직개편(2025, 현재)
① 외교부에 재외동포청 신설, 우주항공청 신설
② 국가보훈처를 국가보훈부로 격상함.
③ 새만금개발청, 행복중심복합도시건설청은 '정부조직법'에 의해 설치된 중앙행정기관이 아님.

2 한국 행정개혁의 특징

① 개혁 동기의 정치성
② 구조중심의 개혁전략
③ 중앙행정기구의 개편
④ 개혁정치에 대한 국민적 공감·지지 부족
⑤ 개혁정책 및 추진기구의 일관성이 부족하였고 정권교체 때마다 임시로 구성되었음.

OX 기출분석

01 ☐☐☐　　　　　　　　　　　　　　　　　　　　　　　　　　　　20 국회 8급
「정부조직법」상 과학기술정보통신부·문화체육관광부에는 차관 2명을 둔다.　○ ✕

> **해설**
> 2025년 기준 복수차관을 두고 있는 부처는 기획재정부, 과학기술정보통신부, 외교부, 문화체육관광부, 산업통상자원부, 보건복지부, 국토교통부 7개이다.

02 ☐☐☐　　　　　　　　　　　　　　　　　　　　　　　　　　　　19 지방 9급
2016년 이후 정부조직은 한국수자원공사에 대한 관할권을 환경부에서 국토교통부로 이관하였다.
　　　　　　　　　　　　　　　　　　　　　　　　　　　　　○ ✕

> 한국수자원공사에 대한 관할권을 국토교통부에서 환경부로 이관하였다.

03 ☐☐☐　　　　　　　　　　　　　　　　　　　　　　　　　　　　18 지방 9급
「정부조직법」상 특허청은 기획재정부 소속 행정기관이다.　○ ✕

> 「정부조직법」상 특허청은 산업통상자원부 소속 행정기관이다.

04 ☐☐☐　　　　　　　　　　　　　　　　　　　　　　　　　　　　17 지방 7급
김대중 정부는 대통령 소속의 중앙인사위원회를 신설하고, 내무부와 총무처를 행정자치부로 통합하였다.
　　　　　　　　　　　　　　　　　　　　　　　　　　　　　○ ✕

05 ☐☐☐　　　　　　　　　　　　　　　　　　　　　　　　　　　　16 교행 9급
노무현 행정부는 예산효율화를 위해 사업별 예산제도를 도입하였다.　○ ✕

06 ☐☐☐　　　　　　　　　　　　　　　　　　　　　　　　　　　　09 지방 7급
이명박 정부의 조직개편은 기능별 편제에서 영역별 편제로 전환하는 방향으로 이루어졌다.　○ ✕

> 이명박 정부에서는 이른바 대부처주의에 입각하여 부처통폐합을 통해 영역별 편제를 기능별 편제로 전환하였다.

07 ☐☐☐　　　　　　　　　　　　　　　　　　　　　　　　　　　　07 부산 9급
참여정부에서 성과중심 행정을 위하여 목표관리제를 확대 도입하였다.　○ ✕

> 참여정부에서는 2005년 목표관리제가 유명무실하다고 보고 직무성과계약제를 도입하였다.

08 ☐☐☐　　　　　　　　　　　　　　　　　　　　　　　　　　　　06 대전 9급
행정서비스헌장은 공공서비스의 내용, 수준, 제공방법, 불이행시 조치와 보상을 명문화하고 있다.
　　　　　　　　　　　　　　　　　　　　　　　　　　　　　○ ✕

정답 01 O　02 ✕　03 ✕　04 O　05 O　06 ✕　07 ✕　08 O

핵심 기출 문제

01
2017 지방 7급

역대 정부의 조직개편에 대한 설명으로 옳지 않은 것은?

① 김대중 정부는 대통령 소속의 중앙인사위원회를 신설하고, 내무부와 총무처를 행정자치부로 통합되었다.
② 노무현 정부는 국무총리 소속의 국정홍보처를 신설하고 행정자치부 산하에 소방방재청을 신설하였다.
③ 이명박 정부는 기획예산처, 국정홍보처, 정보통신부, 해양수산부, 과학기술부 등을 다른 부처와 통폐합하였다.
④ 박근혜 정부는 행정안전부를 안전행정부를 개편하고, 식품의약품안전청을 식품의약품안전처로 개편하였다.

정밀해설

② 국무총리 소속의 국정홍보처를 신설한 정부는 김대중 정부이다. 한편 노무현 정부는 과거 행정자치부 산하에 소방방재청을 신설하였다.

정답 : ②

02

정부혁신의 일반적 특징으로 옳지 않은 것은?

① 행정을 인위적·의식적·계획적으로 변화시키려는 것이므로, 개혁 주도자들에 의해 계획적이고 전략적으로 추진되어야 한다.
② 조직관리의 기술적인 속성과 함께 권력투쟁, 타협, 설득이 병행되는 정치적·사회심리적 과정으로, 행정 내부에서만 이루어지는 것이 아니라 행정 외부의 정치세력들과 상호 연결되어 있다.
③ 반드시 의도한 결과만을 초래하는 것이 아니라 의도하지 않는 결과를 초래할 수도 있으며, 부작용과 저항, 나아가 개혁의 실패까지도 나타날 수 있다.
④ 생태적 속성을 지닌 비연속적 과정으로, 새로운 개혁 조치들이 개혁집단에 의해 주도되어 집행되는 제도로서 정착되기 위해서는 단기 집약적인 노력이 필요하다.

정밀해설

④ 행정개혁은 단속적·일시적인 변화노력이 아니라 연속적·지속적인 변화노력이므로 개혁의 결과에 대한 평가와 환류 등 변화의 정착을 위한 지속적인 노력이 필요하다.
① 행정개혁은 인위적·계획적·동태적·의도적·지속적인 과정이다.
② 개혁은 정치적 상황이나 정치적 지지에 의존한다.
③ 개혁은 저항 및 부작용을 수반하므로 저항 극복에 대한 전략이 필요하다.

정답 : ④

적중 예상 문제

01 ☐☐☐

한국 행정개혁의 특징이 아닌 것은?

① 인간중심적 개혁 추진을 함으로써 구조를 소홀히 하였다.
② 지방정부에는 반영되지 않은 중앙정부 중심 개혁이었다.
③ 하향식·일방적 개혁이었다.
④ 정치변화, 정권교체의 영향을 크게 받았다.

정밀해설

① 구조중심의 개혁 추진전략을 주로 사용하였다.
② 중앙정부 중심의 개혁이었고, 지방정부는 반영되지 못하였다.
③ 국민적 공감대가 부족한 하향식·일방적 개혁이었다.
④ 정치적 변화, 정권교체 등의 영향을 과도하게 받았다.

정답 : ①

02 ☐☐☐

우리나라 미래의 바람직한 행정개혁 및 정책방향으로 볼 수 없는 것은?

① 정부주도의 경제성장을 강화한다.
② 지방자치단체의 역량을 강화한다.
③ 정보화과정에의 참여 및 의견수렴을 확대한다.
④ 칸막이 없는 유연하고 창의적인 정부를 실현한다.

정밀해설

① 발전행정전략에 입각한 정부주도의 경제성장전략에서 벗어나 규제를 완화하고 민간부문의 자생력과 창의력을 분출시키는 정책을 강화해야 한다.
② 지방분권을 통한 지방자치단체의 역량을 강화시키는 방향으로 행정개혁을 추진해야 한다.
③ 당사자인 국민의 의견을 반영하는 정보화정책을 추진해야 한다.
④ 칸막이 없이 유연하고 창의적으로 일하는 정부를 구축할 수 있도록 정부기능을 효율적으로 재배치해야 한다.

정답 : ①

THEME 104 행정정보체계

1 행정정보체계 구성요소

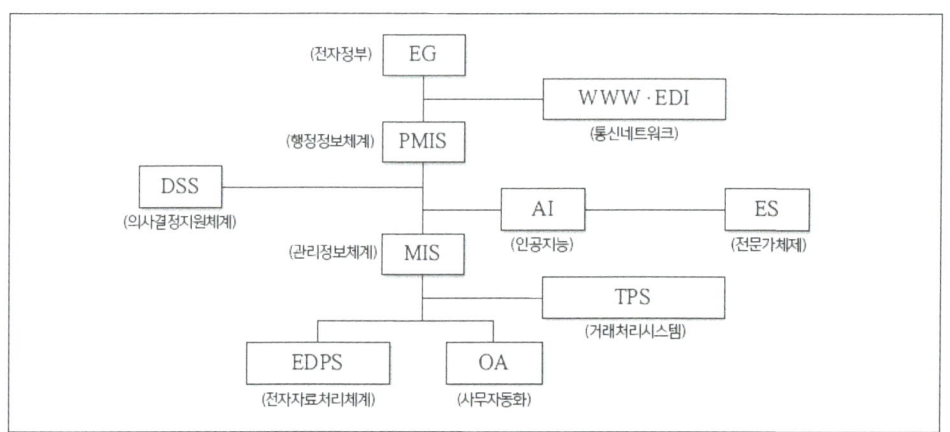

Mani DB 행정정보체제(PMIS)

구분	경영정보체제(MIS)	행정정보체제(PMIS)
목표설정	목표의 구체성, 장기적 계획	목표의 추상성, 단기적 계획
의사결정과정	• 능률성, 비공개성 강조 • 알고리즘에 의한 대안탐색 • 합리모형에 의한 의사결정	• 민주성, 공개성 강조 • 휴리스틱에 의한 대안탐색 • 만족모형 또는 점증모형에 의한 정책결정
평가기준	명확한 평가기준	불명확한 평가기준
경쟁성과 대기비용	경쟁성, 대기비용 낮음, 서비스 질 높음.	• 독점성, 대기비용 높음, 서비스 질 낮음. • 대기비용의 내면화가 곤란
차별성과 보편성	수익지향주의, 서비스의 차별적 제공	공공성 강조, 보편적 서비스 강조

2 전통적 정부와 전자정부의 비교

관료제(전통적 정부)	전자정부
경성적·폐쇄적 독점행정	연성적·개방적 경쟁행정
변화에 둔감	변화에 대한 탄력적 대응
의사결정의 지연	신속한 의사결정
형식주의(집권성)	권한위임
할거주의	통합시스템(정보공유를 통한 할거주의 극복)
공급자·기관 중심	수요자·고객 중심
지나친 문서·회의체제	종이 없는 행정, 회의 감축
관료적 계서제 구조	유기적 수평구조
자원(resource)과 투입(input) 중심	과정(process)과 산출(output) 중심

OX 기출분석

01 □□□ 19 검경승진
지식을 암묵지와 형식지로 구분할 때 지식의 원천으로서 암묵지에는 업무매뉴얼, 조직의 경험 그리고 숙련된 기능 등이 해당한다. ○ ✕

해설
지식을 암묵지와 형식지로 구분할 때 지식의 원천으로서 암묵지에는 조직의 경험이나 숙련된 기능 등이 해당하고, 업무매뉴얼 등은 형식지에 포함된다.

02 □□□ 15 지방 7급
지식관리시스템(KMS)은 개인 또는 부서가 업무결과로 얻은 새로운 지식을 다른 구성원들과 공유하는 문화를 조성한다. ○ ✕

03 □□□ 14 검경승진
지식관리는 계층제적 조직보다는 학습조직을 기반으로 한다. ○ ✕

04 □□□ 12 인천 9급
지식정보화사회에서는 조직의 업무를 수행하는 인력구성의 측면에서 전문성을 갖춘 집단과 임시직 또는 계약직근로자 집단의 경계가 없어졌다. ○ ✕

정보사회의 조직이라도 전문가 집단과 임시직 등의 경계가 없어진 것은 아니다.

05 □□□ 11 지방 7급
지식관리에서는 암묵적 지식을 명시적 지식으로 전환시켜 조직의 지식을 증폭시키는 것이 중요하다. ○ ✕

06 □□□ 16 국가 7급(수정)
우리나라의 지능정보화 기본계획은 행정안전부장관이 수립한다. ○ ✕

우리나라 지능정보화 기본계획은 과학기술정보통신부장관이 수립한다.

07 □□□ 15 지방 9급
지식정부의 공공행정에서는 정보와 지식의 중복활용을 기대할 수 있다. ○ ✕

정보와 지식의 중복활용은 전통적 지식관리의 특징에 해당하며, 지식정부 공공행정에서는 정보와 지식의 공유를 지향한다.

08 □□□ 09 군무원
지식·정보재는 비이전성, 무한가치성, 소모성, 누적효과성 등의 특징을 갖는다. ○ ✕

정보재는 비소모성의 특징을 갖는다.

정답 01 ✕ 02 ○ 03 ○ 04 ✕ 05 ○ 06 ✕ 07 ✕ 08 ✕

핵심 기출 문제

01 □□□ 2021 국회 8급

4차 산업혁명으로 인한 행정 변화로 옳지 않은 것은?

① ICT기술의 발달로 투명하고 효율적인 정부가 운영된다.
② 대규모 정보에 대한 분석으로 정책의 예측가능성이 높아지게 된다.
③ 정보 및 분석기술의 발달로 의사결정의 분권화가 촉진될 수 있다.
④ 정보의 공개와 유통으로 간접민주주의가 활성화되고 시민중심의 서비스가 제공된다.
⑤ 행정서비스의 종합적 제공을 위한 플랫폼 중심의 서비스가 발달한다.

정밀해설

④ 4차 산업혁명은 산업과 산업간 초연결성과 초지능성, 초예측성을 토대로 미래를 정확히 예측하며, 시민과의 소통과 참여를 증진시켜 직접민주주의의 가능성을 높여준다.
① 4차 산업혁명은 정보통신기술의 발달로 투명하고 효율적인 정부를 가능하게 한다.
② 초지능성, 초예측성, 초연결성을 특징으로 한다.
③ 정보화 시대가 되면서 정보통신기술이 발달하면서 의사결정의 집권화가 촉진된다는 시각(Leavitt & Whisler)도 있고, 정보의 분석기술의 발달로 의사결정의 분권화가 촉진된다는 시각(Anshen & Burlingame)도 있다. ③번 지문의 경우 '정보의 분석기술의 발달로 의사결정의 분권화가 촉진될 수 있다.'라는 표현은 정보통신기술이 발달하고 정보분석기술이 발달하면서 나타나는 하나의 가능성을 말하고 있기 때문에 무조건 틀렸다고 볼 수 없다.
⑤ 4차 산업혁명은 공공정보를 이용하여 민관이 함께 컨텐츠를 개발하는 플랫폼 정부를 지향한다.

정답: ④

02 □□□ 2017 국가 7급

정보통신기술을 활용한 행정개선 사례로 옳지 않은 것은?

① 정부서울청사 등에 스마트워크센터를 설치하여 운영하고 있다.
② 민원서비스를 통합적으로 제공하는 '민원24'를 도입하였다.
③ 정부에 대한 불편사항 제기, 국민제안, 부패 및 공익 신고 등을 위해 '국민신문고'를 도입하였다.
④ 공공기관의 공사, 용역, 물품 등의 발주정보를 공개하고 조달절차를 인터넷으로 처리하도록 '온나라시스템'을 도입하였다.

보충

▶ 우리나라 전자정부 형태

유형		특징
G2B	정부와 기업 간	· 정부와 기업 간 업무처리의 효율성 향상, 정보시스템 활용 · 나라장터, 전자통관시스템(UNI-PASS)
G2C, G4C	대국민 서비스	· 행정능률 향상(정부기관 간 정보공유 및 문서의 전자적 유통 등) · 온나라 시스템
G2G	정부기관 간	· 언제, 어디서나, 원하는 서비스를 한번에 받을 수 있는 행정실현 추구 · 민원 24, 국민신문고

정밀해설

④ 공공기관의 공사, 용역, 물품 등의 발주정보를 공개하고 조달절차를 인터넷으로 처리하도록 '나라장터(국가종합전자조달시스템)'을 도입하였다. 한편 온나라시스템은 정부 부처, 정부 산하기관, 지방자치단체 공무원 등이 사용하는 업무처리 전산화 시스템이다.
① 스마트워크는 영상회의 등 정보통신기술을 이용해 시간과 장소의 제약 없이 업무를 수행하는 유연한 근무형태이다.
② 민원24는 정부와 국민 간 업무의 전자적 처리를 의미하는 것으로 민원서비스를 통합적으로 제공한다.
③ 국민신문고는 정부에 대한 불편사항을 제기하거나 국민제안, 부패 및 공익 신고 등을 위해 도입된 것으로 정부 서비스의 전자적 처리를 의미한다.

정답: ④

03 □□□ 2015 서울 7급

다음 중 지식행정관리의 기대효과로 가장 옳지 않은 것은?

① 조직구성원의 전문적 자질 향상
② 지식공유를 통한 지식가치의 확대 재생산
③ 학습조직 기반 구축
④ 지식의 개인 사유화 촉진

정밀해설

④ 지식행정관리는 새로운 지식을 창조하고 이것을 조직 전체로 확산시켜 행정업무를 재설계함으로써 성과를 극대화하고 행정서비스를 개선시키는 것으로 지식정부하에서의 지식행정관리는 지식의 소유를 공동재산화한다.
①, ②, ③ 지식행정은 정보사회 패러다임이 지식사회 패러다임으로 전환됨으로써 정보행정에서 진화된 형태로 대두된 것으로 지식정부하에서의 조직구성원은 개인의 전문적 자질을 향상시킬 수 있고 지식을 공동재산화하여 지식가치를 확대·재생산할 수 있으며 학습조직의 기반을 구축할 수 있다.

정답: ④

적중 예상 문제

01 ☐☐☐

지식관리시스템을 성공적으로 구축하고 그 효과를 실현하기 위한 방안과 거리가 먼 것은?

① 암묵지 기능의 활성화
② 통합적이고 수직적인 조직구조의 형성
③ 지식관리자의 활용
④ 지식행정조직의 구축

정밀해설

② 통합적이고 수직적인 조직구조란 전통적인 계층제 조직을 의미하며, 이러한 조직하에서는 성공적 지식관리가 이루어지기 어렵다.
① 암묵지란 개인적 경험, 어림짐작, 직감에 기초한 지식으로, 정확히 서술하여 타인에게 전달하기 어려운 지식을 말한다. 지식관리행정에서 성공을 위해서는 암묵지 기능을 축소가 아니라 강화해야 한다.
③ 지식관리를 총괄하는 지식관리자를 두고, 지식창조 및 공유를 선도할 수 있도록 한다.
④ 계층구조의 축소 및 학습조직이나 팀제의 도입이 요구된다.

정답 : ②

02 ☐☐☐

우리나라 정보화와 관련하여 옳은 것은?

① 지능정보화책임관 협의회 의장은 국무총리가 된다.
② 행정기관 확인의 원칙을 통해 행정기관이 전자적으로 확인할 수 있는 사항을 민원인에게 요구해서는 안 된다.
③ 분권화되고 분산된 전산환경 구축을 추구하고 있다.
④ 「전자정부법」은 지능정보화 관련 정책의 수립·추진에 필요한 사항을 규정함으로써 지능정보사회의 구현에 이바지하고 국가경쟁력을 확보하며 국민의 삶의 질을 높이는 것을 목적으로 한다.

정밀해설

② 행정기관이 전자적으로 확인할 수 있는 사항을 민원인에게 요구하여서는 아니 된다.
① 협의회의 의장은 과학기술정보통신부장관 및 행정안전부장관이 된다.

지능정보화 기본법 제9조(지능정보화책임관 협의회) ① 중앙행정기관의 장과 지방자치단체의 장(특별시장·광역시장·특별자치시장·도지사·특별자치도지사를 말한다)은 지능정보사회 시책 및 지능정보화 사업의 효율적 추진과 필요한 정보의 교류 및 관련 정책의 협의 등을 하기 위하여 과학기술정보통신부장관, 행정안전부장관과 지능정보화책임관으로 구성된 지능정보화책임관 협의회(이하 이 조에서 "협의회"라 한다)를 구성·운영한다.
② 협의회의 의장은 과학기술정보통신부장관 및 행정안전부장관이 된다.

③ 분산된 전산환경이 아니라 통합전산환경 구축을 시도하고 있다.
④ 지능정보사회 기본원칙은 「지능정보화 기본법」에 규정되어 있다.

정답 : ②

THEME 105 전자정부

1 전자정부 변천 과정

구분	1995년~2000년 Government 1.0	2005년~2010년 Government 2.0	2015년~2020년 Government 3.0(u-Government)
접근성	world wide web 정부 중심 first stop shop (단일 접속창구)	web 2.0 시민 중심 one stop shop (정부서비스 중개기관을 통해서도 접속)	web 3.0(real world web) 개인 중심 my Government
서비스	• 일방향 정보 제공 • 제한적 정보 제공 • 서비스의 시공간 제약 • 공급 위주 서비스 • 서비스의 전자화	• 양방향 정보 제공 • 정보 공개 확대 • 모바일 서비스	• 개인별 맞춤정보 제공 • 실시간 정보 공개 • 중단 없는 서비스 • 서비스의 지능화

2 정부 3.0의 방향

① 공공정보 적극 공개로 국민의 알 권리 충족
② 공공데이터의 민간 활용 활성화
③ 민관협치 강화
④ 정부 내 칸막이 해소
⑤ 협업·소통 지원을 위한 정부운영 시스템 개선
⑥ 빅데이터를 활용한 과학적 행정 구현
⑦ 수요자 맞춤형 서비스 통합 제공
⑧ 창업 및 기업 활동 원스톱 지원 강화
⑨ 정보 취약계층의 서비스 접근성 제고
⑩ 새로운 정보기술을 활용한 맞춤형 서비스 창출

 **Mani DB** 빅데이터(Big Data)

(1) 의의: 빅데이터는 정형 또는 비정형 데이터를 포함하며, 주기가 짧은 데이터들을 지칭함.
(2) 특징: 다양성(Variety), 속도(Velocity), 볼륨(Volume)

3 지능정보화기본법

① 지능정보사회 종합계획의 수립
  ㉠ 정부는 지능정보사회 정책의 효율적·체계적 추진을 위하여 지능정보사회 종합계획을 3년 단위로 수립하여야 함.
    → 종합계획은 과학기술정보통신부장관이 관계 중앙행정기관의 장 및 지방자치단체의 장의 의견을 들어 수립하며, 정보통신 전략위원회의 심의를 거쳐 수립·확정함.
  ㉡ 중앙행정기관의 장과 지방자치단체의 장은 종합계획에 따라 매년 지능정보사회 실행계획을 수립·시행하여야 함.
② 추진
  ㉠ 공공지능정보화의 추진
  ㉡ 지역지능정보화의 추진
  ㉢ 민간 분야 지능정보화의 지원
③ 지능정보화 기반 구축

과학기술정보통신부장관	민간 데이터센터의 구축 및 운영 활성화
행안부장관	정부 및 공공 부문의 데이터센터의 구축 및 운영 활성화 시책을 수립·시행

OX 기출분석

01 □□□   21 지방(서울) 9급
4차 산업혁명은 초연결성, 초지능성 등의 특징이 있다. ○ ×

해설
4차 산업혁명은 초연결성, 초지능성, 초예측성을 특징으로 한다.

02 □□□   20 서울/지방 9급
유비쿼터스 전자정부는 Any-time, Any-where, Any-device, Any-network, Anyservice 환경에서 실현되는 정부를 지향한다. ○ ×

03 □□□   19 지방 7급
「전자정부법」에 따르면 행정기관의 장은 3년마다 해당 기관의 전자정부의 구현·운영 및 발전을 위한 기본계획을 수립하여야 한다. ○ ×

행정기관의 장은 5년마다 해당 기관의 전자정부의 구현·운영 및 발전을 위한 기본계획을 수립하여야 한다.

04 □□□   17 국가 7급(추)
우리나라는 현재 빅데이터 활성화를 목표로 한 기본법이 시행되고 있지만, 아직 지방자치단체의 조례는 제정되지 않았다. ○ ×

우리나라는 현재 빅데이터의 활용을 지능정보화기본법에서 규정하고 있으며, 지방자치단체의 경우에도 빅데이터 활용에 관한 조례를 제정·시행하고 있다.

05 □□□   16 국회 8급
스마트사회의 전자정부에서는 시민집단수요 중심의 맞춤형 전자정부서비스 제공을 강조한다. ○ ×

스마트사회의 전자정부는 시민개인수요 중심의 맞춤형 전자정부서비스 제공을 강조한다.

06 □□□   15 국가 9급(수정)
행정안전부장관은 관계 행정기관 등의 장과 협의하여 정보기술아키텍처를 체계적으로 도입하고 확산시키기 위한 기본계획을 수립하여야 한다. ○ ×

07 □□□   15 지방 9급
정부 3.0에서는 공공기관의 정보제공에 초점을 둔 정부 중심의 국가 운영 거버넌스를 의미한다. ○ ×

정부 3.0은 정부중심의 국가 운영 거버넌스가 아닌 공공데이터의 민간활용 활성화로 민관협치를 강화한다.

08 □□□   14 국가 7급
전자정부가 구현되는 과정에서는 직무 간 경계와 기능 간 경계가 점차 명확해진다. ○ ×

전자정부가 지향하는 조직의 구조는 직무와 기능 간의 경계가 융합된 수평적 네트워크 형태를 띠는 것이다.

정답 01 O   02 O   03 X   04 X   05 X   06 O   07 X   08 X

핵심 기출 문제

01 □□□ 2025 경찰승진

디지털플랫폼정부에 관한 설명으로 가장 적절하지 않은 것은?

① 현 정부는 디지털플랫폼정부 구현의 목표로 "모든 데이터가 연결되는 '디지털 플랫폼' 위에서 국민, 기업, 정부가 함께 사회문제를 해결하고 새로운 가치를 창출하는 정부"를 제시하고 있다.
② 효과적인 디지털플랫폼정부 구현을 위해서는 데이터기반행정과 증거기반 의사결정이 이루어져야 한다.
③ 현 정부는 '공동생산형 → 참여형 → 행정서비스형 → 행정정보화형'의 순서로 디지털플랫폼정부의 발전 계획을 수립·추진 중에 있다.
④ 디지털플랫폼정부의 성공을 위해서는 디지털 격차, 개인정보침해 등 지능정보사회의 역기능에 대한 통제 노력이 병행되어야 한다.

정밀해설

③ 디지털 플랫폼 정부의 발전 단계는 일반적으로 '행정 정보화형 → 참여형 → 행정 서비스형 → 공동 생산형' 순으로 발전한다.
① 현 정부는 디지털 플랫폼 정부 구현의 목표로 "모든 데이터가 연결되는 '디지털 플랫폼' 위에서 국민, 기업, 정부가 함께 사회 문제를 해결하고 새로운 가치를 창출하는 정부"를 제시하고 있다.
② 효과적인 디지털 플랫폼 정부 구현을 위해서는 데이터 기반 행정과 증거 기반 의사 결정이 이루어져야 한다.
④ 디지털 플랫폼 정부의 성공을 위해서는 디지털 격차, 개인 정보 침해 등 지능 정보 사회의 역기능에 대한 통제 노력이 병행되어야 한다.

정답 : ③

02 □□□ 2017 행정사

전자정부에 관한 설명으로 옳은 것을 모두 고른 것은?

> ㄱ. 전자정부는 정보통신기술을 활용하여 효율적인 행정, 질 높은 대민서비스, 투명하고 민주적인 정부를 구현하는 실천적인 수단이다.
> ㄴ. 우리나라 전자정부시스템에는 '정부민원포털(민원24)', '국가종합전자조달시스템(나라장터)', '전자통관시스템(UNI-PASS)' 등이 있다.
> ㄷ. 스마트워크센터는 출장지 등 원격지에서 업무가 가능하도록 정보통신기술기반의 원격업무시스템을 갖춘 사무공간을 말한다.
> ㄹ. 행정기관 등의 장은 원격지 간 업무수행을 할 때에는 온라인 영상회의를 우선적으로 활용하도록 노력하여야 한다.

① ㄱ, ㄴ
② ㄷ, ㄹ
③ ㄱ, ㄴ, ㄷ
④ ㄴ, ㄷ, ㄹ
⑤ ㄱ, ㄴ, ㄷ, ㄹ

정밀해설

⑤ ㄱ, ㄴ, ㄷ, ㄹ 모두 전자정부에 대한 내용이다.
ㄱ. [O] 전자정부는 정보기술을 이용해 행정업무를 혁신하고 국민에 대한 양질의 행정서비스를 효율적으로 제공하는 지식 정보 사회의 정부를 의미하는 것으로 효율적인 행정, 질 높은 대민서비스, 투명하고 민주적인 정부를 구현한다.
ㄴ. [O] 우리나라 전자정부의 사례로 민원24, 국민신문고, 나라장터, 전자통관시스템이 있으며, 민원24와 국민신문고는 G2C의 사례에, 나라장터와 전자통관시스템은 G2B의 사례에 해당한다.
ㄷ. [O] 스마트워크는 영상회의 등 정보통신기술을 이용해 시간과 장소의 제약 없이 업무를 수행하는 유연한 근무형태로 현장에서 업무를 처리하고 실시간으로 입력하기 때문에 효율성과 생산성이 제고된다.
ㄹ. [O] 행정기관 등의 장은 행정업무를 수행할 때 정보통신망을 이용한 온라인 영상회의 방식을 활용할 수 있으며, 원격지 간 업무수행을 할 때에는 온라인 영상회의를 우선적으로 활용하도록 노력하여야 한다(전자정부법 제32조).

정답 : ⑤

03

2016 국가 9급

정보화와 전자정부 등에 대한 설명으로 옳지 않은 것은?

① e-거버넌스는 모범적인 거버넌스를 실현하기 위하여 다양한 차원의 정부와 공공부문에서 정보통신기술의 잠재력을 활용하기 위한 과정과 구조의 실현을 추구한다.
② 웹 접근성이란 장애인 등 정보 소외계층이 웹사이트에 있는 정보에 접근할 수 있도록 편의를 제공하는 것을 말한다.
③ 빅데이터(big data)의 3대 특징은 크기, 정형성, 임시성이다.
④ 지역정보화 정책의 기본 목표는 지역경제의 활성화, 주민의 삶의 질 향상, 행정의 효율성 강화이다.

정밀해설

③ 빅데이터의 3대 특징은 크기, 다양성, 속도이다.
① e-거버넌스는 정부와 국민이 전자협치의 주체(공동생산자)가 되어 국민의 정부에 대한 높은 신뢰구축을 위해 정책결정과정에 국민이 직접 참여하도록 행정부문을 공개·확대하는 모형으로 전자정부를 활용한 거버넌스를 구현하여 직접민주주의의 가능성을 획기적으로 높이는데 의의를 둔다.
② 웹 접근성은 장애인, 고령자 등의 정보소외계층이 웹 사이트에서 제공하는 정보에 비장애인과 동등하게 접근하고 이해할 수 있도록 보장하는 제도이다.
④ 지역정보화 정책은 특정 지역을 대상으로 하는 지역 주도의 지역민을 위한 정보정책의 수립과 추진 뿐 아니라 국가 및 지자체 주도의 정보화를 포함하는 개념으로, 지역경제의 활성화·주민의 삶의 질 향상·행정의 효율성 강화를 기본목표로 한다.

▶ 전자정부 비교

구분	정부 1.0	정부 2.0	정부 3.0
방향	정부 중심	국민 중심	개개인 중심
행정서비스	일방향	양방향	양방향, 맞춤형
채널	직접 방문	인터넷	무선, 스마트 모바일
인터넷	Web 1.0	Web 2.0	Web 3.0
정부형태	전통 정부	전자정부	유비쿼터스

정답 : ③

04

2014 서울 7급

최근 정부의 정부 3.0에 대한 설명 중 옳지 않은 것은?

① 개방, 공유, 소통 및 협력을 핵심가치로 사용하고 있다.
② 인터넷 사용과 함께 정부와 국민의 면대면 접촉을 강화하는 전략을 강조하고 있다.
③ 정부의 직접참여보다는 민간의 능동적 참여를 유도하는 플랫폼 정부를 지향하고 있다.
④ 국민 개개인의 행복에 초점을 둔 맞춤형 서비스 제공을 강조하고 있다.
⑤ 부처 간 칸막이를 없애고 소통과 협력을 통한 일하는 방식의 개선을 강조하고 있다.

정밀해설

② 인터넷 사용과 함께 정부와 국민의 면대면 접촉을 강화하는 전략을 강조하는 것은 정부 1.0에 해당한다.
① 정부 3.0은 개방·공유·소통·협력이 핵심가치이다.
③ 플랫폼 정부란 정부가 직접 개입하지 않고, 민간의 능동적 참여를 유도하는 정부로서 정부 3.0의 지향점이다.
④ 실시간 맞춤형 서비스는 정부 3.0의 핵심요소이다.
⑤ 정부 3.0은 정부 내 칸막이를 해소하고 협업·소통 지원을 위한 정부운영 시스템 개선이 목표이다.

정답 : ②

적중 예상 문제

01 □□□

다음 중 정보화 사회의 역기능이 아닌 것은?

① 정보격차(digital divide)
② 인포데믹스(infordemics)
③ 집단극화(group plarization)
④ 모자이크 민주주의(mosaic democracy)

정밀해설

④ 모자이크 민주주의(mosaic democracy) 정보화 사회를 긍정적으로 평가한다.
① 정보격차는 정보를 가진자와 정보를 못가진자 사이의 격차와 차별현상을 의미한다.
② 대중적 정보의 무분별한 확산과 배포현상이다.
③ 집단극화는 집단의 의사결정이 개인의 의사결정보다 더 극단적인 방향으로 이행하는 현상으로 정치적 극단주의자들에 의해 네티즌들이 쉽게 동원 및 조직됨으로써 집단극화가 높아진다.

▶ 전자정부(행정정보화) 역기능

인포데믹스	정보의 무차별 확산으로 인한 사생활침해 등의 부작용을 의미
집단극화	집단의 의사결정이 개인의 의사결정보다 더 극단적인 방향으로 이행하는 현상
전자파놉티콘	전자 기기를 이용한 감시 체계로, 감시가 더욱 강화될 수 있음
선택적 정보접촉	정보의 범람 속에 유리한 정보만을 선별적으로 취하는 행태
정보격차	정보화 사회에서 중심적인 정보자원의 이용과 점유기회의 차이에서 발생하는 성, 세대, 계층, 지역 간 불평등

정답: ④

02 □□□

현행 지능정보화법과 관련된 내용으로 옳은 것은?

① 초연결지능정보통신망이란 정보통신 및 지능정보기술 관련 기기 서비스등이 언제 어디서나 연결되어 이용할수 있는 통신망이다.
② 지방자치단체 장은 지능정보화 책임관을 임명할수 없다.
③ 지능정보화법을 근거로 공공데이터에 대해 정부는 지능정보사회 구현을 위하여 원활한 유통과 활용이 필요한 데이터를 생산·수집 또는 보유하고 있는 국가기관등, 법인, 기관 및 단체를 지원할 수 있다.
④ 정부 및 공공부문의 데이터센터 구축 및 운영활성화 시책은 과학기술정보통신부 장관이 구축한다.

정밀해설

② 지방자치단체 장도 지능정보화 책임관을 임명할 수 있다.
③ 정부는 지능정보사회 구현을 위하여 원활한 유통과 활용이 필요한 다음 각 호의 데이터를 생산·수집 또는 보유하고 있는 국가기관등, 법인, 기관 및 단체를 지원할 수 있다. 다만, 공공데이터에 관한 사항은 「공공데이터의 제공 및 이용 활성화에 관한 법률」에 따른다(법 제43조).
④ 정부 및 공공부문의 데이터센터 구축 및 운영 활성화 시책은 행정안전부 장관이 구축한다.

정답: ①

03

빅데이터를 활용하여 정책과정에서 합리성을 제고하는 것에 대한 설명으로 가장 옳지 않은 것은?

① 미국 구글사의 독감확산 조기경보체계
② 싱가포르 정부의 재난방재, 테러감지, 전염병 확산 같은 불확실한 미래에 대비하기 위한 국가위험관리시스템(RAHS)
③ 한국석유공사의 국내유가예보서비스
④ 서울시 민원 공개(OPEN) 시스템

정밀해설
④ 서울시 민원 공개(OPEN) 시스템은 민원처리 온라인 공개시스템으로, 빅데이터 활용과는 관련이 없다.

▶ 빅데이터 글로벌 선진사례
1. 미국 국세청(2010)의 탈세 및 사기범죄 예방시스템
2. 한국석유공사(2011)의 국내 유가예보서비스
3. 미국 국립보건원의 유전자정보시스템
4. 미국 건강보험회사인 웰포인트의 진단가이드 라인
5. 미국 구글사의 독감확산 조기경보체계
6. 싱가포르의 국가위험관리시스템(질병, 금융위기 등)
7. 미국 연방수사국(FBI)의 범죄자유전자(DNA) 정보은행
8. 미국 샌프란시스코의 범죄 사전 예보체계

정답 : ④

04

유비쿼터스 정부에 대한 설명으로 옳지 않은 것은?

① 언제 어디서나 개인화되고 중단 없는 정보서비스를 제공한다.
② 개인의 관심사, 선호도 등에 따른 실시간 맞춤정보를 제공한다.
③ 추구하는 가치는 고객지향성, 실시간성이며 형평성은 제외된다.
④ 정보서비스를 가상공간에만 국한시키지 않고 물리적인 현실공간에까지 이용하려 한다.

정밀해설
③ 유비쿼터스 정부는 초기 전자정부 하에서 결여된 형평성까지도 추구할 수 있는 고도화된 전자정부이다.
① 언제 어디서나 개인화되고 중단 없는 정보서비스를 제공함으로써 부가적인 가치를 제공하는 정부이다.
② 개인의 관심사, 선호도 등에 따른 실시간 맞춤정보 제공으로 시민참여도가 제고되어 궁극적으로 투명한 정책결정과 행정처리가 가능해진다.
④ 유비쿼터스 정부는 물리적인 현실공간에까지 최대한 확대적용하려는 정부이다.

정답 : ③

해커스공무원 마니행정학 핵심테마 SWOT 119

PART 07
지방행정론

해커스공무원 학원·인강 gosi.Hackers.com

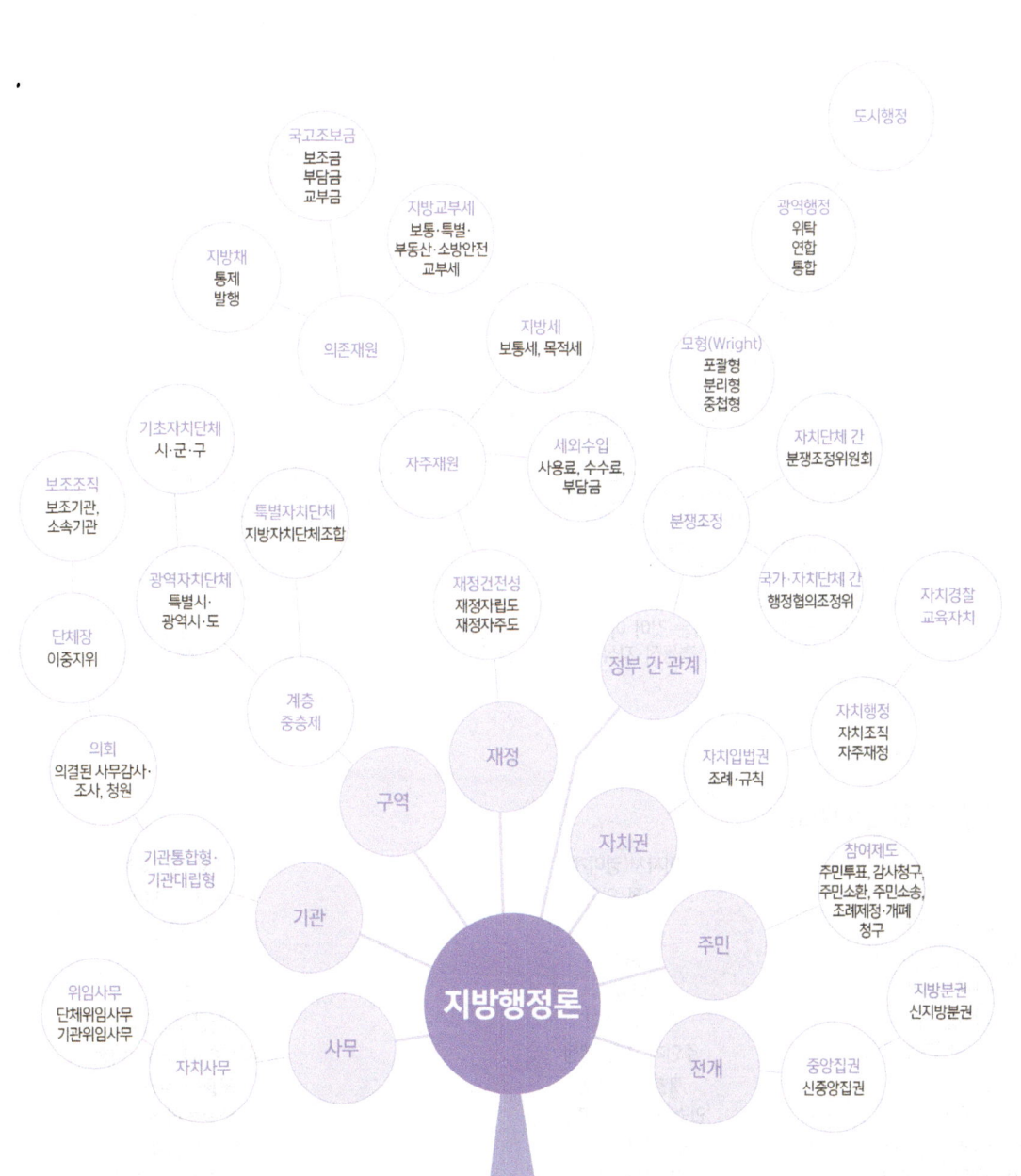

THEME 106 지방행정의 의의

1 지방행정의 전개

구분	16~18C	19C	20C	1980~
국가성격	절대군주국가	근대입법국가	행정국가	신행정국가
집권과 분권	중앙집권	지방분권	신중앙집권	신지방분권
지방자치	지방자치의 부정	지방자치의 발달 (영미 - 주민자치, 대륙 - 단체자치)	지방자치의 위기	지방자치의 발달
이념적 배경	중상주의(개입주의)	자유방임주의	케인즈 경제학	신자유주의
강조점	능률성	민주성	능률성과 민주성의 조화	세계화와 지방화

2 신중앙집권과 신지방분권

구분	신중앙집권화(행정국가)	신지방분권화(신행정국가)
개념	지방자치가 발달된 영미 국가에서 나타난 행정국가화 현상 및 광역행정 등으로 중앙과 지방의 새로운 협력관계로써 중앙역할이 강화되는 현상(1930~70년대)	세계화, 지식정보화라는 최근의 행정환경에서 나타나는 새로운 지방분권화의 흐름 → 지방의제21, 홈룰운동, 신연방주의
촉진요인	• 복지국가 실현을 위한 국민 최저수준 유지 • 행정사무의 전국화·광역화·복잡화의 경향 • 교통·통신발달로 인한 국민생활권 확대 • 지방정부의 양적·기술적 능력의 한계 • 광역행정과 경제적 규제의 필요성	• 지방정부의 권한과 책임의 강화 • 도시화의 진전으로 인한 지역분산의 가속화 • 신자유주의(지역 간 경쟁 강조) • 다품종 소량 생산체제에의 대응 • 행정의 현지성·지역적 특수성의 요청
특징	• 권력은 분산, 지식은 집중(J. S. Mill) • 기존의 지방자치를 부정하는 것이 아닌 기능적 협력관계 • 사회적·비권력적·지도적·협동적·지식적·기술적 집권	• 상대적·참여적·협조적·적극적 분권 • 국민최저실현과 시민최저실현의 동시 확보 • 중앙의 정책결정에 지방의 참여권 보장
이념	능률성과 민주성의 조화	

3 주민자치와 단체자치

구분	주민자치(영미계)	단체자치(대륙계)
자치의 의미	정치적 의미	법률적 의미
자치권 본질	고유권설	전래권설
자치권 인정 주체	주민	국가
자치권 범위	넓음	좁음
중시하는 권리	주민의 권리	자치단체의 권능
자치의 중점	주민에 의한 행정	자치단체에 의한 행정
권한부여 방식	개별적 수권형	포괄적 수권형
중앙통제 방식	입법·사법통제 중심	행정통제 중심
중앙-지방정부 관계	기능적 협력관계	권력적 감독관계
고유·위임사무 구분	구분하지 않음	엄격히 구분함
자치단체 성격	단일적 성격	이중적 성격
지방세제	독립세주의	부가세주의

OX 기출분석

01 ☐☐☐ 　　　　　　　　　　　　　　　　　　22 국가 7급
우리나라 지방자치 역사에서 1991년 지방선거에서 지방의회의원을 선출하였으나, 지방자치단체장 선거는 실시되지 않았다. 　　　○ ✕

해설: 1991년 선거에서 지방의원 선거가 이루어 졌다. 동시선거는 1995년이다.

02 ☐☐☐ 　　　　　　　　　　　　　　　　　　21 지방 7급
지방분권화가 확대되면서 사회적 인프라가 어느 정도 갖춰진 국가에서는 지역 간 평등한 공공서비스의 수요가 증가하고 있다. 　　　○ ✕

해설: 지역 간 평등한 공공서비스를 위해서는 중앙집권화가 필요하다.

03 ☐☐☐ 　　　　　　　　　　　　　　　　　　19 국가 7급
단체자치는 지방분권, 정치적 차원의 자치 등을 특성으로 한다. 　　　○ ✕

해설: 정치적 차원의 자치는 주민자치의 특징이다.

04 ☐☐☐ 　　　　　　　　　　　　　　　　　　18 교행 9급
지방분권은 중앙정부의 조정에 의해서 지역 간의 격차를 해소하는 데 도움이 될 것이다. 　　　○ ✕

해설: 중앙집권은 중앙정부의 조정에 의해서 지역 간의 격차를 해소하는 데 도움이 될 것이다.

05 ☐☐☐ 　　　　　　　　　　　　　　　　　　17 국회 8급
주민자치의 경우 지방자치단체는 지방의 자치행정기관으로서 이중적 지위를 갖는다. 　　　○ ✕

해설: 단체자치에 해당한다.

06 ☐☐☐ 　　　　　　　　　　　　　　　　　　15 서울 7급
단체자치는 지방자치단체와 국가와의 관계에 중점을 둔다. 　　　○ ✕

07 ☐☐☐ 　　　　　　　　　　　　　　　　　　12 국가 7급
유엔의 '리우선언'에 따른 환경보존행동계획은 신중앙집권화의 촉진요인에 해당한다. 　　　○ ✕

해설: 리우선언은 신지방분권화의 촉진요인에 속한다.

08 ☐☐☐ 　　　　　　　　　　　　　　　　　　12 군무원
지방자치는 지방정부 간의 경쟁 촉진, 정책 실험, 지역 간 형평성 강화 등의 장점을 지닌다. 　　　○ ✕

해설: 지방자치는 지역 간 형평성이 악화된다는 단점을 지닌다.

정답 01 O　02 X　03 X　04 X　05 X　06 O　07 X　08 X

THEME 106 지방행정의 의의

핵심 기출 문제

01 ☐☐☐　　　　　　　　　　　　2020 소방간부

단체자치와 주민자치에 대한 설명으로 옳은 것은?

① 주민자치는 주민에 의한 자치로서 대륙형 자치이다.
② 단체자치는 정치적 의미의 자치행정이다.
③ 주민자치는 고유사무와 위임사무의 구분이 명확하다.
④ 주민자치는 주민과의 관계에 중점을 두어 대내적 자치라고 부르기도 한다.
⑤ 단체자치에서는 자치단체가 국가의 일선기관으로서의 지위를 가지지 않는다.

정밀해설

④ 주민자치는 지방자치단체와 주민과의 관계에 초점을 두고 주민의 권리(참여)를 중시하므로 대내적 자치라고 한다. 한편 단체자치는 지방자치단체와 국가와의 관계에 초점을 두고 지방자치단체의 권능을 중시하므로 대외적 자치라고 한다.
① 대륙형 지방자치는 단체자치이다. 한편 주민자치는 주민에 의한 자치로서 영국·미국형 지방자치이다.
② 정치적 의미의 자치행정은 주민자치이다. 한편 단체자치는 법률적 의미의 자치이다.
③ 고유사무와 위임사무의 구분이 명확한 것은 단체자치이다. 한편 주민자치는 고유사무(자치사무)만 수행한다.
⑤ 단체자치에서는 지방자치단체가 위임사무도 수행하므로 일선기관으로서의 지위도 동시에 갖는다. 한편 주민자치에서는 고유사무만 수행하므로 지방자치단체의 지위만 갖는다.

정답: ④

02 ☐☐☐　　　　　　　　　　　　2018 교행 9급

지방분권의 장점에 관한 설명으로 옳은 것을 <보기>에서 고른 것은?

― < 보기 > ―
ㄱ. 지역의 특성을 살려 지역 실정에 맞는 행정을 수행할 수 있을 것이다.
ㄴ. 중앙정부의 조정에 의해서 지역 간의 격차를 해소하는 데 도움이 될 것이다.
ㄷ. 노사 간의 대립, 사회의 복잡화, 실업 등의 사회문제 해결에 도움이 될 것이다.
ㄹ. 정치훈련을 가능하게 하고 주민의 정치의식 수준이 향상될 것이다.

① ㄱ, ㄴ　② ㄱ, ㄹ　③ ㄴ, ㄷ　④ ㄷ, ㄹ

정밀해설

② ㄱ, ㄹ이 옳은 지문이다.
ㄱ. [O] 지방분권은 지역의 특성을 살리고 지역실정에 적응하는 행정이 가능하여 근린행정을 가능하게 해준다.
ㄹ. [O] 지방분권은 정치훈련을 가능하게 하고 주민의 민주적 정치의식을 확립시켜줄 수 있다.
ㄴ. [X] 중앙정부의 조정에 의해서 지역 간의 격차를 해소하는 것은 중앙집권을 초래한다.
ㄷ. [X] 노사 간의 대립, 사회의 복잡화, 실업 등의 전국적으로 공통된 사회문제 해결은 중앙집권을 통해 해결해야 하며 이는 신중앙집권화를 초래하는 요인에 해당한다.

정답: ②

03 ☐☐☐　　　　　　　　　　　　2008 선관위 9급

중앙집권과 지방분권의 측정지표로 활용할 수 없는 것은?

① 지방에 설치되어 있는 국가 소속 특별지방행정관서의 종류와 수
② 지방자치단체의 단체위임사무와 기관위임사무의 비율
③ 지방자치단체 중요 직위의 선임방식
④ 국가와 지방자치단체의 민원사무 처리의 비율

정밀해설

② 자치단체의 사무구성 비율에서 고유사무의 비율이 높을수록 지방분권적이고, 위임사무 특히 기관위임사무의 비율이 높을수록 중앙집권적이다.

▶ **중앙집권과 지방분권의 측정지표**

1. 특별지방행정관서의 종류와 수
2. 지방자치단체 중요 직위의 선임방식
3. 국가공무원과 지방공무원의 수
4. 국가재정의 총규모와 지방재정의 총규모
5. 지방자치단체의 예산편성·집행 및 회계에 대한 중앙정부의 통제의 폭과 심도
6. 고유사무, 단체위임사무 및 기관위임사무의 구성비율
7. 민원사무의 배분비율
8. 감사 및 보고의 횟수 등

정답: ②

적중 예상 문제

01 □□□

한국의 지방자치 발달에 대한 설명으로 옳지 않은 것은?

① 제1공화국 시기인 1958년에 시·읍·면장이 임명제로 전환되었다.
② 1961년 「지방자치에 관한 임시조치법」에 의해 '군'이 지방자치단체가 되었다.
③ 제3공화국은 지방자치 중단기의 시기였다.
④ 광역단체장의 선거는 1995년에 실시하였으나 기초의원선거는 김대중 정부 때부터 실시되었다.

보충
▶ 지방자치실시 형태 및 지방선거의 역사

구분	제1공화국		제2공화국	
	지방자치법 제정 (1949)	제2차 개정 (1956)	제4차 개정 (1958)	제5차 개정 (1960)
특별시장·도지사	임명제 (대통령 임명)	임명제	임명제	직선제
시·읍·면장	간선제 (지방의회 선출)	직선제	임명제	직선제
지방의원	직선제(명예직)	직선제	직선제	직선제
지방선거	제1차 지방선거(1952)	제2차 지방선거(1956) → 서울시의회 최초 구성	–	제3차 지방선거(1960) → 서울시장 최초 직선 → 모든 지방정부의 지방의회의원과 지자체장을 선거에 의해 구성

정밀해설
④ 1995년에 기초·광역자치단체 모두 동시선거가 실시되었다.
① 제1공화국 시기인 1956년 최초로 시·읍·면장의 직선제가 실시되었다가 1958년 지방자치법의 개정으로 다시 임명제로 전환되었다.
② 1961년에는 지방자치에 관한 임시조치법이 시행되면서 읍·면 자치제 대신 군 자치제를 채택하였다.
③ 제3공화국은 지방자치의 중단기였다.

정답 : ④

02 □□□

중앙정부와 지방정부 간의 기능배분을 엘리트론적 관점에서 설명한 것은?

① 중앙정부와 지방정부 간의 기능배분은 역사적으로 오랜 시일 진화과정을 거치면서 점진적으로 제도화되어 온 것으로서 행정적 합리성이 중요시되고 있다.
② 합리적 인간관과 엄격한 방법론적 개체주의 입장을 취하면서 중앙정부와 지방정부 간의 기능배분 문제도 개인의 후생을 극대화하고자 하는 시민과 공직자 개개인들의 합리적 선택행동에서 비롯되는 것으로 본다.
③ 자본주의 국가 내부의 정부수준 간 기능배분에 관해 구체적인 기준에는 바로 관심을 기울이지 않는다.
④ 정부수준 간 기능배분에 관한 이원국가론(dual state thesis)을 주장한다.

정밀해설
① 다원론에 대한 설명이다.
② 신우파론에 대한 설명이다.
③ 계급정치론에 대한 설명이다.

▶ Dunleavy의 중앙과 지방 간 기능배분이론

1. 다원주의: 중앙과 지방 간 기능배분을 ①과 같이 보는 전통적인 행정학 관점이다. 이와 같은 기능배분의 바탕에는 행정적 합리성의 증진이라는 원리가 작용해 왔다.
2. 신우파론: 합리적 인간관과 방법론적 개체주의 입장을 취하고 있는 공공선택론적 접근방식이며, 지방정부의 활동을 재배분정책, 배당정책, 개발정책의 세 가지 유형으로 구분한다.
3. 계급정치론: 자본주의 국가 내부의 정부수준 간 기능배분에 관한 구체적 기준에 별로 관심을 가지지 않는다.
4. 엘리트론: 대표적인 모형은 이원국가론(dual state thesis)이다.

정답 : ④

THEME 107 자치권

1 자주입법권

구분	조례	규칙
제정	지방의회	지방자치단체장
사무	자치사무 + 단체위임사무	자치사무 + 단체위임사무 + 기관위임사무
범위	법령의 범위 내에서 제정	법령이나 조례의 범위 내에서 제정
벌칙	규정 가능(단, 법률의 위임이 있을 때)	규정 못 함

2 자치조직권

부단체장, 행정기관, 공무원, 소속행정기관 등에 관한 사항을 대통령령으로 정함.

Mani DB 기준인건비제

특징	• 행정안전부에서 기준인건비 제시 (행정안전부장관은 매년 기준인건비를 산정하고, 전년도 12월 31일까지 각 지방자치단체장에게 통보) • 지자체별로 정원 자율 관리(자율 운영 범위 1~3% 추가 허용)
패널티 부여	기준인건비 + 자율 범위 초과 시 부여
교부세 반영 여부	• 기준인건비는 교부세 반영 • 자율 범위의 인건비는 교부세 미반영

3 자치재정권

① 예산결정권, 지방세에 대한 자주적 과세권, 자주적 기채권, 자치단체의 재산관리권 등
② 우리나라는 조세의 종목과 세율은 법률로 정하므로(헌법 제59조) 자주적 과세권,
   즉 법정외세제도를 인정하지 않음(조세법률주의).

자주재원주의	일반재원주의
• 세입의 자주성 • 재정자립도 중시 • 구조 강조	• 세출의 자주성 • 재정자주도 중시 • 규모 강조

4 자치사법권, 자치경찰제

① 우리나라의 경우 자치사법권은 인정되지 않음.
② 현재 자치경찰제 실시함.

OX 기출분석

01 ☐☐☐   21 국가 9급
지방자치단체는 조례를 위반한 행위에 대하여 조례로써 1,500만원 이하의 과태료를 정할 수 있다.   ○ ✕

해설
지방자치단체는 조례를 위반한 행위에 대하여 조례로써 1천만원 이하의 과태료를 정할 수 있다.

02 ☐☐☐   20 국가 9급
자치입법권은 지방의회만이 행사할 수 있는 전속적 권한이다.   ○ ✕

자치입법권은 지방자치를 위해 필요한 자치규약(조례와 규칙)을 제정할 수 있는 권리로, 조례제정권은 지방의회의 권한이지만 규칙제정은 지방자치단체의 권한이다.

03 ☐☐☐   19 국회 9급
지방자치단체는 법인이나 지방자치단체조합은 법인이 아니다.   ○ ✕

지방자치단체와 지방자치단체조합 모두 법인이다.

04 ☐☐☐   18 서울 9급
지방자치단체는 법령을 위반하여 그 사무를 처리할 수 없다.   ○ ✕

05 ☐☐☐   17 국회 8급
지방자치단체는 자치재정권이 인정되어 조례를 통해서 독립적인 지방 세목을 설치할 수 있다.   ○ ✕

우리나라의 경우 조세법률주의를 채택하고 있어 조례를 통해서 독립적인 지방 세목을 설치할 수 없다.

06 ☐☐☐   17 경찰간부
지방자치단체의 장은 재의결된 조례를 이송받은 후 5일 이내 공포하지 않을 경우 의장이 공포한다.   ○ ✕

07 ☐☐☐   14 지방 9급
지방자치단체의 장은 법령이나 조례가 위임한 범위에서 그 권한에 속하는 사무에 관하여 규칙을 제정할 수 있다.   ○ ✕

08 ☐☐☐   12 경찰간부
규칙과 조례가 충돌할 때에는 지방자치단체장의 입법권인 규칙이 조례에 우선한다.   ○ ✕

조례가 규칙에 우선한다.

정답   01 ✕   02 ✕   03 ✕   04 ○   05 ✕   06 ○   07 ○   08 ✕

핵심 기출 문제

01 □□□   2020 국가 9급

우리나라 지방자치에 대한 설명으로 옳은 것은?

① 자치사법권은 인정되고 있다.
② 지방자치단체의 예산안 편성권은 지방자치단체장에 속한다.
③ 자치입법권은 지방의회만이 행사할 수 있는 전속적 권한이다.
④ '세종특별자치시'와 제주특별자치도의 '제주시'는 기초자치단체로서 자치권을 가지고 있다.

정밀해설

② 지방자치단체장은 예산안을 편성할 수 있는 권한을 가진다.
① 자치사법권은 인정되지 않는다.
③ 자치입법권은 지방자치를 위해 필요한 자치규약(조례와 규칙)을 제정할 수 있는 권리로, 조례제정권은 지방의회의 권한이지만 규칙제정은 지방자치단체의 권한이다.
④ 세종특별자치시의 관할구역 안에는 군과 자치구를 둘 수 없고, 제주특별자치도의 제주시 또한 행정시로서 자치단체가 아니다.

정답: ②

02 □□□   2017 국회 8급

다음 중 우리나라 지방자치단체의 자치권에 대한 설명으로 옳지 않은 것은?

① 지방자치단체는 자치재정권이 인정되어 조례를 통해서 독립적인 지방세목을 설치할 수 있다.
② 행정기구의 설치는 대통령령이 정하는 범위 안에서 지방자치단체의 조례로 정한다.
③ 자치사법권이 부여되어 있지 않다.
④ 중앙정부가 분권화시킨 결과가 지방정부의 자치권 확보라고 할 수 있다.
⑤ 중앙과 지방의 기능배분에 있어서 포괄적 예시형 방식을 적용한다.

정밀해설

① 우리나라의 경우 조세법률주의를 채택하고 있어 조례를 통해서 독립적인 지방 세목을 설치할 수 없다. 다만, 지방세 탄력세율과 같은 자치재정권은 인정된다.
② 행정기구의 설치와 지방공무원의 정원은 대통령령으로 정하는 기준에 따라 그 지방자치단체의 조례로 정한다.
③ 우리나라의 경우 자치사법권은 인정하지 않고 있다.
④ 지방자치권은 국가의 전체적 통일을 전제로 하지만, 국가의 무제한의 간섭을 배제하고 그 존립목적을 실현하기 위하여 갖는 일정한 범위의 권한으로 국가 또는 중앙정부와의 관계속에서 그 지방의 문제를 주민이 스스로 처리하도록 하는 권리를 의미한다.
⑤ 우리나라의 경우 1988년 이후 지방자치법 규정에 의해 예시적 포괄수권방식을 적용한다.

정답: ①

03

2015 교행 9급

우리나라 자치입법권에 관한 설명으로 옳은 것은?

① 규칙과 조례가 충돌할 때는 지방자치단체장의 입법권인 규칙이 조례에 우선한다.
② 지방자치단체는 조례로 주민의 권리 제한에 관한 사항을 법률의 위임 없이 제정할 수 있다.
③ 지방자치단체는 조례를 위반한 행위에 대하여 조례로써 1천만 원 이하의 과태료를 정할 수 있다.
④ 지방자치단체의 격이 변경된 경우, 그 단체장은 필요한 사항에 대하여 종래 그 지역에 시행되던 조례나 규칙을 시행할 수 없기 때문에 새로운 규칙과 조례를 제정하여야 한다.

정밀해설

③ 지방자치단체는 조례로써 조례위반행위에 대하여 1천만 원 이하의 과태료를 정할 수 있다.
① 규칙과 조례가 충돌할 때는 조례가 우선한다.
② 지방자치단체의 조례는 주민의 권리를 제한하는 사항에 대해서는 개별 법률의 위임이 있는 경우에만 가능하다.
④ 지자체의 격이 변경된 경우, 단체장은 필요한 사항에 대해 새로운 규칙과 조례가 제정될 때까지 종래 그 지역에 시행되던 조례나 규칙을 시행할 수 있다.

정답 : ③

04

2025 국가 9급

지방자치 이론에 대한 설명으로 옳지 않은 것은?

① 피터슨(Peterson)의 도시한계론은 엘리트론과 다원론의 정치적 자율주의 관점과 달리 시장경제의 구조적 요인을 강조하였다.
② 티부(Tiebout)는 주민들의 자유로운 이동을 통해 지방정부가 제공하는 공공서비스를 선택함으로써 효율적인 자원배분이 가능하다고 보았다.
③ 로즈(Rhodes)의 권력의존모형은 정부 간 관계에서 지방의 중앙에 대한 의존을 강조하여 상호 의존적 관계를 부정하였다.
④ 엘코크(Elcock)의 정부 간 관계 모형 중 대리인 모형은 중앙정부가 지방정부를 권력적으로 통제한다고 본다.

정밀해설

③ 로즈(Rhodes)는 정부 간의 상호작용을 '자원의 교환과정'으로 파악하여, 중앙정부와 지방정부는 상호의존하게 된다고 본다.
① 피터슨은 시장경제의 구조적 요인을 강조하면서, 도시정부가 자율적인 복지나 재분배 정책을 펴기 어렵고, 경제성장 중심의 정책에 치우칠 수밖에 없는 구조적 한계를 주장하였다.
② 티부는 발에 의한 투표모형에서 지방정부간 경쟁에 의한 효율적 배분을 주장하였다.
④ 엘코크는 대리자모형은 지방정부가 중앙정부에 종속한다고 보았다.

정답 : ③

적중 예상 문제

01

조례에 관한 설명으로 적절하지 않은 것은?

① 지방의회는 조례를 통하여 조세의 종목과 세율을 자체적으로 결정할 수 없다.
② 조례가 규율하는 특정사항에 관하여 그것을 규율하는 기존의 법령이 있으면 지방적 특수성을 반영한 추가적 내지 초과적인 조례를 제정하는 것은 원칙적으로 금지되어 있다.
③ 조례는 상위 법령이나 상위 자치단체의 조례를 위반하여 제정될 수 없다.
④ 주민의 권리제한 또는 의무부과에 관한 사항이나 벌칙을 정할 때는 법률의 위임이 있어야 한다.

정밀해설

② 지방적인 특수성을 반영한 추가조례 또는 초과조례 등을 제정할 수 있다.
① 현행법상 법정외세제도를 인정하지 않으므로 조례를 통해 조세의 종목과 세율을 정하는 것은 금지되어 있다.
③ 조례의 상위법 우위의 원칙에 대한 설명이다.
④ 주민의 권리제한이나 의무부과에 관한 사항이나 벌칙을 정할 때에는 법률의 위임을 필요로 한다.

정답 : ②

02

지방자치단체의 규칙에 대한 설명으로 옳지 않은 것은?

① 조례의 실시를 위해 필요한 사항도 규칙으로 제정할 수 있다.
② 시장, 군수가 정하는 규칙은 시·도의 조례나 시·도지사가 제정하는 규칙을 위반할 수 없다.
③ 집행기관의 직제나 기관위임사무 처리에 관한 것은 규칙으로 정한다.
④ 조례로 정할 사항에 대해 조례가 그 세부사항을 규칙으로 정하도록 위임할 수 없다.

정밀해설

④ 조례로 정할 사항에 대해 조례가 그 세부사항을 규칙으로 정하도록 위임할 수 있다.
① 조례가 규칙에 위임한 사항 또는 조례의 실시를 위하여 필요한 사항도 규칙으로 제정이 가능하다.
② 시장, 군수, 구청장이 정하는 규칙은 시·도의 조례나 시·도지사가 제정하는 규칙을 위반하여서는 안 된다.
③ 조례의 시행에 필요한 사항이나 고유사무, 단체위임사무뿐 아니라 기관위임사무에 관한 사항도 규칙으로 정할 수 있다.

정답 : ④

03

지방자치권에 대한 설명으로 옳지 않은 것은?

① 자치단체의 정원관리 자율성을 높이기 위해 기준인건비제를 도입하였다.
② 자치행정권의 사무는 고유사무와 단체위임사무를 포괄하는 것이 지배적 견해이다.
③ 일반재원주의는 세입의 자주성을 강조해 재정자립도를 중시한다.
④ 부단체장·행정기관·소속행정기관 등에 관한 사항은 대통령령으로 정하게 되어 있으나, 그 범위는 매우 좁다.

정밀해설

③ 일반재원주의는 구조보다 규모를 강조하고 세입보다는 세출의 자주성을 강조하며 재정 자주도를 중시한다.
① 기준인건비제도는 자치단체의 자율성을 높이기 위해 도입된 제도로 자치단체별로 정원관리의 운영범위를 1~3%로 확대하여 기존보다 자치단체에 더 많은 자율권을 부여하였다.
② 자치행정권은 자치단체가 배분된 기능을 국가의 관여나 감독 없이 자주적으로 처리할 수 있는 권한을 말하는데, 자치행정권의 사무는 고유사무와 단체위임 사무를 포함하지만 기관위임사무는 제외한다.
④ 지방자치법 제110조(부지사·부시장·부군수·부구청장)에 따르면 "부단체장의 정수는 대통령령으로 정하고 또한 대통령령으로 정하는 바에 따라 정무직 또는 일반직 국가공무원으로 보한다."라고 명시되어 있다. 또한, 지방자치법 제113조(직속기관)에 따르면 "지방자치단체는 그 소관 사무의 범위 안에서 필요하면 대통령령이나 대통령령으로 정하는 바에 따라 지방자치단체의 조례로 직속기관을 설치할 수 있다."라고 명시되어 있다.

정답 : ③

04

우리나라 지방자치단체의 권한에 대한 설명으로 옳지 않은 것은?

① 지방자치단체는 법령이나 상급 지방자치단체의 조례를 위반하여 그 사무를 처리할 수 없다.
② 지방자치단체는 법령의 개별위임이 없는 한, 자치단체장의 규칙으로 주민의 권리제한 또는 의무부과를 규정할 수 없다.
③ 지방자치단체는 조례와 규칙으로 정하는 바에 따라 지방세를 부과·징수할 수 있다.
④ 지방자치단체장은 따로 법률이 정하는 바에 의하여 지방채를 발행할 수 있다.

정밀해설

③ 조세법정주의에 의해 법률에 따라 부과·징수할 수 있다.
① 지방자치법 제8조의 내용으로 지방자치단체는 법령이나 상급 지방자치단체의 조례를 위반하여 그 사무를 처리할 수 없다.
② 지방자치단체장의 규칙제정권의 한계이다.
④ 지방자치단체장의 자치재정권과 관련된다.

정답 : ③

THEME 108 지방자치단체의 계층과 구역

1 계층구조

구분	단층제	중층제
장점	· 이중행정과 이중감독의 폐단 방지 · 행정책임의 명확화 · 각 자치단체의 특수성과 개별성 존중 · 국가 – 지방 간 의사소통의 원활화·신속화	· 행정기능의 수직적 분업체계 (기초: 전술적 기능, 광역: 전략적 기능) · 기초자치단체의 능력부족 시 광역자치단체가 처리 · 민주주의의 원리 확산 · 국가의 감독기능을 유지
단점	· 국토가 넓고 인구가 많은 나라에서는 곤란 · 중앙집권화 우려 · 광역적 행정수행 시 부적합 · 국가가 모든 자치단체를 감독하기 곤란	· 이중행정과 이중감독의 폐단 · 불명확한 행정책임 · 광역자치단체의 획일적 수행(특수성 무시) · 국가 – 지방 간 의사소통의 왜곡·누수

2 보통지방자치단체

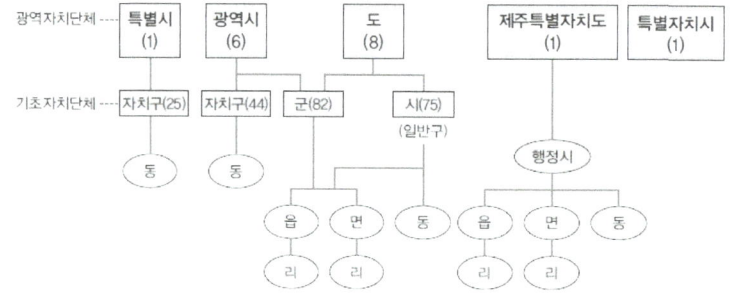

3 구역 개편

구분	형식	대상 및 절차
자치구역(광역, 기초)	법률	명칭변경, 구역변경, 폐치분합 (지방의회 의견청취 필요, 단, 주민투표를 거친 경우 제외)
	대통령령	경계변경, 한자명칭변경
행정구역 (자치구가 아닌 구, 읍, 면, 동, 리)	조례	폐치분합(행정안전부장관의 승인)
		명칭변경, 구역변경(시·도지사에게 보고)

4 특별지방자치단체

지방자치법 제199조(설치)
① 2개 이상의 지방자치단체가 공동으로 특정한 목적을 위하여 광역적으로 사무를 처리할 필요가 있을 때에는 특별지방자치단체를 설치할 수 있다. 이 경우 특별지방자치단체를 구성하는 지방자치단체는 상호 협의에 따른 규약을 정하여 구성 지방자치단체의 지방의회 의결을 거쳐 행정안전부장관의 승인을 받아야 한다.
② 특별지방자치단체는 법인으로 한다.
④ 특별지방자치단체를 설치하기 위하여 국가 또는 시·도 사무의 위임이 필요할 때에는 구성 지방자치단체의 장이 관계 중앙행정기관의 장 또는 시·도지사에게 그 사무의 위임을 요청할 수 있다.
⑤ 행정안전부장관은 공익상 필요하다고 인정할 때에는 관계 지방자치단체에 대하여 특별지방자치단체의 설치, 해산 또는 규약 변경을 권고할 수 있다. 이 경우 행정안전부장관의 권고가 국가 또는 시·도 사무의 위임을 포함하고 있을 때에는 사전에 관계 중앙행정기관의 장 또는 시·도지사와 협의하여야 한다.

OX 기출분석

01 　　　　　　　　　　　　　　　　　　　　　　　　　22 국가 7급
지방자치법상 인구 30만 이상의 시에 대해서는 도가 처리하는 사무의 일부를 직접 처리하게 할 수 있다.　　○ ×

> **해설**
> 인구 50만 이상의 시에 대해서이다.

02 　　　　　　　　　　　　　　　　　　　　　　　　　19 경찰간부
중층제는 국가의 감독기능 유지를 어렵게 한다.　　○ ×

> 중층제는 기초지방정부에 대해 상급지방정부가 일차적 감독기관의 역할을 함으로써 국가의 감독기능을 원활하게 한다.

03 　　　　　　　　　　　　　　　　　　　　　　　　　17 국가 9급
자치계층은 주민공동체의 정책결정 및 집행의 단위로서 정치적 민주성 가치가 중요시된다.　　○ ×

04 　　　　　　　　　　　　　　　　　　　　　　　　　16 서울 7급
지방자치단체의 명칭과 구역을 바꾸거나 지방자치단체를 폐지, 설치, 분리, 통합할 때에는 법률로 정한다.　　○ ×

05 　　　　　　　　　　　　　　　　　　　　　　　　　14 지방 7급
지방자치단체의 한자 명칭의 변경은 대통령령으로 정한다.　　○ ×

06 　　　　　　　　　　　　　　　　　　　　　　　　　11 국가 9급
단층제는 중층제보다 중복행정으로 인한 행정지연과 낭비를 줄일 수 있다.　　○ ×

07 　　　　　　　　　　　　　　　　　　　　　　　　　11 국가 9급
중층제는 단층제보다 행정책임을 보다 명확하게 할 수 있다.　　○ ×

> 중층제는 동일 관할 구역 내 유사 또는 동일 업무의 동시적 추진으로 인해 책임성 확보가 곤란하다는 문제가 발생할 수 있다.

08 　　　　　　　　　　　　　　　　　　　　　　　　　11 지방 9급
제주특별자치도는 국가경찰과 자치경찰 간 사무분담 등의 사항을 심의·의결하기 위해서 제주특별자치도지사 소속하에 치안행정위원회를 둔다.　　○ ×

정답 01 X 02 X 03 O 04 O 05 O 06 O 07 X 08 O

핵심 기출 문제

01
2022 국가 9급

특별지방자치단체에 대한 설명으로 옳지 않은 것은?

① 2개 이상의 지방자치단체가 공동으로 특정한 목적을 위하여 광역적으로 사무를 처리할 필요가 있을 때에는 특별지방자치단체를 설치할 수 있다.
② 보통의 지방자치단체와 같이 법인격을 갖는다.
③ 특별지방자치단체의 의회는 규약으로 정하는 바에 따라 구성 지방자치단체의 의회 의원으로 구성한다.
④ 구성 지방자치단체의 장은 「지방자치법」상 겸임 제한 규정에 의해 특별지방자치단체의 장을 겸할 수 없다.

정밀해설

④ 구성 특별지방자치단체의 장은 「지방자치법」상 겸임 제한 규정(제109조)에도 불구하고 특별지방자치단체의 장을 겸할 수 있다.

지방자치법 제205조(집행기관의 조직 등) ① 특별지방자치단체의 장은 규약으로 정하는 바에 따라 특별지방자치단체의 의회에서 선출한다.
② 구성 지방자치단체의 장은 제109조에도 불구하고 특별지방자치단체의 장을 겸할 수 있다.

① 특별지방자치단체는 2개 이상의 지방자치단체가 공동으로 특정한 목적을 위하여 광역적으로 사무를 처리할 필요가 있을 때 설치할 수 있다.
② 특별지방자치단체는 법인으로 하며, 법인격을 갖는다.

동법 제199조(설치) ① 2개 이상의 지방자치단체가 공동으로 특정한 목적을 위하여 광역적으로 사무를 처리할 필요가 있을 때에는 특별지방자치단체를 설치할 수 있다. 이 경우 특별지방자치단체를 구성하는 지방자치단체(이하 "구성 지방자치단체"라 한다)는 상호 협의에 따른 규약을 정하여 구성 지방자치단체의 지방의회 의결을 거쳐 행정안전부장관의 승인을 받아야 한다.
③ 특별지방자치단체는 법인으로 한다.

③ 특별지방자치단체의 의회는 규약으로 정하는 바에 따라 구성 지방자치단체 의회의 의원으로 구성한다.

동법 제204조(의회의 조직 등) ① 특별지방자치단체의 의회는 규약으로 정하는 바에 따라 구성 지방자치단체의 의회 의원으로 구성한다.

정답 : ④

02
2017 국가 9급

우리나라의 지방자치계층에 대한 설명으로 옳지 않은 것은?

① 제주특별자치도는 자치계층 측면에서 단층제로 운영되고 있다.
② 자치계층은 주민공동체의 정책결정 및 집행의 단위로서 정치적 민주성 가치가 중요시된다.
③ 세종특별자치시의 관할구역으로 자치구를 둘 수 있다.
④ 자치계층으로 군을 두고 있는 광역시가 있다.

정밀해설

③ 지방자치법 제3조의 경우 특별자치시에는 자치구와 군을 둘 수 있도록 하고 있지만, 세종특별자치시 설치 등에 관한 특별법에 따르면 세종특별자치시에 자치구를 두지 않는다고 명시되어 있다.
① 제주특별자치도의 경우 자치계층은 1계층이고 행정계층은 3~4계층이다.
② 자치계층은 정치적 민주성을 위해 지방자치단체의 자치권이 미치는 지역적 범위로, 주민공동체의 정책결정 및 집행의 단위가 된다.
④ 부산광역시 기장군, 인천광역시 옹진군이 그 예에 해당한다.

정답 : ③

03

2016 서울 7급

「지방자치법」상 보조기관과 하부 및 소속행정기관에 대한 설명으로 가장 옳은 것은?

① 자치구가 아닌 구에 읍, 면, 동을 직속기관으로 둘 수 있다.
② 서울특별시를 제외한 광역지방자치단체는 인구와 관계 없이 2명의 부단체장을 둔다.
③ 서울특별시는 3명의 범위 내에서 부단체장을 둔다.
④ 지방자치단체는 보조기관으로 소방 및 교육훈련기관을 설치할 수 있다.

정밀해설

③ 인구 800만 이상의 광역시나 도는 3명의 부단체장을 두며, 서울특별시는 3명을 넘지 아니하는 범위에서 대통령령으로 정한다.
① 자치구가 아닌 구에 두는 읍, 면, 동은 직속기관이 아니라 하부행정기구에 해당한다(지방자치법 제120조).
② 광역지방자치단체라 하더라도 800만 이상인 경우 3인 이내, 그 외의 경우는 2인의 범위 내에서 두도록 되어 있어 인구에 따른 차이가 존재한다.
④ 소방 및 교육훈련기관은 직속기관에 해당한다(지방자치법 제113조).

정답 : ③

04

2016 서울 7급 지자론

다음 중 지방자치단체의 관할구역에 대한 설명으로 가장 옳은 것은?

① 지방자치단체의 명칭과 구역을 바꾸거나 지방자치단체를 폐지, 설치, 분리, 통합할 때에는 법률로 정한다.
② 지방자치단체의 관할 구역 경계변경과 한자 명칭의 변경은 조례로 정한다.
③ 자치구가 아닌 구와 읍·면·동의 명칭과 구역을 폐지, 설치, 분리, 통합할 때에는 대통령령으로 정한다.
④ 지방자치단체의 구역을 통합할 때에는 행정안전부가 그 사무와 재산을 승계한다.

정밀해설

① 지방자치단체의 명칭과 구역을 바꾸거나 지방자치단체를 폐치분합 할 때에는 법률로 정한다.
② 지방자치단체의 관할 구역 경계변경과 한자 명칭의 변경은 대통령령으로 정한다.
③ 자치구가 아닌 구와 읍·면·동의 명칭과 구역을 폐지, 설치, 분리, 통합할 때에는 조례로 정한다.
④ 지방자치단체의 구역을 변경하거나 지방자치단체를 폐지하거나 설치하거나 나누거나 합칠 때에는 새로 그 지역을 관할하게 된 지방자치단체가 그 사무와 재산을 승계한다.

정답 : ①

적중 예상 문제

01 ☐☐☐

현행 지방자치단체에 대한 설명으로 옳은 것은?

① 광역시 경계 안에 자치구는 둘 수 있지만, 군은 둘 수 없다.
② 특별자치도의 경우 행정시장을 도지사가 임명한다.
③ 세종특별자치시의 관할구역 안에는 기초자치단체를 둔다.
④ 인구 50만 이상 시에는 자치구를 둘 수 있다.

정밀해설

② 특별자치도의 행정시장은 도지사가 임명한다.
① 광역시 경계 안에 군을 둘 수 있다.
③ 세종특별자치시의 관할구역에는 기초자치단체(시·군·구)를 두지 않는다.
④ 인구 50만 이상 시에는 자치구를 둘 수 없으나, 행정구는 둘 수 있다.

정답 : ②

02 ☐☐☐

우리나라 자치단체의 종류에 관한 설명으로 옳지 않은 것은?

① 광역시는 자치구와 군을 둘 수 있는 반면, 특별시는 자치구만 둘 수 있다.
② 제주특별자치도는 지방자치단체인 제주시와 서귀포시를 두고 있다.
③ 지방자치단체조합은 특별지방자치단체의 지위를 가질 수 있다.
④ 인구 50만 명 이상의 시에서 자치구가 아닌 구를 두는 경우 도의 일부 사무를 직접 처리할 수 있다.

정밀해설

② 제주특별자치도에 있는 서귀포시와 제주시는 자치시가 아니라 행정시이다.
① 광역시는 군을 둘 수 있다.
③ 지방자치단체조합은 법인으로서 특별지방자치단체의 지위를 갖는다.

정답 : ②

03

우리나라 지방자치제도의 계층구조에 대한 설명으로 옳지 않은 것은?

① 보통지방자치단체와 특별지방자치단체로 나눈다.
② 우리나라의 자치계층은 2계층이지만, 행정계층은 3계층이다.
③ 시-군-구에 대한 시-도의 통제기능으로 인해 갈등이 발생한다.
④ 중층 구조로 인해 행정비용이 증대되고 의사전달 왜곡이 발생한다.

정밀해설

② 자치계층은 1~2계층이고, 행정계층은 3~4계층이다.

▶ **단층제 vs 중층제**

1. 단층제(single-tier system): 하나의 구역 안에 단일의 자치단체만이 있는 구조
2. 중층제(multi-tier system)
   - 하나의 구역 안에 여러 자치단체가 중첩되어 있는 구조로서 2계층제(대부분의 나라)·3계층제·4계층제·5계층제 등이 있으며, 보통 유럽 대륙계 국가는 영미계 국가보다 계층이 많다.
   - 우리나라의 경우 ⓐ 자치계층(광역자치단체 - 기초자치단체)은 2계층제이며, ⓑ 행정계층은 특별시의 경우 3계층제(특별시-자치구-동)이고 광역시와 도의 경우 3계층제 또는 4계층제(광역시 또는 도-군-읍·면-리)이다. ⓒ 단, 제주특별자치도의 경우 자치계층은 1계층이고 행정계층은 3~4계층이다.

정답 : ②

04

지방자치단체의 경계 및 명칭 변경 또는 폐치분합에 대한 설명 중 옳은 것은?

① 기초자치단체의 구역변경 및 통폐합은 조례에 의한다.
② 시·군 및 자치구의 관할구역 경계변경은 법률로 정한다.
③ 읍·면·동의 명칭과 구역을 변경하거나 폐치·분합할 때에는 법률에 의한다.
④ 광역자치단체의 명칭 및 구역 변경은 법률에 의한다.

정밀해설

④ 광역자치단체의 명칭 및 구역변경은 법률에 의한다.
① 기초자치단체의 구역변경, 통폐합은 법률에 의한다.
② 시·군 및 자치구의 관할구역 경계변경은 대통령령으로 정한다.
③ 지방자치단체의 명칭 및 구역변경, 통폐합은 법률에 의하지만 읍·면·동은 자치단체가 아니므로 당해 자치단체의 조례로 정한다.

정답 : ④

THEME 109 자치단체 사무

1 사무종류

구분	자치사무	단체위임사무	기관위임사무
개념	자치단체의 책임과 부담을 처리하는 사무	개별적 법령근거에 의하여 자치단체에 위임된 사무	포괄적 법령근거에 의하여 자치단체의 집행기관에 위임된 사무(대부분)
사무처리주체	자치단체	자치단체	자치단체장(일선기관장의 지위)
결정주체	지방의회(자치단체 본래의 사무)	지방의회(자치단체 자체에 위임)	국가(집행기관에 위임) ※ 지방의회 관여 불가 (다만, 경비부담 시 관여 가능)
예시	학교, 병원, 도서관, 도로, 상하수도, 주택, 쓰레기, 도시계획, 소방 등	보건소의 운영·각종 예방접종, 시·군의 재해구호, 생활보호, 국도·하천유지 및 보수, 조세·공과금 징수위임사무 등	국회의원 선거, 행정경찰, 면허, 인구조사, 지적, 도량형 등
국가의 감독	합법성 중심의 교정적(사후) 감독	합법성과 합목적성의 교정적 감독	교정적 감독 + 예방적 감독
경비의 부담	자치단체 전액 부담(자치 사무처리) ※ 보조금 = 장려금 성격	공동 부담(지역적·전국적 이해관계) ※ 보조금 = 부담금 성격	국가 전액 부담 ※ 보조금 = 교부금 성격

2 우리나라 사무배분의 원칙

① 비경합성의 원칙
② 기초자치단체 우선의 원칙
③ 보충성의 원칙
④ 일괄성의 원칙

3 사무 배분 방식

구분	개별적 수권방식	포괄적 수권방식	절충적 수권방식
장점	① 각 자치단체별 특수성 고려 ② 개별적으로 주어진 사무에 대해서는 중앙정부의 간섭을 배제(자치권 확장) ③ 각 자치단체의 책임한계 명확	① 배분방식 간편 ② 사무를 상황에 따라 주체를 달리할 수 있으므로 운영에 있어서 유연성 확보	개별적 수권방식의 단점(경직성)과 포괄적 수권방식의 단점(사무구분의 모호성과 중앙정부의 간섭)을 보완한 방식으로서 사무를 예시하되, 모든 자치단체에 포괄되는 사무를 배분
단점	① 각 자치단체별로 사무를 구체적으로 지정해 주므로 운영상 유연성 저해 ② 개별법 제정에 따른 업무부담이 큼. ③ 지나친 개별성의 남용으로 통일성을 저해	① 자치단체의 특수성을 고려하기 곤란 ② 각 사무에 대한 명확한 구별이 없어 사무의 중복과 혼란 발생 ③ 중앙정부가 자치사무영역까지 무제한적인 통제 우려	

OX 기출분석

01 ☐☐☐ 23 지방 9급
기관위임사무의 처리에 드는 경비는 중앙정부와 지방정부가 공동 부담하는 것이 원칙이다. ○ ×

해설: 기관위임사무의 경비는 전액 위임기관이 부담하는 것이 원칙이다.

02 ☐☐☐ 20 국가 9급
보건소의 운영업무와 병역자원의 관리업무는 대표적인 기관위임사무이다. ○ ×

해설: 보건소의 운영업무는 단체위임사무에, 병역자원의 관리업무는 기관위임사무에 해당한다.

03 ☐☐☐ 20 국회 8급
기관위임사무는 지방자치단체의 장과 지방의회가 공동으로 수임주체가 된다. ○ ×

해설: 지방자치단체의 장과 지방의회가 공동으로 수임주체가 되는 것은 단체위임사무이다.

04 ☐☐☐ 17 사복 9급
기관위임사무에 소요되는 비용은 원칙적으로 자치단체와 위임기관이 공동으로 부담한다. ○ ×

해설: 기관위임사무에 소요되는 비용은 원칙적으로 위임기관이 전액 부담하는 것이 원칙이다.

05 ☐☐☐ 16 국가 9급
우리나라는 지방자치단체의 의사를 결정하는 의결기관과 의사를 집행하는 집행기관을 이원적으로 구성하는 기관대립(분립)형이다. ○ ×

06 ☐☐☐ 14 국가 9급
자치사무는 지방의회의 관여(의결, 사무감사 및 조사) 대상이지만, 단체위임사무와 기관위임사무는 관여 대상이 아니다. ○ ×

해설: 지방의회의 관여 대상에 포함되는 사무는 자치사무와 단체위임사무이며, 기관위임사무는 제외된다.

07 ☐☐☐ 14 국가 9급
단체위임사무는 법령에 의해 하급 자치단체장에게 위임된 사무이며, 기관위임사무는 법령에 의해 국가 또는 다른 자치단체로부터 위임된 사무이다. ○ ×

해설: 단체위임사무는 법령에 의해 '자치단체'에 위임된 사무이며, 기관위임사무는 법령에 의해 '자치단체의 장(집행기관)'에게 위임된 사무이다.

08 ☐☐☐ 14 국가 9급
자치사무와 단체위임사무의 처리를 위해 자치단체는 조례를 제정하는 것이 가능한데, 기관위임사무는 원칙적으로 조례제정 대상이 아니다. ○ ×

정답 01 X 02 X 03 X 04 X 05 O 06 X 07 X 08 O

핵심 기출 문제

01
2020 국회 8급

지방자치단체가 수행하는 기관위임사무에 대한 설명으로 옳은 것은?

① 기관위임사무의 처리에 필요한 경비는 수임한 지방자치단체가 전액 부담한다.
② 상·하수도 설치 및 관리, 도시계획사업의 시행, 소비자 보호 및 저축장려는 기관위임사무이다.
③ 기관위임사무는 지방자치단체의 장과 지방의회가 공동으로 수임주체가 된다.
④ 지방자치단체가 그 권한에 속하는 사무의 일부를 소속 행정기관에 위임할 때는 개별적인 법령의 근거가 필요하지 않다.
⑤ 지방의회는 자치단체의 기관위임사무를 지휘할 수 있는 권한이 있다.

정밀해설

④ 기관위임사무는 개별법령의 근거 없이 자치단체장에게 위임된 국가사무로, 조례나 규칙으로 정하는 바에 따라 그 권한에 속하는 사무의 일부를 보조기관, 소속 행정기관, 하부행정기관에 위임할 수 있다.
① 기관위임사무의 경비는 전액 국가가 부담하는 것이 원칙이다.
② 모두 기관위임사무가 아니라 「지방자치법」 제9조의 규정에 의한 자치단체의 사무(자치사무와 단체위임사무)에 속한다.
③ 자치단체의 장과 지방의회가 공동으로 위임받는 사무는 기관위임사무가 아니라 단체위임사무이다.
⑤ 기관위임사무는 지방과는 이해관계가 없는 국가사무이므로 지방의회가 지휘하거나 관여할 바가 못된다.

정답 : ④

02
2016 국가 7급

우리나라 지방자치제도에 대한 설명으로 옳지 않은 것은?

① 자치사무(고유사무)와 달리 법령에 의하여 지방자치단체에 속하는 사무(단체위임사무)에 관해서는 조례로 규정할 수 없다.
② 합의제 행정기관의 설치·운영에 관하여 필요한 사항은 대통령령 또는 조례로 정한다.
③ 지방자치단체는 공공시설을 부정사용한 자에 대하여 과태료를 부과하는 규정을 조례로 정할 수 있다.
④ 지방자치단체는 공공시설을 관계 지방자치단체의 동의를 얻어 그 지방자치단체의 구역 밖에 설치할 수 있다.

정밀해설

① 기관위임사무는 자치사무(고유사무)와 달리 법령에 의하여 중앙정부 또는 상급자치단체로부터 자치단체의 장에게 위임된 사무로 원칙적으로 조례로 규정할 수 없다.
② 합의제 행정기관의 설치 및 운영 등 필요한 사항은 대통령령이나 조례로 정한다.
③ 공공시설을 부정하게 사용한 경우 과태료를 부과하는 규정을 조례로 정할 수 있다.

동법 제139조(사용료의 징수조례 등) ② 사기나 그 밖의 부정한 방법으로 사용료·수수료 또는 분담금의 징수를 면한 자에 대하여는 그 징수를 면한 금액의 5배 이내의 과태료를, 공공시설을 부정사용한 자에 대하여는 50만원 이하의 과태료를 부과하는 규정을 조례로 정할 수 있다.

④ 공공시설의 설치 및 관리 등은 다른 법령에 규정이 없는 경우 조례로 정하며, 관계 지자체의 동의를 얻어 구역 밖에 설치가 가능하다.

정답 : ①

03 □□□
2014 국가 9급

우리나라 지방자치단체의 사무구분에 대한 설명으로 옳은 것은?

① 자치사무와 단체위임사무는 자치단체가 전액 경비를 부담하며, 기관위임사무는 원칙적으로 자치단체와 위임기관이 공동으로 부담한다.
② 단체위임사무는 법령에 의해 하급 자치단체장에게 위임된 사무이며, 기관위임사무는 법령에 의해 국가 또는 다른 자치단체로부터 위임된 사무이다.
③ 자치사무와 단체위임사무의 처리를 위해 자치단체는 조례를 제정하는 것이 가능한데, 기관위임사무는 원칙적으로 조례제정 대상이 아니다.
④ 자치사무는 지방의회의 관여(의결, 사무감사 및 사무조사) 대상이지만, 단체위임사무와 기관위임사무는 관여 대상이 아니다.

정밀해설

③ 자치사무는 지방자치단체의 본질적 사무로 조례에 의한 제정이 가능하고, 단체위임사무 또한 국가 또는 상급 자치단체로부터 위임받아 처리하는 사무로 조례에 의한 제정이 가능하지만, 기관위임사무는 지방자치단체와 직접적 이해관계가 없는 사무를 자치단체장에게 위임된 사무로 조례로 제정할 수 없다.
① 기관위임사무는 자치단체와 국가 혹은 위임기관이 공동으로 부담하지만, 자치사무와 단체위임사무는 자치단체가 전액경비를 부담한다.
② 단체위임사무는 법령에 의해 국가 또는 다른 자치단체로부터 위임된 사무이며, 기관위임사무는 법령에 의해 하급 자치단체장에게 위임된 사무이다.
④ 자치사무와 단체위임사무는 지방의회의 관여(의결, 사무감사 및 사무조사) 대상이지만, 기관위임사무는 국가사무와 관련되므로 지방의회가 관여할 수 없다.

정답 : ③

04 □□□
2014 지방 7급

「지방자치법」상 사무배분기준에 의한 시·도의 사무에 해당하지 않는 것은?

① 시·도 단위로 동일한 기준에 따라 처리되어야 할 성질의 사무
② 시·군 및 자치구가 독자적으로 처리하기에 적당한 사무
③ 국가와 시·군 및 자치구 사이의 연락·조정 등의 사무
④ 지역적 특성을 살리면서 시·도 단위로 통일성을 유지할 필요가 있는 사무

정밀해설

② 시·도 및 자치구가 독자적으로 처리하기에 적당한 사무는 시·군 및 자치구의 사무이다. 2개 이상의 시·군 및 자치구가 공동으로 설치하는 것이 적당하다고 인정되는 규모의 시설을 설치하고 관리하는 사무가 시·도의 사무에 해당한다.
① 시·도 단위로 동일한 기준에 따라 처리되어야 할 성질의 사무는 광역자치단체 사무인 시·도의 사무에 해당한다.
③ 국가와 시·군 및 자치구 사이의 연락·조정 등의 사무는 광역자치단체 사무인 시·도의 사무에 해당한다.
④ 지역적 특성을 살리면서 시·도 단위로 통일성을 유지할 필요가 있는 사무는 광역자치단체 사무인 시·도의 사무에 해당한다.

정답 : ②

적중 예상 문제

01 ☐☐☐

우리나라의 지방자치단체가 수행하는 사무에 대한 설명 중 옳지 않은 것은?

① 기관위임사무는 지방자치단체의 집행기관이 국가 또는 상급자치단체로부터 그 처리를 위임받는 사무를 말한다.
② 현실적으로 기관위임 사무의 비중이 가장 크며, 고유사무와 위임사무의 구분이 애매하여 갈등의 소지가 많으므로 책임과 역할에 대한 명확한 구분이 필요하다.
③ 자치사무는 합법성 위주의 사후 교정적 감독을 한다.
④ 단체위임사무는 상급자치단체와 하급자치단체가 서로 합의하여 위임사무 내용을 결정하는 것을 말한다.

정밀해설

④ 단체위임사무는 법령에 의해 자치단체에 위임된 사무로, 합의하여 결정하는 위임사무는 없다.
① 기관위임사무란 포괄적 법령근거에 의하여 자치단체의 집행기관에게 위임된 사무이다.
② 우리나라는 획일적 사무배분, 사무구분의 모호성, 국가사무의 비중이 큰 것이 현실이다.
③ 자치사무는 합법성 위주의 사후교정적 감독을 받는다.

정답 : ④

02 ☐☐☐

중앙정부와 지방자치단체 간 또는 광역자치단체와 기초자치단체 간 기능배분에 대한 설명으로 옳지 않은 것은?

① 보충성의 원칙: 지역주민생활과 밀접한 관련이 있는 사무는 원칙적으로 시·군·구의 사무로, 시·군·구가 처리하기 어려운 사무는 시·도의 사무로 배분하여야 한다.
② 현지성의 원칙: 광역자치단체와 기초자치단체간의 기능 배분상 충돌이 발생하는 경우 기초자치단체에 우선 배분해야 한다는 원칙이다.
③ 종합성의 원칙: 보통지방자치단체보다 특별지방행정기관에 사무를 우선 배분하여야 한다는 원칙이다.
④ 경제성의 원칙: 자치단체의 행정적·재정적 능력을 감안하여 최소비용으로 최대의 성과를 얻을 수 있는 자치단체에 배분하여야 한다는 원칙이다.

정밀해설

③ 종합성의 원칙은 특정기능을 수행하는 특별지방행정기관보다는 종합적 기능을 수행하는 자치단체에 배분해야 한다는 원칙이다.

정답 : ③

03

우리나라 지방자치단체의 사무 구분에 대한 설명으로 옳은 것은?

① 자치사무와 단체위임사무의 처리를 위해 자치단체는 조례를 제정하는 것이 가능한데, 기관위임사무는 원칙적으로 조례제정 대상이 아니다.
② 단체위임사무는 법령에 의해 하급 자치단체장에게 위임된 사무이며, 기관위임사무는 법령에 의해 국가 또는 다른 자치단체로부터 위임된 사무이다.
③ 자치사무와 단체위임사무는 자치단체가 전액 경비를 부담하며, 기관위임사무는 원칙적으로 자치단체와 위임기관이 공동으로 부담한다.
④ 지방행정의 전문성 강화를 위해 종합적인 기능을 수행하는 보통지방자치단체보다 특정한 기능을 수행하는 특별지방행정기관에 배분한다.

정밀해설

① 기관위임사무는 자치단체의 사무가 아니라 국가사무이기 때문에 지방자치단체의 자치법규인 조례로 이를 정할 수 없다.
② 기관위임사무는 하급 자치단체의 장에게 위임된 사무이며, 단체위임사무는 법령에 의하여 국가 또는 다른 자치단체로부터 자치단체에 위임된 사무이다.
③ 기관위임사무는 국가가 전액 경비를 부담한다.
④ 사무배분의 원칙 중 종합성의 원칙과 관련되는 것으로서 특정한 기능을 수행하는 특별지방행정기관보다 보통지방자치단체에 배분하는 것이 유리하다.

정답 : ①

04

다음 중 고유사무인 것은?

① 쓰레기처리, 도시계획
② 보건소
③ 재해구호
④ 국회의원 선거

정밀해설

① 고유사무이다.
②, ③ 위임사무 중 단체위임사무이다.
④ 위임사무 중 기관위임사무이다.

▶ **사무의 예시**

자치사무	단체위임사무	기관위임사무
학교, 병원, 도서관, 도로, 상하수도, 주택, 쓰레기, 도시계획, 소방 등	보건소 운영, 각종 예방접종, 시·군의 재해구호, 생활보호, 국도·하천 유지 및 보수, 조세·공과금 징수위임사무 등	국회의원 선거, 행정경찰, 면허, 인구조사, 지적, 도량형 등

정답 : ①

THEME 110 지방자치단체의 기관구성 형태

1 기관대립형

⇨ **유형**: 집행기관 직선형, 집행기관 간선형, 집행기관 임명형

장점	• 집행기관과 의결기관이 상호견제 ⇨ 견제와 균형을 통하여 권력남용 방지 • 집행기관의 장에게 행정권이 통합적으로 주어짐. ⇨ 행정에 대한 책임성 확보, 부처 할거주의 예방 • 지방행정의 총괄책임자 존재 ⇨ 행정의 종합적·통일성 확보 • 행정권이 통합적으로 행사 ⇨ 행정의 안정성 확보 • 집행기관의 장이 전문적으로 업무수행 ⇨ 행정의 전문성 향상 • 대도시에 적합
단점	• 집행기관과 의결기관의 마찰과 대립 ⇨ 행정상의 불안정과 비효율 초래 • 집행기관의 장이 행정적 문제보다는 정치적 문제에 더 큰 신경을 씀. • 행정이 집행기관의 장에 의하여 주도 ⇨ 다양한 주민의사가 반영되기 곤란 • 결정과 집행의 괴리 ⇨ 정책효과 저하

2 기관통합형

⇨ **유형**: 영국 의회형, 미국 위원회(Galveston)형

장점	• 권한과 책임이 대의기관(의회)에 집중 ⇨ 민주정치와 책임정치 구현에 적합 • 의결기관과 집행기관의 반목이 없음. ⇨ 행정의 안정적 수행 • 집행기관이 복수의 의원이나 위원으로 구성 ⇨ 자치행정이 신중하고 공정하게 처리됨. • 결정과 집행 간의 유기적 관계 ⇨ 정책효과의 극대화 도모 • 소수의 위원 ⇨ 소규모 자치단체에 적합 • 여러 위원이나 의원의 활동 ⇨ 다양한 주민의사가 반영
단점	• 지방행정의 총괄책임자 부재 ⇨ 행정의 종합성과 통일성 곤란 • 견제와 균형원리 미작동 ⇨ 권력 남용의 우려 • 한 기관이 결정기능과 집행기능을 동시 수행 ⇨ 행정의 전문성 경시 및 저하 • 소수의 위원 ⇨ 대도시의 다양한 이해관계를 대표하기에는 부적합 • 행정권의 미통합 ⇨ 부처할거주의 발생

3 절충형(의회-집행위원회형)

① 의결기관과 집행기관을 별도로 설치하여 완전히 분리하지 않는 절충적 형태
② 양 기관이 분리되었다는 점에서 기관분리형의 요소를, 서로 대립하지 않는다는 점에서 기관통합적 요소를 가지고 있음.

4 주민총회형

해당 자치단체 유권자 전원으로 구성 ⇨ 직접 민주주의 적용

5 한국

> 지방자치법 제4조(지방자치단체의 기관구성 형태의 특례)
> ① 지방자치단체의 의회(지방의회)와 집행기관에 관한 이 법의 규정에도 불구하고 따로 법률로 정하는 바에 따라 지방자치단체의 장의 선임방법을 포함한 지방자치단체의 기관구성 형태를 달리 할 수 있다.
> ② 제1항에 따라 지방의회와 집행기관의 구성을 달리하려는 경우에는 「주민투표법」에 따른 주민투표를 거쳐야 한다.

OX 기출분석

01 ☐☐☐　　　　　　　　　　　　　　　　　　　　　　22 국가 7급
기관통합형은 지방의회에서 의결기능과 집행기능을 모두 수행하는 형태로, 영국의 의회형이 대표적이다.
　　　　　　　　　　　　　　　　　　　　　　　　　　　　○ ✕

해설
의결기능과 집행기능을 결합한 것이 기관통합형이다.

02 ☐☐☐　　　　　　　　　　　　　　　　　　　　　　19 지방 7급
기관통합형의 집행기관은 기관대립형에 비해 행정의 전문성이 높지 않을 가능성이 크다.　○ ✕

03 ☐☐☐　　　　　　　　　　　　　　　　　　　　　　16 지방 9급
기관통합형은 주민 직선으로 지방의회를 구성하고 의회 의장이 단체장을 겸하는 방식이다.　○ ✕

04 ☐☐☐　　　　　　　　　　　　　　　　　　　　　　16 지방 9급
기관대립형(기관분립형)은 견제와 균형을 통해 민주적이고 합리적인 지방자치를 실시하는 방식이다.
　　　　　　　　　　　　　　　　　　　　　　　　　　　　○ ✕

05 ☐☐☐　　　　　　　　　　　　　　　　　　　　　　12 지방 7급
우리나라는 기관대립형을 채택하면서도 단체장의 지위를 강화하였다는 특징을 가진다.　○ ✕

06 ☐☐☐　　　　　　　　　　　　　　　　　　　　　　12 지방 7급
기관대립형은 기관통합형과는 달리 지방의회만을 주민 직선으로 구성한다.　○ ✕

기관통합형에 대한 설명이다.

07 ☐☐☐　　　　　　　　　　　　　　　　　　　　　　10 서울 9급
기관대립형에서는 집행부와 의회의 마찰로 인한 비효율성이 발생할 수도 있다.　○ ✕

08 ☐☐☐　　　　　　　　　　　　　　　　　　　　　　08 지방 7급
기관통합형에 비해 기관분립형은 집행기관 구성에서 주민의 대표성을 확보할 수 있으나 행정의 전문성이 결여될 수 있다.　○ ✕

주민이 직접 선출한 집행기관의 장이 전문적으로 업무를 수행하여 행정의 전문성을 향상시킨다.

정답 01 O　02 O　03 O　04 O　05 O　06 X　07 O　08 X

핵심 기출 문제

01 □□□

지방자치단체의 기관구성형태에 대한 설명으로 옳지 않은 것은?

① 기관통합형은 행정에 주민들의 의사를 보다 정확하게 반영할 수 있다는 장점이 있다.
② 기관통합형은 지방의회에서 의결기능과 집행기능을 모두 수행하는 형태로, 영국의 의회형이 대표적이다.
③ 기관대립형 중 약시장 – 의회형은 시장의 고위직 지방공무원 인사에 대해서 의회의 동의를 요하는 반면, 시장은 지방의회 의결에 대한 거부권을 가진다.
④ 기관대립형은 견제와 균형을 통해 권력남용을 방지하는 장점이 있지만, 의결기관과 집행기관 간의 대립 및 마찰 가능성이 있다는 단점이 있다.

정밀해설

③ 약시장-의회형은 시장의 고위직 지방공무원 인사에 대해서 의회의 동의를 요하는 반면, 시장은 지방의회 의결에 대한 거부권을 가지지 못한다. 한편 지방의회 의결에 대한 거부권을 가지는 형태는 강시장-의회형이다.

정답 : ③

02 □□□ 2018 경찰간부

지방자치단체의 기관구성에 관한 다음 설명 중 옳지 않은 것은 몇 개인가?

가. 기관통합형에서는 임기 동안 지방자치행정에 대한 효율성과 책임성을 확보할 수 있다.
나. 기관통합형은 주민 직선으로 지방의회를 구성하고 의회의장이 단체장을 겸하는 방식이다.
다. 기관분리형(기관대립형)은 의결기관과 집행기관 간의 견제와 균형의 원리에 의해 권력의 남용을 방지하고 비판감시 기능을 할 수 있다.
라. 기관분리형(기관대립형)은 기관통합형에 비해 집행기관 구성에서 주민의 대표성을 확보할 수 있으나 행정의 전문성이 결여될 수 있다.

① 없음   ② 1개   ③ 2개   ④ 3개

정밀해설

② 라가 틀린 내용이다.
라. [×] 기관분리형(기관대립형)은 기관통합형에 비해 집행기관 구성에서 주민의 대표성을 확보할 수 있고 행정의 전문성을 향상시킬 수 있다.
가. [○] 기관통합형은 권한과 책임이 의회에 집중되므로 의결기관과 집행기관의 갈등 및 대립의 소지가 없고 이로 인해 지방행정의 안정성 및 능률성 확보에 유리하다.
나. [○] 기관통합형은 지방자치단체의 정책결정기능과 정책집행기능을 단일기관으로 하여금 담당하게 하는 것으로 주민의 직선으로 지방의회를 구성하고 지방의회의장이 단체장을 겸한다.
다. [○] 기관분리형은 지방자치단체의 의사결정기능을 담당하는 의회와 의사집행기능을 담당하는 집행기관으로 분리시켜 견제와 균형에 입각하여 권력의 전횡이나 부패방지 및 비판과 감시의 기능이 가능하다.

정답 : ②

적중 예상 문제

01 ☐☐☐

지방자치단체의 기관구성형태 중 기관통합형의 특징이 아닌 것은?

① 지방의회와 지방자치단체장을 주민이 직선함으로써 지방 행정에 대한 주민통제를 용이하게 한다.
② 집행기관과 의결기관의 통합을 전제로 하기 때문에 정책결정과 집행의 유기적 관련성을 높일 수 있다.
③ 지방행정의 총괄책임자가 존재하지 않음에 따라 지방행정의 책임성이 약화될 수 있다.
④ 지역주민의 다양한 의사가 반영될 수 있으나 많은 비용이 소모되는 단점이 있다.

정밀해설

① 기관통합형에서는 주민이 지방의회를 구성하고, 지방의회가 지방자치단체장을 임명하는 방식을 취하기 때문에 지방자치단체장을 주민이 따로 직선하지 않는다.
② 기관통합형은 집행기관과 의결기관의 통합을 전제로 하므로 정책결정과 집행의 유기적 연계가 가능하다.
③ 단일기관에서 의결기능과 집행기능을 동시에 행사하므로 권력남용의 우려 및 행정의 책임성이 약화될 수 있다.
④ 지역주민의 다양한 의사가 반영될 수 있으나 계층의 이해를 대변하기 부적합하며 많은 비용이 소모된다.

정답 : ①

02 ☐☐☐

우리나라의 지방자치제도에 관한 설명으로 가장 옳은 것은?

① 기관대립형의 자치 형태를 가지면서 의회의 지위가 강한 약시장형을 택하고 있다.
② 우리나라는 기관대립형을 채택하고 있기 때문에 의회의 지방자치단체장에 대한 불신임권이 인정되고 있다.
③ 특별지방자치단체에는 자치단체조합과 서울특별시가 있다.
④ 지방의회는 행정사무 감사권뿐만 아니라 조사권을 통해서도 지방자치단체를 통제할 수 있다.

정밀해설

① 우리나라의 지방자치단체 정부조직형태는 기관대립형(분립형) 중에서도 강수장-의회형(수장우위형)에 해당한다.
② 지방의회의 지방자치단체장에 대한 불신임 의결권은 1960년 지방자치법 개정 시에 폐지되었다.
③ 특별지방자치단체로는 특별자치단체조합이 유일하다.

정답 : ④

THEME 111 지방의회

지위		• 주민의 대표기관 • 행정감시기관 • 입법기관: 조례제정권 • 의결기관 • 헌법기관
조직	구성	단원제
	의회의원	• 지위: 임기 4년, 정무직 지방공무원 • 신분보호: 면책특권 및 불체포특권 불인정 • 보수: 2006년부터 유급직화 • 겸직 금지 • 광역·기초자치단체 의원선거에 정당공천 허용
권한	의결권	조례의 제정 및 개폐, 예산의 심의·확정 및 결산의 승인, 법령에 규정된 것을 제외한 사용료·수수료·분담금·지방세 또는 가입금의 부과·징수, 기금의 설치·운용, 외국 자치단체와의 교류협력 등 | 구분	예산안 제출일	의회 예산안 의결일	결산안 의결일
---	---	---	---
광역자치단체	회계연도 개시 50일 전	회계연도 개시 15일 전	다음 연도 6월 30일
기초자치단체	회계연도 개시 40일 전	회계연도 개시 10일 전		
	행정감사권	• 행정사무감사: 매년 1회, 시·도는 14일, 시·군·자치구는 9일 이내에 감사 실시 • 행정사무조사: 재적의원 1/3 이상의 연서로, 본회의 의결을 거쳐 본회의 또는 위원회가 자치단체의 사무 중 특정사안에 대하여 조사 • 서류제출 및 증언 요구 • 행정사무 처리상황에 대한 보고 요구
	청원 수리·처리권	• 청원서 제출: 지방의원 소개(주민이 직접 지방의회에 제출 ×), 이해당사자가 아니더라도 가능 • 청원의 심사·처리: 소관위원회·본회의에서 심사
	자율권	• 내부조직권 • 의사자율권 • 의원신분사정권 • 의원경찰권
	선거권	의장·부의장·임시의장, 위원회위원·검사위원(결산검사) 선거
	의견 표시권	단체장의 행정행위 통제 수단(구속력 없음.)
	동의권	단체장의 권한 행사 과정에 개입(구속력 있음.)
운영	의회의 소집	• 정례회: 매년 2회(회기는 조례로 정함.) • 임시회 – 일반적 임시회: 단체장, 재적의원 1/3 이상 소집 요구 시, 15일 내에 개최 – 총선 후 최초 임시회는 지방의회의 사무처장·국장·과장이 소집
	회의	• 의사정족수: 재적의원 1/3 이상 • 의결정족수: 재적 과반수 출석, 출석의원 과반수 이상 ※ 의장도 표결권을 가지나 가부동수 시 부결로 간주함. **🔍 Mani DB 특별의결정족수** • 의원의 자격상실 및 제명: 재적의원 2/3 이상 • 재의요구에 대한 재의결: 재적 과반수 출석, 출석의원 2/3 이상 • 의장·부의장에 대한 불신임 의결: 재적의원 1/4 이상 발의, 재적 과반수 찬성 • 회의운영의 원칙: 회기계속의 원칙, 일사부재의 원칙
	의안 발의	• 자치단체장 • 의원 10인 이상의 연서 • 재적의원 1/5 이상 • 소관위원회

OX 기출분석

01 ☐☐☐   23 국가 9급
지방의회의원은 지방공무원법상 인사위원회의 위원으로 임명되거나 위촉될 수 없다.
    O X

해설
지방인사위원은 법관·검사 또는 변호사 자격이 있는 사람, 공무원으로서 20년 이상 근속하고 퇴직한 사람, 초등학교·중학교·고등학교 교장 또는 교감으로 재직하는 사람 등이 가능하다.

02 ☐☐☐   19 국가 9급
지방자치단체장과 지방의회의원을 동시에 뽑는 선거는 김대중 정부에서 처음으로 실시되었다.
    O X

지방자치단체장과 지방의회의원을 동시에 뽑는 선거는 1995년 김영삼 정부에서 처음으로 실시되었다.

03 ☐☐☐   18 서울 7급
우리나라는 현재 광역 – 기초자치단체장 및 광역-기초의회의원 선거 모두에 정당공천제가 허용되고 있다.
    O X

04 ☐☐☐   17 교행 9급
지방의회의 사무직원 정수는 지방의회가 조례로 정하고, 사무직원은 지방의회의 의장이 임명한다.
    O X

지방의회의 사무직원 정수는 지방의회가 조례로 정하고, 사무직원은 지방의회의 의장이 임명한다.

05 ☐☐☐   14 서울 7급
광역지방자치단체 의회의원은 정당공천을 받을 수 없다.
    O X

광역 및 기초자치단체 의원 모두 정당공천제가 실시되고 있다.

06 ☐☐☐   14 서울 7급
지방의회의원은 지방공사의 임직원을 겸할 수 있다.
    O X

지방의회의원은 겸직금지 대상 직위에 해당한다.

07 ☐☐☐   14 서울 7급
지방의회의원은 직무활동에 대해 지급하는 월정수당이 없다.
    O X

종래 지방의회의원은 무보수 명예직이었으나 개정 지방자치법 제33조에 의거 지방의회의원에게는 월정수당 및 공무상 여비지급이 가능하게 되었다.

08 ☐☐☐   13 지방 9급
예산의 심의·확정, 외국 지방자치단체와의 교류 협력에 관한 사항, 법령에 규정된 수수료의 부과 및 징수 등은 지방의회의 의결사항이다.
    O X

법령에 규정된 것을 '제외한' 수수료의 부과, 징수가 지방의회의 의결사항이다.

정답 01 O   02 X   03 O   04 O   05 X   06 X   07 X   08 X

핵심 기출 문제

01

2020 국가 7급

「지방자치법」상 지방의회 의원이 받을 수 있는 징계의 사례가 아닌 것은?

① A 의원은 45일간 출석정지를 내용으로 하는 징계를 받았다.
② B 의원은 공개회의에서 사과를 하는 징계를 받았다.
③ C 의원은 재적의원 3분의 2 이상 찬성에 따라 제명되는 징계를 받았다.
④ D 의원은 공개회의에서 경고를 받는 징계를 받았다.

정밀해설

① 출석정지는 30일 이내로 하므로, A 의원은 30일간 출석정지를 내용으로 하는 징계를 받았다.
②, ③, ④ 공개회의에서 사과, 재적의원 3분의 2 이상 찬성에 따른 제명, 공개회의에서 경고는 모두 지방의회 의원이 받을 수 있는 징계에 해당한다.

지방자치법 제100조(징계의 종류와 의결) ① 징계의 종류는 다음과 같다.
1. 공개회의에서의 경고
2. 공개회의에서의 사과
3. 30일 이내의 출석정지
4. 제명
② 제명에는 재적의원 3분의 2 이상의 찬성이 있어야 한다.

정답 : ①

02

2018 국가 9급

「지방자치법」상 지방의회에 대한 내용으로 옳지 않은 것은?

① 지방의회는 조례로 정하는 바에 따라 위원회를 둘 수 있으며, 위원회의 종류는 상임위원회와 특별위원회로 한다.
② 지방의회는 그 의결로 소속 의원의 사직을 허가할 수 있다. 다만, 폐회 중에는 의장이 허가할 수 있다.
③ 의장은 의결에서 표결권을 가지지 못하며, 찬성과 반대가 같으면 부결된 것으로 본다.
④ 지방의회에서 부결된 의안은 같은 회기 중에 다시 발의하거나 제출할 수 없다.

정밀해설

③ 의장은 의결에서 표결권을 가지며, 가부동수인 때에는 부결된 것으로 간주한다.
① 지방의회는 조례로 정하는 바에 따라 위원회를 둘 수 있으며, 소관 의안과 청원 등을 심사·처리하는 상임위원회와 특정한 안건을 일시적으로 심사·처리하는 특별위원회로 구분된다.
② 지방의회는 그 의결로 소속 의원의 사직을 허가할 수 있으나 폐회 중에는 의장이 허가할 수 있는 자율권을 가진다.
④ 일사부재의의 원칙에 따라 지방의회에서 부결된 의안은 같은 회기 중에 다시 발의하거나 제출할 수 없다.

정답 : ③

03

2015 행정사

현행 우리나라 「지방자치법」상 지방의회의 권한에 관한 내용으로 옳지 않은 것은?

① 지방의회는 재적의원 3분의 2이상의 출석과 출석의원 3분의 2이상의 찬성으로 그 자치단체장을 불신임 할 수 있다.
② 지방의회는 조례의 제정·개정 및 폐지, 기금의 설치·운용, 청원의 수리와 처리 등에 관한 사항을 의결한다.
③ 지방의회는 매년 1회 그 지방자치단체의 사무에 대하여 시·도에서는 14일의 범위에서, 시·군 및 자치구에서는 9일의 범위에서 감사를 실시한다.
④ 본회의나 위원회는 그 의결로 안건의 심의와 직접 관련된 서류의 제출을 해당 지방자체단체의 장에게 요구할 수 있다.
⑤ 지방자치단체의 장이나 관계 공무원은 지방의회나 그 위원회가 행정가무처리상황의 보고를 요구하면 출석·답변하여야 한다. 다만, 특별한 이유가 있으면 지방자치단체의 장은 관계공무원에게 출석·답변하게 할 수 있다.

정밀해설

① 우리나라는 지방의회의 자치단체장에 대한 불신임 의결권과 자치단체장의 지방의회 해산권 모두 인정하지 않고 있다.
② 지방의회는 조례의 제정·개정 및 폐지, 기금의 설치·운용, 청원의 수리와 처리 등에 관한 사항을 의결한다(동법 제39조).
③ 지방의회는 매년 1회 그 지방자치단체의 사무에 대하여 시·도에서는 14일의 범위에서, 시·군 및 자치구에서는 9일의 범위에서 감사를 실시한다(동법 제41조 제1항).
④ 본회의나 위원회는 그 의결로 안건의 심의와 직접 관련된 서류의 제출을 해당 지방자치단체의 장에게 요구할 수 있다(동법 제40조 제1항).
⑤ 지방자치단체의 장이나 관계 공무원은 지방의회나 그 위원회가 요구하면 출석·답변하여야 한다. 다만, 특별한 이유가 있으면 지방자치단체의 장은 관계 공무원에게 출석·답변하게 할 수 있다(동법 제42조 제2항).

정답 : ①

04

2014 지방 9급

지방자치단체의 조례에 관한 설명으로 옳은 것을 모두 고른 것은?

> ㄱ. 지방자치단체의 장은 법령이나 조례가 위임한 범위에서 그 권한에 속하는 사무에 관하여 규칙을 제정할 수 있다.
> ㄴ. 지방의회에서 의결된 조례안은 10일 이내에 지방자치단체의 장에게 이송되어야 한다.
> ㄷ. 재의요구를 받은 조례안은 재적의원 과반수의 출석과 출석의원 과반수의 찬성으로 재의요구를 받기 전과 같이 의결되면, 조례로 확정된다.
> ㄹ. 지방자치단체의 장은 재의결된 조례가 법령에 위반된다고 판단되면 재의결된 날부터 20일 이내에 대법원에 제소할 수 있다.

① ㄱ, ㄴ
② ㄴ, ㄹ
③ ㄱ, ㄹ
④ ㄷ, ㄹ

정밀해설

③ ㄱ, ㄹ만 옳다.
ㄱ. [○] 지방자치법 제29조의 내용으로 옳은 지문이다.
ㄹ. [○] 지방자치법 제192조의 내용으로 옳은 지문이다.
ㄴ. [×] 지방의회에서 의결된 조례안은 5일 이내에 지방자치단체의 장에게 이송되어야 한다.
ㄷ. [×] 재의요구를 받은 조례안은 재적의원 과반수의 출석과 출석의원 2/3 이상으로 찬성으로 재의요구를 받기 전과 같이 의결하면, 그 조례안은 조례로서 확정된다.

정답 : ③

적중 예상 문제

01

지방의회의 권한에 속하는 것끼리 묶은 것은?

ㄱ. 중요재산의 권리 및 처분	ㄴ. 규칙제정권
ㄷ. 지방세의 부과·징수·감면	ㄹ. 청원의 수리와 처리
ㅁ. 기관시설의 설치권	

① ㄱ, ㄷ, ㄹ
② ㄱ, ㄴ, ㄷ
③ ㄴ, ㄷ, ㅁ
④ ㄴ, ㄷ, ㄹ

정밀해설

① ㄱ, ㄷ, ㄹ이 지방의회의 권한이다. 한편 ㄴ, ㅁ은 지방자치단체장의 권한이다.

▶ **지방의회의 의결사항**

지방자치법 제47조(지방의회의 의결사항) ① 지방의회는 다음 사항을 의결한다.
1. 조례의 제정·개정 및 폐지
2. 예산의 심의·확정
3. 결산의 승인
4. 법령에 규정된 것을 제외한 사용료·수수료·분담금·지방세 또는 가입금의 부과와 징수
5. 기금의 설치·운용
6. 대통령령으로 정하는 중요 재산의 취득·처분
7. 대통령령으로 정하는 공공시설의 설치·처분
8. 법령과 조례에 규정된 것을 제외한 예산 외의 의무부담이나 권리의 포기
9. 청원의 수리와 처리
10. 외국 지방자치단체와의 교류협력에 관한 사항
11. 그 밖에 법령에 따라 그 권한에 속하는 사항

정답 : ①

02

지방의회의 권한에 대한 설명으로 옳지 않은 것은?

① 지방의회 의장, 부의장에 대한 불신임의결권은 인정되지 않는다.
② 지방의회 의장도 표결권을 가지며 가부동수일 때는 부결된 것으로 본다.
③ 매년 1회 광역의회는 14일, 기초의회는 9일 간 행정사무감사를 실시한다.
④ 주민은 직접 지방의회에 청원서를 제출할 수 없고, 반드시 의원의 소개를 받아야 한다.

정밀해설

① 지방의회 의장, 부의장에 대한 불신임의결권은 가능하다.
② 지방의회의 의장도 의결에서 표결권을 가지며 가부동수일 경우에는 부결된 것으로 본다.
③ 지방의회는 매년 1회 그 지방자치단체의 사무에 대하여 광역의회는 14일, 기초의회는 9일의 범위에서 행정사무감사를 실시한다.
④ 주민은 지방의회에 직접 청원서를 제출할 수 없고 지방의원의 소개를 받아야 한다.

정답 : ①

03

다음 중 지방의회의 정족수에 대한 내용으로 옳지 않은 것은?

① 의장·부의장에 대한 불신임의결은 재적의원 1/4 이상의 발의와 재적의원 과반수 찬성에 의한다.
② 재의요구를 받은 조례안은 재적의원 과반수의 출석과 출석의원 2/3 이상 찬성에 의한다.
③ 의원의 제명은 재적의원 2/3 이상 찬성에 의한다.
④ 의사 정족수는 재적 1/4 이상 출석에 의한다.

정밀해설

④ 의사정족수는 회의를 여는데 필요한 최소한의 출석의원의 수로, 지방의회는 재적의원 3분의 1 이상의 출석으로 개의한다.
① 의장·부의장에 대한 불신임의결은 재적의원 4분의 1 이상의 발의와 재적의원 과반수의 찬성에 의한다.
② 재의한 결과 재적의원 과반수의 출석과 출석 3분의 2 이상의 찬성으로 전과 같은 의결을 하면 그 의결은 확정되는 것은 재의요구에 대한 재의결에 대한 내용이다.
③ 징계 중 제명은 재적의원 3분의 2 이상의 찬성이 있어야 한다.

정답 : ④

04

지방자치단체의 기관에 대한 옳지 않은 설명만을 모두 고른 것은?

> ㄱ. 권력남용의 방지, 책임정치의 구현, 지방행정의 안정성 추구 등은 기관통합형의 장점이다.
> ㄴ. 기관대립형은 지방의회와 지방자치단체의 장을 주민이 직선함으로써 지방행정에 대한 주민통제가 보다 용이하고, 기관통합형에 비해 행정 부서 간 분파주의를 배제하는 데 유리하다.
> ㄷ. 지방의회의 조직·권한·의원선거와 지방자치단체의 장의 선임방법 기타 지방자치단체의 조직과 운영에 관한 사항은 법률로 정한다.
> ㄹ. 지방의회는 매년 1회 그 지방자치단체의 사무에 대하여 시·도에서는 10일의 범위에서 시·군 및 자치구에서는 7일의 범위에서 감사를 실시한다.
> ㅁ. 지방의회의 재의결된 사항이 법령에 위반된다고 판단되면 자치단체장은 대법원에 소송을 제기할 수 있다.

① ㄱ, ㄹ
② ㄴ, ㄹ
③ ㄴ, ㅁ
④ ㄷ, ㅁ

정밀해설

① ㄱ, ㄹ이 옳지 않은 지문이다.
ㄱ. [×] 권력남용의 방지는 기관통합형이 아닌 기관대립형의 장점이다.
ㄹ. [×] 시·도에서는 14일, 시·군 및 자치구에서는 9일의 범위에서 감사를 실시한다.

정답 : ①

THEME 112 집행기관: 자치단체장과 기타 조직

1 자치단체장

지위	자치단체 대표자, 집행기관이며 하급행정기관(이중적 지위)
신분	정무직 지방공무원, 임기 4년(연임은 3회로 제한)
일반적 권한	① 통할 대표권 ② 관리 집행권 ③ 지도 감독권 ④ 소속직원에 대한 임면 및 지휘감독권 ⑤ 규칙제정권
지방의회에 대한 권한	① 임시회 소집 요구 ② 의안 및 예산안 발의 ③ 재의요구 및 제소권 ④ 선결처분권

Mani DB 선결처분권

(1) 개념: 자치단체장이 지방의회의 의결을 거치지 아니하고 일정한 사항을 독자적 판단에 의하여 우선 처분하는 권리
(2) 승인 및 효력: 선결처분은 지체 없이 지방의회에 보고하여 승인을 받아야 하고, 승인을 받지 못하면 그 선결처분은 그때부터 효력을 상실함.

2 자치단체장과 의회 관계

구분	자치단체장이 의회에 대하여 갖는 권한(장 → 의회)	지방의회가 자치단체장에 대해 갖는 권한(의회 → 장)
평상적 관계 (협력관계)	• 임시회 소집권 • 의안 및 예산발의권 • 조례공포권 • 폐회 중인 위원회의 개회요구	• 조례제정 및 개폐권 • 예산의결권, 결산승인권 • 중요사항 의결권 • 행정사무 감사·조사권 • 행정사무처리상황의 보고와 질문, 응답
비상적 관계 (갈등·견제)	• 재의요구 및 제소권(지방의회 의결에 대한) • 자치단체장의 선결처분권 • 의회해산권	불신임의결권
특징	의회해산권 없음	단체장에 대한 불신임 없음

3 기타 집행기관

보조 기관	① 부단체장(부시장, 부지사, 부군수, 부구청장) ② 행정기구(대통령령이 정하는 기준에 따라 조례로 정함.) ③ 지방공무원(정원은 대통령령으로 정하는 기준에 따라 조례로 정함.)
소속 행정기관	① 직속기관(소방, 교육훈련, 보건진료, 시험연구 등) ② 사업소 ③ 출장소 ④ 합의제 행정기관 ⑤ 자문기관
하급 기관	임명직 구청장, 읍장, 면장, 동장 등

OX 기출분석

01 ☐☐☐ 20 국가 9급
지방자치단체의 예산안 편성권은 지방자치단체장에 속한다. ○ X

02 ☐☐☐ 14 지방 9급
지방자치단체장은 재의결된 조례가 법령에 위반된다고 판단되면 재의결된 날로부터 20일 이내에 대법원에 제소할 수 있다. ○ X

03 ☐☐☐ 14 지방 9급
지방자치단체의 장은 법령이나 조례가 위임한 범위에서 그 권한에 속하는 사무에 관하여 규칙을 제정할 수 있다. ○ X

04 ☐☐☐ 14 서울 7급
지방자치단체장은 지방의회와 달리 열거주의에 의하기 때문에 그 권한이 광범위하다. ○ X

해설: 지방자치단체장은 지방의회와 달리 개괄주의에 의하기 때문에 그 권한이 광범위하다.

05 ☐☐☐ 13 국회 8급
지방자치단체의 조례는 지방자치단체장이 공포해야 효력을 가진다. ○ X

06 ☐☐☐ 12 국회 8급
자치단체장은 재의요구에 대한 의회사무를 지방의회가 이행하지 않고 있을 경우의 직무 이행명령권을 행사할 수 있다. ○ X

해설: 지문의 내용과 같은 직무이행명령권은 인정되지 않고 있다. 직무이행명령은 지방자치단체장이 자신에게 위임된 사무를 게을리 하고 있을 경우 감독청이 행사하는 이행명령제도이다.

07 ☐☐☐ 11 서울 7급
우리나라 지방자치단체장의 지방의회에 대한 견제권으로는 의회의 임시회 소집요구권, 의회 부의 안건의 공고권, 의안 및 예산안 발의권, 조례의 공포권 등이 있다. ○ X

해설: 현행 제도상 의회 부의안건의 공고권은 인정되지 않는다.

08 ☐☐☐ 11 국회 8급
지방의회의 모든 의사결정은 지방자치단체장이 공포해야 효력을 가질 수 있다. ○ X

해설: 지방자치단체장의 공포로 인해 효력이 발생하는 것은 조례에 한한다.

정답 01 O 02 O 03 O 04 X 05 O 06 X 07 X 08 X

THEME 112 집행기관: 자치단체장과 기타 조직

핵심 기출 문제

01 □□□ 2020 행정사

2018년 전국동시지방선거 개표 후에 한 팀원들이 티타임에 나눈 대화이다. 다음 2018년 전국동시지방선거 당시 대화자들의 주민등록지를 고려할 때, 대화 내용이 우리나라 지방자치의 실제와 맞지 않는 사람은?

- 세종특별자치시: A, D
- 서울특별시 관악구: B
- 성남시 분당구: C
- 대전광역시 유성구: E

① A: "제가 투표한 후보가 시장으로 당선되었는데 서울특별시장과 동급 자치계층 시장이라고 우쭐대더군요."
② B: "제 고향 제주시에 사시는 부모님은 원하시는 후보들이 제주시의원과 제주도의원으로 당선되었다네요. 제가 보기에도 역량 있는 지역 일꾼들로 고향 발전이 기대됩니다."
③ C: "분당구는 웬만한 시 규모 이상의 인구가 사는데 구의원 선거투표 하려니 투표대상이 아니라고 해서 당황했어요. 제정신 차려서 성남시의원과 경기도의원 후보들 중 제대로 된 인물에 투표했습니다."
④ D: "제 고향은 기장군입니다. 그곳 친구들 말을 들어보니 기장군의원과 부산시의원이 잘 선출되어 제 고향 발전도 기대됩니다."
⑤ E: "저는 대전광역시 유성구에 사는데 시의원은 내가 투표한 분이, 구의원은 내가 투표하지 않은 분이 당선되었어요."

정밀해설

② B의 부모님이 살고 있는 제주도는 단층제이므로 제주도의원만 선출할 수 있으며, 행정시인 제주시에 제주시장을 도지사가 임명할 수 있으나 시의원은 두지 않는다.
① A는 세종시에 살고 있는데, 세종시는 광역지자체이므로 서울시장과 동급의 자치계층이다.
③ 성남시는 인구 50만 이상의 대도시이기 때문에 성남시 밑에 행정구로서 분당구를 두고 있다. 따라서 분당구에서 구의원을 선출할 수 없다.

정답 : ②

02 □□□ 2016 서울 7급

지방의회가 지방자치단체에 대하여 행사할 수 있는 권한으로 옳지 않은 것은?

① 예산불성립 시 예산집행
② 선결처분의 사후승인
③ 행정사무의 감사·조사
④ 청원서의 이송·보고요구

정밀해설

① 예산불성립 시 예산집행은 준예산으로, 지방자치단체장이 지방의회에 대하여 행사할 수 있는 권한이다.
② 현행 지방자치법상 지방자치단체 장이 선결처분을 하면 지체없이 이를 지방의회에 보고하여 승인을 받도록 하고 있으며 사후승인을 받지 못하면 선결처분은 즉시 효력을 상실한다.
③ 지방의회는 행정사무에 대해 감사 및 조사권을 행사할 수 있다.
④ 현행 지방자치법상 지방자치단체와 관련된 청원의 제출, 수리, 이송 및 보고요구 등은 지방의회 전속권한이다.

정답 : ①

03　　　　　　　　　　　　　　　　　　　2016 서울 7급

다음 중 지방자치단체의 장과 지방의회와의 관계에 대한 설명으로 가장 옳지 않은 것은?

① 지방자치단체의 장은 지방의회의 의결이 공익을 현저히 해친다고 인정되면 재의를 요구할 수 있다.
② 지방의회에서 재의한 결과 재적의원 과반수의 출석과 출석의원 3분의 2 이상의 찬성으로 전과 같은 의결을 하면 그 의결사항은 확정된다.
③ 지방자치단체의 장은 지방의회에서 재의결된 사항에 대해서는 대법원에 소(訴)를 제기할 수 없다.
④ 지방자치단체의 장은 지방의회의 의결이 예산상 집행할 수 없는 경비를 포함하고 있다고 인정되면 재의를 요구할 수 있다.

정밀해설

③ 지방자치단체의 장은 재의결된 사항이 법령에 위반된다고 인정되는 경우 대법원에 소를 제기할 수 있다.
① 지방의회의 의결이 법령에 위반되거나 공익을 현저히 해친다고 판단되면 시·도에 대하여는 주무부 장관이, 시·군 및 자치구에 대하여는 시·도지사가 재의를 요구하게 할 수 있고, 재의요구를 받은 지방자치단체의 장은 의결사항을 이송받은 날부터 20일 이내에 지방의회에 이유를 붙여 재의를 요구하여야 한다(동법 제172조 제1항).
② 재의의 결과 재적의원 과반수의 출석과 출석의원 3분의 2 이상의 찬성으로 전과 같은 의결을 하면 그 의결사항은 확정된다(동법 제172조 제2항).
④ 지방자치단체의 장은 지방의회의 의결이 예산상 집행할 수 없는 경비를 포함하고 있다고 인정되면 그 의결사항을 이송받은 날부터 20일 이내에 이유를 붙여 재의를 요구할 수 있다(동법 제192조).

▶ **지방자치단체장과 지방의회의 관계**

자치단체장이 지방의회에 대해 갖는 권한	지방의회가 자치단체장에 대해 갖는 권한
· 지방의회 의결에 대한 재요구 및 제소권 · 자치단체장의 선결 처분권 · 의안발의권 · 임시회 소집요구권 · 우리나라는 의회해산권 없음	· 서류제출 요구권 · 행정사무 감사 및 조사권 · 행정사무처리상황의 보고와 질문, 응답권 · 예산·결산 승인권 · 우리나라는 불신임 의결권 없음

정답 : ③

04　　　　　　　　　　　　　　　　　　　2008 지방 7급

지방의회의 의결에 대한 지방자치단체장의 재의 요구 사유가 아닌 것은?

① 지방의회의 의결이 월권이거나 법령에 위반된다고 인정되는 경우
② 지방의회의 의결이 국제관계에서 맺은 국제교류업무 수행에 드는 경비를 축소할 경우
③ 지방의회의 의결이 예산상 집행 불가능한 경비를 포함하고 있다고 인정되는 경우
④ 지방의회의 의결이 비상재해로 인한 시설의 응급 복구를 위하여 필요한 경비를 축소한 경우

정밀해설

② 국제관계에서 맺은 국제교류업무 수행에 드는 경비를 축소할 경우는 재의요구 사유에 해당하지 않는다.
① 지방자치단체의 장은 지방의회의 의결이 월권이거나 법령에 위반되거나 공익을 현저히 해친다고 인정되면 그 의결사항을 이송받은 날부터 20일 이내에 이유를 붙여 재의를 요구할 수 있다.
③ 지방자치단체의 장은 지방의회의 의결이 예산상 집행할 수 없는 경비를 포함하고 있다고 인정되면 그 의결사항을 이송받은 날부터 20일 이내에 이유를 붙여 재의를 요구할 수 있다.
④ 비상재해로 인한 시설의 응급복구를 위하여 필요한 경비를 줄이는 의결을 한 경우 그 의결사항을 이송받은 날부터 20일 이내에 이유를 붙여 재의를 요구할 수 있다.

▶ **지방자치단체장의 재의요구사유**

· 조례안에 이의가 있는 경우
· 지방의회의 의결이 월권 또는 법령에 위반되거나 공익을 현저히 해한다고 인정된 때
· 지방의회의 의결에 예산상 집행할 수 없는 경비가 포함되어 있는 경우, 의무적 경비나 비상재해복구비를 삭감한 경우
· 지방의회의 의결이 법령에 위반되거나 공익을 현저히 해한다고 판단되어 주무부장관 또는 시·도지사가 재의요구를 지시한 경우

정답 : ②

적중 예상 문제

01 ☐☐☐

지방자치단체장의 권한에 해당하는 것을 모두 고른 것은?

> ㄱ. 지방의회 임시회의 소집 요구
> ㄴ. 위법한 조례에 대한 재의요구
> ㄷ. 의회의 사무국 직원에 대한 임명
> ㄹ. 지방의회 불성립 시 청원 수리·처리권

① ㄴ, ㄹ ② ㄴ, ㄷ
③ ㄱ, ㄹ ④ ㄱ, ㄴ

정밀해설

④ ㄱ, ㄴ은 지방자치단체장의 고유권한에 해당한다.
ㄱ. [O] 다만 지방자치단체장은 지방의회에서 최초로 실시되는 임시회의는 소집 요구할 수 없다.
ㄹ. [×] 청원 수리·처리권은 지방의회의 고유권한이다.

정답 : ④

02 ☐☐☐

우리나라 지방자치단체장의 권한으로 볼 수 없는 것은?

① 지방의회의 의결에 대한 재의요구권
② 총선거 후 최초로 집결되는 지방의회 임시회 소집권
③ 선결처분권
④ 지방채 발행권

정밀해설

② 총선 후 최초로 소집되는 임시회는 지방의회의 사무처장, 사무국장, 사무과장이 지방의회의원 임기개시일로부터 25일 이내에 소집하도록 되어 있다.
① 지방의회의 의결이 월권이거나 법령에 위반되는 경우 재의요구권이 있다.
③ 지방의회 의결사항 중 주민의 생명과 재산보호를 위하여 긴급하게 필요한 사항으로서 지방의회를 소집할 시간적 여유가 없거나 지방의회에서 의결이 지체되어 의결되지 아니할 때의 선결처분권이 있다.
④ 지방자치단체의 장이나 자치단체조합은 따로 법률이 정하는 바에 따라 지방채를 발행할 수 있다.

정답 : ②

03

지방자치단체장과 의회의 관계에 대한 설명으로 옳은 것은?

① 자치단체장은 의회에 대하여 임시회 소집권, 조례공포권, 폐회 중인 위원회 개회 요구 등을 할 수 있다.
② 우리나라 지방자치제도에는 의회 의장에 대한 불신임권은 없다.
③ 자치단체장은 의회에 대해 행정사무감사 및 조사를 할 수 있다.
④ 자치단체장의 선결처분권은 의회의 사전의결을 얻어야 한다.

정밀해설

② 단체장에 대한 불신임의결권은 없다. 의장단에 대해서는 가능하다.
③ 행정사무감사 및 조사권은 의회의 권한이다.
④ 선결처분권은 사후적으로 의회의 승인을 얻어야 한다.

정답 : ①

04

현행 우리나라의 지방자치제도에 관한 설명으로 옳은 것은?

① 지방의회는 행정사무 감사권뿐만 아니라 조사권을 통해서도 지방자치단체를 감시하고 통제할 수 있다.
② 우리나라는 기관대립형을 채택하고 있기 때문에 의회의 지방자치단체장에 대한 불신임권이 인정되고 있다.
③ 지방의회의 모든 의사결정은 지방자치단체장이 공포해야 효력을 가질 수 있다.
④ 주민투표는 안건이 발의된 지 20~30일 이내에 투표가 실시되며, 투표권자 1/5 이상의 투표와 유효투표수 과반수의 찬성으로 안건을 통과시키게 된다.

정밀해설

② 우리나라의 지방정부형태는 기관대립형이므로 의회의 단체장에 대한 불신임권이나 단체장의 의회 해산권은 인정되지 않는다.
③ 조례만 해당된다.
④ 주민투표는 투표권자 총수의 1/4 이상이 투표를 해야 한다.

정답 : ①

THEME 113 지방재정1(지방세)

1 지방세의 원칙

재정 수입 측면	• 충분성 원칙: 지방재정수요를 충족시키는 데 충분한 수입이 확보될 수 있어야 함 • 보편성 원칙: 각 지방자치단체의 수입이 보편적으로 존재해야 함 • 정착성 원칙: 세원은 가급적 이동이 적고 일정 지역 내 정착하고 있어야 함 • 신장성 원칙: 지방자치단체의 수입이 지방자치단체 발전에 따라 증가되어야 함 • 안전성 원칙: 세수가 매년 한정적으로 수입되고, 연도 간 세수 변동이 적어야 함 • 신축성(탄력성) 원칙: 재정수요의 변화에 따라 탄력적으로 대응할 수 있어야 함
주민 부담 측면	• 부담분임 원칙: 지방자치단체 구역 안에 거주하는 주민이 자치단체의 행정활동에 소요되는 비용을 널리 분담해야 함 • 응익성 원칙: 지방자치단체가 제공하는 공공서비스로부터 주민이 받는 이익에 따라 지방세를 부담하도록 함 • 효율성 원칙: 시장의 효율적인 선택행위를 침해해서는 안 됨 • 부담보편 원칙: 동등한 지위에 있는 자에게는 동등하게 과세하고, 조세감면의 폭을 너무 넓혀서는 안 된다는 원칙

2 지방재정 체계

자주재원	지방세	보통세	목적세를 제외한 조세
		목적세	지역자원시설세, 지방교육세
	세외수입	경상적 세외수입	사용료수입, 수수료수입, 재산임대수입, 사업수입, 징수교부금수입, 이자수입
		임시적 세외수입	재산매각수입, 자치단체간부담금, 보조금반환수입, 기타수입, 지난연도수입
		지방행정제재·부과금	과징금, 이행강제금, 변상금, 과태료, 환수금, 부담금
의존재원	지방교부세	보통교부세(일반재원)	(기준재정수요액 − 기준재정수입액) × 조정률
		특별교부세(특정재원)	재해복구 등 특별한 재정수요에 지급
		소방안전교부세(특정재원)	지방자치단체의 소방 및 안전시설 확충 강화를 위해 지급
		부동산교부세(일반재원)	종합부동산에 전액이 재원이 됨.
	국고보조금 (특정재원)	장려적 보조금	자치사무에 대한 경비지원
		부담금	단체위임사무에 대한 보조금
		교부금	기관위임사무에 대한 보조금
지방채	자주재원으로 보는 견해도 있으나 최근 법 개정으로 자주재원에서 제외됨.		

3 지방세 세목

구분	도세	시·군세	특별시·광역시	자치구세
보통세	취득세 레저세 등록면허세 지방소비세	주민세, 재산세, 자동차세, 담배소비세, 지방소득세	취득세 주민세 자동차세 레저세 담배소비세 지방소비세 지방소득세	등록면허세, 재산세 광역시 자치구세: 등록면허세, 재산세(주민세 재산분), (지방소득세 종업원분)
목적세	지방교육세, 지역자원시설세	–	지방교육세, 지역자원시설세	–

OX 기출분석

01   22 경간부
소득세, 종합부동산세, 법인세는 우리나라의 국세 중 직접세에 해당한다.   O X

해설: 국세 중 직접세에는 소득세, 법인세, 상속세, 증여세, 종합부동산세가 있다.

02   21 지방(서울) 9급
지방자치단체의 예비비에서 재해·재난 관련 목적 예비비는 별도로 예산에 계상할 수 있다.   O X

해설: 재해나 재난과 관련한 목적 예비비는 별도로 예산에 계상할 수 있다.

03   20 행정사
우리나라 지방세로는 담배소비세, 재산세, 취득세, 종합부동산세, 레저세 등이 있다.   O X

해설: 우리나라 지방세로는 담배소비세, 재산세, 취득세, 레저세 등이 있다. 종합부동산세는 국세이다.

04   17 지방 7급
시·군의 지방세 세목에는 담배소비세, 주민세, 지방소득세, 재산세, 자동차세가 있다.   O X

05   16 교행 9급
광역시의 군지역은 광역시세와 자치구세의 세목 구분이 적용되지 않고 도세와 시·군세의 세목 구분이 적용된다.   O X

06   14 국가 7급
우리나라의 지방세는 재산보유에 대한 과세보다 재산거래에 대한 과세의 비중이 상대적으로 높다.   O X

07   12 지방 7급
우리나라 지방재정에서는 경상적 경비의 비중이 낮다.   O X

해설: 경상적 경비의 비중은 높고 투자적 경비의 비중은 낮다.

08   11 지방 7급
기초자치단체는 목적세를 부과할 수 없고, 현행 목적세인 지방교육세와 지역자원시설세는 특별시·광역시·도세이다.   O X

정답   01 O   02 O   03 X   04 O   05 O   06 O   07 X   08 O

핵심 기출 문제

01
2019 서울 7급(2월)

지방재정에 대한 설명으로 가장 옳지 않은 것은?

① 지방수입에 있어서 자주재원의 핵심은 지방세와 세외수입으로 지방세는 법률이 정하는 바에 따라 강제적으로 징수하고, 세외수입은 지방세 외의 모든 수입을 포함하는 개념이다.
② 의존재원은 지방교부세, 국고보조금, 조정교부금, 지방채로 구성되며, 지방자치단체에서 필요로 하거나, 부족한 재원을 외부에서 조달한다는 특징이 있다.
③ 지방자치단체 지방수입의 구조에서 가장 두드러진 특징 중 하나는 자주재원에 비해 의존재원이 매우 많다는 점으로, 지방자치단체의 국가재정에 대한 의존도가 상당히 크다 할 수 있다.
④ 재정자립도는 지방자치단체 총 예산규모 중 자주재원이 차지하는 비율로 그 산식에 있어서 분모와 분자에 모두 자주재원이 존재함으로 인해 재정자립도를 결정하는 데에 중요한 요인은 의존재원이 된다.

정밀해설

② 의존재원은 지방교부세, 국고보조금, 소성교부금으로 구성되며, 지방채는 지방자치단체가 발행하는 채권으로 과거에는 자주재원에 포함하였으나 현재에는 자주재원에서 제외되었고, 이후 의존재원에도 포함되지 않았다.
① 자주재원에는 법률에 근거하여 지방정부가 강제로 부과·징수하는 지방세와 지방자치단체의 자체 세입 중에서 지방세 수입을 제외한 세외수입이 있다.
③ 자주재원에 비해 의존재원이 매우 많다는 것은 지방자치단체가 국가재정에 의존하는 정도가 크다고 볼 수 있다.
④ 재정자립도는 지방자치단체의 총세입에서 자주재원이 차지하고 있는 비율로, 자주재원은 분자와 분모 모두에 존재하므로 결국 재정자립도를 결정하는 주요한 요인은 의존재원이라고 할 수 있다.

정답: ②

02
2017 서울 9급

우리나라의 지방재정에 대한 설명으로 가장 옳지 않은 것은?

① 지방자치단체의 세입재원은 크게 자주재원과 의존재원으로 나눌 수 있는데, 자주재원에는 지방세와 세외수입이 있고 의존재원에는 국고보조금과 지방교부세 등이 있다.
② 지방세 중 목적세로는 담배소비세, 레저세, 자동차세, 지역자원시설세, 지방교육세 등이 있다.
③ 지방교부세는 지방자치단체 간 재정력의 불균형을 조정하는 재원으로, 보통교부세·특별교부세·부동산교부세 및 소방안전교부세로 구분한다.
④ 지방재정자립도를 높이기 위해 국세의 일부를 지방세로 전환할 경우 지역 간 재정불균형이 심화될 수 있다.

정밀해설

② 지방세 중 목적세로는 지역자원시설세, 지방교육세가 있고 담배소비세, 레저세, 자동차세 등은 보통세에 해당한다.
① 지방세와 세외수입은 자주재원에 해당하고, 국고보조금과 지방교부세는 의존재원에 해당한다.
③ 지방교부세의 종류로는 보통교부세, 특별교부세, 부동산교부세, 소방안전교부세가 있고 지방교부세는 지방자치단체 간 재정력의 불균형을 조정하는 기능을 한다.
④ 국세의 일부를 지방세로 전환하게 되면 자치단체가의 세원이 골고루 분포되어 있기 않기 때문에 오히려 지역 간 재정불균형이 심화될 수 있다.

정답: ②

03

2016 교행 9급

지방세 체계에 대한 설명 중 옳지 않은 것은?

① 광역시의 경우에는 주민세 재산분 및 종업원분은 광역시세가 아니고 구세로 한다.
② 광역시의 군 지역은 광역시세와 자치구세의 세목 구분이 적용되지 않고 도세와 시·군세의 세목 구분이 적용된다.
③ 시·도는 지방교육세를 매 회계연도 일반회계예산에 계상하여 교육비특별회계로 전출하여야 한다.
④ 특별시의 재산세는 특별시분과 자치구분으로 구분하고, 특별시분은 구의 지방세수 등을 고려하여 자치구에 차등 분배하고 있다.

정밀해설

④ 특별시분 재산세 전액은 관할구역의 구에 교부하여야 하고, 교부기준 및 교부 방법 등은 특별시의 조례로 정하되 교부기준을 정하지 않은 경우에는 구에 균등배분 하여야 한다.
① 광역시의 경우에는 주민세 재산분 및 종업원분은 자치구세로 한다(지방세기본법 제11조).
② 광역시의 군 지역에서는 도세항목을 광역시세로 한다.
③ 시·도는 지방교육세를 매 회계연도 일반회계예산에 계상하여 교육비특별회계로 전출하여야 한다.

정답 : ④

04

2015 지방 7급

「지방재정법」상 지방자치단체의 예산에 대한 설명으로 옳지 않은 것은?

① 예산안에는 성인지 예산서가 첨부되어야 한다.
② 한 회계연도의 모든 수입을 세입으로 하고 모든 지출을 세출로 한다.
③ 지방자치단체의 장은 매년 다음 회계연도부터 5회계연도 이상의 기간에 대한 중기지방재정계획을 수립하여 지방의회에 제출하여야 한다.
④ 지방의회의 소속으로 설치하여야 하는 지방재정투자심사위원회는 다른 위원회가 그 기능을 대신할 수 없다.

정밀해설

④ 지방재정투자심사위원회의 기능을 담당하기에 적합한 다른 위원회가 있고 그 위원회의 위원이 지방재정 또는 투자심사에 관한 학식이나 전문성을 갖춘 경우에는 조례로 정하는 바에 따라 그 위원회가 지방재정투자심사위원회의 기능을 대신할 수 있다.
① 예산안에는 성인지 예산서가 첨부되어야 한다(동법 제36조의2).
② 한 회계연도의 모든 수입을 세입으로 하고 모든 지출을 세출로 한다(동법 제34조).
③ 지방자치단체의 장은 매년 다음 회계연도부터 5회계연도 이상의 기간에 대한 중기지방재정계획을 수립하여 지방의회에 제출하여야 한다(동법 제33조).

정답 : ④

적중 예상 문제

01 ☐☐☐

지방재정과 중앙재정에 대한 비교내용으로 옳은 것은?

① 중앙정부의 재정운용은 지방정부에 비해 주민의 선호에 더욱 민감하게 작용한다.
② 재원조달방식에 있어 중앙정부는 지방정부에 비해 조세 이외의 보다 다양한 세입원에 의존하고 있다.
③ 지방재정은 자원배분기능·소득재분배기능·경제안정화기능 등 포괄적인 기능을 수행하는 반면, 중앙재정은 자원배분기능을 중점적으로 수행한다.
④ 중앙재정은 지방재정과 비교할 때 자원배분의 효율성보다는 자원배분의 공평성을 상대적으로 더 중시한다.

정밀해설

④ 중앙재정은 응능주의이므로 공평성이 중시되고, 지방재정은 응익주의이므로 효율성이 중시된다.
① 지방재정이 주민생활과 밀접하므로 주민 선호에 더욱 민감하다.
② 중앙정부는 조세의존도가 높은 반면, 지방정부는 지방세 이외의 다양한 세입원을 가지고 있다.
③ 국가는 국가존립에 필요한 사무, 각종 정책 등 전국적·통일적 처리를 요하는 사무, 전국적 규모의 사무 등을 처리하므로 중앙재정은 포괄적 기능을 수행한다.

▶ **국가재정 vs 지방재정**

구분	국가재정	지방재정
서비스 성격	순수공공재 공급 (국방, 외교, 사법 등)	준공공재 공급 (도로, 교량 등 SOC)
재정의 기능	포괄적 기능 (경제안정기능, 소득재분배기능, 자원배분기능 모두 수행)	자원배분기능을 주로 수행
재정의 초점	전략적 정책기능	전술적 집행기능
평가 기준	공평성	효율성
부담 구조	응능주의 (가격원리 적용 곤란, 일반적 보상관계)	응익주의 (가격원리 적용 용이, 개별적 보상관계)
경쟁 여부	비경쟁성	지방정부 간 경쟁성
재원 조달 방식	주로 조세에 의존	다양한 세입원에 의존(국가로부터의 의존재원뿐만 아니라 세외수입 역시 국가재정보다 상대적으로 많음)
재정 관행	양출재입(量出制入): 세입결정권한 있음	양입제출(量入制出): 세입결정권한 없음
대표성 수준	일반적 대표성	지역적 대표성

정답 : ④

02 ☐☐☐

다음 지방세 중 서울특별시의 세목이 아닌 것은?

① 지역자원시설세
② 재산세
③ 지방소득세
④ 담배소비세

정밀해설

② 재산세는 자치구세이다.

정답 : ②

03

다음 중 지방세의 문제점으로 보기 어려운 것은?

① 재산과세 중심으로 배분되고 세수의 탄력적인 증가가 어렵다.
② 국세에 비해 지방세의 비율이 낮다.
③ 재산세 비중이 낮고 취득세, 등록세의 비율이 높아 경기변동의 영향을 적게 받는다.
④ 지방재정 중 지방세가 차지하는 비중은 35%로 세원 자체가 부족하다.

정밀해설

③ 재산세 비중이 낮고 취득세, 등록세 등의 비율이 높아 경기변동의 영향을 크게 받는다.

정답 : ③

04

도세 중 보통세만 옳게 묶여진 것은?

① 취득세, 등록면허세, 레저세, 지방소비세
② 재산세, 면허세, 사업소세
③ 재산세, 등록면허세, 담배소비세
④ 지역자원시설세, 지방소비세, 자동차세

정밀해설

① 도세 중 보통세에는 취득세, 등록면허세, 레저세, 지방소비세가 있다.

정답 : ①

05

다음 중 자주재원으로만 옳게 묶여진 것은?

① 지방세, 국고보조금
② 보통교부세, 수수료
③ 특별교부세, 위탁금
④ 보통세, 목적세

정밀해설

④ 보통세와 목적세는 지방세로 자주재원에 속한다.
① 지방세는 자주재원, 국고보조금은 의존재원이다.
② 보통교부세는 의존재원, 수수료는 자주재원이다.
③ 둘 다 의존재원이다.

정답 : ④

THEME 114 지방재정2(세외수입, 조정제도 등)

1 세외수입

일반회계	경상적 수입	사용료수입, 수수료수입, 재산임대수입, 사업수입[1], 징수교부금수입, 이자수입
	임시적 수입[2]	재산매각수입, 자치단체간부담금, 보조금반환수입, 기타수입, 지난연도수입
	지방행정제재·부과금[3]	과징금, 이행강제금, 변상금, 과태료, 환수금, 부담금
특별회계	기타	재산임대수입, 사용료수입, 수수료수입, 지난연도수입, 기타
	공기업	상수도사업, 하수도사업, 공영개발사업

[1] 사업수입: 사업장 생산수입, 청산금 수입, 매각 사업수입, 배당금 수입, 기타
[2] 2014년부터 세입과목 개편에 따라 '잉여금, 전년도이월금, 전입금, 예탁금 및 예수금, 융자원금수입'을 세외수입(임시적 세외수입)에서 제외
[3] 2021년부터 세외수입 과목 개편에 따라 지방행정제재·부과금 '관'을 신설하여 분류

2 국고보조금과 지방교부세

구분	국고보조금	지방교부세
법적근거	보조금의 예산 및 관리에 관한 법률	지방교부세법
주무부처	기획재정부	행정안전부
재원	일반회계예산, 특별회계예산	내국세의 19.24%, 종합부동산세 총액, 담배에 부과되는 개별소비세 총액의 45%
용도	특정재원(용도지정 ○)	일반재원(용도지정 ×)
불균형 시정	수직적 불균형 시정	• 수직적 불균형 시정(국가 - 자치단체) • 수평적 불균형 시정(자치단체 간)
지방부담	있음(정률보조). • 기준보조율 • 차등보조율(기준보조율을 가감)	없음(정액보조)
종류	• 협의의 보조금(고유사무 장려) • 부담금(단체위임사무 - 공동부담) • 교부금(기관위임사무 - 국가전액)	• 보통교부세: 내국세의 19.24%의 97% • 특별교부세: 내국세의 19.24%의 3%(특정재원) • 부동산교부세: 종합부동산세 총액 + 정산액 교부 • 소방안전교부세: 담배 개별소비세 총액의 45% + 정산액
기능	자원배분기능	재정의 형평화
기타사항	차등보조율: 기준보조율에서 일정비율을 가감하는 것으로서, 차감하는 차등보조율은 지방교부세법에 의한 보통교부세를 교부받지 않는 지방자치단체에 한하여 적용	• 보통교부세 교부기준(기준재정 수요액 - 기준재정 수입액) • 재정력지수가 1을 초과하는 경우 보통교부세를 교부하지 않음(특별교부세는 예외). • 추가경정예산에 의하여 교부세의 재원인 국세에 증감이 있을 경우에는 지방교부세도 이를 증감시켜야 함.

3 재정자립도

① 재정자립도

$$\frac{자주재원}{총재원} \times 100 = \frac{자주재원}{자주재원 + 의존재원} \times 100 = \frac{지방세 + 세외수입 - 지방채}{자주재원 + 의존재원} \times 100$$

② 문제점
  ㉠ 자치단체의 재정규모를 고려하지 못함.
  ㉡ 경상수지비율 등 세출구조를 고려하지 못함.
  ㉢ 지방교부세 등과 상충(역관계)

 재정자주도 내용

$$\frac{지방세 + 세외수입 + 지방교부세 + 조정교부금}{일반회계예산규모} \times 100$$

4 지방채

구분	국채	지방채
발행 목적	경제정책상의 필요	재정수입액의 부족액 보전
신축성 여부	신축적 발행	통제(지방의회 의결 필요) ※ 단, 발행 한도액 범위더라도 외채를 발행하는 경우 지방의회의 의결 전 행정안전부장관의 승인 필요 ※ 행정안전부장관과 협의한 경우에는 지방채 발행 한도액 범위를 초과하여 지방채 발행 가능
인플레이션 유발가능성	유발가능성 큼	대부분 유통성이 없는 증서차입의 형태이므로 유발가능성 작음
지역 간 자원 재분배기능	수행하지 못함	지역 간 자금의 유통기능을 수행함

5 재정조정제도

제도	근거법률	교부주체	교부대상	재원
징수교부금	지방세법	특별시·광역시·도	시·군·자치구	광역자치단체에서 징수된 세액의 3%
시·군 조정교부금	지방재정법	광역시·도	시·군	$\left(광역시세 및 도세의 총액 + \frac{해당 시·도의 소비세액}{전년도 말 해당 시·도 인구} \times 전년도 말 시·군의 인구\right) \times 27\%$ (단, 50만 이상의 시 및 자치구 아닌 구가 설치된 시는 47%)
자치구 조정교부금	지방재정법	특별시·광역시	자치구	보통세의 일부를 조례로 정한대로 교부

OX 기출분석

01 　　　　　　　　　　　　　　　　　　　　　　　22 국가 9급
지방교부세는 신청주의를 원칙으로 하며 각 중앙관서의 예산에 반영되어야 한다.
　　　　　　　　　　　　　　　　　　　　　　　　　　　　○ ×

> **해설**
>
> 신청주의를 원칙으로 하며 각 중앙관서의 예산에 반영되어야 하는 것은 국고보조금에 대한 설명이다. 한편 지방교부세는 지방자치단체의 신청 없이 미리 정해진 법정교부세율에 따라 확보된 재원으로 교부하는 조정재원이다.

02 　　　　　　　　　　　　　　　　　　　　　　　21 군무원 9급
지방재정 지표 중 총세입(總歲入)에서 자율적으로 사용가능한 재원의 비율을 나타내는 것은 재정자주도이다.
　　　　　　　　　　　　　　　　　　　　　　　　　　　　○ ×

> 재정자주도는 총세입에서 자율적으로 사용가능한 재원의 비율을 의미한다.

03 　　　　　　　　　　　　　　　　　　　　　　　21 지방(서울) 9급
국고보조금은 지방재정운영의 자율성을 제고한다.
　　　　　　　　　　　　　　　　　　　　　　　　　　　　○ ×

> 국고보조금은 특정재원이며, 국고보조사업의 수행에서 중앙정부의 감독을 받으므로 지방자치단체의 자율성을 저해한다.

04 　　　　　　　　　　　　　　　　　　　　　　　20 서울/지방 9급
재산임대수입, 조정교부금은 지방재정의 세입항목 중 자주재원에 해당한다.
　　　　　　　　　　　　　　　　　　　　　　　　　　　　○ ×

> 재산임대수입은 대표적인 세외수입으로 자주재원에, 조정교부금은 의존재원에 해당한다.

05 　　　　　　　　　　　　　　　　　　　　　　　19 서울 9급
자주재원이 적더라도 중앙정부가 지방교부세를 증액하면 재정자립도는 올라간다.
　　　　　　　　　　　　　　　　　　　　　　　　　　　　○ ×

> 자주재원의 비중이 클수록, 의존재원(지방교부세 및 국고보조금)이 작을수록 재정자립도는 높아진다.

06 　　　　　　　　　　　　　　　　　　　　　　　17 지방 9급
보통교부세의 산정기일 후에 발생한 재난을 복구하거나 재난 및 안전관리를 위한 특별한 재정수요가 생기거나 재정수입이 감소한 경우 특별교부세를 교부할 수 있다.
　　　　　　　　　　　　　　　　　　　　　　　　　　　　○ ×

07 　　　　　　　　　　　　　　　　　　　　　　　14 국회 8급
중앙정부가 지방자치단체별로 지방교부세를 교부할 때 사용하는 기준지표는 재정자립도이다.
　　　　　　　　　　　　　　　　　　　　　　　　　　　　○ ×

> 지방교부세의 교부기준은 재정력지수이다.

08 　　　　　　　　　　　　　　　　　　　　　　　13 서울 9급
재정자주도는 지방정부 일반회계 세입에서 자주재원과 지방교부세를 합한 일반재원의 비중을 말한다.
　　　　　　　　　　　　　　　　　　　　　　　　　　　　○ ×

정답 01 X　02 O　03 X　04 X　05 X　06 O　07 X　08 O

핵심 기출 문제

01 ☐☐☐

지방채에 관한 설명으로 가장 적절한 것은?

① 지방채 발행 한도액 범위더라도 외채를 발행하는 경우에는 지방의회의 의결을 거치지 전에 행정안전부 장관의 승인을 받아야 한다.
② 교부공채는 지방자치단체로부터 인·허가나 차량등록 등 특정 서비스를 제공받는 주민 또는 법인을 대상으로 강제로 소화시키는 것을 말한다.
③ 증권발행채는 기명채권으로 시장유통성이 없다.
④ 지방채는 지방자치단체장만이 법률로 정하는 바에 따라 발행할수 있으며 지방자치단체조합은 발행주체에 해당되지 않는다.

정밀해설
② 교부공채는 지방자치단체가 공사대금 등 현금을 지급해야 하는 경우에 현금지급 대신 지급을 약속하는 증권을 교부하는 것이다.
③ 증권발행채는 시장융통성이 있다.
④ 지방자치단체 조합도 발행주체에 해당한다.

정답: ①

02 ☐☐☐
2020 지방 7급

다음 사례에 대한 설명으로 옳은 것은?

> 2013년 환경부는 상수도 낙후지역에 사는 국민이 안심하고 마실 수 있는 수돗물을 공급하기 위해 총사업비 8,833억 원(국비 30%, 지방비 70%)을 들여 '상수관망 최적관리시스템 구축사업'을 추진한다고 발표하였다. 그러나 A시는 상수도사업을 자체관리하기로 결정하고, 당초 요청하기로 계획했던 국고보조금 56억 원을 신청하지 않았다.

① 만약 A시가 이 사업에 참여하여 당초 요청하기로 계획했던 보조금이 그대로 배정된다면, A시가 부담해야 하는 비용은 총 56억 원이다.
② 상수관망을 통해 공급되는 수돗물과 민간재인 생수가 모두 정상재(normal goods)라고 가정하면, 환경부의 사업 보조금은 수돗물과 생수의 공급수준을 모두 증가시키는 소득효과만을 유발시킨다.
③ 이 사례에서와 같은 보조금은 지역 간에 발생하는 외부효과를 시정하거나 중앙정부의 특정 목적을 달성하기 위해 운영된다.
④ A시가 신청하지 않은 보조금은 일반정액보조금에 해당한다.

정밀해설
③ 국고보조금은 중앙정부가 특정 행정 수준을 유지하거나 특정사업의 수행과 관련해 용도를 지정하기 위해 운영되는 것으로, 외부효과를 치유하는 수단이 되기도 한다.
① 만약 A시가 이 사업에 참여하여 당초 요청하기로 계획했던 보조금이 그대로 배정된다면, 56억 원을 배정받게 된다. 한편 A시가 부담해야 하는 비용은 알 수 없다.
② 상수관망을 통해 공급되는 수돗물과 민간재인 생수가 모두 정상재라고 가정하면, 환경부의 사업 보조금은 수돗물의 공급수준은 증가시키지만 민간재인 생수의 공급수준은 감소하게 된다.
④ A시가 신청하지 않은 보조금은 일반정률보조금에 해당한다. 이는 지방자치단체가 지출하는 경비의 일정비율에 해당하는 금액을 보조하는 것을 의미한다.

정답: ③

03

2021 국회 8급

지방재정조정제도에 대한 설명으로 옳은 것은?

① 교부세의 재원에는 내국세 총액의 19.24%, 종합부동산세 총액, 담배에 부과하는 개별소비세 총액의 45%가 포함된다.
② 부동산교부세는 지방교부세 중 가장 최근에 신설되었다.
③ 소방안전교부세는 담배소비세 총액의 100분의 20을 재원으로 하였으나 2020년 100분의 40으로 상향 조정되었다.
④ 특별교부세는 그 교부 주체가 기획재정부장관으로 통합·일원화되었다.
⑤ 국고보조금은 지정된 사업목적 이외의 용도로 사용할 수 있는 재원이다.

정밀해설

① 지방교부세는 내국세 총액의 19.24%, 종합부동산세 전액, 담배에 부과하는 개별소비세 45%를 재원으로 한다.
② 지방교부세 중 가장 최근에 신설된 교부세는 소방안전교부세이다(2015.1. 신설).
③ 소방안전교부세는 담배에 부과되는 개별소비세의 100분의 20을 재원으로 하였으나 최근 「지방교부세법」의 개정(2020.4.1.)으로 100분의 45로 인상되었다.
④ 특별교부세는 특정한 사유 발생 시 행정안전부장관이 일정 기준에 의하여 교부한다.
⑤ 국고보조금은 구체적인 보조 목적 사업에만 사용되는 특정재원이다.

정답: ①

04

「지방재정법」상 지방재정진단제도의 내용에 해당하는 것은?

① 재정위험 수준 점검결과 재정위험 수준이 대통령령으로 정하는 기준을 초과하는 지방자치단체에 대하여 실시할 수 있다.
② 대규모의 재정적 부담을 수반하는 사업의 유치를 신청할 때 미리 지방자치단체의 재정에 미칠 영향을 평가한다.
③ 지방재정을 계획성 있게 운용하기 위하여 매년 중기지방재정계획을 수립한다.
④ 소속 공무원의 인건비를 30일 이상 지급하지 못하여 자력으로 재정위기상황을 극복하기 어렵다고 판단되는 경우 실시한다.

정밀해설

① 지방재정법 제55조
③ 옳지 않은 설명이다.

제33조(중기지방재정계획의 수립 등) ① 지방자치단체의 장은 지방재정을 계획성 있게 운용하기 위하여 매년 다음 회계연도부터 5회계연도 이상의 기간에 대한 중기지방재정계획을 수립하여 예산안과 함께 지방의회에 제출하고, 회계연도 개시 30일 전까지 행정안전부장관에게 제출하여야 한다.

④ 옳지 않은 설명이다.

제60조의3(긴급재정관리단체의 지정 및 해제) ① 행정안전부장관은 지방자치단체가 다음 각 호의 어느 하나에 해당하여 자력으로 그 재정위기상황을 극복하기 어렵다고 판단되는 경우에는 해당 지방자치단체를 긴급재정관리단체로 지정할 수 있다. 이 경우 행정안전부장관은 긴급재정관리단체로 지정하려는 지방자치단체의 장과 지방의회의 의견을 미리 들어야 한다.
1. 제55조의2에 따라 재정위기단체로 지정된 지방자치단체가 제55조의3에 따른 재정건전화계획을 3년간 이행하였음에도 불구하고 재정위기단체로 지정된 때부터 3년이 지난 날 또는 그 이후의 지방자치단체의 재정위험 수준이 재정위기단체로 지정된 때보다 대통령령으로 정하는 수준 이하로 악화된 경우
2. 소속 공무원의 인건비를 30일 이상 지급하지 못한 경우
3. 상환일이 도래한 채무의 원금 또는 이자에 대한 상환을 60일 이상 이행하지 못한 경우

정답: ①

01

지방재정력에 대한 설명으로 가장 적절하지 않은 것은?

① 재정자주도란 일반회계 세입에서 자주재원과 지방교부세 등을 합한 일반재원의 비중을 나타낸다.
② 지방재정자립도는 예산 규모에서 지방세 수입과 세외수입의 합계액이 차지하는 비율을 의미한다.
③ 재정자립도는 세입 중심의 개념으로 세출구조의 건전성 여부 등 세출의 질을 파악하지 못한다는 한계가 있다.
④ 지방자치단체의 자주재원은 지방교부세, 시·군 조정교부금, 자치구 조정교부금, 국고보조금 등 4종류의 이전 재원을 합친 재원이다.

정밀해설

④ 지방자치단체의 자주재원은 지방세와 세외수입이다(2014. 11. 19. 지방재정법 개정으로 인해 조정교부금이 시·군 조정교부금으로, 재정보전금이 자치구 조정교부금으로 개정됨).
① 재정자주도는 일반회계 세입에서 자주재원과 지방교부세를 합한 일반재원의 비중을 나타낸다.
② 지방재정자립도는 지방자치단체의 전체 재원에 대한 자주재원(지방세 수입, 지방세외 수입)의 비율을 의미한다.
③ 지방재정자립도는 투자비, 경상비 등 세출에 대한 요소를 고려하지 못하고 있다.

정답 : ④

02

지방교부세제도에 관한 설명으로 옳지 않은 것은?

① 재정력지수 1을 기준으로 교부하므로 현재 모든 자치단체가 균등하게 받는다.
② 수직적·수평적 재정조정제도에 해당한다.
③ 소방안전교부세는 특정목적으로 행정안전부장관이 운영한다.
④ 지방교부세는 내국세 총액의 19.24%와 종합부동산세 전액, 담배 개별소비세 총액의 45%이다.

정밀해설

① 지방교부세는 모든 지방자치단체에 교부하지 않는다.
② 보조금이 수직적 재정조정제도라면, 교부세는 수직적·수평적 재정조정제도에 해당한다.
③ 소방안전교부세는 행정안전부장관이 관리한다.
④ 모든 자치단체가 공유하는 독립재원이 된다.

정답 : ①

THEME 115 주민참여제도

1 주민참여의 기능과 한계

① 주민참여의 기능

정치적 기능	행정적 기능
• 대의민주주의 한계 극복 • 주민통제를 통한 행정의 독선화 방지 및 책임성 증진 • 주민의 정치훈련 기회 부여(주민교육기능) • 진정한 지방자치 및 풀뿌리 민주주의 실현 • 행정기관 내부의 저항 극복(행정개혁 추진 용이) • 소외계층 보호 기능	• 주민 요구에 적합한 행정서비스 제공(대응성 증진) • 주민의 지식과 정보활용을 통한 정책의 합리성 제고 • 행정에 대한 이해와 협력 증진 • 정책집행의 순응 확보 • 주민 상호 간의 이해 증진 및 분쟁해결에 도움

② 주민참여의 한계
  ㉠ 주민 개인의 자질 및 전문성 부족: 아마추어리즘 야기
  ㉡ 이해조정능력의 결여: 분열과 대립의 격화
  ㉢ 주민참여의 대표성 결여: 특정 이익집단 이익 과다반영, 침묵하는 다수 의견 묵살
  ㉣ 행정지체(결정의 지연)와 비능률

2 주민참여제도 정리

① 주민투표, 주민소환

구분	주민투표		주민소환	
주체	18세 이상 주민 재외국민 국내 거주 외국인		19세 이상 주민 국내 거주 외국인	
	중앙행정기관의 장 요청			
	지방의회(과반수출석, 2/3 이상)			
	자치단체장의 직권(의회동의 필요)			
정족수	18세 이상 주민 총수			
정족수	1/20~1/5 (범위 안에서 조례로 정하는 주민수 이상의 서명)		시·도지사	10/100 이상
			시장·군수·구청장	15/100 이상
			광역 및 기초지방의원 (비례대표 제외)	20/100 이상
청구대상	지자체장		관할선거관리위원회	
청구사항	지자체의 주요 결정사항		선출직 공직자(비례대표 제외)	
확정	확정: 1/4 이상 투표, 투표 과반수 득표		공고한 시점에 권한행사 정지 확정: 1/3 이상 투표, 과반수 득표 공표한 시점에 직 상실	
근거	지방자치법	주민투표법	지방자치법	주민소환법
도입	1994년	2004년	2006년 신설	2006년 제정, 2007년 시행

* 19세 이상의 주민 총수는 전년도 12월 31일 현재의 주민등록표 및 재외국민 국내거소신고, 외국인등록표에 의하여 산정한다.

② 주민조례발안, 주민의 감사청구권, 주민소송

구분	주민조례발안		주민의 감사청구권		주민소송
주체	18세 이상의 주민 국내 거주 외국인 재외국민		18세 이상의 주민 국내거주 외국인 재외국민		감사를 청구한 자(주민소송에 앞서 전심절차로 주민감사청구를 거쳐야 한다)
정족수	18세 이상 주민 총수의		18세 이상 주민 총수		주민감사청구 결과에 불복이 있는 자
	특별시 및 인구 800만 이상의 광역시·도	청구권자 총수의 200분의 1	시·도	300명 이하	
	인구 800만 미만의 광역시·도, 특별자치시, 특별자치도 및 인구 100만 이상의 시	청구권자 총수의 150분의 1			
	인구 50만 이상 100만 미만의 시·군 및 자치구	청구권자 총수의 100분의 1	50만 이상 대도시	200명 이하	
	인구 10만 이상 50만 미만의 시·군 및 자치구	청구권자 총수의 70분의 1			
	인구 5만 이상 10만 미만의 시·군 및 자치구	청구권자 총수의 50분의 1	시·군 자치구	150명 이하	
	인구 5만 미만의 시·군 및 자치구	청구권자 총수의 20분의 1			
	(범위에서 조례로 정하는 18세 이상 주민수 이상의 연서)				
청구대상	지방의회의장		시·도	주무부장관	해당 지방자치단체의 장(해당 사항의 사무처리에 관한 권한을 소속 기관의 장에게 위임한 경우에 그 소속 기관장)
			시·군·자치구	시·도지사	
청구사항	주민이 제안하는 조례안		법령에 위반되거나 공익을 현저히 해친다고 인정되는 그 지방자치단체와 그 장의 권한에 속하는 사무의 처리(행정)		공금의 지출에 관한 사항, 재산의 취득·관리·처분에 관한 사항, 해당 지방자치단체를 당사자로 하는 매매·임차·도급 계약이나 그밖의 계약의 체결·이행에 관한 사항 또는 지방세·사용료·수수료·과태료 등 공금의 부과·징수를 게을리한 사항
제외대상	㉠ 법령을 위반하는 사항 ㉡ 지방세·사용료·수수료·부담금의 부과·징수 또는 감면에 관한 사항 ㉢ 행정기구를 설치하거나 변경하는 것에 관한 사항이나 공공시설의 설치를 반대하는 사항		㉠ 수사나 재판에 관여하게 되는 사항 ㉡ 개인의 사생활을 침해할 우려가 있는 사항 ㉢ 다른 기관에서 감사하였거나 감사중인 사항 ㉣ 동일 사항에 대하여 주민소송이 진행 중이거나 그 판결 확정 사항		중지청구소송은 해당 행위를 중지할 경우 생명이나 신체에 중대한 위해가 생길 우려가 있거나 그밖에 공공복리를 현저하게 저해할 우려가 있으면 제기할 수 있다.

OX 기출분석

01 | 23 국가 9급
2021년 개정된 지방자치법상 규칙의 제정과 개정·폐지 관련 의견 제출 제도가 도입되었다. O X

해설: 지방자치법 제19조에 의해 도입되었다.

02 | 21 국가 7급
우리나라 주민참여예산제도는 주민이 참여할 수 있는 예산의 범위가 「지방재정법」에 규정되어 있다. O X

해설: 「지방재정법」에는 주민이 참여할 수 있는 예산의 범위가 명시되어 있지 않다. 한편 「지방재정법 시행령」에는 예산과정에의 주민참여에 관한 절차 및 지원 등에 필요한 사항은 지방자치단체의 조례로 정한다고 명시되어 있다.

03 | 21 국가 9급
우리나라 주민소환제도에서 군수를 소환하려고 할 경우에는 해당 군의 주민소환투표청구권자 총수의 100분의 10이상의 서명을 받아 청구해야 한다. O X

해설: 군수를 소환하려고 할 경우에는 해당 군의 주민소환투표청구권자 총수의 100분의 15이상의 서명을 받아 청구해야 한다.

04 | 20 검찰간부
주민투표제, 주민소환제, 주민소송제, 조례제정·개폐청구제 중 가장 나중에 도입된 것은 주민소송제이다. O X

해설: 주민투표제, 주민소환제, 주민소송제, 조례제정·개폐청구제 중 가장 나중에 도입된 것은 주민소환제이다.

05 | 19 국가 9급
주민은 행정기구를 설치하거나 변경하는 것에 관한 사항이나 공공시설의 설치를 반대하는 사항의 조례를 제정하거나 개정하거나 폐지할 것을 청구할 수 있다. O X

해설: 주민은 행정기구를 설치하거나 변경하는 것에 관한 사항이나 공공시설의 설치를 반대하는 사항의 조례를 제정하거나 개정하거나 폐지할 것을 청구할 수 없다.

06 | 19 지방 7급
비례대표 지방의회의원에 대한 주민소환은 현행 법률상 허용되지 않는다. O X

07 | 18 서울 7급(추)
주민에게 과도한 부담을 주거나 중대한 영향을 미치는 지방자치단체의 주요 결정사항 등에 대하여 주민투표를 발의할 수 있다. O X

해설: 주민은 주민투표를 청구할 수 있을 뿐 발의할 수는 없다. 주민투표는 지방자치단체장만이 발의할 수 있다.

08 | 18 경찰간부
주민소환투표 결과의 확정은 주민소환투표권자 총수의 3분의 1 이상의 투표와 유효투표 총수 3분의 1 이상의 찬성을 요한다. O X

해설: 주민소환투표권자 총수의 1/3 이상의 투표와 유효투표 총수 과반수의 찬성으로 확정된다.

정답 01 O 02 X 03 X 04 X 05 X 06 O 07 X 08 X

핵심 기출 문제

01
2021 국회 8급

우리나라에서 채택하고 있는 주민참여제도에 대한 설명으로 옳지 않은 것은?

① 주민발안제도를 통해 주민들이 지방자치단체의 조례의 제정 및 개·폐를 의회에 청구할 수 있다.
② 지방자치단체장, 지방의회의원에 대한 주민소환제도는 임기 만료 1년 미만일 때는 청구할 수 없다.
③ 주민들이 지방자치단체의 주요 현안을 직접 결정하기 위해서 주민투표의 실시를 청구할 수 있다.
④ 지방자치단체의 재무행위가 위법하다고 인정되는 경우에 주민들은 자신의 권익에 침해가 없는 경우에도 주민소송을 청구할 수 있다.
⑤ 주민참여예산제도는 「지방재정법」상 지방자치단체의 의무이므로, 주민참여예산제도를 통해 수렴된 주민의 의견은 예산에 반영되어야만 한다.

정밀해설

⑤ 주민참여예산제도는 「지방재정법」에 의하여 지방자치단체가 의무적으로 시행하고 있는 것은 맞지만, 수렴된 주민의 의견을 반드시 예산에 반영해야 하는 것은 아니다.
① 주민발안제도는 주민들이 지방자치단체의 조례의 제정 및 개폐를 의회에 청구할 수 있는 권한을 의미한다.
② 주민소환제도는 임기만료 1년 미만, 소환투표를 실시한 날로부터 1년 이내, 임기개시일로부터 1년 이내에는 청구할 수 없다.
③ 주민 또는 지방의회의 청구가 있을 때는 물론, 자치단체장이 지방의회의 동의를 거쳐 직권으로 또는 중앙행정기관의 요구에 의하여 주민투표를 실시할 수 있다.
④ 주민소송은 본인의 개인적 권리나 이익에 관계없이 청구할 수 있는 공익소송·민중소송 내지는 대표소송의 성격이 강하다.

정답 : ⑤

02
2019 경정승진

우리나라의 주민투표에 대한 설명으로 가장 적절하지 않은 것은?

① 주민에게 과도한 부담을 주거나 중대한 영향을 미치는 지방자치단체의 주요결정사항으로서 그 지방자치단체의 조례로 정하는 사항은 주민투표에 부칠 수 있다.
② 외국인도 관계 법령에 따라 일정한 자격을 갖춘 때에는 조례가 정하는 바에 따라 주민투표권자가 될 수 있다.
③ 지방자치단체의 장 및 지방의회는 주민투표결과 확정된 사항에 대해 2년 이내에는 이를 변경하거나 새로운 결정을 할 수 없다.
④ 법령에 위반되거나 재판중인 사항에 대해서는 주민투표에 부칠 수 없으나, 지방자치단체의 계약이나 재산관리에 관한 사항은 주민통제의 관점에서 주민투표의 대상이 된다.

정밀해설

④ 법령에 위반되거나 재판중인 사항에 대해서는 주민투표에 부칠 수 없으며, 지방자치단체의 계약이나 재산관리에 관한 사항 또한 주민투표의 대상에서 제외한다.

주민투표법 제7조(주민투표의 대상) ① 주민에게 과도한 부담을 주거나 중대한 영향을 미치는 지방자치단체의 주요결정사항으로서 그 지방자치단체의 조례로 정하는 사항은 주민투표에 부칠 수 있다.
② 제1항의 규정에 불구하고 다음 각 호의 사항은 이를 주민투표에 부칠 수 없다.
1. 법령에 위반되거나 재판중인 사항
2. 국가 또는 다른 지방자치단체의 권한 또는 사무에 속하는 사항
3. 지방자치단체의 예산·회계·계약 및 재산관리에 관한 사항과 지방세·사용료·수수료·분담금 등 각종 공과금의 부과 또는 감면에 관한 사항
4. 행정기구의 설치·변경에 관한 사항과 공무원의 인사·정원 등 신분과 보수에 관한 사항
5. 다른 법률에 의하여 주민대표가 직접 의사결정주체로서 참여할 수 있는 공공시설의 설치에 관한 사항
6. 동일한 사항에 대하여 주민투표가 실시된 후 2년이 경과되지 아니한 사항

정답 : ④

03

우리나라의 주민감사청구 제도에 대한 설명으로 옳지 않은 것은?

① 18세 이상의 주민은 50만 이상의 대도시의 경우에는 18세 이상 주민 500명을 넘지 않는 범위 내에서 해당 지방자치단체가 조례로 정하는 주민 수 이상의 연서로 청구할 수 있다.
② 사무처리가 있었던 날이나 끝난 날부터 2년이 지나면 제기할 수 없다.
③ 주무부장관이나 시·도지사는 감사청구를 수리한 날부터 60일 이내에 감사 청구된 사항에 대하여 감사를 끝내야 한다. 다만, 그 기간에 감사를 끝내기가 어려운 정당한 사유가 있으면 그 기간을 연장할 수 있다.
④ 주무부장관이나 시·도지사는 감사결과에 따라 기간을 정하여 해당 지방자치단체의 장에게 필요한 조치를 요구할 수 있다.

정밀해설

① 500명이 아니라 200명 이상이다. 한편 연서인원은 광역자치단체의 경우 300명, 인구 50만 이상은 200명, 기초자치단체는 150명 이상이다.
② 주민의 감사청구는 사무처리가 있었던 날이나 끝난 날부터 2년이 지나면 제기할 수 없다.
③ 주무부장관이나 시·도지사는 감사청구를 수리한 날부터 60일 이내에 감사청구된 사항에 대하여 감사를 끝내야 하며, 감사결과를 청구인의 대표자와 해당 지방자치단체의 장에게 서면으로 알리고, 공표하여야 한다. 다만, 그 기간에 감사를 끝내기가 어려운 정당한 사유가 있으면 그 기간을 연장할 수 있다. 이 경우 이를 미리 청구인의 대표자와 해당 지방자치단체의 장에게 알리고, 공표하여야 한다(지방자치법 제16조 제3항).
④ 주무부장관이나 시·도지사는 감사결과에 따라 기간을 정하여 해당 지방자치단체의 장에게 필요한 조치를 요구할 수 있다. 이 경우 그 지방자치단체의 장은 이를 성실히 이행하여야 하고 그 조치결과를 지방의회와 주무부장관 또는 시·도지사에게 보고하여야 한다(동법 제16조 제6항).

정답 : ①

04

주민소환제에 대한 설명으로 옳은 것은?

① 주민은 그 지방자치단체의 장 및 비례대표를 포함한 지방의회의원을 소환할 권리를 가진다.
② 선출직 지방공직자의 임기만료일부터 1년 미만일 때에는 주민소환투표의 실시를 청구할 수 없다.
③ 주민소환은 주민소환투표권자 총수의 2분의 1 이상의 투표와 유효투표 총수 과반수의 찬성으로 확정된다.
④ 지방행정의 민주성과 책임성을 제고할 목적으로 도입한 주민 간접참여 방식의 제도이다.
⑤ 주민소환투표의 효력에 이의가 있는 경우 투표결과가 공표된 날부터 10일 이내에 소청할 수 있다.

정밀해설

② 선출직 지방공무원의 임기만료일이 1년 미만일 경우 주민소환투표 청구 대상에 해당하지 않는다.
① 비례대표의원은 제외한다.
③ 주민소환은 주민소환투표권자 총수의 3분의 1 이상의 투표와 유효투표 총수 과반수의 찬성으로 확정된다.
④ 지방행정의 민주성과 책임성을 제고할 목적으로 도입한 주민 직접참여 방식의 제도이다.
⑤ 주민소환투표의 효력에 이의가 있는 경우 투표결과가 공표된 날부터 14일 이내에 소청심사를 청구할 수 있으며, 소청심사결정서를 받은 날로부터 10일 이내에 소송을 제기할 수 있다.

정답 : ②

적중 예상 문제

01 □□□

다음 중 주민 조례발안제도에 대한 설명으로 옳지 않은 것은?

① 18세 이상 주민은 해당 지방자치단체 장에게 조례를 제정하거나 개정할 것을 청구할 수 있다.
② 특별시 및 인구 800만 이상의 광역시, 도는 청구권자 총수의 1/200이상의 요건이 필요하다.
③ 청구인명부 서명에 이의가 있는 사람은 시·도의 경우 10일 이내에, 시·군·구의 경우는 5일 이내에 지방의회 의장에게 이의신청할 수 있다.
④ 지방의회는 주민청구조례안이 수리된 날로부터 1년 이내에 의결하여야 한다.

정밀해설

① 지방의회 의장에게 청구한다.
② 주민 조례 청구 요건

특별시 및 인구 800만 이상의 광역시·도	청구권자 총수의 200분의 1
인구 800만 미만의 광역시·도, 특별자치시, 특별자치도 및 인구 100만 이상의 시	청구권자 총수의 150분의 1
인구 50만 이상 100만 미만의 시·군 및 자치구	청구권자 총수의 100분의 1
인구 10만 이상 50만 미만의 시·군 및 자치구	청구권자 총수의 70분의 1
인구 5만 이상 10만 미만의 시·군 및 자치구	청구권자 총수의 50분의 1
인구 5만 미만의 시·군 및 자치구	청구권자 총수의 20분의 1

정답 : ①

02 □□□

아른슈타인(S. R. Arnstein)이 분류한 주민참여수준에 대한 설명으로 옳은 것은?

① 자문(consulting)은 주민이 정보를 제공받고, 각종 위원회 등에서 의견을 제시·권고하는 등의 역할은 하지만 주민이 정책결정에 영향력을 행사하는 능력은 갖지 못하는 수준이다.
② 대등협력(partnership)은 행정기관이 주민에게 일방적 형태의 정보를 제공하는 단계로 실질적 참여의 형태를 보인다.
③ 권한위임(delegated power)은 주민이 정책의 결정·실시에 우월한 권력을 가지고 참여하는 경우로, 주민의 영향력이 매우 강하여 행정기관의 문제해결을 위해 주민이 실질적으로 결정을 행사한다.
④ 시민통제(citizen control)는 시민이 정책을 입안하고 관리·협상 권한까지 소유하는 단계로 시민에 의한 완전한 자치가 이루어지는 단계이다.

보충

▶ **Arnstein의 주민참여 유형**

참여단계	참여내용	참여형태
시민통제(Citizen control)	시민이 정책 입안, 관리, 협상 권한 소유 (시민에 의한 완전한 자치가 이루어지는 단계)	주민권력의 단계 (실질적 참여)
권한위임(Delegated power)	일정한 정책결정권 이양 (시민이 정책결정에 있어서 주도적 역할을 수행하는 단계)	
공동협력(Partnership)	협상을 통한 정책 결정 (시민이 관료와 동등한 입장에서 협상을 통해 시민의사를 반영하는 단계)	
회유(설득: Placation)	계획 단계만 참여, 결정은 관청	명목적 참여단계 (형식적 참여)
자문(상담: Consulting)	주민의 의견과 아이디어 수렴 (관료들이 시민의 의사에 형식적인 반응을 보이는 단계)	
정보제공(Informing)	일방적 정보 제공 (관료들이 일방적 형태의 정보를 제공하는 단계)	
치료(교정: Therapy)	임상적 치료의 대상으로 간주 (관료자신의 입장에서 관심과 참여를 권장·유도하는 단계)	비참여단계
조작(제도: Manipulation)	정책지지 유도를 위한 책략 (관료들이 일방적으로 주민을 교육시키거나 설득·계도·지시하는 단계)	

정밀해설

① 회유(placation)는 주민이 정보를 제공받고, 각종 위원회 등에서 의견을 제시, 권고하는 등의 역할은 하지만 주민이 정책결정에 영향력을 행사하는 능력은 갖지 못하는 수준이다.
② 정보제공(informing)은 행정기관이 주민에게 일방적 형태의 정보를 제공하는 단계로 명목적 참여의 형태를 보인다.
③ 권한위임(delegated power)은 주민이 정책의 결정·실시에 우월한 권력을 가지고 참여하는 경우로, 시민이 정책결정에 있어 주도적 역할을 수행하는 단계이다. 한편 주민의 영향력이 매우 강하고 실질적으로 결정을 행사하는 경우는 시민통제에 해당한다.

정답 : ④

THEME 116 정부 간 관계, 특별지방행정기관

1 정부 간 관계(IGR) - Wright 모형

구분	포괄형(내포형)	분리형(대등형)	중첩형
정부 간 관계	(연방정부 안에 주정부, 지방정부)	(연방정부 ↔ 주정부, 지방정부)	(연방정부, 주정부, 지방정부 중첩)
특징	• 포괄·종속적 정부관계 • 계층제적 권리 • 기관위임사무 중심 • 완전종속적 재정·인사	• 분리·독립적 정부관계 • 독립적 권리 • 고유사무 중심 • 완전분리된 재정·인사	• 상호의존적 정부관계 • 협상적 권위 • 고유사무 + 위임사무 • 상호의존적 재정·인사
행동패턴	계층제적 통제	자율	타협과 협상
Rhodes 모형	대리자모형	동반자모형	상호의존모형

2 특별지방행정기관

① **의의**: 국가의 중앙행정기관 소속으로 당해 관할 구역 내에서 소속 중앙행정기관의 사무에 속하는 행정·사무를 처리하는 일선 행정기관

② **장단점**

장점	• 중앙과 협력 가능, 지역별 특성에 따라 정책집행 • 신속한 업무처리, 통일적 기술, 전국적 업무의 수행
단점	• 지방자치 저해요인으로 작용, 주민참여 곤란 • 중앙통제 강화수단, 공무원 수 팽창 등 경비 증가

Mani DB Gulick의 분류

전지형(全指型)	중앙과 일선기관 사이에 중간기관을 두지 않는 형태
단완장지형(短腕長指型)	소수의 중간기관이 다수의 일선기관을 관할하도록 하는 형태
장완단지형(長腕短指型)	다수의 중간기관이 소수의 일선기관을 관할하도록 하는 형태

OX 기출분석

01 ☐☐☐ 23 지방 9급
라이트(Wright)의 정부간관계 중 대등권위모형(조정권위모형, coordinate-authority model)은 연방정부, 주정부, 지방정부가 모두 동등한 권한을 가지고 있다고 설명한다. ○ ✕

해설
라이트의 대등권위모형은 연방정부와 주정부는 대등하지만, 지방정부는 주정부에 종속되어 있다고 본다.

02 ☐☐☐ 21 경찰간부
특별지방행정기관의 설치로 지역 주민들을 위한 공공서비스의 책임 행정이 약해진다. ○ ✕

특별행정기관은 지역 주민을 위한 책임행정과 대응성을 저해한다.

03 ☐☐☐ 20 국회 8급
라이트(Wright)의 이론 중 중첩권위형은 중앙정부와 지방정부가 상호의존적인 관계를 맺고 있는 유형을 말하며 가장 이상적인 형태다. ○ ✕

04 ☐☐☐ 19 국가 7급
특별행정기관은 전문분야의 행정을 보다 효율적으로 수행하기 위해 설치하나 행정기관 간의 중복을 야기하기도 한다. ○ ✕

05 ☐☐☐ 16 지방 9급
라이트 모형 중 포괄형에서는 정부의 권위가 독립적인데 비하여, 분리형에서는 계층적이다. ○ ✕

포괄형에서 정부의 권위가 계층적이고 분리형에서 독립적이다.

06 ☐☐☐ 14 서울 7급
라이트의 동등권위형은 미국의 연방정부, 주정부, 지방정부의 공적기능과 권한이 분산되어 있어, 세 정부가 동시에 관여하는 일이 벌어진다. ○ ✕

중첩권위형에 대한 설명이다.

07 ☐☐☐ 14 서울 9급
특별지방행정기관은 지방자치단체와 명확한 역할배분이 이루어져 행정의 효율성을 높일 수 있다. ○ ✕

이중행정, 이중감독으로 지방자치단체와 마찰이 발생한다.

08 ☐☐☐ 14 서울 9급
특별지방행정기관은 국가적 통일성보다는 지역의 특수성을 중요시하여 설치하며, 지역별 책임행정을 강화할 수 있다. ○ ✕

특별지방행정기관은 국가적 통일성을 중시한다.

정답 01 ✕ 02 ○ 03 ○ 04 ○ 05 ✕ 06 ✕ 07 ✕ 08 ✕

핵심 기출 문제

01

정부간 관계 모형에 대한 설명으로 가장 옳지 않은 것은?

① 라이트(Wright)는 미국의 연방, 주, 지방정부간 관계에 주목하여 분리형, 중첩형, 포함형으로 구분했다.
② 그린피스(J. A. Griffith)는 영국의 중앙·지방 관계는 중세 귀족사회에서 지주와 그 지주의 명을 받아 토지와 소작권을 관리하는 마름(steward)의 관계에 가깝다고 하여 지주-마름 모형을 제시하였다.
③ 로데스(R. A. W Rhodes)는 집권화된 영국의 수직적인 중앙·지방관계 하에서도 상호의존 현상이 나타남을 권력의존모형으로 설명하였다.
④ 무라마쓰는 일본의 중앙·지방 관계의 변화에 주목하여 수직적 행정통제모형과 수평적 정치경쟁모형을 제시하였다.

정밀해설

② 그린피스(J.A.Griffith) 모형

자유방임형	지방정부가 중앙정부의 통제를 받지않고 독자적임
규제형	중앙정부가 행정표준화 등을 통해 지방정부를 강제함
장려형	중앙정부가 지방정부를 설득하고 지방정부가 이해하는 범위에서 집행함

지주-마름은 챈들러의 모형이다.
① 라이트는 분리권위형, 포괄권위형, 중첩권위형으로 분류하였다.
④ 무라마쓰 미치오는 중앙과 지방이 상하관계에서 수직적 통제모형과 상호 의존하며 경쟁하는 수평적 경쟁모형을 제시하였다.

정답 : ②

02

특별지방행정기관에 대한 설명으로 옳지 않은 것은?

① 관할지역 주민들의 직접적인 통제와 참여가 용이하기 때문에 책임행정을 실현할 수 있다.
② 출입국관리, 공정거래, 근로조건 등 국가적 통일성이 요구되는 업무를 수행한다.
③ 현장의 정보를 중앙정부에 전달하거나 중앙정부와 지방자치단체 사이의 매개 역할을 수행하기도 한다.
④ 국가의 사무를 집행하기 위해 중앙정부에서 설치한 일선행정기관으로 자치권을 가지고 있지 않다.

정밀해설

① 특별지방행정기관은 국가사무를 처리하게 하기 위하여 국가가 지역별로 설치한 일선기관으로, 관할지역 주민들의 직접적인 통제와 참여가 곤란하므로 책임행정을 저해한다.
② 국가적으로 통일성이 요구되는 행정업무를 수행함으로써
③ 현장의 정보를 중앙정부에 전달하거나 중앙정부와 지방자치단체 사이의 매개 역할을 수행하기도 한다.
④ 국가의 사무를 집행하기 위해 중앙정부에서 설치한 일선행정기관으로 자치권을 가지고 있지 않다.

정답 : ①

보충

▶ **특별지방행정기관**

장점	· 국가의 업무부담 경감, 전문행정 · 신속한 업무처리 및 통일적 행정 수행, 중앙과 지역 간 협력 및 광역행정의 수단
단점	· 책임성의 결여와 자치행정의 저해(주민에 의한 민주통제 곤란으로 행정의 민주화 저해) · 기능 중복으로 인한 비효율성, 종합행정 및 현지행정 저해 · 경비 증가 및 중앙통제의 강화 수단, 자치단체와 수평적 협조 및 조정 곤란

적중 예상 문제

01 ☐☐☐

정부 간 관계이론에 대한 설명으로 옳지 않은 것은?

① 라이트(D. S. Wright)는 중앙-지방정부 간 관계를 분리형, 중첩형, 포괄형으로 구분하고 있다.
② 무라마츠(Muramatsu)는 중앙-지방정부 간 관계를 수직적 통제모형과 수평적 통제모형으로 구분하고 있다.
③ 라이트의 분리형(separated model)은 중앙-지방 간에 상호의존적 관계를 맺고 있다.
④ 라이트는 정부 간 관계 중 가장 바람직한 모형을 중첩모형(절충권위형)으로 보았다.

정밀해설
③ 라이트의 분리형은 중앙-지방 간에 상호 독립적 관계를 맺고 있다.
정답 : ③

02 ☐☐☐

라이트(D. S. Wright)의 정부 간 관계모형에 대한 설명으로 옳은 것은?

① 중첩형은 지방정부가 중앙정부에 종속된 경우이다.
② 포함형은 정치적 타협과 협상에 의한 정부 간 상호 의존관계를 형성하고 있는 경우이다.
③ 대립형은 정책을 둘러싸고 정부 간 경쟁 관계를 유지한다.
④ 분리형은 재정과 인사 등의 독립적 기능이 있다.

정밀해설
④ Wright의 분리형은 재정과 인사가 정부별로 독립적 기능을 갖는다.
① 포괄형(내포형)에 대한 설명이다.
② 중첩형에 대한 설명이다.
③ 대립형은 Nice가 제시한 모형이다.
정답 : ④

THEME 117 광역행정

1 공동처리방식

둘 이상의 지방자치단체가 상호협력관계를 형성하여 광역적 행정사무를 함께 처리하는 방식

행정협의회	• 여러 자치단체가 광역사무의 공동처리를 위한 협의기관을 설치하는 방식 • 장점: 기존 자치단체의 구조 변화 없이 사무처리의 융통성 향상 가능 • 단점: 협의회는 독립된 법인격이 없어 사무처리의 효과가 각 자치단체에 귀속되어 실질적 협력의 효과가 크지 않음
일부사무조합	• 자치단체 간 계약으로 사무일부를 공동처리하기 위해 새로운 법인(조합)을 설치하는 방식 • 장점: 조합은 법인격을 가지고 있어서 그 사무처리의 효과가 조합에 귀속(구성원은 지자체) 협력의 효과가 협의회의 경우보다 큼 • 단점: 책임소재가 불분명
사무위탁	• 둘 이상의 자치단체가 계약에 의하여 자기사무의 일부를 상대방에 위탁하여 처리하는 방식(우리나라 채택) • 장점: 비용절감과 서비스 성과증진의 효과 • 단점: 위탁처리비용의 객관적 산정이 어려워 이에 대한 자치단체 간 합의의 어려움.

2 연합방식

둘 이상의 지방자치단체가 그 고유의 독립적인 법인격은 그대로 가지면서 광역범위에서 새로 단체를 창설하여 광역행정에 관한 사무를 거기에서 처리하는 방식

예 자치단체연합, 도시공동체, 복합사무조합

3 통합(합병)방식

일정 광역권 안에 여러 자치단체를 포괄하는 단일의 정부를 설립하여 그 정부 주도로 잡다한 광역사무를 처리하는 방식. 기존 지방자치단체의 자치권이 가장 크게 제약받는 방식

합병	몇 개의 지자체를 통폐합하여 하나의 법인격을 가진 새 지자체를 신설
흡수통합	하급자치단체가 가지고 있던 권한 또는 지위를 흡수
전부사무조합	둘 이상의 지자체가 모든 사무를 종합적으로 처리할 조합을 설치

4 특별구역지정방식

특수한 광역행정사무를 처리하기 위하여 일반행정구역이나 자치구역과는 별도의 구역을 지정하는 방식

예 학교구, 英 상수도특별구 등

 **Mani DB** 우리나라 지방자치법상 광역행정방식

(1) 사무위탁   (2) 행정협의회   (3) 지방자치단체조합   (4) 자치단체장 등의 협의체

5 지방자치단체조합

구분	보통지방자치단체	특별지방자치단체
기능	일반적·종합적 사무	특정적·한정적 사무
구성원	주민	자치단체
설립 및 해산	법률	지방의회의 의결과 감독기관의 승인

OX 기출분석

해설

01   22 국가 9급

특별지방자치단체의 구성 지방자치단체의 장은 「지방자치법」상 겸임 제한 규정에 의해 특별지방자치단체의 장을 겸할 수 없다.   O X

구성 특별지방자치단체의 장은 「지방자치법」상 겸임 제한 규정(제109조)에도 불구하고 특별지방자치단체의 장을 겸할 수 있다.

02   21 국회 8급

광역행정의 방식 중에서 지방자치단체조합, 합병은 법인격을 갖춘 새 기관을 설립하는 방식이다.   O X

법인격을 갖춘 새 기관을 설립하는 방식으로 지방자치단체조합, 합병 등이 있다.

03   19 지방 9급

광역행정은 규모의 경제를 확보하기 어렵다.   O X

광역행정은 통일적 행정 처리를 통해 규모의 경제를 실현할 수 있다는 장점이 있다.

04   19 국회 9급

지방자치단체조합의 구성원인 시·군 및 자치구가 2개 이상의 시·도에 걸치는 지방자치단체조합은 시·도지사의 지도·감독을 받는다.   O X

지방자치단체조합의 구성원인 시·군 및 자치구가 2개 이상의 시·도에 걸치는 지방자치단체조합은 행정안전부장관의 지도·감독을 받는다.

05   13 국회 8급

통합방식은 둘 이상의 지방자치단체가 독립적인 법인격을 그대로 유지하면서 연합단체를 새로 창설하여 광역행정에 관한 사무를 그 연합단체가 처리하게 하는 방식이다.   O X

연합방식에 대한 설명이다.

06   13 국회 8급

통합방식은 각 자치단체의 개별적 특수성을 반영함으로써 지방분권화를 촉진하고 주민참여를 용이하게 하는 장점이 있어 발전도상국보다 선진 민주국가에서 많이 채택하고 있다.   O X

통합방식은 자치단체 간 통일성을 강조하며, 광역화로 인하여 주민참여를 제약하는 면이 강하다.

07   13 국회 8급

연합방식은 일정한 광역권 안에 여러 자치단체를 포괄하는 단일의 정부를 설립하여 그 정부의 주도로 광역사무를 처리하는 방식이다.   O X

통합방식에 대한 설명이다.

08   13 국가 7급(수정)

2개 이상의 지방자치단체가 하나 또는 둘 이상의 사무를 공동으로 처리할 필요가 있을 때에는 규약을 정하여 그 지방의회의 의결을 거쳐 시·도는 행정안전부장관의, 시·군 및 자치구는 시·도지사의 승인을 받아 행정협의회를 설립할 수 있다.   O X

행정협의회가 아니라 지방자치단체조합이다.

정답 01 X   02 O   03 X   04 X   05 X   06 X   07 X   08 X

핵심 기출 문제

01 ☐☐☐   2020 지방 7급

「지방자치법」상 지방자치단체조합에 대한 설명으로 옳지 않은 것은?

① 2개 이상의 지방자치단체가 하나 또는 둘 이상의 사무를 공동으로 처리할 필요가 있을 때에 소정의 절차를 거쳐 설립할 수 있는 법인이다.
② 설립뿐 아니라 규약변경이나 해산의 경우에도 지방의회의 의결을 거쳐야 한다.
③ 해산한 경우에 그 재산의 처분은 행정안전부장관의 승인을 받아야 한다.
④ 구성원인 시·군 및 자치구가 2개 이상의 시·도에 걸치는 지방자치단체조합은 행정안전부장관의 지도·감독을 받는다.

정밀해설
③ 해산한 경우에 그 재산의 처분은 관계 지방자치단체의 협의에 따른다.

정답 : ③

02 ☐☐☐   2013 국회 8급

다음 중 광역행정의 방식에 대한 설명으로 옳지 않은 것은?

① 공동처리방식은 둘 이상의 지방자치단체가 상호 협력관계를 형성하여 광역적 행정사무를 공동으로 처리하는 방식이다.
② 연합방식은 둘 이상의 지방자치단체가 독립적인 법인격을 그대로 유지하면서 연합단체를 새로 창설하여 광역행정에 관한 사무를 그 연합단체가 처리하게 하는 방식이다.
③ 연합방식은 새로 창설된 연합단체가 기존 자치단체의 독립성을 존중하면서 스스로 사업의 주체가 된다는 점에서 공동처리방식과 구별된다.
④ 통합방식은 일정한 광역권 안에 여러 자치단체를 포괄하는 단일의 정부를 설립하여 그 정부의 주도로 광역사무를 처리하는 방식이다.
⑤ 통합방식은 각 자치단체의 개별적 특수성을 반영함으로써 지방분권화를 촉진하고 주민참여를 용이하게 하는 장점이 있어 발전도상국보다 선진 민주국가에서 많이 채택하고 있다.

정밀해설
⑤ 통합방식은 기존의 자치단체가 독립된 법인격을 상실하는 것이므로 자치단체의 개별적 특수성이 무시된 채 주민참여를 저해하고 중앙집권화를 초래한다는 점에서 선진국보다 발전도상국에서 많이 사용한다.
① 공동처리방식은 둘 이상의 지방자치단체가 상호협력관계를 형성하여 광역행정사무를 함께 처리하는 방식으로 행정협의회, 일부사무조합, 사무위탁, 직원파견 등이 활용된다.
② 연합방식은 둘 이상의 지방자치단체가 그 고유의 독립적인 법인격은 그대로 가지면서, 그 전역에 걸친 단체를 새로 창설하여 광역행정에 관한 일체의 사무를 그 단체에서 처리하는 방식을 말한다.
③ 연합방식은 기존 자치단체의 독자성을 존중하면서 연합체 스스로가 사업의 주체가 된다는 점에서 공동처리방식과 구별된다.
④ 통합방식은 일정한 광역권 안에 여러 지방자치단체를 포괄하는 단일의 정부를 설립하여 그 정부의 주도로 잡다한 광역사무를 처리하는 방식을 말한다.

정답 : ⑤

03

2025 국회 8급

우리나라의 광역행정에 대한 설명으로 옳지 않은 것은?

① 지방자치단체는 행정협의회를 구성하려면 관계 지방자치단체 간의 협의에 따라 규약을 정하여 관계 지방의회에 각각 보고한 다음 고시하여야 한다.
② 특별지방자치단체는 구성 지방자치단체의 지방의회 의결 없이 행정안전부장관의 승인으로 설립할 수 있다.
③ 지방자치단체조합 설립 시 구성원인 시·군 및 자치구가 2개 이상의 시·도에 걸쳐 있는 경우 행정안전부장관의 승인을 받아야 한다.
④ 행정협의회는 사무의 일부를 공동으로 처리하기 위하여 구성하며, 지방자치단체조합은 하나 또는 둘 이상의 사무를 공동으로 처리할 필요가 있을 경우 구성한다.
⑤ 특별지방자치단체는 2개 이상의 지방자치단체가 공동으로 특정한 목적을 위하여 광역적으로 사무를 처리할 필요가 있을 때 설치할 수 있다.

정밀해설

② 특별지방자치단체 설치에는 반드시 구성 지방자치단체의 지방의회 의결이 필요하다.
① 행정협의회 구성 시 규약을 정하고 해당 지방의회에 보고, 고시해야 한다.
③ 시·군/자치구가 둘 이상의 시·도에 걸치면 행정안전부장관 승인이 필요하다.
④ 행정협의회와 조합의 공동 사무처리 요건 설명이 맞다.
⑤ 광역적 공동사무 처리가 필요한 경우 특별지방자치단체 설치 가능하다.

정답 : ②

04

2025 소방간부

특별지방자치단체의 구성과 운영에 관한 설명으로 옳지 않은 것은?

① 특별지방자치단체를 구성하는 지방자치단체는 상호 협의에 따른 규약을 정하여 구성 지방자치단체의 지방의회 의결을 거쳐 행정안전부장관의 승인을 받아야 한다.
② 행정안전부장관은 공익상 필요하다고 인정할 때는 관계 지방자치단체에 대하여 특별지방자치단체의 설치, 해산 또는 규약 변경을 권고할 수 있다.
③ 특별지방자치단체의 상호 협의에 따른 규약을 변경하기 위해서는 구성 지방자치단체의 지방의회 의결을 거쳐 행정안전부장관의 승인을 받아야 한다.
④ 구성 지방자치단체의 의회 의원은 특별지방자치단체의 의회 의원을 겸직할 수 없다.
⑤ 특별지방자치단체의 운영 및 사무처리에 필요한 경비는 규약으로 정하는 바에 따라 구성 지방자치단체가 분담하고, 특별회계를 설치해 운영해야 한다.

정밀해설

④ 「지방자치법」 제204조 제2항은 예외적으로 구성 지방자치단체의 의회 의원이 특별지방자치단체의 의회 의원을 겸직할 수 있도록 허용하고 있다.
① 「지방자치법」 제199조 제1항에 따라 규약 제정, 지방의회 의결, 행정안전부장관의 승인 절차를 거쳐야 한다.
② 「지방자치법」 제200조에 따라 행정안전부장관은 공익을 위해 설치 등을 권고할 수 있다.
③ 「지방자치법」 제202조 제2항에 따라 규약 변경 시에도 설치와 유사한 절차를 거쳐야 한다.
⑤ 「지방자치법」 제206조에 따라 경비는 구성 지방자치단체가 분담하며 특별회계로 운영해야 한다.

정답 : ④

적중 예상 문제

01

광역행정의 방식에 대한 설명으로 옳지 않은 것은?

① 공동처리방식은 둘 이상의 지방자치단체가 상호 협력관계를 형성하여 광역적 행정사무를 공동으로 처리하는 방식이다.
② 연합방식은 둘 이상의 지방자치단체가 독립적인 법인격을 그대로 유지하면서 연합단체를 새로 창설하여 광역행정에 관한 사무를 그 연합단체가 처리하게 하는 방식이다.
③ 통합방식은 일정한 광역권 안에 여러 자치단체를 포괄하는 단일의 정부를 설립하여 그 정부의 주도로 광역사무를 처리하는 방식이다.
④ 연합방식은 일정한 광역권 안에 여러 자치단체를 통합한 단일의 정부를 설립하여 광역행정사무를 처리하는 것이다.

정밀해설

④ 연합방식은 복수의 자치단체가 법인격을 그대로 유지하면서 자치단체의 상부조직으로 연합단체를 설치한 후 이로 하여금 광역적 사무를 처리하게 하는 방식이다.
① 공동처리방식은 둘 이상의 지방자치단체가 상호협력관계를 형성하여 광역적 행정사무를 함께 처리하는 방식으로 행정협의회, 일부사무조합, 사무위탁, 직원파견 등이 활용된다.
② 연합방식은 둘 이상의 지방자치단체가 그 고유의 독립적인 법인격은 그대로 가지면서 그 전역에 걸친 단체를 새로 창설하여 광역행정에 관한 일체의 사무를 그 단체에서 처리하는 방식을 말한다.
③ 통합방식은 일정한 광역권 안에 여러 지방자치단체를 포괄하는 단일의 정부를 설립하여 그 정부의 주도로 잡다한 광역사무를 처리하는 방식을 말한다.

정답 : ④

02

광역행정의 문제점과 가장 관련이 적은 것은?

① 외부효과에 따른 문제점 발생
② 중앙집권을 초래할 우려
③ 광역행정의 필요성에 대한 회의
④ 기초자치단체의 행정수요 경시

정밀해설

① 광역행정은 외부효과에 대처할 수 있다.
② 일상적인 기초자치단체의 행정수요가 경시되거나 지방자치를 약화시켜 관치행정을 초래할 우려가 있다.
③ 전통적으로 중앙집권체제가 발달하고 지방자치가 활성화되지 못하여 광역행정의 필요성이 그다지 크지 않다.

정답 : ①

03

광역행정에 대한 설명으로 옳은 것은?

① 생활권과 행정권이 일치하지 않을 경우 광역행정이 필요하다.
② 한 자치단체가 다른 자치단체에게 일정한 대가를 받고 서비스를 제공하는 방식은 조합이다.
③ 연합은 2개 이상의 지방자치단체가 종래의 법인격을 통폐합시켜 광역을 단위로 하는 새로운 법인격을 가지는 단체를 창설하는 것을 말한다.
④ 우리나라 조합은 일부사무조합으로 협약·협의회보다 효과가 작다.

정밀해설

① 생활권과 행정권이 일치하지 않을 경우에는 광역행정이 필요하다.
② 사무위탁에 대한 설명이다.
③ 연합이 아니라 합병에 해당한다.
④ 조합은 일부사무조합으로 협약·협의회보다 효과가 크다.

정답 : ①

04

다음 중 특별지방자치단체에 대한 설명으로 옳은 것은?

① 특별지방자치단체를 구성하는 지방자치단체는 상호 협의에 따른 규약을 정하여 구성 지방자치단체의 지방의회 의결을 거쳐 국무총리의 승인을 받아야 한다.
② 특별지방자치단체의 구역은 구성 지방자치단체의 구역을 합한 것으로 하며, 구역의 일부만을 대상으로 할 수는 없다.
③ 특별지방자치단체의 장은 규약으로 정하는 바에 따라 광역지방자치단체의 의회에서 선출한다.
④ 특별지방자치단체의 의회는 규약으로 정하는 바에 따라 구성 지방자치단체의 의회 의원으로 구성한다.

정밀해설

④ 특별지방자치단체의 의회는 규약으로 정하는 바에 따라 구성 지방자치단체의 의회 의원으로 구성한다(지방자치법 제204조).
① 2개 이상의 지방자치단체가 공동으로 특정한 목적을 위하여 광역적으로 사무를 처리할 필요가 있을 때에는 특별지방자치단체를 설치할 수 있다. 이 경우 특별지방자치단체를 구성하는 지방자치단체(이하 "구성 지방자치단체"라 한다)는 상호 협의에 따른 규약을 정하여 구성 지방자치단체의 지방의회 의결을 거쳐 행정안전부장관의 승인을 받아야 한다(법 제199조).
② 옳지 않은 설명이다.

제201조(구역) 특별지방자치단체의 구역은 구성 지방자치단체의 구역을 합한 것으로 한다. 다만, 특별지방자치단체의 사무가 구성 지방자치단체 구역의 일부에만 관계되는 등 특별한 사정이 있을 때에는 해당 지방자치단체 구역의 일부만을 구역으로 할 수 있다.

③ 특별지방자치단체의 장은 규약으로 정하는 바에 따라 특별지방자치단체의 의회에서 선출한다(법 제205조).

정답 : ④

THEME 118 정부 간 분쟁조정, 중앙통제

1 중앙통제

① 지방자치단체장에 대한 직무이행명령(지방자치법 제189조)

대상사무	기관위임사무
주체	주무부장관
사유	자치단체장이 위임사무의 관리 및 집행을 명백히 게을리한 때
절차	• 기간을 정하여 서면으로 명령 • 불이행시: 해당 자치단체의 비용부담으로 대집행 또는 행·재정상 필요한 조치
자치단체장의 이의제기	• 자치단체장이 명령서를 접수한 날로부터 15일 이내 • 대법원에 소 제기(집행정지결정 신청 가능)

② 위법·부당한 명령·처분의 시정(지방자치법 제188조)

대상사무	자치단체사무(자치사무 + 단체위임사무)	
주체	• 시·도에 대해서는 주무부장관	• 시·군·자치구에 대해서는 시·도지사
사유	자치단체 사무에 관한 그 장의 명령이나 처분이 법령에 위반되거나 현저히 부당하여 공익을 해친 경우 (자치사무의 경우 법령을 위반하는 것에 한함.)	
절차	• 기간을 정하여 서면으로 명령	• 불이행시: 주무부장관이나 시·도지사가 직권으로 취소 또는 정지
자치단체장의 이의제기	• 자치사무에 한하여 취소 또는 정지처분을 통보받은 날로부터 15일 이내 • 대법원에 소 제기	

③ 지방자치단체의 자치사무에 대한 감사

㉠ 행정안전부장관이나 시·도지사는 지방자치단체의 자치사무에 관하여 보고를 받거나 서류·장부 또는 회계를 감사할 수 있다. 이 경우 감사는 법령 위반사항에 대해서만 한다.

㉡ 행정안전부장관 또는 시·도지사는 감사를 하기 전에 해당 사무의 처리가 법령에 위반되는지 등을 확인하여야 한다.

2 분쟁조정

구분	자치단체 간 분쟁조정	국가-자치단체 간 분쟁조정
주체	• 시·도 간 분쟁: 중앙분쟁조정위원회의 의결에 따라 행정안전부장관이 조정결정 • 시·군·구 간 분쟁: 지방분쟁조정위원회의 의결에 따라 시·도지사가 조정결정	국무총리 소속 행정협의조정위원회
조정방식	당사자의 신청 또는 직권	당사자의 신청
구속력	• 법적 구속력 있음 • 실질적 구속력 강함	실질적 구속력 약함

3 중앙지방협력회의의 설치

① 국가와 지방자치단체 간의 협력을 도모하고 지방자치 발전과 지역 간 균형발전에 관련되는 중요 정책을 심의하기 위하여 중앙지방협력회의를 둔다.
  → 중앙지방협력회의의 구성과 운영에 관한 사항은 따로 법률로 정한다.
② 협력회의의 의장은 대통령이 된다.
  → 협력회의의 부의장은 국무총리와 시·도지사 협의체의 대표자(시·도지사협의회장)가 공동으로 된다.

OX 기출분석

01 ☐☐☐   20 경찰간부

중앙정부와 지방정부 간 갈등을 해결하기 위하여 설치된 행정협의조정위원회의 결정은 강제력을 지닌다.
○ ✕

해설

중앙정부와 지방정부 간 갈등을 해결하기 위하여 설치된 행정협의조정위원회의 결정은 강제력을 가지지 못한다.

02 ☐☐☐   18 서울 7급(3월)(수정)

지방자치단체장은 주무부장관의 이행명령에 이의가 있으면 이행명령서를 접수한 날부터 20일 이내에 대법원에 소를 제기할 수 있다.
○ ✕

지방자치단체장은 주무부장관의 이행명령에 이의가 있으면 이행명령서를 접수한 날부터 15일 이내에 대법원에 소를 제기할 수 있다.

03 ☐☐☐   15 서울 7급

중앙정부와 지방정부는 사무권한과 관련한 갈등의 경우 헌법재판소에 권한쟁의심판을 청구할 수 있다.
○ ✕

04 ☐☐☐   14 서울 9급

중앙행정기관의 장과 지방자치단체의 장이 사무를 처리할 때 의견을 달리하는 경우 이를 협의·조정하기 위하여 설치하는 기구는 행정협의조정위원회이다.
○ ✕

05 ☐☐☐   13 국가 7급(수정)

행정안전부장관이나 시·도지사는 지방자치단체의 자치사무가 공익을 현저히 해한다고 판단되면 지방자치단체의 서류, 장부 또는 회계를 감사할 수 있다.
○ ✕

행정안전부장관의 자치사무에 대한 감사는 법령위반 사항에만 한한다.

06 ☐☐☐   13 국가 7급

지방의회의 의결이 공익을 현저히 해한다고 판단되면 시·도에 대하여는 주무부장관이, 시·군 및 자치구에 대하여는 시·도지사가 직접 재의를 요구할 수 있다.
○ ✕

상급기관이 하급기관으로 하여금 재의요구를 지시할 수 있는 권한은 존재하나, 이를 상급기관이 하급기관을 대행하여 재의요구를 직접 할 수는 없다.

07 ☐☐☐   09 지방 9급

주무부장관이나 시·도지사는 해당 지방자치단체의 장이 정해진 기간 내에 이행명령을 이행하지 아니하면 그 지방자치단체의 비용부담으로 대집행하거나 행정상 또는 재정상 필요한 조치를 할 수 있다.
○ ✕

08 ☐☐☐   09 서울 7급

중앙정부는 위법·부당한 명령 또는 처분의 시정명령 및 취소·정지를 할 수 있고, 지방자치단체의 장과 이에 이의가 있을 때에는 행정법원에 소를 제기할 수 있다.
○ ✕

행정법원이 아니라 대법원에 소를 제기하여야 한다.

정답 01 ✕   02 ✕   03 ○   04 ○   05 ✕   06 ✕   07 ○   08 ✕

핵심 기출 문제

01 □□□
2020 검찰간부

다음 중 우리나라의 중앙정부와 지방자치단체 간의 관계에 대한 설명으로 가장 옳은 것은?

① 지방자치분권 및 지방행정체제 개편을 추진하기 위하여 국무총리 소속으로 자치분권위원회를 둔다.
② 보충성의 원칙에 따라 중앙정부가 처리하기 곤란한 사무는 지방자치단체가 보충적으로 처리해야 한다.
③ 「지방자치법」은 원칙적으로 사무배분방식에 있어서 포괄적 예시주의를 취하고 있다.
④ 중앙정부와 지방정부간 갈등을 해결하기 위하여 설치된 행정협의조정위원회의 결정은 강제력을 지닌다.

정밀해설

③ 1988년 이후의 지방자치법은 포괄적 예시주의 방식을 취하고 있다.
① 지방자치분권 및 지방행정체제 개편을 추진하기 위하여 대통령 소속으로 자치분권위원회를 둔다.
② 보충성의 원칙이란 중앙과 지방의 기능배분에 있어 지방사무는 원칙적으로 지방정부의 관할권으로 인정하고, 지방정부가 처리하기 어려운 일에 대하여 중앙정부가 관여한다는 원칙이다.
④ 중앙과 지방정부 간의 분쟁을 조정하는 국무총리 소속의 행정협의조정위원회의 결정은 구속력은 가지지만, 강제력을 가지지는 못한다. 지방자치법 시행령 제105조에서는 행정협의조정위원회가 협의·조정사항에 관한 결정을 하면 통보를 받은 관계 중앙행정기관의 장과 그 지방자치단체의 장은 그 협의·조정 결정사항을 이행하여야 한다고 규정하고 있다. 그러나 조정 결정사항을 이행하지 않을 시 이행명령이나 대집행 등의 강제력을 확보할 수 없다는 문제점이 있다.

정답: ③

02 □□□
2018 서울 7급(3월)

지방자치단체(서울시장)의 직무이행명령에 대한 설명 중 가장 옳지 않은 것은?

① 서울시장이 국가위임사무의 관리와 집행을 명백히 게을리하고 있다고 인정되면 주무부장관이 기간을 정하여 서면으로 이행할 사항을 명령할 수 있다.
② 주무부장관은 서울시장이 국가위임사무에 대한 이행명령을 이행하지 아니하면 서울시의 비용부담으로 대집행하거나 행정상·재정상 필요한 조치를 할 수 있다.
③ 서울시장은 주무부장관의 이행명령에 이의가 있으면 이행명령서를 접수한 날부터 20일 이내에 대법원에 소를 제기할 수 있다.
④ 위 ③의 경우 서울시장은 이행명령의 집행을 정지하게 하는 집행정지결정을 신청할 수 있다.

정밀해설

③ 서울시장은 주무부장관의 이행명령에 이의가 있으면 이행명령서를 접수한 날부터 15일 이내에 대법원에 소를 제기할 수 있다.
① 지방자치단체장이 법령의 규정에 따라 그 의무에 속하는 국가위임사무나 시·도위임사무의 관리와 집행을 명백히 게을리하고 있다고 인정되면 시·도에 대하여는 주무부장관이, 시·군 및 자치구에 대하여는 시·도지사가 기간을 정하여 서면으로 이행할 사항을 명령할 수 있다.
② 주무부장관이나 시·도지사는 해당 지방자치단체의 장이 이행명령을 이행하지 않으면 해당 자치단체의 비용부담으로 대집행하거나 행정상·재정상 필요한 조치를 할 수 있다.
④ 지방자치단체장은 집행정지신청을 할 수 있다.

정답: ③

03

2015 교행 9급(수정)

우리나라 중앙정부와 지방자치단체 간 또는 지방자치단체 상호 간의 관계에 대한 기술로 틀린 것은?

① 행정안전부장관은 공익상 필요하면 지방자치단체조합의 설립이나 해산을 명할 수 있다.
② 지방자치단체 간 의견이 달라 분쟁이 생길 경우 당사자의 신청 없이는 조정을 할 수 없다.
③ 중앙행정기관의 장과 지방자치단체의 장 간에 의견을 달리하는 경우 국무총리 소속으로 행정협의조정위원회를 두어 조정한다.
④ 지방자치법상 인정되는 지방자치단체 간의 협력방안으로 지방자치단체조합의 설립, 사무위탁, 행정협의회의 구성 등이 있다.

정밀해설

② 지방자치단체 간 의견이 달라 분쟁이 생길 경우에는 당사자의 신청 또는 직권으로 조정할 수 있다.

정답 : ②

04

2013 국가 7급(수정)

「지방자치법」상 지방자치단체에 대한 국가의 지도·감독의 내용으로 옳지 않은 것은?

① 중앙행정기관의 장과 지방자치단체의 장이 사무를 처리할 때 의견을 달리하는 경우 이를 협의·조정하기 위하여 국무총리 소속으로 행정협의조정위원회를 둔다.
② 지방자치단체나 그 장이 위임받아 처리하는 국가사무에 관하여 시·도에서는 주무부장관의, 시·군 및 자치구에서는 1차로 시·도지사의, 2차로 주무부장관의 지도·감독을 받는다.
③ 행정안전부장관이나 시·도지사는 지방자치단체의 자치사무가 공익을 현저히 해친다고 판단되면 지방자치단체의 서류·장부 또는 회계를 감사할 수 있다.
④ 지방의회의 의결이 공익을 현저히 해친다고 판단되면 시·도에 대하여는 주무부장관이, 시·군 및 자치구에 대하여는 시·도지사가 재의를 요구하게 할 수 있다.

정밀해설

③ 자치사무에 대한 행정안전부장관이나 시·도지사의 감사는 법령위반사항에 한한다.
① 중앙행정기관의 장과 지방자치단체의 장이 사무를 처리할 때 의견을 달리하는 경우 이를 협의·조정하기 위하여 국무총리 소속으로 행정협의조정위원회를 둔다(지방자치법 제187조).
② 시·도가 구성원인 지방자치단체조합은 행정안전부장관의, 시·군 및 자치구가 구성원인 지방자치단체조합은 1차로 시·도지사의, 2차로 행정안전부장관의 지도·감독을 받는다.
④ 지방의회의 의결이 법령에 위반되거나 공익을 현저히 해친다고 판단되면 시·도에 대하여는 주무부장관이, 시·군 및 자치구에 대하여는 시·도지사가 재의를 요구하게 할 수 있고, 재의요구를 받은 지방자치단체의 장은 의결사항을 이송받은 날부터 20일 이내에 지방의회에 이유를 붙여 재의를 요구하여야 한다.

정답 : ③

적중 예상 문제

01 □□□

다음 중 중앙지방협력회의에 대한 설명으로 옳지 않은 것은?

① 국가와 지방자치단체 간의 협력을 도모하고 지방자치 발전과 지역 간 균형발전에 관련되는 중요 정책을 심의하기 위하여 중앙지방협력회의를 둔다.
② 협력회의 의장은 대통령이 된다.
③ 협력회의 부의장은 국무총리가 단독으로 수행한다.
④ 국가와 지방자치단체의 권한, 사무 및 재원의 배분에 관한 사항, 지역 간 균형발전에 관한 사항, 지방자치단체의 재정 및 세제에 영향을 미치는 국가 정책에 관한 사항 등을 심의한다.

정밀해설

③ 옳지 않은 설명이다.

제2조(중앙지방협력회의의 기능) 중앙지방협력회의(이하 "협력회의"라 한다)는 다음 각 호의 사항을 심의한다.
1. 국가와 지방자치단체 간 협력에 관한 사항
2. 국가와 지방자치단체의 권한, 사무 및 재원의 배분에 관한 사항
3. 지역 간 균형발전에 관한 사항
4. 지방자치단체의 재정 및 세제에 영향을 미치는 국가 정책에 관한 사항
5. 그 밖에 지방자치 발전에 관한 사항

제3조(구성 및 운영) ① 협력회의는 대통령, 국무총리, 기획재정부장관, 교육부장관, 행정안전부장관, 국무조정실장, 법제처장, 특별시장·광역시장·특별자치시장·도지사·특별자치도지사(이하 "시·도지사"라 한다), 「지방자치법」 제182조 제1항 제2호부터 제4호까지의 규정에 따른 전국적 협의체의 대표자 및 그 밖에 대통령령으로 정하는 사람으로 구성한다.
② 협력회의의 의장(이하 "의장"이라 한다)은 대통령이 된다.
③ 협력회의의 부의장(이하 "부의장"이라 한다)은 국무총리와 「지방자치법」 제182조 제1항 제1호에 따라 설립된 시·도지사 협의체의 대표자(이하 "시·도지사협의회장"이라 한다)가 공동으로 된다.
④ 의장은 협력회의를 소집하고 이를 주재한다.

정답 : ③

02 □□□

우리나라의 지방정부에 대한 중앙통제로 옳지 않은 것은?

① 지방자치단체 또는 그 장이 위임받아 처리하는 국가사무에 관하여는 주무부장관의 지도·감독을 받는다.
② 중앙정부는 위법·부당한 명령·처분의 시정명령 및 취소·정지를 할 수 있고, 지방자치단체의 장이 이에 이의가 있을 때에는 행정법원에 소를 제기할 수 있다.
③ 지방자치단체는 법률이 정하는 바에 의하여 국가공무원을 둘 수 있다.
④ 중앙정부는 지방자치단체가 보조금을 다른 용도로 사용한 경우 보조금을 반환하게 할 수 있다.

정밀해설

② 지방자치단체의 장이 이에 이의가 있을 때에는 '대법원'에 소를 제기할 수 있다.

▶ **재의요구 및 제소**

1. 재의요구 사유
   ① 이송 받은 조례안에 대한 이의가 있는 때(자치단체장은 수정 불가)
   ② 지방의회의 의결이 월권 또는 법령에 위반되거나 공익을 현저히 해한다고 인정되는 때
   ③ ②의 이유로 감독기관(주무부장관 또는 시·도지사)이 재의를 요구한 때
   ④ 지방의회의 의결이 예산상 집행할 수 없는 경비가 포함되어 있다고 인정되는 때
   ⑤ 법령에 의한 의무적 경비 또는 응급복구 경비를 삭감하는 의결을 한 경우

2. 재의결과 제소: 재의요구에 대하여 지방의회가 재의결(재적 과반수의 출석과 2/3 이상 찬성)을 하면 조례로서 확정된다. 이 경우 자치단체장은 재의결된 날부터 20일 이내 대법원에 소를 제기할 수 있으며, 필요시 의결의 집행을 정지하게 하는 집행정지 결정을 신청할 수 있다.

정답 ②

03

「지방자치법」상의 지방자치단체에 대한 국가 및 시·도의 지도·감독에 대한 설명으로 옳은 것만을 고른 것은?

> ㄱ. 중앙행정기관의 장이나 시·도지사는 지방자치단체의 사무에 관하여 조언 또는 권고하거나 지도할 수 있다.
> ㄴ. 중앙행정기관의 장과 지방자치단체의 장이 사무를 처리할 때 의견을 달리 하는 경우 이를 협의·조정하기 위하여 행정안전부 소속으로 협의조정기구를 둘 수 있다.
> ㄷ. 지방자치단체의 사무에 관한 그 장의 명령이나 처분이 법령에 위반되거나 현저히 부당하여 공익을 해친다고 인정되면 시·도에 대하여는 주무부장관이, 시·군 및 자치구에 대하여는 시·도지사가 즉시 이를 취소하거나 정지할 수 있다.
> ㄹ. 주무부장관이나 시·도지사는 해당 지방자치단체의 장이 정해진 기간 내에 이행명령을 이행하지 아니하면 그 지방자치단체의 비용부담으로 대집행하거나 행정상·재정상 필요한 조치를 할 수 있다.

① ㄱ, ㄴ
② ㄱ, ㄹ
③ ㄴ, ㄷ
④ ㄷ, ㄹ

정밀해설

② ㄱ, ㄹ이 옳은 설명이다.
ㄴ. [×] 국무총리 소속하에 협의조정기구를 둘 수 있도록 하고 있다.
ㄷ. [×] 기간을 정하여 서면으로 시정할 것을 명하고, 그 기간에 이행하지 아니하면 이를 취소하거나 정지할 수 있다.

정답 : ②

04

다음 중 중앙분쟁조정위원회의 대상이 아닌 것은?

① 서울특별시 강남구와 경기도 성남시 간의 분쟁
② 행정안전부와 서울특별시가 사무처리에 의견을 달리하는 경우
③ 시·도와 지방자치단체조합 간 분쟁
④ 경상북도 도지사와 대구광역시장 간의 분쟁

정밀해설

② 중앙행정기관과 지방자치단체 간 분쟁이므로 행정협의조정위원회의 조정사항이다.

▶ 분쟁조정

구분	자치단체 간 분쟁조정	국가-자치단체 간 분쟁조정
주체	· 시·도 간 분쟁 : 중앙분쟁조정위원회의 의결에 따라 행안부장관이 조정결정 · 시·군·구 간 분쟁 : 지방분쟁조정위원회의 의결에 따라 시·도지사가 조정결정	국무총리 소속 행정협의조정위원회
조정방식	당사자의 신청 또는 직권	당사자의 신청
구속력	· 법적 구속력 있음 · 실질적 구속력 강함	· 법적 구속력 있음 · 실질적 구속력 약함 (∵ 위원회는 임의기구, 시행령에 규정, 국가도 분쟁당사자)

정답 : ②

THEME 119 도시행정

1 도시화 요인

흡인요인(pulling factor)	추출요인(pushing factor)
① 도시공업화(산업화) ② 고용기회의 확대 ③ 규모의 경제 ④ 집적의 이익(Cluster 현상) ⑤ 교육·여가기회 확대 ⑥ 교통·통신의 발달 등	① 영농기계화 및 과학화 ② 농촌사회의 안정 또는 상대적 빈곤 ③ 도농격차 ④ 가치관의 변화(도시에 대한 동경) 등

2 도시화이론

조화의 원칙(Oates)	지방정부의 적정규모는 누출효과(spillover effect)를 최소화할 수 있을 정도로 커야 하고, 주민들의 선호를 충족시킬 수 있을 만큼 작아야 한다는 상충된 목표를 조화시키는 점에서 결정되어야 한다는 원칙
사회학적 접근이론	도시인구규모와 면적, 시장, 소득 등 사회학적 요인들을 기준으로 하여 도시규모와 이들 요인들 간의 함수관계를 제시한 이론
규모제한이론(Harword)	산업혁명에 따른 대도시화의 폐해를 방지하기 위하여 인구 및 도시면적을 제한하고자 하는 이론
비용편익분석이론	도시민이 지불하는 세금과 개인이 얻는 금전적 이득을 비교해 볼 때 편익/비용 비가 가장 큰 지역을 최적 도시 규모로 보는 이론
최소비용접근이론	지방정부의 1인당 공공서비스 공급비용이 가장 적게 드는 인구수를 최적 규모로 보는 이론
도시규모등급이론	파레토가 제시한 이론으로 지리학적 측면에서 도시의 크기에 따라 일정지역에 순위가 형성된다고 보는 이론
대도시 집적이론	도시규모가 커지고 인구가 집중될수록 비용보다는 편익이 더 많이 산출하며 국가 전체의 생산성도 제고된다고 보는 이론

 **티부가설 - 발에 의한 투표**

(1) 가정
완전한 정보, 완전한 이동성, 다수의 지방정부, 외부효과 부존재, 규모의 경제 부존재, 최적규모 추구, 고정적 생산요소 존재
(2) 시사점
다수의 지방자치단체에 의한 민주적 지방분권체제가 바람직함.

OX 기출분석

해설

01 ☐☐☐ 22 지방 9급
티부(Tiebout) 모형의 전제조건으로 고정적 생산요소의 부존재를 가정한다. ○ ×

티부(Tiebout) 모형의 전제조건으로 고정적 생산요소의 존재를 들 수 있다.

02 ☐☐☐ 21 국가 7급
오츠(Oates)의 분권화정리가 성립하기 위한 조건으로 지방정부가 해당 지역에서 파레토 효율적 수준으로 공공재를 공급하여야 한다는 내용이 포함된다. ○ ×

오츠의 분권화 정리에 따르면 지방공공서비스는 지방정부가 공급하는 것이 자원의 효율적 배분을 구현할 수 있다고 본다.

03 ☐☐☐ 19 국가 7급
티부가설(Tiebout Hypothesis)은 주민들은 지방정부가 제공하는 서비스의 정보를 완전히 알고 있다고 가정한다. ○ ×

04 ☐☐☐ 14 해경간부
1960년대 미국의 지역통제론자들은 도시정부 사이에 존재하는 관할권 중첩·서비스 중복이 도시정부의 비용을 상승시켜 비효율을 초래하고 있다고 본다. ○ ×

오히려 관할권의 중첩이나 서비스의 중복이 주민들의 선택을 넓히고 행정의 효율을 증대시키는 장점이 있다고 주장하였다.

05 ☐☐☐ 12 군무원
티부가설은 발에 의한 투표로 지역주민들이 지방정부를 선택한다고 가정하는 이론이다. ○ ×

06 ☐☐☐ 05 경기 7급
도시화의 흡입요인으로 도시의 집적이익, 노동수요증가, 임금향상 등이 있다. ○ ×

07 ☐☐☐ 05 경기 7급
역도시화 현상이란 도심부의 슬럼, 탈도시화, 인구유턴현상과 관련이 깊다. ○ ×

08 ☐☐☐ 05 경기 7급
도심공동화의 문제를 해소하기 위해 도시재개발 행정을 촉진할 필요가 있다. ○ ×

정답 01 X 02 O 03 O 04 X 05 O 06 O 07 O 08 O

THEME 119 도시행정

핵심 기출 문제

01
2015 서울 7급 지자론

다음 중 우리나라의 도시화 현상에 대한 설명으로 가장 옳지 않은 것은?

① 생활권의 확대로 인해 도시구역과 행정구역이 불일치하는 현상이 나타나 광역행정의 필요성이 대두되고 있다.
② 도시화로 인해 지역의 균형발전이 저해되어 인구분산 정책이 필요하다.
③ 우리나라 도시화의 특징으로 종주도시화, 편향적 도시 체계, 도시 간 불균형 성장 등을 들 수 있다.
④ 가도시화 현상으로 도심부의 슬럼화, 탈도시화, 인구유턴 등이 나타나고 있다.

정밀해설

④ 가도시화는 산업화된 도시가 농촌인구를 흡인(pull-in)함으로써 발생하는 도시화가 아니라 도시의 산업화 없이 농촌의 잠재적 실업자가 도시로 추출(push-out)됨으로써 발생하는 불건전한 도시화를 말하는 것으로 도심부의 슬럼화, 탈도시화, 인구유턴 등은 이에 해당하지 않는다. 한편 도심부의 슬럼화, 탈도시화, 노령화 등이 나타나는 것은 인구분산이 광역적으로 이루어져 중심부와 교외를 포함하는 대도시권 전체인구가 감소하는 도시의 쇠퇴현상으로 역도시화에 해당한다.
① 생활권이 확대됨으로써 도시구역과 행정구역이 불일치하게 됨에 따라 광역행정의 필요성이 높아지고 있다.
② 도시화로 인해 상대적으로 도시 외 지역의 과소현상을 초래하여 지역 균형발전을 저해하므로 인구나 산업의 과도한 편중을 시정하는 인구분산정책이나 편중된 인구나 산업을 용인하는 방법(과밀인구 수용책)이 있다.
③ 우리나라 도시화의 문제점은 도시 간 불균형 성장(지방도시와 수도권 도시의 차이), 도시체계의 심한 불균형, 종주도시화 현상 등을 들 수 있다(한 나라에 하나의 초대형 도시가 있는 경우를 의미).

정답 : ④

02
2003 국가 7급

도시규모의 경제이론과 관련된 설명 중 옳지 않은 것은?

① 티부가설은 주민의 이동성을 전제로 지방정부서비스에 대한 주민들의 선택을 통해 그들의 선호를 표명함으로써 시장과 유사한 방법으로 주민들의 공공 서비스에 대한 수요를 파악할 수 있다는 것이다.
② 최소비용접근방법은 지방정부의 1인당 공공서비스 공급비용이 가장 적게 드는 인구수를 최적 규모로 본다.
③ 편익/비용분석방법은 도시민이 지불하는 다양한 세금과 개인이 얻는 금전적 이득을 비교해 볼 때, 편익/비용비가 가장 적은 지역을 최적의 도시규모로 본다.
④ 오츠(Oates)는 조화의 원칙(Correspondence Principle)을 들어 지방정부의 적정규모는 누출효과(spillover effect)를 최소화할 수 있을 정도로 커야 하고, 주민들의 선호를 충족시킬 수 있을 만큼 작아야 한다는 상충된 목표를 조화시킨다는 점에서 결정되어야 한다.

정밀해설

③ 편익/비용비가 최대인 경우를 최적 도시규모로 보는 것이다.
①, ②, ④ 이외에도 도시 적정규모의 경제이론으로 사회학적 접근이론, 규모제한이론, 도시규모 등급이론, 규모의 경제이론, 대도시 집적이론 등이 있다.

정답 : ③

적중 예상 문제

01 □□□

도시와 도시행정에 관한 설명으로 옳지 않은 것은?

① 도시화의 흡입요인으로 도시의 집적이익, 노동수요증가, 임금향상 등이 있다.
② 역도시화 현상이란 도심부의 슬럼, 탈도시화, 인구유턴 현상이 발생한다.
③ 도심공동화의 문제를 해소하기 위해 도시재개발 행정을 촉진시킬 필요가 있다.
④ 가도시화란 급속한 산업화로 인해 발생하는 개발도상국의 도시화 현상이다.

정밀해설

④ 가도시화란 농촌인구의 도시유입으로 도시의 공업화와는 전혀 무관하게 농촌경제의 파탄이나 농촌사회의 안정과 같은 농촌의 밀어내는 요인으로 밀려난 농촌유민들이 도시로 몰려든 결과 진행되는 개발도상국의 현상이다.

정답 : ④

02 □□□

가도시화의 원인이 아닌 것은?

① 산업화 이전의 도시화
② 도시의 흡인요인 부재
③ 농촌의 추출요인 부재
④ 각종 도시문제의 발생

정밀해설

③ 가도시화란 도시의 산업화가 되지 않아 흡인요인의 부재상태에서 일방적으로 농촌의 추출요인이 먼저 작용하여 생긴 도시화로서 각종 악성도시문제가 발생할 수 있는 개발도상국의 도시화를 말한다.

정답 : ③

03 □□□

Tiebout 모형에 대한 설명으로 옳지 않은 것은?

① 발에 의한 투표(voting with the feed) 모형으로 완전정보, 자유로운 이동, 지방정부 간 경쟁 등을 전제로 한다.
② 주민들이 지역 간 자유롭게 이동할 수 있기 때문에 지방공공재에 대한 주민들의 선호가 나타난다고 본다.
③ 무임승차 문제 때문에 시장 메커니즘에 의해 공공재는 효율적으로 공급되기 어렵다고 보는 이론이다.
④ 유사한 선호를 가진 사람들의 공간적 집적으로 지방공공재 공급의 적정 규모가 결정된다고 본다.

정밀해설

③ 지문은 새뮤엘슨(Samuelson)에 대한 설명이다. 새뮤엘슨은 비배제성과 비경합성으로 인해 공공재의 무임승차 문제가 발생한다고 보았다. 한편 티부모형은 주민들의 자발적인 발에 의한 투표형태로 공공재의 효율적 공급이 가능하다고 본다.

정답 : ③

MEMO

MEMO

김만희

약력
- 서울대학교 행정학 석사 졸업
- 현 | 해커스공무원 행정학/지방자치론 선생님
- 전 | 공단기 행정학 대표강사
- 전 | 프라임법학원 경찰학
- 전 | 경기도 공무원 연수원 전공교수 역임
- 전 | 노량진 윌비스 행정학 대표강사
- 전 | 위포트 공기업 행정학 전공 교수
- 전 | 김영편입학원 행정학 전공 교수
- 전 | 서울시정개발연구원 도시행정연구원 역임
- 전 | 법문사, 대한교과서 등 출판저자
- 전 | 다수 대학교 특강강사 역임
- 전 | 전국모의고사 출제위원

저서
- 해커스공무원 마니행정학 기출 빅데이터
- 해커스공무원 마니행정학 핵심테마 SWOT 119
- 마니행정학 기본서, 가치산책컴퍼니
- 마니행정학 또또, 가치산책컴퍼니
- 마니행정학 실전모의고사 파이널 600제, 가치산책컴퍼니
- 마니행정학 핵심테마 기출OX 총정리, 가치산책컴퍼니
- 마니행정학 지방자치론, 가치산책컴퍼니
- 마니행정학 법령집, 가치산책컴퍼니
- 마니행정학 군무원 기출 빅데이터, 가치산책컴퍼니
- 김만희 공기업 행정학 핵심이론 + 문제풀이 300제, 가치산책컴퍼니
- 팩트 경찰학, 가치산책컴퍼니

2026 대비 최신개정판

해커스공무원 마니행정학 핵심테마 SWOT 119

개정 2판 1쇄 발행 2025년 9월 1일

지은이	김만희 편저
펴낸곳	해커스패스
펴낸이	해커스공무원 출판팀
주소	서울특별시 강남구 강남대로 428 해커스공무원
고객센터	1588-4055
교재 관련 문의	gosi@hackerspass.com
	해커스공무원 사이트(gosi.Hackers.com) 교재 Q&A 게시판
	카카오톡 채널 [해커스공무원 노량진캠퍼스]
학원 강의 및 동영상강의	gosi.Hackers.com
ISBN	979-11-7404-434-1 (13350)
Serial Number	02-01-01

저작권자 ⓒ 2025, 김만희
이 책의 모든 내용, 이미지, 디자인, 편집 형태는 저작권법에 의해 보호받고 있습니다.
서면에 의한 저자와 출판사의 허락 없이 내용의 일부 혹은 전부를 인용, 발췌하거나 복제, 배포할 수 없습니다.

공무원 교육 1위,
해커스공무원 gosi.Hackers.com

해커스공무원

- 해커스공무원 학원 및 인강(교재 내 인강 할인쿠폰 수록)
- 정확한 성적 분석으로 약점 극복이 가능한 **합격예측 온라인 모의고사**(교재 내 응시권 및 해설강의 수강권 수록)
- 해커스 스타강사의 **공무원 행정학 무료 특강**